Achleitner

Handbuch Investment Banking

Ann-Kristin Achleitner

# Handbuch
# Investment Banking

3., überarbeitete und erweiterte Auflage

Unter Mitarbeit von:

Michel Charifzadeh, Tilo Dresig, Ronald Engel, Markus Krog,
Jobst Müller-Trimbusch, Marc Siemes, Boris Tawakkoli,
Daniel Wichels, Aglaia Wieland

Bibliografische Information Der Deutschen Bibliothek
Die Deutsche Bibliothek verzeichnet diese Publikation in der Deutschen Nationalbibliografie;
detaillierte bibliografische Daten sind im Internet über <http://dnb.ddb.de> abrufbar.

1. Auflage 1999
2., überarbeitete und erweiterte Auflage Oktober 2000
2. Auflage, durchgesehener Nachdruck April 2001
3., überarbeitete und erweiterte Auflage Oktober 2002

Alle Rechte vorbehalten
© Betriebswirtschaftlicher Verlag Dr. Th. Gabler GmbH, Wiesbaden 2002

Lektorat: Guido Notthoff

Der Gabler Verlag ist ein Unternehmen der Fachverlagsgruppe BertelsmannSpringer.
www.gabler.de

Das Werk einschließlich aller seiner Teile ist urheberrechtlich geschützt. Jede Verwertung außerhalb der engen Grenzen des Urheberrechtsgesetzes ist ohne Zustimmung des Verlags unzulässig und strafbar. Das gilt insbesondere für Vervielfältigungen, Übersetzungen, Mikroverfilmungen und die Einspeicherung und Verarbeitung in elektronischen Systemen.

Die Wiedergabe von Gebrauchsnamen, Handelsnamen, Warenbezeichnungen usw. in diesem Werk berechtigt auch ohne besondere Kennzeichnung nicht zu der Annahme, dass solche Namen im Sinne der Warenzeichen- und Markenschutz-Gesetzgebung als frei zu betrachten wären und daher von jedermann benutzt werden dürften.

Umschlaggestaltung: Regine Zimmer, Dipl.-Designerin, Wiesbaden
Satz: Dörlemann Satz, Lemförde
Druck: Wilhelm & Adam, Heusenstamm
Buchbinderische Verarbeitung: J. Schäffer GmbH & Co. KG, Grünstadt
Gedruckt auf säurefreiem und chlorfrei gebleichtem Papier
Printed in Germany

ISBN 3-409-34184-6

# Vorwort zur 3. Auflage

Die nunmehr vorliegende 3. Auflage des Handbuchs ist in zwei Schritten gegenüber der im Jahr 2000 erschienenen 2. Auflage erweitert worden – zuerst erfolgte eine umfassende Korrektur für den im Jahr 2001 erschienenen Nachdruck, dann eine Überarbeitung, in der den jüngeren Entwicklungen der Kapitalmärkte und des Investment Banking Rechnung getragen wurde.

Die erste Schleife war nötig, da die damalige Neuauflage des Handbuchs innerhalb von nur einem Jahr Segen und Fluch zugleich gewesen war. Auf der einen Seite konnten wir hierdurch das Handbuch relativ schnell um einige wichtige Beiträge erweitern, auf der anderen Seite war die Zeit für die Fertigstellung doch äußerst knapp bemessen. Vor diesem Hintergrund haben wir die Tatsache, dass der erste Druck der 2. Auflage schnell vergriffen war, genutzt, um im Werk alle notwendigen Korrekturen anzubringen. Die Anregung hierzu stammte von Herrn Christoph Jordan von der HypoVereinsbank, dem wir für diesen kritischen Hinweis sehr dankbar sind. Zudem wurden im Zuge dieser Überarbeitung die durch Veränderungen von Fakten – wie beispielsweise dem Merger von J. P. Morgan und Chase Manhattan – erforderlichen Anpassungen im Text vorgenommen. Es wurden damals jedoch keine inhaltlichen Erweiterungen vorgenommen.

Das dann mittlerweile 800 Seiten starke Werk durch mehrere Personen jeweils mehrfach auf Rechtschreib-, Komma-, grammatikalische und stilistische Fehler Korrektur zu lesen, war eine Sisyphus-Arbeit. Sie hat nicht nur mich über Wochen gebunden, sondern sowohl die damaligen – seit der 2. Auflage neu dabei war Dipl.-Kfm. Christian Schütz – als auch die ehemaligen Assistenten des Stiftungslehrstuhls Bank- und Finanzmanagement an der EUROPEAN BUSINESS SCHOOL Schloss Reichartshausen, die seinerzeit an der Erstellung des Werkes beteiligt waren. Gerade letzteren bin ich zu Dank verpflichtet, dass sie „unserem" Werk die Treue gehalten und an seiner weiteren Verbesserung mitgearbeitet haben. Ein ganz herausragender Dank gilt Frau Trudel Thullen, die das gesamte Verbesserungsprogramm nicht nur koordiniert, sondern in unermüdlicher Kleinarbeit und mit Unbestechlichkeit den oft heimtückischen Fehlerteufel bekämpft hat. Ihrer Hartnäckigkeit und Ausdauer ist es zu verdanken, wenn das Handbuch eine höhere Qualitätsstufe erreicht hat.

Schließlich haben wir dann in einem zweiten Schritt – neben den geschilderten, typischen Überarbeitungen – auch die notwendigen, vor allem aufgrund der Kapitalmarktentwicklungen doch relativ umfangreichen Aktualisierungen vorgenommen. Hierin liegt der maßgebliche Unterschied zwischen dem Nachdruck der 2. und dieser 3. Auflage. Ein ganz besonderer Dank gebührt hierbei Herrn Dipl.-Volksw. Christian Fingerle und Herrn Dipl.-Kfm. Thorsten Groth aus meinem neuen Team am DtA-Stiftungslehrstuhl Entrepreneurial Finance an der TU München, die diesen Prozess maßgeblich getragen haben. Meinem externen Doktoranden Herrn Tobias Popović von der DZ Bank AG möchte ich für seine Korrekturvorschläge ebenfalls danken.

Ebenso sind wir wieder einer Reihe von Praxisvertretern wie Herrn Rudolf Ferscha, dem CEO der EUREX, entweder für erneute oder erstmalige Unterstützung dankbar. Dies ist im Gesprächsverzeichnis berücksichtigt worden. Ebenso hilfreich war eine ganze Reihe von Zuschriften, durch die wir beispielsweise auf neue Veröffentlichungen aufmerksam gemacht, oder auf Überlegungen aus Sicht der Praxis hingewiesen wurden. Wir würden uns freuen, wenn die Leser und Nutzer des Handbuchs uns auch in Zukunft auf diese Weise unterstützen. Aufgrund meines Wechsels an die TU München können Hinweise und Kommentare nun an die neue E-Mail-Adresse InvestmentBanking@wi.tum.de gerichtet werden.

Alle diese laufenden Arbeiten an der weiteren Verbesserung des Werkes waren schließlich nur möglich, weil wir mit Herrn Guido Notthoff beim Gabler-Verlag einen verständigen und auch bei unzähligen Nachfragen nimmer müde werdenden Partner hatten, der für unsere Belange immer ein offenes Ohr hatte und uns die bestmögliche Unterstützung gegeben hat. Ihm gebührt daher eine großer Dank für diese Form der angenehmen Zusammenarbeit.

München, im August 2002 ANN-KRISTIN ACHLEITNER

# Vorwort zur 2. Auflage

Die überaus positive Resonanz auf das 1999 neu erschienene „Handbuch Investment Banking" machte erfreulicherweise in weniger als einem Jahr eine Neuauflage notwendig. Das für die erste Auflage gewählte Konzept wurde unverändert übernommen, allerdings wesentliche Änderungen eingearbeitet. Um einen umfassenderen und differenzierteren Eindruck der Geschäftstätigkeit von Investmentbanken zu vermitteln, sind in diese zweite Auflage zusätzliche Kapitel wie „Sales & Trading", „Research" und „Corporate Restructuring" aufgenommen worden. Darüber hinaus wurde ein neues Kapitel „Structured Finance" geschaffen, welches das ehemalige Kapitel „Projektfinanzierung" und einen neuen Teil „Asset Backed Securities" beinhaltet.

Aufgrund der Dynamik des Investment Banking war es zudem erforderlich, den jüngsten Entwicklungen Rechnung zu tragen und die Informationen in den Ausführungen zu den einzelnen Geschäftsfeldern auf den neuesten Stand zu bringen.

An erster Stelle gilt mein Dank meinen Assistentinnen und Assistenten am Stiftungslehrstuhl Bank- und Finanzmanagement an der EUROPEAN BUSINESS SCHOOL: den Herren Dipl.-Kfm. Michel Charifzadeh und Dipl.-Kfm. Florian Kelber für die Koordination dieser zweiten Auflage, ebenso Frau Dipl.-Kfm. Luisa Pietzsch für die Überarbeitung des Kapitels „Markt und Wettbewerb" und Frau Dipl.-Kfm. Anna Magdalena Haslinger für die Überarbeitung der Kapitel „Corporate Finance" und „Capital Markets" – in Zusammenarbeit mit Herrn Philipp Baecker – und Herrn Dipl.-Kfm. Nikolaus Weinberger für die Überarbeitung von „Mergers and Acquisitions". Beide Herren waren hilfswissenschaftliche Mitarbeiter an meinem Stiftungslehrstuhl. Mein Dank gilt zudem allen Personen, die mir bereits bei der Erstellung der ersten Auflage des Buches behilflich waren.

Außerdem bedanke ich mich bei Herrn Dr. Ulrich Hommel, Ph. D., Inhaber des Lehrstuhls für Investition und Risikomanagement an der EUROPEAN BUSINESS SCHOOL, für seine Unterstützung bei der Überarbeitung des Teils „Asset Management" und bei Frau Dr. Sabine Sauermann, vormals Assistentin am Lehrstuhl für Personal und Organisation an der EUROPEAN BUSINESS SCHOOL, für ihre Mitarbeit.

Weiterhin danke ich allen, die meiner Bitte nach kritisch-konstruktiven Anregungen nachgekommen sind. Dies gilt insbesondere für Herrn Robert Dickler, Vice President Corporate Finance, Chase Manhattan Bank AG und Herrn Nils-Christopher Wilm, Student an der Johann Wolfgang von Goethe-Universität, Frankfurt am Main.

Schließlich gilt mein besonderer Dank Frau Daphne Michopoulos, Herrn Guido Notthoff sowie Frau Ulrike Vetter vom Gabler Verlag für die professionelle und konstruktive Zusammenarbeit.

Oestrich-Winkel, im Oktober 2000 ANN-KRISTIN ACHLEITNER

# Vorwort zur 1. Auflage

Über wenige Branchen gehen die Meinungen ähnlich weit auseinander wie über das Investment Banking. Die Einschätzungen sind dabei äußerst ambivalent: Einem schillernden, sagenumwobenen und mit Mythen belegten Bild auf der einen Seite steht eine anspruchsvolle, facettenreiche und spannende Tätigkeit mit volkswirtschaftlicher Bedeutung auf der anderen Seite gegenüber. Trotz oder gerade wegen dieser unterschiedlichen Einschätzung ist es schwer, sich von außen ein Bild zu verschaffen.

Dies ist problematisch, sowohl für die Ausbildung im Investment Banking als auch für jene, die in diesem Bereich tätig sind oder sein wollen respektive sich nur darüber informieren wollen. Als ich vor gut drei Jahren mit Dr. Werner G. Seifert, dem Vorstandsvorsitzenden der Deutsche Börse AG und Kuratoriumsvorsitzenden des Stiftungslehrstuhls Bank- und Finanzmanagement an der EUROPEAN BUSINESS SCHOOL, darüber nachdachte, welches Leitbild wir diesem für die nächsten fünf Jahre geben sollten, da stand das Ziel, ein Grundlagenwerk über Investment Banking in Deutschland zu schreiben, daher ganz oben.

Das nun vorliegende Buch ist im wahrsten Sinne des Wortes ein Gemeinschaftswerk. Zweieinhalb Jahre haben die Assistenten am Stiftungslehrstuhl (Tilo Dresig, Markus Krog, Dr. Jobst Müller-Trimbusch, Marc Siemes, Boris Tawakkoli, Daniel Wichels und Aglaia Wieland) und ich in dieses „Lieblingsprojekt" investiert und es in allen Höhen und Tiefen durchlebt. Frühere (Dr. Philip Pejic, Dr. Dirk Reiche), aktuelle (Michel Charifzadeh, Frank Siemes) und zukünftige Assistenten (Florian Kelber) haben Korrektur gelesen. Frau Trudel Thullen, Rückgrat und Seele des Lehrstuhls, Herr Dr. Alexander Bassen, wissenschaftlicher Dozent und unser „Chief Operating Officer", und Frau Delia Giommi, die langersehnte Verstärkung des Sekretariats, haben uns in vielerlei Hinsicht den Rücken freigehalten.

Bei allem Einsatz unsererseits wäre das vorliegende Buch nicht denkbar gewesen, wenn wir nicht maßgeblich von der Praxis unterstützt worden wären. Viele Fachleute haben teilweise beträchtliche Zeit investiert und uns durch Informationen und Anregungen weitergeholfen. Die Zahl der genannten Gesprächspartner spricht Bände. Sie zeigt, wie wichtig diese Kontakte für uns waren und wie sehr wir den hier genannten Personen zu Dank verpflichtet sind. Dies gilt auch für jene, die uns durch das Lesen der Entwürfe mit Hinweisen und Kommentaren geholfen haben, das Manuskript lesefreundlicher zu gestalten.

Ein ganz besonderer Dank gilt zudem jenen, welche die Tätigkeit unseres Stiftungslehrstuhls überhaupt möglich machen – unseren Kuratoren. Hierzu zählen ABN AMRO, AHB Allgemeine Hypothekenbank, ARTHUR ANDERSEN, Bankgesellschaft Berlin, Deutsche Börse, Deutsche Telekom, DG BANK, Goldman, Sachs & Co., Haarmann, Hemmelrath & Partner und J. P. Morgan. Hinzu kommen die Förderer des Lehrstuhls:

DGZ DekaBank Deutsche Kommunalbank, DePfa Deutsche Pfandbriefbank, Fritz Nols Global Equity Services und Kölnische Rückversicherungsgesellschaft.

Schließlich sei eine Bitte an den Leser gerichtet. Für jede Form der Anregung, wie das vorliegende Werk bei einer Überarbeitung besser werden könnte, sind wir dankbar. Alle Kommentare und Hinweise, die an die E-Mail-Adresse *investment.banking@ebs.de* gerichtet oder auch mit der Post geschickt werden können, werden als konstruktive Hilfe aufgenommen.

Oestrich-Winkel, im August 1999                      ANN-KRISTIN ACHLEITNER

# Inhaltsverzeichnis

Vorwort zur 3. Auflage . . . . . . . . . . . . . . . . . . . . . . V
Vorwort zur 2. Auflage . . . . . . . . . . . . . . . . . . . . . . VII
Vorwort zur 1. Auflage . . . . . . . . . . . . . . . . . . . . . . IX
Verzeichnis der Gesprächspartner . . . . . . . . . . . . . . . . XXIII
Abkürzungsverzeichnis . . . . . . . . . . . . . . . . . . . . . . XXVII
Einleitung . . . . . . . . . . . . . . . . . . . . . . . . . . . . . XXXI

## Umfeld der Investmentbanken

**Grundlagen** . . . . . . . . . . . . . . . . . . . . . . . . . . . . 3

1. Was ist Investment Banking? . . . . . . . . . . . . . . . . . . 5
   1.1 Universalbankensystem . . . . . . . . . . . . . . . . . . . 5
   1.2 Trennbankensystem . . . . . . . . . . . . . . . . . . . . . 6
   1.3 Definitionen des Investment Banking . . . . . . . . . . . . 8
   1.4 Commercial Banking – Investment Banking . . . . . . . . 11
2. Klassifikation und Tätigkeiten . . . . . . . . . . . . . . . . . 12
   2.1 Typologie . . . . . . . . . . . . . . . . . . . . . . . . . . 12
      2.1.1 Differenzierungsmerkmale für Investmentbanken . . . 12
      2.1.2 Ableitung von Investmentbanktypen . . . . . . . . . 14
   2.2 Systematisierung des Investment Banking . . . . . . . . . 17
      2.2.1 Konzeptionelles Grundmodell . . . . . . . . . . . . 17
      2.2.2 Geschäftsfelder . . . . . . . . . . . . . . . . . . . 19
      2.2.3 Instrumente . . . . . . . . . . . . . . . . . . . . . 21
      2.2.4 Kunden . . . . . . . . . . . . . . . . . . . . . . . 22
3. Investmentbanken und Finanzintermediation . . . . . . . . . . 23
   3.1 Grundfunktionen in einem Finanzsystem . . . . . . . . . . 23
      3.1.1 Transformationsleistungen . . . . . . . . . . . . . . 24
      3.1.2 Transaktionsabwicklung . . . . . . . . . . . . . . . 26
      3.1.3 Informationsverarbeitung und -umsetzung . . . . . . 27
   3.2 Funktionen von Finanzintermediären . . . . . . . . . . . . 28
      3.2.1 Risikoübernahme und Vertragseintritt . . . . . . . . 28
      3.2.2 Finanzintermediäre im engeren Sinne . . . . . . . . 29
      3.2.3 Finanzintermediäre im weiteren Sinne . . . . . . . . 29
   3.3 Funktionswahrnehmung einzelner Finanzintermediäre . . . 30
      3.3.1 Commercialbanken . . . . . . . . . . . . . . . . . 30
      3.3.2 Investmentbanken . . . . . . . . . . . . . . . . . . 32
          3.3.2.1 Kapitalmarkt als Plattform . . . . . . . . . 32
          3.3.2.2 Tätigkeiten nach Art der Funktionserfüllung . . . . . . . . 34
          3.3.2.3 Tätigkeiten nach Art des Vertragseintritts . . . . . . . . . 38

    3.4 Intermediationsformen . . . . . . . . . . . . . . . . . . . . . . . . . 39
        3.4.1 Vergleich der Intermediation durch Commercialbanken und
             Investmentbanken . . . . . . . . . . . . . . . . . . . . . . . . 39
        3.4.2 Entwicklungsperspektiven der Intermediation durch
             Investmentbanken . . . . . . . . . . . . . . . . . . . . . . . . 41
4. Theoretische Erklärungsansätze . . . . . . . . . . . . . . . . . . . . . . . 44
    4.1 Neoklassischer Erklärungsansatz . . . . . . . . . . . . . . . . . . . . 45
    4.2 Neoinstitutionalistischer Erklärungsansatz . . . . . . . . . . . . . . . 47
        4.2.1 Property-Rights-Theorie . . . . . . . . . . . . . . . . . . . 47
        4.2.2 Transaktionskostentheorie . . . . . . . . . . . . . . . . . . . 48
        4.2.3 Agency-Theorie . . . . . . . . . . . . . . . . . . . . . . . . 49
             4.2.3.1 Informationsasymmetrien vor Vertragsabschluss . . . . . . 50
             4.2.3.2 Informationsasymmetrien nach Vertragsabschluss . . . . . 52
Zusammenfassung . . . . . . . . . . . . . . . . . . . . . . . . . . . . . . . 53
Literaturhinweise . . . . . . . . . . . . . . . . . . . . . . . . . . . . . . . . 54

**Markt und Wettbewerb** . . . . . . . . . . . . . . . . . . . . . . . . . . . . 59

1. Rahmenbedingungen . . . . . . . . . . . . . . . . . . . . . . . . . . . . 61
    1.1 Desintermediation und Institutionalisierung . . . . . . . . . . . . . . 62
    1.2 Finanzinnovationen, Verbriefung und Risikohandel . . . . . . . . . . 64
        1.2.1 Finanzinnovationen . . . . . . . . . . . . . . . . . . . . . . 64
        1.2.2 Verbriefung . . . . . . . . . . . . . . . . . . . . . . . . . . 65
        1.2.3 Risikohandel . . . . . . . . . . . . . . . . . . . . . . . . . . 67
    1.3 Technologie . . . . . . . . . . . . . . . . . . . . . . . . . . . . . . 69
    1.4 Deregulierung und Konvergenz . . . . . . . . . . . . . . . . . . . . 70
    1.5 Globaler Wettbewerb . . . . . . . . . . . . . . . . . . . . . . . . . 71
2. Marktstruktur . . . . . . . . . . . . . . . . . . . . . . . . . . . . . . . . 73
    2.1 Marktkonzentration . . . . . . . . . . . . . . . . . . . . . . . . . . 73
    2.2 Markteintrittsbarrieren . . . . . . . . . . . . . . . . . . . . . . . . . 75
        2.2.1 Kapital . . . . . . . . . . . . . . . . . . . . . . . . . . . . . 75
        2.2.2 Personal . . . . . . . . . . . . . . . . . . . . . . . . . . . . 76
        2.2.3 Informationstechnologie . . . . . . . . . . . . . . . . . . . 79
        2.2.4 Reputation . . . . . . . . . . . . . . . . . . . . . . . . . . . 81
3. Marktverhalten . . . . . . . . . . . . . . . . . . . . . . . . . . . . . . . 82
    3.1 Angebots- und Nachfragedynamik . . . . . . . . . . . . . . . . . . . 82
    3.2 Wettbewerbsimplikationen der Kundenbeziehung . . . . . . . . . . . 84
        3.2.1 Kundengruppen . . . . . . . . . . . . . . . . . . . . . . . . 85
        3.2.2 Kundenansprache . . . . . . . . . . . . . . . . . . . . . . . 88
        3.2.3 Kundenbindung . . . . . . . . . . . . . . . . . . . . . . . . 89
4. Marktergebnis . . . . . . . . . . . . . . . . . . . . . . . . . . . . . . . 92
    4.1 Stellung einzelner Investmentbanken . . . . . . . . . . . . . . . . . 92
    4.2 Rentabilität von Investmentbanken . . . . . . . . . . . . . . . . . . 94
        4.2.1 Einfluss der Rahmenbedingungen . . . . . . . . . . . . . . . 94
        4.2.2 Bedeutung der Geschäftsportfolios . . . . . . . . . . . . . . 95
        4.2.3 Kostenstrukturen . . . . . . . . . . . . . . . . . . . . . . . 97
Literaturhinweise . . . . . . . . . . . . . . . . . . . . . . . . . . . . . . . . 99

**Historische Entwicklung** . . . . . . . . . . . . . . . . . . . . . . . 101

1. Einführung . . . . . . . . . . . . . . . . . . . . . . . . . . . . . . . 103
2. Maßgebliche Determinanten . . . . . . . . . . . . . . . . . . . . . 103
   2.1 Wirtschaftliche Gesamtentwicklung . . . . . . . . . . . . . . . 104
   2.2 Staatliche Regulierung . . . . . . . . . . . . . . . . . . . . . . 105
   2.3 Einzelne Persönlichkeiten . . . . . . . . . . . . . . . . . . . . 106
   2.4 Theoretische und methodische Grundlagen . . . . . . . . . . 107
3. Anfänge des Investment Banking . . . . . . . . . . . . . . . . . . 107
   3.1 Ursprünge und Entwicklung bis zum Mittelalter . . . . . . . . 107
   3.2 Erste organisierte Kapitalmärkte . . . . . . . . . . . . . . . . 109
   3.3 Entstehung von Finanzierungshäusern in Europa . . . . . . . 110
   3.4 Infrastrukturprojekte in den USA . . . . . . . . . . . . . . . . 112
   3.5 Anfänge theoretischer Konzepte . . . . . . . . . . . . . . . . 113
   3.6 Erste Fusionsaktivitäten . . . . . . . . . . . . . . . . . . . . . 114
4. Zeit nach dem Ersten Weltkrieg . . . . . . . . . . . . . . . . . . . 116
   4.1 Situation vor dem Börsencrash . . . . . . . . . . . . . . . . . 116
   4.2 Großer Börsencrash 1929 . . . . . . . . . . . . . . . . . . . . 117
   4.3 Konsequenzen aus dem Crash . . . . . . . . . . . . . . . . . 120
      4.3.1 Gesetzliche Neuregelungen . . . . . . . . . . . . . . . 120
      4.3.2 Theoretische Neuausrichtungen . . . . . . . . . . . . 121
   4.4 Entwicklung bis in die 60er Jahre . . . . . . . . . . . . . . . . 122
   4.5 Anfänge der modernen Kapitalmarkttheorie . . . . . . . . . . 123
5. Investment Banking der 70er Jahre . . . . . . . . . . . . . . . . . 124
   5.1 Terminmärkte . . . . . . . . . . . . . . . . . . . . . . . . . . 124
   5.2 Kassamärkte . . . . . . . . . . . . . . . . . . . . . . . . . . . 126
   5.3 Euromärkte . . . . . . . . . . . . . . . . . . . . . . . . . . . . 126
   5.4 Einsetzende Deregulierung . . . . . . . . . . . . . . . . . . . 127
6. Investment Banking der 80er Jahre . . . . . . . . . . . . . . . . . 129
   6.1 Fusionen und Übernahmen . . . . . . . . . . . . . . . . . . . 129
   6.2 Crash 1987 . . . . . . . . . . . . . . . . . . . . . . . . . . . . 131
Exkurs: Das Haus Morgan . . . . . . . . . . . . . . . . . . . . . . . . 132
Literaturhinweise . . . . . . . . . . . . . . . . . . . . . . . . . . . . . 134


# Geschäftsfelder der Investmentbanken

**Mergers and Acquisitions (M & A)** . . . . . . . . . . . . . . . . . . 139

1. Markt für Unternehmenskontrolle . . . . . . . . . . . . . . . . . . 141
   1.1 Begriffsinhalte . . . . . . . . . . . . . . . . . . . . . . . . . . 141
   1.2 Motive von M & A-Aktivitäten . . . . . . . . . . . . . . . . . 142
      1.2.1 Motive des Käufers . . . . . . . . . . . . . . . . . . . 142
      1.2.2 Motive des Verkäufers . . . . . . . . . . . . . . . . . 145
   1.3 Historische Entwicklung . . . . . . . . . . . . . . . . . . . . . 146
   1.4 Aktuelle Situation . . . . . . . . . . . . . . . . . . . . . . . . 148

2. M & A-Beratung .................................................. 152
   2.1 Beratungsleistungen auf dem Markt für M & A ............. 152
   2.2 Akteure bei der M & A-Beratung ........................... 155
   2.3 Mandatsgewinnung als Voraussetzung der Beratung .......... 160
3. Produkte im M & A-Bereich ..................................... 165
   3.1 Wiederkehrende Leistungsinhalte der M & A-Beratung ....... 165
       3.1.1 Projektmanagement und Prozesskontrolle ............. 165
       3.1.2 Unternehmensbewertung .............................. 166
             3.1.2.1 Problembereiche der Bewertung ............. 166
             3.1.2.2 Bewertungsverfahren und ihre Anwendungs-
                     möglichkeiten ............................. 170
             3.1.2.3 Bedeutung unterschiedlicher Bewertungsverfahren
                     in der Praxis ............................. 176
       3.1.3 Due Diligence ...................................... 177
             3.1.3.1 Bedeutung für M & A-Transaktionen ......... 177
             3.1.3.2 Legal Due Diligence ....................... 179
             3.1.3.3 Financial Due Diligence ................... 180
             3.1.3.4 Tax Due Diligence ......................... 181
             3.1.3.5 Organisatorische Gestaltung der Due Diligence
                     durch die Investmentbank .................. 182
       3.1.4 Verhandlungsführung ................................ 183
       3.1.5 Strukturierung der Transaktion ..................... 185
             3.1.5.1 Kaufgegenstand und Zahlungsmodalitäten .... 185
             3.1.5.2 Finanzielle und steuerliche Gestaltung der Transaktion .. 189
             3.1.5.3 Rechtliche Vertragsgestaltung ............. 190
       3.1.6 Kommunikation und Investor Relations ............... 191
   3.2 Spezielle Aufgaben der Investmentbank innerhalb einzelner Mandate .. 192
       3.2.1 Kaufmandate ........................................ 192
             3.2.1.1 Strategiefindung und Partnersuche ......... 192
             3.2.1.2 Kontaktaufnahme und Gestaltung des Angebots ....... 194
             3.2.1.3 Kaufpreisfinanzierung ..................... 198
       3.2.2 Verkaufsmandate .................................... 202
             3.2.2.1 Beratungsleistungen bei der Transaktionsvorbereitung ... 202
             3.2.2.2 Durchführung des Unternehmensverkaufs ..... 206
       3.2.3 Fairness Opinions .................................. 210
       3.2.4 Verteidigungsmandate von Investmentbanken .......... 212
             3.2.4.1 Ansatzpunkte für spezialisierte Beratungsleistungen .... 212
             3.2.4.2 Präventive Maßnahmen zur Vermeidung
                     von feindlichen Übernahmen ................ 215
             3.2.4.3 Ad-hoc-Abwehr veröffentlichter Übernahmeangebote ... 219
       3.2.5 Fusionsberatung .................................... 222
       3.2.6 Going-Private-Beratung ............................. 231
Literaturhinweise .................................................. 233

**Corporate Finance** ........................................ 239

1. Einführung in den Aufgabenbereich ..................... 241
2. Börseneinführung .................................... 242
   2.1 Markt für Börseneinführungen ..................... 242
       2.1.1 Motive für den Börsengang ................... 242
       2.1.2 Besonderheiten bei Privatisierungen .......... 246
       2.1.3 Stand und Entwicklung ....................... 247
   2.2 Beratung bei Börseneinführungen als Aufgabe von
       Investmentbanken .................................. 251
       2.2.1 Beratungsleistungen .......................... 251
       2.2.2 Mandatsgewinnung ............................. 253
       2.2.3 Funktion der Investmentbank .................. 255
       2.2.4 Projektkoordination .......................... 256
   2.3 Beratung über Einstieg und Zeitpunkt der Börseneinführung ... 257
       2.3.1 Argumente gegen eine Börseneinführung ........ 258
       2.3.2 Kriterien der Börsenreife .................... 260
       2.3.3 Finanzierungsalternativen .................... 262
   2.4 Beratung vor der Börseneinführung ................. 265
       2.4.1 Zielgruppenauswahl ........................... 265
       2.4.2 Konsortium und andere Berater ................ 268
       2.4.3 Aktienherkunft und -gattung .................. 270
       2.4.4 Emissionsvolumen und -zeitpunkt .............. 276
   2.5 Notierungsstrategie ............................... 278
       2.5.1 Segmentwahl an der Deutschen Börse ........... 278
       2.5.2 Börsenwahl bei klassischen Unternehmen ....... 282
       2.5.3 Börsenwahl bei Wachstumsunternehmen .......... 290
   2.6 Beratung während der Börseneinführung ............. 291
       2.6.1 Due Diligence ................................ 291
       2.6.2 Fundamentale Bewertung ....................... 293
       2.6.3 Equity Story und Research-Material ........... 294
       2.6.4 Entwurf des Prospektes ....................... 296
       2.6.5 Vermarktung der Aktie und Ansprache der Investoren ... 297
   2.7 Beratung nach der Börseneinführung ................ 298
3. Kapitalerhöhung ..................................... 299
   3.1 Definition, Arten und Motive ...................... 299
   3.2 Beratung bei einer Kapitalerhöhung als Aufgabe von
       Investmentbanken .................................. 303
       3.2.1 Leistungsinhalte ............................. 303
       3.2.2 Mandatsgewinnung ............................. 304
   3.3 Beratung über die Art und Ausgestaltung der Kapitalerhöhung ... 305
       3.3.1 Art der Kapitalerhöhung ...................... 305
       3.3.2 Bezugsrechtsausschluss ....................... 307
   3.4 Beratung über die Strukturierung der Emissionsbedingungen ... 311
       3.4.1 Zielgruppenauswahl ........................... 311
       3.4.2 Konsortium und andere Berater ................ 311
       3.4.3 Emissionsvolumen und -zeitpunkt .............. 312

| | | |
|---|---|---:|
| | 3.5 Notierungsstrategie | 315 |
| | 3.6 Beratung während der Kapitalerhöhung | 318 |
| |     3.6.1 Equity Story, Dokumentation und Marketing | 318 |
| |     3.6.2 Auswahl und Ansprache der Investoren | 320 |
| 4. | Mitarbeiter- und Managementbeteiligung | 321 |
| | 4.1 Beteiligungsform und Motivation | 321 |
| | 4.2 Aktienprogramme | 324 |
| |     4.2.1 Mitarbeitertranche | 324 |
| |     4.2.2 Belegschaftsaktie | 325 |
| |     4.2.3 Innovative Beteiligungskonstruktionen | 326 |
| | 4.3 Optionsprogramme | 329 |
| |     4.3.1 Aktienoptionen | 329 |
| |     4.3.2 Options- und Wandelschuldverschreibungen | 332 |
| | 4.4 Virtuelle Programme | 333 |
| 5. | Rückkauf eigener Aktien | 335 |
| | 5.1 Markt für Aktienrückkäufe | 335 |
| |     5.1.1 Definition und Motive | 335 |
| |     5.1.2 Erwerbsmethoden | 339 |
| |     5.1.3 Entwicklung und Stand | 342 |
| | 5.2 Beratungsaufgaben der Investmentbank im Rahmen von Aktienrückkäufen | 345 |
| |     5.2.1 Beratung über Einsatz, Wirkungsweise und Zielsetzung | 346 |
| |     5.2.2 Volumen und Zeitpunkt des Aktienrückkaufs | 347 |
| |     5.2.3 Wahl der Erwerbsmethode | 348 |
| |     5.2.4 Wahl der Aktiengattung und Verwendung der Aktien | 350 |
| Literaturhinweise | | 351 |

**Corporate Restructuring** ........................................................... 355

1. Einführung in den Aufgabenbereich .......................................... 357
   1.1 Abgrenzung des Begriffs ..................................................... 357
   1.2 Einordnung des Aufgabenbereichs in das Geschäftsfeld
       Mergers and Acquisitions .................................................. 359
2. Grundlagen des Corporate Restructuring .................................. 360
   2.1 Konzepte des Corporate Restructuring .............................. 360
   2.2 Motive für Corporate Restructuring .................................. 370
       2.2.1 Unfreiwillige Restrukturierungen ............................. 370
       2.2.2 Unternehmenswertsteigernde Restrukturierungen ... 372
       2.2.3 Kapitalmarktreaktionen und Erklärungsansätze für die
           Wertsteigerung durch Corporate Restructuring ....... 375
           2.2.3.1 Empirische Ergebnisse über Shareholder-
                  Value-Steigerungen durch Restrukturierung .. 375
           2.2.3.2 Theoretische Erklärungsansätze ................... 376
   2.3 Historische Entwicklung und aktuelle Situation ................. 378
       2.3.1 Entwicklung des Corporate Restructuring in den USA .... 378
       2.3.2 Entwicklung des Corporate Restructuring in Deutschland .... 380

3. Begleitung des Restrukturierungsprozesses als Aufgabe von Investmentbanken . . . . . . . . . . . . . . . . . . . . . . . . . . . . . . . . . . . . . . . . . . 383
   3.1 Beratungsleistungen während der Restrukturierung . . . . . . . . . . . . 383
   3.2 Idealtypischer Ablauf eines Restrukturierungsprojektes . . . . . . . . . 385
   3.3 Phasen eines Restrukturierungsprozesses und Aufgaben der Investmentbank . . . . . . . . . . . . . . . . . . . . . . . . . . . . . . . . . . . . . . 386
      3.3.1 Ausgangslage beim Unternehmen und Mandatsgewinnung . . . . 386
      3.3.2 Erste Vorbereitungsphase . . . . . . . . . . . . . . . . . . . . . . 386
      3.3.3 Entscheidungsphase und Kommunikation der Restrukturierungsmaßnahme . . . . . . . . . . . . . . . . . . . . 390
      3.3.4 Erste Durchführungsphase . . . . . . . . . . . . . . . . . . . . . 392
      3.3.5 Zweite Vorbereitungsphase . . . . . . . . . . . . . . . . . . . . . 396
      3.3.6 Abschluss der Transaktion und Post-Restructuring-Beratung . . . 403
   3.4 Kriterien zur Auswahl aus verschiedenen Restrukturierungsvarianten . . 405
      3.4.1 Auswahl anhand von Motiven . . . . . . . . . . . . . . . . . . . 405
      3.4.2 Nebenbedingungen bei der Auswahl . . . . . . . . . . . . . . . . 408
Literaturhinweise . . . . . . . . . . . . . . . . . . . . . . . . . . . . . . . . . . . . . 413

# Structured Finance . . . . . . . . . . . . . . . . . . . . . . . . . . . . . . . . . 417

1. Asset Backed Securities . . . . . . . . . . . . . . . . . . . . . . . . . . . . . . . 419
   1.1 Grundlagen der Asset-Backed-Securities-Finanzierung . . . . . . . . . 419
      1.1.1 Definition, Ziele und Motive . . . . . . . . . . . . . . . . . . . 419
      1.1.2 Entwicklung und Stand . . . . . . . . . . . . . . . . . . . . . . 422
      1.1.3 Grundstruktur einer Asset-Backed-Securities-Finanzierung . . . . 424
   1.2 Leistungen der Investmentbank . . . . . . . . . . . . . . . . . . . . . . . 426
      1.2.1 Überblick über den Finanzierungsablauf . . . . . . . . . . . . . 426
      1.2.2 Beratung über Auswahl der zu verbriefenden Aktiva . . . . . . . 427
         1.2.2.1 Anforderungen an zu verbriefende Aktiva . . . . . . . . 427
         1.2.2.2 Mortgage Backed Securities . . . . . . . . . . . . . . . 431
         1.2.2.3 Collateralized Debt Obligations . . . . . . . . . . . . . 432
         1.2.2.4 Asset Backed Securities auf Basis unsicherer, erwarteter Cash Flows . . . . . . . . . . . . . . . . . 433
      1.2.3 Beratung über Strukturierung . . . . . . . . . . . . . . . . . . . 434
         1.2.3.1 Ziele der Strukturierung . . . . . . . . . . . . . . . . . 434
         1.2.3.2 Forderungsübergang: True Sale . . . . . . . . . . . . . 435
         1.2.3.3 Beratung bei der Kreditverbesserung . . . . . . . . . . 436
         1.2.3.4 Absicherung gegen Insolvenzrisiken . . . . . . . . . . . 437
         1.2.3.5 Weitere Fragestellungen bei der Strukturierung . . . . . . 438
         1.2.3.6 Konzeption der zu emittierenden Wertpapiere . . . . . . 439
      1.2.4 Leistungen bei der Platzierung . . . . . . . . . . . . . . . . . . 440
      1.2.5 Leistungen nach der Umsetzung der Strukturierung . . . . . . . . 441
   1.3 Beziehung zu anderen Finanzinstrumenten . . . . . . . . . . . . . . . . 442
      1.3.1 Verhältnis Asset Backed Securities zu Factoring . . . . . . . . . 442
      1.3.2 Mortgage Backed Securities und Pfandbrief – konkurrierende Produkte? . . . . . . . . . . . . . . . . . . . . 443

2. Projektfinanzierung .................................. 444
   2.1. Grundlagen der Projektfinanzierung ................ 444
      2.1.1 Begriffsinhalte ............................. 444
      2.1.2 Historische Entwicklung ..................... 446
      2.1.3 Beteiligte der Projektfinanzierung ........... 447
   2.2. Leistungen der Investmentbanken .................... 449
      2.2.1 Projektvorbereitung .......................... 449
      2.2.2 Finanzierungsplanung ......................... 452
          2.2.2.1 Zielsetzungen ....................... 452
          2.2.2.2 Finanzierungsinstrumente der Projektfinanzierung ..... 455
      2.2.3 Konzeption der Risikoverteilung .............. 462
          2.2.3.1 Cash Flow Related Lending als maßgebliche Risikodeterminante ........ 462
          2.2.3.2 Typisierte Risikostruktur von Projekten ........... 462
          2.2.3.3 Möglichkeiten des Risikomanagements .......... 465
      2.2.4 Umsetzung der Finanzierung .................. 468
      2.2.5 Kontrolle von Projektentwicklung und Projektbetrieb ....... 469
Literaturhinweise .......................................... 470

**Capital Markets** ........................................ 473

1. Einführung ............................................. 475
2. Leistungen der Investmentbank im Emissionsgeschäft ..... 478
   2.1 Kundenakquisition ................................. 479
   2.2 Emissionsberatung ................................. 482
   2.3 Übernahme von Wertpapieren ........................ 484
   2.4 Platzierung von Wertpapieren ...................... 485
      2.4.1 Öffentliche Platzierung ..................... 487
      2.4.2 Privatplatzierung ........................... 489
   2.5 Preisfindung ...................................... 493
   2.6 Emissionskonsortien ............................... 495
      2.6.1 Konsortialbildung ........................... 495
      2.6.2 Zusammensetzung und Struktur des Konsortiums ....... 496
   2.7 Einführung zum Börsenhandel ....................... 497
   2.8 Kurspflege ........................................ 500
   2.9 Dokumentation und Prospekterstellung .............. 501
3. Debt Capital Markets ................................... 502
   3.1 Kundengruppen ..................................... 503
      3.1.1 Öffentlicher Sektor ......................... 504
      3.1.2 Banken ...................................... 508
      3.1.3 Unternehmen ................................. 511
   3.2 Produkte .......................................... 513
      3.2.1 Anleihen .................................... 513
      3.2.2 Schuldscheindarlehen ........................ 517
      3.2.3 Emissionsprogramme .......................... 517
      3.2.4 Konsortialkredite ........................... 523

  3.2.5 Mezzanine Finanzierungsinstrumente . . . . . . . . . . . . . . . . . 525
  3.2.6 High-Yield-Anleihen . . . . . . . . . . . . . . . . . . . . . . . . . 531
  3.2.7 Zinsderivate . . . . . . . . . . . . . . . . . . . . . . . . . . . . . 535
 3.3 Märkte . . . . . . . . . . . . . . . . . . . . . . . . . . . . . . . . . . . . 543
  3.3.1 Inlandsmarkt . . . . . . . . . . . . . . . . . . . . . . . . . . . . . 543
  3.3.2 Auslandsmarkt . . . . . . . . . . . . . . . . . . . . . . . . . . . . 544
  3.3.3 Euromarkt . . . . . . . . . . . . . . . . . . . . . . . . . . . . . . 546
 3.4 Pricing . . . . . . . . . . . . . . . . . . . . . . . . . . . . . . . . . . . . 549
 3.5 Rating Advisory . . . . . . . . . . . . . . . . . . . . . . . . . . . . . . . 555
  3.5.1 Umfang und Funktion . . . . . . . . . . . . . . . . . . . . . . . . 555
  3.5.2 Ratingverfahren . . . . . . . . . . . . . . . . . . . . . . . . . . . 559
  3.5.3 Mittelstandsrating in Europa . . . . . . . . . . . . . . . . . . . . . 561
4. Equity Capital Markets . . . . . . . . . . . . . . . . . . . . . . . . . . . . . . 561
 4.1 Kundengruppen, Produkte und Märkte . . . . . . . . . . . . . . . . . . . . 562
 4.2 Preisfindung . . . . . . . . . . . . . . . . . . . . . . . . . . . . . . . . . 568
  4.2.1 Determinanten . . . . . . . . . . . . . . . . . . . . . . . . . . . . 568
  4.2.2 Erstemissionen . . . . . . . . . . . . . . . . . . . . . . . . . . . . 569
  4.2.3 Bezugsrechtsemission . . . . . . . . . . . . . . . . . . . . . . . . 577
  4.2.4 Kapitalerhöhung mit Bezugsrechtsausschluss/Umplatzierung . . . 579
 4.3 Konzeption von Zeichnungsanreizen . . . . . . . . . . . . . . . . . . . . 580
Literaturhinweise . . . . . . . . . . . . . . . . . . . . . . . . . . . . . . . . . . 582


**Sales & Trading** . . . . . . . . . . . . . . . . . . . . . . . . . . . . . . . . . 585

1. Überblick und Einordnung . . . . . . . . . . . . . . . . . . . . . . . . . . . . 587
 1.1 Erfolgsbeitrag der Sekundärmarktaktivitäten . . . . . . . . . . . . . . . . 587
 1.2 Strukturierung des Geschäftsbereiches . . . . . . . . . . . . . . . . . . . 590
2. Institutional Equity Sales & Trading . . . . . . . . . . . . . . . . . . . . . . 594
 2.1 Überblick . . . . . . . . . . . . . . . . . . . . . . . . . . . . . . . . . . . 594
 2.2 Institutional Equity Sales . . . . . . . . . . . . . . . . . . . . . . . . . . 599
 2.3 Institutional Equity Sales-Trading . . . . . . . . . . . . . . . . . . . . . 602
 2.4 Institutional Equity Trading . . . . . . . . . . . . . . . . . . . . . . . . . 608
  2.4.1 Fremdhandel (Brokerage) . . . . . . . . . . . . . . . . . . . . . . 608
  2.4.2 Eigenhandel (Market Making und Proprietary Trading) . . . . . . 609
   2.4.2.1 Market Making . . . . . . . . . . . . . . . . . . . . . . . 610
   2.4.2.2 Proprietary Trading . . . . . . . . . . . . . . . . . . . . 614
   2.4.2.3 Management der Kursrisiken . . . . . . . . . . . . . . . 620
  2.4.3 Struktur aus Kundensicht . . . . . . . . . . . . . . . . . . . . . . 622
3. Institutional Fixed Income Sales & Trading . . . . . . . . . . . . . . . . . . 623
 3.1 Überblick . . . . . . . . . . . . . . . . . . . . . . . . . . . . . . . . . . . 623
 3.2 Institutional Fixed Income Sales . . . . . . . . . . . . . . . . . . . . . . 625
 3.3 Institutional Fixed Income Trading . . . . . . . . . . . . . . . . . . . . . 626
  3.3.1 Auftretende Risiken . . . . . . . . . . . . . . . . . . . . . . . . . 627
  3.3.2 Arbitragestrategien . . . . . . . . . . . . . . . . . . . . . . . . . . 631
Literaturhinweise . . . . . . . . . . . . . . . . . . . . . . . . . . . . . . . . . . 634

**Asset Management** . . . . . . . . . . . . . . . . . . . . . . . . . . . . 637

1. Tätigkeit der Investmentbanken im Asset Management . . . . . . . . . . . 639
   1.1 Verwaltete Assets . . . . . . . . . . . . . . . . . . . . . . . . . 639
   1.2 Angebotene Dienstleistungen . . . . . . . . . . . . . . . . . . . . 642
   1.3 Strategie einer Investmentbank im Asset-Management-Geschäft . . . . 644
   1.4 Angesprochene Kundengruppen und deren Ansprüche . . . . . . . . . 646
   1.5 Leistungsbündel-Kundengruppen-Verhältnis . . . . . . . . . . . . . 650
   1.6 Strategische Bedeutung des Asset-Management-Geschäfts . . . . . . . 651
   1.7 Entwicklungstendenzen des Asset-Management-Geschäfts . . . . . . . 653
2. Produktentwicklung . . . . . . . . . . . . . . . . . . . . . . . . . . . 657
   2.1 Charakteristika von Fonds . . . . . . . . . . . . . . . . . . . . . 657
       2.1.1 Grundlagen und Motive . . . . . . . . . . . . . . . . . . . . 657
       2.1.2 Regulatorischer Rahmen . . . . . . . . . . . . . . . . . . . 659
   2.2 Fondsarten . . . . . . . . . . . . . . . . . . . . . . . . . . . . 661
       2.2.1 Ausprägungen von Fonds . . . . . . . . . . . . . . . . . . . 662
       2.2.2 Fondstypologie nach Anlageobjekten . . . . . . . . . . . . . 663
       2.2.3 Fondstypologie nach Zielgruppe . . . . . . . . . . . . . . . 670
       2.2.4 Altersvorsorge-Sondervermögen . . . . . . . . . . . . . . . . 672
3. Investmentprozess . . . . . . . . . . . . . . . . . . . . . . . . . . . 673
   3.1 Asset Allocation . . . . . . . . . . . . . . . . . . . . . . . . . 673
       3.1.1 Strategische Asset Allocation . . . . . . . . . . . . . . . 674
       3.1.2 Taktische Asset Allocation . . . . . . . . . . . . . . . . . 679
       3.1.3 Voraussetzungen für die Asset Allocation . . . . . . . . . . 680
   3.2 Asset Selection . . . . . . . . . . . . . . . . . . . . . . . . . 683
       3.2.1 Passives vs. aktives Portfoliomanagement . . . . . . . . . . 683
       3.2.2 Einzeltitelauswahl . . . . . . . . . . . . . . . . . . . . . 685
       3.2.3 Portfolioüberwachung . . . . . . . . . . . . . . . . . . . . 690
   3.3 Performance-Controlling . . . . . . . . . . . . . . . . . . . . . . 690
       3.3.1 Externe Performancemessung . . . . . . . . . . . . . . . . . 692
       3.3.2 Interne Performancemessung . . . . . . . . . . . . . . . . . 694
4. Appendix: Theoretische Grundlagen der Asset Allocation in Aktien . . . . 695
   4.1 Portfoliotheorie . . . . . . . . . . . . . . . . . . . . . . . . . 695
       4.1.1 Grundlagen der Portfoliotheorie . . . . . . . . . . . . . . 695
       4.1.2 Modell der Portfolio-Selection von Markowitz . . . . . . . . 697
       4.1.3 Indexmodell von Sharpe . . . . . . . . . . . . . . . . . . . 702
   4.2 Kapitalmarkttheoretische Grundlagen . . . . . . . . . . . . . . . . 703
       4.2.1 Capital Asset Pricing Model . . . . . . . . . . . . . . . . 703
       4.2.2 Arbitrage Pricing Theory . . . . . . . . . . . . . . . . . . 707
       4.2.3 Problembereiche der Modelle und andere Ansätze . . . . . . . 709
   4.3 Markteffizienzhypothese und ihre Implikationen für das
       Asset Management . . . . . . . . . . . . . . . . . . . . . . . . . 709
       4.3.1 Klassifizierung . . . . . . . . . . . . . . . . . . . . . . 710
       4.3.2 Empirische Relevanz . . . . . . . . . . . . . . . . . . . . 711
       4.3.3 Implikationen für das Asset Management . . . . . . . . . . . 713
Literaturhinweise . . . . . . . . . . . . . . . . . . . . . . . . . . . . . 714

**Principal Investment** . . . . . . . . . . . . . . . . . . . . . . . . . . . . 717

1. Tätigkeit der Investmentbanken auf dem Private-Equity-Markt . . . . . . . . 719
   1.1 Definition und Struktur des Principal Investments . . . . . . . . . . . 719
   1.2 Fondsmanagement . . . . . . . . . . . . . . . . . . . . . . . . . . 720
   1.3 Co-Investment . . . . . . . . . . . . . . . . . . . . . . . . . . . . 723
   1.4 Entwicklung des Private-Equity-Marktes . . . . . . . . . . . . . . . 725
2. Anlageobjekte und Anlagephilosophie . . . . . . . . . . . . . . . . . . . . 728
   2.1 Systematisierung der Finanzierungsanlässe . . . . . . . . . . . . . . 728
   2.2 Einstieg in etablierte Unternehmen . . . . . . . . . . . . . . . . . 730
      2.2.1 Unternehmensübernahmen . . . . . . . . . . . . . . . . . . . 730
      2.2.2 Käufe von Minderheitsanteilen . . . . . . . . . . . . . . . . 733
   2.3 Venture-Capital-Finanzierung . . . . . . . . . . . . . . . . . . . . . 734
   2.4 Anlagephilosophie . . . . . . . . . . . . . . . . . . . . . . . . . . 736
3. Ablauf eines Principal Investments . . . . . . . . . . . . . . . . . . . . . 738
   3.1 Sourcing . . . . . . . . . . . . . . . . . . . . . . . . . . . . . . . 738
   3.2 Investitionsentscheidung . . . . . . . . . . . . . . . . . . . . . . . 740
   3.3 Vertragsgestaltung . . . . . . . . . . . . . . . . . . . . . . . . . . 742
   3.4 Beteiligungsmanagement . . . . . . . . . . . . . . . . . . . . . . . 744
   3.5 Exit . . . . . . . . . . . . . . . . . . . . . . . . . . . . . . . . . 745
4. Verhältnis des Principal Investments zu anderen Geschäftsbereichen . . . . 748
   4.1 Nutzung bestehender Wertschöpfungen . . . . . . . . . . . . . . . . 748
   4.2 Interessenkonflikte . . . . . . . . . . . . . . . . . . . . . . . . . . 749
Literaturhinweise . . . . . . . . . . . . . . . . . . . . . . . . . . . . . . . 751

# Weitere Bereiche

**Research** . . . . . . . . . . . . . . . . . . . . . . . . . . . . . . . . . 755

1. Grundlagen des Research . . . . . . . . . . . . . . . . . . . . . . . . . . 757
   1.1 Einordnung, Bedeutung und Aufgaben . . . . . . . . . . . . . . . . 757
   1.2 Aufbau und Organisation . . . . . . . . . . . . . . . . . . . . . . . 761
2. Funktionsbereiche des Research . . . . . . . . . . . . . . . . . . . . . . . 763
   2.1 Strategy . . . . . . . . . . . . . . . . . . . . . . . . . . . . . . . . 763
   2.2 Economic Research . . . . . . . . . . . . . . . . . . . . . . . . . . 765
   2.3 Equity Research . . . . . . . . . . . . . . . . . . . . . . . . . . . 768
      2.3.1 Funktion und Organisationsform . . . . . . . . . . . . . . . 768
      2.3.2 Vorgehensweise zur Ableitung von Aktienempfehlungen . . . . . . 770
      2.3.3 Bewertung und Empfehlung . . . . . . . . . . . . . . . . . . 772
      2.3.4 Aufgabenspektrum im Rahmen von Kapitalmaßnahmen . . . . . 775
   2.4 Fixed Income Research . . . . . . . . . . . . . . . . . . . . . . . . 777
   2.5 Quantitative Research . . . . . . . . . . . . . . . . . . . . . . . . 779
Literaturhinweise . . . . . . . . . . . . . . . . . . . . . . . . . . . . . . . 784

**Stichwortverzeichnis** . . . . . . . . . . . . . . . . . . . . . . . . . . . . 785

# Verzeichnis der Gesprächspartner[1]

| | |
|---|---|
| Dr. Paul Achleitner | Managing Director, Goldman Sachs (heute: Finanzvorstand, Allianz AG) |
| Edward Archer | Managing Director, J. P. Morgan |
| Heiner Arnoldi | Direktor, Deutsche Bank |
| Tom Auschill | Managing Director, ABN Amro Bank |
| Helga Balensiefer | Prokuristin, DZ Bank |
| Prof. Dr. Dr. h. c. Theodor Baums | Leiter des Instituts für Handels- und Wirtschaftsrecht, Universität Osnabrück (heute: Leiter des Instituts für Arbeits- Wirtschafts- und Zivilrecht an der Johann Wolfgang Goethe-Universität Frankfurt) |
| Lutz Brade | Vice President, J. P. Morgan |
| Patrick R. Bettscheider | Managing Director, Deutsche Bank (heute: Vorstand Main-First Bank AG) |
| Matthias Boldt | Executive Director, Goldman Sachs |
| Tim Breitenstein | Analyst, Morgan Stanley |
| Dr. Bernhard Brinker | Principal, McKinsey |
| Werner Brockmeier | Direktor Global Corporates, Dresdner Bank |
| Dr. André Carls | Direktor, Commerzbank |
| Cornelius Clotten | Direktor, Dresdner Kleinwort Benson |
| Dr. Alexander Dibelius | Managing Director, Goldman Sachs |
| Michael Diederich | Vorstandsassistent, Hypovereinsbank |
| James Dilworth | General Manager, Goldman Sachs |
| Dr. Tilo Dresig | Vorstandsassistent, Allianz (heute: Associate, Goldman Sachs) |
| Dr. Holger Eißfeller | Prokurist, DZ Bank |
| Peter J. Ferres | Generalbevollmächtigter, Credit Suisse First Boston |

---

[1] Gesprächspartner, welche die Entstehung des Handbuches in der 1., 2. und/oder 3. Auflage unterstützt haben. Position und Firma/Organisation beziehen sich auf den Zeitpunkt des Gesprächs. Sofern bekannt, sind spätere Stellenwechsel in Klammern berücksichtigt.

| | |
|---|---|
| *Rudolf Ferscha* | Chief Executive Officer, Eurex |
| *Dr. Wolfgang Fink* | Executive Director, Goldman Sachs |
| *Wolfgang Fuchs* | Analyst Corporate Finance, UBS Warburg |
| *Karsten Fülster* | Abteilungsdirektor, Dresdner Kleinwort Benson |
| *Dr. Albert Geiger* | Senior Project Manager, Deutsche Börse |
| *Rainer Gerdau* | European New Market Strategist, Dresdner Kleinwort Benson Research GmbH |
| *Bernhard Goblirsch* | Equity Trader, Deutsche Bank |
| *Steffen Gruschka* | Senior Fund Manager, Equities, DWS Deutsche Gesellschaft für Wertpapiersparen |
| *Andreas Hendel* | Project Manager Abteilung Kooperationsstrategien, Siemens |
| *Christian Himmler* | Institutional Equity Sales-Trading, Deutsche Bank |
| *Peter Hollmann* | Executive Director, Goldman Sachs |
| *Prof. Dr. Ulrich Hommel* | Wissenschaftlicher Dozent, WHU Koblenz (heute: Inhaber des Lehrstuhls für Investitions- und Risikomanagement an der EUROPEAN BUSINESS SCHOOL, Schloss Reichartshausen) |
| *Dr. Jan Holthusen* | Prokurist, Leiter Makro Bond Research, DZ Bank |
| *Dr. Elmar Jakob* | McKinsey (heute: Vorstand, IPO Consult AG) |
| *Klaus Jüptner* | Abteilungsleiter, Deutsche Telekom |
| *Stephen Kastner* | Executive Director, Goldman Sachs |
| *Alexander R. Klein* | Vice President, Morgan Stanley Dean Witter |
| *Rolf Krekeler* | Fondsanalyst, DZ Bank |
| *Rudolf Lang* | Executive Director, Goldman Sachs |
| *Philip Lederer* | Analyst, Morgan Stanley |
| *Michael Lezius* | Geschäftsführendes Vorstandsmitglied, Arbeitsgemeinschaft Partnerschaft in der Wirtschaft e.V. |
| *Roland Lienau* | Deputy Head of German Equities, Deutsche Bank |
| *Ulrike Löhr* | Institutional Equity Sales, Deutsche Bank |
| *Oliver Maier* | Pharmaceutical Research, Dresdner Kleinwort Benson Research GmbH |
| *Dr. Bernd Meyer* | Associate Director, Deutsche Bank AG |
| *Charles Monet* | Managing Director, J. P. Morgan |

| | |
|---|---|
| *Klaus Nieding* | Rechtsanwalt, Woedtke Reszel & Partner (heute: Nieding + Bath) |
| *Fritz Nols* | Aufsichtsratsvorsitzender, Fritz Nols Global Equity Services |
| *Thomas Osterwald* | Direktor Global Corporates, Dresdner Bank |
| *Dr. Philip Pejic* | Senior Associate, Haarmann, Hemmelrath & Partner |
| *Dr. Dirk Posner* | Managing Director, Baring Private Equity Partners |
| *Thomas Pütter* | Vorsitzender der Geschäftsführung, Allianz Capital Partners |
| *Michael Raab* | Analyst, Commerzbank |
| *Dr. Dirk Reiche* | Engagement Manager, McKinsey |
| *Bernd Reuther* | Executive Director, Goldman Sachs |
| *Dr. Clemens Riedl* | Assistent der Geschäftsführung, Verlagsgruppe Georg von Holtzbrinck (heute: Projektleiter Neue Medien, Verlagsgruppe Georg von Holtzbrinck) |
| *Walter E. Rückert* | Geschäftsführer, A&A Actienbank |
| *Dr. Andreas Schmidt* | Manager, Dresdner Kleinwort Benson Research GmbH |
| *Benedikt Freiherr von Schröder* | Managing Director, Morgan Stanley (heute: Partner, Clayton, Dubilier & Rice) |
| *Till Schulz-Eickhorst* | Wissenschaftlicher Assistent am Stiftungslehrstuhl für Immobilienökonomie, EUROPEAN BUSINESS SCHOOL, Schloss Reichartshausen (heute: Finanzvorstand RTV China Media and Marketing House GmbH) |
| *Dr. Peter Sewing* | Partner, Triton |
| *Ulrich Sieber* | Chief Operating Officer, J. P. Morgan (heute: Managing Director, Dresdner Kleinwort Wasserstein) |
| *Melchior Stahl* | Managing Director, Goldman Sachs (heute: Partner, E. M. Warburg Pincus) |
| *Dr. Christoph Stanger* | Executive Director, Goldman Sachs |
| *Michael Steib* | Associate, Morgan Stanley |
| *Ernst Tschöke* | General Manager, Goldman Sachs |
| *Dr. Cornelius Walter* | Engagement Manager, McKinsey |

| | |
|---|---|
| *Dr. Kerstin Waterloh* | Senior Consultant, IBM/The Wilkerson Group |
| *Manfred Zottmann* | Geschäftsführer MZ Consulting |
| *Marc Zügel* | Managing Director, Softbank Europe Ventures (heute: Managing Director, Allianz Venture Partners) |

# Abkürzungsverzeichnis

| | |
|---|---|
| **ABS** | Asset Backed Securities |
| ADR | American Depositary Receipt |
| AG | Aktiengesellschaft |
| AIBD | Association of International Bond Dealers |
| AIM | Alternative Investment Market |
| AktG | Aktiengesetz |
| APT | Arbitrage Pricing Theory |
| AuslandInvestmG | Auslandinvestmentgesetz |
| | |
| **BA**Kred | Bundesaufsichtsamt für das Kreditwesen |
| BGB | Bürgerliches Gesetzbuch |
| BIP | Bruttoinlandsprodukt |
| Bobl | Bundesobligation |
| BörsG | Börsengesetz |
| bp | Basispunkte |
| BVK | Bundesverband deutscher Kapitalbeteiligungsgesellschaften |
| | |
| **CAGR** | Compound Annual Growth Rate |
| CAPM | Capital Asset Pricing Model |
| Cat-Notes | Catastrophe Insurance Notes |
| CBO | Collateralized Bond Obligation |
| CBOE | Chicago Board Options Exchange |
| CBOT | Chicago Board Of Trade |
| CDO | Collateralized Debt Obligations |
| CEO | Chief Executive Officer |
| CFO | Chief Financial Officer |
| CLO | Collateralized Loan Obligations |
| CMBS | Commercial Mortgage Backed Securities |
| CMO | Collateralized Mortgage Obligations |
| CP | Commercial Paper |
| CSFB | Crédit Suisse First Boston |
| | |
| **DA** | Dutch Auction |
| DAI | Deutsches Aktieninstitut |
| DAX | Deutscher Aktienindex |
| DCF | Discounted Cash Flow |
| DVFA/SG | Deutsche Vereinigung für Finanzanalyse und Asset Management e.V./ Schmalenbach-Gesellschaft |

| | |
|---|---|
| EASDAQ | European Association of Securities Dealers Automated Quotation |
| EBIT | Earnings Before Interest and Taxes |
| EBDIT | Earnings Before Depriciation, Interest and Taxes |
| EBITDA | Earnings Before Interest, Taxes, Depreciation and Amortisation |
| ECM | Equity Capital Markets |
| ECU | European Currency Unit |
| EDV | Elektronische Datenverarbeitung |
| EK | Eigenkapital |
| EPS | Earnings per Share |
| ESOP/LESOP | Employee Stock Option Program/Leveraged Employee Stock Option Program |
| EURIBOR | European Interbank Offered Rate |
| EVA | Economic Value Added |
| EWWU | Europäische Wirtschafts- und Währungsunion |
| | |
| FHLMC | Federal Home Loan Mortgage Corporation |
| FIBOR | Frankfurt Interbank Offered Rate |
| FLEX Options | Flexible Exchange Options |
| FNMA | Federal National Mortgage Association |
| FPTO | Fixed Price Tender Offer |
| FRA | Forward Rate Agreement |
| FRN | Floating Rate Notes |
| | |
| GmbH | Gesellschaft mit beschränkter Haftung |
| GNMA | Government National Mortgage Association |
| | |
| HGB | Handelsgesetzbuch |
| HEL | Home Equity Loan |
| HNI | High Networth Individuals |
| HV | Hauptversammlung |
| | |
| IAS | International Accounting Standards |
| IASC | International Accounting Standards Committee |
| IDW | Institut der Wirtschaftsprüfer |
| i.e.S. | im engeren Sinne |
| IFC | International Finance Corporation |
| ILBO | Interner Leveraged Buy Out |
| IO | Interest Only |
| IPMA | International Primary Market Association |
| IPO | Initial Public Offering |
| | |
| KAG | Kapitalanlagegesellschaft |
| KAGG | Gesetz über Kapitalanlagegesellschaften |
| KGaA | Kommanditgesellschaft auf Aktien |

| | |
|---|---|
| KGV | Kurs-Gewinn-Verhältnis |
| KKR | Kohlberg Kravis Roberts |
| KonTraG | Gesetz zur Kontrolle und Transparenz im Unternehmensbereich |
| KWG | Kreditwesengesetz |
| | |
| LBO | Leveraged Buy Out |
| LIBOR | London Interbank Offered Rate |
| LIFFE | London International Financial Futures Exchange |
| | |
| M & A | Mergers & Acquisitions |
| MBI | Management Buy In |
| MBO | Management Buy Out |
| MBS | Mortgage Backed Securities |
| MDAX | Aktienindex für mittelgroße Unternehmen |
| MSDW | Morgan Stanley Dean Witter |
| MTN | Medium-Term Note |
| | |
| NASD | National Association of Securities Dealers |
| NASDAQ | National Association of Securities Dealers Automated Quotation |
| NIF | Note Issuance Facility |
| NYSE | New York Stock Exchange |
| | |
| OECD | Organization for Economic Cooperation and Development |
| OPEC | Organization of the Petroleum Exporting Countries |
| OTC | Over the Counter |
| | |
| p.a. | per annum |
| P/CF | Price/Cash Flow |
| P/E | Price/Earnings |
| PO | Principal Only |
| POS | Point Of Sale |
| PWM | Private Wealth Management |
| | |
| QUIB | Qualified Institutional Buyers |
| | |
| RB | Reverse Bookbuilding |
| REIT | Real Estate Investment Trust |
| ROA | Return on Assets |
| ROE | Return on Equity |
| RUF | Revolving Underwriting Facility |
| | |
| S&P | Standard & Poor's |
| SEC | Securities and Exchange Commission |
| SMAX | Small Cap Exchange |
| SOFFEX | Swiss Options and Financial Futures Exchange |

| | |
|---|---|
| Sp. | Spalte |
| SPC | Special Purpose Company |
| SPV | Special Purpose Vehicle |
| STOXX | Europäischer Aktenindex |
| | |
| TPRs | Transferable Put Rights |
| | |
| US-GAAP | US-Generally Accepted Accounting Principles |
| USP | Unique Selling Proposition |
| | |
| VAG | Versicherungsaufsichtsgesetz |
| VC | Venture Capital |
| VDH | Verband Deutscher Hypothekenbanken |
| VerkProspG | Verkaufsprospektgesetz |
| | |
| WACC | Weighted Average Cost of Capital |
| | |
| XETRA | Exchange Electronic Trading |

# Symbolverzeichnis

$\sigma$    Varianz (Risikomaß)

$\mu^*$    Mittelwert der erwarteten Renditen

$\alpha_i$    unternehmensindividuelle Rendite

$\beta_i$    Sensitivitätsmaß für die erwartete Änderung von $R_i$ bei einer Veränderung von $R_M$

$\mu_P$    erwartete Portfoliorendite

$e_i$    marktunabhängiger Störterm

$n$    Anzahl der beobachteten Wertpapiere

$R_i$    erwartete Rendite der Anlage

$R_M$    Marktrendite

$x_i$    Anteil des Wertpapiers i am Gesamtportfolio

# Einleitung

Das vorliegende Handbuch gibt einen umfassenden Überblick über eine der wichtigsten und spannendsten Branchen in modernen Wirtschaftssystemen: das Investment Banking. Investmentbanken als Intermediäre am Kapitalmarkt sind vor allem in den Bereichen der Kapitalbeschaffung, der Kapitalanlage, der Strukturierung einzelner Finanztransaktionen sowie der Wert steigernden Restrukturierung von Unternehmen und Unternehmensteilen tätig. Sie ermöglichen eine optimale Allokation von Kapital in der nationalen und internationalen Wirtschaft. Mit ihrer Effizienz und Effektivität erfüllen sie diese Aufgabe und beeinflussen entscheidend den Wohlstand einer Volkswirtschaft.

Eine Beschäftigung mit dem Inhalt und der Zukunft der Investment-Banking-Branche ist aufgrund der rasanten Dynamik der Finanzwelt und ihres Einflusses auf die Volkswirtschaft heute aktueller und spannender denn je. Die immer aktiver werdenden Teilnehmer an den Kapitalmärkten und den hier agierenden Investmentbanken lösen beträchtliche Veränderungen in den volkswirtschaftlichen Strukturen aus.

Die derzeit zu beobachtende deutliche Umstrukturierung des Finanzsektors basiert auf der zunehmenden Tendenz zur Deregulierung der Finanzmärkte. Gleichzeitig hat die zwischenstaatliche Vereinheitlichung von Standards für die Banken zu weit reichenden Veränderungen der Rahmenbedingungen geführt. Dies gilt sowohl auf europäischer Ebene als auch weltweit.

Der Prozess einer zunehmenden Liberalisierung der innereuropäischen Kapitalmärkte hat schon 1957 mit der Unterzeichnung der Verträge zur Gründung der Europäischen Wirtschaftsgemeinschaft eingesetzt. Inzwischen ist durch eine Vielzahl von Richtlinien eine weit gehende Harmonisierung von Wettbewerbsgrundlagen durchgeführt worden. Zusätzlich wurde durch den gegenseitigen Abbau von Marktzutrittsbarrieren ein grenzüberschreitender Wettbewerb der Finanzinstitute ermöglicht. Diese Entwicklung mündet in die Etablierung eines übergreifenden Marktes für Finanzdienstleistungen. Flankierend dafür wirken die Vereinheitlichung des Kapitalmarktrechts und die Schaffung eines gemeinsamen Währungsraums.

Die Einführung des „Euro" als Währung stellt einen direkten Eingriff in die Produkte von Finanzdienstleistern dar. Eine einheitliche europäische Währung führt nicht nur zum Wegfall der entsprechenden Währungsgeschäfte, sondern sie ermöglicht auch eine Länder übergreifende Vereinheitlichung von Finanztiteln. Die daraus resultierende unmittelbare Vergleichbarkeit erhöht wiederum den Wettbewerbsdruck. Schließlich ergeben sich neue Benchmarks bei der Wahl von einzelnen Referenztiteln, beispielsweise bei Staatsanleihen, und bei der Zusammenstellung von Indizes. Die Kapazitätsstruktur von Finanzdienstleistern und Marktorganisationen, zum Beispiel bei den unterschiedlichen regionalen europäischen Börsen, wird einschneidenden Veränderungen unterliegen.

Neben der innereuropäischen Entwicklung kommt es jedoch auch weltweit zu einer Konvergenz der Kapitalmärkte. So sind Angleichungsbestrebungen im Rahmen von regionalen Wirtschaftszonen zu beobachten. Noch weit reichender sind die Bemühungen zur Etablierung global anerkannter Standards. Beispielsweise arbeitet der Basler Ausschuss für Bankenaufsicht an der Gestaltung bankenaufsichtlicher Vorschriften und das International Accounting Standards Committee (IASC) an der Vereinheitlichung der Rechnungslegungsnormen.

Parallel zu diesen regulatorischen Entwicklungen hat der technologische Fortschritt die Kosten für Kommunikation sowie die Speicherung und Verarbeitung von Informationen erheblich gesenkt. Mögliche Wettbewerbsvorteile etablierter Unternehmen sind aufgrund existierender Intransparenzen reduziert worden und die Komplexität der durchführbaren Aktionen hat deutlich zugenommen. Damit sind die Märkte effizienter geworden.

Innerhalb des Finanzdienstleistungssektors haben vor diesem Hintergrund Anzahl und Umfang von Fusionen und Übernahmen deutlich an Bedeutung gewonnen. Der Umbau dieser Industrie erstreckt sich dabei auf alle denkbaren Geschäftsbereiche.

Die Investmentbanken restrukturieren ihre Organisationen im Hinblick auf Kriterien wie die kritische Unternehmensgröße, die regionale Präsenz und das Angebotsspektrum. Mit der notwendigen Nutzung von Verbesserungspotenzialen steht auch die Überarbeitung des Retail-Kundengeschäftes auf der Agenda.

Doch nicht nur die Veränderungen innerhalb des Bankensektors sind interessant. Vielmehr sind auch die Auswirkungen der Branche auf die Industrie ein wichtiger Grund dafür, sich eingehender mit dem Investment Banking zu beschäftigen. So sind industrielle Restrukturierungen auf der Unternehmensebene in den Vereinigten Staaten schon lange ein etabliertes Instrument zur Wertschaffung für Aktionäre. In Deutschland war dies geraume Zeit nicht der Fall. Die genannten Einflussfaktoren haben jedoch inzwischen auch hier zu einer verstärkten Aktivität beim Kauf und Verkauf von Unternehmensteilen geführt. Zunehmend sind Fusionen großer Unternehmen zu beobachten und eine Verstärkung der Übernahmewelle in Deutschland ist wahrscheinlich. Damit entsteht ein Bedarf an Investment-Banking-Leistungen in einem Ausmaß und in einer Qualität, wie dies in der Vergangenheit nur in den kapitalmarktorientierten Ländern, allen voran den Vereinigten Staaten und Großbritannien, der Fall war.

Effiziente Austauschmöglichkeiten auf den Kapitalmärkten sind die Basis für die Tätigkeit von Investmentbanken. Je dynamischer und anpassungsfähiger Kapitalangebot und Kapitalnachfrage reagieren und je flexibler die Finanzierungsbeziehungen gestaltet werden können, umso mehr steigen die Bedeutung und der Umfang der Geschäfte von Investmentbanken. Deregulierte und effiziente Kapitalmärkte vergrößern das finanzwirtschaftliche Marktpotenzial und erhöhen gleichzeitig die Wettbewerbschancen spezialisierter Investmentbanken. Eine Folge sind die Veränderungen der institutionellen Rahmenbedingungen und der Wettbewerbsstrategien der Finanzinstitute.

Nachdem Deutschland traditionell nur wenig kapitalmarktorientiert war, verändert sich dies zur Zeit beträchtlich. Mit der Öffnung der nationalen Kapitalmärkte und der daraus resultierenden Wettbewerbsverstärkung zwischen den einzelnen Marktzentren sind die unterschiedlichen Entwicklungsniveaus und die jeweilige Effizenz der nationalen Kapitalmärkte deutlich geworden. Einzelstaatliche Ineffizienzen können nur über einen beschränkten Zeitraum bestehen bleiben. Bisher abgeschottete und wenig innovative Marktstrukturen, beispielsweise auf den Gebieten der Börsensysteme oder der rechtlichen Rahmenbedingungen, sehen sich einem besonders hohen Nachholbedarf und Veränderungsdruck ausgesetzt. Die notwendigen Restrukturierungen und Effizienzsteigerungen der nationalen Kapitalmärkte führen zu einer Senkung der Transaktionskosten und beeinflussen sowohl die Anzahl der emittierten Tiel als auch deren Umschlag am Sekundärmarkt.

Insgesamt ist eine zunehmende Bedeutung des Investment Banking festzustellen. Aus diesem Grund steigen auch die Präsenz und der Geschäftsumfang von ursprünglich US-amerikanischen Investmentbanken im kontinentaleuropäischen Raum. Zusätzlich haben deutsche Universalbanken gezielt Investmentbanken hinzugekauft. Diese neuartige Ausrichtung der europäischen Banken führt zu spürbaren Integrationsproblemen bei den unterschiedlichen Mentalitäten. Im Rahmen dieses Prozesses hat ein sensibilisiertes Bewusstsein bezüglich der scheinbar oder tatsächlich neuartigen Geschäftstätigkeit Einzug gehalten. In der Realität sind die Tätigkeitsfelder von eigenständigen Investmentbanken durchaus vergleichbar mit den korrespondierenden Aufgabenstellungen von Universalbanken. Allerdings stellt der angloamerikanische Ansatz eine weitreichende Umorientierung von Abläufen und Durchführungsmustern dar. Dieser Tatbestand hat zu einer vermehrten Beschäftigung mit Fragen zum Investment Banking geführt.

Vor diesem Hintergrund überrascht der geringe Umfang an fundierter Literatur zum Investment Banking. Die mangelhafte Beschreibung und Untersuchung dieser Branche sind angesichts ihrer besonderen Bedeutung und im Vergleich zu dem umfangreichen Material in anderen Teilbereichen der Finanzwirtschaft auffällig. Verantwortlich dafür könnten die begrenzte Datenverfügbarkeit getätigter Transaktionen und die Intransparenz der kaum standardisierbaren Geschäftsabläufe sein. Auch sind nicht alle Investmentbanken als börsennotierte Unternehmen geführt und daher nicht verpflichtet, umfassend über ihre Tätigkeit zu berichten.

Die englischsprachige Literatur über Investment Banking bezieht sich auf den US-amerikanischen und britischen Kapitalmarkt. Da die Entwicklung von Finanzinstrumenten, Geschäftsprozessen und Handelssystemen in diesen Ländern im Vergleich zum deutschen Markt sehr weit fortgeschritten ist, können diese Werke sehr aufschlussreiche und zukunftsweisende Informationen geben. Die Ableitung von Zusammenhängen und Funktionsweisen für den deutschen Markt ist dagegen nur begrenzt möglich. Aufgrund nationaler, rechtlicher und institutioneller Besonderheiten gilt es vielmehr, die Konzepte und Verfahren zu modifizieren. Zum Teil müssen auch aufgrund nationaler Besonderheiten andere Vorgehensweisen gewählt werden.

Mit diesem Handbuch wird eine grundlegende deutsche Publikation über Investment Banking, die gleichermaßen für Praktiker und Theoretiker geeignet ist, vorgelegt. Es vermittelt Praktikern einen umfassenden Überblick über die verschiedenen Geschäftsfelder des Investment Banking. Kunden und Beteiligte an finanzwirtschaftlichen Entscheidungen werden über die Bandbreite und die Möglichkeiten des Leistungsangebotes von Investmentbanken, die Berufseinsteiger über die Instrumente und Vorgehensweisen informiert.

Mit Blick auf den Einsatz im Studium enthält das Handbuch die theoretischen Grundlagen des Investment Banking: Angefangen bei den verwendeten Unternehmensbewertungsmodellen im Rahmen des M & A-Geschäftes, der Preisfindung bei Eigen- und

Fremdkapitalemissionen und der Funktionsweise des Market Making bis hin zu den Grundlagen des Asset Managements. Die wissenschaftlichen Ansätze dazu sind fortgeschritten, technisch differenziert ausgebaut und überwiegend empirisch getestet. Gleichzeitig jedoch ist eine fehlende Eindeutigkeit der theoretischen Ansätze untereinander festzustellen. Dies ergibt sich aus den vielfach restriktiven Annahmen und divergierenden Erklärungs- und Anwendungszwecken.

Aber selbst aufgrund dieser technischen Perspektive kann das reale Geschäft des Investment Banking nicht vollständig beschrieben werden. Die Ursache dafür sind die situationsspezifischen Besonderheiten der jeweiligen Geschäfte und die notwendige Anpassung der Parameter an die individuellen Gegebenheiten. Zusätzlich liegt ein großer Teil von erfolgreich verhandelten und durchgeführten Transaktionen in der professionellen Erfahrung der Banker. Bei Transaktionen ist ein Gespür für die Angebots- und Nachfragesituation des Marktes notwendig. Es gilt, entscheidende zukünftige Einflussgrößen konsistent abzuschätzen und zu quantifizieren. Darüber hinaus sind die Präferenzen des Kunden und die Stimmung des Marktes zu erfassen und abzustimmen. Hierzu bedarf es ausgesprochen vieler „Soft Skills". Aus diesem Grund sind häufig Einzelpersonen mit ihrem individuellen Problemlösungsansatz in Verbindung mit den Besonderheiten der jeweiligen Situation entscheidend für die Strukturierung einer Transaktion und ihren wirtschaftlichen Erfolg.

Das Handbuch ist in drei Hauptteile gegliedert: Der erste Teil befasst sich mit dem Umfeld der Investmentbanken und behandelt Aspekte der Abgrenzung, Erklärung, Entwicklung und Wettbewerbsstruktur der Investmentbanken. Der zweite Teil bietet die gesamte Bandbreite der Geschäfte. Anders als die traditionelle Finanzierungsliteratur, die sich an den Instrumenten ausrichtet, wird sich hier auf die organisatorische Perspektive einer Investmentbank bezogen mit dem Ziel – ausgehend von dem Geschäft der Investmentbanken –, ein fundiertes Verständnis für die zugrundeliegenden Einzeltätigkeiten zu vermitteln. In einem kurzen dritten Teil wird schließlich das Research als weiterer Bereich einer Investmentbank vorgestellt.

Die Beiträge sind so aufgebaut, dass der Leser sie einzeln und unabhängig voneinander lesen kann. Auch einzelne Abschnitte können als Nachschlagewerk für die interessierenden Einzelgebiete genutzt werden. Eine vertiefte und detaillierte Auseinandersetzung mit Spezialfragen zu den einzelnen Gebieten wird durch die angegebenen Literaturhinweise am Ende eines Abschnitts ermöglicht.

# Umfeld der Investmentbanken

# Grundlagen

1. Was ist Investment Banking?
   1.1 Universalbankensystem
   1.2 Trennbankensystem
   1.3 Definition des Investment Banking
   1.4 Commercial Banking – Investment Banking
2. Klassifikation und Tätigkeiten
   2.1 Typologie
       2.1.1 Differenzierungsmerkmale für Investmentbanken
       2.1.2 Ableitung von Investmentbanktypen
   2.2 Systematisierung des Investment Banking
       2.2.1 Konzeptionelles Grundmodell
       2.2.2 Geschäftsfelder
       2.2.3 Instrumente
       2.2.4 Kunden
3. Investmentbanken und Finanzintermediation
   3.1 Grundfunktionen in einem Finanzsystem
       3.1.1 Transformationsleistungen
       3.1.2 Transaktionsabwicklung
       3.1.3 Informationsverarbeitung und -umsetzung
   3.2 Funktionen von Finanzintermediären
       3.2.1 Risikoübernahme und Vertragseintritt
       3.2.2 Finanzintermediäre im engeren Sinne
       3.2.3 Finanzintermediäre im weiteren Sinne
   3.3 Funktionswahrnehmung einzelner Finanzintermediäre
       3.3.1 Commercialbanken
       3.3.2 Investmentbanken
           3.3.2.1 Kapitalmarkt als Plattform
           3.3.2.2 Tätigkeiten nach Art der Funktionserfüllung
           3.3.2.3 Tätigkeiten nach Art des Vertragseintritts
   3.4 Intermediationsformen
       3.4.1 Vergleich der Intermediation durch Commercialbanken und Investmentbanken
       3.4.2 Entwicklungsperspektiven der Intermediation durch Investmentbanken
4. Theoretische Erklärungsansätze
   4.1 Neoklassischer Erklärungsansatz

4.2 Neoinstitutionalistischer Erklärungsansatz
    4.2.1 Property-Rights-Theorie
    4.2.2 Transaktionskostentheorie
    4.2.3 Agency-Theorie
        4.2.3.1 Informationsasymmetrien vor Vertragsabschluss
        4.2.3.2 Informationsasymmetrien nach Vertragsabschluss
Zusammenfassung
Literaturhinweise

# Verzeichnis der Abbildungen

Abbildung 1: Gegenüberstellung von Commercial Banking und Investment Banking
Abbildung 2: Klassifikation der grundlegenden Banktypen
Abbildung 3: Grundtypen nach kombinierten Differenzierungsmerkmalen
Abbildung 4: Systematisierung des Investment Banking
Abbildung 5: Vergleich des Wachstums von US-Commercial- und US-Investmentbanken von 1980–1996
Abbildung 6: Entwicklungsperspektiven der Intermediation
Abbildung 7: Intermediationsfunktion der Investmentbank

# 1. Was ist Investment Banking?

## 1.1 Universalbankensystem

Um das Investment Banking definieren und von anderen Tätigkeiten wie dem Commercial Banking und dem Versicherungswesen abgrenzen zu können, ist es notwendig, sich im internationalen Vergleich die unterschiedlichen Bankensysteme vor Augen zu führen. So ist in Kontinentaleuropa das System der Universalbanken dominant. Im angloamerikanischen Raum hingegen herrschte, spätestens seit Verabschiedung des Glass Steagall Act im Jahr 1933, bis vor kurzem das Trennbankensystem mit Investment- und Commercialbanken vor.

Im Universalbankensystem sind Kreditinstitute grundsätzlich unbeschränkt in der Möglichkeit des Angebots und der Zusammenstellung von Finanzprodukten. So kann von einem Institut sowohl das Einlagen- und Kreditgeschäft als auch das Wertpapiergeschäft betrieben werden. Die meisten Banken bieten heute eine umfassende Bandbreite an Finanzdienstleistungen an: von der Abwicklung des Zahlungsverkehrs für Privatkunden über die Emission von Eigen- und Fremdkapital für Unternehmen bis zur Beratung bei Unternehmensübernahmen.

Das „Alles-aus-einer-Hand"-Konzept hat zur Etablierung des so genannten Hausbank-Konzeptes geführt, bei dem die Kunden sämtliche Finanzdienstleistungen mit einer einzigen Bank realisieren können. Diese exklusive Form einer Finanzierungs- und Beratungsfunktion kann sowohl für Unternehmen als auch für die Bank vorteilhaft sein. Die Bank erhält im Laufe der Zeit einen detaillierten Einblick in die Geschäftstätigkeiten und Risikostrukturen des Unternehmens. Diesen kann sie zur Erstellung individuell zugeschnittener Finanzierungen nutzen. Die Möglichkeiten der flexiblen Konditionengestaltung, des Cross Selling und der Senkung der Wettbewerbstransparenz sind eine attraktive Ausgangssituation für die Bank. Die Unternehmen hingegen können sich bei der Offenlegung von Informationen auf die Zuverlässigkeit und Diskretion der Hausbank verlassen.

Zu den Komponenten der impliziten gegenseitigen Vertragsbindung gehört traditionell auch das Engagement der Bank für das Unternehmen in Krisenzeiten. Unter der Prämisse sinnvoller Sanierungskonzepte offeriert die Bank in dieser Situation langfristige Finanzierungsformen. Hierzu zählen zum Beispiel ein Forderungsverzicht und die Umwandlung von Fremdkapital in Eigenkapital. Die umfangreichen Industriebeteiligungen deutscher Banken sind oftmals diesen Ursprungs. Sie verblieben weiter in den Bilanzen der Banken, da sie sich aufgrund der herrschenden steuerlichen Regelungen nur zu unvorteilhaften Konditionen wieder veräußern ließen. Hier ist allerdings aufgrund der 2002 in Deutschland in Kraft getretenen Steuerreform mit Veränderungen zu rechnen. So kann seither Beteiligungsbesitz steuerfrei veräußert werden.

Da Kreditinstitute beim Universalbankkonzept ein vollständiges Angebot von Finanzdienstleistungen zur Verfügung stellen können, bieten sie im Rahmen der Dienstleistungspalette auch häufig jene Tätigkeiten an, die im Folgenden speziell als Investment Banking definiert sind. Diese Geschäftsfelder stellten bei den meisten kontinentaleuropäischen Banken bis vor wenigen Jahren einen integralen Bestandteil des Leistungsspektrums und der organisatorischen Einbindung dar. Aufgrund der geringen Kapitalmarktorientierung in Kontinentaleuropa kam ihnen jedoch nur eine untergeordnete Bedeutung zu. Seit Beginn der 90er Jahre legen die klassischen Universalbanken allerdings ein stärkeres Gewicht auf das Investment-Banking-Geschäft.

Die verstärkte Orientierung der Universalbanken hin zum Investment Banking ließ sich vor allem durch eine sinkende Attraktivität des herkömmlichen Kreditgeschäftes begründen, das durch abnehmende Margen und verstärkten Wettbewerb sowie durch die Desintermediation gekennzeichnet ist. Im Vergleich hierzu erschien es profitabler, die Investment-Banking-Aktivitäten auszubauen. Aus diesem Grund wurden gezielt einzelne Investmentbanken gekauft und die Gründung und der Ausbau spezialisierter Corporate-Finance-Abteilungen forciert. Dabei wurde eine stärkere organisatorische Trennung zwischen den einzelnen Geschäftsbereichen der Universalbanken gefördert; die Vorteile eines Gesamtbankkonzerns sollten jedoch gleichzeitig erhalten bleiben. Diese Entwicklung führte in letzter Instanz zu einer zunehmenden Spezialisierung und Differenzierung innerhalb der Universalbanken und schließlich zu einer Geschäftsfeldtrennung in Commercial und Investment Banking.

Umgekehrt lässt sich auch eine Abkehr von der organisatorischen Ausrichtung nach einzelnen Geschäftsfeldern feststellen. Eine Aufstellung nach Funktionen schien ursprünglich insbesondere aus Sicht der Bank sinnvoll, da die Trennung spezialisierter Einzeltätigkeiten und deren Bündelung in entsprechenden Abteilungen besondere Effizienzvorteile versprach. Aus Sicht des Kunden führt dies jedoch zu einer – unter Umständen konfliktionären – Mehrfachberatung durch dieselbe Bank. In den letzten Jahren wurden daher verstärkt die Strukturen an den verschiedenen Kundengruppen und deren Bedürfnissen ausgerichtet. Diese Organisationsweise lässt voraussichtlich eine effektivere Wertschöpfung zu.

## 1.2 Trennbankensystem

Den kontinentaleuropäischen Universalbanken stand bis vor kurzem das angloamerikanische Trennbankensystem gegenüber. Bei diesem wurde eine institutionelle Grenze zwischen dem Wertpapiergeschäft und dem Einlagen- und Kreditgeschäft (Commercial Banking) gezogen. Das Wertpapiergeschäft wurde in den USA von den so genannten Investmentbanken und in Großbritannien von den so genannten Merchant Banks (in der Folge als Merchantbanken bezeichnet) betrieben. Diese Institutionen waren durch regulatorische Gesetzgebungseingriffe in den USA bzw. durch die historische Entwicklung in Großbritannien entstanden. Da sie hinsichtlich ihrer Geschäftsfelder nicht vollständig deckungsgleich waren, werden sie getrennt betrachtet.

In den *Vereinigten Staaten* ist 1933 mit dem Glass Steagall Act die Trennung des Einlagen- und Kreditgeschäftes vom Wertpapiergeschäft vorgeschrieben worden.[1] Ursache für diese Gesetzgebung waren der Börsencrash Anfang der 30er Jahre und die anschließende Weltwirtschaftskrise. Der damals wahrgenommene Zusammenhang zwischen den umfassenden Aktivitäten einer kleinen Gruppe von Banken, der Volatilität an den Aktienmärkten und der volkswirtschaftlichen Entwicklung hat zu einer restriktiven Regulierung des Finanzsektors geführt. Insbesondere die inhärenten Interessenkonflikte zwischen verschiedenen Geschäftsfeldern von Banken sollten durch die Einführung des Trennbankensystems reduziert werden. Zu diesem Zweck wurde das risikoreichere Wertpapiergeschäft vollständig von dem Einlagen- und Kreditgeschäft abgekoppelt. Dies hat zur organisatorischen Abtrennung bzw. Gründung der klassischen „Investmentbanken" geführt.

In Verbindung mit dem McFadden Act von 1927 sowie dem Bank Holding Act von 1956 und 1970 existierte bis 1999 in den USA ein detailliertes Abgrenzungswerk für Finanzinstitutionen.[2] Commercialbanken durften grundsätzlich keine Wertpapiere und Versicherungen verkaufen bzw. emittieren. Der Vertrieb von Fonds und der Handel mit Wertpapieren und Immobilien sowie das Engagement als Finanzberater waren beschränkt. Ebenso durften Commercialbanken keine nennenswerten Anteile an Industrieunternehmen halten. Umgekehrt war Industrieunternehmen, Versicherungen und Investmentbanken die Beteiligung an Commercialbanken untersagt. Die wechselseitige Verflechtung von Commercialbanken und Investmentbanken wurde somit auch auf indirektem Weg unterbunden.

In den letzten Jahren hatte sich jedoch erst eine zunehmende Aufweichung, dann eine Abschaffung dieser Regelungen eingestellt. So konnten als Folge einer veränderten Auslegung des Paragraf (Section) 20 des Glass Steagall Act Commercialbanken Tochtergesellschaften zum Zweck der Emission bestimmter Wertpapiere gründen (Section 20 Subsidiaries). Die Einnahmen aus diesem Geschäft durften jedoch einen bestimmten Anteil an den gesamten Erlösen der Gesamtbank nicht überschreiten. Obwohl die juristisch strenge Trennung zwischen Investment und Commercial Banking noch lange weiterbestand und auch durch wiederholte Gesetzesinitiativen nicht verändert werden konnte, kam es doch zu einer zunehmenden Aufweichung der Grenzen zwischen den Tätigkeiten der Banksektoren. Diese Entwicklung wurde auch durch Veränderungen der Marktbedingungen vorangetrieben. So haben sich die Geschäftstätigkeiten der Investmentbanken insbesondere unter dem Einfluss zahlreicher Finanzinnovationen und veränderter Handlungsmöglichkeiten an den Kapitalmärkten verändert. Gleichzeitig hat eine Internationalisierung der Präsenz großer Bankhäuser stattgefunden. Als Folge dessen traten auf der einen Seite Commercialbanken verstärkt als Wettbewerber der klassischen Investmentbanken auf, auf der anderen Seite brachen Investmentbanken in Geschäftsfelder von Commercialbanken

---

[1] In der Regel wird der Glass Steagall Act als Ursache des Trennbankensystems in den USA angesehen. Tatsächlich bestanden jedoch in den USA bereits zu deutlich früheren Zeitpunkten juristische Vorschriften über den gegenseitigen Ausschluss verschiedener Finanzgeschäfte. Diese finden sich im Free Banking Act von 1838, dem National Banking Act von 1863 sowie in deren konstanter Auslegung durch den Supreme Court seit 1876. Vgl. dazu beispielsweise Schwintowski/Schäfer (1997), S. 138f.
[2] Zu den rechtlichen Regelungen und ihrer Diskussion vgl. Saunders/Walter (1994).

ein, so beispielsweise in den Bereich der syndizierten Kredite. Damit wurde diese regulatorische Frage auch wichtig bei der Konzentrationswelle im Finanzdienstleistungsbereich. So hätte ohne weitere Deregulierung der durch die Fusion von Citicorp und Travelers Group entstandene Konzern Teile des Versicherungsgeschäftes abstossen müssen. 1999 beschloss die US-amerikanische Legislative dann schließlich mit dem Financial Modernization Act eine vollständige Aufhebung der Trennung zwischen Commercial- und Investmentbanken. Hiernach dürfen US-amerikanische Banken sämtliche Finanzdienstleistungen, das heißt das Kreditgeschäft, das Emissionsgeschäft, das Vermögensverwaltungsgeschäft sowie auch Versicherungsgeschäfte, aus einer Hand anbieten[3].

In *Großbritannien* haben sich die Merchantbanken im Laufe der letzten zweihundert Jahre als spezialisierte Institutionen entwickelt. Diese Londoner Banken, wie beispielsweise Barings und Schroders, begannen im 18. Jahrhundert mit der Finanzierung internationaler Handelsgeschäfte (Merchants) und der Kreditversorgung für europäische Staaten. Die Geschäftstätigkeit konzentrierte sich in der Folge auf Aktivitäten in den Bereichen Corporate Finance, Emissionsgeschäft und finanzielles Eigenengagement an Transaktionen. Aufgrund ihrer zumeist geringen Eigenkapitalausstattung waren die Merchantbanken auf besonders innovative und flexible Gestaltungen der Finanzgeschäfte angewiesen und haben hier ihre besondere Stärke entwickelt. Beispielsweise wurde von *S. G. Warburg* 1963 der Markt für Eurobonds in London initiiert. Diese zumeist relativ kleinen Merchantbanken haben sich inzwischen zu fokussierten Spezialbanken entwickelt oder sind von ausländischen Banken aufgekauft und in deren Organisation eingegliedert worden. Für den zweiten Fall stehen exemplarisch die Häuser Morgan Grenfell, das von der Deutschen Bank und Kleinwort Benson, welches von der Dresdner Bank übernommen wurde.

## 1.3 Definition des Investment Banking

Vor dem Hintergrund der vielfältigen historischen und regulatorischen Rahmenbedingungen in den verschiedenen Ländern ist eine präzise und eindeutige Definition des Begriffs „Investment Banking" schwer. Um eine Klärung vornehmen zu können, ist es notwendig, einen gemeinsamen Strukturkern des Investment Banking aufzuzeigen, um in einem zweiten Schritt eine Unterscheidung zu anderen finanzwirtschaftlichen Tätigkeiten zu ermöglichen.

Bei der Festlegung des Strukturkerns ist es wichtig, dass Investmentbanken nach der Art der durchgeführten Geschäfte abgegrenzt werden. Dabei unterscheiden sich die einzelnen Definitionen des Investment Banking vor allem nach dem Umfang der zugeordneten Tätigkeiten. Einen derartigen Gliederungsvorschlag unterbreiten *Kuhn* (1990) und *Fabozzi/Modigliani* (1996). Sie unterscheiden vier unterschiedlich weit gefasste Abgrenzungsmöglichkeiten des Investment Banking, wobei die Zuordnung von Aktivitäten zu den einzelnen Stufen eher exemplarisch gemeint ist.

---

[3] Siehe für nähere Informationen zum Inhalt, zur Entwicklung und den Auswirkungen dieses Gesetzes Baas (2000).

(1) Die weiteste Definition orientiert sich an den tatsächlichen Geschäftstätigkeiten der bedeutendsten Finanzinstitute an der Wall Street. Damit wird der vielfach geäußerten Meinung: *„Investment Banking is what Investment Banks do"* gefolgt. Die Tätigkeiten umfassen ein Spektrum vom internationalen Emissionsgeschäft über eine ganze Reihe von speziellen Finanzdienstleistungen (zum Beispiel Immobilien und Versicherungen) bis hin zum Marketing im Kleinkundengeschäft. Ebenso sind umfangreiche Handelsaktivitäten auf den verschiedensten Märkten vorhanden. Diese reichen von den klassischen Titeln, zum Beispiel Staatsanleihen, bis hin zu Waren und Rohstoffen inklusive Kaffee und Strom. Ebenfalls eingeschlossen sind der Handel auf eigene Rechnung (Proprietary Trading) und das Principal Investment, bei dem die Investmentbanken auf eigene Rechnung arbeiten. Da sich diese Abgrenzung am jeweiligen Status quo der Investmentbanken orientiert, können sich die einbezogenen Aktivitäten, beispielsweise durch Modifikation des regulatorischen Rahmens, durchaus verändern.

(2) Bei der etwas enger gefassten Form stellen die Aktivitäten auf den Kapitalmärkten das konstituierende Element des Investment Banking dar. Dementsprechend zählen dazu vor allem Tätigkeiten in den Bereichen des Corporate Finance, der Unternehmensübernahmen, der Emissionstätigkeiten sowie des Fondsmanagements.

(3) Auf der nächsten Stufe wird das Investment Banking nur als ein eingeschränkter Teil der Kapitalmarkttransaktionen definiert. Der Schwerpunkt liegt dabei auf dem Emissionsgeschäft und den Unternehmensübernahmen.

(4) Bei dem am engsten gefassten Definitionsansatz wird das Investment Banking auf sein historisches Fundament zurückgeführt. Die Tätigkeiten werden auf die Emission und die Aufnahme von Kapital am Primärmarkt sowie auf den Wertpapierhandel am Sekundärmarkt als Broker und Dealer beschränkt.

Insbesondere die letzten beiden Abgrenzungen des Investment Banking erscheinen unnötig restriktiv. Der weiteste Erklärungsansatz ermöglicht eine Übereinstimmung zwischen den Tätigkeiten der real existierenden Investmentbanken und den konstitutiven Merkmalen der Branche. Die zweite Definition mit dem Abgrenzungsmerkmal des Kapitalmarktbezugs ist daher die logisch stringenteste.

In diesem Handbuch wird allerdings von der breitesten Definition „Investment Banking is what Investment Banks do" ausgegangen, da die Vermittlung eines umfassenden Einblicks in die Tätigkeiten von Investmentbanken erreicht werden soll. Zum Zwecke der Übersichtlichkeit erfolgt eine Konzentration auf die Schwerpunkte der Geschäftstätigkeiten von Investmentbanken in Deutschland. Einige mögliche Tätigkeitsbereiche im deutschen Markt sind erst begrenzt entwickelt, so beispielsweise das Immobilien-Investmentbanking, andere Bereiche, so beispielsweise der Rohstoffhandel, erfolgen zentralisiert aus London heraus.

Mit der Wahl der breitesten Definition des Investment Banking ist aufgrund der Orientierung am jeweils aktuellen Status quo gleichzeitig eine gewisse Dynamik bei der Zuordnung von Geschäftstätigkeiten zum Investment Banking gegeben. Teilweise werden diese durch Veränderungen der regulatorischen Rahmenbedingungen ermöglicht. Wichtig sind vor allem die Veränderungen des Geschäfts selber. So ist zum Beispiel eine zunehmende

Verbriefung von Ansprüchen (Securitization) festzustellen. Die Möglichkeiten einer Verbriefung entstehen durch eine fortschreitende Standardisierung von Einzelgeschäften. Standardisierte Einzelgeschäfte oder Pools von homogenen Forderungen können dann am Kapitalmarkt gehandelt werden. Insofern ist die Ausweitung von Tätigkeiten des Investment Banking auf Gebiete des bisher klassischen Commercial Banking erklärbar. Als Beispiel für einen klassischerweise dem Commercial Banking zugehörigen Bereich, in dem sich in den letzten Jahren Investmentbanken etabliert haben, kann das syndizierte Kreditgeschäft, das heißt der Privatplatzierung von Kreditengagements, angeführt werden.

Eine zunehmende Ausweitung bzw. Überschneidung von Geschäftstätigkeiten lässt sich nicht nur innerhalb des Bankensektors (Investment Banken vs. Commercial Banken), sondern auch zwischen dem Banken- und dem Versicherungssektor feststellen. Bereits seit Ende der 80er Jahre wird dies mit dem Schlagwort „Allfinanz" bzw. „Bankassurance" beschrieben. Obwohl die Bank- und die Versicherungstätigkeiten aufgrund regulatorischer Vorgaben voneinander zu trennen sind, so bestehen doch inhaltlich Überschneidungen bei verschiedenen Einzelaktivitäten.

Im Vordergrund der „Allfinanzüberlegungen" steht in der Regel die Nutzung von Vertriebskapazitäten. Über den stationären Vertrieb von Banken (Filialen) werden neben klassischen Bankleistungen (zum Beispiel Zahlungsverkehr) unter anderem auch Lebens- und Sachversicherungen verkauft. Über den mobilen Vertrieb (Vertreter) können Sachversicherungs-, Kranken- und Ansparprodukte (Lebensversicherungen, Fonds, Aktien) angeboten werden. Direkte Vertriebskanäle eignen sich insbesondere für standardisierbare und wenig erklärungsbedürftige Produkte. Obwohl Banken und Versicherungen auf sehr unterschiedlichen Geschäftsmodellen aufbauen, so wird doch in einigen Bereichen auf die gleichen Vertriebswege zurück gegriffen. Bei „Bankassurance" wird durch die organisatorische Zusammenführung von Banken und Versicherungen eine ergebnismaximierende Vertriebsstrategie angestrebt. Beispiele hierfür sind Abbey National/Scottish Provident, Allianz/Dresdner Bank, Citicorp/Travelers (Citigroup), Credit Suisse/Winterthur, Den Norske Bank/Vital, Fortis, ING, KBC, Lloyds TSB/Scottish Widows und Sampo/Leonia. Einen entgegengesetzten Ansatz verfolgt die Deutsche Bank, indem sie im September 2001 ihre Versicherungstochter Deutscher Herold an Zurich Financial Services verkaufte.

Neben diesen absatzmarktbezogenen Überlegungen besteht auch ein zweiter Grund, warum sich die Grenzen zwischen dem Banking und dem Versicherungswesen verschieben. So haben die Entwicklungen bei der Verbriefung zu einer Konvergenz des Geschäfts von Rückversicherern und Investmentbanken geführt. Rückversicherungsrisiken, zum Beispiel die Schadenkonsequenzen von Erdbeben, lassen sich als fungible Wertpapiere an die Kapitalmärkte weitergeben (Cat-Notes). Die Grundeigenschaften des Versicherungsgeschäfts verändern sich infolgedessen von einer Risikoallokation über die Bilanzen von Erst- und Rückversicherern hin zu einer Verbriefung und Verteilung an Investoren am Kapitalmarkt. Investmentbanken entwickeln sich in diesem Bereich somit zunehmend zu Risikohändlern. Gleichzeitig bauen die Versicherungen das Geschäftsfeld „Kapitalanlage für Dritte" (Asset Management) aus. Die Kapitalanlage ist schon immer ein zwangsläufiger Bestandteil der Geschäftstätigkeit von Versicherungen gewesen. Diese Dienstleistung wird von den Versicherungen zunehmend ausgebaut (Weiterentwicklung eigener Kapitalanlagegesellschaften, Kauf von unabhängigen Asset Managern) und den privaten und institutionellen Kunden angeboten.

## 1.4 Commercial Banking – Investment Banking

Wie schon bei der Bewertung des Universalbankensystems angesprochen, unterscheidet sich das Commercial vom Investment Banking in vielerlei Hinsicht. Die grundsätzlichen Unterschiede zwischen Commercial und Investment Banking können anhand verschiedener Kriterien aufgezeigt werden (vgl. Abbildung 1).

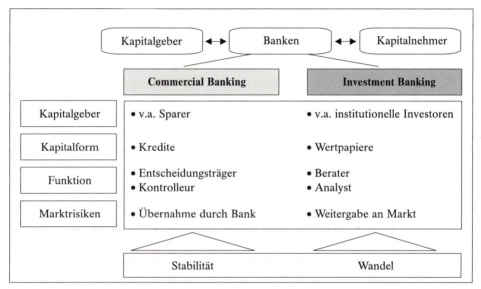

Abbildung 1: Gegenüberstellung von Commercial Banking und Investment Banking

Im oberen Bereich der Darstellung wird die grundsätzliche Stellung von Banken als Intermediäre zwischen Kapitalgebern und Kapitalnehmern aufgezeigt (vgl. hierzu Abschnitte 3.3 und 3.4). Die Eigenschaften von Commercialbanken und Investmentbanken werden im darunterliegenden Teil in vier exemplarischen Bereichen gegenübergestellt.

Die „Kapitalgeber" der Commercialbanken sind vorwiegend Sparer, die ihre Mittel bei den Banken anlegen und gegenüber diesen Ansprüche erwerben. Entsprechend sind der Kredit und die Einlage die Kapitalform beim Commercial Banking. Investmentbanken hingegen waren zumindest über lange Zeit eher an institutionellen Investoren orientiert, die über ein hohes Transaktionsvolumen verfügen. Sie handeln hauptsächlich mit verbrieften Forderungen, die sich an den Kapitalmärkten weiterveräußern lassen.

In der „funktionellen" Ausrichtung agieren Commercialbanken als Entscheidungsträger bei der Vergabe von Krediten und bei der Festlegung von Konditionen für Kapitaleinlagen. Die Kapitalvergabe an Unternehmen, Privatpersonen und öffentliche Einrichtungen erfordert in der Folge eine Kontrolle des eingegangenen Engagements. Investmentbanken treten dagegen als Berater und Analysten auf, was entprechende Anforderungen an die Kommunikation mit den Kunden stellt.

Ein besonders weitreichender Unterschied besteht in der Behandlung des „Marktrisikos". Während Commercialbanken auch für eine längere Dauer Risiken übernehmen und diese durch einen internalisierten Portfolioansatz diversifizieren, übernehmen die Investmentbanken nur sehr kurzzeitig Risiken und beraten eher hinsichtlich der Möglichkeiten zur Beschränkung von Risiken.

## 2. Klassifikation und Tätigkeiten

### 2.1 Typologie

#### 2.1.1 Differenzierungsmerkmale für Investmentbanken

Im Laufe der letzten Jahrzehnte haben sich unterschiedliche Grundtypen von Investmentbanken herausgebildet. Mit Hilfe von Differenzierungsmerkmalen können die verschiedenen Kategorien von Investmenbanken verdeutlicht werden, wobei hier davon ausgegangen wird, dass das Investment Banking das gesamte Spektrum der tatsächlich durchgeführten Tätigkeiten umfasst. Unterscheidungskriterien sind:

- die Kundengruppe,
- die Breite der Geschäftstätigkeiten,
- die geografische Präsenz,
- die Gesamtgröße der Investmentbank,
- die Reputation der Investmentbank.

Eine häufig genutzte Unterscheidung von Investmentbanken erfolgt anhand ihrer *Kunden*. Bei der Unterscheidung der Investmentbanken nach Kundengruppen ergeben sich die beiden Kategorien „Wholesale-Banken" und „Retail-Banken". Die Wholesale-Banken, die vorwiegend juristische Personen bedienen, haben ihren Schwerpunkt im Kundensegment der Industrieunternehmen, der Finanzinstitute und der institutionellen Investoren. Diese Investmentbanken übernehmen beispielsweise bei der Durchführung von Maßnahmen zur Kapitalaufnahme die Strukturierung der Transaktion. Platziert werden die Wertpapiere bei anderen Wholesale-Kunden oder im Rahmen eines Konsortiums. Die Investmentbanken verfügen somit über keine ausgedehnte Vertriebsstruktur für Privatkunden. Beispielhaft für derartige Banken seien Goldman Sachs und Schroders genannt.

Die Retail-Banken konzentrieren sich auf das Geschäft mit natürlichen Personen, also Kleinkunden und wohlhabende Einzelpersonen im Bereich Private Banking. Vorrangige Stärke ist die Distribution von kleineren Wertpapierstückelungen an das breite Publikum. Zu diesen Firmen gehören reine Broker wie Charles Schwab und Fondsanbieter wie Fidelity.

Abbildung 2 vermittelt die Gegenüberstellung von Commercial Banking und Investment Banking zu den Kategorien Retail Banking und Wholesale Banking. Dabei wird die Trennung von Commercial und Investment Banking anhand der Unterscheidungen in Kredit- und Einlagenprodukte bzw. Wertpapierprodukte vorgenommen. Aus der Übersicht wird die Klassifikation grundlegender Banktypen deutlich. In diesem Kontext lassen sich grundsätzlich die Positionierungen einzelner Häuser und deren Wettbewerbsverschiebungen plastisch veranschaulichen. In diesem Handbuch liegt der Schwerpunkt auf dem dunkel unterlegten rechten Bereich des Investment Banking für Wholesale-Kunden.

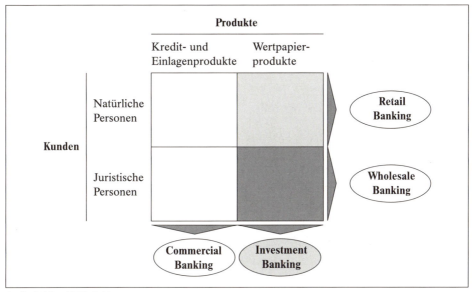

Quelle: Brinker (1998), S. 14

Abbildung 2: Klassifikation der grundlegenden Banktypen

Die Realität zeigt aber, dass sich die in Abbildung 2 dargestellte klare Aufteilung, die lange Bestand hatte, jetzt in Auflösung befindet. So hat die verstärkte Dynamik im Banksektor nicht nur zu einer zunehmenden Konkurrenz zwischen Commercial und Investment Banking sowie zu Integrationsbemühungen zwischen diesen beiden Bereichen geführt, sondern es haben jüngst auch auf der Achse Retail- versus Wholesale Banking nennenswerte Verschiebungen stattgefunden. Beispielhaft hierfür ist der Zusammenschluss der Wholesale Bank Morgan Stanley mit dem Broker Dean Witter Discover zu Morgan Stanley Dean Witter.

Im Zentrum der Diskussion steht die noch nicht gelöste strategische Frage, inwiefern eine Zusammenführung dieser beiden Bereiche notwendig ist und aus Sicht der Kunden gefordert bzw. akzeptiert wird. Sowohl für als auch gegen derartige Integrationsbemühungen sprechen fundierte Argumente. Befürworter argumentieren, dass sich hierdurch aus Sicht der Wholesale-Anbieter ein verstärkter Zugang zu Distributionskanälen ergibt, um die Platzierung von Wertpapieremissionen einfacher, kostengünstiger und unabhängiger durchführen zu können. Aus Sicht der Banken mit Retail-Vertriebswegen können auf diese Weise die Strukturierung von Anleihen und deren Vertrieb effizienter verbunden werden. Dem stehen maßgebliche Argumente wie die schwere kulturelle Vereinbarkeit der im Retail Banking und im Wholesale Banking tätigen Personen gegenüber. Da die Zusammenschlüsse noch jüngeren Datums sind, sind im Ergebnis die wirtschaftlichen Implikationen derartiger Fusionen noch nicht eindeutig abschätzbar.[4] Eine ähnliche Problematik entsteht bei bankeigenen Kapitalanlagegesellschaften und deren Konzernmutter.

Darüber hinaus wird die Trennung von Retail- und Wholesale Banking zunehmend schwieriger, da bei neuen Vertriebswegen, wie zum Beispiel dem Vertrieb von Asset-Management-Produkten über große Unternehmen an deren Mitarbeiter, die Entscheidung zum Vertragsabschluss zwar noch bei der Einzelperson liegt, das angebotene Produktspektrum jedoch von der Vorauswahl des Unternehmens abhängt.

Die *Breite* der angebotenen und durchgeführten *Geschäftsaktivitäten* bzw. -funktionen kennzeichnet die Anzahl der angebotenen Dienstleistungen einer Investmentbank im Vergleich zum Umfang der grundsätzlich existierenden Aktivitätsmöglichkeiten. Eine Investmentbank kann hiernach das vollständige Spektrum an denkbaren Tätigkeiten anbieten (Full Line Service), verschiedene Elemente davon, oder sich aber auf einen einzigen Teilbereich beschränken (Specialized Institutions).

Nach der *geografischen Präsenz* sind Investmentbanken nach globalen, nationalen oder regionalen Geschäftstätigkeiten zu unterscheiden. Obwohl die regionale Präsenz aufgrund fortgeschrittener Kommunikationsmöglichkeiten auf den ersten Blick immer ersetzbarer zu sein scheint, kommt ihr doch durch die notwendigen direkten Beziehungen zu den global agierenden Kunden eine insgesamt steigende Bedeutung zu.

Die *Gesamtgröße* bezeichnet Merkmale wie das aggregierte Volumen der abgeschlossenen Geschäfte, die Anzahl der Mitarbeiter, das Bilanzvolumen, die Höhe des Eigenkapitals oder die Börsenkapitalisierung. Damit kann die relative Bedeutung der Bank im Markt veranschaulicht werden.

Von besonderer Bedeutung für die Einschätzung von Investmentbanken ist schließlich deren *Reputation*. Die Komplexität, der Umfang, oftmals die Einmaligkeit und die weitreichende finanzielle Tragweite von einzelnen Projekten machen die Auswahl einer optimal geeigneten Investmentbank für den Kunden zu einem erfolgsentscheidenden Schritt. Dies gilt beispielsweise für eine Börseneinführung, für große Akquisitionen oder die Abwehr feindlicher Übernahmeversuche. Die Reputation einer Bank stellt dabei ein besonderes Vertrauenskapital dar, das für zukünftige Transaktionen eine zuverlässige Durchführung signalisieren soll.

---

[4] Für eine eingehendere Behandlung vgl. Brinker (1998).

## 2.1.2 Ableitung von Investmentbanktypen

Bei einer Unterscheidung der im Investment Banking tätigen Häuser nach den kombinierten Differenzierungsmerkmalen – der Breite der angebotenen Funktionen, der geografischen Präsenz, der Gesamtgröße und der Reputation – lassen sich sechs verschiedene Grundtypen von Investmentbanken ableiten (vgl. Abbildung 3). Bei diesen handelt es sich um die Bulge-Bracket-Firmen, die Major-Bracket-Firmen und die Submajor-Bracket-Firmen sowie um die spezialisierten Firmen in Form von Boutiquen, Wirehouses und Research Firms.

|  | Bulge Bracket | Major Bracket | Submajor Bracket | Spezialisierte Häuser | | |
|---|---|---|---|---|---|---|
|  |  |  |  | Boutique | Wirehouse | Research Firms |
| Breite der Geschäftsaktivitäten | Volles Spektrum | Nicht alle Tätigkeiten | Fokussierung | M & A, Corporate u. Structured Finance | Broker-Tätigkeit | Beschaffung, Auswertung von Informationen |
| Geografische Präsenz | Global | Global oder national | National oder regional | National oder regional | Regional | Global oder national |
| Gesamtgröße | Groß | Groß bis mittel | Mittel bis klein | Klein | Mittel | Mittel bis klein |
| Reputation | Ausgezeichnet | Sehr gut | Gut | Ausgezeichnet bis gut | Von untergeordneter Bedeutung | Sehr gut |
| Kundengruppe | Volles Spektrum | Volles Spektrum | Fokussierung | Industrieunternehmen | Retail-Kunden | Spezialisiert auf individuelle Zielgruppe |

Abbildung 3: Grundtypen nach kombinierten Differenzierungsmerkmalen

- *Bulge-Bracket-Firmen*

Die Bulge-Bracket-Firmen gelten aufgrund ihrer globalen Präsenz, dem breiten Produktspektrum, der Gesamtgröße und vor allem ihrer Reputation als die ersten Adressen unter den Investmentbanken. Zu ihren besonderen Eigenschaften zählen unter anderem die Kapitalstärke, das spezifische Know-how sowie eine herausragende Informationsbeschaffung und -verarbeitung. Ein weiterer entscheidender Vorteil ist ihre Möglichkeit zur globalen Durchführung (Exekution) von Geschäften. Dies ist vor allem für international tätige Kunden bedeutend. Langjährig aufgebaute Kundenbeziehungen ermöglichen den Investmentbanken oftmals die Leistung von besonderen Wertbeiträgen für ihre Kunden.

Die Bezeichnung „Bulge Bracket" ist abgeleitet aus der Position und grafischen Darstellung der Banknamen auf Emissionsprospekten und bei Zeitungsannoncen nach erfolgreich durchgeführten Transaktionen (Tombstones). Handelt es sich um Konsortien, so erscheint der Name der federführenden Bank im oberen Teil und ist fett bzw. kursiv gedruckt. Investmentbanken, deren Name in dieser Position regelmäßig vertreten sind, gehören zu der Gruppe der Bulge-Bracket-Firmen, die auch „Special Bracket" genannt wird. Zu dieser Gruppe von Investmentbanken werden weltweit mittlerweile nur noch drei Firmen gezählt: Goldman Sachs, Merrill Lynch sowie Morgan Stanley Dean Witter.

- *Major-Bracket-Firmen*

Bei den so genannten Major-Bracket-Firmen sind dagegen Restriktionen insbesondere hinsichtlich des Umfangs der Produktpalette und der weltweiten Präsenz gegeben. Global gesehen gehören zu dieser Gruppe JP Morgan Chase, Salomon Smith Barney, Lehman Brothers, Credit Suisse First Boston, UBS Warburg, Deutsche Bank und Dresdner Kleinwort Wasserstein. Eine mögliche strategische Ausrichtung dieser Firmen besteht in der langfristigen Erreichung einer Bulge-Bracket-Position. Dies wurde bereits in den letzten Jahren durch Zusammenschlüsse versucht: J. P. Morgan – Chase, Deutsche Bank – BT, UBS – Paine Webber, Schroder – Salomon Smith Barney, CSFB – Donaldson, Lufkin, Jenrette (DLJ). Alternativ kann eine zunehmende Fokussierung auf nachhaltig ertragsversprechende Geschäftsschwerpunkte durchgeführt werden.

- *Submajor–Bracket-Firmen*

Submajor Bracket-Firmen verfügen über einen ausgesprochenen Fokus im Hinblick auf lokale Präsenz, Produktangebot oder Kundenabdeckung. Beispielhaft für eine derartige Investmentbank ist Bear Stearny zu nennen.

*Spezialisierte Häuser*

Eine Beschränkung auf individuelle Geschäftsfelder liegt bei den spezialisierten Häusern vor:

- *Boutiquen*

Die Boutiquen konzentrieren sich insbesondere auf Tätigkeiten im Bereich Mergers & Acquisitions, Corporate Finance und Structured Finance. Für die Beratung und Abwicklung von Transaktionen in diesem Sektor ist ein besonderes Fach- und Branchenwissen erforderlich. Da eine begrenzte Eigenkapitalunterlegung dieser Geschäfte ausreichend ist, bestehen in diesem Marktsegment keine sehr hohen Eintrittsbarrieren für potentielle neue Wettbewerber. Die Spezialisierung der Boutiquen wirkt sich vorteilhaft auf die Übersichtlichkeit der bankinternen Arbeitsstrukturen und auf eine geringere Fixkostenbelastung durch den Wegfall umfangreicher Zentralabteilungen aus. Derartig positioniert ist beispielsweise auf europäischer Ebene Lazard. Als weitere Firma in diesem Segment ist für Deutschland beispielhaft Siegfried Drücker zu nennen.

- *Wirehouses*

Bei den Wirehouses handelt es sich um Broker, die in Geschäftsbeziehungen zu natürlichen Personen stehen. Diese nehmen Kauf- und Verkaufsaufträge für Wertpapiere von Kleinkunden entgegen. Ein Beispiel für ein derartiges Haus ist der Discount Broker Charles Schwab. Die Wirehouses verfügen über eine lokale Präsenz und leiten die Aufträge traditionell an die zentralen Börsenplätze weiter. Inzwischen übernehmen sie allerdings zum Teil auch eigenes Matching. Der Begriff „Wirehouse" leitet sich aus der historischen Nutzung der Telegrafentechnik ab.

- *Research Firms*

Die Research Firms sind auf die Sammlung und Auswertung von Informationen spezialisiert. Die hauptsächlich durchgeführten Markt-, Branchen- und Emittentenbewertungen werden an andere Finanzinstitute und Investoren verkauft. Dieser Kategorie können auch die Rating-Agenturen wie Moody's und Standard & Poor's zugeordnet werden, die Bonitätseinschätzungen für Länder und Unternehmen anfertigen. Der Vorteil dieser Firmen liegt in der Spezialisierung und vor allem Unabhängigkeit, da keine Interessenkonflikte mit selbst durchgeführten Geschäften entstehen.

Weitere Abgrenzungsmöglichkeiten von Grundtypen im Investmentbanking sind denkbar. Spezialisierte Häuser existieren beispielsweise auch im Hinblick auf Industriesegmente. So haben sich insbesondere im Bereich der neuen Technologien Wettbewerber mit besonderem Branchenwissen etabliert – dies sind insbesondere die (heute allerdings nicht mehr unabhängigen) Häuser Robertson, Stephens, Alex. Brown, Hambrecht & Quist und Rotschild, Unterberg & Towbin. Stehende Begrifflichkeiten haben sich dafür jedoch noch nicht entwickelt.

## 2.2 Systematisierung des Investment Banking

### 2.2.1 Konzeptionelles Grundmodell

Aus den bisherigen Erläuterungen wurde die Vielzahl möglicher Sichtweisen des Investment Banking deutlich. Im Folgenden wird ein konzeptionelles Grundmodell präsentiert, das die Aktivitäten und Betätigungsfelder von Investmentbanken systematisiert. Die bekannteste und zunächst wichtigste Dimension einer Investmentbank stellen dabei die angebotenen Geschäftsfelder dar. Dabei kann grundsätzlich ein breites Spektrum an Instrumenten eingesetzt werden. In Abhängigkeit der jeweiligen Kunden bilden sich dann unterschiedliche Vorgehensweisen und Abläufe heraus. Abbildung 4 veranschaulicht die Abgrenzung der drei relevanten Dimensionen von Investmentbanken:

- Geschäftsfelder,
- Instrumente,
- Kunden.

Im Würfel ist die Dimension *Geschäftsfelder* an der unteren Achse veranschaulicht. Dabei werden ausschließlich die originären Aktivitäten berücksichtigt, die grundsätzlich direkt von den Kunden vergütet werden. Rein unterstützende Bereiche sind somit nicht aufgeführt. Tatsächlich besteht im Investment Banking zudem oft ein so genannter „Loose Link" zwischen einer Geschäftstätigkeit und der Vergütung. Das ist dann der Fall, wenn einzelne, in der Regel kleinere Projekte oder Beratungen unentgeltlich oder nicht kostendeckend durchgeführt werden, damit anschließende größere Aufträge die Kosten der Investmentbank für diese Vorleistungen ausgleichen.

Die *Instrumente* auf der rechten Seite verdeutlichen, um welche Finanzierungsform oder um welche Art von ökonomischem Gut es sich bei den Transaktionen handelt.

Die Dimension *Kunden* charakterisiert die unterschiedlichen externen Abnehmer der Bankleistung. Da Investmentbanken hauptsächlich als Intermediäre am Kapitalmarkt agieren, stellt die Kundendimension gleichzeitig die Abnehmerdimension dar. Inwieweit es sich bei einer Transaktion um Kunden der Investmentbank oder einfach um den Gegenpart bei einem Geschäft handelt, hängt jeweils von der eingenommenen Betrachtungsperspektive ab. Unter Einsatz des eigenen Kapitals hat die Investmentbank jedoch auch die Möglichkeit, sich selbst als Investor an den Kapitalmärkten zu engagieren. Hier wird sie auf eigene Rechnung tätig; dieser Bereich wird deshalb auch als „Principal" oder „Proprietary" bezeichnet.

Obwohl nicht jeder einzelne Schnittpunkt der Dimensionen sinnvoll zugeordnet werden kann, lassen sich doch mit dem Würfel unterschiedliche Sachverhalte plastisch veran-

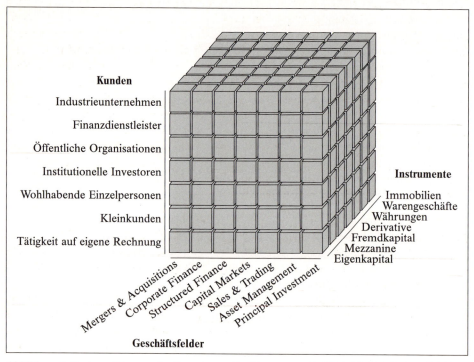

Abbildung 4: Systematisierung des Investment Banking

schaulichen. So kennzeichnet beispielsweise die Schnittstelle „Tätigkeit auf eigene Rechnung" und „Sales" den Eigenhandel der Investmentbanken an den Kapitalmärkten, das so genannte Proprietary Trading. Darüber hinaus können mit dem Würfel die Ausprägungen der Tätigkeiten einzelner Investmentbanken veranschaulicht und mögliche strategische Optionen abgeleitet werden.

Es existiert schließlich neben den drei im Würfel berücksichtigten Dimensionen mit den geografischen Regionen eine vierte wichtige Komponente, die Präsenz. Sie hat aus Gründen der Kundenbindung und vor dem Hintergrund der individuellen lokalen Gegebenheiten für eine Investmentbank eine große Bedeutung. Gerade deswegen kann jedoch diese Perspektive zum Zweck einer übergeordneten Systematisierung keinen zusätzlichen Erklärungsbeitrag leisten.

In der Folge werden die einzelnen Elemente der drei Achsen dargestellt. Die Geschäftsfelder werden detailliert im zweiten Teil des Buchs aus der Perspektive der Investmentbank beschrieben.

### 2.2.2 Geschäftsfelder

- *Mergers & Acquisitions (M & A)*

Der Begriff Mergers & Acquisitions umschließt sowohl Fusionen als auch Übernahmen von Unternehmen, letztere machen allerdings den weitaus größeren Teil des Geschäfts aus. Im Rahmen ihrer Mergers & Acquisitions-Tätigkeiten berät die Investmentbank den Kunden, der einzelne Geschäftsbereiche oder ganze Unternehmen kaufen oder verkaufen respektive sein Unternehmen mit einem anderen verschmelzen möchte. Im Rahmen derartiger Transaktionen übernimmt die Investmentbank in Abhängigkeit von der jeweiligen Ablaufphase unterschiedliche Aufgaben. Sowohl beim Kauf als auch beim Verkauf gilt es zunächst, geeignete Partner bzw. Kandidaten zu identifizieren. Dann folgen die Durchführung von Unternehmensbewertungen, Verhandlungen, die Gestaltung von Verträgen und die Strukturierung der Finanzierung. In den Bereich M & A fallen auch die Möglichkeiten von feindlichen Übernahmen sowie die Verteidigung bei derartigen Angriffen. Schließlich gehören große, wenn auch nicht alle Teile des Corporate-Restructuring-Geschäftes in diesen Bereich.

- *Corporate Finance*

In den Corporate-Finance-Bereich, der gelegentlich auch als Financial Advisory bezeichnet wird, fällt die Beratung von Unternehmen zur Durchführung von Finanzierungen. Es handelt sich um die Restrukturierung der Kapitalseite von Unternehmen mit dem Zweck einer kostengünstigen und geschäftszweckadäquaten Kapitalbereitstellung. Daher zählen dazu die Möglichkeiten einer erstmaligen oder wiederholten Emission von Eigen- und Fremdkapital. Als Maßnahmen seien beispielhaft die Börseneinführung, die Kapitalerhöhung oder die Umschichtung von Fremdkapital genannt. Zur Erreichung unterschiedlichster Zielsetzungen können auch Aktienrückkäufe oder Mitarbeiterbeteiligungen durchgeführt werden.

- *Structured Finance*

Dieses Gebiet umfasst vor allem die Bereiche Projektfinanzierung und Finanzierung mit Asset Backed Securities. Unter Projektfinanzierung wird die Beratung und Durchführung der finanziellen Strukturierung individueller Einzelprojekte verstanden. Der Bereich Asset Backed Securities beschäftigt sich mit dem Verkauf eines Forderungspools zu Finanzierungszwecken. Vor dem Hintergrund einer optimalen Risikoverteilung auf die Projektbeteiligten und der Gestaltung individueller rechtlicher, steuerlicher und finanzwirtschaftlicher Strukturen entstehen sowohl bei der Projektfinanzierung als auch der Finanzierung mit Asset Backed Securities oftmals komplexe Vertragswerke.

- *Capital Markets*

Im Gebiet Capital Markets, der historisch gesehen ältesten Geschäftstätigkeit von Investmentbanken, wird die Emission und Platzierung von Wertpapieren durchgeführt. Die Investmentbanken sind in die Beratung des Emittenten, die Übernahme der Wertpapiere und die Distribution an die Investoren involviert. Der Bereich untergliedert sich dabei, in Abhängigkeit davon, ob es sich um einen Eigenkapital- oder einen Fremdkapitaltitel handelt, in die Untersektoren Equity Capital Markets und Debt Capital Markets. Im Unterschied zum Bereich Corporate Finance, der vor allem an der Schnittstelle zum Kapitalnehmer agiert, ist der Bereich Capital Markets vor allem auf die Kapitalgeberseite ausgerichtet.

- *Sales & Trading*

Der Verkaufs- und Handelsbereich, Sales & Trading genannt, ist für die Sekundärmarktaktivitäten verantwortlich. Potentielle und aktuelle Investoren werden in ihrer Anlagestrategie und der Disposition über einzelne Wertpapiere betreut und beraten. Während Sales hierbei für lang- und mittelfristige Portfolioentscheidungen eng mit den einzelnen Kunden zusammenarbeitet, führen die Trader die hieraus resultierenden Wertpapierkäufe und -verkäufe aus. Daneben handelt die Bank auch unabhängig vom Kundengeschäft an den Kapitalmärkten auf eigene Rechnung (Proprietary Trading), um unter Ausnutzung von Preisunterschieden (Arbitrage) oder im Wege der Ausnutzung antizipierter Kursveränderungen (Spekulation) Gewinne für die Investmentbank zu erzielen.

- *Asset Management*

In den Bereich Asset Management fällt die Investition von Anlagegeldern für Kunden. Unter Berücksichtigung von Risiko und Rendite ist das Kapital zielgerecht an den Märkten zu investieren. In Abhängigkeit der präferierten Anlagestrategie, dem betrachteten Zeithorizont sowie den rechtlichen und steuerlichen Vorgaben werden Portfolios für die Kunden gebildet. Das Asset Management ist in diesem Zusammenhang die Strukturierung und Umsetzung von Portfoliostrategien für institutionelle Kunden. Im Private Banking gelten ähnliche Zielvorgaben wie im Asset Management, allerdings werden hier wohlhabende Einzelkunden betreut und deren finanzwirtschaftliche Vorstellungen in eine entsprechende Anlagestrategie umgesetzt.

- *Principal Investment*

Im Eigengeschäft der Investmentbanken, Principal Investment genannt, investiert die Investmentbank aus eigenen Mitteln mittelfristig in einen nennenswerten Anteil an einzelnen Unternehmen. Dabei nimmt sie auch Einfluss auf die Durchführung der Geschäftstätigkeit, um so eine nachhaltige Wertsteigerung der Unternehmen zu erreichen. Nach wenigen Jahren kann die Beteiligung wieder profitabel weiterveräußert werden. Dieser so genannte Exit geschieht in der Regel durch eine Börseneinführung oder einen Verkauf an einen strategischen Investor.

## 2.2.3 Instrumente

- *Eigenkapital*

In Abhängigkeit der Rechtsform handelt es sich beim Eigenkapital um Aktien oder Geschäftsanteile eines Unternehmens. Dafür, dass die Eigentümer das Geschäftsrisiko tragen, kommen ihnen zwei Vorteile zu. So haben sie Mitsprache-, Informations- und Kontrollrechte sowie finanzielle Rechte. Dabei sind in finanzieller Hinsicht zwei Wertkomponenten zu unterscheiden: Dividenden- bzw. Gewinnausschüttungen und mögliche Wertsteigerungen der gehaltenen Anteile. Bei börsennotierten Unternehmen spiegelt der Aktienkurs den Wert eines einzelnen Eigentümeranteils wider. Die laufenden Bewertungen an den Kapitalmärkten haben dabei eine Kontroll- und Disziplinierungsfunktion.

- *Fremdkapital*

Im Rahmen der Fremdkapitalfinanzierung überläßt der Kapitalgeber dem Kapitalnehmer, das heißt dem Unternehmen oder der öffentlichen Organisation, Kapital. Die Ansprüche können in einem unterschiedlichen Ausmaß fungibel sein. Sie reichen von illiquiden Kreditformen bis zu liquiden Wertpapieren. Da diese in der Vergangenheit meist festverzinslich waren, wird dieser Bereich trotz der heute oftmals variablen Konditionierung im Fachjargon gelegentlich noch als Fixed Income bezeichnet. In Abhängigkeit der Bonitätseinstufung verändern sich die Konditionen, zu denen Fremdkapital verfügbar ist. Gemessen am Volumen der Kapitalaufbringung hat dieses Instrument die größte Bedeutung.

- *Derivative Instrumente*

Bei den so genannten Derivaten handelt es sich um Finanzierungstitel, welche von einem Basisinstrument abgeleitet sind. Dabei können Ansprüche auf existierende oder konstruierte Referenzinstrumente (Underlyings) gehandelt werden. Mit Derivaten kann eine zeitliche Verschiebung von Vertragsabschlüssen sowie eine Separierung der Risiko- und der Liquiditätsposition erreicht werden. Bekannteste und einfachste Grundformen der derivativen Instrumente sind Optionen und Futures.

- *Währungen*

Die Wechselkurse zwischen nationalen Währungen spielen sowohl für den internationalen Austausch von Zahlungsströmen als auch für den Handel mit Waren eine entscheidende Rolle. Der Kauf und Verkauf von Währungen kann dabei zum jeweiligen Tageskurs durchgeführt oder durch die Vereinbarung zukünftiger Tauschverhältnisse antizipiert werden.

- *Warengeschäfte*

Der englische Begriff „Commodities" bezeichnet standardisierbare Waren oder Dienstleistungen. Der Handel von Rohstoffen findet vorwiegend in den ökonomisch relevanten Bereichen Öl, Metalle, Nahrungsmittel und Energie statt.

- *Immobilien*

Als Anlage- und Handelsinstrument sind Immobilien aufgrund der notwendigen Einzelbewertung der Objekte bisher weitgehend nur von speziellen Investoren professionell gehandhabt worden. Aufgrund ihrer hohen Wertakkumulation und den zunehmenden Möglichkeiten, im Wege einer indirekten Beteiligung an einer Wert- und Risikoentwicklung teilzuhaben, sind Immobilien eine wichtige Anlagekategorie. Während dieser Bereich insbesondere in den angloamerikanischen Ländern auch im Rahmen des Principal Investment bereits ein etabliertes und gut organisiertes Betätigungsfeld darstellt, ist es in Deutschland noch im Aufbau begriffen. Aber auch hier etabliert sich langsam ein Immobilien-Investment-Banking.

### 2.2.4 Kunden

- *Industrieunternehmen*

Die als Kunden besonders wichtigen Industrie- und Handelsunternehmen (in der Folge zusammenfassend: Industrieunternehmen) fragen praktisch alle Dienstleistungen einer Investmentbank nach. Variierend mit der Größe, der Geschäftsausrichtung und der Internationalität haben die Industrieunternehmen sehr unterschiedliche Finanzierungsprobleme. Traditionell konzentrierten sich die Investmentbanken auf internationale und multinationale Großunternehmen mit ihren teilweise sehr komplexen Finanzierungs- und Kapitalanlagebedürfnissen. Die in jüngster Zeit vermehrt durchgeführten industriellen Restrukturierungen führen dabei auch zu verstärkten Aktivitäten im Bereich Mergers & Acquisitions. Neben dieser Tätigkeit wird von den Investment Banken jedoch seit einigen Jahren auch der Mittelstand als zweites Standbein der Geschäftstätigkeit aufgebaut. Angesichts der lange Zeit nur rudimentären Kapitalmarktorientierung in Deutschland stellt sich beispielsweise häufig die Frage, ob und ggf. wie eine Börseneinführung durchgeführt werden soll.

- *Finanzdienstleister*

Für Banken, Versicherungen, Investment- und Pensionsfonds (Financial Institutions) übernehmen die Investmentbanken spezielle Geschäftsfunktionen, da diese in den jeweiligen Bereichen über einen kompetitiven Vorteil verfügen oder als neutrale Vermittler am Kapitalmarkt benötigt werden. In vielen Geschäftsbereichen, zum Beispiel am Swap-Markt, stellen die anderen Finanzdienstleister zum Teil auch nur den jeweiligen Transaktionspartner dar.

- *Öffentliche Organisationen*

Die öffentlichen Organisationen, insbesondere der Bund, die Länder und die Städte, sind wichtige Kunden der Investmentbanken. Sie sind bedeutende Emittenten am Kapitalmarkt, die regelmäßig Anschlussfinanzierungen für auslaufende Kapitalgewährungen benötigen. Zudem besteht in fast allen Ländern ein Netto-Kapitalbedarf, sodass sich das Ausmaß der Kapitalaufnahme permanent vergrößert. Nachdem dieser Bedarf in Deutschland lange Zeit nur in beschränktem Ausmaß – und wenn ja, nur in traditioneller Weise über den Kapitalmarkt – gedeckt wurde, öffnen sich den staatlichen Organisationen zur Zeit zunehmend innovative Finanzierungsmöglichkeiten. Dies führt zu einer zusätzlichen Beratungs- und Strukturierungsnachfrage für die Investmentbanken. Die Margen für öffentliche Titel sind aufgrund der Ausschreibungsverfahren zwar in der Regel relativ niedrig, dafür handelt es sich zumeist um signifikante Volumina. Insgesamt ist das so genannte Public-Finance-Geschäft der Investmentbanken weiter im Ausbau begriffen.

Seit Mitte der 70er Jahre haben zudem die Privatisierungen von Staatsunternehmen und von öffentlichen Beteiligungen drastisch zugenommen. Auch dieser Bereich hat sich zu einem äußerst wichtigen Betätigungsfeld für Investmentbanken entwickelt. Die Privatisierungen, beispielsweise im Telekommunikationssektor, haben ausgesprochen große Volumina. Damit sind sie nicht nur bei der Platzierung attraktiv, sondern sie erhöhen auch die Börsenkapitalisierung der jeweiligen Länder und können Impulse zur Weiterentwicklung der Kapitalmärkte geben.

- *Institutionelle Investoren*

Als institutionelle Investoren bezeichnet man die großen Kapitalsammelstellen, insbesondere die Versicherungen und Fonds. Diese Institutionen betreiben ein professionelles und umfangreiches Kapitalanlagemanagement.

- *Wohlhabende Einzelpersonen*

Zum Segment der wohlhabenden Einzelpersonen, auch High Net Worth Individuals (HNI) genannt, zählt weltweit eine begrenzte Anzahl von Personen, die jeweils über signifikante private Anlagebeträge verfügen. Die Beratung und Durchführung von individuell zugeschnittenen Anlagemöglichkeiten stellt aufgrund der geringen Kontakthäufigkeit bei einem gleichzeitig sehr hohen Transaktionsvolumen bei Vertragsabschlüssen ein ausgesprochen attraktives Geschäftsfeld dar.

- *Kleinkunden*

Als Kleinkunden werden alle privaten Investoren bezeichnet, die nicht dem Segment der wohlhabenden Einzelpersonen angehören. Die Beratung und Abwicklung von Wertpapiertransaktionen für diesen größeren Kreis stellt besondere Herausforderungen an eine effiziente Vertriebsorganisation. Der Zugang zum Massenmarkt kann sowohl für die Distribution standardisierter Anlageprodukte als auch für die Platzierung von Wertpapieremissionen einen wichtigen Erfolgsfaktor darstellen.

- *Tätigkeit auf eigene Rechnung*

Die Investmentbank investiert eigene Gelder in ertragsversprechende Geschäfte. Im Rahmen des Proprietary Trading wird kurzfristig an den Kassa- und Terminmärkten agiert. Beim Principal Investment geht die Investmentbank dagegen mittelfristige Eigentümerpositionen an Unternehmen ein, um Wertsteigerungen zu erreichen.

# 3. Investmentbanken und Finanzintermediation

## 3.1 Grundfunktionen in einem Finanzsystem

Nach der Klassifikation von Investmentbanken und ihren Tätigkeiten stellt sich die Frage nach deren Einordnung und Aufgaben im Rahmen eines Finanzsystems. Um diese darzustellen, werden zunächst die Grundfunktionen eines Finanzsystems behandelt. Je effizienter diese erfüllt werden, umso eher ist eine gesamtwirtschaftlich optimale Allokation von Kapital und Risiken gewährleistet. Hierbei handelt es sich um

- Transformationsleistung,
- Transaktionsabwicklung und
- Informationsverarbeitung und -umsetzung.

Die Transformationsleistung bezieht sich auf Losgrößen, Fristen, Liquidität und Risiken. Dabei lassen sich Vermögen und ökonomisch relevante Unsicherheiten zwischen den Marktbeteiligten austauschen. Auf diese Weise werden deren individuelle Finanzierungsbedürfnisse effizient erfüllt und koordiniert. Die Vorteilhaftigkeit einer Entstehung von Austauschmöglichkeiten lässt sich unter anderem mit dem Fisher-Separationstheorem zeigen, das in Abschnitt 4.1 erörtert wird.

Mit der Transaktionsabwicklung ist die organisatorische Umsetzung von Prozessen gemeint, die sich insbesondere unter Kosten- und Effizienzgesichtspunkten betrachten lässt.

Informationsverarbeitung und -umsetzung ist aufgrund der zeitlichen Dimension in Finanzkontrakten und der damit zwangsläufig enthaltenen Unsicherheit über zukünftige Situationen eine notwendige Komponente. Gleichzeitig wird durch die Meinungsbildung der einzelnen Akteure und der Aggregation der Bewertungen durch das Preissystem – im vorliegenden Fall sind dies insbesondere Kurse, Zinsen und Konditionen – eine vorherrschende Marktmeinung transparent.

Prinzipiell sind neben der Aufteilung in die Transformationsleistung, die Transaktionsabwicklung und die Informationsverarbeitung und -umsetzung auch verschiedene andere Gliederungsmöglichkeiten der Grundfunktionen denkbar. So haben beispielsweise *Crane* et al. (1995) folgende sechs Einzelbestandteile abgegrenzt:

- Transaktionsabwicklung (Clearing and Settling Payments),
- Mittelzusammenlegung (Economics of Pooling),
- Transfer von Ressourcen über Zeit und Raum (Transfer of Economic Ressources),
- Risikohandhabung (Managing Risks),
- Informationsbereitstellung (Providing Information),
- Lösung von Anreizproblemen (Dealing with Incentive Problems).

Betrachtet man den letzten Aspekt als eine Komponente der Durchführungsgestaltung, die jeweils bei allen einzelnen Teilfunktionen relevant wird, so sind die von Crane aufgeführten Teilbereiche alle in der obigen Systematisierung enthalten.

### 3.1.1 Transformationsleistungen

Die Transformationsleistungen bei einer Übertragung finanzieller Rechte und Pflichten können sich auf Losgrößen, Fristen, Liquidität und Risiken beziehen.[5] In jeder einzelnen Dimension muss beim Abschluss von Finanzkontrakten ein Ausgleich zwischen den unterschiedlichen Anlage- und Nachfragebedürfnissen erreicht werden.

---

[5] Vgl. Gerke/Pfeufer (1995), S. 732–734; Tobin (1992), S. 80; Bitz (1989), S. 433f.

- *Losgrößen*

Im Allgemeinen existiert auf der Kapitalanlageseite ein Angebot mit vielen geringen Zahlungsmittelbeträgen, während auf der Kapitalnachfrageseite ein Bedarf nach einzelnen hohen Kreditbeträgen besteht. Diese Art der Verteilung ergibt sich aus der Struktur von Kapitalangebot und Kapitalnachfrage. Anlagemittel werden hauptsächlich von Einzelpersonen zur Verfügung gestellt, die Vermögen für spätere Konsumzwecke zurücklegen. Diese Einzelpersonen reichen vom Kleinanleger bis zu sehr wohlhabenden Personen. Selbst letztere sind jedoch nicht in der Lage, große Investitionsprojekte alleine zu finanzieren. Die Kapitalnachfrager, insbesondere Unternehmen und staatliche Stellen, benötigen indes Finanzierungsmittel in sehr umfangreichem Ausmaß. Diese lassen sich u.U. nicht reduzieren, da zumeist eine Unteilbarkeit von Großprojekten vorliegt.

Es steht somit ein fragmentiertes Kapitalangebot einer gebündelten Kapitalnachfrage gegenüber. Die volumenmäßige und räumliche Zusammenfassung der kleinen Anlagebeträge und die Weitergabe als umfangreichere Finanzierungsmöglichkeiten bezeichnet man als Losgrößentransformation. Hierdurch können die Kapitalanleger ihre Beträge in attraktive Projekte investieren, von denen sie nur einen gewissen Anteil finanzieren. Den Investoren hingegen erlaubt dies die Streuung ihres Vermögens auf unterschiedliche risikobehaftete Titel und damit die Nutzung des Diversifikationseffektes. Bei den einzelnen Projekten wird schließlich eine Trennung von Management und Eigentum möglich. Der Kapitalnachfrager erhält den gesamten Betrag, ist dafür jedoch auch mehreren Gläubigern bzw. Eigentümern verpflichtet.

- *Fristen*

Kapitalanlagen werden in der Regel eher kurz- und mittelfristig zur Verfügung gestellt. So wollen einzelne Investoren ihre Mittel nur für eine begrenzte Anzahl von Monaten und Jahren investieren, da das Vermögen dann wieder für Konsumzwecke zur Verfügung stehen soll.

Die Kapitalnachfrage hingegen kann einen abweichenden Zeithorizont haben. Insbesondere die Finanzierung einzelner Investitionsvorhaben und ganzer Unternehmen erstreckt sich unter Umständen über sehr lange Laufzeiten. Der Zeitraum zwischen erstmaliger Investitionsauszahlung und nachhaltigem Ertrag bzw. endgültiger Beendigung des Vorhabens kann groß und vor allem zu Investitionsbeginn unabsehbar sein. Das lässt sich daran erkennen, dass beispielsweise bei der Gründung von Aktiengesellschaften normalerweise keine irgendwie geartete zeitliche Terminierung des Unternehmens erfolgt. Entsprechend existieren viele bedeutende börsennotierte Industrie- und Dienstleistungsunternehmen bereits seit über 100 Jahren.

Die divergierenden Fristenpräferenzen von Kapitalanlegern und Kapitalnachfragern bilden einen Erklärungsansatz für die normal geneigte, das heißt positiv ansteigende Zinsstrukturkurve. Die Fristentransformation bringt hier das Angebot von tendenziell kürzerfristigen mit der Nachfrage nach normalerweise längerfristigen Mitteln in Übereinstimmung. Dafür haben sich unterschiedliche institutionelle Strukturen herausgebildet. In Abschnitt 3.4 wird im Rahmen der Bearbeitung der Intermediationsfunktion hierauf näher eingegangen.

- *Liquidität*

Finanztitel und Vermögensgegenstände sind liquide, wenn sie jederzeit und ohne averse Preisreaktion am Markt gekauft oder veräußert werden können.

Anleger haben eine Präferenz zur möglichst jederzeitigen Veräußerbarkeit ihrer Kapitalanlage. Aufgrund von Planungsunsicherheiten können sich Bewertungseinschätzungen verändern oder der individuelle Bedarf an verfügbaren Mitteln modifiziert werden. Liquide Anlageformen ermöglichen dabei eine vorzeitige Beendigung der eingegangenen Finanzierungsbeziehung. Kapitalnachfrager hingegen sind auf eine verbindliche Zurverfügungstellung von Mitteln angewiesen. Ansonsten könnten keine langfristigen und in der Regel unumkehrbaren Investitionen durchgeführt werden. Insofern ist eine Transformation von Liquidität zum Ausgleich des unterschiedlichen Liquiditätsbedarfs von Anlegern und Nachfragern von Kapital notwendig.

- *Risiken*

Risiken sind ein integraler Bestandteil aller geplanten ökonomischen Aktivitäten. Einzelpersonen sehen sich unter anderem der Gefahr von Verlust oder Beschädigung ihres Eigentums, ihrer Arbeitskraft und ihrer Lebenserwartung ausgesetzt. Unternehmen müssen im finanzwirtschaftlichen Bereich beispielsweise mit Veränderungen bei Zinsen und Währungen sowie im realwirtschaftlichen Bereich mit Konjunkturschwankungen, Streiks und Produktionsstörungen rechnen.

Auf der einen Seite entsteht daraus ein Absicherungswunsch der ökonomischen Einheiten. Risiken lassen sich dabei gegen Zahlung einer Prämie an andere Marktbeteiligte weitergeben. Zu diesem Zweck können Möglichkeiten des Hedgings mit Finanztiteln oder der individuellen Versicherung herangezogen werden. Auf der anderen Seite bilden sich Wirtschaftseinheiten zur gezielten Übernahme von Risiken heraus. Diese erfüllen eine Selektionsfunktion, die ihnen eine Entgegennahme von attraktiven Risiko/Rendite-Profilen ermöglicht.

In Theorie und Praxis hat sich ein weit gefächertes Instrumentarium zur gezielten Separierung, Bündelung und Bewertung von Risiken entwickelt. Formen der Risikotransformation können explizit und implizit in Finanzierungskontrakten enthalten sein oder auch als einzeln abgespaltene Komponenten übertragen werden.[6] In allen Fällen werden die existierenden Risiken den verschiedenen Marktbeteiligten zugeordnet, womit die Aufgabe der Risikotransformation bewusst oder unbewusst erfüllt wird.

### 3.1.2 Transaktionsabwicklung

Die oben beschriebenen Transformationsfunktionen müssen zwangsläufig durch Abwicklungsprozesse ermöglicht werden. Unter diesen kann im engeren Sinne eine rein technische Zusammenführung von Angebot und Nachfrage verstanden werden. Im weiteren Sinne zählen zu der Transaktionsabwicklung die Phasen Anbahnung, Vereinbarung, Abwicklung und Anpassung von Finanztransaktionen.

---

[6] Vgl. Dresig (2000).

In der Summe handelt es sich bei der Transaktionsabwicklung um die organisatorische Durchführung von Austauschprozessen. Da durch die Vertragsabwicklung zusätzliche Kosten für die Beteiligten entstehen, wird in diesem Bereich kontinuierlich eine Optimierung im Sinne einer Effizienzsteigerung angestrebt. Insbesondere durch eine Standardisierung von Finanztiteln, Konditionen und Verfahren lassen sich Skaleneffekte nutzen und somit Kostensenkungen erreichen. Gleichzeitig gilt es jedoch, individuellen Transaktionsbedürfnissen gerecht zu werden. Dies impliziert speziell zugeschnittene Kontrakte und Verfahren. Insofern entstehen Abwägungsprobleme zwischen den Vorteilen einer Standardisierung und jenen einer Individualisierung. Die Transaktionsabwicklung stellt somit ein notwendiges Element jeder Austauschbeziehung dar, das durch die Intermediäre oder die Marktbeteiligten selbst übernommen werden muss.

Das einfachste Beispiel einer Transaktionsabwicklung ist der Zahlungsverkehr. Bei diesem gilt es, möglichst schnell und kostengünstig die Übertragung von Geldern zu ermöglichen. Zu diesem Zweck wurden vor allem im Laufe der letzten Jahre verstärkt die unterschiedlichsten technischen Möglichkeiten genutzt, um die Abwicklungsvorgänge zu optimieren. Einen weiteren Bereich der stark standardisierten Transaktionsdurchführung stellt der Abwicklungsbereich von Börsen dar, das so genannte Clearing. Dabei wird die finanzielle Abwicklung von Kontrakten zwischen den einzelnen Marktbeteiligten durchgeführt. Ebenso müssen die jeweiligen Finanzkontrakte, zum Beispiel Aktien, physisch aufbewahrt und bei Bedarf weitergegeben werden. Da aufgrund der erweiterten Transaktionsmöglichkeiten diese letztere Funktion zunehmend international organisiert sein muss, hat sich der Bereich Global Custody als eigenes Geschäftsfeld herausgebildet.

Die Organisationsart der Transaktionsprozesse kann weitreichende Folgen haben. So fallen beim Kauf und Verkauf von Finanztiteln nicht nur direkte Kosten der Abwicklung für den Intermediär, beispielsweise in Form von Kommissionen und Gebühren oder von Aufwendungen für die eigene Abwicklungstätigkeit, an. Es können auch indirekte Kosten aufgrund einer mangelnden Liquidität hervorgerufen werden. Dabei löst ein Kauf- oder Verkaufswunsch adverse Preiseffekte aus, sodass sich der Austauschvorgang für den Initiator zusätzlich verteuert. Insofern muss eine effiziente Form der Transaktionsabwicklung alle direkten und indirekten Kostenkomponenten des Austauschs berücksichtigen, was durch die einzelnen Intermediationsformen unterschiedlich gelöst wird.

### 3.1.3 Informationsverarbeitung und -umsetzung

Bei der Informationsverarbeitung und -umsetzung findet eine gezielte Sammlung von Daten statt, auf deren Grundlage verschiedene Bewertungen erstellt werden. Einzelne Personen und Institute können dabei zu divergierenden Einschätzungen über zukünftige Umweltzustände und deren Wahrscheinlichkeiten gelangen. Die individuellen Prognosen führen dann zu einem Wettbewerb um die zutreffendste Einschätzung, indem die Marktbeteiligten ihre erworbenen Erkenntnisse in ökonomische Transaktionen umsetzen.

Es sind zwei Phasen des Informationsprozesses zu unterscheiden. In der ersten Phase findet die Datensammlung und die Informationsverarbeitung statt, die mit unterschiedlichen Methoden durchgeführt werden können. In der zweiten Phase werden die Informationen als Entscheidungsparameter eingesetzt und genutzt. In Abhängigkeit von den einzelnen Geschäftstätigkeiten und Institutionen lassen sich beide Phasen durch denselben Akteur durchführen bzw. voneinander entkoppeln. Ebenso kann die Informationsumsetzung auf sehr unterschiedliche Weise, zum Beispiel über Kassa- oder Terminmärkte, erfolgen.

Aus den Aktivitäten der Beteiligten resultiert die Herausbildung von Marktpreisen, welche die aggregierten Informationen der Wettbewerber widerspiegeln. Die Preise üben eine Lenkungsfunktion für die zur Disposition stehenden Projekte aus, indem Kapital für die erfolgversprechendsten Alternativen zur Verfügung gestellt wird.

Ein Finanzsystem kann seine Allokationsaufgabe dann am besten erfüllen, wenn ein möglichst hoher Grad an Informationseffizienz erreicht ist. Die Marktbeteiligten werden immer versuchen, zu besseren Einschätzungen als der Gesamtmarkt zu kommen. Diese besseren Einschätzungen würden ihnen zu einer Erzielung von Überrenditen verhelfen, da die Markteinschätzung geschlagen werden konnte. Die einzelnen Marktbeteiligten werden deshalb so lange in eine weitere Informationsverarbeitung investieren, als sie daraus verwertbare Informationsvorteile erhalten und solange der (Grenz-)Nutzen die aufzuwendenden Kosten übersteigt. Agieren alle nach diesem Kalkül, so wird der Markt zunehmend informationseffizient werden. Damit würden sich weitere Auswertungen für die Beteiligten nicht mehr lohnen. Dieser Effekt wird nach *Grossman/Stiglitz* (1980) auch Grossman-Stiglitz-Paradoxon genannt.

## 3.2 Funktionen von Finanzintermediären

### 3.2.1 Risikoübernahme und Vertragseintritt

Die Grundfunktionen eines Finanzsystems werden von Finanzintermediären erfüllt. Sie schalten sich zwischen Kapitalgeber und -nehmer und vermitteln zwischen diesen. Dabei sind zwei grundsätzliche Ausprägungen der Finanzintermediation denkbar. Zum einen kann der Intermediär Finanzkontrakte auf beiden Seiten abschließen. In diesem Fall trägt er die Risiken und Chancen aus dem Vertrag. Auf der anderen Seite kann der Intermediär lediglich Finanzierungsbeziehungen zwischen anderen Parteien vermitteln. In diesem Fall ist er nicht direkt an der Wertentwicklung der Positionen beteiligt.

In Abhängigkeit vom gewählten Vorgehen leisten die Finanzintermediäre auf unterschiedliche Weise einen Wertbeitrag. Obwohl natürlich Kombinationen dieser beiden extremen Ausgestaltungen denkbar sind, lässt sich eine grundsätzliche Systematisierung der Finanzinstitutionen nach diesem Merkmal erstellen. So unterscheidet beispielsweise *Bitz* (1989) Intermediäre im engeren und im weiteren Sinn. Diese Systematisierung lässt sich konkret auf die einzelnen Funktionen von Investmentbanken anwenden und interpretieren.

### 3.2.2 Finanzintermediäre im engeren Sinn

Finanzintermediäre im engeren Sinne fungieren als Vertragsgegenseite für Angebot und Nachfrage von Kapital oder Risiken. Sie schließen dabei eine Vereinbarung mit dem Klienten und übernehmen ein Bündel aus finanzwirtschaftlichen Rechten und Pflichten, das sich aus den Transaktionsbedürfnissen des Kunden ergibt. Insofern findet ein Eigeneintritt in das zugrundeliegende Finanzgeschäft statt. Der Intermediär kann dann versuchen, diese Position weiter zu veräußern oder sie zu halten und mit anderen Geschäften zu kompensieren sowie zu diversifizieren. Damit hat er unmittelbar Risiken aus dem abgeschlossenen Vertrag selbst übernommen und wird unmittelbar aus den Bedingungen des Kontrakts entlohnt.

Die klassischen Kreditinstitute agieren als Finanzintermediäre im engeren Sinne. Bei ihnen findet ein vollständiger Eigeneintritt in das Geschäft statt. Von Gläubigern werden Zahlungsmittel befristet entgegengenommen (Anlageleistung) und Schuldnern werden Zahlungsmittel befristet zur Verfügung gestellt (Finanzierungsleistung). Der Kapitalanleger erwirbt einen Anspruch gegen die Bank. Diese hat wiederum eine eigene Forderung gegenüber dem Kreditnehmer. Durch Diversifikation auf der Kapitalanlage- und der Kapitalaufnahmeseite kann das Risiko für die Bank verringert werden. Eine große Anzahl von Einzelkontrakten senkt die Abhängigkeit gegenüber dem Ausfall von Einzelpositionen.

Ein anderes Beispiel für einen Finanzintermediär im engeren Sinne ist die Emissionsdurchführung von Investmentbanken bei der Bildung von Übernahmekonsortien. Die Bank garantiert dabei dem Emittenten einen bestimmten Kurs und versucht, Käufer für die Tranche für mindestens den zugesagten Preis zu finden. Zwischenzeitlich ist somit das Emissionsvolumen bei der Investmentbank platziert, welche das Risiko möglicher negativer Bewertungsveränderungen oder einer mangelnden Nachfrage trägt.

### 3.2.3 Finanzintermediäre im weiteren Sinn

Finanzintermediäre im weiteren Sinne ermöglichen oder vereinfachen den Vertragsabschluss zwischen den kapitalgebenden und kapitalnehmenden Parteien, ohne sich selbst an der Geschäftsbeziehung zu beteiligen. Die Intermediäre agieren insofern mit dem Ziel, die Vertragsbeziehungen zwischen Dritten zu ermöglichen oder zu erleichtern. Es werden bestimmte Funktionen übernommen, die für einen Vertragsabschluss notwendig sind. Zu diesen gehören beispielsweise die Suche nach einem geeigneten Transaktionspartner und die Strukturierung der Konditionen. Die Tätigkeit beruht insofern auf einer reinen Vermittlungs- und Informationsleistung. Entsprechend gestaltet sich die Entlohnung eher indirekt, indem sie in der Regel an das Zustandekommen der Vertragsbeziehung geknüpft wird. Alternativ könnte auch nach dem entstandenen Aufwand bezahlt werden. Der Finanzintermediär trägt entsprechend auch nicht unmittelbar ein wirtschaftliches Risiko aus der zugrundeliegenden Vertragsbeziehung.

Als Finanzintermediäre im weiteren Sinne agieren beispielsweise Investmentbanken bei der Emissionsdurchführung im Rahmen von Begebungskonsortien. Die Bank verpflichtet sich, die Emission bestmöglich zu platzieren, womit sie eine Distributionsfunktion bzw. eine Suchfunktion nach passenden Vertragspartnern übernimmt. Sie garantiert jedoch weder das Emissionsvolumen noch einen Abnahmepreis. Dieses Risiko trägt weiterhin der Emittent. Für diese Form der Maklertätigkeit erhält die Bank eine feste Kommissionsgebühr.

Ebenfalls als Finanzintermediäre im weiteren Sinne können organisierte Marktplattformen angesehen werden. Die Börsen stellen standardisierte Vertrags- und Abwicklungsmöglichkeiten zur Verfügung, um Angebot und Nachfrage zusammenzuführen, Preise festzustellen und die Transaktionen abzuwickeln. Weiterhin existieren außerbörsliche Austauschmöglichkeiten an den so genannten OTC (Over-the-Counter)-Märkten.

## 3.3 Funktionswahrnehmung einzelner Finanzintermediäre

Anhand der Grundfunktionen eines Finanzsystems kann nun auch der Unterschied zwischen Commercialbanken auf der einen Seite und Investmentbanken auf der anderen Seite aufgezeigt werden. Ihre unterschiedliche Wahrnehmung der Intermediationsfunktion führt zu einer besonderen Form der Wettbewerbsstruktur zwischen den Intermediationsformen (vgl. hierzu Abschnitt 3.4).

### 3.3.1 Commercialbanken

Commercialbanken nehmen alle Grundfunktionen in einem Finanzsystem wahr: die Transformationsleistungen, die Transaktionsabwicklung, die Informationsverarbeitung und -umsetzung. Sie treten selbst in die finanzwirtschaftlichen Vertragsbeziehungen ein und können als Finanzintermediäre im engeren Sinne klassifiziert werden. Die Transformationsfunktionen werden von der Bank gegenüber dem Kapitalangebot und der Kapitalnachfrage jeweils getrennt wahrgenommen und durch einen bankinternen Ausgleich kompensiert. Ebenso wird die Transaktionsabwicklung eigenständig durchgeführt. Schließlich findet eine eigene Informationsanalyse bezüglich der Vorteilhaftigkeit einzelner Vertragsbeziehungen statt. Die Ergebnisse lassen sich direkt durch die Konditionengestaltung für das Einlagengeschäft oder durch die Art der Kapitalvergabe umsetzen. Die Bündelung aller Funktionen in einer einzelnen Institution bedeutet eine Arbeitsteilung innerhalb der einzelnen Bank und eine Autarkie gegenüber anderen Finanzintermediären.

Die *Transformationsfunktionen* von Losgrößen, Fristen, Liquidität und Risiken werden unmittelbar mit der Durchführung des Kredit- und Einlagengeschäftes wahrgenommen. Divergierende *Losgrößen* kann die Bank durch eine Entgegennahme vieler kleiner Anlagebeträge sowie durch eine Bündelung und Weitergabe als einzelne größere Kredite ausgleichen.

Ähnlich funktioniert die *Fristentransformation*, bei der die Kapitalanlagen der Bank in der Regel kurzfristiger zur Verfügung gestellt werden als sie die Kapitalnachfrage benötigt. Aus dem ständigen Zu- und Abfluss von kurzfristigen Zahlungsmittelbeträgen kann die

Bank einen Bodensatz an Finanzierungsmitteln bilden, der für die langfristige Kapitalvergabe genutzt werden kann.

Bei der *Liquiditätstransformation* ermöglicht die Bank den Anlegern durch Einräumung vorzeitiger Kündigungs- und Abrufmöglichkeiten gegen entsprechende Gebühren oder Zinseinbußen eine Möglichkeit zur vorzeitigen Auflösung der gebundenen Mittel. Die Kapitalmittel können den Schuldnern aber auch als feste Zusage überlassen werden.

*Risiken* können durch Commercialbanken transformiert werden, indem auf der einen Seite von den Anlegern Guthaben gegen einen vereinbarten Zins entgegengenommen werden, auf deren sichere Rückzahlung sie vertrauen. Die Kapitalvergabe auf der anderen Seite ist hinsichtlich ihrer individuellen Rückzahlungshöhe und -wahrscheinlichkeit für die Bank jedoch risikobehaftet. Die Finanzintermediäre bewerten, übernehmen und diversifizieren dieses Risiko durch die Bildung eines Kreditportfolios und haften für eventuell eintretende höhere Ausfälle mit ihrem Eigenkapital. Durch die Spezialgesetzgebung für den Finanzdienstleistungssektor und die Aufsicht über die Kreditinstitute wird für die Kapitalanleger der Bank eine nahezu risikofreie Geldanlage gesichert.

Für die Sicherstellung dieser Transformationsfunktionen haben sich zahlreiche Optimierungs- und Steuerungsmechanismen herausgebildet. Die Ertrags- und Verlustpotenziale der Bank aufgrund der Zinssensitivität von Transformationsleistungen lassen sich beispielsweise mit einem Asset-Liability-Management steuern. Ein gravierendes Problem stellt die Gefahr von „Bank Runs" für die Commercialbanken dar. Wollen aus bestimmten Gründen plötzlich besonders viele Anleger sofort ihre Guthaben zurückziehen, dann lassen sich die beschriebenen Transformationsfunktionen nicht mehr aufrechterhalten. Da die vergebenen Kredite nicht kurzfristig liquidierbar sind, kann es zur Zahlungsunfähigkeit der Bank kommen. Zur Verhinderung derartiger Situationen existieren ebenfalls unterschiedliche institutionelle Absicherungsmöglichkeiten, wie zum Beispiel die gemeinsamen Reservefonds der Banken.

Die *Transaktionsabwicklung* der Kredit- und Einlagengeschäfte erfordert eine entsprechende organisatorische Infrastruktur. Für Kapitalangebot und Kapitalnachfrage fungieren die Präsenz und das existierende Spektrum an Vertragsmöglichkeiten der Banken als Ausgangspunkt der eigenen Kontaktanbahnung und -abwicklung. Das Anlagegeschäft lässt sich nach Zeithorizont und Anlagevolumen staffeln. Es beginnt mit der Verwaltung kurzfristiger Konten, die in der Regel an die Übernahme des anfallenden Zahlungsverkehrs gekoppelt sind, und erstreckt sich bis zur Abwicklung und Depotführung im Asset Management. Für das Kreditgeschäft werden, soweit möglich, kundengruppenspezifische Abläufe festgelegt. Bei diesen müssen insbesondere Informationen über die jeweilige Kreditwürdigkeit des potenziellen Schuldners verarbeitet werden.

Bezüglich der *Informationsverarbeitung und -umsetzung* betreiben die Commercialbanken zunächst eine allgemeine Informationsgewinnung, die sich auf das relevante ökonomische Umfeld bezieht. Zu denken ist beispielsweise an eine Analyse und Prognose der Zinsstrukturkurve, da diese auf die Vorteilhaftigkeit der erzielten Transformationsleistungen einen entscheidenden Einfluss hat. Zusätzlich werden Informationen bezüglich der einzeln einzugehenden Transaktion gesammelt. Dazu zählt unter anderem die bereits erwähnte Kreditwürdigkeitsprüfung von Unternehmen und Einzelpersonen, bevor Kapital zur Verfügung gestellt werden kann.

Die Besonderheit der Commercialbanken im Hinblick auf die Informationsverarbeitung und -umsetzung liegt darin begründet, dass sie ihre Markteinschätzungen und kundenspezifischen Erkenntnisse nicht unmittelbar bekanntgeben oder weiterveräußern, sondern diese Bewertungen selbst nutzen, um gezielt bestimmte Geschäfte einzugehen oder zu unterlassen. Es findet eine Informationsgewinnung und -verarbeitung innerhalb der jeweiligen Institute statt. Die Qualität dieser selbsterstellten Bewertungen und Einschätzungen zeigt sich früher oder später am Erfolg der aufgebauten Positionen.

### 3.3.2 Investmentbanken

Um Investmentbanken von Commercialbanken abzugrenzen, ist es aufgrund der engen Verknüpfung der Tätigkeiten der Investmentbanken mit dem Kapitalmarkt (auf den sie zur Wahrnehmung ihrer Funktionen zurückgreifen) sinnvoll, zunächst auf diesen einzugehen, um die Basis für das Verständnis der Investmentbanken zu haben. Dabei wird zu diesem Zweck anders als im allgemeinen Teil von der zweiten Definition des Investment Banking ausgegangen, das heißt die Aktivitäten auf den Kapitalmärkten werden als konstitutives Element angesehen.

#### 3.3.2.1 Kapitalmarkt als Plattform

*Funktionsweise*

Entscheidendes Kennzeichen der Kapitalmärkte ist deren Eigenschaft, einen Handel mit Ansprüchen zu organisieren und durchzuführen. Sie ermöglichen damit einen Austausch von Finanztiteln und eine transparente Preisbildung aus der Gegenüberstellung von Angebot und Nachfrage. Fungible Finanztitel erlauben es dem Investor, jederzeit Ansprüche an den Märkten zu erwerben und sie auch wieder zu veräußern. Damit sind Rechte und Pflichten aus dem Finanztitel nicht an die Person des jeweils aktuellen Eigentümers gekoppelt, sondern sie sind identisch für alle, die über gleichartige Ansprüche verfügen. Diese Anonymisierung wird durch die Verbriefung (Securitization) der Eigenschaften der Vertragsbeziehung ermöglicht.

Entsprechend erwirbt der Käufer von Finanztiteln festgelegte Rechte und Pflichten. Die Ansprüche auf zukünftige Zahlungen werden in unterschiedlichem Ausmaß um bestimmte Kontroll- und Einflussrechte ergänzt. Bei festverzinslichen Wertpapieren sind die Zahlungen vom Zeitablauf und durch das Bonitäts- und Zinsänderungsrisiko eingeschränkt, während bei anderen Instrumenten die Zahlungsstruktur zusätzlichen Unsicherheiten unterliegt. Für die erworbenen Rechte und Pflichten bezahlt der Käufer einen Preis an den Verkäufer der Wertpapiere.

Die Verbriefung der Ansprüche bedeutet eine vertragliche Festlegung der eingegangenen Verpflichtungen. Erst durch eine präzise Definition der Ansprüche wird deren Weitergabe ermöglicht. Die Vertragsbedingungen müssen möglichst eindeutig und vollständig dokumentiert sein. Es sind alle denkbaren Umweltzustände abzudecken, und es dürfen keine Interpretationsunklarheiten entstehen. Damit sollen möglicherweise notwendige Nachverhandlungen ausgeschlossen werden. Diese Anforderungen an die Vertragsgestaltung würden grundsätzlich sehr umfangreiche und komplexe Regelungswerke erfordern, wie es beim Abschluss individueller Vertragsbeziehungen auch tatsächlich der Fall ist. Zum Zweck der Schaffung breiter Angebots- und Nachfragestrukturen und eines effizienten Handels in Wertpapieren ist jedoch eine weitgehende Übersichtlichkeit und Standardisierung der Konditionen notwendig. Darüber hinaus führt die Anonymisierung und Splittung von Ansprüchen zu einer besonderen Schutzbedürftigkeit. Aus diesem Grund hat der Gesetzgeber die Notwendigkeit eines Regulierungsbedarfs erkannt und ein ausgesprochen differenziertes Wertpapier- und Kapitalmarktrecht entwickelt. Dieses begrenzt den Gestaltungsspielraum bei der Konstruktion von Finanztiteln und regelt die Rahmenbedingungen des Handels.

Gehandelt werden Ansprüche, wenn sich aufgrund von Angebot und Nachfrage ein Preis bildet, zu dem die verbrieften Rechte weitergegeben werden. In Abhängigkeit der zugrundeliegenden Ansprüche, der Konstruktion der Finanztitel und der Effizienz der Marktorganisation bilden sich in unterschiedlichem Ausmaß aktive Angebots- und Nachfragestrukturen heraus. Ein liquider Sekundärmarkt erleichtert die Übertragungsmöglichkeiten von Ansprüchen und fördert damit die erstmalige Ausgabe fungibler Wertpapiere.

## *Marktformen*

Kapitalmärkte lassen sich anhand verschiedenster Kriterien unterteilen. Drei grundlegende Unterscheidungen sind dabei von besonderer Bedeutung. Nach dem Kriterium der Funktion und der Art der Transaktionspartner lassen sich der Primär- und der Sekundärmarkt von Wertpapieren unterscheiden. In Abhängigkeit des Erfüllungszeitpunktes der geschlossenen Kontrakte bilden sich Kassa- und Terminmärkte heraus. Als drittes sind organisierte und nicht-organisierte Märkte zu unterscheiden.

- *Primär- und Sekundärmärkte*
An den Primärmärkten findet die erstmalige Emission von Wertpapieren statt. Der Kapitalnachfrager veräußert dabei Ansprüche gegen sich selbst und bekommt dafür von den Investoren Kapital zur Verfügung gestellt. Nur am Primärmarkt erfolgt damit die eigentliche Finanzierungsfunktion für den Emittenten. Am Sekundärmarkt können die Investoren ihre Wertpapiere an andere Anleger weiterveräußern. Die Eigenschaften der ursprünglichen Finanzierungsbeziehung werden davon nicht mehr berührt. Die Aussicht auf einen liquiden Sekundärmarkt unterstützt die Gestaltung der erstmaligen Emission, da eine spätere Weitergabe von Titeln gewährleistet ist.

- *Kassa- und Terminmärkte*
An den Kassamärkten werden Kontrakte abgeschlossen, die unmittelbar erfüllt werden müssen. Die Preisbildung am Kassamarkt stellt somit den aktuellen Wert der Finanztitel dar. An den Terminmärkten fallen Kontraktabschluss und Erfüllung hingegen auseinan-

der. Die Notierung der Terminkontrakte gibt insofern Aufschluss über die erwarteten Bewertungen in der Zukunft. Da Terminkontrakte nur den späteren Anspruch oder die Verpflichtung von Kauf oder Verkauf eines bestimmten Titels, dem so genannten Underlying, zu bestimmten Konditionen verbriefen, werden diese Instrumente auch als Derivate (abgeleitete Instrumente) bezeichnet. Bei Terminkontrakten findet damit eine Trennung von Liquiditäts- und Risikokomponenten statt. Die laufende Wertentwicklung des Derivats reflektiert damit die aktuelle Bewertung und Risikoeinschätzung des Marktes. Zwischen Kassa- und Terminmarkt bestehen Preiszusammenhänge, die sich daraus ergeben, dass an Stelle des Abschlusses eines Terminkontraktes prinzipiell auch ein Kassageschäft getätigt und der erworbene Titel bis zum Terminzeitpunkt zurückgelegt werden könnte.

- *Organisierte und nicht-organisierte Märkte*

Die organisierten und nicht-organisierten Märkte unterscheiden sich anhand vielfältiger Merkmale. Grundsätzlich unterliegen organisierte Börsen einer Aufsicht. Sie verfügen über festgelegte Zulassungsverfahren und agieren nach definierten und transparenten Regeln. Die Zentralisierung des Handels und die Standardisierung von Verfahren und Kontrakten ermöglichen die Schaffung einer hohen Liquidität der Finanztitel. Mit den Clearingverfahren wird eine Ausschaltung des Counterparty-Risikos, das heißt des möglichen Ausfalls des jeweiligen Vertragspartners, ermöglicht. An den nicht-organisierten Märkten, den so genannten OTC-Märkten, werden bilaterale Vereinbarungen über prinzipiell beliebige Kontrakte abgeschlossen. Ohne die Eigenschaften einer Standardisierung und Zentralisierung führt dies in der Regel zu einer geringeren Liquidität. Ebenso entstehen zusätzliche Risiken durch einen möglichen Ausfall des Vertragspartners. Vorteilhaft sind dafür die größere Flexibilität und der höhere Innovationsspielraum aufgrund fehlender einschränkender Vorschriften.

### 3.3.2.2 Tätigkeiten nach Art der Funktionserfüllung

Die Art der Funktionserfüllung durch Investmentbanken ist an die Instrumente des Kapitalmarktes gekoppelt. Diese werden von den Investmentbanken eingesetzt, kombiniert und in Form von Finanzinnovationen modifiziert und weiterentwickelt. Die Wahrnehmung von Grundfunktionen durch den Kapitalmarkt wird genutzt, beispielsweise bei der börslichen Transaktionsabwicklung und der Bereitstellung von aktuellen Kursen. Aus diesem Grund kann die Art der Funktionserfüllung durch die Investmentbanken nur begrenzt isoliert vom Aufgabenspektrum des Kapitalmarktes betrachtet werden. Im Kern stehen die Transformationsleistung, die Transaktionsabwicklung sowie die Informationsgewinnung und -verarbeitung.

Bei den *Transformationsleistungen* werden Losgrößen, Fristen, Liquidität und Risiken durch die Emission von Finanztiteln angepasst. Die Investmentbank übernimmt dabei die notwendige Strukturierung der Papiere. Die vollständige Erfüllung dieser Aufgabe hat einen entscheidenden Einfluss auf die Zusammenführung der Angebots- und Nachfrageprofile und somit auf die Attraktivität und Liquidität am Primär- bzw. Sekundärmarkt.

Die Stückelung von Wertpapieren erlaubt die *Losgrößentransformation.* Damit müssen sich nicht unmittelbar Kontraktpartner mit dem selben Umfang an Kapitalanlage- oder -aufnahmewünschen gegenüberstehen. Beispielsweise kann ein Unternehmen ein umfangreiches Volumen an Eigen- oder Fremdkapital emittieren, das von einer Vielzahl von Einzelanlegern finanziert wird.

Aufgrund des Handels der Wertpapiere wird auch die *Fristentransformation* gewährleistet. Die Käufer bei der erstmaligen Ausgabe von Ansprüchen müssen diese nicht bis zum Fälligkeitszeitpunkt halten, sondern können einen vorzeitigen Verkauf über den Markt durchführen. Besonders deutlich wird dieser Mechanismus bei den grundsätzlich zeitlich unbegrenzt existierenden Aktiengesellschaften oder den sehr langfristigen festverzinslichen Wertpapieren, die mit Laufzeiten von bis zu 30 oder sogar 100 Jahren ausgestattet sein können. An die Stelle des ursprünglichen Investors, der sich für einen kürzeren Zeitraum engagiert hat, tritt ein neuer Anleger. Somit kann auf der einen Seite die Kapitalaufnahme langfristig erfolgen und auf der anderen Seite die Kapitalanlage einzelner Investoren auch kurzfristig durchgeführt werden.

Die Losgrößen- und Fristentransformation durch Investmentbanken kann durch die verschiedenen Geschäftsfelder vorgenommen werden: Bei der erstmaligen Platzierung sorgen die Bereiche Capital Markets und Sales & Trading für eine Aufteilung des Gesamtbetrags auf einzelne Investoren. Die Fristentransformation ergibt sich dann aus der Weitergabe der Finanztitel über die Marktplattformen. Die Möglichkeiten der Losgrößen- und Fristentransformation werden auch im Bereich Asset Management bei der Konstruktion von Fonds genutzt, da diese die Anlagebeträge bündeln und bei Bedarf an nachfolgende Investoren weiterveräußern.

Die *Liquidität* hat für die Investoren am Sekundärmarkt aufgrund der Möglichkeit der Weiterveräußerung eine große Bedeutung. Liquidität wird hier von den Investmentbanken unter anderem durch das Market Making zusätzlich zur Verfügung gestellt. In Fällen, bei denen die organisierten Märkte für die Akteure nicht über die notwendige Liquidität verfügen, können Investmentbanken den notwendigen Ausgleich bewerkstelligen. Herausragendstes Beispiel dafür ist der Blockhandel. Dabei versuchen Investoren, einen Anteil an Finanztiteln einer bestimmten Tranche zu erwerben oder zu verkaufen, der so groß ist, dass er das normale Handelsvolumen an den Börsen in einem Grad übersteigt, der kursunbeeinflussende Transaktionen nicht mehr ermöglicht. Investmentbanken vermitteln in derartigen Situationen zwischen verschiedenen Interessenten und ermöglichen damit eine zusätzliche Form der Liquidität in Finanztiteln. Die Folge ist eine Ergänzung zwischen den Investmentbanken und organisierten Kapitalmärkten.

Grundsätzlich können Investmentbanken *Risiken* durch eine einfache Vermittlungsleistung zwischen anderen Marktteilnehmern oder aber auch durch eigene Übernahme transformieren. Diese Funktion kann von Investmentbanken in den einzelnen Geschäftsfeldern sehr unterschiedlich wahrgenommen werden. Ganz allgemein lassen sich Risiken unmittelbar durch deren Koppelung an Finanztitel und die Verteilung auf einzelne Investoren klar zuordnen. Die gezielte Allokation von Risiken erfährt neben der reinen Übertragung von Kapital eine zunehmend explizite Berücksichtigung. Investmentbanken haben in diesem Bereich, natürlich in Verbindung mit Tätigkeiten der Beratung und Strukturierung als Formen der Informationsfunktionen, in besonderem Ausmaß Kenntnisse und Fähigkeiten entwickelt. Diese werden unter anderem bei der Beratung im Risikomanagement eingesetzt.

Mit der Kapitalallokation findet dabei gleichzeitig auch ein *Risikotransfer* statt. So stellt der Kauf von Aktien nicht nur die Bereitstellung von Vermögen für Investitionszwecke dar, sondern es wird auch das Unternehmerrisiko übernommen. Die bewusste Zerlegung von Risikokomponenten und Finanzierungsfunktion liegt bei Derivaten vor. Ohne eigentlich zu einer Kapitalaufbringung beizutragen, können damit gezielt einzelne Risiken übernommen oder abgesichert werden. Die Kapitalmärkte erfüllen also auch die Funktion einer Risikoallokation in einer Volkswirtschaft. Die Nutzung der Kapitalmärkte für eine bewusste Verteilung von Risiken wird seit Beginn der 70er Jahren verstärkt durchgeführt.

Die zunehmende Bedeutung dieses Aspektes wird an dem exponentiell steigenden Volumen der Derivatemärkte deutlich. Dabei können Investoren einen breit gefächerten Kapitalmarkt nutzen, um eine Diversifizierung ihres Vermögens zu erreichen. Durch Investition in viele verschiedene Titel, die jeweils einzeln risikobehaftet sind, jedoch untereinander möglichst wenig korrelieren, lässt sich das Risiko eines Anlageportfolios deutlich senken. In der Praxis müssen Investoren die Diversifikation nicht selbst durchführen, sondern können diese durch den Kauf bereits diversifizierter Fondsanteile, welche unter anderem von Investmentbanken angeboten werden, realisieren.

Die reine *Transaktionsabwicklung* unter dem Blickwinkel einer technischen Durchführung von standardisierbaren Prozessen ist auch für das Investment Banking wichtig, steht allerdings nicht im Vordergrund. Wichtig ist, dass zu diesem Zweck auch auf die Infrastruktur der Märkte als komplementärer und in diesem Bereich effizienter Anbieter zurückgegriffen wird. So übernehmen organisierte Börsen die Aufgabe der Marktbildung, der Preisfeststellung und der Abwicklung.

Die Marktbildung funktioniert in räumlicher und zeitlicher Hinsicht. Börsenorganisationen waren bis vor wenigen Jahren ausschließlich das physische Zusammentreffen der Vertragsparteien (Präsenzbörsen). Die Notwendigkeit einer lokalen Präsenz besteht jedoch mit den technischen Kommunikationsmöglichkeiten nicht mehr. Die Marktbildung lässt sich auch über Bildschirmsysteme erreichen, wie es bereits bei der Deutschen Börse AG praktiziert wird. Eine zeitliche Marktkonzentration lässt sich prinzipiell durch die eingegrenzten Handelszeiten der Börsen durchsetzen. Aufgrund der zunehmend globalen Vernetzung der Finanzzentren, die in den verschiedensten Zeitzonen liegen, haben sich jedoch die Möglichkeit und Notwendigkeit einer Verlängerung der Handelszeiten ergeben. Der Abwicklung dienen insbesondere die standardisierten Verfahren des Clearings. Diese erlauben zum einen die Realisierung von Skaleneffekten bei der Vertragsdurchsetzung. Zum anderen haben Börsen teilweise ihre eigentlich neutrale Abwicklungsfunktion als Finanzintermediäre im weiteren Sinne aufgegeben, da sie die jeweilige Vertragsgegenseite beim Abschluss von Finanzkontrakten übernehmen. Ziel ist dabei die Ausschaltung des Counterparty-Risikos und folglich eine von Dritteinflüssen unabhängige Preisbildung.

In einer breiteren Auslegung können unter der Transaktionsabwicklung auch Formen der Vertragsanbahnung, -vereinbarung, -abwicklung und -anpassung verstanden werden, die bei komplexeren Einzelaufgaben anfallen. Beispielhaft können hier die Verfahrensaspekte in den Bereichen Mergers & Acquisitions oder Asset Management angeführt werden.

Einen entscheidenden Wertbeitrag liefern die Investmentbanken im Bereich der *Informationsgewinnung und -verarbeitung*. Dieser ist für alle Geschäftstätigkeiten der Investmentbank relevant. In einem ersten Schritt werden von den Investmentbanken grundsätzliche Analysen zu den verschiedensten Fragestellungen weitgehend regelmäßig erarbeitet (Research-Reports). Zu diesen gehören volkswirtschaftliche Einschätzungen, Branchen- und Länderuntersuchungen und die Prüfung einzelner Wirtschaftseinheiten auf deren Position und Erfolgsaussichten. Aufbauend werden allgemeine Handlungsempfehlungen ausgesprochen. Aufgrund der besonderen Bedeutung dieses Bereichs erfährt er eine eigene organisatorische Abgrenzung in Form der Research-Abteilung. In einem zweiten Schritt finden spezielle Auswertungen statt, die für die jeweils spezifischen Projekte angefertigt werden müssen.

Die Umsetzung von Informationen kann auf unterschiedliche Weise erfolgen. Im Bereich Mergers & Acquisitions werden auf der Grundlage der Informationen Anteile oder ganze Unternehmen ge- oder verkauft. Das führt bei den betroffenen ökonomischen Einheiten zu Veränderungen der Unternehmensstruktur im Sinne eines organisatorischen Eingriffs. In den Geschäftsfeldern Corporate Finance und Structured Finance werden Finanzierungsarrangements mit den gewonnenen Einschätzungen optimiert. Capital Markets strukturiert und platziert auf Basis der erarbeiteten Beurteilung die einzelnen Finanztitel. Im Bereich Sales & Trading werden anhand der eigenen Empfehlungen Kunden zu Umschichtungen ihrer Kapitalanlagen veranlasst, und diese Informationen werden von der Investmentbank auch im Eigenhandel selbst umgesetzt. Das Asset Management verarbeitet die Analysen im Rahmen der Portfoliobildung und -umschichtung. Der Beachtung von Insiderregelungen kommt in diesen Bereichen eine besondere Rolle zu.

Die Kurse als aggregierte und bewertete Marktinformationen können sich dabei auf einzelne Titel oder auch auf ganze Marktsegmente beziehen. Zusätzlich zu den Kursen geben grundsätzlich auch publizierte Daten über die Umsätze der einzelnen Titel sowie über den Bestand an limitierten Aufträgen nützliche Hinweise über die Marktlage. Zu beachten ist allerdings, dass der Kapitalmarkt lediglich die Handlungsvorgaben der einzelnen Akteure abwickelt. Die Aufgabe der Informationsgewinnung im Sinne einer Zusammenstellung von Fakten und Ableitung von Handlungsempfehlungen können die Kapitalmärkte nicht durchführen. Diese Aufgabe verbleibt bei den handelnden Institutionen am Kapitalmarkt.

Aufgrund der vielschichtigen Informationsumsetzung erfüllen Investmentbanken eine wichtige volkswirtschaftliche Lenkungsfunktion. So können die drei Grundfunktionen nur dann von den Kapitalmärkten erfüllt werden, wenn Marktteilnehmer existieren, welche diese nutzen. Dies können durchaus, so beispielsweise im Falle großer institutioneller Investoren, die Kapitalgeber und -nachfrager selbst sein. Auch wenn dies (vgl. hierzu

Abschnitt 3.4.2) gegenwärtig noch eher selten zutrifft, ist doch eine Zunahme dieses Phänomens zu beobachten. In der Regel agieren hingegen die Marktteilnehmer nicht direkt am Kapitalmarkt, sondern werden durch Investmentbanken als hierauf spezialisierte Institutionen vertreten. Insofern besteht eine funktionale Ergänzung zwischen Kapitalmarkt und Investmentbanken.

### 3.3.2.3 Tätigkeiten nach Art des Vertragseintritts

Die Geschäftstätigkeiten der Investmentbanken lassen sich auch anhand der Form des Eigeneintritts in die Vertragsbeziehungen unterscheiden. Sie übernehmen damit in unterschiedlichem Umfang Risikokomponenten und erfüllen so die jeweiligen finanzwirtschaftlichen Grundfunktionen.

In bestimmten Formen des Investment Banking findet praktisch keine eigene Risikoübernahme durch einen Eigeneintritt in die zugrundeliegenden Finanzgeschäfte statt. Die Investmentbank fungiert dann ausschließlich als Broker. Sie erleichtert und organisiert den Abschluss von Verträgen, tritt jedoch in diese selbst nicht ein. Daher ist sie in diesem Bereich als Finanzintermediär im weiteren Sinne einzustufen. Bei der Emission von Wertpapieren würde sie dabei nur Funktionen der Strukturierung und der Platzierung übernehmen, aber nicht eine Abnahmegarantie ausstellen. Bei der Beratung im Corporate-Finance-Bereich findet eine Übernahme der Informationsbereitstellung statt. Die Investmentbank entwirft für den Kunden finanzwirtschaftliche Konzepte und Strategien. Dabei übernimmt sie kein ökonomisches Risiko aus der zugrundeliegenden Transaktion. Analog findet im Asset Management ein Entwurf und eine Durchführung von Investitionsstrategien mit den Kapitaleinlagen der Klienten statt. Auch hier resultieren für die Investmentbank keine eigenen finanziellen Risiken.

Generell übernehmen die Investmentbanken jedoch auch Tätigkeiten mit hohem Risikopotenzial. Dazu gehören beispielsweise Übernahmekonsortien beim Emissionsgeschäft. So kann bei Primär- und Sekundäremissionen ein bestimmter Preis garantiert werden, das Platzierungs- und Preisrisiko trägt dann die Investmentbank. Da die Emission praktisch aufgekauft wird, spricht man auch von „Bought Deals".

Diese Form des Eigeneintritts verändert die Geschäftscharakteristika für die Investmentbanken. Sie handeln als Dealer am Markt und sind als Finanzintermediäre im engeren Sinne einzustufen. Zusätzlich verlassen die Investmentbanken zum Teil ihre Intermediärsstellung, um selbst als Akteure am Kapitalmarkt tätig zu werden. So wird im Proprietary Trading und Principal Investment auf eigene Rechnung gehandelt. In diesem Fall übernimmt die Investmentbank zwangsläufig das volle Risiko aus den Transaktionen.

Grundsätzlich ist ein erhöhtes Risiko mit der Möglichkeit eines höheren Ertrags verbunden. Gleichzeitig steigt das Verlustpotenzial an. Um die Gefahr besonders hoher Ausfälle kompensieren zu können, wird eine zunehmende Eigenkapitalunterlegung der Banken erforderlich. Da Investmentbanken ursprünglich überwiegend kleinere und partnerschaftlich organisierte Unternehmen waren, stellten diese Kapitalanforderungen einen wichtigen Änderungsfaktor für die Branche dar und waren bedeutend für die sukzessive Umwandlung der Investmentbanken in börsenkotierte Unternehmen.

Gleichzeitig erklärt die Rolle der Investmentbanken als Finanzintermediäre im weiteren Sinne die herausragende Bedeutung, welche der Reputation einer Investmentbank zukommt. Wie in den nachfolgenden Abschnitten eingehender behandelt wird, steht sie in direktem Zusammenhang zur bereitgestellten Informationsqualität. Der Einfluss von Reputation ist damit gleichzeitig ein wichtiger Wettbewerbsfaktor und eine Markteintrittsbarriere für neue Investmentbanken (vgl. Beitrag Markt und Wettbewerb, Abschnitt 2.2.4). Je stärker die Investmentbanken selbst Risiken übernehmen, umso geringer wird der Einfluss der Reputation. Daher versuchen sich neu zu etablierende Investmentbanken über Geschäftsfelder wie Proprietary Trading zu behaupten.

## 3.4 Intermediationsformen

### 3.4.1 Vergleich der Intermediation durch Commercialbanken und Investmentbanken

Da die Grundfunktionen von Finanzsystemen durch verschiedenartige Intermediationsformen wahrgenommen werden können, führt dies unmittelbar zur Frage nach deren Verhältnis untereinander. Die Beziehungen können dabei im Prinzip konkurrierend oder auch ergänzend sein.

Die einzelnen Arten der Funktionswahrnehmung wurden durch die zwei betrachteten Intermediationsalternativen Commercialbanken einerseits und Kapitalmarkt mit Investmentbanken andererseits in den vorangegangenen Abschnitten beschrieben. Zusammenfassend kann gesagt werden, dass die Commercialbanken übergreifend alle Funktionen übernehmen können, Kapitalmarkt und Investmentbanken ergänzen sich dagegen weitgehend. Die Commercialbanken stehen grundsätzlich in Konkurrenz mit der Kombination aus Investmentbanken und Kapitalmarkt. An den Schnittstellen zwischen Investmentbanken und Kapitalmarkt können Verschiebungen der Funktionswahrnehmung stattfinden, deren Relevanz und Ausmaß in Abschnitt 3.4.2 aufgezeigt werden.

Zwischen den beiden Wettbewerbsblöcken herrschen in den einzelnen Grundfunktionen in unterschiedlichem Ausmaß Konkurrenz. So war beispielsweise lange Zeit die Abwicklung des Zahlungsverkehrs für Kleinkunden ein eindeutiges und zum Teil wenig attraktiv erscheinendes Betätigungsfeld der Commercialbanken. In anderen Bereichen, unter anderem in den Formen der Kapitalanlage und den Möglichkeiten der Kapitalvergabe, haben sich sehr intensive Wettbewerbsbeziehungen herausgebildet.

Bei der Wahl zwischen zwei verschiedenen Intermediationswegen, den Commercialbanken einerseits und den Investmentbanken mit dem Kapitalmarkt andererseits, ist die Effizienz der jeweiligen Aufgabenerfüllung entscheidend. Diese Fragestellung soll zunächst theoretisch untersucht und dann empirisch überprüft werden. Dabei wird eine klare Bedeutungszunahme der kapitalmarktorientierten Möglichkeiten deutlich. Diese Verschiebung zuungunsten der Commercialbanken kann deren beobachtbare Bemühungen erklären, selbst in das Investment-Banking-Geschäft einzusteigen.

Eine *theoretische Argumentation* der Vor- und Nachteile zwischen einer Kapitalaufnahme über Banken im Sinne der Kredit- und Einlageninstitute oder über die Finanzmärkte hat *Allen* (1993) in einem zusammenfassenden Überblick dargestellt. Demnach liegt die Stärke der Commercialbanken vor allem in deren durchgeführter Überwachungsfunktion (Monitoring). Kreditengagements lassen sich vom Intermediär in ihrer Entwicklung kontrollieren. Dafür hat das Finanzinstitut in der Regel Zugang zu bestimmten nicht öffentlichen Informationen. Eine Überwachungs- und Steuerungsfunktion kann somit gebündelt von einem Institut durchgeführt werden, ohne dass sensible Daten an die Öffentlichkeit gebracht werden müssen. Diese Form der Zusammenarbeit bedingt in vielen Fällen langfristige Bindungen zwischen den Vertragsparteien, die den Aufbau gegenseitiger impliziter Garantien begünstigen. Da Verträge in den seltensten Fällen vollständig und eindeutig alle eintretbaren Zukunftszustände abdecken können, lässt sich ein nachträglich eintretender Regelungsbedarf durch die impliziten Verpflichtungen oder durch explizite Nachverhandlungen lösen. Es findet in diesem Zusammenhang also keine Verwässerung der Kontroll- und Einflussrechte aufgrund eines stark zersplitterten Kreises an Eigentümern, Fremdkapitalgebern oder sonstigen Garantieträgern statt.

Kapitalmärkte in Verbindung mit Investmentbanken ermöglichen dagegen eine weitreichende Preis- und Informationstransparenz. Der Anreiz zur Verarbeitung von Informationen stellt an den transparenten Märkten ein Disziplinierungsinstrument für das jeweilige Management von Unternehmen dar. Insbesondere dann, wenn getroffene unternehmerische Entscheidungen und die relevanten Rahmendaten besonders komplex sind, kann eine konkurrierende Beurteilung durch eine große Anzahl von Marktteilnehmern günstig sein. Aufgrund der Standardisierung ist die Marktabwicklung in der Regel besonders transaktionskostengünstig. Schließlich erlauben breite Märkte eine effizientere Risikoteilung durch Verbesserung der Diversifikationseffekte für Investoren.

Im Rahmen einer *empirischen Beobachtung* lassen sich deutliche Unterschiede zwischen einzelnen Ländern feststellen. Im angloamerikanischen Raum ist eine stärkere Marktorientierung festzustellen. Diese begann bereits mit der Industrialisierung in Großbritannien und setzte sich dann in den USA mit den großen Infrastrukturprojekten fort. Insbesondere Kontinentaleuropa mit Ländern wie Deutschland, Frankreich und Italien ist hingegen grundsätzlich stärker bankenorientiert. Aus der sukzessiv zunehmenden Verschiebung von Transaktionen auf die Kapitalmärkte im angloamerikanischen Raum und der sichtbaren Weiterentwicklung der kontinentaleuropäischen Märkte lässt sich ein genereller Trend zur Bedeutungszunahme der Marktlösungen und der Tätigkeiten von Investmentbanken feststellen. Diese Entwicklung kann auch in einem Vergleich von Wachstumsraten zwischen den Commercialbanken und den Investmentbanken aufgezeigt werden (vgl. Abbildung 5).

In den USA haben im Zeitraum von 1980 bis 1996 die Investmentbanken ein durchschnittliches jährliches Ertragswachstum von 13,4 Prozent aufweisen können. Die vom Gesamtvolumen zwar immer noch umfangreicheren Commercialbanken kamen dagegen im Vergleich nur auf 8,2 Prozent jährliche Steigerung. Die divergierenden Wachstumsraten

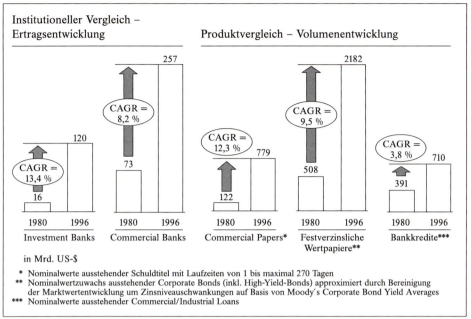

Quelle: Brinker (1998), S. 3

Abbildung 5: Vergleich des Wachstums von US-Commercial- und US-Investmentbanken von 1980–1996

stützen die allgemeinen Aussagen, wonach die Investmentbanken mit kapitalmarktgehandelten Papieren im Vergleich zu den Commercialbanken überproportional an Bedeutung gewinnen. Diese Tendenz lässt sich auch anhand der divergierenden Volumenentwicklung bei verschiedenen Einzelprodukten zeigen. Verbriefte Forderungen wie beispielsweise Commercial Papers und andere festverzinsliche Wertpapiere haben deutlich stärker als die traditionellen Bankkredite zugenommen.

Für Deutschland bestehen ähnliche Zusammenhänge. Hier gehen die Wachstumsraten im Investment Banking jedoch von einem wesentlich geringeren Niveau aus.

## 3.4.2 Entwicklungsperspektiven der Intermediation durch Investmentbanken

In einem letzten Schritt sollte bei der Beurteilung der verschiedenen Intermediationsformen auch der Aspekt beleuchtet werden, welche Stellung die Intermediationsleistung der Investmentbanken zukünftig haben wird. Vor dem schon angesprochenen Hintergrund, dass auch ein funktionaler Wettbewerb zwischen Investmentbanken und Marktorganisationen möglich ist, stellt sich die Frage, ob langfristig die beschriebenen Aufgaben von Investmentbanken ersetzbar sein könnten. Das wäre dann der Fall, wenn Anbieter und Nachfrager von Kapital und Risiken selbstständig an den Märkten tätig und auf die Dienstleistungen der Investmentbanken entsprechend verzichten würden.

Eine solche Entwicklung wäre die in Abschnitt 3.4.1 beschriebene Fortführung der Argumentation der Verschiebung von Geschäftsvolumen der Commercialbanken auf eine Kombination von Investmentbanken und Kapitalmarkt. Wie in Abbildung 6 veranschaulicht, bedeutet dies eine Entwicklung von der oberen Intermediationsform auf die mittlere Ausprägung. Zu diskutieren ist nun, ob in einem weiteren Schritt die Investmentbanken obsolet werden können, indem alle Nachfrage- und Angebotsformen direkt und selbstständig an den Märkten gehandelt werden.

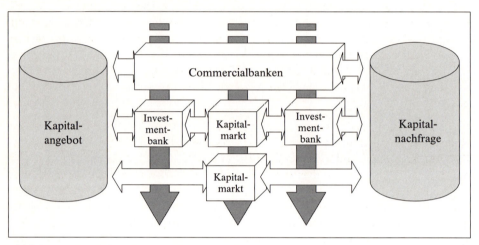

Abbildung 6: Entwicklungsperspektiven der Intermediation

Der zunehmende Bedeutungsverlust der Banken wird dadurch verstärkt, dass auf der einen Seite das ursprünglich fragmentierte und kaum einflussreiche Kapitalangebot zunehmend durch institutionelle Investoren gebündelt wird. Das verfügbare Anlagevolumen entwickelt beispielsweise in Form von Pensionskassen und Fonds ein kritisches Volumen, das nicht nur erlaubt, ausgesprochen sophistizierte und eigenständige Anlagestrategien an den Kapitalmärkten zu verfolgen, sondern auch ermöglicht, Stimmrechtseinfluss bei börsennotierten Unternehmen wirksam geltend zu machen. Auf der anderen Seite können große Unternehmen und Staaten direkt an den Kapitalmärkten ihren Finanzierungsbedarf effizienter decken. Kapitalangebot und Kapitalnachfrage finden so unmittelbar zusammen und die dazwischen geschaltete Intermediationsleistung wird unbedeutender.

Mit der schwindenden Bedeutung der Intermediationsleistung würde jedoch auch die heutige Bedeutung der Investmentbanken abnehmen und sich ihre Tätigkeit daher verschieben. *Chernow* weist darauf hin, dass nicht die absolute Stärke der Bank auf Basis der Geschäftsaktivitäten oder der Kapitalkraft entscheidend ist. Vielmehr ist die relative Position des Intermediärs im Vergleich zu Kapitalanbietern und -nachfragern ausschlaggebend.[7]

---

[7] Vgl. Chernow (1997), S. 7.

Diese Überlegungen könnten dadurch gestützt werden, dass sinkende Transaktionskosten aufgrund verbesserter technischer Möglichkeiten den reinen Kostenvorteil durch Bündelung von Aktivitäten bei einem Finanzintermediär unwichtiger werden lassen. Eine Informationstransparenz bei aktiven Wertpapiermärkten vereinfacht die individuelle Wissensgewinnung für alle Marktbeteiligten.

Tatsächlich lässt sich gegenwärtig der Trend beobachten, dass sich die Übernahme der klassischen Intermediationsleistungen von Banken mit Kredit- und Einlagengeschäft auf die Kapitalmärkte verlagern. Die Leistungen der Investmentbanken sind jedoch, insbesondere aus den oben angeführten informationsökonomischen Gründen, kaum ersetzbar. Dies liegt darin begründet, dass die Informationsverarbeitung als weitere Grundfunktion in einem Finanzsystem am effizientesten durch die Investmentbanken wahrgenommen wird. Neutrale und spezialisierte Institutionen werden insofern zur Gewinnung, Verarbeitung und konkreten Anwendung von Informationen auf einzelne Problemstellungen benötigt.

Auf die Bereitstellung dieses Know-hows und die Haftung für ihre Qualität über die Reputation der Institution lässt sich auch bei veränderten Entwicklungen der verfügbaren Technologie oder der vorherrschenden Marktkonzentrationen nicht verzichten. So lässt sich zwar, wie dies auch Chernow tut, zu Recht argumentieren, dass die institutionellen Investoren selber Research betreiben und daher auf die Anlageempfehlungen der Investmentbanken im Rahmen ihrer Asset-Management-Aktivitäten nicht angewiesen sind. Im Bereich der Börseneinführungen hingegen, nur um ein Beispiel anzuführen, ist es nicht möglich, dass jeder dieser institutionellen Investoren gleichermaßen Zugriff auf die internen Informationen des Kandidaten erhält. Dies wäre nicht nur unter Gesichtspunkten der Geheimhaltung vertraulicher Informationen problematisch, sondern praktisch nicht durchführbar. Es ist somit unerlässlich, dass die Investmentbanken als Vertreter der Investoren die so genannte Due Diligence durchführen und mit ihrer Beteiligung an der Transaktion für die Börsenreife der betreffenden Unternehmung stehen. Im Rahmen der theoretischen Erklärung der Intermediationsfunktion von Investmentbanken wird in Abschnitt 4 dieser Aspekt näher beleuchtet.

Neben diesen allgemeinen Bewertungsaufgaben entwickeln sie jedoch auch individuell zugeschnittene Lösungen für die Klienten, die diese ihrerseits nur selten und bei einer hinreichenden personellen Ausstattung mit intern angestellten Kapitalmarktexperten alleine finden könnten. So sind unter anderem für die Strukturierung komplexer Finanzierungstitel und für die Tätigkeiten im Bereich der Unternehmensübernahmen und -restrukturierungen hoch entwickelte Fähigkeiten bei der Informationstransformation unabdingbar. Insofern wird der Rückgriff auf Investmentbanken mit diesen Leistungen auch in Zukunft in den meisten Fällen unerlässlich bleiben.

# 4. Theoretische Erklärungsansätze

Im vorangegangenen Abschnitt wurden die grundlegenden Funktionen einer Finanzintermediation und die wahrgenommenen Rollen der unterschiedlichen Institutionen aufgezeigt. Damit sind die real beobachtbaren Aufgaben und Durchführungsformen von Finanzintermediären deutlich geworden. Aus dieser Perspektive lässt sich jedoch nicht die Frage nach der theoretischen Erklärung der Ursachen für die Existenz von Investmentbanken beantworten.

Bisher wurde von der Existenz verschiedener Intermediationsformen zur Erfüllung der finanzwirtschaftlichen Grundfunktionen ausgegangen. Bei den Überlegungen zu den Entwicklungsperspektiven der Intermediation durch Commercialbanken und Investmentbanken in Abschnitt 3.4.2 wurde bereits deutlich, dass Verschiebungen zwischen den einzelnen Intermediären und auch deren vollständige Umgehung denkbar sind. Daraus kann gefolgert werden, dass die Existenz von Finanzintermediären nicht selbstverständlich, sondern erklärungsbedürftig ist.

Konkret angewendet auf die Rolle von Investmentbanken in einem Finanzsystem beschreiben die allgemeinen Überlegungen die spezielle Zwecksetzung und den resultierenden Wertbeitrag von Investmentbanken. Vor diesem Hintergrund kann eine Einschätzung der jetzigen und – bei veränderten Rahmenbedingungen – der künftigen Bedeutung von Investmentbanken vorgenommen werden.

Wie bereits ausgeführt, agieren die Investmentbanken am Kapitalmarkt und ihre Geschäftsfunktionen können sich auf verschiedene Bereiche verteilen. Sie treten immer als Intermediäre zwischen Kapitalangebot und Kapitalnachfrage auf (vgl. Abbildung 7).

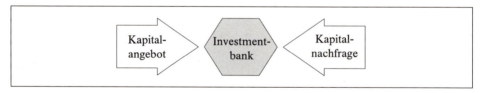

Abbildung 7: Intermediationsfunktion der Investmentbank

In der Regel agiert die Investmentbank als Beauftragte einer einzelnen Institution und hat in deren Interesse oder Namen eine Vereinbarung mit den entsprechenden Verhandlungspartnern der anderen Seite anzubahnen oder zu treffen. Die Investmentbank wird in der Regel von der Kapitalangebots- oder Kapitalnachfrageseite unter Vertrag genommen, um als Mittler für den Kunden tätig zu werden. Anstelle einer einzelnen Investmentbank werden bei besonders umfangreichen und riskanten Projekten mehrere konkurrierende Investmentbanken verpflichtet. Ebenso werden, in Abhängigkeit von der Problemstellung, jeweils auf der anderen Vertragsseite Investmentbanken als Berater hinzugezogen. Nur in wenigen Ausnahmefällen, in Deutschland zum Beispiel bei der organisatorischen Beratung im Rahmen einer Verschmelzung, kann eine Investmentbank im Auftrag beider Seiten gleichzeitig handeln.

Investmentbanken handeln jedoch nicht nur als Intermediäre im Auftrag eines Kunden, sondern können auch selbst als Kapitalgeber und Investoren oder als Kapitalnachfrager und Gläubiger auftreten. Kapital benötigt eine Investmentbank wie jedes andere Unternehmen auch zur Finanzierung der eigenen Geschäftstätigkeit. Besonders plakativ zeigt sich dieser Umstand bei der Notierung der Investmentbanken als Unternehmen an der Börse. Als Investor tritt eine Investmentbank bei Transaktionen auf eigene Rechnung auf. Sie tut dies aber auch bei der zwischenzeitlichen Übernahme von Positionen zum Zweck der Abwicklung für den Kunden. Damit verlässt die Investmentbank ihre neutrale Mittlerfunktion und konkurriert mit anderen Marktteilnehmern um günstige Anlagemöglichkeiten bzw. um knappe Finanzierungsmittel. Da die anderen Marktteilnehmer auch eigene Kunden sein können, werden potenzielle Interessenskonflikte offenbar. Dies gilt beispielsweise für das Principal-Investment-Geschäft.

Mit Blick auf die Intermediationsfunktion der Investmentbanken stellt sich nun die Frage nach ihrer Existenzberechtigung. Bei einem gut funktionierenden Markt erscheint ein zusätzlich eingeschalteter Intermediär nur als störende Zwischenstufe und als überflüssiger Kostenfaktor zwischen der existierenden Nachfrage und dem entsprechenden Angebot. Die Fragen

- Warum werden am Kapitalmarkt Investmentbanken benötigt?
- Welchen Wertbeitrag können Investmentbanken leisten?
- Für welche Aufgabenstellungen ist der Einsatz von Investmentbanken besonders sinnvoll?

sind vor dem Hintergrund der theoretischen Ansätze zu untersuchen. Neben neoklassischen handelt es sich besonders um neoinstitutionalistische Ansätze in der Ausprägung der Transaktionskostentheorie, der Agency-Theorie und der Property-Rights-Theorie.

## 4.1 Neoklassischer Erklärungsansatz

Die Neoklassik beruht auf der Annahme eines vollkommenen Kapitalmarktes. Auf einem derartigem Markt ist ein friktionsloser Austausch von Rechten möglich. Angebot und Nachfrage finden unter Berücksichtigung der individuellen Präferenzen die bestmögliche Einsatzmöglichkeit. Dabei ist der vollkommene Kapitalmarkt[8] dadurch gekennzeichnet, dass

1. keine Informationskosten anfallen,
2. keine Transaktionskosten und Steuern existieren,
3. die Wertpapiere beliebig teilbar sind,
4. die finanzielle Nutzenmaximierung das Ziel der Kapitalgeber darstellt,
5. gleicher Marktzugang für alle Teilnehmer besteht.

---

[8] Annahmen nach Modigliani/Miller (1958). Vgl. auch Franke/Hax (1999); Copeland/Weston (1988).

Existieren keine Informationskosten, verfügen alle Akteure am Kapitalmarkt über die gleichen Informationen. Es können damit keine Informationsasymmetrien bezüglich des zukünftigen Verhaltens der Marktteilnehmer, der Wahrscheinlichkeit von Ereignissen und besonders der Einschätzung von Rendite und Risiko entstehen. Ohne Transaktionskosten ist eine Inanspruchnahme von Märkten und eine Übertragung von Eigentumsrechten kostenfrei möglich.

Unter den Prämissen eines friktionslosen Marktes hat bereits *Fisher* (1930) grundlegende Zusammenhänge zur Funktionsweise von Kapitalmärkten aufgezeigt. Bei Existenz eines vollkommenen Kapitalmarktes kann die Entscheidung über ein optimales Produktionsprogramm unabhängig von individuellen Konsumentscheidungen der einzelnen Personen getroffen werden (Fisher-Separationstheorem). Die Existenz eines Kapitalmarkts mit seinen Tauschmöglichkeiten erhöht die Anzahl der realisierbaren Konsummöglichkeiten und ermöglicht ein höheres Nutzenniveau der Individuen. Ein Kapitalmarkt steigert also den Wohlstand einer Volkswirtschaft. Als objektives Entscheidungskriterium zur Beurteilung der Vorteilhaftigkeit von Projekten ist der Kapitalwert heranzuziehen. Diese Größe kann unabhängig von den unterschiedlichen Präferenzen der Beteiligten als übergeordnetes und nutzenmaximierendes Ziel verfolgt werden.[9]

Explizit aufbauend auf den Prämissen eines vollkommenen Marktes leiten *Modigliani/ Miller* (1958) die Irrelevanz der Kapitalstruktur für Unternehmen her. Darüber hinaus sind die Annahmen eines vollkommenen Kapitalmarktes Ausgangspunkt für eine Vielzahl weiterer Modelle, beispielsweise die Überlegungen des Capital Asset Pricing Model (CAPM), der Optionspreistheorie und der Arbitrage Price Theory (APT).

Die Erklärungsmöglichkeiten der Neoklassik, insbesondere mit den Annahmen vollständiger kostenfreier Informationen und nicht existenter Transaktionskosten, führen zu einer Abstraktion von den Institutionen des Kapitalmarktes. Ohne Informations- und Koordinationskosten ermöglichen homogene Erwartungen eine transparente, optimale Kapitalallokation in einem friktionslosen Markt. Die in Abschnitt 3.1 vorgestellten Grundfunktionen des Finanzsystems können unter dem neoklassischen Blickwinkel entweder von den Marktbeteiligten kostenfrei selbst übernommen werden oder sie fallen vollständig weg. Die Durchführung der Transformationsleistungen kann bei einem vollkommenen Markt, zu dem unter anderem alle Teilnehmer den gleichen Zugang haben, von den Akteuren selbst durchgeführt werden. Die Transaktionsabwicklung findet ohne die Existenz von Transaktionskosten und Informationsasymmetrien unmittelbar und ohne Effizienzverluste statt. Eine Informationsverarbeitung durch Einzelne ist unnötig, da alle über den gleichen vollkommenen Informationsstand verfügen.

In der neoklassischen Modellwelt mit ihren sehr restriktiven Annahmen haben die Intermediäre daher keine sinnvolle Funktion. Im Ergebnis dürfte es sie hiernach gar nicht geben, da kein Marktteilnehmer die ausgelösten Kosten bezahlen würde. Folglich bietet diese Perspektive keine Erklärung für die Existenz von Investmentbanken.

---

[9] Vgl. Fisher (1930); Copeland/Weston (1992); Franke/Hax (1999).

## 4.2 Neoinstitutionalistischer Erklärungsansatz

Die restriktiven Prämissen der Neoklassik haben die Entwicklung differenzierter quantitativer Modelle mit eindeutigen Aussagen ermöglicht. Gleichzeitig beschränken die oftmals als realitätsfern kritisierten Annahmen den Erklärungsgehalt der abgeleiteten Systeme. Im Gegensatz dazu beruht der Neoinstitutionalismus auf einer expliziten Einbeziehung von Marktunvollkommenheiten zur Beschreibung, Erklärung und Prognose von Interaktionsbeziehungen am Kapitalmarkt. Damit steht nicht mehr ausschließlich die Betrachtung gegebener, technologisch bestimmter Rendite- und Risikoverteilungen im Vordergrund, sondern es werden unter anderem Verhaltensreaktionen und Verhaltensunsicherheiten der Beteiligten als endogene Größen in die Überlegungen mit einbezogen. Marktunvollkommenheiten können grundsätzlich durch die Auflösung der einzelnen Prämissen der Neoklassik untersucht werden. Tatsächlich haben sich drei grundsätzliche Ausrichtungen der neoinstitutionalistischen Theorie herausgebildet:

- Property-Rights-Theorie,
- Transaktionskostentheorie,
- Agency-Theorie.

### 4.2.1 Property-Rights-Theorie

Einen Ansatzpunkt der neoinstitutionalistischen Erklärungsperspektive stellt die Analyse von Einzelrechten, die so genannte Property-Rights-Theorie, dar. Es soll eine optimale Zuordnung von Nutzungs-, Gestaltungs-, Gewinnaneignungs- und Veräußerungsrechten erreicht werden. Auf der Grundlage einer unter Umständen nicht vollständigen Definierbarkeit von Teilrechten ist eine effiziente und anreizkompatible Verteilung bzw. Übertragung der Eigentums- und Verfügungsrechte anzustreben. Finanzkontrakte als Bündel von Rechten enthalten primär Regelungen über den zukünftigen Austausch von Cashflows in Abhängigkeit vom eintretenden Umweltzustand. Eine gänzliche Erfassung und Zuweisung denkbarer Umweltzustände bzw. die explizite Übernahme offener Möglichkeiten von Umweltentwicklungen durch einzelne Beteiligte wird im Rahmen dieses Ansatzes angestrebt.

Besonders bei langfristigen und komplexen Austauschbeziehungen können bei Vertragsabschluss nicht alle zukünftig eintretenden Umweltzustände erkannt und geklärt werden. Anschaulich demonstriert *Hart* (1995) diesen Sachverhalt am Beispiel eines Hausbaus, bei dem im Laufe der Zeit sukzessive neue Rahmenbedingungen zum Vorschein kommen. Problematisch ist hierbei der Fall, bei dem keine eindeutigen Regelungen zur Konfliktlösung existieren, sich aber bereits eine oder beide Vertragsparteien durch Leistung spezifischer Investitionen an den jeweiligen Austauschpartner gebunden haben. Die Seite mit den höheren irreversiblen Vorleistungen (Sunk Costs) befindet sich in einer ausbeutungsoffenen Position (Hold up). Das Erreichen einer derartigen „Zwickmühle" kann natürlich auch von vornherein von der Gegenpartei geplant worden sein (Hidden Intention). Zur Verhinderung solcher Konstellationen lassen sich unter anderem Ansätze der Interessenangleichung, des gegenseitigen Eigentumserwerbs, der Stellung von Sicherheiten bzw. von Garantien oder des Einsatzes der eigenen guten Reputation als Signaleffekt nutzen.

Eine klassische Anwendungssituation dieser Theorie besteht in der Kreditvergabe für Unternehmen oder für Projekte, die erst zu einem späteren Zeitpunkt ihren tatsächlichen und natürlich höheren Finanzierungsbedarf offenbaren. Der Kapitalgeber muss entscheiden, ob er bereit ist, weitere Mittel zur Verfügung zu stellen. Alternativ kann er das Projekt scheitern lassen und einen sicheren Verlust in Kauf nehmen. Besonders eindrucksvoll lässt sich diese Art des Finanzierungskonfliktes am Projekt „Eurotunnel" demonstrieren, bei dem die Banken zu immer neuen Nachzahlungen gezwungen waren.

Zur Erklärung von Finanzintermediären kann diese Sichtweise insofern herangezogen werden, als die Gefahr von Hold-up-Situationen sowohl seitens der Kapitalgeber als auch seitens der Kapitalnehmer auftreten kann. Ein spezialisierter Intermediär kann unter Umständen besser die notwendigen Schutzmaßnahmen gegen die Entstehung ausbeutungsoffener Vertragsbeziehungen ergreifen. Zum Schutz des jeweiligen Vertragspartners dient dabei umgekehrt wieder die Reputation der Bank.

### 4.2.2 Transaktionskostentheorie

Die Transaktionskostentheorie problematisiert jene Kosten, die durch Austauschbeziehungen entstehen. Es handelt sich um die Kosten der Marktnutzung, die bei der Zusammenführung von Kapitalangebot und Kapitalnachfrage anfallen. Auf der einen Seite müssen die Kapitalanleger die präferierte Anlageform suchen und die einzelnen Vertragsphasen abwickeln, was Transaktionskosten verursacht. Auf der anderen Seite haben die Kapitalnachfrager das geeignete Angebot herauszufinden und zu nutzen, wodurch ebenfalls Transaktionskosten entstehen.

Da die Weitergabe und der Handel von Verfügungsrechten nicht kostenfrei möglich sind, werden entsprechend der jeweiligen Phase die Anbahnungs-, Vereinbarungs-, Abwicklungs-, Kontroll- und Anpassungskosten relevant. Diese Transaktionskosten gilt es zu minimieren, um die Kapitalkosten für die Nachfrager zu verringern und die erwartete Rendite für die Anleger zu erhöhen.

Zum Zweck der Minimierung der Transaktionskosten steht, in Abhängigkeit von Merkmalen der Transaktion, so beispielsweise Spezifität und Häufigkeit, ein Kontinuum an Möglichkeiten zur Verfügung. Dieses reicht von der ausschließlichen Abwicklung über den Markt bis zur Gesamtdurchführung innerhalb einer Organisation. Beim Austausch von Zahlungsströmen kann somit auf der einen Seite der Kapitalmarkt genutzt werden, wobei auch dort transaktionserleichternde Institutionen, wie beispielsweise Handelsplattformen, benötigt werden. Alternativ dazu existieren auf der anderen Seite Banken als klassische Institutionen, deren Vorteilhaftigkeit durch die Übernahme zusätzlicher Funktionen oder die effizientere Abwicklung komplexer Transaktionen begründet werden könnte. Die Einschaltung von Intermediären ermöglicht es unter Umständen, die Kostenstruktur derartig zu verändern, dass trotz der Verursachung von Kosten als Entgelt für den Finanzintermediär die gesamten Transaktionskosten des Kapitalaustauschs sinken.

In allgemeiner Form haben *Benston/Smith* (1976) aus der Existenz von Transaktionskosten die „raison d'être" von Finanzintermediären abgeleitet. Der Intermediär, dessen Aufgabe die Konstruktion spezialisierter Standardinstrumente ist, kann komparative Kostenvorteile beim Abschluss von Finanzierungskontrakten im Vergleich zu der individuellen Einzelabwicklung erzielen.

Existierende *Suchkosten* durch die Marktbeobachtung nach einem geeigneten Transaktionspartner können durch den Intermediär als bekanntem Anlaufpunkt für Angebot und Nachfrage verringert werden. Der Intermediär fungiert somit als ein Markt- und Konzentrationspunkt für das Zusammentreffen der einzelnen Kontraktparteien.

Die *Informationskosten* lassen sich durch den Intermediär besser bewältigen. Unter Nutzung der existierenden Geschäftsverbindungen und durch Aufbau einer vertrauenswürdigen Stellung bei den Unternehmen können Informationen kostengünstig gesammelt werden. Eine Datenerhebung und die Auswertungen von wirtschaftlichen Rahmenfaktoren sowie die Beurteilung von Sicherheit und Profitabilität individueller Finanzierungsalternativen müssen lediglich vom Intermediär durchgeführt werden. Alternativ dazu müsste jeder einzelne Kapitalanleger gesondert diese Prüfung durchführen.

Aufgrund des Spezialisierungsvorteils durch den Einsatz standardisierter Verarbeitungsprozesse und technischer Ausstattung sinken die durchschnittlichen Kosten der einzelnen Transaktionen (Economies of Scale). Die bereichsübergreifende Nutzung der Infrastruktur und der Transfer von Wissen ermöglichen zusätzlich die Realisierung von Economies of Scope bei der Durchführung ähnlicher Geschäfte. Der Intermediär kann so die *Abwicklungskosten* senken.

Dieser Ansatz von Benston/Smith beruht ausschließlich auf der Betrachtung von Transaktionskosten. Dabei wird angenommen, dass Informationen nicht frei zugänglich sind, aber bei Inkaufnahme von Transaktionskosten erlangt werden können. Die einzelnen Beteiligten am Marktgeschehen haben die Möglichkeit, gleiche Informationen zu besitzen und auf dieser Grundlage rational zu entscheiden. Weiterreichend sind die Überlegungen der Agency-Theorie, bei der asymmetrische Informationsstände zugrunde gelegt werden und nur begrenzte Möglichkeiten der Aufdeckung und des Abbaus dieser Informationsasymmetrien bestehen. Diese Ansätze haben zur Existenzerklärung ein weit gefächertes Erklärungsspektrum hervorgebracht.

### 4.2.3 Agency-Theorie

Die Existenz von Informationsasymmetrien kennzeichnet die Ansätze der Principal-Agent-Theorie. Aufgrund der Arbeitsteilung zwischen Auftraggeber (Principal) und Auftragnehmer (Agent), dem damit verbundenen unterschiedlichen Erkenntnisstand sowie der Unsicherheit über zukünftige Umweltzustände und Verhaltensweisen der Vertragspartner entstehen ungleich verteilte und unvollständige Informationsniveaus der Beteiligten. Rationale Entscheidungen können nur vor dem Hintergrund der individuellen Erkenntnis getroffen werden. In Abhängigkeit von der Entstehungsphase kann zwischen verschiedenen Formen der Informationsasymmetrie unterschieden werden. Diese werden im Folgenden charakterisiert und ihr Einfluss auf die Gestaltung von Finanzierungsbeziehungen aufgezeigt.

Der Abbau von Informationsungleichgewichten ist zwingend mit Kosten verbunden. Daher kommt es gegenüber der theoretisch optimalen Lösung bei vollkommener Information und Sicherheit (First-Best-Lösung) zu einer tatsächlich realisierten Second-Best-Lösung bei Informationsasymmetrie. Darin sind die entstandenen Kosten durch die Ausnutzung opportunistischen Verhaltens enthalten. Für die Finanzierungstheorie können mit diesem Ansatz grundsätzliche Eigenschaften von Vertragsbeziehungen, wie beispielsweise Formen von Risikoteilung und finanzwirtschaftlicher Überwachung, erklärt werden. Die Vermeidung oder Verminderung von Agency-Kosten erklärt somit die Existenz von Finanzintermediären.

### 4.2.3.1 Informationsasymmetrien vor Vertragsabschluss

Der ursprüngliche und bahnbrechende Ansatz von *Akerlof* (1970) geht von der Existenz von Informationsasymmetrien vor Vertragsabschluss aus. Deren Funktionsweise hat er am Beispiel des Gebrauchtwagenmarktes verdeutlicht. Der Verkäufer eines Gebrauchtwagens kennt genau dessen Qualität. Der Käufer kann diese Eigenschaft bei Vertragsabschluss noch nicht umfassend beurteilen. Deshalb begutachtet er die einzelnen Autos aus der Erfahrung über die Durchschnittsqualität von Gebrauchtwagen. Überdurchschnittlich gute Wagen erhalten nur den gemittelten Preis und würden sich somit nur unter Wert verkaufen lassen. Deshalb nehmen sie bei der nächsten Verkaufsrunde nicht mehr teil. Somit sinkt sukzessive die angebotene Durchschnittsqualität in jeder Auktionsrunde. Dieser Mechanismus führt zum Marktzusammenbruch, da aufgrund der Merkmalsintransparenz kein Preis-/Qualitäts-Gleichgewicht gefunden werden kann. Dieses Phänomen wird als „Market for Lemons" bezeichnet.

Allgemein gesprochen bedeutet die Annahme asymmetrischer Informationen vor Vertragsabschluss (Hidden Information) eine Unsicherheit über die Qualitätsmerkmale der gehandelten Güter. Zunächst kennt nur der Verkäufer den wahren Wert der Ware und kann diesen mit dem Ziel der Erhöhung des eigenen Nutzens verschleiern (opportunistisches Verhalten). Somit besteht ein Anreiz zur Absenkung der Angebotsqualität und zum Marktaustritt der qualitativ höherwertigen Produkte (Adverse Selection). Zur Verhinderung bzw. zur Minderung dieses Effektes können unterschiedliche Lösungsansätze genutzt werden. Da die glaubwürdige Vermittlung von Qualitätsstandards im eigenen Interesse der qualitativ hochwertigen Anbieter liegt, versuchen sie, verbindliche Signale über die Produkteigenschaften auszusenden (Signalling). Dazu bieten sich unter anderem Gutachten, Zertifikate und die Reputation an. Sucht der Kontaktpartner selbst anhand bestimmter Kriterien nach einer passenden Vertragspartei, so spricht man von Screening. Bietet die weniger informierte Kontraktpartei mehrere Vertragsalternativen zur Auswahl an und entscheidet sich die Gegenseite aufgrund ihres tatsächlichen Eigeninteresses für eine bestimmte Alternative, so ordnet sie sich bei entsprechenden Wahlmöglichkeiten selbst in die passende Qualitätsstufe ein (Self Selection).

Die Berücksichtigung von Hidden Information hat weitreichende Konsequenzen für die Finanzierungstheorie. Grundsätzlich kann gesagt werden, dass bei allen Finanzierungsbeziehungen *zukünftige* und damit automatisch *risikobehaftete Zahlungsströme* gehandelt werden. Bei der Beurteilung von Investitions- und Finanzierungsvorhaben ist eine möglichst genaue Kenntnis von Eigenschaften und prognostizierten Wahrscheinlichkeiten entscheidend. Verfügen die Vertragspartner über ungleich verteilte und unvollständige Kenntnisse bei derartigen Kontrakten, so lässt sich eine Vielzahl institutioneller Regelungen, wie zum Beispiel Kontroll- und Absicherungsklauseln, ableiten.

Aus dieser Perspektive haben *Leland/Pyle* (1977) die Existenz von Finanzintermediären begründet. Die Autoren gehen von der Möglichkeit aus, dass ein Finanzintermediär durch Nutzung bestehender Geschäftsverbindungen und durch Auswertung öffentlich zugänglicher Daten eigene neue Informationen gewinnen kann. Es besteht somit das Problem, diesen privaten Wissensvorsprung sinnvoll zu nutzen. Ein Verkauf der Informationen ist nur begrenzt möglich. Da für den Käufer die Qualität der angebotenen Informationen ex ante nicht bekannt sein kann, bekäme bei einer einfachen Veräußerung der Verkäufer nicht den vollen Wert vergütet.

Damit werden zwei existierende Probleme am Markt für Informationen aufgeworfen. Zum Ersten ist aufgrund ihrer Eigenschaft als öffentliches Gut und der damit gegebenen Möglichkeit des „Free Riding" die Handelbarkeit von Informationen eingeschränkt. Zum Zweiten besteht aufgrund der begrenzten Beurteilungsmöglichkeit unbekannter Informationen die Gefahr des „Moral Hazard". Beim Free Riding können dritte Parteien von der erbrachten und bezahlten Leistung der Vertragspartner kostenfrei profitieren. Bei Informationen führt bereits ein einmaliger Weiterverkauf zu einer möglicherweise unkontrollierbaren und schnellen Diffusion an den Markt. Da der ursprüngliche Informationsbesitzer davon nicht profitieren kann, besteht für ihn kein Anreiz zur Analyseerstellung bzw. zum Verkauf der Ergebnisse. Das Moral-Hazard-Problem besteht für den potenziellen Käufer von Informationen, da der Verkäufer nach Vertragsabschluss in seinen Anstrengungen zur Erbringung einer äquivalenten Leistung unter Umständen nachlassen kann.

Die Lösung sehen Leland/Pyle in der eigenen Umsetzung des Wissensvorsprungs durch den Kauf bzw. Verkauf zum Beispiel von Wertpapieren, über die der Intermediär eine wertvolle Information besitzt, die er nicht verkauft, sondern selbst nutzt. Es findet ein Eigeneintritt in finanzwirtschaftliche Geschäfte statt. Durch die Realisierung der damit verbundenen Erträge kann nachträglich die Informationsqualität signalisiert werden. Auf diesen Überlegungen basiert das klassische Einlagen- und Kreditgeschäft mit dem Selbsteintritt der Bank.

Im Gegensatz dazu begründet *Allen* (1990) die Existenz von Finanzintermediären gerade mit der Möglichkeit eines Verkaufs von Informationen. Obwohl die Veräußerung mit dem Problem der Zuverlässigkeit des Verkäufers verbunden ist, besteht die optimale Strategie für Informationssammler in der Weitergabe der gewonnen Erkenntnisse. Begründen lässt sich dieses Verhalten aus der angenommenen Risikoaversion des Agenten. Auch wenn nicht der volle Informationswert erhalten werden kann, lässt sich dafür immerhin das Ausmaß der eigenen Risikoübernahme durch den Weiterverkauf senken. Der Intermediär nutzt diese Informationen und realisiert deren verbleibenden Wert. Auf diesem Effekt bauen beispielsweise die Investmentfonds auf.

### 4.2.3.2 Informationsasymmetrien nach Vertragsabschluss

Die Entstehung von Informationsasymmetrien nach Vertragsabschluss beruht auf den unterschiedlichen Handlungs-, Einfluss- und Erkenntnismöglichkeiten der einzelnen Parteien während der Vertragslaufzeit (Hidden Action). Opportunistisches Verhalten kann durch die Ausnutzung von Handlungsspielräumen zum Zweck der eigenen Nutzensteigerung und zum Schaden der anderen Vertragspartei durchgeführt werden (Moral Hazard). Bei Finanzierungsbeziehungen hat der Schuldner einen direkten Einfluss auf und einen genauen Kenntnisstand über die aktuelle Geschäftstätigkeit. Mit diesem Handlungs- und Wissensvorteil gegenüber dem Kapitalgeber kann beispielsweise durch eine nachträgliche Veränderung der Risikostruktur des finanzierten Projektes eine Reichtumsverschiebung erreicht werden. Aus der Zunahme des Risikos folgt ein höherer Erwartungswert des Ertrags bei einer gleichzeitig angestiegenen Wahrscheinlichkeit besonders hoher Verlustbeträge. Dadurch wird ursprünglich risikofreies Fremdkapital gefährdet und die Position des Gläubigers verschlechtert. Zur Lösung derartiger Interessenkonflikte stehen unter anderem die Möglichkeiten einer konstanten Geschäftsüberwachung (Monitoring) sowie die feste vertragliche Verpflichtung zur Einhaltung bestimmter Verhaltensregeln (Bonding) zur Verfügung.

Aufbauend auf diesen Überlegungen hat eine Vielzahl von Autoren die Aufgaben von Intermediären am Kapitalmarkt abgeleitet. So untersuchen *Campbell/Kracaw* (1980) die Theorie der Finanzintermediation unter Berücksichtigung von Moral Hazard. Dabei gehen sie von der Hypothese aus, dass die Produktion von Informationen, die Wahrung der Vertraulichkeit, das Angebot an Transaktionsleistungen sowie andere Intermediationsleistungen komplementäre Tätigkeiten sind. Das Problem von Moral Hazard wird durch die Existenz einer ursprünglichen Eigentumsausstattung der Marktbeteiligten gelöst, da diese sowohl als Markteintrittsbarriere als auch als Glaubwürdigkeitssignal wirkt.

Das Modell von *Diamond* (1984) leitet aus den existierenden Anreizstrukturen zwischen Kapitalgebern und Kapitalnehmern die Aufgabe von Intermediären als „Delegated Monitoring" ab. Extern finanzierte Unternehmer kennen selbst am besten die Eigenschaften und die realisierten Erfolge der durchgeführten Geschäfte. Somit können sie auch versuchen, die entstehenden Überschüsse zum eigenen Vorteil zu vertuschen oder umzuleiten. Kapitalgeber sind bemüht, ein derartiges Verhalten durch Überwachungsmaßnahmen (Monitoring) oder durch einen anreizkompatiblen Bestrafungsmechanismus zu verhindern. Würden diese Maßnahmen von jedem der x Kapitalgeber einzeln durchgeführt, so würden x-mal diese Kosten entstehen. Bei Einschaltung eines Finanzintermediärs muss die Überwachungsaufgabe nur einmal erfüllt werden. Aufgrund des Größenvorteils kann die Delegation des Monitoring für die Anleger effizient sein. Darüber hinaus sind diese in der Lage, ihr Portfolio zu diversifizieren und die damit verbundenen Möglichkeiten der Risikoreduktion zu nutzen. Durch Rückgriff auf den Intermediär entstehen gleichzeitig neue Kosten der Delegation, des Kontraktabschlusses und der Gefahr von Moral Hazard, die insgesamt geringer sein müssen als die Kosten einer separaten Überwachung des Kreditnehmers durch jeden einzelnen Anleger selbst.

Der Ansatz von Diamond beschreibt vorrangig die Funktionsweise von Kreditbeziehungen. Für die Erklärung der kapitalmarktbezogenen Aktivitäten von Investmentbanken lassen sich seine Überlegungen jedoch ebenso übertragen. Beispielsweise ist die Überwachung des Managements durch mehrere externe Eigenkapitalgeber notwendig. Die eingeschränkte Kontrollmöglichkeit von Aktionären gegenüber der Geschäftsleitung bei börsennotierten Unternehmen (Berle/Means 1932) kann von dieser zur Verfolgung eigener Ziele, wie unter anderem der Maximierung nicht-monetärer Vergütung im Rahmen der Arbeitstätigkeit (Fringe Benefits), genutzt werden. Bei Bündelung der Kapitalanlagebeträge in Fonds kann dagegen der beauftragte Fondsmanager aufgrund der kumulierten Stimmrechte eine spürbare Kontrollfunktion ausüben.

Bei der vorhandenen Vielzahl an Erklärungsmöglichkeiten zu Verhalten und Wertbeitrag von Finanzintermediären werden die Aspekte der Informationsgewinnung, der Informationsnutzung und der Überwachungstätigkeit besonders betont. Als weitere Vertreter seien exemplarisch *Millon/Thakor* (1985) mit den Aspekten der Diversifikation und der Informationsteilung und *Bhattacharya/Chiesa* (1995) mit der Aufgabenstellung von Intermediären bei fehlenden Informationsmärkten genannt.

In der Summe lässt sich sagen, dass die Berücksichtigung von Informationsasymmetrien eine realitätsnahe Beschreibung der Finanzintermediation ermöglicht, die von Investmentbanken geleistet wird. Gleichzeitig wird vor dem Hintergrund der Annahmen- und Modellvielfalt deutlich, dass die Ableitung allgemeiner und eindeutiger Aussagen erschwert ist. Unstrittig ist jedoch die Bedeutung der Informationsgewinnung und -verarbeitung für das Investment Banking.

# Zusammenfassung

Die Existenz von Finanzintermediären ist als eine Folge von Unvollkommenheiten am Kapitalmarkt zu werten. Die verfügbaren Marktmechanismen sind nicht geeignet, um vorhandene Transaktions-, Agency- und Property-Rights-Probleme zu lösen. Die vorrangige Aufgabe des Kapitalmarktes ist es jedoch, eine effiziente Kapitalallokation zu ermöglichen. Soweit Investmentbanken dazu geeignet sind, die Folgen der existierenden Marktunvollkommenheiten zu verringern, ermöglichen sie eine effizientere Allokation von Kapital. Je besser und effizienter Banken diese Tätigkeit durchführen können, desto bedeutender und einflussreicher wird ihre Stellung am Markt sein. In dem Maße, in dem sich kostengünstigere und effizientere Möglichkeiten des Austauschs von Zahlungsströmen eröffnen, werden sich gleichzeitig die Rolle und der Einfluss der Finanzintermediäre entsprechend anpassen.

Im Hinblick auf die Existenzerklärung von Finanzintermediären werden die Ursachen des klassischen Commercial Banking dargestellt. Dabei kann auf eine sehr umfassende Literatur an Einzelansätzen zurückgegriffen werden, die hauptsächlich auf Überlegungen der Transaktionskostentheorie und der asymmetrischen Informationsverteilung beruhen. Bei diesem Vorgehen führt die Auflösung von Prämissen der Neoklassik zu einer steigenden Realitätsnähe und gleichzeitig zu einer sehr umfangreichen Modell- und Aussagenvielfalt.

Die Existenz von Investmentbanken ist in den allgemeinen Erklärungsansätze von Intermediären ein Sonderfall, da deren Finanztransaktionen zumeist einen unmittelbaren Kapitalmarktbezug haben. Die einzelnen Tätigkeiten von Investmentbanken, wie beispielsweise im Bereich der M & A- und Corporate-Finance-Beratung, dem Emissionsgeschäft, dem Asset Management und dem Research, lassen sich jeweils einzeln aus exakt denselben theoretischen Modellen herleiten.

Die obigen Ausführungen zur Existenzbegründung stellen insofern auch die methodischen Grundlagen für eine differenzierte Untersuchung der einzelnen Geschäftstätigkeiten der Investmentbanken und der damit verbundenen Kapitalmarktphänomene dar. Vor diesem Hintergrund lassen sich die optimale Wahl von Koordinationsformen und die optimale Gestaltung von Anreizsystemen bei Vertragsbeziehungen ableiten.

# Literaturhinweise

ACHLEITNER, A.-K./DRESIG, T.: Möglichkeiten der Bankassurance im Wholesale-Segment: Marktpotentiale bei der Optimierung unternehmerischer Finanzierungsentscheidungen unter Einsatz kapitalmarktorientierter Finanzinnovationen. Inhouse Manager Consulting, hrsg. von GTS Inhouse Consulting der Deutsche Bank AG/Maleki Group 3/1999, S. 24–30.

ACHLEITNER, A.-K./SCHULTE, K.-W./KNOBLOCH, B./SCHÄFERS, W. (HRSG.): Handbuch „Immobilien-Banking": Von der traditionellen Immobilien-Finanzierung zum Immobilien-Investment Banking, Köln 2002.

AKERLOF, G. A.: The Market for „Lemons": Qualitative Uncertainty and Market Mechanism, Quarterly Journal of Economics, Vol. 89 (August 1970), S. 488–500.

ALLEN, F.: Stock markets and resource allocation, in: Mayer, C./Vives, X. (Hrsg.): Capital markets and financial intermediation, Cambridge 1993, S. 81–108.

– The Market for Information and the Origin of Financial Intermediation, in: Journal of Financial Intermediation, Vol. 1 (1990), No. 1, S. 3-30.

ALLEN, F./GALE, D.: Financial innovation and risk sharing, Cambridge/London 1994.

BAAS, V.: Amerikas Banken auf dem Weg ins 21. Jahrhundert, in: Die Bank, Heft 1 (Januar 2000), S. 32–34.

BARNEA, A./HAUGEN, R. A./SENBERT, L. W.: Agency Problems and Financial Contracting, Englewood Cliffs 1985.

BAUMS, T./THEISSEN, E.: Banken, bankeigene Kapitalanlagegesellschaften und Aktienemissionen, Arbeitspapier Nr. 66/98, Institut für Handels- und Wirtschaftsrecht, Universität Osnabrück 1998.

BENSTON, G. J./SMITH, C.: A Transaction Cost Approach to the Theory of Financial Intermediation, in: Journal of Finance, Vol. 31 (1976), May, S. 215–231.

BERLE, A. A./MEANS, G. C.: The Modern Corporation and Private Property, New York 1932.

BHATTACHARYA, S./CHIESA, G.: Proprietary Information, Financial Intermediation, and Research Incentives, in: Journal of Financial Intermediation, Vol. 4 (1995), No. 4, S. 328–357.

BHATTACHARYA, S./THAKOR, A. V.: Contemporary Banking Theory, in: Journal of Financial Intermediation, Vol. 3 (1993), S. 2-50.

BITZ, M.: Erscheinungsformen und Funktionen von Finanzintermediären, in: WiSt, Heft 10 (Oktober 1989), S. 430–436.

BREUER, W.: Finanzintermediation und Reputationseffekte, in: Kredit und Kapital, 28 (4), 1995, S. 516–534.
BRINKER, B.: Strategische Herausforderungen im Investment-Banking: Integration von Wholesale und Retail Banking, Diss. EUROPEAN BUSINESS SCHOOL, Wiesbaden 1998.
CAMPBELL, T. S./KRACAW, W. A.: Information Production, Market Signalling, and the Theory of Financial Intermediation, in: Journal of Finance, Vol. 35 (1980), S. 863–882.
CAROSSO, V. P.: Investment Banking in America, Cambridge/Massachusetts 1970.
CHEMMANUR, T. J./FULGHIERI, P.: Investment Bank Reputation, Information Production and Financial Intermediation, in: Journal of Finance, Nr. 1, Vol. 49 (1994), S. 57–79.
CHERNOW, R.: The death of the banker: the decline and fall of the great financial dynasties and the triumph of the small investor, New York 1997.
COHEN, K./MAIER, S./SCHWARTZ, R./WHITCOMB, D.: The Microstructure of Securities Markets, Engelwood Cliffs 1986.
COPELAND, T. E./WESTON, J. F.: Financial Theory and Corporate Policy, 3. Aufl., Reading 1988.
CRANE, D. B. ET AL.: The Global Financial System: A Functional Perspective, Boston 1995.
DIAMOND, D. W.: Financial Intermediation and Delegated Monitoring, in: Review of Economic Studies, Vol. 51 (1984), S. 393–414.
DIETRICH, K. J.: Financial Services and Financial Institutions – Value Creation in Theory and Practice, Englewood Cliffs 1996.
DRESIG, T.: Handelbarkeit von Risiken: Erfolgsfaktoren von Verbriefungen und derivativen Finanzinstrumenten, Diss. EUROPEAN BUSINESS SCHOOL, Wiesbaden 2000.
FABOZZI, F. J./MODIGLIANI, F.: Capital Markets – Institutions and Instruments, 4. Aufl., Englewood Cliffs 1996.
FISHER, I.: The Theory of Interest, New York 1930.
FRANKE, G./HAX, H.: Finanzwirtschaft des Unternehmens und Kapitalmarkt, 4. Aufl., Berlin/Heidelberg 1999.
GARDENER, E./MOLYNEUX, P. (HRSG.): Investment Banking: Theory and Practice, 2. Aufl., Plymouth 1996.
GART, A.: Handbook of the money and capital markets, Westport 1988.
– Regulation, deregulation, reregulation: The future of banking, insurance, and securities industries, New York 1994.
GEISST, C. R.: A guide to financial markets, 2. Aufl., Basingstroke 1989.
– Investment Banking in the Financial System, Engelwood Cliffs 1994.
GERKE, W./PFEUFER, G.: Finanzintermediation, in: Gerke, W./Steiner, M.: Handwörterbuch des Bank- und Finanzwesens, 2. Aufl., Stuttgart 1995, Sp. 727–735.
GOLDSMITH, R. W.: Comparative National Balance Sheets: A Study of Twenty Countries, 1688–1978, Chicago 1985.
GROSSMAN, S. J./STIGLITZ, J. E.: On the Impossibility of Informationally Efficient Markets, in: American Economic Review, 1980, 70. Jg., S. 393–408.
HART, O.: Firms, Contracts, and Financial Structure, Oxford 1995.
HARTMANN-WENDELS, T.: Zur Integration von Moral Hazard und Signalling in finanzierungstheoretischen Ansätzen, in: Kredit und Kapital, 1990, S. 228–249.
HÄUSER, K.: Kapitalmarkt, in: Gerke, W./Steiner, M.: Handwörterbuch des Bank- und Finanzwesens, 2. Aufl., Stuttgart 1995, Sp. 1123–1143.
HAYES, S. L./SPENCE, A. M./MARKS, D. V. P.: An Historical Perspective on Investment Banking, in: Williamson, J. P. (Hrsg.): Investment Banking Handbook, New York 1990.
– Competition in the Investment Banking Industry, Boston 1983.

HEFFERNAN, S.: Modern Banking in Theory and Practice, Chichester 1996.

HOPT, K. J./RUDOLPH, B./BAUM, H. (HRSG.): Börsenreform: eine ökonomische, rechtsvergleichende und rechtspolitische Untersuchung, Stuttgart 1997.

JACOB, A. F./KLEIN, S.: Investment Banking: Bankpolitik, Methoden und Konzepte, Wiesbaden 1996.

KUHN, R. L.: Investment Banking and Risk Management – Volume I of the Library of Investment Banking, Homewood 1990.

– Investment Banking: The Art and Science of High-Stakes Dealmaking, New York 1990.

LELAND, H. E./PYLE, D. H.: Informational Asymmetries, Financial Structure, and Financial Intermediation, in: Journal of Finance, Vol. 32 (1977), S. 371–387.

LEWIS, W.: Structure of Investment Banks: Three-D approach wins clients, in: Financial Times, International Corporate Finance, 20. Februar 1997.

MARSHALL, J. F./ELLIS, M. E.: Investment Banking & Brokerage: The New Rules of the Game, Chicago 1994.

MATTHEWS, J. O.: Struggle and survival on Wall Street: The economics of competition among securities firms, New York/Oxford 1994.

MILLON, M. H./THAKOR, A. V.: Moral Hazard and Information Sharing: A Model of Financial Information Gathering Agencies, in: Journal of Finance, Vol. 40 (1985), S. 1403–1422.

MODIGLIANI, F./MILLER, M. H.: The Cost of Capital, Corporation Finance, and the Theory of Investment, in: American Economic Review, Vol. 49 (1958), S. 261–297.

PERRIDON, L./STEINER, M.: Finanzwirtschaft der Unternehmung, 10. Aufl., München 1999.

PICOT, A./BORTENLÄNGER, C./RÖHRL, H.: Börsen im Wandel: Der Einfluß von Informationstechnologie und Wettbewerb auf die Organisation von Wertpapiermärkten, Frankfurt 1996.

SALOMON BROTHERS: Global Investment Banking: Which new players will make the team?, Februar 1994.

SAUNDERS, A./WALTER, I.: Universal Banking in the United States: What could we gain? What could we lose?, New York/Oxford 1994.

SCHIERENBECK, H./HÖLSCHER, R.: Bank Assurance: Institutionelle Grundlagen der Bank- und Versicherungsbetriebslehre, 4. Aufl., Stuttgart 1998.

SCHUSTER, L.: Investment Banking, in: Schierenbeck, H. (Hrsg.): Bank- und Versicherungslexikon, 2. Aufl., München 1994, S. 355–360.

SCHWARTZ, R. A.: Reshaping the Equity Markets – A Guide for the 1990s, New York 1991.

SCHWEIZERISCHE RÜCKVERSICHERUNGS-GESELLSCHAFT: Die Versicherungswissenschaft im Kontext von Finanzmarkttheorien und -innovationen: Zusammenhänge, Parallelen und Perspektiven, in: sigma, Nr. 7, 1992.

SCHWINTOWKI, H. P./SCHÄFER, F. A.: Bankrecht: Commercial Banking – Investment Banking, München 1997.

SCOTT-QUINN, B.: Investment Banking: theory and practice, London 1990.

SHULL, B.: The Separation of Banking and Commerce in the United States: An Examination of Principal Issues, Financial Markets, Institutions and Instruments, Vol. 8, No. 3, New York 1999.

SMITH, R. C./WALTER, I.: Global Banking, Oxford 1996.

TEWELES, R. J./BRADLEY, E. S./TEWLES, T. M.: The Stock Market, 6. Aufl., New York 1992.

THAKOR, A. V.: The Design of Financial Systems: An Overview, in: Journal of Banking and Finance, June 1996, 20. Jg., S. 917–948.

TOBIN, J.: Financial intermediaries, in: Newman, P./Milgate, M./Eatwell, J.: The New Palgrave Dictionary of Money and Finance, London/New York 1992, S. 77–85.

- On the efficiency of the financial system, in: Lloyds Bank Review, July 1984, S. 1-15.
VOLPEL, O.: Wissensmanagement im Investment Banking, Wiesbaden 1999.
WALTER, I.: Global Competition in Financial Services, Cambridge/Massachusetts 1988.
WALTER, I./SMITH, R. C.: European Investment Banking: Structure, Transactions Flow and Regulation, in: Dermine, Jean (Hrsg.): European banking in the 90s, 2. Aufl., Oxford 1993, S. 109–156.
- Investment Banking in Europe, Cambridge/Massachusetts 1990.
WATERMAN, M. H.: Investment Banking Functions, Ann Arbor 1958.
WERTSCHULTE, J. F.: Investment Banking, in: Gerke, W./Steiner, M. (Hrsg.): Handwörterbuch des Bank- und Finanzwesens, Stuttgart 1995, Sp. 1022–1031.
WILLIAMSON, J. P.: The Investment Banking Handbook, New York 1988.

# Markt und Wettbewerb

1. Rahmenbedingungen
    1.1 Desintermediation und Institutionalisierung
    1.2 Finanzinnovationen, Verbriefung und Risikohandel
        1.2.1 Finanzinnovationen
        1.2.2 Verbriefung
        1.2.3 Risikohandel
    1.3 Technologie
    1.4 Deregulierung und Konvergenz
    1.5 Globaler Wettbewerb
2. Marktstruktur
    2.1 Marktkonzentration
    2.2 Markteintrittsbarrieren
        2.2.1 Kapital
        2.2.2 Personal
        2.2.3 Informationstechnologie
        2.2.4 Reputation
3. Marktverhalten
    3.1 Angebots- und Nachfragedynamik
    3.2 Wettbewerbsimplikationen der Kundenbeziehung
        3.2.1 Kundengruppen
        3.2.2 Kundenansprache
        3.2.3 Kundenbindung
4. Marktergebnis
    4.1 Stellung einzelner Investmentbanken
    4.2 Rentabilität
        4.2.1 Einfluss der Rahmenbedingungen
        4.2.2 Bedeutung des Geschäftsportfolios
        4.2.3 Kostenstrukturen

Literaturhinweise

# Verzeichnis der Abbildungen

Abbildung 1:   Einflussfaktoren
Abbildung 2:   Aktivität der internationalen Finanzmärkte
Abbildung 3:   Finanzanlagen institutioneller Investoren in Deutschland
Abbildung 4:   Prozess- und Produktinnovationen (exemplarisch)
Abbildung 5:   Zusammensetzung der Options- und Futures-Kontrakte an Börsen weltweit
Abbildung 6:   Entwicklung der Handelsvolumina derivater Finanzprodukte in den USA
Abbildung 7:   Integration der Handelssysteme
Abbildung 8:   Einordnung der Finanzprodukte beim Unternehmen
Abbildung 9:   Erlösanteile ausgewählter Investmentbanken für das Jahr 1999
Abbildung 10: Erlösanteile nach Regionen für das Jahr 1999

# 1. Rahmenbedingungen

Die Rahmenbedingungen des Wettbewerbs stellen die grundsätzlichen Einflusskomponenten für die Finanzintermediäre im Allgemeinen und die Investmentbanken im Speziellen dar. Diese Determinanten wirken zunächst auf alle Geschäftsfelder der Investmentbanken im Ganzen. Daneben unterliegen jedoch auch die einzelnen Tätigkeiten, so beispielsweise das Asset Management, individuellen Einflussfaktoren. Davon ist auch die Entstehung und Ausgestaltung des Wettbewerbs zwischen unterschiedlichen Häusern der Branche und die anderen Formen der Finanzintermediation betroffen, sodass die hier aufgezeigten Rahmenbedingungen des Wettbewerbs einen grundsätzlichen Charakter haben. Die einzelnen Rahmenbedingungen können unterschiedlich abgegrenzt werden. Im Allgemeinen stehen jedoch die folgenden Einflussfaktoren im Mittelpunkt:

- Desintermediation und Institutionalisierung,
- Finanzinnovation, Verbriefung und Risikohandel,
- Technologie,
- Deregulierung und Konvergenz,
- globaler Wettbewerb.

Diese Rahmenbedingungen umschreiben die Trends, die auf das Investment Banking einwirken. Zusätzlich beeinflussen national ausgeprägte Einflussgrößen das Angebot und die Nachfrage nach Kapital und Finanzdienstleistungen. Abbildung 1 veranschaulicht den Zusammenhang von generellen Trends und einzelnen Marktdeterminanten.

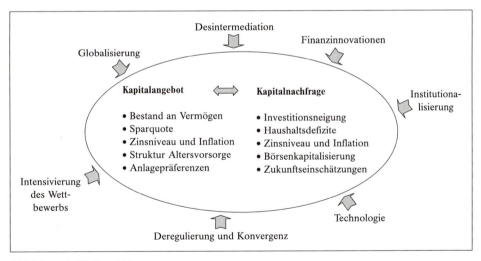

Abbildung 1: Einflussfaktoren

## 1.1 Desintermediation und Institutionalisierung

Unter Desintermediation wird die Tendenz von Kapitalanlegern und -nachfragern verstanden, bei ihren Finanztransaktionen zunehmend auf die Einschaltung von Intermediären zu verzichten. Die Desintermediation kann damit auf zwei verschiedenen Stufen stattfinden. Zunächst kann sich die Wahrnehmung von finanzwirtschaftlichen Funktionen von den Commercialbanken auf eine Kombination von Kapitalmärkten und Investmentbanken verlagern. Die Konsequenz ist somit eine zunehmende Umgehung der Intermediäre im engeren Sinne mit der Folge eines nachhaltigen Bedeutungszuwachses für die Investmentbanken. Bereits Anfang der 90er Jahre wurde diese Verschiebung von traditionellen Bankaktivitäten zu Kapitalmarkttransaktionen offenbar. Aus diesem Grund begannen insbesondere die europäischen Universalbanken, verstärkt diesen Geschäftsbereich durch den Kauf einzelner Investmentbankhäuser auszubauen.

Schließlich kann auch bei einer noch weitergehenden Desintermediation über die Möglichkeiten eines zusätzlichen Verzichts auf die Leistungen von Investmentbanken nachgedacht werden. Zur Diskussion steht auch die Ausschaltung von Intermediären im weiteren Sinne. So werden neuerdings zum Teil Börsengänge über das Internet direkt durchgeführt (so genannte Internet-IPOs). Inwiefern es hierbei möglich und sinnvoll ist, auf einzelne Funktionen der Intermediäre, zum Beispiel im Rahmen der wahrgenommenen Informationsverarbeitung und -umsetzung sowie der Haftung, vollständig zu verzichten, ist zu diesem Zeitpunkt noch sehr fraglich.

Die empirische Beobachtung der Desintermediation der Commercialbanken vermittelt Abbildung 2. So lag am Ende der 80er Jahre die Nettokreditaufnahme bei den Banken noch um das Doppelte bis Dreifache über den Nettowertpapieremissionen. Inzwischen hat die direkte Kapitalaufnahme über die Märkte ein deutlich höheres Volumen erreicht. Damit ist unmittelbar eine verstärkte Nachfrage nach marktorientierten Transaktionsleistungen, so beispielsweise der Strukturierung und Platzierung von Wertpapieren, verbunden.

Auch die Zunahme einer Risikoallokation über die Kapitalmärkte lässt sich mit Abbildung 2 veranschaulichen. So ist das Wachstum börsengehandelter Derivate deutlich zu erkennen. Seit Beginn der 90er Jahre haben sich noch stärker die nicht börsengehandelten Risikoinstrumente (OTC-Derivate) entwickelt. Ihr Vorteil liegt in der besonderen Flexibilität und den unbegrenzten Innovationsmöglichkeiten. Unter anderem versuchen die Börsen gegenwärtig, mit impliziten Optionen in standardisierten Börsenprodukten und der vereinzelten Einführung von FLEX Options (FLexible EXchange Options), das heißt Optionen mit zusätzlichen Wahlmöglichkeiten, dieses Geschäft wieder zurückzugewinnen.

Eng mit der Desintermediation verbunden ist der Trend der Institutionalisierung, das heißt die zunehmende Übernahme der Kapital- und Risikoallokation durch spezialisierte und professionelle Anbieter, wie Pensionsfonds, Versicherungen und Kapitalanlagegesellschaften. Das Anlagevolumen der institutionellen Investoren betrug im

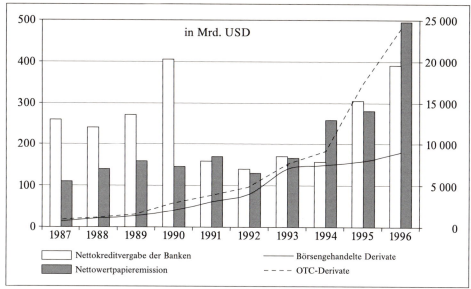

Quelle: Bank für Internationalen Zahlungsausgleich (1997)

Abbildung 2: Aktivität der internationalen Finanzmärkte

Jahre 1997 in den USA bereits mehr als 200 Prozent des BIP.[1] Doch auch in Deutschland ist im Zuge der Umstellung des Rentensystems auf Kapitaldeckung mit einem weiter ansteigenden Trend zu rechnen, der sich, wie Abbildung 3 zeigt, schon in den letzten Jahren deutlich zeigt.

Bei der Kapitalanlage können die einzelnen Kleinanleger an den Kapitalmärkten ihre Mittel selbst anlegen. Vor allem aus Gründen der Transaktionskostenverminderung, einer Verbesserung von Diversifikationseffekten und Know-how-Vorteilen kann statt dessen auch eine Delegation der Anlageentscheidungen an spezialisierte Institutionen erfolgen. Auf diese Weise werden bei offenen Investmentfonds Kapitalmittel angesammelt und gemeinsam investiert. Bei den Lebensversicherungen hingegen findet für den Anleger eine Koppelung von Mittelinvestition und Absicherung der Risiken von vorzeitigen Unglücksfällen statt. Auf diese Weise wird die Aufgabe der rentierlichen Anlage von Mitteln auf die Versicherungen übertragen. Bei den kapitalgedeckten Pensions- und Rentenfonds wird über einen längeren Zeitraum hinweg Geld eingezahlt, das ab einem bestimmten Alter bis zum Tod als Rente wieder bezogen werden kann. Neben der reinen Anlageleistung wird somit auch die Möglichkeit eines unerwartet langen Lebens finanziell abgesichert. Insbesondere die kapitalgedeckte Altersvorsorge hat in Europa mit der Umstellung der Sozialsysteme noch große Wachstumspotenziale.

In allen Fällen sammeln sich bei den Finanzinstitutionen große Kapitalbeträge zur Reinvestition an, die gemeinsam verwaltet werden müssen. Das gebündelte und professio-

---

[1] Vgl. OECD (2000), S. 26.

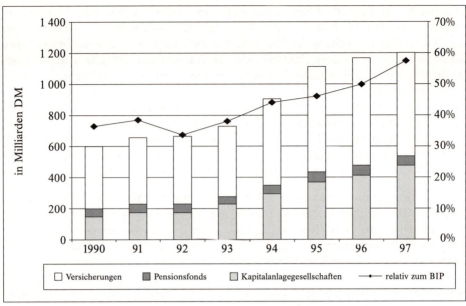

Quelle: OECD (1999)

Abbildung 3: Finanzanlagen institutioneller Investoren in Deutschland

nelle Investitionsverhalten hat weitreichende Konsequenzen für die Funktionsweise der Kapitalmärkte. Häufige Umschichtungen in den Portfolios bewirken hohe Marktumsätze. Die Größe einzelner Fonds, ein bekanntes Beispiel ist der Magellan-Fonds von Fidelity, kann Volumina erreichen, die ein marktneutrales Handeln an den Börsen unmöglich machen und u.U. bei einem Zusammenbruch eines risikoreichen Hedge Fonds sogar zu Finanzkrisen führen können. Zudem erlaubt die Bündelung der Stimmrechte in der Hand von institutionellen Investoren eine aktive Einflussnahme auf die Geschäftspolitik der Unternehmen und hat damit einschneidende Auswirkungen auf die Corporate-Governance-Struktur.

## 1.2 Finanzinnovationen, Verbriefung und Risikohandel

### 1.2.1 Finanzinnovationen

Historisch gesehen ist das Investment Banking durch Finanzinnovationen, das heißt Innovationen im Bereich der Produkte oder Prozesse, vorangetrieben worden. Die einzelnen Innovationen wurden und werden dabei durch die Zielsetzung der Kapitalnachfrager gefördert, möglichst kostengünstige Finanzierungsformen zu kreieren. Die Kapitalanleger hingegen sind vor allem an hohen Renditen und niedrigen Risiken interessiert. Einen zusätzlichen Einflussfaktor stellen regelmäßig die möglichen Optimierungen vor dem Hintergrund von Marktregulierungen und Steuern dar.

Aus diesem Spannungsfeld heraus war es immer wieder möglich, neue Wege zu beschreiten, die für beide Seiten – Kapitalgeber und Kapitalnehmer – von Vorteil waren. Ein Blick auf die Entstehung der Finanzinnovationen zeigt, dass viele der Innovationen im Produktbereich im Zuge einer individuellen Transaktion entstanden sind und maßgeschneidert entwickelt wurden. Bewährten sie sich, so wurden sie später vom gleichen Haus bei ähnlichen Transaktionen verwandt und auch von anderen Anbietern kopiert. Auf diese Weise konnten sich neue Ideen relativ schnell durchsetzen. Von einer derartigen Entwicklung zeugt beispielsweise das Instrument des Greenshoe, das, erstmalig bei der Börseneinführung des Unternehmens Greenshoe entwickelt, heute bei einer Vielzahl von Börseneinführungen als Zuteilungsreserve eingesetzt wird, ohne dass sich die Mehrzahl der Beteiligten der Urspünge der Namensbezeichnung bewusst ist.

Obwohl Finanzinnovationen ein grundsätzliches Charakteristikum des Investment Banking darstellen, sind sie in den letzten Jahren mit einer derartigen Häufigkeit und Bedeutung aufgetreten, dass hier von einem besonders signifikanten Kennzeichen des Investment Banking gesprochen wird. Entscheidend ist nicht die Existenz von Finanzinnovationen an sich, sondern die seit den 70er Jahren zunehmende Beschleunigung ihrer Generierung und Diffusion, die einen steigenden Druck auf die Profitabilität ausüben. Ein anschauliches Beispiel hierfür im Produktbereich sind die Optionen, Futures und Swaps. Im Prozessbereich sind dies insbesondere die Veränderungen aufgrund technischer Neuerungen, die in Abschnitt 1.4 angesprochen werden.

Abbildung 4 zeigt wichtige Prozess- und Produktinnovationen für Commercial- und Investmentbanken. Entsprechend der Schattierung beziehen sich die Ausführungen vor allem auf die Produktinnovationen am Kredit- und Kapitalmarkt.

### 1.2.2 Verbriefung

Bei den Finanzinnovationen nimmt der Trend zur Verbriefung zu. Dabei sind wechselseitige Ansprüche aus einer Vertragsbeziehung nicht mehr an die ursprünglichen Vertragsparteien gebunden, sondern werden am Kapitalmarkt weiterveräußert. Die Verbriefung, auch „Securitization" genannt, ermöglicht die Handelbarkeit von Finanzkontrakten, das heißt die Schaffung eines Sekundärmarktes für finanzwirtschaftliche Ansprüche.

Der Grundgedanke der Verbriefung ist nicht neu, schließlich war beispielsweise der Einsatz von Wechseln bereits in der Renaissance weit verbreitet. Von einer völlig anderen Bedeutung sind jedoch das Ausmaß und die Art der Forderungen, die verbrieft werden. Zunehmend werden dabei Ansprüche verbrieft, die bisher nicht als handelbar galten. Dazu zählen Kreditforderungen wie bei Asset Backed Securities. Seit wenigen Jahren werden sogar klassische Versicherungsrisiken, so beispielsweise Erdbeben oder andere Naturkatastrophen, als fungible Ansprüche gehandelt. Sowohl bei den Volumina als auch bei den Formen marktgängiger Titel ist ein weiteres Wachstum zu erwarten.

Die Verbriefung von Finanzierungstiteln kommt den Interessen der verschiedenen Beteiligten entgegen. Für die Nachfrager von Kapital kann die Ausgabe fungibler Titel eine

| Kategorie-ebene | Prozessinnovationen | | Produktinnovationen | | | | |
|---|---|---|---|---|---|---|---|
| | | | Bilanzwirksam | | Bilanzunwirksam | | |
| Innovations-ebene | Electronic-/ Telephone Banking | Geldaus-gabeauto-maten | Geldmarkt-konten | Verbriefung (ABS) | Euronote Facilities | Futures und Optionen | Swaps (Zins-, Währungs-, kombinierte Swaps) |
| | Cash-Management-Systeme | Bankau-tomaten | Transaktions-konten | Nullkupon-Anleihen (Zero-Bonds) | | Future Rate Agreements (FRA) | |
| | | Kredit-karten | Geldmarkt-fonds | variabel verz. Anleihen (FRN) | | | |
| | | Chip-karten | Pensionsge-schäfte | | | | |
| | | Point-of-Sales-Systeme | Einlagen-zertifikate | Doppel-währungs-anleihen | | | |
| Marktebene | Informations-markt/Bank-einlagenmarkt | Bankeinlagenmarkt | Kapital-markt | | Kredit-markt | Terminmarkt | |
| Trendebene | Technologie/Wettbewerbs-intensivierung | Deregulierung/Technologie | Verbriefung | | Risiko-handel | Globalisierung | |

Quelle: In Anlehnung an Besser (1996)

Abbildung 4: Prozess- und Produktinnovationen (exemplarisch)

kostengünstige und flexible Aufnahmemöglichkeit bedeuten, die Kosten fallen in diesem Fall hauptsächlich für die Durchführung der Emission an. Diese Art der Kapitalbeschaffung ist jedoch an bestimmte Rahmenbedingungen gebunden. Für die einzelne Emission ist ein gewisses Mindestvolumen notwendig, um eine ausreichende Liquidität am Sekundärmarkt sicherzustellen. Zusätzlich verfügen häufig nur große Nachfrager am Markt über den notwendigen Bekanntheitsgrad bzw. über ein unabhängiges Rating, um die notwendige Transparenz bei relevanten Informationen über den Emittenten zu ermöglichen. Für die Anbieter von Kapital sind durch die Einsparung von Transaktionskosten zum Teil höhere Renditen erzielbar. Darüber hinaus ist auch die kurzfristige Liquidation der Anlage möglich.

Für die Finanzinstitutionen können Verbriefungen aus Kosten-, Ertrags- und Kapazitätsgründen vorteilhaft sein. Der Kostenaspekt resultiert insbesondere daraus, dass die Banken eine Bilanzverkürzung bei Bündelung und Verkauf illiquiden Vermögens am Kapitalmarkt vornehmen können. Damit lässt sich die vorgeschriebene Eigenkapitalunterlegung für bestimmte Geschäfte reduzieren. Ebenso wird dieser Effekt bei Beschränkungen aufgrund von Länderrisiken im Rahmen der Projektfinanzierung genutzt. Die Banken und Versicherungen erreichen mit verschiedenartigen Geschäften über ihre Bilanz Diversifikationseffekte. Da in der Regel bestimmte firmenspezifische Risiken besonders ausgeprägt sind, so beispielsweise lokale Kreditengagements, kann eine Weitergabe einzelner Ansprüche die Risikostruktur der Banken verbessern. Ertrags- und Kapazitätsvorteile resultieren aus dem Freisetzungseffekt der Bilanzverkürzung und der entsprechend niedrigeren Eigenkapitalbindung. Mit den freiwerdenden Mitteln können neue Kredite ausgegeben oder in andere Geschäftsfelder investiert werden. So lassen sich bei Universalbanken die verfügbaren Eigenkapitalreserven dann für die Unterlegung anderer, risikoreicher Aktivitäten zum Beispiel im Emissions- oder Eigenhandelsgeschäft einsetzen.

### 1.2.3 Risikohandel

Ein weitergehender Schritt bei der Verbriefung ist der gezielte Handel mit definierten ökonomischen Risiken. Dabei steht nicht die Bereitstellung von Kapital, sondern die Abgabe und Übernahme von systematischen und unsystematischen Preisveränderungen im Vordergrund. Die gezielte Risikoallokation über die Kapitalmärkte ist im jetzigen Umfang relativ neu. Das bisher überdurchschnittliche Wachstum in diesem Segment lässt auf einen hohen Nachholbedarf zur Allokation von Risiken schließen.

Welche Risiken durch derivative Instrumente abgesichert werden, lässt sich aus der Gewichtung der gehandelten Kontrakte ablesen (vgl. Abbildung 5): Die Risikotypen können in zwei Gruppen aufgeteilt werden: in die klassischen Risiken aus dem Finanzbereich und in die Risiken aus dem Rohstoff- und Warenbereich (Commodities). Finanzrisiken ergeben sich dabei aus Zinssätzen, Fremdwährungen und Aktien. Die Verbriefung von Katastrophenrisiken wurde aufgrund einer bislang fehlenden Datenbasis in Abbildung 5 nicht erfasst.

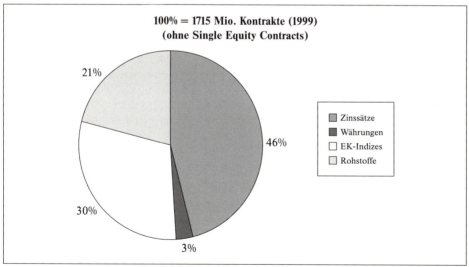

Quelle: Bank für Internationalen Zahlungsausgleich (2000)

Abbildung 5: Zusammensetzung der Options- und Futures-Kontrakte an Börsen weltweit

Der mit Abstand größte Anteil entfällt auf Kurssicherungsgeschäfte (Hedging) bzw. die Spekulation auf Zinsänderungen. Die Festschreibung zukünftiger Zinsniveaus und die Fixierung der Zinsstrukturkurve sind entscheidend für eine gezielte Erfolgs- und Risikosteuerung von Finanzinstituten, da ihre Geschäftstätigkeit die größte Zinssensibilität aufweist und Risiken durch Eigenkapitalunterlegungen abgesichert werden müssen. Aber auch für Kapitaltransaktionen von Industrieunternehmen ist ein Management der Zinspositionen notwendig. Unter dem Blickwinkel der Handelbarkeit erfüllen Zinsen die Anforderungen einer Beobachtbarkeit und Vergleichbarkeit, welche die Schaffung derivativer Produkte begünstigen. Die hohe Nachfrage nach Zinsgeschäften und die Standardisierbarkeit des Basisobjekts (Underlying) machen dieses Risiko zu einem besonders attraktiven Produkt.

Im Gegensatz zu diesem klassischen Risiko im Finanzsektor bilden „Commodities" die Rohstoff- und Warenpreisrisiken von Industrieunternehmen. An Austauschmärkten mit nennenswerten Preisschwankungen kann für Produzenten und Abnehmer die vorzeitige Festlegung der Konditionen zukünftiger Transaktionen sinnvoll sein. Zu diesen Risiken zählen Rohstoff- und Metallpreise. Vor dem Hintergrund zunehmend liberalisierter Energiemärkte hat der Handel mit Derivaten einen verstärkten Einfluss auf Preisänderungen im Energiesektor.

Aktienderivate werden hauptsächlich als Investitionsanlage mit besonders starkem Hebeleffekt zum Aufbau von kombinierten Positionen im Hinblick auf die Gesamtmarktveränderung und zur Portfolioabsicherung eingesetzt. Um Portefeuilles absichern bzw. den Markt abbilden zu können, liegt daher der Schwerpunkt auf Derivaten auf Eigenkapital-Indizes und nicht auf Derivaten für einzelne Aktientitel.

Der Kauf und Verkauf von Fremdwährungen erfolgt beim grenzüberschreitenden Güteraustausch und bei Finanztransaktionen und nimmt nur einen relativ geringen Umfang ein. Hier ergeben sich umfassende Möglichkeiten für Arbitragegeschäfte. Die Europäische Wirtschafts- und Währungsunion wird Einfluss auf die zukünftige Geschäftsstruktur in diesem Bereich nehmen.

Die Zunahme der Verbriefung und des Handels von Risiken lässt sich am Wachstum des Handelsvolumens derivativer Finanzinstrumente in den USA ablesen (vgl. Abbildung 6). Aus Abbildung 6 ist ersichtlich, dass über lange Jahre hinweg die Terminmärkte kaum eine praktische Bedeutung spielten. Seit Anfang der 70er Jahre, als die Chicagoer Terminbörse eröffnet und Modelle zur Bewertung von Optionen entwickelt wurden, hat dieses Segment zum Teil exponentielle Steigerungsraten erfahren. Während Futures zunächst den größeren Anteil ausmachten, haben seit Anfang der 80er Jahre Optionen diese Rolle übernommen.

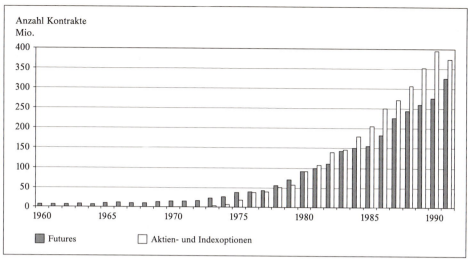

Abbildung 6: Entwicklung der Handelsvolumina derivater Finanzprodukte in den USA

## 1.3 Technologie

Die technologischen Weiterentwicklungen gehören zu den wichtigsten Veränderungen der Rahmenbedingungen. Hiermit sind die elektronischen Möglichkeiten im Bereich der Hardware, der Verarbeitung, der Speicherung und der Übertragung von Daten angesprochen. Die Technologien beeinflussen zunächst unmittelbar die Art der Geschäftsdurchführung und können dabei auch die Intermediationsfunktion der Investmentbanken berühren. Darüber hinaus wirken sie auf die Gestaltung des Wettbewerbs zwischen den Investmentbanken und auf die Form der Beziehungen zum Kunden ein.

Da eine Hauptaufgabe der Investmentbanken in der Verarbeitung und Umsetzung von Informationen liegt, haben die veränderten technologischen Weiterentwicklungen einen unmittelbaren Einfluss auf die Art der Geschäftsdurchführung. In allen Geschäftsbereichen kann mit Hilfe global vernetzter Informationssysteme auf allgemein zugängliche Datenbestände zugegriffen werden. Zusätzlich haben die einzelnen Investmentbanken unternehmensinterne EDV-Systeme zum Austausch und zur Speicherung von internen Informationen aufgebaut. Am deutlichsten zeigt sich die unterstützende Wirkung der Technik im Handelsbereich (Trading). Zusätzlich zu den Möglichkeiten der unmittelbaren Informationsübermittlung kann beispielsweise die Durchführung komplexer Markttransaktionen und die Erkennung von internationalen Bewertungsunterschieden programmiert und somit automatisch durchgeführt werden. Damit lassen sich unter anderem komplexe Arbitragegeschäfte berechnen und realisieren.

Durch die elektronisch geschaffene Markttransparenz zahlreicher Informationsanbieter wie zum Beispiel Reuters und Data Stream hat sich der Informationszugang der Marktteilnehmer verbessert. Die erhöhte Informationseffizienz führt jedoch auch dazu, dass neue Wettbewerber einfacher in den Markt der bereits etablierten Finanzinstitutionen einbrechen können. Gleichzeitig stellen die mit der Informationstechnologie verbundenen Kostenstrukturen wesentliche Markteintrittsbarrieren dar (vgl. Abschnitte 2.2 sowie 4.2). Aber auch die Kunden von Investmentbanken haben Zugang zu diesen Informationsquellen. Damit kann ein Wertbeitrag der Investmentbank für einen Kunden allein aufgrund von frühzeitig erhaltenen Marktinformationen kaum mehr stattfinden. Statt dessen müssen kundenspezifisch abgestimmte Auswertungen der Informationen angeboten werden.

Aufgrund des technischen Fortschritts konnten auch die Handelssysteme von Börsen erheblich verbessert werden. Durch die veränderten Möglichkeiten sind unter anderem die Geschwindigkeit, der bewältigbare Umfang, die mögliche Teilnehmeranzahl, die überregionale Reichweite, die tolerierbare Transaktionskomplexität und die Transaktionskosten der Marktorganisationen verbessert worden. Dies hat zu einem deutlichen Attraktivitätsgewinn für die Kapitalmärkte geführt. Mit den Kommunikations- und Vernetzungsinstrumenten sind gleichzeitig auch die Handelsmöglichkeiten im Bereich der nicht organisierten Märkte gestiegen.

## 1.4 Deregulierung und Konvergenz

Die institutionellen Rahmenbedingungen für den Finanzsektor haben sich im Laufe der Zeit immer wieder geändert, besonders häufig geschah dies aber in der letzten Dekade. Dabei sind zum einen zunehmende Deregulierungen im Sinne eines Abbaus einschränkender Vorschriften festzustellen, zum anderen finden zunehmende Vereinheitlichungen der Reglementarien zwischen den einzelnen Ländern statt.

Bei den Deregulierungen werden explizite Einschränkungen von Handlungsoptionen für die Finanzinstitute zurückgenommen und damit die Wettbewerbsintensität zwischen den verschiedenen Beteiligten deutlich verstärkt. Als Ausgleich ist eine umfassende Anzahl von präventiven Maßnahmen, vor allem in Form von Dokumentations- und Eigenkapitalunterlegungsbedingungen, eingeführt worden, um die Funktionsfähigkeit und Stabilität der Finanzsysteme zu gewährleisten. Damit wurden die Selbstregulierungsmechanismen der Märkte gestärkt, um bei einer Öffnung von Entwicklungsmöglichkeiten gleichzeitig über die notwendigen Schutzmechanismen zu verfügen.

In Deutschland wurden erst relativ spät die notwendigen Rahmenbedingungen für eine moderne Struktur des Bank- und Börsenwesens geschaffen. Richtungsweisend waren dabei die so genannten Finanzmarktförderungsgesetze. Im Bereich der Kapitalaufnahme und -anlage haben sich hierdurch weitreichende Vereinfachungen ergeben. So sind die Genehmigungsverfahren bei Wertpapieremissionen reduziert und die Möglichkeiten zur Auflage von Fonds verbessert worden. Das Geschäft von Banken und Versicherungen wurde von vielen Beschränkungen befreit, was eine neuartige Branchendynamik auslöste.

In der Summe haben die Liberalisierungen zu einem breiteren Angebot und einer erhöhten Effizienz der Marktorganisation geführt. Der Wettbewerb zwischen den Finanzmarktintermediären hat sich erhöht, und die Gestaltungsmöglichkeiten bei der Schaffung neuer oder kombinierter Finanzprodukte haben eine große Anzahl an Finanzinnovationen zur Folge gehabt.

Bei der Konvergenz der Regeln gleichen sich die Bestimmungen zwischen einzelnen Ländern an. Dies erfolgt vor allem im Bereich des Kapitalmarktrechts, da hier der Anpassungsdruck aufgrund internationaler Transaktionen am größten ist. Die Anpassung von Regeln kann zum einen unmittelbar vom Gesetzgeber oder einer beauftragten Instanz veranlasst werden. So ermöglichen zum Beispiel die Vereinheitlichungen im Rahmen der Richtlinien der Europäischen Union zunehmend transparente und regional übergreifende Allokationsmöglichkeiten von Kapital in Europa. Zum anderen bilden sich international anerkannte, streng juristisch gesehen jedoch nicht einklagbare Regeln in Form von Kodizes heraus. So beachten beispielsweise ausländische Tochtergesellschaften von New Yorker Investmentbanken die US-amerikanischen Vorschriften zum Insiderhandel auch dann, wenn analoge Gesetze in den jeweiligen Ländern großzügiger ausgelegt werden können. Zusätzlich entwickeln sich freiwillige Selbstregulierungsmechanismen, wie zum Beispiel der Panel on Takeovers and Mergers in Großbritannien, die für ihre Mitglieder bindende Wirkung erzielen.

## 1.5 Globaler Wettbewerb

Die Wettbewerbsbeziehungen zwischen den verschiedenen Finanzinstitutionen haben sich in der letzten Dekade deutlich verstärkt. Dabei sind zum einen verschiedene Typen von Intermediären zunehmend in Konkurrenz zueinander getreten. Dies gilt zum Beispiel für das Verhältnis von Investment- zu Commercialbanken und die Beziehungen zwischen Banken und Versicherungen. Zum anderen hat innerhalb der jeweiligen Segmente der Wettbewerbsdruck zugenommen. Beispielhaft dafür ist das kompetitive Bietverhalten der Investmentbanken bei der Vergabe von Aufträgen.

Begünstigt wurde die Zunahme des Wettbewerbs durch eine Vielzahl von einzelnen Entwicklungen. Einen wichtigen Anstoß gaben die bereits erläuterten Deregulierungen. Durch die Abschaffung fester Kommissionen und die Reduzierung von institutionellen Wettbewerbsbeschränkungen wurde zum Teil überhaupt erst die Möglichkeit zur Expansion einzelner besonders effizienter Häuser geschaffen. Ebenso haben viele Finanzinnovationen gerade bei den profitablen Produkten anderer Finanzinstitutionen angesetzt, wie unter anderem bei der Etablierung von Fonds als Alternative zu den klassischen Sparprodukten.

Der Wettbewerb hat sich jedoch nicht nur auf nationaler Ebene verschärft, sondern auch auf die internationale Ebene verlagert und hier eine neue Qualität erlangt. Die Globalisierung als Trend zur weltweiten Integration von Märkten und Unternehmen hat seit einigen Jahrzehnten bedeutenden Einfluss auf die Industrie und die Finanzinstitutionen genommen. Für die Industrieunternehmen haben sich Möglichkeiten der internationalen Produktion und des Absatzes ergeben und entsprechend haben sich auch ihre Unternehmensstrukturen internationalisiert. Die Globalisierung geht mit einer erhöhten Kapitalmobilität einher, welche deutlich an dem überproportionalen Wachstum der grenzüberschreitenden Finanz- und Kapitalströme abzulesen ist. Die weltweit zugänglichen Anlagechancen ermöglichen eine international diversifizierte Mittelinvestition. Die Investoren können sich global an den jeweils günstigsten Risiko/Rendite-Beziehungen orientieren und bei veränderten Einschätzungen sehr schnell bedeutende Volumina umschichten.

Die Finanzinstitutionen des Commercial Banking sind dieser Entwicklung aufgrund von juristischen Barrieren bei grenzüberschreitenden Geschäftsaktivitäten zunächst nur teilweise gefolgt. Gleichzeitig bestand für Commercialbanken mit ausgeprägtem Kleinkundengeschäft auch nur eine begrenzte Notwendigkeit zur internationalen Expansion.

Für die Investmentbanken hat die Globalisierung weitreichende Konsequenzen, denn international tätige Kunden benötigen weltweit präsente Finanzhäuser. Gleiches folgt aus der zunehmenden Koppelung der einzelnen Finanzmärkte. In vielen Regionen haben sich neue Geschäftsmöglichkeiten erschlossen, so zum Beispiel im asiatischen, osteuropäischen oder südamerikanischen Raum. Die ursprünglich weitgehend von New York oder London aus operierenden Investmentbanken bauen das Netz ihrer lokalen Büros in diesen Ländern immer mehr aus.

Beispielhaft lässt sich diese Entwicklung am Emissionsgeschäft der Investmentbanken zeigen. Aufgrund der zunehmenden Globalisierung können die Investmentbanken nicht nur lokal, sondern auch grenzüberschreitend ihre Geschäfte durchführen. Emittenten sowie Anleger bedienen sich zunehmend internationaler Märkte. Die Anleger sind bemüht, Risiken durch eine verstärkte internationale Diversifikation zu verringern. Die Emittenten hingegen decken ihren Finanzierungsbedarf nicht mehr ausschließlich an den nationalen Kapitalmärkten, sondern profitieren zunehmend von den erleichterten Zugangsbedingungen ausländischer Märkte.

Damit verbunden hat der Aspekt der kritischen Größe für die Investmentbanken an Bedeutung gewonnen. Besonders der Umfang des verfügbaren Eigenkapitals kann für die Übernahme großer Risikopositionen erfolgsentscheidend sein. Zusätzlich hat sich eine umfassende Platzierungskraft in Form von Vertriebskanälen als eine wichtige Determinante behauptet, die durch größere Emissionen weiter an Relevanz gewinnt. Ebenfalls ist die Bereitstellung des spezifischen Know-hows auf breiter Basis unerlässlich.

Das hat dazu geführt, dass Investmentbanken nun ähnliche Produkte und Dienstleistungen anbieten. Sinkende Margen und abnehmende Kommissionen sind die Folge der direkten Wettbewerbsbeziehungen. Ein starkes Indiz der wachsenden Wettbewerbsintensität ist die Konzentrationswelle im Bereich der Finanzinstitutionen. Damit wird versucht, Effizienzreserven zu realisieren und Überkapazitäten aus dem Markt zu nehmen. Besonders deutlich zeigte sich die Intensivierung der Konkurrenzbeziehungen an der Reduzierung unabhängiger britischer Merchantbanken, die zu klein und zu niedrig kapitalisiert waren, um im Wettbewerb bestehen zu können.

## 2. Marktstruktur

### 2.1 Marktkonzentration

Die Veränderungen der Wettbewerbsintensität und die Konsolidierungsbemühungen der einzelnen Finanzinstitute lassen die Frage nach möglicherweise entstehenden Marktkonzentrationen aufkommen. Mögliche Formen einer zu starken Marktkonzentration im Bereich der Finanzinstitute wurden im Laufe der Zeit immer wieder thematisiert. Bei einer zu starken Marktkonzentration wird regelmäßig ein wettbewerbseinschränkendes Verhalten der beteiligten Unternehmen vermutet. Dies hätte eine Verknappung des Angebots, eine künstliche Erhöhung der Preise für die Kunden und überdurchschnittliche Gewinne für die beteiligten Unternehmen zur Folge. So wurde der Glass Steagall Act in den USA unter anderem als eine Möglichkeit zur Begrenzung des Bankeneinflusses verstanden. Eine kritische Untersuchung möglicher Marktkonzentrationen erfolgte in den USA schließlich auch im Rahmen der Anti-Trust-Prozesse in den 60er Jahren.

Eine ausführliche Untersuchung möglicher Marktkonzentrationen hat Matthews (1994) durchgeführt. Als Maßstab für die relative Bedeutung von Firmen am Markt hat er deren Gesamtkapital verwendet. Damit konnten alle an der New York Stock Exchange tätigen Häuser inklusive der partnerschaftlich organisierten Firmen einbezogen werden. Für den Zeitraum von 1968 bis 1991 hat Matthews den Marktanteil der jeweils größten Wettbewerber berechnet. Übersicht 1 zeigt die hierbei erzielten Ergebnisse für das führende Haus sowie für die jeweils führenden 4, 8, 10, 20 und 50 Häuser auf.

Übersicht 1: Konzentration der Wertpapierfirmen nach Gesamtkapital

| Anzahl Firmen | 1968 % | 1970 % | 1972 % | 1974 % | 1976 % | 1978 % | 1980 % | 1982 % | 1984 % | 1986 % | 1988 % | 1990 % | 1991 % |
|---|---|---|---|---|---|---|---|---|---|---|---|---|---|
| Top 1  | 9,6  | 12,3 | 13,7 | 18,0 | 17,2 | 18,0 | 16,4 | 15,0 | 12,6 | 10,8 | 17,3 | 19,8 | 17,5 |
| Top 4  | 19,5 | 23,0 | 23,8 | 29,4 | 29,2 | 33,4 | 35,6 | 37,7 | 40,3 | 37,4 | 40,3 | 49,8 | 55,6 |
| Top 8  | 29,1 | 32,3 | 33,8 | 40,1 | 39,9 | 47,4 | 49,6 | 51,8 | 58,3 | 56,6 | 57,3 | 66,0 | 72,3 |
| Top 10 | 33,2 | 36,1 | 38,3 | 44,4 | 44,4 | 52,6 | 54,5 | 56,9 | 64,7 | 63,5 | 64,3 | 71,4 | 76,6 |
| Top 20 | 49,7 | 52,3 | 55,2 | 62,9 | 63,2 | 70,2 | 72,5 | 74,9 | 80,3 | 80,4 | 80,0 | 82,9 | 86,1 |
| Top 50 | 77,6 | 78,9 | 81,4 | 85,3 | 86,5 | 85,5 | 90,5 | 91,2 | 92,4 | 92,8 | 93,0 | 93,9 | 95,3 |

Quelle: Matthews (1994)

Eine Analyse der Konzentration der Wertpapierfirmen nach Gesamtkapital zeigt, dass die Marktkonzentration über den gesamten Zeitraum von 1968 bis 1991 zugenommen hat. Einen entscheidenden Schub hat es in der Phase festgelegter Kommissionen in den Jahren 1968 bis 1974 gegeben. Die Deregulierung führte ab 1975 zu neuen Erfolgsfaktoren im Wettbewerb der Investmentbanken und damit zu einem tendenziell langsameren Konzentrationsprozess. Seit 1982 ist sukzessiv eine Konsolidierung und somit Konzentration der Branche festzustellen.

Seit Beginn der 90er Jahre und verstärkt in den letzten Jahren ist eine Beschleunigung der Konsolidierungsbemühungen festzustellen. Investmentbanken versuchen gezielt, entweder durch forciertes Eigenwachstum oder durch Käufe und Fusionen ein größeres Gesamtvolumen zu erreichen. Zahlreiche Gründe sprechen für diese Entwicklung, sowohl aus Kundensicht als auch aus Sicht der Investmentbanken.

- Zweckmäßig können die Konsolidierungsbestrebungen vor dem Hintergrund der gegenwärtigen Kostenstrukturen von Investmentbanken sein. Die Kosten der Informationstechnologie haben für viele Banken eine kritische Höhe erreicht. Ausgelöst wurden diese durch neue Möglichkeiten der Informationsbeschaffung und durch regulatorische Anforderungen an das Risikomanagement zum Zweck einer Eigenkapitalunterlegung der Geschäfte. Bei Fusionen von Investmentbanken lassen sich diese beträchtlichen Fixkosten auf eine breitere Geschäftsbasis aufteilen. Dasselbe gilt für den Aufbau von Geschäftsniederlassungen in neuen Ländern, der einen hohen Umfang an Ressourcen bindet. Ein schneller Markteintritt kann jedoch zur frühzeitigen Etablierung stabiler Kundenbeziehungen unumgänglich sein.

- Eine andere Begründung kann in der Präsenz und dem Bekanntheitsgrad größerer Häuser gesehen werden. Insbesondere bei der Auftragsvergabe an Investmentbanken könnte bei der Auswahlbetrachtung ein Schwerpunkt auf die dominantesten Marktteilnehmer gelegt werden. Zusätzlich wird in einem gewissen Umfang von den Investmentbanken erfolgreiches Cross-Selling über die bestehenden Kundenbeziehungen betrieben.

- Schließlich kann auch die große Kapitalbasis für Investmentbanken zu einem wichtigen Erfolgsfaktor werden. Dies gilt vor allem gegenüber den Kunden. So kann die Investmentbank beispielsweise bei der Platzierung erheblicher Emissionsvolumina ein beträchtliches Risiko eingehen, das nur bei der Existenz umfangreichen Eigenkapitals übernommen werden kann. Das bedeutet, dass die Gefahr eines Bankenkonkurses bei einem großen Finanzinstitut mit einem diversifizierten Geschäftsportfolio und einem hohen absoluten Eigenkapitalpuffer geringer ist als dies bei einem kleinen spezialisierten Haus der Fall wäre. Für die Kunden und Geschäftspartner der Investmentbank kann dies, in Abhängigkeit des Transaktionscharakters, ein wichtiges Beurteilungskriterium bei der Auftragsvergabe sein. Die Kapitalausstattung der Häuser ist jedoch nicht nur aus Sicherheitsgründen wichtig, sie ist vielmehr auch entscheidend für die Größe der möglichen Geschäfte und die Breite der hierbei angebotenen Dienstleistungen. Als Beispiel ist die Bedeutung eines Brückenkredits (Bridge Financing) bei großen Unternehmensübernahmen zu nennen. Die hierfür notwendigen Mittel kann nur ein kapitalstarkes Haus kurzfristig aufbringen. Große Institute verfügen insofern aufgrund ihrer Kapitalbasis über einen spezifischen Geschäftsvorteil. Eine große Kapitalbasis ist nicht nur für die Kundenseite von entscheidendem Gewicht, sie spielt auch im Handelsbereich eine wichtige Rolle. So determiniert sie die Größe der tragfähigen Volumina und damit auch die Marktposition in diesem Segment.

Obwohl somit eine Vielzahl von Gründen für die Zweckmäßigkeit von Konsolidierungsbestrebungen spricht und die Zusammenschlüsse verschiedenster Häuser zügig vorangehen, gibt es auch schwerwiegende Bedenken, die gegen eine zunehmende Konzentration sprechen. Zu möglichen Nachteilen gehören die

- Bildung zu starrer Organisationen,
- Entstehung hoher Fixkostenblöcke durch anwachsende und intransparente Zentralabteilungen,
- Schaffung kultureller Dissonanzen.

Tatsächlich lässt sich die Möglichkeit, im Investment Banking durch Übernahmen und Fusionen spürbare Skaleneffekte erzeugen zu können, bisher empirisch noch nicht eindeutig nachweisen. Insofern erfordert sowohl die weitere Entwicklung der großen Finanzinstitute als auch die Positionierung der kleineren Wettbewerber in diesem Bereich noch weiteren Klärungsbedarf.

## 2.2 Markteintrittsbarrieren

Investmentbanken benötigen als Dienstleistungsunternehmen relativ wenig Inputgüter. Zur Durchführung der Geschäftstätigkeit sind vorrangig die drei Faktoren Kapital, Personal und Informationstechnologie entscheidend. Jene stellen daher, neben der Reputation, die wesentlichen Markteintrittsbarrieren dar.

### 2.2.1 Kapital

Der gesamte Investment-Banking-Sektor zeichnet sich durch eine starke Konzentration des Gesamtkapitals auf wenige Einzelunternehmen aus. Die Bulge-Bracket-Häuser und die Universalbanken mit ihren direkt sowie indirekt nutzbaren Eigenmitteln vereinigen dabei den größten Anteil der Finanzierungsmittel auf sich.

An erster Stelle ist eine hinreichende und den Geschäftstätigkeiten adäquate Eigenkapitalunterlegung zu schaffen und zu erhalten. Sie wird aufgrund des spezifischen Risikos und der Verlustwahrscheinlichkeit einzelner Transaktionen und Geschäftssegmente notwendig: Insbesondere die verstärkte Fokussierung auf besonders risikoreiche Geschäftstätigkeiten wie den Eigenhandel und das Principal Investment hat eine höhere Eigenkapitalunterlegung der Firmen notwendig gemacht. Ferner haben in den letzten Jahren auch die globale Expansion der Investmentbanken und die erhöhten Aufwendungen zum Aufbau von Informationssystemen den Bedarf an Eigenmitteln gesteigert.

Die Folge dieser Entwicklung war die Börseneinführung fast aller traditionell partnerschaftlich organisierten Häuser. Eine Erhöhung von Eigenmitteln war damit nicht mehr an die finanziellen Möglichkeiten der Partner gebunden, sondern konnte über die Kapitalmärkte durchgeführt werden. Traditionsreiche Firmen wie J. P. Morgan, Morgan Stanley und Goldman Sachs wurden so zu börsennotierten Unternehmen.

Neben der langfristigen Finanzierung durch Eigenmittel, die für die Besicherung von Risiken von wesentlicher Bedeutung ist, finanzieren die Investmentbanken einen großen Teil des täglichen Geschäfts mit kurzfristigem Fremdkapital (Repurchase Agreement) und nutzen somit den Leverage-Effekt.

Für die Beschaffung von investierbarem Eigen- und Fremdkapital sind die Investmentbanken, wie alle anderen Unternehmen auch, auf die Kapitalmärkte angewiesen. Die Bereitstellung des Kapitals durch Investoren erfolgt standardgemäß nach übergeordneten Risiko/Rendite-Gesichtspunkten. Dabei werden auch Investmentbanken in ihrer Bonitätseinschätzung von externen Agenturen eingestuft. Ein wahrgenommenes höheres Risiko führt zu einer Verschlechterung der Einstufung, was eine Erhöhung der Finanzierungskosten und somit einen Wettbewerbsnachteil zur Folge hat. Das angenommene hohe Verlustpotenzial bei Transaktionen im Investment Banking hat sogar z.T. beim Einstieg der deutschen Universalbanken in das Investment Banking zu einer Herabstufung der Bonitätsbeurteilung der Gesamtbank geführt.

### 2.2.2 Personal

Die Auswahl und das Auffinden qualifizierter Mitarbeiter stellt alle Investmentbanken vor kontinuierliche Recruitingaufgaben. Es werden hierbei hohe Ansprüche an analytische und intellektuelle Fähigkeiten potenzieller Mitarbeiter gestellt: Eigenschaften wie eine hohe Selbstsicherheit, eine sehr strukturierte, dealorientierte Denkweise sowie eine zeitliche und räumliche Flexibilität sind Grundvoraussetzungen. Die starke Abhängigkeit einer Investmentbank von der Qualifikation und Weiterentwicklung ihrer Mitarbeiter wird besonders deutlich in einem Bonmot, welches besagt, dass „jeden Abend die wichtigsten Aktiva einer Investmentbank durch die Tür nach Hause gehen".

Beim Recruiting und der Bindung von Mitarbeitern stehen die Komponenten Unternehmenskultur und Bezahlung (Compensation) im Vordergrund.

Die Kultur einer Investmentbank wird zum einen durch die Charakteristika der Geschäftsfelder beeinflusst. Zum anderen unterscheiden sich die einzelnen Banken unter anderem durch den Umgangsstil und den Arbeitseinsatz. Damit wird gegenüber potenziellen neuen Mitarbeitern, aber auch gegenüber Kunden eine Abgrenzung von Wettbewerbern erreicht. Die zunehmende Konsolidierung in der Branche (vgl. Abschnitt 2.1) führt häufig zu einem Aufeinanderprallen unterschiedlicher Unternehmenskulturen sowie Vergütungssystemen, auf welche im Folgenden eingegangen wird.

Die Bezahlung im Investment Banking zeichnet sich allgemein durch erhebliche variable Vergütungsanteile und ein allgemein bemerkenswert hohes Einkommensniveau aus. Bezüglich der Gehaltsstrukturen im Investment Banking lassen sich trotz zunehmender Konvergenz deutlich historisch bedingte Länderspezifika unterscheiden.

Eine stark leistungsbezogene, individuelle und stark differenzierte Vergütung herrscht vor allem in den USA und in Großbritannien vor und geht mit einem sehr hohen variablen Gehaltsanteil und teilweise unlimitierten Boni einher. Diese Form der Vergütung ist auch für deutsche Tochtergesellschaften internationaler Investmentbanken üblich. Das Gehalt ist oftmals durch Stock Options und Stock Appreciation Rights an den Aktienwert geknüpft. Dagegen existierte in Deutschland und in der Schweiz bislang eine stärker „kollektiv" orientierte Denkweise, sodass fixe Gehaltsbestandteile dominierten und häufig sogar eine Obergrenze (Cap) festgelegt wurde.

Die sich schnell verändernden Rahmenbedingungen, zum Beispiel das stark ansteigende Geschäftsvolumen im M & A-Bereich, haben die Vergütungs- und Gehaltsstrukturen im Investment Banking in den letzten Jahren in Deutschland stark beeinflusst. Die Konkurrenz zwischen US-amerikanischen, pan-europäischen Investmentbanken und Investment-Banking-Bereichen großer Universalbanken manifestiert sich zunehmend in einem „War for Talent". Dies führt im Extremfall dazu, dass ganze Teams unter Zahlung hoher Ablösesummen abgeworben werden (so genannte Team Moves). Dies geschieht mit der Zielsetzung, die eigene Marktposition zu verbessern und schnell ein höheres Ranking innerhalb der League Tables zu erreichen (vgl. Abschnitt 4.1). Der Weggang von Mitarbeitern ist mit einem Verlust an Expertise verbunden, der existenzielle Lücken in das bestehende Kompetenzgefüge der Investmentbank reißen kann. Teilweise kann die Abwerbung qualifizierten Personals, wie 1996 im Fall der Hong Kong Shanghai Banking Corporation (HSBC), zu einem gleichzeitigen Abwerben von Kunden der Konkurrenz führen.[2]

Der Recruitingwettbewerb wurde in den lezten Jahren bis zur Krise des Jahres 2001 auch dadurch verschärft, dass nicht nur bekannte Investmentbanken, sondern auch zunehmend große Wirtschaftsprüfungsgesellschaften, Anwaltskanzleien und kleinere Investmentboutiquen M & A- und Emissionsabteilungen aufbauten und im Zuge eines steigenden Deal Flows einen ebenfalls erhöhten Bedarf nach kompetentem Personal aufwiesen. Weiterhin boten sich (zu manchen Zeitpunkten) den potenziellen Mitarbeitern von Investmentbanken im Zuge der New Economy interessante Alternativen in Start-Up-Unternehmen und Ventures-Capital- bzw. Private-Equity-Gesellschaften, die mit den Angeboten der Investmentbanken konkurrierten.

Die resultierende Ressourcenknappheit, die in allen Geschäftsfeldern des Investment Banking vorherrschte, sich vor allem aber in den Bereichen M & A und Asset Management äußerte, führt unweigerlich zu einem weiterhin Niveau der Investment-Banking-Gehälter. Die Knappheit an hoch qualifizierten Investmentbankern hat deren Verhandlungsposition dermaßen gestärkt, dass jene Mitte der 90er Jahre sogar einen höheren Wertzuwachs verzeichnen konnten als die Eigentümer dieser Firmen.[3]

Der bis 2001 zu beobachtende Nachfrageüberschuss betraf dabei nicht nur den Bereich der Berufseinsteiger, sondern vor allem auch erfahrene Investmentbanker, die sich insbesondere auf dem deutschen Markt gut auskennen. Die Anzahl dieser Personen ist in Deutschland (noch) relativ gering. Um Know-how-Träger anzuwerben bzw. nicht wertvolle Wissensträger zu verlieren, sahen sich Investmentbanken gezwungen, im Gehaltswettbewerb mit zu bieten.

Die durchschnittlichen Einstiegsgehälter unterscheiden sich dabei innerhalb der Investment-Banking-Branche in Abhängigkeit vom Einsatzbereich. Aufgrund der unterschiedlichen Organisationsstrukturen der einzelnen Investmentbanken ist ein interorganisationaler Gehaltsvergleich nur bedingt anzustellen.

---

[2] Vgl. Vopel (1999), S. 162.
[3] Vgl. Hunt (1995), S. 112.

Übersicht 2 zeigt die Differenzierung zwischen Geschäftsbereichen sowie die erheblichen Unterschiede der variablen Vergütungsanteile. Es zeigt sich eine deutliche Spannweite der Gehälter sowie der starke Gehaltsanstieg mit zunehmender Erfahrung.

Übersicht 2: Vergütungsstrukturen nach Geschäftsfeldern für Bulge-Bracket-Häuser

| in TDM | Juniors | Seniors (5–6 Jahre Praxiserfahrung) | Variabler Anteil |
|---|---|---|---|
| Corporate Finance | 85–110 | 350–580 | 40–50% |
| Capital Markets | 100–120 | 400–750 | 50–60% |
| Fixed Income | 70–90 | 350–850 | 70–250% |
| Asset Management | 70–100 | 280–520 | 35–55% |
| M & A | 85–110 | 450–1400 | 90–480% |
| Research | 90–110 | 240–750 | 45–160% |

Quelle: MZ Consulting (2000)

Die Existenz hierarchischer Abstufungen und die geringere Spreizung der Gehälter in Deutschland im Vergleich zu Gesamteuropa und den USA verdeutlicht Übersicht 3 für den M & A-Bereich:

Übersicht 3: Deutschlandbezogenes M & A-Geschäft im Gehaltsvergleich

| in TDM | Deutschland | Europa | USA |
|---|---|---|---|
| Associate | 200–600 | 250–600 | 342–585 |
| Vice President | 350–800 | 700–1200 | 810–1800 |
| Managing Director | 600–2000 | 1300–8500 | 1620–6300 |

Quelle: Werner (1998)

Insgesamt ist festzustellen, dass der verstärkte Wettbewerb der Investmentbanken auf dem Personalmarkt und die Orientierung an der angloamerikanischen Vergütungspraxis die Entwicklung in Richtung stärkerer Individualisierung und Differenzierung der Gehälter fördern wird.

Da viele Commercialbanks und auf das Commercial Banking ausgerichtete Universalbanken bemüht waren, eigene Investment-Banking-Abteilungen aufzubauen, waren sie im Zuge dieser Expansion genötigt, ihre Kompensation auf das Niveau der Investmentbanken anzupassen. So sind gestiegene Personalkosten beispielsweise der Deutschen Bank durch den verstärkten Eintritt in das Investment-Banking-Geschäft und den massiven Einkauf von Know-how zu erklären. Allerdings liegt das Niveau der Bezahlung im Durchschnitt unter dem der reinen Investmentbanken.[4]

---

[4] Vgl. Fields/Fraser (1998), S. 1271.

Die absolute Höhe und das Wachstum der Personalausgaben stellen eine schwerwiegende finanzielle Belastung der Investmentbanken dar. Die Fixkosten sollten durch den hohen variablen Gehaltsanteil und entsprechend kurz gestaltete Verträge gering gehalten werden. In den letzten Jahren wurde diese Absicht jedoch durch feste Mehrjahresverträge und garantierte Bonuszahlungen kontinuierlich unterlaufen. Die Banken versuchen hierbei, durch zeitlich verzögerte Auszahlung der variablen Komponente, etwa durch Deferred Incentive Plans, erhöhte Auszahlungen zeitlich zu strecken und eine zu starke Fluktuation des hochqualifizierten Personals (so genannte Deal-Maker) zu vermeiden.

### 2.2.3 Informationstechnologie

Im Bereich der Informationstechnologie stellt ein ausgefeiltes EDV-System einen weiteren wesentlichen Wettbewerbsfaktor einer Investmentbank dar. Da gerade Investmentbanken mit Informationen handeln, sind sie davon abhängig, dass diese schnell und sicher verarbeitet werden. Im Durchschnitt sind ca. 10 Prozent der Mitarbeiter bereits ausschließlich für den Service, die Administration und die Programmierung von EDV-Anwendungen zuständig. Investitionen in Informationstechnologie sind dabei nicht nur notwendig, um Kosten zu senken, sondern bestimmen darüber hinaus das mögliche Produktangebot und – denkt man an die neueren Entwicklungen im Internetbereich – sogar die zu verfolgende Strategie.[5] Investitionsentscheidungen in diesem Bereich können daher nicht mehr nur noch mit Blick auf die Kosten gefällt werden, sondern verlangen zum Teil auch eine Umstellung der Geschäftsmodelle zur Realisierung der technologisch möglichen Verbesserungen.[6]

Die Anwendungsbereiche für Informationstechnologie in Investmentbanken sind vielfältig. Besonders bedeutsame Aspekte sind die Handelssysteme im Sales & Trading sowie das Risikomanagement. Im Handel haben sich die EDV-Anwendungen in den letzten fünf Jahren verdreifacht, während sich der damit zusammenhängende finanzielle Aufwand verfünffacht hat. Da bislang die meisten Handelssysteme, zum Beispiel in Kassa- und Terminprodukte, produktorientiert gestaltet waren, streben die Investmentbanken, wie Abbildung 7 zeigt, zum Zwecke einer umfassenden Bewertung und Risikobeurteilung ihrer Geschäfte eine Integration der Daten und Funktionen ihrer informations- und kommunikationspolitischen Teilsysteme an. Jene ist letztlich als Voraussetzung für einen optimalen Kundenservice zu betrachten.

Hierbei kann beispielsweise ein Sales-Informationssystem aufgebaut werden, welches dem Sales-Mitarbeiter erlaubt, die Profitabilität, das Volumen und die Qualität eines Kundengeschäfts produktübergreifend zu analysieren. Weiterhin wird eine stärkere Vernetzung zwischen verschiedenen Handelsräumen, auch über Zeitzonen hinweg, angestrebt. Ein effizientes Risikomanagementsystem unterstützt allgemein die Steuerung des Kapitaleinsatzes in den einzelnen Geschäftsfeldern nach den jeweiligen Risiko/Rendite-Positionen und ermöglicht somit zum Beispiel die Darstellung von Markt- und Ausfallrisiken im Handel.

---

[5] Vgl. Moormann/Fischer (1999), und hierbei S. 261 ff. für den Bereich des Investment Banking.
[6] Vgl. Hitt/Frei/Harker (1998).

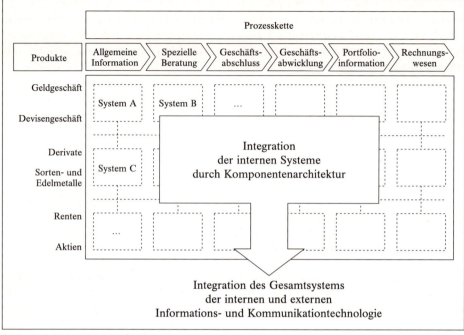

Quelle: In Anlehnung an Leclerc (1999), S. 276

Abbildung 7: Integration der Handelssysteme

Die Investmentbanken nutzen zunehmend auch die Möglichkeiten des „e-finance", um den Service für die meist institutionellen Kunden durch die Erbringung zahlreicher Online-Dienstleistungen zu optimieren. Investmentbanken können sich durch entsprechende technologische Kompetenz einen komparativen Vorteil erarbeiten, das heißt Markteintrittsbarrieren durch die Erlangung eines First Mover Advantage aufbauen. Beispielsweise bietet Morgan Stanley Dean Witter seinen institutionellen Kunden mit ClientLink ein individuell anpassbares Informationssystem für den Fixed Income Markt. Credit Suisse First Boston eröffnet Händlern und Treasurern mit PrimeTrade die Möglichkeit, Derivative und Eurobonds zu handeln.[7]

Aber auch in den übrigen Bereichen des Investment Banking spielt die Informationstechnologie eine wichtige Rolle. Die Technologie stellt einen wesentlichen Mobilitätsfaktor dar, indem sie Mitarbeitern den weltweiten Zugriff auf die jeweils benötigten Daten ermöglicht. Das Wissensmanagement (Knowledge on Demand) ist im Investment Banking von besonderer Bedeutung und benötigt ebenfalls aktive technische Unterstützung. Um eine gewisse Qualitätsstandardisierung zum Beispiel im Bereich des Financial Advisory zu gewährleisten, wird allen Mitarbeitern der Zugriff auf standardisierte Unternehmensbewertungsmodelle oder themenspezifische Präsentationen ermöglicht.

---

[7] Antl (2000), S. 95.

Der gestiegene Einsatz von Informationstechnologie bringt jedoch nicht nur Vorteile und Chancen mit sich, sondern auch besondere Risiken. Die gestiegene Komplexität vor allem im Handelsbereich erhöht die Abhängigkeit vom reibungslosen Funktionieren der Systeme und stellt auch hohe Anforderungen an die Qualifikation der Mitarbeiter. Die Informationstechnologie stellt neben dem Personal den wesentlichen Kostentreiber im Investment Banking dar, da die Anfangsinvestitionen und die fortlaufende Instandhaltung sowie Aktualisierung der Informationstechnologie, insbesondere der Software, hohe Kosten aufwerfen (vgl. Abschnitt 4.2.2).

### 2.2.4 Reputation

Neben der Eigenkapitalbasis und das durch Personal und Informationstechnologie zu Verfügung stehende Know-how einer Investmentbank ist die Reputation eine weitere zentrale Markteintrittsbarriere in dieser wissensintensiven Branche. Die Reputation ist dabei eng mit immateriellen Werten, das heißt der Expertise der Mitarbeiter und dem Beziehungsnetzwerk der Investmentbank, verknüpft.

Die Entscheidung für oder gegen die Zusammenarbeit mit einer Investmentbank lässt sich meist nicht nur auf rationale Qualitätskriterien wie globale Präsenz und Produktangebot zurückführen, sondern unterliegt im höchsten Maße der aus Sicht des Kunden subjektiven Einschätzung der Expertise und Kompetenz der Bank im spezifischen Geschäftsfeld. Die Reputation unterstützt den Kunden somit bei der Auswahl seines Beraters und kann seitens der Bank aktiv zur Differenzierung von anderen Investmentbanken genutzt werden. Dabei kann sich die Reputation sowohl auf das gesamte Haus als auch auf einzelne Personen beziehen.

Für die Kunden am Kapitalmarkt besteht eine Entscheidungs- bzw. Handlungssituation unter Unsicherheit im engeren Sinne. Dies gilt vor allem für den Tätigkeitsbereich M & A, der durch enorme Komplexität, Zeitdruck und hohe Öffentlichkeitswirkung der einzelnen Transaktionen gekennzeichnet ist. Allgemein ausgedrückt wird die Investmentbank engagiert, um die Komplexität zu reduzieren, Transaktionskosten zu mindern und mit Hilfe des generierten Expertenwissens die Unsicherheit des Kunden zu absorbieren. Durch Vertrauen in das kompetente Handeln der Investmentbank bzw. ihrer Mitarbeiter wird in der Wahrnehmung des Kunden eine Entscheidung unter kalkulierbarem Risiko ermöglicht. Die Reputation dient den Kunden dabei als Surrogat für die Dienstleistungsqualität der Investmentbank.

Der Reputationsaufbau einer Investmentbank gestaltet sich aufgrund der relativ festen Strukturen in der Branche schwierig. Die Reputation wird nicht autonom durch das Handeln der Investmentbank geschaffen, sondern entsteht mittels Wahrnehmung durch die Kunden. Um jene Wahrnehmung zu beeinflussen, ist es für die Investmentbank notwendig, sich externer Kommunikationsinstrumente zu bedienen.

So spiegelt sich die Reputation einer Investmentbank unter anderem in so genannten Rankings wider, welche in Form von Tabellen (League Tables) sowohl allgemein als auch speziell für die einzelnen Geschäftsfelder den Erfolg einer Investmentbank demonstrieren (vgl. dazu Abschnitt 4.1). Die Rankings reflektieren anhand der Anzahl der Transaktionen und den vergangenen Transaktionsvolumina nicht nur die bereits gewonnene Erfahrung (Track Record), sondern auch das zukünftige Leistungspotenzial der Investmentbank. Gleichsam wird durch das Ranking auch determiniert, welche Mandate die Investmentbank in Zukunft erhalten wird. Dieser Mechanismus erschwert es für neu in den Markt eintretende Banken, sich eine entsprechende Reputation aufzubauen bzw. ihre Reputation zu verbessern. Eine weitere Möglichkeit, ihre spezifische Expertise zu kapitalisieren, sind Tombstones, mit denen erfolgreich durchgeführte Referenzprojekte dargestellt werden. Die relative Position, welche eine Investmentbank auf dem Tombstone zum Beispiel in ihrer Funktion als Lead Manager eines IPO, einnimmt, gilt neben der Zugehörigkeit zu einem bestimmten Bracket, zum Beispiel dem Bulge Bracket, als ein Indikator für die Reputation der Bank.[8]

Das Reputations- und Beziehungskapital einer Investmentbank wird jedoch auch mit jeder Transaktion aufs Spiel gesetzt. Der Ausspruch „In diesem Geschäft verliert man seine Reputation nur einmal" umschreibt die drastischen Wirkungen, die sich ergeben, wenn die Investmentbank eine Transaktion nicht erfolgreich durchführt. Dies erklärt die notwendige Vorsicht der Investmentbanken bei der Annahme von Mandaten, um mögliche Reputationsverluste, etwa durch erfolglose Emissionen oder gescheiterte Fusionen, zu vermeiden. Die Abhängigkeit der Investmentbank von der Kompetenz der Mitarbeiter stellt ebenfalls ein potenzielles Risiko für die Reputation dar, welches sich durch die Abwanderung bestimmter Teams oder auch einzelner „Star-Analysten" ausdrücken könnte.

# 3. Marktverhalten

## 3.1 Angebots- und Nachfragedynamik

Die Intensität des Wettbewerbs zwischen Investmentbanken hängt von der Struktur und der Dynamik der Angebots- und Nachfrageverhältnisse ab. Bei einer Betrachtung der historischen Entwicklung der Wettbewerbsintensität werden deren deutliche Schwankungen offenbar. Auf expansive Phasen der Investment-Banking-Industrie mit abnehmendem Konkurrenzdruck folgen regelmäßig auch Perioden mit stark intensiviertem Wettbewerbsverhalten. Diese Zyklen ergeben sich fast zwangsläufig aus der spezifischen Natur der Angebots- und Nachfrageveränderungen im Zeitablauf.

Die *Nachfragestruktur* für die Investmentbanken wird von verschiedenen Größen beeinflusst. Zu diesen zählen unter anderem die generellen Trends der Desintermediation, der Verbriefung und der Institutionalisierung. Unabhängig davon ist eine Vielzahl von einzelnen Geschäftsfeldern von ganz bestimmten wirtschaftlichen Entwicklungen abhängig.

---

[8] Vgl. Carter/Dark (1992), S. 355.

Vor allem die Geschäftsfelder M & A und Capital Markets sind stark an Konjunktur- und Börsenentwicklungen gekoppelt. So lässt sich nachweisen, dass die Übernahme- und Fusionsaktiväten von Unternehmen bevorzugt bei Eintritt bestimmter Rahmenbedingungen zunehmen. Insbesondere bei steigenden Kapazitätsauslastungen und positiven Zukunftsaussichten versuchen Unternehmen, durch die Übernahme von Wettbewerbern die eigene Position weiter zu stärken. Dies ist in der Regel bei einer guten Konjunkturentwicklung und bei steigenden Aktienkursen der Fall. Dabei können sich industrieabhängige Sondertrends herausbilden. So haben beispielsweise die Deregulierungen und Privatisierungen im Telekommunikationssektor zu vielfältigen Umstrukturierungsaktivitäten geführt. Insgesamt lässt sich beobachten, dass die gesamten Volumina der M & A-Tätigkeit mit den Konjunktur- und Börsenzyklen stark korreliert sind.

Noch eindeutiger lässt sich der Zusammenhang bei den Emissionstätigkeiten feststellen. Sowohl der Umfang von Börseneinführungen als auch die Anzahl von Kapitalerhöhungen und das Ausmaß der Fremdkapitalaufnahme von Unternehmen sind von der Entwicklung der Börsenbewegung abhängig. Dieser Sachverhalt kann empirisch nachgewiesen und auch theoretisch begründet werden. So ist die Emission von Eigenkapital bei einem allgemein hohen Bewertungsniveau am Kapitalmarkt für die Alteigentümer besonders vorteilhaft. Zusätzlich ist beispielsweise zur Vermeidung unerwünschter Signaleffekte bei Kapitalaufnahmen, die auf den besonderen Informationsstand des Managements zurückzuführen sind, eine Koppelung der Mittelnachfrage an die Gesamtmarktbedingungen, das heißt allgemein hohe Kurse und nicht die tatsächliche und aktuelle Unternehmenssituation, sinnvoll. Auch in diesem Fall nimmt bei steigenden Kursen die Emissionstätigkeit zu.

Zumindest für wichtige Teilbereiche der Investmentbanken muss eine Abhängigkeit von externen wirtschaftlichen Rahmenbedingungen angenommen werden. Die Nachfragedynamik kann für die Investmentbanken stark zyklisch sein, ohne dass eine einzelne Investmentbank oder die gesamte Branche einen nennenswerten Einfluss auf die Nachfrage ausüben könnten.

Demgegenüber stellt sich die *Angebotsstruktur* im Investment Banking als etwas weniger flexibel dar. Die besonders kritischen „Produktionskapazitäten" sind die qualifizierten Mitarbeiter. Deren Aufbau und die Schaffung einer funktionsfähigen bankinternen Hierarchie unterschiedlicher Erfahrungsniveaus können nur über längere Zeiträume durchgeführt werden. In Zeiten stark steigender Nachfrage können die einzelnen Investmentbanken daher nur begrenzt die Angebotskapazitäten erhöhen. Dies gilt angesichts der beschränkten Zahl deutschsprachiger Experten im Investment Banking insbesondere für Deutschland. In Zeiten stark nachlassender Nachfrage werden hingegen oftmals in spektakulärem Ausmaß Mitarbeiter abgebaut. Deutlich zeigte sich diese Entwicklung im Anschluss an die Krise der Jahre 1987/88 sowie im Rahmen der 2001 einsetzenden Krise. Dieses Risiko einer relativ direkten Anpassung der Investment-Banking-Kapazitäten an eine schrumpfende Nachfrage wird indirekt über die vergleichsweise hohen Gehälter im Investment Banking abgegolten; sie stellen auch ein Korrelat für die im Vergleich zu anderen Branchen geringe Arbeitsplatzsicherheit dar.

Für Veränderungen der Angebotsstruktur sind auch die angestrebten Marktpositionierungen von europäischen Universalbanken im Geschäft des Investment Banking relevant. Ebenso kann ein derartiger Einfluss von den wachsenden Gestaltungsmöglichkeiten der US-amerikanischen Commercialbanken ausgehen. Schließlich beginnen auch Versicherungen zunehmend, in die klassischen Investment-Banking-Geschäfte einzubrechen.

Diese Institutionen vermuten im Eintritt in das Investment Banking mit den erwarteten hohen Wachstumsraten an den Kapitalmärkten eine erfolgversprechende Alternative zu der nachlassenden Attraktivität der klassischen Bank- und Filialtätigkeit mit Kredit- und Einlagengeschäft. Da die Verstärkung bzw. der Neuaufbau des Investment Banking vereinzelt als eine Art „strategische Investition" angesehen und kalkuliert wird, kann mit hohem Aufwand eine Übernahme von Marktanteilen versucht werden. Dieser ist über die großen Kapitalreserven dieser Finanzinstitutionen auch tatsächlich finanzierbar. So führen diese Banken in der Regel einen Markteintritt durch den Kauf ganzer Investmentbanken durch. Auf diese Weise lässt sich umgehend ein Grundstock an Geschäftsmöglichkeiten, Kundenbeziehungen und Mitarbeitern schaffen. Der Erwerb eines bekannten Firmennamens soll zum Teil für einen sofortigen Reputationsaufbau sorgen. Zusätzlich werden ganze Abteilungen von anderen Investmentbanken abgeworben, um zu einem Geschäftswachstum zu kommen. Um mit diesen Expansionsbemühungen erfolgreich zu sein, ist besonderer Wert auf die Integration der verschiedenen Kulturen zu legen. Gelingt dies nicht oder erreichen die Investment-Banking-Aktivitäten nicht die kritische Größe und Profitabilität, so sind häufig auch Marktaustrittsstrategien zu beobachten.

Die Etablierungsversuche der neuen Wettbewerber haben in der zweiten Hälfte der 90er Jahre zu einem stark ansteigenden Wettbewerbsdruck im Investment Banking geführt. Da sich jedoch gleichzeitig die Gesamtnachfrage sehr positiv entwickelte, kam es in dieser Branche bisher noch zu keinen größeren wettbewerbsinduzierten Krisen.

Das *Verhältnis* von *Angebot und Nachfrage* bestimmt die relative Wettbewerbsintensität. Da in Zeiten eines stark expandierenden Gesamtmarktes in der Regel nicht simultan und schnell genug die notwendigen Kapazitäten aufgebaut werden können, lässt der Wettbewerbsdruck nach, wodurch die Branchenprofitabilität ansteigt. In derartigen Phasen verstärken sich die Bemühungen der Investmentbanken zur Schaffung einer breiteren Mitarbeiterbasis. Es werden mehr junge Mitarbeiter eingestellt und erfahrene Investmentbanker aus konkurrierenden Firmen abgeworben. Sind zu viele Kapazitäten aufgebaut worden und nimmt das Nachfragevolumen ab, setzt ein intensives Wettbewerbsverhalten ein.

## 3.2 Wettbewerbsimplikationen der Kundenbeziehung

Auch im Investment Banking spielt der relative Einfluss der Kunden eine bedeutende Rolle, wobei zwischen verschiedenen Kundensegmenten zu unterscheiden ist. So verfügt ein großer institutioneller Investor über andere Nachfrageeigenschaften und über einen anderen relativen Gestaltungs- und Machteinfluss als ein einzelner Retailinvestor.

Insgesamt lassen sich bestimmte Entwicklungen bei der Ausgestaltung der Kundennachfrage erkennen. Mit der zunehmenden Professionalität der Kapitalmarktakteure und der verstärkten Standardisierung der möglichen finanziellen Aktivitäten wachsen seitens der Kunden die Ansprüche an die Gestaltung und Durchführung von Transaktionen durch die Investmentbanken. Zusätzlich zum steigenden Reifegrad nimmt mit zunehmender Positionsstärke der Kunden der Druck auf Margen und Kommissionen der Investmentbanken zu. Vor allem die Kundengruppen bonitätsstarker öffentlicher Organisationen, multinationaler Unternehmen, Finanzdienstleister und institutioneller Investoren haben eine erhebliche Nachfragemacht entwickelt, die den Wettbewerb zwischen den Investmentbanken hochgradig intensiviert hat. Bei diesen einflussreichen Kundengruppen handelt es sich um den größten Teil der traditionellen Abnehmer von Investment-Banking-Leistungen.

Die Entwicklungen im Nachfrageverhalten versuchen die Investmentbanken im Hinblick auf die eigene Geschäftstätigkeit zu beeinflussen. So werden niedrigere Margen und Kommissionen durch höhere Volumina und eine Steigerung der Transaktionseffizienz der Investmentbanken ausgeglichen. Zusätzlich ist die Gestaltung der Vertriebsbeziehungen ein wichtiger Einflussfaktor des Wettbewerbs für Investmentbanken. Die Art der Kontaktanbahnung, des Vertragsabschlusses und der Zusammenarbeit beeinflusst die Form und Intensität der Kundenbindung. Diese sind nicht nur für potenzielle Folgeaufträge, sondern auch für die Akquisition neuer Kunden entscheidend. Aufbauend auf den existierenden Ausprägungen der Kundendynamik und der Ansprache der Kunden durch die Investmentbank können so bestimmte Formen der Kundenbindung angestrebt werden.

### 3.2.1 Kundengruppen

In Abhängigkeit von der jeweiligen Kundengruppe unterscheiden sich die Ansatzpunkte für die Investmentbanken. Im Folgenden wird die Ausgangsbasis der verschiedenen Kundengruppen – Industrieunternehmen, Finanzinstitutionen, institutionelle Investoren, öffentliche Organisationen, wohlhabende Einzelpersonen und Kleinkunden – veranschaulicht.

Bei den *Industrieunternehmen* als bedeutendster Kundengruppe haben die zunehmende Größe und die globale Präsenz zu steigenden Volumina in der Kapitalnachfrage durch die einzelnen Unternehmen geführt. Gleichzeitig hat die Vielfalt der Finanzierungsprobleme, so zum Beispiel durch die Globalisierung im Bereich des Fremdwährungshedgings, zugenommen. Das Potenzial an Transaktionen im Bereich der Kapitalaufnahme und -anlage sowie der Umfang der Risikosteuerung sind bei den Industrieunternehmen deutlich gestiegen.

Die Unternehmen haben auf diese Entwicklung mit dem Aufbau zunehmender Kapazitäten im Bereich der Finanzabteilungen reagiert, um selbstständig an den Kapitalmärkten agieren zu können. So gehören die Eigenemission von Commercial Papers oder die Platzierung von Schuldscheindarlehen bereits zum Standardrepertoire von Industrieunternehmen. Die Eigendurchführung von Finanzgeschäften spiegelt sich auch in der Gründung von spezialisierten Finanzabteilungen als so genannte Corporate Banks wider. Beispielhaft können dafür die Strukturen des DaimlerChrysler-Konzerns genannt werden. Für die Investmentbanken bedeutet dies, dass sie sich in diesem Bereich möglicherweise Veränderungen der finanzwirtschaftlichen Grundfunktionen gegenübersehen. Die Industrieunternehmen können im Sinne der Desintermediation nicht nur viele Tätigkeiten grundsätzlich selbst durchführen, sondern sogar die eigenen Finanzabteilungen als potenzielle Konkurrenten der Investmentbanken ausbauen.

Die Investmentbanken sehen sich in diesem Sektor mit der Aufgabe konfrontiert, einen zusätzlichen Kundennutzen schaffen zu müssen. Dies geschieht beispielsweise durch den Ausbau bestehender Spezialisierungsvorteile. Die Investmentbanken kennen jeweils die neuesten Gestaltungsmöglichkeiten von Transaktionen, über die das einzelne Industrieunternehmen in der Regel noch nicht verfügt. Eine Einschaltung der Investmentbank durch das Industrieunternehmen wird damit sinnvoll und notwendig.

Die *Finanzinstitutionen* und die *institutionellen Investoren* sind für die Investmentbanken sowohl Konkurrenten als auch Kontraktpartner bei finanziellen Transaktionen. Konkurrenz zwischen den Commercialbanken, den Versicherungen und den Fondsgesellschaften einerseits und den Investmentbanken andererseits ergibt sich aus den jeweiligen Möglichkeiten zur Übernahme finanzwirtschaftlicher Grundfunktionen. Gleichzeitig sind die anderen Finanzinstitutionen und institutionellen Investoren auch Kunden in allen Geschäftsfeldern. So handeln die Investmentbanken beispielsweise bei Fusionen und Unternehmensübernahmen in diesem Marktsegment für deren jeweilige Kunden.

Von besonderer Reichweite ist der zunehmende Einfluss der institutionellen Investoren. Dieser findet vor allem vor dem Hintergrund der Veränderungen bei den nationalen Vorsorgesystemen statt. Die Struktur der Rentenfinanzierung verändert sich in Richtung einer kapitalgedeckten Altersvorsorge. Die Verwaltung und Investition der zurückgelegten Mittel durch die institutionellen Investoren nimmt zu. Damit haben sich die relative Bedeutung und die Marktposition der institutionellen Investoren erheblich verstärkt. Aus diesem Grund übernehmen Fonds und Versicherungen selbst Funktionen, die von der eigenen systematischen Informationsbeschaffung und -auswertung (Demand oder Buy Side Research) bis zur selbstständigen Durchführung von Transaktionen reichen.

Für die Investmentbanken stellt diese anspruchsvolle Kundengruppe die größte Herausforderung dar. Zum einen ermöglicht sie ihnen die Entwicklung und Verstärkung von ausgesprochen komplexen Dienstleistungen. Insofern können sich die Investmentbanken weiter auf besonders intelligente Wertschöpfungsaktivitäten spezialisieren. Zum anderen sind die Trennlinien häufig nicht mehr so klar zu erkennen. Beispielhaft ist unter anderem der Zusammenschluss von Citicorp und Travelers mit deren Investmentbank Salomon Smith Barney.

Die *öffentlichen Organisationen* haben sich im Bereich der Kapitalaufnahme seit jeher durch besonders hohe Volumina ausgezeichnet. Aufgrund zunehmender Finanzknappheit der öffentlichen Haushalte werden von ihnen auch im finanziellen Bereich verstärkt kostenoptimierende Lösungsansätze forciert. So ist die Privatisierung von Staatsunternehmen seit Mitte der 80er Jahre eine neue Aufgabe der öffentlichen Institutionen. Sie haben vor diesem Hintergrund einen hohen Entwicklungsstand bei der Durchführung finanzieller Transaktionen erreicht. Das Gebiet des Public Finance ist daher zu einem ausgesprochen wichtigen und wachstumsstarken Geschäftsfeld geworden.

Für die Investmentbanken sind die öffentlichen Organisationen ein traditionell wichtiges Standbein der Geschäftstätigkeit. Allerdings stellt sich die Art der öffentlichen Auftragsvergabe als zunehmend unattraktiv für die Investmentbanken dar. Bei den öffentlichen Ausschreibungsverfahren werden die Leistungsanforderungen der Transaktion eindeutig festgelegt und der Bieter mit den günstigsten Konditionen erhält den Zuschlag. Die Investmentbanken werden so in einen Preiswettbewerb geführt, bei dem die Investmentbank mit den niedrigsten Forderungen den Auftrag erhält. Deshalb versuchen sie, für diese Kundengruppe Möglichkeiten der Leistungsdifferenzierung zu finden, die sich in den Ausschreibungsprozessen über höhere Entgelte bezahlt machen.

Im Bereich der privaten Kunden sind die *wohlhabenden Einzelpersonen* in ihrem Nachfrageverhalten am engsten mit den bisher genannten Kundengruppen verwandt. Die High Net Worth Individuals (HNI) zeichnen sich weltweit durch eine überschaubare Anzahl von Personen aus, die über signifikante Anlagebeträge verfügen. Für die Investmentbanken bedeutet dies, dass ein umfangreicher und aufwendiger Betreuungsaufwand in Kauf genommen werden muss. Da dieses Kundensegment aufgrund der Volumina investierbarer Mittel im Verhältnis zu den entstehenden Betreuungskosten dennoch eine insgesamt hochgradig profitable Kundengruppe darstellt und da zum Teil Kundenidentität mit anderen Geschäftsfeldern wie zum Beispiel Corporate Finance vorliegt, versuchen zunehmend Investmentbanken, aber auch Commercialbanken, in diesem Bereich einen möglichst großen Marktanteil zu erreichen. Aufgrund der begrenzten Anzahl der dafür geeigneten Kunden wird diese Strategie jedoch nur für eine begrenzte Anzahl von Wettbewerbern erfolgreich sein können.

Der Sektor der *Kleinkunden* hat aufgrund der aggregierten Mittel eine ausgesprochen große Nachfragebedeutung. Diese wurden bisher weitgehend von den Commercialbanken und den Brokerhäusern abgeschöpft. Die Art der Kundenbindung bei einem großen Kreis von Kleinanlegern ist anders charakterisiert als bei einer kleinen Anzahl von Kunden mit hohen Transaktionsvolumina, wie dies der Fall bei sämtlichen bisher genannten Kundengruppen der Investmentbanken ist. Im Retailmarkt sind Komponenten wie Bekanntheitsgrad und Image von besonderer Bedeutung. Daher werden Parameter wie Marketing und Werbung wichtig. Gleichzeitig müssen standardisierte und effiziente Abwicklungsprozesse entwickelt werden, um die hohe Anzahl von kleinen Transaktionsvolumina bewältigen zu können.

Die Investmentbanken haben zur Erschließung dieses Geschäftsfeldes vielfach eine gezielte Vorwärtsintegration durchgeführt, um so einen zusätzlichen Kundenkreis zu erschließen und die Platzierung von Wertpapieren sicherzustellen. Zu diesem Zweck wurden von Wholesale-Investmentbanken vereinzelt Brokerhäuser aufgekauft.

## 3.2.2 Kundenansprache

Die Form der Zusammenarbeit der Investmentbanken mit ihren Kunden hängt von der jeweiligen Art der Geschäftstätigkeit ab. Für Industrieunternehmen, Finanzdienstleister, öffentliche Organisationen und institutionelle Investoren findet eine gezielte Ansprache der speziellen Entscheidungsträger statt. Während bei den wohlhabenden Einzelpersonen eine persönliche und individuelle Betreuung notwendig ist, muss bei den Kleinkunden aus Effizienzgründen eine Standardisierung des Kundenkontaktes durchgeführt werden.

Im Folgenden wird für den Bereich der juristischen Personen exemplarisch die Funktionsweise der Kundenansprache am Beispiel der Industrieunternehmen aufgezeigt. Sie ist ähnlich für Finanzdienstleister, öffentliche Organisationen und institutionelle Investoren.

Der Einsatz von Finanzinstrumenten, die Lösung von finanzwirtschaftlichen Problemstellungen und damit die Tätigkeit in einzelnen Geschäftsfeldern sind in der Regel an bestimmte Positionen in einem Industrieunternehmen angebunden. Abbildung 8 veranschaulicht die Zuordnung der Verantwortung finanzwirtschaftlicher Entscheidungen in einem idealisierten Unternehmen. Dabei zeigt sich, dass die Investmentbanken aufgrund der Art der Geschäftstätigkeit in erster Linie an den obersten Entscheidungsinstanzen eines Kunden ansetzen.

Die oberste Führungsebene eines Unternehmens ist für die am Kapitalmarkt widergespiegelte Gesamtperformance verantwortlich. Von der Unternehmensspitze und den Eigentümervertretern werden daher langfristige strategische Überlegungen, zu denen Unternehmensübernahmen und Fusionen zählen, diskutiert und entschieden.

Entsprechend setzen auf diesem Niveau die Aktivitäten der Investmentbanker ein. Es werden weitreichende Alternativen zur Unternehmenspositionierung, -entwicklung und -profitabilität zwischen der Unternehmensspitze in Form des CEO (Chief Executive Officer) und des CFO (Chief Financial Officer) sowie den Investmentbanken erörtert. Ebenso können kurzfristige, jedoch sehr entscheidende Projekte, beispielsweise im Rahmen der Abwehr feindlicher Übernahmen, gemeinsam durchgeführt werden. An dieser Stelle wird die Bedeutung der Integrität der Investmentbank, widergespiegelt durch deren Reputation am Markt, deutlich. Zusätzlich spielt die umfassende Kompetenz der Investmentbank, die Gesamtsituation von Unternehmen analysieren und weiterentwickeln zu können, eine erhebliche Rolle. Insofern geht die Aufgabenwahrnehmung der Investmentbank deutlich über rein finanzwirtschaftliche Aspekte hinaus. Im Rahmen dieser Tätigkeit der Investmentbanken ergeben sich daher unter Umständen Formen der Zusammenarbeit mit strategischen Unternehmensberatern im Rahmen einer Arbeitsteilung oder aber auch Konkurrenzbeziehungen.

Die spezialisierten Fachabteilungen eines Industrieunternehmens sind hingegen eher für die Realisierung kostengünstiger Finanzierungsformen, die Kontrolle der Liquidität, die Messung und Steuerung finanzwirtschaftlicher Risiken und den kurzfristigen Einsatz

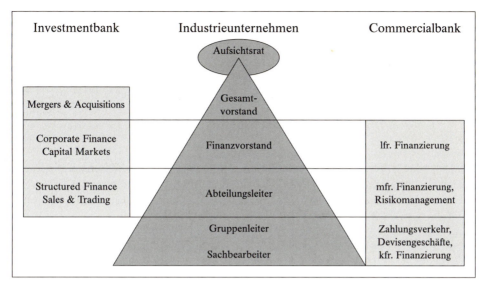

Abbildung 8: Einordnung der Finanzprodukte beim Unternehmen

von Hedginginstrumenten und damit für Aspekte des täglichen Geschäfts zuständig. Entsprechend setzt beispielsweise die Beratung im Bereich Structured Finance oder Sales & Trading beim Finanzvorstand respektive Abteilungsleiter an.

### 3.2.3 Kundenbindung

Die Art der Auftragsvergabe und somit die Ausprägung der Kundenbeziehung zwischen Investmentbanken und ihren Abnehmern kann unterschiedlich ausgestaltet sein. Die drei grundlegenden Beziehungsmöglichkeiten Relationship Banking, Core Group Banking und Transactional Banking unterscheiden sich danach, inwieweit die Kunden zu einer Inanspruchnahme verschiedener bzw. wechselnder Investmentbanken bereit sind. Verfügt der Kunde beim Relationship Banking nur über einen einzigen Bankkontakt, so sind dies beim Core Group Banking bereits mehrere und beim Transactional Banking eine offene Anzahl. Im Laufe der letzten 10 bis 20 Jahre hat eine beobachtbare Abnahme des Relationship Banking stattgefunden, deren Gründe und Wirkungen insbesondere von *Eccles/Crane* (1988) untersucht wurden.

*Relationship Banking*

Das klassische Relationship Banking wird auch als „Dominant Bank Model" oder „Hausbank-Modell" bezeichnet. Dabei hat der Kunde sehr enge Beziehungen zu einer favorisierten Investmentbank. Mit dieser Bank werden die wichtigsten Transaktionen durchgeführt. Verschiedene Vorteile sind mit diesem Ansatz realisierbar. So ist der Kunde eher bereit, vertrauliche Informationen an die Investmentbank weiterzugeben, wenn es sich um eine langjährige und wiederkehrende Vertragsbeziehung handelt. Es entsteht eine gegenseitige Abhängigkeit, welche die Wahrscheinlichkeit eines unloyalen Verhaltens verringert. Eine besonders strikte Einhaltung der Vertraulichkeit ist gegeben. Das langjährige Kennen der Kunden ermöglicht der Investmentbank, ihnen individuell zugeschnittene Problemlösungen und Verbesserungsvorschläge anzubieten. Dieser besondere Wertbeitrag durch einen gut informierten Investmentbanker würde bei einem Wechsel des Anbieters zu erheblichen Umstellungskosten führen.

Die Investmentbank kann bei dieser Art von Kundenbeziehung eine Quersubventionierung der einzelnen Tätigkeiten für diesen Abnehmer durchführen. Einzelne Projekte, insbesondere zur Anbahnung größerer Aufträge, müssen nicht kostendeckend in Rechnung gestellt werden. Wenn die Vergabe profitabler Anschlussaufgaben an die eigene Adresse sehr wahrscheinlich ist, können beispielsweise einzelne Beratungsleistungen als Investition in den Kunden betrachtet werden. Diese Überlegung findet sich auch heute noch ungebrochen bei der Bereitstellung der Research-Berichte der Investmentbank an den Kunden wieder. Die standardisiert aufbereiteten Informationen sollen ihn auf den aktuellen Wissensstand bringen und die eigene Kompetenz in diesem Bereich signalisieren, um so Aufträge generieren zu können.

Die Entstehung des Relationship Banking wird vor dem Hintergrund der historischen Entwicklung verständlich. In der Phase festgelegter Kommissionen war die Preiskomponente nicht verhandelbar, und somit existierte kein Wettbewerbselement zwischen den Investmentbanken. Das Niveau der inhaltlichen Ausgestaltung von Transaktionen durch die beauftragte Investmentbank kann ex ante vom Kunden nur schwer beurteilt werden. Deshalb ist er bei der Auswahl seines Vertragspartners auf die allgemeine Reputation der Bank oder auf die persönliche Einschätzung der individuellen Investmentbanker angewiesen. Insbesondere Letzteres war von praktischer Bedeutung. Der persönliche Kontakt zwischen Bankern und Unternehmensvertretern war lange Zeit der entscheidende Grund für exklusive Geschäftsbeziehungen.

Der Kunde hat bei dieser Form der Zusammenarbeit in der Regel noch losen Kontakt zu anderen Investmentbanken, die regelmäßig eigene Projektvorschläge einreichen in der Hoffnung, selbst in die etablierte Kundenbeziehung eintreten zu können. Bei der Durchführung besonders großer oder wichtiger Transaktionen werden auch Konsortien oder Syndikate gebildet, an denen diese Banken teilnehmen können.

## *Core Group Banking*

Beim Core Group Banking bzw. Kerngruppenmodell handelt es sich um eine Mischung aus dem Relationship Banking und dem Transactional Banking. Es herrscht eine verstärkte Transaktionsorientierung vor. Die Kunden haben gute Kontakte zu einer geringen und überschaubaren Anzahl von Investmentbanken. Mit dieser werden Projekte durchgesprochen und individuell vergeben. Dieses Vorgehen hat den Vorteil, dass ein Wettbewerb zwischen den Anbietern geschaffen wird. Dies gilt sowohl im Hinblick auf die Qualität der Bankleistung als auch auf das Niveau der geforderten Entlohnung. Gleichzeitig wird die gegenseitige Zusammenarbeit nicht zu stark anonymisiert.

Die Anzahl der aktiven Kernbanken hängt vom Beratungs- und Transaktionsbedarf der Kunden ab, welcher die Anzahl und das Volumen der durchschnittlich jährlich zu vergebenden Aufträge umfasst. Aber auch die beschränkten Zeitressourcen der Kunden können ein Faktor zur Limitierung der berücksichtigten Investmentbanken sein. In der Regel handelt es sich um maximal vier bis sechs Investmentbanken.

Dieses Modell einer Kerngruppe besonders favorisierter Anbieter ist ein wichtiger Grund für die gegenwärtig zu beobachtende Konsolidierung im Investment Banking. Werden nur die größten und bekanntesten Investmentbanken, die auch in der Lage sind, alle Transaktionsformen durchzuführen, in den Vergabeprozess einbezogen, so stellt dies ein entscheidendes Problem für die geringfügig kleineren Wettbewerber dar. Durch Fusionen könnten sie unter Umständen in die Gruppe der besser wahrgenommenen Investmentbanken aufsteigen.

## *Transactional Banking*

Die dritte Beziehungsform zwischen Investmentbank und Kunde ist das so genannte Transactional Banking, das auch als Price Banking bezeichnet wird. Dabei ist der Preis, das heißt die verlangte Kommission oder der prozentual berechnete Wertanteil, das entscheidende bzw. dominierende Vergabekriterium aus Sicht des Kunden.

Ein solches Vorgehen ist nur möglich, wenn die Transaktion bestimmte Merkmale aufweist. Die Entscheidung des Kunden für diese Art der Bankbeziehung muss durch die Eigenschaften des spezifischen Finanzgeschäftes überhaupt erst ermöglicht werden. Zusätzliche und innovative Beratungsleistungen der Investmentbanken können dann nur begrenzt stattfinden. Der Kunde kann eine Form der Ausschreibung durchführen, bei der die Investmentbanken einzeln für den Auftrag bieten. Anwendung findet dieses Vorgehen beispielsweise im Bereich der Fremdkapitalemissionen, die das genannte Standardisierbarkeitskriterium erfüllen. Die Folge sind für die Investmentbanken stark reduzierte Margen. Für neue Wettbewerber im Investment Banking sind diese Art von kalkulierten Geschäften hingegen eine Möglichkeit zur Gewinnung von Marktanteilen.

Bei Transaktionen mit schwer standardisierbaren Eigenschaften werden ähnliche Vorgehensweisen gewählt. Die durchzuführende Aufgabe, zum Beispiel ein Börsengang, wird angekündigt und die Investmentbanken werden aufgefordert, umfassende Konzepte auszuarbeiten. Die Erstellung eines derartigen Projektvorhabens wird auch als Pitch bezeichnet. Beim so genannten Beauty Contest wird dann die Entscheidung für eine Investmentbank getroffen. Dabei müssen sich die bietenden Investmentbanken vorstellen und ihre erstellten Vorschläge zur Erfüllung der Aufgabe vortragen. Nachdem alle bietenden Investmentbanken angehört und befragt wurden, entscheidet sich der Klient für den aus seiner Sicht qualifiziertesten Wettbewerber.

# 4. Marktergebnis

## 4.1 Stellung einzelner Investmentbanken

Bei der Analyse des Marktergebnisses ist zunächst der unmittelbare Vergleich der relativen Positionen der einzelnen Investmentbanken relevant. Das Volumen der abgeschlossenen Geschäfte, die Anzahl der durchgeführten Transaktionen und der jeweilige Marktanteil in einem Geschäftsfeld sind dabei wichtige Größen für die Einschätzung der Marktstellung. Anhand dieser Kriterien werden auch Rankings in Form von so genannten League Tables aufgestellt.

League Tables werden insbesondere für das Marketing im Rahmen von Beauty Contests eingesetzt, um den Kunden die Dominanz in einem bestimmten Geschäftsfeld zu demonstrieren und neue Transaktionen zu generieren. Insbesondere das Standing im M & A-Bereich gilt als besonders einflussreich, sodass eine gute Positionierung entsprechend positive Auswirkungen auf zukünftige Geschäfte hat (vgl. Beitrag Mergers and Acquisitions, Abschnitt 2.3). In einigen Fällen ist auch die Bezahlung der Mitarbeiter von dem erreichten Ranking abhängig.

Die Darstellung des Ranking kann dabei in unterschiedlicher Weise erfolgen. So können League Tables nach Geschäftsfeldern (M & A, Underwriting, Fixed Income), nach Produkten (Equity, High Yield, Asset Backed Securities), nach Regionen (Europa, USA, Deutschland), nach Nationalität der Unternehmenskäufer bzw. -verkäufer (European Targets, US Acquirers) und nach unterschiedlichen Zeiträumen kategorisiert werden. Übersicht 4 zeigt ein globales Ranking für den Bereich Equity Underwriting.

Übersicht 4: League Table für weltweite Aktienemissionen für die Jahre 1997 bis 1999

|  | Volumen (Mio. US$/1999) | Marktanteil (%/1999) | Anzahl der Deals 1999 | Rang 1999 | Rang 1998 | Rang 1997 |
|---|---|---|---|---|---|---|
| Morgan Stanley Dean Witter | 62 242 | 12,9 | 232 | 1 | 3 | 3 |
| Goldman Sachs | 60 063 | 12,5 | 252 | 2 | 2 | 1 |
| Merrill Lynch | 47 587 | 9,9 | 269 | 3 | 1 | 2 |
| Credit Suisse First Boston | 26 583 | 5,5 | 218 | 4 | 7 | 7 |
| Salomon Smith Barney | 25 061 | 5,2 | 129 | 5 | 5 | 4 |
| Deutsche Bank | 21 057 | 4,4 | 162 | 6 | 5 | – |
| Warburg Dillon Read | 17 561 | 3,7 | 155 | 7 | 4 | 4 |
| Nomura Securities | 16 925 | 3,5 | 121 | 8 | – | – |
| Nikko Securities | 16 402 | 3,4 | 55 | 9 | 6 | – |
| Mediobanca | 15 386 | 3,2 | 8 | 10 | – | 10 |

Quelle: Morgan Stanley Dean Witter (2000)

Da die Rankings einen Überblick über die führenden Investmentbanken für die jeweiligen Kategorien geben, wird die Transparenz in der Branche erhöht. Insbesondere Verschiebungen von relativen Positionen werden als Indiz für Veränderungen der jeweiligen Wettbewerbspositionen angesehen. Die nachhaltige Verbesserung kennzeichnet ein im Vergleich zur Konkurrenz überdurchschnittlich wachsendes Geschäftsvolumen. Zudem wird im Rahmen der Rankings vom Gesamtumfang der abgeschlossenen Geschäfte indirekt auf Faktoren wie Profitabilität und Reputation geschlossen.

Die Kriterien für die Platzierung sind unterschiedlich: Eine Rangliste kann nach Anzahl oder nach Volumen der Transaktionen aufgestellt werden. Hier kommt es zum Teil zu stark unterschiedlichen Ergebnissen: So ist auf der Rangliste der Aktienemissionen in Deutschland im ersten Quartal 2000 die DG Bank mit 14 Transaktionen auf dem ersten Platz, wird aber in der Aufstellung nach Volumen von Goldman Sachs mit nur 3 Transaktionen überrundet.[9] Für M & A-Transaktionen wird der Transaktionswert unabhängig von der Anzahl der beteiligten Banken bei jeder Bank in voller Höhe aufgeführt. Dagegen wird bei Aktienemissionen der Transaktionswert durch die Anzahl der beteiligten Banken geteilt.

Übersicht 5 zeigt ein Ranking der Zeitschrift Euromoney, welche den Bereich Global Trading genauer in Produkte unterteilt und einen Bewertungsscore bildet.

Übersicht 5: Ranking anhand eines Bewertungsscores für Global Trading 1999

|  | Eurobonds (37,5) | Staatsanleihen (37,5) | Euro Commercial Papers (25) | Derivative (112.5) | Aktien (37,5) | Medium Term Notes (25) | Total Score (350) | Rang |
|---|---|---|---|---|---|---|---|---|
| Deutsche Bank | 37,5 | 36,79 | 25 | 36,31 | 16 | 19,87 | 240,47 | 1 |
| Warburg Dillon Read | 23,54 | 10,86 | 10,57 | 11,04 | 65,3 | 11,62 | 195,31 | 2 |
| Merrill Lynch | 16,27 | 33,61 | 0,87 | 9,82 | 72,3 | 15,48 | 179,99 | 3 |
| Citigroup | 12,06 | 20,41 | 18,36 | 19,15 | 3,4 | 13,03 | 161,49 | 4 |
| J. P. Morgan | 10,36 | 16,79 | 8,87 | 43,12 | 5,3 | 14,48 | 137,63 | 5 |
| Goldman Sachs | 6,25 | 22,34 | 11,46 | 16,1 | 6,1 | 15,87 | 125,2 | 6 |
| Chase Manhattan | 2,32 | 2,28 | 0,28 | 44,72 | 0,0 | 3,61 | 121,8 | 7 |
| Morgan Stanley Dean Witter | 18,18 | 18,33 | 0,13 | 6,17 | 36,9 | 14,22 | 116,17 | 8 |
| ABN Amro | 23,95 | 29,97 | 1,99 | 9,69 | 8,5 | 9,31 | 116,13 | 9 |
| HSBC Group | 4,08 | 6,74 | 0,26 | 7,36 | 7,5 | 6,99 | 69,17 | 10 |

Quelle: Euromoney Magazine (2000)

Allerdings wird die Aussagekraft der League Tables dadurch gemindert, dass eine umfangreiche Transaktion kurzfristig die Relationen innerhalb des Rankings nach Volumina verändern kann, aber in der nächsten Periode nicht wiederholbar ist. Bei Fusio-

---

[9] Vgl. o.V. (2000), S. 3.

nen oder Übernahmen von Investmentbanken addiert sich zunächst das jeweilige Geschäftsvolumen der beteiligten Häuser, was jedoch keiner unmittelbaren Verbesserung der Wettbewerbsposition entsprechen muss. Weiterhin kann ein Ranking auch stark von personalpolitischen Veränderungen abhängen: Wurden zum Beispiel Spezialisten angeworben, so ist es möglich, dass sich das Ranking dadurch verbessert. Einschränkungen ergeben sich auch insofern, als dass die Rankings zwar regelmäßig von unabhängigen und neutralen Marktbeobachtern, wie zum Beispiel Thomson Financial Services, erstellt werden, diese aber nur öffentlich bekannt gegebene Geschäfte berücksichtigen können.

Langfristig kann jedoch angenommen werden, dass sich besonders erfolgreiche Investmentbanken durch eine überproportionale Geschäftstätigkeit auszeichnen. So stand zum Beispiel Goldman Sachs seit 1991 immer auf den ersten drei Plätzen für weltweite Aktienemissionen sowie M & A-Transaktionen. An den League Tables kann zum Teil auch die unterschiedliche Spezialisierung der Banken erkannt werden. So ist beispielsweise Donaldson Lufkin Jenrette, nun Teil von CSFB, in den letzten fünf Jahren erstplaziert im Rahmen weltweiter High-Yield-Anleiheemissionen.[10]

## 4.2 Rentabilität von Investmentbanken

Zu den Determinanten der Rentabilität zählen allgemein die Erlöse, die Aufwendungen und das eingesetzte Kapital bzw. die Zusammensetzung der Kapitalstruktur. Das Ergebnis einer Investmentbank hängt einerseits stark von den vorherrschenden Markt- bzw. Rahmenbedingungen ab. Für die Einschätzung der Qualität und der Nachhaltigkeit der erreichten Marktposition sind andererseits die Diversifikation der Erlösstruktur nach Produkten und Regionen, die Volatilität der Erlöse und die Kosteneffizienz von entscheidender Bedeutung.

### 4.2.1 Einfluss der Rahmenbedingungen

Die in Abschnitt 1 erwähnten Rahmenbedingungen bzw. der Strukturwandel im Bankensektor haben Einfluss auf die Rentabilität von Investmentbanken. So wirken bspw. die Formen der Desintermediation und die Finanzinnovationen positiv auf die Entwicklung des gesamten Nachfragevolumens, das heißt auf die Erlöse der Investmentbanken. Der intensive, globale Wettbewerb reduziert hingegen die Höhe der Margen und Provisionen. Die zunehmende Bedeutung der Informationstechnologie hat die Kosten in diesem Bereich stark erhöht. Der Umfang von Off-Balance-Sheet-Positionen, etwa durch Derivate sowie das Nicht-Zinseinkommen, sind in den letzten Jahren stark angestiegen. Wie eine aktuelle Studie der Europäischen Zentralbank über die letzen zehn Jahre belegt, hat die Ausdehnung des Nicht-Zinseinkommens einen positiven Einfluss auf die

---

[10] Vgl. Morgan Stanley Dean Witter (2000), S. 33.

Profitabilität im gesamten Bankensektor[11]: in einem EU weiten Durchschnitt ist die Eigenkapitalrentabilität in den Jahren 1995 bis 1998 von 11 Prozent auf 17 Prozent gestiegen. Gleichsam dürfen andere Faktoren wie zum Beispiel eine sehr günstige Kapitalmarktentwicklung, ein effizienter Kapitaleinsatz seitens der Banken sowie ein verbessertes Kostenmanagement nicht vernachlässigt werden.

### 4.2.2  Bedeutung des Geschäftsportfolios

Die Ergebnisse im Investment Banking sind generell starken Schwankungen unterworfen. So können sich Geschäftsjahre mit hoher Profitabilität mit Phasen spektakulärer Verluste abwechseln. Bei signifikanten Markteinbrüchen führt dies oft zu einer Bereinigung im Sektor der Investmentbanken. So sind nach dem Börsencrash von 1987 mehr als 20 Prozent der Wertpapierfirmen aus dem Markt gegangen oder haben mit anderen Häusern fusioniert.

Für die differenzierte Betrachtung der Rentabilität von Investmentbanken ist zu beachten, dass sich die Tätigkeit von Investmentbanken aus mehreren Geschäftsfeldern zusammensetzt, die gesonderten Entwicklungen unterliegen. Insbesondere die Stärke der jeweiligen Bank in den Bereichen M & A und Equity Underwriting, welche als die „Sweet Spots" des Investment Banking gelten, hat massiven Einfluss auf das ausgewiesene Ergebnis.

Die Zusammensetzung der Erlöse unterscheidet sich demnach zwischen den einzelnen Investmentbanken entsprechend ihrer Geschäftsportfolios und regionalen Präsenz, welche im Zeitablauf – auch bedingt durch Fusionen – einer gewissen Änderungsdynamik unterliegen. Die jeweiligen Trends in Bezug auf individuelle Geschäftsfelder werden im Teil „Geschäftsfelder der Investmentbanken" behandelt. Die Erlösanteile nach einzelnen Geschäftsfeldern werden beispielhaft in Abbildung 9 aufgezeigt. Abgesehen von den spezialisierten Anbietern hat sich für große Investmentbanken eine starke Diversifizierung der Geschäftstätigkeiten durchgesetzt. Ziel hierbei ist insbesondere, die Abhängigkeit von einer Ergebnisquelle sowie die starken Schwankungen der Geschäftstätigkeit (Volatilität) zu vermindern.

Unter die Kategorie „Andere" fallen Aktivitäten im Bereich Corporate Finance, wie etwa Umstrukturierungen; der Bereich Advisory beinhaltet die M & A-Aktivitäten. Sichtbare strukturelle Unterschiede sind zu erkennen: So weist zum Beispiel Goldman Sachs eine relativ ausgeglichene Erlösstruktur auf, während für Merrill Lynch eine klare Abhängigkeit vom Handelsgeschäft erkennbar ist. Abbildung 10 zeigt die unterschiedliche geografische Struktur der Erlöse, welche insbesondere bei regionalen Unterschieden in Konjunktur- und Kapitalmarktentwicklung bedeutsam ist.

Die Investmentbanken werden daher versuchen, eine gezielte Steuerung des Geschäftsportfolios unter Risiko-Rendite-Gesichtspunkten zu erreichen. Dazu muss die Wir-

---

[11] Vgl. European Central Bank (2000), S. 18.

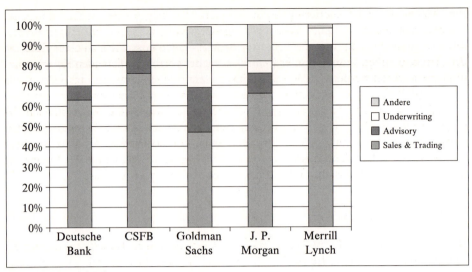

Quelle: J. P. Morgan (2000)

Abbildung 9: Erlösanteile ausgewählter Investmentbanken für das Jahr 1999

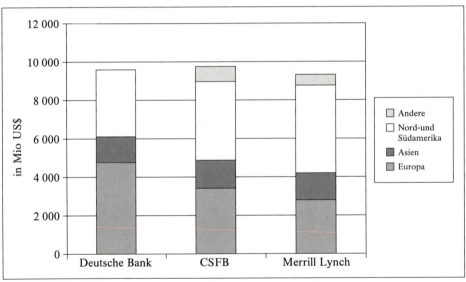

Quelle: J. P. Morgan (2000)

Abbildung 10: Erlösanteile nach Regionen für das Jahr 1999

kung der einzelnen Geschäftsfelder auf die aggregierten Ergebnisse des Gesamtportfolios analysiert werden. Beispielsweise hat die starke Abhängigkeit der Investmentbanken vom Emissionsgeschäft, das dem engsten Definitionsansatz des Investment Banking entspricht (vgl. Beitrag Grundlagen, Abschnitt 1.3), etwas abgenommen.

Eine Maßnahme zur Generierung besonders stabiler Erträge ist der Ausbau des Asset Management und die Integration des Brokerage-Geschäftes in die Strukturen von Wholesale-Investmentbanken. Inwiefern eine solche Maßnahme tatsächlich zu einer Glättung der Erträge beiträgt, kann nur unter Einbeziehung der korrespondierenden Kostenstrukturen beantwortet werden. Die Vorteilhaftigkeit einer solchen Strategie kann jedoch, wie Brinker (1998) bemerkt, nicht pauschal belegt werden, da die Kostenremanenzen eines Vertriebsnetzes unter Umständen schwerer wiegen können als die relativ stabilen Erträge aus diesem Geschäft. Ebenso können steigende Personal- und Verwaltungskosten aufgrund einer Ausdehnung der Aktivitäten einen konterkarierenden Effekt ausüben. Große Häuser haben diesbezüglich einen Wettbewerbsvorteil, da sie bei der Ergänzung ihres Geschäftsportfolios eher mit Economies of Scale rechnen können.

### 4.2.3 Kostenstrukturen

Das Personal und die Informationstechnologie determinieren als Hauptkostentreiber die Kostenstruktur und damit letztendlich die Profitabilität der Investmentbanken. Es handelt sich bei beiden Faktoren um kurzfristig nicht veränderbare Kosten. Zwar kann der Personalbestand mittelfristig angepasst werden, dies ist im Bereich der Datenverarbeitung jedoch nur begrenzt möglich, da eine laufende Innovationsnotwendigkeit gegeben ist. Dieser Fixkostenbelastung stehen zum Teil sehr volatile Erlöse, insbesondere im Emissionsgeschäft und in den Proprietary-Trading-Aktivitäten, gegenüber, woraus sich erhebliche Schwankungen in der Rentabilität ergeben können.

Generell stellen die Ausgaben für Informationstechnologie bereits ca. 15 Prozent der Nicht-Zins-Aufwendungen (Non-Interest-Expenses) dar.[12] Obwohl die Kosten einzelner Anwendungen kontinuierlich sinken, haben sich durch Anzahl und Umfang der technischen Optionen die Gesamtkosten im Bereich der elektronischen Datenverarbeitung für die Banken drastisch erhöht. Die hohen Fixkosten für die notwendige Technik sind ein maßgeblicher Grund für die Fusion von Finanzinstitutionen.

Die Ergebniszusammensetzung und die wichtigsten Kenngrößen von ausgewählten Investmentbanken macht Übersicht 6 deutlich. Dabei sind die hohen Kosten-Ertrags-Verhältnisse von durchschnittlich 71 Prozent sowie der hohe durchschnittliche Anteil der Personalkosten an den Gesamtausgaben von 68 Prozent ersichtlich. Die Eigenkapitalrendite liegt deutlich über dem Durchschnitt des gesamten EU-Bankensektors. (vgl. Abschnitt 4.2.1)

Auch die Steigerungsraten der Ausgaben für die beiden Hauptkostenträger im Laufe der letzten Jahre sind beachtenswert, obgleich stark unterschiedlich für die einzelnen Häuser. Hierin wird deutlich, dass die Kostenentwicklung und die Kostenkontrolle wichtige, ergebnisbeeinflussende Aspekte sind. An der hohen Mitarbeiteranzahl von Merrill Lynch kann man auch die starke Präsenz als Broker im Kleinkundensegment ablesen.

---

[12] Vgl. Hitt/Frei/Harker (1998), S. 2.

Übersicht 6: Einnahmen-Ausgaben-Struktur für europäische und US-amerikanische Investmentbanken 1999

| (in Mio US-$) | CSFB | Goldman Sachs | J. P. Morgan | MSDW | Merrill Lynch | Deutsche Bank | UBS | ABN Amro |
|---|---|---|---|---|---|---|---|---|
| Einnahmen | 9753 | 10132 | 7501 | 16375 | 9328 | 9053 | 8530 | 2214 |
| Ausgaben | 7485 | 6232 | 4621 | 10511 | 6760 | 6502 | 6775 | 1732 |
| davon Personalausgaben | 5368 | 4665 | 3235 | 7225 | 4732 | 4066 | 4605 | 1074 |
| Gewinn vor Steuern | 1741 | 3900 | 2880 | 5864 | 2568 | 2548 | 1533 | 474 |
| Anzahl der Mitarbeiter | 14655 | 14000 | 14000 | 22300 | 11138 | 12597 | 13244 | 7395 |
| Einnahmen pro Mitarbeiter | 666 | 724 | 536 | 734 | 837 | 719 | 644 | 299 |
| Cost-income-ratio | 77% | 62% | 62% | 64% | 73% | 72% | 79% | 78% |
| Eigenkapitalrendite vor Steuern | 26% | 40% | 31% | 40% | 26% | 26% | 23% | 48% |

Quelle: J. P. Morgan (2000). Die Angaben beziehen sich auf den Investment-Banking-Bereich exclusive den Bereichen Asset Management und Retail Brokerage.

Übersicht 7: Ausgabenwachstum ausgewählter Investmentbanken für die Jahre 1996 bis 1999 (Nicht-Zins-Ausgaben in Mio. US-$)

| | 1996 | 1997 | 1998 | 1999 | Steigerungsraten |
|---|---|---|---|---|---|
| CSFB | | | | | |
| Gesamtausgaben | 3675 | 4762 | 5341 | 7190 | 95,6% |
| – Personal | 2676 | 3497 | 3728 | 5368 | 101% |
| – Informationstechnologie | – | – | – | – | – |
| MSDW | | | | | |
| Gesamtausgaben | 8906 | 10559 | 11744 | 14281 | 60% |
| – Personal | 5071 | 6019 | 6636 | 8398 | 66% |
| – Informationstechnologie | – | 1080 | 1140 | 1325 | 23% |
| Merrill Lynch | | | | | |
| Gesamtausgaben | 10993 | 13145 | 15451 | 17791 | 62% |
| – Personal | 7012 | 8333 | 9199 | 11153 | 60% |
| – Informationstechnologie | 1010 | 1255 | 1749 | 2038 | 102% |

Quelle: Geschäftsberichte der Unternehmen

Die Rentabilität US-amerikanischer Investmentbanken ist aufgrund der verschiedenen Typen von Investmentbanken unterschiedlich. Matthews (1994) hat deren Entwicklung über einen längeren Zeitraum untersucht (vgl. Übersicht 8). Im Unterschied zu der Kategorisierung in Abschnitt 2.1 unterscheidet er die Investmentbanken hauptsächlich nach ihrer nationalen bzw. regionalen Reichweite. Deutlich erkennbar sind die Wirkung des Börsencrashs von 1987 auf die Rentabilität der Investmentbanken, die wieder ansteigende Rentabilität zu Beginn der 90er Jahre und die recht unterschiedlichen Ergebnisse der verschiedenen Banktypen.

Übersicht 8: Eigenkapitalrendite vor Steuern

|  | 1981 % | 1983 % | 1985 % | 1987 % | 1989 % | 1991 % | Ø % |
|---|---|---|---|---|---|---|---|
| Wertpapierhäuser | 24,6 | 28,1 | 17,9 | (2,1) | (0,3) | 19,9 | 11,5 |
| Große Investmentbank | 56,7 | 43,8 | 38,5 | 9,2 | 9,2 | 25,2 | 29,7 |
| Regionale Investmentbank | 37,2 | 40,5 | 29,0 | 14,0 | 10,4 | 34,9 | 22,5 |
| In New York ansässige Investmentbanken | 42,1 | 50,7 | 31,2 | 5,2 | 11,4 | 16,3 | 25,1 |
| Alle NYSE-Unternehmen | 35,9 | 36,6 | 29,4 | 4,7 | 6,9 | 23,7 | 20,8 |

Quelle: Matthews (1994)

Einschränkend ist bei der Beurteilung der Ergebnisse von Investmentbanken jedoch zu bedenken, dass die erreichte Rentabilität noch kein ausreichendes Kriterium einer erfolgreichen Geschäftstätigkeit ist. Zusätzlich muss das eingegangene Geschäfts- und Finanzierungsrisiko berücksichtigt werden. Hierfür wird unter anderem die Kennzahl Value at Risk (VAR) eingesetzt, welche angibt, wie viel Kapital bezogen auf einen bestimmten Zeitraum und ein bestimmtes Konfidenzintervall möglicherweise verloren gehen könnte. Nur bei einer risikoadäquaten Eigenkapitalverzinsung werden die Investmentbanken an den Kapitalmärkten die für ihre Aktivitäten notwendigen Finanzierungsmittel erhalten. Vor dem Hintergrund des hohen Risikopotenzials der einzelnen Geschäfte relativieren sich dann auch die zum Teil beeindruckend hohen Gewinne im Investment Banking.

# Literaturhinweise

ANTL, B.: E-finance – Treasure Chest for Capital Markets, in: Euromoney, Mai 2000, S. 86–96.
BANK FÜR INTERNATIONALEN ZAHLUNGSAUSGLEICH: Entwicklung des internationalen Bankgeschäfts und der internationalen Finanzmärkte, Basel 2000.
BESSER, A.: Funktion und Dynamik von Finanzinnovationen. Internationale Finanzmärkte im Wandel, Wiesbaden 1996.
BRINKER, B.: Strategische Herausforderungen im Investment Banking: Integration von Wholesale und Retail Banking, Diss. EUROPEAN BUSINESS SCHOOL, Wiesbaden 1998.
CARTER, R. B./DARK, F. H.: An Empirical Examination of Investment Banking Reputation Measures, in: Financial Review, Nr. 3, Vol. 27 (1992), S. 355–374.
CORNETT, M. M./DAVIDSON, W. N./RANGAN, N.: Deregulation in Investment Banking: Industry Concentration following Rule 415, in: Journal of Banking and Finance, Nr. 1, Vol. 20 (1996), S. 85–113.
CRAWFORD, R. D./SIHLER, W. W.: The troubled money business: The death of an old order and the rise of a new order, New York 1991.

DIETRICH, K. J.: Financial Services and Financial Institutions – Value Creation in Theory and Practice, Englewood Cliffs 1996.

ECCLES, R. G./CRANE, D. B.: Doing Deals: Investmentbanks at Work, Boston 1988.

EUROPEAN CENTRAL BANK: EU Banks Income Structure, Frankfurt am Main 2000.

FABOZZI, F. J./MODIGLIANI, F.: Capital Markets – Institutions and Instruments, 2. Aufl., Englewood Cliffs 1996.

FISHER, A.: New Designs on Germany, in: Financial Times, 3. September 1997, S. 15.

FIELDS, PAIGE L./FRASER, DONALD R.: On the compensation implications of commercial bank entry into investment banking, in: Journal of Finance & Banking, Nr. 8, Vol. 23, S. 1261–1276.

GART, A.: An analysis of the new financial institutions: Changing technologies, financial structures, distribution systems, and deregulation, Westport/London 1989.

– Regulation, deregulation, reregulation: The future of banking, insurance, and securities industries, New York 1994.

HAYES, S. L. (HRSG.): Financial Services: Perspectives and Challenges, Boston 1993.

– Commercial Banking Inroads into Investment Banking, in: Williamson, J. P. (Hrsg.): Investment Banking Handbook, New York 1990.

HAYES, S. L./SPENCE, A. M./MARKS, D. V. P.: Competition in the Investment Banking Industry, Boston 1983.

HITT, L./FREI, F./HARKER, P.: How Financial Firms Decide on Technology, Working Paper 98-34-B, The Wharton Financial Institutions Center, November 1998.

HUNT, D.: What future for Europe's Investmentbanks?, in: McKinsey Quarterly, No. 1, 1995, S. 104–117.

J. P. MORGAN: Investment Banking, Company Update – Deutsche Bank, London 2000.

LECLERC, M.: Technologie im Handelsraum, in: Moormann, J./Fischer, T. (Hrsg.): Handbuch Informationstechnologie in Banken, Wiesbaden 1999, S. 263–281.

LÖWE, C.: Globale Trends im Investment Banking, in: Krahnen, J. P./Rudolph, B. (Hrsg.): Umbau der Finanzindustrie, Frankfurt am Main 1997, S. 131–151.

MAHER, P./COOPER, R.: The New Bulge Bracket, in: Investment Readers' Digest, 25. November 1996.

MARSHALL, J. F./ELLIS, M. E.: Investment Banking & Brokerage: The New Rules of the Game, Chicago 1994.

MATTHEWS, J. O.: Struggle and survival on Wall Street: The economics of competition among securities firms, New York and Oxford 1994.

MOODY'S INVESTORS SERVICE: Outlook for U.S. Securities Firms and U.K. Merchant Banks: The Challenge of a Global Marketplace, o. O. 1995.

MOORMANN, J./FISCHER, T. (HRSG.): Handbuch Informationstechnologie in Banken, Wiesbaden 1999.

MORGAN STANLEY DEAN WITTER: Asset Management and Brokerage – Monthly Report Mai 2000, o. O. 2000.

ORGANISATION FOR ECONOMIC CO-OPERATION AND DEVELOPMENT (OECD): Institutional Investors – Statistical Yearbook, Paris 1999.

o.V.: Goldman überflügelt Deutsche Bank, in: Börsenzeitung, Nr. 126, 6. 7. 2000, S. 3.

VOPEL, O.: Wissensmanagement im Investment Banking, Wiesbaden 1999.

PORTER, M. E.: Competitive Advantage – Creating and Sustaining Superior Performance, New York 1985.

SEIFERT, W. G./ACHLEITNER, A.-K./MATTERN, F./STREIT, C./VOTH, H.-J.: European Capital Markets, Houndsmill, Basingstoke/Hampshire 2000.

# Historische Entwicklung

1. Einführung
2. Maßgebliche Determinanten
   2.1 Wirtschaftliche Gesamtentwicklung
   2.2 Staatliche Regulierung
   2.3 Einzelne Persönlichkeiten
   2.4 Theoretische und methodische Grundlagen
3. Anfänge des Investment Banking
   3.1 Ursprünge und Entwicklung bis zum Mittelalter
   3.2 Erste organisierte Kapitalmärkte
   3.3 Entstehung von Finanzierungshäusern in Europa
   3.4 Infrastrukturprojekte in den USA
   3.5 Anfänge theoretischer Konzepte
   3.6 Erste Fusionsaktivitäten
4. Zeit nach dem Ersten Weltkrieg
   4.1 Situation vor dem Börsencrash
   4.2 Großer Börsencrash 1929
   4.3 Konsequenzen aus dem Crash
      4.3.1 Gesetzliche Neuregelungen
      4.3.2 Theoretische Neuausrichtungen
   4.4 Entwicklung bis in die 60er Jahre
   4.5 Anfänge der modernen Kapitalmarkttheorie
5. Investment Banking der 70er Jahre
   5.1 Terminmärkte
   5.2 Kassamärkte
   5.3 Euromärkte
   5.4 Einsetzende Deregulierung
6. Investment Banking der 80er Jahre
   6.1 Fusionen und Übernahmen
   6.2 Crash 1987
Exkurs: Das Haus Morgan
Literaturhinweise

## 1. Einführung

Die Geschichte des Investment Banking bietet einen Schlüssel zum Verständnis der Funktionsweisen und Entwicklungsperspektiven dieser Branche. Dabei kann der Entstehungsprozess, ausgehend von der ersten Durchführung von Banktätigkeiten bis zum differenzierten Finanzsystem der heutigen Zeit, verfolgt werden. Auf diese Weise lassen sich historische Ursachen für die Entstehung und die Einflussgrößen dieses Sektors erkennen, die auch gegenwärtig und künftig die Dynamik und die Ausgestaltung des Investment Banking beeinflussen werden. Bemerkenswert ist, dass die momentan vorherrschende Struktur des Investment Banking sowie die Größe der führenden Häuser neuerer Natur sind. Dennoch besteht eine sehr starke kulturelle Prägung im Hinblick auf den vorherrschenden Arbeitsansatz und das geteilte Wertesystem in Investmentbanken. Daraus lässt sich erkennen, welchen großen Einfluss die verwurzelten historischen Erfahrungen auf die Funktionsweise des heutigen Investment Banking haben.

Die besondere Bedeutung von Kapitalmärkten und Investmentbanken im angloamerikanischen gegenüber dem kontinentaleuropäischen Raum ist der Grund für die Ausrichtung der nachfolgend dargestellten historischen Entwicklung auf die angloamerikanischen Länder und hierbei insbesondere die Vereinigten Staaten. Ausgehend von den zivilisatorischen Ursprüngen über die europäischen Handelszentren haben sich Volumen und Innovationen einer Kapitalmarktfinanzierung zugunsten dieser Regionen verschoben. Seit dem Beginn der Industrialisierung werden diese daher auch schwerpunktmäßig dargestellt.

Detaillierte Aussagen zum deutschen Markt folgen vor allem im Rahmen der Behandlung von einzelnen Geschäftsfeldern im Teil „Geschäftsfelder der Investmentbanken" des vorliegenden Buches. Insofern sind auch die historischen Entwicklungslinien des folgenden Abschnitts mit den Beschreibungen der jeweiligen Geschäftsfelder verzahnt. Während im historischen Teil zunächst aus der Entwicklungsperspektive argumentiert wird, finden sich in den Teilabschnitten der Geschäftsfelder die einzelnen Betrachtungen zur Funktionsweise.

## 2. Maßgebliche Determinanten

Historische Entwicklungen sind das Ergebnis einer Vielzahl verschiedener Einflusskomponenten. Zu diesen zählen neben den geschichtlichen Ereignissen auch wichtige Rahmenbedingungen. Bezogen auf das Investment Banking lassen sich dabei vier maßgebliche Determinanten herausarbeiten:

- die Ausprägung und die Dynamik der wirtschaftlichen Gesamtentwicklung,
- die Art und das Ausmaß der staatlichen Regulierung,
- die Charakterzüge und die Gestaltungskraft einzelner herausragender Persönlichkeiten,
- der Inhalt und der Einsatz theoretischer und methodischer Grundlagen.

## 2.1 Wirtschaftliche Gesamtentwicklung

Unter dem Begriff der wirtschaftlichen Gesamtentwicklung sind sämtliche ökonomische Rahmenbedingungen zu verstehen. Hierzu gehören für das Investment Banking vor allem Kapitalangebot und -nachfrage. Die Investitionsintensität und die bevorzugten Finanzierungsarten bestimmen Volumen und Zusammensetzung der Kapitalnachfrage. Das aktuelle Einkommen und das angesammelte Kapitalvermögen determinieren das Kapitalangebot.

Die Aktivität an den Kapitalmärkten und damit die Geschäftstätigkeit von Investmentbanken werden von der Höhe des Kapitalumschlags der Volkswirtschaften positiv beeinflusst. Dazu wird in der ersten Stufe ein nennenswerter nationaler Kapitalstock benötigt. Er kann sich über einen längeren Zeitraum bei stabiler bzw. ansteigender Wirtschaftsentwicklung herausbilden. Wird dieser Vermögenssockel in einer zweiten Stufe durch Börseneinführungen und Verbriefung für die Märkte handelbar gemacht, so sind die Voraussetzungen für einen aktiven Kapitalumschlag gegeben.

Aus der wirtschaftlichen Rahmensituation und dem individuellen Optimierungskalkül ergeben sich die jeweiligen Präferenzausprägungen der Kapitalmarktakteure bezüglich der bevorzugten Kombinationen von Risiko, Ertrag, Liquidität und Laufzeit. Nicht nur die Angebots- und Nachfragestrukturen auf dem Kapitalmarkt, sondern auch die Organisationsformen der Marktteilnehmer bestimmen über die Ausgestaltung der Finanzierungsbeziehungen und die Verteilung des jeweiligen Markteinflusses.

Insofern wird bei der nachfolgenden historischen Darstellung auf die Gegebenheiten der jeweiligen wirtschaftlichen Situation zurückgegriffen. Der Wirkungszusammenhang besteht jedoch nicht nur einseitig von der Wirtschaftsentwicklung auf die Kapitalmarktsituation, sondern auch umgekehrt: die Existenz und Funktionsfähigkeit des Kapitalmarktes hat einen maßgeblichen Einfluss auf die Wohlstandsentwicklung der einzelnen Nationen.

Erstmals aufgezeigt wurde dies vom englischen Autor *Walter Bagehot*. In seinem 1873 veröffentlichten Buch „Lombard Street" erklärt er den Erfolg von Englands wirtschaftlichem Aufschwung durch die Existenz und Verfügbarkeit von Kapital. Erfindungen und deren Umsetzung konnten seiner Meinung nach nur durch einen funktionsfähigen Kapitalmarkt finanziert werden. Der Verfügbarkeit von Finanzierungsmöglichkeiten wird eine grundlegend dynamische und demokratische Funktion zugeschrieben. Überlegene Geschäftsideen und fähige Einzelpersonen scheitern nicht an möglicherweise fehlendem Kapital, sondern können bereits etablierte und weniger wirtschaftlich arbeitende Unternehmer verdrängen. Dem „New Man" erschließen sich durch den Kapitalmarkt neue Möglichkeiten. Gegenüber den etablierten Geschäftsleuten wird er weniger risikoavers sein, da er auch weniger zu verlieren hat. Dadurch ist er innovativer und kann höhere Renditen erwirtschaften. Im Gegensatz dazu können selbst sehr einflussreiche Personen und Unternehmen ihre herausragende Stellung wieder verlieren, wenn sie sich als nicht genügend risikobereit und anpassungsfähig zeigen.

Die vor über hundert Jahren gemachten Aussagen von Bagehot verdeutlichen die möglichen Zusammenhänge zwischen der Ausgestaltung des Kapitalmarktes und der gesamtwirtschaftlichen Entwicklung. Die Aktualität dieser Überlegungen zeigt beispielsweise die Veröffentlichung von *Brock* (1996). In dieser wird unter anderem die Bedeutung von innovativen Unternehmen und deren Finanzierung im Rahmen eines entsprechenden Börsensegmentes, in diesem Fall der National Association of Securities Dealers Automated Quotations (NASDAQ), für die Schaffung von Arbeitsplätzen aufgezeigt. Im Vergleich zu den USA sind die hohen Arbeitslosenzahlen in Deutschland teilweise auch auf Schwächen des hiesigen Kapitalmarkts zurückzuführen, wie eine Studie für Deutschland zeigt.[1]

Zusätzlich erklären die Thesen von Bagehot auch die Dynamik im Investment-Banking-Geschäft selbst. Investmentbanken mit einer hohen Innovationstätigkeit können dabei schnell den etablierten Wettbewerbern signifikante Marktanteile streitig machen. So haben selbst einflussreiche Häuser wie die Rothschilds oder Barings gegenüber den dynamischeren und risikofreudigeren Konkurrenten innerhalb kurzer Zeit an Bedeutung verloren.

Die wechselseitige Wirkung von Rahmenbedingungen und Investment Banking ist natürlich auch bei den anderen drei Determinanten gegeben. Bei der wirtschaftlichen Gesamtentwicklung spielt sie jedoch die unmittelbar größte Rolle. Zusammen mit der staatlichen Regulierung ist die Beeinflussung der Funktionsfähigkeit der Kapitalmärkte daher zu einem Ausgangspunkt der Wirtschafts- und Wohlstandsbeeinflussung von Ländern geworden.

## 2.2 Staatliche Regulierung

Art und Ausmaß der staatlichen Regulierung haben sich mit dem vom nationalen Gesetzgeber zu den verschiedenen Epochen jeweils wahrgenommenen Regulierungsbedarf verändert. Die jeweils vermutete Notwendigkeit einer juristischen Einschränkung der Bankaktivitäten hängt von zwei Faktoren ab. Zunächst bestimmt der vorherrschende Anspruch des Staats das gewählte Ausmaß an Kontrolle und Einschränkungen in den verschiedensten sozialen und wirtschaftlichen Bereichen eines Landes. So ist beispielsweise der vorherrschende Regulierungsansatz der angloamerikanischen Länder stark am Ideal der Selbstregulierung orientiert. Dabei hat auch die weitreichende Bedeutung des Bankensystems für die Funktionsfähigkeit eines Landes schon immer einen besonderen Regulierungsbedarf vermuten lassen. Als zweiter Einflussfaktor auf die Bankenregulierung sind die finanzwirtschaftlichen Krisen zu nennen. In den Zeiten, in denen die Banken nicht mehr in der erwarteten Art ihre Rolle erfüllten, wurden daher regelmäßig die rechtlichen Rahmenbedingungen verschärft. Herausragendstes Beispiel dafür ist der große Börsencrash 1929 in den USA, der eine Vielzahl restriktiver Gesetze in den Jahren 1933 bis 1940 zur Folge hatte.

---

[1] Vgl. Mattern/Seifert/Streit/Voth (1997).

Insgesamt ließ sich seit Anfang dieses Jahrhunderts zunächst ein Trend zur verstärkten Regulierung von Banken im Allgemeinen und von Investmentbanken im Speziellen beobachten. Er wurde mit dem Glass Steagall Act (1933), dem Securities Act (1933) und dem Securities Exchange Act (1934) eingeläutet. Die rechtlichen Vorschriften beziehen sich dabei unter anderem auf Fragen der zugelassenen Geschäfte und der Art ihrer Durchführung, auf Möglichkeiten der freien Preis- und Zinsfestlegung, auf die Grenzen einer Entfaltung von Marktmacht, auf Eigenkapitalanforderungen, auf Schutzmechanismen für einzelne Interessengruppen sowie auf die Ausgestaltungsmöglichkeiten von Eigentumsrechten und deren Durchsetzung.

Die relevanten Einzelregelungen müssen nicht immer direkt von einem Gesetzgeber verabschiedet werden. Zum einen kann durch die Gesetzgebung die Ausgestaltung der Vorschriften und deren Durchsetzung an spezielle Institutionen übertragen werden. So wurde in den USA mit dem Securities Exchange Act von 1934 die Securities and Exchange Commission (SEC) gegründet, an die Rechtsbefugnisse delegiert wurden. Zum anderen können sich völlig eigenständig Selbstregulierungsinitiativen aus bestimmten Institutionen bzw. Interessenverbänden heraus entwickeln und für ihre Mitglieder bindende Vorschriften erlassen. Derartig faktisch bindende Regeln werden zum Beispiel vom Panel on Takeovers and Mergers in London erstellt.

Die Ausgestaltung der Regulierung des Investment Banking hat einen entscheidenden Einfluss auf die Art des Wettbewerbs zwischen Investmentbanken untereinander, auf ihren Wettbewerb mit anderen Finanzinstitutionen sowie auf das Ausmaß an Handlungsfähigkeit, Innovationsmöglichkeiten und Profitabilität der Investmentbanken. Veränderungen ergeben sich damit für die Investmentbanken nicht nur aus Weiterentwicklungen im Produktspektrum oder aus Modifikationen der Marktstruktur, sondern auch in besonders gravierender Weise durch neue bindende Regelungen. Aber auch Deregulierungen, wie sie seit Mitte der 80er Jahre unter anderem von Großbritannien ausgehen, können eine einschneidende Wirkung haben.

## 2.3 Einzelne Persönlichkeiten

Im Investment Banking spielen immer wieder einzelne herausragende Persönlichkeiten eine prägende Rolle. Die Geschäftstätigkeit von Investmentbanken ist keineswegs ausschließlich durch übergeordnete Rahmenbedingungen wie Wirtschaftsentwicklung und regulatorische Einschränkungen determiniert. Gerade der persönliche Einsatz von Individuen ist in einer Branche, deren Produktionsfaktoren praktisch ausschließlich aus Kapital und „Human Resources" bestehen, immer wieder von ausschlaggebender Bedeutung.

Am deutlichsten zeigte sich dies in den Anfängen des Investment Banking, als einzelne Personen und ganze Familien aufgrund der von ihnen aufgebauten Geschäfte über einen großen Einfluss erst über die Staats- und dann auch die Unternehmensfinanzierung verfügten. Einzelne herausragende Persönlichkeiten, wie zum Beispiel *J. Pierpont Morgan* (siehe Exkurs: Das Haus Morgan) oder *Siegmund Warburg*, entstammten oftmals einer

Bankiersfamilie und konnten aus dieser Position heraus durch geschicktes Geschäftsverhalten und durch innovative Finanzierungsansätze eine prägende Wirkung auf die Struktur der Kapitalmärkte, auf die Geldbeschaffungsmöglichkeiten einzelner Staaten und die Gestaltung ganzer Industrien entfalten. Auch für die heutige Zeit gilt dies. So hat, abgesehen von den gleichzeitig durchgeführten kriminellen Aktivitäten (welche selbstverständlich anders zu beurteilen sind) beispielsweise *Michael Milken* die Struktur der Unternehmensfinanzierung durch die breite Nutzung von High-Yield-Anleihen nachhaltig geprägt und einen nicht zu unterschätzenden Einfluss auf den Umbau der US-amerikanischen Volkswirtschaft ausgeübt.

## 2.4 Theoretische und methodische Grundlagen

Die theoretischen und methodischen Grundlagen sind ein wichtiger Entwicklungsfaktor für das Investment Banking. Der jeweils existierende Erkenntnisstand determiniert die einsetzbaren Analysemethoden. Durch das Aufkommen neuer Erkenntnisse können sich grundlegende Veränderungen in der Art der Geschäftsdurchführung und in der Ausrichtung von Finanzierungsbeziehungen ergeben.

So haben sich beispielsweise bereits seit Ende des letzten Jahrhunderts Überlegungen zur Technischen Analyse von Kursen an der Börse entwickelt und seit den 20er Jahren dieses Jahrhunderts haben die Ansätze einer Fundamentalen Unternehmensbewertung zunehmend eine inhaltliche Differenzierung erfahren. Damit entstand nicht nur ein Grundgerüst zur Beurteilung von Kursen und Werten. Es führte auch zu einem Konflikt zwischen diesen zwei divergierenden Erklärungsansätzen, die zu unterschiedlichen Zeiten eine variierende Popularität erlangt haben. Mit der Entdeckung von Möglichkeiten der Portfoliobildung hat sich der Fokus im Asset Management dann weiter verschoben.

Trotz des Umfangs der methodischen und theoretischen Grundlagen des heutigen Investment-Banking-Geschäfts besteht weiterhin ein nachhaltiger Anreiz zu deren Weiterentwicklung. Der Einsatz verbesserter Prognosemethoden lässt dabei die Realisierung von Überrenditen erwarten und ist somit ein entscheidender Wettbewerbsfaktor.

# 3. Anfänge des Investment Banking

## 3.1 Ursprünge und Entwicklung bis zum Mittelalter

Die Ursprünge der Banktätigkeit sind alt. In ihrer anfänglichen Funktion handelte es sich um den Geldverleih zwischen Privatpersonen. Da sich bestimmte Einzelpersonen als regelmäßige Geldverleiher herauskristallisierten und für die zeitlich befristete Bereitstellung von Kapital einen Preis verlangten, entwickelten sich sehr schnell konträre Meinungen zu dieser Art von Wertschöpfung.

Die frühesten bekannten Regeln finden sich in den Vorschriften des Babyloniers Hammurabi, die auf ungefähr 1800 v. Chr. datiert werden. Da wird zum Beispiel ein Maximalzins von 33 1/3 Prozent beim Verleih von Getreide und von 20 Prozent bei Silber vorgeschrieben. Die moralische Berechtigung von Zinsen wurde von Aristoteles und Platon über das Mittelalter bis zum Teil in die Gegenwart hinein diskutiert. Aristoteles argumentierte im ersten Buch der Politik, dass aus Geld selbst kein zusätzlicher Wert entstehen könne und so auch Zinsen nicht zu rechtfertigen seien. Das christlich kanonische Zinsverbot stammt vom Konzil von Nicaea (325 n. Chr.), das zunächst der Geistlichkeit das Verlangen von Zinsen verbot. Karl der Große hat diese Vorschriften schließlich 806 und 813 n. Chr. auch in den weltlichen Bereich übertragen.[2] Noch in der heutigen Zeit sind die Zinsen im Islam verboten. Keine Epoche konnte jedoch die offensichtlich notwendige Funktion der Banktätigkeit unterdrücken. Stattdessen hat im Laufe der Jahrhunderte eine zunehmende Differenzierung der möglichen Geschäfte und eine Weiterentwicklung der verwendeten Methoden stattgefunden.

Eine nennenswerte Bedeutung erreichte die Banktätigkeit als Nebenprodukt des Handels. Frühe und weit entwickelte Formen nahm dieser bereits im Mittelmeerraum an, als Griechen und Phönizier den Warenaustausch zwischen den umliegenden Ländern organisierten. Dabei traten zwei Hauptprobleme auf, die noch heute bei Investitionen unverändert sind: Zunächst galt es, die Waren vorzufinanzieren. Dabei trug der Kapitalgeber ein erhebliches Risiko. Das Schiff konnte untergehen oder überfallen werden, die Ware sich als nicht absetzbar erweisen oder der Händler ein Betrüger sein. Der Kapitalgeber hatte sein sicheres gegenwärtiges Vermögen gegen ein unsicheres und höheres Zahlungsversprechen in der Zukunft hergegeben. Wurde der Handel erfolgreich abgeschlossen, verfügte der Kapitalgeber nach Austausch der Waren in andere Länder über eine Rückzahlung in einer anderen Währung. Die Möglichkeit des Währungsumtauschs war notwendig, war aber ebenfalls mit Unsicherheit belegt.

Die Weiterentwicklung von Bankleistungen wurde durch den zunehmenden Handel im geographisch zersplitterten Zentraleuropa gefördert. Eine besondere Bedeutung hatten die alten Kaufmannshäuser, so im 15. Jahrhundert die Medici in Florenz oder die Fugger in Augsburg, die Handel trieben und Bankfunktionen übernahmen. Dabei bestand jedoch nicht nur eine Nachfrage nach Krediten für Handelsgeschäfte und dem Wechseln von Währungen, sondern auch nach praktikablen länderübergreifenden Geldtransaktionen. Das Ausstellen von Wechseln und der Einsatz von Papiergeld gewannen zunehmend an Bedeutung.

Im Laufe der Zeit entwickelten sich dann auch komplexere Formen der Kreditvergabe. Warenhändler gaben Farmern Geld. Diese stellten die eigene zukünftige Ernte als Sicherheit. Wurde einem Farmer im Vorhinein die Ernte zu einem festen Preis abgekauft, wird dies heute als einfaches Termingeschäft bezeichnet. Die Verbesserung von Transportmöglichkeiten erhöhte schließlich nicht nur den kontinentalen Handel, sondern eröffnete mit der Erschließung der neuen Welt zum Teil völlig neue Warenströme, so auf

---

[2] Vgl. beispielhaft zu den ersten rechtlichen Vorschriften Schwintowski/Schäfer (1997).

dem Seeweg nach Amerika oder Indien. Mit den erhöhten Gewinnmöglichkeiten waren diese Handelswege aber auch mit einem deutlich höheren Risiko verbunden.

Neben der Handelsfinanzierung, die sich heute noch im Begriff des Merchant Banking wiederfindet, hatten die Geldhäuser eine stützende Funktion für die Staatsfinanzen. Auch in früheren Zeiten verfügte der jeweilige Souverän oft nicht über einen ausgeglichenen Staatshaushalt. Das galt insbesondere für den Fall eines unvorhergesehenen Kriegsausbruchs, der einen erheblichen und sofortigen Kapitalbedarf verursachte. In derartigen Situationen waren die Regierenden auf Möglichkeiten des Geldleihens angewiesen. Für den Banker bedeuteten derartige Konflikte aufgrund seiner Position als Untertan und der oft nur begrenzten Wahlmöglichkeiten eine besonders unsichere Form der Investition.

Damals etablierte sich die auch heute noch übliche klassische Form der Finanzierung: die Wahl einer oder mehrerer Banken. Voraussetzung dafür war, dass die Bank selbstständig oder mit wenigen Beteiligten vollständig den gesamten Kapitalbedarf decken konnte. An den deutschen Höfen hatte dies die Einführung des so genannten Hofjuden zur Folge. Diese Funktion erfüllten beispielsweise die Rothschilds, die zu Beginn ihrer Tätigkeit die Finanzierung der Staatsfinanzen mit ermöglichten.

## 3.2 Erste organisierte Kapitalmärkte

Da die Finanzierungsnachfrage die Kapazität einzelner Banken überstieg, bildeten sich Finanzmärkte. Dabei wurden standardisierte Titel auf eine beliebige Anzahl von Investoren aufgeteilt, die diese Ansprüche untereinander weiterveräußern konnten. Die ersten Finanzmärkte entstanden mit dem wachsenden Seehandel, der einen dauerhaften Finanzierungsbedarf kreierte.

Entsprechend entwickelte sich in Amsterdam im Jahr 1602 der erste organisierte Markt zum Handel von Finanzinstrumenten. Einige Jahre später, 1611, wurde dann die Amsterdamer Börse gegründet. Mit der Schaffung eines standardisierten Kapitalmarktes und der damit verbundenen Preisbildung aus Angebot und Nachfrage traten auch die ersten spekulativen Überhitzungen auf. Der Handel entwickelte sehr schnell differenzierte Instrumente, so zum Beispiel den Terminhandel mit Futures und Optionen.

Interessanterweise entstand die erste wirklich große Kursspekulation eines Produktes nicht bei den gängigen Wirtschaftswaren oder Unternehmensbeteiligungen. Das besonders nachgefragte Produkt waren Tulpenzwiebeln. Diese waren Ende des 16. Jahrhunderts in Holland eingeführt worden und erfreuten sich großer Popularität. Tulpen in exotischen und seltenen Farbkombinationen waren besonders gefragt. Die wachsende Beliebtheit führte zu steigenden Preisen. Für den klassischen Investor deutete dies auf eine gute Anlagemöglichkeit hin. Für die kommende Saison wurden die Produkte auf Termin ge- und verkauft. Der konstante Preisanstieg führte zu einer weiter zunehmenden Nachfrage, die im Laufe der Zeit zu einem explodierenden Preisniveau führte. Diese so genannte Tulpenzwiebel-Manie entwickelte sich vornehmlich in den Jahren 1634 bis

1637. Allein im Januar 1637 verzwanzigfachten sich die Preise. Im Februar 1637 folgte der erste große Crash an einer Börse und die Preise fielen auf einen Bruchteil ihres früheren Wertes.

Mit der Entwicklung des Kapitalmarktes offenbarten sich auch Missbrauchsmöglichkeiten. Dies führte bereits im 17. Jahrhundert zum ersten Verbot von Insiderhandelsgeschäften. Ungeachtet dieser einsetzenden Regulierungsversuche waren die Manipulationsmöglichkeiten der Marktbeteiligten noch ausgesprochen groß. Konsequenterweise war zu Beginn des 18. Jahrhunderts die nächste überhitzte Aktienspekulation in der City von London zu beobachten.

Die Phase der Jahre 1711–1720 wurde im Nachhinein mit dem Begriff „South Sea Bubble" beschrieben. Im Zentrum des Interesses stand dabei das Unternehmen „South Sea Company", das über die britischen Exklusivrechte für den Handel mit Südamerika verfügte. Die Spekulation wurde durch zwei entscheidende Faktoren in Gang gesetzt: Zum einen befanden sich die Briten zu diesem Zeitpunkt in einer Phase anhaltenden Wohlstands und verfügten über ein entsprechend disponibles Vermögen, zum anderen wurden dem Unternehmen aufgrund der Kombination von Monopolrechten mit einem neuen zukunftsweisenden Geschäftsfeld unbegrenzte Gewinnmöglichkeiten zugeschrieben. Obwohl das Unternehmen kaum Geschäfte machte und dazu auch kaum Veranlassung sah, stieg der Kurs trotz mehrfacher Kapitalerhöhungen von £ 55 pro Aktie auf über £ 1000 pro Aktie. Unter sehr ähnlichen Vorzeichen bildete in Frankreich die Mississippi Company die Grundlage für die „Mississippi Bubble". Die Kurse beider Unternehmen brachen, wie zu erwarten war, vollständig zusammen.

In dieser Spekulationsphase hatte sich erstmalig der Aktienkauf auf Marge entwickelt. Bei dieser Transaktion muss der Aktienkäufer nicht den vollen Preis, sondern nur einen Teil bezahlen und kann sich den fehlenden Betrag leihen. Damit erreicht er mit seinem Vermögen eine größere Hebelwirkung und bietet dafür die Aktie als Sicherheit an. Sobald jedoch die Aktien beginnen, weit unter den Ausgangskurs zu fallen, entstehen unter Umständen existenzbedrohende Verluste.

## 3.3 Entstehung von Finanzierungshäusern in Europa

Die negativen Begleiterscheinungen der ersten spekulativen Wellen konnten der langfristigen Weiterentwicklung der Kapitalmärkte zur Erfüllung der finanzwirtschaftlichen Grundfunktionen jedoch nicht dauerhaft schaden. So hatte sich bereits um 1780 ein reger Markt für öffentliche Anleihen etabliert.

Ursprünglich war das Staatsbudget durch einzelne wohlhabende Bürger direkt finanziert worden, das heißt die Privatpersonen waren direkte Abnehmer von Staatstiteln. Im Laufe der Zeit entstanden die ersten Formen des Underwritings durch Banken mit dem konkreten Ziel der späteren Weiterveräußerung der Titel an Privatpersonen. Somit schoben sich Intermediäre zwischen die Kapitalnachfrage und das Kapitalangebot und verdrängten sukzessive die direkte Abnehmerbeziehung.

Mit den steigenden Emissionsvolumina bildeten sich dann die ersten Syndikate, das heißt hierarchisch aufgebaute Strukturen mehrerer Banken, die Beträge zu unterschiedlichen Konditionen übernahmen. Hierdurch wurde die notwendige Risikoteilung vor dem Hintergrund begrenzter eigener Kapitalreserven der Banken ermöglicht. Mit der zunehmenden Etablierung von Syndikaten fand nun eine Verschiebung des Machteinflusses zugunsten der Banken statt. Diese konnten größere Beträge absorbieren und auch beim Weiterverkauf für eine Marktstabilisierung sorgen. Die Anleger mit relativ kleinen Beträgen und der kapitalnachfragende Staat sahen sich damit von Intermediären abhängig, die untereinander nur in einem begrenzten Wettbewerb standen.

Bei der Begebung von Emissionen und der Bildung von Syndikaten bestanden deutliche Unterschiede zwischen dem Vorgehen der kontinentaleuropäischen und jenem der englischen Häuser. Die englischen Banken nahmen das Emissionsvolumen in die eigenen Bücher, um anschließend einzelne Tranchen auf eigenes Risiko weiter zu platzieren. Sie setzten dabei zu einem großen Teil auch eigene Mittel ein. Eine derartige Rolle spielten beispielsweise bereits sehr früh die Baring Brothers. Diese waren, wie später noch viele andere herausragende englische Merchant Banker, ursprünglich deutsch-jüdischer Abstammung.

Auf dem europäischen Kontinent dominierte dagegen zu dieser Zeit die Finanzierung aus privaten Fonds. Dabei handelten die Intermediäre auf Kommissionsbasis, indem die Emissionen an die Investoren weitervermittelt wurden, ohne diese selbst aufzukaufen. Beispielhaft für diese Geschäftspraxis waren die Brüder Bethmann in Frankfurt und Hope in Amsterdam. Während des Wiener Kongresses entwickelten sich schließlich Mischformen mit der englischen Art der Geschäftspraxis.

Das führende Finanzierungshaus im 19. Jahrhundert waren die Rothschilds. Ihr Aufstieg begann zur Zeit Napoleons. *Mayer Amschel Rothschild* handelte zunächst im Frankfurter Ghetto mit Münzen, Metallen, Antiquitäten, Kuriositäten, Kleidung und Waren aus zweiter Hand. Der Legende nach konnte er seinen finanziellen Grundstock legen, als er für Wilhelm IX., Landgraf von Hessen, einen Teil von dessen Vermögen in seinem eigenen Haus vor dem Zugriff Napoleons versteckte. Als Belohnung dafür wurde er mit der Ausgabe von Staatsanleihen beauftragt.[3] Vor allem aber konnte Mayer Amschel Rothschild gute Geschäfte durch die Übernahme von Staatsanleihen für die unterschiedlichsten Kriegsparteien machen. Mit dem Sieg von Waterloo von 1814 (über den er früher informiert war als andere) gelang ihm der entscheidende Durchbruch, als er zunächst britische Anleihen verkaufte, um dann bei fallenden Kursen umfangreiche Zukäufe zu tätigen und damit den Markt in die Irre zu führen.

Die weitreichende Bedeutung des Hauses Rothschild wurde vor allem dadurch gefördert, dass Mayer Amschel Rothschild seine fünf Söhne in die wichtigsten Metropolen Europas, das heißt neben Frankfurt nach London, Paris, Wien und Neapel, schickte. Damit hatte er eine ausgedehnte regionale Präsenz in Europa erreicht. Die Familie konnte sich gegenseitig unterstützen und sich in engem Kontakt wechselseitig umfas-

---

[3] Zum geschichtlichen Beginn der Rothschilds vgl. Elon (1996).

send über die Entwicklungen in den einzelnen Ländern unterrichten. Hier wurde bereits die Bedeutung eines Vorsprungs bei der Gewinnung und Verarbeitung von Informationen durch die jeweilige Bank deutlich. In Zeiten einer langwierigen und zum Teil wenig verlässlichen Übermittlung von Ereignissen war die Korrespondenz der lokal positionierten Familienmitglieder ein entscheidender Wettbewerbsvorteil.

## 3.4  Infrastrukturprojekte in den USA

Mit der Besitznahme und Erschließung des nordamerikanischen Kontinents setzte dort eine rasante wirtschaftliche Entwicklung ein. Der entscheidendste und dauerhafteste Aufschwung der Kapitalmarktaktivitäten wurde schließlich durch den Umfang der Infrastrukturprojekte in den USA bewirkt. So wurde die regionale Expansion an die Einführung neuer technischer Möglichkeiten gekoppelt. Eine besondere Rolle spielte dabei der Bau von Eisenbahnlinien. Diese Projekte ließen sich nicht mehr durch Einzelpersonen finanzieren. Der nachhaltige Kapitalbedarf förderte daher das Wachstum der New Yorker Banken. Dabei handelte es sich um viele Ableger europäischer Häuser, wie die Barings und Speyers, sowie um viele Einzelpersonen, wie die Brüder Lehman oder Markus Goldman. Eine besondere Bedeutung hatte das Haus Kuhn Loeb & Co.

Da auf dem amerikanischen Kontinent noch kaum nennenswerte Vermögen zur Reinvestition zur Verfügung standen, war der Zugang zum europäischen Kapitalmarkt von besonderer Bedeutung. Dies war ein entscheidender Vorteil für die ausgewanderten Nachfahren europäischer Bankiers, waren doch aufgrund der Familienbindung Finanzierungsquellen für die anfängliche Aufbauphase der Banken und der Infrastrukturprojekte vorhanden. Zusätzlich übernahmen die New Yorker Banken die bestehenden europäischen Finanzierungstechniken, die im Laufe der Zeit schnell weiterentwickelt wurden.

Ausgelöst durch den Bürgerkrieg in den Vereinigten Staaten entstand ein weiterer großer Finanzierungsbedarf. Der Bankier *Jay Cooke* vom Bankhaus Cooke & Co. begann erstmalig gezielt und auf einer breiten Basis, Staatsanleihen an kleine Privatinvestoren zu verkaufen. Dazu nutzte er ein landesweites Distributionssystem und eine gezielt aggressive Verkaufstaktik. Der Einsatz von Werbung und der Appell an den Patriotismus als Absatzinstrumente waren wesentliche Bestandteile. Damit wurde konsequent der Markt für Kleinkunden erschlossen und ein breiter Absatz der Papiere ermöglicht. Bis zu diesem Zeitpunkt hatte der Erfolgsfaktor einer gelungenen Weiterplatzierung von Wertpapieren in den exklusiven Geschäftsverbindungen der Bank bestanden. Obwohl dies unverändert für die Emittentenseite galt, wurde hiermit auf der Abnehmerseite die organisierte Distribution zu einem wichtigen Wettbewerbsfaktor. Da der Absatz nicht mehr auf historisch entstandene Kontakte angewiesen war, konnten neue Banken in das Emissionsgeschäft einsteigen.

Für lange Zeit waren die USA aus europäischer Perspektive ein klassischer „Emerging Market" mit hohem Kapitalimport, umfangreichen Investitionsprojekten und geringen Sicherheiten. Einige distinguierte Bankhäuser hatten den Umfang der Wachstumspotenziale daher derartig unterschätzt, dass sie nicht nennenswert in diese überseeische Region expandierten. So erging es beispielsweise dem Bankhaus Rothschild, das sich lediglich durch August Belmont in New York vetreten ließ und daher in der Folge den Anschluss an andere Häuser verlor.

Tatsächlich führten das zunehmende Volumen und das große Wachstum in den Vereinigten Staaten zu einer raschen Verselbstständigung des Kapitalmarktes. Das galt vor allem im Vergleich zu der europäischen Situation, bei der zersplitterte Regionalmärkte und regelmäßig wiederkehrende Kriege einen dauerhaften Wohlstandsaufbau verhinderten. Entsprechend wurden aus vielen ehemaligen Bankablegern in New York die neuen Stammhäuser, so beispielsweise im Fall von J. P. Morgan. Auch die Finanzierungsströme kehrten sich zum Teil ab dem Ersten Weltkrieg um, als immer mehr wohlhabende Amerikaner europäische Wertpapiere kauften.

## 3.5 Anfänge theoretischer Konzepte

Mit dem ausgehenden 18. Jahrhundert begann eine theoretische Auseinandersetzung mit allgemeinen wirtschaftlichen Fragen und mit speziellen Finanzierungsaspekten. Ende des 19. Jahrhunderts entwickelten sich vor dem Hintergrund der Zunahme des Finanzierungsvolumens die notwendigen Rahmenbedingungen, um zu differenzierten wissenschaftlichen Untersuchungen zu gelangen.

Ein erster Schritt zu einer regelmäßigen und schnellen Verarbeitung und Dokumentation von Informationen war die Gründung des Verlagshauses Dow, Jones & Co. im Jahr 1882. Es wurde unter anderem von *Charles Dow* und *Eddie Jones* mit der Zielsetzung gegründet, Finanzinformationen und Kommentare zu erstellen und zu verbreiten. Dazu wurden Bulletins geschrieben, gedruckt und an die Kunden ausgeliefert. Da diese Übertragungsmöglichkeit bald als zu langsam empfunden wurde, wurde im Jahr 1887 ein elektronischer Ticker eingesetzt. Bekannt unter der Bezeichnung „Broad Tape" existiert diese Art der Informationsübermittlung heute noch. Aus den Nachmittagsnachrichten wurde 1889 die erste Publikation des Wall Street Journals.

Die erste Version des Dow Jones Averages wurde bereits im Jahr 1884 veröffentlicht. Zwei Jahre später umfasste der Dow Jones Industrial Average die zwölf Industrieunternehmen, die damals an der New Yorker Stock Exchange gehandelt wurden. Dieser Index, konstruiert als einfacher Kursdurchschnitt der Werte, diente als aggregierter Indikator der gesamten Kursbewegungen. Die Kursentwicklungen waren für Charles Dow die Grundlage für seinen später als Dow-Theorie bekannten Ansatz. Demnach entwickeln sich die Kurse in zyklischen Wellen. Die technische Beobachtung der Kurse kann somit einen Hinweis auf die zukünftige Kursausprägung liefern. Dabei sind nach der Meinung Dows Phänomene, wie ein genereller Trend, ein Momentum und auch Signale zur Trendumkehr, feststellbar. Mit der Aufzeichnung und Aggregation von Finanzdaten ermöglichte er die empirische Untersuchung der Kursbildung. Zugleich legten seine Überlegungen die Grundlage für die technische Analyse.

Ein anderer Ansatz der Informationsverarbeitung wurde von den entstehenden Rating-Agenturen gewählt. So veröffentlichte *John Moody* im Jahr 1900 erstmals das „Moody's Manual of Industrial and Corporation Service". 1916 folgte „Standard & Poors Rating Services". Diese Agenturen lieferten unter anderem standardisierte Einschätzungen über Unternehmen, die als Quelle neutraler Bewertungen nach dem Börsencrash von 1929 zunehmende Bedeutung erfuhren, da zum Beispiel Investitionen von Banken in Wertpapiere seit 1931 an bestimmte Qualitätsanforderungen (Mindestratings) gebunden sind.

Einen herausragenden wissenschaftlichen Beitrag leistete im Jahr 1900 der Franzose *Louis Bachelier* mit seiner Doktorarbeit „Die Theorie der Spekulation", die eine vertiefte theoretische Untersuchung über die Preisschwankungen an den Aktienmärkten darstellte. Eine Untersuchung der Dynamik der Preisentwicklung lehnte er an die mathematische und naturwissenschaftliche Systematik an. Dabei erkannte er bereits sehr früh, dass aufgrund der Vielzahl von Einflussfaktoren auf die Preisbildung von Wertpapieren eindeutige mathematische Vorhersagen nicht möglich sind. Das entsprach der Vermutung einer dauerhaften Unschärfe in der Finanzierungstheorie. Er kam zum Ergebnis, dass der Erwartungswert des Spekulanten am Aktienmarkt gleich Null ist. Der Handel entspricht damit einem „Fair Game". Später wurde diese These unter anderem in den verschiedenen Formulierungen der Random-Walk-Theorie modifiziert.

## 3.6 Erste Fusionsaktivitäten

Die wachsende Größe und die sich herauskristallisierenden Eigentümerstrukturen erlaubten es den Unternehmen Ende des 19. Jahrhunderts, gezielt Übernahmen und Fusionen in Angriff zu nehmen. Entsprechend entwickelte sich in der Zeit von 1897 bis 1904 die erste Phase verstärkter M & A-Aktivitäten.[4]

Motiviert wurden diese vorwiegend horizontalen Zusammenschlüsse durch die Möglichkeiten einer Industriekonsolidierung. Weiterhin wurden die Fusionsaktivitäten durch ein Zusammentreffen verschiedener technischer und wirtschaftlicher Rahmenbedingungen gefördert. Der Einsatz von Kohle und der Beginn der Elektrifizierung sowie einzelne technische und produktmäßige Neuerungen versprachen weitere profitable Geschäftsmöglichkeiten. Mit der Fertigstellung der transkontinentalen Eisenbahn entstand darüber hinaus ein großer einheitlicher nationaler Absatzmarkt.

Diese Entwicklungen ließen eine ausgesprochen günstige Zukunft erwarten. Die Folge waren M & A-Aktivitäten, von denen in dieser Zeit ungefähr 15 Prozent der gesamten Fabriken und Angestellten in der Industrie betroffen waren. Das Ergebnis dieser Welle war eine hohe Konzentration in der verarbeitenden Schwerindustrie. Mit der einsetzenden Rezession von 1903 kam dann das Ende der Übernahme- und Emissionstätigkeiten.

---

[4] Vgl. Weston/Chung/Si (1997).

In dieser ersten großen Merger-Welle zeigte sich, dass sich die Häufigkeit von Unternehmensübernahmen prozyklisch mit dem Kursniveau und dem aktuellen oder erwarteten Wirtschaftswachstum entwickelt. Gleichzeitig stieg in dieser Zeit die Anzahl der Emissionen an, was ebenfalls auf eine zyklische Abhängigkeit vom Aktienniveau hinweist.

Als wichtiger Einflussfaktor auf die Fusionsaktivitäten wirkten neben diesen Faktoren die Banken, denn ihre Position hatte sich verändert. Ausgestattet mit den verschiedensten Sitzen in Kontrollgremien von Unternehmen übten sie einen aktiven Einfluss auf die Geschäftsaktivitäten der Unternehmen aus. Die Vertreter der Banken leisteten außer der Beratung in finanziellen Angelegenheiten auch einen Beitrag zur umfassenden Unternehmenssteuerung. Die Zunahme von intensiven Bankkontakten beruhte dabei nicht nur auf historisch gewachsenen Beziehungen zwischen Bank und Unternehmen, sondern sie gründeten sich auf den andauernden aktiven Einfluss auf die unternehmerischen Entscheidungsprozesse. Dabei entstand die so genannte „Principal-Banker-Beziehung", bei der ein Unternehmen mit einer dominanten Hausbank in Geschäftsbeziehungen stand. Für die Unternehmen brachte dies den Vorteil, dass eine kombinierte Finanzierung und Beratung bei gleichzeitig guter Firmenkenntnis erhältlich war. Für die Banken bedeutete es stabile und sichere Erträge und eine Begrenzung des Wettbewerbs.

Auf dieser Basis entwickelten sich ausgedehnte Überkreuzbeteiligungen zwischen Banken, Versicherungen und Industrieunternehmen. Die hieraus resultierende Bündelung äußerst umfangreichen Einflusses bei relativ wenigen Finanzinstitutionen führte schließlich zu einer öffentlichen Diskussion über die Rolle des damals so genannten „Money Trusts". Es wurde sogar eine Untersuchungskommission des US-Kongresses gebildet, die nach ihrem damaligen Vorsitzenden *Arséne Pujo* als „Pujo Committee" benannt wurde.

Bei den Untersuchungen des Pujo-Komitees im Jahre 1913 wurden massive Ämterakkumulationen insbesondere bei J. P. Morgan (siehe Exkurs „Das Haus Morgan"), der First National Bank (George F. Baker) und der National City Bank (James Stillman) offengelegt, wobei die letzteren beiden Banken selbst wiederum eng mit dem Haus Morgan verbunden waren. Insgesamt besaßen diese 118 Direktoriumspositionen in 34 Finanzinstitutionen. Eine umfassende Gruppe von Banken, die eine weitreichende Kontrolle über die Zins- und Aktienmärkte ausübte, bestand aus J. P. Morgan, First National Bank of New York, Kuhn Loeb & Co., Kidder, Peabody sowie Halsey Stuard & Co. und Lee, Higginson. Obwohl die Banken aus dieser Untersuchung keine unmittelbaren Konsequenzen ziehen mussten, so waren doch erstmals systematisch die Verbindungen in der Finanzindustrie aufgezeigt und eine kritische Basis für die einschneidenden Regulierungen zwanzig Jahre später geschaffen worden.

Während im Laufe des 19. Jahrhunderts die US-amerikanischen Finanzierungshäuser vorwiegend von ihren europäischen Partnern abhingen, änderte sich dies seit Beginn des neuen Jahrhunderts. Mit dem Ausbruch des Ersten Weltkrieges konnte sich New York schließlich als führender Finanzplatz etablieren. Während bis dahin europäische Finanzierungsmittel in die USA geflossen waren, kehrte sich durch den Ersten Weltkrieg der Nettofluss an Mitteln um, und ein erheblicher Teil des europäischen Finanzierungsbedarfs wurde durch die USA gedeckt. Ermöglicht wurde dies durch den zunehmenden Wohlstand in den Vereinigten Staaten.

Nach dem Krieg erlebten der Finanzplatz New York und das dort angesiedelte Bankgeschäft einen weiteren Aufschwung. Die Banken betrieben ein breites Tätigkeitsspektrum aus dem Einlagen- und Kreditgeschäft sowie der Emission, Platzierung und dem Handel von Wertpapieren. Ausländische Platzierungen machten bereits bis zu 25 Prozent des gesamten Emissionsgeschäftes aus.

## 4. Zeit nach dem Ersten Weltkrieg

### 4.1 Situation vor dem Börsencrash

Seit Anfang der 20er Jahre herrschten ein solider Aufschwung und eine gesunde Wirtschaftssituation. Es wurde von den „glücklichen zwanziger Jahren" bzw. den „Roaring Twenties" gesprochen. Die Finanzierung der Unternehmen wurde in den USA sowohl in Bezug auf Fremd- als auch Eigenkapital verstärkt über den Kapitalmarkt durchgeführt. Die Bedeutung von Krediten hingegen nahm ab.

Aufgrund der Attraktivität des Wertpapiergeschäftes begannen immer mehr nationale Banken, die als Commercialbanken Mitglieder des Federal Reserve Systems waren, die Vorschriften des National Banking Acts von 1864 zu umgehen. In diesen war den nationalen Banken die Tätigkeit an den Kapitalmärkten untersagt worden, da man diese Form des Finanzierungsgeschäftes als zu risikoreich ansah. Die nationalen Banken gründeten daher Tochterbanken, um an dem attraktiven Emissionsgeschäft teilhaben zu können. Es entwickelte sich ein Wettbewerbsdruck für die etablierten Syndikatshäuser; der gleichzeitige Boom in festverzinslichen Titeln und Aktien stellte jedoch für den gesamten Bankenmarkt eine insgesamt günstige Situation dar.

Parallel zu dieser Entwicklung kam es in den Jahren von 1916 bis 1929 wieder zu einer Übernahmewelle. Aufgrund des wirtschaftlichen Aufschwungs und der technischen Weiterentwicklung waren diesmal Sektoren wie Banken, Versorger, Nahrungsmittel, Chemie und Bergbau betroffen. Als wichtiges Expansionsmotiv stand die Verbreiterung der Produktbasis im Vordergrund, wie sie beispielsweise bei IBM, General Foods und Allied Chemicals durchgeführt wurde. Mit dem Aufkommen der Autoindustrie wurde darüber hinaus eine Verbesserung der Distributionsmöglichkeiten erreicht. Die technischen Möglichkeiten für eine Massendistribution waren damit geschaffen und die Notwendigkeit einer Industriekonsolidierung wurde gefördert.

Auch das Banking selbst stellte einen wichtigen Wirtschaftsfaktor und sogar einen Exportartikel dar. Kapital wurde ausländischen Unternehmen und Regierungen zur Verfügung gestellt. Der Begriff der so genannten Yankee Bonds stand für die US-Dollar-Anleihen ausländischer Emittenten, die in den USA nach den dort geltenden Regeln emittiert wurden. Der Kapitalexport und die Generierung von Emissionsgebühren wurden gezielt von staatlicher Stelle als Möglichkeit eines Ausgleichs des nationalen Zahlungsungleichgewichts und als Beitrag zum eigenen Wirtschaftswachstum gefördert.

Gleichzeitig war der Bankensektor klar gegliedert. So herrschten bei der Bildung von Emissionssyndikaten zwischen den Banken strenge hierarchische Regeln und bindende Verpflichtungen. Eine kleine Gruppe von Banken dominierte regelmäßig alle großen Transaktionen. Dabei fand eine Abgrenzung zu Banken mit niedrigeren Reputationsstufen statt. Diese konnten sich jedoch in entsprechend untergeordneter Position an den Syndikaten beteiligen. Insofern hatten Banken mit unterschiedlichem Standing durchaus profitable Geschäftsmöglichkeiten. Die dominierenden Banken bildeten jedoch einen exklusiven Zirkel, der sich mit einer geradezu aristokratischen Grundeinstellung an ungeschriebene Verhaltensregeln hielt. So konnte, sehr zum Vorteil der beteiligten Banken, der Wettbewerb begrenzt werden. Die Mischung aus Einfluss, Verschwiegenheit und Profitabilität stieß gleichzeitig auf ein ausgeprägtes öffentliches Misstrauen.

Die steigenden Aktienkurse und die Verfügbarkeit von Kapital führten zu einem expandierenden Emissionsgeschäft. Besonders die reputationsstärksten Häuser betrieben zu dieser Zeit die Übernahme von Anleihen und gaben die Retail-Distribution an Broker weiter. Für die elitär denkenden Banker galt die Massendistribution schlichtweg als unfein. Die attraktiven Ertragsaussichten und der problemlose Absatz der Wertpapiere zur Zeit des Booms ließ jedoch in den Jahren vor dem Crash viele Banken in diese Absatzwege einsteigen. Damit waren zwei Vorteile verbunden: Die Banken verringerten ihre Abhängigkeit von den Brokern und schufen sich gleichzeitig eine weitere Einnahmequelle. Besonders in der Phase stetig ansteigender Aktienkurse trug sich dieses Geschäftsfeld von allein.

Als besonders aggressiver Verkäufer von Wertpapieren trat *Charles Mitchell* von der National City Bank in Erscheinung, der eine umfangreiche Vertriebsmannschaft führte. In dieser Zeit entstand der legendäre „Cold Call", bei dem ein potenzieller Kunde einen unerwarteten Anruf erhält. Durch den persönlichen Überraschungseffekt soll der Kunde zu einem Kauf veranlasst werden. Wertpapiere wurden somit wie beliebige andere Konsumgüter auch gezielt vermarktet.

## 4.2 Großer Börsencrash 1929

Obwohl es im Laufe der letzten Jahrhunderte immer wieder zu deutlichen und besonders raschen Preiskorrekturen an den Märkten gekommen ist, so gelten doch die Ereignisse des Oktober 1929 als das hervorstechendste und traumatischste Beispiel eines Börsencrashs. Die Bedeutung funktionierender Finanzsysteme kommt in wirtschaftlich stabilen Zeiten nicht unmittelbar zum Ausdruck. Zum Zeitpunkt der Krise werden aber die Wirkungsweisen besonders transparent. Das gilt für die Ebene der gesamtwirtschaftlichen Zusammenhänge ebenso wie für die Auswirkungen auf jedes einzelne Individuum.

Die 20er Jahre dieses Jahrhunderts präsentierten sich mit einem soliden wirtschaftlichen Aufschwung und nachhaltig steigenden Aktienkursen. Die wirtschaftliche Erholung nach dem Ersten Weltkrieg schuf eine gute Ausgangsbasis für günstige Zukunftsaussichten. Aufgrund der fortschreitenden Elektrifizierung bildete sich ein Nachfrageschub für Strom und neue elektrische Geräte. Entsprechend galten Stromunternehmen an den Börsen als sichere und gefragte Titel. Die Baubranche und der Automobilsektor waren ebenfalls besonders prosperierende Industrien.

In der Situation steigender Aktienkurse hatte sich die Nachfrage nach Wertpapieren weiter verstärkt. Die Folge war eine drastische Abnahme der Qualität emittierter Eigen- und Fremdkapitalpapiere. Da die hochwertigen Titel bereits auf dem Markt waren und die Aufnahmefähigkeit der Kapitalmärkte unverändert anhielt, begannen Unternehmen und Länder mit minderer Bonität, sich an das breite Anlagepublikum zu wenden. Gleichzeitig war das Preisniveau des Gesamtmarktes und der Neuemissionen, gemessen beispielsweise als Price-Earnings-Ratio, unverhältnismäßig hoch. Seitens der Banken wurde den einzelnen Anlegern ein umfangreiches Margin Lending ermöglicht. Beim Kauf von Aktien mussten dabei nur zwischen zehn und fünfzehn Prozent des Kurses tatsächlich eingezahlt werden. Der verbleibende Betrag wurde von der Bank geliehen. In der Phase steigender Notierungen ließen sich über diesen Hebeleffekt überproportionale Gewinne erzielen.

Noch 1928 herrschte große Zuversicht in Banken und Unternehmen. US-Präsident *Calvin Coolidge* versprach dem Kongress am Anfang des Jahres, dass das Land der Zukunft mit Zufriedenheit und Optimismus entgegensehen könne. Zeichen eines spekulativen Booms an den Börsen waren jedoch zum Teil bereits erkennbar. Ein Beispiel war die Bewertung der so genannten Closed End Funds. Hierbei handelt es sich um Fonds, die einen fest definierten Betrag investieren, das heißt über eine geschlossene Kapitalisierung verfügen. Der Investor kann einzelne Anteile an diesen Fonds am Markt erwerben und wieder verkaufen. Es bildet sich so ein eigener Kurs für die Fondsanteile, der jedoch weitgehend dem Wert des Investitionsportfolios entsprechen sollte. Zum Zeitpunkt des Crashs lag der Preisaufschlag einzelner Fonds zwischen 50 und 200 Prozent. In den Jahren nach 1929 wurden sie dafür dann mit einem signifikanten Abschlag notiert.

In den sechs Monaten vor dem großen Crash stieg der Gesamtmarkt im selben Ausmaß wie in den gesamten fünf Jahren insgesamt zuvor. Die augenscheinlichen und anhaltenden Wachstumsraten veranlassten auch immer mehr Kleinanleger zum Kauf von Wertpapieren. Insofern verstärkte sich der Trend zunächst von selbst. Auf der Produktionsseite nahm die Überproduktion an Gütern zu. Einige Marktbeobachter begannen zwar mit einer langfristig notwendigen Korrektur zu rechnen. Vor dem Hintergrund der kurzfristig weiter steigenden Kurse gab es jedoch zunächst keinen Grund für einen verfrühten Ausstieg aus dem Markt.

Den Ereignissen im Oktober 1929 ging ein erster Kursrückgang am 25. März 1929 voraus. Am 3./4. September 1929 erreichte der Dow Jones Industrial Index einen Höchststand mit 386 Punkten. (Dieses Niveau erreichte er erst wieder fünfundzwanzig Jahre später, im November 1954.) Als ein Analyst rapide sinkende Kurse vorhersagte und diese Nachricht über das „Broad Tape" veröffentlicht wurde, erfolgte am 5. September eine Korrektur nach unten.

Am Montag, dem 21. Oktober 1929 zeigten sich bereits zwei Phänomene, die für den Börsencrash signifikant waren. Zum einen stieg das Handelsvolumen erheblich an. Zum anderen mussten bereits einige Anleger aufgrund des Margin Lending den Banken Nachschuss leisten oder die Wertpapiere verkaufen, wobei viele Letzteres taten.

Drei Tage später, am 24. Oktober, erfolgte der entscheidende Kurssturz. In den USA wird dieser Tag daher als „Black Thursday" bezeichnet. Der Gesamtmarkt fiel um neun Prozent. Das Handelsvolumen erreichte das dreifache des Handelsvolumens der ersten neun Monate des ganzen Jahres. Deshalb kam es zu Verzögerungen bei der Kommunikation zwischen Investoren und Brokern an der Börse: Telegraphen waren nicht besonders schnell und Telefonleitungen existierten nur in geringer Anzahl und waren ständig belegt. Anleger, die Titel verkaufen wollten, konnten bei einem rapide sinkenden Markt ihre Orders nicht abgeben. Dies verstärkte die Panik unter den Anlegern. In der Folge bildete sich eine Menschenansammlung vor der New York Stock Exchange in der Hoffnung, von dort aus die Aufträge schneller durchführen lassen zu können. Am Nachmittag hatten sich die Kurse, zum Teil dank einer Stabilisierungsaktion eines Bankenpools, bereits leicht erholt.

Am nächsten Tag festigte sich die Lage und Präsident *Herbert Hoover* erklärte, die Wirtschaft sei stabil und gesund. Nach dem Wochenende, am Montag, dem 28. Oktober, gaben die Kurse bei hohen Umsätzen weiter nach. Am Dienstag verzeichnete der Markt schließlich den höchsten absoluten Rückgang.

In der Folge fielen die Titel bis Mitte November weiter. In einem Zeitraum von zwei Wochen waren 30 Mrd. US-$ an nominalen Werten vernichtet worden. Dies entsprach fast den kompletten Ausgaben der USA für den Ersten Weltkrieg. Im Juli 1932 erreichte der Dow Jones Industrial Index schließlich mit 40 Punkten seinen Tiefststand.

Für die Anleger wirkte der Börsencrash von 1929 wie ein Trauma. Obwohl die Kleininvestoren nur einen geringen Anteil an der Gesamtbevölkerung ausmachten, wurden doch viele von ihnen durch umfangreiche fremdfinanzierte Aktienkäufe in den finanziellen Ruin getrieben. Der Kurssturz wurde bereits aufgrund der damaligen Interdependenz der internationalen Kapitalmärkte zu einem weltweiten Phänomen, welches schwerwiegende gesamtwirtschaftliche Folgen nach sich zog. Die sich anschließende weltwirtschaftliche Rezession wurde – sehr vereinfachend – mit dem erfolgten Börsencrash erklärt. Damit stellte sich unmittelbar die Frage nach den Ursachen des Crashs. Für diesen wurden die Banken als Schlüsselfiguren an der Börse verantwortlich gemacht, denen Spekulation und Machtmissbrauch vorgeworfen wurden.

Die so genannten Pecora-Anhörungen einer staatlich eingesetzten Untersuchungskommission brachten Anfang der 30er Jahre schließlich eine Vielzahl an Misspraktiken zum Vorschein, die durch eine Mischung aus Überhitzung der Börse und Intransparenz des Finanzsystems ermöglicht worden war. Die Anleger hatten vielfach auf die Reputation der Banken und deren durchgeführte Unternehmensbewertungen vertraut. Tatsächlich waren kaum geprüfte Unternehmen an den Markt gebracht worden. Eine kritische Festsetzung von Emissionspreisen hatte vor dem Hintergrund der Börsenentwicklung kaum noch stattgefunden.

Darüber hinaus hatten betrügerische Machenschaften weit um sich gegriffen. Beispielsweise schlossen sich einzelne Investoren und Kursmakler zu einem „Investment Pool" zusammen, um gezielt Kursmanipulationen vornehmen zu können. Zunächst wurden sukzessive größere Anteile eines Unternehmens aufgekauft und dann der Kurs durch gegenseitigen An- und Verkauf nach oben getrieben. Durch die Kurssteigerung wurden andere Investoren angezogen und das Kursmomentum trug sich selbst. Schließlich konnte das eigene Aktienpaket zu einem wesentlich höheren Preis weiterverkauft werden. Derartige Verhaltensweisen und die Praxis von kurzfristigen, rein spekulativen Anlagegeschäften brachten einen deutlichen Ansehensverlust für die Banker mit sich.

Vor diesem Hintergrund geriet das Bankensystem in Bedrängnis. Niedrig kapitalisierte Tochtergesellschaften größerer Banken hatten durch Eigengeschäfte und zahlungsunfähige Kleinkunden mit Margin-Geschäften erhebliche Verluste zu verbuchen und konnten Kredite des Mutterunternehmens nicht mehr zurückzahlen. Es kam zum Zusammenbruch etablierter Banken, die selbst nicht unmittelbar im Wertpapiergeschäft tätig gewesen waren. Kleinanleger verloren beispielsweise beim Kollaps der New York City Bank rund 300 Millionen US-Dollar. Den Investoren entstanden nicht nur Verluste durch Kursverluste am Aktienmarkt und durch ausfallende festverzinsliche Wertpapiere, sondern auch durch die Einbuße von sicher geglaubten Spareinlagen bei bankrotten Banken.

Gesamtwirtschaftlich wirkte sich der Vermögensverlust unmittelbar auf das Nachfrageverhalten aus. Aufgrund des zunächst unveränderten Angebots kam es zu fallenden Warenpreisen. Es folgten Unternehmenskonkurse und eine rapide ansteigende Arbeitslosigkeit. Besonders in Europa führten das Ausbleiben US-amerikanischer Kredite und der reduzierte Export zu einer parallel laufenden wirtschaftlichen Entwicklung, die zu der großen Weltwirtschaftskrise ab dem Sommer 1930 führte. Im Juli 1931 musste als erste deutsche Bank die Darmstädter Nationalbank schließen.

## 4.3 Konsequenzen aus dem Crash

### 4.3.1 Gesetzliche Neuregelungen

Die Analyse der Ereignisse führte in den USA zu der Forderung, den Bankensektor transparenter und wettbewerbsorientierter zu gestalten. Unter *Franklin D. Roosevelt* wurde daher eine Vielzahl gesetzlicher Neuregelungen eingeführt wie der Securities Act, der Banking Act und der Securities and Exchange Act.

Der *Securities Act* von 1933 regelte den Registrationsprozess bei der Neuemission von Wertpapieren. Es wurden eine Nachweispflicht und die Haftung der Banken für vollständige und richtige Angaben über das emittierte Wertpapier eingeführt. Zusätzlich sollte eine dreiwöchige Wartezeit zwischen Anmeldung und Emission dem so genannten „Cooling off" dienen, das heißt zu schnelle und zu kurzfristige Einschätzungen sollten abgedämpft werden. Mit dem Securities Act ist somit eine Regulierung des Primärmarktes für Wertpapiere eingeführt worden.

Mit dem *Banking Act* von 1933, bekannt unter dem Begriff Glass Steagall Act, fand ein direkter Eingriff in die Marktstruktur der Banken statt. Das Einlagen- und Kreditgeschäft einerseits und das Wertpapiergeschäft andererseits durften nicht mehr gemeinsam von einer Bank durchgeführt werden. Die institutionelle Trennung der Geschäftsfelder stellte einen radikalen Einschnitt dar. Damit wurde der spezielle Bereich des Investment Banking geschaffen, der neben dem Commercial Banking besteht. Entsprechend schuf bzw. verstärkte der Banking Act das US-amerikanische Trennbankensystem (vgl. Grundlagen, Abschnitt 1.2).

Die einzelnen Banken mussten sich als Folge des Banking Act für ihren weiteren Fortbestand zugunsten des Investment Banking oder des Commercial Banking entscheiden. Besonders hart traf dies die relativ kleinen Privatbanken mit mehreren Geschäftssparten, die sich aufspalten oder einen Teil ihrer Tätigkeiten veräußern mußten. J. P. Morgan entschied sich beispielsweise für das Commercial Banking; Morgan Stanley & Company wurde als Investmentbank abgespalten. Goldman Sachs, Lehman Brothers und Kuhn Loeb & Co. wählten das Investment Banking. Chase mußte sich von American Express trennen. Aus der First National Bank of Boston ging die Investmentbank First Boston hervor.

Mit dem *Securities and Exchange Act* von 1934 wurde dann auch der Sekundärmarkt reguliert. Weiter wurden ergänzende Regeln zur Durchführung von Primäremissionen nach dem Securities Act eingeführt. Der wohl weitreichendste Punkt war die Schaffung der Securities Exchange Commission (SEC) als Aufsichtsinstanz für alle US-amerikanischen Börsen.

Mit der Gründung der National Association of Securities Dealers (NASD) wurden zudem Rahmenbedingungen für den Over-the-Counter-Markt gesetzt. Davon sind jene Broker und Dealer betroffen, die nicht an den organisierten Börsen tätig sind. Hiermit wurde eine Regulierung der verschiedenartigen Marktteilnehmer bezweckt, die mit den bedeutendsten Institutionen begann und mögliche Umgehungsvarianten über nicht organisierte Märkte ausschließen sollte.

### 4.3.2 Theoretische Neuausrichtungen

Der große Börsencrash führte jedoch nicht nur zu wirtschaftlichen und regulatorischen Konsequenzen. Auch auf akademischer Seite erreichten die Überlegungen zur Bewertung von Unternehmen eine neue Bedeutung. Im Jahr 1934 veröffentlichten *Graham* und *Dodd* ihr Buch „Security Analysis". Darin favorisieren sie die Bestimmung eines fundamentalen Unternehmenswertes. Anhand des Vergleichs von Unternehmenswert und aktuellem Kurs können Investoren ihre Investitionsentscheidungen ausrichten. Unterbewertete Titel gilt es demnach zu kaufen und überbewertete zu verkaufen.

Die grundsätzliche Ausrichtung von Graham/Dodd zur Bestimmung eines „inneren" Wertes erhielt 1938 durch die Überlegungen von *John Burr Williams* eine zusätzliche

Fundierung. In seiner Doktorarbeit „The Theory of Investment Value" leitet er formal den fundamentalen Wert einer Aktie aus der Diskontierung der zukünftigen Dividendeneinkommen auf den Gegenwartszeitpunkt ab. Dieses so genannte „Dividend Discount Model" bildet bis heute unverändert eine Methode zur Unternehmensbewertung.

Eine gegensätzliche Position zu den am Fundamentalwert orientierten Theoretikern nahm 1936 *John Maynard Keynes* ein. Er beschrieb die Kursbildung an den Börsen als „Beauty Contest". Bei Anlageentscheidungen findet keine Orientierung an irgendwie gearteten objektiven Wertmaßstäben statt. Tatsächlich kommt es zur Bildung eines Herdentriebs, indem einzelne frühzeitig auf der Basis der Gesamtmeinung des Marktes hin spekulieren. Sollte bei einem Schönheitswettbewerb auf den aussichtsreichsten Kandidaten gewettet werden, so wäre nicht die eigene Meinung relevant, sondern es müsste das Urteil der anderen Beobachter antizipiert werden. Für eine erfolgreiche Anlagestrategie ist demzufolge die zukünftige Meinungsbildung des Gesamtmarktes entscheidend. Dies würde eine Abkoppelung der Kurse von einer wirtschaftlichen Ausgangsbasis erklären.

## 4.4 Entwicklung bis in die 60er Jahre

Die Bedeutung und die Profitabilität der Investmentbanken waren in der Phase nach dem Glass Steagall Act und der damit verbundenen Festigung des Trennbankensystems in den Vereinigten Staaten nicht spektakulär. Bei einer anhaltend schwachen Marktentwicklung lebten die Häuser vorwiegend vom Sekundärmarkthandel und von Kapitalumstrukturierungen. Erschwerend kam ein Wandel im Geschäftsverhalten der Emittenten hinzu. Die Bedeutung von Ausschreibungen und Bietprozessen bei der Auftragsvergabe im Wertpapiergeschäft nahm auf Kosten des individuell vereinbarten Emissionsauftrags zu. Besonders der öffentliche Sektor ging zur Ausschreibung der Aufträge über. In Verbindung mit den neuen rechtlichen Regeln verursachte dies eine unmittelbare Erosion der Emissionsmargen.

Diese Praktiken bewirkten eine nachhaltige Verstärkung des Wettbewerbs. Als unmittelbare Folge von Ausschreibungsverfahren waren Auflösungen der traditionellen Hausbankbeziehung festzustellen. Dieser Prozess wurde zusätzlich durch das eingeführte Trennbankensystem gefördert. Jedes Unternehmen benötigte zwangsläufig bereits zwei Banken: eine Commercialbank und eine Investmentbank. Dies beschleunigte die Gewöhnung der Unternehmen an mehrere Bankbeziehungen. So wurden beispielsweise bei der Kapitalaufnahme Formen des Kredites und der Wertpapieremission von unterschiedlichen Banken zu konkurrierenden Konditionen angeboten.

Seit den 40er Jahren erfuhr das Investment Banking wieder einen gewissen Aufschwung. So fand durch die notwendige Kriegsfinanzierung eine spürbare Inanspruchnahme des Kapitalmarktes durch Staatspapiere statt. Dabei war es der Regierung gelungen, in Zusammenarbeit mit der Federal Reserve Bank die Zinsen dauerhaft zu stabilisieren und gleichzeitig Kapital aufzubringen. Damit wurde der Markt für festverzinsliche Anleihen in dieser Phase äußerst stabilisiert, sodass sich trotz des hohen Angebots an Staatspapieren keine nennenswerten Kursänderungen ergaben.

In die Jahre nach 1947 fiel die spektakuläre Entscheidung des Richters *Harold Medina* im Prozess „United States v. Henry S. Morgan". Es wurden 17 führende Investmentbanken und die Investment Bankers Association wegen Missbrauchs einer Monopolstellung in den Jahren um 1915 angeklagt. Ihnen wurde vorgeworfen, sie hätten bewusst Strukturen geschaffen, um das Wertpapiergeschäft in den USA zu monopolisieren. Nachgewiesen werden sollte dies durch die pyramidenähnliche Struktur im Emissionsgeschäft mit ihrer statischen Zusammensetzung. Die beobachtbare Oligopolstruktur beim Emissionsgeschäft mit einer sehr stabilen Staffelung vom führenden Haus abwärts, bei der immer wieder dieselben Firmen beteiligt waren, sollte als Nachweis für den systematischen und vorsätzlichen Ausschluss anderer Banken und somit des Wettbewerbs herangezogen werden. Die aufwendige und langwierige Anklage wurde nach jahrelangem Streit abgewiesen. Dennoch hatte der Prozess die Reputation der Investmentbanken angegriffen und über mehrere Jahre die Ressourcen und die Aufmerksamkeit der Investmentbanken von der eigentlichen Geschäftstätigkeit abgelenkt.

Mit Beendigung dieses Verfahrens nahm auch die anhaltende Behinderung der Investmentbanken ab. Die stabile und geordnete wirtschaftliche Entwicklung brachte in den Jahren nach dem Krieg zumindest eingeschränkte Geschäftsmöglichkeiten für die Investmentbanken. Das sukzessive Zusammenwachsen der Weltwirtschaft ermöglichte zudem feste internationale Wechselkurse. Das zunehmende Wirtschaftswachstum und die Entwicklung neuer Technologien beeinflussten die ökonomischen Rahmenbedingungen der Banken und legten die Grundlage für eine positive Entwicklung.

Vorteilhaft wirkte sich für die Investmentbanken auch die Entwicklung einer neuen aktiven Phase von Unternehmensübernahmen in den Jahren 1967 bis 1969 aus. Diese wurde durch die Bildung von Konglomeraten und die Diversifikationsstrategie mittlerer und kleinerer Firmen getragen. Aus dem Hauptproblem vieler Industrien, den bestehenden Überkapazitäten aus Kriegszeiten, entstand das Motiv zur Repositionierung in neue und wachsende Geschäftsfelder. Andere Gründe bestanden in der Stabilisierung der Erträge und der Veränderung des Wettbewerbsumfelds. Die wichtigste Überlegung war die Nutzung von Synergieeffekten. Auf der finanzwirtschaftlichen Seite konnten die Verschuldungskapazität erhöht, die Variabilität von Cash-Flows verringert oder die Steuerzahlungen optimiert werden. Realwirtschaftliche Überlegungen betrafen Bereiche wie Distribution, Einkauf, Produktionskapazitäten und Management.

## 4.5 Anfänge der modernen Kapitalmarkttheorie

Bereits in den Begründungen zu den damaligen Fusionswellen wurde deutlich, dass theoretische Überlegungen zur effizienteren Nutzung von Ressourcen die Handlungen der Kapitalmarktakteure beeinflussten. Für die weitere Entwicklung der Finanzierungstheorie waren in den 50er und 60er Jahren die Theorien von Markowitz, Sharpe, Lintner und Mossin wegweisend.

Im Jahr 1952 veröffentlichte der 25-jährige Student *Harry Markowitz* einen Artikel mit dem Titel „Portfolio Selection". Für diese fast zehn Jahre lang unbeachteten Überlegungen erhielt er später den Nobelpreis. Der Ausgangspunkt für Anlageentscheidungen ist für ihn nicht die Vorteilhaftigkeit eines einzelnen Wertpapiers. Es kann vielmehr unter Berücksichtigung der Risiko/Rendite-Eigenschaften mehrerer Wertpapiere und deren Kovarianz untereinander ein diversifiziertes Portfolio erstellt werden. Verschiedene risikoreiche Wertpapiere lassen sich somit zu einem insgesamt weniger risikoreichen Portfolio zusammenstellen. Aus den effizienten Portfolios wird bei Berücksichtigung der Risikopräferenz des Investors ein optimales Portfolio gewonnen. In Verbindung mit dem später darauf aufbauenden Separationstheorem von *Tobin* war damit der Grundstein für das moderne Asset Management gelegt.

In den Jahren 1964 bis 1966 wurde dieser Ansatz von *Sharpe*, *Lintner* und *Mossin* als allgemeines Gleichgewichtsmodell am Kapitalmarkt erweitert. Dieses so genannte Capital Asset Pricing Model (CAPM) ermöglicht eine Erklärung der Preisbildung am Kapitalmarkt. Demnach ist die erwartete Rendite eines Wertpapiers abhängig von dessen systematischem Risiko.

Damit war ein Erklärungsansatz zur Funktionsweise und zu den Zusammenhängen am Kapitalmarkt gegeben. Er wird bis heute für die verschiedensten finanzwirtschaftlichen Entscheidungsbereiche herangezogen. So können beispielsweise im Asset Management auf dieser Grundlage effiziente und optimale Portfolios für die Investoren erstellt werden. Umgekehrt lassen sich für Unternehmen aus deren Risikoposition die entstehenden Kapitalkosten als die erwartete Verzinsung der Kapitalgeber ableiten. Eine empirische Überprüfung des CAPM ist aufgrund methodischer Zusammenhänge nur begrenzt möglich und führt zu uneinheitlichen Aussagen. Dennoch bilden diese Überlegungen einen theoretischen Grundstein der modernen Kapitalmarkttheorie.

# 5. Investment Banking der 70er Jahre

## 5.1 Terminmärkte

In den 70er Jahren zeigten sich verstärkt die veränderten wirtschaftlichen Rahmenbedingungen der einzelnen Länder. Auf der Grundlage einer relativ stabilen politischen Entwicklung in den westlichen Industrienationen hatte eine nachhaltige Wirtschaftsentwicklung eingesetzt, die unter anderem durch zunehmende überregionale Warenflüsse gekennzeichnet war. Der Abbau von staatlichen Devisenkontrollen vereinfachte die Investitions- und Austauschaktivitäten zwischen den Ländern.

Diese Faktoren führten zu einem starken Anstieg der internationalen Kapitalströme. Da jedoch gleichzeitig mit dem System von *Bretton Woods* die Wechselkurse administriert und an den Dollar bzw. das Gold gekoppelt waren, entstand durch die divergierende Wirtschaftsentwicklung der einzelnen Länder und die Höhe der Währungstauschgeschäfte ein zunehmender Anpassungsdruck auf die individuellen, starren Wechselkurse. Im Jahr 1971 konnte dieses Währungssystem schließlich nicht mehr aufrechterhalten werden; die fixen Devisenkurse und die Goldkoppelung des US-Dollars wurden aufgehoben. Im Jahr 1972 folgte das politische Ende für das System von Bretton Woods.

Dies führte zu einem unmittelbaren Ansteigen der Volatilität auf den Währungsmärkten. Aus Sicht des Marktes bestimmten Angebot und Nachfrage den Wechselkurs und nicht mehr die administrativen Überlegungen eines Währungssystems. Diese neu entstandene Flexibilität der Kurse von Währungen bedeutete jedoch gleichzeitig für die Akteure am Kapitalmarkt einen neuen Risikofaktor bei internationalen Transaktionen.

Eine weitere Ursache für zunehmende Marktunsicherheiten lag im Öl-Handel. Öl war eine entscheidende Energiequelle und ein bedeutendes Importgut der Industrienationen. Die ölfördernden Staaten konnten über einen Kartellzusammenschluss (OPEC – Organization of the Petroleum Exporting Countries) eine Limitierung des Angebots durchsetzen. Die in der Folge sprunghaft ansteigenden Energiekosten, bezeichnet als Ölpreisschock, lösten für die Industrienationen unter anderem unmittelbar ansteigende Inflationstendenzen aus. In Verbindung mit schwankenden Währungen führte dies zu stark variablen Zinssätzen. Über den Zusammenhang zwischen dem Zins- und Aktienmarkt führten starke Veränderungen des Zinsniveaus schließlich auch zu einer verstärkten Volatilität an den Aktienmärkten.

Für Finanzinstitutionen hatte dies einen unmittelbaren Einfluss auf die Geschäfte. Die größte Bedeutung kam hierbei der Unsicherheit der Zinsentwicklung zu. Aber auch für Industrieunternehmen wurde ein gezieltes Finanzmanagement insofern wichtiger, als Währungsschwankungen berücksichtigt werden mussten. Insgesamt war die Notwendigkeit der Absicherung finanzwirtschaftlicher Risiken entstanden.

Eine institutionalisierte Weitergabe bzw. Übernahme von Preis- und Marktrisiken wurde durch die im Jahr 1973 gegründete Chicago Board Options Exchange (CBOE), einer Gründung des Chicago Board of Trade (CBOT), ermöglicht, der ersten Optionsbörse der Welt. Sehr schnell erreichten die Derivatgeschäfte auch an anderen Börsen erhebliche Volumina. Mit der Etablierung dieser Terminmärkte wurde der effiziente Handel von Risiken und die gezielte Steuerung von Risikoprofilen möglich.

Diese institutionellen Entwicklungen wurden durch grundlegende analytische Überlegungen zur Preisbestimmung von derivativen Instrumenten weiter gefördert. Ebenfalls im Jahr der Gründung der CBOE veröffentlichten *Fischer Black* und *Myron Scholes* den Artikel „The Pricing of Options and Corporate Liabilities". *Robert Merton* publizierte fast zeitgleich seine Überlegungen unter dem Titel „Theory of Rational Option Pricing". Damit war der Grundstein zur Optionspreisbewertung gelegt. Für die Arbeit erhielten Myron Scholes und Robert Merton später den Nobelpreis; Fischer Black verstarb vorzeitig. Sowohl die Abgrenzung der entscheidenden Einflusskomponenten als auch die formelmäßige Feststellung des Optionswertes selbst waren der entscheidende Ausgangspunkt für die weiteren Möglichkeiten einer Preisbestimmung und eines Handels von derivativen Finanzinstrumenten. Die allgemeine Kenntnis und Akzeptanz dieser Ergebnisse trat allerdings erst mit einer deutlichen Zeitverzögerung ein.

Wirkliche Bedeutung haben diese Methoden der Risikobewertung erst in den 80er Jahren erlangt. Bis dahin wurden die Bewertungsmöglichkeiten hauptsächlich intern von den Investmentbanken genutzt, um bestimmte Risikopositionen abzusichern. Besonders das Kursänderungsrisiko bei der Emission von festverzinslichen Wertpapieren konnte durch entsprechende Termingeschäfte begrenzt werden. Inzwischen ist das Risikomanagement durch eine Vielzahl von Instrumenten für Industrie- und Finanzunternehmen zu einem wichtigen Bestandteil des Steuerungssystems geworden.

Für die Investmentbanken sind die volatilen und aktiven Terminmärkte ein attraktives Geschäftsfeld. Es entwickeln sich ständig neue Möglichkeiten im Bereich der Durchführung von Kundenaufträgen, im Eigenhandel, der Arbitrage und zum Teil im Market Making.

## 5.2 Kassamärkte

Parallel zur Etablierung der Terminmärkte war die Entwicklung einer zunehmenden Produktvielfalt an den Kassamärkten zu beobachten. Als Emittenten von Wertpapieren traten nicht nur private Unternehmen, sondern auch der Staat in vielfältiger Weise auf. Für die Investmentbanken wurde so der Bereich des „Public Finance", das heißt das Investment-Banking-Geschäft mit öffentlichen Institutionen, zu einem erweiterten Geschäftsfeld.

Auf der Anlegerseite begann mit unterschiedlicher Intensität in den einzelnen Ländern eine zunehmende Bündelung der Kapitalanlage bei institutionellen Investoren. Kleinanleger stellten ihre verfügbaren Mittel professionellen Fondsmanagern, beispielsweise Investment und Mutual Funds oder auch Kapitallebensversicherungen, zur Verfügung. Diese konnten auf der Basis der Portfolio Selection eine diversifizierte Zusammenstellung an Wertpapierbeteiligungen aufbauen. Mit steigendem Volumen derartig verwalteter Gelder veränderte sich faktisch auch die Struktur der Unternehmenskontrolle in den einzelnen Ländern.

Der Trend zu Diversifikationsüberlegungen bei der Kapitalanlage griff auch auf die Gestaltungskonzepte von Industrie- und Dienstleistungsunternehmen über. Eine Risikostreuung innerhalb eines Konzerns wurde zu dieser Zeit als wünschenswert eingestuft. Der kontinuierliche Anstieg an Unternehmensübernahmen war zur schnellen und umfassenden Bildung diversifizierter Konglomerate nötig.

## 5.3 Euromärkte

Die Rahmenbedingungen des wachsenden internationalen Waren- und Finanzaustauschs bedingten zusätzliche Formen der Kapitalmarktorganisation. Die wichtigste Neuerung war die Bildung des Euromarktes in London.

Ausgelöst wurde diese Entwicklung durch eine Emission von S. G. Warburg im Jahr 1964, die richtungweisend für die Schaffung dieses Marktes war. Eine Anleihe für die italienische Straßengesellschaft Autostrada wurde in US-Dollar nominiert und in London platziert. Mit dem Verkauf der Anleihe außerhalb der USA konnten die Registrierungsvorschriften der SEC und die anfallenden US-Steuern umgangen werden. Die dabei realisierten Prozessvereinfachungen und Kosteneinsparungen wurden in der Folge von anderen Emittenten imitiert und erhöhten schnell die Attraktivität dieses Marktes für Kapitalanleger und -nachfrager.

Etwa zwanzig Jahre später wurde der Euromarkt auch für den Handel mit Unternehmensanteilen genutzt. Die abweichenden Regulierungsvorschriften machten den Sekundärmarkthandel an diesem Markt besonders interessant. Die Internationalität und Bedeutung der Marktteilnehmer in diesem Segment ermöglichte gleichzeitig eine breite Streuung von Unternehmensanteilen bei Börsenersteinführungen, die aufgrund ihres Volumens für die Aufnahmefähigkeit eines nationalen Kapitalmarktes zu umfangreich wären.

Das weniger restriktive Regulierungsumfeld im Euromarkt ermöglichte in der Folge eine beschleunigte Zunahme von Finanzinnovationen. Unter anderen entstanden die „Floating Rate Notes". Bei diesen handelt es sich um festverzinsliche Wertpapiere, deren Zinssatz variabel ist und sich in regelmäßigen Abständen in Anlehnung an einen Referenzzinssatz anpasst, zum Beispiel dem London Interbank Offered Rate (LIBOR), der sich aus Angebot und Nachfrage von Marktteilnehmern der besten Bonitätsklasse bildet. Aufgrund der Attraktivität des Euromarktes für die Kapitalgeber und -nachfrager konnten die Investmentbanken höhere Emissionsgebühren als in einigen nationalen Märkten erzielen. Der Eurobondmarkt verzeichnete ein derartig hohes Wachstum, dass das Volumen bei Neuemissionen seit Mitte der 80er Jahre den nationalen US-amerikanischen Markt übertroffen hat.

Die Etablierung des Euromarktes in London führte zu einer Aufweichung der US-amerikanischen Trennung von Investment Banking und Commercial Banking. So erlaubte der Euromarkt den US-amerikanischen Commercialbanken, über ihre Tochtergesellschaften in London die Beschränkungen des Glass Steagall Acts zu umgehen und in Bereichen des Investment Banking aktiv zu bleiben oder werden zu können. Wichtigstes Geschäftsfeld blieb dabei aufgrund der Marktbedingungen das Emissionsgeschäft. Mit Ausnahme von J. P. Morgan waren die Commercialbanken in diesem Bereich nur beschränkt erfolgreich, während die klassischen US-amerikanischen Investmentbanken hingegen mit ihren ausgeprägten Ansätzen im Hinblick auf Arbeitsmethodik und Kundenbeziehungen auch in diesem Markt sehr erfolgreich waren. Aufgrund der breiten nationalen Platzierungsmöglichkeiten galt dies auch für die deutschen Banken.

## 5.4 Einsetzende Deregulierung

Am Beispiel des Euromarktes zeigte sich die weitreichende Bedeutung der nationalen Wettbewerbsbedingungen auf die Standortwahl bei finanziellen Transaktionen. Durch die Entstehung internationaler Arbitragemöglichkeiten, die nicht nur auf Zins- und

Währungsunterschieden beruhten, konnten gezielt Regulierungs- und Steuerdifferenzen ausgenutzt werden.

In Deutschland existierte beispielsweise ein Anmeldesystem für Emissionen. Damit sollte der Zentralbank die Möglichkeit gegeben werden, den Zufluss ausländischen Kapitals und damit die Entwicklung von Geldmenge und Zinsniveau besser kontrollieren zu können. Tatsächlich führte diese Regelung zu einer bürokratischen Verzögerung der Kapitalaufnahme und begünstigte damit die Entwicklung des Euromarktes. Die Standardisierung der Finanzprodukte und die internationale Flexibilität der Marktbeteiligten führten zur Entstehung und zum Wachstum weiterer so genannter Offshore-Märkte. Hierbei handelt es sich um Finanzplätze, die nicht an nationale Regularien gebunden sind.

In der Folge setzte ein Wettbewerb zwischen den unterschiedlichen nationalen Finanzplätzen ein, um keine Kapitalmarktaktivitäten zu verlieren bzw. um neue Geschäftstätigkeiten hinzuzugewinnen. Die Folge war eine zunehmende Deregulierung der einzelnen Kapitalmärkte. Während in Großbritannien erst Mitte der 80er Jahre mit dem so genannten Big Bang weitreichende Veränderungen eingeleitet wurden, waren in den USA bereits im Mai 1975 die festgelegten Kommissionen im Wertpapierhandel abgeschafft worden. Es folgte eine Vielzahl von Gesetzen in den USA. Dazu gehörten der Depository Institutions Deregulation and Monetary Control Act von 1980, der Depository Institutions Act (Garn-St. Germain Act) von 1982, die Financial Institutions Reconstruction von 1982 und der Recovery and Enforcement Act von 1983. Die SEC Rule 415 zur „Shelf Registration" von 1983 ermöglichte eine beschleunigte und flexiblere Handhabung des Platzierungsprozesses am Primärmarkt. Demnach kann eine Emission bei der SEC im Voraus registriert werden und dann in einer günstigen Ausgangssituation schnell ausgeübt werden. Mit diesem Verfahren konnten die Sicherheitsanforderungen der SEC gewahrt und gleichzeitig der Ablaufmodus stärker an die Bedürfnisse der Emittenten angepasst werden.

Derartige Änderungen wurden selten einhellig positiv von allen Beteiligten beurteilt. Rule 415 zur „Shelf Registration" hatte beispielsweise weitreichende Auswirkungen auf die Art der Syndikatsbildung und brachte eine größere Haftungsgefährdung für die Investmentbanken im Rahmen der Due Diligence. Der Zielkonflikt zwischen ausführlicher Unternehmensbeurteilung und den kurzfristigen Handlungserfordernissen trat deutlich hervor. Gleichzeitig waren jedoch neue Absicherungsmechanismen durch die zunehmende Kapitalmarkttransparenz entstanden. Diese hatte unter anderem in einer beschleunigten Verfügbarkeit von Informationen sowie dem verstärkten Wettbewerb zwischen den Research-Abteilungen der Investmentbanken und unabhängigen Rating-Agenturen ihren Ursprung.

Für die Investmentbanken bedeuteten die Deregulierungen einerseits neue Geschäfts- und Wettbewerbsmöglichkeiten. Andererseits führte jedoch beispielsweise die Abschaffung fester Kommissionen zu einem zunehmenden Wettbewerbsdruck zwischen den Finanzinstituten. Dieser wurde vor allem von den institutionellen Kunden genutzt. Den Kleinanlegern eröffneten sich dagegen zunehmend andere Anlagewege. So boten zum Beispiel die aufgrund der Deregulierung entstandenen Discount Broker, die niedrige Gebühren, aber keine weiteren Serviceleistungen wie Research und Beratung erbrachten, attraktive Alternativen.

Zusätzlich hatten die veränderten Möglichkeiten im Rahmen der Informationsbereitstellung weitreichende Auswirkungen auf die Struktur des Wettbewerbs zwischen den Investmentbanken. Historisch gewachsene Klientenbeziehungen und die Reputation der einzelnen Banken waren weiterhin wichtige Erfolgskomponenten. Zu immer stärkerer Bedeutung gelangte allerdings der Zeitfaktor im Investment Banking. Fähigkeiten in Bezug auf Geschwindigkeit, Effizienz und Strukturierung einer Transaktion wurden zu erfolgsentscheidenden Wettbewerbsfaktoren. Vor diesem Hintergrund war ein sukzessives Aufbrechen der historisch gewachsenen Segmente im Investment Banking zu beobachten.

# 6. Investment Banking der 80er Jahre

## 6.1 Fusionen und Übernahmen

Mitte der 80er Jahre erlebten die USA eine Welle der Unternehmensübernahmen von bisher nicht gekanntem Ausmaß. Dabei waren die feindlichen und stark fremdfinanzierten Unternehmenskäufe spektakuläre Neuerungen an den Kapitalmärkten. Die Zahl der Unternehmensübernahmen war ab 1980 zunächst langsam gestiegen, erreichte dann aber 1986 und 1987 ihren Höhepunkt. Dabei waren die absolute Höhe einzelner Transaktionen und die Gesamtsumme der getätigten Transaktionen auf dem höchsten Stand. Gefördert wurde die Übernahmewelle durch positive Zukunftsaussichten und einen stark steigenden Aktienmarkt, der bis zum Oktober 1987 anhielt. Zusätzlich ermöglichten Weiterentwicklungen bei den Finanzinstrumenten, insbesondere die so genannten Junk Bonds (High-Yield-Anleihen), eine Vielzahl an Transaktionen.

Bei Junk Bonds handelt es sich um Fremdkapitalanleihen, die niedriger als Investment Grade, das heißt mit einem Rating von weniger als BBB (Standard & Poor's) oder Baa (Moody's), bewertet werden. Ursprünglich existierten diese Wertpapiere nur als so genannte Fallen Angels, das heißt als herabgestufte Anleihen von ursprünglich als Investment Grade gehandelten Firmen. *Michael Milken* hielt in seiner Seminararbeit an der Universität in Berkeley (basierend auf älteren Forschungsergebnissen) fest, dass diese Bonds über eine geringere Ausfallrate verfügen, als zu erwarten wäre. Damit stellten diese Instrumente eine attraktive Anlagemöglichkeit dar.

Zunächst wurden diese Instrumente gezielt zur Finanzierung kleinerer Wachstumsunternehmen eingesetzt. Diese verfügten noch über kein oder nur über ein unzureichendes Rating und wurden von den potenziell kreditgebenden Banken als zu risikoreich eingestuft. Damit stellte die direkte Finanzierung über den Kapitalmarkt eine attraktive Alternative dar. Schließlich fanden die Junk Bonds ihren vorwiegenden Einsatz als Instrumente zur Finanzierung von stark fremdfinanzierten Unternehmensübernahmen

(Leveraged Buy Out), für die nach einer Schätzung der Federal Reserve Bank 1984 über 40 Prozent der Junk Bonds eingesetzt wurden.

Mit Hilfe umfangreicher Finanzierungsmittel aus dem Junk-Bond-Markt konnten viele große Unternehmensübernahmen auch ohne ausreichende Eigenmittel des Erwerbers durchgeführt werden. Somit war die Bandbreite an denkbaren Kaufkonstellationen erheblich größer geworden. Das führende Haus in diesem Bereich wurde Drexel Burnham Lambert, bei dem Michael Milken arbeitete, mit einem Marktanteil bis zu 45 Prozent im Jahr 1986. Der Anteil der Junk Bonds an den neuen Fremdkapitalanleihen der US-Unternehmen stieg in dieser Phase von 1,1 Prozent auf über 20 Prozent.

Die bei weitem bekannteste und spektakulärste Übernahme stellte 1988 der Leveraged Buy Out von RJR Nabisco durch Kohlberg Kravis Roberts (KKR) mit einem Volumen von 25 Mrd. US-Dollar dar. Unter Einsatz von Junk Bonds wurde diese Unternehmensübernahme zu erheblichen Teilen fremdfinanziert. Weitere besonders umfangreiche, jedoch aus unterschiedlichen Motiven durchgeführte Transaktionen waren der Kauf von Gulf Oil durch Chevron für 13,3 Mrd. US-Dollar, von Kraft für 12,6 Mrd. US-Dollar und von General Foods für 5,6 Mrd. US-Dollar durch Philip Morris und von RCA für 6,1 Mrd. US-Dollar durch General Electric.

Die Welle der Unternehmensübernahmen wurde zusätzlich durch so genannte Corporate Raiders angeheizt. Dabei boten ein Investor oder eine Gruppe von Investoren für ein Unternehmen, das beispielsweise aufgrund seiner diversifizierten und intransparenten Unternehmensbereiche an der Börse einen Bewertungsabschlag erhielt. Der Raider kaufte das Unternehmen und realisierte den „Trapped Value" durch Zerschlagung des Gesamtunternehmens (Asset Stripping). Der Verkauf von Unternehmensteilen konnte dann zur Tilgung des aufgenommenen Fremdkapitals genutzt werden.

Obwohl die Wirkung derartiger Transaktionen auf der wirtschaftlichen Mikro- und Makroebene nicht unumstritten war, stellte die Existenz solcher Verfahren ein wirksames Droh- und somit Disziplinierungspotenzial der Eigentümer gegenüber den Managern von Unternehmenskonglomeraten dar. In vielen Fällen kam es gar nicht zum vollständigen Erwerb des Zielunternehmens. Wenn ein Investor einen nennenswerten Anteil gekauft und durch Publikation seiner Positionen bereits Druck auf das Management des Unternehmens ausgeübt hatte, so konnte er sich durch nachfolgend ausgelöste Kurssteigerungen oftmals zu sehr attraktiven Konditionen wieder von seinem Engagement trennen. Bekannt für derartige Transaktionen war *Carl Icahn,* der beispielsweise 1988 eine Übernahme des Ölunternehmens Texaco durchführte.

In der Hochphase der Übernahmewelle wurden sukzessive kriminelle Insidergeschäfte einzelner Investmentbanker bekannt. Dabei wurden bevorzugt Informationen über bevorstehende Übernahmeangebote weitergegeben und zur Durchführung von Arbitragegeschäften, für die vor allem Ivan Boesky bekannt war, eingesetzt. Mit ihrer exponierten Stellung im Junk-Bond-Markt war die Firma Drexel Burnham Lambert besonders in die illegale Weitergabe von Informationen verwickelt. Als schließlich die schillerndste Figur des Junk-Bond-Handels, Michael Milken, auch in den Verdacht von Insidergeschäften geriet, führte dies zum Zusammenbruch des Junk-Bond-Marktes und zum

Konkurs des Hauses Drexel Burnham Lambert. Die Krise am Junk-Bond-Markt wurde verstärkt durch die Turbulenzen der US-amerikanischen Savings & Loans Industrie, deren Institute vereinzelt stark in Junk Bonds investiert hatten und sich aufgrund der fallenden Kurse wieder aus diesem Geschäft zurückziehen wollten. Insgesamt führte der Einbruch am Junk-Bond-Markt zu einer abrupten Austrocknung einer entscheidenden Finanzierungsquelle für Übernahmeaktivitäten der 80er Jahre.

Im Anschluss an die Boomjahre bis 1987/88 folgte die Rezession von 1989/90, die eine Konsolidierungsphase für die Finanzindustrie darstellte. Entsprechend war ein deutlicher Rückgang bei Unternehmensübernahmen und bei Emissionsvolumen zu verzeichnen.

## 6.2 Crash 1987

Im Oktober 1987 kam es zu einem nennenswerten Kurscrash an der New Yorker Wall Street, bei dem die Kurse durchschnittlich um zwanzig Prozent fielen. Die Verbindung der oben beschriebenen Insidergeschäfte und der Wertverfall der Aktien führten zu einer tiefergehenden Skepsis der Anleger und einer erneuten Diskussion um Zuverlässigkeit, Moralstandards und Geschäftspraktiken an der Wall Street.

Zugleich wurden die Handelssysteme der New Yorker Börse einer Überprüfung unterzogen. Die elektronischen Systeme mit der schnellen Umsetzung des Programmhandels und den Stopp-Loss-Marken wurden für eine technische Verstärkung des Abwärtstrends verantwortlich gemacht. Dies führte zur Etablierung neuer Handelsregeln. Fällt demnach der Dow-Jones-Index innerhalb einer vorgegebenen Zeitspanne um mehr als ein festgelegtes Volumen, so wird der Handel automatisch ausgesetzt. Mit dieser nicht unumstrittenen Maßnahme der Bedenkpause hofft man, zukünftig einen sich selbst verstärkenden Trend verhindern zu können.

Seitens des Gesetzgebers kam es als Reaktion auf den Crash von 1987 nicht – wie knapp sechzig Jahre zuvor – zu einer verstärkt einsetzenden Regulierung. Derartige Maßnahmen wären allerdings vor dem Hintergrund des sich entwickelnden internationalen Wettbewerbs von Finanzplätzen auch nur begrenzt sinnvoll gewesen. Stattdessen wurde ein anderer Weg bei der Regulierung verfolgt. Auf der einen Seite wurden Regeln gelockert. So fand mit der Einführung von Rule 144A durch die SEC im Jahr 1990 eine Änderung der Vorschriften für Privatplatzierungen statt. Privatplatzierte festverzinsliche Wertpapiere und Aktien müssen demnach nicht mehr zwei Jahre bis zu einer Weiterveräußerung gehalten werden, sondern können an andere große Investoren zu einem beliebigen Zeitpunkt weiterverkauft werden. Mit dieser Regel wurde ein Schutzmechanismus für neue Investoren zugunsten der Schaffung von Marktliquidität aufgegeben. Auf der anderen Seite wurden die verbleibenden Regelungen ausgesprochen konsequent durchgesetzt. Sehr anschaulich lässt sich dies bei der Verfolgung von Verstößen gegen das Insiderhandelsverbot beobachten. Die Kontroll- und Bestrafungsmechanismen werden sehr strikt gehandhabt.

# Exkurs: Das Haus Morgan

Die Entwicklung des Investment Banking kann sehr anschaulich am Beispiel des Hauses Morgan beschrieben werden.[5] Die Wurzeln des Unternehmens gehen auf eine Merchantbank zurück, die von dem US-amerikanischen Geschäftsmann *George Peabody* 1838 in London gegründet wird und US-amerikanische Staatsanleihen und Eisenbahnbeteiligungen an britische Investoren verkauft. In diese Merchantbank tritt 1854 *Junius Spencer Morgan (1813–1890)*, ebenfalls Amerikaner, als Partner ein und übernimmt 1864 die Firma, die er in J. S. Morgan & Company umbenennt.

Seinen Sohn, *John Pierpont Morgan* (1837–1913), lässt er eine Ausbildung in den USA, der Schweiz und Deutschland absolvieren. Der Tradition privater Bankhäuser (wie der Familie Rothschild) entsprechend, schickt Morgan seinen Sohn 1857 nach New York, damit er Erfahrung sammelt. Dort gründet J. Pierpont Morgan 1861 im Alter von 24 Jahren die Firma J. P. Morgan & Company, die zur Distribution und Emission von Wertpapieren für das Londoner Stammhaus dient.

Aus der Position politischer Neutralität heraus versteht es J. Pierpont Morgan mit großem Geschick, lukrative Geschäfte abzuschließen. So handelt er während des nordamerikanischen Bürgerkriegs (1860–1865) besonders mit Wertpapieren, Gold und Getreide. Für die französische Regierung legt er während des Krieges 1870/71 gegen Preußen die erste Staatsanleihe auf.

Zum Zeitpunkt unterentwickelter Finanzmärkte bei gleichzeitig hohem Kapitalbedarf US-amerikanischer Unternehmen gewinnt J. P. Morgan entscheidenden wirtschaftlichen Einfluss durch die Finanzierung des US-amerikanischen Eisenbahnbaus. Ihm kommen dabei seine Kapitalbeteiligungen, die Präsenz in Kontrollgremien unterschiedlicher Unternehmen und sein weitreichendes Netz an persönlichen Kontakten mit seiner schon legendären Diskretion zugute. Sein Einfluss an der New Yorker Wall Street ist von großem Gewicht.

Als die Eisenbahnindustrie ca. 60 Prozent der Börsenkapitalisierung an der Wall Street ausmacht, kontrolliert J. P. Morgan ungefähr ein Drittel der US-amerikanischen Eisenbahngesellschaften. Mit der Gründung von U.S. Steel im Jahr 1901 gewinnt er Einfluss auf über 70 Prozent der gesamten Stahlindustrie. Zu seinem Einflussbereich gehören Bankers Trust, Guaranty Trust und die drei führenden Versicherungsunternehmen. Er besitzt darüber hinaus große Anteile an den Banken, aus denen später Chase Manhattan und Citicorp hervorgehen. Zu seinen namhaften Klienten zählen General Electric und AT&T, für die J. P. Morgan & Co. Finanzierungs- und Strukturierungsaufgaben übernimmt.

J. P. Morgan führt erstmals persönliche Verhaltensmuster für Investmentbanker ein, die zwar ungeschrieben, aber als so genannte Gentleman Banker's Code verbindlich sind. Für ihn sind die persönlichen Verhaltensmuster ein Instrument zur Sicherung der individuellen und vertrauensvollen Beziehung zwischen der Investmentbank und ihren Kunden. Das Funktionieren dieser Muster wird in seinen Augen hauptsächlich von den Cha-

---

[5] Die Ausführungen beruhen vor allem auf Chernow (1990) und (1997).

rakteren der beteiligten Personen garantiert. Im Ergebnis existieren damit feste Regeln zum Wettbewerbsverhalten zwischen den Banken. So dürfen nach diesen Normen Unternehmen nur von einer Investmentbank bedient werden. Es dürfen kein Preiswettbewerb und keine Kundenabwerbung unter Investmentbanken erfolgen, was de facto zu einer kartellähnlichen Abschottung des Marktes führt.

J. P. Morgan steuert die gesamten Familiengeschäfte mit den zugehörigen Bankhäusern in Philadelphia, London und Paris von New York aus. In London führt der Aufstieg des Briten *Edward C. (Teddy) Grenfell*, einem ehemaligen Mitglied der Nationalbank, im Hause von J. S. Morgan & Co. im Jahr 1910 zur Umwandlung der Bank in Morgan, Grenfell & Co. Hierdurch wird der erste Grundstein zur Verzweigung des Hauses Morgan gelegt.

Bei J. P. Morgans Tod im Jahr 1913 wird das Barvermögen auf ca. 68 Mio. US-Dollar und die Kunstgegenstände auf 50 Mio. US-Dollar geschätzt. Dies entspricht einem heutigen Gegenwert von über einer Milliarde US-Dollar. Entscheidend für seinen Einfluss ist jedoch weniger sein eigenes Vermögen, als vielmehr seine Kontrolle über umfangreiche Finanzströme und die Strukturierung ganzer Industrien.

1913 übernimmt sein Sohn *J. P. (Jack) Morgan Jr.* (1867–1943) als Senior Partner den Vorsitz der Bank. Unter seiner Regie wird im Jahr 1914 das neue Hauptgebäude in 23 Wall Street, gegenüber der New Yorker Börse, eingeweiht, das bis zum Jahr 1988 als Zentrale von J. P. Morgan & Co. fungierte.

Trotz großen unternehmerischen Geschickes von Jack Morgan werden große Unternehmen wie AT&T und U. S. Steel durch ihre internationale Expansion zunehmend unabhängiger. Auch beginnen Untersuchungen im Rahmen von Anti-Trust-Initiativen an den etablierten Bankingstrukturen in den USA zu rütteln.

Während der heißen Aktienphase in den 20er Jahren entscheidet sich J. P. Morgan & Co., nicht in das Retail-Distributionsgeschäft einzusteigen, da diese Vertriebsform vom Hause Morgan als nicht standesgemäß eingestuft wird. Nach dem großen Börsencrash von 1929 stellt sich das als ein Imagevorteil für J. P. Morgan & Co. heraus, da es zu keiner direkten Schädigung von Privatanlegern gekommen ist.

Als unmittelbare Folge der Börsencrashs wird 1933 der Glass Steagall Act verabschiedet, der eine strikte Trennung von Commercial Banking und Investment Banking vorsieht. Während sich J. P. Morgan & Co. für die Tätigkeit als Commercialbank entscheidet, gründet unter der Führung von *Harold Stanley* 1935 ein Teil der Partner und Angestellten von J. P. Morgan & Co. die Investmentbank Morgan Stanley & Co. Zunächst wird nicht von einem dauerhaften Bestand des Gesetzes und der Trennung beider Unternehmen ausgegangen, sodass Verwaltungstätigkeiten weiterhin gemeinsam ausgeführt werden.

Aber auch nach der Spaltung verfügt J. P. Morgan über ausgezeichnete Kontakte zu den wichtigsten Unternehmen, wie General Motors, DuPont und American Telephone. Durch die zwei Holdingunternehmen United Corporation und Alleghany Corporation hat J. P. Morgan & Co. weiterhin einen nennenswerten Einfluss auf die Versorgungsindustrie, die Eisenbahnen und den Immobiliensektor.

Im Jahr 1940 gibt J. P. Morgan & Co. die Eigentümerstruktur als Partnerschaftsfirma auf und wird in eine Aktiengesellschaft umgewandelt, um die Eigenkapitalbasis zu verbreitern und die Kapitalaufnahmefähigkeit für ein weiteres Unternehmenswachstum zu erleichtern. 1959 fusioniert J. P. Morgan & Co. mit Guaranty Trust Company zu Morgan Guaranty Trust Company, um die Kapitalbasis und damit die Bedeutung am Kreditmarkt weiter zu erhöhen. Seit 1969 fungiert J. P. Morgan & Co. Inc. für Morgan Guaranty und weitere Unternehmen auf der ganzen Welt als Konzernmutter.

Der verbliebene Anteil an der Londoner Morgan Grenfell & Co. wird 1982 verkauft. Nach dem „Big Bang" in London erwirbt die Deutsche Bank AG 1989 dieses Finanzinstitut und wandelt es zu Deutsche Morgan Grenfell um. Im Jahr 1998 wird schließlich der Namensbestandteil Morgan Grenfell vollständig gestrichen.

In den 80er Jahren beginnt bei J. P. Morgan die Transformation von einer Blue Chip-Commercialbank in eine auf Großkunden ausgerichtete und transaktionsbezogene Investmentbank. Die Rückkehr ins Investment Banking erfolgte dabei schrittweise über mehrere Jahre hinweg. Im US-amerikanischen Heimatmarkt gelingt dies durch die Genehmigung zur Zeichnung und zum Handel von Fremdkapital, während im Ausland Tochterunternehmen agieren können, die nicht den Restriktionen des – damals gültigen – Glass Steagall Act unterworfen waren. Dies veränderte erfolgreich das strategische Profil und die Produktpalette von J. P. Morgan. Bestehen bleibt der „Code of Conduct" von John Pierpont Morgan als starker Anker der ausgeprägten Firmenkultur des Instituts.

Schließlich ergibt sich jüngst eine weitere Änderung, bei der sich die Entwicklungen der Branche wieder im Schicksal des Hauses Morgan spiegeln. In den späten 90er Jahren wurden durch die zunehmende Globalisierung der Güter- und Finanzmärkte Größe, weltweiter Zugang zu Kapitalmärkten, globale Präsenz, Effizienz durch Skaleneffekte und erhöhter Kapitalbedarf zu den entscheidenden Erfolgsfaktoren, was auch in der Finanzbranche zu verschiedensten Firmenzusammenschlüssen führt. Aus dieser Logik heraus fusionieren Ende des Jahres 2000 J. P. Morgan und Chase Manhattan zu einem global agierenden Finanzinstitut, das in allen Märkten und über alle Produktbereiche hinweg zu einer der führenden Bankadressen gehört. Das Investment-Banking-Geschäft der neuen Einheit wird dabei unter der Führung und Marke von J. P. Morgan betrieben, während das US-Retail-Banking dem Namen von Chase fortgesetzt wird.

So sind aus dem ursprünglichen Hause Morgan drei aktive und miteinander konkurrierende Investmentbanken hervorgegangen: die Firma JP Morgan Chase, das Haus Morgan Stanley Dean Witter, das aus der Fusion von Morgan Stanley mit dem Broker Dean Witter Discover entstanden ist, und die in die Deutsche Bank integrierten Investment Banking-Tätigkeiten der Morgan Grenfell.

# Literaturhinweise

ALLEN, F. L.: The Great Pierpont Morgan, New York 1949.
BACHELIER, L.: Calcul des probabilités, Paris 1900.
BAGEHOT, W.: Lombard Street: A Description of the Money Market, London 1873 sowie New York u.a.O. 1999.
BASKIN, J. B./MIRANTI, P. J.: A History of Corporate Finance, Cambridge 1997.

BEAUMAN, C.: Merchant Banking, in: Newman, P./Milgate, M./Eatwell, J.: The New Palgrave Dictionary of Money and Finance, London/New York 1992, S. 697–700.

BECHT, M./RAMIREZ, C. D.: Financial capitalism in pre-World War I Germany: The role of the universal banks in the financing of German mining companies 1906–1921, Working Paper, European University Institute 1993.

BERNSTEIN, P. L.: Capital Ideas: the improbable origins of modern Wall Street, New York 1992.

BIERMAN, H.: The Causes of the 1929 Stock Market Crash: A Speculative Orgy or a New Era, Westport 1998.

BIRMINGHAM, S.: Our Crowd: the great Jewish families of New York, New York 1967.

BLACK, F./SCHOLES, M.: The Pricing of Options and Corporate Liabilities, in: Journal of Political Economy, Vol. 81, 1973, S. 637–654.

BROCK, H. W.: How the Nation that Fired the Most Hired the Most. A Unified Account of US vs. European Job Creation 1980–1995, in: Profile Forecast Report, Sommer 1996.

BRUCK, C.: The predators' ball: the inside story of Drexel Burnham and the rise of the junk bond raiders, New York 1988.

BURROUGH, B./HELYAR, J.: Barbarians at the Gate: The Fall of RJR Nabisco, New York 1991.

CAROSSO, V. P.: Investment Banking in America, Cambridge/Massachusetts 1970.

– The Morgans: Private International Bankers, 1854–1913, Cambridge/Massachusetts 1987.

CHANDLER, A. D.: The Visible Hand: The Managerial Revolution in American Business, Cambridge/Massachusetts 1977.

CHERNOW, R.: Die Warburgs: Odysee einer Familie, Berlin 1994.

– The death of the banker: the decline and fall of the great financial dynasties and the triumph of the small investor, New York 1997.

– The House of Morgan, New York 1991.

COTTLE, S./MURRAY, R. F./BLOCK, F. E.: Graham and Dodd's security analysis, 4. Aufl., New York 1988.

COWING, C. B.: Populists, Plungers, and Progressives: A Social History of Stock and Commodity Speculation, 1890–1936, Princeton 1965.

DAVIS, L.: The capital markets and industrial concerns: The U.S. and the U.K., a comparative study, in: Economic History Review 19, S. 255–272.

DE LONG, J. B.: Did J. P. Morgan's men add value? An economist's perspective on financial capitalism, in: Temin, P. (Hrsg.): Inside the Business Enterprise: Historical Perspectives on the Use of Information, Chicago 1991.

– J. P. Morgan and his Money Trust, Working Paper, Harvard 1992.

DRESIG, T.: Handelbarkeit von Risiken: Erfolgsfaktoren von Verbriefungen und derivativen Finanzinstrumenten, Diss. EUROPEAN BUSINESS SCHOOL, Wiesbaden 2000.

EHRLICH, J. R./REHFELD, B. J.: The New Crowd: The Changing of the Jewish Guard on Wall Street, New York 1990.

EICHENGREEN, B. (HRSG.): The Gold Standard in Theory and History, New York 1985.

ELON, A.: Founder: A portrait of the first Rothschild and his time, New York 1996.

ENDLICH; L.: Goldman Sachs: Erfolg als Unternehmenskultur, München 2000.

GALL, L. et al.: Die Deutsche Bank 1870–1995, München 1995.

GEISST, C.: Investment Banking in the Financial System, Englewood Cliffs 1995.

– Wall Street: A History, Oxford 1997.

– The Last Partnerships: Inside the Great Wall Street Money Dynasties, New York 2001.

HAYES, S. L./SPENCE, A. M./MARKS, D. V. P.: Competition in the Investment Banking Industry, Boston 1983.

KEYNES, J. M.: The General Theory of Employment, Interest and Money, New York 1936.

KINDLEBERGER, C. P.: Manias, Panics and Crashes: A History of Financial Crises, New York 1996.

KOHN, M.: The Capital Market Before 1600, in: Dartmouth College, Department of Economics Working Paper No. 99-06.

KROSZNER, R. S./RAGHURAM, G. R.: Is the Glass Steagall Act justified? A study of the U.S. experience with universal banking before 1933, in: American Economic Review 84, 1994, S. 810-832.

LINDSKOOG, N.: Long-Term Greedy: The Triumph of Goldman Sachs. Appleton 1998.

LINTNER, J.: Security Prices, Risk, and Maximal Gains from Diversification, in: Journal of Finance, Nr. 4, Vol. 20 (1965), S. 587-615.

LOTTMAN, H. R.: The French Rothschilds: the great banking dynasty through two turbulent centuries, New York 1995.

MALKIEL, B. G.: A Random Walk Down Wall Street, New York 1995.

MARKOWITZ, H. M.: Portfolio Selection, in: Journal of Finance, Nr. 1, Vol. 7 (1952), S. 77-91.

MATTERN, F./SEIFERT, W. G./STREIT, C. C./VOTH, H.: Aktie, Arbeit, Aufschwung. Wie der Finanzplatz Wirtschaft und Gesellschaft wieder in Schwung bringt, Frankfurt am Main/New York 1997.

MERTON, R. C.: Theory of Rational Option Pricing, in: Bell Journal of Economics and Management Science, Vol. 4, No. 1, 1973, S. 141-183.

MORTON, F.: Die Rothschilds: Ein Portrait der Dynastie. München 1998.

MOSSIN, J.: Equilibrium in a Capital Asset Market, in: Econometrica, Vol. 34, 1966, S. 768-783.

NAVIN, T. R./SEARS, M.: The rise of a market for industrial securities 1887-1902, in: Business History Review, 29, S. 105-138.

o.V.: Heroes and villains, in: Euromoney Magazine, June 1999.

RAMIREZ, C. D.: Did J. P. Morgan's Men Add Liquidity? Corporate Investment, Cash Flow, and Financial Structure at the Turn of the Twentieth Century, in: Journal of Finance, Nr. 2, Vol. 50 (1995), S. 663-678.

REDLICH, F.: The Molding of American Banking: Men and Ideas, New York 1968.

RYBCZYNSKI, T. M.: Investment banking: its evolution and place in the financial system, in: Gardener, E./Molyneux, P. (Hrsg.): Investment Banking: Theory and Practice, 2. Aufl., Plymouth 1996, S. 1-13.

SCHWINTOWKI, H. P./SCHÄFER, F. A.: Bankrecht: Commercial Banking – Investment Banking, München 1997.

SELIGMAN, J.: The Transformation of Wall Street: A History of the Securities and Exchange Commission and Modern Corporate Finance, Chicago 1995.

SHARPE, W. F.: Capital Asset Prices: A Theory of Market Equilibrium Under Conditions of Risk, in: Journal of Finance, Vol. 19 (1964), S. 425-442.

SMITH, R. C./WALTER, I.: Global Banking, Oxford 1996.

WATKINS, T. H.: The Great Depression: American in the 1930s, New York 1995.

WESTON, J. F./CHUNG, K./SIU, J. A.: Takeovers, Restructuring, and Corporate Governance, 2. Auflage, Upper Saddle River/New Jersey 1998.

WHITE, E. N.: Wall Street, in: Newman, P./Milgate, M./Eatwell, J.: The New Palgrave Dictionary of Money and Finance, London/New York 1992, S. 773-775.

WILSON, D. A.: Die Rothschilds: Eine Geschichte von Ruhm und Macht, München 1995.

# Geschäftsfelder der Investmentbanken

# Mergers and Acquisitions (M & A)

1. Markt für Unternehmenskontrolle
   1.1 Begriffsinhalte
   1.2 Motive von M & A-Aktivitäten
       1.2.1 Motive des Käufers
       1.2.2 Motive des Verkäufers
   1.3 Historische Entwicklung
   1.4 Aktuelle Situation
2. M & A-Beratung
   2.1 Beratungsleistungen auf dem Markt für M & A
   2.2 Akteure bei der M & A-Beratung
   2.3 Mandatsgewinnung als Voraussetzung der Beratung
3. Produkte im M & A-Bereich
   3.1 Wiederkehrende Leistungsinhalte der M & A-Beratung
       3.1.1 Projektmanagement und Prozesskontrolle
       3.1.2 Unternehmensbewertung
           3.1.2.1 Problembereiche der Bewertung
           3.1.2.2 Bewertungsverfahren und ihre Anwendungsmöglichkeiten
           3.1.2.3 Bedeutung unterschiedlicher Bewertungsverfahren in der Praxis
       3.1.3 Due Diligence
           3.1.3.1 Bedeutung für M & A-Transaktionen
           3.1.3.2 Legal Due Diligence
           3.1.3.3 Financial Due Diligence
           3.1.3.4 Tax Due Diligence
           3.1.3.5 Organisatorische Gestaltung der Due Diligence durch die Investmentbank
       3.1.4 Verhandlungsführung
       3.1.5 Strukturierung der Transaktion
           3.1.5.1 Kaufgegenstand und Zahlungsmodalitäten
           3.1.5.2 Finanzielle und steuerliche Gestaltung der Transaktion
           3.1.5.3 Rechtliche Vertragsgestaltung
       3.1.6 Kommunikation und Investor Relations
   3.2 Spezielle Aufgaben der Investmentbank innerhalb einzelner Mandate
       3.2.1 Kaufmandate
           3.2.1.1 Strategiefindung und Partnersuche
           3.2.1.2 Kontaktaufnahme und Gestaltung des Angebots
           3.2.1.3 Kaufpreisfinanzierung

3.2.2 Verkaufsmandate
    3.2.2.1 Beratungsleistungen bei der Transaktionsvorbereitung
    3.2.2.2 Durchführung des Unternehmensverkaufs
3.2.3 Fairness Opinions
3.2.4 Verteidigungsmandate von Investmentbanken
    3.2.4.1 Ansatzpunkte für spezialisierte Beratungsleistungen
    3.2.4.2 Präventive Maßnahmen zur Vermeidung von feindlichen Übernahmen
    3.2.4.3 Ad-hoc-Abwehr veröffentlichter Übernahmeangebote
3.2.5 Fusionsberatung
3.2.6 Going-Private-Beratung

Literaturhinweise

# Verzeichnis der Abbildungen und Übersichten

Abbildung 1: Motive für M & A-Entscheidungen
Abbildung 2: Phasenmodell des Ablaufs einer M & A-Transaktion
Abbildung 3: Betätigungsfelder verschiedener M & A-Berater
Abbildung 4: Strategische Gruppen innerhalb der M & A-Berater i. e. S.
Abbildung 5: Wert und Preis bei einem M & A-Deal
Abbildung 6: Umfeld der Wertfindung
Abbildung 7: Systematisierung der gängigen Bewertungsverfahren
Abbildung 8: Verwässerung der Stand-alone-EPS (Aktientausch versus Barzahlung)
Abbildung 9: Kurs/Gewinn-Verhältnis und Anteil der Nutzung von Aktien zur Kaufpreiszahlung
Abbildung 10: Selektionsverfahren zur Auswahl potenzieller Zielgesellschaften
Abbildung 11: Arten des Buy Out im Überblick
Abbildung 12: Resultate verschiedener Unternehmensauktionen
Abbildung I: Zusammenschluss Daimler-Benz/Chrysler: 1. Schritt
Abbildung II: Zusammenschluss Daimler-Benz/Chrysler: 2. Schritt

Übersicht 1: League Table der auf Deutschland bezogenen abgeschlossenen Transaktionen nach Volumen
Übersicht 2: Bewertung als Resultat unterschiedlicher Strategien
Übersicht 3: Bestandteile der Abwehr von feindlichen Übernahmen

# 1. Markt für Unternehmenskontrolle

## 1.1 Begriffsinhalte

Der Begriff Mergers and Acquisitions (M & A) bezeichnet zunächst Transaktionen auf dem Markt für Unternehmen, Unternehmensteile und Beteiligungen. Nach allgemeiner Auffassung beschränkt sich M & A allerdings auf

- den Erwerb und die Veräußerung von Unternehmen, Unternehmensteilen oder Beteiligungen und die Eingliederung in den Unternehmensverbund des Erwerbers ggf. als Tochtergesellschaft (Acquisition) und

- die Verschmelzung (Fusion) zweier Unternehmen mit oder ohne vorherigen Anteilserwerb (Merger).

Im Gegensatz zur Verschmelzung ist ein wesentliches Merkmal der gängigen Begriffsabgrenzung der Akquisition der dabei vollzogene Übergang von aktiv wahrgenommenen Informations-, Leitungs- und Kontrollbefugnissen, weshalb die deutsche Übersetzung „Markt für Unternehmenskontrolle" den Sachverhalt besser erfasst. Der de jure Übergang von derartigen Befugnissen allein reicht daher noch nicht aus. Üblicherweise nicht im Bereich M & A anzusiedeln sind dementsprechend der Erwerb von Anteilen, die keine Leitungs- und Kontrollbefugnisse gewähren (zum Beispiel stimmrechtslose Vorzugsaktien). Der Erwerb selbst größerer Beteiligungen, die ausschließlich der passiven Finanzanlage dienen, wird ebenfalls nicht unter dem Begriff M & A subsumiert.[1]

Zusammenfassend steht M & A nach heutiger Auffassung für „Strategien, die den Übergang von Unternehmensanteilen und damit den Kauf und Verkauf von Unternehmen(-sbeteiligungen) zum Inhalt haben."[2] Obwohl in den letzten Jahren vermehrt großvolumige Fusionen Schlagzeilen machen, beispielsweise die Verschmelzung von Rhône-Poulenc und Hoechst zu Aventis, wird die Mehrzahl der Transaktionen mit geringerem Volumen als Unternehmens(-beteiligungs)kauf ohne anschließende Fusion abgewickelt. Zur sprachlichen Vereinfachung werden sowohl Fusionen als auch Käufe von Unternehmen(-sbeteiligungen) im Folgenden unter dem Begriff Unternehmensübernahme zusammengefasst.

Die Verwendung des Begriffs M & A im weiteren Sinne bezieht auch die Bildung strategischer Allianzen mit ein. Hier wird in der Regel ein Joint Venture von zwei oder mehr Partnern im Rahmen einer gemeinsamen Tochtergesellschaft oder durch wechselseitige Beteiligungen gebildet.

Die Abgrenzung M & A steht weiterhin als Geschäftsfeld für Beratungsleistungen, die für andere Unternehmen, die ihrerseits an einer M & A-Transaktion beteiligt sind, erbracht werden. Investmentbanken agieren auf dem Markt für Unternehmenskontrolle

---

[1] Vgl. Craven (1995), Sp. 1444.
[2] Vgl. Reicheneder (1992), S. 14.

auch auf eigene Rechnung, indem sie Beteiligungen und ganze Unternehmen erwerben und verkaufen. Dieser Bereich wird als Principal Investment bezeichnet (vgl. Beitrag Principal Investment).

## 1.2 Motive von M & A-Aktivitäten

### 1.2.1 Motive des Käufers

Die Motive der an einer Transaktion beteiligten Unternehmen bestimmen den notwendigen Beratungsbedarf, den eine Investmentbank übernehmen kann. Im Folgenden werden daher für den Käufer und den Verkäufer eines Unternehmens Motive für die Durchführung einer M & A-Transaktion, wie sie gleichermaßen auch Fusionen zugrunde liegen können, als Ausgangspunkt der Beratungsleistung der Investmentbank behandelt.

Um diese Beratungsleistungen darzustellen, müssen zunächst die eine M & A-Transaktion bestimmenden Strategien der beteiligten Unternehmen beschrieben werden. Obwohl im Einzelfall höchst verschiedene Anlässe die M & A-Entscheidung begründen, lassen sich bestimmte Kategorien abgrenzen, die zu unterschiedlichen Formen von M & A-Transaktionen führen können. Als mögliche Kategorien bieten sich auf der Käuferseite strategische, finanzielle oder persönlich motivierte Erwerbungen an. Eine Auswahl möglicher Motive für M & A-Entscheidungen gibt Abbildung 1 wieder.

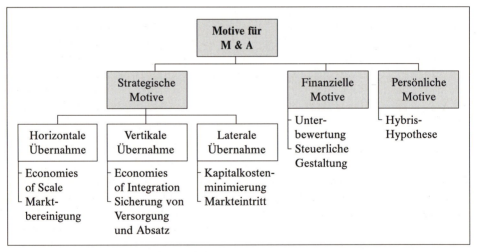

Abbildung 1: Motive für M & A-Entscheidungen

*Strategisch motivierte M & A*

Strategische M & A bezeichnen solche Transaktionen, die Ausdruck einer Unternehmensstrategie sind bzw. diese umsetzen. Sie können anhand der verschiedenen Formen von Akquisitionen in horizontale, vertikale und laterale Übernahmen aufgegliedert werden.

Eine *horizontale Akquisition*, also die Übernahme eines Unternehmens der gleichen Branche und Produktionsstufe, kann vor allem auf zwei unterschiedliche Ziele ausgerichtet sein:

Wird das übernommene Unternehmen im Rahmen einer Fusion oder als Tochtergesellschaft langfristig integriert, dient die Transaktion der Realisation von Synergiepotenzialen. Vergrößerte Marktanteile versprechen eine größere Marktmacht, im Extremfall bis hin zur Monopolbildung. Daneben können sich Verbundvorteile (Economies of Scope) oder Lernkurveneffekte einstellen. Auf der anderen Seite werden unter Umständen durch Abstimmung von Einkaufs-, Produktions-, Vertriebs- und Absatzstrukturen sowie der Zusammenlegung von allgemeinen Verwaltungsaufgaben und Forschungs- und Entwicklungsaktivitäten Kosteneinsparungen angestrebt (Fixkostendegression, Economies of Scale). Im Gegensatz zum externen Wachstum über horizontale Akquisitionen lässt sich Wachstum auch intern durch Ausweitung der eigenen Kapazitäten erreichen. Entscheidungsparameter, die zur Wahl eines externen Wachstums führen können, sind vordringlich bestehende Markteintrittsbarrieren oder auch zeitliche Restriktionen, da internes Wachstum erheblich längere Zeiten in Anspruch nimmt. Zudem erfordern notwendige Forschungs- und Entwicklungsinvestitionen in einigen Branchen, zum Beispiel Speicherchips und Medikamentenherstellung, eine Unternehmensgröße, die durch internes Wachstum kaum mehr gewährleistet werden kann. Vor dem Hintergrund der schnellen Entwicklung der Märkte stellt sich hier häufig nicht die Frage, ob ein Unternehmen in eine Transaktion verwickelt wird, sondern ob es als Käufer oder Zielgesellschaft (Target) auftritt.

Alternativ kann das erworbene Unternehmen im Anschluss an die Transaktion im Rahmen einer Einzelveräußerung der Vermögensgegenstände der Zielgesellschaft liquidiert werden. Ziel einer derartigen Strategie ist es nicht, Synergien zu realisieren, sondern Mitbewerber auszuschalten und im Anschluss daran durch externes oder internes Wachstum die eigene Profitabilität zu erhöhen. Die Veräußerungserlöse entschädigen das übernehmende Unternehmen und können in Einzelfällen sogar den gezahlten Kaufpreis übertreffen.

*Vertikale Akquisitionen* sind Übernahmen von Unternehmen der gleichen Branche und einer anderen – direkt vor- oder nachgelagerten – Wertschöpfungsstufe. Hier ist ebenfalls das Erzielen von Synergien Grundlage der M & A-Entscheidung. Durch die Integration von Liefer- bzw. Absatzwegen können Kommunikationskosten, die bei einer mangelnden Transparenz des vor- oder nachgelagerten Marktes notwendigerweise entstehen, gesenkt werden (Economies of Integration). Außerdem kann durch Übernahme von Anbietern vorgelagerter Produktionsstufen die Versorgung mit Inputfaktoren langfristig gesichert werden. So gewährleistet etwa der Kauf einer Öl-Explorationsgesellschaft durch eine Raffinerie deren Versorgung mit Rohöl. Gleiches gilt für die Sicherung der Absatzwege, wenn nachgelagerte Produktionsstufen oder Vertriebsgesellschaften integriert werden. Insgesamt lassen sich durch vertikale Integrationen größere Bereiche der Wertschöpfungskette effizient und damit profitabel aufeinander abstimmen. Der Trend zur Integration entlang der Wertschöpfungskette wird allerdings durch steigende Kosten der Verwaltung größerer Unternehmenseinheiten begrenzt. Außerdem hat sich in den letzten Jahren herausgestellt, dass vertieftes Wissen über die Märkte, in denen ein Unternehmen aktiv ist, eine wesentliche Voraussetzung für dessen Erfolg darstellt. Sofern derartige Kernkompetenzen nur für Teile der Wertschöpfungskette bestehen, bergen vertikale Akquisitionen ein hohes Misserfolgspotenzial.

Als dritte Form kommt die *laterale Akquisition* (Conglomerate Merger), also die Übernahme eines Unternehmens einer anderen Branche, in Betracht. Laterale Akquisitionen zielen neben operativen und strategischen Verbundvorteilen zumeist auf Synergien im Hinblick auf die Kapitalbeschaffung ab. Indem Unternehmen aus Branchen mit einer anderen Risikostruktur erworben werden, wird die Risikostreuung des Konzerns erhöht. Diese Streuung dient einer Verstetigung der Ertragslage, die wiederum durch geringere Renditeforderungen der Kapitalgeber die Finanzierungskosten des gesamten Unternehmensverbundes senkt. Dieser Effekt lässt sich allerdings in der Praxis des Unternehmenskaufs häufig nicht nachweisen, wie das Beispiel der Daimler Benz AG belegt, deren laterale Expansionsbemühungen in den 80er Jahren durch steigende Kapitalkosten flankiert wurden. Laterale Akquisitionen stellen aber darüber hinaus insbesondere für Unternehmen, deren Produkte sich in der Degenerationsphase des Produktlebenszyklus befinden, eine Möglichkeit dar, ihr langfristiges Überleben durch Diversifikation in neue Geschäftsbereiche zu sichern.

## *Finanziell motivierte M & A*

Während die bisher erläuterten Motive innerhalb der strategischen Unternehmensplanung anzusiedeln sind, können sich M & A-Transaktionen auch aus rein finanziellen Überlegungen heraus als vorteilhaft erweisen. Finanziell motivierte M & A erfolgen unabhängig von der eigentlichen Wertschöpfungsaktivität des Unternehmens und sind daher keiner speziellen Akquisitionsform im Sinne von horizontal, vertikal oder lateral zuzuordnen. Als übergeordnetes Motiv dient ausschließlich das kurz- bis mittelfristige Erzielen von zusätzlichen Gewinnen.

Ausgangspunkt rein finanziell motivierter Transaktionen ist häufig die Bewertung von Unternehmen am Markt. Sie bezieht sich daher sowohl auf börsennotierte Zielgesellschaften, deren Kurswert deutlich unter den Einschätzungen des Käufers liegt, als auch auf private Unternehmen, die etwa im Rahmen einer Unternehmensnachfolge günstig zum Kauf angeboten werden. Der Grundgedanke dieser Akquisitionen basiert auf einer bestehenden *Unterbewertung des Target*. Nach der Übernahme beseitigt das übernehmende Unternehmen diese durch Restrukturierungen, zusätzliche Akquisitionen, Fusionen und Verkäufe auf der Ebene der Zielgesellschaft oder auch durch einen Managementwechsel. Teilweise erfolgt die vollständige Zerschlagung des Target und die anschließende Veräußerung der Einzelteile. Ein derartiges Vorgehen kann als Beseitigung negativer Synergien bezeichnet werden, da die Einzelteile des Unternehmens aus Sicht des Shareholder Value mehr wert sind als das Ganze. Am Ende des Engagements wird das betreffende Unternehmen durch den Finanzinvestor entweder über die Börse verkauft, was bei privaten Gesellschaften eine Börseneinführung beinhalten kann, oder an strategische Investoren im Rahmen eines Trade Sale abgegeben.

Weit verbreitet ist darüber hinaus die Übernahme und anschließende Fusion von Unternehmen mit hohen *steuerlichen Verlustvorträgen*. Unter Wahrung der steuerlichen Voraussetzungen einer Nutzbarmachung dieser Verlustvorträge können so erhebliche steuerliche Einsparungspotenziale erschlossen werden.

*Persönliche Motive des Managements*

Neben den beschriebenen Motiven aus dem Bereich der strategischen Unternehmensplanung und der Finanzierung werden auch andere, insbesondere psychologische Anreize für M & A immer wieder angesprochen. Zwar bedarf die Planung und Durchführung großer Akquisitionen und Fusionen immer einiger Entscheidungsträger, die auch die persönliche Befähigung besitzen, die Verantwortung für derartig einschneidende Veränderungen in der Strategie eines Unternehmens zu tragen. Andererseits können bei großen Gesellschaften mit einer funktionalen Trennung von Eigentum und Unternehmensleitung die Zielsetzungen von Management und Anteilseignern divergieren. Im Rahmen der so genannten Agency-Theorie steht hinsichtlich dieser Problematik beim Unternehmenskauf die „Hybris-Hypothese" im Vordergrund. Ihre Aussage ist der nachvollziehbare Schluss, dass Unternehmensübernahmen (möglicherweise vordringlich) durch persönliche Ziele des Managements determiniert werden, die nicht unbedingt den Zielvorstellungen der Eigenkapitalgeber entsprechen, wie etwa die Steigerung des eigenen Status durch einen höheren Umsatz. Verschiedene empirische Studien weisen darauf hin, dass derartige Verhaltensweisen des Managements evidente Auswirkungen auf die M & A-Aktivitäten großer Unternehmen haben.[3]

### 1.2.2 Motive des Verkäufers

Auf der Seite des Unternehmensverkäufers lassen sich ebenfalls bestimmte Arten von (Verkaufs-)Motiven abgrenzen. Zunächst ist gerade bei jungen Unternehmen für den Verkauf möglicherweise ausschlaggebend, dass die Unternehmensentwicklung aus eigener Kraft nicht mehr in gewünschtem Maße erfolgreich durchgeführt werden kann. Der Unternehmer realisiert durch den Verkauf den bisher geschaffenen Wert in Form des *Veräußerungserlöses* und kann sich einer neuen Beschäftigung zuwenden. Bei kleinen und mittelständischen, familienorientierten Unternehmen kommt es im Rahmen der *Unternehmensnachfolge* oft zu Verkaufsabsichten, wenn kein interner Nachfolger für die ausscheidende Führungspersönlichkeit in der Familie oder dem aktuellen Management gefunden werden kann. Darüber hinaus stehen Unternehmen bzw. Unternehmensteile dann zum Verkauf, wenn die übergeordnete Einheit, beispielsweise in Form eines Konzerns, sich von der entsprechenden Aktivität im Rahmen einer *Umstrukturierung* trennt oder im Zuge eines Konkursverfahrens Unternehmen(steile) insgesamt veräußert werden.

Außer diesen rein privatwirtschaftlich verwurzelten Motiven stellen auch zu privatisierende Staatsbetriebe oder -beteiligungen einen Bestandteil des Angebots am Markt für

---

[3] Vgl. Gaughan (1999), S. 158–163.

Unternehmenskontrolle. Die Motive der öffentlichen Hand können dabei von den privatwirtschaftlichen abweichen, weshalb Privatisierungen eine eigene Kategorie von M & A-Transaktionen darstellen. Ist die kurzfristige Entlastung der öffentlichen Haushalte auch ein häufiger Grund für Desinvestitionsstrategien, werden doch überwiegend ordnungspolitische Zielsetzungen verfolgt. Besonderheiten dieser Transaktionsart liegen vordringlich in den abweichenden Zielvorstellungen des Staates als Verkäufer, die sich beispielsweise in einer Auswahl des Käufers unter anderen Aspekten, ungewöhnlichen Vertragsbedingungen, die vordringlich aus dem Schutzgedanken resultieren, und einem ungünstigen Veräußerungszeitpunkt äußern können.

Aus Sicht des Verkäufers muss grundsätzlich die Alternative einer Börseneinführung in Betracht gezogen werden, bei dem die Anteile des abzustoßenden Unternehmens umplatziert und an der Börse zum Handel eingeführt werden. Der Börsengang unterscheidet sich dabei insofern von einem Verkauf durch eine M & A-Transaktion, als bei letzterem – im Gegensatz zum Börsengang – in der Regel an einen statt an viele Käufer und zu einem Zeitpunkt statt in zeitlich gestaffelten Tranchen verkauft wird. Die Beratung einer Börseneinführung ist demgemäß auch nicht Aufgabe der Abteilung M & A, sondern wird normalerweise vom Bereich Corporate Finance betreut. Eine weitere Alternative zum Trade Sale, also dem Verkauf an einen strategischen Investor, ist die Durchführung eines Management Buy Out (MBO), bei dem das aktuelle Management den Anteilseignern das Unternehmen abkauft, um es mit eigenem Kapital und unter eigener Verantwortung weiterzuführen.

## 1.3 Historische Entwicklung

Die Entwicklung des Marktes für Unternehmenskontrolle lässt sich seit dem Ende des vorigen Jahrhunderts verfolgen. Bis heute unterliegt der Markt für M & A starken zyklischen Schwankungen, die sich nur vor dem Hintergrund der verschiedenen Motive, die mit der Durchführung einer M & A-Transaktion verbunden werden, und sich ändernden mikro- und makroökonomischen Rahmenbedingungen erklären lassen. Daneben sind auch die Entwicklungen des rechtlichen Umfeldes ein entscheidender Einflussfaktor. Die wirtschaftliche Entwicklung stellt in dieser Hinsicht in der Regel den Ursprung der Gesetzgebungsanstrengungen dar.

In Anlehnung an den zyklischen Charakter der Marktentwicklung werden für den US-amerikanischen Markt verschiedene M & A-Wellen unterschieden: die erste (1897–1904), die zweite (1916–1929), die dritte (1965–1969), die vierte (1981–1989) und aktuelle fünfte (seit 1992) so genannte Merger-Welle.[4] Die beiden ersten Fusionswellen dienten der Konsolidierung der großen Industrien in Phasen starken Wirtschaftswachstums. Diese wurde hauptsächlich durch horizontale Akquisitionen und Fusionen erreicht. Innerhalb der ersten Mergerwelle passten sich die Großunternehmen durch externes Wachstum auch dem Zusammenwachsen der regionalen Märkte an, ermöglicht unter

---

[4] Vgl. Gaughan (1999), S. 21–58.

anderem durch die Fertigstellung der Eisenbahn, und wurden national. Die zweite Welle nutzten die verbliebenen Industrien, unter ihnen auch der Bankensektor, um diesen Prozess nachzuholen. Statt der Monopolisierung erfolgte nun eine Oligopolisierung der entsprechenden Branchen.

Im Gegensatz zu den vordringlich horizontalen und teilweise vertikalen Akquisitionen der vorhergehenden Wellen expandierten in der dritten Fusionswelle Unternehmen mit hohen freien Cashflows insbesondere über laterale Akquisitionen. Dieser Umschwung wurde von der rechtlichen Seite durch die immer strengeren Anti-Trust-Gesetze begünstigt, die nur horizontale und vertikale Akquisitionen und Fusionen regulierten. Daneben entstand zu dieser Zeit, in der viele Grundlagen der modernen Betriebswirtschaftslehre gelegt wurden, die Einschätzung, dass Managementaufgaben in unterschiedlichen Industrien häufig gleichartig und Managementfähigkeiten daher branchenübergreifend übertragbar seien. Beides führte zum Bestreben, im prosperierenden Umfeld der 60er Jahre die vorhandenen Mittel zur Bildung großer Konglomerate zu nutzen. Während anfänglich der Aktienmarkt diese Strategie durch Kurssteigerungen belohnte, folgte am Ende der dritten Welle ein deutlicher Kurseinbruch, da die M & A-Aktivitäten vieler Unternehmen den in sie gesetzten Erwartungen nicht genügen konnten und teilweise zu deutlichen Gewinnrückgängen führten.

Mangelnde Erfahrung mit den Problemen der Führung von großen Konglomeraten führten unter anderem dazu, dass von allen 1970–1982 in den USA durchgeführten lateralen M & A-Transaktionen 1989 bereits 60 Prozent wieder verkauft bzw. liquidiert wurden.[5] Die vierte Fusionswelle kann insofern teilweise als direkte Konsequenz des Scheiterns der Transaktionen aus den 60er Jahren betrachtet werden. Der M & A-Markt der 80er Jahre wurde im Gegensatz zu den bisher eher strategisch ausgerichteten Aktivitäten erstmals von den Finanzkäufern dominiert. In diesem Zusammenhang entstand der Begriff des *Corporate Raider*. Corporate Raider lassen sich dadurch charakterisieren, dass ihr Einkommen hauptsächlich aus (feindlichen) Übernahmeversuchen respektive Übernahmen resultiert.[6] Ihr großflächiges Auftreten am M & A-Markt wurde ermöglicht durch den Einsatz von High Yield oder auch Junk Bonds zur Finanzierung von M & A, die es gestatteten, Übernahmen trotz mangelnder Bonität zum überwiegenden Teil mit Fremdkapital zu finanzieren (so genannte Leveraged Buy Outs). Der Zusammenbruch des Marktes für Junk Bonds war daher ein wesentlicher Auslöser für das Ende der vierten Mergerwelle.

Das Ende der vierten Fusionswelle fällt weiterhin zusammen mit direkten Interventionen der Legislative in den USA. Seit Beginn der 80er Jahre versuchten verschiedene Bundesstaaten, ihre Unternehmen vor feindlichen Übernahmen zu schützen. Diese Regulierungen wurden allerdings regelmäßig für verfassungswidrig erklärt. Erst 1987 wurde durch den obersten Gerichtshof (Supreme Court) der Weg zur rechtlichen Regulierung von Unternehmensübernahmen, insbesondere feindlichen, geebnet. Seitdem hat die überwiegende Mehrzahl der US-Bundesstaaten Gesetze erlassen, die Unternehmensübernahmen erschweren sollen (Anti-Takeover-Laws). In der Praxis ist allerdings

---

[5] Vgl. Gaughan (1999), S. 38.
[6] Vgl. Gaughan (1999), S. 46.

zu beobachten, dass sie nicht Übernahmen verhindern, sondern vielmehr die Erzielung besserer Ergebnisse für die Aktionäre ermöglichen[7]. Dabei schützen sie vor allem die Kleinaktionäre, indem sie verbesserte Spielregeln einführen.

Der europäische, insgesamt deutlich kleinere M & A-Markt folgte in seiner Entwicklung den US-amerikanischen Zyklen, die Trends setzten sich jedoch immer mit einer zeitlichen Verzögerung durch.

Für Deutschland ist der Einfluss der Wiedervereinigung auf den M & A-Markt erwähnenswert. Über die Treuhandanstalt mussten tausende von Betrieben im Beitrittsgebiet einen neuen Eigentümer finden. Dieser Umstand führte zu zwei wesentlichen Neuerungen. Zunächst bildete sich ein organisierter und institutionalisierter Markt für Unternehmenskontrolle heraus. Von externen Beratern vermittelte Deals ersetzten so genannte „Boardroom Agreements", also durch informelle Beziehungen von Vorständen und Aufsichtsräten eingeleitete Transaktionen, und der Unternehmensverkauf verlor den Nimbus des Versagens. M & A wurden als ökonomische Entscheidung gesellschaftlich akzeptiert.

Die fortschreitende Entwicklung der kontinentaleuropäischen Kapitalmärkte, das Wachstum des Marktes für Unternehmenskontrolle und die Tätigkeit der Treuhandanstalt haben außerdem dazu geführt, dass angloamerikanische Investmentbanken seit Ende der 80er Jahre ihre Präsenz in Europa vor allem in Deutschland erheblich ausbauen. Durch das Engagement dieser Intermediäre hat der M & A-Markt erheblich an Professionalität gewonnen.

## 1.4 Aktuelle Situation

Während die Anzahl der deutschlandbezogenen M & A-Transaktionen von 296 im Jahr 1998 auf 343 im Jahr 1999 zunahm, verdoppelte sich im gleichen Zeitraum das Volumen der Transaktionen von 244,8 auf über 542,8 Mrd. Euro. Im Hinblick auf die Anzahl wurden im Jahr 1999 bereits mehr als 50 Prozent der deutschlandbezogenen Transaktionen auf internationaler Ebene durchgeführt, das heißt entweder das kaufende oder verkaufende Unternehmen hatte seinen Sitz im Ausland. Im Jahr 2000 beschleunigte sich dieses Wachstum, da insbesondere mit der Übernahme von Mannesmann durch Vodafone eine Rekord-Fusion in der Geschichte Europas stattfand. Das Gesamtvolumen der im Jahr 2000 abgeschlossenen und von Investmentbanken beratenen M & A-Transaktionen beläuft sich auf 2 125,3 Mrd. Euro bei insgesamt 409 Transaktionen. Nach dem Boomjahr 2000 hat sich das deutschlandbezogene M & A-Geschäft im Jahr 2001 deutlich abgeschwächt. Das Gesamtvolumen der im Jahr 2001 abgeschlossenen und von Investmentbanken beratenen M & A-Transaktionen beläuft sich auf 650,5 Mrd. Euro bei 357 Transaktionen. Lässt man allerdings im Jahr 2000 die von sieben Investmentbanken beratene Übernahme von Mannesmann durch Vodafone mit einem Volumen von allein 1 478 Mrd. Euro unberücksichtigt, so stellt sich der Rückgang der M & A-Aktivitäten weniger einschneidend dar.

---

[7] Vgl. Comment/Schwert (1995).

Die Ursachen für diese regen M & A-Aktivitäten liegen unter anderem in den grenzüberschreitenden Expansions-, Konsolidierungs- bzw. Integrationsbestrebungen der Unternehmen. Beispielhaft dafür ist die Akquisition des Mobilfunkbetreibers Voicestream durch die Deutsche Telekom zu nennen. Auch werden die Unternehmen von den Eigenkapitalgebern als Folge des sich immer stärker durchsetzenden Shareholder-Value-Ansatzes zu weiteren Restrukturierungen, vor allem zu einer Desintegration und damit Rückbesinnung auf die Kernkompetenzen des Unternehmens gezwungen. Der Trend zur Internationalisierung oder sogar Globalisierung der unternehmerischen Aktivitäten aufgrund weltweit zusammenwachsender Märkte intensiviert sich und verstärkt diese Tendenz. Internationale Präsenz ist nur mit einem ausreichend großen Marktanteil möglich. Breit diversifizierte oder über weite Teile der Wertschöpfungskette integrierte Unternehmen stehen vor diesem Hintergrund häufig schlechter da als vergleichbare, stark horizontal expandierte Unternehmen. Als Beispiel im Pharmabereich lässt sich die transnationale Fusion von Rhône-Poulenc mit Hoechst zu Aventis nennen. Derartige „Mergers of Equals" prägen aktuell den M & A-Markt. Einhergehend mit dem Ausbau von Kernkompetenzen ist die Desintegration anderer Bereiche mitunter eine notwendige Voraussetzung zur erfolgreichen Umsetzung von Internationalisierungsstrategien.

Der Anteil der feindlichen Übernahmen gegen den Willen des Managements der Zielgesellschaft, die insbesondere aufgrund von Unterbewertungen am Aktienmarkt durchgeführt wurden, hat in den USA deutlich abgenommen. Hier lässt sich unter anderem eine zunehmende Professionalisierung der Abwehrstrategien (Anti-Raid- oder Defense-Maßnahmen) als Erklärung anführen. Darüber hinaus sind feindliche Übernahmen mit besonderen Problemen behaftet, die bei freundlichen Übernahmen nicht oder in wesentlich geringerem Maße zum Tragen kommen. Wichtig sind dabei unter anderem die fehlenden Informationsmöglichkeiten vor der Abgabe des Kaufangebotes und das Entstehen eines Sieger/Besiegten-Verhältnisses nach Abschluss der Transaktion, das die Führung und spätere Integration des erworbenen Unternehmens erheblich erschweren kann. Eine weitere mögliche Begründung für diese Entwicklung ist die steigende Akzeptanz des Shareholder-Value-Konzeptes bei den Unternehmensführungen in den USA, das als ein wesentliches Ziel die Minderung derartiger Unterbewertung hat und darüber hinaus den Widerstand gegen Transaktionen, die für die Aktionäre vorteilhaft wären, verbietet. Dieses Konzept ist in Deutschland bei vielen Großunternehmen dagegen erst in den Anfängen. Die gesamtwirtschaftliche Restrukturierung bleibt momentan ebenfalls weit hinter dem in den USA bereits Erreichten zurück, sodass in Deutschland auf absehbare Zeit noch mit einem höheren Potenzial für feindliche Übernahmeversuche zu rechnen ist.

Die Europäische Union und die North American Free Trade Argeement (NAFTA) sind zwei Beispiele dafür, wie durch verschiedene multilaterale Abkommen Handelsbarrieren zwischen einzelnen Ländern abgebaut werden. Hier ergeben sich zwei Effekte auf den M & A-Markt. Zum einen führen derartige Erleichterungen zu vermehrten Übernahmen zwischen den beteiligten Staaten, da die bisher national agierenden Unternehmen gezwungen sind, neue Marktsegmente zu erschließen. Externes Wachstum durch horizontale Übernahmen und Fusionen kann aus zeitlichen Gründen die Folge des Wegfalls von Markteintrittsbarrieren sein. Zum anderen fürchten Wettbewerber aus Drittstaaten einen Anstieg der Markteintrittsbarrieren nach außen, was ebenfalls zu einer verstärkten M & A-Aktivität führt. So sind viele Übernahmen europäischer Gesellschaften durch außereuropäische Unternehmen darauf zurückzuführen, dass diese versuchen, sich einen Zutritt zu den Märkten innerhalb der „Festung Europa" zu sichern. Die Einführung der Währungsunion wird vor dem gleichen Hintergrund zu einer weiteren Steigerung der M & A-Transaktionen führen. Die zunehmende Öffnung der osteuropäischen Staaten fördert daneben Bestrebungen, insbesondere Produktionsaktivitäten in Billiglohnländer zu verlegen. Auch in diesem Rahmen bietet sich M & A als Strategie zum Aufbau der lokalen Präsenz an. Die Bedeutung derartiger internationaler Übernahmen (Cross-Border M & A) führt dazu, dass sich das M & A-Geschäft in Deutschland zunehmend den internationalen Regeln annähert.

Die positive Entwicklung des Marktes für M & A wird durch verschiedene weitere Trends gefördert. Das Marktwachstum in vielen traditionellen Branchen geht zurück, sodass viele Unternehmen versuchen, Wachstumsziele durch externes Wachstum, insbesondere durch horizontale Akquisitionen, zu realisieren. Andere versuchen, durch laterale Unternehmenskäufe den Eintritt in neue Wachstumsbranchen, wie beispielsweise die Telekommunikation, zu bewältigen oder sich neuartige Distributionskanäle, wie das Internet, zu sichern.

Gleichzeitig stehen in Deutschland viele mittelständische Unternehmen bereits jetzt oder in den nächsten Jahren vor einem Generationenwechsel. Sofern kein adäquater Nachfolger innerhalb der Familie oder des bisherigen Managements gefunden werden kann, bleibt als Alternative im Wesentlichen der Verkauf des Unternehmens. Da es weiterhin auch für viele Mittelständler unerlässlich ist, ihre Einkaufs-, Produktions- und Absatzaktivitäten zu internationalisieren, kann, sofern diese Internationalisierung aus eigener Kraft nicht möglich ist, ebenfalls der (Teil-)Verkauf an einen größeren Wettbewerber eine geeignete Strategie sein.

Auch die Finanzkäufer haben in den letzten Jahren ihre Vorgehensweise geändert. Statt als Raider Unternehmen zu zerschlagen, gehen sie vermehrt dazu über, so genannte Buy-and-Build-Konzepte zu verfolgen. Ausgehend von spezifischem Branchen-Know-how erwerben sie Unternehmen oder Unternehmensteile, die unterdurchschnittlich erfolgreich und daher vergleichsweise günstig sind. Im Rahmen von Turn-Around-Konzepten, Industriekonzeptionen oder auch nur die Verpflichtung eines neuen, erfolgreicheren Managements führen sie diese, häufig durch zusätzliches Kapital finanziell gestärkt, in die Gewinnzone zurück. Diese so genannten nicht-synergetischen Käufe dienen den Erwerbern im Rahmen ihrer Private-Equity-Aktivitäten ausschließlich zur Generierung finanzieller Gewinne, zumeist durch entsprechende Exit-Strategien wie eine Börseneinführung oder ein MBO.

Neben den positiven Entwicklungen bestehen allerdings vordringlich in Europa verschiedene Rahmenbedingungen, die das Wachstum von M & A bremsen. Der hohe Staatsanteil an der Wirtschaft bedingt langwierigere Privatisierungsprozesse im Vergleich zu mitunter rasanten Transaktionen im privatwirtschaftlichen Bereich. Der Kapitalmarkt ist in seiner Entwicklung noch immer weit hinter dem US-amerikanischen zurück, was insbesondere die Finanzierung großer und risikoreicher Deals erschwert.

Darüber hinaus ist die Stellung der Aktionäre gegenüber dem Management und den Fremdkapitalgebern deutlich schwächer als in England oder den USA. Deals, die zwar aus

Sicht des Shareholder Value vorteilhaft sind, aber persönlichen Motiven des Managements entgegenstehen (Unfriendly Takeovers), lassen sich in Deutschland bisher kaum verwirklichen. Speziell in Deutschland bestanden bis vor kurzem noch regulatorische Defizite, die den Markt für Unternehmenskontrolle behinderten. Der Übernahmekodex der Börsensachverständigenkommission aus dem Jahr 1995, in geänderter Form mit Wirkung vom 1. Januar 1998 gültig, stellt eine Art Selbstverpflichtung der Unternehmen dar. Seine Anwendung hängt von der Zustimmung der einzelnen Unternehmen ab. Obwohl die Akzeptanz des Übernahmekodex eine Zulassungsvoraussetzung für den Neuen Markt und den SMAX ist, wird er trotzdem nicht einmal von allen im DAX gelisteten Unternehmen akzeptiert und ist im internationalen Vergleich überarbeitungsbedürftig. Aus diesem Grund und um eine Wettbewerbsgleichheit der Unternehmen auf dem M & A-Markt zu gewährleisten, wurde eine Kommission aus Vertretern der Bundesregierung, Investmentbankern und Industrieexperten eingesetzt, um einen institutionellen und verlässlichen Rechtsrahmen für M & A-Transaktionen durch die Schaffung eines Gesetzes zur Regelung von Firmenübernahmen zu entwickeln. Das daraus hervorgehende deutsche Übernahmegesetz regelt die kapitalmarktpolitischen Aspekte von Unternehmensübernahmen.

Das zum 1. Januar 2002 in Kraft getretene Wertpapiererwerbs- und Übernahmegesetz (WpÜG) ist verpflichtend für alle AGs bzw. KGaA mit Sitz in der Bundesrepublik Deutschland, deren Aktien an einem organisierten Markt gehandelt werden. Dabei entstehen wichtige Neuerungen vor allem durch das Squeeze-out-Verfahren, durch rechtlich verbindlich festgelegte Grenzen für freiwillige und verpflichtende Angebote sowie den gesetzlich verankerten Gleichbehandlungsgrundsatz aller Aktionäre hinsichtlich der bereitgestellten Informationen und der Höhe der Gegenleistung.

Das erstgenannte Squeeze-out-Verfahren erlaubt es einem Hauptaktionär mit mindestens 95 Prozent des Grundkapitals an einer AG oder KGaA, die restlichen Minderheitsaktionäre mittels einer Barabfindung auch gegen ihren Willen aus dem Unternehmen auszuschließen. Insbesondere die Möglichkeiten von „räuberischen" Aktionären, so genannten Berufsklägern, werden damit weiter eingeschränkt. Beim Erwerb von mindestens 30 Prozent der Stimmrechte der Zielgesellschaft muss allen Aktionären ein verpflichtendes Übernahmeangebot gemacht werden. Dabei muss ein Barangebot gemacht werden, sofern während des Übernahmeverfahrens insgesamt mindestens ein Prozent der Aktien oder innerhalb der letzten drei Monate mindestens fünf Prozent der Aktien oder Stimmrechte gegen Geldzahlung erworben wurden.

Ferner wurde innerhalb des WpÜG auch generell der Neutralitätsgrundsatz des Vorstands der Zielgesellschaft festgelegt; jedoch kann die Hauptversammlung mit $^3/_4$ Mehrheit einen so genannten Vorratsbeschluss fassen, welcher den Vorstand im Voraus (für bis zu 18 Monate) ermächtigt, den Erfolg von Übernahmeangeboten zu verhindern. Wenngleich das vorliegende Gesetz notwendige Umstrukturierungen generell erleichtert, wird insbesondere die letztgenannte Regelung von Aktionärsvertretern und der EU-Kommission äußerst kritisch gesehen. So stehen Vorratsbeschlüsse einer europaweiten (liberalen) EU-Übernahmerichtlinie entgegen.

Zusammenfassend sieht der Markt für M & A in Deutschland und auch weltweit – trotz temporärer Schwächeperioden – noch immer einem weiteren Wachstum entgegen, getragen durch umfassende Deregulierungen nationaler und internationaler Art,[8] fortdauernde Restrukturierungen großer Branchen und den hohen Zeitdruck, unter dem neue Märkte erschlossen werden müssen. Daneben entfallen weitere Hemmnisse. So befindet sich der Junk-Bond-Markt in den USA in einer erneuten Wachstumsphase, der deutsche wird erstmalig auf- und ausgebaut, woraus sich ein weiterer Nachfrageschub ergeben könnte. Darüber hinaus führt die Professionalisierung des M & A-Marktes in Deutschland dazu, dass vermehrt auch nationale und internationale Finanzkäufer auf dem deutschen Markt aktiv werden. Schließlich sind auch von der im Jahr 2000 verabschiedeten Steuerreform positive Impulse für den M & A-Markt zu erwarten. So sind seit 2002 Gewinne aus der Veräußerung von Beteiligungen deutscher Kapitalgesellschaften an anderen in- und ausländischen Kapitalgesellschaften bei einer Mindesthaltepflicht von einem Jahr generell steuerfrei. Diese Regelung erleichtert es Kapitalgesellschaften erheblich, ihre Beteiligungsportfolios neu zu ordnen und nicht-strategische Beteiligungen oder Beteiligungen, die nicht zum Kerngeschäft gehören, zu veräußern.

## 2. M & A-Beratung

### 2.1 Beratungsleistungen auf dem Markt für M & A

Die Prozesse der Akquisition und des Verkaufs eines Unternehmens sind im Laufe dieses Jahrhunderts immer komplexer geworden. Waren früher häufig informelle Beziehungen persönlicher Natur ausschlaggebend für die Planung und Durchführung von M & A-Transaktionen, gilt es heute, unabhängig von bestehenden persönlichen Kontakten, Targets zu lokalisieren, um eine langfristig ausgerichtete Unternehmensstrategie durch den Zu- oder Verkauf von Unternehmen(-steilen) und Beteiligungen optimal umzusetzen.

Die dabei schwächere Entwicklung des M & A-Marktes in Deutschland im Vergleich zu seinem US-amerikanischen Pendant zeigt sich im geringeren Volumen und anhand des Anteils von M & A-Transaktionen, bei denen externe Berater hinzugezogen werden. Während in den USA aufgrund des starken Anlegerschutzes und den daraus resultierenden hohen haftungsrechtlichen Ansprüchen der überwiegende Teil aller Transaktionen mit Beteiligung fremder Expertise abgewickelt wird, gehen diesbezügliche Schätzungen für Deutschland von einem Anteil von unter 20 Prozent aus.[9] Es ist jedoch auch in Deutschland zu erwarten, dass mittelfristig der Anteil von Transaktionen, die von professionellen Beratern begleitet werden, kontinuierlich steigen wird.

Das Leistungsspektrum der M & A-Beratung im weiteren Sinne bezieht sich auf den gesamten Ablauf der Transaktion, von der Analysephase bis zur Integration nach einem

---

[8] Vgl. dazu auch Herden/Zügel (1997).
[9] Vgl. Deiß (1997a), S. 489f.

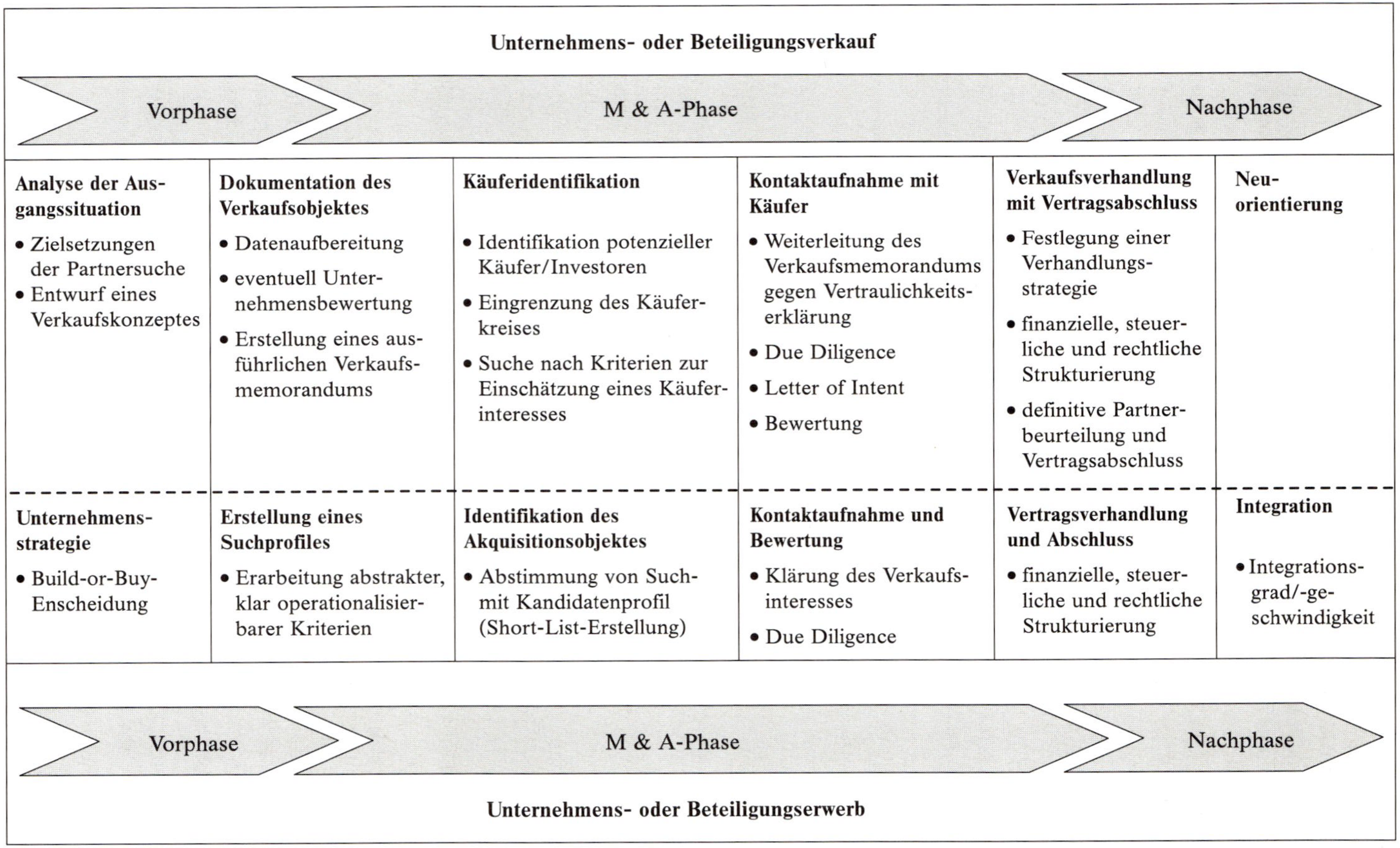

**Unternehmens- oder Beteiligungsverkauf**

| Vorphase | | M & A-Phase | | Nachphase |
|---|---|---|---|---|
| **Analyse der Ausgangssituation**<br>• Zielsetzungen der Partnersuche<br>• Entwurf eines Verkaufskonzeptes | **Dokumentation des Verkaufsobjektes**<br>• Datenaufbereitung<br>• eventuell Unternehmensbewertung<br>• Erstellung eines ausführlichen Verkaufsmemorandums | **Käuferidentifikation**<br>• Identifikation potenzieller Käufer/Investoren<br>• Eingrenzung des Käuferkreises<br>• Suche nach Kriterien zur Einschätzung eines Käuferinteresses | **Kontaktaufnahme mit Käufer**<br>• Weiterleitung des Verkaufsmemorandums gegen Vertraulichkeitserklärung<br>• Due Diligence<br>• Letter of Intent<br>• Bewertung | **Verkaufsverhandlung mit Vertragsabschluss**<br>• Festlegung einer Verhandlungsstrategie<br>• finanzielle, steuerliche und rechtliche Strukturierung<br>• definitive Partnerbeurteilung und Vertragsabschluss | **Neuorientierung** |

| Vorphase | | M & A-Phase | | Nachphase |
|---|---|---|---|---|
| **Unternehmensstrategie**<br>• Build-or-Buy-Enscheidung | **Erstellung eines Suchprofiles**<br>• Erarbeitung abstrakter, klar operationalisierbarer Kriterien | **Identifikation des Akquisitionsobjektes**<br>• Abstimmung von Suchmit Kandidatenprofil (Short-List-Erstellung) | **Kontaktaufnahme und Bewertung**<br>• Klärung des Verkaufsinteresses<br>• Due Diligence | **Vertragsverhandlung und Abschluss**<br>• finanzielle, steuerliche und rechtliche Strukturierung | **Integration**<br>• Integrationsgrad/-geschwindigkeit |

**Unternehmens- oder Beteiligungserwerb**

Quelle: Modifiziert nach Deiß (1997a), S. 490

Abbildung 2: Phasenmodell des Ablaufs einer M & A-Transaktion

erfolgreichen Deal. Die Beratungsaufgaben sind im Einzelnen sehr unterschiedlich, je nach der Phase des Projektes, und erstrecken sich von der Erarbeitung einer Transaktionsstrategie bis zur gestalterischen Begleitung der Post-Merger-Integration. Den Prozess einer Unternehmensübernahme aus Käufer- und Verkäufersicht und mögliche Ansatzpunkte für externe Beratungen gibt Abbildung 2 wieder.

Jede einzelne Stufe verlangt dabei in Bezug auf die anfallenden Beratungsleistungen eine spezifische Expertise seitens der Berater. Dabei erfüllen diese im Wesentlichen die folgenden Aufgaben:[10]

- *Optimierung der Prozess-Steuerung:* M & A-Transaktionen erfordern in der Regel den Einsatz von Teams, die aus Mitarbeitern verschiedener Abteilungen oder sogar Unternehmen bestehen. Aufgrund seiner Erfahrung im Management von M & A-Prozessen kann der Berater sowohl die Aufgabenverteilung optimieren als auch die Schnittstellen zwischen beteiligten Personen(-gruppen) überwachen, um die Zeit, die ein Deal in Anspruch nimmt, zu verkürzen.

- *Einbringen spezieller Fachkompetenzen:* Nicht nur sehr komplexe, internationale Transaktionen erfordern ein Höchstmaß an Fachwissen und Erfahrung. Auch bei nationalen Deals mit geringerem Volumen können erhebliche Nachteile aus einer steuerlich, gesellschaftsrechtlich oder finanzierungstechnisch suboptimalen Gestaltung erwachsen, die teilweise für die Unternehmen nicht vorhersehbar sind. M & A-Berater können hier notwendiges Know-how einbringen, das den beteiligten Unternehmen selbst fehlt.

- *Identifizierungsfunktion:* Vor dem Hintergrund, dass M & A-Transaktionen für viele Unternehmen nicht zum Tagesgeschäft zählen, fehlen diesen häufig wichtige Informationen über den M & A-Markt, insbesondere über potenzielle Akquisitionsobjekte bzw. Käufer. Der professionell auf diesem Markt tätige Berater dagegen verfügt über eine deutlich bessere Marktübersicht und kann die benötigten Informationen schneller, detaillierter und verlässlicher beschaffen.

- *Sparringspartner- und Objektivierungsfunktion:* Der Berater kann vor dem eigentlichen Deal zur Strategiefindung und -evaluierung beitragen, indem er aus seiner externen Sichtweise neue Ideen einbringt und intern entwickelte Ideen kritisch überprüft. Während anschließender Vertragsverhandlungen kann der Berater aufgrund seiner Stellung diese weniger emotional und daher möglicherweise erfolgversprechender führen.

- *Ausgleich personeller Kapazitätsengpässe beim Klienten:* Bei kleineren Unternehmen ist es durchaus denkbar, dass die vorhandenen Mitarbeiterressourcen nicht ausreichen, um einen Deal in angemessener Qualität und Zeit durchzuführen. In diesem Fall ist der Einbezug externer Berater eine Möglichkeit, benötigtes und entsprechend qualifiziertes Personal kurzfristig in Form von gemischten Teams einzubinden.

- *Blitzableiterfunktion:* Tritt der Berater innerhalb der Verhandlungen im Auftrag seines Klienten auf, können Verhandlungstaktiken, die sich als unangemessen herausgestellt

---

[10] Vgl. Deiß (1997a), S. 495f.

haben, im Nachhinein korrigiert werden. Stellt der Berater etwa ein Ultimatum, um den zeitlichen Ablauf zu beschleunigen, und schlägt die Gegenseite dieses aus, kann der Klient im eigenen Namen die Verhandlungen ohne Vertrauensverlust mit dem Argument weiterführen, dass das Ultimatum ein nicht genehmigter Vorstoß des Beraters gewesen sei.

Diese Vorteile aus dem Einschalten externer Berater haben dazu geführt, dass diese einen festen Platz innerhalb des institutionalisierten M & A-Marktes eingenommen haben, ohne den sich die große Anzahl der durchgeführten Deals nur schwer realisieren ließe. Die Entstehung einer institutionalisierten M & A-Beratung wird allerdings teilweise als problematisch erachtet. Einige Ökonomen gehen davon aus, dass insbesondere die vierte Fusionswelle in den USA maßgeblich durch das Bestreben der M & A-Berater angetrieben wurde, möglichst viele Deals abzuwickeln.[11] Die bis heute hohe Zahl von Übernahmen, die nachträglich als gescheitert beurteilt werden müssen, scheint diese These zu bestätigen. Diese Auffassung lässt sich jedoch insofern nicht rechtfertigen, als es nicht im Verantwortungsbereich der Berater liegt, über die Durchführung einer Transaktion zu entscheiden. Die M & A-Berater führen die Transaktion vielmehr ausschließlich in ihrer Funktion als Erfüllungsgehilfe aus. Außerdem unterliegen gerade im US-amerikanischen Markt Berater einer strengen Haftung für Fehlleistungen. Auch die Entwicklung kreativer Übernahmestrategien, wie etwa die des Leveraged Buy Out (LBO), dient letztlich ausnahmslos der Realisierung oder Unterstützung von Strategien, die im Verantwortungsbereich der beteiligten Unternehmen selbst liegen.

Zusammenfassend lässt sich festhalten, dass M & A-Berater in vielen Bereichen wichtige Funktionen bei der Abwicklung einer M & A-Transaktion übernehmen können. Einschränkend sei jedoch darauf hingewiesen, dass viele große Unternehmen dazu übergegangen sind, M & A-Transaktionen als festen Bestandteil ihrer unternehmerischen Aktivitäten zu behandeln. In vielen Konzernholdings sind bereits spezialisierte M & A-Stabsabteilungen zu finden, die etliche der oben beschriebenen Funktionen unternehmensintern wahrnehmen[12]. Derartige Abteilungen gibt es mitunter bereits in mittelständischen Betrieben.[13]

## 2.2 Akteure bei der M & A-Beratung

M & A-Transaktionen stellen für Berater sowohl in Wachstums- wie auch in Konsolidierungsphasen der Wirtschaft ein profitables Betätigungsfeld dar. Dabei haben sich am Markt verschiedene Formen von M & A-Beratern, die sich teilweise ergänzen, teilweise miteinander im Wettstreit um Kunden und Marktanteile stehen, etabliert.[14] Abbildung 3 gibt ihre Betätigungsfelder, abgestuft nach Kernkompetenzen, Expansionsbestrebungen und Randbereichen, wieder.

---

[11] Vgl. Davidson (1989), S. 56.
[12] Vgl. Sauermann (2000).
[13] Vgl. zum Beispiel Bartholomäus (1997), S. 434–436.
[14] Vgl. zu den einzelnen Formen von Beratern übersichtlich Jaenecke (1998).

## Berater bei M & A-Transaktionen

- *M & A-Berater im engeren Sinne*

Der inhomogenen Gruppe der M & A-Berater im engeren Sinne sind vordringlich die großen angloamerikanischen Investmentbanken, die M & A-Abteilungen der großen deutschen Universalbanken und die auf die Betreuung von M & A-Transaktionen spezialisierten, nicht bankgebundenen, zumeist kleineren Beratungsunternehmen (so genannte M & A-Boutiquen) zuzurechnen. Mit unterschiedlichen Schwerpunkten betreuen M & A-Berater im engeren Sinne die gesamte Transaktion, von der Kontaktaufnahme bis zur Vertragsgestaltung, wobei grundsätzlich für beide Seiten, Berater und Auftraggeber, Exklusivität vereinbart wird. Die Bereiche Strategiefindung und Integration wurden traditionell jedoch in der Regel nicht abgedeckt. Aufgrund des steigenden Wettbewerbs am Markt für M & A-Dienstleistungen gehen die großen Unternehmensberater jedoch dazu über, auch in diesem Bereich beratend tätig zu werden. So kann sowohl bei strategisch als auch bei finanziell motivierten Transaktionen die Initiative von den Dienstleistern selbst ausgehen, da diese, basierend auf ihrem besseren Marktüberblick, häufig erfolgversprechende Deals und geeignete Transaktionspartner als erste lokalisieren. In Bezug auf die angebotenen Leistungen unterscheiden sich die deutschen Universal- und die angloamerikanischen Investmentbanken aufgrund ihres direkten Zugangs zum Kapitalmarkt insofern von M & A-Boutiquen, als sie nicht nur das Konzept der Übernahmefinanzierung ausarbeiten, sondern darüber hinaus die effektive Kapitalbeschaffung in ihrer Funktion als Intermediär durchführen können.

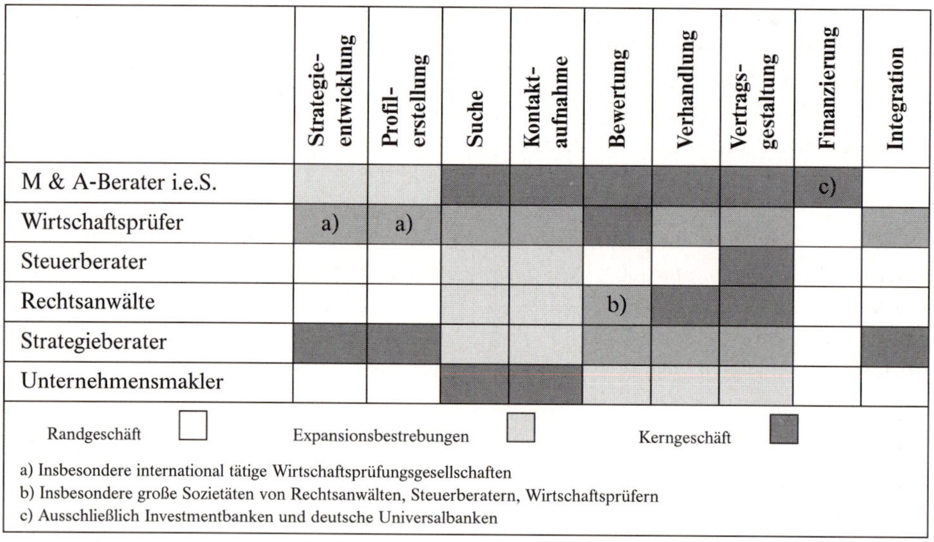

| | Strategieentwicklung | Profilerstellung | Suche | Kontaktaufnahme | Bewertung | Verhandlung | Vertragsgestaltung | Finanzierung | Integration |
|---|---|---|---|---|---|---|---|---|---|
| M & A-Berater i.e.S. | | | Kerngeschäft | Kerngeschäft | Kerngeschäft | Kerngeschäft | Kerngeschäft | c) | |
| Wirtschaftsprüfer | a) | a) | | | Kerngeschäft | | | Expansion | |
| Steuerberater | | | | | Expansion | | | Kerngeschäft | |
| Rechtsanwälte | | | | | b) | Expansion | Kerngeschäft | | |
| Strategieberater | Kerngeschäft | Kerngeschäft | Expansion | Expansion | Expansion | | | | Kerngeschäft |
| Unternehmensmakler | | | Kerngeschäft | Kerngeschäft | Expansion | Expansion | | | |

Legende: Randgeschäft ☐, Expansionsbestrebungen (hellgrau), Kerngeschäft (dunkelgrau)

a) Insbesondere international tätige Wirtschaftsprüfungsgesellschaften
b) Insbesondere große Sozietäten von Rechtsanwälten, Steuerberatern, Wirtschaftsprüfern
c) Ausschließlich Investmentbanken und deutsche Universalbanken

Quelle: In Anlehnung an Deiß (1997a), S. 496.

Abbildung 3: Betätigungsfelder verschiedener M & A-Berater

- *Wirtschaftsprüfer und Steuerberater*

Als ursprüngliche Aufgabe der Wirtschaftsprüfer kann die Beurteilung der finanziellen Verhältnisse (Financial Due Diligence) und anschließende Bewertung des Transaktionsobjektes sowie die Durchführung vertraglicher oder rechtlich vorgeschriebener Prüfungen angesehen werden. Steuerberater besitzen eine hohe Expertise im Bereich der Beurteilung relevanter steuerlicher Aspekte sowohl für die Financial Due Diligence als auch für die steuerlich optimierte Gestaltung des Kaufvertrages. Dieser Bereich hat insofern in Deutschland eine andere Bedeutung als in den USA, als die Beratung in steuerlichen Fragen hier gesetzlich geregelt ist und ausschließlich von Steuerberatern und Wirtschaftsprüfern wahrgenommen werden darf. Die Bereiche der Wirtschaftsprüfung und Steuerberatung rücken nun im Rahmen der großen Wirtschaftsprüfungs- und Steuerberatungsgesellschaften immer näher zusammen. Im Rahmen der Wiedervereinigung sind die großen Beratungsgesellschaften außerdem dazu übergegangen, ihre Angebotspalette über den gesamten Prozess der M & A-Transaktion auszudehnen, sodass sie heute häufig als M & A-Berater im engeren Sinne auftreten. Dabei haben sich die Wirtschaftsprüfungs- und Steuerberatungsgesellschaften in den letzten Jahren mit Erfolg auf den so genannten Midmarket-Bereich, das heißt M & A-Transaktionen kleinerer bzw. mittelgroßer Unternehmen, spezialisiert. Anzahlmäßig deckt dieser Bereich die meisten M & A-Transaktionen ab, volumenmäßig wird jedoch nur ein Bruchteil des gesamten Marktvolumens für M & A-Aktivitäten durch Transaktionen dieser Größe abgebildet. Während 1989 die größten zehn M & A-Transaktionen nur 16 Prozent des weltweiten Volumens ausmachten, waren es 1999 bereits 22 Prozent.

Sofern die M & A-Beratung nicht als eigene Gesellschaft bzw. wirtschaftlich weitgehend selbstständige Abteilung geführt, sondern dem Bereich Wirtschaftsprüfung zugerechnet wird, gelten für Wirtschaftsprüfungsgesellschaften besondere rechtliche Rahmenbedingungen, etwa die Wirtschaftsprüferordnung und die für die Berufsausübung verbindlichen Stellungnahmen der berufsständischen Organisationen. Diese Regulierungen können insbesondere bei internationalen Transaktionen eine marktgerechte, umfassende Durchführung der Beratung erschweren. Dieses Problem relativiert sich aber zur Zeit durch den Trend der Aufspaltung der großen Wirtschaftsprüfungsunternehmen auf der einen und Beratungsunternehmen auf der anderen Seite, der sich unter dem Druck der US-amerikanischen Aufsichtsbehörden einstellt. Ein Beispiel hierfür ist der im Frühsommer 2000 vollzogene Verkauf des weltweiten Beratungsgeschäftes der Wirtschaftsprüfungsgesellschaft Ernst & Young an Cap Gemini.

- *Rechtsanwälte*

Juristische Konsequenzen einer Transaktion werden nicht nur in den USA, wo das Umfeld durch Anti-Trust-Gesetze, strenge Publikationsanforderungen der SEC und umfassende Haftungsfragen stark reguliert ist, sondern auch in Deutschland immer wichtiger. Rechtsanwälte unterstützen beim Einhalten börsen-, gesellschafts- und kartellrechtlicher Auflagen und assistieren bei der Prüfung der rechtlichen Verhältnisse eines Transaktionsobjektes (Legal Due Diligence) sowie bei der Ausarbeitung vertraglicher Unterlagen wie Geheimhaltungsverpflichtung, Vorvertrag (Letter of Intent) und Kaufvertrag. Darüber hinaus treten Rechtsanwälte regelmäßig als Vertreter einer Partei in Vertragsverhandlungen auf. Üblicherweise sind sie dagegen nicht in die betriebswirtschaftlichen

Beratungsaufgaben und in die Phase der Kontaktaufnahme eingebunden. Je häufiger und komplexer internationale Transaktionen werden, desto wichtiger wird auch auf Seiten der beratenden Rechtsanwälte die internationale Expertise. Dies gilt insbesondere dann, wenn die USA als stark reguliertes Land mit hohen Haftungsrisiken betroffen sind. Vor diesem Hintergrund lässt sich das internationale Vordringen US-amerikanischer Sozietäten und die wachsende M & A-Aktivität im Bereich der Rechtsanwaltskanzleien erklären.

- *Strategieberater*

Unternehmensberater bieten Unterstützung bei der Identifikation und Evaluation von strategischen Optionen der Unternehmensführung. Diese Strategien können, wie die beschriebenen Motive für M & A-Transaktionen deutlich machen, auch die Durchführung von M & A beinhalten. Innerhalb dieses Rahmens kommt ihnen zwar häufig die Aufgabe zu, betriebswirtschaftliche Anforderungen an Kauf- oder Verkaufsobjekte festzulegen und potenzielle Kandidaten auszuwählen (Screening). Dabei untersuchen die Unternehmensberatungen auch die zukünftigen Ertragsprognosen potenzieller Kandidaten anhand von Marktstudien bzw. Unternehmensanalysen und führen Unternehmensbewertungen durch. An der Abwicklung des M & A-Prozesses beteiligen sie sich aber in der Regel nicht, da den Beratungsunternehmen unter anderem der direkte Zugang zu den Kapitalmärkten fehlt. Nach Abschluss des Vertrages (Closing) unterstützen sie das erwerbende Unternehmen dann wieder bei der Integration der Zielgesellschaft in die Organisation des übernehmenden Konzerns. Diese Phase der so genannten Post-Merger-Integration wird dabei zunehmend als wichtiger Erfolgsfaktor einer M & A-Transaktion erkannt.

- *Unternehmensmakler*

Der Unternehmensmakler übernimmt ausschließlich die Aufgabe, Angebot und Nachfrage am M & A-Markt zusammenzuführen. Er ist dabei in der Regel für beide Seiten als Vermittler tätig, während für alle anderen Gruppen Auftragsexklusivität gilt. Seine Provision kann, abhängig von der Vertragsgestaltung beim Zustandekommen des Deals, von beiden Seiten oder auch nur von einer Seite bezahlt werden. Zu Vermittlungszwecken werden lediglich Kurzporträts der in Frage kommenden Gesellschaften erstellt. Zunehmend wird das Vermittlungsgeschäft auch unter Einschaltung des Internet betrieben.

## *Wettbewerbsumfeld*

Während sich die Angebotspalette innerhalb der Gruppe der M & A-Berater im engeren Sinne, abgesehen von der fehlenden Finanzierungsbereitstellung der M & A-Boutiquen, prinzipiell entspricht, lassen sich einzelne, relativ homogene Gruppen anhand des Marktsegmentes, in dem sie tätig sind, unterscheiden. Als Abgrenzung können hier die Merkmale Komplexität in Verbindung mit Internationalität und Kapitalmarktrelevanz des Deals herangezogen werden. Die sich daraus ergebende Zuordnung ist in Abbildung 4 dargestellt. Sie gibt jeweils die Geschäftsschwerpunkte an.

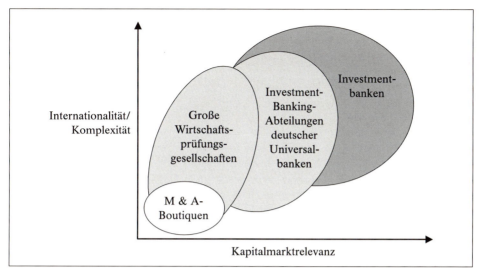

Abbildung 4: Strategische Gruppen innerhalb der M & A-Berater i. e. S.

Innerhalb und zwischen den verschiedenen strategischen Gruppen herrscht ein intensiver Wettbewerb, der unter den Investmentbanken am ausgeprägtesten ist, nicht zuletzt weil im Marktsegment der hoch komplexen und sehr kapitalmarktrelevanten Deals zahlenmäßig die wenigsten Transaktionen abzuwickeln sind. Die mittlerweile auch in Deutschland zunehmende Informationseffizienz des M & A-Marktes, vor allem in Bezug auf großvolumige, komplexe Transaktionen, führt im Rahmen des Transactional Banking zu einer stärkeren Verhandlungsposition der Nachfrager von M & A-Dienstleistungen. Daraus resultiert ein zunehmender Druck auf die Margen der großen Investmentbanken. Gleichzeitig stellt das stetige Wachstum der M & A-Beratungsgesellschaften und die zunehmende Komplexität der Deals immer höhere Ansprüche an die personellen Kapazitäten der Beratungsgesellschaften, die damit um fähige Mitarbeiter stark konkurrieren.

Führende Investmentbanken geben häufig ein Mindesttransaktionsvolumen von 30 bis 50 Mio. Euro an, ab dem ihre Beratungsleistungen erst in einem angemessenen Kosten-/Nutzen-Verhältnis für den Kunden stehen. Bestrebungen, langfristige Kundenkontakte aufzubauen (Relationship Banking) und lukrative Folgemandate zu sichern, führen jedoch vereinzelt zu einer Ausweitung der Aktivitäten auf kleinere, ihrem eigentlichen Marktsegment nicht zuzuordnende Deals. Dabei werden temporär auch nicht kostendeckende Aufträge angenommen. Umgekehrt hatten bis auf wenige Ausnahmen die Universalbanken und Wirtschaftsprüfungsgesellschaften bisher kaum Ambitionen, in den Markt der Investmentbanken einzudringen. Vor allem Wirtschaftsprüfungsgesellschaften besitzen in diesem Bereich häufig nicht das notwendige Kapitalmarkt-Know-how, das für große, internationale Deals heute unerlässlich ist. Sie werden allerdings häufig im Rahmen von Kooperationen in die Abwicklung großer Projekte eingebunden. Zudem steigt die Zahl der von ihnen betreuten Transaktionen, die außerhalb der Kapitalmärkte stattfinden, deutlich an.

Zwischen den einzelnen Arten von M & A-Dienstleistern gibt es neben medienwirksamen Kooperationen bei Großprojekten vielfältige Interdependenzen. Auch große M & A-

Berater ziehen zur Bearbeitung komplexer Transaktionen Spezialisten zur Ergänzung der im eigenen Haus vorhandenen Expertise hinzu. Neben anderen werden insbesondere Rechtsanwälte, Steuerberater und – bei Verschmelzungen sogar gesetzlich vorgeschrieben – Wirtschaftsprüfer zur Lösung spezifischer Problemstellungen eingebunden. Darüber hinaus werden im Bereich der Finanzierung von M & A-Transaktionen bei großen Finanzierungsvolumina regelmäßig Konsortien gebildet, um die Reputation der beteiligten Finanzintermediäre zu bündeln und gleichzeitig mögliche Risiken zu verteilen.

Unter allen beschriebenen M & A-Beratern bieten die Investmentbanken ihren Kunden die breiteste Produktpalette für komplexe Deals an. Obwohl primär nur als Zusatzdienstleistung neben den Intermediationsaktivitäten am Kapitalmarkt entstanden, ist die Beratung bei M & A-Transaktionen mittlerweile ein integraler Bestandteil der Produktpalette aller Investmentbanken, wenn nicht sogar der wichtigste. Aus dem früher kostenlos erbrachten Service ist heute einer der ertragreichsten Geschäftsbereiche der großen Investmentbanken geworden.

## 2.3 Mandatsgewinnung als Voraussetzung der Beratung

Ausgangspunkt der M & A-Beratung ist die Mandatsgewinnung. Hier können zwei unterschiedliche Ausgangssituationen bestehen. Die Investmentbank kann entweder an einen neuen, potenziellen Kunden herantreten oder sich um Folgemandate bemühen. Folgemandate unterscheiden sich dahingehend von Erstmandaten, dass aufgrund eines bereits getätigten Beratungsmandates schon eine gewisse (positive oder möglicherweise auch negative) interne Reputation beim Kunden aufgebaut werden konnte. Da aber bei großen Deals häufig das Transactional Banking, also die transaktionsspezifische Zusammenstellung des Beraterteams für jeden einzelnen Deal, vorherrscht, lassen sich die Aussagen zum Erstkontakt weitgehend analog anwenden. Lediglich in Bezug auf die Auswahl der Ansprechpartner oder auch die Verwertung bereits vorhandenen Wissens über Strategien und Organisationsstruktur des Mandanten lassen sich Vorteile gegenüber den Mitbewerbern erzielen. Im Folgenden wird daher im Wesentlichen die Perspektive des Erstkontaktes gewählt.

*Kontaktaufnahme*

Die so genannte Origination-Phase, also die Phase eines Deals, die dem Auftragsabschluss vorausgeht, lässt sich unterteilen in die Kontaktanbahnung, den Erstkontakt und die Präsentation vor dem potenziellen Kunden.[15] Zur Kontaktanbahnung werden kommunikationspolitische Maßnahmen im Rahmen eines Außen- und Innenmarketings genutzt. Der Erstkontakt konkretisiert sich in der durch distributionspolitische Maßnahmen unterstützten re- oder proaktiven Mandatsakquisition. Die Präsentation der Investmentbank vor dem potenziellen Mandanten stellt den Abschluss der Origination dar, der letztlich über die Mandatsgewinnung entscheidet. Bei Folgemandaten können

---

[15] Vgl. Deiß (1997a), S. 491–495.

als Besonderheit eine, zwei oder auch alle drei Phasen entfallen, wenn der Kunde an einen einzigen Berater herantritt, um diesen direkt mit dem anstehenden Mandat zu betrauen. Im Bereich der großvolumigen M & A-Transaktionen, in dem sich die Investmentbanken positionieren, hängt die Form der Beraterauswahl häufig von den Kriterien Dringlichkeit und Vertraulichkeit ab. Die Durchführung eines umfangreichen Beauty Contest lässt sich mit dem Bestreben, eine Transaktion schnell und unter Wahrung der Geheimhaltung abzuwickeln, nicht vereinbaren.

Eine weitere Besonderheit ergibt sich im Bereich von Großunternehmen, die regelmäßig Investmentbanken hinzuziehen, um M & A-Transaktionen durchzuführen. Häufig arbeiten diese Unternehmen mit einem immer gleichen Kreis von ausgewählten Beratern zusammen und verteilen ihre Beratungsaufträge relativ gleichmäßig auf die verschiedenen Bewerber. Teilweise werden Beauty Contests nur noch pro forma durchgeführt, da bereits vorher die zu beauftragende Investmentbank, etwa aufgrund einer vom Unternehmen determinierten Reihenfolge, feststeht.

Das Ziel aller Anstrengungen in der Zeit vor Abschluss des Beratungsvertrages ist es, den (potenziellen) Mandanten zu überzeugen, dass die Investmentbank geeignet ist, den Deal zur Zufriedenheit des Auftraggebers durchzuführen. Grundsätzlich geht es hier also um den mandantenspezifischen Aufbau einer hohen Reputation. Zu diesem Zweck müssen fachspezifische und interdisziplinäre Fähigkeiten, insbesondere fundiertes kapitalmarktspezifisches, rechtliches, steuerliches und strategisches Know-how, kommuniziert werden. Die Mandatsanbahnung ist dabei der Grundstock der späteren Vertrauensbasis zwischen Klient und Investmentbank. In diesem Bereich ist es daher notwendig zu vermitteln, dass zusätzlich ethische Vorgaben eingehalten werden. Zu diesen gehören unter anderem Auftragsexklusivität, Interessenidentität (möglicherweise über die Honorargestaltung), bedingungslose Einhaltung der Vertraulichkeitserfordernisse und ausgezeichnete Fähigkeiten im internen und externen Konfliktmanagement.

*Kommunikationspolitische Maßnahmen* im Bereich des Außenmarketings haben zum Ziel, mögliche Abnehmer auf das Leistungsspektrum des Beraters aufmerksam zu machen und diesen möglicherweise den Beratungsbedarf damit erst vor Augen zu führen. Als Instrumente lassen sich hier direkte Marketinginstrumente, wie etwa Broschüren oder auch Inserate in Form von Tombstones, einsetzen. Da häufig potenzielle Mandanten nicht namentlich bekannt sind und anstehende Deals nicht publiziert werden, kommt den indirekten Maßnahmen im M & A-Geschäft eine hohe Bedeutung zu. Investmentbanken veranstalten zu diesem Zweck Seminare über Themen des M & A-Bereichs oder treten als Gastredner auf. Fachspezifische Beiträge in einschlägigen Publikationen, so etwa in den Zeitschriften M & A Review sowie Economist oder auch in der weiter verbreiteten Wirtschaftspresse, wirken ebenfalls als indirekte Instrumente des Außenmarketings, da sich die Investmentbank so einer breiten Öffentlichkeit präsentiert. Im Bereich des Innenmarketings kommt der Vorbereitung des so genannten Cross Selling eine hohe Bedeutung zu. Cross Selling steht dabei für die Akquisition eines Zusatzauftrages für eine andere Abteilung neben einem bestehenden Mandat. Beispielsweise können sich im Anschluss an den Börsengang eines Unternehmens, durchgeführt und begleitet durch die Abteilung Capital Markets, auch Mandate für die M & A-Abteilung ergeben.

*Distributionspolitische Maßnahmen* in der Phase des Erstkontaktes können proaktiv (so genannte Cold Calls) oder reaktiv sein. Häufig werden als Cold Call allerdings nur diejenigen Transaktionsvorschläge bezeichnet, die gänzlich ohne vorherigen Kontakt mit dem potenziellen Mandanten an diesen herangetragen werden. Der Erstkontakt stellt sich in der Praxis als der schwierigste Abschnitt der Vertragsanbahnung dar, da bekannte Berater später üblicherweise in die Beraterauswahl bei zukünftigen Transaktionen einbezogen werden. Reaktive Mandatsakquisitionen, bei denen der Mandant mit einer fertigen M & A-Idee an den Berater herantritt, haben bei Investmentbanken eine geringere Bedeutung als bei den großen deutschen Universalbanken und Wirtschaftsprüfungsgesellschaften, da diese im Rahmen des Cross Selling auf einen großen Kundenstamm im Bereich des klassischen Kreditgeschäfts bzw. der Jahresabschlussprüfung zurückgreifen können. Investmentbanken akquirieren daher häufiger proaktiv, indem sie mit selbst entwickelten M & A-Ideen an mögliche Mandanten herantreten. Dieses kann im Rahmen des Key Account Managements oder in Form des so genannten Deal Drafting geschehen.[16] Beim Key Account Management wird in der Regel ein langfristiger Dialog aufrechterhalten, der den Zugang zu internen strategischen Daten des potenziellen Mandanten gewährleistet. Aus der detaillierten Kenntnis des Kunden können proaktiv Transaktionsvorschläge abgeleitet und entsprechende Konzepte entwickelt werden. Beim Deal Drafting werden dagegen, beruhend auf einer eigenen Recherche der Investmentbank am M & A-Markt, Transaktionsmöglichkeiten lokalisiert und als fertiges Konzept an eine der möglichen Parteien herangetragen. Problematisch beim proaktiven Akquirieren ist, dass die Investmentbank Recherche und Konzeptentwicklung als Vorleistungen erbringt, ohne mit Sicherheit das Mandat zu erhalten und die angefallenen Kosten decken zu können.

*Mandatsakquisition*

Die der Kontaktanbahnung folgende *Präsentation* kann als Einzelpräsentation oder als Beauty Contest, auch Beauty Parade bezeichnet, ausgestaltet sein. Üblicherweise wird der reaktiven Akquisition ein Beauty Contest folgen, wohingegen die proaktive Mandatsgewinnung eher in eine Einzelpräsentation mündet. Anhand der Präsentation entscheidet das Unternehmen über die Auswahl des Beraters aus einer Gruppe eingeladener Vertreter (Beauty Contest) bzw. über die Durchführung der Transaktion (Einzelpräsentation).

Zunächst ist in diesem Rahmen eine allgemeine Darstellung der Investmentbank selbst erforderlich, in der Regel über die Zusammenstellung von Referenztransaktionen (Track Record) und die Positionierung der Investmentbank im Vergleich zu Mitbewerbern auf unterschiedlichen Ranglisten (League Tables). Mittels der League Tables kann eine Investmentbank ihre spezifische M & A-Transaktionserfahrung in bestimmten Ländern (zum Beispiel Deutschland), Branchen (zum Beispiel Telekommunikation) und/oder Transaktionsarten (zum Beispiel Verteidigungsmandate) demonstrieren. Eine League Table für alle deutschlandbezogenen abgeschlossenen M & A-Transaktionen im Jahr 2001 zeigt Übersicht 1.

---

[16] Vgl. Deiß (1997a), S. 493.

Übersicht 1: League Table der auf Deutschland bezogenen abgeschlossenen Transaktionen nach Volumen

|   | Bank | Volumen der Transaktionen gesamt 2001 in Mrd. Euro | Anzahl der Transaktionen |
|---|---|---|---|
| 1 | Goldman Sachs | 132,4 | 44 |
| 2 | Dresdner Kleinwort Wasserstein | 97,1 | 23 |
| 3 | CSFB | 72,2 | 27 |
| 4 | Deutsche Bank | 61,8 | 55 |
| 5 | J. P. Morgan Chase | 50,4 | 24 |
| 6 | Merrill Lynch | 42,6 | 24 |
| 7 | UBS Warburg | 37,7 | 14 |
| 8 | Morgan Stanley | 37,5 | 25 |
| 9 | Rothschild | 28,2 | 21 |
| 10 | Lazard | 27,2 | 24 |
| ... | | | |
| | **Gesamt** | **650,5** | **357** |

Quelle: Börsen-Zeitung vom 8. Februar 2002.

Über eine vorläufige Spezifizierung des Projektteams und die Darlegung der Honorarvorstellungen hinaus gilt es, das Vertrauen des Mandanten in die Fähigkeiten des Beraters zu gewinnen. Dabei spielt auch die individuelle M & A-Transaktionserfahrung der beteiligten Investmentbanker eine entscheidende Rolle. Die Präsentation sollte dabei ein fundiertes Verständnis der Bedürfnisse des angesprochenen Unternehmens, der betroffenen Märkte und des Prozesses komplexer Transaktionen vermitteln. Hilfreich sind auch konkrete Lösungsvorschläge für die Strukturierung und grobe Vorstellungen über die Bewertung des Transaktionsobjektes.[17] Je näher die präsentierten Inhalte bei den Vorstellungen des Mandanten liegen bzw. diese vom Ergebnis her übertreffen, desto größer ist die Chance, das Mandat zu erhalten. Unrealistische Übertreibungen in Bezug auf den Preis oder auch die Abwicklung des Deals sind zwar möglicherweise geeignet, das Mandat zu gewinnen, bleibt die Durchführung aber hinter den so geschürten Erwartungen des Mandanten zurück, kommt es unweigerlich zu einem Reputationsverlust, der in dem hoch sensiblen M & A-Markt mittelfristig zu umfangreichen Mandatseinbußen führt. Als Grundregel ist daher unbedingt zu beachten, dass im Rahmen der Präsentation bereits alles unterlassen werden sollte, was das unbedingt notwendige Vertrauensverhältnis zwischen Mandant und Investmentbank belasten könnte.

## Exklusivität und Interessenkonflikte

Interessenkonflikte können sich bei Investmentbanken sowohl innerhalb der Bank als auch hinsichtlich externer Kundenbeziehungen ergeben. Während sich die Regelung externer Interessenkonflikte bereits auf die Zeit vor Mandatsabschluss bezieht, kommen

---

[17] Vgl. Deiß (1997a), S. 494.

Probleme aus internen Interessenkonflikten im Wesentlichen erst nach Abschluss des Beratungsvertrages zum Tragen.

Bezüglich externer Interessenkonflikte wird in der Praxis zwischen „weichen" und „harten" unterschieden. Weiche Konflikte zeichnen sich dadurch aus, dass sie normalerweise nicht auf vertraglich fixierte Regelungen zurückzuführen sind. Das häufigste Problem ergibt sich in diesem Bereich bei der Kundenauswahl, sofern sich verschiedene Kunden auf ihren Märkten als Wettbewerber gegenüberstehen, etwa zwei Automobilhersteller. Die spezifischen Kenntnisse über Betriebsinterna verbieten möglicherweise in einem solchen Fall die Beratung eines Konkurrenten von bereits bestehenden Kunden. Die sich um ein Mandat bewerbende Investmentbank muss hier verantwortungsvoll mögliche Konfliktpotenziale der Auftragsübernahme mit bestehenden Mandaten abschätzen. Sofern sich hier eine Unvereinbarkeit ergibt, bleibt als Konsequenz nur der Rückzug aus der Mandatsakquisition übrig.

„Harte" Interessenkonflikte ergeben sich aus der vertraglich fixierten Exklusivität der Beratung durch die Investmentbank. Diese Exklusivität bedingt, dass in Bezug auf ein Transaktionsobjekt immer nur ein Käufer unterstützt werden kann. Kommen für einen Deal mehrere Käufer in Betracht, muss die Investmentbank entscheiden, bei welchem ein Engagement die höchsten Aussichten auf Erfolg in dem Sinne hat, dass der Mandant das Unternehmen letztlich erwerben wird. Diese Erfolgseinschätzung ist insbesondere vor dem Hintergrund unabdingbar, dass Honorare – abgesehen von einer üblicherweise vereinbarten Auslagenerstattung und möglichen erfolgsunabhängigen Bestandteilen – zu wesentlichen Teilen erfolgsabhängig vereinbart werden.

Der Bereich der internen Interessenkonflikte, der weitgehend gesetzlich geregelt ist, kann erhebliche Auswirkungen auf die Glaubwürdigkeit der Investmentbank während der Mandatsabwicklung haben. Da die Marktabteilungen von den beratenden Bereichen durch so genannte Chinese Walls, also organisatorischen Maßnahmen, die einen Informationsfluss verhindern, getrennt sind, kommt es gelegentlich zu Situationen, in denen unterschiedliche Bereiche sich unwissentlich gegenseitig Probleme bereiten. Wenn beispielsweise im Rahmen von Fusionsverhandlungen die Gestaltung der Austauschverhältnisse der Aktien festgelegt werden soll, können sich Kursauswirkungen von Kauf- und Verkaufsempfehlungen direkt in dem zu verhandelnden Umtauschverhältnis niederschlagen. Veröffentlicht die Research-Abteilung der beratenden Bank derartige Empfehlungen, schwächt das deren Glaubwürdigkeit in den Verhandlungen. In diesem Fall besteht erheblicher Erklärungsbedarf, um die Weiterführung des Mandats nicht zu gefährden.

# 3. Produkte im M & A-Bereich

## 3.1 Wiederkehrende Leistungsinhalte der M & A-Beratung

### 3.1.1 Projektmanagement und Prozesskontrolle

Die einzelnen Beratungsleistungen der Investmentbank sind über den gesamten Prozess einer M & A-Transaktion verteilt. Jeweils in Abhängigkeit vom Prozessfortschritt entstehen neue Bedürfnisse des Kunden, die einer Unterstützung durch die Investmentbank bedürfen. Eine Aufgabe der Bank erstreckt sich jedoch über den vollständigen Transaktionsablauf, nämlich Planung, Steuerung und Kontrolle der Transaktion.

Die erfolgreiche Realisierung einer M & A-Transaktion stellt hohe Anforderungen an die Planung und Durchführung des Akquisitionsprozesses. Diese ergeben sich unter anderem aus dem hohen Zeitdruck, unter dem Transaktionen üblicherweise abgeschlossen werden müssen, der Vielzahl verschiedener Informationen, die zu sammeln und zu analysieren sind, und darüber hinaus aus dem häufig notwendigen hohen Maß an Geheimhaltung bis zum eigentlichen Closing. Gleichzeitig müssen unterschiedliche interne und externe Fachleute hinzugezogen und koordiniert sowie schließlich deren Ergebnisse gebündelt werden.

Als Organisationsform für die im Rahmen von M & A-Transaktionen auszuführenden Tätigkeiten kommt insbesondere die als Projektorganisation ausgelegte Matrixorganisation in Betracht, die es ermöglicht, die notwendige Expertise unterschiedlicher Berater und Mitarbeiter des Mandaten bzw. der Zielgesellschaft transaktionsspezifisch zusammenzuführen. Bei Großunternehmen, die Transaktionen durch ihre professionellen, meist auf Holding-Ebene angesiedelten M & A-Stabsabteilungen betreuen, besteht häufig bereits eine projektorientierte Grundstruktur, in der die von außen bezogene Expertise von Investmentbankern, Wirtschaftsprüfern, Steuerberatern, Rechtsanwälten und anderen unter der Leitung der Mitarbeiter dieser Abteilung koordiniert wird. Bei allen anderen Mandanten übernimmt zumeist die Investmentbank als M & A-Dienstleister im engeren Sinne in Abstimmung mit der Unternehmensleitung die Planung, Realisation und Kontrolle des Deals, um Geschwindigkeit und Qualität der Entscheidungsfindung zu optimieren. Im Rahmen des Projektmanagements obliegt es dem Investmentbanker, die personellen und materiellen Ressourcen zu koordinieren, anfallende Aufgaben entsprechend der vorhandenen oder beschaffbaren Expertise zu delegieren sowie die Ergebnisse der einzelnen Projektbeteiligten zu sammeln und dem Mandanten gebündelt und aufbereitet zukommen zu lassen.

Zu Beginn des Akquisitionsprozesses sind im Rahmen eines Kick-off-Meetings notwendige Aufgaben und die zur Durchführung geeigneten Bearbeiter intern oder extern zu identifizieren und in einem Projektablaufplan zu systematisieren. Diese Integrationsplanung verlangt eine budgetierte und zeitlich abgestimmte Zusammenführung der einzelnen Module bzw. Prozessphasen. Insbesondere zeitaufwendige Arbeiten, so etwa externe Gutachten, müssen frühzeitig eingeleitet werden. Gleichzeitig muss durch entsprechende Instrumente, wie etwa interne Codenamen und eine adäquate Informationspolitik gegenüber Mitgliedern des Projektteams und betroffenen Außenstehenden, die erforderliche Geheimhaltung gesichert werden. Auftretenden Ziel- oder personellen Konflikten ist umgehend durch ein internes und externes Konfliktmanagement zu begegnen, das wiederum auf einer genau definierten Kompetenzverteilung und einem umfassend definierten Zielsystem basiert. Auf diese Weise bleibt der Prozess der Akquisition bzw. des Verkaufs trotz seiner hohen Komplexität steuerbar. Daneben müssen im Rahmen einer ständigen Prozesskontrolle der Fortschritt innerhalb der einzelnen Module überwacht und kurzfristig auftretende Probleme oder notwendige Abweichungen flexibel in den weiteren Prozessablauf integriert werden.

Ebenso wichtig wie die sachgerechte Durchführung des Projektes ist eine zeitnahe und vollständige Projektdokumentation, die möglichst ebenfalls zentral vom Projektleiter organisiert und überwacht wird. Diese Dokumentation dient nicht nur der Kontrolle und Steuerung des Transaktionsablaufes und der Unterrichtung des Auftraggebers über die Handlungen der Investmentbank sowie über deren Ergebnisse, sondern sie stellt auch einen wesentlichen Anknüpfungspunkt für spätere Haftungsfragen, sowohl des Mandanten als auch insbesondere der Investmentbank selbst, dar.

Die Kommunikation innerhalb des Projektteams sollte offen gestaltet sein, alle Beteiligten mit einbeziehen und in Anbetracht des zeitlichen Drucks nicht durch formelle Informationswege erschwert werden. Im Gegensatz dazu müssen, um den Verhandlungserfolg nicht zu gefährden und die Geheimhaltung zu erfüllen, Schnittstellen des Projektteams nach außen, das heißt sowohl zu anderen mandanteninternen Stellen als auch zu Vertretern der anderen Vertragspartien, detailliert geregelt werden. Diese Schnittstellen besetzen ausschließlich explizit dazu ermächtigte Teammitglieder, die jeweils nur innerhalb bestimmter, klar umrissener Grenzen aktiv werden dürfen.

Die Zielsetzungen eines solchen Projektmanagements beziehen sich dabei nur vordergründig auf die Begründung und Ausführung der Akquisitionsentscheidung. Darüber hinaus liefert eine qualitativ hochwertige Entscheidungsfundierung bei strategischen Käufen bereits umfangreiche Voraussetzungen, um die angestrebten Synergien im Rahmen der Post-Merger-Integration mit einer hohen Wahrscheinlichkeit zu realisieren. Die spätere Integration kann daher unterstützt werden, indem einige der Mitglieder des Akquisitionsteams bei der üblicherweise ebenfalls als Projekt organisierten Integration mitwirken und dieses bereits im Rahmen des Akquisitionsprozesses eingeplant wird. Diese Aufgabe fällt jedoch eher den Unternehmensberatungsgesellschaften oder Mitarbeitern des Mandanten zu, da Investmentbanken in der Regel die Post-Merger-Integration nicht mehr beratend unterstützen.

### 3.1.2 Unternehmensbewertung

#### 3.1.2.1 Problembereiche der Bewertung

Die Aufgabe, ein ganzes Unternehmen oder auch nur Unternehmens(-an)teile zu bewerten, ist ein in der Praxis stark diskutierter Problembereich des M & A-Geschäfts. Es herrscht keine Einigkeit darüber, welchem Verfahren der Vorzug zu geben ist und warum. Zusätzlich besteht bei fast allen gebräuchlichen Bewertungsverfahren die Notwendigkeit, umfangreiche Prognosen aufzustellen. Alle Beteiligten sind sich aber in dem Punkt einig, dass es nicht möglich ist, den wahren bzw. „tatsächlichen" Unternehmenswert zu ermitteln. Das Ergebnis einer Bewertung kann insofern nur unter der Einschränkung als „richtiger" Wert angesehen werden, dass es situations- und personenbedingt vielfältige subjektive Einflussfaktoren berücksichtigen muss. Im Rahmen von M & A-Transaktionen ist es dabei auch oder vor allem Zielsetzung der Unternehmensbewertung, zu analysieren, inwieweit durch eine M & A-Transaktion, das heißt den Eigentümerwechsel, zusätzlicher Wert geschaffen werden kann. Die Quantifizierung von unterschiedlichen Synergiepotenzialen ist dazu unabdingbar (vgl. Abschnitt 1.2). Durch den Einsatz verschiedener Bewertungsmethoden und Berücksichtigung unterschiedlicher Annahmen wird dieser Komplexität Rechnung getragen und in der Regel eine Bandbreite möglicher Werte ermittelt.

*Wert und Preis*

„Der Wert eines Objektes ... ergibt sich aus den Eigenschaften, insbesondere aus dem Nutzen, den jemand der Sache ... beimisst."[18] Dieser Wert kann und wird dann für die beiden an einer Transaktion beteiligten Seiten unterschiedlich ausfallen, wenn die Einsatzmöglichkeiten des zur Disposition stehenden Unternehmens(teils) und diesbezügliche Strategien von Käufer und Verkäufer differieren. Üblicherweise wird sich daher bei realisierbaren Deals die in Abbildung 5 dargestellte Konstellation zwischen Wert und Preis ergeben.

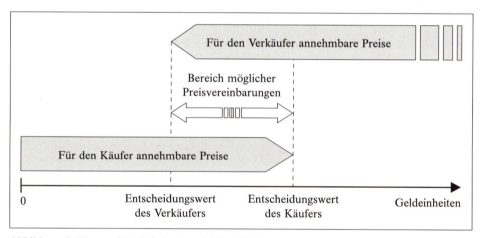

Abbildung 5: Wert und Preis bei einem M & A-Deal

Der Preis eines M & A-Objektes wird in der Regel nicht mit dem Entscheidungswert, den Käufer oder Verkäufer für sich ermittelt haben, übereinstimmen. Lediglich in einigen Sonderfällen, wenn ein für alle Beteiligten verbindliches Schiedsgutachten abgegeben wird, kommt dem Bewertungsergebnis eine direkt preisbestimmende Bedeutung zu. Daher kann es Aufgabe der Investmentbank sein, entweder den subjektiven Wert des M & A-Objektes für den Auftraggeber festzustellen oder aber im Rahmen der Wert-

---

[18] Born (1995), S. 21.

findung einen Interessenausgleich herzustellen. (Auf die Besonderheiten der Bewertung bei Abgabe einer Fairness Opinion oder im Rahmen der Durchführung von Fusionen wird näher in Abschnitt 3.2.3 eingegangen.) Die Vorgehensweisen bei der Ermittlung eines verbindlichen Schiedswertes, beispielsweise im Verlauf gerichtlicher Auseinandersetzungsverfahren, findet keine weitere Beachtung, da diese Aufgabe in Deutschland bisher ausschließlich von Wirtschaftsprüfern durchgeführt wird, die als einzige Wertgutachten vorlegen können, die vor Gericht Bestand haben. Die folgenden Ausführungen beziehen sich daher auf die Bewertung im Rahmen eines Kauf- oder Verkaufsmandates.

*Wertkategorien*

Der Investmentbanker muss zunächst mit dem Auftraggeber klären, welcher „Wert" zu ermitteln ist. Als Wertkategorien werden üblicherweise der subjektive Entscheidungswert, der Stand-alone-Wert und der Marktwert unterschieden. Der Entscheidungswert (auch Wertober- bzw. -untergrenze) stellt den Wert des Unternehmens(teils) für einen strategischen Käufer dar, inklusive aller realisierbaren Synergien unter Berücksichtigung der Wahrscheinlichkeit ihrer Realisierung. Dieser Wert sollte, zumindest als grober Rahmen, auch vom Verkäufer käuferspezifisch ermittelt werden, um für die anschließenden Preisverhandlungen eine Argumentationsgrundlage zu haben. Das Ziel des Verkäufers, einen möglichst hohen Preis zu erzielen, beinhaltet folglich auch, dass dieser über den Kaufpreis an den später vom Käufer realisierten Synergien partizipiert. Der Stand-alone- oder objektivierte Wert beinhaltet dagegen keine Synergieeffekte.

Der Marktwert wird im Gegensatz zu den beiden vorangegangenen fundamentalen Wertkategorien anhand vergangener, am Markt realisierter Transaktionen ermittelt. Dabei kann es sich entweder um den Übergang von Anteilen an der Börse oder vergangene M & A-Geschäfte handeln. Markt- oder Stand-alone-Werte kommen als Entscheidungswerte nur für Finanzinvestoren in Betracht, sofern sich durch den Kauf keine Synergieeffekte realisieren lassen.

*Informationsbeschaffung*

Die Bewertung eines Objektes ist weiterhin abhängig vom Umfang der zur Verfügung stehenden Informationen. Eine intensive Informationsbeschaffung ist daher die Basis jeder Unternehmensbewertung. Die Investmentbank muss sich in diesem Rahmen ein möglichst detailliertes Bild über das M & A-Objekt, den Käufer und die entsprechende Branchen- und gesamtwirtschaftliche Situation und Entwicklung erarbeiten.

Die Bewertung für den Käufer wird üblicherweise vor der Due Diligence, also der umfangreichen Prüfung des Transaktionsobjektes, durchgeführt. Verlässliche Informationen über das Akquisitionsobjekt stehen daher in vielen Bereichen noch nicht zur Verfügung. Der in dieser Phase der Transaktion ermittelte Wert unterliegt einer hohen Unsicherheit, die erst im Rahmen der folgenden Due Diligence teilweise verringert werden kann. Das Bewertungsergebnis wird dann aufgrund konkreterer Risikoeinschätzungen korrigiert.

Zur Ermittlung des objektivierten bzw. Stand-alone-Wertes, der auch den Ausgangspunkt für den subjektiven Entscheidungswert bildet, müssen Informationen über folgende Bereiche des zu erwerbenden bzw. zu verkaufenden Unternehmens zusammengestellt und ausgewertet werden:[19]

- politische, technische und wirtschaftliche Entwicklungen der Branche,
- Wettbewerbssituation,
- Beschaffung, Umweltmanagement und Entsorgung,
- Produktion, Forschung und Entwicklung,
- Produkt-/Dienstleistungssortiment, Vertriebsstrukturen und Marktanteile,
- Personalstruktur, Qualifikation der Mitarbeiter,
- rechtliche und steuerliche Verhältnisse,
- Finanzlage.

Die so gesammelten Daten dienen dazu, aus dem Verständnis der Vergangenheit und der aktuellen Situation des zu bewertenden Unternehmens eine langfristige Unternehmensplanung zu erstellen. Diese Unternehmensplanung stellt die Grundlage der Bewertung dar. Soll der subjektive Entscheidungswert des Käufers ermittelt werden, müssen derartige Informationen auch über diesen zusammengetragen werden. Aus der Gesamtheit an Daten wird der Investmentbanker, gegebenenfalls in Abstimmung mit dem jeweiligen Unternehmen, auf Synergiepotenziale schließen und diese ebenfalls bewerten. Sofern noch kein Käufer identifiziert worden ist, müssen aus Verkäufersicht Synergiepotenziale vor dem Hintergrund einer Gruppe möglicher Erwerber abgeschätzt werden. Die Summe aus Stand-alone-Wert und den bewerteten Synergiepotenzialen (strategischer Zuschlag) bildet den subjektiven Entscheidungswert des Käufers. Das Umfeld einer solchen Bewertung zeigt Abbildung 6.

Dem Problem der Unsicherheit, die sich auch nach einer Due Diligence in Bezug auf die Unternehmenszukunft nicht ausschließen lässt, kann durch die Szenariotechnik, Entscheidungsbaumverfahren oder Monte-Carlo-Simulationen Rechnung getragen werden. Hier werden beispielsweise unterschiedliche Unternehmenswerte, jeweils in Abhängigkeit von der unterstellten Entwicklung einzelner Einflussfaktoren oder des gesamten Umfeldes, ermittelt. Solche „Best/Worst Case"-Szenarien bieten einen guten Überblick über die Bandbreite möglicher zukünftiger Ergebnisse des Deals.

*Verfahrensauswahl*

Ein weiterer Punkt, der zu erheblich unterschiedlichen Ergebnissen der Bewertungsphase führen kann, ist die Auswahl des anzuwendenden Verfahrens. Gelegentlich gibt der Auftraggeber seinerseits bereits die anzuwendende Bewertungsmethode vor. So ist in Gesellschaftsverträgen von GmbH oder Personenhandelsgesellschaften häufig verankert, dass bei einem Verkauf eines Gesellschaftsanteils dessen Wert nach dem Stuttgarter Verfahren zu bemessen ist.[20] Obliegt die Wahl eines angemessenen Verfahrens jedoch

---

[19] Vgl. dazu Born (1995), S. 68–80. Eine Checkliste mit Informationsquellen für den US-amerikanischen Markt findet sich bei Reed/Lajoux (1995), S. 38. Sie lässt sich analog auch auf den deutschen Markt übertragen.
[20] Beim Stuttgarter Verfahren handelt es sich um ein betriebswirtschaftlich nicht begründbares Mischverfahren, bei dem der Unternehmenswert als durch Multiplikatoren gewichtete Kombination aus dem steuerlichen Vermögen und dem steuerlichen Gewinn berechnet wird.

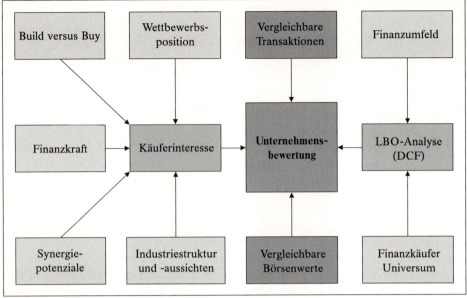

Quelle: Goldman Sachs

Abbildung 6: Umfeld der Wertfindung

der Investmentbank, dann werden üblicherweise, um einen hohen Grad an Sicherheit über die Relevanz des ermittelten Wertes zu gewährleisten, verschiedene Verfahren nebeneinander angewandt und die Ergebnisse im Rahmen einer Bandbreite auf Plausibilität miteinander verglichen.

Eine Systematisierung der verschiedenen Verfahren ist aus Abbildung 7 zu ersehen. Die gängigen Verfahren zur Unternehmensbewertung werden im folgenden Abschnitt dargestellt und vor dem Hintergrund unterschiedlicher Konstellationen beurteilt. Als Besonderheit kann bei den Unternehmen, die Rohstoffe oder andere an Börsen gehandelte Güter produzieren, der Kauf des Unternehmens als Erwerb der zukünftigen Outputs über Realoptionsverfahren bewertet werden. Dieses ebenfalls marktorientierte Verfahren kommt allerdings in der Praxis des Unternehmenskaufs bisher kaum zum Einsatz.

### 3.1.2.2 Bewertungsverfahren und ihre Anwendungsmöglichkeiten

*Einzelbewertungsverfahren*

Ansatzpunkt der Einzelbewertungsverfahren ist nicht das Unternehmen als Einheit, sondern es werden dessen Bestandteile, also das Inventar, betrachtet. Einzelbewertungsverfahren sind daher im Regelfall – wenn überhaupt – nur bei Verkäufen von unselbstständigen Unternehmensteilen, nicht jedoch bei Beteiligungskäufen oder Fusionen anwendbar. Es werden die Liquidationswertermittlung und die Substanzwertmethode unterschieden, die jeweils unter anderen Annahmen den Wert der gesamten Vermögensgegenstände und Schulden des Unternehmens ermitteln.

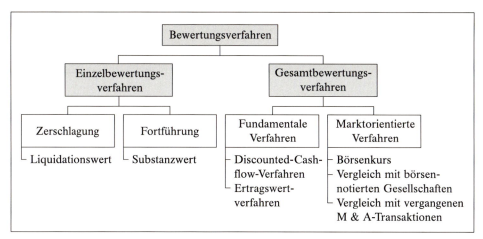

Abbildung 7: Systematisierung der gängigen Bewertungsverfahren

Der *Liquidationswert*, auch Zerschlagungswert, ist definiert als der Wert, der sich bei Aufgabe der Geschäftstätigkeit durch Veräußerung des Vermögens und der Schulden ergeben würde, wobei anfallende Liquidationskosten zu berücksichtigen sind. Die aus der Liquidation erzielbaren Nettoerlöse sind in der Regel höher, wenn statt der sofortigen eine planmäßige Liquidation über einen bestimmten Zeitraum durchgeführt wird. In diesem Fall ist als Liquidationswert der Barwert der Nettoerlöse anzusetzen, bei einer sofortigen Liquidation dagegen sind die Nettoerlöse ohne Berechnung von Zinseffekten heranzuziehen.[21]

Der *Substanzwert*, auch Teilreproduktionswert genannt, geht im Gegensatz zum Liquidationswert nicht von der Aufgabe, sondern von der Fortführung des Geschäftsbetriebs (Going Concern) aus. Im Unterschied zum Liquidationswert dürfen daher keine Liquidationskosten angesetzt werden. Der Substanzwert wird verstanden als „Wiederbeschaffungswert aller im Unternehmen vorhandenen Vermögensgegenstände und Schulden".[22] Er wird üblicherweise aus dem Inventar und der Bilanz abgeleitet. Das nicht betriebsnotwendige Vermögen, so etwa überhöhte Lagerhaltung oder betriebsfremde Aktiva, ist gesondert zu erfassen und zu Liquidationswerten zu bewerten. Die betriebsnotwendige Substanz ist mit Wiederbeschaffungszeitwerten, das heißt den aktuellen Wiederbeschaffungskosten abzüglich bisheriger Nutzungen, anzusetzen. Das handelsbilanzielle Vorsichtsprinzip greift bei der Wertermittlung nicht. Bereits voll abgeschriebene Anlagen werden beispielsweise mit Residualwerten von 20 bis 30 Prozent der Wiederbeschaffungswerte aufgenommen.

Während dem Liquidationswert eine explizite Rolle im Rahmen der Unternehmensbewertung zukommt, liefert der Substanzwert lediglich implizit einen Beitrag zur Wertfindung. Soll ein Unternehmen(steil) unter der Bedingung verkauft werden, dass dem Verkäufer ein möglichst hoher Veräußerungserlös zukommt, stellt der Liquidationswert die

---

[21] Vgl. Dörner (1992), S. 120–123.
[22] Dörner (1992), S. 124. Vgl. zum Substanzwert und seiner Ermittlung auch Breidenbach (1990).

absolute Wertuntergrenze des Verkäufers dar. Jeder niedrigere Preis wäre für diesen ein Verlust, da der realisierbare Nettoliquidationserlös bei Zerschlagung des Unternehmens höher läge. Diese Untergrenze greift jedoch dann nicht, wenn aus anderen – möglicherweise persönlichen – Gründen das Überleben des Unternehmens eine Bedingung der Desinvestition ist.

Der Substanzwert hat keine eigene Funktion in der Unternehmensbewertung. Er dient nur in Verbindung mit anderen Werten als Anhaltspunkt für Zahlungen oder Aufwendungen und Erträge, die in Zusammenhang mit der betrieblichen Substanz des Unternehmens stehen (so genannte Hilfsfunktion). Die Substanzwertermittlung ist hilfreich zur Abschätzung des zukünftigen Investitions- und Finanzierungsbedarfs im Rahmen der fundamentalen Gesamtbewertungsverfahren.

## *Gesamtbewertungsverfahren*

- *Fundamentale Verfahren*

Die Gesamtbewertungsverfahren sehen das gesamte Unternehmen oder zumindest dessen betriebsnotwendigen Teil als eine Investition an, die sich durch ihren Beitrag an den Investor, also bei M & A-Transaktionen an den zukünftigen Gesellschafter, auszeichnet.[23] Im Rahmen dieses investitionstheoretischen Ansatzes ermittelt sich der Wert des Engagements, und damit der subjektive Entscheidungswert, aus der Summe der diskontierten prognostizierten zukünftigen Einzahlungsüberschüsse, die den Anteilseignern zustehen. Das spezifische subjektive Risiko einer M & A-Transaktion wird dabei aus Sicht des Käufers im risikoadjustierten Diskontierungszinssatz berücksichtigt.[24] Die beiden unterschiedlichen Methoden, die auf dieser Basis den Unternehmenswert ermitteln, sind die im anglo-amerikanischen Raum verwendete Discounted-Cashflow (DCF)-Methode und die in Deutschland weit verbreitete Ertragswertmethode. Sie unterscheiden sich hinsichtlich der zu diskontierenden Größen, des zu verwendenden Zinssatzes und der impliziten Annahmen über die Finanzplanung des zu bewertenden Unternehmens.

Die *DCF-Methode* steht dem ursprünglichen, investitionstheoretischen Ansatz zunächst näher als die Ertragswertmethode. Als Zukunftsgrößen, die diskontiert werden, verwendet sie Einzahlungsüberschüsse. Innerhalb der DCF-Methode lassen sich weitere Unterformen, namentlich die Entity-, die Equity- und die Adjusted-Present-Value-Methode unterscheiden.[25] Eine der am weitesten verbreiteten Konkretisierungen der DCF-Methode, die der folgenden Darstellung zugrunde liegt, folgt dem Entity-Ansatz und beruht auf den Überlegungen zum Shareholder Value von *Rappaport*.[26] Innerhalb dieses Ansatzes wird zunächst der Gesamtwert des Unternehmens für Eigen- und Fremdkapitalgeber errechnet, um daraus nach Abzug des Marktwertes des Fremdkapitals den Wert des Eigenkapitals zu erhalten. Da hier direkt Zahlungsströme prognostiziert werden, sind

---

[23] Vgl. Ballwieser (1993), S. 153.
[24] Vgl. Picot (2000), S. 40.
[25] Vgl. Drukarczyk (1998), Abschnitt 10.6.5.1, S. 4.
[26] Vgl. Rappaport (1995), S. 53–67.

Veränderungen der Finanzstruktur durch Kapitalaufnahme oder -tilgung sowie Re- und Erweiterungsinvestitionen bereits in den zukünftigen Cashflows berücksichtigt. Als Kapitalisierungszinssatz dient das gewichtete Mittel aus Eigen- und Fremdkapitalkosten (Weighted Average Cost of Capital bzw. WACC). Die Fremdkapitalkosten ergeben sich als aktuelle Zinsforderung für langfristiges Fremdkapital. Die Eigenkapitalkosten werden theoretisch abgeleitet als risikoadjustierte Renditeforderungen der Eigenkapitalgeber, die sich aus möglichen Alternativinvestitionen oder – bei börsennotierten Gesellschaften – dem Aktienmarkt über das Capital Asset Pricing Model (CAPM) ableiten.[27] Die Unterstellung gleichbleibender Kapitalkosten impliziert dabei eine der aktuellen Kapitalstruktur entsprechende Finanzierung aller zukünftigen Investitionen. Zusätzlich ist an dieser Stelle zu erwähnen, dass die DCF-Methode im Gegensatz zum Ertragswertverfahren neben fundamentalen Daten bei der Berechnung des Zinssatzes auch Marktinformationen berücksichtigt. Da das Konzept allerdings der Ertragswertmethode wesentlich verwandter ist als den hier als marktorientierte Verfahren dargestellten Bewertungsmethoden, findet sie sich unter den fundamentalen Verfahren wieder.

Das *Ertragswertverfahren* deutscher Prägung setzt im Gegensatz zur DCF-Methode nicht an den Zahlungsströmen, sondern bilanzorientiert an Aufwendungen und Erträgen an.[28] Für die Bewertung relevant sind die nachhaltig entziehbaren, verfügbaren Ertragsüberschüsse unter der Prämisse der Vollausschüttung. Diese werden für den Planungszeitraum prognostiziert und ein sich ergebender Überschuss wird als Periodengröße diskontiert. Obwohl rechnungslegungspolitische Einflüsse weitgehend im Rahmen der Ermittlung der Nachhaltigkeit eliminiert werden, bleibt der Ertragswert dennoch anfälliger für Beeinflussungen durch das zu bewertende Unternehmen als der DCF. Um zeitliche Unterschiede zwischen Zahlungen und Aufwendungen bzw. Erträgen bei solchen Positionen, bei denen diese wesentlich und/oder langfristig sind, auszugleichen, wird im Rahmen einer Finanzbedarfsrechnung ein zusätzlich zu berücksichtigender Zinsmehr- oder -minderaufwand ermittelt. Dieses Verfahren geht insofern von einer ausschließlichen Fremdkapitalwirkung aller zukünftigen Veränderungen der Kapitalausstattung aus. Obwohl diesbezüglich keine verbindlichen Regeln bestehen, erfolgt eine genaue Prognose der zukünftigen Ertragsüberschüsse meist lediglich für die ersten ein bis drei Jahre, für die folgenden fünf Jahre werden nur noch Trenderwartungen fortgeschrieben. Danach wird eine Konstanz der Ertragsüberschüsse angenommen, die in Form einer ewigen Rente addiert wird. Für den Kapitalisierungszinssatz bietet das Ertragswertverfahren nur grobe Richtlinien, die zwar grundsätzlich den risikofreien Marktzins zuzüglich eines nicht näher bestimmten Risikozuschlages vorgeben, bei der Ermittlung von subjektiven Entscheidungswerten aber auch Alternativinvestitionen berücksichtigen.[29]

So unterschiedlich die beiden genannten Verfahren scheinen, so ähnlich sind sie doch in ihrem Kern. Durch eine genaue Finanzbedarfsrechnung werden die Unterschiede zwischen Perioden-Cashflow und dauerhaft entziehbaren Ertragsüberschüssen vollständig

---

[27] Für die Eigenkapitalkosten gilt: Eigenkapitalkosten = Risikofreier Zinssatz + Beta · (erwartete Marktrendite – risikofreier Zinssatz), vgl. Rappaport (1995), S. 62.
[28] Vgl. ausführlich zum Ertragswert Dörner (1992), S. 26–119.
[29] Vgl. Dörner (1992), S. 102.

ausgeglichen. Darüber hinaus ist es aus Sicht der Ertragswertmethode leicht möglich, die detaillierte Planung für einen längeren Zeitraum durchzuführen und die Ergebnisse des CAPM im Zinssatz zu integrieren. Abgesehen davon können andere Abweichungen, wie etwa in Bezug auf die Kapitalstruktur und das unterstellte Ausschüttungsverhalten, weitgehend angepasst werden. Die Diskussion über die Vorteilhaftigkeit der DCF-Methode bzw. über die Gleichwertigkeit des Ertragswertverfahrens beruht daher weniger auf methodischen Unterschieden als auf solchen in der praktischen Anwendung.

Die DCF-Methode fordert eine detaillierte Planung der Perioden-Cashflows und implementiert eine theoretische Fundierung des Diskontierungszinssatzes. Beim Ertragswertverfahren bricht die exakte Unternehmensplanung im Extremfall bereits nach einem Jahr ab und auch der Zinssatz, insbesondere der Risikozuschlag, scheint häufig eher intuitiv als wissenschaftlich nachprüfbar festgesetzt zu werden. Die Anwendung der DCF-Methode bietet daher in der Praxis der M & A zwei Vorteile: Zunächst ist die Investmentbank eher in der Lage, ihrem Auftraggeber gegenüber den ermittelten Wert glaubhaft zu vertreten. Darüber hinaus verspricht die umfangreichere Dokumentation deutlich bessere Argumentationsmöglichkeiten bei den anschließenden Vertragsverhandlungen. Diese in der Praxis wesentlichen Argumente für die Betrachtung der Discounted Cashflows lassen sich aus betriebswirtschaftlicher Sicht jedoch nicht mit letzter Gewissheit klären, da nicht immer eindeutig nachgewiesen werden kann, dass detailliertere Planungen auch zu einer besseren Näherung der zukünftigen Entwicklung führen müssen.

- *Marktorientierte Verfahren*

Unter die marktorientierten Verfahren fallen die Bewertung anhand des aktuellen Aktienkurses des Zielunternehmens oder von Wertrelationen vergleichbarer börsennotierter Gesellschaften oder vergangene M & A-Transaktionen. Allen Verfahren ist gemeinsam, dass der Wert des Unternehmens nicht fundamental im Rahmen einer Analyse des Unternehmens selbst erarbeitet, sondern von unternehmensexternen Wertgrößen, die auf der Einschätzung anderer Marktteilnehmer beruhen, indirekt abgeleitet wird. Als Instrument werden üblicherweise so genannte Multiplikatoren verwendet.

*Aktienkurse* stellen grundsätzlich den durch Angebot und Nachfrage am Aktienmarkt ermittelten Wert für den kleinsten handelbaren Teil des Eigenkapitals in Form einer Aktie dar. Kapitalmarkttheoretisch ergibt sich der Kurs aus dem mit einem risikobereinigten Zinssatz diskontierten Wert aller zukünftigen Dividenden inklusive einer möglichen Liquidationsdividende (Dividend-Growth-Model). Dieser theoretische Ansatz impliziert, dass alle Marktteilnehmer bereits eine Bewertung mit der DCF-Methode durchgeführt haben. In der Praxis kommt diese Aufgabe den Analysten zu, die regelmäßig auf der Basis einer derartigen Betrachtung Kurseinschätzungen für viele Aktien abgeben. Der Wert des Unternehmens bzw. der Beteiligung am Aktienmarkt kann insofern unter der Prämisse, dass die Kursbildung tatsächlich derartigen theoretischen Ableitungen Rechnung trägt, als bereits fertig vorliegende Unternehmensbewertung interpretiert werden.

Der *Vergleich mit börsennotierten Gesellschaften* zielt darauf ab, Ansätze für den Wert eines nicht notierten Transaktionsobjektes ebenfalls aus den Kursinformationen des Aktienmarktes abzuleiten. Zu diesem Zweck müssen zunächst hinsichtlich Branche, Größe und Entwicklung ähnliche Unternehmen am Aktienmarkt notiert sein und identifiziert werden. Außerdem kann eine derartige Bewertung nur für ganze Unternehmen bzw. 100-prozentige Beteiligungen durchgeführt werden. Im Anschluss sind verschiedene aussagekräftige Kennzahlen für das Vergleichsunternehmen zu ermitteln, etwa Höhe und Wachstum des Umsatzes, Cashflow, Verschuldungsgrad zu Buch- und Marktwerten, Abschreibungen im Verhältnis zum Umsatz und verschiedene Gewinngrößen. Im Investment Banking finden statt des Jahresüberschusses häufig die Kennzahlen EBIT (Earnings before Interest and Taxes) und EBDIT (Earnings before Depreciation, Interest and Taxes) Verwendung.[30] Derartige Kennzahlen, etwa mit der Börsenkapitalisierung ins Verhältnis gesetzt, ergeben die so genannten Multiplikatoren, aus deren Höhe Schlüsse für die fiktive Börsenbewertung des Transaktionsobjektes gezogen werden können.

Üblicherweise werden verschiedene Arten von Multiplikatoren genutzt, um ein Bild des Unternehmenswertes zu erreichen. Als kapitalmarktbezogener Multiplikator, insbesondere bei nationalen Vergleichen, dient häufig das Kurs/Gewinn-Verhältnis auf der Basis des Gewinns je Aktie (Earnings per Share). Weiterhin kann bei internationalen Vergleichen eine Erweiterung auf Firmenwert zu EBDIT sinnvoll sein, wobei der Firmenwert sich als Summe aus Marktpreis des Eigenkapitals und Marktpreis des zinstragenden Fremdkapitals ergibt. Für einige Branchen haben sich darüber hinaus spezielle operative Multiplikatoren durchgesetzt, etwa im Bereich der Telefonnetz-Betreiber ein Verhältnis aus Firmenwert und Anzahl der unterhaltenen Netzanschlüsse. Grundsätzlich bilden diese operativen Multiplikatoren den Engpass (Bottle Neck) in der Entwicklung der jeweiligen Branche ab.

Der *Vergleich mit vergangenen M & A-Transaktionen* beruht auf der Überlegung, dass für diese Transaktionen vereinbarte Preise einen Hinweis auf die Bewertung des Transaktionsobjektes geben können, wenn das Referenzobjekt in Bezug auf wichtige Charakteristika dem zu bewertenden Objekt ähnelt. Zu diesem Zweck finden wieder Multiplikatoren in der oben beschriebenen Form Verwendung. Die Marktkapitalisierung wird innerhalb der Rechnung lediglich durch den gezahlten Kaufpreis ersetzt. Als Ergebnis lässt sich ein fiktiver Kaufpreis folgern, der als Anhaltspunkt für die Bewertung des zu verkaufenden Unternehmens dient.[31] Die genaue Analyse der Vergleichstransaktion gestaltet sich jedoch in der Regel als überaus schwierig, da schwer quantifizierbare Einflüsse wie Kontrollprämien und erwartete Synergien den Vergleich erschweren.

Die marktorientierten Verfahren sind häufig leichter und schneller anzuwenden als die fundamentalen Verfahren wie DCF- oder Ertragswertmethode. Sie können daher ohne Schwierigkeiten zur Plausibilitätskontrolle oder zur Fundierung einer Verhandlungsstrategie verwendet werden. Die Bezugnahme auf Markteinschätzungen bietet hier argumentative Vorteile. Speziell bei Mischkonzernen kann der Unternehmenswert über marktorientierte Verfahren als so genannte Sum-of-the-Parts-Bewertung bestimmt werden, indem geeignete Multiplikatoren für die einzelnen Unternehmensteile verwendet und die daraus resultierenden Teilwerte aggregiert werden. Eine mögliche negative Wertdifferenz zwischen der Börsenbewertung des Mischkonzerns und der Sum-of-the-Parts-Bewertung kann dabei auf Restrukturierungspotenzial hinweisen. Als Voraussetzung ist

---

[30] Vgl. zum Vergleich börsennotierter Unternehmen insgesamt von Schröder (1998a).
[31] Vgl. zum Vergleich mit anderen M & A-Transaktionen von Schröder (1998b).

jedoch teilweise das Auffinden einer ausreichend hohen Anzahl vergleichbarer Transaktionen oder Unternehmen notwendig, die Transaktionsdaten müssen ermittelt werden können, und darüber hinaus sind notwendige Anpassungen vorzunehmen.

Zur Ermittlung eines Entscheidungswertes eignen sich die marktorientierten Verfahren nur bedingt. Der Börsenwert bezieht sich nur auf die Notierungen aus dem regulären Handel mit geringen Anteilen. Ein unternehmerischer Einfluss entfällt beim Kauf weniger Aktien; der strategische Zuschlag, wie er zur Ermittlung des subjektiven Entscheidungswertes notwendig ist, kann daher auf diesem Wege nicht abgeleitet werden. Auch die Vorstellung, dass die Bewertung am Markt eine Unternehmensbewertung aus Sicht der anderen Marktteilnehmer widerspiegelt, lässt sich kaum schlüssig nachweisen. Vielmehr muss davon ausgegangen werden, dass Aktienkurse auch durch irrationales Verhalten der Marktteilnehmer, wie beispielsweise einem so genannten Herdentrieb, beeinflusst werden. Darüber hinaus kann die vom Markt bei der Bewertung der Aktien berücksichtigte Informationsbasis bei weitem nicht vollständig sein. Eine fundamentale Bewertung wird daher üblicherweise wesentlich begründetere Ergebnisse liefern.

Der Vergleich mit vergangenen M & A-Transaktionen findet seine konzeptionelle Grenze darin, dass lediglich der Preis einer vergangenen Transaktion, nicht aber die den Preisverhandlungen zugrundeliegenden Entscheidungswerte beobachtet werden können. Ein Rückschluss auf die eigentlichen Bewertungsergebnisse ist daher sehr schwierig bis unmöglich, was die mangelnde Eignung des Verfahrens als Bewertungsinstrument deutlich macht.

### 3.1.2.3 Bedeutung unterschiedlicher Bewertungsverfahren in der Praxis

Die Auswahl einer Methode als Verfahren zur Wertermittlung wird im Wesentlichen vom rechtlichen Hintergrund der Bewertung, der Art des Deals und vom Hintergrund der bewertenden Gesellschaft dominiert. Üblicherweise werden weitere Methoden parallel zum Zwecke einer Plausibilitätsprüfung angewendet. Insgesamt haben sich als maßgebliche Verfahren in Deutschland das Ertragswertverfahren und die verschiedenen Arten der DCF-Methode durchgesetzt.[32] Die praktische Anwendung des Ertragswertverfahrens wurde in Deutschland lange von der Stellungnahme 2/1983 des Hauptfachausschusses des Instituts der Wirtschaftsprüfer (IDW) bestimmt, auf welche die bereits angesprochenen Unterschiede zwischen DCF- und Ertragswertverfahren zurückgehen.[33] Im Jahr 2000 hat jedoch das Institut der Wirtschaftsprüfer (IDW) den IDW Standard S 1 „Grundsätze zur Durchführung von Unternehmensbewertungen" verabschiedet. Nach diesem Standard sind sowohl das Ertragswertverfahren als auch das DCF-Verfahren zur Ermittlung des Unternehmenswertes möglich. Darüber hinaus beinhaltet er Modifikationen zur Bewertung wachstumsstarker, ertragsschwacher sowie kleiner und mittlerer Unternehmen.[34]

---

[32] Vgl. Peemöller/Bömmelburg/Denkmann (1994), S. 742.
[33] Vgl. hierzu Institut der Wirtschaftsprüfer (1983).
[34] Vgl. hierzu Institut der Wirtschaftsprüfer (1999).

Der rechtliche Hintergrund umfasst zum einen mögliche gerichtliche, statuarische oder auch vertragliche Anforderungen an die Bewertung. So ist bei Bewertungen im Rahmen von gerichtlichen Verfahren zunächst das Ertragswertverfahren seit mehreren Jahrzehnten juristisch anerkannt. Neuerdings scheint allerdings auch die Anwendung der DCF-Methode Zustimmung in der gerichtlichen Praxis zu finden. Für Investmentbanken ist diese Entwicklung jedoch nur von untergeordneter Bedeutung, da sie nicht als gerichtliche Sachverständige auftreten. Statuarische Bestimmungen über die Bewertung des Unternehmens, relevant etwa bei Abfindungszahlungen, schreiben ebenfalls häufig das Ertragswertverfahren vor. Greifen bei mangelnden Vorgaben lediglich vertragliche Regelungen zwischen Investmentbank und Auftraggeber, kommt abweichend häufig das DCF-Verfahren zur Anwendung.

Auch die Art des Deals kann direkte Auswirkungen auf die Verfahrenswahl haben. Die durch das Institut der Wirtschaftsprüfer geprägte Ausgestaltung des Ertragswertverfahrens kann als deutsche Besonderheit betrachtet werden, international findet überwiegend die DCF-Methode Anwendung. Bei internationalen Deals und den darausresultierenden Cross Border Valuations wird daher der Unternehmenswert normalerweise über den DCF ermittelt.

Für die Investmentbank als Dienstleister im Bereich der Bewertung von Unternehmen lässt sich zusammenfassen, dass, wenn möglich, das DCF-Verfahren angewendet werden sollte. Es ist plausibler, da es näher an der investitionstheoretischen Grundlage ist, eine bessere argumentative Basis bietet und schließlich der Internationalität vieler großer Deals Rechnung trägt. Vor der Festlegung auf eine Methode muss jedoch die Methodenwahl immer mit dem Auftraggeber oder auch anhand der anzuwendenden gesetzlichen, statuarischen und vertraglichen Regelungen abgestimmt werden. Besteht eine derartige Vorgabe, ist es auch eine Aufgabe des Investmentbankers, den Einfluss der Wahl dieser Methode auf das Bewertungsergebnis zu analysieren und dem Auftraggeber zu vermitteln.

Ein besonderes Problem ergibt sich in Bezug auf Fusionen von börsennotierten Aktiengesellschaften. Die in Deutschland vorgeschriebene Ermittlung der Umtauschverhältnisse über fundamentale Verfahren der Unternehmensbewertung kann zu Ergebnissen führen, die erheblich vom Verhältnis der aktuellen Börsenkurse abweichen. Auch wenn tatsächlich Bewertungsanomalien aufgrund von unvollständigen Informationen oder irrationalem Verhalten der Marktteilnehmer vorliegen, wird ein von der Relation der Börsenkurse stark unterschiedliches Umtauschverhältnis kaum die Zustimmung der benachteiligten Seite erhalten.

### 3.1.3 Due Diligence

#### 3.1.3.1 Bedeutung für M & A-Transaktionen

Der Umstand, dass bei M & A-Transaktionen als Transaktionsobjekte komplexe Gebilde wie Unternehmen, Unternehmensteile oder auch Beteiligungen an Unternehmen den Eigentümer wechseln, beinhaltet für die beteiligten Parteien ebenso wie für den Berater ein besonders hohes Maß an Unsicherheit über die entscheidungsrelevanten Fakten. Die

Entscheidung, M & A-Transaktionen durchzuführen, beruht insbesondere bei strategischen Unternehmensübernahmen maßgeblich auf Erwartungen über zukünftige Entwicklungen, die ihren Ursprung in der Zeit bis zum Vertragsabschluss (Closing) haben oder erst im Rahmen der Post-Merger-Integration eintreten. Um derartige Entscheidungen rational treffen zu können, müssen die entscheidungsrelevanten Tatbestände genau aufgedeckt sowie eventuelle Risiken angemessen identifiziert und berücksichtigt werden.

In diesem Zusammenhang ist die Due Diligence, die systematische und detaillierte Erhebung, Prüfung und Analyse von Daten der Zielgesellschaft, zu beachten. Obwohl eine Due Diligence besonders bei mangelhaften oder sogar fehlenden internen Kontroll- und Berichtssystemen auch für den Verkäufer zur Absicherung der Unternehmensbewertung notwendig sein kann, erfolgt sie üblicherweise im Auftrag des Käufers, der sich nach dem Abschluss einer Kaufabsichtserklärung (Letter of Intent) Klarheit über die Zielgesellschaft verschaffen will. Die folgende Betrachtung verfolgt diese Perspektive.

Grundsätzlich können das Due-Diligence-Team und der Umfang der Prüfung, der sich sowohl in der Abgrenzung des Untersuchungsgegenstandes als auch in möglichen Wesentlichkeitsgrenzen niederschlägt, niemals zu groß sein. Die Due Diligence wird neben engen Zeitvorgaben auch durch die dem Käufer entstehenden Personal- und Opportunitätskosten begrenzt. Der optimale Umfang muss daher im Voraus spezifisch für jeden Deal abgestimmt werden. Neben der Sichtung vorhandener Unterlagen stellen Managementgespräche einen wichtigen Bestandteil der Datenerhebung und Beurteilung dar. Prinzipiell gilt, dass die Due Diligence umso weniger detailliert sein muss, je besser die Reputation und der Bekanntheitsgrad der Zielgesellschaft sind. Gleiches gilt für die Reputation des als Abschlussprüfer mandatierten Wirtschaftsprüfers. Darüber hinaus kann die vorhandene Branchen- und Marktkenntnis des potenziellen Erwerbers den notwendigen Prüfungsumfang ebenso beeinflussen wie die aktuelle Geschäftslage der Zielgesellschaft. So ist ein Objekt, das in Erwartung eines noch bevorstehenden Turn Around erworben wird, sicherlich risikobehafteter als ein prosperierendes Unternehmen.

Die Due Diligence erfolgt, wie alle Arbeiten im Bereich des M & A-Geschäfts, üblicherweise unter großem Zeitdruck, da zwar das Interesse des Käufers bereits bekundet wurde, der Vertragsabschluss aber erst nach Abschluss der Prüfungsarbeiten erfolgen kann. Der Zeitraum für die Durchführung der Due Diligence liegt häufig zwischen wenigen Tagen bis hin zu einigen Wochen. Nicht selten wird daher nach einem erfolgreichen Abschluss des Deals eine weitere, ausführlichere Prüfung der Gesellschaft erfolgen, um Garantien und Haftungsansprüche gegenüber dem Verkäufer geltend zu machen. Diese Nachprüfung übernehmen im Gegensatz zur Due Diligence zumeist Wirtschaftsprüfer.

Üblicherweise werden im Rahmen der Due Diligence verschiedene Bereiche voneinander abgegrenzt. Neben der Prüfung der rechtlichen Situation (Legal Due Diligence), den finanziellen Verhältnissen (Financial Due Diligence) und steuerlichen Tatbeständen (Tax Due Diligence) werden noch weitere Bereiche im Rahmen einer Due Diligence untersucht. Im Wesentlichen kommt hier die Umwelt-Due-Diligence, Markt-Due-Diligence und Strategie-Due-Diligence in Betracht. Die aus der Durchführung einer Due Diligence erwachsenden Haftungsrisiken begrenzen jedoch den Prüfungsumfang der Investmentbank. Die Umwelt-Due-Diligence führen daher externe Experten auf diesem Gebiet durch. Die Durchführung einer Strategie- und Markt-Due-Diligence übernehmen dagegen Strategieberater, die Markt-Due-Diligence wird der Auftraggeber möglicherweise selbst durchführen müssen.

### 3.1.3.2 Legal Due Diligence

Die Legal Due Diligence wird ebenfalls nicht von der Investmentbank selbst durchgeführt. In diesem Bereich wird sie aber koordinierend und unterstützend den Ablauf der Prüfung steuern und eigene Erfahrungen einbringen. Im Rahmen der Legal Due Diligence werden die rechtlichen Grundlagen der Zielgesellschaft analysiert. Sie bezieht sich dabei im Wesentlichen auf vier Bereiche:

- Überprüfung der Eintragungen im Handelsregister und des Gesellschaftsvertrages auf Übereinstimmung mit den in der Rechnungslegung abgebildeten Tatbeständen, beispielsweise hinsichtlich der Höhe der Kapitalkonten und der Haftungsverhältnisse.
- Analyse der Satzung bzw. des Gesellschaftsvertrages auf Aspekte, die für die erfolgreiche Abwicklung des Deals oder die Bewertung relevant sein können. Hier kommen etwa Vinkulierungen in Betracht. Zusätzlich müssen weitere vertragliche Rahmenbedingungen zwischen Gesellschaft und Gesellschafter außerhalb des Gesellschaftsvertrages überprüft werden, etwa die Existenz stiller Beteiligungen.
- Prüfung vertraglicher Vereinbarungen zwischen dem Unternehmen und seinem Umfeld. Relevant sind hier unter anderem langfristige Liefer- oder Abnahmeverpflichtungen, Anstellungs- und Arbeitsverträge, allgemeine Geschäftsbedingungen, Versicherungsverträge, schwebende Geschäfte oder Miet-, Pacht- und Leasingverträge. Besondere Berücksichtigung verlangen auch Arbeitsverträge, insbesondere von Vorständen und sonstigen leitenden Angestellten hinsichtlich der Kündigungsregelungen sowie vereinbarten Abfindungs- und Pensionsansprüchen.
- Durchsicht und Bewertung aller laufenden Verfahren, in welche die Gesellschaft als Klägerin oder Beklagte verwickelt ist.

Der Käufer bzw. die Investmentbank als dessen Berater muss diese unterschiedlichen rechtlichen Beziehungen vordringlich auf solche Ausgestaltungen hin überprüfen, die den Wert der Gesellschaft entweder direkt beeinflussen (zum Beispiel hohe Schadenersatzforderungen aus einem wahrscheinlich verlorenen Prozess) oder die geplante Verwendung der Zielgesellschaft in der Hand des Erwerbers gefährden (zum Beispiel aufgrund notwendiger teurer Sozialpläne oder langfristiger Lieferverpflichtungen). Das Ergebnis der Legal Due Diligence kann im Anschluss zu besonderen Forderungen des Käufers in Bezug auf die Gewährleistungen ebenso wie zu einer Korrektur des gebotenen Kaufpreises in Zusammenhang mit einer Konkretisierung der Unternehmensbewertung führen. In Anbetracht bisher unerkannt gebliebener rechtlicher Probleme kann es sogar zu einer vollständigen Rücknahme der Kaufabsichten führen.

### 3.1.3.3 Financial Due Diligence

Im Gegensatz zu der auf das rechtliche Unternehmensumfeld abstellenden Legal Due Diligence erstreckt sich die Financial Due Diligence auf die detaillierte Prüfung des Geschäfts der Zielgesellschaft ebenso wie auf die Analyse des Unternehmensumfeldes im Sinne der Wettbewerbs- und Branchensituation und der allgemeinen ökonomischen Entwicklung. Im Gegensatz zur jährlichen Jahresabschlussprüfung mittelgroßer und großer Kapitalgesellschaften in Deutschland ist sie weniger detailliert, umfasst aber ein größeres Untersuchungsfeld.[35] Insbesondere findet auch eine materielle Würdigung der Untersuchungsergebnisse statt. Die Financial Due Diligence baut daher zunächst auf dem Material des internen und externen Rechnungswesens der Zielgesellschaft auf. Sie muss aber darüber hinaus auch umfangreiche Markt- und Branchendaten mit einbeziehen.

Im Bereich des Rechnungswesens der Zielgesellschaft, das letztlich auch der wesentliche Anknüpfungspunkt der Unternehmensbewertung ist, lassen sich einige wichtige Punkte herausgreifen, die, basierend auf den deutschen Rechnungslegungsnormen, erfahrungsgemäß zu den Problembereichen der externen und internen Rechnungslegung gehören. Zunächst müssen jedoch die Existenz und Angemessenheit des bestehenden Rechnungslegungssystems in der Zielgesellschaft einer kritischen Untersuchung unterzogen werden. Insbesondere bei kleinen und mittleren Unternehmen (so genannten KMU) erschweren häufig fehlende oder mangelhafte Berichtssysteme das Zusammenstellen aussagekräftiger Informationen zum Zwecke einer umfangreichen Einschätzung der Lage der Zielgesellschaft.

Ein grundlegendes Problem stellt weiterhin der bilanzpolitische Spielraum dar, den weltweit alle Rechnungslegungssysteme dem Jahresabschlussersteller bieten. Neben Darstellungsgestaltungen sind insbesondere Sachverhaltsgestaltungen teilweise nur schwer als solche zu entdecken. In diesem Bereich ist der Lieferungs- und Leistungsaustausch mit verbundenen Unternehmen von besonderem Interesse. So werden Verrechnungspreise intern festgelegt und sind damit nicht immer marktgerecht. Insgesamt sollten daher unbedingt die Arbeitsunterlagen der letzten Jahresabschlußprüfung(en) eingesehen werden, um bereits im Vorfeld das bilanzpolitische Verhalten der Zielgesellschaft zu durchleuchten und finanzielle Gefahrenquellen frühzeitig zu erkennen.

Aufgrund der Vielfalt expliziter Wahlrechte im deutschen HGB kommt der bilanzanalytischen Würdigung der von einer deutschen Zielgesellschaft vorgelegten Jahresabschlüsse eine besonders hohe Bedeutung zu. Das Ziel solcher Analysen besteht im deutschen Raum maßgeblich darin, stille Reserven des Anlage- und Umlaufvermögens sowie übertriebene oder unterlassene Rückstellungsdotierungen zu identifizieren und möglichst exakt zu quantifizieren. Liegen zusätzlich Abschlüsse der Zielgesellschaft nach den International Accounting Standards (IAS) oder den US Generally Accepted Accounting Principles (US-GAAP) vor, können diese aufgrund einer teilweise betriebswirtschaftlich ausgerichteten Bilanzierung, detaillierteren Informationen und deutlich

---

[35] Vgl. zum Beispiel Ganzert/Kramer (1995), S. 579.

weniger Wahlrechten wertvolle Informationen für die Financial Due Diligence liefern und sollten parallel zum deutschen Jahresabschluss analysiert werden.

Im Anlagevermögen können aufgrund der maximalen Bewertung zu Anschaffungskosten erhebliche stille Reserven beispielsweise in den Grundstücken und Gebäuden enthalten sein. Kritische Bilanzpositionen des Umlaufvermögens sind etwa die Vorräte, die, möglicherweise auch in sich unterschiedlich, zu Voll- oder zu Teilkosten bewertet werden. Darüber hinaus können erlaubte Verbrauchsfolge- und Bewertungsvereinfachungsverfahren einen erheblichen Einfluss auf Bilanzstruktur und Ergebnis haben.

Stille Lasten sind wesentlich seltener in Jahresabschlüssen zu finden, da eigentlich im geprüften Jahresabschluss einer Aktiengesellschaft (nach vernünftiger kaufmännischer Beurteilung) keine stillen Lasten mehr enthalten sein dürften, ansonsten wäre dieser nichtig (§ 256 (5) Nr. 1 AktG). Losgelöst von den Usancen der Rechnungslegung sind jedoch insbesondere Rückstellungen ebenso wie die Wahrscheinlichkeit von Forderungsausfällen gesondert aus betriebswirtschaftlicher Sicht zu beurteilen. Ebenso können umfangreiche zukünftige Belastungen aus Umweltschutzverpflichtungen entstehen. Umfangreicher Analysen bedarf in der Regel auch der ausgewiesene Bestand an Pensionsrückstellungen, da das üblicherweise verwendete (steuerliche) Teilwertverfahren ebenso wie das handelsrechtlich zulässige Anwartschaftsdeckungsverfahren keine betriebswirtschaftlich angemessene Rückstellungshöhe ermittelt. Insbesondere vernachlässigt die Bewertung der Pensionsrückstellungen im Jahresabschluss zukünftig zu erwartende Steigerungen des Gehalts- und Rentenniveaus, die für die Unternehmensbewertung berücksichtigt werden müssen und zu einem häufig um bis zu 20 Prozent höheren Wert führen.

### 3.1.3.4 Tax Due Diligence

Ein weiterer wichtiger Bereich, der eng mit der Financial Due Diligence verknüpft ist, ist die steuerliche Situation des Target (Tax Due Diligence). Grundsätzlich bildet die Tax Due Diligence die Basis zur steuerlichen Strukturierung der Transaktion. Hier müssen unter Hinzuziehung von Steuerberatern ausstehende Zahlungen ebenso wie aktuelle und zukünftige Steuerrisiken und steuerliche Auswirkungen der Transaktionsstruktur bedacht werden. Der Tax Due Diligence wird jedoch üblicherweise dann weniger Bedeutung zukommen, wenn der Verkäufer eine Garantie für unerwartete zukünftige Steuerlasten abgibt. Die Prüfung verlagert sich in diesem Fall teilweise auf eine Bonitätsprüfung des Verkäufers.

Daran anknüpfend ergibt sich ein weiterer, nicht zu vernachlässigender Punkt in Bezug auf die Person des Verkäufers. Die Due Diligence muss neben der Zielgesellschaft auch das weitere Umfeld des Verkäufers beleuchten. Nur auf diese Weise kann sichergestellt werden, dass spätere Regressansprüche des Käufers nicht an dessen mangelnder Zahlungsfähigkeit scheitern. Ein solcher Fall ist wahrscheinlich, wenn ein hoch verschuldeter Verkäufer den Veräußerungserlös umgehend dazu nutzen muss, Verbindlichkeiten aus anderen Unternehmungen zu bedienen.

### 3.1.3.5 Organisatorische Gestaltung der Due Diligence durch die Investmentbank

Die Due Diligence stellt einen Versuch dar, ein Unternehmen, dessen interne Organisation und Zukunftsaussichten ebenso wie seine Interdependenzen mit der Umwelt unter rechtlichen und wirtschaftlichen Gesichtspunkten zu beurteilen. Dieses Unterfangen erfordert notwendigerweise ein hohes Maß an Fachkompetenz in unterschiedlichsten Bereichen. Üblicherweise sind daher auch große Investmentbanken mit umfangreichen personellen Ressourcen gezwungen, weitere externe Experten zu integrieren. Hierbei handelt es sich um Wirtschaftsprüfer, Steuerberater, Rechtsanwälte und weitere Sachverständige, die jeweils für Einzelaspekte hinzugezogen werden. Wichtig sind in diesem Bereich die eindeutige Kompetenzverteilung und zielorientierte Organisation der Due Diligence. Diese Organisation übernimmt üblicherweise bei großen Transaktionen die beratende Investmentbank und bindet dabei die angesprochenen Berater mit ein.

Um die notwendigen Informationen zur Abgabe einer abgesicherten Einschätzung zu erlangen, erstellt der Käufer meist bereits im Vorfeld so genannte Due-Diligence-Checklisten, also einen Prüfkatalog. Hier muss der Verkäufer einen entsprechenden Informationszugang gewährleisten. Häufig werden bei komplexen Transaktionen mit mehreren Interessenten im Vorfeld so genannte Data Rooms eingerichtet, in denen relevante Unterlagen für alle Interessenten zur Inspektion zur Verfügung gestellt werden. Der auf Seiten des Verkäufers beratenden Investmentbank obliegt hier die Aufgabe, die notwendigen Informationen aufzubereiten und ihre Nutzung durch die Kaufinteressenten zu begleiten und zu überwachen.

Der Bank des potenziellen Käufers kommt auf der anderen Seite die Organisation der Informationsbeschaffung zu. Diese verläuft typisiert nach folgendem Schema:

1. Due Diligence Request an den Verkäufer,
2. Teilnahme an der Management Präsentation des Verkäufers,
3. Auswertung des Data Rooms,
4. Besichtigung der Anlagen des Target (Plant Visits), sofern möglich, und abschließend
5. die Formulierung und Übermittlung von verbleibenden, offenen Fragen (Follow-up Questions).

Detailliertere Informationen für die Due Diligence werden erst nach Abgabe einer Verschwiegenheitserklärung und eines Letter of Intent an Käufer mit bekundetem und nachgewiesenem Interesse gegeben. Umgekehrt verlangt ein Bieter meist vom Verkäufer zur Absicherung eine Vollständigkeitserklärung, die gewährleisten soll, dass keine Daten wissentlich und vorsätzlich zurückgehalten werden. Darüber hinaus ist es meistens unerlässlich, neben dem Dokumentenstudium auch Inspektionen der Anlagen vor Ort und Interviews mit den Angestellten durchzuführen, um Lücken in der Dokumentation zu schließen und Unklarheiten zu beseitigen.

Aufgabe der federführenden Investmentbank des Käufers ist es auch, als Ergebnis der Due Diligence einen Due-Diligence-Bericht zu erstellen und dem Auftraggeber auszuhändigen. Dieser stellt die Ergebnisse der Prüfung systematisch und übersichtlich dar und hebt besondere Problempunkte hervor. Detaillierte Informationen über das Prüfungsergebnis sind weiterhin notwendig, damit der Auftraggeber die Ergebnisse nachvollziehen und sowohl mit der Investmentbank als auch innerhalb der Vertragsverhandlungen mit dem Verkäufer diskutieren kann.

### 3.1.4 Verhandlungsführung

Treten die beteiligten Parteien in das Stadium der Verhandlungsführung ein, kommt dem Investmentbanker häufig die Rolle des parteiischen Beraters, der im Auftrag einer Verhandlungsseite eine bestmögliche Vertragsgestaltung und Abwicklung sicherstellen soll, zu. Die Hinzuziehung externer Berater zu dieser Phase der Transaktion bringt erhebliche Vorteile, die bei weniger erfahrenen Auftraggebern die Chancen, einen Deal (erfolgreich) abzuschließen, wesentlich erhöhen.

Im Gegensatz zur umfangreichen Expertise professioneller M & A-Berater ist es für Verhandlungsführer, die nur unregelmäßig oder sogar einmalig mit der Abwicklung eines Deals befasst sind, häufig schwer, einen ausreichenden Wissensstand über den wirtschaftlichen und rechtlichen Hintergrund dieser Art von Transaktionen zu erlangen. Während Unsicherheiten über den subjektiven Wert des M & A-Objektes im Rahmen der Bewertung behoben werden können, sind der Preis, der tatsächlich vereinbart wird, sowie die Zahlungsbedingungen und mögliche Garantien in hohem Maße von den anschließenden Verhandlungen bis hin zum Closing abhängig. Fehlen der Vertragspartei das Fachwissen und die Erfahrung, den wirtschaftlichen Gehalt der von der Gegenseite vorgebrachten Argumente einzuschätzen sowie Verhandlungsstrategien selbst zu entwickeln und bei anderen zu erkennen, besteht eine hohe Wahrscheinlichkeit, dass entweder gar kein Vertrag zustande kommt oder dieser unangemessen günstig für die Gegenseite ausfällt. Gleiches gilt, wenn die beteiligten Personen eine zu starke persönliche Bindung an das Unternehmen haben, so beispielsweise ein Unternehmer, der die von ihm gegründete und aufgebaute Gesellschaft bei seinem Ausscheiden verkauft.

Der Erfolg erfahrener Investmentbanker bei Verhandlungen basiert zunächst darauf, dass allgemeingültige Anforderungen an die ergebnisorientierte Verhandlungsführung durch die Anwesenheit externer Berater besser verwirklicht werden können.[36] So kann eine stark positionsbezogene Verhandlungsführung zu einer Verhärtung möglicher Fronten führen und die Chancen schmälern, Interessengegensätze aufzulösen. Gleiches gilt für Verhandlungen, in denen das Vorgehen einer oder sogar beider Seiten stark von persönlichen Motiven geprägt ist. Der emotional nicht involvierte externe Berater kann hier ein produktives Umfeld für den Verhandlungsablauf schaffen. Durch Etablierung und Kommunikation objektiver Kriterien innerhalb der Verhandlungsstrategien lenkt er im Idealfall den Fokus weg von bestehenden Gegensätzen auf Gemeinsamkeiten der Opponenten. Die Trennung der aufkommenden Probleme von den verhandelnden Personen vermeidet gleichzeitig das Problem, dass sich eine Partei in die Position des Verlie-

---

[36] Vgl. zu verschiedenen Aspekten einer erfolgreichen Verhandlungsstrategie zum Beispiel Fisher et al. (1996).

rers gedrängt sieht und die Verhandlungen abbricht, um eine persönliche Niederlage zu vermeiden. Außerdem sollten Verhandlungen bis zur wirtschaftlichen Einigung von den Vertragsverhandlungen streng getrennt werden, um zunächst in einem weniger juristischen Umfeld die Erfolgschancen des Deals zu ergründen und mögliche Haftungsansprüche auf die anschließenden Vertragsverhandlungen zu begrenzen.

Neben den allgemeinen Vorgehensweisen können verschiedene Raffinements die eigene Verhandlungsposition stärken. Ihre Anwendung muss jedoch mit äußerster Vorsicht erfolgen, da ein hohes Maß an Gespür und Diplomatie notwendig ist, um den gewünschten Erfolg zu erzielen. Diese Taktiken der Verhandlungsführung lassen sich daher häufig nur in Verbindung mit der bereits erwähnten Blitzableiterfunktion des externen Beraters verwirklichen, da ansonsten das Risiko, aufgrund einer fehlgeschlagenen Taktik einen eigentlich erfolgversprechenden Deal aufgeben zu müssen, hoch ist.

Der Grundgedanke üblicher Verhandlungstaktiken ist, die physische oder psychische Kondition des Gegenübers zu schwächen. Ersteres lässt sich beispielsweise durch eine geschickte zeitliche Koordination der Zusammenkünfte erreichen. Insbesondere bei grenzüberschreitenden Deals werden wichtige Besprechungen häufig direkt nach der Ankunft der angereisten Delegation, die dann häufig einen langen Flug und möglicherweise eine mehrstündige Zeitverschiebung hinter sich hat, abgehalten. Eine ähnliche Wirkung kann ein ausgiebiges Essen vor dem eigentlichen Meeting haben.

Wesentlich subtiler sind Taktiken, die der psychischen Schwächung des Verhandlungspartners dienen sollen. Ultimaten oder Weigerungen, die Verhandlungen fortzuführen, ebenso wie enge zeitliche Begrenzungen der Sitzungszeit oder unerwartete Verzögerungen können denjenigen, dessen Interesse am Zustandekommen des Deals offensichtlicher ist, zu Zugeständnissen bewegen. Der psychologische Druck kann auch dadurch verstärkt werden, dass eigene Forderungen im Verlauf der Verhandlungen kontinuierlich gesteigert werden. Innerhalb einer Delegation kann die Entscheidungsbefugnis der Teilnehmer und die Rollenverteilung unter ihnen ebenfalls eine wichtige Funktion haben. Eingegangene Zugeständnisse lassen sich durch einen vorsorglichen Hinweis auf mangelnde Vollmachten im Nachhinein relativieren. Die klare Rollenverteilung, insbesondere eine Aufteilung in kompromissbereite und kompromisslose Akteure im Rahmen einer Good-Guy/Bad-Guy-Strategie, kann genutzt werden, um Verhandlungsvorteile zu erzielen.

Diese Strategien und Taktiken lassen sich kombinieren, um zum erwünschten Ergebnis zu gelangen. Sollten die Verhandlungen dagegen nicht befriedigend verlaufen, kann durch eine stark emotionale Argumentationsweise, gegebenenfalls sogar in Verbindung mit persönlichen Angriffen, ein vorübergehender Abbruch der Sitzung erreicht werden, der eine neue Strukturierung des eigenen Vorgehens ermöglicht.

Die Aufzählung dieser Möglichkeiten, Vertragsverhandlungen abseits objektiver Tatbestände zu beeinflussen, scheint den Vertragsabschluss als Ergebnis von unredlichem Taktieren und Übervorteilen darzustellen. Diesem Eindruck muss aber entschieden entgegengetreten werden. Die beschriebenen Vorgehensweisen dienen dazu, in genau umrissenen Situationen einen Vorteil zu erzielen. Verhandlungstaktiken selbst zu beherrschen und ihre Anwendung durch andere zu erkennen, ist wichtig, bei weitem wichtiger aber ist das Schaffen einer Vertrauensbasis, auf der die Transaktion abgewickelt wird. Vor dem Hintergrund, dass es dem Käufer kaum möglich ist, Informationsvorsprünge des Verkäufers in Bezug auf das Transaktionsobjekt aufzuholen, gilt aber, dass die Glaubwürdigkeit der Verhandlungspartner, sowohl im Hinblick auf ihre Motivation als auch auf von ihnen übermittelte Informationen, eine der wichtigsten Erfolgskriterien für das Zustandekommen jedes M & A-Deals ist. In diesem Zusammenhang bietet die Einschaltung externer Berater ebenfalls gute Möglichkeiten. Die großen Investmentbanken bringen zur Abwicklung des Deals nicht nur ihr Fachwissen, sondern auch ihre Reputation ein, der sie verpflichtet sind. Die Teilnahme des externen M & A-Beraters signalisiert daher allen Beteiligten eine professionelle und faire Abwicklung.

### 3.1.5 Strukturierung der Transaktion

#### 3.1.5.1 Kaufgegenstand und Zahlungsmodalitäten

Sowohl aus Sicht des Käufers als auch aus der des Verkäufers lassen sich verschiedene grundsätzliche Möglichkeiten zur Strukturierung einer Transaktion wählen. Für beide Seiten relevant sind dabei die Alternativen in Bezug auf die Ausgestaltung des Kaufgegenstandes und die Zahlungsmodalitäten. Die Finanzierung des Kaufpreises als drittes Strukturierungsmerkmal betrifft dagegen ausschließlich den Käufer und findet sich unter den speziellen Beratungsleistungen beim Kaufmandat wieder.

*Kaufgegenstand*

Die beiden grundsätzlichen Möglichkeiten, ein Unternehmen zu erwerben, liegen im Erwerb sämtlicher Anteile der Zielgesellschaft (Share Deal) und dem Kauf aller Vermögensgegenstände aus der danach leeren gesellschaftsrechtlichen Hülle der Zielgesellschaft im Wege der Einzelrechtsnachfolge (Asset Deal). Soll das gekaufte Unternehmen nach einem Asset Deal als eigenständige rechtliche Einheit weitergeführt werden, muss zu diesem Zweck vorher eine gesonderte Übernahmegesellschaft gegründet werden, welche die Aktiva und möglicherweise auch die Passiva der Zielgesellschaft erwirbt. Der Asset Deal ist damit von der Durchführung her wesentlich komplizierter als ein einfacher Anteilserwerb.

Die Unterscheidung zwischen Share Deal und Asset Deal hat wichtige Implikationen für die steuerliche Behandlung. Während beim Share Deal die Anteile in Höhe des gezahlten Kaufpreises in der Bilanz des Erwerbers zum Ansatz kommen und daher nicht planmäßig abgeschrieben werden können, werden beim Asset Deal die Vermögensgegenstände selbst beim Käufer unter Auflösung der stillen Reserven aktiviert und können daher in den Folgejahren inklusive eines gezahlten Goodwills abgeschrieben werden.

*Zahlungsmodalitäten*

Bei der Durchführung eines Share Deals lassen sich zwei Formen der Kaufpreiszahlung unterscheiden. Der Verkäufer kann entweder in bar ausgezahlt werden (bei börsennotierten Aktiengesellschaften in Form einer „Cash Offer") oder aber den Gegenwert seiner Anteile in Form von Anteilen des Erwerbers oder einer anderen Gesellschaft erhalten (dementsprechend „Share Offer"). Aufgrund der neuen Entwicklungen in der deutschen Rechtsprechung lassen sich Share Offers organisatorisch leichter durchführen als noch vor einigen Jahren. Die besondere Schwierigkeit bestand damals in der Beschaffung der zur Zahlungsdurchführung benötigten Aktien. So war ein Bezugsrechtsausschluss bei der Verwendung junger Aktien gesellschaftsrechtlich und gerichtlich stark reglementiert, zudem bestand ein grundsätzliches Verbot zum Kauf eigener Aktien, um diese als Acquisition Currency zu nutzen. Mittlerweile ist sowohl die rechtliche Begrenzung des Bezugsrechtsausschlusses abgeschwächt als auch die Möglichkeit zum Erwerb eigener Aktien bis 10 Prozent des Grundkapitals durch das Gesetz zur Kontrolle und Transparenz im Unternehmensbereich (KonTraG) geschaffen worden.

Bezüglich der vom Käufer zu zahlenden Prämie lassen sich im Vergleich Cash Offer/ Share Offer verschiedene Einflüsse ausmachen, die im Einzelfall gegenläufig verlaufen können. Im Regelfall werden die Altgesellschafter der Zielgesellschaft jedoch eine höhere Präferenz für Bar- als für Aktienzahlung haben, weswegen die Prämie bei Share Offers höher ausfällt. Diese Präferenz kann unter anderem in der Unsicherheit über die zukünftige Wertentwicklung der erhaltenen Aktien im Gegensatz zu Bargeld begründet sein. Außerdem wird sich üblicherweise das Risikoprofil der übernehmenden von der übernommenen Gesellschaft unterscheiden, sodass aus Sicht der Altgesellschafter bezüglich der eigenen Risikoposition eine Umschichtung ihres Portfolios stattfindet, die möglicherweise aus der individuellen Perspektive des einzelnen Aktionärs negativ bewertet wird.

Die Wahl zwischen Share Offer und Cash Offer hat einen erheblichen Einfluss auf die eigenen Aktionäre, da der Bezugsrechtsausschluss die Eigentumsverhältnisse der Altaktionäre verwässert (Dilution). Eine solche Verwässerung wirkt sich sowohl auf die Stimmrechtsanteile der Altgesellschafter als auch auf deren anteilige Partizipation am Gewinn der Gesellschaft aus. Diese Minderung in Bezug auf die anteiligen Gewinne lässt sich insbesondere anhand der Earnings per Share (EPS) messen. Entscheidungsrelevant sind dabei sowohl die relative Höhe der Verwässerung als auch die Dauer bis zum Zeitpunkt, ab dem die Verwässerung durch Gewinnsteigerungen oder Aktienrückkäufe wieder ausgeglichen wurde. Abbildung 8 gibt den Verlauf der Verwässerungen durch Share Offers im Vergleich zu Cash Offers wieder.

Abbildung 8 liegt die Annahme zugrunde, dass durch die Akquisition im ersten Jahr zusätzliche Kosten entstehen, die im Beispiel für den Aktientausch und die Barzahlung als identisch unterstellt wurden. In den Folgejahren können dagegen Synergien realisiert werden, welche die EPS steigen lassen, aufgrund der höheren Aktienzahl geschieht dies jedoch im Falle des Aktientausches weniger als bei einer Barofferte. Die in der Abbildung verdeutlichte Differenz lässt sich allerdings, wie bereits erwähnt, durch ein fremdfinanziertes Aktienrückkaufprogramm verringern.

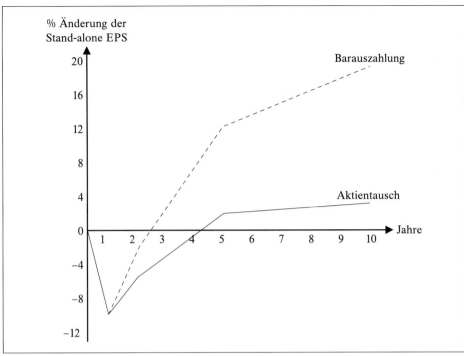

Quelle: J. P. Morgan

Abbildung 8: Verwässerung der Stand-alone-EPS (Aktientausch versus Barzahlung)

Außerdem kann die Wahl der Zahlung in Form von eigenen Aktien vom Kapitalmarkt als Signal gedeutet werden, dass das Management des übernehmenden Unternehmens die eigenen Aktien für überbewertet hält, was zu einem Kursverlust führen kann. Andererseits spiegelt die Kursentwicklung während einer M & A-Transaktion auch die Bewertung der Erfolgschancen des Deals aus Sicht der Marktteilnehmer wider.

Share Offers können weiterhin steuerliche Vorteile haben, wie das die Steuerfreiheit der Fusion von Bayerische Vereinsbank AG und Bayerische Hypotheken- und Wechselbank AG gezeigt hat. In diesem Fall wurden die Aktionäre in Aktien der Allianz AG in Form eines steuerlich anerkannten und damit steuerfreien Tausches ausbezahlt.

Neben steuerlichen Erwägungen haben noch weitere Aspekte einen wesentlichen Einfluss auf die Wahl zwischen Cash Offer und Share Offer. Zunächst kann die Behandlung des Kaufes im Rahmen der Rechnungslegung die Entscheidung beeinflussen. Im Rahmen eines Unternehmenskaufs besteht in Deutschland nach § 302 HGB nur bei der Bezahlung von mind. 90 Prozent mit Aktien die Möglichkeit, die Kapitalkonsolidierung nach der Interessenzusammenführungsmethode (Pooling of Interest) im Rahmen des Konzernabschlusses anzuwenden. Diese unterscheidet sich von der erfolgswirksamen Konsolidierung nach der Purchase-Methode darin, dass sich die Verrechnung der Anteile auf das gezeichnete Kapital des einzubeziehenden Unternehmens beschränkt. Da-

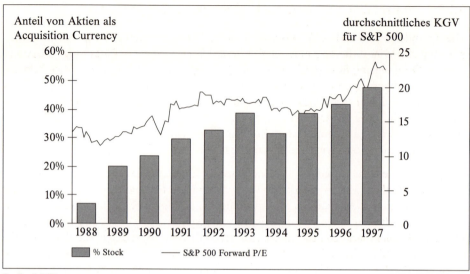

Quelle: J. P. Morgan

Abbildung 9: Kurs/Gewinn-Verhältnis und Anteil der Nutzung von Aktien zur Kaufpreiszahlung

bei werden lediglich die Buchwerte der erworbenen Gesellschaft in den Konzernabschluss übernommen und eine Neubewertung vermieden. Der wesentliche Vorteil der Interessenzusammenführungsmethode besteht also darin, dass keine – steuerlich nicht wirksamen – zusätzlichen Abschreibungspotenziale im Konzernabschluss geschaffen werden, die in den Folgejahren das Konzernergebnis und somit die Earnings per Share (EPS) belasten.

Ein weiterer Einflussfaktor ist die allgemeine Börsenkonjunktur und der Trend zu volumenmäßig größeren M & A-Transaktionen. Obwohl kein stringenter Zusammenhang mit der Entwicklung der Börsen abgeleitet werden kann, lässt sich nachweisen, dass der Anteil der Cash Offers deutlich negativ mit der Kursentwicklung korreliert ist und auch trendmäßig der Anteil der M & A-Transaktionen via Aktieneinsatz zugenommen hat. Diesen Zusammenhang zeigt Abbildung 9. Aufgrund der Größe aktueller M & A-Abschlüsse können viele Transaktionen nicht als reine Barzahlung aus Eigenmitteln finanziert werden. Eine alternative bzw. ergänzende Finanzierung über Fremdmittel würde direkte negative Auswirkungen auf das Rating des Käufers haben und damit die Kosten der Fremdmittelbeschaffung erhöhen. Auch werden häufig irrationale Vorbehalte angeführt, auch relativ nicht unterbewertete Aktien innerhalb einer Baisse nicht als Acquisition Currency zu nutzen. Der weltweite Kursverfall an den Aktienbörsen hat beispielsweise Mitte 1998 dazu geführt, dass wieder vermehrt Transaktionen als Cash Offer durchgeführt wurden.

### 3.1.5.2 Finanzielle und steuerliche Gestaltung der Transaktion

Die Komplexität von M & A-Deals ermöglicht es den beteiligten Parteien, mit Unterstützung der M & A-Berater eine – teilweise unüberschaubare – Vielfalt von Gestaltungen zur Optimierung finanzieller und steuerpolitischer Zielsetzungen zu entwickeln. Da sie mandatsabhängig unterschiedlich ausfallen, finden sich beispielhafte Konstruktionen unter den speziellen Beratungsleistungen im folgenden Abschnitt. Allen Mandaten ist jedoch gemein, dass die Unterstützung des Mandanten bezüglich finanzieller Aspekte unter Berücksichtigung steuerlicher Konsequenzen einen wesentlichen Bestandteil der Beratungsleistung von Investmentbanken darstellt.

Als professionelle Intermediäre am Kapitalmarkt ist es eine der Kernkompetenzen von Investmentbanken, M & A-Transaktionen in finanzieller Hinsicht nach den individuellen Anforderungen des Mandanten zu strukturieren, die Auswirkungen unterschiedlicher Konzepte auf das Unternehmen darzulegen und gegebenenfalls die notwendigen Finanzmittel am Kapitalmarkt zu beschaffen. Aus der Wahl der Finanzierung durch den Käufer ergeben sich möglicherweise direkte Konsequenzen für den Verkäufer. Wird beispielsweise der Kaufpreis in Aktien der übernehmenden Gesellschaft beglichen, ergibt sich in Abhängigkeit von der individuellen Risikoneigung des Verkäufers ein anderes Sicherheitsäquivalent als bei einer Barzahlung. Entsprechendes gilt für Zahlungsvereinbarungen, die eine fortlaufende Tilgung der Kaufpreisschuld beinhalten. Die Investmentbank kann hier als Berater des Verkäufers die Konsequenzen einzelner Vertragsgestaltungen aufzeigen und so einen Interessenausgleich zwischen Käufer und Verkäufer in Bezug auf die Finanzierungsstruktur erleichtern.

Obwohl Investmentbanken im Gegensatz zu Wirtschaftsprüfungsgesellschaften keine steuerlichen Beratungen durchführen dürfen, erlaubt es ihr interdisziplinäres Wissen im Bereich des nationalen und internationalen Steuer- und Gesellschaftsrechts, erforderliche steuerliche Gesichtspunkte bei der Vertragsgestaltung zu berücksichtigen. Hierbei handelt es sich nicht um originäre Steuerberatungsleistungen, für die im deutschen Raum ein vereidigter Steuerberater oder Wirtschaftsprüfer hinzugezogen werden muss, sondern um die Einbeziehung steuerlicher Auswirkungen in die konkrete Ausgestaltung der Transaktion. Vordringlich müssen hierbei gesellschaftsrechtliche Gestaltungen, so etwa die Einschaltung einer temporären Zwischengesellschaft, und alternative Finanzierungskonzepte auch vor dem Hintergrund ihrer steuerlichen Konsequenzen beurteilt werden.

Vorteile aus optimierten finanziellen und steuerlichen Strukturen werden auf zwei verschiedene Weisen im Rahmen der Vertragsverhandlungen Berücksichtigung finden. Kostengünstige Gestaltungen erhöhen den Entscheidungswert des Käufers bzw. senken den des Verkäufers, sie müssen insofern bereits in der Phase der Unternehmensbewertung bedacht werden. Sofern die jeweilige Gegenseite Einblick in die geplanten Konzepte erlangt, kann dieses Wissen allerdings als Argumentationsgrundlage im Rahmen der Preisverhandlungen eingesetzt werden, um den Preis in die gewünschte Richtung zu drücken.

### 3.1.5.3 Rechtliche Vertragsgestaltung

Im Übernahme- oder Verschmelzungsvertrag konkretisiert sich die Zielerreichung hinsichtlich der naturgemäß divergierenden Interessen der Vertragsparteien.[37] Insgesamt ist es für jede Partei vorteilhaft, als erste einen Vertragsentwurf einzubringen. Änderungswünsche der Vertragspartner erfordern eher eine ausführliche Begründung als die Formulierungen im ursprünglichen Entwurf. Relevante Ansprüche, die im Rahmen der Vertragsgestaltung berücksichtigt werden müssen, ergeben sich im Wesentlichen aus den folgenden Punkten:

- rechtliche Gestaltung des Kaufpreises,
- Gewährleistungsansprüche,
- sonstige Haftungsfragen.

Die Aufgabe der Investmentbank ist es hier, im Interesse ihres Auftraggebers beratend, verschiedene Optionen bei der Vertragsgestaltung darzustellen und auf Konsequenzen, die nicht immer offensichtlich sind, hinzuweisen. Neben Investmentbanken werden grundsätzlich auch Rechtsanwälte hinzugezogen, um den Vertrag unter juristischen Gesichtspunkten zu bewerten und zu gestalten. Die Investmentbank wird keinesfalls derartig in die Vertragsgestaltung eingreifen, dass sich aus ihrem Mitwirken Haftungstatbestände ergeben.

Bei der *Gestaltung des Kaufpreises* lassen sich zunächst zwei unterschiedliche Verfahrensweisen abgrenzen. Im Vertrag kann entweder ein Festpreis, also ein konkreter Betrag in Geldeinheiten, oder eine Preisformel vereinbart werden. Es existieren diverse Preisformeln, die jedoch in der Regel – möglicherweise auch implizit – einen festen Betrag beinhalten, der durch Zu- oder Abschläge modifiziert wird. Diese können unter anderem auf dem Börsenkurs zu einem bestimmten Zeitpunkt, auf betriebswirtschaftlichen Kennziffern, wie Umsatz oder Jahresüberschuss, oder auch auf makroökonomischen Größen, wie der Branchenentwicklung, beruhen. Aufgabe der Investmentbank als M & A-Berater ist es hier, die Angemessenheit der Preisformeln und vereinbarter Rücktrittsrechte, die beim Über- oder Unterschreiten bestimmter Ober- bzw. Untergrenzen ausgeübt werden können, aus wirtschaftlicher Sicht zu bewerten. Das Verfahren der Preisbestimmung sollte die beratene Partei nicht unangemessen schlechter stellen. Wird beispielsweise der Zu- bzw. Abschlag auf der Basis des Jahresüberschusses der Gesellschaft bestimmt, müssen auch verbindliche Regeln für die Ausübung von Bilanzierungs- und Bewertungsspielräumen aufgestellt werden, da sonst der Verkäufer benachteiligt ist. Gleiches gilt für den Fall, dass bei einer Preisformel zwar eine Ober-, nicht aber eine Untergrenze aufgeführt ist.

*Gewährleistungen* stellen eine mögliche Belastung des Verkäufers zugunsten des Käufers dar. Im Interesse des Käufers sind daher umfassende Garantien, die möglichst durch Verwendung allgemein gehaltener Formulierungen über den formellen Vertragsinhalt hinausgehen. Möglich ist hier etwa die Ausdehnung von Gewährleistungen auf „alle vom Ver-

---

[37] Vgl. zu den juristischen Fragestellungen und verschiedenen Ausgestaltungsmöglichkeiten im Einzelnen auch Semler (1996); Holzapfel/Pöllath (1997).

käufer gemachten Angaben", die auch vorvertragliche Aussagen einschließen. Haftungsausschluss darf möglichst nur in Bezug auf Informationen und Angaben, die unmittelbar im Vertrag und den zugehörigen Anlagen zu finden sind, greifen. Der Verkäufer dagegen strebt die Beschränkung auf genau spezifizierte Gewährleistungstatbestände in Verbindung mit einem Haftungsausschluss für alle Tatbestände, die dem Käufer beim Closing positiv bekannt oder für ihn wenigstens erkennbar waren, an. Häufig liegen die aktuellen Zahlen für das Unternehmen beim Vertragsabschluss nicht oder nur unvollständig vor. Für den Verkäufer ist es in diesem Fall vorteilhaft, wenn als Anknüpfungspunkt für mögliche Garantieansprüche lediglich die vorhandene Substanz dient. Der Käufer wird im Gegensatz dazu eine Garantie des dem Vertrag zugrundeliegenden Ertrages bevorzugen, insbesondere wenn dieser im Rahmen der von ihm durchgeführten Unternehmensbewertung – etwa innerhalb eines Multiplikatorverfahrens – Verwendung gefunden hat. Wird der gesamte Substanz- oder Ertragswert des Objektes gewährleistet, spricht man von einer verdeckten Preisformel, da jede Gewährleistung unmittelbar eine Preiskorrektur darstellt. Weitere Verhandlungspunkte können Verjährungsfristen oder die Form der Inanspruchnahme, zum Beispiel über vertraglich bestimmte Rügeformen, sein. Die Investmentbank als Berater stellt in Zusammenarbeit mit den hinzugezogenen Rechtsanwälten sicher, dass die getroffenen Regelungen keine unüberschaubaren Risiken in sich bergen. Das gilt hinsichtlich möglicher Erlösminderungen für einen beratenen Verkäufer oder hinsichtlich nicht abgesicherter Mängel des Transaktionsobjektes für den beratenen Käufer.

Im Bereich der *sonstigen Haftungsfragen* leistet die Investmentbank ebenfalls Hilfestellung in Bezug auf Fragen des Verschuldens, der Einhaltung von Nachweispflichten und Möglichkeiten des vertraglichen Haftungsausschlusses. Ein wesentlicher Punkt ist hier bei internationalen Transaktionen die Frage, nach welchem nationalen Recht der Vertrag abgeschlossen wird. Da das deutsche Recht insgesamt eine geringere Haftung aufweist als das US-amerikanische, wird ein deutscher Verkäufer die Abwicklung nach deutschem Recht bevorzugen, während ein Käufer aus den USA das dortige Rechtssystem präferieren wird.

Weitere Beratungsleistungen erbringt die Investmentbank für den Käufer des Objektes im Rahmen der so genannten Nachprüfung der durch den Verkäufer zugesicherten Eigenschaften des Transaktionsobjektes. Sie ist notwendig, wenn im Vorfeld der Vertragsschließung nicht alle relevanten Informationen mit hinreichender Sicherheit beschafft oder ausgewertet werden konnten. Bei großvolumigen und komplexen Deals ist dies der Normalfall. Die Nachprüfung sollte sofort und umfassend direkt nach Abschluss des Vertrages durchgeführt werden, um mögliche Gewährleistungsansprüche oder Haftungstatbestände noch vor einer möglichen Verjährung aufzudecken.

### 3.1.6 Kommunikation und Investor Relations

Unabhängig von den Kommunikationsaufgaben, die einzelne Mandate mit sich bringen, unterstützt die Investmentbank ihren Mandanten bei der Koordination der projektinternen und -externen Kommunikation. Zum einen muss sie im Rahmen der Projektorganisation und -kontrolle die internen Informationsflüsse steuern. Zum anderen kann sie insbesondere die kapitalmarktrelevante Informationsgewährung aufgrund ihrer speziellen Kenntnisse zielgerichtet durchführen.

Projektintern beinhaltet das Kommunikationsmanagement den Aufbau und die Überwachung eines Informationssystems, das alle Entscheider zeitnah mit den für ihre Aufgabenstellung relevanten Informationen versorgt. Zu diesem Zweck müssen aktuelle Ergebnisse sowohl der Mitarbeiter der Investmentbank als auch der eingebundenen externen Berater und der betroffenen Mitarbeiter des Mandanten gesammelt, strukturiert und aufgearbeitet werden. Nur eine ständige Kontrolle der vorhandenen Informationen, die Einforderung fehlender Daten und die Identifizierung weiteren Informationsbedarfs gewährleisten eine effiziente und zielorientierte Abwicklung.

Im Rahmen der projektexternen Kommunikation wird die Investmentbank ihre Erfahrungen am Kapitalmarkt nutzen, um die Investor-Relations-Bemühungen ihres Mandanten dealbezogen zu unterstützen. Das wesentliche Instrument ist dabei die „Deal" bzw. „Equity Story", welche die Gründe der Transaktion, die Rahmendaten ihrer Durchführung sowie die geplante weitere Entwicklung darstellt. Diese Deal Story wird den Meinungsmachern auf den Kapitalmärkten, den Analysten und Fondsmanagern vorgestellt. Dabei müssen der Zeitpunkt dieser Vorstellung ebenso wie die Inhalte der Präsentation anhand der Ziele der Transaktion bestimmt werden, um möglichst den gewünschten Kapitalmarkteffekt der Bekanntgabe des Deals bzw. der Einzelheiten der Transaktion zu erreichen.

## 3.2 Spezielle Aufgaben der Investmentbank innerhalb einzelner Mandate

### 3.2.1 Kaufmandate

#### 3.2.1.1 Strategiefindung und Partnersuche

Sofern es sich nicht um einen Cold Call handelt, bei dem die Investmentbank den Vorschlag für eine Transaktion an das Unternehmen heranträgt, wird sich der Mandant mit seinen Bedürfnissen an die Investmentbank wenden. Diese hat in den Phasen der Erstellung eines Suchprofils und Identifikation möglicher Akquisitionsobjekte eine große Bedeutung. Im Rahmen der bereits erwähnten Sparringspartnerfunktion erfolgt eine detaillierte Diskussion der strategischen Prioritäten des Mandanten, wobei die beratende Bank aus ihrer umfangreichen Erfahrung mit der Gestaltung, Abwicklung und den Erfolgsfaktoren von M & A-Transaktionen objektive Einschätzungen geplanter Strategien und angestrebter Synergiepotenziale liefern kann.

In Abhängigkeit von der Branche und der M & A-Erfahrung des Mandanten gehört es normalerweise zum Beratungsumfang, zunächst eine Grundgesamtheit geeigneter Zielgesellschaften zu identifizieren (Long List). Hier können zunächst vorgegebene Grenzkriterien wie Investitionsvolumen, eigene Verschuldungsmöglichkeiten, Verschuldungsmöglichkeiten der Zielgesellschaft oder deren Umsatz zur Beschränkung auf eine möglicherweise noch größere Gruppe von Übernahmekandidaten dienen. Als weitere Knock-out-Kriterien können auch regionale Ausrichtungen, die wirtschaftliche Situation oder andere beobachtbare Merkmale dienen, die einen Einfluss auf die Zielerreichung hinsichtlich der verfolgten Strategien haben. Einen beispielhaften Überblick über den Auswahlprozess gut geeigneter Zielgesellschaften als zweiten Schritt (Short List) zeigt Abbildung 10. Dabei ist die Auswahl einzelner Selektionskriterien transaktionsspezifisch von der zugrundeliegenden Akquisitionsstrategie abhängig.

Vor der eigentlichen Kontaktaufnahme durch Abgabe eines Angebotes müssen nach der groben Selektion anhand einiger grundlegender Kriterien nähere Analysen der verbleibenden potenziellen Kandidaten durchgeführt werden. Der Investmentbank kommt hier eine entscheidende Rolle bei der Informationsbeschaffung zum Zwecke einer vorläufigen Due Diligence (im Sinne einer Außeneinschätzung des Unternehmens) und Bewertung zu. Sie verfügt in diesem Bereich über ein dichtes informelles Netzwerk, das ihr häufig schneller und detailliertere Daten über die Zielgesellschaft liefern kann, als es für den Mandanten möglich wäre. Bei der potenziellen Übernahme von Familienunternehmen ist die Informationsbeschaffung besonders schwierig, da kaum interne Daten veröffentlicht werden und die wenigen veröffentlichten Informationen nicht sehr aussagefähig sind. Aufgrund der bilanzpolitisch vorherrschenden Zielsetzung der Steuerminimierung sind derartige Jahresabschlüsse durch den umfangreichen Einsatz gewinnmindernder Instrumente stark verzerrt und daher als Ausgangspunkt für eine vorläufige Unternehmensbewertung in der Regel ungeeignet.

| Vorläufige Grundgesamtheit (Long List) | A | B | C | D | E | F | G | H | I | J | K | L | M |
|---|---|---|---|---|---|---|---|---|---|---|---|---|---|
| **Größe** | | | | | | | | | | | | | |
| • Zu groß | ● | | | | | | | | | | | | ● |
| • Zu klein | | | | | | | ● | | | | | | |
| **Geografische Lage** | | | | | | | | | | | | | |
| • Auslandsumsatz mehr als 50% | | | | ● | | | | | | | | | |
| **Business Mix** | | | | | | | | | | | | | |
| • Wenig attraktives Segment > 10% des Umsatzes | | ● | | | | | | | | ● | | | |
| **Allgemeine Situation** | | | | | | | | | | | | | |
| • Qualität des Managements | | | | | ● | | | | | | | | |
| • In Fusionsverhandlung/Konkurs | | | | | | ● | | | ● | | | | |
| **Erhältlichkeit** | | | | | | | | | | | | | |
| • Höhe der Investition zur Kontrollerreichung | | | | | | | | ● | | | | | |
| • Wahrscheinlich erfolgreiche Defense | | | | | | | | | | | | ● | |
| **Potenzielle Zielgesellschaften (Short List)** | | | | | | ● | | | | ● | ● | | |

Quelle: Goldman Sachs

Abbildung 10: Selektionsverfahren zur Auswahl potenzieller Zielgesellschaften

Zusammenfassend lässt sich festhalten, dass als Ergebnis der vorbereitenden Phasen eine detailliert ausformulierte und operationalisierte Akquisitionsstrategie feststehen muss, auf deren Grundlage anhand umfangreicher Recherchen und Analysen eine mit Prioritäten versehene Liste möglicher Zielgesellschaften erarbeitet wird. An dieser Stelle können sich bereits offensichtliche Interessenkonflikte zwischen Investmentbank und Mandant ergeben. Die Investmentbank ist natürlicherweise am Zustandekommen des Deals insofern interessiert, als ihre hauptsächlichen Honorarforderungen, ausgenommen mögliche Vergütungen für Leistungen der Vorphasen, erst bei der Durchführung der Transaktion entstehen. Dieses Problem besteht noch in verstärkter Form bei Cold Calls. Direkte Nachteile im Anschluss an Unternehmensübernahmen, die aus zu positiven Prognosen im Rahmen der Entscheidungsfindung resultieren, treffen zunächst nur den Mandanten, nicht die Investmentbank. Dieser Interessenkonflikt ist jedoch in der Praxis lösbar, da sich die aus einem vorsätzlich forcierten, unvorteilhaften Deal am diesbezüglich sehr sensiblen M & A-Markt ergebenden Reputationsverluste wiederum starke Auswirkungen auf das Geschäft der betreffenden Investmentbank haben werden.

### 3.2.1.2 Kontaktaufnahme und Gestaltung des Angebots

Die Kontaktaufnahme bietet zunächst keine großen Schwierigkeiten, wenn die Zielgesellschaft bereits Verkaufsabsichten publiziert hat. In diesem Fall wird der Käufer entweder zusammen mit dem oder vertreten durch den Investmentbanker sein Interesse bekunden und nach der Unterzeichnung eines Letter of Intent mit der Due Diligence beginnen, die Bewertung konkretisieren und gegebenenfalls in den Verhandlungsprozess einsteigen. Die Prozesskontrolle liegt dabei weitgehend beim Verkäufer. Sollte der Verkäufer sich dagegen bisher nicht mit der Option eines Unternehmensverkaufs auseinandergesetzt haben oder den Bieter nicht als geeigneten Käufer ansehen, kommt der Kontaktaufnahme eine größere Bedeutung zu. Die Wahl des Ansprechpartners sowie der Ort und die Zeit des Erstkontaktes sind hier mit großer Sorgfalt auszuwählen. Die Gestaltung der Kontaktaufnahme wird im Wesentlichen davon bestimmt, ob es sich um die Übernahme einer börsennotierten Gesellschaft oder um eine Privattransaktion handelt. Die Einleitung der in Deutschland häufigeren Privattransaktionen bietet dabei wesentlich mehr Gestaltungsspielräume und unterliegt weniger formellen Anforderungen.

Der Erfolg der Kontaktaufnahme hängt davon ab, ob es dem Bieter bzw. der Investmentbank gelingt, den richtigen Ansprechpartner zu identifizieren. Gerade Familienunternehmen in zweiter und dritter Generation haben häufig einen schwer überschaubaren Gesellschafterkreis, von dem einige Mitglieder, möglicherweise in Zusammenarbeit mit familienexternen Managern, die Geschäftsleitung innehaben. Hier ist es wichtig, bereits im Vorfeld die formellen und tatsächlichen Einflussmöglichkeiten der Unternehmensleitung und der einzelnen Gesellschafter(gruppen) zu kennen. Andernfalls kann die Offerte bereits früh an Missverständnissen und mangelnden Entscheidungsbefugnissen innerhalb der Zielgesellschaft scheitern. Aufgrund der Personengebundenheit vieler mittelständischer Unternehmen und dem häufigen Fehlen von Erfahrung im Bereich der M & A spielt die Glaubwürdigkeit der Kontaktaufnahme eine große Rolle, um persönliches Misstrauen und Vorurteile auf Seiten der potenziellen Verkäufer abzubauen. Bereits der Vorschlag, den ehemaligen Unternehmer weiterhin am Unternehmensgeschehen teilhaben zu lassen, so etwa in Form einer befristeten Anstellung, kann persönliche Vorbehalte abbauen helfen.

Für den Käufer bieten Privattransaktionen einige wesentliche Vorteile. Die Übernahme nicht börsennotierter Gesellschaften unterliegt keinen speziellen gesetzlichen oder sonstigen Übernahmeregelungen. Es entstehen keine Meldepflichten an amtliche Stellen oder die Öffentlichkeit; eine Geheimhaltung der Offerte und ihres Ausgangs ist daher weitgehend möglich. Darüber hinaus lassen sich steuerliche Gestaltungen personenbezogen auf die Gruppe der Verkäufer zuschneiden, was im Rahmen der Preisverhandlungen auch für den Bieter von Vorteil sein kann.

Die Übernahme einer börsennotierten Gesellschaft verläuft in vielen Bereichen grundsätzlich anders. Hier müssen verschiedene gesetzliche und quasi-gesetzliche Vorschriften beachtet werden. Insbesondere greifen die Meldepflichten nach dem Wertpapierhandelsgesetz (WpHG) und der Börsenordnung sowie möglicherweise die Bestimmungen des Übernahmekodex der Börsensachverständigenkommission, der insbesondere eine Verteidigung gegen Übernahmeversuche erschwert. Der aktuelle Übernahmekodex datiert aus dem Jahr 1995 und basiert auf der freiwilligen Anerkennung durch die Unternehmen. Aufgrund der geringen Akzeptanz dieses Kodex wurde eine Kommission aus Vertretern der Bundesregierung, Investmentbankern und Industrieexperten eingesetzt, um mit einem Gesetz zur Regelung von Firmenübernahmen eine verbindliche Rechtsgrundlage zu schaffen. Im Vergleich zum bestehenden Übernahmekodex sind dabei maßgebliche Änderungen inhaltlicher Art zu erwarten. Die nachfolgenden Äußerungen beziehen sich jedoch ausschließlich auf den aktuellen freiwilligen Übernahmekodex.

Bei öffentlichen Akquisitionen ist die Unterscheidung in freundliche und feindliche Übernahmen (Friendly und Hostile Takeover) üblich, da im Gegensatz zu Privattransaktionen Eigentum und Kontrolle an der Gesellschaft, wenn auch nicht unbedingt rechtlich, so doch in der Praxis weiter auseinanderliegen. Als freundlich wird eine Übernahme dann bezeichnet, wenn sie mit der Zustimmung, als feindlich, wenn sie gegen den Willen des amtierenden Managements der Zielgesellschaft erfolgt.

Freundliche Übernahmen können sowohl auf Initiative des Erwerbers als auch der Zielgesellschaft zustande kommen. Der zweite Fall ergibt sich auch, wenn ein anderes Unternehmen einen feindlichen Übernahmeversuch plant, die Zielgesellschaft aber im Gegenzug einen alternativen Bieter gewinnen kann, der an dessen Stelle das Unternehmen übernimmt (so genannter White Knight). Freundliche Übernahmen werden üblicherweise konzeptionell mit dem Vorstand des Target abgestimmt, um dessen Belangen und denen der Aktionäre der Zielgesellschaft Rechnung zu tragen.

Anspruchsvoller im Bereich der konzeptionellen Vorbereitung des Deals und der Prozessbegleitung sind Hostile Takeovers. Hier haben sich, ebenso wie bei der Abwehr solcher Offerten, verschiedene Techniken entwickelt, wie Form und Inhalt des Angebotes zu gestalten sind. Die Investmentbank muss anhand der allgemeinen Marktlage, der individuellen Situation der beteiligten Unternehmen und möglicher Restriktionen, etwa in Bezug auf die Öffentlichkeitswirkungen der Übernahme, die Durchführbarkeit einzelner

Techniken prüfen und die Auswahl der geeigneten Vorgehensweise beratend unterstützen. Als Auswahl lassen sich insgesamt folgende Techniken nennen: Tender Offer, Dawn Raid, Proxy Fight, Bear Hug.

- *Tender Offer*

Bei einem öffentlichen Übernahmeangebot (Tender Offer) erfolgt eine direkte Ansprache der Aktionäre des Target. Die Tender Offer kann sowohl freundlich, das heißt in Absprache mit dem Management der Zielgesellschaft, als auch feindlich, das heißt ohne deren Vorstand einzuschalten bzw. nach dessen Ablehnung, ausgesprochen werden. Den Aktionären wird für ihre Aktien der aktuelle Börsenkurs zuzüglich einer Prämie geboten, die sich an der vorhergehenden Bewertung und den angefallenen und zukünftigen Transaktionskosten bemessen sollte. Darüber hinaus sollte ein ausreichender Spielraum zur Erhöhung des Angebots eingeplant werden, falls die Zielgesellschaft Abwehrmaßnahmen ergreift. Der anschließende Kauf selbst spielt sich außerhalb der Börse ab.

Tender Offers werden im aktuellen freiwilligen Übernahmekodex bereits umfangreich geregelt. Den Kodex beachtend muss die Zielgesellschaft vor Veröffentlichung des Angebotes informiert werden. Die Frist, innerhalb derer das Übernahmeangebot aufrechterhalten wird, muss zwischen 28 und 60 Tagen liegen. Eine in der Praxis mitunter verfolgte Strategie bei Abgabe einer Tender Offer ist das so genannte Saturday Night Special, bei dem das Management der Zielgesellschaft von der geplanten Übernahme am Wochenende oder an Feiertagen informiert wird. Diese Zeitplanung bringt den wesentlichen Vorteil, dass das Management des Target zunächst nicht reagieren kann und somit für weitere Diskussionen mit dem potenziellen Erwerber zur Verfügung steht, bevor es die Übernahme durch seine Ablehnung als feindlich qualifiziert.

- *Dawn Raid*

Im Gegensatz zur Tender Offer, bei welcher der Bieter noch keine wesentlichen Rechte an der Zielgesellschaft hat, zielt der Dawn Raid auf den vom Target unbemerkten Erwerb von Kontrollrechten ab. Da das Überschreiten der Beteiligungsgrenzen von 5 Prozent, 10 Prozent, 25 Prozent, 50 Prozent und 75 Prozent nach dem WpHG der Zielgesellschaft binnen sieben Tagen mitzuteilen ist (§ 21 WpHG), kann der sukzessive Aufbau einer kontrollfähigen Aktienposition ohne Kenntnis der Zielgesellschaft nicht erreicht werden. Ein weiterer umfangreicher Aktienkauf innerhalb dieser Meldefrist lässt sich ohne starke Kursanstiege nicht bewerkstelligen. Beim Dawn Raiding werden daher mehrere Aktienpakete von anderen (Finanz-)Investoren unter Zahlung eines Paketzuschlages direkt, das heißt ohne Einschaltung der Börse, aufgekauft. Auf diese Weise kann der potenzielle Erwerber im Extremfall die Gesellschaft erwerben bzw. die Kontrolle über die Hauptversammlung erlangen, ohne überhaupt eine Tender Offer auszusprechen. Der bisherige Übernahmekodex verlangt allerdings, dass nach einem solchen Vorgehen binnen 18 Monaten an die verbliebenen (Minderheiten-)Aktionäre ein Pflichtangebot abgegeben wird, um diesen den verlustfreien Verkauf der verbliebenen Anteile zu ermöglichen. Diese Vorgabe entfällt, wenn andere Minderheitenschutzklauseln, wie beispielsweise eine Ausgleichszahlung bei der anschließenden Einleitung einer Fusion, greifen. Obwohl noch nie in der Praxis erfolgt, scheint das Dawn Raiding von allen Übernahmestrategien in Deutschland den entscheidenden Vorteil zu haben, dass sich der Großteil des Aktienkapitals nicht, wie etwa in den USA, im Streubesitz befindet, sondern von institutionellen Investoren gehalten wird. Ausreichende Pakete sind also zumeist vorhanden. In Zusammenarbeit mit der Investmentbank müssen diese lediglich lokalisiert und unter vollständiger Geheimhaltung zeitgleich erworben werden.

- *Proxy Fight*

Die Bezeichnung Proxy Fight bzw. Proxy Contest bezog sich ursprünglich auf die Versuche insbesondere von Kleinaktionären, ihre Vertreter in das Board of Directors zu entsenden. Zu diesem Zweck erwarben sie gegen eine Prämie Stimmrechtsvollmachten. Derartige Proxy Contests können ebenfalls im Rahmen von M & A-Transaktionen genutzt werden, um sicherzustellen, dass eine bevorstehende Übernahme freundlich verläuft. Hier versucht der Erwerber zunächst, die Zielgesellschaft zu beeinflussen, indem er eigene Vertreter in den Aufsichtsrat wählt, ohne jedoch selbst einen großen Aktienanteil zu erwerben. Um einen Proxy Fight durchzuführen, benötigt er daher umfangreiche Stimmrechtsvollmachten. Vertritt er über 20 Prozent des stimmberechtigten Grundkapitals, kann er zwar nach § 122 AktG eine außerordentliche Hauptversammlung einberufen. Um den Aufsichtsrat vor Ende der Amtszeit auszutauschen, benötigt er jedoch im Normalfall bereits über 75 Prozent der Stimmrechte (§ 103 AktG). Eine Abberufung des Vorstandes vor Ablauf der eigentlichen Amtszeit ist dagegen auch bei einem neuen Aufsichtsrat nur dann möglich, wenn ein wichtiger Grund vorliegt. Ein solcher kann nur eine grobe Pflichtverletzung, die Unfähigkeit zur ordnungsgemäßen Geschäftsführung oder der Vertrauensentzug durch die Hauptversammlung sein. Ein Proxy Fight als Vorbereitung einer Übernahme macht daher in der Regel nur dann Sinn, wenn die turnusmäßigen Wahlen der einzelnen Organe der Zielgesellschaft anstehen.

- *Bear Hug*

Der Bear Hug ist eine Mischung aus freundlicher und feindlicher Übernahme. Der Erwerber informiert das Management der Zielgesellschaft über die Kaufabsichten und erinnert dieses an seine Pflicht, zum Wohl der Aktionäre zu handeln. Teilweise wird bereits eine voraussichtliche Prämie genannt. Gleichzeitig wird das Vorhaben veröffentlicht, jedoch noch keine verbindliche Tender Offer abgegeben. Das Management des Target sieht sich nun in der Situation, dass die Börsenkurse aufgrund der prognostizierten Übernahme häufig stark ansteigen. Gleichzeitig steht es vor der Wahl, die Bedingungen eines Friendly Takeover auszuhandeln oder möglicherweise Opfer eines Unfriendly Takeover zu werden. Um Kurseinbrüche auf Kosten der eigenen Aktionäre zu vermeiden und einen gewissen Einfluss auf die Transaktionsbedingung zu behalten, sieht es sich daher möglicherweise gezwungen, dem eigentlich feindlichen Angebot zuzustimmen.

Den ausgefeilten Techniken der feindlichen Übernahme stehen die weiter unten folgenden umfangreichen Instrumente der Verteidigung gegenüber. Entflammt ein intensiver Kampf um die Zielgesellschaft, kommt der beratenden Investmentbank eine weitere wichtige Aufgabe zu. Sofern abzusehen ist, dass im Verlauf des „Gefechts" vorher fest definierte Walk-Away-Punkte, das heißt Entwicklungen (etwa Preisforderungen) in den Verhandlungen, die zu einem sofortigen Abbruch derselben führen sollten, aufgegeben werden, um aus der Auseinandersetzung als Sieger hervorzugehen, erfordert es ihr Beratungsmandat, auch in diesem Stadium noch einen Abbruch der Transaktion zu empfehlen und möglicherweise ein anderes potenzielles Target zu suchen.

### 3.2.1.3 Kaufpreisfinanzierung

*Grundsätzliche Unterstützung bei der Kaufpreisfinanzierung*

Der Investmentbank kommt eine Schlüsselrolle bei der Strukturierung und Durchführung der erforderlichen Finanzierung einer Transaktion auf Seiten des Käufers zu. Als professioneller Dienstleister im Bereich der Finanzierung über den Kapitalmarkt ermöglicht sie es, Finanzierungskonzepte zu realisieren, die dem Käufer ohne ihre Unterstützung nicht oder nur zu schlechteren Konditionen zugänglich wären. Je nach Größe und Kapitalstruktur der erwerbenden Gesellschaft müssen unter Umständen bisher nicht genutzte Finanzierungsquellen erschlossen werden. Es bieten sich drei alternative Finanzierungsquellen einer Transaktion an:

- Finanzierung aus freien Cashflows der erwerbenden Gesellschaft,
- Finanzierung durch Eigen- oder Fremdkapital über die Bilanz der erwerbenden Gesellschaft,
- Finanzierung durch Eigen- oder Fremdkapital über die Bilanz der Zielgesellschaft.

Während die ersten beiden Formen der traditionellen Finanzierung einer Transaktion entsprechen, stellt die dritte eine besondere Form dar, die bei so genannten Leveraged Buy Outs (LBO) zum Einsatz kommt. Diese Form wird daher im Folgenden behandelt.

Insbesondere bei kleineren Akquisitionen können die Liquiditätsreserven der erwerbenden Gesellschaft bereits ausreichen, um den Kauf zu finanzieren (so genannte Kriegskasse). In diesem Fall ist die Finanzierung des Kaufpreises durch die erwerbende Gesellschaft bereits sichergestellt, weitere Kapitalbeschaffungsaktivitäten der Investmentbank entfallen. Wenn allerdings eine Finanzierung über die Bilanz des Käufers zu strukturieren ist, kommt der Beratung durch die Bank erneut eine erhebliche Bedeutung zu.

Um ihrer Funktion bei der Kaufpreisfinanzierung gerecht zu werden, arbeitet die M & A-Abteilung eng mit den Marktabteilungen, insbesondere dem Bereich Capital Markets zusammen. Die Abteilung Capital Markets wird hinzugezogen, um die aktuelle Marktlage zu analysieren und anhand der Vorgaben des Mandanten hinsichtlich Risikoposition, bisheriger Kapitalstruktur, Flexibilität der Finanzierung und Unternehmenswertmaximierung ein optimales Finanzierungskonzept zu entwickeln.

Dabei umfasst die Finanzierungsstruktur bei Kaufmandaten neben der endgültigen Finanzierung des Kaufpreises eine in der Regel notwendige Übergangsfinanzierung (Bridge Financing). Diese Übergangsfinanzierung trägt dem kurzfristigen Handlungsbedarf am M & A-Markt im Vergleich zu den deutlich längeren Zeiträumen, die für die Durchführung der langfristigen Finanzierungsmaßnahmen notwendig sind, Rechnung. Sie wird vor dem Hintergrund eines feststehenden mittel- bis langfristigen Finanzierungskonzeptes direkt von der Investmentbank, häufig in Form eines Krediters, zur Verfügung gestellt. Je nach Transaktionsvolumen bringt sie dabei das Kapital alleine oder als syndizierten Kredit (Syndicated Loan) zusammen mit anderen Banken auf. Die Übergangsfinanzierung wird im Anschluss an die Transaktion zügig in ein langfristiges Konzept überführt.

Die Möglichkeiten zur Finanzierung der Übernahme hängen stark von den Kapitalquellen ab, die der übernehmenden Gesellschaft zur Verfügung stehen. Sofern der Kauf nicht vollständig aus ungebundenen Cashflows des Erwerbers finanziert werden kann oder soll, sind insbesondere die Fähigkeit, öffentlich notierte Anleihen zu emittieren und die Frage der Börsennotierung der Aktien von entscheidender Bedeutung. Bei internationalen Transaktionen ist es weiterhin vorteilhaft, die Kapitalbeschaffung zumindest teilweise auch im Land der Zielgesellschaft durchzuführen. Mit diesem nationalen Kapitalmarkt, seinen Akteuren und besonderen Möglichkeiten haben ausländische Unternehmen häufig keine ausreichende Erfahrung, um selbstständig, ohne Unterstützung durch die Investmentbank, einzelne Finanzierungsinstrumente zu nutzen.

Nicht börsennotierte Gesellschaften können das notwendige Kapital in der Regel nur begrenzt durch die Aufnahme neuer Gesellschafter oder die Erhöhung bestehender Einlagen aufbringen, da ihnen die Börse nicht zur Eigenkapitalbeschaffung zur Verfügung steht. In Ermangelung handelbarer Aktien wird der Kaufpreis außerdem in bar an die Gesellschafter der Zielgesellschaft zu entrichten sein. Als Finanzierungsformen kommen daher im Wesentlichen verschiedene Formen des Fremdkapitals und Mezzanine-Kapitals in Frage, sofern nicht kurzfristig ein Going Public angestrebt wird. Sofern der Mandant die Voraussetzungen zur Zulassung von Anleihen oder Genussscheinen erfüllen kann, lassen sich diese ebenfalls zur Kapitalaufbringung einsetzen. Darüber hinaus lassen sich unter Verwendung verschiedener Finanzierungsinstrumente und unterschiedlicher nationaler Märkte durch den Einsatz derivativer Finanzinstrumente Kostenvorteile erzielen. Ein gängiges Mittel zur Ausnutzung international abweichender Marktbewegungen sind etwa Arbitragestrategien mit Hilfe von Swaps.

Da nur börsennotierte Gesellschaften einen Share Deal über die Emission junger Aktien abwickeln können, kann ein vorheriger Gang an die Börse notwendig werden, um diese „Acquisition Currency" zu schaffen. Die Bereitstellung der Acquisition Currency erfolgt im Anschluss üblicherweise durch den Beschluss der Hauptversammlung über die Schaffung von genehmigtem Kapital unter Bezugsrechtsausschluss, das anschließend vom Vorstand zur Bedienung der Gesellschafter der Zielgesellschaft verwendet werden kann. Die Investmentbank assistiert hier bei der Vorbereitung der Hauptversammlung und Ausarbeitung der Begründung zum Bezugsrechtsausschluss.

### *Besonderheiten bei Buy Outs*

Wird von Buy Outs gesprochen, sind normalerweise Leveraged Buy Outs (LBO) oder Management Buy Outs (MBO) gemeint. Die Übernahme in Form des LBO zeichnet sich dadurch aus, dass die Akquisition selbst in überwiegendem Maße durch eigens für diesen Zweck aufgenommenes Fremdkapital finanziert wird. Sofern das bisherige Management als Käufer eines Unternehmens auftritt, also eine Zusammenführung von Eigentum und Kontrolle erfolgt, handelt es sich um einen Management Buy Out (MBO).

Der Erwerb einer Zielgesellschaft durch ein neues Management, das im Anschluss an die Akquisition die Unternehmensleitung übernimmt, wird dagegen als Management Buy In (MBI) bezeichnet.

Ein MBO wird, da regelmäßig das Management nicht über ausreichend Kapital für eine traditionelle Finanzierung verfügt, im Normalfall ebenfalls ein LBO sein (Leveraged MBO oder auch MBO im engeren Sinne). Gleiches gilt für den MBI, der in Bezug auf die Finanzierung in der Regel dem normalen LBO entspricht und daher nicht mehr gesondert betrachtet wird. Abbildung 11 gibt den Zusammenhang zwischen MBO und LBO wieder.

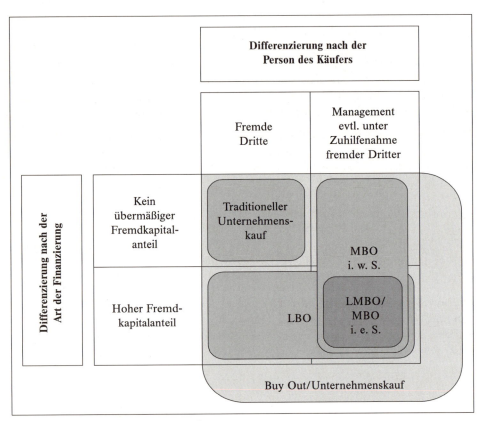

Abbildung 11: Arten des Buy Out im Überblick

Die betriebswirtschaftliche Begründung des LBO ergibt sich aus zwei alternativen Ansätzen. Konzeptionell zielen LBOs häufig auf die anschließende Zerschlagung des Unternehmens, Veräußerung der einzelnen Teile und somit Realisierung eines Gewinns durch Beseitigung negativer Synergien ab (durch die oben genannten Corporate Raider). Eine langfristig gesicherte Finanzierung ist daher obsolet; die hohe Verschuldung ist temporär und dient lediglich der kurzfristigen Finanzierung der häufig sehr großen Transaktionsvolumina. Eine alternative Begründung liefert der so genannte Leverage Effekt. Dieser umschreibt, dass die Eigenkapitalrendite bei zunehmender Verschuldung steigt, solange die Fremdkapitalkosten unter der Gesamtkapitalrendite liegen.

Von Seiten der Finanzierung eines LBO ist die wesentliche Besonderheit, dass als Sicherheit für den Erwerb eines Unternehmens ausschließlich oder zumindest in überwiegendem Maße die Zielgesellschaft selbst dient. Die Besicherungskonzepte knüpfen dabei an die freien Cashflows der Zielgesellschaft oder direkt an deren Vermögen an. Die Finanzierung eines LBO ist damit in wesentlichen Punkten mit der Projektfinanzierung vergleichbar.

Die Zielgesellschaft führt nach der Transaktion häufig ihre freien Cashflows an die erwerbende Gesellschaft ab, die auf diese Weise das aufgenommene Fremdkapital zurückführt. Alternativ wird die Zielgesellschaft nach einer so entwickelten Übernahme im Anschluß an den LBO mit dem Käufer verschmolzen, um direkt Zugriff auf deren Vermögensgegenstände zu erhalten. Um dieses Ziel zu erreichen, werden insbesondere bei MBOs zusätzlich temporäre Zwischengesellschaften, welche die notwendigen Finanzmittel beschaffen, durch das übernehmende Management gegründet und im Anschluss an die Transaktion mit der Zielgesellschaft verschmolzen.

Durch den im Ergebnis wesentlich gestiegenen Verschuldungsgrad der Zielgesellschaft oder die Nutzung deren Vermögens zur Kaufpreisfinanzierung ergibt sich innerhalb der oben geschilderten Konstellation eine deutlich höhere Eigenkapitalrendite gegenüber der vorherigen Kapitalstruktur. Daher können, sofern mehrere Bieter um ein Objekt im Wettbewerb stehen, als LBO ausgestaltete Übernahmekonzepte häufig einen beträchtlich höheren Kaufpreis bieten als traditionell finanzierte Offerten. Eben diese zu hohe Ausstattung der großen Konglomerate mit teurem Eigen- im Verhältnis zu billigem Fremdkapital macht Unternehmen ebenso verwundbar für feindliche Übernahmen wie zu hohe freie Cashflows und ist aus heutiger Sicht mitverantwortlich für den Erfolg der LBOs im Rahmen der vierten Mergerwelle.[38]

Die hohe Verschuldung lässt das Instrument des LBO in seinen verschiedenen Ausprägungen nur bei solchen Unternehmen sinnvoll erscheinen, die überdurchschnittlich gute Zukunftsaussichten haben und einen hohen freien Cashflow zur Bedienung der Verbindlichkeiten versprechen. Als Anforderungen lassen sich hier unter anderem anführen:[39]

- Glaubwürdige Unternehmensplanung verbunden mit einem qualifizierten Management,
- Produktpalette mit gut eingeführten Produkten, die keine größeren Investitionen in der näheren Zukunft erfordern,
- starker und stetiger freier Cashflow,
- möglichst hohe stille Reserven, die im Rahmen der Umstrukturierung steuerbefreit aufgelöst werden können, um so zusätzliches Abschreibungspotenzial nutzbar zu machen,
- verkehrsfähiges Anlagevermögen mit hohen Beleihungsgrenzen,
- keine hohen Ausfallquoten im Bereich der Forderungen.

---

[38] Vgl. Li/Li (1996), S. 693f.
[39] Vgl. auch Hölters (1996), S. 27.

Aus den mitunter vorkommenden Fremdkapital/Eigenkapital-Verhältnissen von zum Teil über 7:3 bei LBO ergeben sich besondere Anforderungen an die Finanzierungsgestaltung durch die Investmentbank, da anhand umfangreicher eigener Berechnungen und Plausibilitätsprüfungen die Realisierbarkeit des LBO in finanzieller Hinsicht dahingehend überprüft werden muss, ob das Finanzierungsvolumen insgesamt aufgebracht werden kann und ob dann die Zielgesellschaft in der Lage ist, ihrem Schuldendienst nach der Übernahme nachzukommen.

Die Konzeption einer LBO-Finanzierung erfordert eine vorwiegende Finanzierung mit Fremdkapital. Aufgrund der mit der Finanzierung verbundenen hohen Risiken müssen zusätzlich zu den üblichen Kapitalquellen hochverzinsliche Fremdkapitaltitel begeben werden. Alle Ebenen der Fremdkapitalbeschaffung müssen so hinsichtlich der Finanzierungskosten optimal genutzt werden. Im Einzelnen bedeutet dies eine größtmögliche Finanzierung mit vorrangigen Krediten, welche die geringsten Kapitalkosten aufweisen. Anschließend müssen unterschiedliche Formen des Mezzanine-Kapitals aufgebracht werden, denkbar sind hier nachrangige Darlehen oder auch Genussscheine und Wandelanleihen. Ist die Finanzierung noch nicht komplett, müssen zusätzlich hochverzinsliche, besonders risikoreiche Finanzierungsmethoden im Bereich des Fremdkapitals ausgeschöpft werden, so etwa High Yield respektive Junk Bonds. Diese können als börsennotierte Wertpapiere leichter platziert werden als vergleichbare Private Placements. Durch die flexiblen Gestaltungsmöglichkeiten, wie zum Beispiel die Vereinbarung tilgungsfreier Zeiträume, kann außerdem die langfristige Investitionsfähigkeit und damit die Sicherheit der zukünftigen Cashflows gewährleistet werden.

Die finanzielle Besonderheit eines LBO besteht für die Investmentbank zusammenfassend nur teilweise darin, dass andere Konzepte zum Einsatz kommen, die in vielen Bereichen Überschneidungen mit den Produkten der strukturierten Finanzierung aufweisen. Zusätzlich ist es die Ausrichtung auf einen (freiwillig oder notwendigerweise) hohen Fremdkapitalanteil, die eine besonders komplexe und innerhalb der Investmentbank stark interdisziplinäre Betreuung erfordert. Dem zukünftigen Cashflow kommt bei der gesamten LBO-Finanzierung eine hohe Bedeutung zu, da häufig keine ausreichenden Sicherheiten für traditionelle Kreditvergabeentscheidungen bestehen. Die betreuende Investmentbank muss daher entsprechende Prognosen aufstellen und gegenüber möglichen Kapitalgebern vermarkten. Sie selbst übernimmt in der Regel einen nicht unbeträchtlichen Teil der Finanzierung, um so zusätzlich eine positive Signalwirkung zu erzielen.

### 3.2.2 Verkaufsmandate

### 3.2.2.1 Beratungsleistungen bei der Transaktionsvorbereitung

Die Beratungsleistungen im Bereich der Verkaufsmandate von Investmentbanken sind zunächst abhängig von der Art des Zustandekommens der Transaktion. Im Rahmen einer proaktiven Mandatsgewinnung, die sich im Fall des Verkaufsmandates üblicherweise aus bereits bestehenden Geschäftsverbindungen ergibt, tritt die Investmentbank mit einem von ihr ausgearbeiteten Konzept an den potenziellen Verkäufer heran. Hier müssen daher hohe Vorleistungen getroffen werden, die den gesamten Bereich der Transaktionsvorbereitung umfassen.

Entgelte können nur erwartet werden, wenn das Unternehmen den Vorschlag positiv bewertet und mit der Investmentbank gemeinsam die Phase der Durchführung beginnt. Den Regelfall im Bereich der Verkaufsmandate stellt jedoch die reaktive Mandatsgewinnung dar, bei der die Zielgesellschaft bereits mit mehr oder weniger festen Verkaufsvorstellungen an die Investmentbank bzw. verschiedene Investmentbanken herantritt. Die folgende Darstellung basiert auf der reaktiven Mandatsgewinnung, lässt sich allerdings weitgehend auch auf die proaktive übertragen.

## *Arten von Verkaufsmandaten*

Bei Verkaufsmandaten bezieht sich die Beratung der Investmentbanken auf den gesamten Prozess des Unternehmensverkaufs, also von der Zielidentifikation bis zum endgültigen Vertragsabschluss. Die Form der Beratung in den unterschiedlichen Phasen eines Deals folgt dabei auch dem rechtlichen und wirtschaftlichen Hintergrund des Verkäufers. Dabei lassen sich im Wesentlichen drei Arten von Auftraggebern unterscheiden: bisherige Gesellschafter und das aktuelle Management privatwirtschaftlicher Unternehmen sowie die öffentliche Hand.

Üblicherweise geht die Verkaufsinitiative von Gesellschaftern privater Unternehmen aus, die sich von ihren Geschäftsanteilen trennen möchten, etwa aus Altersgründen bei Privatpersonen oder im Rahmen von Restrukturierungsbemühungen von Konzernen. Ebenfalls im privatwirtschaftlichen Bereich kann die ursprüngliche Verkaufsinitiative vom Management des Unternehmens ausgehen, wenn die Überlebensfähigkeit der Gesellschaft nur noch durch das Zusammengehen mit einem starken Partner gewährleistet werden kann. Als dritte Möglichkeit, die durch die Wiedervereinigung und die leeren Staatskassen in den letzten Jahren immer mehr an Bedeutung gewonnen hat, ergibt sich bei der Privatisierung öffentlichen Eigentums, das heißt beispielsweise öffentlicher Betriebe oder Beteiligungen, ein hoher Beratungsbedarf.

Je nach Art des Auftraggebers und der Zielsetzung der Transaktion bestehen unterschiedliche Zielsetzungen für den Unternehmensverkauf. Diese Unterschiede zeigen sich insbesondere in der Form und dem Umfang von Nebenbedingungen, die das ökonomische Ziel der Gewinnmaximierung durch den Verkauf einschränken. Vordringlich können sich diese Restriktionen in Form von engen Zeitvorgaben oder hohen Geheimhaltungserfordernissen konkretisieren. Der Verkauf eines mittelständischen Betriebes, möglicherweise ohne Kenntnis des aktuellen Managements, bedarf wesentlich strengerer Geheimhaltung als der parlamentarisch beschlossene oder auch nur im Vorfeld bereits offen kommunizierte Verkauf einer Staatsbeteiligung. Demgemäß erfordert der erste Fall in der Regel auch ein schnelleres Verhandlungsergebnis, bevor aufgrund anhaltender Verkaufsgespräche die Vertraulichkeit nicht mehr gewährleistet werden kann. Ebenfalls besonders dringlich ist der Verkauf an einen starken Partner, wenn die finanziellen Ressourcen der Zielgesellschaft bereits weitgehend erschöpft sind.

Die Konkretisierung einer solchen Zielhierarchie zu Beginn des Verkaufsprozesses ist gemeinsame Aufgabe von Investmentbank und Verkäufer. Die Investmentbank muss in einer solchen Situation ebenso notwendige Restriktionen aufzeigen und deren Wichtigkeit vermitteln wie auch vom Verkäufer vorgegebene Nebenbedingungen vor dem Hintergrund ihrer zumeist deutlich größeren Markterfahrung kritisch prüfen. Ein angemessener Veräußerungserlös kann nur dann erzielt werden, wenn sich erlösschmälernde Nebenbedingungen auf das notwendige Minimum reduzieren lassen.

*Durchführbarkeitsanalyse und Due Diligence*

Anhand einer operationalen Zielhierarchie ist es die Aufgabe der Investmentbank, eine Durchführbarkeitsanalyse des Verkaufsprojektes zu erarbeiten. Diese bezieht sich sowohl auf die Realisierbarkeit bestehender Preisvorstellungen als auch auf transaktionsrelevante Rahmenbedingungen. Die folgenden Situationen stellen nur einige Beispiele dar:[40]

- Sicherstellung der Verkaufsabsicht: Bei privaten Transaktionen ist sicherzustellen, dass tatsächlich Einigkeit über die Verkaufsabsichten bei den Gesellschaftern besteht. Bei Privatisierungen müssen dazu im Voraus Kompetenzen und Zuständigkeiten geklärt werden, damit eine vertragsreife Transaktion nicht letztlich an der fehlenden Zustimmung einer zuständigen Stelle scheitert.

- Abhängigkeit von geschäftsführenden Gesellschaftern: Sofern an der Unternehmensführung beteiligte Gesellschafter aus dieser ausscheiden, muss möglicherweise deren Nachfolge geregelt werden.

- Abhängigkeit von einzelnen Mitarbeitern: Existieren solche Abhängigkeiten, sollten die betroffenen Mitarbeiter das Verkaufskonzept mit tragen. Ein sofortiges Ausscheiden würde den erzielbaren Preis deutlich senken.

- Abhängigkeit von Lieferanten und Kunden: Bei derartigen Abhängigkeiten sollten im Vorfeld Gespräche darüber stattfinden, ob die Liefer- bzw. Leistungsbeziehungen auch nach einem geplanten Verkauf noch aufrechterhalten werden können. Alternativ sind zusätzliche Kosten für die vorzeitige Kündigung zu berücksichtigen.

- Käufergruppen, die aus rechtlichen Gründen ausscheiden: Ist etwa die kartellamtliche Genehmigung in Bezug auf den oder die Wunschkandidaten unwahrscheinlich, lässt sich der anvisierte Preis möglicherweise von alternativen Bietern nicht erzielen.

- Besondere steuerliche oder rechtliche Gegebenheiten: Mitunter scheiden besondere Formen des Unternehmensverkaufs aus steuerlichen Gründen aus oder unterliegen einem starken gesetzlichen Reglement, das die Möglichkeiten zur Transaktionsgestaltung einschränkt.

Die Investmentbank lokalisiert derartige Problemstellungen im Rahmen der Durchführbarkeitsanalyse und kann, sofern möglich, Vorschläge zu ihrer Lösung unterbreiten. Das

---

[40] Vgl. Puhl (1998a), S. 10–12.

Ergebnis dieser Analyse stellt für den Mandanten einen ersten Anhaltspunkt dar, um die Realisierbarkeit seiner Vorgaben und die damit verbundenen Anforderungen zu beurteilen.

Entspricht das Ergebnis der Durchführbarkeitsanalyse den Vorstellungen des Verkäufers, schließt sich eine ausführliche (Internal) Due Diligence an. Deren Funktion besteht zunächst, wie auch bei Kaufmandaten, in der Zusammenstellung und Auswertung umfangreicher und gesicherter Informationen. Diese sind sowohl für die anschließende Bewertung als auch die Strukturierung der Transaktion von Bedeutung. Die Frage nach der Geheimhaltung der geplanten Transaktion vor den eigenen Mitarbeitern und externen Partnern des Unternehmens ist hier noch schwerwiegender als bei der späteren Due Diligence durch den Käufer, da die Internal Due Diligence zeitlich teilweise erheblich früher ansetzt. Darüber hinaus kann die Internal Due Diligence dem Verkäufer sozusagen als Probelauf für die spätere, durch potenzielle Käufer durchzuführende Due Diligence dienen.

*Strukturierung der Verkaufsmöglichkeiten*

Anhand des festgelegten Zielkataloges und der gesicherten Datenbasis wird anschließend das weitere Vorgehen konzeptionell festgelegt. Es folgen neben der vorläufigen rechtlichen, steuerlichen und zeitlichen Strukturierung der Transaktion die Abgrenzung verschiedener Käufergruppen, Identifizierung potenzieller Käufer und Analyse möglicher Alternativen zum Verkauf. Bei großen Transaktionen von nicht börsennotierten Gesellschafteranteilen bietet sich der „Verkauf an der Börse", also eine Corporate-Restructuring-Maßnahme über den Kapitalmarkt, als Alternative an. Ein vollständiger Ausstieg aus dem Unternehmen wird jedoch in der Regel auf diese Weise nicht realisiert, da im Rahmen der Neuemission üblicherweise die Altgesellschafter die Mehrheit der Anteile behalten. Ist eine vollständige Veräußerung eines Unternehmensteils über die Börse beabsichtigt, kann dies erreicht werden, indem die Aktien an die Aktionäre des Mutterunternehmens als Sachdividende ausgeschüttet werden. In diesem Fall spricht man von einem „Spin-off" (vgl. Beitrag Corporate Restructuring, Abschnitt 2).

Die Größe der abzugebenden Beteiligung kann einen Verkauf an strategische oder Finanzinvestoren ohne eine vorherige Börsennotierung ausschließen. Ein Unternehmen wie die Deutsche Telekom AG wäre als Transaktionsobjekt für einen Verkaufsvorgang um einiges zu groß gewesen, sodass lediglich eine Börsennotierung als mittelfristige Desinvestitionsstrategie in Frage kam. Der vollständige Ausstieg kann lediglich stufenweise im Anschluss an ein solches Going Public realisiert werden.[41]

Mögliche Käufergruppen lassen sich anhand des zur Systematisierung von M & A-Transaktionen verwendeten Kriterienkataloges bestimmen. Hier kommen auf Seiten der strategischen Käufer direkte Wettbewerber oder Unternehmen vor- bzw. nachgelagerter Produktionsstufen in Betracht (Trade Sale). Alternativ kann ebenfalls ein reiner Finanz-

---

[41] Vgl. Puhl (1998a), S. 26.

investor gesucht werden, der dem bisherigen Management auch weiterhin die Leitung der Gesellschaft überlässt (Financial Sale). Einzelne Käufer lassen sich durch informelle Gespräche mit Unternehmens- und Branchenvertretern identifizieren, wobei in diesem Bereich der Research-Abteilung der Investmentbank eine besondere Wichtigkeit zukommt. Wie unterschiedlich die Bewertung einer Zielgesellschaft auch innerhalb der Gruppe der strategischen Investoren sein kann, zeigt das Beispiel in Übersicht 2.

Sofern auch weiter eine geringere Beteiligung an der Gesellschaft geplant ist, muss darüber hinaus das wahrscheinliche Verhalten des Käufers eingeschätzt werden. So zeigen sich Finanzinvestoren deutscher Prägung üblicherweise der Unternehmensleitung gegenüber eher passiv. Die Vertreter der großen institutionellen Investoren angloamerikanischer Herkunft, allen voran die großen Pensionsfonds mit einem außergewöhnlich hohen Anlagevolumen, nutzen die ihnen zustehenden Entscheidungs- und Kontrollrechte dagegen ausgiebig, um Einfluss auf die Gesellschaft auszuüben.

Übersicht 2: Bewertung als Resultat unterschiedlicher Strategien

| Kaufinteressenten an einem deutschen Pharmaunternehmen | | |
|---|---|---|
| **Potenzielle Käufer** | **Bewertung/Bietverhalten** | **Strategische Grundlage** |
| • Große deutsche Pharmaunternehmen | • Konservativ | • Nur interessiert an Produkten, Forschung & Entwicklung<br>• Rationalisierung von Produktion und Vertrieb |
| • Mittelgroße deutsche Pharmaunternehmen | • Aggressiv | • Fusion, um ausreichende Überlebensgröße zu erreichen |
| • EU Pharmaunternehmen | • Sehr aggressiv | • Interessiert am deutschen Vertriebsnetz<br>• F&E-Kooperation und Produktpalette attraktiv |
| • Nicht-EU Pharmaunternehmen | • Extrem aggressiv | • Hauptinteresse: Zutritt zur EU<br>• Produkte sekundär |

Quelle: Goldman Sachs

### 3.2.2.2 Durchführung des Unternehmensverkaufs

Als Resultat der Analyse möglicher Käufergruppen und Identifizierung einzelner Käufer stellt die Auswahl der Verkaufsmethode einen der wichtigsten Bestandteile der Durchführung des Verkaufs dar. Hierbei geht es um die Form der Kontaktaufnahme und organisatorischen Gestaltung der Verkaufsverhandlungen. In der Praxis des M & A-Geschäfts haben sich drei unterschiedliche Methoden herausgebildet, unter denen der Verkäufer wählen muss:[42]

---

[42] Vgl. Puhl (1998a), S. 24–26.

- *Exklusivverfahren:* Dieses Verfahren beinhaltet die endgültige Auswahl des möglichen Käufers durch den anbietenden Verkäufer. Nur dieser eine Bieter wird zur Abgabe eines Angebotes aufgefordert. Ihm werden exklusiv die Rechte auf eine (External) Due Diligence eingeräumt, andere Interessenten werden nicht in den Verkaufsprozess involviert. Der mögliche Käufer hat in diesem Verfahren ein hohes, der Verkäufer ein besonders geringes Maß an Sicherheit. Lehnt der Käufer ab oder ergeben sich andere Komplikationen, beispielsweise unerwartete Finanzierungsengpässe, muss nach einer neuen Alternative gesucht werden, und die Verhandlungen beginnen erneut. Dies kann einen erheblichen Zeitverlust bedeuten. Der Verzicht auf die aus den anderen Methoden erwachsende, stärkere Stellung des Verkäufers kann dann angebracht sein, wenn es nur einen oder einen besonders bevorzugten Kandidaten gibt.

- *Parallelverfahren:* Das Parallelverfahren kann letztlich in ein Exklusivverfahren münden. Zu Beginn wird jedoch eine Reihe von geeigneten Unternehmen in den Verhandlungsprozess gleichberechtigt einbezogen. Das Parallelverfahren kann sowohl als so genannter Bullet Shot als auch als Shot Gun ausgestaltet werden, je nachdem, ob nur wenige besonders geeignete oder eine größere Anzahl potenzieller Käufer hinzugezogen werden. Erst im Laufe der fortschreitenden Verhandlungen werden Bieter mit zu niedrigen Preisvorstellungen oder anderen nicht angemessen erscheinenden Forderungen aus den Verhandlungen ausgeschlossen, bis die finalen Verhandlungen nur noch mit einem oder wenigen attraktiven Bietern (normalerweise zwei bis maximal sechs) geführt werden. Es handelt sich insofern um ein zweistufiges Verfahren. Dieses bietet dem Verkäufer eine deutlich stärkere Verhandlungsposition. Es wird daher wesentlich häufiger angewandt als das Exklusivverfahren. Es birgt allerdings das Risiko, dass ein bestehender Wunschkandidat möglicherweise das Verfahren vorzeitig verlässt. Eine wesentliche Bedingung für den Einstieg in die späteren Phasen des Verfahrens ist die Gewährleistung des Bieters, dass er in der Lage ist, den Kaufpreis zu finanzieren. Ansonsten bestünde die Gefahr, dass Bieter mit ausreichendem Finanzierungsvolumen zugunsten solcher Bewerber, welche die Transaktion finanziell nicht bewältigen können, ausgeschlossen werden.

- *Kontrollierte Auktion:* Die kontrollierte Auktion stellt ein zwar manchmal riskantes, häufig aber wirksames Mittel dar, den Preis des Unternehmens aus Verkäufersicht zu maximieren. Entweder im Rahmen einer öffentlichen Ausschreibung oder im Rahmen von direkten Ansprachen eines limitierten Interessentenkreises werden mögliche Käufer zu diesem stark wettbewerblich organisierten Verfahren aufgefordert. Sie erhalten zu diesem Zweck eine einheitliche Informationsbroschüre sowie einen Mustervertrag. Weitere Möglichkeiten zur Einsichtnahme in die Zielgesellschaft bestehen zunächst nicht. Innerhalb einer kurzen Zeitspanne müssen der Investmentbank als Organisator dieses Prozesses sowohl Gebote als auch Änderungswünsche zum Mustervertrag zugehen. Die niedrigsten Gebote werden aus den Verhandlungen ausgeschlossen. Aus Angst vor einem vorzeitigen Ausscheiden aus dem Auktionsprozess sind daher interessierte Bieter häufig zu weitgehenden Zugeständnissen bereit.[43] Die

---

[43] Vgl. Reed/Lajoux (1995), S. 494.

verbleibenden Interessenten erhalten zusätzliche Informationen, zum Beispiel im Rahmen der Genehmigung zur Durchführung einer Due Diligence, und müssen wieder ein neues Gebot abgeben. Das Verfahren gleicht in vielen Bereichen also dem Parallelverfahren, ist jedoch zeitlich und inhaltlich deutlich ungünstiger für den Käufer. Abbildung 12 zeigt, dass die bei einer solchen Auktion eingehenden Angebote erhebliche Differenzen aufweisen. Die Höchstgebote, zu denen anschließend verkauft wird, liegen dabei immer bei 100 Prozent, die Mindestgebote schwanken zwischen 20 Prozent und 70 Prozent des jeweiligen Höchstgebotes.

|  | Auktionen | | | | | | | | | |
|---|---|---|---|---|---|---|---|---|---|---|
| Auktionsgebot in % des Höchstgebotes | A | B | C | D | E | F | G | H | I | J |
| 100 | ● | ● | ● | ● | ● | ● | ● | ● | ● | ● |
| 90 | | | | | | | | | | ● |
| 80 | | | ● | ● | | | ● | | | ● |
| 70 | | ● | ● | | | | ● | | ● | ● |
| 60 | ● | | | ● | ● | ● | ● | | | |
| 50 | | ● | | | | | | | | |
| 40 | | | | ● | | | | | | |
| 30 | | | | | | | | ● | | |
| 20 | | | | | | | ● | ● | | |
| 10 | | | | | | | | | | |
| 0 | | | | | | | | | | |

Quelle: Goldman Sachs

Abbildung 12: Resultate verschiedener Unternehmensauktionen

Die Auswahl der geeigneten Methode unterliegt verschiedenen Einflussfaktoren. Dies gilt sowohl auf Seiten des Unternehmens als auch der möglichen Käufer. Entscheidend für die verkäuferbezogenen Auswahlkriterien ist die Zielsetzung des Verkaufs. Im Rahmen einer kontrollierten Auktion können sehr hohe Verkaufspreise in einer besonders kurzen Zeit realisiert werden. Es wird daher häufig bei Privatisierungen favorisiert.[44] Die Gewährleistung der Vertraulichkeit der Transaktionsabwicklung kann dagegen eher über das Parallelverfahren, am besten im Rahmen des Exklusivverfahrens gewährleistet werden. Ebenso ist der Abschluss mit einem Wunschkandidaten aus Verkäufersicht am sichersten mit dem Exklusivverfahren möglich, am unwahrscheinlichsten dagegen durch die kontrollierte Auktion. Die kontrollierte Auktion lässt sich weiterhin nur dann erfolgreich einsetzen, wenn möglichst viele und unterschiedliche Bieter in Betracht kommen, die darüber hinaus stark motiviert bzw. an der Zielgesellschaft interessiert sind. Käufer mit einer angespannten Finanzlage werden sich ebenfalls nur begrenzt auf die kontrollierte Auktion einlassen.

---

[44] Vgl. Puhl (1998a), S. 25.

Die weitere Gestaltung der Beratungsleistung ist in wesentlichen Bereichen von der gewählten Verkaufsmethode abhängig. Allen Methoden ist gemein, dass ein straffes Projektmanagement unbedingt erforderlich ist, um nicht das Scheitern des Deals aufgrund schleppender Verhandlungsführungen zu riskieren. Der Investmentbank des Verkäufers, die den gesamten Verkaufsprozess gestaltet und organisiert, obliegt hier die Verantwortung, notwendige Informationen rechtzeitig zu beschaffen bzw. schon vor Aufnahme der Verhandlungen zu sammeln.

Die Kontaktaufnahme mit möglichen Interessenten erfolgt beim Exklusiv- und Parallelverfahren in der Regel durch limitierte, persönliche Ansprache der entsprechenden Entscheidungsträger beim Käufer. Lediglich im Rahmen von kontrollierten Auktionen finden sich mitunter öffentliche Verkaufsangebote. Grundsätzlich müssen bereits bei der Ansprache des Bieters Informationsunterlagen über die Zielgesellschaft aufbereitet sein und diesem überstellt werden. Ob im Anschluss an eine Verschwiegenheitserklärung lediglich einem oder nur wenigen Interessenten die Möglichkeit der Due Diligence vor Ort eingeräumt werden muss oder ob die Einrichtung eines Data Room aufgrund der größeren Anzahl von Bewerbern angebracht erscheint, hängt wiederum vom gewählten Verfahren und der Anzahl der Interessenten ab. Darüber hinaus ist aus der Sicht des Verkäufers der Abschluss eines Letter of Intent so lange wie möglich zu vermeiden. Die mit dem Abschluss eines solchen verbundene beiderseitige Exklusivität bewirkt eine einseitige Risikoverschiebung in Richtung des Verkäufers, da dieser mit keinen anderen Bewerbern mehr verhandeln, der Käufer aber immer noch von einem endgültigen Vertragsabschluss Abstand nehmen oder den gebotenen Preis deutlich reduzieren kann. In jedem Fall können sich dabei deutliche Zeitverzögerungen ergeben.

> **Fallstudie: Herberts AG**
>
> Welche Probleme sich nach dem Abschluss eines Vorvertrages ergeben können, musste die Höchst-Gruppe bei ihren Bemühungen erfahren, den Lackhersteller Herberts-Gruppe zu veräußern.
>
> Als Finanzinvestor hatte sich das Investmenthaus Kohlberg Kravis Roberts & Co. (KKR) bei der Auswahl der Bewerber durchgesetzt. Bereits am 19. August 1998 gab die Höchst-Gruppe bekannt, dass mit KKR eine grundsätzliche Vereinbarung getroffen worden ist, „die Herberts GmbH, Wuppertal, die in der Höchst-Gruppe als selbstständige Konzerngesellschaft das Arbeitsgebiet Lacke führt", an KKR für 3 Mrd. DM zu verkaufen (Pressemitteilung vom 19. 8. 1998). Außerdem wurde veröffentlicht: „die Unterzeichnung der endgültigen Verträge wird innerhalb der nächsten Tage erwartet."
>
> Die Turbulenzen auf den Kapitalmärkten führten jedoch dazu, dass der Finanzinvestor die erforderliche Finanzierung des Kaufpreises nicht aufrecht erhalten konnte, sodass der als sicher geglaubte Verkauf scheiterte. Allerdings wurde noch Anfang Oktober 1998 vom Vorstandsvorsitzenden Jürgen Dormann der Verkauf an KKR unterstützt. Am 16. Oktober folgte dann eine kurze Stellungnahme von Höchst und KKR, dass „in gegenseitigem Einvernehmen die Verhandlungen über die Veräußerung von Herberts an KKR, über die (…) eine grundsätzliche Vereinbarung getroffen wurde", beendet seien (Pressemitteilung vom 16. 10. 1998).

> Die Festlegung auf einen Käufer hatte beim Verkauf der Herberts-Gruppe aller Wahrscheinlichkeit nach eine deutliche Verlängerung des Verkaufsprozesses und zusätzlich negative Publizitätswirkungen zur Folge. Für die Höchst-Gruppe hatte die Auflösung des Vorvertrages allerdings insofern positive Konsequenzen, als dass der neue Käufer, das US-amerikanische Chemieunternehmen DuPont, einen höheren Kaufpreis als KKR, namentlich 3,13 Mrd. DM, bezahlte (Pressemitteilung vom 29. 10. 1998).

In den Gesprächen beim Exklusiv- und Parallelverfahren bzw. bei der formellen Kommunikation im Rahmen der kontrollierten Auktion zwischen Käufer und Verkäufer ist die Investmentbank, wie bereits im Bereich der wiederkehrenden Leistungsinhalte beschrieben, weitreichend beratend tätig. Dabei ist die verhandlungstaktische Position, unabhängig von der Aufteilung der wirtschaftlichen Verhandlungsmacht zwischen Käufer und Verkäufer, auf Seiten des Verkäufers in der Regel besser als auf Seiten des Käufers. Zunächst setzt dieser im Wesentlichen Lokalitäten und Termine der Verhandlungen vor Ort fest. Darüber hinaus verfügt er bzw. sein Berater über den besseren Informationszugang und einen Zeitvorteil, da ihm die Transaktion eher bekannt ist. Der Vorteil einer frühen Vertragsvorlage wird in der kontrollierten Auktion sogar explizit in die Verhandlungsmethode einbezogen, sofern bereits bei der ersten Kontaktaufnahme ein Vertragsentwurf beigelegt wird. Der bietende Käufer kann ausschließlich Änderungswünsche geltend machen.

Die starke Machtposition des Verkäufers darf jedoch nur bis zu einem bestimmten Grad ausgenutzt werden, ohne den Erfolg der Transaktion zu gefährden. Beim Parallelverfahren und insbesondere der kontrollierten Auktion kann die Investmentbank des Verkäufers ihren großen Informationsvorsprung nutzen, da die konkurrierenden Bieter über die Gebote untereinander im Unklaren bleiben. Der Versuch, weitere Vorteile durch eine aggressive Verschleierungspolitik zu erzielen, kann schnell zum Absprung erfolgversprechender Kandidaten führen. Auch hier muss grundsätzlich das Vertrauen der Verhandlungspartner in die Fairness der Gegenseite gewahrt bleiben.

### 3.2.3 Fairness Opinions

Die Aufgabenstellung der Abgabe einer „Fairness Opinion" kommt aus dem US-amerikanischen Raum und findet sich in den letzten Jahren vermehrt auch in Deutschland. Durch die Abgabe einer Fairness Opinion beurteilt die Investmentbank bei einem spezifischen Kauf oder einer Verschmelzung die gesamten Transaktionsbedingungen danach, ob sie „fair", also angemessen sind. Die Transaktionsbedingungen beziehen sich dabei nicht nur auf den Kaufpreis, sondern beinhalten darüber hinaus die Gesamtheit der vom Management geschaffenen Rahmenbedingungen, so etwa Garantien und Gewährleistungen.

Die Aufgabe, auf einer objektiven Grundlage die Angemessenheit der Transaktionsbedingungen zu beurteilen, wird grundsätzlich nur von einer der beiden Parteien in Auftrag gegeben. Im Bereich der Fairness Opinion herrscht daher ebenfalls eine Auftragsexklusivität, sowohl bei der Beurteilung von Akquisitionen als auch im Rahmen von Verschmelzungen.

In den USA werden zu den meisten größeren M & A-Geschäften Fairness Opinions eingeholt. Diese geben üblicherweise die Aktionäre oder alternativ der Board of Directors bei einer Investmentbank in Auftrag. Beantragen die Aktionäre eine Fairness Opinion, versuchen sie im Regelfall, ihre Informationsnachteile gegenüber dem Management, das üblicherweise die Transaktionsbedingungen aushandelt, durch eine objektive Einschätzung dieser Bedingungen durch einen unbeteiligten Experten, die Investmentbank, auszugleichen. Die Abgabe einer Fairness Opinion bestätigt somit, dass das Management im Interesse der Aktionäre gehandelt hat. Aus demselben Grund kann es auch im Interesse des Managements liegen, von sich aus eine Fairness Opinion in Auftrag zu geben. Erhalten die Transaktionsbedingungen von der Investmentbank eine positive Einschätzung, kann das Management damit möglichen Schadenersatzforderungen durch die beteiligten Aktionäre vorbeugen. Vor dem Hintergrund der strengen Haftungsregelungen in den USA können so teilweise Haftungsrisiken an die beratende Bank weitergegeben werden.

Die Beurteilung der Transaktion basiert im Wesentlichen auf Erfahrungen der Investmentbanken im M & A-Geschäft und muss die spezifische Situation des Kaufs bzw. der Verschmelzung berücksichtigen. Die Frage nach der „Fairness" ist dabei grundsätzlich markt- bzw. börsenbezogen zu beantworten. Diese Anforderung beinhaltet, dass bei der Beurteilung des Kaufpreises sowohl marktorientierte Bewertungsverfahren zur Anwendung kommen als auch andere Käufergruppen in die Betrachtung integriert werden, die möglicherweise höhere Zuschläge zu zahlen bereit sind. Des weiteren stellt die Angemessenheit der Kaufpreisformel einen wichtigen Bestandteil der Fairness Opinion dar.

Insbesondere bei der Abgabe von Fairness Opinions lassen sich die noch bestehenden Unterschiede zwischen den Ansätzen der Wirtschaftsprüfer und der Investmentbanken verdeutlichen. Wirtschaftsprüfer müssen bei Verschmelzungen eine gesetzlich vorgeschriebene Verschmelzungsprüfung durchführen, die sich auf den Verschmelzungsvertrag und insbesondere das Umtauschverhältnis bezieht. Die objektive Beurteilung des vorgegebenen Umtauschverhältnisses erfordert nach den Berufsgrundsätzen der Wirtschaftsprüfer vor allem die Ermittlung des so genannten objektivierten Wertes, unabhängig von der angewandten Bewertungsmethode und den individuellen Wertvorstellungen der betroffenen Parteien. Der Wirtschaftsprüfer soll dabei die Funktion eines neutralen Gutachters einnehmen.[45] Der objektivierte Unternehmenswert führt jedoch nach allgemein anerkannter Auffassung in seiner reinen Form zu einer unangemessenen Benachteiligung des Verkäufers, da möglicherweise zu erzielende strategische Zuschläge vollständig dem Käufer zugerechnet werden. Sobald Käufergruppen existieren, die nicht als reine Finanzkäufer zu betrachten sind und daher strategische Zuschläge zu zahlen bereit sind, müssen diese aus Sicht der Investmentbank auch bei der Abgabe einer Fairness Opinion berücksichtigt werden. Eine solche Berücksichtigung scheidet nur dann aus, wenn der Verkäufer deutlich macht, dass derartige Bieter aus seiner Sicht nicht in Betracht kommen. Dies kann beispielsweise der Fall sein, wenn die momentanen Eigentümer auch weiterhin das Management des Unternehmens stellen möchten. Zusammenfassend zielt die Prüfung des Wirtschaftsprüfers als Verschmelzungsprüfer auf die

---

[45] Vgl. hierzu Institut der Wirtschaftsprüfer (1999).

Werthaltigkeit der dem Austausch zugrundeliegenden Aktien ab, ohne dass Marktdaten, so etwa aktuelle Börsenpreise, eine Berücksichtigung finden dürfen. Die Fairness Opinion dagegen gibt keine Aussage über die Werthaltigkeit, sondern über die Angemessenheit im Hinblick auf die aktuelle Marktlage ab.

In Bezug auf andere Rahmenbedingungen muss die Investmentbank ebenfalls die Marktnähe von sonstigen Vereinbarungen überprüfen. Beispielsweise ist hier abzuklären, ob die ausgehandelten Garantien ausreichend sind (Käufersicht) bzw. über das marktübliche Maß hinausgehen (Verkäufersicht).

In Deutschland gewinnt die Fairness Opinion mit der zunehmenden Kapitalmarktorientierung vieler großer Unternehmen immer mehr an Bedeutung. Außerdem werden bei internationalen Übernahmen und Verschmelzungen in der Regel Fairness Opinions in Auftrag gegeben. In Deutschland finden sich bisher ausschließlich Aufsichtsräte und Vorstände als Auftraggeber, Aktionäre nutzen das Instrument der Fairness Opinion noch nicht. Im Unterschied zu den USA ergeben sich in Deutschland weiterhin aus den abgegebenen Beurteilungen keine Haftungstatbestände.

Insgesamt lässt sich festhalten, dass Fairness Opinions grundsätzlich keine gesetzliche oder gerichtliche Relevanz besitzen. Um wichtige argumentative Aufgaben zu erfüllen, können diese Gutachten einer Investmentbank aufgrund geringerer Regulierung flexibler eingesetzt und daher der spezifischen Situation besser angepasst werden. Sie können häufig aufgrund ihrer Marktbezogenheit zusätzliche Informationen liefern, wenn die Bewertungsgutachten der Wirtschaftsprüfer aufgrund anderer Annahmen zu abweichenden Ergebnissen kommen.

### 3.2.4 Verteidigungsmandate von Investmentbanken

### 3.2.4.1 Ansatzpunkte für spezialisierte Beratungsleistungen

Die besondere Problematik der bereits erwähnten feindlichen Übernahmen beruht auf der für alle Kapitalgesellschaften gesellschaftsrechtlich verankerten Trennung von Unternehmensleitung und Eigentum. Die Notwendigkeit zur Verteidigung gegen einen Übernahmeversuch knüpft an zwei Voraussetzungen: Ein solches Übernahmeangebot muss nicht nur gegen den Willen des amtierenden Managements der Zielgesellschaft ausgesprochen werden, sondern die aktuellen Aktionäre müssen darüber hinaus bereit sein, zu den offerierten Bedingungen an den Bieter zu verkaufen. Sofern die Bewertung des Unternehmens am Kapitalmarkt den aktuellen Verhältnissen angemessen ist, ergibt sich eine ganz spezielle Konfliktsituation aus der Tatsache, dass die mit der Geschäftsführung betrauten Manager wissentlich gegen die Interessen ihrer Aktionäre handeln. Dieser Interessengegensatz lässt sich nur unter Bezugnahme auf die langfristige Entwicklung der Gesellschaft auflösen. Die Abwehr einer Übernahme durch das Management kann nur dann im Interesse der Aktionäre sein, wenn bisher noch nicht publizierte oder bisher nicht in den Kursen berücksichtigte Erfolgspotenziale sonst dem Übernehmenden „unter Wert" zukommen würden. Andernfalls kann eine Übernahme kaum gerechtfertigt abgelehnt werden.

Eine solche ungerechtfertigte Verteidigung wird sich daher, wenn sie erfolgreich ist, üblicherweise in fallenden Börsenkursen und damit einem sinkenden Shareholder Value niederschlagen. Die Beratung innerhalb eines Verteidigungsmandates muss also, da sie im Auftrag der Unternehmensleitung erfolgt, zwei Ziele verfolgen: Zunächst sind geeignete Instrumente gegen bestehende oder künftige Offerten zu lokalisieren und anzuwenden, um akute oder eventuell bevorstehende Übernahmeversuche zu vereiteln. Darüber hinaus darf der Einsatz solcher Abwehrmaßnahmen, wenn möglich, nicht zu schwerwiegenden Kurseinbrüchen führen.

Vor diesem offensichtlichen Interessengegensatz lassen sich unterschiedliche Kategorien von Abwehrinstrumenten unterscheiden. Neben präventiven Gestaltungen und Maßnahmen, die ad hoc angesichts einer bereits ausgesprochenen Tender Offer ergriffen werden können, ist die Unterscheidung nach dem entscheidenden Organ der Gesellschaft von erheblicher Bedeutung. Verteidigungsstrategien, die einer Zustimmung des Aufsichtsrates oder der Hauptversammlung bedürfen, sind nicht nur in ihrer Anwendung weniger flexibel, auch kommt ihr Einsatz bei kurzfristigem Handlungsbedarf möglicherweise zu spät. Zusätzlich muss das Management damit rechnen, dass die Aktionäre oder der Aufsichtsrat – aufgrund abweichender Interessen oder fehlender Informationen – ihre Zustimmung verweigern und somit die Verteidigung scheitert. Die einzelnen Schritte des Aufbaus einer Übernahmeabwehr zeigt Übersicht 3.

Übersicht 3: Bestandteile der Abwehr von feindlichen Übernahmen

| Ansatzpunkte | Konkrete Maßnahmen |
| --- | --- |
| Identifikation möglicher Angriffspunkte | • Durchführung einer finanziellen und strategischen Analyse<br>• „Break-up-Valuation": Ermittlung des Wertes der einzelnen Geschäftseinheiten |
| Einschätzung der Kapitalmärkte | • Beurteilungen der Erwartungen des Kapitalmarktes<br>• Optimierung der Kommunikationsstrategie gegenüber Investoren |
| Analyse potenzieller Übernahmeszenarien | • Identifizierung möglicher feindlicher Bieter und „White Knights"<br>• Analyse der Motive und Finanzkraft möglicher Bieter |
| Untersuchung rechtlicher und politischer Hürden | • Prüfung der rechtlichen und politischen Rahmenbedingungen in Deutschland und der EU<br>• Prüfung der vorhandenen Abwehreinrichtungen |
| Interne Organisation und Vergabe der Zuständigkeiten | • Bildung eines Ausschusses innerhalb des Vorstandes<br>• Vorauswahl der Berater: Investmentbanken, Anwälte, Wirtschaftsprüfer |
| Ausarbeitung alternativer Abwehrstrategien | • Bestimmung der Abwehrstrategien<br>• Identifizierung wichtiger Aktionäre, Politiker, Gewerkschaftsvertreter, freundlich gesonnener Analysten |

Quelle: Goldman Sachs

Neben der beschriebenen Aufgabenstellung, den Übernahmeversuch abzuwehren, kann eine „Defense-Beratung" alternativ auch auf eine Modifizierung der Übernahmebedingungen abzielen. Möglich sind hier beispielsweise Maßnahmenankündigungen, die jedoch nicht durchgeführt werden, sondern lediglich den Bieter zur Erhöhung der an die Aktionäre gezahlten Prämie oder auch zu Zugeständnissen in Bezug auf die spätere Integrationsphase zwingen sollen. In Frage kommen hier unter anderem Übernahmegarantien für Mitarbeiter oder die Geschäftsleitung. Im Gegensatz zur reinen Abwehr eines Hostile Takeover liegt bei dieser Strategie nicht notwendigerweise ein Interessenkonflikt zwischen Management und Gesellschafter vor.

Im Gegensatz zu den USA, wo über die Hälfte aller Hostile Takeover erfolgreich ist,[46] wurden bisher in Deutschland aufgrund der vorhandenen Abwehrmechanismen Hostile Takeover selten mit Erfolg durchgeführt. Allerdings ist einzuräumen, dass es ohne die Attacke von Vodafone auf Mannesmann sicherlich nicht zu der knapp vor Ablauf der Frist beschlossenen Fusion der beiden Unternehmen gekommen wäre. Damit war, wenn auch nur indirekt, das erste Mal eine feindliche Übernahmeschlacht in Deutschland erfolgreich, woraus sich aller Voraussicht nach weitreichende Konsequenzen für den deutschen Kapitalmarkt ergeben. Insbesondere ist damit zu rechnen, dass es in den kommenden Jahren häufiger zu derartigen Übernahmeversuchen kommen wird.

Die Möglichkeiten zur Verteidigung gegen feindliche Übernahmen sind zudem in Deutschland insgesamt rückläufig. Auch die deutschen Unternehmen, die zunehmend auf internationales Kapital angewiesen sind, müssen ihre Unternehmensstrategien auf die Vermehrung des Shareholder Value ausrichten. Die Ablehnung eines Takeover durch das Management der Zielgesellschaft bedarf vor diesem Hintergrund betriebswirtschaftlicher Gründe. Bei strategischen Übernahmen, die seit Anfang der 90er Jahre den M & A-Markt dominieren, können diese immer seltener glaubhaft kommuniziert werden.

Wie der Begriff Hostile Takeover bereits assoziiert, zeichnet die üblicherweise an dieser Art von Deal besonders interessierte Öffentlichkeit häufig ein negatives Bild vom Angreifer. Investmentbanken tendieren insofern aus Reputationsgründen dazu, eher die Zielgesellschaft zu unterstützen, wenn sie nicht bereits in einer engen Beziehung zu dieser stehen. Zur Verteidigung müssen binnen weniger Stunden Informationen gesammelt, Maßnahmen ergriffen und Aktionen koordiniert werden. Mandate zur Abwehr bereits abgegebener feindlicher Übernahmeangebote erfordern daher die sofortige Verfügbarkeit der notwendigen personellen Ressourcen. Gelingt die Abwehr des Takeover-Versuchs, steigt die Reputation der Investmentbank in diesem äußerst sensiblen Geschäftsfeld. Aber auch wenn die Übernahme gelingt, kann die aus der Unterstützung der übernommenen Gesellschaft resultierende Öffentlichkeitswirkung erheblich sein. So wird in fast allen Fällen zumindest die Übernahmeprämie publizitätswirksam nach oben korrigiert.

---

[46] Vgl. Williamson (1988), S. 240.

## 3.2.4.2 Präventive Maßnahmen zur Vermeidung von feindlichen Übernahmen

Das deutsche Gesellschafts- und Wertpapierrecht bietet vielfältige Möglichkeiten, durch rechtliche Gestaltungen der Unternehmenssatzung (Shark Repellent Charter Amendments) mögliche Hostile Takeover zu verhindern bzw. ihre Erfolgsaussichten im Vorfeld zu schmälern. Solche Maßnahmen können dann sinnvoll eingesetzt werden, wenn nach Beurteilung des Managements tatsächlich eine Gefahr besteht, Opfer einer feindlichen Übernahme zu werden. Die beste Strategie sollte jedoch sein, das eigene Unternehmen so zu führen, dass es sich nicht als Target eignet. Nahezu alle Hostile Takeover beruhen – neben erwarteten finanziellen, operativen oder strategischen Synergien – auf einer aktuellen Unterbewertung der Zielgesellschaft am Kapitalmarkt. Erst diese Diskrepanz zwischen Wert und Preis macht einen solchen Deal interessant.

Aufgrund der Informationsasymmetrien zwischen Unternehmensleitung und den Aktionären beinhaltet die Vermeidung solcher Unterbewertungen zwei Aufgaben. Zunächst müssen unternehmerische Entscheidungen auch intern vor dem Hintergrund der Steigerung des Shareholder Value beurteilt werden, da nur auf diese Weise eine Interessenkonformität zwischen Eigenkapitalgebern und Unternehmensstrategie erreicht wird. Diese interne Ausrichtung stellt zwar den Grundstein für die erfolgreiche Entwicklung des Börsenkurses dar, darüber hinaus muss aber über publizitätspolitische Maßnahmen sichergestellt werden, dass die Eigenkapitalgeber diese Strategie erkennen und im Rahmen der Kursnotierungen angemessen berücksichtigen können.

Während der Bereich der am Shareholder Value ausgerichteten Unternehmensführung einen wesentlichen Bestandteil der von unterschiedlichen Strategieberatern erbrachten Leistungen darstellt, treten Investmentbanken häufig als Berater und Mittler hinsichtlich der erforderlichen Maßnahmen in Bezug auf Investor Relations auf. Hier geben sie neben Informationen über die aktuelle Marktlage auch Vorschläge hinsichtlich geeigneter Instrumente und dem bestmöglichen Zeitpunkt ihres Einsatzes ab. Innerhalb ihrer Intermediationsfunktion liefern sie weiterhin den anderen Marktteilnehmern über Prognosen in Bezug auf die mittelfristige Kursentwicklung und veröffentlichte Research-Berichte Hinweise auf die Ertrags- und Dividendenentwicklung der Gesellschaft, die deren fundamentalen Wert bestimmen. Angesichts dieses Wissensvorsprungs ist darüber hinaus nicht selten die Investmentbank diejenige, die eine übernahmegefährdete Gesellschaft auf die Bedrohung aufmerksam macht.

Ist aus Sicht der Unternehmensleitung vor dem Hintergrund einer aktuellen oder möglichen Unterbewertung des eigenen Unternehmens die Selbstständigkeit der Gesellschaft in Gefahr, kommt der Investmentbank die Aufgabe zu, das Management bei der Auswahl unter verschiedenen Abwehrmöglichkeiten, bei der organisatorischen Vorbereitung und möglicherweise der Umsetzung selbst zu unterstützen. Viele Strategien beruhen beispielsweise auf der Zusammenarbeit mit einem „befreundeten Unternehmen", das Aktien oder Teilbetriebe aufkaufen könnte, ohne seinen daraus resultierenden unternehmerischen Einfluss später gegen den Willen des amtierenden Managements geltend zu machen. Der Investmentbank kommt hier die wichtige Aufgabe zu, einen solchen Partner zu finden. In Betracht kommen hier etwa große Finanzinvestoren, die zwar langfristige Beteiligungen aus Renditebestrebungen suchen, aber nicht auf die Änderung der Unternehmensstrategie, die Auswechslung des Managements oder sogar Zerschlagung der Gesellschaft abzielen.

Die folgenden Mittel lassen sich im Rahmen einer präventiven Defense-Strategie verwenden, wobei angesichts der Vielzahl möglicher Instrumente lediglich eine Auswahl dargestellt werden kann:[47] Das Ergebnis der unterschiedlichen Instrumente kann entweder in einer starken Erhöhung des Kaufpreises (Poison Pill, Golden Parachute) bestehen oder die Kontrollübernahme faktisch unmöglich machen (etwa durch Gestaltungen der Mehrheitsverhältnisse). Alle diese Instrumente stammen ursprünglich aus dem US-amerikanischen Raum, lassen sich aber modifiziert auf Abwehrstrategien in Deutschland übertragen: Poison Pills, Gestaltungen zur Steuerung der Mehrheitsverhältnisse in der Hauptversammlung, Staggered Boards, Golden Parachutes, Asset Lockups, Rückkauf eigener Aktien, Leveraged Recapitalization.

- *Poison Pills*

Der den Poison Pills zugrundeliegende Gedanke ist einfach, aber wirkungsvoll. Allen Gestaltungen gemein ist der Abschluss bedingter Rechtsgeschäfte, deren Rechtsfolgen bei einem feindlichen Übernahmeversuch automatisch in Kraft treten. Die häufigste Version in den USA sind Optionen, die es den Aktionären ermöglichen, bei einem Übernahmeversuch weitere Aktien weit unter Marktpreis zu erwerben. Außerdem sind etwa Wandelanleihen, die im Moment der feindlichen Tender Offer fällig werden, weit verbreitet. Als deutsche Variante können stimmrechtlose Vorzugsaktien im Bedarfsfall automatisch in stimmberechtigte Stammaktien umgewandelt werden. Eine kreativere Variante sichert den Aktionären der Zielgesellschaft das Recht zu, im Fall eines Mergers ihre Aktien der Zielgesellschaft zu einem deutlich zu günstigen Umtauschverhältnis gegen solche des Erwerbers zu tauschen. Diese Gestaltung ist in Deutschland nicht zulässig. Ebenso rechtswidrig sind Kapitalerhöhungen, die in dem Fall, dass ein Aktionär eine festgelegte Beteiligungsgrenze überschreitet, zu sehr günstigen Bedingungen (etwa hohen Rabatten) ausschließlich allen anderen Aktionären zugeteilt werden. Hier greift in Deutschland das Gleichbehandlungsgebot des § 53a AktG, nach dem Aktionäre nicht grundlos ungleich behandelt werden dürfen. Das Überschreiten einer Beteiligungsgrenze wird in diesem Fall juristisch nicht als Grund anerkannt.[48] Im deutschen Raum möglicherweise zulässig ist dagegen die von der Hauptversammlung zu beschließende „Kapitalerhöhung unter Ausschluss des Bezugsrechts im Rahmen eines genehmigten Kapitals".[49] Diese Kapitalerhöhung kann dann ohne weitere Zustimmung der Aktionäre durchgeführt werden. Die Verteilung der neuen Aktien liegt frei in der Hand des Vor-

---

[47] Zu den genannten und weiteren Maßnahmen vgl. Schmitz (1995), S. 267–274; Williamson (1988), S. 240–244; Caytas/Mahari (1988), S. 225–263.
[48] Lediglich die eindeutige Absicht des Mehrheitsaktionärs, die Gesellschaft zu zerschlagen, kann unter Umständen diesen Grundsatz durchbrechen, vgl. Schmitz (1995), S. 270.
[49] Diese Formulierung entstammt der Tagesordnung der Hauptversammlung der Siemens AG vom 28. März 1991, vgl. Rock (1997), S. 551. Vgl. dort auch die neue höchstrichterliche Rechtsprechung, die dieser Poison Pill eine gestiegene Attraktivität verleiht. Die gesellschaftsrechtlichen Anforderungen an ein solches Konstrukt werden zunehmend abgeschwächt.

standes, der die neuen Anteile im Fall eines aktuellen feindlichen Übernahmeversuchs beispielsweise zur Durchführung einer White-Knight-Strategie nutzen kann.

- *Gestaltung zur Steuerung der Mehrheitsverhältnisse in der Hauptversammlung*
Das Aktienrecht bietet unterschiedliche Möglichkeiten, auch Großaktionäre in ihrer Einflussnahme auf das Unternehmen zu begrenzen. Neben der ausschließlichen oder überwiegenden Ausgabe von stimmrechtlosen Vorzugsaktien an unternehmensfremde Aktionäre, durch die beispielsweise bei ehemaligen Familienunternehmen der Machterhalt gesichert werden kann, bietet sich die Finanzierung über Namensaktien an. Im Gegensatz zu Inhaberaktien hat die Unternehmensleitung so einen besseren Überblick über die aktuelle Zusammensetzung des Aktionärskreises. Sie kann daher rechtzeitig geeignete Maßnahmen ergreifen, wenn sich ein Übernahmeversuch abzeichnet. Werden diese Aktien als vinkulierte Namensaktien gestaltet, kann eine Übernahme wirksam verhindert werden, da jeder Verkauf von Aktien zustimmungspflichtig durch den Vorstand ist. Allerdings ist diese Kontrolle auch nicht vollständig gewährleistet, etwa bei Beständen in der Girosammelverwahrung. Nachteilig wirkt sich allerdings die geringere Fungibilität von Namensaktien aus. Zulässig war nach den Bestimmungen des Gesetzes zur Kontrolle und Transparenz im Unternehmensbereich (KonTraG) nur bis zum Sommer 2000 die satzungsmäßige Festlegung eines prozentualen Höchststimmrechtes pro Aktionär. In der Satzung können allerdings feste Entsendungsrechte für der Gesellschaft freundlich gesonnene Aktionäre, unabhängig von deren Anteil am stimmberechtigten Kapital, festgelegt werden. Diese satzungsmäßigen Hürden führen dazu, dass unabhängig von der Zusammensetzung der Hauptversammlung die Übernahme der Leitung einer Aktiengesellschaft für den Erwerber erschwert oder sogar verhindert wird. Unabhängig von den Bestimmungen der Satzung können dem Unternehmen freundlich gesonnene Aktionäre außerdem durch umfangreiche Mitarbeiterbeteiligungsprogramme sichergestellt werden.

- *Staggered Boards*
Um die Kontrolle der Gesellschaft zu übernehmen, muss der feindliche Erwerber letztlich das Management der Zielgesellschaft, das heißt bei deutschen Aktiengesellschaften den Vorstand, durch eigene Mitarbeiter ersetzen. Da der Vorstand nicht direkt von der Hauptversammlung, sondern indirekt durch den von ihr gewählten Aufsichtsrat ernannt wird, müssen sowohl Aufsichtsrat als auch Vorstand vor einer Kontrollübernahme ausgetauscht werden. Das US-amerikanische Vorgehen der „Staggered Boards", also die zeitlich gestaffelte Gestaltung der Vertragslaufzeiten einzelner Mitglieder des einzigen Boards (so genanntes One-tier-board-System), ist durch das duale System in Deutschland (so genanntes Two-tier-board-System) ebenfalls eine leicht einsetzbare und überaus wirksame Verteidigung. Während in den USA die Abwahl einzelner Board-Mitglieder durch besondere Beschränkungen der Abwahlmöglichkeiten erst erschwert werden muss,[50] lassen sich in Deutschland die Verträge der Aufsichtsrats- oder Vorstandsmitglieder nur schwer vorzeitig beenden. Eine vorzeitige Vertragsauflösung kann mit den Organmitgliedern üblicherweise nur in Verbindung mit hohen Abfindungssummen er-

---

[50] Vgl. Michalski (1997), S. 155–157.

reicht werden, die dann im Falle einer Übernahme als Golden Parachutes fungieren können. Die übliche, fünfjährige Vertragsdauer der Aufsichtsräte und Vorstandsmitglieder führt also letztlich dazu, dass selbst bei einer qualifizierten Mehrheit in der Hauptversammlung die Übernahme der Unternehmensleitung durch den Erwerber einige Jahre in Anspruch nehmen kann, was das Erreichen der mit der feindlichen Übernahme bezweckten Ziele stark erschwert, wenn nicht sogar unmöglich macht.

- *Golden Parachutes*

Dieses aus den 80er Jahren stammende Verfahren zur Absicherung der unternehmerischen Eigenständigkeit macht den Interessenkonflikt zwischen Managern und Aktionären besonders deutlich. Mit einer Übernahme geht üblicherweise ein Austausch der oberen Führungsebene(n) einher. Um Hostile Takeovers dadurch zu verhindern, dass unangemessen hohe Folgekosten aus solchen Personalentscheidungen für den Erwerber entstehen, werden die Anstellungsverträge des Topmanagements langfristig abgeschlossen und für eine vorzeitige Kündigung überhöhte Abfindungszahlungen vereinbart. Golden Parachutes sind in den letzten Jahren immer mehr in die Kritik der Öffentlichkeit geraten. Sobald derartige Vertragsabschlüsse bekannt werden, sinkt regelmäßig der Aktienkurs. Darüber hinaus ist die Anwendung nach deutschem Recht nicht uneingeschränkt möglich. Vorstände können höchstens auf fünf Jahre bestellt werden (§ 84 Abs. 1 AktG). Nach den Bestimmungen des Aktiengesetzes müssen Vorstandsbezüge aller Art außerdem in einem angemessenen Verhältnis zur Leistung stehen, was im Fall wirksamer Golden Parachutes fraglich sein dürfte.[51]

- *Asset Lockups*

Große Unternehmen vereinen häufig unterschiedliche Aktivitäten innerhalb einer Holdingstruktur. Mitunter ist daher absehbar, dass mögliche Angriffe auf das Gesamtunternehmen nur einigen Teilbereichen gelten. Die Möglichkeit, sich im Rahmen einer unfreundlichen Übernahme kurzfristig von diesen zu trennen, schützt das Gesamtunternehmen vor einem Hostile Takeover, da der Bieter das eigentliche Zielgeschäft nicht mit erwerben würde. Um sich nicht tatsächlich von derartigen, meist besonders vielversprechenden Aktivitäten trennen zu müssen, wird lediglich ein Vorkaufsrecht mit einem befreundeten Unternehmen abgeschlossen, das ausschließlich für den Fall eines unfreundlichen Übernahmeversuchs gilt. Die entsprechenden Teilbereiche müssen dafür entweder zuvor als rechtlich selbstständige Tochtergesellschaften ausgegliedert werden, oder das Vorkaufsrecht bezieht sich direkt auf die betroffenen Aktiva und Passiva. Die Zulässigkeit dieses Vorkaufsrechtes befreundeter Unternehmen ist allerdings umstritten, da die Neutralität des Managements gegenüber den Aktionären verletzt wird.[52] Handelt es sich darüber hinaus um ein zustimmungspflichtiges Geschäft, muss der Aufsichtsrat bzw. die Hauptversammlung dem Verkauf bzw. dem Vorkaufsrecht zustimmen.

---

[51] § 87 Abs. 1 AktG. Vgl. auch Schmitz (1995), S. 272f. Gleiches gilt für die Aufsichtsratsvergütungen (§ 113 Abs.1 AktG).
[52] Vgl. Schmitz (1995), S. 272.

- *Rückkauf eigener Aktien*

Das in den USA gebräuchliche Verfahren, eigene, im Umlauf befindliche Aktien zurückzukaufen, war in Deutschland bis vor Kurzem nicht zulässig. § 71 AktG erlaubte den Erwerb eigener Aktien nur in Ausnahmefällen, unter anderem zur Abwehr eines schweren, unmittelbaren Schadens. Diese Bedingung trifft aber auf *präventive* Maßnahmen zur Übernahmeabwehr nicht zu. Dieses Instrument stand also zur Korrektur des Börsenkurses oder als im Vergleich zu Dividendenzahlungen steuerlich günstigere Alternative nicht zur Verfügung. Durch das am 1. Mai 1998 in Kraft getretene „Gesetz zur Kontrolle und Transparenz im Unternehmensbereich" (KonTraG) ist der Erwerb nun bis zu einer Höhe von 10 Prozent des Grundkapitals zulässig. Hierfür muss jedoch ein Hauptversammlungsbeschluss vorliegen, der den Erwerb entweder explizit beschließt oder eine Ermächtigung zum Erwerb nach Ermessen des Vorstandes ausspricht.

In Deutschland existieren bisher ebenfalls keine betrieblichen Pensionsfonds, die im US-amerikanischen Raum meist als Vehikel für Aktienrückkaufprogramme dienen. Neben dem direkten Erwerb kommen jedoch – in Deutschland weitgehend zulässige – Rückkäufe auf Gegenseitigkeit mit einem „befreundeten", aber nicht im Konzernverbund befindlichen Unternehmen in Frage, die nicht nur den Aktienkurs stützen, sondern auch die Mehrheitsverhältnisse in der Hauptversammlung zugunsten des aktuellen Managements beeinflussen können.

- *Leveraged Recapitalization*

Die Leveraged Recapitalization entstand insbesondere als Abwehrmaßnahme gegen Angriffe von Corporate Raidern. Um die Zerschlagung von Unternehmen zu verhindern, wurden hohe Sonderausschüttungen vorgenommen, die vor allem durch zusätzliche Fremdkapitalaufnahme finanziert wurden. Alternativ zur Sonderausschüttung konnten auch zusätzliche Aktien bezogen werden, wofür sowohl das Management, „befreundete" Aktionäre als auch die betrieblichen Pensionsfonds votierten. Im Ergebnis wurde der Verschuldungsgrad drastisch gesteigert und der Aktienanteil in der Hand des Managements und anderer, das Management unterstützender Aktionäre erhöht. Die Veränderungen in der Kapital- und Aktionärsstruktur machten das Unternehmen letztlich für Corporate Raider uninteressant, da sich der Kaufpreis erhöhte und kein wesentlicher Leverage-Effekt mehr nach der Zerschlagung ausgenutzt werden konnte.

Die Aktienrechts- und Kapitalmarktreform sowie die immer stärker am Kapitalmarkt ausgerichtete Unternehmensführung wirken sich in Deutschland unterschiedlich aus. Auf der einen Seite entstehen zwar durch zahlreiche Deregulierungen auch neue Möglichkeiten der Verteidigung, insgesamt kann aber davon ausgegangen werden, dass auf absehbare Zeit die Orientierung am Kapitalmarkt eher zu einem Abbau des Instrumentariums führen wird.

### 3.2.4.3 Ad-hoc-Abwehr veröffentlichter Übernahmeangebote

Nachdem entweder präventive Maßnahmen nicht den gewünschten Erfolg gebracht haben oder die Möglichkeit eines Hostile Takeover falsch beurteilt wurde, stellt sich für das Management des Target die Frage, wie eine ungewollte Transaktion abgewehrt werden kann. Hier ist es wieder die Aufgabe der Investmentbank, die Gesellschaft bei der Auswahl und Durchführung geeigneter, kurzfristig realisierbarer Maßnahmen zu unterstützen. Das Maßnahmenspektrum hängt dabei wesentlich von bereits im Vorfeld verwirklichten Gestaltungen ab. Die folgenden Instrumente zur Abwehr unfreundlicher Übernahmeversuche stellen ebenso nur eine Auswahl dar. Ihre Anwendung muss dabei im Einklang mit dem Übernahmekodex der Börsensachverständigenkommission erfolgen, der Aktivitäten, die den Interessen der Aktionäre entgegenstehen, verbietet.[53] Im Einzelnen handelt es sich um: Pressearbeit und Investor Relations, gerichtliche Verfahren, Akquisitionen des Target, die Strategie der Crown Jewels, die Einbeziehung eines White Knight, die Pac-Man-Strategie und die Abwendung der Übernahme durch Greenmail.

- *Pressearbeit und Investor Relations*

Ein in Deutschland sehr wirksames Mittel ist die Nutzung verschiedener Medien wie Tageszeitungen, Fernsehen und Radio. Das Beispiel Krupp/Thyssen hat deutlich gezeigt, wie sensibel die öffentliche Meinung auf gezielte Informationspolitik reagiert. Während in den USA Hostile Takeover nicht als außergewöhnlich angesehen und von der Öffentlichkeit eher objektiv beurteilt werden, stellen sie in Deutschland immer noch eine Ausnahme mit einem zweifelhaften Ruf dar. Feindliche Übernahmen werden häufig mit Arbeitsplatzverlusten assoziiert und ziehen insofern die medienwirksame Kritik der Gewerkschaften auf sich. Gleichermaßen werden die nach dem Mitbestimmungsgesetz von den Arbeitnehmern gestellten Aufsichtsräte, die auch nach der Übernahme nicht ausgetauscht werden können, eher gegen die Übernahmepläne sein. Mindestens genauso wichtig wie die Beeinflussung der öffentlichen Meinung ist eine gezielte Informationsabgabe an die Aktionäre, die neben der Klassifizierung der Übernahme als feindlich auch möglichst glaubhafte, betriebswirtschaftliche Gründe für die Ablehnung durch das Management aufweisen sollte.

- *Gerichtliche Verfahren*

Zeit ist ein kritischer Faktor aller Übernahmen, umso mehr, wenn es sich um eine feindliche handelt. Durch Anstrengung diverser, möglicherweise auch aussichtsloser Verfahren gegen den Bieter kann das Management versuchen, die Übernahme zeitlich zu verzögern. So ergeben sich zunächst zeitliche Spielräume, um andere Maßnahmen durchzuführen. Darüber hinaus kann eine zeitliche Verzögerung von mehreren Wochen oder Monaten dazu führen, dass der Deal aus Sicht des feindlichen Unternehmens seine Attraktivität verliert. Neben zivil- und strafrechtlichen Klagen kommen in diesem Zusammenhang auch kartellrechtliche Klagen in Betracht.

- *Kurzfristige Zukäufe des Target*

Um eine feindliche Übernahme zu vermeiden, können auch Voraussetzungen geschaffen werden, die tatsächliche rechtliche Hindernisse für die Übernahme darstellen. Obwohl die absolute Größe eines Transaktionsobjektes heute vor dem Hintergrund vielfäl-

---

[53] In Art. 19 des Übernahmekodex werden beispielhaft die Ausgabe neuer Wertpapiere, erhebliche Änderungen des Aktiv- oder Passivbestandes und der Abschluss von Verträgen, die außerhalb des gewöhnlichen Geschäftsbetriebes liegen, untersagt.

tiger Finanzierungsmöglichkeiten und innovativer Gestaltungen kaum noch einen Hinderungsgrund darstellt, kann der relative Marktanteil eine kritische Größe sein. Kurzfristige Zukäufe im Rahmen horizontaler M & A-Transaktionen können dazu dienen, diesen so zu steigern, dass der feindliche Übernahmeversuch am Widerspruch des Kartellamtes scheitert. Eine vergleichbare Verteidigung gegen internationale Übernahmen bietet der Erwerb von Unternehmen aus rechtlich besonders geschützten Branchen durch die Zielgesellschaft. So sind beispielsweise ausländische Beteiligungen an Unternehmen der Medien- oder Rüstungsindustrie streng reglementiert. Der Vollzug des Hostile Takeover ist dann möglicherweise unzulässig, weil er den Übergang dieser geschützten Unternehmen auf den ausländischen Erwerber bedeuten würde.

- *Crown Jewels bzw. Scorched Earth*

Gilt das Übernahmeangebot nur einigen Teilbereichen des Unternehmens, die entweder besonders rentabel sind oder in Verbindung mit der Erwerbergesellschaft hohe Synergien versprechen, wird die feindliche Übernahme des Gesamtunternehmens möglicherweise dadurch verhindert, dass diese abgestoßen werden. Neben der Durchführung eines bereits vorbereiteten Spin-off können diese Bereiche an befreundete Unternehmen oder sogar an den Bieter verkauft werden. Dieses Vorgehen kann, sofern es sich um wesentliche Geschäftsgrundlagen des Unternehmens handelt, nur als letzte Möglichkeit angesehen werden. Der Börsenkurs wird deutlich nachgeben und die Überlebensfähigkeit des verbleibenden Unternehmens kann gefährdet werden.

- *White Knight*

Spricht ein drittes Unternehmen ein vom Management des Target befürwortetes (freundliches) Übernahmeangebot aus, handelt es sich um einen so genannten White Knight. Die Prämie wird dabei regelmäßig höher sein als bei dem konkurrierenden Versuch der feindlichen Übernahme. Hier kann auch das unter Ausschluss des Bezugsrechts genehmigte Kapital Verwendung finden, das direkt an den White Knight zum Erwerb einer Sperrminorität oder sogar der Stimmenmehrheit abgegeben wird. Während die aktive Suche nach einem solchen Partner teilweise als Verstoß gegen die Vorstandspflichten gewertet wird, kann die formlose Anfrage bei einer Investmentbank kaum als unzulässig eingestuft werden. Dieser kommt dann die Aufgabe zu, andere Interessenten zu finden und zu klären, ob deren Absichten für ein Friendly Takeover geeignet sind. Obwohl das Management einer deutschen Aktiengesellschaft zur Neutralität verpflichtet ist, kann es bei einer direkten Bedrohung der Gesellschaft auch aktiv eine derartige Verteidigung verfolgen.[54] Die White-Knight-Strategie bietet insbesondere für Unternehmen, die aufgrund langfristiger Unterbewertung oder zu geringer Marktanteile dauerhaft als Ziel eines Hostile Takeover in Frage kommen, wesentliche Vorteile. Zwar wird die unternehmerische Eigenständigkeit aufgegeben, die ausscheidenden Aktionäre erzielen jedoch eine höhere Prämie als beim abgewehrten feindlichen Übernahmeversuch, das Management behält in der Regel seinen Einfluss, und darüber hinaus können im neuen Unternehmensverbund diejenigen Synergien, die der ehemalige feindliche Bieter realisieren wollte, nutzbar gemacht werden.

---

[54] Vgl. Schmitz (1995), S. 271.

- *Pac Man*

Als Pac-Man-Strategie wird ein feindliches Gegenangebot des Target zur Übernahme des Bieters bezeichnet. Betriebswirtschaftlich macht diese Strategie dann Sinn, wenn die Vorteilhaftigkeit des Zusammenschlusses auf finanziellen oder sonstigen Synergien beruht, da deren Realisierung nicht davon abhängt, in welcher Richtung die Transaktion abgewickelt wird. Gerade bei dieser Maßnahme ist die Investmentbank der wesentliche Partner der ehemaligen Zielgesellschaft. Ihre Aufgabe ist es hier, neben der reinen Beratung in Bezug auf die Gestaltung und Veröffentlichung des Angebotes, in kürzester Zeit eine Finanzierung der Gegenofferte zu erarbeiten.[55] Ist der Anteil des Bieters an der Zielgesellschaft bereits höher als 25 Prozent und wurde die Zielgesellschaft darüber informiert, lässt sich die Pac-Man-Strategie nicht mehr realisieren, da § 328 (1) AktG bei derartigen Überkreuzbeteiligungen die Ausübung der zur Übernahme notwendigen Rechte verbietet.

- *Greenmail*

Aus dem US-amerikanischen Wort für Erpressung (Blackmail) und der Farbe der Dollarnote entstand das Wort für eine Verteidigungsstrategie, die speziell auf die monetären Interessen der Corporate Raider in den 80er Jahren ausgerichtet war und heute kaum noch Anwendung findet. Das attackierte Unternehmen bietet zur Abwehr des Hostile-Takeover-Versuchs dem potenziellen Käufer an, dessen Anteile am Target zuzüglich einer beträchtlichen Prämie zurückzukaufen. Als Gegenleistung für die Prämie verpflichtet sich dieser, keine weiteren Angriffe auf die Gesellschaft mehr durchzuführen. Die Einstufung als Verteidigungsstrategie ist jedoch fraglich, da einige Tender Offers bereits derart strukturiert sind, dass von Anfang an nicht die Übernahme, sondern das Erzielen von Greenmail beim Bieter im Vordergrund steht.[56]

### 3.2.5 Fusionsberatung

Die Durchführung einer Verschmelzung stellt trotz umfangreicher Bereinigungen im Gesellschafts- und Steuerrecht in den letzten Jahren immer noch eine in juristischer Hinsicht hoch komplexe Transaktion dar. Die anzuwendenden Regelungen unterscheiden sich wesentlich in Abhängigkeit von der Rechtsform der beteiligten Gesellschaften. Für große Investmentbanken stellen Fusionen von Kapitalgesellschaften, zumeist Aktiengesellschaften, den Regelfall ihrer Fusionsberatung dar, weshalb sich gesellschaftsrechtliche und steuerliche Aussagen im Folgenden ausschließlich auf derartige Verschmelzungen von Aktiengesellschaften beziehen.

---

[55] Nach US-amerikanischem Recht darf ein Tender Offer nur abgegeben werden, wenn dessen Finanzierung sichergestellt ist, vgl. etwa Caytas/Mahari (1988), S. 258.
[56] Die Bekämpfung derartiger Angriffsstrategien ist ein Ziel der verschiedenen Takeover Codes.

*Fusion als Abschluss eines Unternehmenskaufs*

Als Abschluss eines vorherigen Beteiligungserwerbs können unterschiedliche Motive ein Unternehmen veranlassen, mit der Zielgesellschaft zu verschmelzen. Zunächst kann die Verschmelzung dazu dienen, die Bemühungen der Post-Acquisition-Phase in rechtlicher Hinsicht abzubilden. Zielt das erwerbende Unternehmen bei strategischen Übernahmen auf eine weitgehende organisatorische Integration der Zielgesellschaft ab, kann die Verschmelzung ein Teil des einer Akquisition folgenden Integrationsprozesses sein, der die Eingliederung des erworbenen Unternehmens auch in rechtlicher Hinsicht vollzieht.

Neben derartigen organisatorischen Motiven werden häufig steuerliche Zielsetzungen die vollständige Verschmelzung von Erwerber und Zielgesellschaft vorteilhaft erscheinen lassen. Insoweit kann auch bei einer vorhergehenden strategischen Übernahme die anschließende Fusion rein finanziell, das heißt steuerpolitisch bedingt sein. Im Gegensatz zum Beteiligungskauf bieten Fusionen für den Erwerber die Möglichkeit, erworbene stille Reserven durch die Schaffung von Abschreibungspotenzial nutzbar zu machen, da im Rahmen des Verschmelzungsvorganges durch verschiedene Gestaltungsformen die Buchwerte der untergehenden Gesellschaft steuerneutral aufgestockt und später steuerwirksam abgeschrieben werden können. Ähnlich lassen sich möglicherweise vorhandene Verlustvorträge der Zielgesellschaft nur nach einer Fusion mit dem Erwerber durch diesen nutzen.[57] Ein vergleichbarer Gedanke liegt dem Erwerb von hoch rentierlichen Zielgesellschaften durch Unternehmen mit hohen Verlustvorträgen zugrunde. In diesem Fall können durch die vorzeitige Realisierung der Verlustvorträge des Erwerbers ebenfalls steuerliche Vorteile erzielt werden.

*Fusionsberatung als eigenes Geschäftsfeld*

Im Gegensatz zur oben beschriebenen, eher den Kaufmandaten zuzurechnenden Beratungsleistung entwickelt sich die Fusionsberatung der Investmentbanken bei so genannten Mergers of Equals in den letzten Jahren zu einem eigenständigen Geschäftsfeld. Von einem Merger of Equals ist die Rede, wenn zwei Gesellschaften, die normalerweise nicht in einem Abhängigkeitsverhältnis stehen, sich im Rahmen einer Wertrelation von 50/50 bis ca. 60/40 zusammenschließen. Dabei werden üblicherweise – im Gegensatz zu feindlichen und auch freundlichen Übernahmen – keine Prämien an die Aktionäre gezahlt. Derartige Verschmelzungen können sowohl horizontal, lateral als auch vertikal ausgelegt sein.[58]

Der Merger of Equals hat in den letzten Jahren als Instrument zur nationalen und internationalen Restrukturierung von Industrien immer mehr an Bedeutung gewonnen. Dabei lassen sich drei wesentliche Vorteile im Gegensatz zum Unternehmenskauf ausmachen:

---

[57] Der Kauf mit anschließender Verschmelzung ist steuerlich nur wirksam, wenn der Geschäftsbetrieb der Zielgesellschaft als solcher erhalten bleibt, § 8 (4) KStG. Der Kauf eines Verlustmantels (Mantelkauf) ist daher steuerlich unwirksam.
[58] Vgl. Achleitner (1998).

- Mergers of Equals sind in der Regel sehr großvolumige Transaktionen, die häufig als Akquisition nicht finanzierbar gewesen wären.
- Da keine Kontrollprämie gezahlt wird, kommen Synergien allen Aktionären gleichermaßen zugute.
- Der gleichberechtigte Zusammenschluss ist eher als eine Übernahme dazu geeignet, ein produktives und kooperatives Arbeitsumfeld zu schaffen; dies gilt auf der operativen und auf der Managementebene.

Die Vorteile von Mergers of Equals könne sich jedoch gleichzeitig in Nachteile für die Aktionäre umkehren, wenn aufgrund der fehlenden Kontrollprämie und einfachen Finanzierung Transaktionen durchgeführt werden, die nur sehr geringe Synergiepotenziale aufweisen. In diesem Punkt muss die Investmentbank im Sinne einer strategischen Beratung die bestehenden Konzepte analysieren und auf ihre Vorteilhaftigkeit gegenüber alternativen Lösungen begutachten.

Die Durchführung einer Fusion stellt von Seiten der beteiligten Gesellschaften – teilweise noch mehr als der Beteiligungskauf – hohe Anforderungen an die transaktionsbezogenen Beratungsleistungen. Dabei ergibt sich für die Investmentbank im Gegensatz zu Kauf- und Verkaufsmandaten die Besonderheit, dass sie für beide Partner gleichzeitig tätig sein kann. Eine Auftragsexklusivität gilt hier also nicht.

Die Strukturierung von Verschmelzungen ist nicht nur in Deutschland eine der komplexesten gesellschaftsrechtlichen Aufgaben. Für die Fragen des Gesellschaftsrechts werden zu diesem Zweck Rechtsanwälte, für steuerliche Beratungen Steuerberater hinzugezogen. Bei den untersuchten Verschmelzungen von Aktiengesellschaften müssen aufgrund gesetzlicher Anforderungen in der Regel ebenfalls Wirtschaftsprüfer beteiligt sein. Der Investmentbank kommt die Aufgabe zu, mögliche Alternativen der Transaktionsgestaltung unter allen relevanten Gesichtspunkten zu beurteilen, möglicherweise notwendigen Finanzierungsbedarf zu befriedigen und, wie auch bei Kauf- und Verkaufstransaktionen, ein effizientes Projektmanagement zu etablieren.

*Prozessoptimierung*

Die Mandatierung durch beide Gesellschaften bedingt dabei, dass im Rahmen der Strukturierung noch wesentlich mehr als bei Kaufmandaten ein Interessenausgleich durch die Bank angestrebt werden muss. Da es sich bei Mergers of Equals um freiwillige Zusammenschlüsse handelt, steht jedem Beteiligten der Abbruch der Verhandlungen jederzeit offen. Die Investmentbank kann hier als steuerndes und als ausgleichendes Element (so genannte Pufferfunktion) wirken.

Ein wichtiger Punkt ist bereits die zielgerichtete Verhandlungsführung. Da im Gegensatz zu Kaufmandaten in wesentlichen Punkten bereits eine übereinstimmende Interessenlage besteht, kann hier ein großes Potenzial zur schnellen und möglichst reibungslosen Abwicklung der Verhandlungen genutzt werden. Dabei kommt insbesondere der Objektivierung der Bewertung eine wichtige Rolle zu, da die Ermittlung des Umtauschverhältnisses und möglicher Zuzahlungen naturgemäß in einem konfliktären Umfeld erfolgen muss.

*Strukturierung der Transaktion*

Die Struktur der Transaktion muss von der Investmentbank so gestaltet werden, dass eine möglichst ausgewogene Konzeption im Sinne eines guten Interessenausgleichs erreicht wird. Auch hier bietet die prinzipiell ähnliche Interessenlage der Verhandlungspartner weit mehr Spielraum zur Suche nach der optimalen Transaktionsstruktur im Rahmen der gesetzlichen Möglichkeiten.

Neben Einzelvorschriften in unterschiedlichen Gesetzen sind die Formen der Verschmelzung in Deutschland gesellschaftsrechtlich und steuerrechtlich zentral im Umwandlungsgesetz (UmwG) bzw. Umwandlungssteuergesetz (UmwStG) geregelt. Danach ergeben sich zwei unterschiedliche Formen der Fusion (§ 2 UmwG): die Verschmelzung durch Aufnahme und die Verschmelzung durch Neugründung. Bei der Verschmelzung durch Aufnahme geht die eine Gesellschaft unter, wobei ihr Vermögen und ihre Verbindlichkeiten auf die andere Gesellschaft übergehen, die somit ihre Rechtsnachfolge antritt. Bei der Verschmelzung durch Neugründung gehen beide Gesellschaften zugunsten einer im Rahmen des Verschmelzungsvorganges neu gegründeten Gesellschaft in gleicher Weise unter. Die Wahl zwischen diesen beiden Möglichkeiten wird, neben steuerlichen Unterschieden, insbesondere von der relativen Bedeutung der beteiligten Gesellschaften, strategischen Überlegungen hinsichtlich der Corporate Identity und anderen Faktoren bestimmt. Da internationale Verschmelzungen heute noch nicht möglich sind, müssen mitunter auch alternative Konstruktionen erdacht werden, die eine Verschmelzung so gut wie möglich nachahmen. Ein Beispiel für eine derartige Konstruktion liefert der Zusammenschluss der Daimler-Benz AG und der Chrysler Corporation.

## Fallstudie Fusionsberatung: DaimlerChrysler AG

Der am 7. Mai 1998 nach nur fünf Monaten Verhandlungszeit bekanntgegebene Zusammenschluss der Daimler-Benz AG und der Chrysler Corporation zur DaimlerChrysler AG löste in der breiten Öffentlichkeit aufgrund seines historischen Charakters eine enorme Resonanz aus. Nicht nur das Volumen der Transaktion und die Tatsache, dass sich zwei bedeutende Marktteilnehmer im Rahmen eines partnerschaftlichen Zusammengehens verbanden, sondern auch der transatlantische Brückenschlag über unterschiedliche Kulturen, Rechts- und Wirtschaftsräume zu einem globalen Unternehmen („Welt AG") fand Beachtung.

Internationaler Wettbewerbsdruck und technologische Innovationen treiben den Konzentrationsprozess im Automobilbereich, an dessen Spitze sich jetzt DaimlerChrysler als Hersteller mit dem größten internationalen Aktionsradius und der umfassendsten Produktpalette sehen darf, voran. Mit einer klaren Logik, die den Zusammenschluss durchzieht und die durch die Ergänzung zweier starker Einzelunternehmen im Hinblick auf regionale Abdeckung und Produktpalette gekennzeichnet ist, sollen die Ziele des Zusammenschlusses, insbesondere die Realisierung von Synergien und die Erschließung von Wachstumspotenzialen erreicht werden. An der Realisierung der Synergien von über 6 Mrd. DM jährlich wird sich die Daimler-

Chrysler AG mit einem Umsatz von 258 Mrd. DM, Überschuss von 9,4 Mrd. DM und rund 440 000 Beschäftigten (alle Zahlen für 1998) messen lassen müssen.

Nicht nur die Größe des Deals und dessen Logik, sondern vor allem die Struktur der Transaktion ist ein herausragendes Charakteristikum des Zusammenschlusses. Die Strukturierung hatte eine Vielzahl von Anforderungen zu erfüllen, um erfolgversprechend angelegt zu sein. Zu diesen gehörten der Aufbau der Transaktion als Verbindung gleichberechtigter Partner („Merger of Equals"), die für beide Seiten ein „Win-Win-Geschäft" sein soll, eine unter steuerlichen Gesichtspunkten für beide Seiten effiziente, das heißt steuerfreie Transaktions- und Organisationsstruktur (auch in der Zukunft) sowie die Minimierung der Gefahr der Ablehnung der Transaktion durch die Gesellschafter. Darüber hinaus sollte die Transaktion im Ergebnis mit einem einheitlichen Eigenkapitaltitel auskommen (realisiert durch eine globale Namensaktie, die an 21 Börsen weltweit notiert ist) und das Pooling-of-Interest-Verfahren nach den US-amerikanischen Bilanzierungsgrundsätzen ermöglichen, um das Ergebnis belastende Abschreibungen des Goodwill zu vermeiden. Schließlich sollten Minderheitsgesellschafter bei beiden Einzelgesellschaften ausgeschlossen werden, indem eine gemeinsame Gesellschaft mit einer breiten Aktionärsbasis geschaffen wird, um zum einen die Integration zu erleichtern und zum anderen zu vermeiden, dass der Fusionsprozess durch offene rechtliche Fragen oder Verfahren in Gefahr gebracht wird.

Aufgrund der vielen Anforderungen an die Strukturierung und insbesondere aufgrund des transnationalen Charakters ist eine komplexe mehrstufige Transaktion entstanden, die den Aktionären im Rahmen eines Gesamtkonzeptes vorgestellt und von den beiden Hauptversammlungen mit überwältigender Mehrheit angenommen und

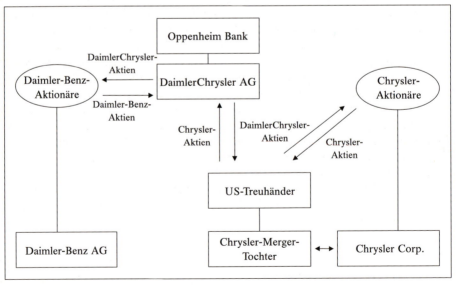

Abbildung I: Zusammenschluss Daimler-Benz/Chrysler: 1. Schritt

anschließend auch in dieser Form umgesetzt wurde. Der Gesamtplan sieht eine Quasi-Verschmelzung der beiden Gesellschaften vor, da eine transnationale Verschmelzung im deutschen Recht nicht vorgesehen ist und deshalb auf eine Hilfslösung zurückgegriffen werden muss. In einem ersten Schritt werden die beiden Gesellschaften in einen gemeinsamen Verbund überführt, im zweiten Schritt findet eine Reorganisation statt.

In der ersten Stufe, der Bildung eines gemeinsamen Verbundes, muss zwischen der Einbringung der Daimler-Benz AG und der Chrysler Corp. unterschieden werden (vgl. Abbildung I). Ausgangspunkt sämtlicher Abläufe ist eine neutrale Vorratsgesellschaft der Privatbank Oppenheim, die in „DaimlerChrysler AG" umbenannt wird.

Auf Seiten der Daimler-Benz AG bietet die DaimlerChrysler AG in einem öffentlichen Angebot den Altaktionären eigene Aktien im Umtauschverhältnis von 1:1 an, die im Wege der Kapitalerhöhung gegen Sacheinlage entstehen. Da dieses Umtauschangebot von 97 Prozent der Aktionäre angenommen wurde, hält die DaimlerChrysler AG als Muttergesellschaft am Ende dieses ersten Teilschritts die deutliche Mehrheit an der Daimler-Benz AG, während deren alte Aktionäre nun Gesellschafter der DaimlerChrysler AG sind. Der Vorteil dieses Verfahrens liegt bei einer hohen Beteiligung der Aktionäre darin, dass die DaimlerChrysler AG als Muttergesellschaft Umstrukturierungen mit Hilfe des deutschen Umwandlungsrechts vornehmen kann, ohne Klagen oder Prozesse mit aufschiebender Wirkung befürchten zu müssen; nur die Höhe der Abfindungszahlungen kann ex post gerichtlich geprüft werden.

Auf der US-amerikanischen Seite der Transaktion gestaltet sich die Strukturierung schwieriger: Einerseits ist eine Verschmelzung zwischen einer US-amerikanischen und einer deutschen Gesellschaft nicht möglich (da gesetzlich nicht vorgesehen), andererseits würde ein öffentliches Umtauschangebot dazu führen, dass wahrscheinlich nicht alle Aktienanteile zusammengeführt werden können. Aus diesen Gründen wird auf das in den USA bekannte, in Deutschland aber nicht existente Instrument des „Reverse Triangular Merger" zurückgegriffen, um sämtliche Aktien der Chrysler Corp. einzusammeln. Bei dieser Technik gründet die Erwerbergesellschaft eine Tochter und stattet diese mit Aktien der Muttergesellschaft aus. Die Tochter wird anschließend auf die Zielgesellschaft verschmolzen; dabei werden die Aktionäre der Zielgesellschaft mit Aktien der Muttergesellschaft „abgefunden". Im wirtschaftlichen Ergebnis ist die Zielgesellschaft eine 100-prozentige Tochter der Muttergesellschaft geworden und deren Altaktionäre sind nun Aktionäre der Muttergesellschaft. Der Charme dieser Konstruktion liegt zum einen darin, dass sämtliche Anteile der Zielgesellschaft eingesammelt werden können und zum anderen in der Tatsache, dass bei diesem Vorgehen nur ein einfacher Mehrheitsbeschluss der Aktionäre der Zielgesellschaft notwendig ist.

Dieser Reverse Triangular Merger wird im vorliegenden Fall von einem US-Treuhänder durchgeführt, der auf diesem Weg sämtliche Chrysler-Aktien gegen Ansprüche auf DaimlerChrysler-Aktien einsammelt und dann als Ganzes in die deutsche DaimlerChrysler AG im Wege der Kapitalerhöhung gegen Sacheinlage einbringt. Die alten

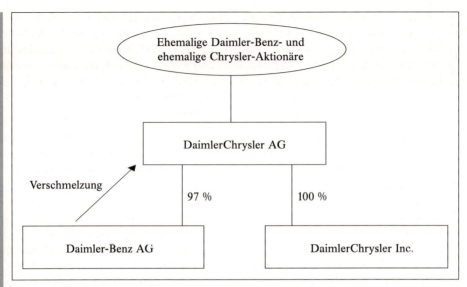

Abbildung II: Zusammenschluss Daimler-Benz/Chrysler: 2. Schritt

Chrysler-Aktionäre werden Anteilseigner der DaimlerChrysler AG, während die Chrysler Corp. eine 100-prozentige Tochter der DaimlerChrysler AG wird. Nach diesem Verfahren ist die erste Stufe des Zusammenschlusses, die Einbringung der Gesellschaften in einen gemeinsamen Verbund, abgeschlossen: beide Gesellschaften sind jetzt Töchter der DaimlerChrysler AG.

Die zweite Stufe des Zusammenschlusses gestaltet sich einfacher (vgl. Abbildung II): Hier wird die Daimler-Benz AG auf die DaimlerChrysler AG gemäß deutschem Recht verschmolzen. Die wenigen Altaktionäre, die noch an der Daimler-Benz AG beteiligt waren, werden durch die Verschmelzung im Wege der Gesamtrechtsnachfolge Aktionäre der DaimlerChrysler AG; die alte Daimler-Benz AG erlischt. Mit diesem Schritt ist der Zusammenschluss abgeschlossen; die US-amerikanische Gesellschaft wird in „DaimlerChrysler Corp." umbenannt, bleibt jedoch aus den geschilderten Gründen eine 100-prozentige Tochter. Nach Abschluss der Transaktion wurde die neue Gesellschaft am 17. November 1998 erstmalig unter dem Symbol „DCX" an der Börse notiert.

Der Komplexitätsgrad und die Vielfalt an zu berücksichtigenden Aspekten beim Zusammenschluss von der Daimler-Benz AG und der Chrysler Corp. machten von Beginn an die Einbindung von Investmentbanken als Berater, Prozessbegleiter und Know-how-Träger unerlässlich. So wurde die Transaktion auf der deutschen Seite von Goldman, Sachs & Co. begleitet, während die US-amerikanische Seite auf die Investmentbank Crédit Suisse First Boston zurückgriff. Beide Investmentbanken haben ihre Klienten vor dieser bedeutenden Transaktion bereits in einer großen Zahl von Fällen beraten. Allein die Aktivitäten von Goldman, Sachs & Co. im Hause Daimler-Benz belegen dies. So haben die Investmentbanker von Goldman, Sachs &

Co. seit der Kapitalerhöhung 1994 alle wesentlichen Transaktionen, wie die Restrukturierungen von Fokker, Dornier und AEG, die Börseneinführung an der NYSE als auch die Überlegungen zur Global Truck Company (1997), bei der die Entwicklung der Idee des Aktientauschs auf internationaler Ebene entstand, begleitet. Eine ähnliche Rolle spielt auch CS First Boston auf Seiten der Chrysler Corp. Zusätzlich zu diesen beiden Häusern wurde bei dieser Transaktion auch noch der Investment-Banking-Arm der Deutschen Bank AG mit eingebunden.

Zu den wesentlichen Aufgaben der Investmentbanker gehörten im Rahmen dieser Transaktion die Verhandlungsführung (bzw. -begleitung), die Strukturierung der Transaktion, die völliges Neuland beschreiten musste, sowie die Koordination anderer Berater und Dienstleister wie Rechtsanwälte, Wirtschaftsprüfer und Steuerberater. Der erfolgreiche Abschluss der Transaktion hat nicht nur die Reputation der involvierten Investmentbanken im Markt nachdrücklich gestärkt, sondern ist sicherlich auch geeignet, Anschlussmandate zu generieren: Aufgrund der Fusion ist ein globaler Automobilhersteller entstanden; Engagements in anderen Branchen (zum Beispiel Militärtechnik, Luft- und Raumfahrt, Dienstleitungen), wie sie von Daimler-Benz in die Verbindung eingebracht wurden, stehen auf dem Prüfstand; unternehmerische Entscheidungen über die Zukunft dieser Geschäftsaktivitäten können den Bedarf nach neuen Beratungsleistungen auslösen, für die sich die bislang eingebundenen Investmentbanken besonders empfohlen haben.

## *Ermittlung des Umtauschverhältnisses*

Sowohl institutionelle Investoren als auch Kleinanleger machen ihre Zustimmung, neben der strategischen Vorteilhaftigkeit eines solchen Schrittes, vordringlich von dem vorgeschlagenen Umtauschverhältnis abhängig. Das Umtauschverhältnis, also das Verhältnis von Aktien der untergehenden Gesellschaft(en) zu Aktien der überlebenden bzw. neu gegründeten, determiniert zusammen mit einer möglicherweise zusätzlich zahlbaren Barprämie den Gewinn oder Verlust, der sich für jeden einzelnen Aktionär bei der Fusion ergibt. Die Bestimmung der Barprämie, deren Finanzierung ebenfalls in Zusammenarbeit mit der Investmentbank erarbeitet werden kann, ist eng verknüpft mit dem Umtauschverhältnis, da beides zusammen die Vermögensposition der Aktionäre nach der Verschmelzung bestimmt. Die Ermittlung dieses Umtauschverhältnisses, das sowohl über die Abfindung für bestehende Anteile an der Gesellschaft als auch über die Verteilung zukünftiger Synergien aus dem Zusammenschluss entscheidet, stellt den kritischen Punkt jeder Transaktion dar.

Das Umtauschverhältnis sowie eine mögliche Prämie müssen im Verschmelzungsvertrag enthalten sein, bei dessen Gestaltung die Investmentbank wiederum beratend eingebunden werden kann. Das Umtauschverhältnis selbst kann zwar von einer Investmentbank im Rahmen einer Unternehmensbewertung entwickelt werden, letztlich entscheidet aber der gesetzlich vorgesehene Verschmelzungsprüfer über dessen Angemessenheit. Als Verschmelzungsprüfer sind ausschließlich Wirtschaftsprüfer zugelassen, die bei der Bewertung an ihre Berufsgrundsätze gebunden sind. Darüber hinaus wurden die anzuwendenden Verfahren durch die ständige Rechtsprechung in Deutschland lange Zeit begrenzt, da marktorientierte Verfahren, insbesondere die Ausrichtung an aktuellen oder vergangenen Börsenkursen der beteiligten Aktiengesellschaften, grundsätzlich nicht anerkannt wurden. Die Entscheidung des Bundesverfassungsgerichtes aus dem Frühjahr 1999 markierte hier jedoch einen Wendepunkt. Danach stellt der Börsenwert bei der Ermittlung der Verschmelzungswertrelation von börsennotierten Gesellschaften grundsätzlich die Untergrenze der Bewertung dar (Beschluss 1 BvR 1613/94 vom 27. April 1999).

Aus dem Unterschied der in der Anzahl zur Verfügung stehenden Verfahren der Unternehmensbewertung zwischen Investmentbank und Wirtschaftsprüfer können sich erhebliche Abweichungen bei der Festlegung des Umtauschverhältnisses ergeben. Andererseits lässt sich nicht ausschließen, dass durch einen umfangreichen Informationsaustausch zwischen Investmentbank und Verschmelzungsprüfer unterschiedliche Auffassungen über bewertungsrelevante Aspekte der beteiligten Unternehmen teilweise angeglichen werden können. Weiterhin wird die zunehmende Ausrichtung der Rechnungslegungsnormen in Deutschland an die Informationsbedürfnisse der Investoren zusammen mit der steigenden Liquidität der Eigenkapitalmärkte aller Wahrscheinlichkeit nach mittelfristig zu einer Annäherung von – im Rahmen einer Ertragswertberechnung oder durch Anwendung der DCF-Methode ermitteltem – fundamentalem Wert und – beispielsweise durch Börsennotierung oder marktorientierte Verfahren festgestelltem – Marktwert führen.

*Transaktionsdurchführung*

Die Vorteile einer Verschmelzung müssen den Gesellschaftern beider Hauptversammlungen erläutert und glaubhaft gemacht werden, da diese jeweils der Verschmelzung mit mindestens drei Vierteln des vertretenen Grundkapitals zustimmen müssen. Neben der Gestaltung des Umtauschverhältnisses ist hier die glaubhafte Vermittlung der operativen und strategischen Rahmenbedingungen notwendig, die einen Merger angebracht erscheinen lassen. Der Vorstand muss verpflichtend einen Bericht (so genannter Verschmelzungsbericht) an die Hauptversammlung verfassen, in dem nach § 8 Abs. 1 UmwG „die Verschmelzung, der Verschmelzungsvertrag oder sein Entwurf im einzelnen und insbesondere das Umtauschverhältnis der Anteile (...) sowie die Höhe einer anzubietenden Barabfindung rechtlich und wirtschaftlich erläutert und begründet werden".

Die Investmentbank kann hier insbesondere hinsichtlich kapitalmarktrelevanter Entwicklungen Informationen zur Verfügung stellen und somit die Argumentation der Vorstände stützen. War sie darüber hinaus auch an den Vertragsverhandlungen beteiligt, hat der Vorstand auch in diesem Bereich die Möglichkeit, sich in Bezug auf die (rechtliche und) wirtschaftliche Begründung der Vertragsgestaltung von ihr beraten zu lassen. Eine besondere Bedeutung kommt ihr weiterhin bei der Erläuterung und Begründung des Umtauschverhältnisses zu. In diesem Rahmen kommen häufig auch Fairness Opinions zum Tragen. Billigt die Hauptversammlung die Verschmelzung, müssen zusätzlich weitere publizitätspolitische Maßnahmen durchgeführt werden, um die Aktionäre – insbesondere Kleinanleger – zum physischen Umtausch der Aktien zu bewegen.

## 3.2.6 Going-Private-Beratung

Für ein börsennotiertes Unternehmen kann es vielfältige Gründe geben, über den Rückzug von der Börse (Going Private) nachzudenken. Nachdem in den vergangenen Jahren sehr viele, vor allem junge Wachstumsunternehmen, den Schritt an die Börse wagten, machen heute einige dieser Unternehmen die Erfahrung, dass die Börsennotiz durch die Kosten und die erforderliche Transparenz aufgrund börsenrechtlicher Publizitätspflichten dem Unternehmenserfolg abträglich sein kann. Eine Unterbewertung am organisierten Kapitalmarkt kann dazu führen, dass es für Finanzinvestoren lohnenswert erscheint, das Unternehmen aufzukaufen und dann eine Restrukturierung durchzuführen, um das Wertpotenzial vollständig auszuschöpfen. Dies lässt sich wesentlich leichter als nicht notiertes Unternehmen durchsetzen.

Die erste Perspektive, aus der eine Going-Private-Transaktion aus Sicht einer Bank betrachtet werden kann, ist die Sicht eines Beraters: Hier stellt die Bank oder spezifischer, die Investmentbank ihr Know-how und Personal zur Verfügung und begleitet das Going Private eines Unternehmens. Dabei kann die Mandatierung als Berater sowohl von Seiten des Zielunternehmens als auch von Seiten eines (künftigen) Gesellschafters erfolgen.

Für die Investmentbank, die sich häufig gegen Wettbewerber durchsetzen muss, wird die Mandatsgewinnung einfacher, wenn sie die volle Dienstleistungspalette anbieten kann. Bei einem Going-Private-Mandat muss eine Vielzahl an Aufgaben gelöst werden. So sind natürlich vorwiegend Aspekte aus dem Bereich M & A zu klären. Darüber hinaus spielen aber auch die Bereiche Equity Capital Markets, Sales & Trading sowie Kreditsyndizierung eine nicht unwesentliche Rolle. Unter Umständen kann auch das Equity Research einbezogen werden. Soll ein Analyst in den Prozess eingebunden werden, so sind jedoch besondere Prozeduren und Regeln vor allem mit Blick auf Compliance-Themen zu beachten, da der Analyst über die „Chinese Wall" gehoben werden muss.

Das breite Spektrum an einzubindenden Bereichen macht deutlich, dass die Erbringung aus einer Hand aus Sicht des Mandanten von Vorteil ist und auch ein wichtiges Kriterium bei der Auswahl der Beraters darstellt. Weitere Kriterien bei der Auswahl der beratenden Investmentbank sind die Vertraulichkeit, die Geschwindigkeit sowohl der Durchführung als auch der Bereitstellung der Finanzierung sowie die bislang vorzuweisenden Erfahrungen („Track Record").

Die zahlreichen Schnittstellen zu den verschiedenen Bereichen einer Investmentbank werfen die Frage auf, ob es sich bei der Betreuung eines Going Private um ein eigenständiges Produkt handelt und welchem Bereich es gegebenenfalls zugeordnet werden soll.

Dass in der Praxis einer Investmentbank ein Going Private regelmäßig mit einer M & A-Transaktion zusammenfällt, ist für die Betreuung dieses Mandats aus Sicht der Investmentbank von nachhaltiger Bedeutung: Ein Going Private stellt damit eine besondere Ausprägungsform eines M & A-Mandats dar. Konsequenterweise erfolgt die organisatorische Einbindung eines Going Private in den M & A-Bereich einer Investmentbank.

Damit ist die M & A-Abteilung die Klammer, die den gesamten Prozess überblickt, steuert und kontrolliert. Zu den elementaren Aufgaben, die innerhalb des Prozesses zu bewältigen sind, zählen typische Aufgaben des M & A wie etwa die Analyse der Zielgesellschaft, Bewertung und Festlegung des Preises im Übernahmeangebot unter Einbindung der Equity-Capital-Markets-Perspektive sowie der übrigen Transaktionsparameter.

In Verbindung mit dem Bereich Equity Capital Markets sind auch weitere Stellgrößen des Übernahmeangebots sowie die Konsistenz der Equity Story und deren Kommunikation sicherzustellen. Die Diskussion beschränkt sich dabei nicht auf die Pflichtinhalte des Übernahmeangebots, sondern beinhaltet auch andere Themenkreise, die mittelbar den Erfolg eines Übernahmeangebots beeinflussen können. So ist es beispielsweise möglich, für Depotbanken eine Gebühr auszuloben, wenn das Institut seine Kunden mit Blick auf den Handlungsbedarf aufgrund des Übernahmeangebots berät und es zum Umtausch der Aktien kommt.

Im Sales & Trading können prinzipiell, abhängig von der Übernahmestrategie und daraus abgeleiteten taktischen Überlegungen, Positionen im Zielwertpapier aufgebaut werden, um die Verhandlungsposition des Mandanten zu stärken. Außerdem können hier auch Marktreaktionen unmittelbar beobachtet werden und wertvolle Informationen über das Verhalten der Investoren, des Zielunternehmens und der Wettbewerber gesammelt werden, die als Rückmeldung in die eigene Strategieentwicklung und –umsetzung eingehen. Diesen grundsätzlichen Möglichkeiten steht gleichwohl die strikte Beachtung der insiderrechtlichen Regelungen, insbesondere des Wertpapierhandelsgesetzes, entgegen, denen unbedingt Rechnung zu tragen ist. Hierdurch wird das Anwendbarkeitsspektrum deutlich eingeschränkt.

Schließlich kann durch die Einbindung des Bereichs Kreditsyndizierung auch eine originäre Finanzierungsdienstleistung durch die Bank bereitgestellt werden. Hier wird durch Arrangieren und Underwriting sichergestellt, dass bei erfolgreichem Abschluss der Transaktion auch die notwendige Finanzierung zur Verfügung steht. Dies kann neben der Finanzierung des Übernahmeangebots und eventueller Zukäufe über die Börse auch die Brücken- oder Refinanzierung der Zielgesellschaft einschließen.

Insgesamt zeigt sich, dass der gesamte Prozess wesentlich von M & A-Überlegungen beherrscht ist. Die Vielschichtigkeit der Fragestellungen verdeutlicht aber, dass nur in einer effizienten und klaren Struktur unter Einbindung der anderen Abteilungen einer Investmentbank der Gesamtprozess erfolgreich zum Abschluss gebracht werden kann. Für Investmentbanken eröffnet sich aufgrund der für ein Going Private spezifischen Fragestellungen die Möglichkeit, zu diesem Themenkomplex besonderes Know-how und Reputation aufzubauen, die gewinnbringend bei weiteren Mandatsakquisitionen eingesetzt werden können.

# Literaturhinweise

ACHLEITNER, A.-K./BEHR, G.: International Accounting Standards. Ein Lehrbuch zur Internationalen Rechnungslegung, 3. Aufl., München 2002.

ACHLEITNER, P.: Perspektiven des M & A-Geschäfts, Vortrag am Center of Financial Studies, Frankfurt am Main, 4. November 1998.

ACHLEITNER, P./DRESIG, T.: Mergers & Acquisitions, in: Gerke, W./Steiner, M. (Hrsg.): Handwörterbuch des Bank- und Finanzwesens, 3. Aufl., Stuttgart 2001.

ALBERTS, W. W./SEGALL, J. E.: The Corporate Merger, Chicago/London 1966.

BALLWIESER, W.: Methoden der Unternehmensbewertung, in: Gebhardt, G./Gerke, W./Steiner, M. (Hrsg.): Handbuch des Finanzmanagements. Instrumente und Märkte der Unternehmensfinanzierung, München 1993, S. 151–176.

BARTHOLOMÄUS, A. C.: M & A-Management im mittelständischen Unternehmen, in: M & A Review, o. Jg. (1997), S. 434–436.

BAUMÜLLER, K.: Unternehmenshandel. Handel in Unternehmen und Beteiligungen, Frankfurt am Main u. a. O. 1988.

BEHRENS, R./MERKEL, R.: Mergers & Acquisitions. Das Milliardengeschäft im gemeinsamen europäischen Markt, Stuttgart 1990.

BEISEL, W./KLUMPP, H.-H.: Der Unternehmenskauf. Gesamtdarstellung der zivil- und steuerrechtlichen Vorgänge einschließlich gesellschafts-, arbeits- und kartellrechtlicher Fragen bei der Übertragung eines Unternehmens, 3. Aufl., München 1996.

BERENS, W. ET AL. (HRSG.): Due Diligence bei Unternehmensakquisitionen, Stuttgart 1998.

BERGER, M.: Das deutsche Übernahmegesetz nimmt Formen an, in: Die Bank, o. Jg. (2000), S. 558–563.

BLEEKE, J./ERNST, D. (HRSG.): Rivalen als Partner. Strategische Allianzen und Akquisitionen im globalen Markt, Frankfurt am Main/New York 1994.

BORN, K.: Unternehmensanalyse und Unternehmensbewertung, Stuttgart 1995.

BORSCHE, I./PUHL, O.: Aufgaben eines Mergers & Acquisitions-Beraters beim Unternehmensverkauf, in: Achleitner, A.-K./Thoma, G. F. (Hrsg.): Handbuch Corporate Finance. Konzepte, Strategien und Praxiswissen, 2. Aufl., Köln 2001, Abschnitt 6.7.3.

– Auswahl von Mergers & Acquisitions-Beratern, in: Achleitner, A.-K./Thoma, G. F. (Hrsg.): Handbuch Corporate Finance. Konzepte, Strategien und Praxiswissen, 2. Aufl., Köln 2001, Abschnitt 6.7.2.

BORSCHE, I./TSCHÖKE, K.: Vergleich börsennotierter Unternehmen, in: Achleitner, A.-K./Thoma, G. F. (Hrsg.): Handbuch Corporate Finance. Konzepte, Strategien und Praxiswissen, 2. Aufl., Köln 2001, Abschnitt 6.6.3.

– Vergleichbare M & A-Transaktionen, in: Achleitner, A.-K./Thoma, G. F. (Hrsg.): Handbuch Corporate Finance. Konzepte, Strategien und Praxiswissen, 2. Aufl., Köln 2001, Abschnitt 6.6.4.

BRAND, M. (HRSG.): Kauf und Verkauf von Unternehmen. Wie man „Mergers & Acquisitions" erfolgreich realisiert. Eine Wegleitung, 3. Aufl., Zürich 1990.

BRAUN, C.: Leveraged Buyouts. Theoretische Grundlagen und empirischer 3-Länder-Vergleich, Unterföhring 1989.

BREALEY, R. A./MYERS, S. C.: Principles of Corporate Finance, 5. Aufl., New York u.a.O. 1997.

BREIDENBACH, B.: Substanzwertermittlung, in: Tanski, J. S. (Hrsg.): Handbuch Finanz- und Rechnungswesen, Landsberg/Lech 1990, Abschnitt X.2.

BRONDER, C. ET AL. (HRSG.): Wegweiser für strategische Allianzen. Meilen- und Stolpersteine bei Kooperationen, Frankfurt am Main 1992.

BROSS, H. F./CAYTAS, I. G./MAHARI, J. I.: Consulting bei Mergers & Acquisitions in Deutschland. Internationale Kooperationen und Konkurrenz, Stuttgart 1991.

BÜHNER, R.: Erfolg von Unternehmenszusammenschlüssen in der Bundesrepublik Deutschland, Stuttgart 1990.

– Grenzüberschreitende Unternehmenszusammenschlüsse deutscher Unternehmen, Stuttgart 1991.

BÜLOW, C. VON: Anmerkungen zum Übernahmekodex, in: M & A Review, o. Jg. (1996), S. 429–432.

– Neue Regeln für Unternehmensübernahmen in der Bundesrepublik Deutschland, in: M & A Review, o. Jg. (1996), S. 383–388.

BUONO, A. F./BOWDITCH, J. L.: The Human Side of Mergers & Acquisitions. Managing Collisions Between People, Cultures, and Organizations, San Francisco/London 1989.

BUSSE VON COLBE, W./COENENBERG, A. G. (HRSG.): Unternehmensakquisition und Unternehmensbewertung. Grundlagen und Fallstudien, Stuttgart 1992.

BUTTON, M./BOLTON, S. (HRSG.): A Practitioner's Guide to Takeovers and Mergers in the European Union, Old Woking 1997.

CAMPBELL, D./MEEK, S./CHU, W. (HRSG.): International Joint Ventures, Mergers & Acquisitions, o.O. 2000.

CAYTAS, I. G./MAHARI, J. I.: Im Banne des Investmentbanking. Fusionen und Übernahmen überleben den Crash '87, Stuttgart 1988.

COMMANDEUR, G.: Betriebs-, Firmen- und Vermögensübernahme. Eine Gesamtdarstellung der haftungsrechtlichen Probleme bei Einzelrechtsnachfolge, München 1990.

COMMENT, R./SCHWERT, G. W.: Poison or Placebo? Evidence on the deterrence and wealth effects of modern antitakeover measures, in: Journal of Financial Economics, Vol. 39 (1995), S. 3-43.

COPELAND, T./KOLLER, T./MURRIN, J.: Unternehmenswert. Methoden und Strategien für eine wertorientierte Unternehmensführung, Frankfurt am Main/New York 1993.

CRAVEN, J. A: Mergers & Acquisitions, in: Gerke, W./Steiner, M. (Hrsg.): Handwörterbuch des Bank- und Finanzwesens, 2. Aufl., Stuttgart 1995, Sp. 1443–1453.

DAVIDSON, K. M.: Evolution of a New Industry, in: The Journal of Business Strategy, o. Jg. (1989), January/February, S. 54–56.

DEISS, C.: M & A-Beratung in Deutschland. Funktionen und Akteure, in: M & A Review, o. Jg. (1997a), S. 488–498.

– M & A-Beratung in Deutschland. Organisation und Wettbewerbsstruktur, in: M & A Review, o. Jg. (1997b), S. 539–547.

DIETZSCH-DOERTENBACH, M.: Fusionen. Bildung von Gemeinschaftsunternehmen, in: Achleitner, A.-K./Thoma, G. F. (Hrsg.): Handbuch Corporate Finance. Konzepte, Strategien und Praxiswissen, 2. Aufl., Köln 2001, Abschnitt 6.1.2.

DÖRNER, W.: Die Unternehmensbewertung, in: Institut der Wirtschaftsprüfer e.V. (Hrsg.): Wirtschaftsprüferhandbuch 1992. Handbuch für Rechnungslegung, Prüfung und Beratung, Band 2, Düsseldorf 1992, S. 1-136.

DROSTE (HRSG.): Mergers & Acquisitions in Germany, Oxfordshire 1995.

DRUKARCZYK, J.: Discounted Cash Flow-Methoden, in: Achleitner, A.-K./Thoma, G. F. (Hrsg.): Handbuch Corporate Finance. Konzepte, Strategien und Praxiswissen, 2. Aufl., Köln 2001, Abschnitt 6.6.5.

– Unternehmensbewertung, 2. Aufl., München 1998.

EIFFE, F. F./MÖLZER, W.: Mergers & Acquisitions. Leitfaden zum Kauf und Verkauf von Unternehmen, Wien 1993.

FAHRHOLZ, B.: Neue Formen der Unternehmensfinanzierung. Unternehmensübernahmen, Big ticket-Leasing, Asset Backed- und Projektfinanzierungen, München 1998.

FELDMAN, M. L./SPRATT, M. F.: Five Frogs on a Log: A CEO's Guide to Accelerating the Transition in Mergers, Acquisitions and Gut Wrenching Change, New York, 1999.

FISHER, R./URY, W./PATTON, B. M.: Das Harvard-Konzept. Sachgerecht verhandeln – erfolgreich verhandeln, Frankfurt am Main/New York 1996.

FRANK, G.-M.: Rahmenbedingungen von Unternehmensübernahmen in Deutschland, Stuttgart 1993.

FRANK, G.-M./STEIN, I. (HRSG.): Management von Unternehmensakquisitionen, Stuttgart 1993.

GANZERT, S./KRAMER, L.: Due Diligence Review. Eine Inhaltsbestimmung, in: Die Wirtschaftsprüfung, 48. Jg. (1995), S. 576–581.

GAUGHAN, P. A.: Mergers, Acquisitions, and Corporate Restructurings, 2. Aufl., New York u.a.O. 1999.

GOLDBERG, W. H.: Mergers. Motives, Modes, Methods, Aldershot 1986.

GOMEZ, P./WEBER, B.: Akquisitionsstrategie. Wertsteigerung durch Übernahme von Unternehmungen, Stuttgart 1989.

GÖSCHE, A.: Mergers & Acquisitions im Mittelstand. Unternehmen und Beteiligungen gezielt kaufen und verkaufen, Wiesbaden 1991.

GREEN, M. B.: Mergers & Acquisitions. Geographical and Spartial Perspectives, London/New York 1990.

HAARMANN, HEMMELRATH & PARTNER (HRSG.): Gestaltung und Analyse in der Rechts-, Wirtschafts- und Steuerberatung von Unternehmen, Köln 1998.

HAYES, S. L./HUBBARD, P. M.: Investment Banking. A Tale of Three Cities, Boston 1994.

HELBLING, C.: Unternehmensbewertung und Steuern. Unternehmensbewertung in Theorie und Praxis, insbesondere die Berücksichtigung der Steuern aufgrund der Verhältnisse in der Schweiz und in der Bundesrepublik Deutschland, 8. Aufl., Düsseldorf 1995.

HERDEN, R. W./ZÜGEL, M.: Weitere Impulse durch Deregulierungen, in: M & A-Review, o. Jg. (1997), S. 319–322.

HOFFMANN, P.: Management buy out in der Bundesrepublik Deutschland. Anspruch, Realität und Perspektiven, 2. Aufl., Berlin 1992.

HÖLTERS, W. (HRSG.): Handbuch des Unternehmens- und Beteiligungskaufes. Grundfragen, Bewertung, Finanzierung, Steuer-, Arbeits-, Vertrags-, Kartellrecht, Vertragsbeispiele, 4. Aufl., Köln 1996.

HOLZAPFEL, H.-J./PÖLLATH, R.: Unternehmenskauf in Recht und Praxis. Rechtliche und steuerliche Aspekte, 8. Aufl., Köln 1997.

HOMMEL, U.: Mergers & Acquisitions, in: v. Hagen/v. Stein (Hrsg.): Geld-, Bank- und Börsenwesen – Handbuch des Finanzsystems, 40. Auflage, Stuttgart 2000, S. 963–986.

INSTITUT DER WIRTSCHAFTSPRÜFER (HRSG.): Stellungnahme HFA 2/1983. Grundsätze zur Durchführung von Unternehmensbewertungen, in: Die Wirtschaftsprüfung, 36. Jg. (1983), S. 468–480.

INSTITUT DER WIRTSCHAFTSPRÜFER (HRSG.): IDW S1: Grundsätze zur Durchführung von Unternehmensbewertungen, 28.6.2000.

JAENECKE, K. F.: Einführung Berater im M & A Prozess, in: Achleitner, A.-K./Thoma, G. F. (Hrsg.): Handbuch Corporate Finance. Konzepte, Strategien und Praxiswissen, 2. Aufl., Köln 2001, Abschnitt 6.7.1.

JANSEN, STEPHAN A.: Mergers & Acquisitions – Unternehmensakquisitionen und -kooperationen: Eine strategische, organisatorische und kapitalmarkttheoretische Einführung, 3. Aufl., Wiesbaden 2000.

JENKINSON, T./MAYER, C.: Hostile Takeovers. Defense, Attack and Corporate Governance, London 1994.

JONES, G. E./VAN DYKE, D.: The Business of Business Valuation, New York u.a.O. 1998.

JUNG, H.: Erfolgsfaktoren von Unternehmensakquisitionen, Stuttgart 1993.

JUNG, W.: Praxis des Unternehmenskaufs. Eine systematische Darstellung der Planung und Durchführung einer Akquisition, 2. Aufl., Stuttgart 1993.

JUNGINGER, W.: Auf das Timing kommt es an, in: M & A Review, o. Jg. (1993), S. 57–58.

KORTH, H. M. et al.: Kauf – Verkauf von Unternehmungen und Beteiligungen. Unternehmensbewertung, Kaufvertrag, Steuerinteressen, Steuermodelle, Steuerklauseln, MBO, Arbeitsrecht, Haftung, Bonn 1993.

KROG, M.: Marktorientierung und gesellschaftsrechtliche Unternehmensbewertung: Aktienkurse als Determinante von Abfindungen und Umtauschverhältnissen, Diss. EUROPEAN BUSINESS SCHOOL, Wiesbaden 2000.

LI, D. D./LI, S.: A Theory of Corporate Scope and Financial Structure, in: The Journal of Finance, Vol. 51 (1996), S. 691–709.

MICHALSKI, L.: Abwehrmechanismen gegen unfreundliche Übernahmeangebote („unfriendly takeovers") nach deutschem Aktienrecht, in: Die Aktiengesellschaft, 42. Jg. (1997), S. 152–163.

MÜLLER-STEWENS, G./MEZGER, S.: Investor Relations bei Mergers & Acquisition am neuen Markt, in: Achleitner A.-K./Bassen, A. (Hrsg.): Investor Relations am Neuen Markt, Stuttgart 2001, S. 733-744.

MÜLLER-STEWENS, G./SPICKERS, J./DEISS, C.: Mergers & Acquisitions. Markttendenzen und Beraterprofile, Stuttgart 1999.

OSSADNIK, W.: Aufteilung von Synergieeffekten bei Verschmelzungen, in: Zeitschrift für Betriebswirtschaft, 65. Jg. (1995), S. 69–87.

PEEMÖLLER, V. H./BÖMELBURG, P./DENKMANN, A.: Unternehmensbewertung in Deutschland. Eine empirische Analyse, in: Die Wirtschaftsprüfung, 47. Jg. (1994), S. 741–749.

PICOT, G. (HRSG.): Handbuch Mergers & Acquisitions. Planung, Durchführung, Integration, Stuttgart 2000.

PORTER, M. E.: Wettbewerbsstrategie. Methoden zur Analyse von Branchen und Konkurrenten, 9. Aufl., Frankfurt am Main 1997.

POST, A. M.: Anatomy of a Merger. The Causes and Effects of Mergers & Acquisitions, Englewood Cliffs 1994.

RAPPAPORT, A.: Shareholder Value. Wertsteigerung als Maßstab für die Unternehmensführung, Stuttgart 1995.

REED, S. F./LAJOUX, A. R.: The Art of M & A. A Merger Acquisition Buyout Guide, 3. Aufl., Burr Ridge/New York 1999.

REICHENEDER, T.: Investment Banking. Mergers & Acquisitions, Buyouts, Junk Bonds, Going Public, Wiesbaden 1992.

REISSNER, S.: Strategien der Unternehmensakquisition. Empirische Relevanz, Synergiepotentiale und erfolgskritische Managementaufgaben, in: M & A Review, o. Jg. (1994), S. 153–157 und S. 261–266.

– Synergiemanagement und Akquisitionserfolg, Wiesbaden 1992.

Rock, H.: Neues zur „poison pill": Das Siemens-Urteil des BGH, in: M & A Review, o. Jg. (1997), S. 551–553.

Ruhnke, K.: Ansätze zur Unternehmensbewertung und -preisfindung in Theorie und Praxis, in: M & A Review, o. Jg. (1995), S. 6–15.

Rüstmann, M.: Die Rolle der Gewerkschaften bei Unternehmensübernahmen, in: M & A Review, o. Jg. (1996), S. 116–119 und S. 157–160.

Sauermann, S.: Unternehmensinternes M & A-Management: Organisatorische Gestaltungsalternativen, Diss. EUROPEAN BUSINESS SCHOOL, Wiesbaden 2000.

Schander, A. A.: Abwehrstrategien gegen feindliche Übernahmen und ihre Zulässigkeit im Lichte der Aktienrechtsreform, in: Betriebsberater, 52. Jg. (1997), S. 1801–1804.

Schmitz, W. F.: Hostile Takeovers and Public Offers, in: Droste (Hrsg.): Mergers & Acquisitions in Germany, Oxfordshire 1995, S. 259–281.

Schubert, W./Küting, K.: Unternehmenszusammenschlüsse, München 1981.

Semler, F. J.: Der Unternehmens- und Beteiligungskaufvertrag, in: Hölters, W. (Hrsg.): Handbuch des Unternehmens- und Beteiligungskaufs, 4. Aufl., Köln 1996, S. 480–565.

Sewing, P.: Kauf von kleinen und mittleren Unternehmen durch aktive Privatinvestoren. Marktfaktoren in Deutschland, Unternehmensbewertung und Vermögenssteigerungseffekte, Baden-Baden 1992.

Sieben, G./Stein, H.-G. (Hrsg.): Unternehmensakquisitionen. Strategien und Abwehrstrategien, Stuttgart 1992.

Siegwart, H./Neugebauer, G. (Hrsg.): Mega-Fusionen. Analysen – Kontroversen – Perspektiven, Bern u.a.O. 1998.

Siegwart, H. et al. (Hrsg.): Mergers & Acquisitions, Meilensteine im Management, Band 1, Basel u.a.O. 1990.

Storck, J.: Mergers & Acquisitions. Marktentwicklung und bankpolitische Konsequenzen, Wiesbaden 1993.

Thoma, G. F.: Übernahmekodex, in: Achleitner, A.-K./Thoma, G. F. (Hrsg.): Handbuch Corporate Finance. Konzepte, Strategien und Praxiswissen für das moderne Finanzmanagement, Köln 1998, Abschnitt 10.8.6.

Weston, J. F.: The Role of Mergers in the Growth of Large Firms, Berkeley/Los Angeles 1969.

Weston, J. F./Chung, K. S./Hoag, S. E.: Mergers, Restructuring and Corporate Control, Englewood Cliffs 1990.

Weston, J. F./Chung, K. S./Siu, J. A.: Takeovers, Restructuring and Corporate Governance, 2. Aufl., New Jersey 1998.

Weston, J.F./Sin, J.A./Johnson, B.A.: Takeovers, Restructuring & Corporate Governance, 3. Aufl., New Jersey 2001.

Williamson, J. P. (Hrsg.): Investment Banking Handbook, New York u.a.O. 1988.

Wollny, P./Wollny, P. M.: Unternehmens- und Praxisübertragungen. Kauf, Verkauf, Anteilsübertragung, Nachfolgeregelungen in Zivil- und Steuerrecht, 4. Aufl., Herne/Berlin 1996.

# Corporate Finance

1. Einführung in den Aufgabenbereich
2. Börseneinführung
    2.1  Markt für Börseneinführungen
        2.1.1  Motive für den Börsengang
        2.1.2  Besonderheiten bei Privatisierungen
        2.1.3  Stand und Entwicklung
    2.2  Beratung bei Börseneinführungen als Aufgabe von Investmentbanken
        2.2.1  Beratungsleistungen
        2.2.2  Mandatsgewinnung
        2.2.3  Funktion der Investmentbank
        2.2.4  Projektkoordination
    2.3  Beratung über Einstieg und Zeitpunkt der Börseneinführung
        2.3.1  Argumente gegen eine Börseneinführung
        2.3.2  Kriterien der Börsenreife
        2.3.3  Finanzierungsalternativen
    2.4  Beratung vor der Börseneinführung
        2.4.1  Zielgruppenauswahl
        2.4.2  Konsortium und andere Berater
        2.4.3  Aktienherkunft und -gattung
        2.4.4  Emissionsvolumen und -zeitpunkt
    2.5  Notierungsstrategie
        2.5.1  Segmentwahl an der Deutschen Börse
        2.5.2  Börsenwahl bei klassischen Unternehmen
        2.5.3  Börsenwahl bei Wachstumsunternehmen
    2.6  Beratung während der Börseneinführung
        2.6.1  Due Diligence
        2.6.2  Fundamentale Bewertung
        2.6.3  Equity Story und Research-Material
        2.6.4  Entwurf des Prospektes
        2.6.5  Vermarktung der Aktie und Ansprache der Investoren
    2.7  Beratung nach der Börseneinführung
3. Kapitalerhöhung
    3.1  Definition, Arten und Motive
    3.2  Beratung bei einer Kapitalerhöhung als Aufgabe von Investmentbanken
        3.2.1  Leistungsinhalte
        3.2.2  Mandatsgewinnung
    3.3  Beratung über die Art und Ausgestaltung der Kapitalerhöhung
        3.3.1  Art der Kapitalerhöhung
        3.3.2  Bezugsrechtsausschluss

3.4 Beratung über die Strukturierung der Emissionsbedingungen
    3.4.1 Zielgruppenauswahl
    3.4.2 Konsortium und andere Berater
    3.4.3 Emissionsvolumen und -zeitpunkt
3.5 Notierungsstrategie
3.6 Beratung während der Kapitalerhöhung
    3.6.1 Equity Story, Dokumentation und Marketing
    3.6.2 Auswahl und Ansprache der Investoren
4. Mitarbeiter- und Managementbeteiligung
    4.1 Beteiligungsform und Motivation
    4.2 Aktienprogramme
        4.2.1 Mitarbeitertranche
        4.2.2 Belegschaftsaktie
        4.2.3 Innovative Beteiligungskonstruktionen
    4.3 Optionsprogramme
        4.3.1 Aktienoptionen
        4.3.2 Options- und Wandelschuldverschreibungen
    4.4 Virtuelle Programme
5. Rückkauf eigener Aktien
    5.1 Markt für Aktienrückkäufe
        5.1.1 Definition und Motive
        5.1.2 Erwerbsmethoden
        5.1.3 Entwicklung und Stand
    5.2 Beratungsaufgaben der Investmentbank im Rahmen von Aktienrückkäufen
        5.2.1 Beratung über Einsatz, Wirkungsweise und Zielsetzung
        5.2.2 Volumen und Zeitpunkt des Aktienrückkaufs
        5.2.3 Wahl der Erwerbsmethode
        5.2.4 Wahl der Aktiengattung und Verwendung der Aktien
Literaturhinweise

# Verzeichnis der Abbildungen

Abbildung 1: Entwicklung der Neuemissionen und Emissionsvolumen
Abbildung 2: Gewählte Marktsegmente seit 1983
Abbildung 3: Übersicht über die verschiedenen Formen der materiellen Beteiligung
Abbildung 4: LESOP der Continental AG
Abbildung 5: Motive für Aktienrückkäufe
Abbildung 6: Erwerbsmethoden beim Aktienrückkauf
Abbildung 7: Verbreitung des Aktienrückkaufs in Deutschland
Abbildung 8: Interdependenz zwischen ausgewählten Zielsetzungen und Erwerbsformen

# 1. Einführung in den Aufgabenbereich

In das Geschäftsfeld „Corporate Finance", häufig auch „Financial Advisory" genannt, fallen alle jene Beratungs- und Finanzierungsleistungen der Investmentbank, die sich mit der Restrukturierung der Kapitalseite des Unternehmens befassen. Dabei geht es sowohl um das Gesamtvolumen der einzelnen Kapitalarten (Eigenkapital, Fremdkapital, Mezzanine-Kapital) und ihre Zusammensetzung (beispielswiese verschiedene Arten der Eigenkapitalfinanzierung) als auch um ihr Verhältnis zueinander (beispielsweise eine Rekapitalisierung im Sinne einer Veränderung des Eigenkapitalverhältnisses zum Fremdkapitalverhältnis). Die Finanzierungsentscheidungen beeinflussen dabei maßgeblich die Kapitalkosten des Unternehmens. Im Einzelnen fallen in den Bereich Corporate Finance vor allem folgende Transaktionen:

- erstmalige Ausgabe von Eigenkapital an der Börse,
- Kapitalerhöhung,
- Mitarbeiter- und Managementbeteiligung,
- Aktienrückkäufe,
- Emission von Anleihen und anderen Schuldpapieren.

In einigen Häusern wird zudem auch die Mergers & Acquisitions-Tätigkeit dem Corporate-Finance-Bereich zugerechnet. Auf Grund ihrer großen Bedeutung für das Investment-Banking-Geschäft (so wird die M & A-Tätigkeit häufig als deren Königsdisziplin bezeichnet) wird sie im Rahmen dieses Handbuchs in einem gesonderten Abschnitt behandelt.

Aufgabe des Bereichs Corporate Finance ist es, den Kunden bei der Auswahl und der Abwicklung einer der obigen Finanzierungsanlässe zu beraten. Die tatsächliche Ausführung der einzelnen Finanzierungstransaktionen an den Kapitalmärkten, das heißt die Emission der Eigen- oder Fremdkapitaltitel, erfolgt in enger Zusammenarbeit mit dem Bereich Capital Markets. Hierdurch bedingt sind auch die Teams, die an der Schnittstelle zum Kunden tätig werden, aus Mitarbeitern beider Bereiche zusammengesetzt. Grundsätzlich gilt dabei, dass jene Tätigkeiten, die sich an der Schnittstelle zum Emittenten abspielen, in den Aufgabenbereich des Corporate Finance fallen, während jene, die auf den Markt und die Käufer von Wertpapieren hin orientiert sind, dem Bereich Capital Markets zugerechnet werden. Wie jedoch die Tatsache der gemischten Teams zeigt, ist es in der Praxis nicht möglich, diese Tätigkeiten jeweils nur einer der beiden Seiten zuzuordnen. Sofern dies der Darstellung halber in diesem Handbuch dennoch geschieht, muss man jeweils den interdisziplinären Charakter der Leistungen im Auge haben.

Neben Vertretern des Capital-Markets-Bereichs sind in die Beratung und Durchführung von Kapitalemissionen regelmäßig Mitarbeiter aus den beiden Bereichen Sales & Trading und Research eingebunden. Grundsätzlich sei erwähnt, dass der Bereich Research in die Entwicklung der Equity Story, das Verfassen der Research-Dokumente und in die Vermarktung eingebunden ist. Der Bereich Sales bringt seine Erfahrungen bei der Platzierung und Preisfestlegung sowie den Handelsfragen ein.

Neben den rein finanzierungsorientierten Beratungsdienstleistungen, die immer im Zusammenhang mit Kapitalemissionen stehen, erbringen Investmentbanken zum Teil weitere Beratungsdienstleistungen (General Advisory), so beispielsweise Investor-Relations-, Kapitalstruktur- oder Risikomanagement-Beratung. Diese Leistungen können sowohl einzeln als auch im Zusammenhang mit den oben angesprochenen Einzelanlässen nachgefragt werden. So wird beispielsweise eine Beratung bei der Börseneinführung regelmäßig auch eine Investor-Relations-Beratung nach sich ziehen.

Schließlich entwickeln Investmentbanken zunehmend Beratungsleistungen im Bereich der Unternehmenssteuerung. Im Vordergrund steht die Erhöhung des Unternehmenswertes durch die Ausschöpfung von Finanzpotenzialen. Hierbei geht es auch um den koordinierten Einsatz der richtigen Steuerungsinstrumente, so vor allem des in der Investment-Banking-Branche sehr anerkannten Economic-Value-Added-Konzeptes (EVA). Allgemein ist zu beobachten, dass sich in diesem Bereich die Dienstleistungen der Investmentbanken und der Management Consultants aufeinander zu bewegen. Dies erklärt auch, warum einige Häuser aus der Beratungsbranche erwägen oder sogar zurzeit schon versuchen, in diesen Teil des Corporate-Finance-Geschäftes einzusteigen. Gleiches gilt für einige der großen Wirtschaftsprüfungsgesellschaften.

Die weiteren Beratungsleistungen der Investmentbanken haben sich jedoch bislang weder auf den angloamerikanischen Märkten noch in Deutschland zu einem beträchtlichen Geschäft entwickelt. Es ist vielmehr noch fraglich, ob diese Tätigkeit auch mit den bestehenden Entlohnungsstrukturen in dieser Branche erbracht werden kann respektive sich auf diesem Weg ein hinreichendes Potenzial im Produktbereich ergibt. Schließlich zeichnet es sich zurzeit auch noch nicht ab, ob auf diesem Weg tatsächlich eine engere Bindung von Kunden an das betreffende Haus im Sinne einer zunehmenden Rückorientierung hin zum Relationship Banking möglich ist. Aus diesem Grund werden sie in der Folge auch nicht eingehender dargestellt.

## 2. Börseneinführung

### 2.1 Markt für Börseneinführungen

#### 2.1.1 Motive für den Börsengang

Unter einer Börsen(erst)einführung, auch Going Public oder Initial Public Offering (IPO) genannt, versteht man die erstmalige Emission von Aktien auf dem organisierten Kapitalmarkt. Hierbei kann es sich sowohl um alte, das heißt schon unabhängig von diesem Anlass bestehende, als auch um neue Aktien handeln.

Werden im Zuge der Börseneinführung *alte Aktien* an der Börse platziert, so findet nichts anderes als der Verkauf eines Teils oder – in der extremsten Ausprägung – sogar des ganzen Unternehmens statt. An Stelle des direkten Verkaufs an einen einzelnen Käufer oder an ein Käuferkonsortium im Zuge einer M & A-Transaktion wird der Verkauf hier auf dem Weg des institutionalisierten Marktes an eine breite und zumindest teilweise anonyme Zahl von Marktteilnehmern durchgeführt. Die Emissionserlöse, das heißt der für die Aktien insgesamt bezahlte Preis, fließen den Alteigentümern zu. Das Gesamtkapital des Unternehmens bleibt hingegen konstant; es ist lediglich umplatziert worden. Man spricht daher auch von einem Secondary Placement. Für das Unternehmen ist die Börseneinführung damit bilanzneutral.

Werden im Zuge der Börseneinführung hingegen *neue Aktien* platziert, findet also ein Primary Placement statt, erfordert dies eine eigens hierfür durchgeführte Kapitalerhöhung; dabei wird in der Regel auf schon genehmigtes Kapital zurückgegriffen oder aber solches geschaffen. Zu den bisherigen Eigentümern treten neue Aktionäre, die indirekt über den Kapitalmarkt gefunden werden. Das Eigenkapital des betreffenden Unternehmens steigt hierduch; die Emissionserlöse gehen dem Unternehmen in Form liquider Mittel zu. Es findet somit eine Bilanzverlängerung statt.

Die Frage, ob es sich um eine Börseneinführung mit alten oder mit neuen Aktien handelt, ist auch mit den hiermit verfolgten Motiven verbunden. Ein Unternehmen kann von einer Vielzahl primärer und sekundärer Motive zum Gang an die Börse bewogen werden. Die Erfüllbarkeit einiger dieser Motive gilt allerdings nur für eine der beiden „Arten" der Börseneinführung, andere Ziele können dagegen bei beiden Vorgehensweisen erreicht werden. In der Praxis wird bei der Börseneinführung in der Regel eine Mischung von Primary Offering und Secondary Offering angestrebt beziehungsweise von manchen Börsen sogar vorgeschrieben.

Bei der Emission neuer Aktien stehen die Motive *Wachstum* und *Expansion* an erster Stelle. Die Begehung des Kapitalmarktes bietet eine gute Möglichkeit, das für Investitionen notwendige Kapital zu beschaffen. Dabei eröffnet der Börsengang nicht nur die Möglichkeit, zu diesem und zu einem späteren Zeitpunkt mit der Platzierung von Kapitalerhöhungen öffentlich Eigenkapital aufzunehmen und dann in der Folge auch den Fremdkapitalstock proportional auszuweiten. Es steigen durch den Börsengang auch die Möglichkeiten der späteren Begebung von Fremdkapitaltiteln. Es wird somit eine *Diversifikation* der Finanzierungsquellen möglich. So können nun auch alternative Finanzierungsinstrumente wie Wandel- und Optionsanleihen eingesetzt werden.

In engem Zusammenhang mit der Wachstumsfinanzierung steht das gerade in letzter Zeit immer wichtiger werdende Motiv von *Unternehmensübernahmen* und -fusionen. Diese können zum einen durch Emissionserlöse aus dem Börsengang finanziert werden. Zum anderen wird mit dem Börsengang eine so genannte Übernahmewährung (Acquisition Currency) geschaffen. Diese ermöglicht den Kauf eines anderen Unternehmens nicht in bar, sondern in Aktien des eigenen Unternehmens. Dabei werden die seitens des Käufers hergegebenen Aktien in der Regel im Rahmen einer Kapitalerhöhung generiert. Mit der Notierung des Unternehmens an der Börse schafft es sich die notwendige Plattform für ein kontinuierliches Wachstum.

Für das Unternehmen ist die Übernahme eines anderen Unternehmens gegen Hergabe von eigenen Aktien im Vergleich zum Barkauf häufig von Vorteil. Auf diese Weise wird die Liquidität des Unternehmens nicht beeinflusst. Gleichzeitig wird es in Zeiten einer guten Börsenverfassung und damit kontinuierlicher Aktienkurssteigerungen einfacher, durch externe Akquisitionen zu wachsen. Börsennotierte Unternehmen verfügen damit auch in dieser Hinsicht über einen strategischen Vorteil gegenüber solchen, die durch das Volumen der vorhandenen Barmittel und durch die eingeengten Möglichkeiten zur direkten Kapitalaufnahme beschränkt sind. Es muss jedoch bei einem derartigen Wachstum mit eigenen Aktien darauf geachtet werden, dass es für die Altaktionäre nicht zu einer nachträglichen Verwässerung ihrer Gewinnanteile, und hier insbesondere des Gewinns je Aktie, das heißt der Earnings per Share (EPS), kommt. Diese Kennzahl ist für viele institutionelle Investoren ein wichtiges Kriterium dafür, wie viel „Gewinn" durch die Ausgabe neuer Aktien hinzugekauft wird. Dabei sind Synergieeffekte zu berücksichtigen. Die sich aus der Kapitalerhöhung ergebenden Nachteile für die Aktionäre sind mit den Vorteilen für das Unternehmen abzuwägen.

Während die Aufnahme neuen (Eigen- und damit auch Fremd-)Kapitals und die Schaffung einer Währung zur Übernahme anderer Unternehmen die Primärmotive einer Ausgabe neuer Aktien sind, steht beim Börsengang mit alten Aktien in der Regel das Motiv der *Desinvestition* durch die bisherigen Eigentümer im Vordergrund. Dabei geht es in erster Linie um die Veräußerung jenes Teils der von den bisherigen Eigentümern gehaltenen Aktien, der nicht für die Erhaltung der Stimmenmehrheit erforderlich ist. Diese Teilrealisierung ermöglicht es den Alteigentümern, eine Risikodiversifikation in ihrem Vermögen vorzunehmen. Dabei erlaubt es der Börsengang, im Gegensatz zu einem direkten Verkauf, die verkauften Anteile breit zu streuen und damit den Einfluss der neuen Aktionäre weitgehend gering zu halten. Totalrealisierungen, das heißt der Verkauf des gesamten Aktienpaketes des bisherigen Eigentümers zum Zeitpunkt der Börseneinführung, sind sehr selten, da potenzielle Aktionäre auf Grund der negativen Signalwirkung abgeschreckt werden. Ein derartiger Ausstieg sollte vielmehr über einen längeren Zeitraum geplant und durch Sekundärmarktplatzierungen in angemessenem zeitlichen Abstand nach der Börseneinführung realisiert werden.

Neben diesen Primärmotiven ist eine Reihe von Sekundärmotiven anzuführen, die sowohl bei der Emission alter als auch neuer Aktien auftreten können. So ist es beispielsweise von Bedeutung, dass es Rückwirkungen zwischen den Finanzmärkten (als Absatzmärkte der Finanztitel) und den Absatzmärkten der erstellten Produkte und Dienstleistungen gibt. Da im Rahmen der Vermarktung der Aktie auch potenzielle Konsumenten angesprochen werden, hilft ein Börsengang, die *Bekanntheit* des Unternehmens bzw. Produktes auf den Absatzmärkten zu erhöhen und damit den Umsatz und letztlich die Profitabilität des Unternehmens zu steigern. Dies gilt insbesondere, seit mit der Umstellung vom Festpreis- auf das Bookbuilding-Verfahren als Preisfindungsverfahren die Marketinganstrengungen eine herausragende Bedeutung für den Erfolg der Emission bekommen haben. Auf der anderen Seite ist die Bekanntheit eines Produktes auf den Absatzmärkten natürlich auch bei der Vermarktung der Aktien und später auch bei der Vermarktung alternativer Finanztitel von Nutzen. Es erstaunt daher nicht, wenn eine Reihe deutscher Neuemissionen der letzten Jahre aus dem Bereich der Konsumgüterindustrie kommt.

Ebenso spricht für eine Börsennotierung, dass es einer börsennotierten Gesellschaft leichter fällt, hoch qualifizierte Führungskräfte anzuziehen und zu halten. Dies ist zum Ersten auf die klareren Corporate-Governance-Strukturen zurückzuführen. So besteht bei der Rechtsform der Aktiengesellschaft eine eindeutige Kompetenzabgrenzung zwischen den drei Organen Aufsichtsrat, Vorstand und Hauptversammlung, die zu einer Trennung der Kapitalgeber vom operativen Tagesgeschäft führt. Eine börsennotierte Aktiengesellschaft weist zum Zweiten eine oftmals stärkere Trennung auf, da der Anteilsbesitz weiter gestreut ist und einzelne Aktionäre nur begrenzten Einfluss auf das Unternehmen ausüben können. Auf diese Weise kann ein Vorstand relativ selbstständig und eigenverantwortlich agieren und Handlungsspielräume ausschöpfen; dies wird seinem Führungsanspruch gerecht und hebt das öffentliche Ansehen und damit den Status. Die hierdurch ermöglichte Gewinnung eines fähigen externen Managements ist für eine gezielte Nachfolgeregelung im Sinne einer Trennung der Eigentümer- und Managementfunktionen von entscheidender Bedeutung.

Gleichzeitig erlaubt die Börsennotierung der Aktien eine relativ unproblematisch zu realisierende *Beteiligung* der Mitarbeiter und des Managements am Unternehmen. Die Fungibilität der Beteiligung und ihre objektive Bewertung durch den Kapitalmarkt sind zwei entscheidende Voraussetzungen dafür, die Mitarbeiter und das Management zu einer derartigen Beteiligung zu bewegen. Beide Voraussetzungen sind bei einem nicht börsennotierten Unternehmen wesentlich schwerer darstellbar. Zudem können auch nur bei börsennotierten Unternehmen Stock-Option-Programme aufgelegt werden. Dies ist insbesondere bei vielen liquiditätsmäßig knappen Wachstumsunternehmen, die auf diese Weise gute Mitarbeiter binden wollen, ein wichtiger Vorteil eines Börsengangs.

Ferner sei ein Nebeneffekt von Börseneinführungen angesprochen, dem in der Praxis eine nicht zu unterschätzende Bedeutung zukommt. So wird häufig die Institutionalisierung der Gesellschaft angestrebt, um damit den *Erfolgsdruck* auf das Unternehmen anzuheben. Bei fast allen Unternehmen, die privatisiert werden, insbesondere bei den zuvor durch die öffentliche Hand gehaltenen Beteiligungen, entwickelt sich nach dem Börsengang ein verstärkter öffentlicher Druck in Bezug auf die Rechenschaftslegung, die sich ihrerseits produktiv auf die Management- und Mitarbeitertätigkeit auswirkt.

Schließlich erlauben die Börsennotierung der Aktien und die hieraus resultierende Fungibilität es dem Alteigentümer auch, *Erb-, Nachfolge- und Abfindungsregelungen* einfacher zu regeln. Das Unternehmen wird durch den Wechsel im Kreis der Eigentümer weniger tangiert. Gleichzeitig können sich diese über die Börse jederzeit von ihren Anteilen trennen.

Neben diesen allgemeinen Motiven liegen regelmäßig Besonderheiten vor, wenn es sich um die Börseneinführung eines staatlichen Unternehmens handelt (vgl. Abschnitt 2.1.2), der Börsengang den Exit eines Finanzkäufers darstellt (vgl. Abschnitt 2.3.3 und Beitrag Principal Investment, Abschnitt 3.3.5) oder aber das an die Börse gehende Unternehmen Tochtergesellschaft eines Konzerns ist (vgl. Beitrag Corporate Restructuring).

## 2.1.2 Besonderheiten bei Privatisierungen

Die Reihenfolge der Motive gestaltet sich bei Privatisierungen durchaus anders, als dies bei gewöhnlichen Börseneinführungen der Fall ist. Hieraus ergeben sich, wie bei der Erörterung der einzelnen Ausgestaltungsvarianten deutlich wird, bedeutende Auswirkungen auf die Börseneinführung an sich.

An erster Stelle steht hinter den Privatisierungen die in allen Ländern intensiv geführte Debatte um die Rolle des Staates. Der Laissez-faire-Liberalismus beispielsweise vertritt vehement die Auffassung, dass der Staat ausschließlich die Rolle eines „Nachtwächters" wahrnehmen soll. Eingriffe oder gar eine Mitwirkung am Wirtschaftsgeschehen werden strikt abgelehnt. Die Programme der Volksparteien enthalten entsprechende Gedanken nicht in dieser extremen Ausprägung, Ansätze dazu sind aber vorhanden. Die direkte Folge ist die politische Forderung, Teile der Staatsbetriebe zu privatisieren. Welche ideologische Richtung sich durchsetzt, hängt im Wesentlichen von der aktuellen Dominanz politischer Strömungen ab. Hieraus ergibt sich dann ein maßgeblicher Einfluss auf den Zeitpunkt der Privatisierung. Auch andere Aspekte, so die Ausgestaltung der Zielgruppen der Emission, leiten sich hieraus ab.

Der *Prozess der Privatisierung* findet in zwei Stufen statt. Im ersten Schritt werden die Staatsunternehmen durch Änderung der Rechtsform in eine Kapitalgesellschaft umgewandelt. Auf Grund dieser formellen Privatisierung unterliegen die Unternehmen neuen Regelungen, beispielsweise hinsichtlich der Corporate-Governance-Struktur und Rechnungslegungs- sowie Offenlegungspflichten, die Druck auf das Management ausüben, notwendige Restrukturierungen vorzunehmen. Im zweiten Schritt, der materiellen Privatisierung, trennt sich der Staat von seinen Beteiligungen. Die Eigentümerstruktur wird umgebaut: Der Staat zieht sich zurück, während Privatinvestoren zunehmend Einfluss und Kontrolle im Unternehmen aufbauen. Hierfür ist es nicht direkt notwendig, dass die öffentliche Hand ihre Anteile verkauft. Vielmehr wird sie häufig zuerst eine Kapitalerhöhung im Kapitalmarkt platzieren und dann erst in einem zweiten Schritt alte Aktien über die Börse verkaufen.

Neben politischen Grundsatzüberlegungen können zunehmend auch haushaltspolitische Argumente für eine Privatisierung sprechen. So sind Privatisierungen in der Realität meist durch Finanznöte der öffentlichen Hand beziehungsweise die Hoffnung auf Effizienzsteigerung durch privatwirtschaftliche Betreiber oder Eigentümer motiviert. Auf diese Weise können nicht nur auf Bundes- und Landesebene, sondern gerade auf kommunaler Ebene bedeutende Werte realisiert werden, die zumindest für eine deutliche Reduktion aktuell vorherrschender Haushaltdefizite sorgen können. Dabei muss allerdings beachtet werden, dass diese Finanzierungsquelle nicht von Dauer ist. Die deutsche Bundesregierung beispielsweise hat mit der Deutschen Telekom AG und der Lufthansa AG wesentliche Teile ihres Privatisierungspotenzials ausgeschöpft; weiteres Privatisierungspotenzial existiert vor allem auf Länder- und kommunaler Ebene.

Als dritter maßgeblicher Sonderaspekt von Privatisierungen ist deren Bedeutung für die Entwicklung des nationalen Kapitalmarktes nicht zu unterschätzen. So können, wie es die Erfahrungen in Großbritannien gezeigt und die Entwicklungen im Gefolge der Einführung der Deutschen Telekom AG in Deutschland bewiesen haben, durch die Börseneinführung ehemals staatlicher Unternehmen weite Kreise für die Anlage in Aktien an sich gewonnen werden. Ist dies einmal erreicht, hat es Auswirkungen auf kommende Börseneinführungen, die ihrerseits auf einen größeren Markt treffen.

Neben diesen politischen Motiven können jedoch selbstverständlich auch Gründe auf Seiten des Unternehmens den Anstoß zur Privatisierung geben. Wachstums- und Expansionsstrategien oder auch Großinvestitionen der Unternehmen können auf Grund der angespannten Finanzlage des Staates nur begrenzt finanziert werden. Dies gilt insbesondere für den Bereich der öffentlichen Infrastruktur, so zum Beispiel der Flughäfen. Die Privatisierung eröffnet dem Unternehmen neue Finanzierungsquellen, mit denen dessen Planung realisiert werden kann. Als Nebeneffekt wird auf Grund des geänderten rechtlichen Rahmens des Unternehmens die Bildung von Joint Ventures erleichtert.

Durch die Abnabelung des Unternehmens vom Staat kann eine bessere Ausrichtung des Unternehmens am Markt erreicht werden. Der Kapitalmarkt und die mit der Privatisierung veränderten Corporate-Governance-Strukturen disziplinieren das Unternehmen und sein Management. Dies gilt für Unternehmen, wie aufgezeigt wurde, im Allgemeinen, ist jedoch für staatliche Unternehmen in der Regel noch einschneidender, insbesondere wenn durch Deregulierung und Liberalisierung Konkurrenzunternehmen am Markt auftreten. Eine Situation besonderer Art war durch die deutsche Wiedervereinigung gegeben. Die Treuhandanstalt hatte den Auftrag erhalten, ehemals staatliche Unternehmen zu privatisieren, die größtenteils auf Märkten tätig waren, die in der Bundesrepublik bereits privatwirtschaftlichen Regeln und einer entsprechend ausgeprägten Konkurrenz unterlagen. Angesichts der Verfassung der Unternehmen der ehemaligen DDR mussten diese fast aussschließlich an finanzstarke industrielle Investoren verkauft werden.

### 2.1.3 Stand und Entwicklung

Sowohl die Zahl der Neuemissionen als auch deren Volumen sind in den letzten zwanzig Jahren in Deutschland angestiegen (vgl. Abbildung 1). Dies ist ein deutliches Zeichen für die Entfaltung des Eigenkapitalmarktes und die zunehmend bedeutende Rolle, welche die Investmentbanken im Finanzsektor spielen.

Abbildung 1 verdeutlicht, dass die Entscheidung für eine Börseneinführung stark durch den Zustand des Kapitalmarktes beeinflusst wird und es ist auch ersichtlich, dass der sehr positiven Entwicklung des Emissionsvolumens bis Mitte der 80er Jahre mit dem Börsencrash 1987 ein abruptes Ende bereitet wurde. Auf Grund der schlechten Verfassung der Börse mussten emissionswillige Unternehmen befürchten, keinen angemessenen Emissionserlös erzielen zu können, sodass sie von einem Börsengang Abstand nahmen. In den Folgejahren stieg mit der Erholung der Börse das Emissionsvolumen wieder kontinuierlich an. Gedämpft wurde diese Entwicklung allerdings Anfang der 90er Jahre durch den gesamtwirtschaftlichen Abschwung.

Mitte der 90er Jahre hat die von der Bundesregierung angestoßene Privatisierungswelle den deutschen Eigenkapitalmarkt dann wieder aufblühen lassen. Dies gipfelte im Jahr

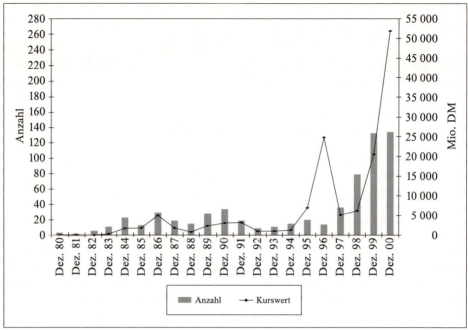

Quelle: DAI (2000), S. 03-2-a, S. 03-3-1

Abbildung 1: Entwicklung der Neuemissionen und Emissionsvolumen

1996 in der Privatisierung der Deutschen Telekom AG. Ein zuvor nie erreichtes Emissionsvolumen von über 20 Mrd. DM wurde realisiert. Hierbei kam ein weiterer Zusammenhang zum Tragen. So hat der deutsche Kapitalmarkt hinsichtlich des Emissionsvolumens traditionell eine begrenzte Aufnahmefähigkeit. Die Ankündigung der Deutschen Telekom AG im Jahr 1996, an die Börse zu gehen, hat viele Unternehmen von einem Börsengang in diesem Zeitraum abgehalten. Kein Unternehmen konnte Interesse daran haben, mit der Deutschen Telekom AG in Konkurrenz zu treten. Dementsprechend gering ist die Zahl der Emissionen im Jahre 1996 im Vergleich zum Vorjahr und zum folgenden Jahr. Im Jahr 1999 schließlich hat die Neuemissionstätigkeit ihr vorläufiges Hoch erreicht. Dabei ist der Anstieg der letzten Jahre sicherlich auch im Zusammenhang mit dem Fortfall der Vermögensteuer zu sehen (vgl. Abschnitt 2.3.1).

Zum Verständnis des deutschen Eigenkapitalmarktes ist aber nicht nur eine Betrachtung seiner Entwicklung, sondern auch des Niveaus, von dem diese gestartet wurde, wichtig. Im internationalen Vergleich wird deutlich, dass das Entwicklungsstadium des deutschen Eigenkapitalmarktes trotz des geschilderten positiven Trends noch weit hinter dem der angloamerikanischen Länder zurückbleibt. Nicht nur die Gesamtzahl börsennotierter Unternehmen ist in Deutschland wesentlich geringer, sondern, wie Übersicht 1 zeigt, auch die Zahl der Emissionen pro Jahr. Gleichzeitig wird deutlich, dass sich der eigentliche Abstand Deutschlands zu Großbritannien und den Vereinigten Staaten vor allem in den letzten zehn Jahren ergeben hat. *Mattern/Seifert/Streit/Voth* (1997) haben in ihrer Studie über die Bedeutung der Kapitalmärkte für die volkswirtschaftliche Effizienz eines Landes aufgezeigt, was dies für Deutschland heißt und welche Dynamik eine weitere Belebung des Börseneinführungsgeschäfts bedeuten würde.

Die Erklärung für die verschiedenen Dimensionen, in denen sich die Eigenkapitalmärkte bewegen, lässt sich nicht mehr durch den Verweis auf einzelne Faktoren geben. Vielmehr erstrecken sich die Gründe auf alle Gebiete, die den Kapitalmarkt direkt und indirekt betreffen. Angefangen bei der Effizienz der Marktorganisation und -infrastruktur über die Professionalität der Marktteilnehmer bis hin zu den regulatorischen Rahmenbedingungen unterschied sich Deutschland traditionell wesentlich von den angloamerikanischen Ländern. Dabei ist allerdings anzumerken, dass hier eine Veränderung im Gang ist. Wichtige Faktoren, um dies anzustoßen, waren die schon angesprochene Privatisierung der Deutschen Telekom AG, der Neue Markt und regulatorische Veränderungen.

Die Deutsche Telekom AG mit ihren Anstrengungen, eine Volksaktie zu etablieren, hat – ähnlich dem Einfluss der britischen Privatisierungen auf die dortige Kapitalmarktkultur – wesentlich zur Entwicklung des deutschen Kapitalmarktes beigetragen, denn über die Hälfte der Einzelinvestoren hielten vorher noch nie eine Aktie. Im Gegensatz zu früher interessieren sich im Ergebnis heute weite Teile der Bevölkerung für die Kapitalanlage in Aktien. Das damit gestiegene Kapitalangebot führt zu einer positiven Entwicklung der Nachfrage nach externem Eigenkapital.

Übersicht 1: Börsennotierungen (Vergleich USA/Deutschland)

| Börsennotierungen (inländische Unternehmen) | Gesamt bis 1997 | Going Publics | | |
|---|---|---|---|---|
| | | 1988–1998 | 1999 | 2000 |
| USA | 7951 | 6878 | 759 | 656 |
| Deutschland | 700 | 257 | 134 | 135 |

Quelle: DAI (2001), S. 03-3-1; Jakob (1998), S. 1.

Mit den Finanzmarktförderungsgesetzen sollten und wurden Rahmenbedingungen geschaffen, die den deutschen Eigenkapitalmarkt international konkurrenzfähig machen. Neben dem Gesetz über Kapitalanlagegesellschaften (KAGG), das die Zulassung neuer Fondstypen und die Erweiterung der Geschäftsmöglichkeiten bestehender Fondstypen enthält, wurden auch das Gesetz über Unternehmensbeteiligungsgesellschaften (UBGG) zwecks Verbreiterung der Basis von Wagniskapital und das Börsen- und Wertpapierhandelsrecht mit Änderungen, beispielsweise im Haftungsrecht, und Erleichterungen des Börsenzugangs für Emittenten den Anforderungen eines zeitgemäßen Kapitalmarktes angepasst.

Das am 1. Juli 2002 in Kraft getretene 4. Finanzmarktförderungsgesetz enthält als Kernpunkte mehr Transparenz und Rechte für Anleger und eine Erweiterung der Geschäftsmöglichkeiten für Kapitalanlagegesellschaften sowie mehr Zuständigkeiten für das Bundesaufsichtsamt für den Wertpapierhandel (BAWe). In Reaktion auf Skandale der jüngsten Vergangenheit um einzelne Unternehmen wurde darüber hinaus auch ein Verbot von Kursmanipulationen sowie eine Rechtsgrundlage für Schadensersatzansprüche für vorsätzlich oder grob fahrlässig unvollständig oder unrichtig abgegebene Ad-hoc-Meldungen in das 4. Finanzmarktförderungsgesetz aufgenommen. Auch müssen Analysten zukünftig etwaige Interessenkonflikte offen legen.

Aus den genannten und einer Reihe anderer Gründe ist davon auszugehen, dass sich der Markt der Börseneinführungen in Deutschland auch in den kommenden Jahren weiter positiv entwickeln wird. So gelten rund 1500 bis 2000 Gesellschaften trotz aller Turbulenzen als Börsenkandidaten.[1] Damit diese Börsengänge auch tatsächlich erfolgen, ist es entscheidend, dass sich die regulatorischen Rahmenbedingungen nicht negativ verändern. Die Einführung einer Vermögensteuer könnte hier beispielsweise zu einem abrupten Ende der Emissionsflut führen. Auch die Debatte um eine Besteuerung der Aktienkursgewinne ist, gerade für die Werte am Neuen Markt, von Bedeutung.

Im März 1997 startete das neue Handelssegment Neuer Markt der Deutschen Börse, dem eine privatrechtliche Basis als Grundlage eines anspruchsvollen Reglement dient. Hohe Zulassungsvoraussetzungen und Folgepflichten nach internationalen Standards sollten dabei Transparenz und Liquidität als oberste Qualitätsmerkmale garantieren (vgl. Abschnitt 2.5.1).

Die Zielgruppe des neuen Handelssegmentes stellen junge Wachstumsunternehmen dar, denen dieses Segment als Initial-Public-Offering-Kanal zur Verfügung steht. Vor diesem Hintergrund nutzen auch Venture-Capital-Gesellschaften den Neuen Markt als Exit-Kanal für ihre Anteile. Bis zum Februar 2000 wurden auf diese Weise 56 Prozent der IPOs am Neuen Markt von Venture Capitalisten begleitet.[2] Ein typisches Unternehmen des Neuen Marktes ist im Durchschnitt circa fünf Jahre alt, verfügt über 310 Mitarbeiter und ist in einer zukunftsträchtigen Branche, wie zum Beispiel Telekommunikation, Multimedia, Biotechnologie bzw. Medizin- oder Umwelttechnik anzusiedeln.

Die Einführung anspruchsvoller Zugangsbedingungen, um sowohl Liquidität als auch Transparenz zu gewährleisten, erwies sich als Qualitätsmerkmal. Im Jahr 1998, zwölf Monate nach dessen Einführung, verzeichnete der Neue Markt erst 20 gelistete Unternehmen. Bereits im Mai 1999 führte die Deutsche Börse den Index NEMAX 50 ein, der sich aus den 50 umsatzstärksten Unternehmen im Neuen Markt zusammensetzt. Ende Januar 2002 waren 326 Unternehmen am Neuen Markt gelistet, die insgesamt eine Marktkapitalisierung in Höhe von 50 Mrd. Euro erreichten. Es bleibt – auch aufgrund der jüngsten Skandale – zu hoffen, dass es der Deutsche Börse AG gelingt, durch neue Regeln und verschärfte Anforderungen an die Transparenz und Publizität das Image des Neuen Marktes als Qualitätssegment zu retten.

---

[1] Fisher zitiert nach Jakob (1998), S. 2.
[2] Vgl. Mayer, M. (2001), S. 1043 f.

## 2.2 Beratung bei Börseneinführungen als Aufgabe von Investmentbanken

### 2.2.1 Beratungsleistungen

Die Beratungsleistungen des Hauptberaters bei einer Börseneinführung werden stark von der induellen Situation des Börsenkandidaten geprägt. In der Regel erstrecken sie sich auf die folgenden Punkte:

- Grundsatzentscheidung über die Börseneinführung an sich und den Zeitpunkt der Börsenreife,
- Vorbereitung der Börseneinführung,
- Auswahl der Konsortialmitglieder (und dabei der -strukturen) und der anderen an der Transaktion beteiligten Berater sowie der Gebührenstruktur,
- Wahl der Aktiengattung,
- gewählte Börse und das Börsensegment,
- Analyse und Empfehlung hinsichtlich
  - der Bewertung,
  - der Angebots- und Marketingstruktur,
  - der Wahl der Investorenzielgruppe (unter anderem institutionell versus Retail),
  - der möglichen Beteiligung von Mitarbeitern oder des Managements,
  - der Platzierungstechnik, der Preisfindung und der Zuteilungspolitik,
  - des genauen Zeitpunkts der Börseneinführung,
- Konzeption der Equity Story und Erstellung aller notwendigen Unterlagen zur Vermarktung der Aktie,
- notwendige Investor-Relations-Maßnahmen.

In der Regel ist die Investmentbank neben diesen einzelnen Beratungsleistungen dann mit der Durchführung der Transaktion betraut, das heißt sie platziert die Aktien beim Publikum. Während die Beratung durch den Corporate-Finance-Bereich abgedeckt wird, fällt die eigentliche Emissionsdurchführung in den Bereich Equity Capital Markets. Aus diesem Grund sind vor allem die in diesen Bereich fallenden Aufgaben (so beispielsweise die Platzierung und Preisfindung) im diesbezüglichen Abschnitt beschrieben. Für den Erfolg der Gesamtleistung ist es, wie eingangs für den gesamten Corporate-Finance-Bereich angeführt, von besonderer Bedeutung, dass die Vertreter beider Abteilungen eng zusammenarbeiten. Eine wesentliche Rolle kommt schließlich dem Research-Analysten zu. Der Bereich Aktienanalyse (Research) sollte daher von Anfang an in die Strukturierung und die Durchführung der Transaktion eingebunden werden.

In manchen Fällen umfasst die Tätigkeit der Investmentbank nicht sowohl die Beratung als auch die Emission, sondern beschränkt sich auf eines der beiden Leistungsbündel. Dies kann der Fall sein, wenn das an die Börse gehende Unternehmen nur für eine der beiden Leistungen eine Investmentbank beauftragt oder wenn die beiden Aufgaben unterschiedlichen Häusern zugeteilt werden.

Als Beispiel für ersteres ist anzuführen, dass in der Vergangenheit in einigen wenigen Fällen kleinere Unternehmen entschieden haben, von der betreffenden Investmentbank nur Beratungsleistungen in Anspruch zu nehmen, die Emission jedoch im Sinne einer Eigenemission selber durchzuführen, das heißt die Papiere selber zu platzieren. Die hierdurch erzielte Kostenersparnis dürfte sich kaum lohnen, sind doch die stehenden Investorenkontakte und auch die Erfahrungen mit Emissionen entscheidende Faktoren für eine bestmögliche Platzierung. Einsparungen bei den Emissionskosten führen somit leicht zu Schmälerungen des Emissionserlöses und einer suboptimalen Platzierung hinsichtlich der ausgewählten Investoren.

Der zweite Fall geht dahin, dass neben den mit der Konsortialführung beauftragten Banken auch ein unabhängiger Berater bestimmt wird.[3] Dieses Vorgehen, das die britische Regierung bei ihren Privatisierungen häufig und die niederländische Regierung immer wählt, wird damit begründet, dass nur durch eine strikte Trennung zwischen der beratenden und der verkaufenden Funktion sichergestellt werden kann, dass keine Interessenkonflikte entstehen und der Verkäufer tatsächlich eine unabhängige Beratung erhält. Historisch begründet ist diese Überzeugung durch die Erfahrungen bei der Börseneinführung von BP. Hier hatten einige Banken im Festpreisverfahren den Anteil der britischen Regierung an BP in Höhe von 31,5 Prozent übernommen. Im Zuge des direkt anschließenden Börsencrashs im Oktober 1987 sanken die Kurse nun derart ab, dass der gesamte Verlust des Konsortiums mindestens 340 Mio. Pfund ausgemacht hätte. Dies bewog den Konsortialführer, der gleichzeitig auch Hauptberater der Regierung war, dieser gegenüber die Force-Majeure-Klausel anzurufen, um die Transaktion zu verschieben und so die Verluste des Konsortiums zu vermeiden.

Wie dieses Beispiel zeigt, kann es zu derart harten Interessenkonflikten nur kommen, wenn das Konsortium auch die Emission fest übernimmt. Durch die mittlerweile verbreitete Anwendung des Bookbuilding-Verfahrens werden derartige Konflikte zwischen der Rolle eines Beraters und der eines Globalen Koordinators weitgehend ausgeschaltet, sodass sich die Notwendigkeit einer Trennung erübrigt. Wenn die Emittenten sie dennoch vornehmen, dann insbesondere, um Interessenkonflikte bei der Aushandlung der Kommission und der Strukturierung der Offerte zu verhindern.

Aus der Perspektive einer Investmentbank ist anzuführen, dass eine derart gestaltete Vermeidung von Interessenkonflikten auch bei der Übernahme der Emission durch das Konsortium insofern nicht notwendig ist, als eine Investmentbank, die nicht das Interesse des Kunden über das eigene stellt, ihren Ruf und damit ihr wichtigstes Aktivum beschädigt. Dies ist Anreiz genug, um angemessen zu agieren. Darüber hinaus ergeben sich für das emittierende Unternehmen aus der Trennung unter Umständen auch entscheidende Nachteile. So sind an der Beratung eines Kandidaten vor allem kleinere Häuser ohne eigenen Capital-Markets-Bereich interessiert. Eine solche Investmentbank wird auf Grund mangelnder Erfahrung häufig den Verkäufer nicht optimal hinsichtlich der Allokation beraten können.

---

[3] Vgl. für eine eingehende Behandlung dieser Frage Lilja (1997), S. 160f.

## 2.2.2 Mandatsgewinnung

Der Wettbewerb der verschiedenen Häuser um ein Mandat bei der Börseneinführung erfolgt im Rahmen eines so genannten *Beauty Contest*. Die Kriterien der Mandatszuteilung sind dabei objektiver und natürlich auch subjektiver Natur. Unter den objektiven Kriterien kann man die rein emissionsbezogenen Inhalte und die bankenspezifischen Leistungsmerkmale unterscheiden. Über beide Bereiche versuchen die Banken daher, im Rahmen des Beauty Contests überzeugende Fakten vorzulegen. Hierzu wird eine vorab ausgewählte Gruppe von Häusern eingeladen zur Präsentation, um dann im Anschluss daran auf einer vergleichenden Basis zu entscheiden, wer Hauptberater und damit Konsortialführer (Lead Manager) wird. Die Festlegung der weiteren Mitglieder des Konsortiums erfolgt dann in einem späteren Schritt sowie auch die Auswahl der anderen im Rahmen der Börseneinführung tätigen Berater in Absprache mit dem Hauptberater/ Konsortialführer.

Die *emissionsbezogenen Kriterien* der Mandatierung werden anhand einer Präsentation (Pitch) erörtert. So stellen die eingeladenen Banken ein erstes Emissionskonzept, den Entwurf einer Equity Story, ein erstes Nachfragekonzept sowie eine erste Nachfrageschätzung vor. Dies erfolgt auf Grund einheitlicher Informationen, die allen zum Beauty Contest geladenen Banken zum gleichen Zeitpunkt zugänglich gemacht werden. Auf Grund der Bedeutung der Mandatserteilung, sowohl für die Einnahmen der Investmentbank als auch für ihre Reputation, werden die zuständigen Investmentbanker häufig schon vor der Übergabe der Informationen mit dem Entwurf der Präsentation begonnen haben. Gerade bei großen, prestigeträchtigen Mandaten wie der Deutschen Telekom gehen die Vorarbeiten teilweise auf mehr als ein Jahr vor der eigentlichen Mandatserteilung zurück.

Auch wenn diese emissionsbezogenen Vorschläge auf Grund der begrenzten Informationen nur unter Vorbehalt zu verstehen sind, geben sie dem mandatierenden Unternehmen einen guten Eindruck davon, auf welche Weise und mit welchen Verkaufsargumenten und -plänen die betreffende Investmentbank die Börseneinführung durchführen würde. Dies erlaubt ihr, sich ein Bild über das ihr am ehesten zusagende Konzept zu bilden. Darüber hinaus hat der Beauty Contest für das Management des Unternehmens den Zusatzeffekt, dass es sich auf diese Weise mehrere Meinungen anhören und so fundierter über das weitere Vorgehen entscheiden kann. Als eine von vielen Fragen, für die dies gelten könnte, sei nur die Börsenreife angesprochen. Sie kann durchaus unterschiedlich beurteilt werden. Das betreffende Unternehmen wird sich daher verschiedene Argumente und Schlüsse anhören, bevor es selber zu einer Entscheidung gelangt. Ebenfalls sind die unterschiedlichen Aspekte der Equity Story von hohem Interesse. Dieser Lerneffekt ist auch gegeben, wenn sich das Unternehmen aus anderen, noch zu nennenden Gründen schon für ein Haus entschieden hat.

Neben den rein emissionsbezogenen Inhalten sind im Rahmen des Beauty Contest auch rein *bankenspezifische Leistungsmerkmale* von Bedeutung. Hierzu zählen vor allem:

- Erfahrung mit Emissionen der betreffenden Größe im Allgemeinen und mit vergleichbaren Transaktionen im Besonderen, so in der betreffenden Branche (beispielsweise der Telekommunikation) und dem betreffenden Land (Track Record),

- Emissionsstanding und Glaubwürdigkeit als Konsortialführer,
- Qualität der Research-Abteilung, vor allem in Bezug auf die betreffende Branche,
- Beziehungen zu potenziellen Investoren,
- Platzierungskraft und die Garantie, kursstützende Maßnahmen zu ergreifen,
- Handelsfähigkeit,
- persönliches Vertrauen in die Mitglieder des Teams und die hinter ihm stehende Organisation.

Neben den emissionsbezogenen Inhalten können Investmentbanken ebenfalls diese bankenspezifischen Inhalte, wenn auch nur in einem beschränkten Ausmaß, beeinflussen. So kann es auf Grund der hohen Bedeutung der Qualität der Research-Abteilung in der Investment-Banking-Branche vorkommen, dass mit Blick auf größere geplante oder sich abzeichnende Börseneinführungen versucht wird, die für die involvierte Branche besten Research-Analysten im Markt abzuwerben. Neben solchen weit gehenden Maßnahmen kann man auch durch das Staffing, das heißt die Zuteilung des hausintern vorhandenen Personals auf das betreffende Team, ein wichtiges Signal geben. Daher wird die sich bewerbende Investmentbank immer weit gehende Informationen über den Hintergrund und die Erfahrungen derjenigen Personen geben, die sich, sofern das Mandat gewonnen wird, mit der Transaktion beschäftigen werden.

Neben diesen „harten" bankenspezifischen Kriterien spielt eine Reihe weiterer Entscheidungsmerkmale eine bedeutende, wenn nicht sogar entscheidende Rolle. So ist ein wesentliches Kriterium das voraussichtliche *Engagement*, welches das betreffende Haus in der individuellen Transaktion zeigen wird. Hierbei kann es vorkommen, dass man sich gegen ein im betreffenden (geografischen oder industriellen) Markt besonders vertretenes Haus entscheidet, weil man sicher ist, dass eine andere Investmentbank, um hier Expertise und Renommée aufzubauen, ein überproportionales Engagement zeigen wird. Dieses Engagement betrifft das Team insgesamt oder Teile hiervon, so beispielsweise die Mitarbeiter des Research-Bereiches.

Von Bedeutung sind bei der Auswahl der Banken natürlich häufig auch politische Überlegungen. Dies gilt insbesondere, aber nicht ausschließlich, bei Privatisierungen. So ist es nicht unüblich, dass eine Investmentbank fallweise Beratungsleistungen bei potenziellen Kunden erbringt und ihnen als ständiger Ratgeber zur Seite steht. Das lässt sich die Investmentbank in der Regel nicht vergüten. Fällt dann, auch wenn kein enger zeitlicher Bezug besteht, die Entscheidung für eine Börseneinführung, so kann sie auf Grund ihres früheren Engagements zu Recht darauf hoffen, dass sie das Mandat erhält. Auch Beziehungen zu kreditgebenden Instituten sind in der Praxis zu berücksichtigen.

Auch finanzielle Überlegungen spielen eine Rolle. Diese sind für das mandatierende Unternehmen dann interessant, wenn einzelne Häuser Preiswettbewerb betreiben. Grundsätzlich gilt jedoch, dass die Leistung, die ein Unternehmen erwarten darf, auch von dem Geld abhängt, das es zu zahlen bereit ist. Renommierte Häuser lassen sich regelmäßig den Ruf, den sie am Kapitalmarkt genießen, entgelten. Das Unternehmen erhält dafür aber die Sicherheit, dass der Börsengang mit einem Höchstmaß an Professionalität abgewickelt wird. Die direkten Kosten der beauftragten Investmentbank(en) sind mit den Opportunitätskosten einer suboptimalen Durchführung der Emission in Bezug zu setzen.

Hat sich das betreffende Unternehmen schließlich für einen Hauptberater und damit Konsortialführer entschieden, so kommt diesem auch eine Beratungsrolle hinsichtlich der Auswahl der Konsortialmitglieder (und dabei der -strukturen) und der anderen an der Transaktion beteiligten Berater zu. So hat er mit Blick auf die beteiligten Rechtsanwälte, Steuerberater, Wirtschaftsprüfer, Werbefachleute für Finanzpublizität und Investor-Relations-Spezialisten zumindest ein Vorschlagsrecht.

### 2.2.3 Funktion der Investmentbank

Auch wenn die Investmentbank von dem an die Börse gehenden Unternehmen ausgewählt und beauftragt wird, so erfüllt sie für dieses keine einseitige Interessenvertretung. Als Intermediär muss sie vielmehr auf einen Ausgleich der auf den ersten Blick konträren Interessen von Emittent und Investor hinarbeiten. So wird der Emittent in der Regel die Börseneinführung als Erfolg werten, wenn er einen möglichst hohen Emissionserlös erhält. Der Investor, genau gegenteilig, wird eine Emission dann als erfolgreich empfinden, wenn die Aktie sich nach der Einführung besonders gut entwickelt. Die Entwicklung wird umso besser sein, je tiefer der Börseneinführungskurs angesetzt wurde.

Ein Blick auf die durch überhöhte Börseneinführungskurse gekennzeichnete Phase Ende der 80er Jahre und den darauf folgenden drastischen Rückgang an Börseneinführungen im deutschen Markt auf Grund mangelnden Investoreninteresses zeigt, dass der Markt für Börseneinführungen nur dann langfristig erfolgreich ist, wenn der notwendige Interessenausgleich in fairer und ausgewogener Weise geschieht. Insofern kann der oben aufgezeigte Interessengegensatz aufgehoben werden, wenn das Unternehmen mit Blick auf ihr zukünftiges Kapitalmarktstanding nicht an einem maximalen, sondern einem optimalen Börseneinführungskurs interessiert ist.

So ist langfristig ein entscheidendes Erfolgskriterium einer Börseneinführung, dass der Investor mit der Entwicklung des Kurses zufrieden ist und so viel Vertrauen zu dem betreffenden Unternehmen aufbaut, dass die Börse sich für dieses erfolgreich als Kapitalaufnahmeplattform etabliert und künftige Kapitalerhöhungen unproblematisch sind. Das Unternehmen bei der Festlegung eines optimalen Emissionspreises realistisch zu beraten und keine unangebrachten Konzessionen einzugehen, ist ein wichtiger Qualitätsaspekt einer Investmentbank. Andernfalls handelt sie zu ihrem und des Unternehmens kurzfristigen Vorteil, der sich jedoch langfristig in einen Nachteil wandelt.

Doch die Investmentbank hat nicht nur gegenüber dem emittierenden Unternehmen eine Qualitätsfunktion. Indem sie sich mit ihrem Standing hinter die betreffende Transaktion stellt, signalisiert sie dem Investor, dass sie das betreffende Unternehmen nach der durchgeführten Prüfung für börsenreif hält. Auch steht sie mit ihrem Ruf für die Findung eines angemessenen Preises ein. Die Investmentbank erbringt eine Dienstleistung, deren Wert der Investor durch eigene Prüfungen nicht nachbilden könnte. Er ist darauf angewiesen, dass die Investmentbank ihre Prüfung für die Gesamtheit der Anleger stellvertretend durchführt und mit ihrem guten Ruf dafür einsteht, dass das Ergebnis zufrieden stellend ist. Eine Investmentbank sollte sich daher, wenn sie im Zuge der Unternehmensüberprüfung zu der Erkenntnis gelangt, dass das betreffende Unternehmen nicht oder nicht zum avisierten Preis an die Börse gebracht werden sollte, trotz aller dadurch kurzfristig bedingten Honorarverluste, immer aus einer Transaktion zurückziehen – getreu dem Kapitalmarktspruch, dass man in diesem Geschäft seine Reputation nur einmal verliert.

Aus der Perspektive des Investors bedeutet das, dass er der Reputation der bei einer Börseneinführung beteiligten Investmentbank eine große Bedeutung beimessen sollte. Ihren möglichen Rückzug sollte er – ähnlich dem Wechsel eines Wirtschaftsprüfers – als Warnsignal werten. Aus der Perspektive des Unternehmens wird damit deutlich, warum es zum Teil als wichtigster Funktionsträger der bei der Transaktion beteiligten Investmentbank angesehen wird, dass sie sich mit ihrer Reputation hinter das emittierende Haus stellt (einen „Emissionskredit leistet") und ihr dies de facto auch entlohnt wird.

Schließlich erklärt die Bedeutung der Einbindung einer Investmentbank auch, warum Börsengänge über das Internet, so genannte Internet IPOs, ohne Beteiligung von Investmentbanken wahrscheinlich keinen durchschlagenden Erfolg haben werden, fehlt hier doch die durch Investmentbanken durchgeführte Qualitätssicherung, die der einzelne Investor nicht selber durchführen kann. Dies würde er selbst dann nicht können, wenn er die hierdurch ausgelösten Kosten vernachlässigen würde. Entscheidend ist vielmehr der Zugang zum internen Datenmaterial, den das Unternehmen in seinem eigenen Interesse nicht einer größeren Zahl externer Interessenten zugänglich macht. Auf Grund des Aufkommens vollständig neuer Dienstleister und Abwicklungsverfahren könnte sich hier in den kommenden Jahren jedoch Einiges ändern. Deshalb ist es notwendig, den sowohl Primär- als auch Sekundärmarkterfolg von Internet IPOs und die Entwicklung der Plattformen hierzu mit großem Interesse weiter zu verfolgen.

### 2.2.4 Projektkoordination

Neben der Erbringung der eigenen Leistungen ist die mit der Börseneinführung maßgeblich beauftragte Investmentbank in der Regel auch für die Projektkoordination verantwortlich. So darf nicht vergessen werden, dass bei der Durchführung einer Börseneinführung neben den Banken eine Vielzahl von Beratern beteiligt ist. Die Aufgabe der Investmentbank ist die Koordination der einzelnen Anstrengungen sowohl zwischen den einzelnen Beratern als auch von diesen mit den unternehmensintern verantwortlichen Personen.

In den Aufgabenbereich der *Steuerberater* und *Wirtschaftsprüfer* fällt, die steuerrechtlichen Auswirkungen auf die Gesellschaft und die Altgesellschafter zu prüfen sowie die durch die Börseneinführung notwendigen Reorganisationen zu planen und durchzuführen. Im Vordergrund stehen die Implementierung neuer Rechnungslegungs- und Controllingprozesse, die Erstellung des Prospektes und die Durchführung wesentlicher Teile der Due Diligence, die unter anderem dazu dient, die vom Unternehmen vorgelegten Planungsdaten auf ihre Plausibilität hin zu prüfen.

Eine wichtige Rolle kommt den *Rechtsanwälten* zu. Auch sie sind in die Reorganisation und in die Due Diligence eingebunden. Sie führen die Verhandlungen mit den Börsenaufsichtsbehörden, bestimmen die Zeitabläufe, verfassen oder überprüfen die rechtlich relevanten Dokumente (insbesondere den Prospekt) sowie die Vertragstexte (Underwriting Agreements) und geben die notwendigen Ad-hoc-Mitteilungen weiter. Liegt der Fall vor, dass das emittierende Unternehmen noch nicht in der Rechtsform der Aktiengesellschaft (AG) oder Kommanditgesellschaft auf Aktien (KGaA) ausgestaltet ist, so leiten sie die ersten Schritte, also die Umwandlung von der bisherigen Rechtsform in eine solche, ein.

Die erfolgreiche Vermarktung der zu platzierenden Aktien sowohl gegenüber den institutionellen als auch den Retail-Investoren liegt in der Hand der *Werbefachleute* für Finanzpublizität und der *Investor-Relations-Spezialisten*. Sie müssen alle mit der Börseneinführung zusammenhängende Investor-Relations-Aktivitäten koordinieren. Neben der Ansprache klar definierter Investorengruppen gilt es, die Börseneinführung als Plattform für die weitere Public-Relations-Arbeit zu verstehen.

Alle diese externen Berater arbeiten selbstverständlich mit den Mitarbeitern der Finanz- und Controllingabteilung des jeweiligen Börsenkandidaten zusammen. Nach der Börseneinführung wird der neue Bereich Investor Relations unter anderem von diesen Unternehmensinternen besetzt.

Ein effizienter Projektablauf und die erfolgreiche Durchführung der Börseneinführung in der geplanten Zeit verlangen, dass die Tätigkeiten aller Beteiligten straff organisiert und koordiniert werden. In der Regel wird dabei eine Projektorganisation gewählt, die eine Projektleitung und mehrere Arbeitsgruppen aufweist. Die Projektleitung berät sich regelmäßig über den Status des Projektes, schafft Prioritäten beim weiteren Vorgehen und gibt Empfehlungen, während die Arbeitsgruppen die Einzelfragen bezüglich der Struktur der Börseneinführung, der Unternehmensstruktur, -finanzierung und -strategie, der rechtlichen Anforderungen und der Dokumentationen sowie der Kommunikation und Vermarktung angehen.

## 2.3 Beratung über Einstieg und Zeitpunkt der Börseneinführung

Eine erste bedeutende Beratungsaufgabe einer Investmentbank besteht darin, das Unternehmen und dessen Management zu beraten, ob der Gang an die Börse der optimale Finanzierungsweg ist. Hierbei muss zwei Aspekten besondere Beachtung geschenkt werden: dem Willen des Managements, die Konsequenzen des Börsengangs zu tragen (Emissions- bzw. Börsenwilligkeit) sowie der Börsenreife des Unternehmens (Börsenfähigkeit). Dabei können beide auseinander fallen. Wichtig ist, dass sie für einen Börsengang gleichermaßen gegeben sind.

Bei der Entscheidung, ob das Unternehmen an die Börse gehen sollte, geht es darum, die möglichen Motive (vgl. Abschnitt 2.1.1) gegen die Konsequenzen eines Börsengangs abzuwägen und dabei die möglichen Argumente, die gegen die Börseneinführung sprechen (vgl. Abschnitt 2.3.1), gegen die Vorteile derselben abzuwägen. Dabei ist auch zu erörtern, inwieweit die vom Unternehmen und dem Unternehmer gefürchteten Negativeffekte eingedämmt werden können, und es ist immer zu bedenken, dass Sonderregelungen auf den Kapitalmärkten auch Sonderkosten nach sich ziehen.

Bei der Beurteilung der Börsenreife (vgl. Abschnitt 2.3.2) kann zwischen klar vorgegebenen rechtlichen Voraussetzungen und subjektiven Voraussetzungen, bei welchen ein Beurteilungsspielraum besteht, unterschieden werden. Aufgabe der Investmentbank ist es nicht nur, die Börsenreife absolut zu beurteilen, sondern auch auf eine Behebung der vorhandenen kritischen Punkte hinzuarbeiten. Dies setzt voraus, dass Investmentbank und Börsenkandidat unter Umständen schon lange vor der eigentlichen Börseneinführung zusammenarbeiten. Dies trifft insbesondere auf Wachstumsunternehmen zu.

Sind die Emissionswilligkeit oder die Börsenreife eines Unternehmens nur eingeschränkt vorhanden, ist es die Aufgabe der Investmentbank, auch über mögliche Alternativen zum Börsengang zu beraten (vgl. Abschnitt 2.3.3). Hierbei stehen die direkte Aufnahme von Eigenkapital und die Durchführung eines Unternehmens(teil)verkaufs im Vordergrund.

### 2.3.1 Argumente gegen eine Börseneinführung

Um die organisierten und anonymen Kapitalmärkte zu begehen, ist es unerlässlich, dass die Eigentumsrechte an einem Unternehmen frei in Form von Wertpapieren handelbar sind. Ist das betreffende Unternehmen eine Personengesellschaft oder eine GmbH, so ist in einem ersten Schritt eine Umwandlung in eine AG oder KGaA mit allen ihren Konsequenzen unumgänglich. Diese betreffen die Bereiche Steuern, Mitbestimmung und Berichterstattungs- und Offenlegungspflichten. In der Praxis ist der Aspekt der Rechtsformumwandlung jedoch von untergeordneter Bedeutung; die Investmentbank wird somit weniger in die Überlegungen zur Umwandlung eingebunden sein. So waren, wie eine Studie von Droege & Comp. zeigt, 60 Prozent der befragten Unternehmen bereits vor der Börseneinführung AGs, weitere 22 Prozent GmbHs und damit immerhin Kapitalgesellschaften.[4]

Wesentlicher sind die möglichen direkten und indirekten Kosten der Börseneinführung. Hier sind sowohl die Kosten des Börsengangs als auch die aus der Börsennotierung resultierenden höheren Kosten in den Folgejahren anzusprechen. Zu den *einmaligen Kosten* gehören die Gebühren der Investmentbank und der anderen Berater, die Kosten der Börsenzulassung, die Kosten des Drucks der neuen Aktien und ihrer Vermarktung. Diese einmaligen Kosten belaufen sich auf ca. 6 bis 8 Prozent des Emissionserlöses.[5] Sie können allerdings kaum pauschal angegeben werden. Zum Ersten sind sie abhängig vom Emissionsvolumen, zum Zweiten auch von der Ausgestaltung der Börseneinführung. So sind hier insbesondere die Kosten zur Vermarktung der Aktie an Retail-Investoren relativ hoch. Zusätzlich hochgetrieben werden die Kosten auch, sofern nicht nur ein Börsenplatz gewählt wird. Dies gilt zum Beispiel bei der Notierung der Aktie an einer US-amerikanischen Börse.

---

[4] Droege & Comp., zitiert nach Koch/Wegmann (1998), S. 34
[5] Vgl. Koch/Wegmann (1998), S. 22

Die in der Zukunft *erhöhten Kosten* werden in erster Linie durch die höheren Publizitätsanforderungen an ein börsennotiertes Unternehmen ausgelöst. Es handelt sich um die Kosten der Jahresbericht- und Zwischenberichterstattung, der Ad-hoc-Publizität und der laufenden Pflege der Investorenbeziehungen (beispielsweise durch Bilanzpressekonferenzen oder Analystentreffen). Ist erst im Zuge der Börseneinführung die Umwandlung in eine Aktiengesellschaft notwendig geworden, sind jedoch auch in Zukunft regelmäßig zusätzlich anfallende Kosten wie jene der Durchführung einer Hauptversammlung oder der Vergütung des Aufsichtsrates von Bedeutung.

Beim Börsengang erhöht sich durch die Veränderung der Bemessungsgrundlage die *steuerliche Belastung*. Im Falle der Erbschaft- und Schenkungsteuer richtet sich diese nach dem Börsenkurs – und damit nach einem regelmäßig höheren Wert als jenem, der sich aus dem bei nicht börsennotierten Kapitalgesellschaften verwendeten Stuttgarter Verfahren ergibt – oder dem bei Personengesellschaften angesetzten Einheitswert des Betriebsvermögens. Dies wirkt sich in jenen Ländern erheblich aus, in denen eine Vermögensteuer erhoben wird (bis zum 1. Januar 1997 damit auch in Deutschland).

Das Argument der *Mitbestimmung* ist dann in Erwägung zu ziehen, wenn das Unternehmen zuvor noch keine Aktiengesellschaft war. Die bei der Umwandlung notwendige Schaffung eines Aufsichtsrates, der auch mit Arbeitnehmern besetzt ist, führt leicht zu einer kulturellen Veränderung. Während dieses Argument vor der Börseneinführung, insbesondere von den geschäftsführenden Gesellschaftern, als einschneidendes Gegenargument empfunden wird, hat es sich in der betrieblichen Praxis als nicht entscheidend erwiesen. So klagen Unternehmer, die ihr Unternehmen an die Börse gebracht haben, im Nachhinein in der Regel nicht über Probleme, die sich aus der Mitbestimmung ergeben.

Bedeutende Veränderungen sind im Bereich der *Berichterstattung* und *Offenlegung* notwendig. Diese betreffen zum einen den Zeitpunkt der Börseneinführung, zum anderen die veränderten Voraussetzungen nach dem Börsengang. Als einmalige Aktion ist vor allem der ausführliche Börsenprospekt zu nennen. Dauerhafte Veränderungen ergeben sich aus der Pflicht zur Erstellung und Veröffentlichung eines Jahresabschlusses nach den HGB-Vorschriften für große Aktiengesellschaften (und beim Neuen Markt sogar zusätzlich nach den International Accounting Standards oder den US-Generally Accepted Accounting Principles), der Pflicht zur Zwischenberichterstattung und zur Ad-hoc-Publizität. Sofern ausländische Börsenplätze begangen werden, sind zudem die dortigen Kapitalmarktvorschriften zu erfüllen, so beispielsweise bei einer Notierung an einer US-amerikanischen Börse jene der Securities and Exchange Commission (SEC). Schließlich ist nicht zu vergessen, dass für das Börsenunternehmen nicht nur die rechtlich vorgeschriebenen Informationen von Bedeutung sind. Das Unternehmen muss vielmehr bereit sein, aktiv Kommunikationspolitik zu betreiben.

Ein wichtiger Effekt der erweiterten Berichterstattung und Offenlegung besteht darin, dass bislang für die Öffentlichkeit unzugängliche Informationen, wie zum Beispiel hinsichtlich Forschung und Entwicklung oder der Situation und Entwicklung einzelner Segmente, dargelegt werden müssen. Dies wird häufig vor allem gegenüber Handelspartnern und Konkurrenten als Wettbewerbsnachteil empfunden. Wichtiger ist jedoch, dass für eine faire Bewertung der Aktie, die allen Beteiligten am Herzen liegen sollte, eine breite Informationsbasis gegeben sein muss.

Einen weiteren möglichen Nachteil stellen *Mitspracherechte* anderer Eigenkapitalgeber, die sich durch die Stimmrechte der neuen Anteilseigner ergeben, dar. Dieses Argument wiegt vor allem für traditionelle Familienunternehmen schwer. Ihm kann zum einen durch die anteilsmäßige Begrenzung der an der Börse gehandelten Aktien begegnet werden. Zum anderen wirft dieser Punkt die Frage nach der zu wählenden Aktiengattung (Stamm- oder stimmrechtslose Vorzugsaktie) oder gar der KGaA als alternativer Rechtsform auf.

Eine bedeutende Veränderung ergibt sich schließlich aus dem *Marktdruck*, der durch eine Börsennotierung aufgebaut wird. Vor allem institutionelle Investoren fordern im Sinne des Shareholder Value eine maximale Wertsteigerung ihrer Investition. Eine Enttäuschung der Investorenerwartungen, in welcher Hinsicht auch immer, oder auch ein Vertrauensbruch zwischen Investoren und Management führen unverzüglich zu einer „Bestrafung" durch den Kapitalmarkt in Form eines sinkenden Börsenkurses. Dies kann weit reichende Folgen haben, angefangen beim Versiegen der Börse als Finanzierungsquelle bis hin zu der Gefahr, dass das Unternehmen übernommen wird. Auf Grund der ausgeprägten Konkurrenz, die auf dem Kapitalmarkt um das Kapitalangebot herrscht, hat das Management diesen Druck zu akzeptieren. Um Volatilitäten und kurzfristige Überreaktionen zu vermeiden, muss es das Ziel des Managements sein, eine breite und tragfähige Vertrauensbasis bei den Investoren aufzubauen.

Für den Erfolg der Transaktion ist es entscheidend, dass sich das emittierende Unternehmen der genannten Faktoren nicht nur bewusst, sondern umfassend bereit ist, sich den gestiegenen Anforderungen in aktiver Weise zu stellen. Dies betrifft insbesondere die Erwartungen der Kapitalmärkte an die Informationspolitik und an einen angemessenen Umgang mit den neuen Eigenkapitalgebern. Diese Form der Emissionswilligkeit muss gegeben sein, ansonsten sollte von einer Börseneinführung abgesehen werden.

### 2.3.2 Kriterien der Börsenreife

Ist das Unternehmen gewillt, sich den durch einen Börsengang gestiegenen Anforderungen zu stellen, so ist entscheidend, ob es überhaupt über die Börsenreife verfügt. Hierunter versteht man, dass die Kernaspekte des Unternehmens so ausgerichtet sind, dass sie den Qualitätsanforderungen des organisierten Kapitalmarktes und der potenziellen Investoren genügen. Die Börsenreife kann anhand verschiedener einzelner Kriterien geprüft werden. Diese sind nicht starr festgeschrieben, sondern vielmehr eine Art Richtschnur oder Schwelle, die im Einzelfall individuell zu beurteilen ist. Dabei kann man zwischen quantitativen und qualitativen Kriterien unterscheiden.

Zu den *quantitativen Kriterien* zählen die Mindestgröße und der Mindestumsatz, ein respektables Unternehmenswachstum – historisch und vor allem (nachvollziehbar) zukünftig – und eine angemessene Profitabilität des Unternehmens. Wichtig ist dabei die Erwirtschaftung eines positiven Cashflows und hieraus abgeleitet eine ausreichende Ausschüttungsfähigkeit. Manchmal ist auch das Alter des Unternehmens als Zeichen für Kontinuität ein Kriterium der Börsenfähigkeit. Schließlich ist das mögliche Platzierungsvolumen sowohl hinsichtlich seiner absoluten Höhe als auch seines relativen Anteils wichtig.

Hinsichtlich der konkreten Schwellen aller quantitativen Kriterien bestehen Unterschiede je nach gewähltem Börsensegment. Dies gilt insbesondere für die Unterscheidung zwischen Amtlichem Handel und Neuem Markt bzw. zwischen den traditionellen Unternehmen und den Wachstumsunternehmen. Letztere sind meist vergleichsweise jung und weisen aufgrund der Notwendigkeit hoher Investitionen keine Historie mit starker Profitabilität auf. Zudem bestehen Unterschiede im internationalen Vergleich. In den Vereinigten Staaten beispielsweise sind die Kriterien hinsichtlich des Alters des Unternehmens niedriger und bei überzeugender Unternehmensstrategie ist auch das Vorliegen eines positiven Cashflows nicht unerlässlich. Die Nachhaltigkeit profitablen Wachstums wird in der Regel als der generelle Maßstab für die Börsenreife eines Unternehmens betrachtet.

Bei den *qualitativen Kriterien* ist an erster Stelle die Marktposition des Emittenten in seiner betreffenden Branche zu nennen. Von Bedeutung sind das Produktprogramm, die Produktionstechniken und die Innovationskraft des Unternehmens, die sich ihrerseits in seinem Ertragswachstum und seiner Gewinndynamik niederschlagen. Diese Aspekte werden in der Equity Story ausführlich dargelegt. Wichtig ist weiter die Qualität des Managements. Hier sind zwei Aspekte entscheidend: die Erfahrung des Managements und die Tatsache, ob ein Team existiert, oder aber das Schicksal des Unternehmens in der Hand eines einzelnen geschäftsführenden Gesellschafters liegt. Letzteres kann auf dem Kapitalmarkt zu einer ablehnenden Haltung führen. Ein wichtiges qualitatives Kriterium ist schließlich das Informations- und Kontrollsystem des Unternehmens. Es muss angemessen ausgestaltet sein und in der Vergangenheit konsistente Ergebnisse erbracht haben. Schließlich ist auch Aspekten wie der Transparenz des Unternehmensaufbaus, der Organisationsstruktur und dem Image des Unternehmens Bedeutung beizumessen.

Es ist die Aufgabe der Investmentbank sicherzustellen, dass diese Kriterien entweder bereits erfüllt sind oder aber ihre Erfüllung im Vorfeld des Börsengangs erreicht wird. Grundsätzlich werden dabei zwei Aspekte unterschieden. Der erste betrifft die betriebswirtschaftlichen Aussichten des Unternehmens. Nur dann, wenn eine hinreichende Kursfantasie besteht, wird es gelingen, die Aktie, die am Kapitalmarkt im Wettbewerb mit anderen Titeln steht, Erfolg versprechend zu vermarkten. Entscheidend ist dabei auch die Preisentwicklung. So kann die Aktie eine spektakuläre Kursentwicklung erfahren oder nach dem Börsengang stark nachlassende Aktienperformance zeigen. Damit steigt die Gefahr einer Übernahme des Unternehmens, gleichzeitig sinkt die Möglichkeit, günstig Folgetransaktionen durchführen zu können. Diese Entwicklungen können sowohl in finanzieller als auch in gesamtbetrieblicher Hinsicht für das Unternehmen eine Bedrohung darstellen. Entweder zeigt sich dies sofort oder aber dann, wenn eine allgemeine Verschlechterung des Marktes eintritt. Der zweite Aspekt betrifft den kapitalmarkttechnischen Erfolg. Das Volumen der Transaktion muss so groß sein, dass es auch das Interesse der institutionellen Investoren auf sich ziehen kann. Die Größe des Float, das heißt der im Umlauf befindlichen Aktien, muss ausreichen, um die notwendige Liquidität der Aktien am Sekundärmarkt sicherzustellen.

Sind diese beiden Aspekte nicht gegeben, kann es zu einer Reihe negativer Konsequenzen kommen. Die Liquidität kann mangelhaft und die Abdeckung durch Research-Material dürftig sein. Diese auf den ersten Blick getrennten Aspekte bedingen sich gegenseitig. Die hieraus resultierende Illiquidität der Aktie schlägt sich für das betroffene Unternehmen in höheren Eigenkapitalkosten nieder, da Investoren in diesem Fall eine Prämie verlangen.

Es sollte angesichts dieser Risiken erst dann zu einem Börsengang kommen, wenn alle quantitativen und qualitativen Kriterien hinreichend erfüllt sind. Dies zu prüfen und zu beurteilen ist auch Aufgabe der Investmentbank. Sie muss ihre Beteiligung an der Transaktion hieran knüpfen, ansonsten würde sie ihren Emissionskredit aufs Spiel setzen. Die Börsenreife muss erst zum Zeitpunkt des Zeichnungsangebotes gegeben sein, das heißt Investmentbank und Unternehmen können gezielt bis zu diesem Moment an der Verbesserung der Börsenreife arbeiten. Dabei kann es nicht darum gehen, das Minimum anzustreben. Da die Kriterien der Börsenreife den Erfolg einer Börseneinführung determinieren, müssen Unternehmen und Investmentbank an ihrer bestmöglichen Erfüllung arbeiten.

Besondere Beachtung hat die Frage der Börsenreife auch bei Privatisierungen. Auch hier gelten die allgemeinen Kriterien, doch stößt eine Investmentbank bei staatlichen Unternehmen häufig auf typische zusätzliche Herausforderungen. Hierzu gehört, dass ein der Größe des Unternehmens entsprechend ausgeprägtes Rechnungswesen existieren muss. Die in Staatsbetrieben zum Teil noch anzutreffende Kameralistik, die keine Aufwendungen und Erträge kennt, stellt nicht die für unternehmerische Entscheidungen notwendigen Informationen zur Verfügung. Ein mindestens ebenso großes Manko ist die nicht marktgerechte Bewertung der Vermögensgegenstände im Rahmen der Kameralistik, sodass auch die Informationen für potenzielle Investoren mangelhaft sind. Schließlich werden auch Verpflichtungen aus Pensionszusagen oft nicht den privaten Unternehmen entsprechend behandelt.

Die Marktnähe der Führung des Unternehmens tritt oftmals als weiteres wichtiges Kriterium für den Börsengang auf. Das Management des Unternehmens muss akzeptieren, dass das Unternehmen nicht mehr in einem monopolistisch geprägten Markt agiert, sondern dass es den Gesetzen des Marktes und damit der Konkurrenz ausgesetzt ist. Die Fähigkeiten des Managements, den neuen Herausforderungen gerecht zu werden, wird von Investoren bei Privatisierungen besonders kritisch beurteilt. Wegen der zumindest ehemaligen Verbundenheit des Unternehmens mit der Politik ist es wichtig, dass die Investoren den Eindruck gewinnen, dass der Staat tatsächlich bereit ist, das Unternehmen und das Management dem Wirtschaftsleben zu überlassen und sich nicht weiter politisch einzumischen.

### 2.3.3 Finanzierungsalternativen

Hat das Management Bedenken hinsichtlich der Konsequenzen eines Börsengangs oder sind die Kriterien der Börsenreife noch unzureichend erfüllt, ist es die Aufgabe der Investmentbank, das Unternehmen über mögliche Alternativen zum Börsengang zu informieren und gegebenenfalls zu beraten. Diese können entweder als eindeutige Alternative zum Börsengang oder als zeitliche Vorstufe hierfür gesehen werden. Im Wesentlichen handelt es sich hier um die Zuführung von Kapital ohne Begehung der organisierten Kapitalmärkte (Private Equity) oder den Verkauf des Unternehmens (das heißt eine M & A-Transaktion).

*Private Equity* stellt tatsächlich in einer Reihe von Fällen eine Alternative dar. Es kommt nicht nur bei der allgemeinen Wachstumsfinanzierung zur Anwendung, sondern ist häufig die entscheidende Voraussetzung dafür, den notwendigen Wachstumssprung zu einem börsenreifen Unternehmen überhaupt vollziehen zu können. Damit ist die Private-Equity-Beteiligung nur ein Baustein in einer langfristig geplanten Börseneinführung. Schließlich kann Private Equity im Zusammenhang hiermit oder aber auch unabhängig von einem späteren Börsengang zur Finanzierung von Unternehmensübernahmen oder auch zur Restrukturierung der Kapitalseite angewandt werden.

Entscheidend ist jedoch, dass es sich bei der Abwägung zwischen einer Börseneinführung und der Bereitstellung von Private Equity nicht um zwei verschiedene Wege der Kapitalzuführung handelt. Die Partner stellen bei einer Private-Equity-Transaktion neben dem Kapital durch die Beratung und die Zugangsmöglichkeiten zu Beziehungsnetzen andere Beiträge zur Verfügung. Diese betreffen sowohl die Finanz- als auch die Absatzmärkte. Für die Gruppe der Wachstumsunternehmen kann dies, auch bei den notwendigen Schritten zur Globalisierung und bei der Vorbereitung der Börsenreife, von entscheidender Bedeutung sein. Gleichzeitig bedingt es auch eine intensivere inhaltliche Zusammenarbeit mit dem Kapitalgeber, als dies bei einer Streuung der Kapitalanteile auf dem organisierten Kapitalmarkt der Fall ist, sowie oft höhere Finanzierungskosten. Es ist daher wichtig, die sich hier bietenden Vor- und Nachteile mit den individuellen Bedürfnissen des Unternehmens bzw. der ursprünglichen Motivation zum Börsengang abzuwägen.

Entscheidet sich das Unternehmen für die Aufnahme von Private Equity, so wird die Investmentbank den Kontakt zu möglichen Kapitalgebern, insbesondere zu den Kapitalbeteiligungsgesellschaften, herstellen. Sie kann auch ihrerseits unter Berücksichtigung potenzieller Interessenkonflikte entweder im Rahmen eines Co-Investment zusammen mit diesen oder allein dem Unternehmen das notwendige Eigenkapital zur Verfügung stellen. In diesem Fall spricht man je nach Ausprägung von Bridge Financing oder Principal Investment.

Planen die bisherigen Eigentümer den Ausstieg aus ihrem Unternehmen, kann sich bei mangelnder Börsenreife als Alternative der *Verkauf des Unternehmens* anbieten. Dieser Weg unterscheidet sich in mehreren Punkten von einer Börseneinführung. Zum Ersten geben die Alteigentümer die Gesamtheit ihrer Eigentumsrechte am Unternehmen zu einem bestimmten Zeitpunkt ab – dies im Gegensatz zu einer Börseneinführung, bei der dies in der Regel nur sukzessive möglich sein würde. Zum Zweiten gibt es in der Regel nur einen Erwerber, der in jedem Fall den Alteigentümern bekannt ist. Eine Handelbarkeit oder auch eine Teilbarkeit der Anteilsrechte am Unternehmen ist für den Erwerber unerheblich. Die Kontrolle am Unternehmen geht schlagartig auf einen Dritten über.

Auf Grund der unterschiedlichen Bedingungen, unter denen eine M & A-Transaktion abläuft, sind potenzielle Interessenkonflikte und Informationsasymmetrien zwar sehr ausgeprägt, können aber mit vertretbarem Aufwand weitgehend abgebaut werden. So wird ein Interessent in jedem Fall eine Due Diligence anstrengen. Verfügt er darüber hinaus über detaillierte Marktkenntnisse, kann er viele Unsicherheiten bei der Bestimmung des Unternehmenswertes beseitigen. Ob der Erlös, der sich bei einer M & A-Transaktion erzielen lässt, höher oder niedriger ausfällt als jener bei einer Börseneinführung, hängt von den spezifischen Gegebenheiten ab. So sind beim Verkauf an einen einzigen Partner die Verteilung der Verhandlungsmacht und der Informationsstand der Vertragsparteien anders als bei einem Börsengang. In einigen Situationen bleibt den Alteigentümern keine andere Möglichkeit, als Zugeständnisse hinsichtlich der Vertragsgestaltung und des Kaufpreises zu machen. Dem kann entgegengehalten werden, dass ein kaufendes Unternehmen in vielen Fällen von Synergien profitieren kann, die bei einem Börsengang und damit einhergehendem Streubesitz nicht auftreten. Insofern entzieht sich die Abwägung zwischen diesen beiden Alternativen einer pauschalen Beurteilung; sie ist immer im Einzelfall vorzunehmen.

Neben den beiden bedeutenden Alternativen des Private Equity und des Verkaufs kann bei noch nicht bestehender Börsenreife schließlich eine Überbrückung durch eine *Going-Public-Optionsanleihe* zur Sprache kommen. Bei dieser Form der Überbrückungsfinanzierung handelt es sich um eine festverzinsliche Anleihe, die im Falle eines Going Public ein Optionsrecht auf die auszugebenden Titel zu festgelegten Bedingungen gibt. Auf Grund dieses Rechts ist sie relativ niedrig verzinst. Kommt es in der Folge nicht zu einem Going Public oder wird die Option nicht ausgeübt, so wird die Anleihe mit einem Agio zurückgezahlt, welches dem Anleiheninhaber nachträglich eine marktkonforme Verzinsung gewährleistet. Das besondere Merkmal dieses Instruments liegt in der Entscheidungsfreiheit, die das Management bezüglich des Going Public hat. Im Gegensatz zur klassischen Optionsanleihe ist die Aktienemission noch nicht erfolgt, der Beginn des Optionszeitraums ist kalendarisch nicht festgelegt, sondern hängt ausschließlich vom Zeitpunkt des Going Public ab, und der Zins erreicht bei Verzicht auf Ausübung der Option Marktniveau.

Zum ersten Mal wurde die Going-Public-Optionsanleihe durch das Schweizer Bankhaus Julius Bär im Jahre 1988 angewendet. Eine weite Verbreitung hat dieses Finanzierungsinstrument bis heute nicht erreicht, auch wenn es einige Vorteile zu bieten hat. So erhält das Unternehmen auch ohne Nutzung des Aktienmarktes eine beträchtliche Kapitalzufuhr. Die Laufzeit der Anleihe, die in der Regel bei fünf Jahren liegt, erlaubt es dem Management, das Unternehmen auf den Going Public intensiv vorzubereiten, ohne dass dabei eine Verpflichtung zum Börsengang besteht. Die laufenden Finanzierungskosten sind relativ gering, sodass der Cashflow des Unternehmens nicht wachstumshemmend belastet wird. Durch die frühzeitige Kapitalmarktpräsenz wird darüber hinaus ein Bekanntheitsgrad erreicht, der für den eventuellen Börsengang sehr hilfreich ist. Die Nachteile, welche die geringe Verbreitung der Going-Public-Optionsanleihe erklären können, liegen hauptsächlich auf Seiten der Investoren. Die Ausgestaltung und damit die Bewertung des Optionsrechts ist relativ komplex und die Entscheidung über den Börsengang wird ausschließlich vom Emittenten getroffen. Auch kommt der Publizitäts- und Vermarktungsaufwand dem einer Börseneinführung nahe.

## 2.4 Beratung vor der Börseneinführung

### 2.4.1 Zielgruppenauswahl

Zur Vorbereitung der Börseneinführung muss das Emissionskonzept, das im Rahmen des Beauty Contest nur als Entwurf auf der Basis beschränkter Daten vorgelegt wurde, formuliert werden. Die Definition der Investoren-Zielgruppe, die ursächlich von der Equity Story des Börsenkandidaten abhängt (vgl. Abschnitt 2.6.3), steht dabei im Mittelpunkt. Da sich letztlich auch die Zuweisung der Aktien an dieser orientieren soll, wird sie der Planung aller weiteren Schritte im Rahmen der Emission zu Grunde gelegt. Neben den individuellen Gegebenheiten des Börsenkandidaten berücksichtigt die Investmentbank die Kriterien zur Identifikation und Systematisierung der potenziellen Investoren.[6] Dazu gehört in erster Linie, dass die Kombination aus Risikoneigung und Renditeerwartung der Investoren, das *Risiko/Rendite-Profil*, mit der Emission in Einklang steht. Wird dieses bei der Emission nicht berücksichtigt, können sich kurzfristig schwer kontrollierbare Kursbewegungen ergeben.

Ein weiteres Kriterium ist die Bereitschaft der Investoren zur dauerhaften Anlage. Investoren mit kurzfristigen Anlagestrategien oder gar Spekulanten können starke Kursschwankungen verursachen, die andere Investoren abschrecken. Insbesondere in der Zeit direkt nach der Einführung der Aktie an der Börse kann das Kapitalmarktimage des Unternehmens einen auf lange Zeit hin irreparablen Schaden nehmen. Dies ist spätestens dann der Fall, wenn der Kurs der Aktie unter den Emissionspreis sinkt.

Die Verbundenheit des Investors mit dem Unternehmen ist oftmals eng mit der Bereitschaft zur dauerhaften Anlage verknüpft. In problematischen Zeiten kann sie eine große Bedeutung erlangen, da dann auch langfristig orientierte Investoren womöglich ihre Position auf Grund eines erhöhten Risikos abstoßen möchten. Eine Beziehung, die neben dem reinen Investitionskalkül auch auf anderen Faktoren basiert, kann dem Unternehmen helfen, die Situation zu meistern und wieder zu einer positiven wirtschaftlichen Entwicklung zu kommen. Von einer derartigen Verbundenheit kann insbesondere bei Mitarbeitern, Kunden oder Lieferanten des Unternehmens ausgegangen werden.

Daneben wird die Investmentbank auch auf die Bereitschaft zu kleineren Engagements Wert legen. Die Streuung der Aktie ermöglicht nicht nur eine Beschränkung des Einflusses der zukünftigen Anteilseigner und die Reduktion der Gefahr einer Übernahme des Unternehmens, sondern ist eine wichtige Voraussetzung für eine ausreichende Liquidität der Aktie an der Börse. Jede Form der eingeschränkten Handelbarkeit eines Titels, gleich ob sie den Kauf oder den Verkauf betrifft, verursacht bei den Investoren Kosten, die das Interesse am Handel mit dieser Aktie reduzieren. Ist die Basis der Investoren breit genug, wird es auf Grund unterschiedlicher Erwartungshaltungen und individuell unterschiedlicher Präferenzen bei verschiedenen Kursen regelmäßig Investoren geben, die Aktien kaufen, und Teilnehmer, die Aktien verkaufen wollen. Die Invest-

---

[6] Vgl. Oettingen (1995), Sp. 901.

mentbank wird jedoch eine Mindestzuteilung an Aktien je Investor festlegen, da ansonsten die Transaktionskosten des Haltens der Aktie bei marktgewöhnlicher Kursentwicklung unverhältnismäßig hoch sind, sodass ein Anreiz zum Verkauf der Aktie besteht, der die Kursentwicklung weiter beeinträchtigen könnte.

Befürchten die Alteigentümer den Dritteinfluss, kann auch das Interesse der zukünftigen Aktionäre an der Ausübung von Mitsprache- und Kontrollrechten zu einem Kriterium erhoben werden. Dieses sollte nach Möglichkeit nicht ausschlaggebend sein, da es dem fairen Verhältnis zwischen Alteigentümern und neuen Eigenkapitalgebern potenziell entgegen steht. Privatisierungen stellen hier häufig eine Ausnahme dar. So kann auf Seiten der Politik der Wunsch bestehen – wenn schon kein direkter Einfluss mehr auf das zu privatisierende Unternehmen ausgeübt wird –, die Zusammensetzung des Aktionärskreises zu bestimmen. Die Angst vor Übernahmen bestärkt die Verantwortlichen in diesem Wunsch. Die genaue Definition der Zielgruppe der Investoren durch die Investmentbank und die Festlegung von Höchstgrenzen bei der Zuteilung der Aktien können die Berücksichtigung dieses Interesses ermöglichen.

Diese verschiedenen Anforderungen an Investoren werden durch die drei Investorengruppen, die institutionellen Investoren, die Retail-Investoren und die Mitarbeiter/das Management in unterschiedlicher Weise erfüllt. Während sich die Retail-Tranche meist ausschließlich auf die Käufer im Heimatland des Unternehmens bezieht, ist für die institutionellen Investoren festzulegen, inwieweit hier auch ausländische angesprochen werden sollten. Zugleich sollten die obigen Kriterien nicht nur bei der Bestimmung der Stärke und Ausgestaltung der angesprochenen Zielgruppen – und der hierauf abgestimmten Notierungsstrategie – genutzt werden, sie sind bei einer eventuellen Überzeichnung der Emission später auch bei einer Auswahl der Investoren innerhalb der jeweiligen Gruppen von Bedeutung.

Für die *Einbindung institutioneller Investoren* spricht, dass sie über umfangreiche Gelder verfügen und Meinungsmacher für die Bewertung und den späteren Handel mit der Aktie sind. Innerhalb der Gruppe der institutionellen Investoren ist allein die Qualität des Investors, die durch eine Investoren-Zielanalyse ermittelt wird, ausschlaggebend. Wichtig ist hierbei, abgeleitet aus dem genannten Anforderungsprofil, dass man den Investor an sich und seine Bedeutung kennt, dass das Interesse am Unternehmen gegeben und nachvollziehbar ist und welchen Ruf der Investor hinsichtlich seines Verhaltens nach Börseneinführung hat. Im Ergebnis sind deutsche und internationale Großanleger und andere Institutionen von Interesse, die eine breite Nachfrage garantieren. Es sollte hingegen keine Zuteilung an Institutionen ohne klare Anlagestrategie oder an unbekannte Institutionen erfolgen. Die Investmentbank wird regelmäßig eine Liste von Investoren identifizieren, von denen sie annimmt, dass sie für die betreffende Börseneinführung als Anleger geeignet sind.

Eine besondere Bedeutung kommt in der Regel der Auswahl der institutionellen Investoren bei der Privatisierung zu. Oft wird versucht, die gewünschte Stabilität durch Großplatzierungen bei „genehmen" Investoren zu erreichen. In Frankreich beispielsweise wird bei Privatisierungen traditionell eine Gruppe mit französischen, aber auch ausländischen Kernaktionären (Groupe d'Actionnaires Stables (GAS)) gebildet, die gewillt sind, eine große Summe Geld über einen Zeitraum von mindestens 18 bis 24 Monaten in ein privatisiertes Unternehmen zu investieren. Als präventive Defense-Maßnahme und um einen stabilen Aktionärskreis zu erhalten, werden typischerweise 10 bis 20 Prozent der Aktien im Vorfeld der Börseneinführung bei diesen Kernaktionären platziert. Um dabei berücksichtigt zu werden, müssen die GAS-Mitglieder neben der Respektierung der Haltepflicht eine Prämie von zwei bis vier Prozent auf den Preis für institutionelle Anleger zahlen. Darüber hinaus werden die GAS-Mitglieder in keiner Weise in ihren Rechten als Aktionäre eingeschränkt.[7]

Ausländische institutionelle Investoren will man einbinden, um das potenzielle Nachfragevolumen zu steigern. Die dabei offensichtliche Dominanz angloamerikanischer institutioneller Investoren ist eine Konsequenz des auf Kapitalansparung ausgerichteten und nicht umlageorientierten Pensionssystems in den Vereinigten Staaten und Großbritannien. Die Ansprache ausländischer Institutioneller, gegebenenfalls sogar eine Platzierung im Ausland, sind unumgänglich bei Emissionen wie jene der Deutschen Telekom AG, welche die Aufnahmefähigkeit des nationalen Kapitalmarktes übersteigen. Dabei kann mit einem internationalen Konsortium eine breitere Streuung der Anteile des Unternehmens erreicht werden. So führte die Einführung der Europäischen Wirtschafts- und Währungsunion zu einem graduellen Wechsel von überwiegend inländischen Anlagestrategien der Institutionen hin zu Investitionen in spezifische Branchen auf europaweiter Basis. Dies gebietet schon die europaweite Ansprache der Investoren. Schließlich drängt es sich bei Wachstumsunternehmen auf, jene Investorengruppe anzusprechen, die mit der betreffenden Industrie, zum Beispiel der Biotechnologie, besonders vertraut ist und das Unternehmen nicht mit Bewertungsabschlägen versieht. Hier handelt es sich in der Regel um angloamerikanische Investoren.

Für die *Einbindung von Retail-Investoren* spricht die Tatsache, dass hier kleinere Engagements von Aktionären gehalten werden, die sich in der Regel nur selten um die Ausübung ihrer Mitsprache- und Kontrollrechte bemühen. Häufig üben Banken das Depotstimmrecht für sie aus. Auch die zunehmenden Tätigkeiten von Aktionärsvereinigungen hat hier noch keine nachhaltige Veränderung bewirkt. Bei Privatisierungen ist es auch von Bedeutung, dass diese in der Öffentlichkeit als erfolgreich angesehen werden. Aus diesem Grund werden hier bevorzugt Retail-Kunden angesprochen. Zudem kann auch nur durch eine beträchtliche Retail-Tranche der Effekt einer Kapitalmarktstärkung eintreten. Oft zeigt sich auch, dass Retail-Investoren wesentlich weniger volatil auf Marktbewegungen reagieren als institutionelle. Mit Blick auf einen stabilen Sekundärmarkt sollte die Zuteilung an Privatanleger und an institutionelle Investoren ausgewogen sein.

Insgesamt kann die Gruppe der Privatanleger untersegmentiert werden in die Gruppe der Kleinanleger und der High Net Worth Individuals (HNI). Die Kleinanleger sind in Deutschland eine wichtige Nachfragegruppe geworden. Sie weist eine durchschnittliche Ordergröße von 430 bis 4350 Euro auf. Die Nachfrage erfolgt zum Großteil über das Filialnetz der Banken. Der Großteil der Kleinanleger ist nicht, eine geringe Gruppe zu-

---

[7] Vgl. Lilja (1997), S. 53 f.

mindest etwas preissensitiv. Die High Net Worth Individuals hingegen sind informierte und anspruchsvolle Investoren, die sich zunehmend wie kleine institutionelle Investoren verhalten. Ihre Nachfrage, die sich an Analystenberichten orientiert, ist transparent.

Zum einen drängt sich eine Platzierung bei Privatanlegern in Deutschland auf, um von der Privatanlegernachfrage zu profitieren. Zugleich kann auf diese Weise der Bekanntheitsgrad des emittierenden Unternehmens in diesem Investorensegment erhöht werden. Der schon als Motiv für eine Börseneinführung genannte positive Spill-over-Effekt auf die Absatzmärkte des Unternehmens kann optimal genutzt werden. Zu beachten ist dabei, welches Segment innerhalb der Nachfrage der Privatanleger bevorzugt angesprochen wird. So kann es in einigen Fällen von Vorteil sein, gezielt den Markt der High Net Worth Individuals und der Privatanleger im gehobenen Segment anzugehen. Dies ist insbesondere dann der Fall, wenn das vom emittierenden Unternehmen hergestellte Produkt oder die verkaufte Dienstleistung gerade von dieser Kundengruppe abgenommen wird. Ein solche Strategie kann, ebenso wie die gesamte Nachfrage der Privatanleger, durch die Ausrichtung und Intensität der Werbekampagnen gesteuert werden.

Für die *Einbindung von Mitarbeitern und des Managements* spricht in erster Linie die Verbundenheit dieser Investoren mit dem Unternehmen. Auch können durch eine derartige Beteiligung andere Effekte, zum Beispiel eine gestärkte Motivation, erreicht werden. Die Zuteilung von Aktien im Rahmen einer Börseneinführung ist nur eine der möglichen Maßnahmen; sie muss gegen andere Alternativen abgewogen werden (vgl. Abschnitt 4 zur Ausgestaltung von Mitarbeiter- und Managementbeteiligungen).

### 2.4.2 Konsortium und andere Berater

Bei der Zusammensetzung des Konsortiums muss entschieden werden, ob weitere Investmentbanken für die Platzierung der Emission hinzugezogen werden sollen, und wenn ja, welche Struktur das Emissionskonsortium bei der Beteiligung mehrerer Banken haben soll. Dabei ziehen die auftraggebenden Unternehmen auch die Erkenntnisse und Eindrücke aus dem zuvor zum Zweck der Bestimmung des Konsortialführers durchgeführten Beauty Contest heran.

Die Bildung eines Konsortiums hängt dabei von verschiedenen Faktoren ab. Neben der Größe der Emission sind die spezifischen Leistungen, die andere Investmentbanken bei der Emission einbringen können, von Bedeutung. Ist die Entscheidung für ein Konsortium gefallen, richtet sich die Bildung der Struktur nach denselben Faktoren, die diese Entscheidung herbeigeführt haben. Zentral ist dabei die Wahl zwischen einem nationalen und einem internationalen Konsortium. Dabei geht es nicht um die Zulassung der Aktien des Unternehmens an verschiedenen Börsen, sondern in erster Linie um die Frage, ob Investmentbanken, welche die Aktien international platzieren sollen, an der Emission beteiligt werden.

Für ein *nationales Konsortium* sprechen im Wesentlichen die niedrigeren Kosten der Emission. Teile des Emissionsvolumens bei ausländischen Investoren zu platzieren, erfordert regelmäßig größere Anstrengungen als die Platzierung ausschließlich im Heimatmarkt. Dies ist unter anderem auf die geringere Bekanntheit des Unternehmens im Ausland zurückzuführen. Sofern die Aktien nicht nur im Inland an Ausländer verkauft werden sollen, sondern auch eine Börseneinführung im Ausland geplant ist, sind die dortigen Kapitalmarktvorschriften zu beachten. Entscheidet man sich für die internationale Vermarktung der Aktie, müssen neben dem Erfordernis, ein internationales Distributionsnetz zur Verfügung zu stellen, auch fundierte Kenntnisse und Erfahrungen bezüglich der Funktionsweise der ausländischen Kapitalmärkte in das Konsortium eingebracht werden. Dies macht eine Erweiterung des Beraterteams von Seiten der Investmentbanken und damit ein *internationales Konsortium* in der Regel unumgänglich.

Wenn ein internationales Konsortium vorgesehen wird, so drängt es sich auf, das Konsortium analog zu den vorgesehenen Tranchen zu konzipieren. So wird unterhalb eines Globalen Koordinators (zwei oder seltener drei Globalen Koordinatoren) beispielsweise eine Tranche für das Retail-Geschäft, eine für das heimische institutionelle Geschäft und eine für die Platzierung in einzelnen Regionen vorgesehen. Die genauere Konzeption des Konsortiums mit Lead Managern, Co-Lead Managern und Co-Managern fällt dann in den Aufgabenbereich der Capital-Markets-Mitarbeiter.

Je nach den Positionen innerhalb des Konsortiums werden von den involvierten Banken unterschiedliche Leistungen erwartet und somit unterschiedliche Honorare zugesprochen. Dem Globalen Koordinator beziehungsweise Konsortialführer obliegt nicht nur die Koordination des Prozesses beziehungsweise des Konsortiums, sondern auch das alles entscheidende Bookbuilding. Der Buchführer nimmt nicht nur die durch das Konsortium generierten Bestellungen zentral entgegen, sondern er bestimmt letztlich (zusammen mit dem Emittenten) den Ausgabepreis und teilt die erforderlichen Aktien zu. Institutionelle Investoren, welche die Wahl haben, durch wen sie ihre Bestellungen erteilen, wenden sich in der Regel direkt an den Buchführer.

Für seine Arbeit erhält der Koordinator zunächst eine Managementgebühr, die in der Regel etwa 20 Prozent des Gesamtvolumens (Spread) ausmacht. Lead Manager und Co-Lead Manager erhalten in der Regel eine Underwriting Fee von 20 Prozent (je nach zugeteilter Quote), für die beim Bookbuilding-Verfahren allerdings kein echtes (Festpreis-)Risiko besteht. Von ihnen wird unter anderem erwartet, dass sie Research Coverage für das Unternehmen leisten. Entscheidend ist, dass ein Großteil des Spreads (bis zu 60 Prozent) als Selling Concession an diejenigen Konsortialmitglieder fließt, die die tatsächlichen Verkäufe auch durchführen. Je nach Marketingfähigkeiten der Banken können die tatsächlichen Verkaufszahlen dafür wesentlich von der ursprünglichen Underwriting-Quote abweichen. Angesichts seines Zuteilungsrechtes kommt dem Buchführer hier wesentliche Bedeutung zu, und es ist nicht unüblich, dass das emittierende Unternehmen den Gesamtanteil des Buchführers (Management Fee und Underwriting Fee) an der Spanne nach oben limitiert, um den Anreiz für andere Konsortialmitglieder zu erhöhen.

Schließlich wird die Investmentbank nicht nur einen Vorschlag hinsichtlich der anderen zu beteiligenden Banken, sondern auch der einzuschaltenden *Berater* machen. In einem ersten Schritt wird sie dabei selbstverständlich jene Berater in Betracht ziehen, die bereits mit dem Unternehmen gearbeitet haben. Da eine Börseneinführung jedoch ein einmaliger, neuer und wichtiger Schritt in der Geschichte des Unternehmens ist, ist es häufig notwendig, alternativ oder zusätzlich auf diesem Spezialgebiet sehr versierte Berater hinzuzuziehen. Das gilt häufig für beauftragte Rechtsanwälte, Steuerberater und Wirtschaftsprüfer und naturgemäß immer für die Investor-Relations- und Finanzpublizitäts-Spezialisten.

Ausschlaggebend für den Vorschlag sind sowohl der Umfang der erwarteten Dienstleistungen, die Expertise für die betreffende Börseneinführung (auch in Abhängigkeit von der Branche und Art des Unternehmens) als auch die schon bei vorangegangenen Transaktionen gemachten Erfahrungen. Die Investmentbank kann auf dieser Basis entweder gezielt einzelne Berater vorschlagen oder aber, was die Regel ist, mehrere Vertreter der einzelnen Gruppen zu einem Auswahlverfahren einladen.

### 2.4.3 Aktienherkunft und -gattung

Im Rahmen des Emissionskonzeptes ist sehr früh die Herkunft der Aktien festzulegen, die an der Börse eingeführt werden sollen. Hierbei kann es sich handeln um

- neue Aktien, die durch eine Kapitalerhöhung geschaffen werden,
- alte Aktien, die bisher im Bestand der Alteigentümer sind,
- eine Mischung aus neuen und alten Aktien.

Im Falle des Verkaufs neuer Aktien fließt der Emissionserlös dem Unternehmen, im anderen Fall dem verkaufenden Alteigentümer zu. Wie sich die Aufteilung der Emissionserlöse zwischen Gesellschaft und Alteigentümern in der Vergangenheit entwickelt hat, zeigt Übersicht 2. Es wird deutlich, dass die Mehrzahl der Börseneinführungen heute mit neuen Aktien erfolgt. Der Grund dafür ist, dass Investoren eine Börseneinführung in Abhängigkeit von der emittierten Aktienart unterschiedlich bewerten.

Übersicht 2: Aufteilung der Emissionserlöse: Gesellschaft vs. Alteigentümer

| Jahr | Gesamt in Mio. DM | Gesellschaft in Mio. DM | in % | Alteigentümer in Mio. DM | in % |
|---|---|---|---|---|---|
| 1986 | 4623,88 | 842,64 | 18,2% | 3781,24 | 81,8% |
| 1987 | 1751,20 | 543,75 | 31,1% | 1207,45 | 68,9% |
| 1988 | 798,83 | 269,49 | 33,7% | 529,34 | 66,3% |
| 1989 | 2417,16 | 898,20 | 37,2% | 1518,96 | 62,8% |
| 1990 | 3635,27 | 1528,38 | 42,0% | 2106,89 | 58,0% |
| 1991 | 3233,46 | 1216,23 | 37,6% | 2017,23 | 62,4% |
| 1992 | 744,25 | 377,90 | 50,8% | 366,35 | 49,2% |
| 1993 | 963,20 | 737,80 | 76,6% | 225,40 | 23,4% |
| 1994 | 1313,06 | 706,11 | 53,8% | 606,95 | 46,2% |
| 1995 | 7570,79 | 4745,33 | 62,7% | 2825,46 | 37,3% |

Quelle: Dr. Wieselhuber & Partner (1996), S. 65

Bei der Ausgabe neuer Aktien handelt es sich in der Regel um eine Wachstumsfinanzierung. Das Unternehmen signalisiert damit sein Interesse am Aufbau eines langfristigen Kapitalmarktvertrauens. Mit Blick auf kommende Kapitalerhöhungen strebt es einen optimalen und nicht maximalen Emissionserlös an.

Handelt es sich bei der Börseneinführung um den Verkauf von alten Aktien, das heißt eine reine Umplatzierung (Secondary Offering), müssen Investoren befürchten, dass das Argument des „Kasse machens" im Vordergrund steht und die Alteigentümer aussteigen wollen. In vielen Branchen ist deren Verbleib als unternehmerischer Motor jedoch von entscheidender Bedeutung für die zukünftige Ertragskraft des Unternehmens. Zudem kommt die berechtigte Frage auf, ob die Alteigentümer auf Grund ihrer genauen Kenntnis des tatsächlichen Zustandes des Unternehmens mehr wissen als der potenzielle Aktionär und deshalb den Ausstieg suchen. Im Extremfall wollen sie gar „ein sinkendes Schiff" verlassen. Aus diesem Grund sollte, auch wenn an eine Teil- oder Totalrealisierung gedacht wird, ein stufenweises Vorgehen angestrebt werden. Hiernach geht das Unternehmen in einem ersten Schritt mit neuen Aktien an die Börse. Zu einem späteren, bei der Börseneinführung planerisch jedoch schon vorweg genommenen Zeitpunkt schließt sich eine Platzierung alter Aktien an. Bei dieser sind die Investoren eher bereit, alte Aktien zu kaufen, da sich im Zuge der Börsennotierung inzwischen ein marktbestimmter Kurs für die Aktie des emittierenden Unternehmens eingespielt hat. Um das Vertrauen zu erhöhen und den Preisdruck durch ein potenzielles Neuangebot an Aktien (Overhang) zu reduzieren, verpflichten sich bei einem Börsengang die Alteigentümer oft für einen gewissen Zeitraum von bis zu einem Jahr, auf Marktverkäufe zu verzichten (Lock-up).

Neben diesen Überlegungen sind in jedem Fall die Vorschriften der Börsensegmente zu berücksichtigen. Sowohl der Amtliche Handel als auch der Neue Markt schreiben nicht nur ein Mindestvolumen der Emission vor, wie es auch der Geregelte Markt verlangt, sondern auch einen Streubesitz von mindestens 25 Prozent. Zudem verlangt der Neue Markt eine Lock-up-Periode von sechs Monaten sowie eine Mischung von maximal 50 Prozent alter Aktien bei der Erstplatzierung.

Im September 1999 wurden die seit der Gründung des Neuen Marktes geltenden Lock-up-Regeln aufgrund von Missbrauchsversuchen den gestiegenen Anforderungen des Marktes angepasst. Bereits dem Zulassungsantrag sind nun die Verpflichtungserklärungen aller Altaktionäre für die Einhaltung der Lock-up-Frist beizufügen. Dabei kann die Befolgung der Regelung dank einer separaten Wertpapierkennnummer überwacht werden. Die Anteile der Altaktionäre werden bei der Deutschen Börse Clearing getrennt verwahrt und sind somit vom Handel ausgeschlossen. Zu diesem Zweck ist die Depotbank vom Bankgeheimnis zu befreien. Vor allem ist es nun möglich, Verletzungen der Vorschrift mit Vertragsstrafen zu belegen. Diese belaufen sich bei Verstößen gegen die Lock-up-Bestimmungen auf den Differenzbetrag zwischen dem Emissionspreis und dem Veräußerungserlös bzw. zwischen dem Anschaffungspreis und dem Veräußerungserlös, falls dieser unter dem Emissionspreis liegen sollte. Da der Altaktionär gegenüber der Depotbank zudem keinen Anspruch auf Ausführung des Geschäftes und Belieferung hat, kann es zu Schadenersatzforderungen seitens des Erwerbers kommen. Ergänzend hervorzuheben ist die Tatsache, dass neben dem direkten oder indirekten Verkauf, gleich ob börslich oder außerbörslich, bereits dessen Ankündigung oder auch eine dem Verkauf wirtschaftlich äquivalente Maßnahme einen Regelverstoß darstellt. Die Deutsche Börse AG kann jedoch in begründeten Einzelfällen Emittenten von den besagten Einschränkungen befreien.

Die Ratio dieser Vorschriften liegt darin begründet, dass die Tätigkeit des Unternehmers in der Regel entscheidend ist für die Zukunftsaussichten und damit den Wert von Wachstumsunternehmen. Auf diesem Weg wird somit institutionell ein Kasse machen desselben verhindert bzw. sein weiter gehendes Interesse an der wirtschaftlichen Entwicklung des Unternehmens sichergestellt. Die Relevanz derartiger Regelwerke wurde durch den Fall des Internet-Dienstleisters World Online International unterstrichen. Dessen zunächst erfolgreiche Einführung an der Börse Amsterdam wurde zu einem absoluten Flop. Wie nach einiger Zeit bekannt wurde, hatte sich die Vorstandsvorsitzende nach vor dem Börsengang vom Großteil ihrer Aktien getrennt – dies zu einem Preis weit unterhalb des Emissionspreises. Der größte Käufer, der Hedge-Fonds und Wagniskapitalgeber Baystar Capital, verkaufte in den ersten Tagen des Handels 1,2 Millionen dieser Aktien über die Börse und trug auf diese Weise zu einem Kurseinbruch von fast 40 Prozent bei. Eine Bindungsfrist, die dies verhindert hätte, fehlte, da sich die relevanten Bestimmungen zu diesem Zeitpunkt ausschließlich auf Manager und Aufsichtsratsmitglieder beschränkten.

Hat man sich bei der Aktienherkunft ganz oder zum Teil für neue Aktien entschieden, kann das emittierende Unternehmen die Aktiengattung frei wählen. Grundsätzlich wird das Unternehmen bei seinem Börsengang mit neuen Aktien Stammaktien in Form von Inhaberpapieren ausgeben. *Stammaktien* gewähren dem Aktionär uneingeschränkt und nach dem klaren Gleichberechtigungsgrundsatz die im Aktiengesetz vorgesehenen Rechte. Hierbei handelt es sich um zwei Bündel: zum einen Mitspracherechte (das Recht, an der Hauptversammlung teilzunehmen, das Auskunftsrecht auf der Hauptversammlung, das Stimmrecht und das Recht, Hauptversammlungsbeschlüsse anzufechten), zum anderen finanzielle Rechte (das Recht auf Dividende, das Recht auf eine Beteiligung am Liquidationserlös, das Bezugsrecht). Wenn sie als Inhaberaktien ausgegeben werden, sind sie in ihrer Übertragbarkeit uneingeschränkt – Aktionär ist der jeweilige Inhaber der Aktie. Werden die möglichen Nachteile eines Börsengangs durch Stammaktien jedoch als schwerwiegend empfunden, so wird die Investmentbank prüfen, inwieweit diese beim Börsengang durch die Wahl einer besonderen Aktiengattung abgeschwächt werden können. Dabei ist es ihre Aufgabe, das Unternehmen nicht nur auf die Ausgestaltungsmöglichkeiten, sondern auch auf deren Nachteile und Gefahren hinzuweisen, um auf diese Weise zu einem ausgewogenen Urteil zu kommen.

Eine Möglichkeit stellt die Ausgabe von *Vorzugsaktien* dar. Diese schließen das Stimmrecht des Aktionärs (nicht aber die anderen Mitspracherechte) grundsätzlich aus und kompensieren dies durch einen Vorzug bei der Gewinnverteilung. Dieses Dividendenvorrecht kann verschiedene Formen annehmen. Bei der *generellen Überdividende* wird zuerst ein bestimmter Betrag an die Vorzugsaktionäre ausgeschüttet, der restliche Gewinn anschließend auf alle Aktionäre, unabhängig davon, ob es sich um Stamm- oder Vorzugsaktionäre handelt, gleichmäßig verteilt. Bei der *limitierten Vorzugsdividende* erhalten die Vorzugsaktionäre vorab eine nach oben begrenzte Ausschüttung, der verbleibende Gewinn wird an die Stammaktionäre ausbezahlt. Bei der *kumulierten Vorzugsdividende* schließlich werden ausgefallene Dividendenzahlungen nachgezahlt, wenn es in den folgenden Jahren möglich ist. Derartige Vorzugsaktien dürfen maximal bis zur Hälfte des Gesamtnennbetrags aller Aktien ausgegeben werden.

Aus der Perspektive der Alteigentümer hat die Ausgabe von Vorzugsaktien den Vorteil, dass beim Börsengang keine neuen Stimmrechte entstehen. Dieser Vorteil wird insbesondere von Familienaktiengesellschaften, die den Einfluss Außenstehender fürchten, gewürdigt. Gleichzeitig weist die Ausgabe jedoch mehrere zum Teil schwerwiegende Nachteile auf, die dazu führen können, dass sie nur sehr restriktiv eingesetzt werden, und zwar dann, wenn die Einflusserhaltung der Altaktionäre wichtig und nicht auf andere Weise sicherzustellen ist.

So ist ein bedeutender Nachteil darin zu sehen, dass das Stimmrecht nur grundsätzlich, nicht aber vollständig ausgeschaltet werden kann. Es lebt vielmehr wieder voll auf, wenn der Vorzug in einem Jahr ganz oder teilweise ausfällt und im Folgejahr nicht – neben dem vollen Vorzug des betreffenden Jahres – nachgezahlt wird, bis die Rückstände beglichen worden sind. Darüber hinaus ist die Finanzierung über Vorzugsaktien insofern teurer, als die Vorzugsaktien nur mit einem Abschlag im Vergleich zum Emissionspreis von Stammaktien emittiert werden können. Dieser Kursunterschied bleibt auch in der Folge bestehen. So werden Vorzugsaktien in der Regel mit einem Abschlag zwischen 10 und 20 Prozent gehandelt. Im Ergebnis führt dies auch zu etwa zwei Prozent mehr Dividende auf den Aktienkurs. Auf den ersten Blick könnte man argumentieren, dass die Beschränkung des Stimmrechts für die Kleinaktionäre, von denen nur ca. drei Prozent ihr Stimmrecht tatsächlich direkt ausüben, nicht als maßgebliche Einschränkung empfunden werden kann und der Dividendenvorzug für sie daher von Vorteil sein sollte. Diese Argumentation reicht jedoch nicht weit genug, da sie übersieht, dass die institutionellen Investoren durch die Beschränkung beeinträchtigt werden und sich daher weniger für Vorzugsaktien interessieren. Dies wirkt sich negativ auf den Handel mit der Aktie und damit auf ihre Attraktivität aus.[8]

Vorzugsaktien stehen daher nicht nur in Deutschland im Kreuzfeuer der Aktionärskritik, sie werden auch aus der Perspektive der internationalen Kapitalmärkte abgelehnt. Ein Beispiel hierfür ist die Konstruktion des europäischen Aktienindex STOXX. Für die Festlegung der Größe der einzelnen Unternehmen wird nur die Kapitalisierung der Stamm-, nicht aber die der Vorzugsaktien herangezogen. Da jedoch auf Grund der heutigen Asset-Management-Praxis die Aufnahme in den Index von entscheidender Bedeutung sein kann, werden Vorzugsaktien an Bedeutung verlieren.

Eine zweite Möglichkeit besteht in der Wahl *(vinkulierter) Namensaktien* anstelle von Inhaberaktien. Letztere unterliegen hinsichtlich der Übertragbarkeit keinerlei Beschränkung. Einigung und Übergabe genügen, damit der neue Inhaber in die Rechte des Aktionärs eintritt. Aufgrund ihrer leichten Handhabbarkeit ist die Inhaberaktie besonders

---

[8] Vgl. Dr. Wieselhuber & Partner (1996), S. 204f.

für den Börsenhandel geeignet. Bei Namensaktien müssen hingegen Name, Wohnort und Beruf des Aktionärs in das Aktienbuch eingetragen werden. Während bei der Inhaberaktie das Recht aus dem Papier dem Recht am Papier folgt, ist deshalb bei der Namensaktie nicht allein der Besitz hinreichend zur Legitimation. Vielmehr kann bei der Namensaktie nur der im Aktienbuch verzeichnete Anteilseigner seine Rechte geltend machen. Dementsprechend geht die Namensaktie auch nicht nach sachenrechtlichen Regeln über, sondern wird durch Indossament übertragen. Liegt eine Vinkulierung vor, bedarf die Veräußerung der Aktien zusätzlich der Zustimmung der Gesellschaft.

Obwohl Inhaberpapiere aus besagten Gründen zunächst leichter handhabbar sind, ist davon auszugehen, dass die Namensaktie die bislang in Deutschland verbreitete Inhaberaktie verdrängen wird. Während noch 1990 rund 90 Prozent der börsennotierten Aktiengesellschaften Inhaberaktien hatten, haben zur Zeit bereits viele von ihnen auf Namensaktien umgestellt oder planen eine Umstellung für die nähere Zukunft. Die damit verbundenen Kosten, welche sich beispielsweise bei der Deutschen Telekom auf einen zweistelligen Millionenbetrag beliefen, sind in der Regel durch erweiterte Kapitalbeschaffungsmöglichkeiten und effizientere Investor-Relations-Arbeit gerechtfertigt. Moderne Informations- und Kommunikationstechnologien ermöglichen dabei eine Verknüpfung der Funktionalität der Namensaktie mit der Fungibilität der Inhaberaktie. Vielfach fällt in diesem Kontext auch das Schlagwort „neue Aktienkultur". Das Aktienrecht enthält jedoch zahlreiche Bestimmungen, deren Befolgung im Falle von Publikumsgesellschaften mit Namensaktien nicht praktikabel erscheint. In den USA ist es beispielsweise üblich, unter Wahrung der Anonymität des Beneficial Owner im Aktienbuch einen Nominee oder Street Name einzutragen, der die Aktie dann treuhänderisch verwaltet. Eine solche Maßnahme hat in Deutschland bislang noch zur Folge, dass der eigentliche Aktionär einer Vollmacht seiner Depotbank bedarf, um auf der Hauptversammlung persönlich auftreten zu können. Im Verhältnis zur Gesellschaft ist nämlich allein das Aktienbuch maßgeblich, weshalb generell eine verzögerte Eintragung zu Problemen führen kann. Ergänzend ist hinzuzufügen, dass nach dem Gesetz die Umschreibung des Aktienbuches nur auf Antrag erfolgen sollte. Tatsächlich übernehmen jedoch schon heute elektronische Systeme automatisch die Aktualisierung, ohne dass Käufer oder Verkäufer dies veranlassen müssten. Vor diesem Hintergrund wurden auch die bisherigen Regelungen in Bezug auf die Namensaktie aktualisiert. Namentlich wird eine Verbesserung des Datenschutzes für Aktionäre durch eine Beschneidung des Rechtes auf Einsicht ins Aktienregister angestrebt. Weiter zielt eine Lockerung der bislang geltenden Schrifterfordernisse darauf ab, die elektronisch gestützte Abwicklung des Handels erleichtern.

Im Einzelnen können folgende Argumente für die Ausgabe von Namensaktien sprechen.[9]

- Teilcinzahlungen: Zunächst ist die Namensaktie im Falle von Teileinzahlungen zwingend vorgeschrieben. Teileinzahlungen sind immer dann sinnvoll, wenn das zur Risikovorsorge erforderliche Haftungskapital den operativen Bedarf übersteigt. Dies ist regelmäßig bei Versicherungsunternehmen der Fall.

---

[9] Vgl. Noack (1999) und den Vortrag zur Namensaktie vom selben Autor.

- Entsendungsrecht: Die vinkulierte Namensaktie kann ein Entsendungsrecht zum Aufsichtsrat begründen.

- Unternehmensgegenstand: In bestimmten Fällen, beispielsweise bei Kapitalanlagegesellschaften, verpflichtet zudem der Unternehmensgegenstand zu vinkulierten Namensaktien. Einen Sonderfall stellt in diesem Zusammenhang die Deutsche Lufthansa dar. Sie musste im Zuge der Privatisierung vinkulierte Namensaktien ausgeben, da sie gemäß internationaler Flugabkommen den Nachweis zu führen hatte, dass sich ihre Aktien auch nach der Börseneinführung mehrheitlich in deutschen Händen befanden.

- Takeover-Schutz: Die Eintragung der Aktionäre in das Aktienbuch erschwert auch bei nicht vinkulierten Namensaktien die Übernahme, da ein unbemerkter Erwerb von Aktienpaketen (Dawn Raid) ausgeschlossen ist.

- Nebenpflichten: Schließlich setzt die Festlegung satzungsmäßiger (nichtmonetärer) Nebenpflichten Namensaktien voraus.

Speziell zur Erklärung der augenblicklichen Renaissance der Namensaktie sind folgende Gründe anzuführen:

- Global Share: Im angloamerikanischen Raum sind Registered Shares die Regel. Die NYSE beispielsweise schreibt Namensaktien sogar zwingend vor. Obwohl dort die Aktien deutscher Unternehmen in Form von American Depository Receipts (ADR) gehandelt werden können, stellt dies für Global Player nur eine Übergangslösung dar. Eine einheitliche, weltweit handelbare Aktie (Global Share) nach dem Vorbild des DaimlerChrysler-Papiers setzt daher Namensaktien voraus.

- Akquisitionswährung: Für internationale Übernahmen oder auch Überkreuzbeteiligungen im Rahmen von Allianzen müssen Unternehmen in der Lage sein, eine weltweit fungible Aktienart anzubieten.

- Investor Relations: Die detaillierte Auswertung elektronischer Register ermöglicht den direkten Kontakt zum Aktionär und eine zielgerichtete Ansprache. Unternehmen sind stets genau über die Aktionärsstruktur informiert und können zeitnah auf Veränderungen reagieren.

- Virtuelle Namensaktie: Seit der Einbeziehung der (vinkulierten) Namensaktie in die Girosammelverwahrung bei der Deutsche Börse Clearing kommt es zu keiner physischen Belieferung mehr. Ist zudem die Verbriefung ausgeschlossen, existiert lediglich eine einzige Globalurkunde.

- Informationstechnologie: Eine Sammeldepotverbindung zwischen der Deutsche Börse Clearing und der Depository Trust Company ermöglicht neuerdings das Führen transatlantischer Aktienbücher. Allgemein ist der technologische Fortschritt eine Grundvoraussetzung für einen flexiblen Einsatz der Namensaktie in großen Publikumsgesellschaften.

- Pre-IPO: Üblicherweise werden schon im Vorfeld eines Börsenganges Aktien ausgegeben, zum Beispiel im Rahmen der materiellen Mitarbeiterbeteiligung. Sieht das jeweilige Marktsegment eine Sperrfrist vor, erleichtern Namensaktien die Kontrolle.

Schließlich kann sich der Emittent neben der Wahl der Aktiengattung theoretisch auch für eine spezielle Rechtsform entscheiden: die KGaA oder eine ihrer Sonderformen wie die GmbH & Co. KGaA. In Deutschland bekannte Fälle sind beispielsweise Merck oder Henkel. Aber auch Unternehmen, die noch nicht lange an der Börse sind, wie die Mühlbauer Holding AG & Co. KGaA am Neuen Markt, wählen diese Rechtsform. Aus der Perspektive der Alteigentümer hat die Rechtsformwahl der KGaA oder GmbH & Co. KGaA vor allem den Vorteil einer starken Stellung des Komplementärs und steuerlich geringerer Erbschafts- und Schenkungsteuerbelastungen. Sie wird jedoch äußerst selten bleiben, denn die sehr starke Stellung der Komplementäre führt zu erheblichen Kursabschlägen und damit zu einer beträchtlichen Erhöhung der Finanzierungskosten. Zudem sind diese Rechtsformen im Ausland unbekannt, sodass sie für ausländische Anleger einen hohen Erklärungsbedarf schaffen.

### 2.4.4 Emissionsvolumen und -zeitpunkt

Bei den Überlegungen zum Emissionsvolumen sind verschiedene Überlegungen in Betracht zu ziehen. Zum Ersten ist die *Größe des im Markt platzierten Aktienpakets* von Bedeutung. Sofern die Börseneinführung zum Zweck der Kapitalerhöhung durchgeführt wird, muss die Menge des aufgenommenen Kapitals als konkrete Mittelzuführung begründbar sein. Darüber hinaus ist die Größe des emittierten Pakets jedoch auch wichtig für die Zuteilung und den Handel. Bei der Zuteilung ist es wichtig, dass eine breite Streuung der Aktien möglich ist. Gleichzeitig muss eine hinreichend große Einzelzuteilung an institutionelle Investoren gewährleistet sein. Andernfalls wäre der Betreuungsaufwand für letztere ineffizient und sie hätten kein ausreichendes Interesse an einer Beteiligung am Unternehmen mit der Folge, dass sie sich rasch hiervon trennen würden. Für den Handel sind dann die Größe des Pakets und auch die Streuung wichtig, um Market Making zu ermöglichen bzw. eine ausreichende Handelsliquidität sicherzustellen. Eine auf Grund geringen Volumens ungünstige Ausgestaltung würde bei nur geringen Aktienkäufen/-verkäufen schnell zu größeren Ausschlägen führen. Aus diesem Grund schreiben auch die verschiedenen Börsensegmente konkrete Mindestvolumina vor, die allerdings in der Praxis aus genannten Gründen meist deutlich überschritten werden.

Das zweite wichtige Kriterium ist der *Anteil des platzierten Kapitals am Grundkapital*. Hier sind gewisse Schwellen wichtig, sowohl mit Blick auf das anvisierte Börsensegment als auch auf die beabsichtige Aufnahme in einen Index. So verlangt beispielsweise der MDAX einen Streubesitz von 15 Prozent. In einen Index aufgenommen zu werden, ist wichtig, weil institutionelle Investoren, soweit diese indexbasiert investieren, zwangsläufig die Aktie in ihr Portfolio aufnehmen.

Bei der Festlegung des Emissionsvolumens ist zudem zu prüfen, inwieweit ein *Greenshoe* vorzusehen ist. Dieses bei der Börseneinführung der Greenshoe Company erstmals eingesetzte Stabilisierungsinstrument ist inzwischen bei fast allen nationalen und internationalen Transaktionen üblich. Konkret handelt es sich hierbei um eine Shortposition des Konsortiums (eine Überzuteilungs-Option). Der Greenshoe ist für den Konsortialführer normalerweise bis zu 30 Tage nach der Preisfestsetzung im Namen des Konsortiums in enger Absprache mit dem emittierenden Unternehmen ausnützbar. Sein konkreter Ablauf gestaltet sich so, dass das Syndikat marktüblich 15 Prozent mehr Aktien bei den Investoren platziert als das Emissionsvolumen vorsieht. Sind keine kursstützenden Maßnahmen notwendig, wird der Greenshoe vom Syndikat ausgeübt und zurückgedeckt. Sind hingegen kursstützende Maßnahmen notwendig, so kauft der Konsortialführer im Auftrag des Konsortiums Aktien zurück und deckt so die Shortposition. Seitdem das Berliner Kammergericht in seinem umstrittenen Urteil vom August 2001 den Hauptversammlungsbeschluss zur Mehrzuteilungsoption der Senator Entertainment AG für unzulässig erklärt hat, besteht bezüglich der rechtlichen Zulässigkeit des Greenshoe größere Unsicherheit.[10] Es wird jedoch Experten zufolge damit gerechnet, dass der BGH das oben genannte Urteil nicht bestätigt und somit der Greenshoe weiterhin gängige Praxis bleibt.

Neben der Größe des Emissionsvolumens ist der *Zeitpunkt* der Börseneinführung, das Timing, zu bestimmen. Er ist ein entscheidender Erfolgsfaktor für die vollständige Platzierung, den erzielten Emissionspreis und auch die spätere Kursentwicklung. Dabei sind drei Aspekte zu beachten:

- hinreichende Vorbereitung des Börsengangs,
- Situation des betreffenden Unternehmens,
- allgemeine Situation am Kapitalmarkt.

Die hinreichende Vorbereitung setzt voraus, dass das Emissionskonzept erstellt und die Equity Story in sich schlüssig und ausgereift ist. Zudem müssen die notwendigen Daten zur Information der potenziellen Anleger ermittelt sein. In diesem Zusammenhang kann sowohl die Umstellung auf internationale Rechnungslegungsnormen (IAS oder US-GAAP) oder auch die Erstellung der für eine Equity Story häufig notwendigen, in Deutschland erst seit In-Kraft-Treten des KonTraG verpflichtenden Segmentberichterstattung von Bedeutung sein. Schließlich müssen auch die Daten zur Aufzeigung des aktuellen Marktumfeldes des Unternehmens verfügbar sein.

Das Unternehmen sollte nicht nur grundsätzlich börsenreif sein, sondern zum Zeitpunkt der Einführung auch gute Ertragsaussichten präsentieren können. Zum einen bedingt dies eine rechtzeitige Ausrichtung des Finanzierungs- und Investitionsverhaltens. Es kann notwendig sein abzuwarten, bis sich Erfolge einer vorab geänderten Strategie sichtbar und damit vorzeigbar auswirken. Zum anderen werden die Ertragsaussichten auch durch das Branchen- und Absatzmarktumfeld an sich beeinflusst. Um keine Abschläge bei der Bewertung des Unternehmens in Kauf nehmen zu müssen, ist auch im Hinblick auf diese exogenen Faktoren ein gutes Timing anzustreben.

Die Situation des Kapitalmarktes als dritter Faktor spiegelt vor allem die Bereitschaft der Anleger wider, in Aktien zu investieren. Befindet sich der Kapitalmarkt in einer Baisse, sind die Aussichten auf eine erfolgreiche Platzierung wesentlich geschmälert. Dies kann sogar so weit gehen, dass eine Emission, wenn nötig auch kurzfristig, auf einen späteren

---

[10] Vgl. Az. 23 U 6712/99.

Zeitpunkt verschoben wird. 1998 und 2001 beispielsweise konnten derartige Verschiebungen auf Grund der allgemein schlechten Verfassung der Kapitalmärkte beobachtet werden. Schließlich sind jedoch nicht nur grundsätzliche Verschiebungen der Kapitalmarktverfassung von Bedeutung. Wie vorab erwähnt wurde, musste beispielsweise auch die Emission der Deutschen Telekom AG auf Grund ihrer Größe und der sich hierdurch verschlechternden Aufnahmefähigkeit des deutschen Kapitalmarktes beim Timing anderer Transaktionen berücksichtigt werden.

Die genannten drei Bündel sind nun unterschiedlich prognostizier- und beeinflussbar; zudem haben sie einen anderen Zeithorizont. So lässt sich das erste Bündel von Kriterien vergleichsweise genau planen und abarbeiten; dies liegt fast vollständig in den Händen einer guten Projektorganisation. Sofern ein hinreichender Zeitraum eingeräumt wird, haben diese Überlegungen kaum einen Einfluss auf das präzise Timing. Die Ertragsaussichten des Unternehmens entziehen sich schon zum Teil der klaren Vorhersage; die Entwicklung der Situation an den Kapitalmärkten tut dies noch mehr. Insofern sind hier nicht nur gute Planungs- und Zeitaufwandsabschätzungsfähigkeiten, sondern auch Erfahrungen der Investmentbank aus vergangenen Transaktionen außerordentlich wichtig. Darüber hinaus muss der Einsatz des Faktors Zeit, beispielsweise mit Blick auf die sich erst langsam abzeichnenden Verbesserungen aus einer strategischen Änderung im Vergleich zu einer sich durch mangelnde Finanzierungsmöglichkeiten verschlechternden Wettbewerbsposition, abgewogen werden.

Bei Privatisierungen kann beobachtet werden, dass die Überlegungen zum optimalen Zeitpunkt der Emission oftmals von politischen Überlegungen überlagert werden. Diese übertreffen manchmal das Streben nach einem optimalen finanziellen Emissionserlös. Der Investmentbank bleibt es hier nur übrig, die Verantwortlichen auf die Auswirkungen ihres Handelns hinzuweisen und die Folgen einzudämmen.

## 2.5 Notierungsstrategie

### 2.5.1 Segmentwahl an der Deutschen Börse

Eine Entscheidung, bei der die Erfahrung der Investmentbank wichtig ist, betrifft die Frage, wann die Aktien an welcher Börse eingeführt werden sollen, das heißt die Notierungs- oder Listingstrategie. Es geht zum Ersten darum, welches Marktsegment an welcher – nationalen oder internationalen – Börse zu wählen ist. Zum Zweiten ist zu untersuchen, ob eine Beschränkung auf diese Börse ratsam ist, ob schon zum Zeitpunkt der Börseneinführung zwei Börsenplätze (Dual Listing) oder ob – in sehr selten Fällen – drei Börsenplätze (Triple Listing) zu wählen sind. Quasi als Zwischenlösung kann man sich auch entscheiden, bei der eigentlichen Börseneinführung nur an eine Börse zu gehen, jedoch schon zu diesem Zeitpunkt die stufenweise Einführung an einem anderen Börsenplatz zu planen.

Die Entscheidungen über den richtigen Fit von Segment, Börse und Zahl der Börsenplätze sind dabei nicht unabhängig voneinander, sondern bedingen sich zum Teil. So entsprechen sich die nationalen und internationalen Börsen in ihrem institutionellen Aufbau. Ist in Deutschland beispielsweise der Amtliche Handel das „richtige" Marktsegment, so stehen international in der Regel alternativ die New Yorker Börse (NYSE), die Londoner Börse und die Tokioter Börse zur Diskussion. Handelt es sich hingegen um ein Wachstumsunternehmen, so stehen alternativ oder ergänzend zum Neuen Markt vor allem die National Association of Securities Dealers Automated Quotation (NASDAQ) in den USA und die European Association of Securities Dealers Automated Quotation (EASDAQ) in Brüssel zur Diskussion. Gleiches gilt auch im Vergleich der Segmente der Frankfurter Börse und der regionalen Börsen.

An erster Stelle ist das Handels- und Marktsegment zu bestimmen, innerhalb dessen die betreffende Aktie notiert werden soll. Hierbei sind, wenn man auf die Deutsche Börse AG in Frankfurt blickt, zum einen die drei „klassischen" Segmente Amtlicher Handel, Geregelter Markt und Freiverkehr, zum anderen der 1997 gestartete Neue Markt zu unterscheiden.

Die drei klassischen Segmente differenzieren sich nach absteigenden Voraussetzungen. Für den am strengsten geregelten *Amtlichen Handel* wird ein voraussichtlicher Kurswert von mindestens 1,25 Mio. Euro verlangt; dieser muss mindestens 25 Prozent des Gesellschaftskapitals auf sich vereinen. Zudem müssen grundsätzlich alle Aktien einer Gattung zugelassen werden. Der Emittent muss mindestens drei Jahre existieren und für diesen Zeitraum die Jahresabschlüsse offen gelegt haben. Das Unternehmen muss einen Börsenzulassungsprospekt veröffentlichen, in dem über die tatsächlichen und rechtlichen Verhältnisse, die für die Beurteilung der zuzulassenden Aktien wesentlich sind, umfassend und richtig Auskunft erteilt wird, und zusammen mit einem Kreditinstitut einen Zulassungsantrag stellen. Schließlich unterliegt das Unternehmen nach seiner Zulassung der Pflicht zur halbjährlichen Zwischenberichterstattung sowie den Vorschriften zur Ad-hoc-Publizität.

Die Stoßrichtung dieser gesetzlichen Vorschriften geht in zwei Richtungen: der Sicherstellung einer hinreichenden Mindestliquidität im Sekundärmarkt und der Gewährleistung einer hinreichenden Transparenz. In der Praxis ist aus diesen beiden Gründen dann auch zu beobachten, dass die in der Praxis angelegten Voraussetzungen sehr viel strenger sind. Im Bereich der Publizität, auf die an späterer Stelle eingegangen wird, kommt der freiwilligen Publizität ein immer größerer Stellenwert zu.

Im Amtlichen Handel wurden Anfang 2002 insgesamt fast 630 Aktientitel gehandelt. Darunter befinden sich die „Flaggschiffe" der deutschen Wirtschaft. Ein Unternehmen wird, wenn es an die Börse gehen will und die hierfür notwendigen volumenmäßigen Voraussetzungen erfüllt, versuchen, dieses Marktsegment zu nutzen. So genießen die hier notierten Unternehmen ein besonders hohes Ansehen. Wird der Titel darüber hinaus in den Deutschen Aktienindex (DAX) aufgenommen, ist dies eine Garantie für eine hohe Sekundärmarktliquidität, da insbesondere institutionelle Anleger den Index in ihren Portfolios abbilden.

Der *Geregelte Markt* wurde 1987 als neues Marktsegment geschaffen, um den Börsengang gerade für kleine und mittelgroße Unternehmen zu erleichtern. Er zeichnet sich –

neben ca. 50 Prozent niedrigeren Zulassungsgebühren – durch bedeutend geringere Anforderungen aus. Diese sind der Verzicht auf ein Mindestalter des Unternehmens, ein geringeres Emissionsvolumen von mindestens 250 000 Euro (Nennbetrag), Freiheit hinsichtlich der Höhe des zu emittierenden Aktienanteils, die Möglichkeit, im Sinne einer Teilemission nur einen bestimmten Anteil der Aktien einer Gattung im Börsenhandel einzuführen, geringere Anforderungen an den zu veröffentlichenden Unternehmensbericht im Vergleich zu jenen an den Börseneinführungsprospekt und eine nur freiwillig abzugebende Zwischenberichterstattung. Auch für den Geregelten Markt gilt natürlich, dass ein Unternehmen, um hier notiert zu werden, nicht nur diesen rechtlichen Anforderungen genügen, sondern auch börsenreif im Sinne der vorab aufgezeigten Kriterien sein muss. Dabei sind allerdings – in Übereinstimmung mit der Grundausrichtung des Marktes – niedrigere Schwellen bei den quantitativen Kriterien angebracht.

Trotz der Zahl der Börseneinführungen ist dem Geregelten Markt sowohl in Deutschland als auch an den ausländischen Börsen kein durchbrechender Erfolg gelungen. Das Handelsvolumen ist gering. Bei Betrachtung des Umschwungs der Emissionstätigkeit weg vom Geregelten Markt hin zum Neuen Markt wird deutlich, dass die Konstruktionskriterien dieses Marktes nicht den Anforderungen der Marktteilnehmer entsprechen. Der Erfolg eines Börsengangs wird letztlich nur in begrenztem Ausmaß durch die Kosten der Emission geprägt.

Das im April 1999 eingeführte Handelssegment SMAX konzentriert sich vor allem auf mittelständische Unternehmen mit einer relativ geringen Marktkapitalisierung, die sich unterhalb des DAX 100 befinden und nicht am Neuen Markt gelistet sind. Um in das SMAX-Segment aufgenommen zu werden, müssen die Emittenten ein Listing im Amtlichen Handel oder Geregelten Markt der Frankfurter Wertpapierbörse vorweisen sowie die Zugangsvoraussetzungen eines Streubesitzes von mindestens 20 Prozent erfüllen, den Einsatz von mindestens einem Handelsbetreuer (Designated Sponsor) garantieren sowie den Übernahmekodex der Börsensachverständigenkommission anerkennen. Sowohl die verschärften Zulassungsbedingungen als auch die damit verbundenen Folgepflichten der Veröffentlichung von Quartalsberichten, der Bekanntgabe des Anteilsbesitzes von Vorstand und Aufsichtsrat sowie die Einberufung mindestens einer Analystenkonferenz pro Jahr sollen zu einer Profilierung der SMAX-Unternehmen beitragen. Im Februar 2002 zählt das SMAX-Segment 120 notierte Unternehmen, die eine Marktkapitalisierung von 21 Mrd. Euro erreichen.

Dem *Freiverkehr* kommt schließlich keine entscheidende Bedeutung zu. Voraussetzung zur Zulassung zum Freiverkehr ist ausschließlich, dass eine ordnungsgemäße Durchführung des Handels und der Geschäftsabwicklung gewährleistet ist. Eine formelle Zulassung erfolgt nicht. Der Freiverkehr wird daher insbesondere für Emissionen mit sehr kleinen Stückzahlen und für etablierte ausländische Aktien genutzt. Dabei ist eine Selbstemission möglich. Es bleibt abzuwarten, inwieweit der Freiverkehr durch die Einführung des Neuen Marktes und die hierdurch ausgelöste Dynamik wieder aufleben kann. Zum heutigen Zeitpunkt ist der Kreis der Unternehmen, für die der Freiverkehr in Frage käme, als Kunden von Investmentbanken nicht interessant. Bei den von Investmentbanken beratenen Unternehmen stellt sich, sofern es sich um ein klassisches Unternehmen handelt, nur die Frage, ob der Amtliche Handel oder aber der Geregelte Markt gewählt werden soll. Bei Erfüllung der Voraussetzungen beider Märkte, hinreichendem Emissionsvolumen und -standing werden sie sich dabei aufgrund seiner größeren Bedeutung regelmäßig für den Amtlichen Handel entscheiden.

Neben dem Amtlichen Handel ist der im März 1997 als Themenmarkt gegründete *Neue Markt* von Bedeutung. Seine Zielgruppe sind junge, innovative Unternehmen mit überdurchschnittlichen Umsatz- und Gewinnperspektiven. Zu ihnen zählen Branchen wie Telekommunikation, Bio- und Gentechnologie, Informationstechnologie, Multimedia, Medizintechnik, Umwelttechnik und neue Dienstleistungen. Die Zulassung zum Neuen Markt setzt die Zulassung zum Geregelten Markt voraus. Darüber hinaus gelten die folgenden Voraussetzungen: Der Emittent muss ein Eigenkapital in Höhe von mindestens 1,5 Mio. Euro nachweisen. Der voraussichtliche Kurswert muss sich auf mindestens 5 Mio. Euro belaufen, und der Gesamtnennbetrag darf nicht unter 250 000 Euro liegen. Die Mindeststückzahl der Aktien ist 100 000. Im Normalfall sind ausschließlich Stammaktien zugelassen. Wenigstens 25 Prozent der Aktien sollten vom Publikum erworben werden, damit ein ordnungsgemäßer Handel gewährleistet ist. Für Aktiengesellschaften mit einem Emissionsvolumen von weniger als 100 Mio. Euro darf der Streubesitz in keinem Fall 20 Prozent unterschreiten. Für größere Emissionen liegt die Untergrenze bei 10 Prozent. Die Mehrzuteilungsoption (Greenshoe) ist hierbei nicht zu berücksichtigen. Außerdem werden bevorrechtigte Zuteilungen, beispielsweise Friends & Family und Mitarbeiterprogramme, nicht dem Free Float zugerechnet. Weiter muss der Emittent bei der Antragstellung unter anderem ein Veräußerungsverbot in Form einer sechsmonatigen Lock-up-Periode sowie den Übernahmekodex akzeptieren.

Jahresabschlüsse sind für einen Zeitraum von zwei Jahren nach den International Accounting Standards (IAS) oder den US-Generally Accepted Accounting Principles (US-GAAP) vorzulegen. Das Unternehmen unterliegt der Pflicht zur Quartalsberichterstattung. Jährlich muss eine Analystenveranstaltung abgehalten und ein Unternehmenskalender eingereicht werden, der über die wichtigsten Unternehmenstermine informiert.

Die Zulassungsvoraussetzungen zum Neuen Markt sind zwar auf der einen Seite der besonderen Art des Unternehmens angepasst und daher in quantitativer Hinsicht erleichtert (so in Bezug auf die Mindestvolumina), auf der anderen Seite sind sie jedoch wegen des Risiko/Rendite-Profils auch erschwert. Dies gilt für die qualitativen Aspekte des Unternehmens, wie das Verbleiben der Alteigentümer, aber besonders für seine Unternehmenspublizität und Transparenz. Als zusätzliche Besonderheit muss jedes Unternehmen am Neuen Markt über zwei Betreuer (Designated Sponsors) verfügen. Der Betreuer gewährleistet eine permanente Liquidität der Aktie, indem er jederzeit Geld- und Brief-Limite für den Wert stellt. Darüber hinaus erstellt er zur Information der Investoren regelmäßig Research-Berichte. Es ist üblich, dass die emissionsbegleitende Bank als Betreuer auftritt. Hierbei wird besonders deutlich, dass die Beziehung zwischen dem Unternehmen und der Investmentbank nicht mit der Emission endet, sondern auf Dauer bestehen bleiben kann.

In Abbildung 2 sind die Verteilung der Börseneinführungen auf die verschiedenen Segmente im Zeitraum von 1983–1998 sowie die Verteilung im Zeitraum 1999 und 2000 gegenübergestellt, wobei nur absolute Entscheidungen berücksichtigt sind, während die relative Bedeutung der Unternehmen, die sich für den Amtlichen Handel und den Neuen Markt entschieden haben, nicht ersichtlich ist. Es wird deutlich, dass der Neue Markt erheblich an Bedeutung gewonnen hat, wohingegen vor allem der Geregelte Markt inzwischen eine weit weniger wichtige Stellung einnimmt.

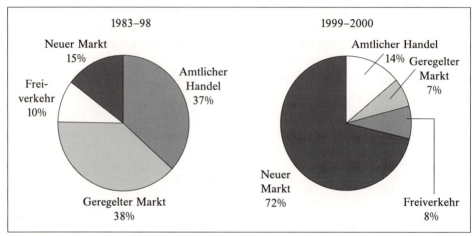

Quelle: DAI (2000), S. 03-8 und DAI (2001), S. 03-8-a
Abbildung 2: Gewählte Marktsegmente seit 1983

### 2.5.2 Börsenwahl bei klassischen Unternehmen

Neben dem zu wählenden Segment stellt sich die Frage nach der zu wählenden Börse. In nationaler Hinsicht ist dies einfach. So sichert der Gang an die Frankfurter Börse nicht nur die Aufmerksamkeit der deutschen, sondern auch der immer wichtiger werdenden ausländischen institutionellen Investoren. Für eine alternative oder additive Notierung an einer der sieben deutschen Regionalbörsen (Berlin, Bremen, Düsseldorf, Hamburg, Hannover, München und Stuttgart) kann nur ein stark ausgeprägter regionaler Bekanntheitsgrad eines Unternehmens sprechen. Es muss gleichzeitig davon ausgegangen werden können, dass eine ausreichende Zahl potenzieller Investoren existiert, die den Anforderungen an die Zielgruppe gerecht werden und die gesamte Emission zeichnen. Das regionale Potenzial sollte groß genug sein, um auch zukünftige Kapitalerhöhungen aufnehmen zu können.

Wichtiger als die Frage nach der Wahl der inländischen Börse ist die Frage, ob alternativ oder additiv auch eine ausländische Börse in Betracht kommt. Eine allgemein gültige Entscheidung für eine der Alternativen ist nicht möglich, sie kann nur im Einzelfall und mit Blick auf die Ziele der Neuemission erfolgen. Zunächst ist in Übereinstimmung mit dem zuvor gewählten Börsensegment zwischen den klassischen und den Wachstumswerten zu unterscheiden. Die Investmentbank muss hier die wichtigsten Vor- und Nachteile der verschiedenen Notierungsstrategien abwägen, um abschließend eine Entscheidung über Alternativen bei unterschiedlichen Ausgangspunkten vorzuschlagen.

Bei der Notierung eines klassischen Wertes im Inland besteht der Vorteil, dass die Verbindung zwischen Kapital- und Absatzmarkt genutzt werden kann. Ein starkes Image auf dem Heimatmarkt wird nicht nur durch den Kapitalmarkt in Form einer hohen Bewertung honoriert, sondern es strahlt auch auf den Absatzmarkt aus. Enttäuscht das Unternehmen nicht die Erwartungen der Investoren, kann es auf Grund der geografischen Kongruenz auch ein positives Image auf dem Absatzmarkt aufbauen und dort seinen Bekanntheitsgrad steigern. Eine Rückwirkung, das heißt eine Stärkung des Images im Absatzmarkt auf Grund der Reputation im Kapitalmarkt, ist mittel- bis langfristig durchaus möglich.[11]

Die Mehrzahl der Unternehmen, die mit dem Börsenkandidaten auf Grund ihrer Geschäftsfelder, ihrer Größe und sonstiger Faktoren verglichen werden können, wird in der Regel im Inland notiert sein. Wenn die Notierung im Inland erfolgt, erleichtert dies den Analysten und den sonstigen Kapitalmarktteilnehmern, die Frage nach der Qualität des Wertpapiers zu beantworten. Weder gibt es Unterschiede in Bezug auf die rechtlichen Informationspflichten und die Rechnungslegung noch kann die fundamentale Entwicklung der Kurse wesentlich auf Grund gegenläufiger nationaler Kapitalmarktbewegungen voneinander abweichen.

Für eine ausschließliche Notierung des Unternehmens im Inland ist unbedingt zu prüfen, ob die Aufnahmefähigkeit des deutschen Kapitalmarktes ausreicht, um die gesamte Emission zu platzieren. Dabei ist nicht nur das Emissionsvolumen des Unternehmens zu berücksichtigen, sondern auch das der anderen Unternehmen, die im selben Zeitraum den Gang an die Börse antreten möchten. Der Erfolg der gesamten Emission ist gefährdet, wenn die Nachfrage des Kapitalmarktes nach dem Wertpapier schwach ist.

An erster Stelle ist hier die Notierung an einer anderen europäischen Börse zu prüfen. Während für die institutionellen Investoren nationale Grenzen kaum noch eine Rolle spielen, ist es durch die Notierung im betreffenden Land sehr viel besser möglich, die dortigen Retail-Investoren zu erreichen. Zudem ist eine Notierung in einem Land aus steuerlichen Gründen vorteilhaft für Mitarbeiterprogramme.

Neben der Notierung an einer anderen europäischen Börse ist vor allem die Notierung an der New York Stock Exchange (NYSE) eine wesentliche Alternative oder Ergänzung zur ausschließlichen Platzierung eines klassischen Wertes im Inland. Dies ergibt sich in erster Linie aus der Größe des US-amerikanischen Kapitalmarktes. Die Bereitschaft der US-Investoren, in Aktien ausländischer Unternehmen zu investieren, hat in letzter Zeit zugenommen. Dies ist nicht nur auf das Bestreben der institutionellen Anleger, eine ausreichende Risikodiversifikation in ihren Portfolios vorzunehmen, zurückzuführen, sondern auch auf die im Rahmen des weltweiten Globalisierungstrends zunehmenden Aktivitäten deutscher Unternehmen auf dem US-amerikanischen Markt. Viele institutionelle Investoren, wie zum Beispiel Pensionsfonds, sind jedoch in ihren Anlageentscheidungen dergestalt beschränkt, dass sie nicht außerhalb der USA investieren dürfen.

---

[11] Vgl. Lilja (1997), S. 63.

Erst die Notierung des deutschen Unternehmens an einer US-amerikanischen Börse eröffnet diesem die Möglichkeit, diese Art Investor für sich zu gewinnen. Auch schrecken ausländische Investoren zum Teil auf Grund des hinzukommenden Wechselkursrisikos vor dem Engagement in ausländische Wertpapiere zurück.

Durch die Platzierung an einer Börse in den USA erhöht das Unternehmen das Interesse, das ihm auf internationalem Niveau entgegengebracht wird. Wenn Investoren sich außerhalb ihres Heimatmarktes bewegen, bedeutet dies in den meisten Fällen, dass sie auf dem US-amerikanischen Kapitalmarkt aktiv sind. Eng damit verknüpft ist das Bewusstsein der Investoren, dass das Unternehmen die strengsten Kapitalmarktregeln der Welt befolgt. Dies wirkt besonders positiv, da diese Unterwerfung in erster Linie freiwillig geschieht. Der US-amerikanische Kapitalmarkt wird auch in Deutschland als Benchmark angesehen, entsprechend intensiv beobachtet und seine Entwicklung in der Presse dargestellt. Dementsprechend kann das Unternehmen mit einer Notierung in den USA in den Genuss eines Image-Effekts mit positiver Auswirkung auf den Absatzmarkt in den USA gelangen, ohne denselben Effekt auf dem Heimatmarkt einzubüßen. Im Fall, dass eine größere Anzahl Unternehmen, die der gleichen Industrie angehören, in den USA erfolgreich gelistet ist, kann schließlich damit gerechnet werden, dass dem Unternehmen von Beginn an ein relativ hohes Interesse entgegengebracht wird.

Schließlich hat sich in den letzten Jahren ein Grund für eine zusätzliche Notierung an der NYSE herausgebildet, der nicht mit der eigentlichen Aufnahme von Kapital, sondern mit der Schaffung von Acquisition Currency für die USA in Zusammenhang steht. So ist die Übernahme eines US-amerikanischen Unternehmens mit Hilfe der Aktien des eigenen Unternehmens nur dann möglich, wenn diese in den Vereinigten Staaten zugelassen sind. Die Fusion zwischen Daimler und Chrysler beispielsweise wäre nicht möglich gewesen, wenn Daimler-Benz nicht im Jahr 1993 an die NYSE gegangen wäre. Trägt sich ein Unternehmen mit derartigen Überlegungen, so kann es auch ohne aktuellen Kapitalbedarf interessant sein, zusätzlich in den Vereinigten Staaten eine Notierung zu erlangen. Hierfür ist keine Emission notwendig, sondern es ist auch möglich – wie im Falle der VEBA geschehen –, die schon im Umlauf befindlichen Aktien zum Handel zuzulassen.

Während einige Gründe für die Notierung an einer ausländischen Börse sprechen, ist sie jedoch nur unter bestimmten restriktiven Voraussetzungen sinnvoll. Erwägt das Unternehmen ein Listing an einer US-amerikanischen Börse, sollte ein bedeutender Teil seines Umsatzes in den USA erzielt werden. Andernfalls sind sowohl das Interesse am als auch das Verständnis für das Geschäft des Unternehmens zu gering, um einen positiven Effekt auf dem Absatzmarkt zu erreichen. Auch sind die anfängliche Erfüllung und dauerhafte Befolgung der strengen Kapitalmarktregeln, zum Beispiel im Hinblick auf die Rechnungslegung, mit einem nicht zu unterschätzenden Aufwand verbunden. Trotz der seit 1998 geltenden Anerkennung eines nach US-GAAP aufgestellten Konzernabschlusses in Deutschland können die Anstrengungen für die Umstellung der Rechnungslegung im Unternehmen beträchtlich sein. Neben dem Kostenaspekt ist auch die oftmals erforderliche Änderung der Einstellung des Managements gegenüber den Investoren in Belangen der Informationspolitik zu beachten. Bei einem Listing in den USA ist der erforderliche Aufwand für die laufende Investor-Relations-Arbeit sicherlich höher als bei einem Listing in Deutschland.

Bei der Entscheidung für eine Mehrfachnotierung sind schließlich aufgrund der Bedeutung des Einschlusses eines Unternehmens in einen Index auch die Auswirkungen auf die Indexaufnahme zu bedenken. Dabei ist problematisch, dass sich hier für transnationale Unternehmen noch keine klaren Regeln herausgebildet haben. So ist DaimlerChrysler beispielsweise nur im DAX, nicht aber im US-amerikanischen Index S&P 500 vertreten.

Im Ergebnis hat eine Notierung sowohl in Deutschland als auch in den USA den Vorteil, dass mit ihr eine breite Investorenbasis angesprochen wird. Die Wahrscheinlichkeit einer erfolgreichen Platzierung kann dementsprechend erhöht werden. Die möglichen Nachteile eines solchen Dual Listing sollten jedoch nicht unterschätzt werden. Ist nicht ausreichend Masse vorhanden, führt die mit dem Dual Listing einhergehende Spaltung der Liquidität unter Umständen zu einer eingeschränkten Handelbarkeit des Wertpapiers. So hat ein notiertes Unternehmen in der Regel einen Heimatmarkt, an dem der Großteil seines Handels stattfindet (bei DaimlerChrysler oder SAP sind dies regelmäßig über 85 Prozent). Eine eingeschränkte Handelbarkeit wird mit Preisabschlägen bestraft, die nicht nur dem Image des Unternehmens auf dem Kapitalmarkt schaden, sondern auch in Form höherer Kapitalkosten, zum Beispiel bei einer Kapitalerhöhung, zu Buche schlagen können. Eine Notierung sowohl in Deutschland als auch an einer ausländischen Börse kann daher nur dann erwogen werden, wenn es sich um ein besonders großes Volumen handelt. In diesem Fall, wie bei der Einführung der Telekom-Aktie, kann es sogar notwendig sein, mehrere Kapitalmärkte zu begehen, weil das Volumen der Transaktion die Aufnahmefähigkeit des deutschen Kapitalmarktes sprengt.

Ist ausschließlich ein Listing in den USA geplant, muss damit gerechnet werden, dass das Interesse der nationalen Investoren nicht so stark ausgeprägt ist, als wenn auch eine Notierung im Inland erfolgen würde. Die Notierung eines klassischen Unternehmens nur im Ausland ist dann gerechtfertigt, wenn eine erfolgreiche Platzierung im Inland auf Grund einer Besonderheit des Unternehmens ausgeschlossen scheint und im Ausland ein Standbein existiert, das im Rahmen des Börsengangs genutzt werden kann. Dies ist bei klassischen Unternehmen nur selten der Fall.

### Fallstudie: Börseneinführung der Deutschen Telekom AG

Der Prozess der Privatisierung und gleichzeitigen Börseneinführung der Deutschen Telekom umfasste ein breites Spektrum notwendiger Änderungen der Rahmenbedingungen und der Unternehmensstruktur. Sechs Jahre liegen zwischen den ersten Schritten zur Vorbereitung dieses bisher größten Börsengangs in der europäischen Kapitalmarktgeschichte und dem Tag der Erstnotierung und Zulassung zum Handel. Seither hat sich die Telekom, die bis Ende 1989 als nationale Fernmeldeverwaltung ein Teil des Ministeriums für Post und Telekommunikation war, mit einem vorher kaum für möglich gehaltenen Tempo in ihrem Auftritt als Dienstleister und Anlageobjekt gewandelt. Diese Änderungen geschahen augenscheinlich primär in den Bereichen Unternehmensimage, Rechnungslegung, finanzielle Position und der Orientierung am Wettbewerb.

Die Vorbereitungen für den Börsengang begannen bereits am 1. Januar 1990 mit der so genannten Postreform I. Dieses Gesetz bildete die rechtliche Basis für die wirtschaftliche Entwicklung der „Deutschen Bundespost Telekom" im Zeitraum 1990–1994. Zunächst ging es darum, die bis dahin herrschende kameralistische Rechnungslegung der Verwaltung auf handelsrechtliche Grundsätze umzustellen.

Doch neben diesen rein technischen Maßnahmen war es auch erforderlich, das Fernmeldewesen aus der ministeriellen Administration herauszulösen und die Telekommunikation von den anderen Postfunktionen Postdienst und Postbank zu trennen. Außerdem mussten hoheitliche und unternehmerische Aufgaben definiert und separiert werden. Die bisher auf dem Bedarfsdeckungsprinzip arbeitende Organisation war auf Wirtschaftlichkeit und Ergebnisorientierung auszurichten. Die neuen Strukturen standen im Zeichen von Kundenorientierung und Wettbewerbsbewusstsein.

Die Veränderung struktureller Bereiche offenbarte sich unter anderem in finanzwirtschaftlichen Zielgrößen. Während die auf Grundlage der Kameralistik erstellte Schlussbilanz zum 31. Dezember 1989 noch eine Eigenkapitalquote von 37 Prozent ergab, wies die zum 1. Januar 1990 erstellte Eröffnungsbilanz nur noch eine Eigenkapitalquote von 29 Prozent aus. Die Einführung der handelsrechtlichen Buchführung und der entsprechenden Prinzipien von Inventur und Bewertung hatten den Ansatz des technischen Anlagevermögens um 10 Mrd. DM geschmälert. Damit lag die Eigenkapitalquote der Deutschen Telekom unter der gesetzlichen Mindestnorm des Postverfassungsgesetzes von 33 Prozent.

Darüber hinaus bedingte die Wiedervereinigung eine Fusion mit der ostdeutschen Post, sodass Anstrengungen zur Modernisierung in West- und Ostdeutschland bis 1995 eine Summe von 136 Mrd. DM erforderlich machten. Hierdurch rutschte die Eigenkapitalausstattung der Telekom weiter nach unten. Das auf 19,3 Mrd. DM abgeschmolzene Eigenkapitalkonto bei einer Bilanzsumme von 168 Mrd. DM aus eigener Kraft wieder aufzufüllen, war nicht möglich. Einerseits war die Telekom verpflichtet, einen Beitrag zum Verlustausgleich der Schwesterunternehmen, insbesondere der Gelben Post, zu leisten; andererseits war die festgelegte Abführung an den Alleineigentümer Bund nicht ergebnis-, sondern umsatzabhängig. Dazu kamen erhebliche Startverluste in den neuen Bundesländern, die es bilanziell auszugleichen galt.

Die Dringlichkeit der Eigenkapitalaufstockung wurde immer offensichtlicher, zumal auf Grund der früheren Stellung als Behörde Pensionsrückstellungen für die Mitarbeiter nicht gebildet wurden. Die zuerst bloß angedachte Hinführung zur Börsenreife mündete mit der Postreform II in das konkrete Ziel des Börsengangs. Im Vordergrund dieser Privatisierung stand nicht der finanzielle Beitrag für den Staatshaushalt, sondern die Refinanzierung der Telekom nach den gewaltigen Investitionen im Rahmen der Digitalisierung in Westdeutschland und der Aufbau der Infrastruktur in Ostdeutschland. Aus diesem Grund stand von Beginn an eine Kapitalerhöhung im Vordergrund aller Überlegungen. Das frische Kapital sollte für zukünftige Investitionen und die Beseitigung des riesigen Schuldenbergs der Telekom verwendet werden.

Die Umwandlung in eine Aktiengesellschaft zum 1. Januar 1995 bot außerdem die Chance, sich den Nachteilen einer politischen Umklammerung zu entziehen. Doch auch eine weitestgehende Unabhängigkeit der Führung von staatlichen Interventionen sicherte nicht die notwendige personelle Kontinuität bei der Telekom. Der Verlust einiger wichtiger Verantwortungsträger waren nicht die einzigen ungeplanten Problemfelder, die Schatten auf den neu zu definierenden Dienstleistungsanbieter warfen. Der Streit um die neuen Telefontarife, deren Auslöser nicht zuletzt in der neuen Umsatzsteuerpflicht als privatwirtschaftlicher Betreiber lagen, sowie die Intransparenz um die Gewährung von Rabatten für Großkunden und die Abrechnungsspanne zu Beginn des Jahres 1999 bedeuteten einen nicht zu unterschätzenden Rückschlag auf dem Weg zum hochgesteckten Ziel.

Alle diese Altlasten hat die Telekom mit einer breit angelegten Imagekampagne weitgehend in Vergessenheit geraten lassen. Andere Altlasten dagegen stehen nach wie vor in den Büchern des einstigen Monopolisten. Dabei handelt es sich um die Verschuldung von mehr als 100 Mrd. DM. In diesem Zusammenhang ist besonders darauf hinzuweisen, dass die Telekom bei ihrem Start als AG zum 1. Januar 1995 sogar eine Verschuldung von 125 Mrd. DM aufwies, was damals 75 Prozent der Bilanzsumme entsprach. Bis Mitte des Jahres 1995 konnte das Unternehmen die Schulden um 20 Mrd. DM abbauen und das Eigenkapital von 19,3 auf 26 Mrd. DM aufstocken. Parallel dazu wurden weitere bilanzielle Bereinigungen vorgenommen, insbesondere die Abwertung des technischen Anlagevermögens auf aktuelle Verkehrswerte um rund 15 Mrd. DM und die Neubewertung des Immobilienvermögens. Für die Pensionen mussten Rückstellungen gebildet, für Pensionen der Beamten eine Unterstützungskasse eingerichtet werden, an welche die Telekom industrieübliche Beiträge leistet. Außerdem unterliegt die Telekom seit dem 1. Januar 1995 der uneingeschränkten Unternehmensbesteuerung, wobei die neu eingeführte Mehrwertsteuer bei stabilen Tarifen zu Lasten des Ergebnisses geht. Um das Ergebnis in der Zeit nach dem Börsengang nicht mit der noch umzusetzenden Personalreduzierung zu belasten, wurden für den geplanten Personalabbau von 60.000 Mitarbeitern entsprechende Rückstellungen gebildet.

Ausgehend von den betriebswirtschaftlichen Notwendigkeiten galt es, eine Finanzierungsstrategie zu entwickeln, die den Zielen der beteiligten Parteien, das heißt dem Alteigentümer Bund, dem neuen Management und den Mitarbeitern der Telekom, unter der Berücksichtigung der Rahmenbedingungen am deutschen Kapitalmarkt gerecht wird. An dieser Stelle begann die eigentliche Arbeit der beteiligten Investmentbanken.

Der Börsengang der Telekom stand von Beginn an unter der Maxime der Schaffung einer „Volksaktie", das heißt es wurde vor allem das Ziel verfolgt, breite Bevölkerungskreise als Aktionäre des Unternehmens zu gewinnen und das Interesse am Aktienbesitz zu fördern. Gleichzeitig wurde eine ausschließliche Inanspruchnahme des deutschen Kapitalmarktes schon auf Grund des geplanten Emissionsvolumens von letztlich ca. 20 Mrd. DM ausgeschlossen. Somit stand sehr früh die anvisierte Notierungsstrategie fest: eine globale Emission mit hohem Anteil von inländischen Privatinvestoren. Diese Platzierungsziele konnten vor dem Hintergrund eines nachträglich ermittelten Auslandsanteils von 34 Prozent und einem Privatanlegeranteil (einschließlich einer Mitarbeitertranche) von 44 Prozent als erreicht gewertet werden.

Die Zusammensetzung des Emissionskonsortiums orientierte sich entsprechend der Zielsetzungen an der Notwendigkeit einer bestmöglichen Abdeckung der wichtigsten internationalen Kapitalmärkte sowie dem möglichst intensiven Kontakt zu inländischen Kapitalanlegern. Hierfür wurde eine zweistufige Konsortialstruktur gewählt, deren globale Koordination von zwei deutschen Großbanken (Deutsche Bank, Dresdner Bank) und einer international tätigen Investmentbank (Goldman Sachs) übernommen wurde. Die nationalen Konsortien setzten sich aus insgesamt 80 zum Teil ausschließlich national tätigen Emissionsbanken zusammen. Im Mittelpunkt der Notierungsstrategie standen die Börseneinführungen in Frankfurt und New York (am 18. November 1996) sowie in Tokio (am 19. November 1996).

Eine besondere Herausforderung war in diesem Zusammenhang die am US-amerikanischen Markt geplante Unterbringung eines wesentlichen Anteils der Auslandstranche (realisierter Anteil: 42 Prozent). Der Einführung an der New York Stock Exchange (NYSE) wurde dabei eine Art Leitfunktion zugerechnet, die ein De-facto-Übergreifen der strengen US-amerikanischen Publizitäts-, Markt- und Aufsichtsusancen auf andere Finanzmärkte implizierte. Zu den wesentlichen Anforderungen an den Emissionsprozess, die sich aus dem Entschluss zur Auflage eines ADR-Pogramms in den USA ergaben, zählten die Umstellung auf die Grundsätze US-amerikanischer Rechnungslegung sowie die Besonderheiten der Informationspolitik des Managements im Rahmen des Angebotsprozesses. Letztere umfassten insbesondere die Einhaltung einer „Quiet Period", das heißt einer zumeist selbst auferlegten Abstinenz bei Äußerungen zur Geschäfts- und Finanzlage im Vorfeld der Emission, die nach US-Usancen zur Förderung eines gleichmäßigen Informationsstands aller Investorenkreise zum Anforderungskatalog der Aufsichtsbehörde SEC zählt. Zur Erfüllung sämtlicher mit der Emissions- und Börsenzulassung notwendigen Pflichten wurde ein „Registration Team" aus Anwälten, Wirtschaftsprüfern und Mitgliedern des Bankenkonsortiums gebildet, das in engem Kontakt mit den US-Behörden stand. Mit der Einreichung und Annahme des so genannten F-1 Formulars durch die SEC sowie der Vervollständigung des „Registration Statements" ungefähr einen Monat vor dem Börsengang wurde der formale Prozess zeitgenau abgeschlossen.

Neben der formalen Erfüllung notwendiger Registrierungs-, Veröffentlichungs- und Verhaltenspflichten stellte die Organisation der globalen Bookbuilding-Phasen eine besondere Herausforderung an alle Beteiligten des Börsengangs dar. Die globale Road Show wurde dabei zentral von Frankfurt aus durch eine 50-köpfige Expertengruppe um den Finanzvorstand koordiniert. Hier sammelte man unter dem Dach der Deutschen Bank via diverse elektronische Medien sämtliche weltweite Zeichnungsaufträge internationaler Investoren in einem „Global Book". Zahlreiche Investorentreffen, bei denen an den wichtigsten Finanzplätzen Investoren geworben wurden, mussten im Rahmen dieser weltweit größten Privatisierungstransaktion organisiert werden. Der hohe Aufwand dieser Aktionen, bei denen insgesamt mehr als 7500 Investoren angesprochen wurden, konnte ex post mit einem Gesamtnachfragevolumen von mehr als 100 Mrd. DM gerechtfertigt werden.

Zur Mobilisierung des Interesses der anvisierten inländischen Privatinvestoren ging die Telekom gänzlich neue Wege. Die Strategie lautete dabei, das Produkt Aktie durch eine offensive und ansprechende Marketing-Strategie einer breiten Öffentlichkeit zugänglich zu machen. Man versprach sich hiervon neben einer erfolgreichen Platzierung der angebotenen Aktien eine Weichenstellung für den Finanzplatz Deutschland. Die viel bemängelte deutsche Aktienkultur sollten einen wegweisenden Impuls erhalten.

Die Einrichtung eines „Aktien-Informations-Forum" (AIF) sollte als Kommunikationsplattform mit privaten Anlegern dienen. Teilnehmern am AIF versprach die Telekom im Vorfeld der Emission verbesserte Zuteilungschancen sowie Preisnachlässe und zukünftige Treueprämien in Form von Gratisaktien nach einer 5-jährigen Halteperiode. Wie sich später herausstellte, kam der hierdurch generierten Nachfrage von Privatinvestoren eine wesentliche Rolle für die Überzeichnung zu. Erst die Bestätigung des regen Interesses der privaten Anleger konnte wichtige institutionelle Investoren zur Zeichnungsbereitschaft bewegen. Eine überdurchschnittliche Zuteilungsquote von 43 Prozent an die 1,4 Mio. Teilnehmer des AIF sorgte für einen Anteil dieser Zielgruppe von rund einem Drittel des Gesamtemissionsvolumens. Zusätzlich erfolgte eine breit angelegte Informationspolitik der Telekom, die sich der klassischen Medien des Marketings bediente. Neben Mailings an bestehende Telekom-Kunden wurden vor allem Anzeigen und TV-Spots geschaltet, um das Interesse privater Investoren zu mobilisieren.

Zur wichtigsten Frage im Umfeld des Börsengangs gehörte die Festlegung eines fairen Ausgabepreises der Telekom-Aktien (T-Aktien). Trotz der frühzeitigen Entscheidung, das Bookbuilding-Verfahren zur Ermittlung eines Emissionspreises einzusetzen, gingen die Meinungen über einen realistischen Marktpreis des Unternehmens im Vorfeld der Angebotsphase weit auseinander. Während der ca. dreiwöchigen Pre-Marketing-Phase bis zur offiziellen Bekanntgabe der Bookbuilding-Preisspanne am 22. Oktober 1996 wurden Ausgabepreise von 22 bis 40 DM zur Diskussion gestellt. Dabei wurden trotz des starken Cashflows des ehemaligen Monopolanbieters vor allem dessen hoher Verschuldungsgrad und die eventuell nachteiligen Folgen der weiteren Liberalisierung am Markt für Telekomdienstleistungen genannt, die eine Preisfestlegung auf Basis der Marktbewertung vergleichbarer Anbieter in Frage stellten. Selbst unter den Konsortialmitgliedern variierten die Preisvorstellungen um bis zu 12 DM pro Aktie. Letztendlich einigte man sich auf eine Bookbuilding-Spanne von 25 bis 30 DM. Der endgültige Emissionspreis von 28,5 DM (18,89 US-$ pro ADR) lag somit im oberen Bereich der Spanne, ließ jedoch noch genug Luft zum maximal möglichen Ausgabepreis. Hierbei legte der Vorstand der Telekom besonders großen Wert auf eine stabile Marktpreisentwicklung in der Post-Emissions-Phase, um so eine langfristige und stabile Beziehung zu den Aktionären nicht zu gefährden.

Noch während der Bookbuilding-Phase entschloss sich die Telekom zu einer nachträglichen Erhöhung des Emissionsvolumens um 115 Mio. Aktien (inklusive Greenshoe), um dem beobachteten Nachfrageüberhang entgegenzuwirken. Die dem Emissionskonsortium zur Kursstabilisierung eingeräumte Greenshoe-Option im Volumen von 90 Mio. weiteren Aktien wurde bei der Zuteilung der Aktien voll in Anspruch genommen. Während der ersten Handelstage war eine (bei Neuemissionen nicht ungewöhnliche) überdurchschnittliche Volatilität der T-Aktie zu beobachten. Marktteilnehmer führten dies primär auf nachträgliche Eindeckungen großer Aktienfonds zurück, die bei der Zuteilung der Aktien nicht vollständig bedient wurden und somit gezwungen waren, am Sekundärmarkt ihr Portefeuille zu vervollständigen. Die schon im Vorfeld der Emission angekündigte Gewichtung der neuen T-Aktie im Aktienindex DAX von knapp 5 Prozent machte den zu beobachtenden Nachfrageüberhang von institutioneller Seite zu einer logischen Konsequenz. Gleichzeitig nutzten einige Privatinvestoren diese Situation zur Gewinnmitnahme.

Die Gesamterlöse der ersten Teilprivatisierung in Höhe von ca. 20 Mrd. DM wurden wie geplant vollständig zur Schuldentilgung verwendet. Durch den Kapitalzufluss stieg die Eigenkapitalquote von 15 Prozent auf 25 Prozent. Der Börsenkurs der T-Aktie hat sich trotz des erschwerten Wettbewerbsumfelds in der Telekomindustrie im Vergleich zum deutschen Aktienindex länger überdurchschnittlich gut entwickelt. Insbesondere wurde ein verstärkter Verkauf privater Investoren nach Ablauf der steuerrechtlichen Spekulationsfrist nicht beobachtet. Neben dem finanzwirtschaftlichen Erfolg des Börsengangs der Deutschen Telekom AG ging eine insgesamt positive Wirkung dieser Transaktion auf die deutsche Aktienkultur und den Finanzplatz Deutschland aus. Umgekehrt sorgte der jüngste stark-publizierte Einbruch der Deutsche-Telekom-Aktien mehr als fünf Jahre nach dem Börsengang für Verunsicherung unter den Investoren.

### 2.5.3 Börsenwahl bei Wachstumsunternehmen

Für Wachstumswerte gelten die auch bei der Notierung etablierter Unternehmen genannten Vor- und Nachteile. Gleichzeitig ergeben sich aus den Charakteristika von Wachstumswerten besondere Gewichte bei den einzelnen Argumenten. Dabei steht besonders die Frage im Raum, ob alternativ oder additiv (gegebenenfalls zeitlich gestaffelt) die NASDAQ in den USA angegangen werden sollte.

Grundsätzlich kann bei einer Notierung davon ausgegangen werden, dass auch für Wachstumsunternehmen die Deutsche Börse AG der richtige Börsenplatz ist. Allerdings ist aufgrund der Kapitalmarktentwicklung seit 2001 das Börsensegment *Neuer Markt* in eine Krise gerutscht. Während Neuemissionen am Neuen Markt zunächst oft mehrfach überzeichnet waren und es im Jahr 2000 (1999) laut DAI eine Zahl von 113 (115) IPOs an diesem Segment zu verzeichnen gab, fanden im Jahr 2001 nur 11 Neuemissionen statt, darunter keine einzige im vierten Quartal. Vor dem Hintergrund von Kursverlusten von in der Spitze 93 Prozent im Vergleich zum März 2000 und aufgrund von Skandalen um falsche Ad-hoc-Meldungen sowie teilweise regelwidrige Insider-Verkäufe, hat sich bei Privatanlegern in jüngerer Vergangenheit ein tendenziell verschlechtertes Image des Neue-Markt-Segments herausgebildet. Für institutionelle Anleger stellt insbesondere die (mit Ausnahme der größeren Werte des Nemax 50) verschlechterte Liquidität ein großes Problem dar. Es ist zu hoffen, dass es der Deutschen Börse AG gelingt, durch die neuen Delisting-Regeln und verschärfte Anforderungen an die Transparenz und Publizität das Image des Neuen Marktes entsprechend zu verbessern, damit Investoren das nötige Vertrauen in dieses Segment wiedererlangen.

Die Notierung an der NASDAQ bietet für Unternehmen, deren Geschäftsgegenstand oder bisherige Geschäftsentwicklung erklärungsbedürftig sind, den Vorteil, dass deren Investoren oft ein besseres Verständnis für eine besonders komplizierte Equity Story haben. Dies gilt beispielsweise für junge Unternehmen aus dem Bereich der Hochtechnologie. Ein wesentlicher, damit in Zusammenhang zu sehender Faktor ist die Existenz äußerst spezialisierter Research-Analysten in den USA. Sie sorgen durch ihre ständigen Publikationen über die Unternehmen der NASDAQ für die nötige Publizität und tragen zur Bildung einer Vertrauensbasis zwischen dem Unternehmen und den Investoren bei (vgl. Beitrag Research). Auch blickt die NASDAQ auf eine wesentlich längere Geschichte zurück und beinhaltet folglich ein sehr viel breiteres Spektrum an börsennotierten Unternehmen, die z.T. wie Microsoft oder Intel zu den Blue Chips der US-amerikanischen Industrie zählen. Folglich hatte die NASDAQ eine längere Zeitspanne zur Verfügung, um das Vertrauen der Marktteilnehmer in die Funktionsweise des Marktes aufzubauen. Auch sind die Kurse an der NASDAQ im direkten Vergleich zum besonders Internet-lastigen Nemax weniger stark eingebrochen; allerdings muss hierbei der wesentlich umfangreichere Einführungsprozess der SEC-Registrierung in Kauf genommen werden.

Ein *Dual Listing* sollte vor allem aufgrund der Gefahr, die von der Spaltung der Liquidität bei kleinen Werten ausgeht, nur von solchen Unternehmen durchgeführt werden, die bereits eine Basis in den USA aufgebaut haben und dort geschäftliche Expansionspläne verfolgen. Die negativen Folgen eines mangelhaften Sekundärmarkthandels auf nur einem der beiden Märkte können dem Kapitalmarktimage des Unternehmens wesentlich schaden.

Ein Listing nur in den USA kommt vor allem dann in Frage, wenn das Verständnis der Equity Story ausschließlich in den USA gegeben ist. Auch bei Wachstums- und Technologiewerten wird dies immer weniger der Fall sein. Eine ausgewogene Analyse, ob dies tatsächlich der Fall ist oder aber durch die gezielte Ansprache der ausländischen, in ihren Anlageentscheidungen nicht eingeschränkten institutionellen Investoren nicht auch abgebildet werden kann, ist Aufgabe der Investmentbank.

Eine Investmentbank wird schließlich bei jenen Werten, welche in der Vergangenheit, vor allem in der Zeit, als der Neue Markt noch nicht bestand, im Ausland notiert wurden, prüfen, inwieweit diese im Zuge eines Dual Listings auch im Neuen Markt vertreten sein sollten. Wo diese Entscheidung getroffen wurde (zum Beispiel Qiagen) war zu beobachten, dass sich der Neue Markt – trotz der zeitlich späteren Notierung – als Heimatmarkt für den Haupthandel mit der Aktie etabliert hat.

## 2.6 Beratung während der Börseneinführung

### 2.6.1 Due Diligence

Grundvoraussetzung für den Aufbau der Equity Story und die Erstellung der juristisch vorgeschriebenen Dokumente, insbesondere des Prospektes, für den eine strenge Haftung gilt, ist die Durchführung einer Due Diligence, wie sie auch bei Unternehmenskäufen und -verkäufen üblich ist (vgl. Beitrag Mergers & Acquisitions, Abschnitt 3.1.3). Nur so kann sich die Investmentbank den notwendigen detaillierten Einblick in das Unternehmen verschaffen. Dabei liegt die Durchführung der Due Diligence in der Verantwortung des Hauptberaters/Konsortialführers. Da aber auch die anderen Konsortialbanken unter die Prospekthaftung fallen, ist es international üblich, ihnen die Möglichkeit der Teilnahme an Sitzungen und für Fragen zu geben.

Die wichtigsten Schritte der Due Diligence gliedern sich in die Management Due Diligence, die Legal Due Diligence und die Financial Due Diligence. Je nach der spezifischen Historie und Tätigkeit des Unternehmens können weitere Prüfungsbereiche, so beispielsweise eine Environmental Due Diligence, hinzukommen.

Im Zuge der *Management Due Diligence* führen die Vertreter der Corporate-Finance-Abteilung der Investmentbank detaillierte Gespräche mit den wichtigsten Führungskräften des Börsenkandidaten über die Basis des Geschäftserfolgs und die weitere Entwicklung des Unternehmens. Dies geschieht oftmals in Form einer halboffenen Diskussion. Darüber hinaus werden oft Produktionsstätten besichtigt. Ziel der Management Due Diligence ist es, sich von der Seriosität und der Professionalität des Managements zu überzeugen sowie die in der Folge erörterte Equity Story zu entwickeln bzw. nachzuvollziehen. Sind diese Faktoren nicht gegeben, fehlt die Basis für den Erfolg der Börseneinführung. Die Investmentbank wird im Extremfall von ihrem Mandat zurücktreten, um eine Gefährdung ihrer Reputation zu vermeiden.

Die von Rechtsanwälten durchgeführte *Legal Due Diligence* hat zum Ziel, die gesamte rechtliche Situation des Kandidaten genau zu analysieren. Hierzu gehört die Durchsicht der Satzung, der wichtigsten Verträge des Unternehmens – wie beispielsweise Lieferverträge, Miet- und Leasingverträge, aber auch Arbeitsverträge – und der Protokolle der Vorstands- und Aufsichtsratssitzungen. Besondere Aufmerksamkeit gilt bereits anhängigen oder möglicherweise bevorstehenden rechtlichen Verfahren. Gegenstand, Ausmaß und Art der Prüfung werden in einem Bericht festgehalten. Dieser enthält darüber hinaus eine Opinion, in der auf alle Ergebnisse, besonders auf alle aufgedeckten Risiken, hingewiesen wird.

Die in der Regel unter Mitwirkung von Wirtschaftsprüfern durchzuführende *Financial Due Diligence* zielt darauf ab, auf Basis der Daten aus dem Rechnungswesen eine Analyse der aktuellen Situation des Unternehmens vorzunehmen. Neben der Bestimmung der Risiken, die aus den verschiedenen Bilanzpositionen entstehen können, soll auch die Höhe der stillen Reserven ermittelt werden. Eine hohe Qualität des Rechnungswesens erleichtert nicht nur die Arbeit, sondern ist auch Gegenstand der Beurteilung, da sie die Voraussetzung für die Produktion verlässlicher Finanzdaten ist. Weiter werden auch die Geschäftsplanung, welche die Basis für die Unternehmensbewertung ist, und deren Annahmen auf Plausibilität geprüft. Auch hier gilt es, die Ergebnisse in einem Bericht festzuhalten und eine Meinung hierzu auszusprechen.

Die Ergebnisse der Due Diligence gehen in die „Management's Discussion and Analysis"-Berichterstattung im Rahmen des Unternehmensprospektes ein. Hier werden die Zahlen des Unternehmens ausführlich erläutert und die Risiken der Börseneinführung eingehend besprochen. Während die Due Diligence damit unerlässlich für eine fundierte Darstellung und Beurteilung des Unternehmens durch die Investmentbank ist, hat sie jedoch auch eine produktive Funktion für das Management des betreffenden Unternehmens. Oft ist es in diesem Fall das erste Mal, dass sich das Management detaillierte und kritische Fragen von außenstehenden Dritten stellen lassen muss. Das Hinterfragen von traditionellen Verhaltensmustern sowie die Rechtfertigungsnotwendigkeit wollen geübt sein und dem Management des Börsenkandidaten bietet sich hier die Möglichkeit, dies zunächst vor „freundlichen" Dritten zu tun. Nach der Vorbereitung durch die Mitarbeiter des Hauptberaters/Konsortialführers folgen in der nächsten Stufe die Research-Meetings mit den Analysten der Konsortialmitglieder und letztlich die Road Shows anlässlich der Börseneinführung mit Investoren (vgl. Abschnitt 2.6.5).

## 2.6.2 Fundamentale Bewertung

Während die Bestimmung des Börseneinführungspreises letztlich in den Aufgabenbereich der Capital-Markets-Mitarbeiter fällt, ist es der Bereich Corporate Finance, der zunächst die fundamentale Bewertung des Unternehmens durchführt. Das Ziel ist dabei, theoretische Wertüberlegungen (etwa auf Grund von Discounted-Cashflow-Kalkulationen aufbauend auf internen Geschäftsplänen) mit Marktrealitäten in Einklang zu bringen. Mit anderen Worten: Der Börsenkandidat wird anhand einer Reihe von Maßgrößen mit anderen, bereits börsennotierten Unternehmen verglichen und entsprechend bewertet.

Naturgemäß kommt dabei der Auswahl der relevanten Vergleichsgruppe entscheidende Bedeutung zu. Was zunächst trivial klingt, stellt sich in der Praxis oft als äußerst schwer heraus. So sind kaum zwei Unternehmen völlig vergleichbar und insbesondere Vergleiche über die Grenzen, also an unterschiedlichen Börsen notierte Werte, bedürfen besonderer Sorgfalt. Unterschiedliche (Kapital-)Marktentwicklungen sind dabei ebenso zu eliminieren wie unternehmensspezifische Sondereinflüsse. Es ist niemandem gedient, wenn sich die Emittenten und ihre Berater durch die Wahl einer genehmen Vergleichsgruppe theoretisch reich rechnen, da die tatsächliche Preisbestimmung beim Börsengang letztlich von der Nachfrage der Investoren, also von deren Einschätzung der Bewertung, abhängt.

Während die Vergleichswerte in der Regel der gleichen Branche zugezählt werden, kann unter Umständen auch der Vergleich mit Unternehmen anderer Industriezweige sinnvoll sein, soweit diese etwa über die gleichen Wachstumscharakteristika verfügen. Nachdem eine akzeptable Vergleichsgruppe identifiziert ist, wird zunächst das Unternehmen anhand operativer Größen, die je nach Industrie relevant sind, kalibriert. Wachstums-, Kosten-, Gewinn- beziehungsweise Cashflow-Faktoren stehen dabei im Vordergrund. Auftragswachstum, Gewinn neuer Kunden, neue Produkte, Marketingaufwendungen, Forschungs- und Entwicklungskosten, Inventarumschläge, relative Kostenpositionen, Umsatzmargen etc. werden nicht nur relativ zu den Marktführern verglichen, sondern auch (wertfördernde) Verbesserungspotenziale identifiziert und entsprechende Szenarien beziehungsweise Sensitivitäten entwickelt und bewertet.

Je nach Einstufung des Börsenkandidaten sind dann die wesentlichen Vergleichsparameter einzuschätzen. Hierbei handelt es sich in der Regel um das Kurs-Gewinn-Verhältnis

(KGV) sowie das Mehrfache des Earnings before Interest and Taxes (EBIT) beziehungsweise Earnings before Interest, Taxes, Depreciation and Amortisation (EBITDA). EBIT stellt dabei eine Näherungsgröße für den operativen Gewinn und EBITDA für den Cashflow dar. Ein hohes Kurs-Gewinn-Verhältnis signalisiert in der Regel hohe (Gewinn-) Wachstumserwartungen. Ob ein Titel mit einem hohen KGV auch teuer ist, hängt jedoch ausschließlich von Relationen zwischen dem tatsächlichen und dem erwarteten Ergebnis ab. Ein gern gezogener KGV-Vergleich über Industriegrenzen hinweg (im Sinne eines Markt-KGV etc.) ist daher mit Vorsicht zu betrachten.

Weiter gilt es bei der Bewertung eines Börsenkandidaten, durch Vergleich mit Dritten den Zeitfaktor zu berücksichtigen, da Zeitpunktaufnahmen oft irreführen. Industriespezifische (etwa konjunkturabhängige) Schwankungen sind ebenso wichtig wie Kapitalmarktumstände. Selbst nachdem (Kapital-)Marktunterschiede beziehungsweise unternehmensspezifische Unterschiede zwischen dem Börsenkandidaten und seiner Vergleichsgruppe analytisch sauber erarbeitet und im Zeitablauf konkret bewertet wurden, gilt es abschließend, die einführungsspezifischen Besonderheiten zu berücksichtigen. Zunächst wird es eines Einführungsabschlages (IPO Discount) bedürfen, um das Unternehmen im Vergleich zu bereits börsennotierten Konkurrenten zu etablieren. Sodann werden technische Größen, beispielsweise der Verschuldungsgrad, die Art der auszugebenden Aktien sowie der angestrebte Float beziehungsweise die gewünschte Liquidität zu berücksichtigen sein.

In diesem Sinne stellt die durch das Corporate-Finance-Team zu erstellende fundamentale Bewertung allenfalls einen Ansatzpunkt dar, welcher sich im Laufe des Börseneinführungsprozesses, sei es durch unternehmensspezifische oder durch Marktgegebenheiten, noch ändern kann und als Bandbreite zu verstehen ist, die sich durch besseren Erkenntnisstand sukzessive einengen lässt.

### 2.6.3 Equity Story und Research-Material

Die schon im Rahmen des Beauty Contest angesprochene Equity Story eines Börsenkandidaten bezeichnet das Konzept zur Positionierung des Unternehmens im Markt und stellt damit ein wesentliches Instrument der Unternehmenskommunikation dar. Das Unternehmen entwickelt dieses Konzept in enger Zusammenarbeit mit der mandatierten Investmentbank, um die Investoren bei der Vielzahl von Investitionsmöglichkeiten von der Attraktivität der auszugebenden Aktie zu überzeugen. Vor dem Hintergrund eines sich immer weiter verschärfenden Wettbewerbs um Kapital ist es das Ziel der Equity Story, ein eigenes scharfes Aktienprofil zu schaffen. In der Vermarktungsstrategie kann die Aktie dabei ein weiteres Produkt des Unternehmens darstellen, das auf Kapitalmärkten vertrieben werden muss und unter Umständen sogar zu einem Markenartikel werden kann.

Die Attraktivität des Unternehmens gegenüber ihren Wettbewerbern um Kapital kann mit einer Fundamentalanalyse unter Verwendung verschiedener Kriterien glaubhaft gemacht werden. Dazu gehören beispielsweise die rechtlichen und wirtschaftlichen Rahmenbedingungen und das Wettbewerbsumfeld, in denen sich das Unternehmen bewegt, das prognostizierte (Umsatz-)Wachstum, das Potenzial für Produktivitätssteigerungen, das vorhandene technische Know-how, die Kapitalstruktur etc. Das hierbei erzielte Muster bei den Schlüsselindikatoren sollte genutzt werden, um die Gesellschaft möglichst geschickt im Vergleich zu ihren Wettbewerbern zu positionieren. Mit diesen Aussagen sowie weiteren Informationen, beispielsweise hinsichtlich der Herkunft des Unternehmens (Neugründung, verselbstständigte Tochter eines Konzerns etc.), wird die Kommunikation zur Börseneinführung um die Equity Story aufgebaut.

Entscheidend ist schließlich die Glaubwürdigkeit der Equity Story, das heißt letztlich die Glaubwürdigkeit des Managements, die versprochenen Leistungen auch erbringen zu können. Investoren erwerben eine Aktie in Erwartung zukünftiger Erträge, und deren Eintreten hängt maßgeblich von den involvierten Personen ab. Dabei wird nicht nur ein Abweichen nach unten, sondern unter Umständen auch ein regelmäßiges Überschreiten angekündigter Ergebnisse kritisch konstatiert und entsprechend sanktioniert.

Trotz der Individualität jeder einzelnen Equity Story lässt sich die Kernbotschaft meistens kurz und bündig darstellen. Daher kann auch insgesamt eine Typologie ähnlicher Unternehmensentwicklungen zusammengestellt werden. Eine Gruppe von Unternehmen zeichnet sich durch besonders starkes Wachstums der Earnings per Share (EPS) aus (Wachstumsstory), während andere Unternehmen durch eine Restrukturierung (Restrukturierungsstory) oder durch ihre Herkunft (Länder- bzw. häufig Emerging-Markets-Story) gekennzeichnet sind.

Die individuelle Beratung der Gesellschaft hängt im Wesentlichen von den jeweiligen potenziellen Investoren ab. Die Investmentbank wird dem Unternehmen aufzeigen, wie die Investoren ihre Auswahlentscheidung treffen können. Da diese ihrerseits über eine Fülle von Investitionsmöglichkeiten verfügen, muss sich das Unternehmen, wie auch auf dem Absatzmarkt, mit ihrer Aktie auf dem Finanzmarkt im Wettbewerb behaupten. Hierbei ist es entscheidend, dass sie überlegene Verkaufsargumente besitzt. Im Rahmen der Börseneinführung hat die Equity Story auch die Aufgabe, alle aus Sicht des Unternehmens wichtigen Zielgruppen über die Perspektiven desselben zu informieren und zu überzeugen. Konsequenterweise darf die Equity Story nicht nur auf die Investoren fokussieren, welche die Emission zeichnen sollen, sondern muss auch alle intermediären Absatzmittler, wie beispielsweise Finanzanalysten, Wirtschaftsjournalisten, Broker, Anlageberater und Mitarbeiter, von der Logik des Börsengangs überzeugen.

Wichtig ist nicht nur die Vorbereitung der positiven Argumente für den Einstieg als Aktionäre in das betreffende Unternehmen. Die Investmentbank muss vielmehr auch die potenziellen Schwachstellen der Equity Story so früh wie möglich identifizieren. Dann muss sie darauf hinarbeiten, dass diese rechtzeitig bereinigt werden. Ist eine Ausmerzung der potenziellen Schwachstellen nicht möglich (beispielsweise im Falle einer starken Abhängigkeit von Kunden einer bestimmten Industrie), muss sie schon vor der Vermarktung ein schlüssiges Argumentarium entwickeln, um die möglichen negativen Effekte einzudämmen. Zu diesem Zweck wird sie mögliche Antworten auf potenzielle Bedenken der Investoren entwickeln.

Im Zuge des Aufbaus der Equity Story und des Research-Materials kommt den Equity-Research-Analysten eine wichtige Aufgabe zu. Der Erfolg der Transaktion wird in letzter Instanz davon abhängen, inwieweit es dem Unternehmen und seinen Beratern gelingt, die Investoren von der Güte der Emission zu überzeugen. Dabei spielen die Research-Analysten als Meinungsführer eine entscheidende Rolle. Da die wenigsten Investoren über eigene Research-Abteilungen verfügen (auch wenn der Trend zu so genannten Buy-Side-Analysten zunimmt), basieren ihre Kauf- bzw. Verkaufsentscheidungen in der Regel auf Analysen von Wertschriftenhäusern. Diese unterhalten oft große und kostspielige Research-Abteilungen, da Investoren ihr Handelsgeschäft in Richtung derer lenken, deren Analysearbeit als für die Investitionsentscheidung wesentlich angesehen wird. Glaubhaftes Research ist also eines der wesentlichsten Instrumente des Sales & Trading-Bereiches. Zum Zweiten sind Glaubwürdigkeit und Wertschätzung eines Analysten, die durch jährliche, öffentliche Rangordnungen (Rankings) gemessen werden, zwei der Hauptauswahlkriterien für ein bestimmtes Investmenthaus durch Emittenten bei Börseneinführungen sowie sonstigen Aktienemissionen.

### 2.6.4 Entwurf des Prospektes

Wenn die wichtigsten Schritte der Due Diligence abgeschlossen sind und sowohl die Investmentbanker als auch die beteiligten Rechtsanwälte bei der Arbeit an der Equity Story ein näheres Verständnis des Unternehmens und ihrer Geschäftstätigkeit gewonnen haben, beginnt die Arbeit am Börseneinführungsprospekt. Für eine nur in Deutschland erfolgende Notierung sind nur die Regeln, die im Verkaufsprospektgesetz und in der Verkaufsprospektverordnung festgehalten sind, zu befolgen. Der Prospekt muss also über die tatsächlichen und rechtlichen Verhältnisse, die für die Beurteilung des Wertpapiers notwendig sind, Auskunft geben.

Bei der Erstellung des Emissionsprospektes ist ab September 2002 auf die Einhaltung der Going-Public-Grundsätze der Deutschen Börse AG zu achten. Die Grundsätze sollen bei Börsengängen die Anforderungen an den Emissionsprospekt regeln sowie die Angaben außerhalb des Prospektes und die Veröffentlichung emissionsbegleitender Studien einschränken. Dieser Verhaltenskodex gilt für Unternehmen und emissionsbegleitende Banken, unabhängig vom Marktsegment. Die Einhaltung der Grundsätze muss im Emissionsprospekt ausgewiesen werden.

Der Prospekt muss nicht von Rechtsanwälten, sondern könnte auch von Investmentbankern erstellt werden. In der Praxis allerdings wird er zumeist direkt von den mandatierten Rechtsanwälten erarbeitet. Anlass hierfür bildet im Wesentlichen die in Deutschland bis vor kurzem mit 30 Jahren äußerst lang reichende Prospekthaftung. Auf Grund der strengeren Kapitalmarktregeln in den USA und dem Bedürfnis, US-amerikanische Investoren anzusprechen, wird in der Praxis häufig von Rechtsanwälten ein an den US-Kapitalmarktregeln ausgerichteter Prospekt erstellt, der dann, wenn er inhaltlich fertiggestellt ist, ins Deutsche übertragen wird. Ein solcher Bericht enthält dann auch in Deutschland weniger übliche Passagen, wie beispielsweise den detaillierten Einblick in die Entlohnung des Managements.

In den USA ist es nicht ungewöhnlich, das Interesse der Investoren mit Hilfe eines vorläufigen Prospektes (Red Herring) noch vor der eigentlichen Registrierung auszuloten.

Passagen, die möglicherweise noch geändert werden, erscheinen in roter Farbe. Ebenso wird auf dem Titelblatt des Red Herring darauf hingewiesen, dass es sich hier nicht um eine Aufforderung zur Zeichnung der Aktie handelt. Dieses Vorgehen erlaubt es der Investmentbank, noch rechtzeitig, also vor der Veröffentlichung der endgültigen Fassung des Prospektes, auf Bedenken und Fragen der Investoren einzugehen.

Der Prozess der Erstellung des Prospektes kann verhältnismäßig langwierig sein, weil die Geschäftsführung des Unternehmens zu einer klaren Formulierung der von ihr verfolgten Geschäftsstrategie gezwungen wird. Dadurch werden innerhalb des Unternehmens oft intensive Diskussionsprozesse in Gang gesetzt. Die Erstellung des Prospektes wirkt demzufolge katalysierend.

### 2.6.5 Vermarktung der Aktie und Ansprache der Investoren

Ziel der Kommunikation ist es, den Bekanntheitsgrad und die Attraktivität des Börsenkandidaten bei den zuvor definierten Investoren-Zielgruppen zu steigern. Wurden bisher allenfalls Marketinganstrengungen für die Produkte des Unternehmens unternommen, gilt es im Vorfeld des Börsengangs, das Unternehmen als Produkt zu präsentieren, das eine Geldanlage wert ist. Dazu gehört vor allem auch, dass eine dauerhafte Vertrauensbasis zu den potenziellen Investoren aufgebaut wird. Neben den gesetzlich vorgeschriebenen Veröffentlichungen kann das Unternehmen die Investor-Relations-Arbeit nutzen, um sich in der Öffentlichkeit zu profilieren.

Die *gesetzlichen Informationspflichten*, die im Rahmen des Börsengangs zu erfüllen sind, leiten sich aus unterschiedlichen Regelwerken ab. Beispielhaft seien das Börsengesetz, die Börsenzulassungsverordnung sowie die Regelungen der Deutschen Börse AG zum Neuen Markt genannt. Je nach anvisiertem Börsensegment unterscheiden sich die formal fixierten Mindestanforderungen an die Publizität. Für die Zulassung der Aktien zum Amtlichen Handel ist ein Börsenzulassungsprospekt, für die zum Geregelten Markt ein Unternehmensbericht und für die zum Neuen Markt ein Emissionsprospekt zu erstellen. Der Katalog der Informationen soll es den potenziellen Anlegern ermöglichen, sich ein Bild vom Unternehmen zu machen und ihre Anlageentscheidung darauf zu basieren. Darüber hinaus kann der regelmäßig zu erstellende Geschäftsbericht zur Präsentation des Unternehmens gegenüber bisherigen und zukünftigen Aktionären genutzt werden.

Im Rahmen der *freiwilligen Publizität* geht es um die aktive Vermarktung der Aktie des Unternehmens. Daher gilt es, die Beziehungen zur Zielgruppe der Emission aufzubauen und zu pflegen. Eine besondere Position nehmen dabei die Meinungsmultiplikatoren im Finanzmarkt ein. Diese in positiver Weise auf das Unternehmen aufmerksam zu machen, ist Teil der Basis für den Erfolg der Börseneinführung. Als Instrumente können beispielsweise Bilanz-Pressekonferenzen und Börseneinführungspräsentationen zur Anwendung kommen. Darüber hinaus kann die Zielgruppe der Emission durch Direct-Mailings und Anzeigen direkt angesprochen werden. Die Durchführung dieser einzelnen Aktivitäten liegt nicht bei der Investmentbank. Hier ist vielmehr die Mitarbeit der Werbefachleute für Finanzpublizität und der Investor-Relations-Spezialisten gefragt. Der Kommunikationsmix muss als ein Strang des Emissionsprozesses genaustens in den

Gesamtprozess eingepasst werden. Dies zu gewährleisten und die Schnittstellen zu koordinieren, ist letztlich Aufgabe der Investmentbank.

Zudem liegt die *Ansprache der Investoren* maßgeblich in der Hand der Investmentbanker – auch hier kommt wieder dem Equity-Research-Analysten eine Schlüsselrolle zu. Die Ansprache der Investoren erfolgt dabei in verschiedenen Etappen. Insbesondere am Anfang des Kommunikationsprozesses hat der Research-Analyst keinen direkten Kontakt zu den Investoren, sondern er bedient sich verschiedener Meinungsmultiplikatoren. So werden die Mitarbeiter aus dem Sales-Bereich der Konsortialbanken, deren Aufgabe in der Distribution der Aktien besteht, frühzeitig und intensiv durch ihn über die anstehende Emission unterrichtet. Gleiches gilt für die Finanzpresse, in der auch aktiv Werbung für die Emission betrieben werden kann.

Etwa zwei Wochen vor der eigentlichen Platzierung der Aktien führen dann der Konsortialführer und das Management des Börsenkandidaten eine Vielzahl von Einzelgesprächen (One-on-One-Meetings) mit potenziellen Investoren. Neben dem Versuch, das Interesse der Investoren für die Emission zu wecken, dienen diese Kontakte auch dazu, das zuvor ausgearbeitete Research-Material auf den Prüfstand zu stellen. Es muss sichergestellt sein, dass den Bedenken der Investoren überzeugend begegnet werden kann und sie die Bewertung des Unternehmens nachvollziehen können und für gerechtfertigt halten. Die Einzelgespräche geben dem Management auch die Möglichkeit, das Verkaufen der Aktien ihres Unternehmens zu üben. Eine Aufgabe der Investmentbank ist es, das Management bei dieser Ansprache argumentativ zu unterstützen. So müssen die potenziellen Schwachstellen der Equity Story möglichst frühzeitig identifiziert werden. Durch den Vorab-Aufbau eines schlüssigen Argumentariums könnten dann negative Effekte bei der Vermarktung begrenzt werden.

In der eigentlichen Phase der Zeichnung der Aktien werden neben der Fortsetzung der Einzelgespräche auch Road Shows abgehalten. Dies sind Unternehmenspräsentationen, die für eine breite Teilnehmerbasis veranstaltet werden. Neben der Vorstellung des Unternehmens und der Emission wird versucht, ähnlich wie bei den Einzelgesprächen, auf die konkreten Belange der anwesenden Interessenten einzugehen. Daher schließen sich an die Präsentation ausgedehnte Fragestunden und Diskussionen an.

## 2.7 Beratung nach der Börseneinführung

Nach der Börseneinführung hört die Beratung seitens der Investmentbank nicht auf. Es ist vielmehr eine Reihe weiterer Betreuungsleistungen notwendig, damit die Börseneinführung ein Erfolg wird. Diese betreffen – neben der Aufarbeitung der Erfahrungen des Börsengangs durch die Gegenüberstellung der Ziele und der tatsächlichen Erfolge der Börseneinführung und der Ableitung möglicher Erkenntnisse für die Durchführung späterer Kapitalerhöhungen – den Handel mit der Aktie und die Ausgestaltung der freiwilligen und verpflichtenden Kommunikation mit dem Ziel einer hinreichenden Information der Investoren über das Unternehmen.

Hinsichtlich des *aktiven Handels* mit der Aktie sind die Investmentbanken insofern wichtig, als die Konsortialbanken in der Regel zu wichtigen Händlern werden. Sie müssen bereit sein, nach der Börseneinführung Kapital für den Handel in Aktien des emittierenden Unternehmens einzusetzen. In diesem Zusammenhang ist zu prüfen, ob die beteiligten Investmentbanken eine Market-Maker- und hier gegebenenfalls eine Betreuerfunktion übernehmen. Besondere Aufmerksamkeit kommt dem Handel in den ersten 30 Tagen nach der Börsenerstnotierung zu. Während dieses Zeitraums wird – soweit vorhanden – der Greenshoe als Stabilisierungsinstrument eingesetzt (vgl. Abschnitt 2.4.4). Darüber hinaus kann der Market Maker, soweit rechtlich zulässig, durch entsprechende Transaktionen Volatilität aus der Aktie herausnehmen. Schließlich werden die führenden Mitglieder des Konsortiums, um das hinreichende Interesse an der Aktie zu sichern, die Verpflichtung übernehmen, das emittierende Unternehmen durch *Aktienanalysen* zu betreuen. Dabei ist die breit angelegte Analystenbetreuung zu fördern, indem Analysten der Zugang zum Management und zum Unternehmen an sich geöffnet wird.

Im Rahmen der Beratungsleistungen hinsichtlich der Informations- und Verhaltenspflichten, die das Unternehmen zu erfüllen hat, wenn es einmal an der Börse notiert ist, wird die Errichtung eines *Investor-Relations-Programms* gestützt. Hierzu gehören die regelmäßige Kommunikation mit den Aktionären und Analysten an sich sowie das besondere und fortlaufende Bemühen, die Kommunikation mit wichtigen Investoren aufrechtzuerhalten und zu fördern. Unterstützung bedarf das Unternehmen auch bezüglich der *Veröffentlichungen und Berichte des Unternehmens*. So müssen die Publizitätspflichten der jeweiligen Börsen und die Ad-hoc-Publizitätspflichten eingehalten werden. Die veröffentlichten Informationen sollten umfassend sein, um die Analyse und die Kommentierung des Unternehmens zu fördern. Hinzu kommt die Unterstützung von *Managementpräsentationen* und *Hauptversammlungen*. Präsentationen des Managements über wichtige unternehmensspezifische Ereignisse sind notwendig, um ein Höchstmaß an Presseberichten und Presseinteresse sicherzustellen. Die Hauptversammlungen sollten als zentrales Kommunikationsforum zwischen dem Management und den Aktionären genutzt werden. Dieser gesamte Bereich der Investor-Relations-Beratung ist in den vergangenen Jahren derart wichtig geworden, dass er mittlerweile im Begriff ist, sich als eigene Beratungsdienstleistung der Investmentbanken zu etablieren.

# 3. Kapitalerhöhung

## 3.1 Definition, Arten und Motive

Der Begriff der Kapitalerhöhung bezieht sich auf die Erhöhung des gezeichneten Kapitals (Grundkapital) von Aktiengesellschaften. Dabei handelt es sich um die Zuführung neuer Mittel über Geld- und Sacheinlagen. Zu diesem Zweck emittiert das betroffene Unternehmen neue Aktien, die entweder durch den Zufluss von Barzahlungen oder, wie im Fall von Unternehmenszusammenschlüssen und Fusionen, durch Hingabe von Aktien anderer Unternehmen neue Gesellschaftsmittel generieren. Die Erhöhung des Grundkapitals erfüllt somit eine wesentliche Finanzierungsfunktion für die Gesellschaft.

Die zentrale Rolle des Grundkapitals als Haftungssubstrat für Verpflichtungen gegenüber Dritten bei den Aktiengesellschaften bedingt eine Reihe gesetzlicher Vorschriften hinsichtlich der Modalitäten einer Grundkapitaländerung. Diese Vorschriften dienen dem Schutz der Gläubiger vor nicht legalen Handlungsweisen der Aktionäre und erfüllen damit eine Insolvenzschutz- und Kreditwürdigkeitsfunktion. Aus der Haftungsverpflichtung der Aktionäre erwachsen aber auch ausschließlich den Gesellschaftern zustehende Rechte, beispielsweise die Beteiligung am Gewinn und Liquidationserlös sowie Informations- und Kontrollrechte. Daher bezwecken die gesetzlichen Regelungen einer Kapitalerhöhung ebenfalls einen Schutz der Aktionäre, indem sie deren anteilige Rechte und damit deren Einflussmöglichkeiten auf die Unternehmenspolitik wahren. Konkret betroffen sind in diesem Zusammenhang die grundsätzliche Frage nach der Genehmigung einer Kapitalerhöhung sowie, als Konsequenz einer erfolgten Ermächtigung, die Frage nach einem Bezugsrecht der bisherigen Aktionäre. Das Aktiengesetz (AktG) unterscheidet die folgenden vier Formen einer Kapitalerhöhung:

- ordentliche Kapitalerhöhung,
- bedingte Kapitalerhöhung,
- genehmigte Kapitalerhöhung,
- Kapitalerhöhung aus Gesellschaftsmitteln.

Die *ordentliche Kapitalerhöhung* wird von der Hauptversammlung im Rahmen einer Satzungsänderung beschlossen und durch die Ausgabe neuer Aktien gegen Geld- oder Sacheinlagen umgesetzt. Sie ist im Gegensatz zur bedingten oder genehmigten Kapitalerhöhung nicht an Bedingungen geknüpft, das heißt sie ist weder an eine bestimmte Höhe des Nennbetrags noch an irgendwelche Voraussetzungen gebunden. Da eine Kapitalerhöhung die wirtschaftliche und rechtliche Stellung der Aktionäre verändert, steht diesen ein gesetzlich verbrieftes Bezugsrecht zu, das ihnen bei Zeichnungsausübung ihren bisherigen Anteil am Grundkapital zusichert. Dieses gesetzliche Bezugsrecht kann jedoch von der Hauptversammlung ganz oder zum Teil ausgeschlossen werden.

Unter einer *bedingten Kapitalerhöhung* versteht man eine Erhöhung des gezeichneten Kapitals, die nur so weit durchgeführt wird, wie von einem Umtausch- oder Bezugsrecht Gebrauch gemacht wird, das die Gesellschaft auf die neuen Aktien einräumt. Das Aktiengesetz sieht hierzu lediglich die drei Fälle vor:

- Gewährung von Umtausch- oder Bezugsrechten an Gläubiger von Wandelschuldverschreibungen,
- Vorbereitung des Zusammenschlusses mehrerer Unternehmen,
- Gewährung von Bezugsrechten an Arbeitnehmer des Unternehmens zum Bezug neuer Aktien gegen Einlage von Geldforderungen, die den Arbeitnehmern aus einer Gewinnbeteiligung zustehen.

Durch eine bedingte Kapitalerhöhung soll gewährleistet werden, dass das Unternehmen bei Eintritt von genau definierten Bedingungen die entsprechende Anzahl von Aktien ausgeben kann. Die bedingte Kapitalerhöhung bietet in diesen Fällen die Möglichkeit, das Grundkapital genau um den erforderlichen Betrag zu erhöhen, um die Bezugsberechtigten und Bezugswilligen zu befriedigen und unerwünschte Restposten eigener Aktien zu vermeiden. Ein Bezugsrecht auf diese Aktien steht den Aktionären nicht zu. Im Augenblick der Beschlussfassung steht regelmäßig nicht fest, in welchem Umfang die berechtigten Personen von ihrem verbrieften Bezugsrecht Gebrauch machen. Der Nennbetrag des bedingten Kapitals darf allerdings 50 Prozent des im Zeitpunkt der Beschlussfassung gezeichneten Grundkapitals nicht übersteigen.

Bei der *genehmigten Kapitalerhöhung* ermächtigt die Hauptversammlung den Vorstand, das gezeichnete Kapital bis zu einem Betrag von maximal 50 Prozent des im Zeitpunkt der Beschlussfassung vorhandenen gezeichneten Kapitals zu erhöhen. Es obliegt dann dem Vorstand, über den Zeitpunkt, den Inhalt und den Umfang der Aktienausgabe gegen Einlagen zu entscheiden. Dazu bedarf es allerdings der Zustimmung des Aufsichtsrates. Der Beschluss der Hauptversammlung erstreckt sich auf einen Zeitraum von maximal fünf Jahren.

Unter ökonomischen Aspekten ist insbesondere relevant, ob die Kapitalerhöhung einen Zufluss von finanziellen Mitteln an das Unternehmen generiert oder ob Sacheinlagen an Stelle von Geldeinlagen erfolgen (Kapitalerhöhung gegen Sacheinlagen). Im zweiten Fall wird der Gegenwert der Aktien durch Übertragung von Sacheinlagen oder Rechten bereitgestellt. Die Kapitalerhöhung gegen Sacheinlagen ist im Rahmen der ordentlichen, der bedingten sowie der genehmigten Kapitalerhöhung erlaubt. Das Hauptproblem hierbei liegt in der richtigen Bewertung der einzubringenden Gegenstände. Daher verlangt der Gesetzgeber eine detaillierte Prüfung. Zu diesem Zweck muss seitens der Wirtschaftsprüfer ein Prüfungsbericht verfasst werden, der die Wertermittlung der Sacheinlage erläutert. Die Wertermittlung hat eine wesentliche Bedeutung für die erfolgreiche Umsetzung der Kapitalerhöhung, da die Eintragung des Beschlusses gerichtlich abgelehnt werden kann, falls der Wert der Sacheinlage wesentlich vom ökonomischen Wert der dafür zu emittierenden Aktien abweicht. Jedem Aktionär steht zudem ein Anfechtungsklagerecht zu, das eine entsprechende Transaktion verhindern beziehungsweise wesentlich verzögern kann. Durch diese Bestimmungen wird gewährleistet, dass einerseits die Aktionäre nicht übervorteilt und andererseits die Gläubiger nicht durch ein überbewertetes Grundkapital getäuscht werden.

Eine *Kapitalerhöhung aus Gesellschaftsmitteln* bewirkt weder eine zusätzliche Geld- noch eine Sacheinlage in die Aktiengesellschaft. Es werden lediglich Teile der zuvor im Rahmen der Innenfinanzierung gebildeten offenen Rücklagen durch Ausgabe von zusätzlichen Aktien in dividendenberechtigtes Grundkapital umgewandelt. Eine solche Form der Umwandlung kann aus verschiedenen Gründen vorteilhaft sein: Ist beispielsweise der Rücklagenanteil im Verhältnis zum gezeichneten Kapital relativ hoch, ergeben sich üblicherweise hohe Aktienkurse, wodurch eine breite Streuung der Aktien im Publikum eingeschränkt wird. Da die Kapitalerhöhung aus Gesellschaftsmitteln keinen effektiven Mittelzufluss bewirkt und folglich auch keinem Finanzierungszweck dient, ist sie im Rahmen des Corporate Finance nicht von unmittelbarem Interesse. Die Einschaltung einer Investmentbank erfolgt hier nur zum Zwecke der technischen Durchführung, das heißt zur Übertragung der neuen Aktien auf die einzelnen Aktionäre, da weder eine Übernahme der neuen Aktien noch ihre Platzierung stattfindet. Im Weiteren werden daher ausschließlich die ordentliche, die genehmigte und die bedingte Kapitalerhöhung näher erläutert.

Die *Motive* für diese drei Arten der Kapitalerhöhung können vielfältig sein. Neben den besonderen Bedingungen, unter denen eine bedingte Kapitalerhöhung stattfindet, gilt für die ordentliche und die genehmigte Kapitalerhöhung grundsätzlich, dass durch die Aktienemissionen am Kapitalmarkt langfristig eine hinreichende Eigenkapitalbasis für den Emittenten gewährleistet werden soll. Ist das Unternehmen nach einem Going Public einmal als Kapitalmarktadresse etabliert, kann es in der Folge mit relativ wenig Aufwand zusätzliche Aktien am Kapitalmarkt emittieren. Die Beweggründe eines Unternehmens, sein Aktienkapital zu erhöhen, können vielfältig sein.

Die näher interessierenden Finanzierungsanlässe können nach ihrem Zweck in Gründungs-, Erweiterungs-, Innovations-, Um- und Sanierungsfinanzierung unterschieden werden. Diese Finanzierungsmotive und insbesondere die Erweiterungsfinanzierung, die vor allem der finanziellen Absicherung einer Expansion der betrieblichen Umsatzprozesse sowie der Realisierung langfristiger Investitionsvorhaben dient, werden generell als Hauptgründe für eine Kapitalerhöhung genannt.[12] Eine Kapitalerhöhung wird vor allem dann in Erwägung gezogen, wenn sowohl die im Rahmen der Selbstfinanzierung, das heißt durch Einbehaltung von Gewinnen erzielten als auch die durch Inanspruchnahme von Krediten zur Verfügung stehenden Mittel nicht ausreichen, um das Unternehmenswachstum finanziell gewährleisten zu können.

Ein besonderer Finanzierungsanlass liegt vor, wenn ein Unternehmenszusammenschluss auf dem Wege der Fusion erfolgen soll. Hier kann eine Kapitalerhöhung zum Zweck der Finanzierung notwendig sein, um das übernommene Unternehmen dann in Form von Aktien bezahlen zu können.

Erhöhungen des Aktienkapitals können neben diesen konkreten Finanzierungsanlässen auch dazu dienen, Fremdkapital durch Eigenkapital zu ersetzen. In diesem Fall erfolgt allerdings keine Erweiterung der Kapitalbasis, sondern lediglich eine Änderung der Kapitalstruktur. Eine solche ist insbesondere dann erforderlich, wenn langfristiges Anlagevermögen mit kurzfristigen Bankkrediten finanziert wurde, um die Gefahr potenzieller Liquiditätsschwierigkeiten zu vermeiden, oder wenn eine Akquisition in einem ersten Schritt mit Fremdkapital finanziert wurde (Bridge Financing). Es kann sich jedoch im Sinne einer Optimierung der Kapitalstruktur auch aus anderen Gründen anbieten.

Darüber hinaus gibt es Fälle, in denen die Aktiengesellschaft ihr Kapital erhöht, ohne dass ein entsprechender Kapitalbedarf vorliegt, das heißt andere als reine Finanzierungszwecke verfolgt. Diese Sondermotive können dabei vielfältiger Art sein. So können bei Banken und Versicherungen rechtliche Vorschriften die Anpassung des Eigenkapitals an den Geschäftsumfang oder an das eingesetzte Fremdkapital verlangen. Ein anderer Fall liegt vor, wenn Gesellschaften, die im Verhältnis zum bisherigen Aktienkapital überdurchschnittliche Gewinne erzielen, aus psychologischen Gründen den Dividendenan-

---

[12] Vgl. Christians (1988), S. 501.

satz nicht erhöhen wollen. Nach erfolgter Kapitalerhöhung wird die prozentuale Dividendensumme auf eine größere Anzahl von Aktien verteilt (Kapitalverwässerung) und es kann so insgesamt mehr Gewinn ausgeschüttet werden. Eine Kapitalerhöhung kann schließlich auch beschlossen werden, um den Aktionärskreis zu erweitern und damit die Stimmverhältnisse zu verschieben. Dies setzt voraus, dass die Kapitalerhöhung unter Ausschluss der bisherigen Aktionäre vorgenommen wird.

## 3.2 Beratung bei einer Kapitalerhöhung als Aufgabe von Investmentbanken

### 3.2.1 Leistungsinhalte

Die Beratungstätigkeiten der Investmentbank im Rahmen einer Emission neuer Aktien eines schon an der Börse eingeführten Unternehmens sind allgemein an die individuellen Anforderungen der Mandanten und an die verschiedenen Arten der Kapitalerhöhung geknüpft. Grundsätzlich besteht aber der Beratungsbedarf des Emittenten in der Strukturierung der Emissionsbedingungen und in der Erstellung der Dokumentation und der Marketingstrategie. Die Leistungsinhalte umfassen daher regelmäßig:

- Auswahl der Art der Kapitalerhöhung,
- Beratung über den möglichen Bezugsrechtsausschluss,
- Auswahl, Bildung und Vergütung des Emissionskonsortiums,
- Bestimmung des Emissionsvolumens und des Emissionszeitpunktes,
- Notierungsstrategie sowie
- Konzeption der Equity Story mit der Durchführung der Due Diligence und anschließender Prospekterstellung,
- Auswahl und Ansprache der Investoren.

Auch wenn diese Inhalte in den nachfolgenden Abschnitten nur sequenziell beschrieben werden können, ist doch darauf hinzuweisen, dass in der Praxis die einzelnen Arbeitsschritte, insbesondere im Rahmen der Zusammenarbeit zwischen Corporate Finance und Equity Capital Markets, häufig parallel ablaufen.

Analog zum Aufbau des gesamten Kapitels erfolgt hier lediglich die Darstellung der Beratungsfunktion der Investmentbank. Wie bereits erwähnt, wird die federführende Investmentbank aber in aller Regel im Rahmen eines Emissionskonsortiums auch mit der Platzierung der Aktien betraut, sodass über die Beratung hinaus auch die Aufgaben der Übernahme- und Platzierungsfunktion Gegenstand des Emissionsgeschäftes sind. Diese Tätigkeiten der eigentlichen Emissionsbegebung und -platzierung werden im Kontext des hierfür verantwortlichen Bereichs Equity Capital Markets erläutert. Eine enge und intensive Zusammenarbeit zwischen den beteiligten Personen in geschäftsfeldübergreifenden Teams ist daher unabdingbar und ein frühzeitiger Einbezug des zuständigen Research-Analysten ist die Voraussetzung für die erfolgreiche Transaktionsabwicklung einer Kapitalerhöhung.

Darüber hinaus stellen die federführende Investmentbank sowie die beteiligten Konsortialbanken ihren so genannten Emissionskredit zur Verfügung, der sich aus erfolgreich abgewickelten Transaktionen in der Vergangenheit ergibt. Dieses Emissionsstanding und das Renommée der Konsortialmitglieder bürgen bereits für ein gewisses Maß an Qualität der Effekten, sodass in Deutschland bei Kapitalerhöhungen von Aktiengesellschaften häufig die jungen Aktien schon allein auf Grund des Vertrauens in den Konsortialführer gezeichnet werden.

### 3.2.2 Mandatsgewinnung

Die Anbahnung und Akquisition von Geschäftsbeziehungen zu potenziellen Kunden sind aus (Investment-)bankenpolitischer Sicht die grundlegende Voraussetzung für die Generierung entsprechender Erträge im Emissionsgeschäft. Da der Kreis möglicher Emittenten von Aktien im Rahmen von Kapitalerhöhungen in Deutschland überschaubar ist, insbesondere von Emittenten erstklassiger Qualität und hoher Transaktionsvolumen, handelt es sich dabei regelmäßig nicht um einen einmaligen Vorgang, sondern vielmehr um einen ständigen Kontakt zwischen führenden Investmentbanken und notierten Aktiengesellschaften.

Die Kriterien der Mandatszuteilung lassen sich analog zur Börseneinführung nach rein emissionsbezogenen Inhalten sowie bankenspezifischen Leistungsmerkmalen differenzieren. Darüber hinaus spielen selbstverständlich auch hier finanzielle und vor allem politische Überlegungen eine nicht zu unterschätzende Rolle. Bemerkenswert ist allerdings, dass sich der Wettbewerb der Investmentbanken im Segment großvolumiger Kapitalerhöhungen in den letzten Jahren auf Grund des Markteintritts ausländischer Konkurrenten und einer verstärkten Kapitalmarktorientierung der Unternehmen deutlich verschärft und zu Veränderungen der Akquisitionsbedingungen geführt hat. Insbesondere ist hier die Internationalisierung der Anlage beziehungsweise der Wunsch der Emittenten relevant, gezielt internationale Investoren anzusprechen. Auch die zunehmende Aufweichung traditioneller Bezugsrechtskonsortien bietet neue Ansatzpunkte für internationale Investmentbanken.

Die in Deutschland auf Grund des Universalbankensystems oftmals vorherrschende intensive Hausbankbeziehung ist lockerer geworden und an die Stelle des traditionellen Relationship Banking ist teilweise ein auf den Einzelfall abstellendes Transactional Banking getreten. Die zunehmende Konkurrenz um erstklassige Kunden trägt bei großen Emissionsvolumen zu einem umfassenden Auswahlprozess seitens der Emittenten bei. Ebenso wie bei der Börseneinführung ist auch im Kontext einer Kapitalerhöhung die Einladung mehrerer Investmentbanken üblich, die im Rahmen eines Beauty Contest in Form von Präsentationen ihre Stärken, ihr Vorgehen bei der Strukturierung der Emissionsbedingungen, ihre Vorstellungen über die Preisfestsetzung der Emission etc. darstellen.

Der verstärkte Wettbewerb schlägt sich auch in einem agressiven Konditionen- und Preiskampf zwischen den Investmentbanken nieder. Als Konsequenz hat sich eine weitgehende Ablösung des früher gängigen Verfahrens des Negotiated Offer durch das Competitive Bidding eingebürgert. Während das traditionelle Verfahren des Negotiated Offer durch Preisverhandlungen zwischen dem Emittenten und lediglich einer einzigen Bank (Lead

Manager) charakterisiert war, hat die Loyalität der Emittenten zu ihren traditionellen Konsortialführern sichtbar abgenommen. Häufig werden mehrere Investmentbanken zu einem Competitive Bidding eingeladen, bei dem sie in einem hart umkämpften Bietprozess um die Leitung einer Aktienemission konkurrieren. Dieser führt tendenziell dazu, dass die Margen der Investmentbanken im Emissionsgeschäft kleiner werden, insbesondere vor dem Hintergrund, dass Beteiligungen an Emissionen mit großen Transaktionsvolumina als bewusstes Mittel des Reputationsaufbaus bzw. -erhaltes eine wichtige Rolle spielen.

Die erfolgreich durchgeführte Börseneinführung einer Aktiengesellschaft kann, sofern sie historisch nicht zu weit zurückliegt, als Fundament für eine langjährige Geschäftsbeziehung dienen und damit auch zur Erlangung von Kapitalerhöhungsmandaten hilfreich sein. Eine veränderte Zusammensetzung des ursprünglichen Emissionskonsortiums kann eine negative Signalwirkung haben, weil es in der Regel auf eine erfolglose oder unharmonische Zusammenarbeit der einzelnen Konsortialmitglieder hinweist. Aus diesem Grund werden sowohl die Investmentbank als auch das Unternehmen ein gewisses Interesse daran haben, das ursprünglich bei der Börseneinführung involvierte Konsortium auch bei kommenden Börseneinführungen wieder zu berücksichtigen. Dies gilt auch aus Effizienzgründen sowie mit Blick auf die Arbeiten im Zusammenhang mit der Kapitalerhöhung und die Konzeption der Equity Story, die harmonisch in die vergangene Verkaufsgeschichte der Aktie eingebettet sein muss. Sofern die Investmentbank bei der Einführung der Aktie an der Börse auch eigene Risiken eingegangen ist, kann sich ein später erfolgreiches Unternehmen auch durch die Folgemandatierung als seinerseits entgegenkommend erweisen.

Trotz dieser Vielzahl von Gründen, die für eine gewisse kontinuierliche Bindung zwischen den Unternehmen und ihren Banken spricht, muss die Mandatierung für eine Kapitalerhöhung auch bei einer vorausgehenden Beteiligung bei der Börseneinführung immer wieder hart erarbeitet werden. So bedeutet die Akquisition eines Kunden in der Vergangenheit auf Grund der oben geschilderten Veränderungen nicht mehr zwangsläufig ein Folgemandat bei Transaktionen in der Gegenwart. Dieses muss permanent durch eine fortgeführte Betreuung und Beratung in Form von nicht abzugeltenden Vorleistungen sichergestellt werden. Daher setzt eine ausführliche Beratung durch die Investmentbank häufig bereits zu einem Zeitpunkt ein, zu dem der potenzielle Emittent lediglich vorläufige Vorstellungen über eine Inanspruchnahme des Kapitalmarktes hat.

## 3.3 Beratung über die Art und Ausgestaltung der Kapitalerhöhung

### 3.3.1 Art der Kapitalerhöhung

Bei der Auswahl zwischen den drei relevanten Arten der Kapitalerhöhung entsteht im Prinzip kein eigentlicher Beratungsbedarf. Hier gilt es in aller Regel lediglich, auf die offenkundigen, sich aus dem Aktiengesetz ergebenden Bedingungen und die daraus resultierenden Vor- und Nachteile aufmerksam zu machen.

Die *ordentliche Kapitalerhöhung* ist auf sofortigen Vollzug angelegt und kommt daher in der Regel nur noch anlässlich eines Sanierungsverfahrens, also in wenigen Ausnahmefällen, in Betracht. Der Vorstand hat bei der ordentlichen Kapitalerhöhung keinen zeitlichen Dispositionsspielraum. Innerhalb kürzester Frist muss das neue Kapital gezeichnet sein, damit die Durchführung des Erhöhungsbeschlusses rechtmäßig ist. Deshalb eignet sich die ordentliche Kapitalerhöhung nur zur Deckung eines Finanzierungsbedarfs, der im zeitlichen Zusammenhang mit der äußerst inflexibel organisierbaren Hauptversammlung steht. Eine ordentliche Kapitalerhöhung kann unter bestimmten Voraussetzungen bei Akquisitionen und im Rahmen von Sanierungsverfahren eingesetzt werden. Für andere Finanzierungszwecke kommt aber ein solches, faktisch nur als Notprogramm realisierbares Verfahren kaum in Betracht.

Die *genehmigte Kapitalerhöhung* lässt sich dagegen insbesondere in zeitlicher Hinsicht äußerst flexibel strukturieren, da der Beschluss der Hauptversammlung über einen Zeitraum von fünf Jahren gültig ist. Dadurch kann beispielsweise ein günstiger Zeitpunkt am Kapitalmarkt mit einer hohen Börsenbewertung abgewartet werden, die spiegelbildlich niedrige Kapitalkosten für die Gesellschaft impliziert und die Kapitalbeschaffung entsprechend günstig gestaltet. Daneben lässt sich in Zeiten einer weltweiten Mergerwelle der notwendige Handlungsspielraum schaffen, der sowohl Maßnahmen im Rahmen eigener Akquisitionsbestrebungen als auch Abwehrmaßnahmen gegen Hostile Takeovers einschließt.

Die *bedingte Kapitalerhöhung* ist gesetzlich auf lediglich drei Fälle beschränkt. Es besteht folglich bloß die Notwendigkeit, diese Möglichkeiten aufzuzeigen und den Vorstand frühzeitig auf die Genehmigung der Kapitalerhöhung durch die Hauptversammlung hinzuweisen. Beispielsweise wird in der Praxis häufig vor der Börseneinführung eines Unternehmens eine bedingte Kapitalerhöhung genehmigt, um später als notierte Gesellschaft ohne Schwierigkeiten Aktienoptionen als Vergütungsinstrument für die Mitarbeiter einsetzen zu können. Die bedingte Kapitalerhöhung kann darüber hinaus über die Zwischenschaltung einer Wandelanleihe als Vehikel für die Bereitstellung eines Greenshoes bei den anderen Arten der Kapitalerhöhung dienen.

Die Entscheidung hinsichtlich einer Kapitalerhöhung gegen *Bareinlage* oder *Sacheinlage* wird in aller Regel durch den vorliegenden Sachverhalt determiniert. Die Sacheinlage kommt lediglich im Rahmen von Fusionen oder Akquisitionen zur Anwendung, während die Bareinlage bei sonstigen Finanzierungsmotiven der Regelfall ist.

Als Instrument der Kapitalbeschaffung ist daher die genehmigte Kapitalerhöhung gegen Bareinlage für die großen Aktiengesellschaften von vorrangiger Bedeutung. Es ist daher keine Seltenheit, dass sich internationale Konzerne mehrere Genehmigungen zu einer solchen Kapitalerhöhung von der Hauptversammlung erteilen lassen. Nur auf diese Weise kann die notwendige finanzpolitische Flexibilität und – angesichts kurzfristiger Kapitalmarktänderungen – erforderliche Entscheidungsfreiheit sichergestellt werden.

## 3.3.2 Bezugsrechtsausschluss

Bei Kapitalerhöhungen deutscher Aktiengesellschaften ist den bisherigen Aktionären grundsätzlich ein ihrem Anteil am bisherigen Grundkapital entsprechendes Bezugsrecht auf die jungen Aktien einzuräumen, für dessen Ausübung eine Frist von mindestens zwei Wochen gelten muss. Dem Bezugsrecht kommen zwei Aufgaben zu: Zum einen liegt die Bedeutung des Bezugsrechts darin, den Aktionär bei einer Kapitalerhöhung vor einer Verringerung seiner Stimmrechtsquote (Verwässerung der Stimmkraft) zu schützen. Zum anderen soll eine Verminderung des ihm zustehenden Anteils am Gesellschaftsvermögen mit dem entsprechenden Gewinn- und Liquidationsanteil (Verwässerung des Vermögenswertes der Aktie) vermieden werden. Diese Funktionen werden in einem Exkurs am Ende dieses Abschnitts beispielhaft aufgezeigt. Den Unternehmen stellt sich bei einer Kapitalerhöhung nun erstens die Frage, ob ein Bezugsrechtsausschluss möglich ist und zweitens, ob ein solcher sinnvoll ist. Dazu ist ein Vergleich zwischen der traditionellen Bezugsrechtsemission und der freien Kapitalerhöhung mit Bezugsrechtsausschluss erforderlich.

Bei der Frage des Bezugsrechtsausschlusses ist generell zwischen einem formellen und materiellen Ausschluss zu unterscheiden. Während beim materiellen Ausschluss den Aktionären keine neuen Aktien angeboten werden, dient der *formelle Ausschluss* lediglich der Erleichterung des Emissionsvorganges. Nach Durchführung der Kapitalerhöhung ist diese zur Eintragung in das Handelsregister anzumelden, um mit der Eintragungsbestätigung den offiziellen Börsenzulassungsantrag zu stellen. Erst mit der Eintragung ist das Grundkapital erhöht. Um diesen Vorgang zu erleichtern, kann die Hauptversammlung den formellen Ausschluss des Bezugsrechts beschließen, da so die Gesamtübernahme der Kapitalerhöhung durch ein Bankenkonsortium möglich ist. Das Konsortium verpflichtet sich gleichzeitig, die neuen Aktien den Aktionären anzubieten. Andernfalls müsste die Gesellschaft nach beschlossener Kapitalerhöhung warten, bis von jedem Aktionär ein Zeichnungsschein eingegangen und der eingeforderte Betrag bereitgestellt ist. Erst dann könnte die Kapitalerhöhung zur Eintragung ins Handelsregister angemeldet werden und die emittierende Gesellschaft sukzessive über das neu zugeführte Kapital verfügen. Durch die Übernahme des Bankenkonsortiums ist lediglich ein Zeichnungsschein notwendig und der Gesamtbetrag der Kapitalerhöhung wird vom Konsortium bereitgestellt. Die Kapitalerhöhung kann so bereits am Tag der Begebung ins Handelsregister eingetragen werden.

Ein *materieller Ausschluss* des Bezugsrechts ist hingegen nur unter bestimmten gesetzlich definierten Erfordernissen möglich, da er einen schweren Eingriff in die Rechtsstellung der betroffenen Aktionäre darstellt. So kann das Bezugsrecht beispielsweise nur im Kapitalerhöhungsbeschluss ausgeschlossen werden und erfordert eine Mehrheit, die mindestens drei Viertel des bei der Hauptversammlung vertretenen Grundkapitals umfasst. Darüber hinaus hat der Vorstand den Ausschluss im Vorfeld der Hauptversammlung ausdrücklich und ordnungsgemäß bekannt zu geben und den Grund für diesen der Hauptversammlung in einem schriftlichen Bericht darzulegen. Um dem Schutzgedanken gebührend Rechnung zu tragen, ist zusätzlich eine sachliche Rechtfertigung notwendig. Sachliche Rechtfertigung bedeutet, dass der Bezugsrechtsausschluss auch bei gebührender Berücksichtigung der Folgen für die ausgeschlossenen Aktionäre durch sachliche Gründe im Interesse der Gesellschaft liegen muss. Dazu ist eine Abwägung der Interessen und der Verhältnismäßigkeit von Mittel und Zweck erforderlich.

Hauptanwendungsgebiet des Bezugsrechtsausschlusses war früher die Kapitalerhöhung gegen Sacheinlagen, da sich hier die sachliche Rechtfertigung aus dem Interesse des Unternehmens am Erwerb des Gegenstandes der Sacheinlage ergab. Bei einer Kapitalerhöhung gegen Bareinlagen dagegen war der Bezugsrechtsausschluss nur in ganz bestimmten Fällen zugelassen: für die Ausgabe von Belegschaftsaktien, für den Ausgleich von Spitzenbeträgen zur Vermeidung unpraktikabler Bezugsverhältnisse sowie für die erstmalige und weitere Platzierung von Aktien an einer ausländischen Börse zur Verbreiterung der Aktionärsbasis. Darüber hinaus konnte trotz zum Teil erheblicher Veränderungen der Beteiligungsstrukturen eine Vergabe der neuen Aktien „en bloc" in außergewöhnlichen Umständen, etwa bei Sanierungsbedürftigkeit der Gesellschaft, ebenfalls einen Ausschluss rechtfertigen.

Die Praxis, dass Kapitalerhöhungen gegen Bareinlage bei Aktiengesellschaften grundsätzlich als Bezugsrechtsemissionen erfolgten, hat sich neuerdings durch das 1994 in Kraft getretene Gesetz für kleine Aktiengesellschaften und zur Deregulierung des Aktiengesetzes geändert. Nach § 186 Abs. 3 Satz 4 AktG ist ein Ausschluss des Bezugsrechts nun auch dann zulässig, wenn die Kapitalerhöhung gegen Bareinlagen zehn Prozent des Grundkapitals nicht übersteigt und der Ausgabepreis den Börsenpreis nicht wesentlich, das heißt höchstens drei bis fünf Prozent, unterschreitet. Die Gesellschaft kann allerdings das Grundkapital innerhalb von fünf Jahren um insgesamt knapp 50 Prozent erhöhen, wenn die einzelne Kapitalerhöhung zehn Prozent des Grundkapitals nicht übersteigt. Die formellen Regeln sind von der Gesetzesänderung dagegen nicht betroffen und bleiben in ihrer Gesamtheit bestehen.

Das Gesetz erklärt damit den Bezugsrechtsausschluss im Hinblick auf die Finanzierungsinteressen der Gesellschaft in einem zunehmend kompetitiven Umfeld für sachlich gerechtfertigt, da dem Aktionär keine relevanten Nachteile entstehen. Eine Vermögensverwässerung tritt kraft der gesetzlichen Voraussetzungen nicht ein und die Beteiligungshöhe kann durch den Zukauf über die Börse gesichert werden. Diese ex lege getroffene Abwägung steht und fällt allerdings mit ihren Prämissen, da unterstellt wird, dass stets ein Nachkauf zur Erhaltung der relativen Beteiligung über die Börse möglich ist. Denkbar wäre aber beispielsweise, dass der Handel der fraglichen Aktien über einen längeren Zeitraum ausgesetzt wird oder der Erwerb auf Grund der Enge des Marktes nur zu einem weit über dem Emissionskurs liegenden Preis möglich ist. Zudem geht das Gesetz von einer Publikumsgesellschaft im Streubesitz aus. Institutionelle Investoren halten aber oftmals große Anteile, sodass allein schon bei einem Aktienpaket von 20 Prozent bei Ausnutzung der 10-Prozent-Klausel gewährleistet sein muss, dass die erforderlichen zwei Prozent zur Erhaltung der Beteiligungshöhe am Markt vorhanden sind. In diesem Zusammenhang ist es Aufgabe der Investmentbank, auf solche Restriktionen frühzeitig hinzuweisen beziehungsweise Lösungsansätze aufzuzeigen, die betroffenen Aktionäre dennoch zu beteiligen.

Inhaltlich bedeutet die Gesetzesänderung, dass vor allem börsennotierte Gesellschaften mit hoher Marktkapitalisierung künftig ein Wahlrecht haben, ob sie eine Kapitalerhöhung mit oder ohne Bezugsrecht durchführen, da die 10-Prozent-Begrenzung bei diesen nur schwerlich berührt werden dürfte. Dieses Wahlrecht ist vor dem Hintergrund der Vor- und Nachteile des Bezugsrechts zu sehen.

Die Bezugsrechtsemission verlangt einen erheblichen Sicherheitsabschlag von bis zu 30 Prozent beim Bezugskurs *(Pricing Discount)*, um die Gefahr zu bannen, dass der Börsenpreis während der Bezugsfrist unter den Ausgabepreis sinkt. Ansonsten scheitert die Kapitalerhöhung, weil die Aktionäre das Bezugsrecht nicht ausüben werden. Dieser Fall ist beispielsweise bei der Volkswagen AG im Herbst 1997 eingetreten, woraufhin die Unternehmensführung die Kapitalerhöhung auf unbestimmte Zeit verschob. Der Gesellschaft geht so die Differenz zwischen dem Börsenkurs und dem vorsichtig festgelegten Emissionskurs verloren. Im Gegensatz zur Börseneinführung sieht sich das Unternehmen bei einer Kapitalerhöhung aber prinzipiell nicht veranlasst, einen optimalen Preis vor dem Hintergrund eines guten künftigen Standings für weitere Kapitalerhöhungen zu setzen, sondern will den maximalen Emissionserlös erzielen, um den Finanzierungsbedarf bei minimalen Kapitalkosten zu decken.

Durch die *Zeit raubende technische Abwicklung*, die durch die Informationspflicht und Aufforderung zur Zeichnung gegenüber den Aktionären weit über die gesetzliche Bezugsfrist von zwei Wochen hinausgeht, wird eine schnelle und flexible Ausnutzung einer kostengünstigen Kapitalmarktsituation bei der Bezugsrechtsemission praktisch unmöglich gemacht.

Das den Aktionären zu gewährende Bezugsrecht erschwert oder verhindert gar eine gezielte *Diversifikation der bestehenden Aktionärsbasis* und die Inanspruchnahme internationaler Kapitalmärkte.

Schließlich werden die Bezugsrechte dauerhaft unter ihrem theoretischen Wert gehandelt *(Undervaluation of Subscription Rights)*, sodass sich für professionelle Anleger eine Gewinn bringende Arbitragemöglichkeit durch den Kauf und die Ausübung des Rechts ergibt. Dieses Phänomen lässt sich auf zwei Faktoren zurückführen: Zum einen üben viele Kleinanleger ihr Bezugsrecht auf Grund finanzieller und zeitlicher Restriktionen nicht aus und zum anderen entstehen unvermeidliche Transaktionskosten, sodass die Marktkräfte zu entsprechenden Korrekturen des Bezugsrechtskurses führen, die gegen Ende der Bezugsrechtsperiode tendenziell zunehmen.

Der Bezugsrechtsausschluss erleichtert folglich die Prozessabwicklung einer Kapitalerhöhung wesentlich und generiert einen höheren Zufluss an Agio bei deutlich geringerer Anhebung des dividendenpflichtigen Grundkapitals. Zwar erfordert die Bezugsrechtsemission keine für den Erfolg einer freien Kapitalerhöhung ausschlaggebenden Marketinganstrengungen oder Investorenansprache und verursacht geringere Emissionskosten als die freie Kapitalerhöhung, doch können die aufgezeigten Nachteile dadurch nicht kompensiert werden. Insbesondere die Tatsache, dass die Bezugsrechte am Markt zu Lasten der Aktionäre unter ihrem rechnerischen Wert gehandelt werden, ist ein wesentlicher Grund, warum Bezugsrechtsemissionen in absehbarer Zukunft wohl nur noch in Ausnahmefällen, in denen entweder die Kriterien für den Bezugsrechtsausschluss nicht erfüllt sind oder die bestehende Aktionärsstruktur erhalten werden soll, durchgeführt werden dürften, denn eine der beiden Funktionen des Bezugsrechts, den Aktionär vor einer Vermögenswertverwässerung zu schützen, kann de facto durch die Unterbewertung nur partiell erfüllt werden. Der Ausschluss mit einem Abschlag von maximal 3 bis 5 Prozent zum Börsenkurs kann daher als äquivalente Alternative zum Schutz der Aktionäre angesehen werden. Darüber hinaus können das Unternehmen und die Investmentbank durch eine bevorrechtigte Zuteilung der neuen Aktien an die (Alt-)Aktionäre diesem Verwässerungseffekt begegnen. Dies wird allerdings in der Praxis nur dann der Fall sein, wenn die Aktionäre eine bestimmte Investorenqualität aufweisen.

## Exkurs: Die Bedeutung des Bezugsrechtsausschlusses für die Stellung der Aktionäre

Ist ein Aktionär nicht in der Lage, bei einem *wesentlich* unter dem Börsenkurs liegenden Ausgabekurs der neuen Aktien im Verhältnis zu seiner bisherigen Beteiligung an der Kapitalerhöhung teilzunehmen, so ändert sich seine wirtschaftliche Stellung.

*Beispiel*:

| | | |
|---|---|---|
| Grundkapital der Aktiengesellschaft: | | 20 000 000 € |
| Innerer Wert auf Grund der Börseneinschätzung: | | 100 000 000 € |
| Rechnerischer Börsenkurs einer 5 € Aktie | $\dfrac{100\,000\,000}{4\,000\,000}$ : | 25 € |
| Stimmkraft jeder 5 € Aktie: | | $\dfrac{1}{4\,000\,000}$ |

Werden nun im Rahmen einer Kapitalerhöhung um 10 000 000 Euro mit einem Bezugsverhältnis 2:1 neue Aktien zum Nennwert von 5 Euro begeben (Emission zu pari), so verändert sich der Wert jeder alten Aktie und es ergibt sich folgender Mischkurs:

| | |
|---|---|
| Börsenkurs von zwei alten Aktien | 50 € |
| Börsenkurs der neuen Aktie | 5 € |
| Mischkurs der drei Aktien | 18,33 € |

Eine Mischaktie kostet demnach 18,33 Euro, sodass die alte Aktie 26,7 Prozent verloren hat. Dieser Betrag von 6,67 Euro entspricht dem theoretischen Wert des Bezugsrechts.

Wird das Bezugsrecht nicht ausgeschlossen, so erhält der Aktionär bei Einzahlung des Nennwertes von 5 Euro drei Aktien zum Kurs von je 18,33 Euro, was einem Gesamtwert von genau 55 Euro entspricht. Das Bezugsrecht ist also kein „Geschenk" der Gesellschaft, sondern lediglich eine Entschädigung für die erlittene Kurswertverwässerung der alten Aktien. Da der rechnerische Wert des Bezugsrechts genau der Differenz zwischen dem Kurs der alten Aktie und dem Mittelkurs entspricht, erleidet der Aktionär auch beim Verkauf des Bezugsrechts am Markt keinen Vermögensverlust, denn der Verkauf des Bezugsrechts ist steuerfrei.

Der theoretische Wert des Bezugsrechts lässt sich durch folgende Formel ermitteln:

$$B = Ka - \frac{a \cdot Ka + n \cdot Kn}{a + n}$$

B  = Bezugsrecht  
Ka = Börsenkurs der alten Aktien  
Kn = Ausgabekurs der neuen Aktien  

a   = Anzahl alter Aktien  
n   = Anzahl neuer Aktien  
a/n = Bezugsverhältnis

Die Beteiligungsquote und damit die Stimmkraft des einzelnen Aktionärs wird durch einen Bezugsrechtsausschluss ebenfalls beeinträchtigt. In der Regel nimmt die relative Stimmkraft in dem Verhältnis ab, in dem das Grundkapital erhöht wird. Im obigen Beispiel ergibt sich daher eine Stimmrechtsverwässerung von 50 Prozent.

Schließlich resultiert aus einem Bezugsrechtsausschluss auch eine Verringerung des Gewinnanteils und des Liquidationsanteils des Aktionärs, die sich nach dem Verhältnis der Aktiennennbeträge richten.

## 3.4 Beratung über die Strukturierung der Emissionsbedingungen

### 3.4.1 Zielgruppenauswahl

Die Frage der Zielgruppenauswahl kann sich nur dann stellen, wenn sich das Unternehmen für den Ausschluss des Bezugsrechts entschieden hat. Andernfalls bestimmt die bestehende Aktionärsstruktur zu einem gewissen Teil auch die kommende. Jene Bezugsrechte, welche nicht wahrgenommen werden, können von den Aktionären am Markt weiterveräußert werden. Auf den Bezugsrechteverkauf hat das Unternehmen keinen Einfluss.

Eine Kapitalerhöhung mit Bezugsrechtsausschluss kann hingegen zu einer strukturellen Veränderung des Aktionärskreises genutzt werden. Grundsätzlich gelten hierbei die im Rahmen der Börseneinführung angesprochenen Erwägungen über die Vor- und Nachteile der einzelnen Aktionärsgruppen. Bei einem Unternehmen, das schon länger börsennotiert ist, kann es der Fall sein, dass die bedeutende Gruppe der internationalen institutionellen Investoren unterrepräsentiert ist. Eine Kapitalerhöhung kann somit den Weg zu einer zunehmenden Internationalisierung ebnen, so etwa durch die gezielte Ansprache neuer Investorengruppen im Rahmen der Road Show.

### 3.4.2 Konsortium und andere Berater

Im Rahmen des Beauty Contest fällt die Entscheidung zu Gunsten einer federführenden Investmentbank (Lead Manager, Lead Underwriter oder auch Bookrunning Manager), die neben der Beratung des Emittenten in der Regel auch die Übernahme des größten Teils der Quote, die Due Diligence sowie alle zentralen Arbeiten im Zusammenhang mit der Emission, wie die Konzeption der Equity Story, die Prospekterstellung, die Beantragung der Börsenzulassung und das Marketing, durchführt. Entscheidend ist dabei, wie auch bei der Börseneinführung, wer das Buch führt und damit über die Allokation entscheidet. Dabei kann es auch bei zwei Co-Lead-Managern immer nur einen Buchführer geben.

Die Wahl des Lead Managers hängt von der Größe, dem Profil und dem Potenzial der Gesellschaft ab. Soll die Kapitalerhöhung beispielsweise auf internationaler Ebene erfolgen, wird meist eine Investmentbank gewählt, die zu den Major-Bracket-, wenn nicht sogar zu den Bulge-Bracket-Firmen gehört und das Potenzial besitzt, die Aktien an ausländischen Kapitalmärkten zu platzieren.

Die Entscheidung über die Bildung eines Konsortiums bzw. dessen Struktur und Zusammensetzung des aus einfachen Mitgliedern sowie eventuell einem erweiterten Kreis von Co-Lead-Managern bestehenden Konsortiums (Führungsgruppe) wird dann, ebenso wie schon für die Börseneinführung beschrieben (siehe Abschnitt 2.4.2), vom Emittenten in enger Abstimmung mit dem Lead Manager als Konsortialführer vorgenommen. Die Entscheidung richtet sich nach ähnlichen Kriterien wie die Auswahl des Lead Managers, sodass auch hier die Eindrücke aus dem Beauty Contest sowie bestehende Beziehungen von Relevanz sind.

Der zentrale Gedanke bei der Bildung von Emissionskonsortien ist die Verteilung der mit der Kapitalaufbringung verbundenen Risiken auf eine breite Basis. Ein Konsortium erlaubt zudem die Nutzung einer größeren Anzahl von Geschäftsbeziehungen und Platzierungsmöglichkeiten. Schließlich spielen auch Reziprozitätsbeziehungen, insbesondere im internationalen Geschäft, eine nicht unbedeutende Rolle, das heißt die Einladung anderer Investmentbanken erfolgt mit der Absicht, Offerten zur Teilnahme an Konsortien, die von diesen Häusern geleitet werden, als Gegenleistung zu erhalten.

Die Einbindung anderer Berater erfolgt bei der Kapitalerhöhung im Prinzip analog dem Vorgehen bei der Börsenersteinführung. Allerdings sind keine erneut zu bestimmenden Investor-Relations-Spezialisten notwendig. Unerlässlich sind hingegen die Rechtsanwälte. Auf Grund der weniger komplexen Problemstellungen müssen sie nur zu einem geringeren Ausmaß als bei der Börseneinführung tätig werden. Bei den Steuerberatern und Wirtschaftsprüfern wird man regelmäßig auf die schon zuvor ernannten zurückgreifen.

### 3.4.3 Emissionsvolumen und -zeitpunkt

Die Bestimmung des Emissionsvolumens ist ein allgemein wiederkehrender Leistungsinhalt einer mandatierten Investmentbank im Rahmen einer Kapitalerhöhung. Diese erfordert sowohl eine möglichst eindeutige Quantifizierung des anstehenden Kapitalbedarfs als auch eine genaue Vorstellung über die Absatzmöglichkeiten am Kapitalmarkt. Darüber hinaus ist die Festlegung eines Greenshoes zu beachten, der als Stabilisierungsinstrument das Syndikat ermächtigt, mehr Aktien, als vom Emissionsvolumen vorgesehen, bei den Investoren nach erfolgter Zuteilung der Haupttranche zu platzieren. Entscheidend ist, dass im Ergebnis eine Verschlechterung des Aktienkurses infolge der Kapitalerhöhung vermieden wird. Hierfür ist eine überzeugende Equity Story erforderlich; zudem ist die angesprochene Kapitalmarkterfahrung unerlässlich.

Der erforderliche Kapitalbedarf als Auslöser der Kapitalerhöhung stellt natürlicherweise die bestimmende Variable des Emissionsvolumens dar. Wie bereits erwähnt, liegt das primäre Motiv der Kapitalbeschaffung in der Finanzierung betrieblicher Wachstums- und Expansionsbestrebungen. Aufgabe einer Investmentbank ist es, in Zusammenarbeit mit dem Management die strategischen Ziele und Maßnahmen der Expansion schriftlich zu fixieren, um darauf aufbauend eine quantitative Analyse durchzuführen, die den hierfür erforderlichen monetären Betrag zum Inhalt hat. Dies setzt nicht selten einen produktiven, katalysierenden Prozess in Gang, da viele Unternehmensführungen lediglich gedankliche Strategievorstellungen haben, aber kein schriftliches Memorandum vorliegt, das die genauen Absichten und Pläne detailliert dokumentiert.

Die zweite Funktion der Investmentbank zur Ermittlung des potenziellen Emissionsvolumens liegt in einem sorgfältigen Demand Assessment, da die Aufnahmefähigkeit des Kapitalmarktes bzw. des angestrebten Segments eine stringente Beschränkung bildet. Das besondere Know-how auf diesem Gebiet ermöglicht der Investmentbank, eine solches Assessment gezielter und zuverlässiger als der Emittent durchzuführen. Insbesondere kennt sie ihre eigene Platzierungskraft und die der übrigen Mitglieder des Konsortiums, die das maximal absetzbare Volumen determiniert. Das Demand Assessment findet daher eigentlich auf der Seite zum Kapitalmarkt hin und damit im Bereich Capital Markets statt. Dennoch bilden die gewonnenen Eindrücke aus dem Marketing im Rahmen von One-on-One-Gesprächen mit den Investoren und der Road Show bereits zuverlässige Indikatoren für die Aufnahmebereitschaft des Marktes.

Die Bestimmung des genauen *Emissionszeitpunktes* berührt ebenfalls einen wesentlichen Beratungsgegenstand der Investmentbank, da das Timing in einem erheblichen Ausmaß die Höhe der Kapitalkosten bestimmen kann. Es wurde bereits darauf hingewiesen, dass eine hohe Börsenbewertung spiegelbildlich niedrige Kapitalkosten impliziert. Auf Grund ihrer Erfahrung und speziellen Kenntnisse über Kapitalmärkte haben die Investmentbanken im Regelfall einen Informationsvorsprung gegenüber den Emittenten und sind daher besser in der Lage, das optimale Timing der Aktienbegebung zu bestimmen. Den für das Unternehmen richtigen Zeitpunkt beeinflussen zwar mehrere Aspekte, dennoch wird die Entscheidungsfindung von zwei Faktoren dominiert.

Die zeitliche Struktur des Kapitalbedarfes, als Auslöser der Kapitalerhöhung, nimmt zwingend eine überragende Bedeutung ein. Steht die Kapitalerhöhung beispielsweise im Zusammenhang mit einem Unternehmenskauf, um die notwendige Acquisition Currency aufzubringen, wird der Zeitpunkt durch die gesellschaftsrechtlichen Verpflichtungen gegenüber den Aktionären der erworbenen Unternehmung determiniert.

Schließlich hat auch die aktuelle und erwartete Situation des Kapitalmarktes maßgeblichen Einfluss auf den Erfolg einer Kapitalerhöhung. Sie wird in nicht unerheblichem Maß vom wirtschaftlichen Klima einer Volkswirtschaft diktiert. So hat die Erfolgsquote von Kapitalerhöhungen in den letzten Jahren gezeigt, dass sich eine konjunkturelle Aufschwungphase besonders für die Platzierung von Aktien eignet. Dagegen werden hohe Ausgabekurse im Allgemeinen durch ein hohes Zinsniveau am Kapitalmarkt erschwert, da diese tendenziell niedrige Aktienkurse begünstigen. Darüber hinaus ist die Liquiditätslage potenzieller Investoren beziehungsweise deren Anlagebereitschaft zu berücksichtigen.

Wie schon bei der Börseneinführung angesprochen, stellen bei Kapitalemissionen insbesondere die Marktkenntnis von Investmentbanken sowie das Wissen um weitere geplante Emissionen (Emissionskalender) eine wertvolle Basis entsprechender Beratungsdienstleistungen dar. Letztlich wird der optimale Zeitpunkt auch von den spezifischen Unternehmensdaten, wie der Ertragslage und der Ertragsaussichten, bestimmt, welche die öffentliche Meinungsbildung über die Gesellschaft prägen und damit das Aktienemissionspotenzial beeinflussen.

### Fallstudie: Deutsche Bank AG

Auf Grund der in der ordentlichen Hauptversammlung vom 20. Mai 1997 erteilten Ermächtigung (genehmigtes Kapital) hat der Vorstand der Deutschen Bank AG das Grundkapital um 203 Mio. Euro auf 1,515 Mio. Euro durch die Ausgabe von knapp 80 000 neuen Stückaktien mit voller Dividendenberechtigung ab dem Geschäftsjahr 1999 erfolgreich erhöht. Der gesamte Emissionserlös betrug ca. 3,25 Mrd. Euro (inklusive Mehrzuteilungsoption). Damit handelte es sich (volumenmäßig) um eine der größten durchgeführten Kapitalerhöhungen in Deutschland. Sie stärkte die Kapitalbasis der Deutschen Bank und diente vor allem der Finanzierung der Übernahme der achtgrößten US-Bank Bankers Trust.

Die Emission der neuen Aktien erfolgte in zwei Tranchen (zweistufige Kapitalerhöhung). Zuerst wurde das Grundkapital durch eine traditionelle Bezugsrechtsemission um 152 Mio. Euro erhöht, bevor in einem zweiten Schritt durch eine Freie Kapitalerhöhung eine weitere Erhöhung um 51 Mio. Euro erfolgte. Im Rahmen der Bezugsrechtsemission wurden ca. 59,5 Mio. neue auf den Inhaber lautende Stückaktien (ohne Nennbetrag) ausgegeben, die den Aktionären im Verhältnis 9:1 innerhalb der Bezugsfrist vom 9. bis 22. April 1999 angeboten wurden. Der Bezugskurs lag bei 38 Euro je Stück. Dies entsprach einem Abschlag (Pricing Discount) von 20 Prozent zum aktuellen Börsenkurs (abzüglich Dividende). Der Deutschen Bank flossen damit liquide Mittel in Höhe von ca. 2,26 Mrd. Euro aus dieser Tranche zu.

Die Kapitalerhöhung mit Bezugsrechtsausschluss umfasste weitere 17,5 Mio. neue Stückaktien plus eine Mehrzuteilungsoption (Greenshoe) von 2,5 Mio. Aktien. Für diese insgesamt 20 Mio. neuen Stückaktien wurde das gesetzliche Bezugsrecht der Aktionäre ausgeschlossen. Die neuen Aktien wurden im Rahmen eines öffentlichen Verkaufsangebots interessierten Anlegern zum Erwerb angeboten. Auf den internationalen Kapitalmärkten wurden sie im Rahmen einer Privatplatzierung offeriert (globales Angebot). Die Angebotsfrist lief hier vom 12. bis 26. April 1999. Der finale Ausgabekurs, der mit Hilfe des Bookbuilding-Verfahrens ermittelt wurde, betrug 50 Euro je neue Aktie und lag damit um 0,50 Euro unter dem (Börsen-)Schlusskurs der jungen Aktien vom 26. April 1999. Darüber hinaus erhielten Privatanleger, die bis zum 16. April 1999 (und damit innerhalb der Früh-Order-Phase) bei einer der Konsortialbanken gezeichnet hatten, für bis zu 1000 Aktien einen Preisvorteil von einem Euro. Ihr Zuteilungspreis lag folglich bei 49 Euro je Aktie. Auch der vorgesehene Greenshoe wurde voll ausgeübt, sodass der Gesamtbetrag für die zweite Tranche ca. 990 Mio. Euro betrug.

Das Volumen der Kapitalerhöhung wurde wegen des hohen Eigenmittelbedarfs zur Finanzierung der Bankers-Trust-Übernahme von ursprünglich ca. 2 Mrd. Euro auf über 3 Mrd. Euro erhöht. Die US-Akquisition war ebenfalls, trotz einer eher ungünstigen Kapitalmarktsituation und einer (im Vergleich zum DAX) unterdurchschnittlichen Kursperformance der Deutschen-Bank-Aktie im bisherigen Verlauf des Jahres 1999, entscheidend für die Wahl des Zeitpunkts der Kapitalerhöhung. Vor diesem Hintergrund ist dann auch der „attraktive" Preis von 38 Euro je Stückaktie in der Bezugsrechtstranche zu sehen.

Trotz des für deutsche Kapitalmarktverhältnisse riesigen Volumens und eines schwierigen Umfelds bestand nach den neuen Aktien der Deutschen Bank sowohl bei den privaten als auch bei den institutionellen Anlegern im In- und Ausland eine große Nachfrage. Bereits die Kursentwicklung am ersten Handelstag der Bezugsfrist zeigte, dass die Kapitalmarktoperation positiv aufgenommen wurde, und auch der Bookbuilding-Prozess für die Tranche ohne Bezugsrecht nahm von Beginn an einen ansprechenden Verlauf. Dies ist vor allem auf die in Deutschland im Zusammenhang einer Kapitalerhöhung einmalige (mehrere 10 Mio. Euro teure) Marketingkampagne zurückzuführen. Beispiellos ist auch der Verkaufsprospekt für die Kapitalerhöhung mit einem Umfang von 400 Seiten, der detaillierte und umfassende Informationen über die jüngere Entwicklung und den aktuellen Stand der Deutschen Bank und von Bankers Trust enthält. Die Konzeption der Equity Story und deren Vermarktung wurde von der Deutschen Bank primär in Eigenregie durchgeführt, erfolgten aber auch in enger Zusammenarbeit mit den übrigen Konsortialmitgliedern.

Das überragende Motiv für die Kapitalerhöhung bestand in der Finanzierung der Bankers-Trust-Übernahme. Der letztendlich benötigte Finanzierungsumfang hängt vor allem von der Höhe des Goodwill von Bankers Trust ab, dessen Berechnung sich noch auf das gesamte Jahr 1999 erstreckt. Es ist zu vermuten, dass die Kapitalerhöhung bzw. die damit aufgebauten Kapitalreserven weitgehend aufgezehrt werden. Gleichwohl hat die Deutsche Bank die Hoffnung, dass sich Spielraum für weitere Expansionsschritte ergibt, keineswegs aufgegeben, da sie bei der fortschreitenden Konsolidierung des europäischen Kreditgewerbes weiterhin eine aktive Rolle spielen will.

## 3.5 Notierungsstrategie

Während die Frage nach dem geeigneten Marktsegment einer Börse im Vorfeld der Börseneinführung fällt und für anschließende Kapitalerhöhungen in der Regel eine bindende Wirkung hat, gilt es, im Rahmen einer Kapitalerhöhung entweder bereits getroffene Entscheidungen hinsichtlich eines stufenweisen Dual Listings zu verwirklichen oder erneut zu überlegen, ob ein solches ratsam ist. Dabei setzt ein multiples Listing allerdings keine Kapitalerhöhung voraus, auf Grund der Bedeutung des Liquiditätsaspektes für den Erfolg der Notierung erfolgt die Begehung eines zusätzlichen Börsenplatzes jedoch regelmäßig im Rahmen einer Kapitalerhöhung.

Für deutsche Aktiengesellschaften gewinnt der US-amerikanische Kapitalmarkt zunehmend an Attraktivität, da er die Möglichkeit bietet, enorme Kapitalquellen zu erschließen. Bisher ist der direkte Zugang zu den US-Börsen für viele deutsche Unternehmen noch die Ausnahme. Die globalen Wirtschaftstendenzen und der verschärfte Wettbewerb um Kapital verstärken jedoch die Bereitschaft, sich dem weltweit größten Kapitalmarkt zu öffnen. Die Beratungsfunktion der Investmentbank betrifft hier zwei sich gegenseitig bedingende Fragenkomplexe: erstens, ob ein US-Listing notwendig und sinnvoll ist und zweitens, wie die Erschließung des Marktzuganges erfolgen soll.

Die strategische Entscheidung eines Engagements am US-Kapitalmarkt kann aus unterschiedlichen Motiven attraktiv sein: Durch eine breit gestreute, internationale Finanzierungsbasis immunisiert sich das Unternehmen beispielsweise gegen Kapitalmarktschwankungen und neutralisiert damit lokale Veränderungen der Kapitalkosten. Die enorme Marktkapitalisierung und die heterogene Anlegerstruktur des US-amerikanischen Finanzsystems begründen eine hohe Marktliquidität, weshalb selbst sehr große Aktienemissionen platziert werden können. Die Erweiterung der Aktionärsstruktur vermindert zudem die Abhängigkeit des Unternehmens von einzelnen Investoren und erschwert feindliche Übernahmeversuche. Darüber hinaus kann mit der Platzierung von Aktien an US-Börsen eine positive Produkt- und Eigenwerbung verbunden sein. Schließlich ermöglicht die Börsenzulassung in den USA erst Akquisitionen durch Aktientausch, da die angebotenen Wertpapiere bei der SEC registriert sein müssen, um für viele US-Investoren akzeptabel zu sein, und erleichtert damit Übernahmen US-amerikanischer durch deutsche Unternehmen. Die so geschaffene Acquisition Currency gilt bei den meisten US-Börsengängen als vordringliches Motiv.

Nachteilig können sich hingegen die strengen Kapitalmarkt- und anderen Bilanzierungsrichtlinien, die oftmals eine kosten- und zeitintensive Buchhaltung erforderlich machen, sowie die hohe Anspruchshaltung der Aktionäre auswirken. Darüber hinaus ist eine gewisse Marktpräsenz in den Vereinigten Staaten notwendig, um ein hinreichendes Interesse der Investoren zu sichern. Die Investmentbank muss die jeweiligen Vor- und Nachteile sorgfältig abwägen, um zu einer Handlungsempfehlung zu kommen.

Der klassische Weg, den US-Kapitalmarkt zu erschließen, stellt die Auflage eines American Depositary Receipt (ADR) dar. Von den mehr als 360 Auslandsgesellschaften, die an der NYSE gelistet sind, haben sich vier Fünftel für ADRs entschieden. Dabei geben US-amerikanische Depotbanken wie die Bank of New York, die Citibank und J. P. Morgan in Zusammenarbeit mit dem Emittenten Aktienzertifikate aus, die wie US-amerikanische Aktien gehandelt werden können. Es handelt sich um so genannte „sponsored" ADR-Programme. Es ist zwar ebenfalls möglich, dass eine US-amerikanische Investmentbank diese Aktienzertifikate in „unsponsored" ADR-Programmen auf eigene Initiative hin ausgibt, doch wird diese Form heute selten gewählt.

Grundsätzlich bieten sich vier unterschiedliche Arten von ADR-Programmen an. Bei allen ADRs handelt es sich um auf US-Dollar lautende, von den Depotbanken ausgegebene Aktienzertifikate, die eine bestimmte Anzahl im Heimatland hinterlegter Aktien repräsentieren. Neue Aktien im Rahmen einer Kapitalerhöhung können erst bei einem so genannten Level III ADR-Programm an einer US-amerikanischen Börse emittiert werden, während die Level I und II-Programme nur den Sekundärhandel bzw. ein Listing bereits ausstehender Aktien ermöglichen.

Um die individuellen Zielsetzungen der einzelnen Unternehmen zu erreichen, ist die Auswahl des geeigneten ADR-Programms ein entscheidender Faktor. Die Unterstützung der Investmentbank muss daher bereits im Vorfeld einsetzen, zum einen bei der Identifizierung der vom Emittenten angestrebten Ziele und zum anderen bei der daraus resultierenden Auswahl des Instrumentes und des Marktsegmentes. So standen beispielsweise bei der Platzierung der ADRs der Deutschen Telekom AG an der NYSE neben der angestrebten Internationalisierung der Aktionärsstruktur die sofortige Schöpfung zusätzlichen Kapitals sowie die Nutzung des Publizitätseffekts im Vordergrund. Unter den verschiedenen ADR-Varianten kam damit nur das Level III ADR-Programm in Frage, das zwar das aufwändigste Verfahren darstellt, aber die vollständige Einführung an einer US-Börse (NYSE oder NASDAQ) ermöglicht.

Der Zugang zum US-Markt kann auch im Wege einer Privatplatzierung alternativ zu den an die Öffentlichkeit gerichteten Level I-III ADRs erfolgen (Rule 144A). Die Privatplatzierung richtet sich an spezielle institutionelle Investoren, so genannte Qualified Institutional Buyers (QIBs), die ein Wertpapierdepot in der Größenordnung von mindestens 100 Mio. US-Dollar verwalten, sowie an Broker mit einem Wertpapierumsatz von mindestens 10 Mio. US-Dollar. Für deutsche Unternehmen besteht der besondere Anreiz dieser vierten ADR-Alternative in der Befreiung von dem aufwändigen Registrierungsverfahren der SEC und damit vom Berichtswesen nach US-GAAP, da es sich um so genannte Restricted Securities handelt und kein öffentliches Angebot im Sinne der US-amerikanischen Wertpapiergesetze vorliegt. Daraus resultieren sowohl Kosten- als auch Zeitvorteile, aber auch eine eingeschränkte Fungibilität. Marketingeffekte lassen sich hingegen nicht realisieren.

Über die Auswahl von ADR-Programmen hinaus ist für deren nachhaltigen Erfolg auch die laufende Betreuung durch die Investmentbank notwendig. Dies gilt vor allem hinsichtlich der ständigen Marktbearbeitung durch die Research-Aktivitäten, die beispielsweise die Identifizierung der existierenden Aktionärsbasis, die Erschließung neuer Aktionärskreise sowie die Herausgabe von Pressemitteilungen und Informationen über das Unternehmen (Corporate Update) beinhalten.

Die ADRs weisen allerdings auch erhebliche Nachteile auf, die vor allem in den hohen Kosten für Investoren und Emittenten, einer eingeschränkten Fungibilität der Wertpapiere und geringen Umsätzen bei effizientem heimischen Markt zu sehen sind. Daher könnte in Zukunft die „*Single Global Share*", die erstmals im Rahmen der Fusion zwischen der Daimler-Benz AG und der Chrysler Corporation entwickelt wurde, zunehmend an Bedeutung gewinnen. Die DaimlerChrysler AG handelt weltweit an allen Kapitalmärkten die gleiche Aktie, wodurch ein einheitlicher fungibler Markt geschaffen wird. Gleichzeitig entfallen die an die Depotbank zu zahlenden hohen Gebühren für die bisher gehandelten ADRs. Grundvoraussetzung für die globale Aktie ist die Ausgabe von Namensaktien (Registered Shares), die sich inzwischen auf Grund der Elektronisierung der Wertpapierabwicklung auch in Deutschland als akzeptiertes Marktinstrument vermehrt durchsetzen. Neben den Kosten- und Liquiditätsvorteilen ergeben sich für die Emittenten zugleich neue Möglichkeiten der Investor Relations, da die Gesellschaft im Gegensatz zu Inhaberaktien fortlaufend Informationen über ihre Aktionärsstruktur erhält. Neben DaimlerChrysler haben sich auch die Celanese AG, die UBS AG und zuletzt die Deutsche Bank AG bei ihrer Neunotierung an der NYSE für das Format der Global Share entschieden.

Bis Anfang 2002 haben jedoch noch keine Unternehmen, deren Aktien zuvor bereits im Rahmen eines ADR-Programmes in den USA notierten wurden, ihre ADRs in Global Shares umwandeln lassen. Bei der Entscheidung über die Umwandlung von ADRs in Global Shares müssen deren Kosten (bspw. Änderung in Namensaktien) gegenüber den oben genannten Vorteilen sorgfältig abgewogen werden. Für Investmentbanken besteht die Aufgabe, ihre Kunden über solche neuartige Entwicklungen zu informieren, um eine den Zielen der Unternehmen entsprechende optimale Notierungsstrategie zu ermöglichen.

## 3.6 Beratung während der Kapitalerhöhung

### 3.6.1 Equity Story, Dokumentation und Marketing

Neben der Strukturierung der Emissionsbedingungen nimmt sich die Investmentbank der Themenkreise Equity Story, Dokumentation und Marketing an. Hierzu ist vorab eine *Due Diligence* nötig. In ihrem Rahmen generiert die Investmentbank in einer detaillierten Analyse die für eine fundierte Beurteilung der Aktiengesellschaft und die daran anschließende Prospekterstellung notwendigen Daten und Fakten. Sie ist eine grundlegende Voraussetzung für eine qualitativ hochstehende und glaubwürdige Equity Story. Die Due Diligence stellt in der Regel zwar für alle Beteiligten eine äußerst zeitintensive Prozedur dar, ist aber eine vertrauensbildende Maßnahme für den Kapitalmarkt, der für die Qualität der anstehenden Kapitalerhöhung bürgt. Angesichts des wesentlich höheren Vertrautheitsgrades der Investoren mit dem Unternehmen wird das Ausmaß der Due Diligence bei Kapitalerhöhungen aber in der Regel hinter dem der Börseneinführung zurückbleiben. Analog zur Börseneinführung gliedern sich auch hier die wichtigsten Schritte der Due Diligence in die Management Due Diligence, die Legal Due Diligence und die Financial Due Diligence.

Besondere Bedeutung kommt dann der Konzeption der *Equity Story* zu. Die Unternehmensführung muss hiermit bei den anvisierten Investorengruppen die notwendige Fantasie wecken, um eine viel versprechende Ausgangskonstellation im Vorfeld der Aktienplatzierung zu schaffen. Die entsprechenden Bemühungen, das Interesse dieser Anleger zu gewinnen, sind für eine erfolgreiche Platzierung von überragender Bedeutung. Das Unternehmen muss daher sich und seine Zukunftsaussichten sowie die damit zusammenhängenden Motive für eine Kapitalerhöhung vermarkten.

Da das Unternehmen bereits als Kapitalmarktadresse etabliert ist und sich im Markt entsprechend positioniert hat, dient die ursprüngliche Equity Story als Ausgangspunkt, um ein konsistentes weiterführendes Unternehmenskonzept zu präsentieren. Unter Einbezug aktueller Research-Berichte muss die Story Line im Rahmen einer Kapitalerhöhung dann entsprechend fortentwickelt werden. Dabei steht die überzeugende Darlegung der Motive für den Kapitalbedarf im Vordergrund, die über den Erfolg oder Misserfolg einer Kapitalerhöhung entscheidet, wie das vorab erwähnte Beispiel der Volkswagen AG eindrucksvoll zeigt. Diese hatte eine Kapitalerhöhung angekündigt und lediglich auf mögliche Akquisitionen in der Zukunft als Auslöser verwiesen. Eine derart unspezifische Begründung in Kombination mit einer allgemein intransparenten Informationspolitik vermag sophistizierte Anleger nicht zu überzeugen, sodass der Kurs der VW-Aktie unmittelbar nach Ankündigung deutlich absackte und das Management der Volkswagen AG veranlasste, die Kapitalerhöhung auf unbestimmte Zeit zu verschieben.

In der Praxis liegt meist eine Reihe verschiedener Gründe vor, eine Kapitalerhöhung durchzuführen. Aufgabe einer Investmentbank ist es nun, diese Motive sorgfältig zu analysieren, um eine glaubhafte Equity Story entwickeln und darstellen zu können. Die Konzeption der Unternehmensstory erfolgt in enger Abstimmung mit dem Equity Research Analyst, der die Unternehmensführung über aktuelles Research-Material und die Stellung des Unternehmens am Kapitalmarkt unterrichtet und auf einen professionellen Auftritt gegenüber dem Finanzpublikum vorbereitet. Dazu gehört auch die frühzeitige Identifikation von Schwachstellen des Unternehmens und im Idealfall deren Beseitigung. Gelingt dies beispielsweise auf Grund struktureller branchenspezifischer Abhängigkeiten nicht, sollte eine schlüssige Argumentation für Investoren und Finanzanalysten entwickelt werden, die solche Nachteile abschwächen und in den Hintergrund treten lassen.

Ist die Due Diligence abgeschlossen und steht die Konzeption der Equity Story fest, erfolgt die *Erstellung des Prospektes* der Kapitalerhöhung. Für den Handel und die amtliche Notierung der Aktien an einer deutschen Börse ist die Beantragung eines Börsenzulassungsverfahrens Voraussetzung, dessen Kernelement der so genannte Börsenzulassungsprospekt ist. Im Rahmen dieses Verfahrens gilt es zu beachten, dass der Voransprache des Handelsregisterrichters zur Sicherstellung der erfolgreichen Kapitalerhöhung eine besondere Bedeutung zukommt, da diese einen gewissen Interpretationsspielraum hinsichtlich der Ausgestaltung der Transaktion zulässt. Die konsortialführende Investmentbank sollte daher bereits vor Einreichung des eigentlichen Prospektes dem Richter die Eckpunkte der Transaktion ausreichend erläutern, um mögliche Problembereiche frühzeitig auszuräumen.

Der Prospekt selbst muss alle wesentlichen Angaben für die Beurteilung der einzuführenden Aktie und des Unternehmens enthalten und so Auskunft über die wirtschaftlichen Verhältnisse des Emittenten geben. Hierzu zählen unter anderem Nennbetrag und Art der zuzulassenden Aktie, der für den Erlös der Emission vorgesehene Verwendungszweck, Geschäftsergebnisse der letzten fünf Jahre sowie Angaben über Geschäftsentwicklung und voraussichtliches Geschäftsergebnis. Mit der Veröffentlichung des Börseneinführungsprospektes ist die Prospekthaftung der Emittenten und der aufgeführten Konsortialbanken verbunden. Daher wird der Prospekt in aller Regel nicht von den Investmentbanken selbst, sondern direkt von beteiligten Rechtsanwälten erstellt, um eine möglichst „wasserdichte" Rechtslage sicherzustellen.

Der Prospekt ist letztlich ein zentrales Dokument der Equity Story und damit ein wichtiges Marketing- und Kommunikationsinstrument zur erfolgreichen Investorenansprache.

### 3.6.2 Auswahl und Ansprache der Investoren

Die *Auswahl der Investoren* erfolgt anhand einer Klassifizierung nach deren Qualität. Diese Typologisierung richtet sich nach Kriterien wie dem Bekanntheitsgrad, der Aufnahmefähigkeit (beispielsweise Assets under Management), dem Interesse an gewissen Industrien, der regelmäßigen Partizipation an Aktienofferten, der Bereitschaft zur dauerhaften Anlage und letztlich der Verbundenheit mit dem Emittenten. Highest Quality Investors (Leadership Investors) sind beispielsweise regelmäßig in der Lage, ein großes Aktienpaket dauerhaft in den eigenen Bestand aufzunehmen. Es wird daher häufig das Ziel verfolgt, eine große Anzahl der neuen Aktien bei diesen zu platzieren (Core Holding), da sie nicht nur einen entsprechenden Imagegewinn für das Unternehmen bedeuten, sondern auch die notwendige Stabilität im After Market garantieren.

Die *Ansprache der anvisierten Investoren* erfolgt in einem mehrstufigen Prozess. Der erste Schritt des Kommunikationsprozesses besteht in der Publikation des Research-Materials in der Pre-Marketing-Phase. Dazu werden verschiedene Meinungsmultiplikatoren wie die Finanzpresse und die für die Distribution der Aktien verantwortlichen Sales Departments der Konsortialbanken kontaktiert, um in zahlreichen Analyst Meetings potenzielle Investorenkreise frühzeitig zu informieren und letztlich die Kapitalerhöhung massiv zu vermarkten. Daneben erfolgen individuelle Warm-up-Meetings mit ausgewählten Leadership Investors, um die aufgebaute Equity Story (Draft Story) zu diskutieren und auf den Prüfstand zu stellen. Das auf diesen Wegen erhaltene Feed-back dient der Feinabstimmung der Equity Story und der Festlegung des Emissionsvolumens bzw. der einzelnen Tranchen.

Das wichtigste Element der Marketing Strategie bildet die Road Show. Diese ist das zentrale Forum für die Vermarktung der Equity Story und des Emittenten. Etwa zwei Wochen vor der eigentlichen Platzierung bis zur finalen Allokation der neuen Aktien führt die Unternehmensführung direkte Einzelgespräche (One-on-One-Meetings) mit institutionellen Investoren und Gruppenpräsentationen rund um die Welt durch. Zusätzlich werden Video- und Telefonkonferenzen abgehalten, um einen möglichst breiten Abdeckungsgrad der Zielgruppen zu erreichen. Während das Pre-Marketing meist ausschließlich in den Aufgabenbereich der Investmentbank fällt, wird die Road Show primär durch die Unternehmensführung durchgeführt. Hier unterstützt die Investmentbank das Management gezielt mit Informationen und Argumenten, um ein professionelles und adäquates Auftreten gegenüber den individuellen Investoren sicherzustellen, ihre Aufmerksamkeit und ihr Interesse zu wecken sowie ihre Vorbehalte auszuräumen. Von diesem Gelingen hängt letztlich der Gesamterfolg einer Kapitalerhöhung ab.

# 4. Mitarbeiter- und Managementbeteiligung

## 4.1 Beteiligungsform und Motivation

In den letzten Jahren ist zu beobachten gewesen, dass neben den historisch verankerten immateriellen Beteiligungsformen, wie beispielsweise freiwillige und gesetzliche Mitspracherechte, auch in Deutschland immer häufiger materielle Mitarbeiter- und Managementbeteiligungsprogramme eingesetzt wurden. Gemeinsames Merkmal aller materiellen Beteiligungsformen ist, dass den Betroffenen monetäre Vorteile aus der Beteiligung entstehen. Darunter fallen grundsätzlich sowohl Kapital- als auch Erfolgsbeteiligungsprogramme.

Während man unter der Kapitalbeteiligung die vertragliche, dauerhafte Beteiligung der Mitarbeiter am Kapital des arbeitgebenden Unternehmens mit – je nach Vertragsverhältnis – unterschiedlichen Informations-, Kontroll- und Mitwirkungsrechten versteht, umfasst die Erfolgsbeteiligung als zweite Form der materiellen Beteiligung die Umsatz-, Gewinn- und Leistungsbeteiligung. Erfolgsbeteiligungen werden in der Praxis zum Teil eingesetzt, um Mittel für die Finanzierung einer Kapitalbeteiligung zu schaffen.

Die *Motive* für die Beteiligung der Mitarbeiter und des Managements am Kapital oder aber Gewinn eines Unternehmens sind vielfältig. In der Regel werden sowohl mitarbeiter- als auch unternehmensbezogene Ziele verfolgt. Bei den *mitarbeiterbezogenen Zielen* stehen vor allem die Steigerung der Leistungsbereitschaft, der Motivation und der Mitverantwortung sowie die Vermögensbildung im Vordergrund. Da unternehmerisches Denken und Handeln aller Mitarbeiter heute als einer der wichtigsten Erfolgsfaktoren im internationalen Wettbewerb gilt, soll die Möglichkeit geschaffen werden, die Mitarbeiter und das Management am Gewinn und – je nach Ausgestaltung des Instrumentes – auch am Misserfolg des arbeitgebenden Unternehmens zu beteiligen. Eine auf diesem Wege angestrebte Harmonisierung der unterschiedlichen Interessenslagen der Mitarbeiter und der Eigentümer (Agency-Problematik) soll die emotionale Bindung respektive die Identifikation der Mitarbeiter mit dem Unternehmen verstärken und damit letztlich einen positiven Einfluss auf die Innovationsfähigkeit und Wettbewerbsfähigkeit des Unternehmens ausüben. Für die Arbeitnehmer und das Management stellt diese Beteiligungsform eine Form der Kapitalanlage dar. Sie wird daher in jüngerer Zeit in der öffentlichen Diskussion zunehmend auch im Zusammenhang mit der individuellen Altersversorgung genannt.

Die *unternehmensbezogenen Ziele* beziehen sich auf die mit einer Kapitalbeteiligung erzielbaren Finanzierungseffekte. Dabei stehen die Erhöhung der Liquidität sowie die Stärkung der Eigenkapitalbasis im Vordergrund. Im Gegensatz zu Bonuszahlungen erfolgt bei einer Kapitalbeteiligung nicht zwangsläufig ein Mittelabfluss, sondern, falls beabsichtigt, regelmäßig ein Mittelzufluss. Bei großen börsennotierten Unternehmen spielen Finanzierungseffekte allerdings eine eher untergeordnete Rolle, können aber wie bei der ehemaligen Mannesmann AG mit einem (ausschließlich aus Kapitalerhöhungen mit Bezugsrechtsausschluss bedienten) Volumen von nahezu acht Prozent des Grundkapitals respektable

Größenordnungen erreichen. Bei kleinen und mittelständischen Unternehmen dagegen können diese durchaus von erheblicher Relevanz sein. So lässt sich innerhalb des Mittelstands in der Praxis häufiger beobachten, dass sanierungsbedürftige Unternehmen zumindest teilweise von den Mitarbeitern im Rahmen eines Mitarbeiter-Buy-Outs übernommen werden, um den betriebswirtschaftlichen Untergang zu verhindern.

Diese Vielzahl von Gründen verdeutlicht, dass Beteiligungsmodelle als unternehmensindividuelle Systeme der Beteiligung von Mitarbeitern am Erfolg und Kapital des arbeitgebenden Unternehmens konzipiert werden müssen. Die konkrete Ausgestaltung eines Beteiligungsmodells hängt entscheidend von den jeweiligen Motiven und Zielen ab. Nicht die Übernahme universeller Patentrezepte, sondern nur die gezielte Abstimmung auf die spezifischen Bedingungen des einzelnen Unternehmens eröffnet die Chance besserer Mitarbeiter- und Management-Performance. Voraussetzung für eine erfolgreiche Gestaltung eines Beteiligungsmodells ist daher, die unternehmensindividuellen Ziele klar zu formulieren und zu prüfen, ob und inwieweit die einzelnen Beteiligungsziele untereinander verträglich sind. Zielkonflikte mindern ansonsten die angestrebten positiven Wirkungen. So stellt beispielsweise die Förderung des unternehmerischen Denkens und Handelns durch eine mögliche Beteiligung am Misserfolg des Unternehmens, wie sie zum Beispiel bei den Management-Beteiligungsprogrammen der Lufthansa AG zu finden ist, und die Vermögensbildung im Rahmen der privaten Altersversorgung antinomische Zielsetzungen dar.

Aufgabe der Investmentbank ist es nun, in Abhängigkeit von den Zielen des Unternehmens und den finanziellen Möglichkeiten der Zielgruppen das richtige Programm zu konzipieren. Grundsätzlich stehen hierfür sämtliche schuld- und gesellschaftsrechtlichen Varianten zur Verfügung (vgl. Abbildung 3). Investmentbanken fokussieren ihre Beratung und Strukturierung von Programmen jedoch meist auf Eigenkapitalinstrumente, da sie auf diesem Gebiet über die meiste Expertise verfügen und auf Grund ihrer Kapitalmarkterfahrung gegenüber reinen Personalberatungen einen Informationsvorsprung aufweisen. Gleichzeitig kann die Investmentbank auch mit der technischen Ausführung der Kapitalmarkttransaktionen, wie zum Beispiel der Bereitstellung der Aktien, dem Verkauf von (Over-the-Counter-)Optionen und der administrativen Abwicklung beauftragt werden und somit eine Transaktionsabwicklung aus einer Hand bei diesen Instrumenten gewährleisten.

Eine Beteiligung am Eigenkapital stellt zudem die am weitesten reichende Form der Mitarbeiterbeteiligung an Unternehmen dar und erlaubt den Unternehmen, das zunehmend auch vom deutschen Kapitalmarkt geforderte Shareholder-Value-Konzept umzusetzen. Findet der Aktienkurs als Maßstab der Vergütung Eingang in das Entlohnungssystem, demonstriert das Unternehmen potenziellen Investoren sein Interesse an dauerhaften Steigerungen des Unternehmenswertes. In den USA reagiert die Börse daher auch auf die Ankündigung von Aktienoptionsprogrammen für Führungskräfte (Executive Stock Option Plans) mit überdurchschnittlichen Kurssteigerungen. Dabei ist allerdings zu beachten, dass sich dort bestimmte Gestaltungsvarianten durchgesetzt haben, insbesondere die Anbindung der Optionsrechte an die relative (an Stelle der absoluten) Aktienkursentwicklung, sodass eine positive Beurteilung durch den Kapitalmarkt maßgeblich

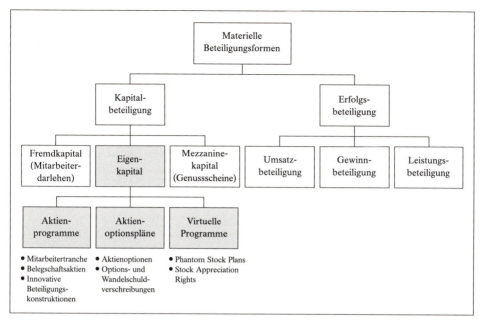

Abbildung 3: Übersicht über die verschiedenen Formen der materiellen Beteiligung

von einer anreizkompatiblen Ausgestaltung dieser Programme abhängt. Darüber hinaus stellen wertorientierte Vergütungsinstrumente mittlerweile eine unverzichtbare Entlohnungskomponente im globalen Wettbewerb um hoch qualifiziertes Personal dar.

Grundsätzlich kann das Unternehmen, wie in der Folge eingehender dargestellt wird, Eigenkapitalinstrumente aus drei verschiedenen Gruppen wählen. So bietet sich auf der einen Seite die Möglichkeit, klassische Beteiligungsprogramme durchzuführen, bei denen es – in den verschiedensten Formen – zu einem tatsächlichen Erwerb von Aktien kommt (daher werden diese auch als Aktienprogramme oder Aktienpläne bezeichnet). Daneben kann es Optionsprogramme und virtuelle Programme wie Stock Appreciation Rights und Phantom Stocks vorsehen. Solche Vergütungssysteme kommen primär nur für börsennotierte Unternehmen in Frage. Wie das Beispiel der Deutschen Telekom AG zeigt, muss dabei keine ausschließliche Entscheidung für ein bestimmtes Programm notwendig sein. Durch die Existenz mehrerer Ziele und den Wunsch, mehrere Zielgruppen adäquat anzusprechen, kann es durchaus vorkommen, dass die Investmentbank für das Unternehmen ein Bündel von Programmen strukturiert, die dann den Arbeitnehmern alternativ oder komplementär angeboten werden. Grundsätzlich lassen sich auch die einzelnen Modelle der verschiedenen Gruppen miteinander kombinieren. So haben die Dresdner Bank AG und die MVV Energie AG etwa Belegschaftsaktien in Verbindung mit Aktienoptionen an die Mitarbeiter ausgegeben. Im Allgemeinen sind bei allen Modellen jeweils folgende, sich zum Teil gegenseitig bedingende Entscheidungsparameter zu berücksichtigen:

- Kreis der Berechtigten und Volumen der Beteiligung,
- Kosten und Liquiditätswirkungen in Abhängigkeit von der Art der Aktienbereitstellung,
- Genehmigungserfordernisse,
- Auswirkungen auf die Kapitalstruktur,
- Sperrfristen für Aktienverkäufe,
- steuerliche Konsequenzen für die Beteiligten und für das Unternehmen,
- Erklärungsbedarf und Akzeptanz innerhalb der Belegschaft.

Oftmals werden Beteiligungsprogramme im Zusammenhang mit einer Börseneinführung konzipiert, da sie auf diesem Weg nicht nur zügig und effektiv umgesetzt werden können, sondern auch, weil auf Grund des noch kleineren Aktionärskreises sehr viel einfacher die Basis für eine spätere Handlungsmöglichkeit in diesem Bereich geschaffen werden kann. Zudem gelten Management-Beteiligungsprogramme zumindest bei Unternehmen, die eine Börseneinführung anstreben, mittlerweile auch in Deutschland als Voraussetzung, um mit einem so dokumentierten Shareholder-Value-Interesse langfristig engagierte Investoren zu gewinnen. Faktisch darf die Strukturierung solcher Modelle daher als integraler Leistungsinhalt einer Investmentbank im Rahmen eines Börseneinführungsmandates angesehen werden. In den letzten Jahren haben sich jedoch auch häufig Unternehmen, welche schon lange börsennotiert sind, zur Aufnahme solcher Programme entschieden, um der Erwartungshaltung des Kapitalmarktes Rechnung zu tragen und im Wettbewerb um Führungskräfte nicht ins Abseits zu geraten. Dies wurde zusätzlich dadurch gefördert, dass die Ausgabe von reinen Aktienoptionen mit dem Inkrafttreten des Gesetzes zur Kontrolle und Transparenz im Unternehmensbereich (KonTraG) ermöglicht wurde.

## 4.2 Aktienprogramme

Aktienprogramme sind typischerweise breit angelegt und können in der Zuteilung einer Mitarbeitertranche im Rahmen von öffentlichen Emissionen, in der begünstigten Ausgabe von Belegschaftsaktien oder in innovativen Beteiligungskonstruktionen, die den Aktienerwerb mit einem Arbeitgeberdarlehen und unentgeltlichen Put-Optionen kombinieren, bestehen.

### 4.2.1 Mitarbeitertranche

Die Zuteilung einer Mitarbeitertranche ist ein wichtiges und übliches Incentive-Instrument. Sie eröffnet allen Mitarbeitern die Möglichkeit, bei Neuemissionen eine bevorrechtigte Anzahl von Aktien zu erwerben, die ausschließlich für sie reserviert ist. Eine Mitarbeitertranche kann daher sowohl bei Börseneinführungen als auch bei Kapitalerhöhungen unter Ausschluss des Bezugsrechts zur Anwendung gelangen. Dies reduziert allerdings die Aktienanzahl, die dem Anlegerpublikum angeboten werden kann.

Die Mitarbeiter tragen bei Erwerb von Aktien aus der Mitarbeitertranche das volle Kursrisiko. Im Regelfall beziehen sie die Aktien auch zum vollen Emissionspreis, der aus eigenen Mitteln finanziert werden muss, sodass dem Unternehmen der volle Emissionserlös zufließt. In diesem Fall liegt der einzige Vorteil in der garantierten Zuteilung. Dies ist allerdings bei stark überzeichneten Emissionen, wie sie beispielsweise am Neuen Markt zu beobachten waren, von besonderem Interesse. In diesen Fällen liegt die erste Notierung regelmäßig erheblich über dem Platzierungskurs, was den Begünstigten einen attraktiven Zeichnungsgewinn beschert (One Time Benefit). Um dauerhafte Motivationseffekte zu erreichen, kann es daher sinnvoll sein, eine Mindesthaltefrist der gezeichneten Aktien vorzusehen bzw., wie die Deutsche Telekom AG, einen zusätzlichen Bonus nach Ablauf von drei Jahren in Form von Treueaktien einzuführen (Ongoing Incentivation). Auf diese Weise können auch erratische Kursbewegungen im Sekundärmarkt neutralisiert werden. Die Mitarbeiter müssen im Rahmen des Emissionsmarketings gezielt angesprochen werden, um ein entsprechendes Interesse bei diesen zu wecken und den Erfolg der Mitarbeiterbeteiligung sicherzustellen. Dadurch werden die Mitarbeiter aber gleichzeitig für die Interessen des Unternehmens sensibilisiert.

Die Strukturierung und Bereitstellung einer Mitarbeitertranche stellt sich als relativ problemlos dar, da aus Unternehmenssicht keine rechtlichen Voraussetzungen (insbesondere auch keine steuerrechtlichen Auswirkungen) zu beachten sind, sodass der Beratungsbedarf seitens des Unternehmens eher gering ausfällt. Da Investmentbanken aber generell bei Emissionsvorhaben involviert sind, bringen sie regelmäßig ihre Erfahrung bei der Gestaltung von Mitarbeitertranchen ein.

### 4.2.2 Belegschaftsaktie

Die Belegschaftsaktie auf der Grundlage vom § 19a des Einkommensteuergesetzes (EStG) in Verbindung mit dem 5. Vermögensbildungsgesetz (VermbG) ist die am weitesten verbreitete Form der Produktivvermögensbildung in Arbeitnehmerhand. Nahezu alle großen börsennotierten Unternehmen bieten diese klassische Form der Beteiligung am Eigenkapital ihren Mitarbeitern an. Dabei können diese eine bestimmte Anzahl von Aktien zu einem Vorzugspreis, der aus steuerrechtlichen Gründen maximal 50 Prozent unter dem aktuellen Börsenkurs liegen darf, erwerben. Bei den Aktien handelt es sich entweder um neue Aktien, die im Rahmen einer genehmigten Kapitalerhöhung mit Bezugsrechtsausschluss geschaffen wurden, oder um solche, die an der Börse zu diesem Zweck zurückgekauft wurden. Der Eigenerwerb vollzieht sich unabhängig von der Hauptversammlung und liegt im Verantwortungsbereich der Geschäftsführung. In diesem Fall kommt es allerdings zu einem Liquiditätsabfluss.

Die Ausgabe von Belegschaftsaktien erfolgt regelmäßig in breit angelegten Programmen, sodass sich viele, unter Umständen sogar alle Mitarbeiter daran beteiligen können. Auch hier tragen sie das volle Kursrisiko, profitieren allerdings im Gegenzug in zweierlei Hinsicht von einer Partizipation: Erstens wird ihnen die Differenz zwischen dem aktuellen Aktienkurs- und dem Vorzugspreis der Aktie „geschenkt", indem das Unternehmen hier auf den zusätzlichen Zufluss, den es im Rahmen einer Kapitalerhöhung durch einen regulären Verkauf der Aktie erzielt hätte, verzichtet. Da dieser den Charakter von Opportunitätskosten hat, wird er allerdings nicht im Jahresabschluss des Unternehmens ausgewiesen. Verlust, der durch den Rückkauf eigener Aktien zum Marktpreis und die vergünstigte Ausgabe an die Mitarbeiter entsteht, fließt dagegen in die Gewinn- und Verlustrechnung des Unternehmens ein und ist somit erfolgswirksam. Zweitens wird diese Form der Aktienausgabe zusätzlich vom Staat steuerlich gefördert. Allerdings sind derzeit lediglich Vergünstigungen bis zu 154 Euro nach § 19a EStG jährlich steuerfrei. Daneben sieht das 5. VermbG bei Einkommen bis zu 17 900 Euro (Alleinstehende) bzw. 35 800 Euro (Verheiratete) eine 20-prozentige Sparzulage auf Investitionen bis zu 408 Euro vor.[13]

In der Praxis bestehende Programme sind häufig nur mäßig erfolgreich, denn die verbilligte Abgabe von Belegschaftsaktien ist durch die stark eingeschränkte Steuervergünstigung in ihrer Wirksamkeit zwangsläufig begrenzt. Zusätzlich müssen die Papiere meist aus dem eigenen Nettoeinkommen bezahlt und dürfen erst nach einer Haltefrist von sechs Jahren verkauft werden. Der finanzielle Anreiz und der daraus resultierende Motivationseffekt sind dementsprechend gering, sodass Belegschaftsaktienmodelle trotz weiter Verbreitung spätestens seit der 1994 erfolgten Kürzung des staatlichen Fördervolumens nur noch bedingt reizvoll sind.

### 4.2.3 Innovative Beteiligungskonstruktionen

Die geringe Attraktivität der Belegschaftsaktien hat in den letzten Jahren zur Bildung von neuen, innovativen Modellen geführt, welche die Schwächen der traditionellen Beteiligungen auszuschalten versuchen: Nur durch ein höheres Platzierungsvolumen kann eine stärkere Bindung der Mitarbeiter an das Unternehmen sowie eine – auch für große Aktiengesellschaften interessante – Stärkung der Eigenkapitalbasis erfolgen.

Der Employee Stock Ownership Plan (ESOP) ist eine vor allem in den USA verbreitete Beteiligungskonstruktion, die bereits in den fünfziger Jahren vom Anwalt und Investment Banker Louis Kelso entwickelt wurde und in den Vereinigten Staaten seit 1973 offiziell steuerlich begünstigt ist. Ein Treuhänderfonds nimmt vom Unternehmen Anteile entgegen und/oder leistet Zahlungen, die anschließend verwendet werden, um Aktien von Dritten zu beschaffen. Im weiteren Verlauf werden die Anteile gemäß der detaillierten gesetzlichen Bestimmungen individuellen Konten zugeordnet. Zwingend vorgeschrieben ist ebenfalls eine Teilnahme möglichst aller Hierarchiestufen. Es ist nicht möglich, einen ESOP als ein auf Führungskräfte beschränktes Anreizprogramm zu gestalten. Aufgrund der einmaligen und laufenden Kosten eines ESOP ist die Konstruktion außerdem nur für Unternehmen mit wenigstens 20 Angestellten interessant.

Für den Erwerb bestehender oder neuer Aktien kann der Fonds zusätzlich Kredite aufnehmen, die später durch das Unternehmen getilgt werden. In diesem Zusammenhang unterscheidet man Non-Leveraged ESOPs und Leveraged ESOPs (LESOP). Während sich das Unternehmen bei der nicht fremdfinanzierten Variante auf jährliche Beiträge beschränkt, und der Aktienbestand daher nur allmählich wächst, finden die wesentlich

---

[13] Arbeitnehmer in den neuen Bundesländern erhalten eine 25-prozentige Sparzulage.

komplexeren LESOPs üblicherweise im Rahmen von Employee Buyouts Verwendung. US-amerikanische Eigentümer geschlossener Gesellschaften können ihre Anteile an einen ESOP veräußern und unter gewissen Voraussetzungen von einer Stundung der Steuern auf anfallende Kapitalerträge profitieren. Vor allem muss der ESOP mehr als 30 Prozent der Aktien halten, was im Falle von Buyouts jedoch regelmäßig der Fall ist. Allgemein ist ein Hauptgrund für die enorme Popularität von ESOPs in deren Begünstigung durch das dortige Steuerrecht zu sehen. ESOPs stellen folglich die in den Vereinigten Staaten am häufigsten eingesetzte Methode der Mitarbeiterbeteiligung dar. Momentan existieren über 10 000 ESOPs mit fast neun Millionen Teilnehmern, die Anteile im Wert von über 210 Mrd. US-Dollar kontrollieren. Hieraus wird jedoch ersichtlich, dass das US-amerikanische Modell des ESOP nur mit Einschränkungen auf Deutschland übertragbar ist.

Während die deutschen Ausprägungsformen von ESOPs die Ideen ihrer US-amerikanischen Vorbilder aufgreifen, unterscheiden sich dennoch die Strukturen voneinander. Insbesondere kommt es in Deutschland bei einem solchen Aktienerwerb nicht zu einer Zwischenschaltung eines speziellen gesellschaftsrechtlichen Vehikels.

Ebenso wie bei den Belegschaftsaktien begibt das Unternehmen bei einem deutschen ESOP im Rahmen einer genehmigten Kapitalerhöhung mit Bezugsrechtsausschluss neue Aktien zum aktuellen Börsenkurs an die Mitarbeiter und das Management oder erwirbt dazu innerhalb eines Jahres bestehende Aktien am Markt. Es handelt sich hier regelmäßig um einen (in erster Linie) *fremdfinanzierten* Kauf von Aktien. Die Aktien werden zwar in bar bezahlt, die dafür notwendigen Barmittel werden aber größtenteils durch ein zinsloses Darlehen finanziert, das entweder vom Unternehmen selbst (Soft Loan) oder von einer beteiligten Bank bereitgestellt wird. Während ein Soft Loan Opportunitätskosten verursacht, die keine erfolgswirksamen Auswirkungen haben, finden die vom Unternehmen übernommenen Zinsbelastungen Eingang in die Gewinn- und Verlustrechnung und sind folglich steuerlich als Aufwand zu berücksichtigen. Darüber hinaus kann ein Zuschuss von Unternehmensseite an die Mitarbeiter vorgesehen werden. Schließlich profitieren die partizipierenden Mitarbeiter meist während der im Vergleich zu Belegschaftsaktien *verkürzten Programmlaufzeit* von einer *Kurssicherung*, die von einer Investmentbank durch den Einsatz derivativer Finanzinstrumente garantiert wird. Die entstehenden Absicherungskosten gehen ebenfalls zu Lasten des Unternehmens.

ESOPs sind typischerweise breit angelegt, um eine umfassende Teilnahme der Belegschaft zu gewährleisten. Durch die Kreditfinanzierung entsteht auf Grund der Hebelwirkung ein wesentlich höheres Gewinnpotenzial als beim eigenfinanzierten Aktienerwerb bei gleichzeitiger Absicherung gegen Kursverluste. Auf diese Weise ergibt sich ein sehr viel positiveres Risiko/Rendite-Profil als beispielsweise bei den Belegschaftsaktien. Allerdings wird im Gegensatz zu den Belegschaftsaktien (Vermögensbildungsgesetz, §19a EStG) bei ESOPs auf staatliche Förderung von vornherein verzichtet.

Auf Grund der komplexen Struktur und dem neuartigen Charakter ist ein intensives internes Marketing im Vorfeld der Einführung wichtig, um Interesse und Akzeptanz der Mitarbeiter zu sichern. Nach wie vor existieren auch steuerliche Risiken bei der Einführung solcher Programme, die im Vorfeld mit den Finanzbehörden abzustimmen sind. Inzwischen bestehen aber mit den Programmen der Continental AG, der Lufthansa AG und der Deutschen Telekom AG auch umfassende und praktizierte Modelle in Deutschland, die bei der Konzipierung von ESOPs als Vorbilder dienen können.

**Fallstudie: Continental AG**

Als erstes deutsches Unternehmen führte die Continental AG gemeinsam mit der Dresdner Bank AG und J. P. Morgan einen ESOP ein. Im Rahmen ihres Leveraged Employee Stock Ownership Plan (LESOP) bot die Continental ihren Mitarbeitern im Herbst 1995 die Möglichkeit, 100 Aktien des Unternehmens zu Marktpreisen zu erwerben (vgl. Abbildung 4). Für dieses Aktienpaket mussten die Mitarbeiter zunächst nur 20 Prozent des Kapitals als Eigenmittel aufbringen. Dies entsprach mit 448 DM etwa der Hälfte des Weihnachtsgeldes. Die restlichen 80 Prozent des Kaufpreises von 1542 DM wurden durch zweijährige, zinslose Mitarbeiterdarlehen finanziert. Diese konnten von den Mitarbeitern nun entweder durch Ratenzahlungen oder durch eine Einmalzahlung am Ende der zweijährigen Laufzeit getilgt werden. Parallel zum Aktienkauf erfolgte durch die Kooperationspartner Dresdner Bank und J. P. Morgan eine Kurssicherung über die gesamte Laufzeit. Die Mitarbeiter erhielten bereits zu Beginn volle Aktionärsrechte und damit Dividenden, Bezugsrechte, Möglichkeiten der Kurssteigerungen etc. Da der anfängliche Kapitaleinsatz nur 20 Prozent betrug, ergab sich sowohl bei der Erzielung von Dividenden als auch bei Kurssteigerungen ein fünffacher Hebeleffekt. Den Gewinn aus einem während der Laufzeit über den Ausgabekurs gestiegenen Aktienkurs konnten die beteiligten Mitarbeiter steuerfrei einbehalten.

Bei diesem innovativen Beteiligungsprogramm ergaben sich für die Mitarbeiter gegenüber den Belegschaftsaktien die verkürzte Bindungsfrist von zwei an Stelle von sechs Jahren, eine attraktive Verzinsung des Kapitals (fünffache Dividende) und ein

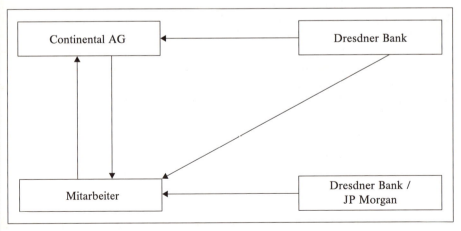

Abbildung 4: LESOP der Continental AG

durch den Hebeleffekt überdurchschnittliches Kursteigerungspotenzial ohne entsprechendes Risiko als entscheidende Vorteile. Zudem bestand eine kostenfreie Depotverwaltung. Die Ausgestaltung verlieh dem LESOP von Continental Optionscharakter. Die Mitarbeiter wurden mit geringem eigenen Einsatz sofort Inhaber einer nennenswerten Zahl von Aktien. Im ungünstigsten Fall hätten sie ihr eingesetztes Eigenkapital unverzinst zurückerhalten.

Mittlerweile hat die Continental AG weitere Programme dieser Art folgen lassen. Obwohl die erste Auflage den Mitarbeitern bei einem Einsatz von 448 DM einen Gewinn von 2410 DM bescherte, lässt die Resonanz in der Belegschaft auf Grund des hohen Erklärungsbedarfes mit einer Beteiligung von rund 20 Prozent der berechtigten Personen aus Unternehmenssicht noch immer Wünsche offen. Schließlich liegt das erklärte, langfristige Ziel der Continental AG bei einer Mitarbeiterbeteiligung von fünf Prozent am Grundkapital.

## 4.3 Optionsprogramme

### 4.3.1 Aktienoptionen

Die im angloamerikanischen Raum zur Schaffung von Leistungsanreizen für Vorstand und höheres Management schon seit langem verwendeten Aktienoptionen (Stock Options) finden zunehmend auch in Deutschland Verbreitung. Dies ist auch auf das In-Kraft-Treten des Gesetzes zur Kontrolle und Transparenz im Unternehmensbereich (KonTraG) und die darin enthaltenen Erleichterungen zur Gestaltung von Aktienoptionsplänen zurückzuführen. Vorher war die Ausgabe von reinen Optionen (Naked Options) in Deutschland rechtlich nicht möglich, sodass der etwas umständlichere Weg über die Zwischenschaltung von Wandel- und Optionsanleihen zum Transport von Aktienoptionen an Organmitglieder notwendig war (vgl. Abschnitt 4.3.2).

Aktienoptionen beinhalten das Recht (nicht aber eine Pflicht), eine bestimmte Anzahl Aktien zu einem im Voraus festgelegten, oft vergünstigten Preis (Basispreis) innerhalb einer bestimmten Periode beziehen zu können. Steigt der Aktienkurs über ein (vom KonTraG vorgeschriebenes) vorab definiertes (relatives oder absolutes) Erfolgsziel, kann die Option zum Basispreis ausgeübt werden und am Markt mit einem entsprechenden Wertzuwachs verkauft werden. Andernfalls verfällt die (wertlose) Option. Im Gegensatz zum direkten Aktienbesitz erleidet der Begünstigte hier aber keinen Verlust. Zudem besteht eine gesetzliche Mindestsperrfrist (Vesting Period) von zwei Jahren als weitere Ausübungshürde.

Optionsprogramme bedienen sich der gleichen Grundsystematik wie Aktienprogramme: Auch hier sollen die beteiligten Mitarbeiter motiviert werden, über unternehmerisches Verhalten eine Aktienkurssteigerung herbeizuführen und dadurch einen Bonus in Form dieser Kurssteigerung zu erzielen. Werden die erworbenen Aktien nicht sofort wieder am Markt verkauft, besteht hier eine zusätzliche, allerdings risikobehaftete Kurssteigerungsmöglichkeit. Auf Grund des komplexen Charakters verursachen Optionsmodelle einen besonderen Beratungsbedarf, sodass auch hier der Tätigkeitsschwerpunkt einer Investmentbank auf dem Gebiet der Beteiligungsprogramme liegt.

Grundlegende Bedeutung für die anreizkompatible Gestaltung von Optionsprogrammen hat die (Kern-)Frage nach der *Art der Performancemessung*, das heißt die Bestimmung des Maßstabes, an dem die wertschöpfende Leistung der Beteiligten gemessen werden soll. Während die Programme der ersten Generation in Deutschland (sowie auch in den USA) noch die absolute Steigerung des Aktienkurses als Maßstab definierten, haben sich mittlerweile Indizes als Benchmark durchgesetzt (Indexanbindung). Dazu kommen vor allem ein Branchenindex oder, insbesondere bei stark diversifizierten Unternehmen, ein marktbreiter Index in Betracht. Das Konzept der Indexanbindung verfolgen beispielsweise die Schwarz Pharma AG und die Henkel KGaA. Während sich das aktuelle Executive Stock Option Program von Schwarz Pharma an der Entwicklung des europäischen Pharma-Marktes (EU-DS Pharmaceuticals Index) orientiert, ist es für die am Henkel-Stock-Incentive-Plan von 1996 beteiligten Mitarbeiter nur dann finanziell vorteilhaft, die Aktienoptionen auszuüben, wenn sich die Henkel-Aktie während der dreijährigen Laufzeit besser als der DAX entwickelt. Da der Börsenkurs auch von externen Faktoren abhängt, besteht der entscheidende Vorteil einer solchen Indexanbindung darin, dass in Zeiten von Börsenhaussen so genannte Mitnahmegewinne in Form von Kurssteigerungen (Windfall Profits) vermieden werden, die nicht durch interne Unternehmensdaten induziert werden. Um ein geeignetes Vergleichsportfolio zu bestimmen, kann es durchaus der Fall sein, dass die mandatierte Investmentbank einen repräsentativen Konkurrenzindex eigenständig konzipieren muss. So hat beispielsweise die Dresdner Kleinwort Benson bei der Entwicklung des Lufthansa Optionsprogramms „Shares and More" einen aus den Fluggesellschaften British Airways, KLM und Swissair bestehenden Referenzindex als Maßstab eingeführt.

Bei der Entscheidung über die *Höhe des Wandlungspreises* bestehen grundsätzlich zwei Möglichkeiten. Der Wandlungspreis kann entweder bereits zu Programmbeginn oder aber erst im Laufe des Programmes festgelegt werden. Wird die erste Variante gewählt, liegt der Basispreis in der Regel auf Höhe des aktuellen Börsenkurses (At-the-Money-Option). Während die Gewährung von Optionen, die aus dem Geld sind (Out-of-the-Money-Option), grundsätzlich möglich ist, sind solche, die im Geld sind (In-the-Money-Option), nicht akzeptabel, da hierdurch Aktionäre und Begünstigte ungleich behandelt würden. Wird der Ausübungspreis dagegen offen gelassen und erst im Laufe des Programmes determiniert, entsteht für die Beteiligten ein weiterer Leistungsanreiz. Der Ausübungspreis kann entweder den Kapitalkosten bzw. einer geforderten Mindestrendite entsprechend steigen oder aber von der Marktentwicklung abhängen, indem man diesen um die Entwicklung eines geeigneten Vergleichsportfolios während der Laufzeit der Optionsrechte bereinigt. Einen solchen performanceabhängigen Wandlungspreis hat beispielsweise die Dresdner Bank AG bei ihrem 1998 beschlossenen Long Term Incentive Plan eingeführt. Der Wandlungspreis wird dort durch einen Performanceabschlag am Ende der dreijährigen Laufzeit bestimmt, der sich aus der prozentualen Differenz der Wertentwicklung der Dresdner-Bank-Aktie und dem Referenzindex „Dow Jones STOXX Bank" errechnet. Je höher die Outperformance, desto größer ist folglich der Performanceabschlag und damit auch der geldwerte Vorteil der Teilnehmer. Darüber hinaus verdoppelt sich bei einer Outperformance von mindestens fünf Prozent der Abschlag.

Der *Kreis der Berechtigten* umfasst in Deutschland im Allgemeinen die oberen Hierarchiestufen eines Unternehmens, wobei dieser in Einzelfällen, wie zum Beispiel bei der Volkswagen AG, auch auf tarifliche Mitarbeiter ausgedehnt werden kann. Im Gegensatz zu den Aktienprogrammen, wo eine Beteiligung der Belegschaft auf breiter Front allgemein erwünscht wird, ist aus ökonomischer Perspektive eine solche Erweiterung hier indessen nicht unbedingt ratsam. Als integraler Vergütungsbestandteil sind sie primär für Führungskräfte, die einen direkten Einfluss auf die Unternehmenspolitik ausüben und damit auch zu einer Aktienkurssteigerung wesentlich beitragen können, sinnvoll, denn nur wenn die Bemessungsgrundlage der Entlohnung im Einflussbereich der Betroffenen liegt, ist mit einem tatsächlichem Leistungsanreiz zu rechnen. Für die übrigen Mitarbeiter ist ein Einfluss auf den Aktienkurs zwar insgesamt gegeben, der individuelle Leistungsbeitrag aber kaum messbar. In diesem Fall ist lediglich eine marginale Motivationssteigerung zu erwarten, sodass die Kosten der Programme den Nutzen überwiegen dürften.

Das *Volumen des Optionsprogramms* wird vor allem durch die Anzahl der Berechtigten, die Abstufung bei Gewährung von Optionsrechten nach einzelnen Hierarchieebenen und die Höhe der potenziellen, aktienkursabhängigen Zusatzvergütung determiniert. Darüber hinaus bestimmt im (Regel-)Fall einer Kapitalerhöhung der Grad der Verwässerung in Relation zur Höhe des Grundkapitals bei Ausübung der Optionsrechte die Akzeptanz seitens der Aktionäre und damit letztlich die Größenordnung der Kapitalerhöhung. Gesetzlich ist diese auf maximal 10 Prozent des bisherigen Grundkapitals limitiert. Auf Grund der unterschiedlichen Zielgruppe handelt es sich hier aber im Vergleich zu Aktienprogrammen regelmäßig um wesentlich höhere Volumina, um den Shareholder-Value-Gedanken im Management nachhaltig zu verankern.

Die *Bereitstellung der erforderlichen Aktien* geschieht nahezu ausschließlich durch eine bedingte Kapitalerhöhung, da die Ausgabe so, im Gegensatz zu einer genehmigten Kapitalerhöhung, keiner zeitlichen Beschränkung unterliegt. Beim Rückkauf eigener Aktien ist dagegen noch ungeklärt, wie ein möglicher Verlust auszuweisen wäre, der durch die Differenz zwischen Marktpreis und niedrigerem Basispreis entstehen würde, sodass von dieser Variante in der Praxis bisher abgesehen wird. Im Gegensatz zu Bonuszahlungen erfolgt daher bei der Ausgabe von Optionen bzw. deren Ausübung kein Mittelabfluss, sondern im Gegenteil ein Mittelzufluss. Da die Aktien aber im Regelfall zu einem unter dem Marktpreis liegenden Basispreis ausgegeben werden, sinkt bei Optionsausübung der Wert der Aktien der Aktionäre (Kapitalverwässerungseffekt). Diese tragen folglich indirekt den Ausübungsgewinn der Begünstigten und damit die Kosten des Optionsprogrammes. Steigt der Aktienkurs bei Ankündigung eines beabsichtigten Optionsprogrammes dennoch an, so stuft der Kapitalmarkt die antizipierten Wertzuwächse höher als die resultierenden Kosten ein.

Um ein bedingungsloses „Commitment" der Führungskräfte für das Unternehmen – vor allem im Hinblick auf mögliche Wechselgedanken – zu gewährleisten, sollten die *Laufzeit* und die *Anwartschaftsfristen* entsprechend langfristig festgelegt werden. Um fortlaufend Anreize zu setzen und kurzfristig kursmanipulierende Maßnahmen, beispielsweise gegen Ende der Ausübungssperre, zu vermeiden, sollten Optionen regelmäßig neu ausgegeben werden. Zudem sollten die weiteren *Ausübungsbedingungen* entsprechend streng formuliert sein und beispielsweise die Nichtübertragbarkeit der Optionen sowie die Unternehmenszugehörigkeit bei Ausübung vorsehen (Goldene Handschellen). Zur Vermeidung von Insiderproblemen sollte zudem neben einem effizienten Informationsmanagement die Veräußerung der bezogenen Aktien nur innerhalb vorab festgelegter Handelsfenster (Trading Windows) möglich sein, beispielsweise im Anschluss an die Hauptversammlung.

Schließlich spielen *steuerliche Aspekte* bei der Gestaltung von Optionsprogrammen eine entscheidende Rolle. Dabei muss der steuerlichen Belastung aller Beteiligten Rechnung getragen werden. Auf Seiten der Bezugsberechtigten ist in Deutschland nach Ansicht der Finanzbehörden und steuerlicher Rechtsprechung nach der so genannten Endbesteuerung bei allen üblichen Gestaltungsvarianten die Differenz zwischen Börsen- und Bezugskurs im Zeitpunkt der Ausübung als Einkommen aus unselbstständiger Tätigkeit zu versteuern. Bei Veräußerung der Aktien entsteht ein steuerfreier Kapitalgewinn erst nach Ablauf der Spekulationsfrist von derzeit zwölf Monaten. In der neueren Literatur (die sich in der deutschen Rechtssituation allerdings noch nicht niedergeschlagen hat) wird hingegen die Meinung vertreten, dass die Option ein eigenständiges wirtschaftliches Gut ist und daher zum Zeitpunkt der Gewährung bewertet werden sollte. Der Optionswert stellt dann einen steuerpflichtigen Vorteil für den Begünstigten dar, während die Differenz zwischen dem Aktienkurs bei Optionsausübung und Basiskurs (Kursgewinn) einen Wertzuwachs bildet, der nach der Sperrfrist von zwölf Monaten steuerfrei ist.

Aus Sicht des Unternehmens hängt die zu erwartende Steuerlast von der realisierten Variante ab. Während die Kosten, die den Aktionären durch den Verwässerungseffekt bei einer Kapitalerhöhung entstehen, steuerlich nicht abzugsfähig sind bzw. beim Aktienrückkauf lediglich eine Teilwertabschreibung möglich ist, kann bei virtuellen Programmen die effektive Zuwendung an die Begünstigten als Personalaufwand in der Gewinn- und Verlustrechnung steuerlich vollständig geltend gemacht werden (vgl. Abschnitt 4.4).

### 4.3.2 Options- und Wandelschuldverschreibungen

Da vor In-Kraft-Treten des KonTraG die direkte Ausgabe von reinen Aktienoptionen rechtlich nicht möglich war, wurde bis dahin regelmäßig das Vehikel der Options- oder Wandelschuldverschreibungen zur Ausgabe solcher Programme genutzt.

In diesem Fall emittiert das Unternehmen meist eine Wandelanleihe unter Ausschluss des Bezugsrechts der Aktionäre, verbunden mit einer bedingten Kapitalerhöhung. Seltener wird hingegen eine Optionsanleihe ausgegeben, die typischerweise ein Bezugsrecht auf die Aktien einer anderen Aktiengesellschaft, meist einer ausländischen Tochtergesellschaft, gewährt. Die Wandel- respektive Optionsanleihe wird von der Investmentbank übernommen, die sich vertraglich verpflichtet, das Wandlungs- bzw. Optionsrecht nicht selbst auszuüben. Durch den Kauf solcher Anleihen zum Nennwert erhält der Mitarbeiter zum einen wie bei einer normalen Anleihe das Recht auf Zinszahlungen vom emittierenden Unternehmen und zum anderen die Möglichkeit, die Anleihe nach einer Mindestfrist zu einem festgelegten Ausübungspreis in Aktien gleichen Nennwerts umzuwandeln (bzw. im Falle einer Optionsanleihe Aktien gleichen Nennwerts zu erwerben). Liegt der Aktienkurs über dem Ausübungskurs, ist es profitabel, die Anleihe mit einem entsprechenden Wertzuwachs zu wandeln bzw. die Option zum Erwerb auszuüben. Dann entsteht ein steuerpflichtiger geldwerter Vorteil in Höhe der Differenz zwischen dem Aktienkurs bei Wandlung und dem Wandlungspreis. Wird das Wandlungsrecht bis zum Ende der Laufzeit der Anleihe von meist fünf bis zehn Jahren nicht ausgeübt, so verfällt dieses und die Anleihe wird zum Nennwert getilgt.

Die Grundsystematik entspricht prinzipiell derjenigen von Optionsprogrammen. Die dort angestellten Strukturüberlegungen finden daher sinngemäß Anwendung. Im Unterschied zu den Naked Options müssen die Berechtigten allerdings für die Options- oder Wandelschuldverschreibung eine Barzahlung leisten, die aber durch ein Arbeitgeberdarlehen finanziert werden kann.

Wandel- und Optionsschuldverschreibungen haben den Unternehmen in Deutschland auch nach alter Rechtslage die Möglichkeit eröffnet, die mit Optionsprogrammen verfolgten Ziele zu realisieren. Da dieses Vorgehen sehr hohe Transaktionskosten verursacht, ist es seit In-Kraft-Treten des KonTraG allerdings wirtschaftlich nur noch eingeschränkt sinnvoll. Es kann beispielsweise dann angebracht sein, wenn Restriktionen bei der Ausgabe von nackten Optionen bestehen, so für Mitglieder des Aufsichtsrates, oder beim Wunsch, ein Volumen an Aktienoptionen vorzusehen, welches die gesetzlich vorgesehene Schwelle von zehn Prozent des Grundkapitals überschreitet.

## 4.4 Virtuelle Programme

Neben den bereits dargestellten Aktien- und Optionsprogrammen gibt es weitere Varianten der Beteiligung, aus denen keine weiter gehenden gesellschaftsrechtlichen Konsequenzen resultieren (virtuelle Rechte), die aber dennoch eine ähnliche Funktionsweise aufweisen.

Die finanziellen Auswirkungen von Belegschaftsaktien können durch die Ausgabe von so genannten *Phantom Stock Plans* nachgebildet werden. Die beteiligten Mitarbeiter erhalten dabei eine Anzahl fiktiver Bucheinheiten, die dem Börsenwert einer gleichen Anzahl an Aktien entsprechen (virtuelle Aktien). Auch hier dient der Aktienkurs des Unternehmens folglich als Orientierungsmaßstab für die Höhe der Erfolgsbeteiligung. Die auszuzahlende Summe ergibt sich nach einer bestimmten Zeitperiode aus der Multiplikation der Anzahl der Phantomaktien mit dem aktuellen Börsenkurs der Aktien, wobei die Auszahlung grundsätzlich in bar oder in Aktien erfolgen kann.

Auch bei den so genannten *Stock Appreciation Rights* werden die Mitarbeiter nicht Eigentümer der Aktien, sondern partizipieren ab einem gewissen Zeitpunkt am Kurszuwachs einer bestimmten Anzahl von Aktien. Die Kurssteigerungen werden quasi „simuliert", indem eine Tantieme mit den Mitarbeitern und dem Management vereinbart wird, deren Höhe von der Kurssteigerung der Aktie abhängig ist. Damit handelt es sich prinzipiell um eine am Shareholder Value orientierte Erfolgsbeteiligung in Form eines Bonusplans, der die Vergütung an die Unternehmensperformance am Kapitalmarkt anbindet. Aus dem Blickwinkel der Begünstigten entspricht diese Konstruktion der Ausübung von Stock Options und dem direkten Weiterverkauf der erworbenen Aktien (virtuelle Optionen). Die Auszahlung kann ebenfalls in bar oder (seltener) in Form von Aktien erfolgen, sodass in der Regel keine aufwändige Genehmigung durch die Hauptversammlung erforderlich ist. Eine solche Form der Mitarbeiterbeteiligung lässt sich beispielsweise bei der SGL Carbon AG für Führungskräfte sowie bei der SAP AG in ihrem 1998 für alle Mitarbeiter aufgelegten „STAR Programm" finden.

Dem Vorteil der Umgehung der aktienrechtlichen Bestimmungen und der vermiedenen Kapitalverwässerung bei den Altaktionären steht der Nachteil des Abflusses liquider Mittel des Unternehmens in Höhe der Kurswertsteigerung gegenüber, der sich negativ auf den Gewinn pro Aktie auswirkt und folglich ebenfalls zu Lasten der Aktionäre geht. Junge, dynamisch wachsende Unternehmen sind zum Beispiel häufig gar nicht in der Lage, einen solchen Liquiditätsabfluss zu verkraften, sondern im Gegenteil, sie sind oftmals auf eine Stärkung der Eigenkapitalbasis durch eine Kapitalerhöhung im Rahmen einer Mitarbeiterbeteiligung angewiesen. Da der Aufwand in die Gewinn- und Verlustrechnung eingeht, mindert sich die steuerliche Bemessungsgrundlage des Unternehmens. Die daraus resultierenden Steuereinsparungen können bei großen deutschen Aktiengesellschaften durchaus Größenordnungen von zweistelligen Millionenbeträgen einnehmen. Daneben entsteht eine wesentlich höhere Transparenz über die Vergütungshöhe und deren Struktur als bei Optionsprogrammen. Schließlich lassen sich virtuelle Programme auf Grund fehlender Genehmigungserfordernisse durch die Anteilseigner im Regelfall nicht nur deutlich schneller, sondern auch wesentlich kostengünstiger etablieren, da sie keine umfangreiche Rechtsberatung voraussetzen. Negativ kann sich dagegen auswirken, dass die Mitarbeiter nicht tatsächlich am Kapital des Unternehmens beteiligt werden und sie daher solche Programme nicht als gleichwertig gegenüber Aktien- und Optionsprogrammen ansehen. Dieser (rein psychologische) Effekt könnte die angestrebte Interessenharmonisierung und emotionale Bindung mindern.

Bei der Beurteilung der unterschiedlichen Beteiligungsprogramme durch den Kapitalmarkt spielt die Frage, inwieweit die realisierte Variante den Cashflow negativ beeinflusst, eine wesentliche Rolle. Letztlich entscheidet zwar die anreizkompatible Ausgestaltung der Beteiligungsprogramme über deren positive oder negative Beurteilung, aber grundsätzlich werden daher reale gegenüber virtuellen Programmen von Finanzanalysten vorgezogen. Da die Investmentbank bei der Gestaltung von Mitarbeiter- und Managementbeteiligungen aber ebenso steuerliche, bilanzielle und rechtliche Aspekte aus Unternehmenssicht sowie die finanziellen Vorteile für die Berechtigten als (stark korrelierende) Determinanten berücksichtigen muss, kommt es in der Praxis zum Teil auch zu „Mischprogrammen", welche die Vorzüge der einzelnen Programme zu kombinieren versuchen. Denn nur wenn den unternehmensindividuellen Anforderungen und Zielsetzungen Rechnung getragen wird, lässt sich eine wirtschaftliche und kundenspezifische Lösung konzipieren, die auf die Akzeptanz von Gesellschaft, Berechtigten und Aktionären stößt.

# 5. Rückkauf eigener Aktien

## 5.1 Markt für Aktienrückkäufe

### 5.1.1 Definition und Motive

Unter einem Rückkauf eigener Aktien ist ein Rechtsgeschäft zu verstehen, das zu einem Übergang des Eigentums an Aktien auf die emittierende Aktiengesellschaft bzw. auf ein Unternehmen, das von dieser beherrscht wird, führt. Eigene Aktien können entgeltlich (zum Beispiel durch Kauf oder Tausch) oder unentgeltlich (zum Beispiel durch Erbschaft oder Schenkung) erworben werden. Aus den eigenen Aktien stehen der Gesellschaft allerdings keine Rechte zu; insbesondere muss das Stimmrecht ausgeschlossen sein.

Durch einen Aktienrückkauf kann das Unternehmen seine Kapitalstruktur beeinflussen. In welcher Weise dies geschieht, hängt von der bilanziellen Behandlung und der Finanzierungsform der gekauften Aktien ab. Diese sind entweder zu aktivieren oder vom Eigenkapital einschließlich der Gewinnrücklagen abzusetzen. Werden die Aktien aktiviert, so sind sie grundsätzlich im Umlaufvermögen auszuweisen und mit den Anschaffungskosten anzusetzen. Korrespondierend ist auf der Passivseite der Bilanz eine Rücklage für eigene Anteile in gleicher Höhe einzustellen. Ob es bei diesem Vorgehen zu einer Bilanzverlängerung kommt, hängt von der gewählten Finanzierungsart ab. Sind die Aktien mit liquiden Mitteln gekauft worden, hat nur ein Aktivtausch innerhalb der Bilanz stattgefunden. Ist ihr Kauf hingegen durch die Aufnahme von Fremdkapital finanziert worden, verändert sich auch die Kapitalstruktur. Das Fremdkapital nimmt sowohl in relativer als auch in absoluter Höhe zu.

Eigene Aktien, die hingegen zur Einziehung erworben werden, dürfen nicht aktiviert werden. In diesem Fall kommt es regelmäßig zu einer Bilanzverkürzung, da der Nennbetrag oder (bei Stückaktien) der rechnerische Wert der Aktien vom Grundkapital als Kapitalrückzahlung abzusetzen ist. Der den Nennbetrag übersteigende Kaufpreis ist mit den vorhandenen Gewinnrücklagen zu verrechnen. Aktienrechtlich gesehen werden die Wertpapiere hierbei allerdings nicht eingezogen; auf der Basis eines neuen Hauptversammlungsbeschlusses könnten sie erneut beim Anlegerpublikum platziert werden.

Die *Motive* für Unternehmen, ihre eigenen Aktien zurückzukaufen, sind vielfältig. Grundsätzlich stellen Aktienrückkäufe einen Teil der strategischen Finanzpolitik, insbesondere der Eigenkapital- und Dividendenpolitik, dar. Da das Kursteigerungspotenzial und die zu erwartenden Ausschüttungen die Attraktivität einer Aktie bestimmen, bilden Aktienrückkäufe ein wesentliches Element einer wertorientierten Unternehmensstrategie. Daneben kann der Erwerb eigener Aktien aber auch als Instrument zur Beeinflussung der Anteilseignerstruktur des Unternehmens dienen.[14] Aufgrund der rechtlichen Rahmenbedingungen ist eine solche Beeinflussung in Deutschland allerdings nur sehr bedingt möglich.

---

[14] Vgl. Hampel (1994), S. 5.

Einen systematischen Überblick über die möglichen Zielsetzungen gibt Abbildung 5. Die unterschiedlichen Einsatzmöglichkeiten sind jedoch in ihrer Wirkungsweise interdependent. So beeinflusst etwa der Aktienrückkauf zur Gestaltung der Eigentümerstruktur gleichzeitig die Kapitalstruktur und den Aktienkurs des Unternehmens.

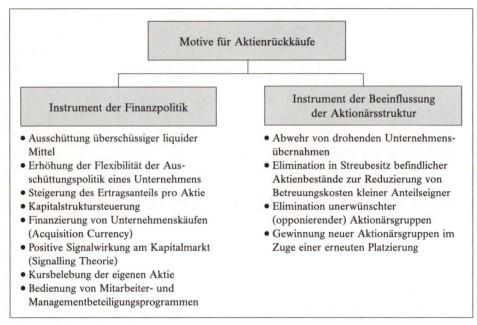

Abbildung 5: Motive für Aktienrückkäufe

*Aktienrückkäufe als Instrument der strategischen Finanzpolitik*

Im Rahmen des Finanzmanagements steht häufig die *Ausschüttung überschüssiger liquider Mittel* an die Aktionäre, für die sich alternativ keine renditeträchtigen Investitionsmöglichkeiten bieten, im Vordergrund eines Aktienrückkaufes. In Phasen, in denen das Unternehmen keine hohen Eigenmittel benötigt, kann es sich so von residualen Zahlungsansprüchen an die Eigenkapitalgeber befreien und damit eine Senkung der Kapitalkosten herbeiführen. Mit dieser Begründung hat die Volvo-Gruppe im Jahr 2001 einen Aktienrückkauf durchgeführt, da sie nach dem Verkauf ihrer Pkw-Sparte an die Ford Motor Company mit einer zu großen Liquiditätsposition operiert hätte, die vor allem bei den zu dieser Zeit niedrigen Zinssätzen im europäischen Raum gegenüber den Aktionären nicht zu rechtfertigen war.

Mit Aktienrückkäufen kann grundsätzlich die *Flexibilität der Ausschüttungspolitik* eines Unternehmens verbessert werden. Zum Ersten kann eine Ausschüttung auf diesem Wege in unregelmäßigen Abständen geschehen und muss nur in einem bestimmten

Zeitabschnitt, aber nicht an einem bestimmten Tag erfolgen. Zum Zweiten gibt der Erwerb eigener Aktien den Aktionären die Wahlmöglichkeit, ob sie in den Genuss von Rückflüssen aus dem Unternehmen kommen möchten, während Dividenden unabhängig von der Ausschüttungspräferenz der Aktionäre ausgezahlt werden. Damit können die Anteilseigner bei Aktienrückkäufen auch prinzipiell den Zeitpunkt der Besteuerung selbst bestimmen bzw. eine Besteuerung von Kursgewinnen durch Einhaltung der Spekulationsfrist vollständig umgehen (vgl. Abschnitt 5.1.3). Darüber hinaus erlauben Aktienrückkäufe dem Unternehmen die Ausschüttung außerordentlicher Gewinne, ohne die Stetigkeit der Dividendenzahlungen aufzuheben (Konzept der Dividendenkontinuität). Eine solche (einmalige) Ausschüttung führt gewöhnlich zu einer Erhöhung des Dividendenniveaus, das in den Folgejahren nicht gehalten werden kann. Eine Verletzung der Dividendenkontinuität in Form von Dividendenkürzung wird aber regelmäßig mit Kursverlusten am Kapitalmarkt bestraft und führt somit zu einer Reduzierung des Unternehmenswertes.

Die Reduzierung des Aktiengesamtbestandes führt ceteris paribus zu einer *Steigerung des Ertragsanteils* der einzelnen Aktionäre am Gewinn des Unternehmens (Gewinn pro Aktie). Hält das Management selbst Aktien am arbeitgebenden Unternehmen und beteiligt sich nicht am Aktienrückkauf, steigt sowohl dessen prozentuale Beteiligungshöhe am Unternehmen (und damit der Einfluss auf die eigene Vermögensposition) als auch am Gesamtgewinn. Dies führt zu einem steigenden Interesse des Managements an einer Gewinn- und Unternehmenswertmaximierung und damit gleichzeitig zu einer Reduzierung potenzieller Agency-Kosten.

Aktienrückkäufe können auch als Instrument der *Kapitalstruktursteuerung* eingesetzt werden, um ein als optimal erachtetes Finanzierungsverhältnis zwischen steuerlich vorteilhaftem Fremdkapital und Eigenkapital zu erreichen. Bei einer (relativen oder absoluten) Erhöhung des Fremdkapitalanteils führen Aktienrückkäufe zur Nutzung des finanzwirtschaftlichen Leverage-Effektes, das heißt die Steigerung der erwarteten Eigenkapitalrendite durch einen wachsenden Verschuldungsgrad. Der Aktionär soll in Form einer höheren Rendite profitieren, die aber im Zuge der höheren Verschuldung auch mit einem höheren finanzwirtschaftlichen Risiko einhergeht. Die Gesellschaft kann hingegen ihre Kapitalkosten durch die Substitution von (teurem) Eigenkapital durch (günstigeres) Fremdkapital mitunter deutlich senken.

Eigene Aktien stellen im Zuge der zunehmenden Konsolidierungswelle ganzer Industriezweige immer häufiger eine beliebte Transaktionswährung zur *Finanzierung von Unternehmenskäufen* dar (Acquisition Currency). Auf Grund des gesetzlich reglementierten, beschränkten Umfangs eignen sich Aktienrückkäufe hier zu Lande allerdings lediglich für kleine und mittlere Akquisitionsvorhaben.

Zudem hat der Rückkauf eigener Aktien eine positive Signalwirkung am Kapitalmarkt (Signalling Theorie), da solche Ankündigungen im Regelfall nur dann erfolgen, wenn das Management den Marktwert der eigenen Aktien auf Grund interner Informationen für unterbewertet hält oder diese als attraktive Anlage ansieht (asymmetrische Informationsverteilung). Nach einer Studie von J. P. Morgan kann allein die Ankündigung eines Aktienrückkaufs den Börsenkurs überdurchschnittlich erhöhen. J. P. Morgan untersuchte die Kursentwicklung von 67 europäischen Unternehmen nach Ankündigungen von Aktienrückkäufen im Zeitraum von 1990 bis Mitte 1998 und kam zu dem Ergebnis, dass sich in 61 Prozent der Fälle der Unternehmenswert in den ersten 180 Tagen nach der Meldung um durchschnittlich 8,1 Prozent besser als der Markt entwickelte. In einer solchen Konstellation kann das Unternehmen seine Kapitalkosten senken, indem es Kapital zu günstigen Konditionen einzieht und gegebenfalls bei Bedarf zu höheren (angemessenen) Kursen wieder ausgibt. Negativ ist die Ankündigung eines Rückkaufs nur dann, wenn das Signal nicht glaubwürdig ist und die Aktionäre der Ansicht sind, dass das Unternehmen wirtschaftlich angeschlagen sei oder das Management nicht fähig sei, wirtschaftlich sinnvolle Investitionsmöglichkeiten zu finden. Nach obiger Studie missbilligten die Anteilseigner in 39 Prozent der Fälle solche Ankündigungen mit der Konsequenz, dass die Kurse um durchschnittlich 9,4 Prozent sanken. Meist geht es allerdings nur vordergründig um eine reine Kursbelebung der eigenen Aktie, etwa weil die Aktie aus Sicht des Unternehmens unterbewertet ist, die Aktie als Akquisitionsinstrument eingesetzt werden soll oder, genau das Gegenteil, ein feindlicher Übernahmeversuch vereitelt werden soll. Dennoch wird das kursbelebende Element als ein häufiger Grund für den Erwerb eigener Aktien genannt. Auf Grund der signifikant positiven Kursentwicklung können Aktienrückkäufe insbesondere bei negativen Überreaktionen des Marktes als Instrument der Kurspflege bzw. -stabilisierung dienen. So haben beispielsweise viele US-amerikanische Unternehmen im Verlauf des Börsencrashs im Oktober 1987 sich den nachweislich positiven Effekt zu Nutze gemacht und im großen Umfang eigene Aktien zurückgekauft.

Schließlich stellt ein Aktienrückkauf eine Möglichkeit zur Durchführung einer Mitarbeiter- und Managementbeteiligung dar. Für die Bedienung langfristiger Beteiligungsprogramme wird das erforderliche Aktienmaterial in der Praxis allerdings meist durch bedingtes Kapital bereitgestellt (vgl. Abschnitt 3.1).

*Aktienrückkäufe als Instrument zur Beeinflussung der Aktionärsstruktur*

Aktienrückkäufe können ebenfalls zur Abwehr von drohenden Unternehmensübernahmen eingesetzt werden. In Deutschland spielt eine solche Zielsetzung auf Grund der restriktiven rechtlichen Rahmenbedingungen (insbesondere auf Grund des geringen Volumens sowie des Gleichbehandlungsgrundsatzes der Aktionäre) allerdings nur eine untergeordnete Rolle. Prinzipiell erhöht eine Reduktion des Aktiengesamtbestandes die relativen Stimmrechtsanteile der verbleibenden Aktionäre. Für den Fall, dass ein potenzieller Aufkäufer bereits Aktien der Zielgesellschaft besitzt, besteht dann allerdings das inhärente Risiko, dass sich durch den Rückkauf auch dessen Stimmrechtsanteil und damit seine Einflussmöglichkeit erhöht. Daneben verringern sowohl die Schwächung der Liquidität als auch die Erhöhung des Verschuldungsgrades die Attraktivität des Unternehmens als Übernahmeobjekt. Insbesondere der Anreiz zu einer fremdfinanzierten Übernahme wird so maßgeblich gemindert. Zudem verteuern die positiven Kurseffekte das Unternehmen im Idealfall so stark, dass sich eine feindliche Übernahme finanzwirtschaftlich nicht mehr lohnt. In der Regel sind auch diejenigen Aktionäre, die ihr Aktienpaket für fair bewertet halten und nur einen marginal höheren Mindestverkaufskurs anstreben (geringer Reservation Value), zuerst bereit, ihre Anteile zu verkaufen. Somit verbleiben nach erfolgtem Rückkauf nur Aktionäre, die den Aktien ein hohes Kurssteigerungspotenzial beimessen (hoher Reservation Value) und konsequenterweise erst bei einer entsprechend hohen Prämie bereit wären, ihre Anteile zu veräußern. Dies wirkt einer potenzieller Übernahmetransaktion entgegen.

Weitere denkbare Motive für den Erwerb eigener Aktien sind sowohl die *Elimination in Streubesitz befindlicher Aktienbestände* zur Reduzierung von Betreuungskosten kleiner Anteilseigner als auch die *Elimination unerwünschter (opponierender) Aktionärsgruppen*, die ihre Interessen nicht gewahrt sehen und dementsprechend eine erhöhte Bereitschaft haben, ihre Anteile weiterzuveräußern. Besonders in den USA treten so genannte Greenmailing-Transaktionen häufiger auf, in denen der Greenmailer (eine Wortschöpfung aus den Begriffen Greenback = Dollar und Blackmailing = Erpressung) dem Management mit der kompletten Übernahme des Unternehmens droht, sofern ihm nicht seine gehaltenen Anteile mit einem erheblichen Zuschlag zum Börsenkurs abgekauft werden. In Deutschland ist indessen ein solches Vorgehen auf Grund des Gleichbehandlungsgrundsatzes der Aktionäre nicht erlaubt.

Bei Aktiengesellschaften mit einer kleinen Aktionärsbasis und einem engen Markt (Close Corporations) kann so auch bei Ausscheiden eines Hauptgesellschafters ein Aktienkauf durch einen unerwünschten Außenstehenden verhindert werden. Umgekehrt bedeutet die Reduzierung der Gesamtanzahl von Aktien, dass der Einfluss bestimmter Aktionärsgruppen gestärkt wird und so auch die Machtverteilung innerhalb des Gesellschafterkreises beeinflusst werden kann. Ebenso können die eigenen Aktien auch zu einem späteren Zeitpunkt gezielt zur Gewinnung neuer Aktionärsgruppen platziert werden. Dabei können regionale Schwerpunktsetzungen, etwa zur Erweiterung des Aktionärskreises im angloamerikanischen Raum oder auch eine aktive Gestaltung des Aktionärskreises durch die direkte Einbeziehung bestimmter institutioneller Investoren, eine Rolle spielen. Ein solches Vorhaben kommt wirtschaftlich einem Bezugsrechtsausschluss gleich, sodass hier die entsprechenden Vorschriften des § 186 Abs. 3 und 4 AktG zur Anwendung gelangen (vgl. Abschnitt 3.3.2).

### 5.1.2 Erwerbsmethoden

In der US-amerikanischen Finanzierungspraxis haben sich drei unterschiedliche Arten des Aktienrückkaufs etabliert (vgl. Abbildung 6).[15] Grundsätzlich kann zwischen langfristig angelegten und offiziell angekündigten Aktienrückkäufen (Open Market Repurchase) und zeitlich eng begrenzten, öffentlichen Rückkaufangeboten (Self Tender Offers) differenziert werden. Daneben besteht die Möglichkeit von direkten Vereinbarungen mit einzelnen Aktionären oder Aktionärsgruppen (Negotiated Repurchase).

In den USA stellen Rückkäufe durch Open Market Repurchases die gebräuchlichste Erwerbsvariante eigener Aktien dar. Dabei werden die Aktien des eigenen Unternehmens

---

[15] Vgl. Brealey/Myers (2000), S. 441.

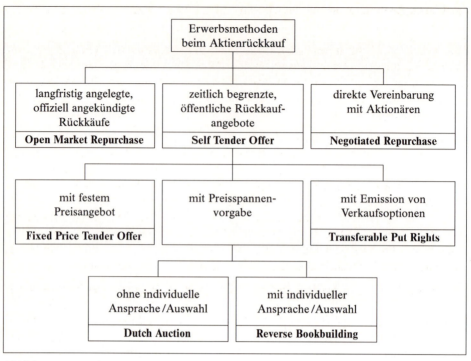

Abbildung 6: Erwerbsmethoden beim Aktienrückkauf

offen über den Kapitalmarkt zum aktuellen Kurs, das heißt ohne Zuzahlung einer Prämie, zurückgekauft. Da das Unternehmen kein öffentliches Angebot abgibt, kann sie den Aktienrückkauf jederzeit ab- oder unterbrechen – etwa bei einem gestiegenen, als fair erachteten Kursniveau – und innerhalb der Genehmigungsfrist wieder aufnehmen. Diese Art des Rückkaufs erlaubt dem Unternehmen eine maximale Flexibilität, da es dem Management weitgehend freigestellt ist, wann und zu welchem Kurs es den Rückkauf durchführt. Dieses gibt lediglich bekannt, innerhalb welchen Zeitraums es eine bestimmte Anzahl von Aktien zu erwerben beabsichtigt. Voraussetzung für ein solches Vorgehen ist jedoch eine hinreichende Marktliquidität, um die gewünschte Stückzahl am Markt erwerben zu können sowie heftige Kurssprünge insbesondere bei geringen Umsätzen zu vermeiden. Diese Form des Aktienrückkaufs kommt daher vor allem bei großen Volumina nicht für illiquide Werte, sondern primär für marktschwere Unternehmen in Frage.

Eine besondere Form des Open Market Repurchase stellt der Accelerated Buyback dar. Mittels einer Wertpapierleihe beschafft ein Kreditinstitut zunächst im angestrebten Umfang Aktien am Kapitalmarkt, die es anschließend an das Unternehmen verkauft. Im Folgenden erwirbt das Kreditinstitut seinerseits über einen längeren Zeitraum die zur Abwicklung der Transaktionen benötigten Wertpapiere von anderen Marktteilnehmern, wobei das Unternehmen allerdings das Preisrisiko zu tragen hat.[16]

Eine weitere Möglichkeit des Aktienrückkaufs sind so genannte Self Tender Offers, die auf drei verschiedene Arten realisierbar sind. Allen Varianten ist gemein, dass das Unternehmen ein öffentliches Angebot mit gleichen Konditionen für alle Aktionäre anstrebt, das heißt, dass keine Prämienzahlungen für Anlegergruppen mit großen Anteilen am Grundkapital erfolgen.

- Bei dem Verfahren des Fixed Price Tender Offer spezifiziert das Unternehmen im Rahmen eines öffentlichen Angebots den gebotenen Rücknahmepreis, die maximal gewünschte Anzahl der Aktien und die (meist mehrwöchige) Geltungsdauer des Angebots. Der Rücknahmepreis wird regelmäßig erheblich über dem Marktpreis liegen, um den Aktionären einen finanziellen Anreiz zur Partizipation zu bieten. Im Falle eines Überangebotes kann sich das Unternehmen eine Repartierung (entweder auf Pro-rata-Basis, das heißt die geplante Stückzahl wird unter den Anbietern mit dem niedrigsten Preis aufgeteilt oder auf First-come-first-serve-Basis) vorbehalten oder alle angebotenen Aktien auch über das ursprüngliche Angebot hinaus zurücknehmen.

- Im Zuge einer Dutch Auction wird den Aktionären an Stelle eines festen Preises eine bestimmte Preisspanne vorgegeben, innerhalb derer das Unternehmen bereit ist, eine bestimmte Anzahl Aktien zurückzukaufen. Die Aktionäre legen fest, wie viele Aktien sie zu einem bestimmten, innerhalb der spezifizierten Bandbreite liegenden Preis veräußern wollen. Die Gesellschaft sammelt die eingereichten Verkaufsangebote in der Reihenfolge der geforderten Preise (erstellt also sinngemäß eine Angebotskurve) und bestimmt so den für alle Aktionäre geltenden minimalen Preis (Closing bzw. Market Clearing Price), der es ihr ermöglicht, die vorab angekündigte Anzahl an Aktien zu erwerben. Sofern die Anzahl der zum Verkauf angebotenen Aktien das festgelegte Rückkaufskontingent überschreitet, erfolgt eine Repartierung der Verkaufsangebote oder die gesamte Übernahme der angebotenen Aktien. Im Fall der Unterzeichnung kann sich das Unternehmen vorbehalten, das Angebot zurückzuziehen.

- Beim Rückkauf durch Transferable Put Rights (TPRs) emittiert das Unternehmen Verkaufsoptionen an die Aktionäre, die sie berechtigen, eine bestimmte Anzahl von Aktien innerhalb einer bestimmten Periode zu einem festgelegten Preis an das Unternehmen zu verkaufen. Es handelt sich quasi um umgekehrte Bezugsrechte. Die Anzahl der ausgegebenen TPRs bemisst sich nach dem Anteil am Grundkapital, den das Unternehmen zurückkaufen möchte, und dem jeweiligen Anteilsbesitz der Aktionäre. Die TPRs sind ebenso wie die Bezugsrechte bei einer Kapitalerhöhung eigenständig handelbar, sodass Aktionäre, die nicht am Rückkaufprogramm teilnehmen möchten, durch die Veräußerung ihrer Rechte auf einem eigens hierfür eingerichteten Markt an andere Aktionäre eine Optionsprämie realisieren können.

---

[16] Vgl. Vigelius (1999), S. 224.

Der Negotiated Repurchase stellt die seltenste Variante des Aktienrückkaufs dar. In diesem Fall verhandelt ein Unternehmen direkt mit einem oder mehreren Großaktionär(en), die substanzielle Aktienpakete am Unternehmen halten. Der Rückkauf erfolgt in aller Regel mit einem nennenswerten Prämienaufschlag. Die übrigen Aktionäre erhalten keine Möglichkeit, ihre Aktien zurückzugeben. Die Bekanntgabe der Transaktion liegt im Ermessen der beteiligten Parteien, sofern nicht anders lautende verpflichtende Rechtsvorschriften berührt werden.

### 5.1.3 Entwicklung und Stand

Die Bedingungen für Aktienrückkäufe sind in Deutschland 1998 mit dem KonTraG – und der hiermit einhergehenden Änderung des § 71 AktG – maßgeblich erleichtert worden. Damit wurde eine Anpassung an internationale Kapitalmarktusancen zur Verbesserung der Wettbewerbsfähigkeit des deutschen Finanzplatzes angestrebt. Zuvor waren sie prinzipiell verboten und nur in wenigen Ausnahmefällen, etwa um einen schweren, unmittelbaren Schaden von der Gesellschaft abzuwenden, zugelassen. Im Vordergrund des Erwerbsverbotes stand die Erhaltung des gesellschaftlichen Haftungskapitals, um dem Schutz der Gläubiger Rechnung zu tragen (Prinzip der Kapitalerhaltung). Der Grund hierfür lag in den schlechten Erfahrungen der zwanziger Jahre, als viele Unternehmen umfangreiche Aktienrückkaufprogramme durchführten, um ihren Kurs zu stützen, in der Folge allerdings auf Grund von Liquiditätsproblemen zusammenbrachen.

Die neue Rechtslage ermöglicht nun grundsätzlich den Erwerb eigener Aktien, der allerdings ein Volumen von bis zu zehn Prozent des Grundkapitals nicht übersteigen darf. Daneben ist ein solcher Erwerb nur zulässig, wenn das Unternehmen die gesetzlich vorgeschriebene Rücklage für eigene Aktien bilden kann, ohne das Grundkapital oder eine nach Gesetz oder Satzung zu bildende Rücklage zu mindern, die nicht zu Zahlungen an die Aktionäre verwendet werden darf. Die Hauptversammlung muss grundsätzlich eine Ermächtigung zum Aktienrückkauf geben, die eine Geltungsdauer von 18 Monaten besitzt, innerhalb derer das Management ohne weiteren Beschluss die Aktien zurückkaufen darf. Die Ermächtigung der Hauptversammlung muss Angaben zum Kaufvolumen enthalten sowie den niedrigsten und den höchsten Gegenwert spezifizieren. Beide können auch über eine relative Anbindung an den künftigen Börsenkurs bestimmt werden, sodass beispielsweise im Falle eines öffentlichen Kaufangebots der Kaufpreis für eine Aktie den XETRA-Schlusskurs an den jeweils drei Börsentagen vor Veröffentlichung des Angebots um nicht mehr als zehn Prozent übersteigen oder unterschreiten darf. Die Hauptversammlung kann ihre Ermächtigung dabei an eine oder mehrere Zweckvorgaben binden, wobei der Handel des Unternehmens mit den eigenen Aktien den einzigen unzulässigen Zweck darstellt.[17] Ist zu erwarten, dass Kauf oder Verkauf den Kurs der Aktie wesentlich beeinflussen können, muss das Unternehmen seine Absicht in einer

---

[17] Eine Ausnahme bilden Kreditinstitute, Finanzdienstleistungsinstitute oder Finanzunternehmen, die nach § 71 Abs. 1 Nr. 7 AktG eigene Aktien auch zum Zwecke des Wertpapierhandels erwerben dürfen.

Pflichtmitteilung nach §15 des Wertpapierhandelsgesetzes öffentlich bekannt geben (Ad-hoc-Publizität).

Bis Ende 1998 war allerdings die steuerliche Behandlung noch ungewiss und bildete den Hauptgrund für die Zurückhaltung der Unternehmen, Aktienrückkäufe (trotz gesetzlicher Grundlage und vorliegender Ermächtigung der Hauptversammlung) durchzuführen. Mit dem Verwaltungserlass des Bundesministeriums der Finanzen über die „Steuerrechtliche Behandlung des Erwerbs eigener Aktien" ist diese seit Beginn des Jahres 1999 geklärt. Danach wird der Aktienrückkauf beim Anleger wie ein Veräußerungserlös behandelt, der nur dann der Steuerpflicht unterliegt, wenn er innerhalb der zwölfmonatigen Spekulationsfrist anfällt. Dies gilt allerdings dann nicht, wenn ein überhöhter Kaufpreis die Finanzverwaltung auf eine verdeckte Gewinnausschüttung schließen lässt. In diesem Fall wird dem Aktionär ein Kapitalertrag angerechnet, der entsprechend zu versteuern ist. Ein überhöhter Rückkauf wird aber in der Regel nicht angenommen, wenn die Anteile über die Börse oder in einem Tenderverfahren erworben werden. Beim Unternehmen wird der Rückkauf steuerlich als Anschaffungsgeschäft behandelt. Je nachdem, ob die Aktien zu aktivieren sind oder nicht, müssen sie nach dem Maßgeblichkeitsprinzip in der Steuerbilanz ausgewiesen werden. Gewinne aus der Weiterveräußerung unterliegen der Besteuerung, während Veräußerungsverluste oder Aufwand aus einer Teilwertabschreibung steuerlich geltend gemacht werden dürfen.

Auf Grund der bis vor kurzem noch ungeklärten regulatorischen Rahmenbedingungen wurde dieses Instrument in Deutschland in der Praxis bislang kaum genutzt. Dies geht aus einer Studie des Deutschen Aktieninstitutes (DAI) hervor, welche auf Informationen von insgesamt 377 Aktiengesellschaften basiert (vgl. Abbildung 7). Das Volumen der identifizierten (genehmigten) Rückkaufprogramme betrug aber nach den Aussagen des DAI bis Juni 1999 nahezu 15 Mrd. Euro, was relativ zur Marktgröße fast US-amerikanischen Dimensionen entspricht. Grundsätzlich ist zu erwarten, dass sich die in den USA bewährten Erwerbsformen auch hier zu Lande (gegebenenfalls in leicht modifizierter Form) durchsetzen werden. So stellt die Form des Open Market Repurchase bei den (wenigen) bisher durchgeführten Rückkäufen ebenfalls die größte Fraktion dar. Wie die nachfolgende Fallstudie zeigt, gibt es ebenfalls bereits Varianten, die den anderen in den USA praktizierten Methoden nahe kommen.

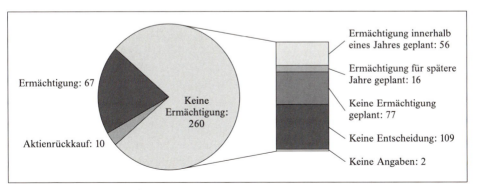

Abbildung 7: Verbreitung des Aktienrückkaufs in Deutschland

Dennoch können die einzelnen Erwerbsarten auf Grund unterschiedlicher Rechtsgegebenheiten nicht grundsätzlich spiegelbildlich auf Deutschland übertragen werden. So ist etwa die rechtliche Lage für das Instrument der TPRs noch nicht abschließend geklärt, weshalb es derzeit im deutschen Raum noch nicht praktiziert wird. Daneben müssen sich die Unternehmen beim Kauf und Verkauf eigener Aktien nach dem Gleichbehandlungsgrundsatz des § 53a AktG strikt neutral verhalten und die Chancengleichheit der Aktionäre wahren. Konsequenterweise sollte sich daher ein Erwerbsangebot prinzipiell an alle Aktionäre richten. Mit diesem Gleichbehandlungsgrundsatz wäre die Erwerbsmethode des Negotiated Repurchase – zumindest bei börsennotierten Unternehmen – grundsätzlich unvereinbar. Lediglich bei „geschlossenen" Aktiengesellschaften (Close Corporations) kann dieser umgangen werden, sofern alle anderen Aktionäre ihr Einverständnis geben und ein besonderer Rechtfertigungsgrund vorliegt. Daher wird diese

Rückkaufsform vom KonTraG auch nicht grundsätzlich ausgeschlossen. Durch den Grundsatz der Gleichbehandlung beschränkt sich bei den Self Tender-Formen im Falle eines Überangebotes auch die Zuteilung auf eine Pro-rata-Repartierung und verbietet eine solche auf First-come-first-serve-Basis.

### Fallstudie: Kögel Fahrzeugwerke AG

Neben der Schering AG, der BHF-BANK AG und der AGIV AG war die Kögel Fahrzeugwerke AG eines der ersten deutschen Unternehmen, das eigene Aktien zurückgekauft hat. Anders als die Erstgenannten, welche die Transaktion über die Börse abgewickelt haben, hat die Kögel Fahrzeugwerke AG dies unter Federführung der Commerzbank AG mit einem in Deutschland neuartigen und innovativen Konzept durchgeführt. So hat das Unternehmen erstmalig im Rahmen eines öffentlichen Angebotes vom 11. bis 18. Dezember 1998 durch ein so genanntes Reverse-Bookbuilding-Verfahren rund 7,5 Prozent seines Grundkapitals von 36 Millionen DM zu einem Kurs von 26,50 DM pro Stückaktie zurückgekauft.

Das Hauptmotiv dieser Transaktion war unter dem Gesichtspunkt des Shareholder Value zu sehen, da trotz guter Jahresergebnisse für 1998 und guter Prognosen für 1999 nach Vorstandsansicht die Aktie unterbewertet war. Die Reaktion von Aktionären und Öffentlichkeit war positiv, sodass unmittelbar nach Ankündigung ein maßgeblicher Anstieg des Aktienkurses zu verzeichnen war. Die Aktien wurden zu Anschaffungskosten aktiviert und im Umlaufvermögen unter der Position „eigene Anteile" ausgewiesen. An eine Einziehung der Aktien ist derzeit nicht gedacht, eine Weiterveräußerung, etwa im Rahmen einer Akquisition, ist hingegen denkbar.

Das *Reverse Bookbuilding* ist die umgekehrte Variante des normalen Bookbuilding-Verfahrens (vgl. Beitrag Capital Markets, Abschnitt 4.2.2). Dabei werden der Kaufpreis und die Höchstmenge in einem Bieterverfahren innerhalb einer vorgegebenen Preisspanne ermittelt. Eine Bank oder ein Bankenkonsortium sammelt hierzu binnen einer vorgegebenen Frist in einem elektronischen Buch alle Aufträge und ermittelt auf dieser Basis mit dem Unternehmen das endgültige Rückkaufvolumen sowie den einheitlichen Rückkaufpreis. Die Aufträge können von Anbieter und Käufer vom Preis her grundsätzlich frei (bestens) oder limitiert (nach oben oder unten) erteilt werden. Dabei steht es dem Unternehmen offen, auch weniger Aktien zu erwerben als die im offiziellen Angebot genannte maximale Anzahl. Im Falle einer Überzeichnung erfolgt eine Pro-rata-Repartierung wobei alle (privaten und institutionellen) Anleger den gleichen Preis erhalten.

Damit ist der Vorgang des Reverse Bookbuilding dem Auktionierungsverfahren der Dutch Auction sehr ähnlich, insbesondere der Preisbildungsprozess ist identisch. Der wesentliche Unterschied zu dieser von der Commerzbank entwickelten und geprägten (modifizierten) Erwerbsmethode ist in der Vermarktungsstrategie des Aktienrückkaufs zu sehen. Während das Unternehmen bei einer Dutch Auction lediglich ein Angebot über ein öffentliches Medium schaltet, erfolgt beim Reverse Bookbuilding zusätzlich eine proaktive Vermarktung in enger Zusammenarbeit mit der Investmentbank. Ein solches Marketing umfasst im Rahmen der Pre-Marketing-Phase eine Unternehmensdarstellung vor ausgewählten Investoren und die Festlegung der Preisspanne, bevor in der eigentlichen Marketing-Phase weitere Einzelgespräche (One-on-One) respektive Pressekonferenzen erfolgen und das eigentliche Ordertaking beginnt. Auf diese Weise kann auch der Abgabewille einzelner Aktionärsgruppen ermittelt werden, der als Indikation bei der Spezifizierung der Preisspanne dient, und indirekt, das heißt ohne Verletzung des Gleichbehandlungsgrundsatzes, die Aktionärsstruktur beeinflusst werden.

## 5.2 Beratungsaufgaben der Investmentbank im Rahmen von Aktienrückkäufen

Neben der Tatsache, dass Aktienrückkäufe erst mit In-Kraft-Treten des KonTraG zu einem praxisrelevanten Instrument geworden sind, ergibt sich der zunehmende Einsatz von Aktienrückkäufen aus der vielschichtigen Wirkungsweise. Diese beiden Effekte, der Neuigkeitsgehalt und die vielseitige Einsatzmöglichkeit von Aktienrückkäufen, begründen bei den Unternehmen einen potenziellen Beratungsbedarf, der folgende Leistungsinhalte umfassen kann:

- Beratung über Einsatz, Wirkungsweise und Zielsetzung von Aktienrückkäufen,
- Bestimmung des Volumens und des Zeitpunkts des Rückkaufs,
- Auswahl der Erwerbsmethode in Abhängigkeit von der Zielsetzung, des Volumens und des Zeitpunkts,
- Auswahl der Aktiengattung und Verwendung der Aktien.

Neben diesen Beratungsfragen fällt auch die tatsächliche Transaktionsabwicklung in das Aufgabengebiet der Investmentbank. Darunter ist insbesondere die Preis- bzw. Prämienfestlegung bei den Tenderverfahren bzw. des Reverse Bookbuildings zu verstehen. Hierzu ist regelmäßig eine enge Zusammenarbeit zwischen den einzelnen Teams aus den Bereichen Corporate Finance und Capital Markets erforderlich, da sich die Capital-Markets-Mitarbeiter näher am Marktgeschehen bewegen. Durch eine solche bereichsübergreifende Zusammenarbeit kann auf deren (Markt-)Expertise zurückgegriffen werden und damit können potenzielle Effizienzverluste durch eine (möglichst) exakte Prämienspezifizierung (weitgehend) vermieden werden.

Grundsätzlich können Unternehmen, die eine hohe Marktkapitalisierung bzw. -liquidität aufweisen und den Rückkauf über die Börse abwickeln wollen, eine solche Transaktion auch ohne die Hilfestellung einer Investmentbank realisieren. Dieses Vorgehen haben beispielsweise die Schering AG und die BASF AG gewählt.

### 5.2.1 Beratung über Einsatz, Wirkungsweise und Zielsetzung

Aufgabe der Investmentbank kann es sein, mögliche Motive und Beweggründe aufzuzeigen, die den *Einsatz eines Aktienrückkaufs* für ein Unternehmen sinnvoll erscheinen lassen (vgl. Abschnitt 5.1). Da der Rückkauf nicht per se vorteilhaft ist, muss ein solcher grundsätzlich mit Blick auf die unternehmensspezifische Situation analysiert werden. Allen voran dominiert die Bewertung des Unternehmens die Entscheidung, ob ein Aktienrückkauf als Investition wirtschaftlich sinnvoll ist, da der Kauf überbewerteter Aktien für die verbleibenden Aktionäre Wert zerstört. Die Praxis zeigt auch, dass meist dann solche Programme lanciert werden, wenn eine entsprechende negative Differenz zwischen der aktuellen Marktbewertung und einer Fundamentalanalyse (vgl. Beitrag Mergers & Acquisitions, Abschnitt 3.1.2.2) herrscht, de facto also eine nicht fundamental gerechtfertigte Unterbewertung vorliegt. Diese kann beispielsweise entstehen, wenn das Management dem Markt (Insider-)Informationen vorenthält, die unter Umständen auf Grund exzellenter Zukunftsaussichten eine signifikant höhere Bewertung zuließen.

Für den Erfolg eines Aktienrückkaufs ist daneben eine effiziente *Unternehmenskommunikation* eine wichtige Voraussetzung. Nur wenn das Unternehmen sowohl die Transaktion als auch die Finanzierung befriedigend und schlüssig begründen kann, wird die Ankündigung auf eine positive Resonanz der Aktionäre treffen. Sinnvoll ist es in diesem Zusammenhang, gleichzeitig mit der Ankündigung des Rückkaufs positive Unternehmensnachrichten bekannt zu geben. Kommt es im Anschluss an Rückkaufprogramme zu überdurchschnittlichen Kursverlusten, die den Unternehmenswert drücken, gerät das Management zwangsläufig in massive Erklärungsnot gegenüber den Anteilseignern. Die Zusammenarbeit mit einer Investmentbank respektive deren Expertise und Reputation geben den Unternehmen ein Argumentarium an die Hand, sich gegebenenfalls gegenüber derartigen Vorwürfen zu rechtfertigen. Ebenso kann die Investmentbank auf der Basis von Bewertungsanalysen das Unternehmen vor einer ungerechtfertigten Initiierung von Aktienrückkaufprogrammen warnen, um einer drohenden Vernichtung des Unternehmenswertes vorzubeugen.

Bei der *Ausschüttung überschüssiger Mittel* besteht grundsätzlich die Gefahr, dass der Erwerb eigener Aktien als fehlende Innovationsfähigkeit und mangelnde Visionsfähigkeit der Unternehmensführung angesehen werden kann. Hier kann die Investmentbank beispielsweise durch Einsatz strategischer Suchfeldanalysen Hilfestellung bei der Suche nach rentablen Investitionsmöglichkeiten und potenziellen (nicht überteuerten) Akquisitionsobjekten geben, bevor auf das Instrument der Aktienrückkäufe zurückgegriffen wird. Das Management profitiert auch hier von der Reputation der Investmentbank und kann so (weitgehend) ausschließen, dass der Rückkauf von der Financial Community lediglich als Second-Best-Lösung angesehen wird.

Da Aktienrückkäufe zwangsläufig mit Bilanzeffekten einhergehen, ist regelmäßig eine *Kapitalstrukturanalyse* notwendig, um die resultierenden Struktureffekte abschätzen zu können. Auf deren Basis ist es dann auch möglich, mit Hilfe von Aktienrückkäufen ein als optimal erachtetes Finanzierungsverhältnis zu realisieren respektive einen finanzwirtschaftlichen Leverage-Effekt zu nutzen. Soll es in diesem Zusammenhang im Zuge einer Substitution von Eigenkapital durch Fremdkapital zu einer Bilanzverlängerung kommen, kann ein wesentlicher Beitrag der Investmentbank auch in der Übernahme der Fremdfinanzierung bestehen. Ist die Fremdkapitalquote hingegen bereits sehr hoch, kann es in Einzelfällen oder auch in ganzen Branchen dazu führen, dass durch Aktienrückkauf keine positiven Allokationseffekte entstehen. Untersuchungen in den USA haben beispielsweise gezeigt, dass sich bei Aktienrückkäufen US-amerikanischer Bank-Holdinggesellschaften die Vermögensposition der Anteilseigner kaum verändert, was auf die bereits bestehende hohe Leverage-Finanzierung dieser Unternehmen zurückgeführt wird. In solchen Fällen ist es ratsam, den Rückerwerb primär aus frei verfügbaren Mitteln heraus zu finanzieren respektive einen geeigneten Finanzierungsmix zu finden, der die Vermögenssituation der Aktionäre positiv beeinflusst.

### 5.2.2 Volumen und Zeitpunkt des Aktienrückkaufs

Die Fragen nach dem Umfang des Aktienrückkaufprogramms und der zeitlichen Lancierung können ebenfalls einen zu klärenden Beratungsbedarf auf Unternehmensseite auslösen. Das *Volumen* hängt neben der in Deutschland gesetzlich reglementierten Beschränkung in Höhe von zehn Prozent des Grundkapitals vor allem vom Ausmaß der zur Verfügung stehenden liquiden Mittel und dem Verschuldungspotenzial des Unternehmens ab. Letzteres wird zwangsläufig durch die aktuelle Kapitalstruktur und den bereits bestehenden Verschuldungsgrad bestimmt. Die Erfahrung mit Rückkaufprogrammen vor allem aus den USA hat aber gezeigt, dass die von Rückkaufprogrammen ausgelösten Kurssteigerungseffekte am signifikantesten sind, wenn diese erstmals angekündigt werden und es sich um nennenswerte Volumina (acht bis zwölf Prozent des Grundkapitals) handelt.

Daneben spielt der *Zeitpunkt* (Timing) des Aktienrückkaufs in zweierlei Hinsicht eine wichtige Rolle. Wie erwähnt ist es dann sinnvoll, ein solches Programm zu lancieren, wenn zwischen der aktuellen Marktkapitalisierung und den Ergebnissen einer Fundamentalanalyse eine negative Differenz besteht. Zudem ist die Kursperformance der Aktie umso positiver, je geringer der zeitliche Abstand zwischen Ankündigung und tatsächlicher Durchführung ist. Schließlich ist es zur Vermeidung von Insidergeschäften empfehlenswert, eigene Aktien nur in bestimmten Zeiträumen zu erwerben, etwa binnen drei Wochen nach offiziellen Geschäfts- oder Zwischenberichterstattungen.

### 5.2.3 Wahl der Erwerbsmethode

Die Wahl der Methode des Aktienrückkaufs wird in besonderem Maße von der spezifischen Zielsetzung und der individuellen Situation des jeweiligen Unternehmens determiniert. Aus dieser Interdependenz zwischen Motiven und Instrumentenwahl leitet sich ein weiterer Beratungsbedarf der Unternehmen ab. Die verschiedenen Erwerbsmethoden unterscheiden sich insbesondere hinsichtlich ihrer Reaktionen am Kapitalmarkt, der Höhe einer notwendigen Prämienzahlung auf den aktuellen Börsenkurs der Aktie sowie des innerhalb eines bestimmten Zeitraums absetzbaren Volumens.

Der Rückkauf über *Open Market Repurchases* hat den Vorteil, dass er anonym und interessewahrend durchgeführt werden kann. Diese Methode kommt vor allem dann zum Einsatz, wenn das Unternehmen über einen gewissen Zeitraum hinweg kleinere Mengen eigener Aktien erwirbt und eine hinreichende Marktliquidität vorherrscht, da es andernfalls zu größeren Kurssprüngen kommen kann. Durch den offenen Kauf über die Börse erübrigt sich auch die Notwendigkeit einer Prämienzahlung. Allerdings ist im Gegenzug die Signalwirkung auf den Kapitalmarkt, die von einem auf diese Weise durchgeführten Rückkauf ausgeht, im Vergleich zu den anderen Varianten gering. Da diese Erwerbsart äußerst flexibel einsetzbar ist, ist sie insbesondere auch für eine kurzfristige Kursstabilisierung in Zeiten stark schwankender Marktentwicklungen (zum Beispiel während eines Börsencrashs) geeignet.

Die *Self Tender Offers* sind vor allem dann sinnvoll, wenn in relativ kurzer Zeit eine größere Stückzahl Aktien erworben werden soll. Damit besteht auch für institutionelle Investoren die Möglichkeit, größere Aktienpakete „marktschonend" abzugeben. Daneben scheint die von Tenderformen ausgehende Signalwirkung auf Grund ihres Charakters eines öffentlichen Angebotes von allen Erwerbsmethoden am größten zu sein. Dabei ist allerdings zwischen den einzelnen Tender-Varianten zu differenzieren:

So ist die Signalwirkung bei *Fixed Price Tender Offers* am höchsten einzustufen. Da der Festpreis regelmäßig einen hohen Aufschlag auf den Börsenkurs erfordert, zeigt das Management, dass es den Börsenkurs für stark unterbewertet hält. Konsequenterweise sind damit auch höhere Kosten für das Unternehmen verbunden. Dies stellt per se allerdings keinen Nachteil dar, da die Gesellschaft, sofern sie Reserven in bestimmter Höhe ausschütten will, nicht zwangsläufig ein Interesse an günstigen Rückkaufkursen haben muss. Nach US-amerikanischen Studien können die Aktionäre bei keiner anderen Form des Aktienrückkaufs mit vergleichbaren Vermögenszuwächsen in Form von Kurssteigerungen rechnen. Daher können bei Festpreisangeboten in der Regel größere Volumina in kürzeren Zeiträumen als bei einem Kauf über die Börse erworben werden. Auf der anderen Seite verursacht gerade die exakte Spezifizierung der anzubietenden Prämie ein großes Problem, da in der Regel eine heterogene, nicht genau bekannte Struktur der Anteilseigner vorliegt. Wird die angebotene Prämie zu niedrig gesetzt, kann auf Grund eines ungenügenden Angebotes nicht die gewünschte Stückzahl erworben werden. Liegt die Prämie dagegen zu hoch, muss auf Grund eines Überangebotes eine Repartierung erfolgen. Dies führt dazu, dass insbesondere solche Aktionäre, die einen geringen Reservation Value haben, nicht alle Anteile abgeben können. Just deren Papiere sollten aber reakquiriert werden. Einem solchen Effizienzverlust kann die Investmentbank durch eine sorgfältige Analyse der Aktionärsstruktur und deren individuellen Erwartungen vorbeugen bzw. mindern.

Genau hier liegt der wesentliche Vorteil eines im Rahmen einer *Dutch Auction* durchgeführten Rückerwerbs, da sich der Kurs durch das Auktionierungsverfahren selbstständig und marktgerecht innerhalb der vorgegebene Preisspanne ergibt, ohne dass das Problem der Spezifizierung einer genauen Prämie entsteht. Es gilt lediglich, eine bestimmte Preisbandbreite zu ermitteln. Diese Erwerbsform ist daher für das Unternehmen im Vergleich zum Festpreisangebot wesentlich billiger. Im Gegenzug sinkt hier aber die Signalwirkung gegenüber dem Kapitalmarkt. Ähnliches sollte für das *Reverse Bookbuilding* gelten. Hier sind allerdings zusätzliche Marketinganstrengungen seitens der Investmentbank zu konstatieren, die im Gegenzug aber ein Gefühl für die Resonanz des Rückkaufs am Kapitalmarkt vermitteln und damit letztlich für den Erfolg eines solchen Vorgehens bürgen können. Daneben kann durch die direkte Ansprache der Investoren auch indirekt die Qualität der bestehenden Aktionärsstruktur positiv beeinflusst werden.

Auch bei den *Transferable Put Rights* (TPRs) ergeben sich ähnliche Kostenvorteile gegenüber dem Festpreisangebot, was aber wiederum zu einem geringeren Kurssteigerungseffekt führt. Der Hauptvorteil liegt bei den TPRs vor allem in einer erhöhten Allokationseffizienz, da nicht allen Aktionären nach dem Gießkannenprinzip der gleiche Preis unabhängig von ihrem Mindestverkaufskurs gezahlt wird. Durch die Handelbarkeit der TPRs werden diejenigen Aktionäre, die einen höheren Reservation Value als den gebotenen Preis haben, ihre Rechte an solche verkaufen, die einen niedrigeren Reservation Value haben. Erstere erzielen mit dem Verkauf einen finanziellen Ertrag (wobei allerdings Transaktionskosten zu berücksichtigen sind), während letztere mit den erworbenen TRPs zusätzliche Aktien an das Unternehmen zurückverkaufen können. Damit reduziert sich gleichzeitig das Risiko einer Repartierung bzw. einer mangelnden Verkaufsbereitschaft der Aktionäre. Da auf diese Weise die qualitative Aktionärsstruktur positiv beeinflusst wird, eignen sich TPRs (zumindest in den USA) insbesondere als Maßnahme gegen drohende Übernahmeversuche.

Der *Negotiated Repurchase* kommt grundsätzlich nur in bestimmten Sondersituationen vor, insbesondere im Rahmen der erwähnten Greenmail-Aktionen. Diese Transaktionen sind für den Kapitalmarkt nicht einsehbar. In der Regel ist allerdings davon auszugehen, dass eine nicht unbeträchtliche Prämie an den Greenmailer gezahlt wird, sodass es hier auch zu einer Verletzung des Grundsatzes der Gleichbehandlung der Aktionäre kommt. Soweit dieser jedoch beachtet wird, kommt auch der Negotiated Repurchase als Erwerbsmethode in Betracht. Solche direkten Vereinbarungen treten oft auch im Zusammenhang mit Übernahmeversuchen respektive mit deren Abwehr auf, da auf diesem Weg zügig substanzielle Aktienpakete en bloc reakquiriert werden können.

Auf Grund der besonderen in Deutschland geltenden rechtlichen Rahmenbedingungen (insbesondere des Gleichbehandlungsgrundsatzes) sowie der in diesem Kontext immer noch herrschenden Unsicherheiten beschränkt sich die Auswahl der einzelnen Erwerbsformen derzeit de facto auf den Rückkauf über die Börse sowie die beiden Tenderformen des Festpreisverfahrens und der Dutch Auction bzw. des Reverse-Bookbuilding-

Verfahrens (vgl. Abschnitt 5.1.3). Abbildung 8 verdeutlicht (im Hinblick auf mögliche Gesetzesänderungen) dennoch die aufgezeigten Zusammenhänge aller Methoden. Grundsätzlich wäre auch eine Kombination der einzelnen Erwerbsformen denkbar, etwa um die Signalwirkung des Festpreisverfahrens in einem ersten Schritt auszunutzen und anschließend den Erwerb flexibel über die Börse fortzusetzen.

| Auswirkungen | Erwerbsformen | | | | | |
|---|---|---|---|---|---|---|
| | Open Market Repurchase | Self Tender Offer | | | | Negotiated Repurchase |
| | | FPTO | DA | RB | TPRs | |
| Voraussetzungen/ Probleme | Marktliquidität langer Zeithorizont | Prämie Aktionärs-strukturanalyse | Festlegung der Preisbandbreite | | Optionsprämie | Grundsatz der Gleichbehandlung |
| Ausschüttungspolitik | ● | ● | ◐ | ◐ | ◐ | ○ |
| Signalwirkung | ◐ | ● | ◐ | ◐ | k.E. | k.E. |
| Prämienzahlung | ○ | ● | ◐ | ◐ | k.E. | ● |
| Flexibilität | ● | ◐ | ◐ | ◐ | ◐ | ○ |
| Abwehrmaßnahmen | ◐ | ◐ | ◐ | ◐ | ● | ● |

● hoher Wirkungsgrad    ◐ mittlerer Wirkungsgrad    ◐ niedriger Wirkungsgrad    ○ keine Relevanz
k.E. keine (empirischen) Ergebnisse    FPTO: Fixed Price Tender Offer    DA: Dutch Auction
RB: Reverse Bookbuilding    TRPs: Transferable Put Rights

Abbildung 8: Interdependenz zwischen ausgewählten Zielsetzungen und Erwerbsformen

## 5.2.4  Wahl der Aktiengattung und Verwendung der Aktien

Die (gegebenenfalls notwendige) *Wahl der Aktiengattung* muss ebenfalls vor dem Hintergrund des Beweggrundes eines Aktienrückkaufs gefällt werden. Besteht das Motiv in der Abwehr eines Übernahmeangebotes, so macht ausschließlich der Rückkauf von Stammaktien Sinn, da nur mit diesen eine Reduzierung des ausstehenden Stimmrechtsanteils respektive eine relative Erhöhung des Anteils der bereits engagierten Aktionäre erreicht werden kann. Ein Rückkauf von Vorzugsaktien sendet hingegen ein deutliches Signal an den Kapitalmarkt, dass das Management bereit ist, eine nicht effizient genutzte Eigenkapitaldecke abzubauen und die (erwartete) Eigenkapitalrendite der Aktionäre nachhaltig zu steigern.

Problematisch bei der Auswahl der Aktiengattung ist jedoch, dass auch hier der Gleichbehandlungsgrundsatz der Aktionäre greift, sodass bei einem Kauf über die Börse bzw. bei einem öffentlichen Rückkaufangebot grundsätzlich sowohl Stammaktien als auch Vorzugsaktien berücksichtigt werden müssen. Es ist zwar durchaus möglich, aus juristischer Perspektive aber bedenklich, wenn sich das Management im Rahmen einer Hauptversammlung eine Rückkaufermächtigung für lediglich eine bestimmte Aktiengattung erteilen lässt. Wie das Beispiel der Krones AG zeigt, kommt es daher in Einzelfällen auch zu einem Rückkauf von beiden Aktiengattungen. Diese kaufte sowohl Stamm- als auch Vorzugsaktien unter Federführung der Commerzbank AG im Zuge des Reverse Bookbuilding zu unterschiedlichen Kursen zurück.

Ebenso muss der *Verwendungszweck* der erworbenen Aktien geklärt werden. Grundsätzlich kann das zurückkaufende Unternehmen die erworbenen Aktien aktivieren und im Umlaufvermögen ausweisen. Das Unternehmen wird dies tun, wenn es die Aktien in der Folge (zu einem höheren Preis) verkaufen oder aber gezielt, beispielsweise im Rahmen eines Mitarbeiterbeteiligungsprogramms oder zur Finanzierung einer Akquisition, ausgeben will. Bestehen hingegen keine konkreten Vorstellungen über den künftigen Einsatz der Aktien, kann es sinnvoll sein, diese aus dem Markt zu nehmen, das heißt gegen das Grundkapital abzusetzen. Auch wenn die Aktien im Rahmen einer späteren Hauptversammlung erneut emittiert werden können (wirtschaftlich entspricht ein solches Vorgehen einer Kapitalerhöhung), sendet dies ein greifbares Signal an die Marktteilnehmer, das den Willen des Management demonstriert, eine überschüssige Eigenkapitalbasis dauerhaft zu schmälern.

# Literaturhinweise

ACHLEITNER, A.-K./BASSEN, A. (Hrsg.): Investor Relations am Neuen Markt, Stutttgart 2001.
ACHLEITNER, A.-K./BASSEN, A./PIETZSCH, L.: Kapitalmarktkommunikation von Wachstumsunternehmen: Kriterien zur effizienten Ansprache von Finanzanalysten, Stuttgart 2001
ACHLEITNER, A.-K./WOLLMERT, P. (Hrsg.): Stock Options, 2. Aufl., Wiesbaden 2002.
ARKEBAUER, J.: Going Public: Everything you need to know to take your company public, Chicago 1998.
BECKER, F. G.: Anreizsysteme für Führungskräfte. Möglichkeiten zur strategisch-orientierten Steuerung des Managements, Stuttgart 1990.
BETSCH, O.: Corporate Finance: Unternehmensbewertung, M & A und innovative Kapitalmarktfinanzierung, München 1998.
BREALEY, R. A./MYERS S. C.: Principles of Corporate Finance, 6. Aufl., Boston 2000.
BREUER, R.-E. (Hrsg.): Handbuch Finanzierung, 3. Aufl., Wiesbaden 2001.
BÜSCHGEN, H.: Bankbetriebslehre, 5. Auflage, Wiesbaden 1998.
CALABRETTI, T.: Die Erhöhung des Unternehmenswertes durch Ausschöpfen von Finanzpotentialen, zugl. Diss. Universität St. Gallen 1998.
DEFUSCO, R./JOHNSON, R./ZORN, TH.: The Effect of Executive Stock Option Plans on Stockholders and Bondholders, in: Journal of Finance, 45. Jg. (1990), S. 617–627.
Deutsches Aktieninstitut e.V.: Der Erwerb eigener Aktien in Deutschland, Ergebnisse einer Untersuchung des Deutschen Aktieninstituts zum Rückkauf eigener Aktien durch die Gesellschaft, Frankfurt am Main 1999.
–: Der Gang an die Börse: Chance für Ihr Unternehmen, Frankfurt am Main 1998.
–: DAI-Factbook 1997, Frankfurt am Main 1997.
–: DAI-Factbook 1998, Frankfurt am Main 1998.
–: DAI-Factbook 1999, Frankfurt am Main 1999.
–: DAI-Factbook 2000, Frankfurt am Main 2000.

Deutsche Bundesbank: Kapitalmarktstatistik Juni 2000, Frankfurt am Main 2000.

DRUKARCZYK, J.: Finanzierung, 7. Aufl., Stuttgart 1999.

EHLERS, F.: Rückkauf eigener Aktien, in: Achleitner, A.-K./Thoma, G. F. (Hrsg.): Handbuch Corporate Finance. Konzepte, Strategien und Praxiswissen, 2. Aufl., Köln 2001, Abschnitt 3.3.1.

FIELD, D.: Direct Public Offerings: The new method for taking your company public, Naperville 1997.

FLACH, U.: Erfolgsfaktoren eines Going Public, in: International Bankers Forum e.V. (Hrsg.): Die Banken auf dem Weg ins 21. Jahrhundert, Wiesbaden 1996, S. 27–48.

GEISST, C.: Investment Banking in the Financial System, New Jersey 1995.

GERKE, W./BANK, M.: Die Entscheidung zum Going Public unter besonderer Berücksichtigung der Marktmikrostruktur und Informationsquerwirkungen, in: Hummerl, D./Bühler, W./Schuster, L. (Hrsg.): Banken in globalen und regionalen Umbruchsituationen, Stuttgart 1997, S. 553–573.

HAMPEL, V.: Erwerb eigener Aktien und Unternehmenskontrolle. Beiträge zur Theorie der Finanzmärkte Nr. 10, Frankfurt am Main 1994.

HASSELMANN, H.: Going Public von Tochtergesellschaften, Sternenfels 1997.

HENNERKES, B.-H.: Familienunternehmen sichern und optimieren, Frankfurt am Main 1998.

JAKOB, E.: Initial Public Offerings: Aktuelle Entwicklungen des Aktienemissionsgeschäfts, Diss. EUROPEAN BUSINESS SCHOOL, Wiesbaden 1998.

KOCH, W./WEGMANN, J.: Praktiker-Handbuch Börseneinführung, 2. Aufl., Stuttgart 1998.

KOPP, H. J.: Erwerb eigener Aktien. Ökonomische Analyse vor dem Hintergrund von Unternehmensverfassung und Informationseffizienz des Kapitalmarktes, Wiesbaden 1996.

LANG, R.: Internationales Emissionsgeschäft: Das emittentenbezogene Marketing der Banken, Wiesbaden 1993.

LILJA, R.: International Equity Markets – The Art of the Deal, London 1997.

LOGUE, D.: Initial Public Offerings, in: Williamson, P. (Hrsg.): Investment Banking Handbook, New York 1988, S. 125–139.

MARSHALL, J. F./ELLIS M. E.: Investment Banking & Brokerage, Chicago/London/Singapur 1994.

MATTERN, F./SEIFERT, W. G./STREIT, C. C./VOTH, H.: Aktie, Arbeit, Aufschwung: Wie der Finanzplatz Wirtschaft und Gesellschaft wieder in Schwung bringt, Frankfurt am Main/ New York 1997.

MAYER, M.: Venture Capital Backing als Qualitätsindikator beim IPO am Neuen Markt?, in: ZfB, 71. Jg., Nr. 9/2001, S. 1043–1063.

MENICHETTI, M.: Aktien-Optionsprogramme für das Top-Management, in: Betriebswirtschaft, Heft 34, 1996, S. 1688–1692.

NICK, A.: Börseneinführungen von Tochtergesellschaften, Wiesbaden 1994.

NOACK, U.: Die Namensaktie – Dornröschen erwacht, in: Der Betrieb, 25/1999, S. 1306–1310.

OETTINGEN, M. VON: Going public, in: Gerke, W./Steiner, M. (Hrsg.): Handwörterbuch des Bank- und Finanzwesens, Stuttgart 1995, Sp. 897–904.

PEJIC, P.: Segmentberichterstattung im externen Jahrsabschluss: Internationale Normierungspraxis und Informationsbedürfnisse der Adressaten, Diss. EUROPEAN BUSINESS SCHOOL, Wiesbaden 1998.

PELLENS, B.: Unternehmenswertorientierte Entlohnungssysteme, Stuttgart 1998.

PERRIDON, L./STEINER, M.: Finanzwirtschaft der Unternehmung, 9. Aufl., München 1997.

POSNER, D.: Der Erwerb eigener Aktien in der US-amerikanischen Unternehmenspraxis, in: Die Aktiengesellschaft 7/1994, S. 312–320.

REICHE, D.: Privatisierung der internationalen Verkehrsflughäfen in Deutschland, Diss. EUROPEAN BUSINESS SCHOOL, Wiesbaden 1999.

ROSEN, R. VON: Chancengemeinschaft. Deutschland braucht die Aktie, München 1997.

–/HELM, L.: Der Erwerb eigener Aktien durch die Gesellschaft, in: Die Aktiengesellschaft 10/1996, S. 434–441.

–/SEIFERT, W. (Hrsg.): Schriften zum Kapitalmarkt, Band 3: Die Namensaktie, Frankfurt am Main 2000.

SCHWERDTLE, W.: Doppelnotierungen von Wachstumsunternehmen unter besonderer Berücksichtigung der Biotechnologiebranche, Diss., EUROPEAN BUSINESS SCHOOL, Aachen 2000.

SCHWETZLER, B.: Mitarbeiterbeteiligung und Unternehmensfinanzierung, Diss. Universität Regensburg, Wiesbaden 1989.

SEIFERT, W./ACHLEITNER, A.-K./MATTERN, F./STREIT, C./VOTH, H.-J.: European Capital Markets, Basingstoke/Hampshire u.a.O. 2000.

SEIFERT, W./HABBEL, M./MATTERN, F./STREIT, C./VOTH, H.-J.: Performance ist kein Schicksal: ideale Investoren gewinnen – den Kapitalmarkt erfolgreich managen, Frankfurt am Main/New York 2002.

SÜCHTING, J.: Finanzmanagement, 6. Aufl., Wiesbaden 1995.

VIGELIUS, C.: Aktienrückkauf am Neuen Markt, in: Finanz Betrieb, 2. Jg. (2000), Nr. 4, S. 221–230.

VOLK, G. (Hrsg.): Going Public: Der Gang an die Börse, Stuttgart 1996.

VOLKART, R.: Aktienrückkäufe und Eigenkapitalherabsetzungen. Wertkonsequenzen aus analytischer Sicht, in: Der Schweizer Treuhänder 3/1999, S. 171–182.

WALTER, B.: Marktwettbewerber im Geschäftsfeld Corporate Finance, in: Die Bank, 2/91, S. 68–74.

WASTL, U./WAGNER, F./LAU, T.: Der Erwerb eigener Aktien aus juristischer Sicht. Herleitung und Entwicklung von Vorschlägen für eine gesetzgeberische Reform, Frankfurt am Main 1997.

DR. WIESELHUBER & PARTNER: Börseneinführung mit Erfolg: Voraussetzungen, Maßnahmen und Konzepte, Wiesbaden 1996.

WÖHE, G./BILSTEIN, J.: Grundzüge der Unternehmensfinanzierung, 8. Auflage, München 1998.

YERMACK, D.: Good Timing: CEO Stock, Options Awards and Company News Announcements, in: Journal of Finance, 52. Jg. (1997), S. 449–476.

# Corporate Restructuring

1. Einführung in den Aufgabenbereich
   1.1 Abgrenzung des Begriffs
   1.2 Einordnung des Aufgabenbereichs in das Geschäftsfeld Mergers and Acquisitions
2. Grundlagen des Corporate Restructuring
   2.1 Konzepte des Corporate Restructuring
   2.2 Motive für Corporate Restructuring
      2.2.1 Unfreiwillige Restrukturierungen
      2.2.2 Unternehmenswertsteigernde Restrukturierungen
      2.2.3 Kapitalmarktreaktionen und Erklärungsansätze für die Wertsteigerung durch Corporate Restructuring
         2.2.3.1 Empirische Ergebnisse über Shareholder-Value-Steigerungen durch Restrukturierung
         2.2.3.2 Theoretische Erklärungsansätze
   2.3 Historische Entwicklung und aktuelle Situation
      2.3.1 Entwicklung des Corporate Restructuring in den USA
      2.3.2 Entwicklung des Corporate Restructuring in Deutschland
3. Begleitung des Restrukturierungsprozesses als Aufgabe von Investmentbanken
   3.1 Beratungsleistungen während der Restrukturierung
   3.2 Idealtypischer Ablauf eines Restrukturierungsprojektes
   3.3 Phasen eines Restrukturierungsprozesses und Aufgaben der Investmentbank
      3.3.1 Ausgangslage beim Unternehmen und Mandatsgewinnung
      3.3.2 Erste Vorbereitungsphase
      3.3.3 Entscheidungsphase und Kommunikation der Restrukturierungsmaßnahme
      3.3.4 Erste Durchführungsphase
      3.3.5 Zweite Vorbereitungsphase
      3.3.6 Abschluss der Transaktion und Post-Restructuring-Beratung
   3.4 Kriterien zur Auswahl aus verschiedenen Restrukturierungsvarianten
      3.4.1 Auswahl anhand von Motiven
      3.4.2 Nebenbedingungen bei der Auswahl
Literaturhinweise

# Verzeichnis der Abbildungen und Übersichten

Abbildung 1: Sell-off eines Unternehmensteils
Abbildung 2: Equity Carve-out einer Tochtergesellschaft
Abbildung 3: Subsidiary IPO einer Tochtergesellschaft
Abbildung 4: Spin-off einer Tochtergesellschaft
Abbildung 5: Split-off nach zuvor durchgeführtem Equity-Carve-out
Abbildung 6: Split-up auf zwei bestehende Tochterunternehmen
Abbildung 7: Tracking-Stock-Restrukturierung bei Zuteilung der Anteile via IPO
Abbildung 8: Motive für Corporate Restructuring
Abbildung 9: M & A-Transaktionen und Desinvestitionen in den USA
Abbildung 10: Corporate-Restructuring-Prozess am Beispiel einer Restrukturierungsmaßnahme über den Kapitalmarkt

Übersicht 1: Charakteristika von Restrukturierungsmaßnahmen
Übersicht 2: Beispiele für Desinvestitionen von Internet-Tochtergesellschaften
Übersicht 3: Aufwertungsmaßnahmen
Übersicht 4: Post-Restructuring-Beratung

# 1. Einführung in den Aufgabenbereich

## 1.1 Abgrenzung des Begriffs

Die Bezeichnung Corporate Restructuring wird teilweise sehr breit verwendet und umfasst je nach Verständnis verschiedene Maßnahmen der Restrukturierung eines Unternehmens. Eine von Bowman und Singh 1993 vorgeschlagene Kategorisierung sieht eine Unterteilung in drei Bereiche vor[1]:

- Organizational Restructuring
  Hier spricht man häufig auch von Reorganisation statt Restrukturierung. Es handelt sich dabei um Neustrukturierungen der internen Aufbau- oder Ablauforganisation eines Unternehmens. Dazu zählen beispielsweise Optimierungen der internen Prozessorganisation oder Änderungen der Lohnpolitik.
- Financial Restructuring
  Damit wird die Umstrukturierung der Kapitalstruktur eines Unternehmens bezeichnet, das heißt Maßnahmen, die das Verhältnis von Eigen- zu Fremdkapital beeinflussen. Dazu werden beispielsweise Leveraged Buy Outs oder Leveraged Recapitalizations (vgl. Beitrag Mergers and Acquisitions (M & A), Abschnitt 3.2.4.2) gezählt.
- Portfolio Restructuring
  Dieser Bereich umfasst die Veränderungen im Beteiligungsportfolio eines Konzerns bzw. in der Auswahl der Geschäftsbereiche, in denen ein Unternehmen selbstständig tätig ist. Dies geschieht beispielsweise durch den Verkauf oder den Börsengang eines Tochterunternehmens.

Während der Bereich des Organizational Restructuring nicht in das Tätigkeitsfeld von Investmentbanken fällt, sondern von verschiedenen Beratungsunternehmen wahrgenommen wird, gehören die anderen zwei Bereiche des Portfolio Restructuring und des Financial Restructuring zu den Aufgabenfeldern von Investmentbanken.

Auf verschiedene Maßnahmen des Financial Restructuring wird bereits im Beitrag Mergers and Acquisitions (M & A) eingegangen; die folgende Darstellung konzentriert sich daher auf die Konzepte des Portfolio Restructuring und deren Anwendung im Tätigkeitsspektrum einer Investmentbank.

Die Trennung zwischen Portfolio und Financial Restructuring gelingt dabei nicht eindeutig, da die verschiedenen im Portfolio Restructuring zur Verfügung stehenden Instrumente zumeist auch eine Veränderung in der Kapitalstruktur der Konzernunternehmen zur Folge haben. So werden Maßnahmen des Portfolio Restructuring gelegentlich durch Financial-Restructuring-Schritte begleitet. Diese können die Akteure unter Umständen in die Lage versetzen, die Finanzierung einer Restrukturierung durchzuführen und sind

---

[1] Vgl. Bowman, Singh (1993), S. 8-12.

somit gegebenenfalls eine Voraussetzung für Portfolio Restructuring. Ein Beispiel ist der Verkauf eines Unternehmensteils, wobei der Käufer die Transaktion durch einen Leveraged Buy Out finanziert. Im Folgenden werden jedoch unter Corporate Restructuring lediglich Transaktionen im Rahmen des Portfolio Restructuring zusammengefasst.

Für eine klare Abgrenzung zu anderen Geschäftsbereichen von Investmentbanken ist an dieser Stelle zu erwähnen, dass selbstverständlich auch alle Maßnahmen im Bereich der Mergers and Acquisitions (M & A) zu einer Veränderung im Beteiligungsportfolio einer Konzerngesellschaft führen. Die Einbringung eines Unternehmens in den Konzernverbund führt ebenso zu einer Veränderung im Anteilsbesitz wie die Herauslösung eines Unternehmens. Unternehmenszusammenschlüsse mittels Fusionen oder Unternehmenskäufen würden nach dieser Definition ebenfalls in den Bereich des Corporate Restructuring fallen.

Portfolio Restructuring umfasst jedoch lediglich Transaktionen in reduzierender Richtung. Es geht dabei nie um eine Expansion des Unternehmens, sondern vielmehr um einen Konzentrationsprozess im Sinne einer Desinvestition. Im Zuge dieser Transaktionen wird ein dem Unternehmen – aber in der Regel nicht dessen Kernaktivitäten – zugehöriger Geschäftsbereich aus dem Konzernverbund herausgelöst und in Abhängigkeit von der Restrukturierungsvariante in unterschiedlich starkem Ausmaß rechtlich und wirtschaftlich unabhängig weitergeführt. Man spricht daher im angloamerikanischen Sprachgebiet auch von „Corporate Contraction" oder „Corporate Downsizing". Daneben wird auch der Begriff der „Break-ups" häufig zur Bezeichnung verschiedener Transaktionen im Bereich des Corporate Restructuring verwendet.

Da das Themengebiet M & A in der Regel nicht nur expansive Unternehmenskäufe und Fusionen umfasst, ergibt sich somit eine definitorische Überschneidung des Corporate Restructuring mit diesem Bereich. Die Gegenseite der Unternehmensverkäufe (so genannte Sell-offs) fällt sowohl in den M & A-Bereich als auch ins Corporate Restructuring. Andere, in der Folge aufzuzeigende Konzepte des Corporate Restructuring unterscheiden sich jedoch vom Tätigkeitsfeld des M & A und stehen in diesem Beitrag im Mittelpunkt.

Maßnahmen des Corporate Restructuring verfolgen in der Regel die Maximierung des Unternehmenswertes. Unterschiedliche Motive für Restrukturierungen lassen sich somit meistens auf das Ziel der Shareholder-Value-Steigerung zurückführen (vgl. Abschnitt 2.2.2).

Für Corporate Restructuring stehen verschiedene Instrumente zur Verfügung, die im nächsten Abschnitt erläutert und systematisiert werden. Dabei ist die Begriffsverwendung für die verschiedenen US-amerikanischen Restrukturierungsinstrumente in der wissenschaftlichen Literatur und der Praxis nicht einheitlich. Es bestehen insbesondere Unterschiede bei der Verwendung der Definitionen in der deutschsprachigen und der angloamerikanischen Literatur, auf die an den maßgeblichen Stellen hingewiesen wird.

## 1.2 Einordnung des Aufgabenbereichs in das Geschäftsfeld Mergers and Acquisitions

Corporate Restructuring ist – anders als es die Aufteilung der Kapitel in diesem Handbuch suggerieren könnte – bei den meisten Investmentbanken kein eigenständiges Geschäftsfeld. Aufgrund des engen Bezugs sind Beratungsleistungen des Corporate Restructuring in der Regel dem M & A-Bereich zugeordnet. Dies ist – wie in Abschnitt 1.1 dargestellt – darin begründet, dass die Tätigkeiten aus dem Themenbereich des Corporate Restructuring teilweise die gleichen oder analog übertragbar sind. So kann ein normaler Unternehmensverkauf (Sell-off, vgl. Abschnitt 2.1) grundsätzlich zum M & A-Bereich oder zum Corporate Restructuring gezählt werden; andere Instrumente zur Desinvestition von Unternehmensteilen sind hingegen allein beim Corporate Restructuring angesiedelt. Hierbei handelt es sich aber nur um eine rein definitorische Zuordnung, denn in der Regel werden innerhalb der M & A-Abteilung einzelne, auf Corporate Restructuring spezialisierte Teams tätig.

Im Gegensatz zu reinen Verkaufsmandaten kommen andere Restrukturierungstransaktionen in der Regel mit dem Kapitalmarkt in Berührung. Insofern werden hier für einzelne Transaktionen Teams mit Mitarbeitern aus den verschiedenen Geschäftsfeldern gebildet. Umfasst eine Abspaltung eines Unternehmensteils beispielsweise eine anschließende Einführung der Aktien am Sekundärmarkt, oder soll eine Tochtergesellschaft im Rahmen eines IPO an der Börse verkauft werden, so wird das Restructuring-Team durch Mitarbeiter der Bereiche Corporate Finance und Equity Capital Markets verstärkt. Diese übernehmen jegliche Dienstleistungen, die im Zusammenhang mit der Ausgestaltung und Platzierung der Eigenkapitaltitel stehen. Gegebenenfalls werden weitere Mitarbeiter aus dem Research-Bereich und dem Sales & Trading hinzugezogen. Eine enge Zusammenarbeit dieser unterschiedlichen Bereiche ist somit entscheidend für den Erfolg der Transaktion.

Corporate-Restructuring-Mandate erlangen seit Mitte der 90er Jahre eine stark zunehmende Bedeutung im Investment Banking. Aktuell machen Corporate-Restructuring-Transaktionen bei verschiedenen Investmentbanken sowohl in Bezug auf ihre Anzahl als auch ihr Volumen zwischen 50 und 60 Prozent der Mandate im Geschäftsfeld M&A aus. Damit sind mehr als die Hälfte aller Transaktionen in ihrer eigentlichen Intention Corporate-Restructuring-Maßnahmen, bei denen zum Beispiel Tochtergesellschaften von Großkonzernen an die Börse gebracht werden. Als bekannte Beispiele können die großen Börsengänge der Siemens Tochtergesellschaften Epcos im Herbst 1999 bzw. Infineon im März 2000 genannt werden. Die seit dem 1. Januar 2002 mögliche steuerfreie Behandlung von Beteiligungsveräußerungen wird in Zukunft einen weiteren Bedeutungsanstieg dieses Aufgabenbereichs mit sich ziehen.

# 2. Grundlagen des Corporate Restructuring

## 2.1 Konzepte des Corporate Restructuring

Die Restrukturierung eines Konzernverbunds kann mit unterschiedlichen Maßnahmen erreicht werden. Unternehmen stehen dabei die folgenden Konzepte zur Verfügung: Sell-offs, Equity Carve-outs, Subsidiary IPOs, Spin-offs, Split-offs, Split-ups und Tracking Stocks. Vor der endgültigen Abstoßung eines Unternehmensteils steht – sofern noch nicht geschehen – immer die juristische Abtrennung und somit rechtliche Verselbstständigung als separates Tochterunternehmen. Dieser Schritt ist in den Beschreibungen und den jeweiligen Abbildungen zu den Instrumenten bereits vorweggenommen.

- *Sell-off*

Sell-offs, auch Divestitures genannt, stehen für Unternehmensverkäufe an eine oder mehrere juristische oder natürliche Personen. Sie stellen das Gegenteil einer Unternehmensakquisition dar. Grundsätzlich kann ein Sell-off sowohl durch die Übernahme der Anteile am Tochterunternehmen durch den Erwerber (so genannter Share Deal) als auch durch die Übertragung einzelner Vermögensgegenstände auf den Erwerber (so genannter Asset Deal) realisiert werden. Das Mutterunternehmen erzielt dabei den Veräußerungserlös. Für das verkaufende Unternehmen bedeutet der Schritt eine Konzentration, für das kaufende Unternehmen eine Expansion. Der Verkauf wird privat zwischen dem verkaufenden Unternehmen und dem Kaufinteressenten ausgehandelt. Häufig wird der Kaufpreis neben einer Barzahlung auch durch Anteile am Käuferunternehmen beglichen. Da die Veräußerung in der Regel 100 Prozent der Anteile umfasst, bestehen nach einem Sell-off keine rechtlichen und wirtschaftlichen Verbindungen mehr zwischen dem abgespaltenen Unternehmensteil und der verbleibenden Konzerngesellschaft. Eine Notierung des abgespaltenen Unternehmensteils an einer Börse erfolgt nicht. Abbildung 1 stellt den Sachverhalt grafisch dar. Der einfache Unternehmensverkauf (Sell-off) wird ausführlich im Rahmen des Beitrags Mergers & Acquisitions bei der Darstellung der Verkaufsmandate im Abschnitt 3.2.2 behandelt.

- *Equity Carve-out*

Equity Carve-outs stellen eine besondere Form von Börsengängen von Tochtergesellschaften dar. Hierbei werden Anteile an einem Tochterunternehmen im Zuge einer Neuemission an der Börse verkauft. Es handelt sich dabei jedoch lediglich um einen Minderheitsanteil, sodass das Mutterunternehmen nach wie vor die Kontrolle über das Desinvestitionsobjekt behält. Oftmals werden sogar weniger als 20 Prozent der Anteile an die Börse gebracht. Je nach Herkunft der Aktien erzielen das Mutterunternehmen oder das Tochterunternehmen den Emissionserlös. Stammen die zu verkaufenden Anteile aus dem Altbesitz des Mutterunternehmens (so genanntes Secondary Offering), so fließt diesem auch der Erlös zu. Werden die Aktien im Zuge einer Kapitalerhöhung beim Desinvestitionsobjekt neu geschaffen, so bedeutet dies einen Zufluss liquider Mittel für das Tochterunternehmen.

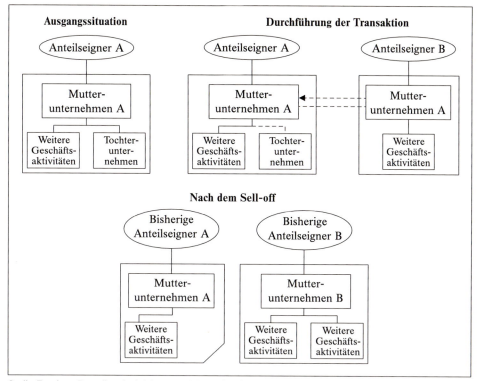

Quelle: Erweiterte Darstellung in Anlehnung an Schultze (1998), S. 29; Charifzadeh (2002), S. 88.

Abbildung 1: Sell-off einer Tochtergesellschaft

Der Equity Carve-out weist Ähnlichkeiten zu einem Sell-off auf. Hier werden die Anteile jedoch nicht bei einem anderen Unternehmen, sondern am Kapitalmarkt platziert. Abbildung 2 verdeutlicht den Vorgang. Der bei der Muttergesellschaft verbleibende Mehrheitsanteil führt dazu, dass aufgrund der Stimmrechtsmehrheit weiterhin auf die Geschäftspolitik Einfluss genommen werden kann. Zugleich bleibt die Einbeziehung der Tochter in den Konzernabschluss bestehen. Equity Carve-outs stellen jedoch häufig nur den ersten Schritt für eine später erfolgende vollständige Abtrennung des Tochterunternehmens dar. Hierzu können andere in diesem Kapitel beschriebene Konzepte zum Einsatz kommen.

- *Subsidiary IPO*

Sofern bei einem Börsengang eines Tochterunternehmens mehr als nur ein Minderheitsanteil am Kapitalmarkt platziert wird, spricht man von einem Subsidiary IPO (auch Spin-out, Partial Public Offering). Im Gegensatz zu einem Sell-off werden die Anteile nicht an einzelne Käufer abgegeben, sondern im Zuge eines IPO an eine breite und große Zahl von anonymen Marktteilnehmern veräußert. Da die Konzerngesellschaft nach der Transaktion keine Anteile oder lediglich eine Minderheitsposition am abgespaltenen Unternehmen hält, kann sie keinen oder nur noch einen geringen Einfluss auf die

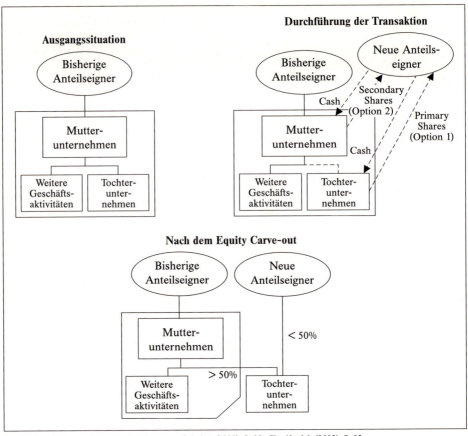

Quelle: Erweiterte Darstellung in Anlehnung an Schultze (1998), S. 28; Charifzadeh (2002), S. 92.

Abbildung 2: Equity Carve-out einer Tochtergesellschaft

Leitung des ehemaligen Tochterunternehmens nehmen. Der Emissionserlös aus dem Verkauf des Aktienaltbesitzes fließt der Muttergesellschaft zu. Wie beim Equity Carve-out kann die Transaktion darüber hinaus eine zusätzliche Kapitalerhöhung beim Tochterunternehmen beinhalten (vgl. Abbildung 3).

- *Spin-off*

Der Begriff des Spin-off bezeichnet ein Restrukturierungsinstrument, bei welchem die Aktien des abzuspaltenden Unternehmensteils an die Aktionäre des Mutterunternehmens pro rata, das heißt auf Basis ihrer Anteile am Konzernunternehmen, ausgegeben werden. Die Übertragung erfolgt abgesehen von Transaktionskosten unentgeltlich. Es handelt sich jedoch nicht um ein Geschenk, denn der Wert der Aktien der Obergesellschaft nimmt rein rechnerisch um den Wert der Tochtergesellschaft ab. Bei einer derartigen Transaktion erhalten weder das abspaltende Mutterunternehmen noch das abgespaltene Tochterunternehmen Barmittel. Häufig wird der Spin-off mehrheitlich, d.h. zu

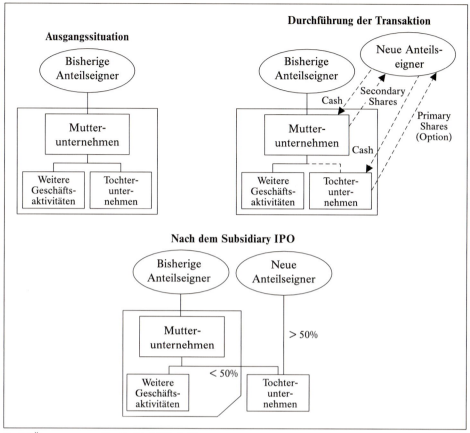

Quelle: Übernommen aus Charifzadeh (2002), S. 90.

Abbildung 3: Subsidiary IPO einer Tochtergesellschaft

100 Prozent der Anteile durchgeführt, sodass die Muttergesellschaft nach der Transaktion keinerlei Einfluss mehr auf das ehemalige Tochterunternehmen besitzt. In der Regel werden die Anteile an dem Spin-off mit der Übertragung an die Aktionäre auch an der Börse eingeführt. Wie Abbildung 4 verdeutlicht, entstehen im Endeffekt zwei Unternehmen mit einem identischen Anteilseignerkreis.

Häufig ist die steuerneutrale Durchführung der Maßnahme eine wichtige Nebenbedingung. Dies gilt insbesondere in den USA, wo ein Spin-off unter Einhaltung gewisser restriktiver Voraussetzungen nicht zu Steuerzahlungen führt. Dazu gehört beispielsweise die Abgabe von mindestens 80 Prozent aller Stimmrechtsanteile des Tochterunternehmens an die Aktionäre. Das abgespaltene Unternehmen gehört damit nicht mehr zum Konzernkreis. In Deutschland hingegen ist ein Spin-off faktisch nicht steuerfrei konstruierbar. Obwohl das deutsche Umwandlungssteuergesetz zwar prinzipiell die Steuerneutralität vorsieht, führen in der Umsetzung so genannte Missbrauchsvorbehalte dazu,

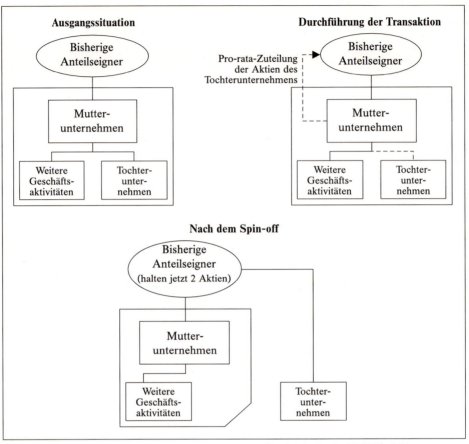

Quelle: Erweiterte Darstellung in Anlehnung an Blanton/Perrett/Taino (2000), S. 9; Charifzadeh (2002), S. 94.

Abbildung 4: Spin-off einer Tochtergesellschaft

dass eine Buchwertfortführung nicht möglich ist und stille Reserven aufgelöst werden, welche dann versteuert werden müssen.

- *Split-off*

Ein Split-off weist starke Parallelen zu einem Spin-off auf, denn es kommt auch hier nicht zu Zahlungsströmen. Allerdings werden hier die Anteile nicht pro rata an die Aktionäre des Konzerns abgegeben. Vielmehr erhalten die bisherigen Anteilseigner das Angebot, ihre Anteile an der Konzerngesellschaft im Zuge eines Aktientauschs gegen die (neuen) Aktien der abzuspaltenden Tochtergesellschaft einzutauschen. Es müssen also die Anteile an der „alten" Muttergesellschaft aufgegeben werden, um eine Beteiligung am Split-off-Unternehmen zu erhalten. Eine anschließende Börsennotierung der abgespaltenen Tochtergesellschaft findet häufig statt.

Reine Split-offs sind eher selten. Sie werden jedoch häufiger nach bereits begonnenen Desinvestitionsschritten eingesetzt. Oftmals folgen sie als endgültige Abtrennung nach

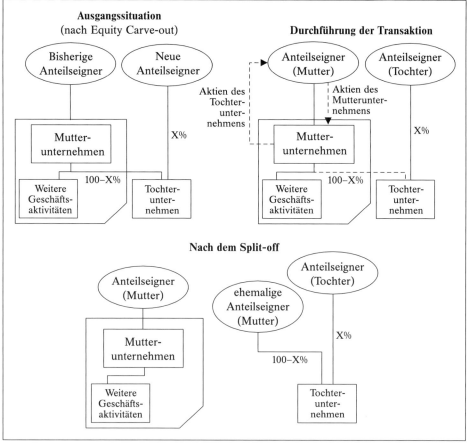

Quelle: Übernommen aus Charifzadeh (2002), S. 95.

Abbildung 5: Split-off nach zuvor durchgeführtem Equity Carve-out

zuvor durchgeführten Equity Carve-outs. Der kombinierte Vorgang wird in Abbildung 5 dargestellt. Im Ergebnis erreicht die Muttergesellschaft eine vollständige Abtrennung des Desinvestitionsobjektes.

- *Split-up*

Ein Split-up stellt eine Aufspaltung des gesamten Unternehmens dar, bei der das gesamte Vermögen auf mindestens zwei bestehende oder neu zu gründende Unternehmen übertragen wird. Im Gegensatz zu den voranstehenden Konzepten geht hierbei das Mutterunternehmen unter (vgl. Abbildung 6). Es handelt sich somit um die einschneidendste Form des Corporate Restructuring. Die Anteilseigner des aufgespaltenen Unternehmens erhalten verhältniswahrend oder nicht-verhältniswahrend Anteile an den neuen Einheiten.

Ein Spezialfall eines Split-ups stellt ein so genannter Demerger dar, wobei die Begriffsverwendung häufig uneinheitlich ist. Bei einem Demerger wird eine vorausgegangene

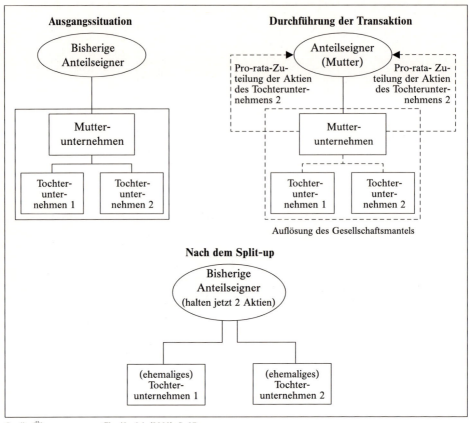

Quelle: Übernommen aus Charifzadeh (2002), S. 97.

Abbildung 6: Split-up auf zwei bestehende Tochterunternehmen

Fusion wieder rückgängig gemacht, indem das fusionierte Unternehmen liquidiert und das Vermögen in der ursprünglichen Verteilung wieder auf die Ausgangsunternehmen übertragen wird.

- *Tracking Stocks*

Tracking Stocks, auch Targeted Stocks, Alphabet Stocks oder Letter Stocks genannt, weichen von allen bisher beschriebenen Restrukturierungsinstrumenten dadurch ab, dass der Unternehmensverband als juristische Einheit vollständig erhalten bleibt. Mit Tracking Stocks wird die Performance einer oder mehrerer bestimmter Geschäftseinheiten abgebildet (ge-tracked), ohne diese aus dem Gesamtunternehmen herauszulösen. Es handelt sich somit um eine Aktiengattung, die das Recht auf Gewinnausschüttung aus einem Teilbereich des Gesamtunternehmens verbrieft.

Die abgebildeten Teilbereiche werden als so genannte Tracked Units bezeichnet und sind i.d.R. nach Branchen oder nach Regionen abgegrenzt. Auf jede Tracked Unit wird eine zugehörige Tracking-Stock-Klasse emittiert. Theoretisch kann eine Gesellschaft ebenso

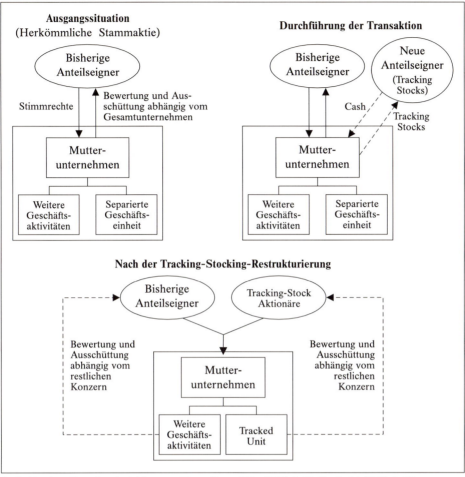

Quelle: Erweiterte Darstellung in Anlehnung an Blanton/Perrett/Taino (2000), S. 35; Charifzadeh (2002), S. 101.

Abbildung 7: Tracking-Stock-Restrukturierung bei Zuteilung der Anteile via IPO

viele Tracking-Stock-Klassen emittieren wie abgrenzbare Geschäftseinheiten existieren. Wird das gesamte Unternehmen in Tracked Units aufgeteilt, so existieren nach der Ausgabe von Tracking Stocks keine herkömmlichen Stammaktien mehr, sondern dafür ausschließlich die entsprechenden Tracking-Stock-Klassen (vgl. Abbildung 7). Die Tracked Units stellen jedoch auch nach der Ausgabe der Tracking Stocks keine rechtlich selbstständigen Einheiten dar. Die Abtrennung erfolgt lediglich im Sinne einer separierten Rechnungslegung. Das Gesamtunternehmen behält einen einheitlichen Vorstand, welcher allen Teilen vorsteht.

Die Tracking-Stock-Restrukturierung kann dabei in unterschiedlicher Weise vollzogen werden. Erstens können die neu geschaffenen Tracking Stocks an die Altaktionäre des Gesamtunternehmens – vergleichbar mit einem Spin-off – verteilt werden. Zweitens kommt eine öffentliche Platzierung in Frage. Drittens ist eine Ausgabe von Tracking Stocks im Zuge eines Anteilstauschs denkbar. Wie bei einem Split-off müssen hierbei jedoch für die Tracking Stocks alte Aktien abgegeben werden. Im Spezialfall kann schließlich eine neu geschaffene Tracking-Stock-Klasse auch im Zuge eines Unternehmenskaufs als Akquisitionswährung eingesetzt werden. Hierbei wird das gekaufte Unternehmen direkt als neue Tracked Unit in den Konzern eingebunden und die entsprechenden Tracking Stocks an die Eigentümer der erworbenen Gesellschaft ausgegeben.

Bei Tracking Stocks handelt es sich um ein US-amerikanisches Konzept, welches in Deutschland bislang noch nicht zur Anwendung gekommen ist.[2] Die rechtliche Ausstattung ist daher insbesondere in Deutschland eine teilweise noch ungeklärte Fragestellung. Nach US-amerikanischem Recht beziehen sich abgesehen von dem Dividendenbezugsrecht die anderen Aktionärsrechte (Anteil am Liquidationserlös der Einheit, Stimm- und Bezugsrechte) trotz der Einteilung in verschiedene Tracking-Stock-Klassen auf den gesamten Konzern. Je nach Ausgestaltung gibt es jedoch Unterschiede bei einzelnen Parametern. Bezüglich des Stimmrechtes und der Aufteilung des Liquidationserlöses ist eine fixe oder eine variable Zuteilung möglich. Tracking Stocks können einerseits mit einer bereits zum Emissionszeitpunkt fix vorgegebenen Stimmrechtsverteilung ausgestattet sein, die auch bei späteren Veränderungen der Marktkapitalisierung erhalten bleibt. Andererseits können Stimmrechtsverteilungen auch in Abhängigkeit von der relativen Marktkapitalisierung der einzelnen Tracked Units festgelegt werden. Bei Haftungsfragen steht die Gesamtgesellschaft im Blickpunkt. Im Konkursfall haften die Tracking-Stock-Aktionäre gegenüber den Gläubigern gesamtschuldnerisch mit ihrem Anteil am Eigenkapital des Gesamtunternehmens, denn im Gegensatz zu einem Spin-off oder Equity Carve-out findet bei einer Restrukturierung mit Tracking Stocks keine rechtliche Übertragung von Vermögen und Schulden auf die Tracked Units statt. Daher sind die Anteilseigner in aktienrechtlicher Hinsicht nach wie vor Aktionäre des Gesamtunternehmens und nicht nur der Tracked Units.

Die wichtigsten Charakteristika der aufgeführten Corporate-Restructuring-Maßnahmen sind in Übersicht 1 zusammenfassend dargestellt. Das erste Merkmal bezieht sich auf das Ausmaß der Anteilsabgabe, wie es im Normalfall beim Einsatz des jeweiligen Instrumentes erfolgt. Da i.d.R. mit den Eigentumsanteilen auch die Stimmrechte abgegeben werden, bestimmt das Ausmaß der Anteilsabgabe gleichzeitig die zukünftige Kontrolle über das Desinvestitionsobjekt. Dabei wird deutlich, dass Maßnahmen im Rahmen des Corporate Restructuring nicht zwangsläufig zu einer Aufbrechung des Ausgangsunternehmens führen müssen. Insofern sind die Begriffe Corporate Downsizing oder Break-up nicht immer zutreffend. So bleibt bei der Einführung einer Tracking-Stock-Struktur der Unternehmensverbund erhalten. Für die Aktionäre sollen sich dennoch die Ausschüttungen wie bei einem herausgelösten Unternehmensteil bestim-

---

[2] Die erste und bisher einzige Tracking-Stock-Restrukturierung in Europa wurde von dem französischen Alcatel-Konzern im Herbst 2000 durchgeführt.

men. Auch bei einem Equity Carve-out bleibt der Konzernverbund bestehen, da die Muttergesellschaft grundsätzlich einen Mehrheitsanteil an dem betreffenden Unternehmensteil behält und somit nach wie vor Kontrolle über die Geschäftspolitik ausübt.

Oftmals wird eine Restrukturierungsmaßnahme im Zusammenhang mit der Veräußerung eines Geschäftsbereiches gesehen. Ein Cashzufluss, der im Zuge eines Verkaufs des Unternehmensteils generiert wird, entsteht jedoch lediglich bei zwei der sieben dargestellten Restrukturierungsvarianten, während es bei zwei weiteren auf die konkrete Ausgestaltung ankommt. Es handelt sich somit bei einer Restrukturierung oftmals um eine Maßnahme, die keine Zahlungsströme auslöst. Sofern dennoch ein Cashzufluss entsteht, ist zu differenzieren, wem dieser zusteht. Dies ist davon abhängig, ob die abzugebenden Anteile aus dem Altbestand des Mutterunternehmens oder aus einer Kapitalerhöhung des Tochterunternehmens stammen. Während der Erlös bei einer Umplatzierung von alten Aktien dem verkaufenden Konzernunternehmen zukommt, fließt der Verkaufserlös im Falle der Emission neuer Aktien dem Tochterunternehmen zu.

Nahezu alle hier dargestellten Restrukturierungsinstrumente führen nach der Erstplatzierung der Aktien in einem zweiten Schritt zu einem öffentlichen Listing der abgespaltenen Unternehmensteile im Sekundärhandel. Eine eigentliche öffentliche Platzierung der Anteile über den Kapitalmarkt findet hingegen lediglich bei einem Equity Carve-out und einem Subsidiary IPO statt. Beim Spin-off, Split-off und Split-up werden die Anteile vor der Einführung an der Börse bei den alten Aktionären platziert. Tracking Stocks können sowohl auf dem Wege einer öffentlichen Platzierung emittiert werden als auch an die Altaktionäre des Unternehmens verteilt werden. Eine Ausnahme stellt ein Sell-off dar, denn hier wird ein Unternehmensteil an einen anderen Konzern privat veräußert. Das Sell-off-Unternehmen wird in den Käuferkonzern als Tochtergesellschaft integriert und somit nicht an der Börse notiert.

Übersicht 1: Charakteristika von Restrukturierungsmaßnahmen

|  | Sell-offs | Equity Carve-outs | Subsidiary IPOs | Spin-offs | Split-offs | Split-ups | Tracking Stocks |
|---|---|---|---|---|---|---|---|
| Anteilsabgabe (i.d.R.) | 100% | <50% | >50% | >80% | 100% | 100% | – |
| Konzernverbund wird aufgebrochen | X |  | X | X | X | X |  |
| Cashzufluss an Konzernobergesellschaft | X | (X) | X |  |  |  | (X) |
| Platzierung am Kapitalmarkt |  | X | X |  |  |  | (X) |
| anschließender Sekundärmarkthandel |  | X | X | X | X | X | X |

X = trifft zu; (X) = möglich

## 2.2 Motive für Corporate Restructuring

Corporate-Restructuring-Maßnahmen sind mit einer einzigen Ausnahme grundsätzlich unter der Maßgabe der Wertsteigerung für das Unternehmen zu sehen. Seit Beginn der 90er Jahre steht die Steigerung des Shareholder Value als oberstes Unternehmensziel im Vordergrund. Unter dieser Vorgabe lassen sich folglich auch nahezu alle Begründungen für Restrukturierungsschritte subsumieren. Corporate-Restructuring-Schritte, die nicht das Ziel der Unternehmenswertsteigerung haben, sind unfreiwillige Restrukturierungsmaßnahmen. Abbildung 8 gibt einen Überblick über die wichtigsten Motive für Unternehmensrestrukturierungen.

### 2.2.1 Unfreiwillige Restrukturierungen

Von derartigen unfreiwilligen Restrukturierungsmaßnahmen spricht man, sofern Abspaltungen und Verkäufe von Unternehmensteilen von außen erzwungen werden. Restrukturierungen müssen somit nicht zwangsläufig aus strategischen Überlegungen geboren werden.

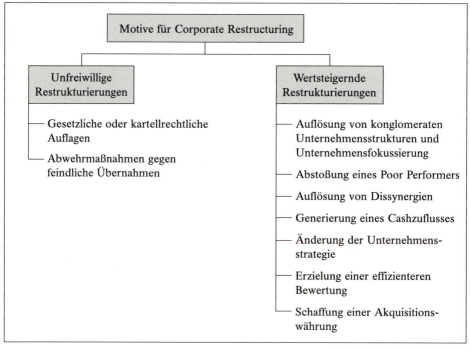

Abbildung 8: Motive für Corporate Restructuring

*Gesetzliche oder kartellrechtliche Auflagen*

Gründe für solche Maßnahmen können regulatorische Vorgaben wie zum Beispiel Gesetzesänderungen oder kartellrechtliche Beschlüsse sein. So wurden beispielsweise schon im Vorfeld der Übernahme von Mannesmann durch das britische Telekommunikationsunternehmen Vodafone, welche sich bereits am Ende des Jahres 1999 angebahnt hatte, durch die EU-Kartellbehörde Vorgaben gemacht. Es wurde klargestellt, dass im Falle einer geglückten Übernahme das britische Mobilfunkunternehmen Orange, das Mannesmann erst kurz zuvor gekauft hatte, abzuspalten sei.

Ein anderes Beispiel war die Androhung der Aufspaltung des US-amerikanischen Unternehmens Microsoft. Das US-Justizministerium sowie 19 Bundesstaaten warfen dem Konzern in einem im Jahr 1999 angestrengten Kartellverfahren vor, seine Monopolstellung missbräuchlich eingesetzt zu haben. Microsoft wurde für schuldig befunden, Wettbewerber mit Hilfe seines Monopols bei Betriebssystemen für Computer auf unfaire Weise aus dem Markt gedrängt zu haben. Ein im April 2000 gefälltes Urteil sah vor, das Unternehmen im Zuge eines Split-up in zwei Teile aufzuspalten, um die Marktmacht des Konzerns zu beschneiden. Während die Schuld Microsofts auch in der zweiten Instanz bestätigt wurde, hat das Berufungsgericht die angeordnete Aufspaltung jedoch im Juli 2001 zurückgenommen. Ein nun erfolgter Vergleich sieht verschiedene Auflagen für Microsoft vor. Zu einer Aufspaltung wird es jedoch nicht kommen.

*Abwehrmaßnahme gegen feindliche Übernahmen*

Die Abspaltung eines Unternehmensteils kann auch als Abwehrmaßnahme gegen einen drohenden Hostile Takeover dienen. Dieses Abwehrinstrument ist auch unter dem Begriff der Crown Jewels im angloamerikanischen Sprachraum bekannt (vgl. Beitrag Mergers and Acquisitions, Abschnitt 3.2.4.3) und stellt quasi einen letzten Ausweg vor einer Übernahme dar. Hierbei wird im Zuge einer Desinvestition das „Juwel" des Unternehmens abgespalten und an einen Dritten verkauft, um auf diese Weise das Gesamtunternehmen als Übernahmeziel uninteressant zu machen. Eine Restrukturierung vor diesem Hintergrund dient nicht der Wertmaximierung des Unternehmens und wird aufgrund des zwingenden Charakters für das Management zu den unfreiwilligen Restrukturierungen gezählt.

Bei diesen Mustern des Corporate Downsizing handelt es sich somit nicht um Maßnahmen, die von wertsteigerungsstrategischen Überlegungen abgeleitet sind, sondern vielmehr um von staatlicher Autorität oder von anderen äußeren Zwängen veranlasste Transaktionen. Das Motiv der Maximierung des Shareholder Value spielt daher bei dieser Art der Restrukturierung keine Rolle. Dementsprechend sind in der Regel keine Wertsteigerungen durch unfreiwillig vollzogene Restrukturierungen zu beobachten, obgleich dies nicht ausgeschlossen ist.

## 2.2.2 Unternehmenswertsteigernde Restrukturierungen

Die meisten Restrukturierungsaktivitäten fußen auf vorausgehenden Überlegungen des Managements und sind somit nicht von außen durch Gesetzgebung oder Richterspruch erzwungen. Es gibt dabei eine Vielzahl von unterschiedlichen Motiven für die Restrukturierung eines Unternehmens, die sich letztlich immer auf das Ziel der Steigerung des Unternehmenswertes zurückführen lassen.

*Auflösung von konglomeraten Unternehmensstrukturen und Unternehmensfokussierung*

In den vergangenen Jahrzehnten wurden im Zuge verschiedener Mergerwellen in den USA und Europa lateral stark diversifizierte Unternehmen geformt. Verantwortlich dafür war unter anderem eine fehlgeleitete Managementlehre, die den Aufbau von konglomeraten Großkonzernen empfahl (vgl. hierzu Abschnitt 2.3). Nachdem sich die Erkenntnisse schließlich ins Gegenteil kehrten und vermehrt die Auflösung der diversifizierten Strukturen propagiert wurde, nahmen auch die Restrukturierungsbemühungen deutlich zu. Als wichtigstes Argument für eine Desinvestition wurde in den letzten Jahren die Konzentration auf Kernkompetenzen, die Spezialisierung oder die strategische Fokussierung genannt. Kommt das Management eines Konzerns zum Schluss, dass ein Geschäftsbereich nicht zum Kerngeschäft passt, so bietet sich dessen Abtrennung an.

*Abstoßung eines Poor Performers*

Hinter dem Motiv der Fokussierung und der Konzentration auf die Kernkompetenzen steht manchmal nur eine gut klingende Umschreibung für ein in Wahrheit unangenehmes Eingeständnis von Misserfolgen. Gegebenenfalls handelt es sich bei der Restrukturierungsentscheidung um die Korrektur einer erfolglosen Expansion. Eine gescheiterte Diversifikationsstrategie, die sich in einem oder mehreren verlustbringenden Unternehmensteilen manifestiert hat, muss dann durch eine entgegengerichtete Corporate-Restructuring-Maßnahme wieder rückgängig gemacht werden. Der so genannte Poor Performer kann von einem anderen Unternehmen oder allein am Markt unter Umständen profitabel geführt werden. Selbst wenn der Unternehmensteil Gewinne erwirtschaftet, so kann es dennoch sein, dass aufgrund der konglomeraten Struktur sein eigentliches Gewinnpotenzial nicht ausgeschöpft wird.

*Auflösung von Dissynergien*

Sofern eine negative Beeinflussung zwischen einzelnen Unternehmensteilen eines Konglomerates besteht, spricht man von so genannten Dissynergien (negative Synergien). Durch die Neustrukturierung eines Unternehmensverbundes können diese aufgelöst werden. Während Fusionen oder Akquisitionen oftmals mit der Realisierung (positiver) Verbundeffekte begründet werden, kann in diversifizierten Unternehmen auch der Fall negativer Synergien auftreten. Diese Effekte manifestieren sich beispielsweise in höheren Gemeinkosten aufgrund ineffizienter Verwaltungsstrukturen. Eine andere Möglichkeit ist ein so genanntes negatives Branding. Dieses tritt ein, wenn sich zwei oder mehrere Marken verschiedener Tochterunternehmen in einem diversifizierten Konzern gegenseitig negativ beeinflussen. Solch ein negativer Imagetransfer von einer Marke auf die andere kann die strategische Positionierung der Produkte zweier Tochterunternehmen beschädigen und schließlich dazu führen, dass Unternehmenswert vernichtet wird. Negative Synergien entstehen darüber hinaus in der Regel bei sehr großen, unflexiblen Strukturen. Auf Veränderungen des Wettbewerbumfeldes kann ein Großkonzern nicht flexibel genug reagieren, da die Anpassung einer von verschiedenen Unternehmensteilen genutzten Ressource sich zwangsläufig auf mehrere Geschäftsbereiche auswirkt. In diesen Fällen sind die aufgespaltenen Teile in der Summe mehr wert, als sie es eingebunden in der Unternehmensstruktur des Mutterunternehmens wären. Bei der Herauslösung der einzelnen Teile kann somit ein höherer Preis für die Unternehmensteile erzielt werden, als die Teile im Kollektiv für den Mutterkonzern wert sind.

*Generierung eines Cashzuflusses*

Häufig steht hinter einer Desinvestitionsmaßnahme die Absicht, einen Zahlungsmittelzufluss zu generieren, beispielsweise um den Verschuldungsgrad zurückzuführen. Daneben sind auch Fundraising-Absichten denkbar, wenn etwa andere Kapitalquellen nicht zur Verfügung stehen oder zu teuer sind. Die Mittel aus dem Verkauf von Randbereichen können dann in das Kerngeschäft fließen. In diesem Fall handelt es sich folglich nicht um die Korrektur einer erfolglosen, sondern oftmals im Gegenteil um die Erzielung eines Verkaufserlöses aus einer eventuell vorteilhaften Investition. In der Regel werden diese Restrukturierungen durch besonders günstige Bedingungen am Kapitalmarkt gefördert. Bei (temporär) besonders hohen Bewertungen für eine Branche kann es für ein Konzernunternehmen vorteilhaft sein, einen betreffenden Unternehmensteil zu verkaufen und auf diese Weise von dem hohen Bewertungsniveau zu profitieren.

*Änderung der Unternehmensstrategie*

Sich verändernde Umweltbedingungen oder vergangene Erfahrungen erfordern gegebenenfalls eine Umstellung der gesamten Unternehmensstrategie. Im extremen Fall kann es zu einer Abstoßung des eigentlichen Kerngeschäfts eines Unternehmens kommen und somit eine vollständige Neuorientierung des gesamten Unternehmens bedeuten. Als Beispiel kann die Restrukturierung des US-amerikanischen Unternehmens Greyhound genannt werden. 1987 verkaufte die Greyhound Corporation ihre Busaktivitäten. Diese wurden in dem neuen Unternehmen Greyhound Lines zusammengefasst. Die ehemalige Greyhound Corporation firmiert heute als Viad Corp. und ist eine breit diversifizierte Holding mit Tochterunternehmen aus den Bereichen Zahlungsabwicklungssysteme, Event- und Catering-Services.

In der Regel führen strategische Überlegungen des Managements zu solch einem weitreichenden Schritt. Man will das Stammgeschäft verlassen, weil der Markt beispielsweise keine ausreichenden Wachstumschancen mehr bietet. Normalerweise verfügen solche Unternehmen jedoch bereits über ein zweites Standbein, in welches dann auch die Erlöse aus der Desinvestition fließen sollen.

Ein Grund für eine Änderung der Unternehmensstrategie kann auch die Notwendigkeit eines zu großen zusätzlichen Kapitaleinsatzes sein. Sofern der Verbleib in einem Markt zu große neue Investitionen erforderlich macht, kann der Entschluss gefasst werden, sich aus diesem Bereich zurückzuziehen und den betreffenden Unternehmensteil abzuspalten.

### *Erzielung einer effizienteren Bewertung am Kapitalmarkt*

Ein häufig genanntes Motiv bei Restrukturierungen ist der Wunsch nach einer effizienten Bewertung am Kapitalmarkt. Insbesondere Manager von konglomerat diversifizierten Unternehmen sehen hierbei einzelne, vom Kernbereich abweichende Unternehmensteile bei der Gesamtbewertung des Konzerns als nicht ausreichend berücksichtigt an. Problematisch ist dies dann, wenn die Unternehmensbereiche unterschiedlichen Branchen und damit unterschiedlichen Bewertungsniveaus unterliegen. Dies lässt sich beispielsweise am so genannten Branchen-KGV ablesen. Durch die Abtrennung und eigenständige Notierung am Kapitalmarkt wird das Desinvestitionsobjekt vergleichbar mit anderen Unternehmen aus seiner Branche bewertet. Zu einer Unternehmenswertsteigerung auf Gesamtunternehmensebene kommt es dann, wenn die Branche des Unternehmensteils von einer stark abweichenden, insbesondere einer höheren Bewertung am Kapitalmarkt gekennzeichnet ist. Als Beispiel können die Desinvestitionen der Mobilfunktochtergesellschaften der großen deutschen Energieversorgerkonzerne genannt werden.

### *Schaffung einer Akquisitionswährung*

Oftmals beabsichtigt die Muttergesellschaft, durch eine Restrukturierungsmaßnahme ein flexibles Instrument zur Finanzierung ihres externen Wachstums im Kerngeschäft zu erlangen. Mit einer Desinvestition kann eine Akquisitionswährung für eine Expansion der Konzernobergesellschaft generiert werden, während sich das Unternehmen gleichzeitig von Randgebieten trennt. Hierbei ist es daher entscheidend, dass die Muttergesellschaft nur einen kleinen Teil des Aktienkapitals am Desinvestitionsobjekt verkauft und sich vorbehält, die weiteren Anteile für spätere eigene Akquisitionen zu verwenden. Die Schaffung einer Akquisitionswährung war beispielsweise nach Aussage des Vorstandsvorsitzenden der Deutschen Telekom ein primäres Motiv für den im April 2000 stattgefundenen Börsengang der Internet-Tochter T-Online. Somit ist der sehr geringe Anteil der am Aktienmarkt verkauften Anteile des Tochterunternehmens einsichtig (die Deutsche Telekom brachte lediglich einen Anteil von 10 Prozent am Kapital der T-Online an die Börse, vgl. Abschnitt 3.4.2 Fallstudie).

### 2.2.3 Kapitalmarktreaktionen und Erklärungsansätze für die Wertsteigerung durch Corporate Restructuring

#### 2.2.3.1 Empirische Ergebnisse über Shareholder-Value-Steigerungen durch Restrukturierung

Mit der Ausnahme der unfreiwilligen Restrukturierungen zielen Corporate-Restructuring-Maßnahmen auf eine Unternehmenswertsteigerung. Anhand zahlreicher empirischer Studien wurde die Erreichbarkeit dieses Effektes überprüft. Dabei wurden Shareholder-Value-Steigerungen anhand von Aktienkursreaktionen der Konzernobergesellschaften bzw. der Desinvestitionsobjekte bei Bekanntgabe von Corporate-Restructuring-Maßnahmen (so genannter Announcement Effect) und für einen bestimmten Zeitraum nach der Restrukturierung (so genannter Aftermarket Effect) untersucht. Die Marktteilnehmer antizipieren die positiven Auswirkungen auf den Unternehmenswert und lassen ihre Erwartungen durch entsprechende Kauf- und Verkaufaufträge in die Kurse einfließen.

Bei den Studien zum *Announcement Effect* werden die Aktienkurse wenige Tage vor der Bekanntgabe der Restrukturierung mit dem Kurs am Tag oder wenige Tage nach der Ankündigung ins Verhältnis gesetzt. Nach Abzug der Rendite eines Benchmarks wurden hierbei Überrenditen bei der Bekanntgabe von Spin-offs von durchschnittlich ca. 3 Prozent bei der Konzernobergesellschaft nachgewiesen.[3] Bei Equity Carve-outs waren dies zwischen 1,2 und 2,3 Prozent. Der Bekanntgabe-Effekt bei Tracking Stocks wurde in verschiedenen Studien zwischen 2,6 und 4,2 Prozent nachgewiesen. Für Sell-offs zeigten sich positive Renditen bei der Bekanntgabe in Höhe von durchschnittlich ca. 1,3 Prozent.

Studien zum *Aftermarket Effect* weisen zum Teil wesentlich höhere Überrenditen nach. Diese Untersuchungen vergleichen den Unternehmenswert der Konzerngesellschaft kurz vor der Durchführung mit den Unternehmenswerten der restrukturierenden Muttergesellschaft und dem abgetrennten Unternehmen zu einem späteren Zeitraum. Die Beobachtungsperioden der Studien erstrecken sich dabei über mehrere Monate bis mehrere Jahre. Bei Spin-offs konnte man für einen Zeitraum von zwei Jahren Überrenditen in Höhe von 12,7 Prozent für beide Unternehmen zusammen nachweisen.[4] Bei Equity Carve-outs konnten positive Aftermarket-Effekte in Höhe von 11,8 Prozent beim Tochterunternehmen belegt werden.[5] Diese an sich positiven Ergebnisse sind jedoch insofern differenziert zu betrachten, als dass bei diesen Studien der Effekt der Restrukturierung auf den Shareholder Value über längere Zeiträume nicht mehr von anderen Wertbeeinflussungen isoliert werden kann.

---

[3] Vgl. im Folgenden sowie für eine Übersicht über empirische Aktienkursanalysen beim Corporate Restructuring ausführlich Charifzadeh (2002), S. 148–169.
[4] Vgl. Desai/Jain (1999), S. 88–90.
[5] Vgl. Miles/Woolridge (1999), S. 51–55.

## 2.2.3.2 Theoretische Erklärungsansätze

Zahlreiche Erklärungsansätze liefern Begründungen dafür, warum in der Regel die gezeigte Unternehmenswertsteigerung eintritt. An dieser Stelle können nicht alle möglichen Erklärungsansätze für Shareholder-Value-Zunahmen durch Corporate Restructuring aufgeführt werden. So werden hier lediglich Restrukturierungen, die über den Kapitalmarkt abgewickelt werden, betrachtet. Die wesentlichen Punkte betreffen die Informationen über das Desinvestitionsobjekt, die Vervollständigung des Kapitalmarktes und die Effizienzsteigerung des Managements.

*Informationshypothese*

Der erste Erklärungsansatz betrifft eine gesteigerte Transparenz der abgespaltenen Unternehmensteile. Man spricht von der so genannten Informationshypothese. Investoren wird es durch innerhalb der Konzernstruktur bestehende Intransparenzen erschwert, einzelne Unternehmensbereiche zu bewerten. Die Aktien eines Unternehmens mit einem hohen Diversifikationsgrad ermöglichen lediglich die Bewertung des konsolidierten Gesamtkonzerns. Anleger bevorzugen dagegen einen so genannten Pure-Play-Charakter einer Investition, da es ihnen hierbei möglich ist, mit Hilfe bereichsspezifischer Informationen entsprechend ihres individuellen Risiko/Rendite-Kalküls ein Engagement in eine Anlage einzugehen. Andernfalls bleibt ihnen nichts anderes übrig, als vorsichtige Durchschnittsannahmen für eine Investitionsentscheidung heranzuziehen, was zu einem Bewertungsabschlag führt. Dieser Abschlag wird auch als „Holdingabschlag" oder „Conglomerate Discount" bezeichnet. Bewegt sich ein Desinvestitionsobjekt eigenständig am Kapitalmarkt, so steigt die Transparenz. Allein durch die gesetzlichen Informationserfordernisse an ein öffentlich notiertes Unternehmen stehen nach einer Restrukturierung über den Kapitalmarkt individuelle Informationen über das Desinvestitionsobjekt zur Verfügung.

Im Zuge einer Corporate-Restructuring-Maßnahme findet nicht nur vom Unternehmen aus eine verbesserte Informationsversorgung statt. Auch externe Analysten werden sich erstmals mit dem neuen Unternehmen als eigenständige Einheit beschäftigen. Neben einer Erhöhung der Anzahl der Analysten ist auch eine Spezialisierung zu erwarten. Während Konglomerate in der Regel von Analysten beurteilt werden, die sich auf die Branche des Hauptgeschäfts des Gesamtkonzerns fokussiert haben, werden die Desinvestitionsobjekte nach der Restrukturierung von spezialisierten Analysten aus der jeweils eigenen Branche betreut. Dies führt zu einer fundierteren Bewertung und zur Vermeidung eines Holdingabschlags.

Die Verbreitung von Informationen über das Tochterunternehmen sowie die Analystenrecherchen erfahren eine weitere Zunahme, wenn das Desinvestitionsobjekt in einen Index aufgenommen wird. Aufgrund der Aufmerksamkeit, die dem abgetrennten Unternehmensteil in diesem Fall seitens der institutionellen Investoren zukommt, ist eine weitere Verbesserung der Informationseffizienz zu erwarten. Als Beispiel kann die Siemens Tochter Epcos AG genannt werden, welche bereits fünf Monate nach dem Börsengang in den DAX aufgenommen wurde.

*Vervollständigung des Kapitalmarktes*

Die Börseneinführung eines abgetrennten Unternehmensbereichs kann als Vervollständigung der am Aktienmarkt handelbaren Investitionsvehikel gesehen werden. Nach der Restrukturierung existiert nicht mehr nur ein Wertpapier mit einem gemischten Auszahlungsprofil, sondern mindestens zwei separat notierte Aktien. Dem Investor bietet sich durch die zusätzliche Investitionsmöglichkeit eine neue Anlage mit einem speziellen, am Kapitalmarkt in dieser Weise bisher nicht vorhandenen Risiko/Rendite-Profil. So verbriefen beispielsweise Tracking Stocks Auszahlungsansprüche an Geschäftsbereiche, für die zuvor keine exakt vergleichbaren Wertpapiere vorhanden waren. Investoren eröffnet sich nun entsprechend ihrer individuellen Risikoeinstellung eine neue Diversifikationsmöglichkeit. Über eine entsprechende Nachfrage nach Investitionsmöglichkeiten mit dem speziellen Auszahlungsprofil sind positive Kursreaktionen zu erklären. In dieser Eigenschaft unterscheiden sich die verschiedenen Corporate-Restructuring-Maßnahmen über den Kapitalmarkt nicht voneinander.

*Management-Effizienzhypothese*

Ein Erklärungsansatz, der die internen Führungsstrukturen von diversifizierten Unternehmen in den Vordergrund stellt, ist die so genannte Management-Effizienzhypothese. Dabei geht man davon aus, dass komplexe Konglomerate mit der vorhandenen Managementkapazität nicht mehr effizient zu führen sind. Mit Restrukturierungsmaßnahmen versucht man daher, eine Fokussierung der Kapazitäten auf die wichtigen Kernbereiche zu erreichen.

Neben einer sinnvollen Verteilung des Managementpotenzials auf die Führungsaufgaben kann eine Restrukturierungsmaßnahme auch einen Motivationseffekt für das Management des abzutrennenden Unternehmensteils auslösen. Im Sinne einer effizienteren Zuteilung von Entscheidungskompetenzen und Ergebnisverantwortung sind durch Restrukturierungen im Gegensatz zu einer stark diversifizierten Unternehmensstruktur Motivationssteigerungen für das Management wahrscheinlich.

Durch eine separate Kapitalmarktbewertung kann ein zusätzlicher Motivationsschub entstehen. Dies geschieht insbesondere dann, wenn die Vergütungsstruktur der Führungskräfte an die Shareholder-Value-Entwicklung geknüpft ist. Eine Restrukturierungsmaßnahme, die zu einer separaten Notierung des Desinvestitionsobjektes am Kapitalmarkt führt, ermöglicht es, solche erfolgsabhängigen Managemententlohnungen einzurichten. Ein Beispiel sind Aktienoptionsprogramme, welche die Kompensation des Managements an die Entwicklung des Shareholder Value des Unternehmensteils koppeln.

Eine Effizienzsteigerung des Managements aufgrund einer Kapitalmarktbewertung lässt sich jedoch auch ohne erfolgsorientierte Vergütungsstrukturen feststellen. Mit einer Notierung am Kapitalmarkt, wie es beispielsweise im Zuge eines Spin-offs entsteht, unterliegt das Management des ehemaligen Tochterunternehmens nun der Kontrolle des Kapitalmarktes. Der Preis für die betreffende Aktie am Sekundärmarkt spiegelt im Falle eines effizienten Kapitalmarktes die Zufriedenheit der Investoren mit dem Unternehmen wider. Grundlage dieses Wirkungsmechanismus ist die Tatsache, dass Kapital im Rahmen eines wettbewerblichen Prozesses dem Verwendungszweck mit dem höchsten Nutzen zugeführt wird. Insofern erreicht die tägliche Bewertung des Unternehmens, ausgedrückt durch den Aktienkurs an der Börse, eine Disziplinierungsfunktion für das Management. Führt die Unternehmensführung Investitionen durch, deren Rendite unterhalb der Kapitalkosten liegen, so handelt sie nicht im Sinne einer Shareholder-Value-Steigerung. Die daraufhin sinkenden Aktienkurse schränken zum einen den Handlungsspielraum des Managements ein. Zum anderen können fallende Kurse aber auch zu einer wachsenden Übernahmegefahr führen, welche in diesem Kontext vor allem den Arbeitsplatz der Manager bedroht. Der Disziplinierungseffekt auf das Management ist daher umso größer, je effizienter der Markt für Unternehmensübernahmen funktioniert.

Die daraus entstehenden positiven Auswirkungen auf die Effizienz des Managements zeigen sich in der Folge in verbesserten operativen Geschäftsergebnissen, welche sich langfristig in einem gestiegenen Unternehmenswert ausdrücken. Dies wird vom Kapitalmarkt antizipiert und spiegelt sich oftmals in einem positiven Ankündigungseffekt einer Restrukturierungsmaßnahme wider.

## 2.3 Historische Entwicklung und aktuelle Situation

### 2.3.1 Entwicklung des Corporate Restructuring in den USA

Sowohl M & A-Transaktionen als auch andere Restrukturierungsmaßnahmen können als Anstrengung von Unternehmen angesehen werden, sich den verändernden ökonomischen und auch politischen Bedingungen anzupassen. Dabei stehen die Restrukturierungsbestrebungen in der Vergangenheit teilweise eng mit den expansiven Fusions- und Akquisitionstransaktionen in Verbindung.

Die unterschiedlichen Merger- und Restrukturierungswellen (vgl. Beitrag Mergers & Acquisitions, Abschnitt 1.3) waren sowohl durch makroökonomische Gegebenheiten bzw. Restriktionen als auch durch Veränderungen in den rechtlichen Rahmenbedingungen bestimmt. In Bezug auf den Zeitpunkt und die Richtung der Restrukturierungsmaßnahmen können darüber hinaus auch die zum jeweiligen Zeitpunkt neuen Erkenntnisse der Forschung und die daraus resultierenden Handlungsempfehlungen eine Erklärung liefern.

Lange Zeit waren expansive Unternehmensübernahmen die vorherrschende Transaktionsform an den Kapitalmärkten. In den ersten beiden Mergerwellen in den USA um die Jahrhundertwende und in den 20er Jahren überwogen horizontale Zusammenschlüsse, was zu einer wachsenden Konsolidierung der Industrien führte.

Dies änderte sich jedoch im Zuge der dritten Mergerwelle in den späten 60er Jahren. Kartellrechtliche Bestimmungen regulierten horizontale und vertikale Diversifikationen und verhinderten somit weitere konzentrationsfördernde Unternehmenszusammenschlüsse innerhalb einzelner Branchen in den USA. Unternehmen verfolgten daher nun eine konglomerate Diversifikationspolitik und expandierten vor allem über laterale Akquisitionen.

Eine Reihe von Argumenten aus der Forschung und der Managementlehre sollte die Vorteilhaftigkeit dieser Unternehmensformen belegen. So wurden konglomerate Unternehmensstrukturen als geeignete Form betrachtet, um die Unternehmenskontrolle auf erfahrene und professionell agierende Manager zu übertragen. Man war der Meinung, dass Führungsfähigkeiten universell in allen Branchen einsetzbar wären. Ferner sah man in einer breiten Diversifikation auf Unternehmensebene eine willkommene Reduktion des unternehmerischen Gesamtrisikos. Man ging implizit davon aus, dass eine interne Kapitalallokation von Investitionsmitteln durch eine Zentralverwaltung zu effizienteren Ergebnissen käme als der externe Kapitalmarkt.

Zu Anfang der 70er Jahre traten jedoch zunehmend wirtschaftliche Misserfolge an die Oberfläche, verstärkt durch die beginnende Rezession. Die Unternehmen sahen sich gezwungen, ihre bisherigen Diversifikationsstrategien zu überdenken. Akquisitionen, die sich mittlerweile als erfolglos erwiesen hatten, wurden in einer Welle von Sell-offs abgestoßen. Im Jahr 1971 machten die Desinvestitionen insgesamt 42 Prozent aller Transaktionen aus, im Jahr 1975 sogar 54 Prozent.[6]

Die zunehmende Zahl von Abspaltungen stand im Einklang mit einer sich verändernden Management-Philosophie. Die betriebswirtschaftliche Forschung und Lehre wurde zunehmend kritisch bei der Beurteilung der konglomeraten Unternehmensgebilde und mahnte eine Konzentration auf die Kernbereiche eines Unternehmens an. Zahlreiche empirische Untersuchungen legten den Schluss nahe, dass laterale Zusammenschlüsse zu keinen operativen Effizienzsteigerungen führten. Man erkannte den Verlust von Spezialisierungsvorteilen und die Gefahr von Managementineffizienzen. Eine Diversifikation auf Unternehmensebene – so die Erkenntnis – führe nicht zu einer Wertsteigerung für die Eigentümer, sondern diene allein den Interessen risikoaverser Manager. Eine aktionärsseitig sinnvolle Diversifikation sei jedoch auf Konzernebene nicht notwendig und schaffe keinen Shareholder Value. Der Verlauf der Restrukturierungsaktivitäten (vgl. Abbildung 9) deutet ebenfalls darauf hin, dass viele der Maßnahmen eine Korrektur der vorausgegangenen fehlgeleiteten Expansionsaktivitäten darstellen. So folgte den stärksten M & A-Aktivitäten Ende der 60er Jahre wenige Jahre später ein Höhepunkt der Desinvestitionstransaktionen.

In den 80er Jahren machten sich vor allem Finanzinvestoren diese Erkenntnisse zu Nutze, indem sie niedrig bewertete Konglomerate aufkauften, um deren Einzelteile nach der Zerschlagung gewinnbringend zu verkaufen. Die so genannten Corporate Raiders finanzierten die Übernahmen dabei durch einen hohen Einsatz von Fremdkapital. Die Akquisitions- und Desinvestitionstransaktionen waren damit erstmals von Finanzinvestoren dominiert.

---

[6] Gaughan (1999), S. 399.

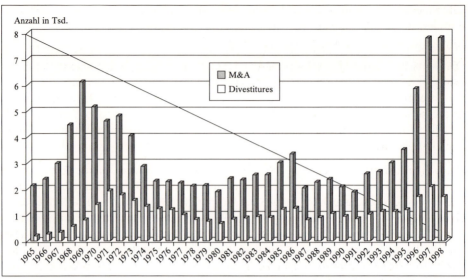

Quelle: Mergerstat Review 1999

Abbildung 9: M & A-Transaktionen und Desinvestitionen in den USA

Mit der sich zunehmend durchsetzenden Wertorientierung als neues Unternehmensführungskonzept begann zu Anfang der 90er Jahre in den USA eine weitere Restrukturierungswelle, die jedoch von einer parallelen Übernahmewelle begleitet wurde. Diesmal standen jedoch eindeutig wieder strategische Motive im Vordergrund. Das Shareholder-Value-Denken, das sich in den USA deutlich eher durchsetzte als in Deutschland, führte zu einer konsequenten Rückbesinnung auf die Kernkompetenzen des Unternehmens. Auch die latenten Übernahmebedrohungen, selbst für große Konglomerate, zwangen die Konzerne zu Restrukturierungen. Dabei führten die Maßnahmen zwar zu einer Entflechtung und Konzentration, jedoch nicht zu einem Downsizing; vielmehr gab es nach wie vor zahlreiche Akquisitionen, die eine Expansion in den Kernbereichen bewirkten.

Die letzte Übernahme- und Restrukturierungswelle dauerte bis über den Jahrtausendwechsel an, inzwischen ist sie jedoch nahezu zum Stillstand gekommen. Einhergehend mit den Kurseinbrüchen an den US-amerikanischen und internationalen Aktienmärkten seit dem Frühsommer 2000 und der darauf folgenden Baisse haben sowohl die Anzahl als auch die Volumina der Transaktionen stark abgenommen.

## 2.3.2 Entwicklung des Corporate Restructuring in Deutschland

Die Entwicklung des Corporate Restructuring in Deutschland verlief weitgehend ähnlich wie in den USA, jedoch mit deutlichen zeitlichen Verzögerungen. Darüber hinaus sind einige Besonderheiten in Deutschland verantwortlich für abweichende Entwicklungen.

Zu Beginn des 20. Jahrhunderts führte eine Tendenz zur Kartellbildung dazu, dass eigentliche Fusionen und Akquisitionen weniger häufig und ausgeprägt vorkamen. Kartelle fungierten als teilweises Substitut für expansive Unternehmenszusammenschlüsse. Ein Gerichtsbeschluss aus dem Jahr 1897 unterstellte ein öffentliches Interesse an Kartellen und unterstützte somit diese Kooperationsform.

Die Wirtschaftsordnung des Nationalsozialismus bevorzugte große horizontal und vertikal diversifizierte Unternehmen. Allerdings verlor die deutsche Wirtschaft während des Zweiten Weltkriegs ca. 50 Prozent ihrer Produktionskapazitäten. Nach Kriegsende fand eine umfassende Neuordnung der deutschen Wirtschaft statt. Im Zuge des wirtschaftlichen Wiederaufbaus, unterstützt durch den Marshall-Plan, wurden die immer noch bestehenden Kartelle schließlich aufgebrochen.

Die sich anschließenden Jahre des deutschen Wirtschaftswunders zeigten einen Anstieg der M & A-Aktivitäten, welche sich vergleichbar zu den US-amerikanischen Mergerwellen entwickelten, jedoch in geringerem Ausmaß. Das im Jahr 1957 in Kraft getretene Gesetz gegen Wettbewerbsbeschränkungen enthielt bis zu seiner Reform im Jahr 1973 keine Bestimmungen zu Unternehmenszusammenschlüssen. Ab Beginn der 70er Jahre fand in Westdeutschland eine ähnliche Diversifikationspolitik wie in den USA statt. Große Industriekonzerne verfolgten konglomerate Strategien und entwickelten stark diversifizierte Unternehmensstrukturen.

Während diese Entwicklung vor allem die deutschen Großunternehmen betraf, galt dies nicht für den deutschen Mittelstand. Die ebenfalls im Zuge des wirtschaftlichen Aufschwungs der 50er und 60er Jahre entstandene Vielzahl kleiner und mittlerer Unternehmen stellte zwar häufig ein Übernahmeziel für nach lateraler Expansion strebende Industriekonzerne dar. Die selbstständig gebliebenen Unternehmen blieben jedoch weitgehend spezialisiert.

Beeinflusst durch die Erfahrungen in den angloamerikanischen Ländern hat sich bis zum Ende des 20. Jahrhunderts die Shareholder-Value-orientierte Unternehmensführung auch in deutschen Unternehmen etabliert. Das Leitbild der Fokussierung auf Kernbereiche und des Corporate Downsizing als dominante Unternehmensstrategie Ende der 90er Jahre war auch hier eine logische Konsequenz daraus.

Die Shareholder-Value-Überlegungen in den 90er Jahren und zu Beginn des 21. Jahrhunderts stehen zudem im Kontext verschiedener Trends der Globalisierung und zunehmender Technologisierung, ausgedrückt durch das weltweite Zusammenwachsen der Produkt- und der Kapitalmärkte. Während somit in Deutschland eine Rückbesinnung auf die Kerngeschäftsfelder zu verzeichnen ist, versuchen Unternehmen, ihren internationalen Marktanteil und damit die Wettbewerbsfähigkeit durch horizontale expansive Unternehmenszusammenschlüsse zu steigern. Dabei sind viele der Transaktionen nur durch bereits vorher eingeplante Desinvestitionen zu realisieren. Beispiele hierfür finden sich in nahezu allen Industrien. So beinhaltete beispielsweise die Fusion des Veba- und des Viag-Konzerns zur E.ON AG eine Fokussierung auf die Bereiche Energie und Spezialchemie. Gleichzeitig erfolgte jedoch eine Abspaltung von Randbereichen, wie zum Beispiel der Mobilfunktätigkeiten.

Am Ende der 90er Jahre, auf dem Höhepunkt der Hausse an den Aktienmärkten, waren Desinvestitionen von Tochtergesellschaften aus den Branchen Internet, Telekommunikation, Mobilfunk und Hochtechnologie weit verbreitet. Sie wurden meistens als Equity Carve-outs von konglomeraten Großkonzernen an die Börse gebracht, sodass die Muttergesellschaft noch einen Mehrheitsanteil behält. Hinter diesen Corporate-Restructuring-Maßnahmen ließen sich verschiedene Motive ausmachen. So waren die Bewertungsunterschiede zwischen Internet-Firmen und „konventionellen" Unternehmen ein wesentlicher Grund. An erster Stelle stand dabei der Wunsch nach einer effizienteren Bewertung der mit dem Kerngeschäft unverwandten Unternehmensbereiche. Daneben spielte ein weiterer Beweggrund oftmals eine wichtige Rolle: Mit der speziellen Restrukturierungsvariante des Equity Carve-outs behielten sich die Konzerngesellschaften oftmals eine Akquisitionswährung zurück, welche für weitere Firmenkäufe eingesetzt werden sollte (vgl. Abschnitt 2.2.2). Schließlich dürfte jedoch auch die Aussicht auf einen hohen Cashzufluss aus dem Verkauf der Aktien auf einem hohen Bewertungsniveau eine wesentliche Rolle gespielt haben. Eine Vielzahl von Transaktionen wurde jedoch im Zuge des allgemeinen Kursabschwungs seit dem Frühsommer 2000 wieder abgesagt oder verschoben. Seitdem sind derartige Börsengänge von Tochterunternehmen nahezu vollständig zum Erliegen gekommen. Beispiele für verschiedene durchgeführte Transaktionen seit 1999 enthält Übersicht 2.

**Übersicht 2: Beispiele für Desinvestitionen von Internet-Tochtergesellschaften**

| Branche | Firma | Muttergesellschaft | Börsengang | Börsenkapitalisierung (Euro) |
|---|---|---|---|---|
| Telekommunikation | Freenet<br>T-Online<br>Orange<br>mmO2 | Mobilcom<br>Dt. Telekom<br>France Telecom<br>British Telecom | Dez. 1999<br>Apr. 2000<br>Febr. 2001<br>Nov. 2001 | 2,9 Mrd.<br>29,2 Mrd.<br>6 Mrd.<br>21,4 Mrd. |
| Medien | Pixelpark<br>Tomorrow<br>BOL International<br>Lycos Europe<br>AOL-Europe | Bertelsmann<br>Milchstraße-Verlag<br>Bertelsmann<br>Bertelsmann<br>Bertelsmann | Okt. 1999<br>Nov. 1999<br>Jahr 2000<br>Mrz. 2000<br>Sept. 2000 | 2,2 Mrd.<br>413 Mio.<br>ca. 350 Mio.<br>672 Mio.<br>ca. 20 Mrd. |
| Finanzen | Consors<br>Entrium<br>Direkt Anlage Bank<br>Comdirect | Schmidt Bank<br>Quelle<br>HypoVereinsbank<br>Commerzbank | Apr. 1999<br>Sept. 1999<br>Nov. 1999<br>Jun. 2000 | 3,4 Mrd.<br>900 Mio<br>1,2 Mrd.<br>871 Mio. |

Quelle: o.V. (2000), S. 74, eigene Aktualisierungen.

Bei den heute dominierenden zahlreichen horizontalen Unternehmenszusammenschlüssen sind die prognostizierten Synergieeffekte oftmals überbewertet. Solche zu optimistischen Einschätzungen werden in Zukunft neu überdacht werden. Darüber hinaus zeigen globale Akquisitionen und Fusionen erste Integrationsschwierigkeiten. So werden beispielsweise bei der Fusion des Daimler-Benz- und des Chrysler-Konzerns häufig kulturelle Diskrepanzen als gravierendes Problem genannt. Erneute Restrukturierungsmaßnahmen sind daher auch bei horizontalen, die Kernbereiche verstärkenden Zusammenschlüssen in Zukunft wahrscheinlich. Unternehmen in modernen Marktwirtschaften werden sich zunehmend zu dezentral funktionierenden Netzwerken entwickeln, indem sie sich restrukturieren und Bereiche abspalten, die durch andere Risiko/Rendite-Profile und damit andere Bewertungen charakterisiert sind.

Ein weiterer Anstoß zu Restrukturierungen resultiert aus den seit dem 1. Januar 2002 geltenden Steuererleichterungen in Deutschland. Das Steuersenkungsgesetz beinhaltet einen Wegfall der Besteuerung von Beteiligungsveräußerungen. Dem waren jahrelange Forderungen nach der Entflechtung der zahlreichen Überkreuzbeteiligungen in der deutschen Industrie vorausgegangen. Zuvor waren Buchgewinne aus dem Verkauf einer Unternehmensbeteiligung noch vollständig mit dem für das jeweilige Unternehmen geltenden Gewerbeertrag- und Körperschaftsteuersatz zu versteuern. Dies führte in der Vergangenheit dazu, dass Restrukturierungen entweder verzögert oder durch spezielle und teilweise umständliche Konstruktionen wie zum Beispiel einem steuerfreien Spinoff mit einer ausländischen Muttergesellschaft vollzogen wurden. Mit den Neuregelungen der Besteuerung von Anteilsveräußerungen ist dieses zum Teil erheblich hemmende Element entfallen, was die Restrukturierungstendenz in deutschen Unternehmen weiter begünstigen wird.

## 3. Begleitung des Restrukturierungsprozesses als Aufgabe von Investmentbanken

### 3.1 Beratungsleistungen während der Restrukturierung

Die Beratungsleistungen der Investmentbank bei der Begleitung von Corporate-Restructuring-Maßnahmen werden zunehmend vielfältiger und umfangreicher. Insbesondere zu Beginn einer Restrukturierungsüberlegung, aber auch bei der später folgenden Umsetzung wird immer spezialisierteres Wissen benötigt.

Das Hinzuziehen eines externen Beraters findet jedoch nicht immer statt. Insbesondere bei kleineren Transaktionen, die nicht über den Kapitalmarkt abgewickelt werden, ist es nicht automatisch üblich, eine Investmentbank einzuschalten. Diese kleineren Sell-offs von Unternehmensteilen werden dann vom Management der Muttergesellschaft und gegebenenfalls mit Unterstützung von Wirtschaftsprüfern und externen Anwälten durchgeführt.

Je größer der abzuspaltende Unternehmensteil, desto eher wird jedoch die Expertise einer Investmentbank herangezogen. Seit Beginn der 90er Jahre ist auch eine deutliche Zunahme der Vielfalt der verwendeten Maßnahmen zu erkennen. Sofern eine Maßnahme über den Kapitalmarkt abgewickelt wird, wie beispielsweise ein Equity Carveout, wird in der Regel eine Investmentbank hinzugezogen, da hier das entsprechende Kapitalmarkt-Know-how erforderlich ist. Während es in den 80er Jahren schon eine gewisse Anzahl von Subsidiary IPOs gegeben hat, sind besondere US-amerikanische

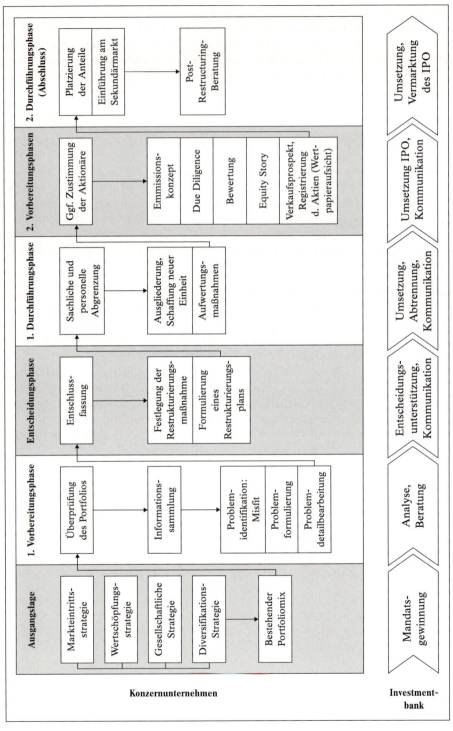

Abbildung 10: Corporate-Restructuring-Prozess am Beispiel einer Restrukturierungsmaßnahme über den Kapitalmarkt

Konzepte in Deutschland noch nicht zur Anwendung gekommen. Seit einigen Jahren jedoch wächst die Bereitschaft zu neuen, speziell strukturierten Transaktionen. Instrumente wie zum Beispiel Tracking Stocks stehen in Deutschland kurz vor der ersten Anwendung.[7] Auf der anderen Seite verlieren einfache, traditionelle Konstruktionen wie beispielsweise Sell-offs heute ihren Reiz und ihre Aufmerksamkeit am Kapitalmarkt.

## 3.2 Idealtypischer Ablauf eines Restrukturierungsprojektes

Bei der Darstellung eines Restrukturierungsprozesses müssen zum einen die einzelnen Schritte beim zu restrukturierenden Unternehmen betrachtet werden. Zudem sind die Beratungstätigkeiten der begleitenden Investmentbank zu analysieren. Abbildung 10 stellt einen idealtypischen Restrukturierungsprozess modellhaft dar. Der Ablauf einer Restrukturierung kann in unterschiedliche Phasen unterteilt werden, die mit der Vorbereitung beginnen und mit der Durchführung einer Maßnahme ihren Abschluss finden.

Generell besteht eine grundsätzliche Entscheidung darin, ob eine Restrukturierungsmaßnahme über den Kapitalmarkt durchgeführt wird, oder der Unternehmensteil privat an eine kleine Gruppe von Investoren oder ein Unternehmen verkauft wird. Die ersten vier Schritte bis zur ersten Durchführungsphase sind jedoch für alle Restrukturierungsinstrumente weitgehend identisch. Die zweite Vorbereitungsphase und die zweite Durchführungsphase beziehen sich hier hingegen stellvertretend auf eine Restrukturierungstransaktion, die über den Kapitalmarkt abgewickelt wird, wie beispielsweise bei einem Equity Carve-out oder einem Subsidiary IPO. Auch bei Spin-offs oder Split-offs, auf die eine Einführung der Anteile am Sekundärmarkt folgt, sind die Schritte übertragbar. Lediglich Sell-offs, die privat an einen anderen Investor verkauft werden, weichen vom hier dargestellten idealtypischen Prozess ab. Auf Sell-offs wird jedoch im Beitrag Mergers and Acquisitions im Rahmen der Verkaufsmandate detailliert eingegangen.

Wird eine Investmentbank hinzugezogen, so geschieht dies in der Regel bereits bei der ersten Vorbereitungsphase. Die Investmentbank begleitet dann im Idealfall den Prozess bis zum Ende des Projektes. Sie nimmt dabei eine Motivatorfunktion in Form einer treibenden Kraft ein. Darüber hinaus kommt der Investmentbank eine koordinierende Tätigkeit während des gesamten Prozesses zu.

---

[7] Außerhalb des US-amerikanischen Rechtsraumes haben das neuseeländische Unternehmen Fletcher Challenge im Jahre 1993, das kanadische Unternehmen Inco Ltd. 1996 und das französische Unternehmen ALCATEL als erstes in Europa im Jahr 2000 Tracking Stocks emittiert.

## 3.3 Phasen eines Restrukturierungsprozesses und Aufgaben der Investmentbank

### 3.3.1 Ausgangslage beim Unternehmen und Mandatsgewinnung

*Ausgangssituation im Unternehmen*

Die Ausgangslage beschreibt die Ist-Situation eines bereits diversifizierten Unternehmens. Sie ist das Ergebnis vorausgehender Unternehmensplanungen. Im Rahmen der strategischen Planung werden die grundsätzlichen Verfahrensweisen charakterisiert und umschrieben, mit denen sich eine Organisation gegenüber ihrem Umfeld zu behaupten versucht. Strategien sind auf weite Sicht konzipiert und umfassen mehrere Bereiche.

So wird im Rahmen der *Markteintrittsstrategie* die notwendige Teilnahme des Unternehmens an neuen Geschäftsbereichen durchdacht. Hier können Entscheidungen zur Neubetretung von Märkten oder aber zur Abstoßung von Randgeschäften fallen. Aufbauend darauf werden neue Märkte erschlossen, erweitert oder verlassen. Im Extremfall kann eine hier zu treffende Entscheidung das Verlassen des eigentlichen Kerngeschäftes eines Unternehmens bedeuten. Unter *Wertschöpfungsstrategien* versteht man die Positionierung des Unternehmens im Wettbewerb. Bei der Planung zur *gesellschaftlichen Strategie* wird die Positionierung des Unternehmens in seinem sozio-politischen Umfeld festgelegt. Hierbei müssen aktuelle Entwicklungen ebenso bedacht werden wie die jeweilige Vergangenheit eines Unternehmens. Darüber hinaus sind Entscheidungen zu treffen, die aufgrund rechtlicher oder politischer Vorgaben anfallen.

Das Zusammenspiel der verschiedenen Strategien legt neben anderen Fragestellungen im Unternehmen auch die Diversifikationsstrategie fest. Alle drei Bereiche der strategischen Planung können die Entscheidung bzgl. der Diversifizierung im Unternehmen bestimmen, wobei Beschlüssen im Rahmen der *Markteintrittsstrategie* sicherlich die bedeutendste Rolle zufällt. Diese Entscheidungen betreffen direkt die Frage nach dem sinnvollen Diversifikationsgrad. Im Vordergrund steht dabei grundsätzlich das Ziel der Unternehmenswertsteigerung. Entschließt sich ein Unternehmen, in einen neuen, von den Kernbereichen abweichenden Markt einzutreten, so geschieht dies normalerweise mittels einer Akquisition. Im Gegenzug werden hier jedoch auch Entscheidungen zum Verlassen eines Marktes getroffen. Beabsichtigte Fokussierungen des Geschäftsportfolios auf die Kernbereiche führen daher zu Maßnahmen des Corporate Restructuring. Die Entscheidungen im Rahmen der Markteintrittsstrategie basieren somit auf den in Abschnitt 2.2.2 genannten Motiven für Restrukturierungen.

Die Wettbewerbspositionierung eines Unternehmens im Rahmen der *Wertschöpfungsstrategie* kann ebenfalls Einfluss auf die Wahl des Diversifikationsgrades haben. Eine angestrebte Profilierung am Markt kann unter Umständen nur durch Entflechtungen und Konzentrationen auf einzelne Kernbereiche erreicht werden (vgl. ebenso Abschnitt 2.2.2).

Restrukturierungsentscheidungen im Rahmen der *gesellschaftlichen Strategie* sind beispielsweise von einer politischen oder rechtsprechenden Autorität auferlegte Maßnahmen, wie sie bereits in Abschnitt 2.2.1 erörtert wurden. Ein Beispiel sind kartellrechtliche Vorgaben zur Abtrennung eines Unternehmensbereiches. Hierbei besteht für das Unternehmen oftmals kein Handlungsspielraum mehr. Sofern die Auflagen jedoch nicht zu detailliert sind, kann das Unternehmen im Rahmen der gesellschaftlichen Strategie verschiedene Varianten der Desinvestition wählen.

Schließlich können auch Entscheidungen bzgl. sozio-politischer Fragestellungen im Einzelfall Restrukturierungsüberlegungen beeinflussen. Themen aus diesem Bereich werden zwar Entscheidungen für oder gegen eine Restrukturierung nicht maßgeblich bestimmen, jedoch ist durchaus denkbar, dass Beschlüsse bezüglich der gewählten Maßnahmen, des Ausmaßes oder des Timings einer Restrukturierung hier beeinflusst werden können. Dies geschieht in der Regel immer dann, wenn eine Restrukturierungsmaßnahme mit dem Erhalt oder Verlust von Arbeitsplätzen verbunden ist. Sofern von der Gesellschaft eines Landes öffentlicher Druck auf ein Unternehmen ausgeht, kann dies eine nach betriebswirtschaftlichen Überlegungen getroffene Entscheidung bezüglich der Ausgestaltung einer Restrukturierung revidieren.

Die bestehende Diversifikation im Unternehmen, die sich im aktuellen Geschäftsportfoliomix darstellt, kann somit als Ergebnis eines strategischen Planungsprozesses verstanden werden.

*Mandatsgewinnung*

Die Ausgangslage in einem Konzernunternehmen ist zugleich der erste Ansatzpunkt für eine Kontaktaufnahme durch eine Investmentbank. Ziel der Investmentbank ist es, ein Restrukturierungsmandat vom Unternehmen zu bekommen. Die Mandatsgewinnung verläuft vergleichbar mit der Gewinnung eines M & A-Mandats (vgl. Beitrag Mergers and Acquisitions, Abschnitt 2.3). Man kann demnach zwei mögliche Situationen für die Investmentbank unterscheiden. Im ersten Fall tritt ein Unternehmen mit einer bereits weitgehend klaren Restrukturierungsidee an die Investmentbank heran. Diese kann das Ergebnis einer Studie einer Unternehmensberatungsgesellschaft sein. Der Investmentbank kommt hierbei ein reaktiver Part zu. In der Regel wird das Angebot an mehrere Investmentbanken ausgeschrieben. Sofern jedoch ein Vertraulichkeitsproblem besteht, findet ein umfangreicher Beauty Contest nicht statt, denn die Geheimhaltung von Restrukturierungsplänen kann entscheidend für den späteren Erfolg sein.

Im zweiten Fall tritt die Investmentbank von sich aus mit einem Transaktionsvorschlag an das konglomerate Unternehmen heran. Diese proaktive Mandatsgewinnung ist aufgrund des starken Wettbewerbs unter den Finanzintermediären oftmals eine Notwendigkeit und daher der häufigere Fall. Die begrenzte Produktpalette an Restrukturierungsinstrumenten verschärft den Wettbewerb darüber hinaus. Konkurrenten bei der Mandatsgewinnung sind neben anderen Investmentbanken auch zunehmend die Private-Equity-Fonds, welche mittels Buy-outs Entflechtungen von Konglomeraten forcieren. Damit treten sie in dieser Phase als Wettbewerber auf, da sie den Investmentbanken gegebenenfalls komplexe Restrukturierungsmandate durch einfache Sell-offs streitig machen. Darüber hinaus bieten diese Finanzinvestoren bei der Durchführung des betreffenden Buy-outs ebenso Beratungsleistungen in Konkurrenz zu den Investmentbanken an.

Die proaktive Mandatsgewinnung basiert auf Industrie- und Unternehmensrecherchen durch die Investmentbanken. Ziel solcher Studien ist es, Wertsteigerungspotenziale ausfindig zu machen. Dabei werden Corporate-Restructuring-Transaktionen lokalisiert, Konzepte ausgearbeitet und den betreffenden Parteien vorgeschlagen. Häufig beziehen die Recherchen für potenzielle Restrukturierungen nur relativ große Unternehmen im Markt ein. Man betrachtet in der Regel die fünf bis zehn Top-Player einer Industrie. Der Grund hierfür liegt in den hohen Recherchekosten. Investmentbanken gehen bei der proaktiven Mandatsgewinnung teilweise weit in Vorlage, ohne die Garantie zu haben, im Anschluss ein entsprechendes Mandat zu bekommen. Ein größeres Restrukturierungsvolumen führt im Falle der Mandatserlangung über Kostendegressionseffekte zu höheren Erträgen für die Investmentbank.

Von besonderer Bedeutung bei der Mandatsgewinnung ist die Reputation der Investmentbank am Markt für Corporate Restructuring. Dabei muss unterschieden werden, ob die Investmentbank bereits Kontakt mit der betreffenden Gesellschaft hatte oder nicht. Häufig können große Universalbanken aufgrund von langjährigen Geschäftsbeziehungen im Kreditgeschäft auf solche Kontakte zur Akquisition von Restrukturierungsmandaten zurückgreifen. Reine Investmentbanken verfügen über diese Verbindungen eher selten. Sofern jedoch bereits Geschäftsbeziehungen bestanden (Folgemandat), steht die mandantenspezifische Reputation im Vordergrund. Für die Entscheidung, die betreffende Investmentbank erneut zu mandatieren, zieht das Unternehmen dabei seine Erfahrungen mit der Investmentbank heran. Für die anstehende Restrukturierungsmaßnahme hat die Bank jedoch erneut strategisches, kapitalmarktbezogenes und gesellschafts- sowie steuerrechtliches Know-how zu kommunizieren. Falls es sich um einen Erstkontakt handelt, ist insbesondere die Reputation aus vergleichbaren, in der Öffentlichkeit bekannt gewordenen Restrukturierungsmandaten entscheidend.

Tritt eine Investmentbank mit einem Restrukturierungskonzept an ein Unternehmen heran, so ist seit einigen Jahren eine zunehmende Offenheit von Seiten der Konzerne zu bemerken. Corporate Restructuring wird heutzutage als Notwendigkeit angesehen, um eine Shareholder-Value-orientierte Unternehmensführung zu verfolgen. Als zu Beginn der 90er Jahre beispielsweise der Daimler-Benz-Konzern restrukturiert werden sollte, war die Dringlichkeit dieser Maßnahmen im Unternehmen bereits akzeptiert und darüber hinaus an der schlechten Performance des Unternehmens abzulesen.

### 3.3.2 Erste Vorbereitungsphase

*Projektteambildung*

Hat die Investmentbank das Restrukturierungsmandat bekommen, muss zunächst das Team, das die Restrukturierung begleiten und durchführen soll, zusammengestellt werden. Dabei kann zwischen einem Kernteam und verschiedenen Ergänzungsteams unterschieden werden. In der Regel bleibt das Kernteam von Beginn bis zum Abschluss einer Transaktion unverändert. Während des Restrukturierungsprozesses kann es jedoch aus unterschiedlichen Gründen notwendig sein, das Kernteam mit anderen Spezialisten zu unterstützen. Dies kann zum Beispiel der Fall sein, wenn sich unerwartete Schwierigkeiten bei der Abtrennung des Unternehmensteiles ergeben, sodass sowohl weiteres Experten-Know-how als auch zusätzlicher Arbeitseinsatz von Nöten ist. In der Phase der Projektteambildung werden darüber hinaus die Zuständigkeiten und Entscheidungskompetenzen im Team festgelegt.

*Überprüfung des Portfolios*

Die erste Vorbereitungsphase beinhaltet vor allem die Überprüfung des bestehenden Portfoliomixes beim Unternehmen. Die Tätigkeit der Investmentbank lässt sich dabei grob mit den Begriffen Analyse und Beratung umschreiben. Ist eine reaktive Mandatsgewinnung voraus gegangen, bei der das Unternehmen auf die Investmentbank zukam, so ist in dieser Phase gegebenenfalls die Zusammenarbeit mit Vertretern einer strategischen Managementberatung notwendig. Sofern bereits Berater im Unternehmen eingeschaltet sind, wird hier dennoch die Investmentbank für die nötige Kapitalmarktsicht gesucht. Studien der Berater bezüglich der Restrukturierungsnotwendigkeit des betreffenden Unternehmens dienen dabei als Grundlage für die nun zu erfolgende detaillierte Überprüfung des Portfolios.

Sofern eine proaktive Kontaktaufnahme zur Gewinnung des Restrukturierungsmandats geführt hat, verfügt die Investmentbank bereits über eigene Industrie- und Unternehmensrecherchen, welche als Basis für die Kontrolle des Portfoliomix herangezogen werden können. Die zu Anfang der Mandatsgewinnung erstellten Studien sind jedoch in der Regel nicht aussagekräftig und tiefgehend genug, um bereits für eine Entscheidung zu dienen. Ein sich in der Ausgangslage im bestehenden Portfoliomix bereits angedeuteter Misfit muss daher nun genau überprüft werden.

Hierzu ist zunächst eine gründliche Sammlung von Informationen notwendig. Mit Hilfe dieser Daten können begründete Aussagen in Bezug auf die Effizienz des Geschäftsportfolios getroffen werden, wie sie vorher aus externer Sicht nicht möglich waren. Die Quellen solcher Informationen sind in dieser Phase folglich unternehmensintern zu finden. Im Idealfall sind sie für die Investmentbank auch leicht zugänglich. Ein kritischer Punkt kann jedoch die Akzeptanz des Managements und der Mitarbeiter des Tochterunternehmens bezüglich der Restrukturierungsbestrebungen sein. Während der Informationssuche wird der Kreis der involvierten Personen im Unternehmen zwangsläufig laufend erweitert. Ist auf Seiten des Managements oder der Belegschaft des betreffenden Unternehmensteils mit einer mangelnden Akzeptanz oder gar mit Widerstand zu rechnen, wird es nötig sein, die ablaufende Überprüfung des Geschäftsportfolios geheim zu halten. Das Management und die Mitarbeiter werden dann erst bei der Entschlussfassung in der nächsten Phase des Prozesses in Kenntnis gesetzt. Problematisch ist hierbei die eingeschränkte Zugänglichkeit von Informationen über den Unternehmensteil. Oftmals geht jedoch die Initiative zu einer Abtrennung von den Mitarbeitern und dem Management des Unternehmensteils aus. In diesem Fall wird die Informationsbeschaffung keine Probleme aufwerfen.

Ziel der Überprüfung des Geschäftportfolios ist die Identifikation eines Misfits im Sinne ungenützter Wertsteigerungspotenziale, die durch eine Restrukturierung ausgeschöpft werden können. Ist das Problem identifiziert worden, muss für die weitere Bearbeitung das Problem genau definiert und ausformuliert werden. Eine Ausformulierung des Problems ist essentiell, da nur so eine Kanalisierung der weiteren Tätigkeiten im Rahmen des Restrukturierungsprozesses möglich wird. An dieser Stelle ist auch die Beurteilung der Bedeutung und Dringlichkeit des Problems vorzunehmen. Hierauf basiert dann die Planung der Ressourcen bezüglich Zeit und Arbeitseinsatz beim Unternehmen und bei der Investmentbank.

Aus der Detailbearbeitung des nun in ausformulierter und definierter Form vorliegenden Problems sind mögliche Alternativen und Konsequenzen zu entwickeln und zu bewerten. Dies geschieht mittels Durchspielen verschiedener Zukunftsszenarien und deren Bewertung. Auch Vergleichsbeispiele in der jeweiligen Industrie können hilfreich sein. Zur Alternativenermittlung muss ein breiter Blickwinkel gewählt werden, da nur so verschiedene Lösungswege generiert werden können. Die unterschiedlichen Instrumente des Corporate Restructuring (vgl. Abschnitt 2.1) stellen dabei das Spektrum möglicher Alternativen für die Beseitigung des Portfolio-Misfits dar. Bereits bei der Alternativengenerierung müssen Kriterien und Nebenbedingungen bezüglich der Wahl für oder gegen eine Restrukturierungsvariante beachtet werden (vgl. Abschnitt 3.4).

### 3.3.3 Entscheidungsphase und Kommunikation der Restrukturierungsmaßnahme

*Entscheidung für eine Restrukturierung*

Mit der Entschlussfassung wird die Vorbereitungsphase verlassen. Die Entschlussfassung beinhaltet die generelle Entscheidung zu einem Restrukturierungsvorhaben. Sie ist hierarchisch hochgestellten Ebenen vorbehalten. In der Regel entscheidet das oberste Management der Muttergesellschaft, ob eine Restrukturierung vorgenommen wird oder nicht. Die Aufgabe der Investmentbank besteht in dieser Phase vor allem in der Entscheidungsunterstützung. Dies geschieht durch die Präsentation der Ergebnisse der Überprüfung des Geschäftsportfolios und durch die Bereitstellung aufbereiteter Informationen. Darauf aufbauend gibt die Investmentbank nach der Gegenüberstellung verschiedener Alternativen eine Empfehlung an das Management ab. Es muss darauf geachtet werden, dass die Entscheidung nicht zu stark persönlich oder emotional gefärbt ist. Hierbei kann die Investmentbank eine wichtige Funktion einnehmen, indem sie darauf hinwirkt, dass der Entscheidungsprozess weitgehend sachlich bleibt.

War das Management des betroffenen Unternehmensteiles in die Vorbereitungsphase nicht involviert, so dürfte dort, bei entsprechender Geheimhaltung, keine Kenntnis der Restrukturierungspläne vorhanden sein. Jedoch spätestens nach einem allgemeinen Beschluss für eine Restrukturierung muss das Management des Desinvestitionsobjektes informiert werden. Dies kann unter Umständen ein kritischer Schritt sein, da nicht automatisch davon auszugehen ist, dass die Führung des betroffenen Unternehmensteils die Restrukturierungsmaßnahme gutheißt. Fehlt eine uneingeschränkte Unterstützung durch das Management, so kann durch die Gestaltung verschiedener Incentives Abhilfe geschaffen werden. Diese können beispielsweise die Ausweitung der Entscheidungskompetenzen oder eine Anhebung der Bezüge beinhalten. Bei einem geplanten Börsengang des Unternehmensteils sind auch andere Konstruktionen wie zum Beispiel eine Beteiligung des Managements an der Aktienkursentwicklung mittels Stock Options denkbar. Ein „Durchboxen" der Entscheidung gegen den Willen der Führung des Unternehmensteils kann den Prozess im negativen Fall stark bremsen, wenn beispielsweise nicht einkalkuliert wurde, das Management noch vor der Maßnahme auszutauschen.

Ist nun die grundlegende Entscheidung für eine Restrukturierung gefallen, so ist im nächsten Schritt das *Restrukturierungsinstrument* festzulegen. Aus den in Frage kommenden Restrukturierungsmaßnahmen wird schließlich ein Instrument bestimmt. Dabei wird auf die in der Vorbereitungsphase generierte Alternativenauswahl zurückgegriffen. Ziel ist es, das Instrument auszuwählen, welches am ehesten geeignet ist, den bestehenden Portfolio-Misfit zu beseitigen. Bei der Wahl einer bestimmten Restrukturierungsvariante handelt es sich um eine strategische Entscheidung, da hier das zukünftige Verhältnis zwischen Mutter- und Tochterunternehmen festgelegt wird (vgl. auch Abschnitt 3.4). Entschließt man sich beispielsweise für einen Equity Carve-out, so wird durch den Verbleib der kontrollierenden Mehrheit der Anteile beim Mutterunternehmen zumindest für die nähere Zukunft ein starke Verbindung zwischen den Konzernunternehmen bestehen bleiben.

Die Festlegung der Restrukturierungsmaßnahme bestimmt im Anschluss wesentlich die einzelnen Schritte des Restrukturierungsplans. Die Ausformulierung des Restrukturierungsplanes übernimmt die Investmentbank zusammen mit den in das Projekt involvierten Mitarbeitern des Unternehmens. Neben den wichtigsten Ergebnissen der Vorbereitungsphase (Überprüfung des Portfolios, Problemidentifikation und Problemformulierung) enthält der Plan insbesondere das weitere Vorgehen bis zum Abschluss der Transaktion. Die Umsetzung der Restrukturierungsmaßnahme wird in ihren einzelnen Schritten genau festgehalten. Dies beinhaltet auch eine detaillierte Zeitplanung. Der Restrukturierungsplan fungiert damit als Orientierung für die Projektbeteiligten während des Prozesses.

*Interne und externe Kommunikation*

Von hoher Bedeutung ist bei der Desinvestition auch der Kommunikationsprozess. Sobald eine Restrukturierung beschlossen ist, muss dies sowohl intern als auch extern rechtzeitig und informativ vermittelt werden. Nachdem das Management des abzuspaltenden Unternehmensteils bereits zur Entscheidungsfindung informiert werden sollte, werden nun auch die Mitarbeiter sowie die Öffentlichkeit von der Restrukturierungsabsicht benachrichtigt. Intern dient die Mitteilung der Mobilisierung der Organisation des

Unternehmens. Sofern sich Akzeptanzprobleme bei der Belegschaft abzeichnen, kann bereits hier begonnen werden, durch ausreichende Informationen gegenzusteuern. Eine eventuell gegebene Unsicherheit unter den Beschäftigten kann somit abgebaut werden.

Die externe Ankündigung informiert den Kapitalmarkt und die anderen außenstehenden Stakeholder über das Vorhaben des Konzernunternehmens. Diese Aufgabe wird i.d.R. von der Investor-Relations-Abteilung des Unternehmens wahrgenommen. Für eine erfolgreiche Restrukturierung ist es essentiell, die Investoren am Kapitalmarkt von der Vorteilhaftigkeit der Maßnahme für das restrukturierende Unternehmen zu überzeugen. Die Kapitalmarktteilnehmer müssen verstehen, warum das Mutterunternehmen die Desinvestition durchführt. Insbesondere wenn es sich um ein neues oder weitgehend unbekanntes Restrukturierungsinstrument handelt, wie beispielsweise im Fall von Tracking Stocks, ist es notwendig, die Maßnahme ausreichend zu kommunizieren. Das in Zukunft gegebenenfalls eigenständige Desinvestitionsobjekt steht zu diesem Zeitpunkt noch nicht im Vordergrund der Kommunikation.

Sofern bei der Restrukturierungsmaßnahme für die Muttergesellschaft ein Cashzufluss entsteht, muss die Verwendung der Mittel überzeugend kommuniziert werden. Der Eindruck des „Kasse machens" ist in jedem Fall zu vermeiden. Auch die Konstanz der Aussagen kann entscheidend sein. Eine häufige Richtungsänderung in der kommunizierten Diversifikationsstrategie wirkt sich in der Regel negativ aus. Wurden einmal generelle Aussagen bezüglich Corporate-Restructuring-Strategien getroffen, sollte von diesen nicht zu oft abgewichen werden. So ist beispielsweise eine Aussage, dass man Tochterunternehmen grundsätzlich immer zu 100 Prozent halten will, mit einem Equity Carve-out unvereinbar. Entschließt man sich dennoch zu solch einem Instrument, muss dies entsprechend begründet werden.

Ab der Entscheidungsphase muss die Kommunikation des Restrukturierungsprozesses während der gesamten Transaktion aufrecht erhalten werden. Besondere Relevanz erlangt der Kommunikationsprozess in Hinblick auf einen gegebenenfalls geplanten Börsengang des Unternehmensteils (vgl. Abschnitt 3.3.5). In diesem Fall wird jedoch das Informationsinteresse für das Mutterunternehmen in den Hintergrund rücken.

### 3.3.4 Erste Durchführungsphase

*Abgrenzung*

Sobald der Restrukturierungsplan aufgesetzt ist, beginnt die eigentliche Umsetzung der Transaktion. Sofern es sich bei dem abzuspaltenden Unternehmensteil nicht um eine bereits eigenständige Einheit handelt, das heißt kein Tochterunternehmen vorliegt, ist der entsprechende Teil aus dem Gesamtunternehmen zunächst herauszulösen. Hierzu ist in einem ersten Schritt eine personelle sowie eine sachliche Abgrenzung nötig. Doch auch wenn es sich um ein bereits bestehendes Tochterunternehmen handelt, wird oftmals eine neue Definition des Objektes im Rahmen der Restrukturierungstransaktion vorgenommen.

Die personelle Abgrenzung beinhaltet jegliche Entscheidungen bezüglich des Verbleibs, des Ausscheidens oder des Wechsels von Mitarbeitern und Management. So ist es durchaus denkbar, dass Mitarbeiter und Führungsmitglieder im Zuge der Desinvestition vom Tochterunternehmen zum Mutterunternehmen und umgekehrt wechseln. Dabei ist allerdings zu beachten, dass das Humankapital des betroffenen Unternehmensteils nicht zu stark geschwächt wird. Werden zu viele Schlüsselpositionen umbesetzt, kann dies den Wert des Unternehmensteils negativ beeinflussen oder im Extremfall sogar die Überlebensfähigkeit des Desinvestitionsobjekts gefährden.

Die sachliche Abgrenzung bezieht sich auf die Zuordnung der Assets des Unternehmens und die Rechtsform. Sofern es sich bei der Restrukturierungsmaßnahme nicht um eine Tracking-Stock-Emission handelt, muss die Geschäftseinheit aus dem Gesamtunternehmen herausgelöst werden, damit eine „Stand-alone"-Fähigkeit gewährleistet ist. Dieser Prozess wird auch als „Unbundling" bezeichnet. Es muss eine Aufteilung der Assets auf das Tochterunternehmen und das verbleibende Rumpfunternehmen erfolgen. Wird die Problematik der sachlichen Abgrenzung nicht sorgfältig gelöst, kommt es zu Wertverlusten beim Tochterunternehmen im Sinne von unausgeschöpftem Wertsteigerungspotenzial durch die Restrukturierung. Je zahlreicher die organisatorischen und strategischen Verbindungen zwischen dem abzuspaltenden Unternehmensteil und dem Gesamtunternehmen sind, desto komplexer gestaltet sich die Abgrenzung. Wird beispielsweise eine Produktgruppe abgespalten, sind sämtliche Überschneidungen mit den verbleibenden Produktlinien aufzuspüren und zu eliminieren. Überschneidungen können beispielsweise im Controlling oder bei der gemeinsamen Nutzung von Forschungs- und Entwicklungseinrichtungen bestehen. Erst eine eigenständige, abgetrennte Einheit ermöglicht eine fundierte Wertbestimmung.

Zur sachlichen Abgrenzung gehört auch die Neugründung bzw. die Umwandlung der Rechtsform. Handelt es sich bei dem abzutrennenden Unternehmensteil nicht bereits um ein bestehendes Tochterunternehmen, muss eine neue Einheit geschaffen werden, das heißt ein neues Unternehmen gegründet werden, in welchem die abzuspaltenden Unternehmensaktivitäten gebündelt werden. Gesellschaftsrechtlich geschieht dies durch eine Ausgliederung nach dem Umwandlungsgesetz.

Sofern das Desinvestitionsobjekt schon zuvor als separates Tochterunternehmen geführt wurde, ist die Neugründung einer Gesellschaft nicht notwendig. Jedoch ist häufig ein Wechsel zu einer börsenfähigen Rechtsform erforderlich. Mit der Ausnahme eines Sell-offs, bei dem ein Tochterunternehmen an einen privaten Investor verkauft wird, sind Restrukturierungen meistens mit einem anschließenden Listing der Anteile an der Börse verbunden. Im Falle eines Equity Carve-outs oder eines Subsidiary IPOs findet sogar direkt ein Verkauf der Anteile am Primärmarkt statt. Daher ist in diesen Fällen eine Umwandlung in eine Aktiengesellschaft oder eine Kommanditgesellschaft auf Aktien (KGaA) notwendig.

*Aufwertungsmaßnahmen*

Sowohl für einen privaten Unternehmensverkauf als auch für Transaktionen über den Kapitalmarkt ist es essentiell, dass der betroffene Unternehmensteil für potenzielle Investoren interessant ist. Daher sollte das Desinvestitionsobjekt von seiner besten Seite gezeigt werden, um eine höchstmögliche Bewertung zu erlangen. Aufwertungsmaßnahmen für einen bestimmten Unternehmensteil können sich auf einen längeren Zeitraum beziehen und generell mit dem Ziel der Ertragssteigerung ergriffen werden. Jedoch sollen an dieser Stelle lediglich die Maßnahmen Beachtung finden, die in direktem Zusammenhang mit der Restrukturierungstransaktion stehen.

Maßnahmen zur Steigerung der Attraktivität eines Desinvestitionsobjektes lassen sich grob danach unterteilen, ob sie Veränderungen auf der Aktivseite oder auf der Passivseite der Bilanz auslösen (vgl. Übersicht 3). Maßnahmen, die sich auf der Vermögensseite niederschlagen, sind beispielsweise die Aufnahme oder die Abstoßung von Vermögensgegenständen. Diese Schritte sind bereits im Rahmen der Abgrenzung des Unternehmensteils vom Gesamtunternehmen angesprochen worden. Hier stehen sie jedoch weniger in Verbindung mit dem Unbundling des Unternehmensteils. Vielmehr sind sie unter dem Aspekt der Steigerung der Attraktivität des Objektes für Investoren zu sehen. Im Zuge dessen können unnötige Assets abgestoßen und andere hinzugeordnet werden, um die Wettbewerbsfähigkeit des gegebenenfalls in die Selbstständigkeit entlassenen Unternehmensteils zu ermöglichen. Ein Beispiel können nicht-strategische Beteiligungen sein, die bei der Restrukturierung dem Mutterunternehmen zugeordnet werden. Auch eine Corporate-Restructuring-Maßnahme beim Desinvestitionsobjekt ist denkbar. So können beispielsweise Geschäftsbereiche, die selbst nicht zu den Kernbereichen des abzuspaltenden Unternehmensteils gehören, ihrerseits abgetrennt werden.

Übersicht 3: Aufwertungsmaßnahmen

| Veränderungen auf der Vermögensseite | Veränderungen auf der Kapitalseite |
| --- | --- |
| Abstoßung von nicht strategischen Beteiligungen; Aufnahme von strategischen Beteiligungen | Reduzierung des Verschuldungsgrads |
| Knüpfung von strategischen Allianzen | Durchführung einer Kapitalerhöhung |
| Zuordnung von immateriellen Vermögensgegenständen (Nutzungsrechte, Patente etc.) | Zurückführung von Rückstellungen für Außenverpflichtungen |
| Ausschüttung/Zuschuss von Liquidität | |
| Veränderungen des originären Goodwills (Managementqualität, Positionierung etc.) | |

Auf der anderen Seite kann das Eingehen von strategischen Allianzen zu einer Aufwertung des neuen Unternehmens führen. Strategische Allianzen werden im Allgemeinen über einzelne Projekte konkretisiert. Sofern sie über Joint Ventures oder wechselseitige Beteiligungen institutionalisiert werden, schlagen sie sich auf der Aktivseite bei den Finanzanlagen nieder. Die aufwertende Funktion einer strategischen Allianz besteht für das abgespaltene Unternehmen, das neu am Markt bestehen muss, in der Risikoteilung, dem Know-how-Austausch mit dem strategischen Partner oder der Neutralisierung von Konkurrenz.

Eine andere Möglichkeit, ein abzuspaltendes Unternehmen neu am Markt zu positionieren, besteht in dessen Ausstattung mit immateriellen Vermögensgegenständen. Als Beispiel können Nutzungsrechte und Patente herangezogen werden, mit deren Hilfe sich das neu am Markt bewegende Restrukturierungsobjekt zumindest für die Dauer der Geltung der Nutzungsrechte einen strategischen Vorteil am Absatzmarkt verschafft.

Als weitere Aufwertungsmaßnahme auf der Vermögensseite kann eine zweckgerechte Ausstattung mit Liquidität von Bedeutung sein. Beispielsweise können überflüssige Cashreserven vorher ausgeschüttet werden oder fehlende Liquidität vom Mutterunternehmen nachgeschossen werden.

Neben Maßnahmen, die direkt einzelne Positionen in der Bilanz verändern, gibt es auch Schritte, die indirekt den Goodwill des Unternehmensteils beeinflussen und sich somit im so genannten originären Geschäfts- oder Firmenwert niederschlagen. Obwohl dieser originäre Goodwill unter einem Bilanzierungsverbot steht und somit nicht in der Bilanz auftaucht, sollen diese Maßnahmen an dieser Stelle auf der Vermögensseite aufgeführt werden. Dazu zählen beispielsweise Handlungen, die das Management betreffen (vgl. auch personelle Abgrenzung). Gegebenenfalls ist das Führungsteam des betroffenen Unternehmensteils auszutauschen. Ein Management mit entsprechender Erfahrung und Reputation am Absatz- und Kapitalmarkt kann dabei zu einer deutlichen Aufwertung des Desinvestitionsobjektes beitragen. Zur Akquisition eines neuen, kompetenten Managementteams können Incentives wie beispielsweise Aktienoptionsprogramme eingesetzt werden. Eine weitere Aufwertungsmöglichkeit besteht in einer Neupositionierung am Absatzmarkt. Dies kann ebenfalls zum Aufbau eines originären Goodwills beitragen. Über einen Ausstrahlungseffekt (Spill-over-Effekt) im Sinne eines Imagetransfers kann sich diese Neupositionierung auch auf den Kapitalmarkt übertragen. Sofern dies gelingt, erhält das Unternehmen entsprechend der anderen Branche eine andere Bewertung am Kapitalmarkt. So ist immer häufiger zu beobachten, dass Unternehmen versuchen, sich beispielsweise als High-Tech-Unternehmen neu zu positionieren, um in den Genuss einer wesentlich höheren Bewertung zu gelangen. Ein Beispiel hierfür bietet der Fall der Atecs Mannesmann AG. Sie repräsentiert die alten Kernbereiche Automotive und Engineering der von Vodafone übernommenen Mannesmann AG. Vor dem ursprünglich geplanten Börsengang der Atecs Mannesmann wurde mit der Atecs Siemens Automotive AG ein Joint Venture mit Siemens gegründet, an dem die Siemens AG und Atecs Mannesmann jeweils 50 Prozent der Anteile halten. Ziel war es, den vermeintlich uninteressanteren Teil der ehemaligen Mannesmann AG noch vor dem Börsengang als Technologieunternehmen zu positionieren. Schließlich kam es jedoch nicht zu einem Börsengang, sondern die Atecs Mannesmann AG wurde an ein Konsortium bestehend aus Siemens und Bosch verkauft.

Andere Aufwertungsmaßnahmen verändern Positionen auf der Passivseite der Bilanz (vgl. Übersicht 3). Insbesondere sind davon die Eigenkapitalposten, Verbindlichkeiten und Rückstellungen betroffen. Sofern das Desinvestitionsobjekt eine zu hohe Verschuldung aufweist, sind hier entsprechende Maßnahmen zu ergreifen. Die Verschuldung sollte auf ein branchenübliches Maß zurückgeführt werden. Ein zu hoher Verschuldungsgrad gefährdet die Bonität des Unternehmens und kann über ein herabgestuftes Rating zu einer Erhöhung der Kapitalkosten führen.

Im Sinne eines beabsichtigten Signaling-Effekts kann ein besonders niedriger Verschuldungsgrad gewählt werden. Mit einer geringen Verschuldung kann beispielsweise ein außerordentlich aggressives Marktverhalten in Aussicht gestellt werden. Die Mittel zur Tilgung der Verbindlichkeiten des neuen Unternehmens werden im Zuge der Restrukturierung vom Mutterunternehmen bereitgestellt.

Verfügt das neue Unternehmen über eine unzureichende Eigenmittelausstattung, sollte im Zuge der eigentlichen Abtrennung Eigenkapital zugeführt werden. Das Unternehmen sollte eine branchenübliche Eigenkapitalquote aufweisen. Dies kann über eine Kapitalerhöhung geschehen und verändert genauso wie die Rückführung der Verbindlichkeiten den Verschuldungsgrad.

Bevor das Unternehmen im Zuge eines Sell-offs verkauft wird oder als neues, eigenständiges Unternehmen am Markt tätig wird, sollten gegebenenfalls bestehende Außenverpflichtungen beglichen oder abgegeben werden. Dies betrifft die Rückstellungsposten für ungewisse Verbindlichkeiten auf der Passivseite der Bilanz. Rückstellungen können aufgrund verschiedener Außenverpflichtungen bestehen und eine erhebliche Belastung für das Unternehmen darstellen. Bei der Bildung von Rückstellungen wird das Ergebnis gemindert. Darüber hinaus zählen Rückstellungen zum Fremdkapital und verschlechtern somit ebenfalls die Eigenkapitalquote. Verbindlichkeitsrückstellungen müssen beispielsweise bei anstehenden Schadenersatzforderungen oder für laufende Prozessaufwendungen gebildet werden. Ein weiteres Beispiel sind Ansprüche aus Produkthaftung. Diese Art von Belastungen sollten für eine erfolgreiche Desinvestition so weit wie möglich beseitigt werden.

### 3.3.5 Zweite Vorbereitungsphase

Die zweite Vorbereitungsphase sowie die zweite Durchführungsphase beziehen sich auf die Umsetzung des Börsenganges des Unternehmensteils (vgl. Abbildung 10). Damit beschränkt sich die Darstellung, wie bereits zu Anfang des Kapitels erwähnt wurde, auf Transaktionen, die über den Kapitalmarkt abgewickelt werden (vgl. Abschnitt 3.2). Als Beispiel kann ein Equity Carve-out gelten; jedoch auch andere Konstruktionen über den Kapitalmarkt können über den dargestellten Beispielprozess abgebildet werden.

Vor dem Börsengang ist noch gegebenenfalls die Zustimmung der Aktionäre des Gesamtkonzerns einzuholen. Dies ist jedoch in den meisten Fällen nicht notwendig. Nur in den Fällen, in denen die Herauslösung eines Unternehmensteils zu einer gravierenden Strukturveränderung der Muttergesellschaft führt, hat der Vorstand zu seiner eigenen Entlastung die Pflicht, eine Zustimmung der Hauptversammlung herbeizuführen. Dies gilt analog auch für einen Sell-off.

*Going Public des Desinvestitionsobjektes*

Die weiteren Punkte der zweiten Vorbereitungsphase beziehen sich auf den Börsengang des herausgelösten Unternehmensteils. Der IPO eines Desinvestitionsobjektes unterscheidet sich nicht grundlegend vom Börsengang eines vorher selbstständigen Unternehmens. Daher wird auf den Prozess des Going Public und die Beratungsaufgaben der Investmentbank im Folgenden nur kurz eingegangen und dabei auf die einschlägigen Abschnitte im Beitrag Corporate Finance in diesem Buch verwiesen. Hervorgehoben werden hingegen die Besonderheiten beim IPO im Zuge einer Corporate-Restructuring-Maßnahme.

Unter Umständen kann das Going-Public-Mandat erneut vergeben werden. Ein Restrukturierungsmandat für eine Investmentbank muss sich keinesfalls auf alle Phasen des Prozesses erstrecken, sondern kann auch nach der Abtrennung, jedoch noch vor dem Börsengang des Unternehmensteils beendet sein. Generell wird jedoch die Investmentbank, die das Restrukturierungsmandat bekommen hat, auch die Beratung beim Börsengang übernehmen, da durch die zahlreichen Vorarbeiten bei der Investmentbank bereits ein Einblick in das Unternehmen und die Situation vorhanden ist. Eine neu hinzukommende Bank hingegen muss sich erst in die Problematik einarbeiten, um für die spezielle Restrukturierungssituation entsprechende Beratungsleistungen anbieten zu können. Dies dürfte in der Regel mit höheren Kosten für den Mandanten verbunden sein.

Die Abgabe des Restrukturierungsmandats ab dem Börsengang an eine andere Investmentbank macht somit lediglich Sinn, wenn das mandatierende Unternehmen mit den bisherigen Leistungen der Beratung nicht zufrieden ist, oder die Investmentbank das nötige Know-how für die weiteren Schritte nicht aufweisen kann. In diesem Fall beginnt für das Unternehmen erneut eine Phase der Mandatsvergabe. Diese Börseneinführungsmandate werden in der Regel im Rahmen eines so genannten Beauty Contest vergeben. Beim Beauty Contest wird eine im voraus ausgewählte Gruppe von Investmentbanken zur Präsentation eingeladen. Das Mandat erhält schließlich die Bank mit dem überzeugendsten Emissionskonzept für das mandatierende Unternehmen. Diese Art der Mandatsgewinnung unterscheidet sich teilweise von der Bestrebung, ein Restrukturierungsmandat zu erlangen. Die Mandatsgewinnung beim Beauty Contest ist stärker institutionalisiert und läuft generell bei jedem Mandat sehr ähnlich ab. Dagegen ist der Prozess der Erlangung eines Corporate-Restructuring-Auftrages aufgrund der deutlich vielfältigeren Ausgangssituationen der Restrukturierungsobjekte in den meisten Fällen nicht vergleichbar. Der Beauty Contest ist ausführlich im Beitrag Corporate Finance, Abschnitt 2.2.2, dargestellt.

*Emissionskonzept*

Besteht Klarheit über das IPO Mandat, beginnt die eigentliche Beratung und Umsetzung des IPO. Die Reihenfolge der zu unternehmenden Schritte ist dabei analog zu anderen Börsengängen, bei denen es sich nicht um eine Restrukturierungsmaßnahme handelt. Im ersten Schritt ist, genau wie bei einem gewöhnlichen IPO, das Emissionskonzept festzulegen. Die einzelnen Entscheidungen werden dabei von der beratenden Investmentbank vorbereitet und schließlich vom Management der Obergesellschaft getroffen.

Zunächst ist eine Auswahl der *Investoren-Zielgruppe* notwendig, bei welchen die Emission platziert werden soll (vgl. Beitrag Corporate Finance, Abschnitt 2.4.1). Die Auswahl des Investorenkreises erfolgt dabei ebenso wie bei gewöhnlichen IPOs nach dem Risiko/Rendite-Profil, der Verbundenheit der Investoren mit dem Unternehmen sowie der Streuung der Aktie. Da die Auswahl zwischen institutionellen und Retail-Investoren mit der zukünftigen Kursstabilität des abgetrennten und neu notierten Unternehmensteils zusammenhängt, erlangt diese Thematik beim Restrukturierungsprozess eine besondere Bedeutung. Neben der Performance ist auch das Kursverhalten des Desinvestitionsobjektes von Bedeutung. Sofern sich beispielsweise ein besonders volatiler Kursverlauf zeigt, kann dies eventuell negative Auswirkungen auf das Image und schließlich auch auf den Aktienkurs des (ehemaligen) Mutterunternehmens haben. Selbst bei einer vollständigen Abtrennung des Unternehmensteils werden restrukturierende Großkonzerne häufig noch eine gewisse Zeit mit ihren herausgelösten Tochterunternehmen assoziiert und sind daher besonders am Erfolg ihres ehemaligen Unternehmensteils nach der Desinvestition interessiert. Hält das Mutterunternehmen auch nach der Restrukturierung noch einen großen Anteil, so hat die Performance des Restrukturierungsobjektes direkt Auswirkungen auf den Unternehmenswert des Mutterkonzerns.

Das *Emissionsvolumen* wird beim Corporate Restructuring größtenteils bereits in der Entscheidungsphase festgelegt, da es sich überwiegend aus der Wahl der Restrukturierungsmaßnahme ergibt. Es handelt sich dabei im Grunde um eine strategische Entscheidung, bei der das zukünftige Verhältnis von Mutter- und Tochterunternehmen festgelegt wird. Beschließt das restrukturierende Unternehmen, einen Spin-off durchzuführen, so sind in der Regel mehr als 80 Prozent der Anteile auszugeben und in den Sekundärhandel einzuführen. Bei einem Equity Carve-out hingegen wird lediglich ein Minderheitsanteil an die Börse gebracht. Das Mutterunternehmen behält dabei die Kontrolle über das Desinvestitionsobjekt und wählt nur ein geringeres Emissionsvolumen.

Bei Restrukturierungen ist die Wahl der *Herkunft der Aktien* eng mit der Entscheidung bezüglich des Emissionsvolumens verbunden. Nach der Bestimmung der Größe des zu platzierenden Aktienpakets muss aus zwei möglichen Arten von Aktien gewählt werden. Bei den zu emittierenden Anteilen kann es sich entweder um neue Aktien aus einer Kapitalerhöhung oder um alte Aktien aus dem Besitz des restrukturierenden Unternehmens handeln. Hierbei ist erneut zu beachten, um welche Restrukturierungsvariante es sich bei der Emission handelt. Bei einem Equity Carve-out kann der an der Börse verkaufte Minderheitsanteil unter Umständen vollständig aus einer Kapitalerhöhung stammen, während das Mutterunternehmen die alten Aktien behält. Bei einem Spin-off oder Split-off handelt es sich bei den abzugebenden Anteilen immer auch um Altaktien der Muttergesellschaft. Diese können jedoch um neue Aktien aus einer Kapitalerhöhung ergänzt werden.

Daneben ist auch ein Signaling-Effekt zu beachten. Sofern beispielsweise bei einem Equity Carve-out lediglich alte Aktien aus dem Besitz des Konzernunternehmens emittiert werden, kann der Eindruck entstehen, dass bei der Desinvestition ausschließlich finanzielle Vorteile für die Muttergesellschaft ausschlaggebend für die Transaktion waren. Der Vorwurf des „Kasse-machens" kann dabei sowohl für die Kursentwicklung des neuen Börsenkandidaten als auch für das Image des Mutterunternehmens schädigend sein. Insofern kann es sinnvoller sein, in einer ersten Emission zumindest eine Mischung aus alten und neuen Aktien zu platzieren. Die beim Mutterunternehmen verbliebenen alten Aktien können dann zu einem späteren Zeitpunkt ebenfalls an der Börse verkauft werden. Als Beispiel kann der Equity Carve-out des Telekom Tochterunternehmens T-Online genannt werden. Die an die Börse gebrachten 10 Prozent des Aktienkapitals stammten ausschließlich aus einer Kapitalerhöhung.

*Notierungsstrategie*

Die Segment- und Börsenwahl bei Corporate-Restructuring-Maßnahmen unterscheidet sich nicht wesentlich von gewöhnlichen Börsengängen (vgl. Beitrag Corporate Finance, Abschnitt 2.5). Bei der *Segmentwahl* steht die Entscheidung im Vordergrund, in welches Börsensegment im In- oder Ausland der abgespaltene Unternehmensteil aufgrund seines Risiko/Rendite-Profils passt. Die drei klassischen Segmente Amtlicher Handel, Geregelter Markt und Freiverkehr werden seit März 1997 um den Neuen Markt ergänzt. Dieser ist speziell für junge, wachstumsstarke und innovative Unternehmen, vornehmlich aus dem Technologiebereich, ins Leben gerufen worden. Während sich die drei klassischen Marktsegmente vor allem durch herabgestufte quantitative Zulassungsvoraussetzungen unterscheiden, stehen beim Neuen Markt vor allem qualitative Anforderungen im Blickfeld. So stellen beispielsweise die strengen Vorschriften an die Publizität der am Neuen Markt gelisteten Unternehmen Anpassungen an den höheren Risikogehalt dieser Unternehmen und ein Entgegenkommen für potenzielle Investoren dar. Denkbar ist auch eine Notierung der Anteile im Qualitätssegment SMAX, welches jedoch auf die Marktsegmente Amtlicher Handel oder Geregelter Markt aufbaut.

Bei der Segmentwahl für das Desinvestitionsobjekt muss die beratende Investmentbank daher, genau wie bei gewöhnlichen Emissionen, das Risiko/Rendite-Profil des neuen Unternehmens bestimmen und dies mit dem passenden Segment abstimmen. Dabei hängt dieser Schritt direkt mit der Positionierung des Unternehmens zusammen, welche eventuell durch Aufwertungsmaßnahmen vor dem Börsengang verändert wurde (vgl. Abschnitt 3.3.4). Handelt es sich bei dem abzuspaltenden Unternehmensteil beispielsweise um ein Technologieunternehmen (vgl. Abschnitt 2.3.2), so kann sich eine Einführung am Neuen Markt anbieten.

Bei einem Listing in den klassischen Segmenten, wie beispielsweise dem Amtlichen Handel, muss die Investmentbank beachten, dass die quantitativen und qualitativen Bedingungen für ein Listing in den klassischen Segmenten häufig nicht ausreichend sind. In der Praxis legt die so genannte Börsenreife teilweise einen deutlich strengeren Maßstab für einen Börsengang an. Dies betrifft zum Beispiel das Mindestemissionsvolumen oder die Berichterstattung des Unternehmens.

Handelt es sich bei Corporate-Restructuring-Maßnahmen um Minderheitsanteile, die an die Börse gebracht werden, ist das Kriterium des Mindeststreubesitzes unter Umständen ein besonders wichtiger Faktor. Die Absicht, im Rahmen eines Equity Carve-out einen besonders kleinen Anteil des gezeichneten Kapitals zu emittieren, kann dabei mit der Wahl des Börsensegments konfligieren. So ist beispielsweise beim Amtlichen Handel in § 9 der Börsenzulassungsverordnung ein Streubesitz von mindestens 25 Prozent vorgeschrieben. Die Regelung lässt jedoch eine Möglichkeit für Ausnahmen offen. Eine ähnliche Vorschrift existiert auch im Regelwerk des Neuen Marktes. Hier müssen vorzugsweise 25 Prozent, mindestens jedoch 20 Prozent der Aktien bei der Emission in den Streubesitz gelangen. Beabsichtigt ein Mutterunternehmen, weniger Anteile eines Tochterunternehmens an die Börse zu bringen, so kann es diese Segmente nicht wählen. Dieses Problem bestand beispielsweise beim Equity Carve-out des Tochterunternehmens der Deutschen Telekom T-Online (vgl. Abschnitt 3.4.2, Fallstudie).

Im Rahmen der *Börsenwahl* muss geklärt werden, an welcher nationalen oder auch internationalen Börse das Desinvestitionsobjekt gelistet werden soll (vgl. auch Beitrag Corporate Finance, Abschnitt 2.5.2 und 2.5.3). Generell wird es im Hinblick auf den Bekanntheitsgrad sinnvoll sein, das Desinvestitionsobjekt an der gleichen Börse wie das Mutterunternehmen zu listen. Im Inland wird dies regelmäßig die Frankfurter Wertpapierbörse sein, welche sich aufgrund der Reputation und der Bündelung der Liquidität anbietet. Darüber hinaus stellt sich die Frage, ob ein weiteres Listing an einer ausländischen Börse sinnvoll ist. Die Überlegungen sind hierzu im Wesentlichen dieselben wie bei gewöhnlichen Börsengängen. Daher wird an dieser Stelle auf die entsprechende Darstellung im Beitrag Corporate Finance verwiesen. Zu beachten ist jedoch in jedem Fall die bei einem Doppel-Listing (Dual Listing) gegebene Problematik der Aufspaltung der Liquidität im Handel. Diese kann insbesondere bei Restrukturierungsmaßnahmen mit kleinerem Emissionsvolumen Bedeutung erlangen.

*Due Diligence beim Börsengang*

Vor dem Börsengang wird die Investmentbank in der Regel eine Due Diligence beim Desinvestitionsobjekt durchführen. Abgesehen davon, dass die Auftraggeber für eine Due Diligence nicht vom betreffenden Unternehmensteil kommen, sondern vom kontrollierenden Mutterunternehmen, unterscheidet sich die Due Diligence bei einer Corporate-Restructuring-Maßnahme kaum vom Vorgehen bei einem gewöhnlichen Börsengang. Im Rahmen der Due Diligence sollen Informationen über die finanzielle und die rechtliche Situation sowie über Führungsfragen erhoben werden, die als Grundlage für die Equity Story dienen (vgl. Beitrag Corporate Finance, Abschnitt 2.6.1). Da die Mitarbeiter über die Restrukturierungsmaßnahme bereits nach der Entschlussfassung informiert wurden, das heißt die Vertraulichkeit bereits gelockert wurde, bestehen hier keine Probleme im Hinblick auf die Geheimhaltung, wie es beispielsweise im Rahmen eines Unternehmensverkaufs (Sell-off) der Fall wäre.

*Bewertung*

Die fundamentale Bewertung des betroffenen Unternehmensteils ist ebenso wie bei gewöhnlichen Börsengängen eine zentrale Aufgabe von Investmentbanken. Es gilt, eine Preisspanne als Grundlage für den später zu wählenden Emissionspreis zu ermitteln. Dabei kommen dieselben Bewertungsverfahren wie bei gewöhnlichen Börsengängen wie beispielsweise Discounted-Cashflow-Modelle und marktorientierte Verfahren zur Anwendung (vgl. Beitrag Corporate Finance, Abschnitt 2.6.2). Eine Besonderheit ergibt sich bei Corporate-Restructuring-Maßnahmen jedoch eventuell bei der Verfügbarkeit relevanter Informationen. Sofern das Desinvestitionsobjekt zuvor nicht als abgetrenntes Unternehmen existiert hat, sondern es sich um einen ehemals in die Organisation eingegliederten Unternehmensteil handelt, sind vergangenheitsbezogene Daten kaum verfügbar und nur schwer zu generieren. Sofern keine für den speziellen Unternehmensteil bezogenen Daten erhoben wurden, müssen diese aus den Gesamtunternehmensdaten gewonnen werden. Hierbei können sich erhebliche Schwierigkeiten bei der Abgrenzung zeigen. Die Daten sind jedoch essentiell bei der fundamentalen Bewertung, da sie für Prognosen zukünftiger Cashflows benötigt werden. Man wird sich in diesem Fall vermehrt auf marktorientierte Vergleichsverfahren verlegen müssen.

*Equity Story*

Die Equity Story beabsichtigt, das Unternehmen vor dem Hintergrund des Börsenganges als attraktive Investitionsmöglichkeit darzustellen. Es handelt sich dabei letztendlich um eine Vermarktungsstrategie, mit Hilfe derer das Unternehmen möglichst erfolgreich an die Börse gebracht werden soll (vgl. Beitrag Corporate Finance, Abschnitt 2.6.3). Eine gute Equity Story sollte optimalerweise in wenigen Sätzen zusammenzufassen sein und sowohl die Stärken des Unternehmens hervorheben, als auch für vermeintliche Schwächen passende Argumente entgegenhalten. Die Equity Story sollte die Bereiche Growth Story (Darstellung des Unternehmenswachstums), Value Story (Begründung der Bewertung für den Börsengang), Country Story (Darstellung des wirtschaftlichen Umfeldes) und Restructuring and Reorganisation Story umfassen. Die Restructuring and Reorganisation Story beinhaltet entscheidende Restrukturierungsmaßnahmen, die zu einer besonderen Positionierung des Unternehmens geführt haben bzw. in der Zukunft führen sollen. Hierbei sind insbesondere auch die in der ersten Durchführungsphase des Restrukturierungsprozesses vorgenommenen Aufwertungsmaßnahmen hervorzuheben (vgl. Abschnitt 3.3.4).

Bei der Kommunikation der Equity Story vor dem Börsengang steht primär das Desinvestitionsobjekt im Blickfeld. Während es bei der externen Kommunikation zum Zeitpunkt der Entschlussfassung (vgl. Abschnitt 3.3.3) in erster Linie noch um Informationen zum restrukturierenden Konzernunternehmen ging, stehen spätestens hier nahezu ausschließlich Informationen zum Börsengang des neuen Unternehmens im Vordergrund. Das (ehemalige) Mutterunternehmen findet in dieser Phase nur noch begrenzte Beachtung, da es nun vor allem um das Investment in das neue Unternehmen geht.

Die Equity Story erlangt eine besonders große Bedeutung, wenn es sich bei der Restrukturierungsmaßnahme um die Abtrennung eines bislang weitgehend unbekannten Unternehmens handelt. Dies ist oftmals dann der Fall, wenn das neue Unternehmen zuvor nicht eigenständig am Markt tätig, sondern in ein Großunternehmen eingegliedert war. Das neu gegründete Tochterunternehmen muss durch den Börsengang aus dem Schatten der Muttergesellschaft heraustreten und sich einen eigenen Namen aufbauen. Der Investmentbank kommt dabei die entscheidende Aufgabe zu, bereits zu diesem Zeitpunkt hierzu den Grundstein zu legen.

Für die Muttergesellschaft ist es dabei in der Regel extrem wichtig, dass der IPO des ehemals eigenen Unternehmensteils erfolgreich verläuft. Ein misslungener Börsengang kann sehr schnell einen Schaden für die Reputation und das Image des Mutterkonzerns nach sich ziehen. Daher hat sie ein besonders großes Interesse an einer konsistenten und schlüssigen Equity Story.

Ausschlaggebend für eine erfolgreiche Kommunikation der Equity Story ist die Glaubwürdigkeit. Dabei steht die Growth und die Value Story unter besonders kritischer Betrachtung der potenziellen Investoren. Bei Desinvestitionen ist häufig ein so genannter „Hockey-Stick-Effekt" zu beobachten. Hiervon spricht man, wenn die Wachstumszahlen eines abzuspaltenden Unternehmensteiles bis zur Restrukturierungsentscheidung kontinuierlich nach unten zeigen, jedoch plötzlich (ab der Festlegung der Restrukturierungsmaßnahme) für die Zukunft eine Aufwärtstendenz aufweisen. Die Glaubwürdigkeit der Prognosen dürfte dabei trotz der gegebenenfalls durchgeführten Aufwertungsmaßnahmen nur schwer zu beweisen sein.

### *Erstellung des Prospektes und Registrierung der Aktien*

Der Verkaufsprospekt im Rahmen des Going Public eines Desinvestitionsobjektes umfasst genau wie bei gewöhnlichen Börsengängen unter anderem eine Beschreibung der Geschäftstätigkeit des Unternehmens, die wirtschaftlichen Daten des Emittenten, seine Geschäftsführungs- und Aufsichtsorgane, Angaben über die Verwendung des Emissionserlöses und sämtliche technischen Details der Emission. Steht der Börsengang jedoch in Zusammenhang mit einer Restrukturierungsmaßnahme, so sind zusätzlich Informationen über diese Transaktion offen zu legen.[8] Diese betreffen beispielsweise Auskünfte über ein eventuell verbleibendes Abhängigkeitsverhältnis zum (ehemaligen) Mutterunternehmen. Handelt es sich bei der Restrukturierungsmaßnahme um einen Spin-off, so muss der Prospekt an alle Aktionäre der Muttergesellschaft verteilt werden, da sie automatisch die Anteile der abgespaltenen Tochtergesellschaft zugeteilt bekommen.

Bevor die Aktien platziert werden und der Handel aufgenommen werden kann, muss schließlich noch ein Zulassungsantrag bei der entsprechenden Börse gestellt werden. Der Börsenprospekt ist dabei ein Teil des Zulassungsantrages. Sofern zusätzlich ein Listing an einer US-amerikanischen Börse erfolgen soll, ist eine Registrierung der Aktien bei der Aufsichtsbehörde Securities and Exchange Commission (SEC) notwendig. Als Beispiel kann der Equity Carve-out des Siemens Tochterunternehmens Infineon genannt werden. Hierbei wurden die Anteile sowohl im Amtlichen Handel in Frankfurt als auch an der New York Stock Exchange eingeführt.

---

[8] § 41 Börsenzulassungsverordnung (BörsZulV).

### 3.3.6 Abschluss der Transaktion und Post-Restructuring-Beratung

*Börseneinführung*

Mit der Platzierung der vorgesehenen Anteile am Desinvestitionsobjekt bei den Investoren wird der Börsengang zum Abschluss gebracht. Bei einem Equity Carve-out erhalten die Investors, sofern sie bei der Zeichnung berücksichtigt wurden, Anteile am Unternehmen. Direkt im Anschluss werden die Aktien zum Sekundärhandel zugelassen. Handelt es sich um einen Spin-off, werden hier die Aktien bei den Altaktionären des Mutterunternehmens gegebenenfalls pro rata platziert und im Anschluss in den Sekundärmarkt eingeführt. Dies ermöglicht es ihnen, auch die Anteile des Spin-offs an der Börse zu handeln. Die Aktien des Mutterunternehmens werden an diesem Tag „ex Spin-off" gehandelt.

*Post-Restructuring-Beratung*

Die Post-Restructuring-Beratung als Dienstleistung einer Investmentbank betrifft zum einen die Beratung des neuen Unternehmens nach der Börseneinführung, zum anderen die Beratung des Mutterunternehmens nach der Abtrennung des Unternehmensteils. Eine Auswahl möglicher Beratungsdienstleistungen für das Mutterunternehmen und das abgetrennte Unternehmen nach der Desinvestition enthält Übersicht 4.

Übersicht 4: Post-Restructuring-Beratung

|  | **Mutterunternehmen** | **Desinvestitionsobjekt** |
|---|---|---|
| Weitere Restrukturierungsmandate | Neue Restrukturierungsmaßnahmen | Neue Aufwertungsmaßnahmen |
| Defense-Beratung | Präventive Abwehrmaßnahmen | Präventive Abwehrmaßnahmen |
| Post-IPO-Beratung | Vollständiger Ausstieg | Kurspflege |

Eine Investmentbank wird die vorhandene Kundenbeziehung mit dem Mutterunternehmen nutzen, um auch nach der Restrukturierungsmaßnahme für das Unternehmen beratend tätig zu sein. Sofern man mit den Dienstleistungen der Investmentbank zufrieden war, sind Folgemandate durchaus wahrscheinlich. Handelt es sich bei dem mandatierenden Unternehmen um einen konglomeraten Großkonzern, so sind gegebenenfalls weitere Restrukturierungsmandate zu vergeben. Die Investmentbank, welche die Restrukturierung begleitet hat, bietet sich dabei an, denn sie kennt bereits die Situation im Unternehmen.

Auch bei dem neuen, abgetrennten Unternehmen wird die Investmentbank bemüht sein, die mit der Restrukturierungsmaßnahme neu entstandene Kundenbeziehung zu nutzen und zu vertiefen. Handelt es sich bei dem Desinvestitionsobjekt um ein junges, im Zuge der Restrukturierung neu gegründetes Unternehmen, so dürften kaum Kundenbeziehungen zu anderen Investmentbanken bestehen, was der betreffenden Bank einen Vorteil verschafft.

Die Investmentbank kann daher im Sinne weiterer Aufwertungsmaßnahmen für das nun eigenständige Unternehmen tätig werden. Die Aufwertungsmaßnahmen stehen unter dem Blickwinkel der Steigerung der Attraktivität für die neuen Investoren. Im Grunde unterscheiden sich die hier zur Verfügung stehenden Möglichkeiten nicht von den Aufwertungsmaßnahmen, die im Zuge der vorherigen Abtrennung des Unternehmens ergriffen wurden (vgl. Abschnitt 3.3.4). Konnten jedoch nicht alle sinnvollen Maßnahmen unternommen werden, so wurden einzelne Schritte, etwa aus Zeitgründen, eventuell auf einen Zeitpunkt nach der Abtrennung verschoben. Denkbar sind beispielsweise Joint Ventures oder, sofern das abgetrennte Unternehmen seinerseits noch ein „kleines" Konglomerat ist, weitere Corporate-Restructuring-Maßnahmen. Auch verschiedene Financial-Restructuring-Maßnahmen sind möglich (vgl. Abschnitt 1.1).

Ein weiteres Tätigkeitsfeld in der Beratung nach einer Restrukturierungsmaßnahme betrifft die Abwehr feindlicher Übernahmen. Dies bietet sich sowohl für das (ehemalige) Mutterunternehmen als auch für das junge Desinvestitionsobjekt an. Beim Mutterunternehmen wird es sich dabei um eine gewöhnliche Verteidigung gegenüber latenten, jedoch nicht akuten Übernahmebedrohungen handeln (vgl. Beitrag Mergers and Acquisitions, Abschnitt 3.2.4). Die abgeschlossene Restrukturierungsmaßnahme kann dabei selbst eine präventive Abwehrmaßnahme gewesen sein, um einen eventuell gegebenen Konglomeratsabschlag in der Bewertung abzubauen.

Für das Tochterunternehmen entwickelt sich die Defense-Beratung zum ersten Mal zu einem wichtigen Thema. Sofern das Desinvestitionsobjekt mit seiner Anteilsmehrheit an den Kapitalmarkt gebracht wurde, entsteht für das junge Unternehmen erstmals die Möglichkeit, Opfer einer feindlichen Übernahme zu werden. Da das Unternehmen in der Regel noch keine Erfahrung mit dieser Situation gemacht haben wird, sollte eine Investmentbank hier eine entsprechende Beratung leisten. Ein Beratungsmandat nach einer Corporate-Restructuring-Maßnahme kann auch im Sinne eines Signaling-Effektes wirken und mögliche Übernahmeinteressenten bereits im vorhinein von einem feindlichen Übernahmeversuch abhalten.

Anders verhält es sich jedoch bei einem Equity Carve-out, bei dem das Mutterunternehmen nach wie vor die Mehrheit der Aktien hält, oder auch bei Tracking Stocks. In diesem Fall besteht keine Gefahr eines möglichen Hostile Takeover und somit für die Investmentbank keine Möglichkeit, ein entsprechendes Mandat zu erlangen.

Die Post-IPO-Beratung des abgetrennten Unternehmens umfasst im wesentlichen die gleichen Tätigkeiten einer Investmentbank wie nach einer gewöhnlichen Börseneinführung (vgl. Beitrag Corporate Finance, Abschnitt 2.7). Hierbei geht es in erster Linie um die Kurspflege nach dem Börsengang des Desinvestitionsobjektes. Es können dabei die gewöhnlichen Instrumente zum Einsatz kommen wie zum Beispiel der aktive Handel in den Wertpapieren des Unternehmens, um die Volatilität zu verringern, Investor-Relations-Maßnahmen oder auch Aktienrückkäufe. Eine Besonderheit in der Post-IPO-Beratung in einem Restrukturierungsfall besteht jedoch darin, dass die Performance des neuen Unternehmens am Aktienmarkt eine große Bedeutung für das (ehemalige) Mutterunternehmen hat. So kann sich ein fallender Kursverlauf des Desinvestitionsobjektes auch negativ auf das Image des Mutterunternehmens am Kapitalmarkt auswirken. Handelt es sich dabei um einen vollständigen Ausstieg des Mutterunternehmens, wie es beispielsweise bei einem 100-prozentigen Spin-off der Fall ist, kann dies besonders negativ ausgelegt werden. Befindet sich das Konzernunternehmen in einem fortdauernden Restrukturierungsprozess, können sich dadurch Schwierigkeiten für weitere Abspaltungen ergeben. So war es zum Zeitpunkt des Börsenganges des Telekom Tochterunternehmens T-Online im Hinblick auf die später im Jahr 2000 geplante Abspaltung der Mobilfunkunternehmens T-Mobile entscheidend, einen erfolgreichen Kursverlauf nach der Emission zu gewährleisten.[9] Ein einmal am Kapitalmarkt entstandenes Misstrauen gegenüber dem Konzernunternehmen ist nur sehr schwer wieder zu beseitigen.

Handelt es sich bei der Restrukturierungsmaßnahme lediglich um einen teilweisen Ausstieg des Mutterunternehmens, wie es beispielsweise bei einem Equity Carve-out der Fall ist, so stellt sich eventuell die Frage der weiteren Platzierung der restlichen Anteile an dem Desinvestitionsobjekt. Die Investmentbank kann das Konzernunternehmen hier in Fragen bezüglich des Volumens, des Mechanismus und des Timings der Platzierung der restlichen Anteile beraten. Beabsichtigt das Konzernunternehmen, sich in Zukunft von weiteren Anteilen an dem Tochterunternehmen zu trennen, ist auch hier die Performance des Aktienkurses von essentieller Bedeutung, da er maßgeblich den zukünftigen Verkaufserlös für das Mutterunternehmen beeinflusst.

## 3.4 Kriterien zur Auswahl aus verschiedenen Restrukturierungsvarianten

### 3.4.1 Auswahl anhand von Motiven

Eine zentrale Aufgabe der Investmentbank beim Restrukturierungsprozess ist die Generierung und die anschließende Bewertung eines Alternativenpools zur Auswahl aus den unterschiedlichen Restrukturierungsvarianten (vgl. Abschnitt 3.3.2). Aus diesen verschiedenen Instrumenten zur Durchführung einer Restrukturierung muss dann das geeignete Vorgehen ausgewählt werden.

Die endgültige Auswahl des Restrukturierungsinstruments liegt natürlich im Entscheidungsbereich des Managements des restrukturierenden Konzernunternehmens. Die Investmentbank begleitet jedoch den Prozess und hilft bei der Entscheidungsfindung. Häufig ist zudem das Management des betroffenen Unternehmensteils bzw. Tochterunternehmens mit einbezogen.

Prinzipiell ist die Auswahl eines Instrumentes immer vor dem Hintergrund der speziellen Situation des Unternehmens zu treffen. Das maßgebliche Kriterium ist jedoch in jedem Einzelfall das jeweilige Ziel bzw. Motiv der Restrukturierungsmaßnahme. Daneben ist eine Vielzahl von restriktiven Nebenbedingungen zu beachten.

---

[9] Der Börsengang der T-Mobile wurde inzwischen mehrfach verschoben.

Abgesehen von unfreiwilligen Restrukturierungsmaßnahmen sind Desinvestitionen in der Regel mit der Unternehmenswertsteigerung zu begründen. Es wird somit das Instrument ausgewählt, welches die größte Unternehmenswertsteigerung verspricht. Folglich müssen sich die unterschiedlichen Restrukturierungsmaßnahmen diesem Ziel bzw. den jeweiligen Motiven unterordnen. Dies bedeutet gleichzeitig, dass Instrumente, die in der gegebenen Situation eines Unternehmens nicht zur Wertsteigerung führen, nicht geeignet sind und somit bei der Entscheidung nicht berücksichtigt werden. Als Beispiele für die Auswahl von Restrukturierungsmaßnahmen können die Motive der Beseitigung von Dissynergien im Konzernverbund sowie der Schaffung einer Akquisitionswährung angeführt werden.

*Auflösung von Dissynergien durch vollständige Abspaltung*

Sofern die Restrukturierung im Motiv der Auflösung von Dissynergien begründet ist, sind lediglich bestimmte Instrumente heranzuziehen, da andere die Beseitigung negativer synergetischer Beziehungen nicht oder nicht in vollem Umfang gewährleisten. Dissynergien können unter anderem beispielsweise bei einem negativen Imagetransfer verschiedener Produkte eines Unternehmens bzw. dessen Tochterunternehmen entstehen oder aufgrund von Inflexibilitäten bei der mehrseitigen Ressourcennutzung auftauchen (vgl. Abschnitt 2.2.2). Um solche wertmindernden Unternehmensverbindungen aufzulösen, bedarf es in der Regel einer vollständigen Desinvestition des betroffenen Unternehmensteils. Eine weitere Verbundenheit des betreffenden Unternehmensteils mit der verbleibenden Gesellschaft ist nicht sinnvoll.

Die vollständige Abtrennung des Desinvestitionsobjektes kann beispielsweise mit einem Spin-off oder einem Sell-off geschehen. Denkbar wären auch ein Split-off oder ein Subsidiary IPO mit einer Veräußerung von über 80 Prozent der Anteile am Kapitalmarkt. Entscheidend ist, dass keine bzw. kaum noch operative Verbindungen zum Geschäft des Mutterunternehmens aufrecht erhalten werden. In Bezug auf die Außenwirkung ist es essentiell, dass das ehemalige Tochterunternehmen nicht mehr mit der aktuellen Geschäftstätigkeit des Mutterunternehmens assoziiert wird. Dies muss beispielsweise beim Fall des negativen Brandings sicher gestellt sein. Sofern dies – wie hier im Beispiel – mehrere Instrumente gewährleisten, muss dann in einem nächsten Schritt aufgrund weiterer Motive oder der Nebenbedingungen entschieden werden, welches der genannten Instrumente letztlich zum Einsatz kommt.

Andere Restrukturierungsinstrumente eignen sich hingegen nicht oder nur teilweise zur Auflösung von Dissynergien. So ist das Instrument der Tracking Stocks hierfür ungeeignet. Bei Tracking Stocks werden zwar Bereiche des Unternehmens separiert und eigene Aktien für den betroffenen Teil an der Börse gehandelt, allerdings bleibt der Unternehmensverbund explizit bestehen. Tracking Stocks beabsichtigen im Gegenteil sogar die Beibehaltung von Beziehungen zwischen Unternehmensteilen. Im Falle der Existenz von Dissynergien kann somit das Ziel der Unternehmenswertsteigerung auf diese Weise nicht erreicht werden.

*Schaffung einer Acquisition Currency*

Ist die Restrukturierung in der Generierung einer Acquisition Currency begründet, scheidet eine Vielzahl von Instrumenten von vornherein aus. Es ist von grundlegender Bedeutung, dass das restrukturierende Unternehmen einen Großteil der Anteile am Desinvestitionsobjekt zurück behält, welche dann zu einem späteren Zeitpunkt für eine Expansion des Mutterunternehmens eingesetzt werden können. Daher sind Instrumente wie ein Spin-off oder ein Sell-off, bei welchem alle Anteile bzw. die große Mehrheit der Anteile abgegeben werden, nicht möglich.

Zu einer Akquisitionswährung aus der teilweisen Abtrennung eines Tochterunternehmens gelangt das Unternehmen insbesondere durch einen Equity Carve-out eines Tochterunternehmens. Hierbei wird nur ein Minderheitsanteil am Desinvestitionsobjekt an die Börse gebracht, während die Muttergesellschaft die Mehrheit – oftmals sogar bis zu 90 Prozent – am Tochterunternehmen behält. Der Konzernverbund bleibt daher zumindest solange erhalten, bis das Mutterunternehmen die einbehaltenen Anteile am Tochterunternehmen zur Finanzierung einer Akquisition abgibt. Auf diese Weise lässt sich dann eine weitere Abtrennung des Desinvestitionsobjektes erreichen, während das Mutterunternehmen gleichzeitig in seine Kernbereiche expandieren kann.

Die Schaffung einer Acquisition Currency ist ebenfalls mit dem Instrument der Tracking Stocks zu gewährleisten. Dies ist aufgrund der marktadäquaten Bewertung der Tracked Units möglich. Tracking Stocks können im Rahmen eines Aktientauschs als Kaufpreis für Anteile einer zu übernehmenden Gesellschaft übertragen werden. Im Ergebnis tauschen die bisherigen Eigentümer ihre Aktien gegen die neu ausgegebenen Tracking Stocks. Sie sind nun rechtlich zwar Aktionäre des Käuferunternehmens, ihre Dividenden erhalten sie jedoch nach wie vor aufgrund des wirtschaftlichen Erfolgs ihres „alten" Unternehmens, welches jetzt als Tracked Unit integriert ist. Als Akquisitionswährung wurden Tracking Stocks erstmals 1994 von der Genzyme Corp. zum Kauf der BioSurface Technology Inc. eingesetzt.

*Mehrere Motive*

Häufig sind mehrere Motive nebeneinander für eine Restrukturierung maßgeblich. So kann beispielsweise das Motiv der Auflösung einer konglomeraten Unternehmensstruktur sowohl mit dem Motiv des Erzielens einer effizienteren Bewertung am Kapitalmarkt verbunden sein. Beiden Motiven kann beispielsweise mit dem Instrument des Subsidiary IPO entsprochen werden und es wird somit eine Wertsteigerung erreicht.

Es ist jedoch auch zu beachten, dass unterschiedliche Motive teilweise nicht miteinander vereinbar sein können. So ist im obenstehenden Beispiel das Motiv der vollständigen Auflösung von negativen synergetischen Beziehungen nicht mit der Schaffung einer Akquisitionswährung zu vereinbaren. Werden im Zuge eines Spin-offs oder eines Sell-offs alle Anteile an dem Tochterunternehmen abgegeben, um die Auflösung von Dissynergien zu erreichen, so stehen diese Anteile dem Mutterunternehmen dementsprechend nicht mehr für zukünftige Unternehmensakquisitionen zur Verfügung.

## 3.4.2 Nebenbedingungen bei der Auswahl

Die Auswahl der Restrukturierungsvariante ist von zentraler Bedeutung für den Restrukturierungsprozess, da durch sie die weiteren Schritte bestimmt werden (vgl. Abschnitt 3.3). Es ist jedoch möglich, dass die Maßnahme, welche aufgrund einer fundamentalen Analyse der Motive der Restrukturierung zunächst optimal geeignet erscheint, angesichts restriktiver Nebenbedingungen unvorteilhaft oder sogar nicht durchführbar ist. Daher sind die Nebenbedingungen einer Transaktion schon zu Anfang des Auswahlprozesses in die Betrachtung mit einzubeziehen.

Die Nebenbedingungen betreffen vor allem die Situation am Kapitalmarkt sowie jegliche Faktoren, die mit der Transaktion einhergehen. Insbesondere sind dies

- Timing,
- steuerliche Effizienz (Tax Efficiency),
- öffentliche Akzeptanz (Public Acceptance),
- unternehmensinterne Akzeptanz (Internal Acceptance),
- Transaktionsrisiko (Transaction Risk).

*Timing*

Das Timing umfasst die Festlegung des genauen Zeitpunktes für die Durchführung der Transaktion. Schwierigkeiten beim Timingaspekt entstehen insbesondere dann, wenn es nicht genau absehbar ist, wie lange es dauern wird, bis die Abtrennung durchführbar ist.

Ein Faktor, der bei Restrukturierungen generell zu beachten ist, ist die Verfügbarkeit von aktuellen Bilanzzahlen. Liegen diese nicht vor, wird es sehr schwierig sein, das Desinvestitionsobjekt an einen Käufer bzw. im Falle einer Restrukturierung über den Kapitalmarkt an das Anlegerpublikum zu veräußern. Hier kann es zu Schwierigkeiten bei der Begründung der Bewertung kommen (vgl. Abschnitt 3.3.5).

Handelt es sich um eine Restrukturierung über den Kapitalmarkt, ist insbesondere das aktuelle Börsenklima zu beachten. Während Börsengänge in Zeiten steigender Aktienmärkte relativ einfach durchzuführen sind, können allgemeine Kursabschwünge die Emissionstätigkeit stark beeinträchtigen. Dabei ist die aktuelle Stimmung insbesondere für die spezielle Branche zu beachten. So waren beispielsweise im Jahr 1999 Desinvestitionen von Internet-Tochterunternehmen oder anderen Hochtechnologiesparten sehr gefragt (vgl. Abschnitt 2.3.2), während traditionelle Branchen zu diesem Zeitpunkt weniger leicht an den Markt gebracht werden konnten. Zugleich ist aber auch eine mögliche akute Stimmungsänderung zu berücksichtigen. So sind seit dem Frühjahr 2000 eben diese Technologieunternehmen nur noch sehr schwer an die Börse zu bringen, was in zahlreichen Börsengang-Verschiebungen und sogar -Absagen resultierte.

Weiterhin muss der Zeitpunkt für eine Emission auch bezüglich einer eventuellen Marktbeanspruchung durch andere Emissionen gründlich erwogen werden. Dabei kann die Aufnahmebereitschaft des Kapitalmarktes ebenso durch weitere eigene Corporate-Restructuring-Maßnahmen beeinträchtigt sein. Eine Desinvestition über den Kapitalmarkt wie beispielsweise bei einem Subsidiary IPO kann daher verschoben werden oder man entscheidet sich im Extremfall sogar für eine gänzlich andere Variante wie beispielsweise einen Sell-off an einen strategischen Investor.

Im Falle eines beabsichtigten Sell-offs ist es entscheidend, zum relevanten Restrukturierungszeitpunkt einen Käufer zu finden. So ist ein Investor oftmals nur zu einem bestimmten Zeitpunkt bereit, eine gewisse Summe für ein Unternehmen zu bezahlen. Sofern jedoch die Abgrenzungs- oder Aufwertungsmaßnahmen (vgl. Abschnitt 3.3.4) noch nicht abgeschlossen sind, kann es zum Scheitern der Transaktion aufgrund einer schlechten zeitlichen Abstimmung kommen.

*Steuerliche Effizienz (Tax Efficiency)*

Bei jeder Restrukturierungsvariante sind die speziellen steuerlichen Auswirkungen für das restrukturierende Unternehmen sowie das Desinvestitionsobjekt zu beachten. In der Regel wird man bei der Auswahl der Restrukturierungsvariante versuchen, Steuerbelastungen zu vermeiden. Die Vermeidung von Abflüssen an den Fiskus ist sehr wichtig für die Wertmaximierung durch die Corporate-Restructuring-Maßnahme. Dabei sind gegebenenfalls auch die vorbereitenden Schritte der Rechtsformumwandlung von Bedeutung (vgl. Abschnitt 3.3.4), da auch hier Steuerverpflichtungen entstehen können.

Daneben sind vor allem Steuerzahlungen bei der eigentlichen Desinvestition zu vermeiden. Die steuerliche Behandlung der einzelnen Instrumente des Corporate Restructuring ist in Deutschland jedoch uneinheitlich. Bis zum Ende des Jahres 2001 waren Buchgewinne aus der Veräußerung einer Unternehmensbeteiligung noch vollständig mit dem für das jeweilige Unternehmen geltenden Gewerbeertrag- und Körperschaftsteuersatz zu versteuern. Seit dem 1. Januar 2002 sind aufgelöste stille Reserven beim Verkauf von Beteiligungen jedoch nicht mehr steuerpflichtig. Das bedeutet, dass sowohl Verkaufserlöse aus Sell-offs als auch Emissionserlöse aus Subsidiary IPOs oder Equity Carve-outs keinen Steuerabflüssen mehr unterliegen.

Anders sieht es jedoch bei Spin-offs, Split-offs und Split-ups aus. Ein steuerfreier Spin-off, wie er beispielsweise in den USA konstruierbar ist, ist in Deutschland faktisch nicht möglich (vgl. Abschnitt 2.1). Die steuerliche Behandlung von Spin-offs, Split-offs und Split-ups ist in Deutschland im Umwandlungssteuergesetz geregelt. Während dieses zwar prinzipiell vorsieht, derartige Spaltungstransaktionen steuerneutral abzuwickeln, führen gleichzeitig dort verankerte Missbrauchsklauseln dazu, dass faktisch doch Steuern gezahlt werden müssen. Dies ist einer der Hauptgründe, warum es in Deutschland bisher noch kaum echte Spin-offs gegeben hat.

Für Tracking Stocks ist die steuerliche Behandlung noch völlig unklar. Da dieses Instrument hierzulande noch nicht zum Einsatz gekommen ist, gibt es bislang noch kaum Stellungnahmen zur Steuerfrage bei Tracking Stocks. Im Ergebnis zeigt sich bei der Frage der Tax Efficiency einer Transaktion eine Ungleichbehandlung der Instrumente, was dazu führt, dass diese Nebenbedingung nach wie vor von immenser Bedeutung bei der Alternativenauswahl ist.

*Öffentliche Akzeptanz (Public Acceptance)*

Bei der Platzierung von Anteilen mit anschließender öffentlicher Notierung an einer Börse ist im Vorfeld die Meinung von Analysten sowie potenzieller Investoren einzuholen. Dabei kann durch eine gezielte externe Kommunikation gesteuert werden, wie die Desinvestition bei den Investoren aufgenommen wird (vgl. Abschnitt 3.3.3). Bei den Analysten ist eine Multiplikatorfunktion zu beachten.

Restriktionen können bei der Auswahl eines Restrukturierungsinstrumentes aufgrund einer vorgegebenen Diversifikationsstrategie bestehen. Wichtig ist es daher, dass eine Corporate-Restructuring-Maßnahme überzeugend kommuniziert wird. So können beispielsweise vollständige Abspaltungen wie bei einem Spin-off mit einer vormals getätigten Strategieaussage des Unternehmens unvereinbar sein. Zudem schließt sich eine solche Maßnahme unter Umständen deshalb aus, weil eine vollständige Desinvestition beim öffentlichen Anlegerpublikum nur schwer zu begründen ist. Im negativen Fall führt ein vollständiger Spin-off zu einem starken Angebotsüberhang am Aktienmarkt, weil die ausgekehrten Anteile sofort wieder abgestoßen werden. Dieser so genannte Flowback übt einen negativen Preisdruck auf die Aktie aus.

*Unternehmensinterne Akzeptanz (Internal Acceptance)*

Neben der Public Acceptance ist auch die Akzeptanz des Managements sowie der Belegschaft des Desinvestitionsobjektes bezüglich der Restrukturierungsmaßnahme zu beachten. So kann ein ausgewähltes Instrument auf Widerstand bei den Beschäftigten des betroffenen Unternehmensteils stoßen. Dies wird immer dann der Fall sein, wenn die Maßnahme mit Verschlechterungen in Bezug auf die Bezahlung, die Arbeitsbedingungen oder sogar mit einem Abbau von Arbeitsplätzen verbunden ist.

Dem kann durch eine gezielte interne Kommunikation entgegengewirkt werden, um eine eventuell gegebene Unsicherheit abzubauen (vgl. Abschnitt 3.3.3). Allerdings wird ein sich gegebenenfalls abzeichnender Widerstand der Beschäftigten als Nebenbedingung immer in die Entscheidungsfindung miteinbezogen werden. Sofern Nachteile für die Beschäftigten bei der Restrukturierung nicht zu vermeiden sind, wird man daher bei der Auswahl aus verschiedenen geeigneten Restrukturierungsinstrumenten versuchen, eine Maßnahme zu wählen, welche die Verschlechterungen minimiert.

*Transaktionsrisiko (Transaction Risk)*

Eine Entscheidung zugunsten einer Restrukturierungsvariante kann auch aufgrund gewisser, außerhalb des Unternehmens liegender Faktoren obsolet werden. So können beispielsweise kartellrechtliche Probleme ein ausgewähltes Restrukturierungsinstrument verbieten, sodass man zu einer anderen Variante greifen muss. Beispielsweise kann ein Sell-off an ein anderes Unternehmen geplant sein, jedoch aufgrund einer dadurch entstehenden Marktmacht des Käuferunternehmens von der Kartellbehörde verboten werden. Dem restrukturierenden Unternehmen bleibt dann noch die Möglichkeit, die Abspaltung auf eine andere Weise durchzuführen und beispielsweise das Desinvestitionsobjekt über einen Spin-off abzutrennen. Das Tochterunternehmen steht dann zunächst allein am Markt, sodass aufgrund dieser Transaktion keine kartellrechtlichen Probleme entstehen können.

Schwierigkeiten, die mit kartellrechtlichen Fragestellungen verbunden sind, sind jedoch in der Regel im Vorfeld einer Transaktion mit spezialisierten Anwälten relativ eindeutig zu klären.

Eine andere Problematik, welche die Auswahl eines Restrukturierungsinstruments beeinflussen kann, ist ein eventuell einzuholender Hauptversammlungsbeschluss. Daher ist im Vorfeld einer Entscheidung zu klären, ob ein solcher Beschluss notwendig ist. Spaltungen wie Spin-offs, Split-offs und Split-ups sind in der Regel erst dann wirksam, wenn ihnen die Anteilseigner in der Hauptversammlung im so genannten Spaltungsbeschluss zustimmen. Bei Anteilsveräußerungen wie z.B. einem Sell-off oder einem Subsidiary IPO ist es in seltenen Fällen, in denen die Herauslösung des Unternehmensteils zu einer gravierenden Strukturveränderung der Muttergesellschaft führt, notwendig, das Einverständnis der Hauptversammlung zur Entlastung des Vorstandes einzuholen. Im Extremfall kann zum Beispiel die Aufspaltung eines Unternehmens mittels eines Split-ups durch einen negativen Hauptversammlungsbeschluss verhindert werden, sodass man auf andere, weniger weit reichende Restrukturierungsmaßnahmen zurückgreifen muss.

Eine ausgewählte Restrukturierungsmaßnahme muss schließlich auch im Hinblick auf die alleinige Überlebensfähigkeit des Desinvestitionsobjektes hin überdacht werden. So kann sich beispielsweise ein Subsidiary IPO oder ein Spin-off aufgrund der Motive einer Restrukturierung als optimales Instrument darstellen, jedoch muss ein solcher Schritt im Hinblick auf das Bestehen am Markt als eigenständiges neues Unternehmen eventuell in Frage gestellt werden. Ein Grund kann eine nicht ausreichende Größe des abzutrennenden Unternehmensteils sein. Dies kann dazu führen, dass vor diesem Hintergrund doch das Instrument des Sell-offs vorgezogen wird, da das Desinvestitionsobjekt in diesem Fall in einem neuen Unternehmensverbund aufgenommen wird.

> **Fallstudie: Corporate Restructuring bei der Deutschen Telekom: Der Equity Carve-out der T-Online**
>
> Vor dem Hintergrund der Globalisierung und der fortschreitenden weltweiten Liberalisierung der Telekommunikationsbranche bestand für die Deutsche Telekom AG zum Ende der 90er Jahre genau wie für andere Telekommunikationsunternehmen die Frage nach der zukünftigen Unternehmensstrategie. Angesichts der starken Konzentrationstendenz in dieser Branche entschied sich auch die Deutsche Telekom für eine Expansionsstrategie. Auf diese Weise wollte man das Ziel der Wertmaximierung voran treiben (vgl. auch Beitrag Corporate Finance, Fallstudie: Börseneinführung der Deutschen Telekom AG). Das Wachstum konnte dabei nicht allein aus den klassischen Bereichen der Sprachtelefonie kommen. Vielmehr sollten andere Bereiche wie das ISDN, die Mobilkommunikation, die Online-Kommunikation oder Systemlösungen das geforderte Wachstum liefern.
>
> Die Expansion sollte insbesondere aus externem Wachstum erreicht werden, das heißt, dass das Wachstum vor allem aus Akquisitionen stammen sollte. So wurde bei-

spielsweise bereits im Jahr 1999 das britische Mobilfunkunternehmen One2One gekauft.

Die Expansionsstrategie der Deutschen Telekom sollte explizit durch Maßnahmen des Corporate Restructuring begleitet werden. Vor dem Hintergrund des beabsichtigten externen Wachstums sollte nach Aussage des damaligen Vorstandsvorsitzenden der Deutschen Telekom, Dr. Ron Sommer, in erster Linie mittels spezieller Instrumente des Corporate Restructuring eine Akquisitionswährung geschaffen werden. Des weiteren stand das Motiv des Erreichens einer effizienteren Bewertung des Gesamtkonzerns sowie von einzelnen Tochterunternehmen am Kapitalmarkt im Vordergrund. Schließlich sollten auch nach einer Restrukturierungsmaßnahme Synergieeffekte, wie beispielsweise der Technologietransfer, erhalten bleiben.

Die Deutsche Telekom entschied sich daher vor dem Hintergrund der genannten Motive für den Börsengang von zwei Tochtergesellschaften: Im Mai 2000 wurde die T-Online International AG an die Börse gebracht. Wenig später sollte die T-Mobile International AG folgen, deren Börsengang jedoch bisher mehrfach verschoben wurde. Die Corporate-Restructuring-Maßnahmen sind beide in die so genannte T-Aktienfamilie T3 eingebettet, welche neben den zwei genannten Aktien auch noch die eigentliche T-Aktie der Muttergesellschaft umfasst.

Um insbesondere dem Motiv der Generierung einer Acquisition Currency Rechnung zu tragen, wählte man das Instrument des Equity Carve-out, wobei nur ein Minderheitsanteil an den Tochterunternehmen abgegeben wird. Durch die separate Bewertung der Tochtergesellschaften am Kapitalmarkt wollte man verschlossene Wertpotenziale, welche bei der Gesamtbewertung des Telekom Konzerns nicht zur Geltung kamen, offen legen. Eine höhere Bewertung der Tochtergesellschaften würde auch den Shareholder Value der Muttergesellschaft steigern.

Die Geschäftstätigkeit der T-Online geht bis in das Jahr 1983 zurück, als die damalige Deutsche Bundespost einen eigenen Informations- und E-Commerce-Dienst, den so genannten Bildschirmtext (Btx) einführte. Nach vielfältigen Weiterentwicklungen der Internetdienste und verschiedenen Umfirmierungen der betroffenen Tochterunternehmen wurde 1997 die Deutsche Telekom Online Service GmbH (DeTeOnline) gegründet, welche die Onlinedienste umfasste. Am 30. Dezember 1999 wurde diese Gesellschaft schließlich im Hinblick auf den geplanten Börsengang in eine Aktiengesellschaft umgewandelt und in die T-Online International AG umfirmiert. Bis zum Zeitpunkt der Restrukturierungsmaßnahme war die T-Online mit über 4 Mio. Kunden zum größten deutschen Onlinedienst angewachsen.

Da das betroffenen Tochterunternehmen schon seit einiger Zeit als abgegrenzte Einheit bestand, war eine sachliche und personelle Abgrenzung weitgehend für den Börsengang vorbereitet. Im Rahmen von Aufwertungsmaßnahmen wurden jedoch noch vor der Restrukturierung attraktivitätssteigernde Schritte unternommen (vgl. Abschnitt 3.3.4, Übersicht 3). So wurde beispielsweise im Vorfeld der Restrukturierung eine 25-prozentige Beteiligung an der comdirect bank AG – ihrerseits ein Equity Carve-out der Commerzbank AG – erworben. Die Commerzbank erhielt als Gegenleistung 25 Mio. neue Aktien der T-Online. Durch die Beteiligung an comdirect eröffnete man sich die Möglichkeit, an der Entwicklung des Online-Banking und Online-Brokerage-Geschäfts teilzuhaben.

Der Equity Carve-out der T-Online wurde unter der Konsortialführerschaft der Investmentbanken Goldman, Sachs & Co. oHG und der damaligen Dresdner Kleinwort Benson durchgeführt. Um sich einen Großteil der Aktien als Akquisitionswährung zu bewahren, entschied man, lediglich ca. 10 Prozent der Aktien des gezeichneten Kapitals am Kapitalmarkt zu platzieren.

Als Marktsegment standen der Amtliche Handel und der Neue Markt zur Debatte. Aufgrund der Zugehörigkeit der T-Online zur Internet-Branche und der damit einhergehenden Kurscharakteristik entschloss man sich nach langem Überlegen schließlich für das Technologiesegment Neuer Markt. Problematisch war dabei der an beiden Segmenten vorgeschriebene Mindeststreubesitz von 25 bzw. 20 Prozent der Aktien am Unternehmen. Da die Deutsche Telekom im Zuge des Equity Carve-outs lediglich ca. 10 Prozent des Aktienkapitals an die Börse bringen wollte, stellte diese Zulassungsvorschrift ein Problem dar. Man entschloss sich schließlich dazu, lediglich die Hälfte aller Aktien zum Börsenhandel zuzulassen, um auf diese Weise die 20 Prozent-Hürde rechnerisch einzuhalten.

Die im Rahmen des Bookbuilding bekannt gegebene Preisspanne lag bei 26 bis 33 Euro. Aufgrund der zum Zeitpunkt der Emission vorherrschenden schlechten Stimmung am Kapitalmarkt wurde der Emissionskurs schließlich in der unteren Hälfte der Spanne bei 27 Euro festgelegt. Insgesamt wurden beim Börsengang am 17. April 2000 114 Mio. Aktien inklusive Greenshoe und Mitarbeitertranche platziert. Der Emissionserlös belief sich damit auf rund 3 Mrd. Euro. Da die emittierten Aktien ausschließlich aus einer Kapitalerhöhung stammten, floss der Erlös allein dem Tochterunternehmen T-Online zu. Nach der Durchführung des Equity Carve-outs belief sich der Anteil der Deutschen Telekom noch auf 82,76 Prozent der Aktien der T-Online International AG.

# Literaturhinweise

ACHLEITNER, A.-K./CHARIFZADEH, M.: Phasenbezogene Investor Relations: Corporate Restructuring, in: Achleitner, A.-K./Bassen, A. (Hrsg.): Investor Relations am Neuen Markt, Stuttgart 2001, S. 753–769.
ANSLINGER, P. L./KLEPPER, S. J./SUBRAMANIAM, S.: Breaking up is good to do, in: The McKinsey Quarterly, Nr. 1, (1999), S. 16–27.
A. T. KEARNEY: Wertsteigerung durch Desinvestitionen, 2. Auflage, Düsseldorf 2000.
BAUER, M.: Targeted Stock als Alternative zu Desinvestitionen, Diss. Universität Freiburg (Schweiz) 1999.
BAUMS, T: Spartenorganisation, „Tracking Stock" und deutsches Aktienrecht, in: Ebenroth, C.T./Hesselberger D./Rinne M.E. (Hrsg.): Verantwortung und Gestaltung, Festschrift für K. Bouyong zum 65. Geburtstag, München 1996.

BERGER, P. G./OFEK, E.: Diversification's Effect on Firm Value, in: Journal of Financial Economics, Vol. 37 (1995), S. 39–65.

BILLETT, M. T./MAUER, D. C.: Diversification and the Value of Internal Capital Markets: The Case of Tracking Stock, in: Journal of Banking and Finance, Vol. 24 (2000), S. 1457–1490.

BLANTON, P. B./PERRETT, A. N./TAINO, E. A.: Unlocking Hidden Value: Realizing Value through Spin-Offs, Carve-Outs, Split-Offs and Tracking Stock, Equity Research – Credit Suiss First Boston (Hrsg.), o. O. 2000.

BOWMAN, E. H./SINGH: Corporate Restructuring: Reconfiguring the Firm, in: Strategic Management Journal, No. 14, Special Issue (1993), S. 5–14.

BOWMAN, E. H./SINGH, H./USEEM, M./ BHADURY, R.: When does Restructuring Improve Economic Performance?, in: California Management Review, Vol. 41 (1999), No. 2, S. 33–54.

BÜHNER, R.: Unternehmensspaltung – Motive und Aktienmarktreaktionen, in: Zeitschrift für betriebswirtschaftliche Forschung, 50. Jg., Nr. 9 (1998), S. 809–840.

CHARIFZADEH, M.: Corporate Restructuring: Ein Entscheidungsmodell zur Auswahl geeigneter Konzepte der Restrukturierung und deren Auswirkung auf den Unternehmenswert, Diss. EUROPEAN BUSINESS SCHOOL, Wiesbaden 2002.

COYLE, N. ET AL.: Unlocking Shareholder Value, Global Equity Capital Markets – J. Henry Schroder & Co. Limited (Hrsg.), London 1999.

DESAI, H./JAIN, P. C.: Firm Performance and Focus: Long-run Stock Market Performance Following Spinoffs, in: Journal of Financial Economics, Vol. 54 (1999), S. 75–101.

DR. WIESELHUBER & PARTNER: Börseneinführung mit Erfolg: Voraussetzungen, Maßnahmen und Konzepte, Wiesbaden 1996.

EICK, K.-G.: Statement von Dr. Karl-Gerhardt Eick zum Börsengang von T-Online, Presseinformation vom 17. April 2000, Frankfurt am Main.

GAUGHAN, P. A.: Mergers, Acquisitions, and Corporate Restructurings, 2. Aufl., New York 1999.

GILSON, S. C. ET AL.: Information Effects of Spin-Offs, Equity-Carve-Outs, and Targeted Stock Offerings, Working Paper, Harvard Business School 1998.

GILSON, S. C.: Creating Value through Corporate Restructuring, New York 2001.

HASSELMANN, H.: Going Public von Tochtergesellschaften: Unternehmensfinanzierung und Unternehmenswertsteigerung, Diss. Technische Universität Berlin, Sternenfels und Berlin 1997.

HENNIGS, R.: Die Börseneinführung von Tochtergesellschaften: Entscheidungsproblem im Konzern, Diss. Universität Köln, Wiesbaden 1995.

HOFFMANN, H.: Die Börseneinführung von Konzernunternehmen: Aufgaben der Banken, in: Lutter, M./Scheffler, E./Schneider, U. H. (Hrsg.) Handbuch der Konzernfinanzierung, Köln 1998, S. 288–305.

J. HENRY SCHRODER & CO. LIMITED (Hrsg.): Global Equity Capital Markets: Unlocking Shareholder Value, No. 3, London 1999.

JAEGER, C.: Targeted Stock als Restrukturierungsinstrument: Auswirkungen auf das Shareholder Value-Management diversifizierter Konzerngesellschaften, Diss. Wissenschaftliche Hochschule für Unternehmensführung Koblenz, Wiesbaden 1999.

JANSSENS DE VROOM, H./VAN FREDERIKSLUST, R.: Shareholder Wealth Effects of Corporate Spinoffs, Working Paper, ERASMUS University Rotterdam 1999.

KASERER, C./AHLERS, M.: Kursreaktionen anläßlich der Börseneinführung von Tochterunternehmen – Signaling oder verbesserte Unternehmenskontrolle in Konzernen?, in: Zeitschrift für betriebswirtschaftliche Forschung, 52. Jg., Nr. 9 (1999), S. 537–570.

LILJA, R.: International Equity Markets – The Art of the Deal, London 1997.

LÖFFLER, Y.: Desinvestitionen durch Verkäufe und Börseneinführungen von Tochterunternehmen – Wertsteigerung für Aktionäre oder Realisierung privater Vorteile für Manager? – Eine empirische Untersuchung der Reaktionen am Kapitalmarkt, Working Paper, Humboldt Universität, Berlin 1999.

LÖFFLER, Y.: Desinvestitionen durch Verkäufe und Börseneinführungen von Tochterunternehmen. Eine empirische Untersuchung der Bewertung am deutschen Kapitalmarkt, Lohmar 2001.

MANNE, H. G.: Mergers and the Market for Corporate Control, in: Journal of Political Economy, Vol. 73, Nr. 2 (1965) S. 110–120.

MERGERSTAT: Mergerstat Review 1999, Los Angeles 1999.

MICHAELY, R./SHAW, W. H.: The Choice of Going Public: Spin-Offs vs. Carve-Outs, in: Financial Management, Vol. 24, Nr. 3 (1995), S. 5-21.

MILES, J. A./WOOLRIDGE. J. R.: Spin-Offs and Equity Carve-Outs: Achieving Faster Growth and Better Performance, Morristown 1999.

MULHERIN, J. HAROLD/BOONE, AUDRA L.: Comparing Acquisitions and Divestitures, in: Journal of Corporate Finance, Vol. 6, Nr. 2 (2000), S. 117–139.

NATUSCH, I.: „Tracking Stock" als Instrument der Beteiligungsfinanzierung diversifizierter Unternehmen, Diss. Universität Münster, Köln 1995.

NATUSCH, I.: Empirische Analysen zur Beteiligungsfinanzierung mit „Tracking Stocks": Ein Überblick, in: Internationales Steuerrecht, 8. Jg., Nr. 4 (1999), S. 122–125.

NEISH, S.: Creating Value with Targeted Stock, in: Corporate Finance, No. 5 (1995), S. 27–35.

O.V.: Solange das Fieber anhält, in: Wirtschaftswoche, Nr. 6 (2000), S. 74–75.

ODENTHAL, S.: Management von Unternehmensteilungen, Diss. Universität Göttingen, Wiesbaden 1999.

PELLENS, B.: Börseneinführung von Tochterunternehmen, in: Zeitschrift für betriebswirtschaftliche Forschung, 45. Jg., Nr. 10 (1993), S. 852–872.

PELTZER, M.: Die konzerntypischen Rechtsfragen bei Erwerb und Veräußerung von Unternehmen, in: Lutter, M./Scheffler, E./Schneider, U. H. (Hrsg.): Handbuch der Konzernfinanzierung, Köln 1998, S. 1008–1034.

PICOT, G. (Hrsg.): Unternehmenskauf und Restrukturierung, 2. Aufl., München 1998.

RECHSTEINER, U. (1995): Desinvestitionen zur Unternehmenswertsteigerung, Diss. Hochschule St. Gallen, Aachen 1995.

RICHTER, A.: Corporate Restructuring in the United Kingdom and West Germany: Recent Developments in Large Non-Financial Companies, Diss. London School of Economics and Political Science, London 1999.

SADTLER, D./CAMPBELL, A./KOCH, R.: Breakup! How Companies Use Spin-Offs to Gain Focus and Grow Strong, New York u.a.O. 1997.

SCHEITER, S./ROCKENHÄUSER, J.: Wertsteigerung durch Desinvestitionen: Zusammenfassung der Untersuchungsergebnisse, A.T. Kearney (Hrsg.), Düsseldorf 2000.

SCHIPPER, K./SMITH, A.: Effects on Recontracting on Shareholder Wealth, in: Journal of Financial Economics, Vol. 12 (1983), S. 437–467.

SCHIPPER, K./SMITH, A.: A Comparison of Equity Carve-outs and Seasoned Equity Offerings – Share Price Effects and Corporate Restructuring, in: Journal of Financial Economics, Vol. 15, No. 1 (1986), S. 153–186.

SCHULTZE, G.: Der spin-off als Konzernspaltungsform, Diss. Universität Mannheim, Frankfurt am Main u.a.O. 1998.

SHULMAN, L.: Management Lessons of Premium Conglomerates, Boston Consulting Group (Hrsg.), Chicago 1999.

SIEGER, J./HASSELBACH, K.: „Tracking Stock" im deutschen Aktienrecht, in: Betriebs-Berater, Nr. 25 (1999), S. 1277–1284.

T-ONLINE INTERNATIONAL AG: Verkaufsprospekt/Unternehmensbericht, Darmstadt 2000.

THISSEN, S.: Strategisches Desinvestitionsmanagement: Entwicklung eines Instrumentariums zur Bewertung ausgewählter Desinvestitionsformen, Diss. Universität Tübingen, Frankfurt am Main u.a.O. 2000.

VOLK, G.: Going Public von Konzerngesellschaften, in: Finanz Betrieb, 1. Jg., Nr. 11 (1999), S. 379–382.

WESTON, J. F./CHUNG, K. S./HOAG, S. E.: Mergers, Restructuring, and Corporate Control, Englewood Cliffs 1990.

WESTON, J. F./CHUNG, K. S./SIU, J. A.: Takeovers, Restructuring, and Corporate Governance, 2. Aufl., New Jersey 1998.

WESTON, J. F./SIU, J. A./JOHNSON, B. A.: Takeovers, Restructuring, and Corporate Governance, 3. Aufl., New Jersey 2000.

# Structured Finance

1. Asset Backed Securities
   1.1 Grundlagen der Asset-Backed-Securities-Finanzierung
      1.1.1 Definition, Ziele und Motive
      1.1.2 Entwicklung und Stand
      1.1.3 Grundstruktur einer Asset-Backed-Securities-Finanzierung
   1.2 Leistungen der Investmentbank
      1.2.1 Überblick über Finanzierungsablauf
      1.2.2 Beratung bei der Auswahl der zu verbriefenden Aktiva
         1.2.2.1 Anforderungen an zu verbriefende Aktiva
         1.2.2.2 Mortgage Backed Securities
         1.2.2.3 Collateralized Debt Obligations
         1.2.2.4 Asset Backed Securities auf Basis unsicherer, erwarteter Cashflows
      1.2.3 Beratung bei der Strukturierung
         1.2.3.1 Ziele der Strukturierung
         1.2.3.2 Forderungsübergang: True Sale
         1.2.3.3 Beratung bei der Kreditverbesserung
         1.2.3.4 Absicherung gegen Insolvenzrisiken
         1.2.3.5 Weitere Fragestellungen bei der Strukturierung
         1.2.3.6 Konzeption der zu emittierenden Wertpapiere
      1.2.4 Leistungen bei der Platzierung
      1.2.5 Leistungen nach der Umsetzung der Strukturierung
   1.3 Beziehung zu anderen Finanzinstrumenten
      1.3.1 Verhältnis Asset Backed Securities zu Factoring
      1.3.2 Mortgage Backed Securities und Pfandbrief – konkurrierende Produkte?
2. Projektfinanzierung
   2.1 Grundlagen der Projektfinanzierung
      2.1.1 Begriffsinhalte
      2.1.2 Historische Entwicklung
      2.1.3 Beteiligte der Projektfinanzierung
   2.2 Leistungen der Investmentbanken
      2.2.1 Projektvorbereitung
      2.2.2 Finanzierungsplanung
         2.2.2.1 Zielsetzungen
         2.2.2.2 Finanzierungsinstrumente der Projektfinanzierung

  2.2.3 Konzeption der Risikoverteilung
     2.2.3.1 Cash Flow Related Lending als maßgebliche Risikodeterminante
     2.2.3.2 Typisierte Risikostruktur von Projekten
     2.2.3.3 Möglichkeiten des Risikomanagements
  2.2.4 Umsetzung der Finanzierung
  2.2.5 Kontrolle von Projektentwicklung und Projektbetrieb
Literaturhinweise

# Verzeichnis der Abbildungen

Abbildung 1: Grundstruktur einer Asset-Backed-Securities-Transaktion
Abbildung 2: Finanzierungsablauf
Abbildung 3: Typologie von ABS-Strukturen
Abbildung 4: Beispiele verbriefbarer Vermögensansprüche
Abbildung 5: Beteiligte der Projektfinanzierung
Abbildung 6: Risiken im Rahmen der Projektfinanzierung

# 1. Asset Backed Securities

## 1.1 Grundlagen der Asset-Backed-Securities-Finanzierung

### 1.1.1 Definition, Ziele und Motive

Um ein volles Verständnis für Asset-Backed-Securities-Finanzierungen und die in diesem Zusammenhang angebotenen Leistungen einer Investmentbank zu entwickeln, muss diese Finanzierungstechnik im Lichte des allgemeinen Trends zur Verbriefung von Finanzierungen[1] (vgl. Beitrag Markt und Wettbewerb) gesehen werden. Die Securitization als auffällige Entwicklung an den internationalen Finanzmärkten kann in zwei Ausprägungsformen unterteilt werden.

Im Kern umschreibt die Verbriefung die Begebung von Wertpapieren am Kapitalmarkt. In diesem Fall tritt der Kapitalnachfrager direkt am Kapitalmarkt auf und befriedigt sein Bedürfnis nach Kapital durch die Begebung entsprechender Finanzierungsinstrumente. Dies ist zum Beispiel der Fall, wenn ein Unternehmen zur Finanzierung einer Investition eine Unternehmensanleihe emittiert und deshalb auf die Aufnahme eines Bankkredits verzichtet. Dieses Vorgehen führt zu einer Substitution anderer Finanzierungsformen, da der Rückgriff auf die Kapitalmarktinstrumente als Alternative zu anderen Techniken der Kapitalaufbringung erfolgt. Eine enge Verbindung besteht dabei zum Trend der Desintermediation, da häufig durch die direkte Begebung von Finanzierungstiteln Finanzintermediäre im engeren Sinne ausgeschaltet werden.

Darüber hinausgehend wird unter Securitization jedoch auch der Verbriefungsprozess verstanden, in dem Ansprüche aus Vertragsbeziehungen aus dem ursprünglichen Verhältnis gelöst und am Kapitalmarkt fungibel gemacht werden. Hier steht die Transformation von weniger liquiden Vermögensgegenständen, so zum Beispiel Forderungen, in liquide Kapitalmarkttitel im Vordergrund. Sie ist nur möglich, indem Wertpapiere am Kapitalmarkt begeben werden. Eng verbunden mit der Begebung dieser Wertpapiere ist das Konzept der Risikoaufteilung und -begrenzung, das es ermöglicht, gezielt Risiken handelbar zu machen und über den Kapitalmarkt abzugeben.

Der Begriff „Asset Backed Securities" umfasst in der hier verwandten Abgrenzung alle Wertpapiere, die in diesem zweiten Sinne als Finanzierungsinstrument begeben werden und schließt sämtliche Varianten zugrunde liegender Vermögensgegenstände ein. Asset Backed Securities stellen folglich einen Überbegriff dar (zu den unterschiedlichen Ausprägungen vgl. Abschnitt 1.2.2) und beinhalten somit auch Verbriefungen von besicherten Immobilienkrediten (Mortgage Backed Securities, vgl. Abschnitt 1.2.2.2).

Das Ziel einer Asset-Backed-Securities-Transaktion, illiquide Aktiva in liquide Wertpapiere umzuwandeln, wird unter Verwendung einer Zweckgesellschaft erreicht, welche die Vermögensgegenstände erwirbt und den Kaufpreis durch die Emission von Wertpa-

---

[1] Die Begriffe Verbriefung, Securitization und Verwertschriftung werden synonym benutzt.

pieren refinanziert. Dabei erfolgen die Zahlungen an die Investoren aus dem Cashflow der unterliegenden Aktiva. Dieses Vorgehen erlaubt eine günstige Refinanzierung, die auf die Trennung des Standing (Rating) der Emission von dem des Forderungsverkäufers zurückzuführen ist.

Der unmittelbare Rückgriff auf den Kapitalmarkt zur Aufbringung der Mittel im Rahmen einer Asset-Backed-Finanzierung hat zwei direkte Folgen. Zum einen ist eine starke disziplinierende Wirkung aufgrund der Transparenz festzustellen, die sich in der unmittelbaren Preisfestsetzung am Markt sowie dem Festlegen der Eigenschaften der Wertpapiere begründet. Zum anderen ergibt sich die Strukturierung der Finanzierung als wesentlicher Erfolgsfaktor, da sie die Verknüpfung eines Forderungspools mit Kapitalmarkttiteln leisten muss und damit als markantes Merkmal dieser Finanzierungsform festzuhalten bleibt. Gerade die Vielzahl der in der Strukturierung zu determinierenden Parameter und Instrumente macht eine integrierte Betrachtung der einzelnen Finanzierungselemente und der dabei von einer Investmentbank erbrachten Leistungen notwendig (vgl. Abschnitt 1.2).

Der besondere Reiz von Asset-Backed-Securities-Finanzierungen wird insbesondere deutlich, wenn die Vorteile für alle involvierten Parteien betrachtet werden. Für die Investoren bieten die neu emittierten Papiere im Verhältnis zu ihrem Risiko eine attraktive Verzinsung (Yield Pick up) sowie die Möglichkeit, Zugang zu neuen Anlageklassen zu erhalten (vgl. hierzu Beitrag Asset Management). Für die beratenden Institutionen und hier insbesondere für die Banken stellen Asset-Backed-Securities-Finanzierungen ein attraktives Geschäftsfeld dar. Aus Sicht des die ABS-Finanzierung nutzenden Unternehmens spricht eine Reihe von Gründen für dieses Finanzierungsinstrument. In der Regel stehen hier insbesondere günstigere (Re-)Finanzierungskosten im Vordergrund, aber auch andere Motive können eine Rolle spielen.

Entscheidend ist, ein Verständnis für die verschiedenen Motive und die damit direkt verbundenen Zielsetzungen zu entwickeln, da letztere einen wesentlichen Einfluss auf die noch zu erläuternde Transaktionsstruktur haben (vgl. Abschnitt 1.2.3). Obwohl die Motive nicht völlig überschneidungsfrei abgegrenzt werden können, lassen sich dennoch Motivgruppen bilden.

Die *finanziellen* Motive setzen sich aus einer Reihe von Überlegungen und Teilaspekten zusammen. Erstens ermöglicht die Asset-Backed-Securities-Finanzierung häufig eine günstigere (Re-)Finanzierung, da sie die Trennung der Bonität der emittierten Papiere von der Bonität des forderungsverkaufenden Unternehmens ermöglicht. Die Verbriefung ausschließlich guter Forderungen ermöglicht eine hervorragende Bonitätseinstufung der emittierten Wertpapiere, die mit einer entsprechend niedrigen Renditeerwartung der Anleger verbunden ist. Zum zweiten erhöht die Anwendung dieses Finanzierungsinstruments die flüssigen Mittel und kann deshalb auch gezielt im Rahmen des Liquiditätsmanagements eingesetzt werden. ABS-Finanzierungen tragen hier zu einem effizienten Unternehmens-Treasury bei. Desweiteren ermöglicht die Verbriefung auch eine Diversifizierung der Refinanzierungsquellen und bietet damit einen mittelbaren Zugang zum Kapitalmarkt auch für noch nicht börsennotierte Gesellschaften. Als vierter Teilaspekt innerhalb dieser Motivgruppe kann das Prinzip des „Matched Funding" genannt werden, bei dem es möglich ist, eine gezielte Verbindung zwischen Mittelverwendung (Aktivseite) und Mittelherkunft (Passivseite) herzustellen und so Risiken zu eliminieren. So sollte die Emission der Wertpapiere in der Währung, mit der Laufzeit und mit dem Zins vorgenommen werden, die auch bei den zugrunde liegenden Vermögensgegenständen relevant sind.

Aus einer *bilanziellen* Perspektive stellt der Rückgriff auf Asset Backed Securities ein Mittel zur Optimierung der Bilanzstruktur dar. Die Verbriefung der Vermögensansprüche besteht zwar im ersten Schritt nur aus einem Aktivtausch, da der Forderungsverkauf zu einer Erhöhung der Kasseposition führt. Allerdings wird diese neu geschaffene Liquidität in der Regel dazu verwendet, auf der Passivseite entsprechende Positionen, die zur (Fremdkapital-)Finanzierung der Vermögensgegenstände gedient haben, zurückzuführen. Ein solches Vorgehen erscheint ökonomisch sinnvoll, da das Halten von Barpositionen über die erwarteten Fälligkeiten kurzfristiger Forderungen inklusive einer Sicherheitsreserve hinaus einen wertvernichtenden Charakter in Form von Opportunitätskosten hat. Außerdem führt die Verwendung dieser Finanzierungstechnik auch zu einer so genannten Off-Balance-Sheet-Finanzierung, da die Bilanz des forderungsverkaufenden Unternehmens nicht mehr berührt wird. Zu den direkten Folgen dieser Maßnahme zählt die Verbesserung diverser Bilanzkennzahlen: Durch die Verkürzung der Bilanz steigt die Eigenkapitalquote sowie die Rendite auf das eingesetzte Eigenkapital (Return on Equity, ROE) und die Rendite auf die eingesetzten Vermögensgegenstände (Return on Assets, ROA).

Aus Sicht von Finanzdienstleistern, insbesondere Banken, gibt es auch aus *regulatorischen* Überlegungen heraus Gründe, die für die Verwendung von Asset Backed Securities sprechen. Finanzdienstleister sind verpflichtet, ihre risikobehafteten Geschäfte mit angemessenen Eigenmitteln zu unterlegen. Regulatorisch sind hier das Kreditwesengesetz (KWG) sowie die vom Bundesaufsichtsamt für das Kreditwesen (BAKred) im Einvernehmen mit der Deutschen Bundesbank entwickelten Grundsätze maßgebend. Hiernach zählen zu den Eigenmitteln neben dem Kernkapital (zum Beispiel eingezahltes Kapital, Rücklagen, Vermögenseinlagen stiller Gesellschafter) das Ergänzungskapital (etwa Vorzugsaktien, Genussrechtsverbindlichkeiten) und die Drittrangmittel (zum Beispiel kurzfristige nachrangige Verbindlichkeiten).

Aufgrund dieser Rahmenbedingungen können Finanzdienstleister unter Umständen kein weiteres Geschäft mehr tätigen, obwohl der Kapitalwert der Investition positiv ist, da sie über keine ausreichenden Eigenmittel mehr verfügen. In dieser Situation hat die Bank nur die Alternativen, auf das Geschäft zu verzichten, mehr Eigenmittel einzuwerben oder die Aktivseite auszudünnen und auf diesem Weg Eigenmittel freizusetzen. Um diesen letzten Weg zu beschreiten, kann auf Asset Backed Securities zurückgegriffen werden, welche als Instrument bei der Restrukturierung der Aktivseite der Bankbilanz und insbesondere bei der Kreditportfoliosteuerung eingesetzt werden können.

Obwohl zunächst bankenaufsichtsrechtliche Bedenken gegen die Verbriefung von Kreditpositionen bestanden, hat das Bundesamt für das Kreditwesen mit seinem Rundschreiben vom 20. Mai 1997 Klarheit geschaffen und den Finanzdienstleistern einen Orientierungsrahmen an die Hand gegeben, aus dem deutlich wird, wann die angestrebte Eigenmittelentlastung anerkannt wird. Asset-Backed-Securities-Transaktionen von Banken sind auch Gegenstand der umfangreichen Diskussionen im Rahmen der neuen Regulierung von Finanzdienstleistern („Basel II"). Obwohl aus Regulierungssicht die Vermeidung regulatorischer Arbitrage-Prozesse verständlich ist, kann auch der Position der Banken Verständnis entgegen gebracht werden, die sich gegen eine drohende Pönalisierung von ABS-Transaktionen im Entwurf von Basel II stemmen. Dieser sieht vor, dass die Kapitalunterlegung einer solchen Transaktion dem internen Rating-Ansatz entsprechen oder ihn sogar übersteigen sollte, wenn die Vermögenswerte in der Bilanz der Bank verbleiben. Eine abschließende Bewertung ist deshalb erst möglich, wenn Mitte 2003 das finale Konsultationspapier veröffentlicht und auch verabschiedet wird.

Schließlich ist auch die zunehmende *Performance-Orientierung* der Unternehmen häufig ein Motiv, Asset-Backed-Securities-Finanzierungen anzustoßen. So haben die Unternehmen durch Securitization die Möglichkeit, die Performance für die Anteilseigner zu steigern. Dies geschieht zum Beispiel durch die effizientere Reinvestition der erzielten Mittel, durch die Disziplinierung und Transparenz, welche die Marktbewertung der Risiken mit sich bringt, durch die Senkung der Kapitalkosten und damit einhergehend durch eine bessere Kapitalnutzung sowie durch die Fokussierung auf Kernkompetenzen, indem die Tätigkeiten der Finanzierung von Vermögensgegenständen an spezialisierte Dritte weitergegeben werden.

Das *Risikomanagement* kann abschließend auch als Motiv für Asset Backed Securities herangezogen werden. Da die Verbriefung die Abgabe unterschiedlich gebündelter Risiken an den Kapitalmarkt ermöglicht, ist somit eine Steuerung von Zinsänderungs-, Kredit-, Liquiditäts- und anderen Risiken möglich. Mit Hilfe dieser Wertpapiere haben sowohl Unternehmen als auch Banken die Chance, eine (Re-)Allokation von Risiken zu vollziehen. Dies spielt für die Finanzdienstleister im Rahmen des Asset-Liability-Management eine große Rolle, da durch (Ver-)Kauf gezielt Risikopositionen ab- bzw. aufgebaut werden können.

### 1.1.2 Entwicklung und Stand

Während Ansätze zur Übertragung von Hypotheken bereits Ende des 19. Jahrhunderts in den USA zu erkennen sind, ist die Technik der Securitization und – damit verknüpft – die Entstehung der Asset Backed Securities auf den Anfang der 70er Jahre im 20. Jahrhundert zu datieren. Der Ursprung dieser Finanzinnovation findet sich – wie auch in vielen anderen Fällen – in den USA und ist im dortigen Trennbankensystem begründet.

Das in Teilbereichen ineffiziente US-Finanzsystem führte Anfang der 70er Jahre zu einem Ungleichgewicht bei Immobilienfinanzierungen, da ein Kapitalausgleich zwischen Bundesstaaten mit Finanzmittelüberschüssen und solchen mit Finanzierungsdefiziten nicht möglich war. Diese Situation eines strukturell begründeten Ungleichgewichts wurde zusätzlich durch weitere Faktoren verstärkt, da sowohl konjunkturelle Faktoren als auch eine hohe Zinsvolatilität die Rahmenbedingungen für die Banken schwieriger gestalteten.

In dieser Situation entschied sich die US-Regierung, Maßnahmen zu ergreifen, die zum einen die Schaffung eines Sekundärmarktes für Hypothekarkredite sicherstellen sollten, und zum anderen geeignet waren, kapitalarme Regionen zu stärken. Umgesetzt wurde diese politisch motivierte Entscheidung durch die staatliche Government National Mortgage Association (GNMA, „Ginnie Mae"), die Federal National Mortgage Association (FNMA, „Fannie Mae") und die Federal Home Loan Mortage Corporation (FHLMC, „Freddie Mac"). Ginnie Mae kaufte im Frühjahr 1970 im Rahmen der ersten Transaktion überhaupt Hypothekendarlehensforderungen auf und emittierte auf dieser Basis Wertpapiere. Dieses Vorgehen wurde durch die standardisierte Form der Hypotheken, die zum größten Teil mit einer Festzinszusage versehen waren und kurzfristig durch Einlagen refinanziert wurden, sowie Zahlungsgarantien der genannten Organisationen, die das Wertpapier für den Investor zu einer sicheren Anlage werden ließen, vereinfacht. Die zunehmende Deregulierung führte dann in den 80er Jahren zu einer rapiden Ausbreitung der Verbriefungstechnik. Anfang der 90er Jahre fasste die Securitization auch in Europa Fuß. Zunächst entwickelte sich in Frankreich und vor allem in Großbritannien ein aktiver Verbriefungsmarkt; mittlerweile werden Asset Backed Securities auch in Deutschland verwendet und gewinnen zunehmend an Popularität.

Heute ist der Markt für Asset Backed Securities in den USA weit entwickelt. Eine Vielzahl verschiedener Anlageklassen wird verbrieft und innerhalb der verschiedenen Klassen verfügen die Wertpapiere über die notwendige kritische Masse, die erstens notwendig ist, um für institutionelle Investoren interessant zu sein, und die zweitens für einen funktionierenden Handel unerlässlich ist. Die Verbriefung als Finanzierungstechnik hat sich sowohl bei den Unternehmen als auch bei den Investoren als Instrument fest etabliert. Der europäische Markt ist im Gegensatz zu seinem US-amerikanischen Pendant noch nicht so weit entwickelt. Sowohl hinsichtlich des Volumens als auch der Anzahl der Anlageklassen hinkt der europäische Markt noch deutlich hinterher: So wird zum Beispiel die notwendige kritische Masse erst in wenigen Anlageklassen erreicht. Ursache dieser langsameren Entwicklung, insbesondere in Deutschland, im Vergleich zu den USA ist, dass es hier keinen zwingenden Grund gab, einen solchen Markt zu entwickeln. So konnte in Deutschland keine Krise des Bankensystems wie in den Vereinigten Staaten beobachtet werden. Außerdem läuft der Trend zur direkten Nutzung der Kapitalmärkte mit der Konsequenz der Desintermediation von Finanzdienstleistern aufgrund häufig langjähriger Beziehung zwischen Banken und Unternehmen (Relationship Banking) langsamer ab als in anderen Ländern. Die Entstehung eines einheitlichen Währungsraumes in Europa durch die Einführung des Euro wirkt jedoch katalysierend bei der Entwicklung eines einheitlichen europäischen ABS-Marktes und stimuliert damit die Emissiontätigkeit bei Asset Backed Securities.

Auch im Hinblick auf die Liquidität im Sekundärmarkt unterscheiden sich der US-amerikanische und der europäische Asset-Backed-Securities-Markt deutlich. Während die Total-Return-Orientierung der Investoren in den USA zu einer ständigen Überprüfung der eigenen Positionen führt und damit tendenziell einen aktiven Sekundärmarkt unterstützt, behindert die in Europa häufig verwandte Buy-and-Hold-Strategie die Handelsaktivitäten, die deshalb auch eher sporadisch auftauchen. Auch die Regelmäßigkeit der Emissionen, die umfassende Informationsverarbeitung in Systemen wie Bloomberg und eine hohe Transparenz stärken den Handel in Asset Backed Securities in den USA. Gemeinsam ist beiden Märkten jedoch, dass mittlerweile viele Vermögensansprüche innovativ verbrieft werden können. Doch sowohl die Defragmentierung durch Schaffung eines einheitlichen Währungsraums in Europa sowie die wachsende Investorenbasis lassen positive Auswirkungen auf die Sekundärmarktliquidität in Europa erwarten.

Die Vielfalt der beschriebenen Motive und die damit verbundenen Zielsetzungen als auch die unzähligen Möglichkeiten, Asset-Backed-Securities-Transaktionen vor dem Hintergrund der dynamischen Marktentwicklung zu strukturieren, machen eine umfassende Darstellung der verschiedenen Optionen bei der Strukturierung fast unmöglich. Es bietet sich daher an, zunächst die idealtypische Grundstruktur zu erklären, bevor dann im nächsten Schritt die Stellschrauben erläutert und parallel dazu die Beratungsleistungen einer Investmentbank aufgezeigt werden.

### 1.1.3 Grundstruktur einer Asset-Backed-Securities-Finanzierung

Auch wenn es eine idealtypische Form der Asset-Backed-Securities-Finanzierung nicht geben kann, so existieren jedoch wesentliche Elemente, die in jeder Transaktion wiederkehren und charakteristisch für dieses Finanzierungsinstrument sind. Die sich hieraus ableitende Grundstruktur ist der Schlüssel für ein umfassendes Verständnis der Asset-Backed-Securities-Finanzierungen sowie seiner vielen Ausprägungen und wird deshalb im Folgenden dargestellt und analysiert.

Im Kern sämtlicher Überlegungen steht eine Zweckgesellschaft (Special Purpose Vehicle, SPV), welche die illiquiden Vermögenswerte in liquide Mittel transformiert (vgl. Abbildung 1). Um die Charakteristika der zu verbriefenden Zahlungsströme beeinflussen zu können, erwirbt sie die Finanzaktiva vom verkaufenden Unternehmen (Originator) und finanziert den Kaufpreis durch die Emission geeigneter Wertpapiere am Kapitalmarkt auf Basis der Vermögenswerte.

Die (Ein-)Zweckgesellschaft, die vorzugsweise niedrig kapitalisiert und in steuerlich begünstigten Gebieten angesiedelt ist, sollte unabhängig sein, sodass eine Zurechnung zum Konsolidierungskreis im Kontext der Rechnungslegung weder für das forderungsverkaufende Unternehmen noch für die beratende Bank vorzunehmen ist. Aus diesem Grund halten häufig gemeinnützige Trust Companies die Beteiligungen an den Zweckgesellschaften.

Zwischen Originator und Special Purpose Vehicle findet der endgültige Forderungsverkauf gegen Zahlung des Kaufpreises statt und stellt den Schlüssel zur Erreichung der mit der Transaktion verbundenen Ziele dar. Im Anschluss erfolgt die Refinanzierung des Kaufpreises durch die Zweckgesellschaft zunächst durch die Strukturierung der Zahlungsströme in der Gesellschaft und die anschließende Begebung von entsprechenden Wertpapieren am Kapitalmarkt. Hier erwerben die Investoren Papiere hoher Bonität und erhalten im Gegenzug zur Bereitstellung des Kapitals Zins- und Tilgungszahlungen.

Neben den Kernelementen Originator, Zweckgesellschaft und Investor spielen weitere Parteien eine wichtige Rolle im Rahmen der Asset-Backed-Securities-Struktur. Hier zu zählen Service-Agent, Treuhänder, Liquiditätsgeber, Sicherungsgeber und Rating-Agentur.

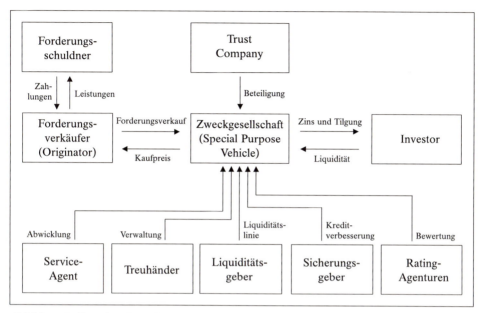

Abbildung 1: Grundstruktur einer Asset-Backed-Securities-Transaktion

So obliegt dem Service-Agenten die Abwicklung der Zahlungsströme. Bei diesem kann es sich sowohl um eine dritte Partei als auch um den Originator handeln, der aus praktischen Erwägungen häufig auch weiterhin das Servicing der Vermögenswerte übernimmt. In diesem Fall der Personalunion zwischen Originator und Service-Agent erhält dieser für die von ihm erbrachten Service-Leistungen eine entsprechende Gebühr (Service Fee) und der ursprüngliche Forderungsschuldner bemerkt den Forderungsübergang von Originator auf Zweckgesellschaft nicht; er wird auch in Zukunft seine Zahlungen an den Originator leisten.

Der Aufgabenbereich des Treuhänders erstreckt sich auf die treuhänderische Verwaltung der verbrieften Vermögenswerte sowie die Überwachung der vertragskonformen Erfüllung der gesamten Transaktion. Liquiditätsgeber wie zum Beispiel Banken stellen eine Liquiditätslinie zum Spitzenausgleich, da Zahlungseingänge unregelmäßig sein können. Zur Verbesserung der Kreditqualität der Vermögenswerte, die der Transaktion zugrunde liegen, geben die Sicherungsgeber über die Qualität der Vermögenswerte hinausgehende, nachrangige Sicherungslinien (vgl. zu den verschieden Formen Abschnitt 1.2.3.3). Diese Kreditverbesserung (Credit Enhancement) ermöglicht erst eine hervorragende Einstufung der emittierten Wertpapiere durch die Rating-Agenturen. Die Bewertung durch die Rating-Agenturen, die das Forderungsausfallrisiko auf Basis von historischen Ausfallraten beurteilen, stellt den Schlüssel zur Gewinnung der Investoren dar, da diese die Werthaltigkeit des Forderungsportfolios nur eingeschränkt einschätzen können. Für den Originator bedeutet dies damit auch, dass er seine Finanzierung im Wege von Asset Backed Securities von seinem eigenen, individuellen Kreditrisiko abkoppeln kann.

Allein die Anzahl der involvierten Parteien macht deutlich, welche vielfältigen Fragestellungen bei der Strukturierung zu beachten sind. Die hier skizzierte elementare Struktur kann jedoch noch erheblich komplexer werden, wenn andere Anforderungen zum Beispiel hinsichtlich der zu verbriefenden Aktiva zu beachten sind. Außerdem ist die Größe der Transaktion mit in die Überlegungen einzubeziehen: Sie senkt zum einen die Kosten und führt zum anderen zu einer Steigerung des Interesses der Investoren und stellt somit einen wichtigen Erfolgsfaktor dar.

## 1.2 Leistungen der Investmentbank

### 1.2.1 Überblick über den Finanzierungsablauf

Wie die Grundstruktur einer Asset-Backed-Securities-Transaktion eindrucksvoll zeigt, ist die Nutzung dieses Instruments mit einer enormen Komplexität verbunden, die auf die Vielzahl der involvierten Parteien, einen sich ständig wandelnden regulatorischen Rahmen und anspruchsvolle (Finanzierungs-) Mechanismen zurückzuführen ist. Praktischerweise kann die ABS-Finanzierung in Teilschritte zerlegt werden, die den Ablauf deutlich werden und an denen sich parallel die Leistungen einer Investmentbank darstellen lassen (vgl. Abbildung 2).

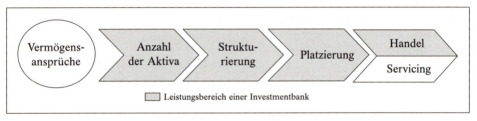

Abbildung 2: Finanzierungsablauf

Bevor der eigentliche Verbriefungsprozess in Gang gesetzt werden kann, müssen verbriefbare Vermögenswerte existieren. Deren Entstehung ist folglich Voraussetzung für den Beginn des Finanzierungsablaufs. Im ersten Schritt muss sich der Originator der Transaktion hinsichtlich der zu verbriefenden Klasse an Vermögensgegenständen entscheiden und festlegen, welche Aktiva, das heißt welche Cashflows, den Asset Backed Securities zugrunde gelegt werden sollen. In der sich anschließenden Phase der Strukturierung werden sämtliche Parameter der Transaktion determiniert. Hierzu gehören insbesondere die Festlegung des Forderungsübergangs und der Kreditverbesserung sowie die Konzeption der zu emittierenden Wertpapiere. Nach der gedanklichen Strukturierung wird die Transaktion umgesetzt, wobei die Platzierung der Wertpapiere bei den Investoren eine zentrale Rolle spielt. Im Anschluss an die Platzierung können die Wertpapiere im Sekundärmarkt gehandelt werden und unterliegen gleichzeitig dem Servicing, das heißt der Verwaltung und Abwicklung der Vermögenswerte.

Im Teilschritt „Servicing" dieser Prozesskette gibt es kein Engagement der Investmentbanken, da dieser Teilprozess keinen Bezug zu den Kompetenzen oder Geschäftsfeldern dieser Finanzdienstleister hat und auch nicht den Kern dieser Finanzierungsform ausmacht. Die folgenden Abschnitte beziehen sich auf Leistungen der Investmentbank und analysieren deshalb die zentralen Finanzierungsphasen einer Asset-Backed-Securities-Transaktion.

### 1.2.2 Beratung über Auswahl der zu verbriefenden Aktiva

Nach der Entstehung der Vermögensansprüche steht zunächst die Auswahl der zu verbriefenden Klasse an Aktiva für den Originator im Zentrum des Interesses. Gleichzeitig ist dies auch die erste Phase der Asset-Backed-Securities-Finanzierung, in der die Investmentbank ihr Know-how in Form von Beratungsleistungen einbringen kann. Ziel dieser grundsätzlichen Überlegung ist nicht die Selektion spezifischer einzelner Aktiva, die verbrieft werden sollen, sondern die Entscheidung über die Anlage*klasse* (vgl. hierzu auch Beitrag Asset Management), die durch die Begebung von entsprechenden Wertpapieren refinanziert werden soll. Die Auswahl der Anlageklasse ist natürlich stark von den Aktivitäten des Originators abhängig; trotzdem ist es sinnvoll, ausgehend von den grundsätzlichen Anforderungen an zu verbriefende Vermögenswerte verschiedene Varianten von Asset Backed Securities, die auf unterschiedlichen Aktiva beruhen, darzustellen, um damit das breite Spektrum der verbriefbaren Vermögenswerte aufzuzeigen.

#### 1.2.2.1 Anforderungen an zu verbriefende Aktiva

Die Vielfalt verschiedenartiger Vermögenswerte ist enorm, sodass vor der Frage, welche dieser Aktiva verbrieft werden sollen, geklärt werden muss, welche überhaupt verbrieft werden können. Bei näherer Betrachtung dieses Sachverhalts lässt sich feststellen, dass es zwingende Voraussetzungen für eine Verbriefung gibt und darüber hinaus auch Faktoren existieren, die eine Verwertschriftung begünstigen.[2]

Zu den unerlässlichen Anforderungen, die an ein Aktivum zu richten sind, zählen die Ableitbarkeit sowie die Prognostizierbarkeit des Cashflow. Der Vermögensgegenstand muss eigenständig einen Cashflow generieren, damit die Leistung von Zahlungsströmen an die Wertpapierkäufer überhaupt möglich ist. Zusätzlich muss dieser Cashflow prognostizierbar sein, sodass sich stabile Erwartungen hinsichtlich des Zahlungsstromprofils in der Zukunft ableiten lassen. Drittens muss der Vermögenswert separationsfähig sein. Aus juristischer Sicht ist dies die Grundanforderung, um einen Forderungsverkauf überhaupt erst zu ermöglichen und auch technisch ist eine Verwaltung von Vermögensgegenständen ohne Separationsfähigkeit nur schwer denkbar.

---

[2] Vgl. Paul (1994), S. 186–195.

Über diese notwendigen Merkmale hinaus können die Vermögenswerte über zusätzliche Ausprägungen verfügen, die sowohl einzeln als auch in Kombination auftreten können und welche die Verbriefung vereinfachen. So führen die Homogenität des Pools an Vermögensgegenständen (zum Beispiel aufgrund standardisierter zugrunde liegender Verträge), eine breite (demografische und geografische) Diversifikation, niedrige (historische) Zahlungsrückstände und Kreditausfallquoten sowie ein akzeptables Mindestvolumen (in Deutschland größer als 50 Mio. Euro) und eine überschaubare Restlaufzeit zu einer erleichterten Strukturierung und Bewertung. Eine Verbriefung wird deshalb vereinfacht.

Bei der Betrachtung verschiedener Varianten von ABS-Strukturen wird deutlich, dass ein entscheidendes Kriterium bei der Klassifizierung die zugrunde liegenden Vermögenswerte darstellen. Unterschiedliche Typen von ABS-Finanzierungen greifen auf verschiedenartige Klassen an Aktiva zurück und werden häufig nach diesen bezeichnet. Um daraus eine Typologie von ABS-Formen abzuleiten (vgl. Abbildung 3), ist es sinnvoll, das ursprüngliche Ziel von Asset-Backed-Securities-Transaktionen, die Transformation von illiquiden Vermögenswerten in liquide Wertpapiere, nicht aus den Augen zu verlieren und auch die historische Entwicklung zu verfolgen.

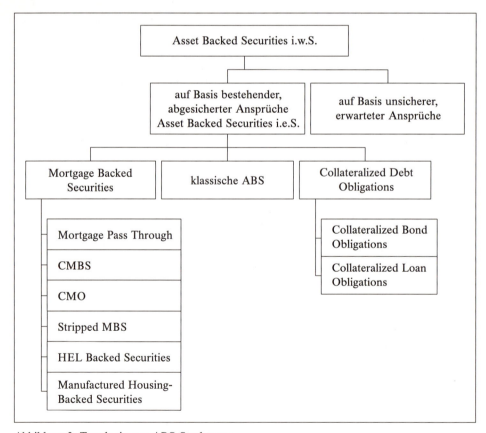

Abbildung 3: Typologie von ABS-Strukturen

Historisch gesehen kam bei der Prüfung, welche illiquiden Vermögenswerte für eine Verbriefung geeignet waren, der Analyse der Zahlungsstromprofile eine besondere Bedeutung zu und führte deshalb zunächst zur Verbriefung von Vermögenswerten mit fest zugesicherten Cashflows (vgl. Abbildung 4). Innerhalb dieser Gruppe von Aktiva lag der Fokus vorerst bei verbriefungstechnisch weniger anspruchsvollen Vermögenswerten, die durch Wertpapiere begeben wurden: Ausgehend von hypothekarisch besicherten Krediten (MBS) dehnte sich dann das Spektrum auf andere Forderungsarten wie zum Beispiel Kfz-Kredite, Kreditkartenforderungen, Konsumenten- und Ausbildungskredite sowie Forderungen aus Lieferungen und Leistungen aus. Es schlossen sich komplexere Strukturierungen bei der Securitization von Leasing-Forderungen (Kraftfahrzeuge, Flugzeuge, Computer) und die Begebung schuldtitelunterlegter Obligationen (Collateralized Debt Obligations, CDO) an.

Die Erkenntnis, dass die Verbriefungstechnik der ABS auch auf weitere Vermögensgegenstände übertragen werden kann, führte zu einer Ausweitung des Verbriefungsspektrums. So werden mittlerweile zum Beispiel Versicherungsprodukte (Catastrophe Bonds) oder auch Lizenzgebühren (Royalty Bonds, zum Beispiel David Bowie) verbrieft. Diese

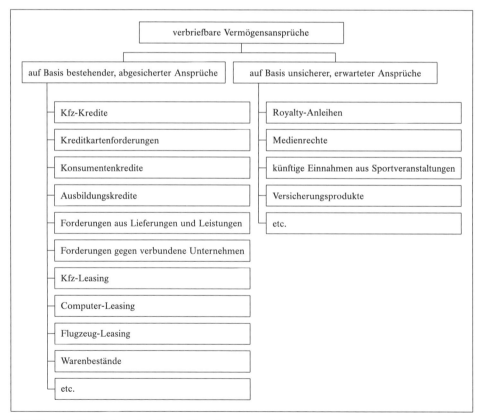

Abbildung 4: Beispiele verbriefbarer Vermögensansprüche

Gruppe, welche die Verbriefung unsicherer, erwarteter Cashflows beinhaltet, stellt eine Sonderform der Asset Backed Securities dar, da die begebenen Wertpapiere nur teilweise mit Aktiva hinterlegt sind.

Die Ausdehnung der Verbriefungstechnik auf diverse Vermögensansprüche illustriert eindrucksvoll, wie zunehmend ursprünglich bestehende Restriktionen beispielsweise hinsichtlich der Erfassung und Bewertung der Cashflows fortschreitend aufgelöst und die Grenzen der Securitization immer weiter hinausgeschoben werden. Absolute Grenzen bei der Nutzung der Verbriefungstechnik aufzuzeigen, ist sehr schwierig, da sich viele Probleme bei der Verbriefung durch intelligente Lösungen beheben lassen. Schwierig wird die Securitization von Vermögenswerten jedoch dann sein, wenn sich die zugrunde liegenden Verträge nicht eindeutig definieren lassen, explizite Vorschriften gegen eine Verbriefung sprechen, die Verträge sich nicht durchsetzen lassen oder die Verbriefung aufgrund von Transaktionskosten unwirtschaftlich wird.[3]

Die Leistung der Investmentbank besteht in der hier beschriebenen Phase in der Beratung bei der Auswahl der zu verbriefenden Klasse an Vermögenswerten. Eine wesentliche Rolle spielen hier die Kriterien, nach denen die Entscheidung für eine spezifische Vermögensart getroffen wird. Ausgehend von einer Analyse der Aktivseite der Bilanz wird zunächst festgelegt, welche in der Bilanz verfügbaren Aktiva überhaupt sinnvollerweise verbrieft werden können. Diese Entscheidung ist vor dem Hintergrund eines nötigen Mindestvolumens und den damit verbundenen Kosten zu treffen. Eine Untersuchung der Motive und Zielsetzung der geplanten Asset-Backed-Securities-Transaktion durch die Investmentbank schränkt den Kreis der nutzbaren Vermögensgegenstände weiter ein. So hängt zum Beispiel im Hinblick auf das regulatorische Motiv die Größe des Freisetzungseffektes von der Auswahl der Aktiva ab. Auch die Erfahrung des Originators mit Securitization-Transaktionen ist von Bedeutung, da sich unmittelbar Auswirkungen auf den Komplexitätsgrad der Struktur ableiten lassen: Ein Unternehmen mit wenig Erfahrung in der Verbriefung von Vermögenswerten wird zunächst bestrebt sein, Wissen und Know-how aufzubauen und deshalb mit relativ weniger komplexen Transaktionsstrukturen beginnen. Schließlich spielt auch die Situation am Asset-Backed-Securities-Markt eine wesentliche Rolle. Hier kann die Investmentbank aufgrund der Marktnähe besonders wertvolle Hilfestellung leisten, da nur sie beurteilen kann, welche Platzierungsmöglichkeiten am Markt für verschiedene Anlageklassen bestehen und welche Auswirkungen auf Bewertung und Pricing zu erwarten sind. Um eine spätere mögliche Verbriefung zu vereinfachen, achten mittlerweile Unternehmen bereits bei der Entstehung der Vermögensansprüche darauf, dass diese bestimmte Charakteristika aufweisen. So werden Banken beispielsweise Kreditvereinbarungen mit Unternehmen standardisieren, um später eine Verbriefung zu erleichtern.

---

[3] Für eine umfassende Diskussion der Verbriefbarkeit von Risiken vgl. Dresig (2000).

## 1.2.2.2 Mortgage Backed Securities

Als Mortgage Backed Securities (MBS) werden Wertpapiere bezeichnet, die in spezifischer Weise mit Hypothekendarlehen unterlegt sind.[4] Diese Gruppe der Asset Backed Securities umfasst damit nur zugesicherte Zahlungsströme, die in irgendeiner Form immobiliär besichert werden. Die Besonderheit bei der Verbriefung dieser Forderungen liegt in ihrer grundpfandrechtlichen Besicherung. Deshalb kommt bei der Strukturierung der Transaktion auch der Nutzung der Grundpfandrechte zu Gunsten der Investoren eine entscheidende Bedeutung zu. Auf Mortgage Backed Securities zur Refinanzierung eigener bonitätsmäßig hochwertiger Portfolios greifen insbesondere (Hypotheken-) Banken und andere Finanzdienstleister zurück.

In den USA haben sich innerhalb der Klasse der Mortgage Backed Securities verschiedene Subformate entwickelt, die unterschiedlichen Anforderungen gerecht werden und deren Komplexitätsgrad demzufolge auch divergiert. Die Überlegungen, die diesen Subformaten zugrunde liegen, lassen sich am besten im Hinblick auf die drei auftretenden Typen von Zahlungen darstellen. Im Rahmen der hypothekarischen Finanzierung von Immobilien sieht sich der Finanzdienstleister erstens Zinszahlungen, zweitens den geplanten Tilgungszahlungen und drittens Vorauszahlungen (Prepayments) gegenüber. Letztere erfolgen, wenn ein Kreditnehmer – wie in den USA möglich – Tilgungszahlungen vor dem geplanten Tilgungszeitpunkt leistet. Damit ergibt sich für den Kreditgeber im Hinblick auf den Verkauf des Forderungsportfolios das Risiko, dass Forderungen schon vor Ende der Restlaufzeit abgelöst werden (Prepayment Risk).

Die einfachste Struktur eines MBS stellt eine Mortgage-Pass-Through-Variante dar. Hier werden sämtliche Zahlungsströme gepoolt und an die Investoren weitergereicht. Alle Investoren haben hinsichtlich der Cashflows und Risiken eine identische Position. Um den Bedürfnissen verschiedener Typen von Investoren Rechnung zu tragen, wurden Collateralized Mortgage Obligations (CMO) entwickelt, die mehrere Klassen von Wertpapieren mit unterschiedlichen Laufzeiten emittieren. Auch hier werden die Zahlungsströme gepoolt und anschließend verteilt, jedoch wird für die verschiedenen Wertpapiertranchen ein Verteilungsschlüssel festgelegt. Während alle Wertpapierinhaber regelmäßig Zinszahlungen auf den ausstehenden Betrag erhalten, fließen sämtliche Tilgungszahlungen zunächst der ersten Wertpapierklasse zu. Erst wenn in dieser Klasse sämtliche Tilgungszahlungen erfolgt sind, beginnt die Tilgung der nächsten Wertpapiertranche. Dieser Mechanismus wird über sämtliche Wertpapierklassen fortgesetzt. Auf diesem Weg kann erreicht werden, dass verschiedene Gruppen von Wertpapieren zu unterschiedlichen Zeitpunkten Tilgungszahlungen erhalten und deshalb auch im Hinblick auf das Prepayment Risk unterschiedliche Risikopositionen einnehmen.

Eine weitere Variante der MBS stellen die Stripped Mortgage Backed Securities mit zwei Klassen von emittierten Wertpapieren dar, von denen eine Klasse nur Zinszahlungen

---

[4] In den USA wird – im Gegensatz zum europäischen Sprachgebrauch – zwischen ABS und MBS als zwei unterschiedliche Wertpapierklassen unterschieden. Da diese Trennung willkürlich und die zugrunde liegende Idee und Struktur identisch sind, werden MBS hier – wie in Europa üblich – als Teilgruppe der ABS aufgefasst.

(Interest Only, IO) und die andere ausschließlich Tilgungszahlungen (Principal Only, PO) erhält.

Neben den bislang beschriebenen Grundformen, die sich in der Regel auf die Verbriefung von erstrangigen Hypothekendarlehen für private Ein- bis Vier-Parteien-Wohnungen konzentrieren, haben sich sich auch andere MBS-Varianten herausgebildet. So verbriefen Commercial Mortgage Backed Securities (CMBS) Forderungen, die durch gewerblich genutzte Immobilien besichert sind. Im Gegensatz dazu liegen Home Equity Loans (HEL) bzw. HEL-Backed Securities nachrangige Hypothekendarlehen zugrunde, während Manufactured Housing Backed Securities die Verbriefung von Forderungen auf der Basis von Fertighäusern ermöglichen.

Während sich der Markt für Mortgage Backed Securities in den USA sehr schnell und dynamisch zu einem der größten Segmente innerhalb der ABS entwickelt hat, ist die Entwicklung in Europa noch nicht so weit fortgeschritten. Zwar haben sich mittlerweile insbesondere in Großbritannien und Frankreich schon MBS-Märkte etabliert, die jedoch noch nicht so weit ausgebildet sind wie in den USA. Auch der deutsche Markt ist bei weitem noch nicht so weit entwickelt wie sein US-amerikanisches Pendant. Dies liegt unter anderem auch daran, dass hier bereits seit geraumer Zeit ein vergleichbares Produkt, der Pfandbrief, existiert (vgl. Abschnitt 1.3.2).

Die erste durch deutsche Immobiliendarlehen unterlegte MBS-Transaktion war eine Emission der Rheinhyp Rheinische Hypothekenbank AG, einer Tochter der Commerzbank AG, im April 1995. Diese Transaktion mit einem Emissionsvolumen von 270,5 Mio. Euro begab zwei Tranchen von Wertpapieren und wurde von der Rating-Agentur Moody's mit dem höchsten Bonitätsurteil (AAA) bewertet. Dieses Pilotprojekt stellt für Deutschland den Auftakt der Finanzierung durch MBS-Strukturen dar. Das große Volumen an Vermögensansprüchen deutet auf ein beachtliches Verbriefungspotenzial hin.

### 1.2.2.3 Collateralized Debt Obligations

Collateralized Debt Obligations (CDO) umfassen Instrumente, die auf die ABS-Struktur zurückgreifen und dabei mit Schuldtiteln unterlegt werden. Die Gruppe der CDOs ist dabei nicht homogen, sondern kann weiter in Teilgruppen untergliedert werden. Damit stellt die Bezeichnung CDO nur einen Oberbegriff dar. Innerhalb der CDOs kann zwischen Collateralized Bond Obligations (CBO) auf der einen und Collateralized Loan Obligations (CLO) auf den anderen Seite unterschieden werden. Während CBOs Anleihen zugrunde liegen, basieren CLOs auf (Unternehmens-)Krediten.

Bei der Strukturierung von CBOs werden in einem ersten Schritt die zu verbriefenden Kapitalmarkttitel in einem Pool zusammengefasst. In diesen Pool fließen Anleihen mit einem Subinvestment Grade Rating, wie zum Beispiel High-Yield-Anleihen von Unternehmen oder Emerging-Markets-Bonds. Nach Abschluss der Strukturierung und insbesondere der Kreditverbesserung (Credit Enhancement) werden mehrere Tranchen von Wertpapieren emittiert, von denen einige von den Rating-Agenturen als Investment Grade bewertet werden. Aufgrund der Reorganisation der Zahlungsströme ergeben sich

Arbitragemöglichkeiten, die aus der Renditedifferenz zwischen Anleihen mit und ohne Investment Grade herrühren. Damit haben Investoren, die zum Beispiel aufgrund von regulatorischen Hindernissen normalerweise nicht dazu in der Lage sind, die Chance, in diese Anlageklassen zu investieren.

Im Gegensatz dazu werden bei CLOs ordnungsgemäß bediente Kredite von Banken verbrieft. Kreditinstitute greifen auf das Instrument der CLOs zurück, um einerseits Einfluss auf ihre Bilanzstruktur nehmen und andererseits auch gezielt Kreditrisiken managen zu können. Die Idee der CLOs ist mit der Grundstruktur von ABS-Transaktionen vergleichbar, allerdings verfügen sie auch über spezifische Eigenarten. So sind die CLO-Sicherheiten in der Regel aufgrund einer mangelnden Standardisierung heterogener. Auch ist zu prüfen, inwieweit das Portfolio diversifiziert ist und welche Konzentrationen zum Beispiel hinsichtlich großer Einzelschuldner vorliegen. Diese Gründe legen insbesondere bei der Bewertung durch die Rating-Agenturen einen etwas abweichenden Ansatz nahe. Trotzdem können CLOs ähnlich wie ABS gestaltet werden, wobei die Strukturierungsphase in der Regel jedoch mindestens sechs Monate dauert.

Neben diesen konventionellen CLOs haben sich in jüngster Zeit auch synthetische CLOs, bei denen die Vermögenswerte weiter in den Büchern des Originators bleiben, das Kreditrisiko jedoch an Investoren im Wege von Kreditderivaten abgegeben wird, fest am Markt etabliert. Es ist zu erwarten, dass konventionelle und synthetische CLOs nebeneinander bestehen bleiben werden, da beide über spezifische Vorteile verfügen.

Das Marktpotenzial für CLOs in Deutschland ist enorm: Da sich viele Unternehmen, und hier besonders der Mittelstand, zu großen Teilen durch Kredite finanzieren, verfügen die deutschen Banken über ein relativ breit gestreutes Portfolio an Krediten, das eine Verbriefung erleichtert. Zudem waren die Ausfall- und Verlustraten in der Vergangenheit immer sehr gering. Nach Schätzungen der Deutschen Bank lag das potenzielle Marktvolumen im März 1999 bei 870 Mrd. €, was in der Zukunft auf ein weiteres Wachstum dieses Verbriefungssegmentes schließen lässt. Ähnlich wie CBOs bieten auch CLOs den Investoren, die sich sonst nicht an den Primärkreditmärkten beteiligen könnten, den Zugang zu neuen Anlageklassen.

### 1.2.2.4 Asset Backed Securities auf Basis unsicherer, erwarteter Cashflows

Sämtlichen bislang vorgestellten ABS-Instrumenten lagen Vermögenswerte zugrunde, die genau determiniert waren. Aus Sicht des Originators der Transaktion waren sie zwar bereits erfolgswirksam, der Zahlungsstrom selbst hingegen lag in der Zukunft. Die Asset Backed Securities basierten folglich auf bestehenden, abgesicherten Vermögensansprüchen in Form von Cashflows.

Die Ausweitung der Securitization-Technik auf ein breites Spektrum von Vermögensklassen führte dazu, dass auch die Verbriefung von Zahlungsströmen mit anderen Charakteristika geprüft und auch umgesetzt wurde: Die Verbriefung unsicherer, erwarteter Zahlungsströme entstand. Diese neue Gruppe von exotischen Wertpapieren hat jedoch im Vergleich zu den übrigen ABS-Papieren teilweise abweichende Eigenschaften.

Da unsichere erwartete Cashflows den Wertpapieren zugrunde liegen, kann deshalb nicht von „echten" Verbriefungen gesprochen werden. Der teilweise in diesem Zusammenhang verwendete Begriff der „hybriden ABS" ist irreführend, da er suggeriert, dass das neu entstandene Konstrukt zwitterhaft aus zwei Ursprüngen abgeleitet wurde. Tatsächlich hat sich dabei nur das Profil der zugrunde liegenden Cashflows verändert, das natürlich entsprechende Anpassungen bei der Strukturierung der Transaktion nach sich zieht.

Aufgrund der Spezifität der zu verbriefenden erwarteten zukünftigen Zahlungsströme ist es in der Regel im Gegensatz zu anderen ABS-Ausprägungsformen nicht möglich, die Cashflows in einem Pool zu bündeln und damit eine Risikodiversifikation zu erzielen. Aus diesem Grund kommt der Kreditverbesserung, welche die Bedienung der Wertpapiere gewährleisten soll (vgl. Abschnitt 1.2.3.3), eine besondere Bedeutung zu. Diese Eigenheiten wirken sich selbstverständlich auch auf die Bewertung und damit einhergehend auf das Pricing der zu emittierenden Papiere aus.

Das Spektrum der exotischen ABS-Varianten ist bereits recht breit und schließt beispielsweise die Verbriefung von Erdbebenrisiken durch die Schweizer Rückversicherung, die Erlöse von zukünftigen Bierverkäufen in britischen Pubs oder auch Lizenzgebühren (Royalties) ein. Zu dieser letzten Kategorie zählt die Begebung entsprechender Papiere durch David Bowie im Februar 1997 (Volumen: 55 Mio. US-Dollar) sowie die Emission der Formel-1-Anleihe. Diese letzte Transaktion mit einem Volumen von 1,35 Mrd. Euro, die von Morgan Stanley Dean Witter und der WestLB begleitet wurde, mit zukünftigen Geschäftseinnahmen insbesondere aus TV-Rechten unterlegt ist und im Juni 1999 an den Markt ging, zeigt auch eindrucksvoll die Risiken auf. So führten das noch anhängige Wettbewerbsverfahren der EU-Kommission gegen die von Bernie Ecclestone kontrollierten Unternehmen und andere offene Fragen zu einer kritischeren Aufnahme im Markt, die nur durch eine besonders attraktive Verzinsung (mit einem Pricing vergleichbar einer Emerging-Markets-Anleihe) sichergestellt werden konnte.

Bei der Beratung hinsichtlich der Auswahl der zu verbriefenden Vermögensansprüche können sowohl auf Seite des Originators als auch auf der Seite der Investoren Kriterien identifiziert werden. So erscheint eine Transaktion nur dann sinnvoll, wenn beim Originator ein Forderungspool vorliegt, der hinsichtlich Volumen, Erfassbarkeit, Bewertungsfähigkeit und bonitätsmäßiger Einstufung die Anforderungen an eine Strukturierung erfüllt. Auf der Nachfrageseite ist zu prüfen, ob hinsichtlich der vorgesehenen Begebung der ABS-Papiere ein ausreichendes Interesse existiert und welche Vorstellungen hinsichtlich Pricing, Bonitätseinstufung und Platzierungsvolumen bestehen.

### 1.2.3 Beratung über Strukturierung

### 1.2.3.1 Ziele der Strukturierung

Die Strukturierung einer Asset-Backed-Securities-Transaktion stellt das Herzstück der Finanzierung dar. Hier werden sämtliche Weichenstellungen hinsichtlich des zukünftigen Ablaufs und Vorgehens getroffen. Die bei der Strukturierung zu beachtenden Rahmenbedingungen können in Abhängigkeit des Einzelfalls stark voneinander abweichen, jedoch sind im Kern einige elementare Ziele zu beachten.

So ist zunächst eine rechtlich einwandfreie Struktur insbesondere hinsichtlich des Forderungsübergangs sicherzustellen. Darüber hinaus muss die Strukturierung gewährleisten, dass marktfähige Wertpapiere erzeugt werden, da nur so das eigentliche Primärziel der Transaktion, die Transformation illiquider Vermögenswerte in liquide Finanzierungstitel, erreicht werden kann. Hierbei spielen die Kreditverbesserung aufgrund der direkten Auswirkungen auf das Rating und die Konzeption der zu emittierenden Wertpapiere eine entscheidende Rolle. Vor dem Hintergrund der anzuwendenden Insolvenzgesetzgebung ist ebenfalls sicherzustellen, dass die zu verbriefenden Aktiva auch im Falle einer Insolvenz umfassend geschützt sind.

### 1.2.3.2 Forderungsübergang: True Sale

Ein entscheidendes Merkmal von ABS-Finanzierungen ist der Forderungsverkauf des Originators an die Zweckgesellschaft, welcher die Grundlage für die späteren Zahlungen an die Investoren darstellt. Ein rechtlich nicht einwandfrei vollzogener Forderungsübergang kann folglich das gesamte Finanzierungskonzept zum Einsturz bringen. Eine besondere Analyse dieses rechtlichen Sachverhalts, bei dem die Investmentbanken die Kompetenz rechtlicher Berater in das Gesamtkonzept einbinden, ist deshalb unumgänglich.

Da bei der Beurteilung von Asset-Backed-Securities-Transaktionen sowohl in der Rechtsprechung als auch in der Literatur die Argumentationslinien analog zu vergleichbaren Sachverhalten des Factoring verlaufen, ist auch bei ABS-Finanzierungen zwischen einem echten und einem unechten Forderungsübergang zu unterscheiden. Für die erfolgreiche Umsetzung einer ABS-Struktur ist ein echter Forderungsübergang (True Sale) sicherzustellen. Das Kriterium hierzu stellt der wirtschaftliche Übergang des Eigentums dar. Dabei gehen auch die Risiken auf den Vermögenserwerber über. Hierzu zählen insbesondere das Risiko, dass die bei der Auswahl der Vermögenswerte vereinbarten Auswahlkriterien eingehalten werden, das Dilution-Risiko (Skonti, Gewährleistungen) sowie das Bonitätsrisiko.

Von einem vollständigen Übergang des Bonitätsrisikos wird in der Regel dann ausgegangen, wenn der Originator den Kaufpreis endgültig behalten darf. Schädlich für einen echten Forderungsverkauf ist jedoch zum Beispiel die Rückabwicklung des Forderungsverkaufs aufgrund mangelnder Bonität des Schuldners, da hier das Bonitätsrisiko beim Forderungsverkäufer liegen würde und demnach der wirtschaftliche Übergang des Eigentums nicht sichergestellt wäre, weil der Forderungskäufer keinem Risiko ausgesetzt wäre. Entscheidend ist folglich, dass sämtliche Risiken auf die Zweckgesellschaft übergehen. Lediglich das Risiko, dass die Forderung tatsächlich rechtlich besteht (Veritätsrisiko), trägt weiterhin der Forderungsverkäufer. Die volle Risikoentlastung ist auch bei Betrachtung des regulatorischen Motivs von Bedeutung: Ohne True Sale, das heißt ohne echten Forderungsübergang, liegt keine Entlastung der Eigenmittel nach Grundsatz I vor.[5]

---

[5] Der Grundsatz I schreibt Mindestausstattungen mit haftenden Eigenmitteln im Verhältnis zu den Risikoaktiva vor.

### 1.2.3.3 Beratung bei der Kreditverbesserung

Um dem Ziel der Strukturierung, marktfähige Wertpapiere zu erzeugen, näher zu kommen, ist das Rating durch eine unabhängige Rating-Agentur nahezu unerlässlich. Das Rating, das den Investoren eine Indikation über den Risikogehalt des Wertpapiers gibt, stellt bei der Platzierung der Wertpapiere (vgl. Abschnitt 1.2.4) ein wesentliches Argument dar. So engagieren sich viele Investoren – teilweise auch aufgrund regulatorischer Anforderungen – nur in Wertpapieren mit hervorragendem Rating (AAA). Für die beratende Investmentbank besteht hier eine Verknüpfung zum emissionsbegleitenden Geschäft des Rating Advisory (vgl. Beitrag Capital Markets).

Um die zu emittierenden Papiere mit einem solchen Rating ausstatten zu können, ist es notwendig, den Pool an Vermögenswerten unter Gesichtspunkten der Bonität zu verbessern und Risiken zu begrenzen. Mechanismen, die als Sicherheitspolster dienen, um imponderable Faktoren (zum Beispiel Ausfallrisiken) abzudecken, und welche die Qualität des Vermögenspools erhöhen, werden unter dem Begriff „Kreditverbesserung" (Credit Enhancement) zusammengefasst.

Mit den Instrumenten der Kreditverbesserung ist eine Trennung der Bonität der emittierten Papiere sowohl von der Bonität des Originators als auch von der Bonität des Vermögenspools möglich. Die Investmentbank kann bei der Strukturierung der Transaktion auf ein breites Spektrum an verschiedenen Instrumenten zur Kreditverbesserung, die durch den Originator oder Dritte (zum Beispiel Banken) bereitgestellt oder auch in der Struktur der Transaktion begründet werden können, zurückgreifen. Die Logik der Kreditverbesserung ist dabei immer identisch: Durch sie wird ein Vielfaches der historisch messbaren oder vorhersehbaren Ausfälle abgedeckt, sodass ein Ausfall von Zahlungsströmen aus dem Vermögenspool nicht zu erwarten ist.

Bei der Strukturierung der Transaktion kann die Investmentbank auf ein breites Spektrum an verschiedenen Kreditverbesserungsinstrumenten zurückgreifen. Die Schaffung des Sicherheitenpolsters kann dabei auf unterschiedliche Art und Weise erfolgen. Zu den Instrumenten des Credit Enhancement, die durch den Forderungsverkäufer bereitgestellt werden, zählen der Kaufpreisabschlag, Ausgleichszahlungen, der Forderungstausch und (Ausfall-)Garantien. Auch durch Dritte (zum Beispiel Banken) können Kreditverbesserungen gewährt werden: Hierzu zählen Garantien (Letter of Credit), Versicherungen und Swap-Vereinbarungen, bei denen das Risiko gegen Zahlung einer Prämie an eine andere Partei abgegeben wird. Auch in der Struktur der Asset-Backed-Securities-Transaktion selbst können Mechanismen vorgesehen werden, die eine Kreditverbesserung bewirken. Eine der am häufigsten benutzten Techniken stellt hier die Begebung mehrerer Klassen von Wertpapieren innerhalb einer Emission dar (Subordination), bei der eine Senior-Tranche der Emission durch die zugrunde liegenden Vermögenswerte bevorzugt besichert ist. Dabei kann zwar das Gesamtrisiko nicht gemindert werden, allerdings ist eine Risikoallokation auf die verschiedenen Wertpapiertranchen und damit auch auf unterschiedliche Investorengruppen möglich. Eine ähnliche Technik liegt der Überbesicherung (Over Collateralization) zugrunde, bei welcher der Wert des Pools an Vermögenswerten, auf denen das Wertpapier basiert, den Nominalwert des

Wertpapiers übersteigt. Die Struktur der ABS-Transaktion kann auch die Bildung eines Reservefonds (Spread Account, Escrow Account oder Sicherungsdepot) vorsehen, in den die Differenz aus den Zahlungsströmen der Vermögenswerte und den an die Investoren zu zahlenden Zins- und Tilgungszahlungen einfließt.

Sämtliche Formen der Kreditverbesserung können nicht nur einzeln eingesetzt werden, sondern kommen in der Regel auch in Kombination zur Anwendung. Bei der Beratung, welche Instrumente im Rahmen einer spezifischen Transaktion eingesetzt werden sollen, kann die Investmentbank ihr kapitalmarktspezifisches Know-how einbringen, da nur eine optimale Kombination der verschiedenen Instrumente die Minimierung der All-In-Emissionskosten ermöglicht. Ohne die Fähigkeit der Investmentbanken, komplexe Zahlungsströme zu strukturieren, innovative Lösungen zu suchen und dabei gleichzeitig günstige Finanzierungskonditionen sicherzustellen, ist eine sinnvolle Strukturierung der Kreditverbesserung nur schwer vorstellbar.

### 1.2.3.4 Absicherung gegen Insolvenzrisiken

Die Planung einer ABS-Transaktion darf nicht nur den gewünschten reibungslosen Ablauf der Finanzierung illiquider Vermögensgegenstände in Betracht ziehen, sondern muss sich auch mit Fällen möglicher Störungen in der Struktur auseinandersetzen. Eine der schwerwiegendsten Situationen, die sämtliche Abläufe der Transaktion in Frage stellen kann, stellt die Insolvenz dar. Die Insolvenz eines Beteiligten, hier verstanden als der wirtschaftliche Zusammenbruch eines Unternehmens oder einer Person, an den sich die Verwertung des Vermögens in einem eigenständigen Verfahren anschließt, kann die ABS-Transaktion zum Scheitern verurteilen. Vor diesem Hintergrund sind bereits bei der Strukturierung durch die Investmentbank Mechanismen einzubringen, welche die Transaktion selbst im Fall einer Insolvenz Bestand haben lassen.

Mit Blick auf die Beteiligten einer ABS-Finanzierung besteht das Risiko der Insolvenz mit entsprechenden negativen Auswirkungen auf die Transaktion insbesondere beim Forderungsschuldner, dem Originator und der Zweckgesellschaft. Durch die bereits beschriebenen Instrumente der Kreditverbesserung (vgl. Abschnitt 1.2.3.3) erscheint der Ausfall eines einzelnen Vermögenswertes des zugrunde liegenden Pools nicht kritisch. Genauer muss jedoch die Situation im Fall der Insolvenz des Originators oder der Zweckgesellschaft untersucht werden.

Wird der Originator der ABS-Transaktion insolvent und wird dann ein Verfahren zur Befriedigung der Ansprüche der Gläubiger eingeleitet, so kommt dem Forderungsverkauf des Originators an die Zweckgesellschaft enorme Bedeutung zu. Handelt es sich nicht um einen True Sale (vgl. Abschnitt 1.2.3.2), so gehört der gesamte Vermögenspool dem insolventen Originator und geht folglich voll in das Insolvenzverfahren ein. Ziel der Strukturierung muss also die Erreichung eines True Sale sein, sodass der Insolvenzverwalter die Übertragung der Vermögenswerte nicht angreifen kann.

Die Insolvenz der Zeckgesellschaft stellt das Worst-Case-Szenario einer ABS-Transaktion dar, da in diesem Fall das gesamte Vorhaben zusammenbrechen würde. Aus diesem

437

Grund legen die Rating-Agenturen bei der Bewertung der Wertpapiere großen Wert auf eine sichere Strukturierung. Ziel muss es daher sein, die Zweckgesellschaft insolvenzfest (bankruptcy remote) zu gestalten, sodass die Gesellschaft selbst nicht in Konkurs gehen kann. Maßnahmen, um diese Insolvenzsicherheit herzustellen, sind die Beschränkung der Aktivitäten des SPV auf den Ankauf der Vermögenswerte und die Begebung der Wertpapiere, sodass kein allgemeines Markt- oder Managementrisiko entstehen kann. Darüber hinaus dürfen keine weiteren Schuldverhältnisse eingegangen werden, und ein weiterer Verkauf oder eine Abtretung der Vermögenswerte an Dritte ist nicht erlaubt, solange diese nicht auch die Bankruptcy-Remote-Kriterien erfüllen.

Die Beratungsleistung der Investmentbank besteht hier darin, eine auch im Falle der Insolvenz sichere Strukturierung zu entwickeln. Dazu ist neben einer klaren Konzeption der Zahlungsströme und deren Besicherung auch die Einbindung juristischen Knowhows wichtig. Da das Gesamtpaket vor der Umsetzung durch eine Rating-Agentur besonders im Hinblick auf Insolvenzrisiken geprüft wird, kommen der betreuenden Investmentbank im Dialog mit der Rating-Agentur auch Funktionen des Rating Advisory (vgl. Beitrag Capital Markets) zu.

### 1.2.3.5 Weitere Fragestellungen bei der Strukturierung

Neben den bereits erörterten Kernfragestellungen, die auf den Forderungsübergang (True Sale), die Kreditverbesserung sowie die Absicherung gegen Insolvenzrisiken abstellen, ist im Rahmen der Strukturierung eine Vielzahl weiterer Punkte zu beachten, auf die hier jedoch nicht abschließend eingegangen werden kann.

Bereits bei der Auswahl des in die Transaktion einzubeziehenden Forderungspools stehen dem Originator Freiheitsgrade offen. So ist im Fall einer weniger komplexen Transaktionsstruktur die Refinanzierung eines einzigen Forderungspools einer Gesellschaft möglich. Denkbar sind aber auch länderübergreifende Konstruktionen, die beispielsweise Forderungen mehrerer ausländischer Tochtergesellschaften einer deutschen Muttergesellschaft im Rahmen einer konzernweiten ABS-Begebung refinanzieren. Insofern muss schon bei der Abgrenzung des zu übertragenden Forderungspools die Zielsetzung der Transaktion einbezogen werden.

Im Rahmen der Festlegung der Struktur ist auch zu klären, ob die Transaktion nur ein einmaliges Finanzierungsinteresse am Kapitalmarkt sicherstellen soll oder ob die Struktur grundsätzlich wiederholt genutzt werden soll. Im Falle eines einmaligen Vorgehens wird von einer One-Off-Struktur gesprochen, während der Begriff Multiseller auf Konstruktionen angewandt wird, in denen die Zweckgesellschaft in wiederholter Form Vermögenswerte ankauft und entsprechende Wertpapiere emittiert. Dieses Element des revolvierenden Ankaufs von Vermögenswerten hat seit Beginn der 90er Jahre Eingang in unterschiedliche Formen der Strukturierung gefunden. Im Rahmen von so genannten Multiseller-Programmen haben mehrere Originatoren die Möglichkeit, sich über eine dauernde, unabhängige Zweckgesellschaft zu refinanzieren. In diesem Fall kennen die Investoren häufig die Namen der Originatoren nicht, sondern richten ihre Investitionsentscheidung einzig am Rating der Transaktion aus. Die Refinanzierung erfolgt hier meistens über Commercial Paper oder Medium Term Notes und bietet sowohl Investoren als auch Originatoren eine maßgeschneiderte Lösung.

Hinsichtlich der Durchleitung von Zahlungsströmen wird bei der Strukturierung von ABS-Transaktionen zwischen Pass-Through- und Pay-Through-Lösungen unterschieden. Während bei Pass Through-Lösungen die in der Zweckgesellschaft eingehenden Zahlungsströmen abzüglich einer Kostenkomponente direkt und unverändert an die Investoren weitergeleitet werden und diese damit auch Risiken ausgesetzt sind (Zahlungsverzug, -ausfall, Prepayment Risk), findet bei Pay-Through-Modellen ein Management der Cashflows statt. In Abhängigkeit des durch die zu verbriefenden Vermögensansprüchen generierten Cashflow-Profils und der geplanten Zahlungsmodalitäten an die Investoren wird bei der Strukturierung die Entscheidung für eine der beiden Varianten fallen.

Die Frage des Datenschutzes wird auch bei einer ABS-Finanzierung aufgeworfen, da mit dem Forderungsübergang auch die Informationen über die zugrunde liegenden Vermögenswerte übergehen, der Originator jedoch häufig in der Funktion des Service-Agenten weiter die Abwicklung betreut. Geklärt werden muss folglich, wer welche Daten in welcher Form erhalten darf. Die rechtlichen Grundlagen für sämtliche Überlegungen stellen das Bundesdatenschutzgesetz und die EU-Datenschutzrechtlinie dar, die ein Schutzniveau im Ausland und im Inland sicherstellen. Die involvierten Parteien sollten die Geheimhaltungsinteressen der Schuldner durch eine angemessene Sorgfalt zum Beispiel durch eine entsprechende Anonymisierung berücksichtigen, da ein unzulässiger Datentransfer durch einen Schuldner sogar unterbunden werden kann.

Weitere regulatorische und juristische Anforderungen sind inbesondere von Banken in der Rolle des Originators zu beachten, wenn mit der Emission von ABS-Papieren die Eigenmittel entlastet werden sollen. Hier sind vor allem die Anforderungen des Bundesamtes für das Kreditwesen zu beachten, wie sie zum Beispiel in den entsprechenden Rundschreiben formuliert werden.

Die Optimierung der Transaktionsstruktur führt in der Regel dazu, dass eine große Anzahl an Parteien koordiniert werden muss und unterschiedliche nationale Gesetzgebungen in Einklang gebracht werden müssen. Dieser internationale Charakter und die hohe Komplexität des Vorhabens führen dazu, dass durch die Investmentbanken entweder entsprechendes eigenes Know-how bereit gestellt bzw. externes Know-how eingebunden werden muss.

### 1.2.3.6 Konzeption der zu emittierenden Wertpapiere

Die Beratung über die Konzeption der zu emittierenden Wertpapiere stellt den letzten Prozessschritt innerhalb der Strukturierungsberatung dar. Die Entwicklung des individuellen Papiers stellt eine maßgeschneiderte Lösung für den spezifischen Sachverhalt dar und ist das Ergebnis sämtlicher Überlegungen, die bei der Strukturierung beachtet wurden. Die Konzeption kann quasi als Synopse der unterschiedlichen Teilaspekte verstanden werden; sie beinhaltet die Festlegung der spezifischen Merkmale der ABS-Papiere.

Da bereits innerhalb des Kapitels Debt Capital Markets dezidiert auf verschiedene Fremdkapitaltitel, ihre Kennzeichen und Eigenschaften eingegangen wird, beschränken sich die Ausführungen an dieser Stelle auf die für ABS-Papiere wichtigsten Charakteristika. Zu den grundsätzlich veränderbaren Parametern von Fremdkapitaltiteln zählen neben der Entscheidung über den Typ des zu emittierenden Papiers die Fristigkeit, die Verzinsung, der Rückzahlungsmodus, die Besicherung, die Anzahl der Tranchen sowie das Marktsegment. Im Hinblick auf die Begebung von ABS-Papieren sind insbesondere die Art des Wertpapiers und die Anzahl der Tranchen von Bedeutung.

Die Entscheidung des Emittenten über den Typus des Wertpapiers hängt eng mit der geplanten Fristigkeit zusammen. So wird in der Regel eine Anleihe bei einer langfristigen Finanzierungsvariante zum Zuge kommen, während der Rückgriff auf Medium Term Notes (MTN) und Commercial Paper (CP) bei mittel- respektive kurzfristigen Finanzierungsinteressen angezeigt ist.

Die Gestaltung der Wertpapiere kann auch vorsehen, dass mehrere Klassen von Wertpapieren ausgegeben werden, die unterschiedliche Anteile an den Zahlungsströmen verbriefen. Mit diesem Konzept, das eng mit der Kreditverbesserung verbunden ist (vgl. Abschnitt 1.2.3.3), können Gruppen von Investoren mit verschiedenen Risiko/Rendite-Profilen angesprochen werden. Damit erhöht sich die Flexibilität der Finanzierung und auch die Kapitalkosten können verringert werden.

### 1.2.4 Leistungen bei der Platzierung

Im Anschluss an die Strukturierung einer Asset-Backed-Securities-Transaktion, die sehr umfangreich ist und viele Fragestellungen beachten muss, erfolgt die Umsetzung des Vorhabens. Dabei sind operativ in mehreren Schritten Vorbereitungen hinsichtlich der beteiligten (Zweck-)Gesellschaften zu treffen, die entsprechenden Verträge abzuschließen, eine Due-Diligence-Prüfung durchzuführen, der Verkaufsprospekt zu erstellen und die Emission durchzuführen. Diese letzten beiden Elemente sind für die beratende Investmentbank von Bedeutung, da sie hier Beratungsleistungen einbringen kann.

Bei der Platzierung, das heißt dem Verkauf von Wertpapieren im Rahmen einer Emission an Anleger, kann die Investmentbank den Emittenten durch ihre Vertriebserfahrung sowie die eigenen Absatzkanäle unterstützen, die Emission erfolgreich umzusetzen. Die Platzierung der Wertpapiere aus einer ABS-Transaktion unterscheidet sich nicht von den Platzierungsmechanismen anderer Kapitalmarkttitel, sodass hier auf die entsprechenden Ausführungen (vgl. Beitrag Capital Markets) verwiesen werden kann.

Bei der Platzierung von ABS-Wertpapieren stellen die Investmentbanken die Ergebnisse des Ratingprozesses heraus und gehen insbesondere auf die Perspektive der (institutionellen) Investoren und deren Bedürfnisse ein. Eine wesentliche Rolle spielt dabei die Abgrenzung des eigenen Wertpapiers gegenüber anderen Emissionen, die unter Umständen eine ähnliche Einschätzung hinsichtlich der Bonität genießen, jedoch sowohl von der Komplexität der Struktur als auch von der Preisfestsetzung anderen Überlegungen unterworfen sind.

## 1.2.5  Leistungen nach der Umsetzung der Strukturierung

Nach der Umsetzung der ABS-Transaktion, das heißt nach Strukturierung und Platzierung der Wertpapiere, endet nicht die Betreuung des Vorhabens. Zum einen müssen die involvierten Parteien, so inbesondere der Service-Agent und die Zweckgesellschaft, die Generierung und Kontrolle der Zahlungsströme sicherstellen. Darüber hinaus schließen sich zum Beispiel im Fall eines revolvierenden Forderungsankaufs weitere Maßnahmen an, die den Bestand der Struktur sichern.

Aus Sicht der Investmentbank sind jedoch zwei andere Aspekte von Relevanz: die Frage des Handels der ABS-Papiere und die der Anpassung der Transaktionsstruktur. Als eine Institution, deren Kernkompetenz den Umgang und Handel mit Wertpapieren einschließt, ist die Investmentbank prädestiniert, ABS-Papiere zu handeln und dort aktiv die Liquiditätsbeschaffung zu unterstützen (vgl. auch Beitrag Sales & Trading). Da für die ABS-Investoren bei ihrer Investitonsentscheidung Überlegungen zum Handel im Sekundärmarkt einfließen, kann die Einbindung einer Investmentbank in den Handel und eine entsprechende Information der Anleger bereits bei der Platzierung von Vorteil sein.

Da jede Transaktion individuell im Hinblick auf die spezifischen Rahmenbedingungen optimiert wird, ist es offensichtlich, dass Veränderungen eben dort den Bedarf nach Anpassungen in der Transaktionsstruktur auslösen können. Hier ist die Investmentbank gefordert, gegebenenfalls in Zusammenarbeit mit dem Mandanten Lösungsmechanismen zu entwickeln.

**Fallstudie: Keele University**

Auch wenn der Einsatz der Verbriefungstechnik in den letzten Jahren in Kontinentaleuropa stark zugenommen hat, ist derzeit der britische Asset-Backed-Securities-Markt noch dominant. Dies gilt nicht allein aufgrund seines Volumens, sondern wird auch durch die Umsetzung ungewöhnlicher Ideen und Anwendung innovativer Strukturen eindrucksvoll bestätigt. Ein solches Beispiel stellt die Verbriefung von zukünftigen Einnahmen aus der Vermietung von Studentenwohnheimen durch die Keele University im Januar 2000 dar. Diese Transaktion, mit der erstmalig die Verbriefungstechnik durch eine Universität genutzt wurde, offeriert Universitäten nicht nur ein neues Finanzierungsinstrument, sondern bietet gleichzeitig den Ausgangspunkt für Diskussionen, die Finanzierung von Bildungseinrichtungen zu überdenken.

Originator der Transaktion ist die Keele University, die in North Staffordshire (Großbritannien) angesiedelt ist. Sie wurde 1962 als Universität errichtet und ging dabei aus dem University College hervor, das seit 1949 mit dem Recht zur Verleihung von Abschlüssen ausgestattet ist. Die Universität verfügt über vier Fakultäten (Geisteswissenschaften, Sozialwissenschaften, Naturwissenschaften sowie Gesundheit) und ein Budget von circa 50 Mio. Pfund im Jahr bei etwa 1500 Mitarbeitern. 5900 Studenten waren im Studienjahr 1998/99 eingeschrieben. Hiervor besuchten 1700 Postgraduate-Studiengänge. Die durch die Verbriefung eingenommenen Mittel werden von der Keele University zur Renovierung der Studentenwohnheime, zur Ablösung alter

Schulden sowie für Investitionen in die Zukunft genutzt. Neben diesen direkten Zielen erreicht die Universität auch einen höheren finanziellen Handlungsspielraum, da die Abhängigkeit von öffentlichen Geldern, die in Großbritannien durch so genannte Research und Funding Councils verteilt werden, insgesamt reduziert werden kann.

Im Rahmen der Transaktion verkauft die Keele University die in den nächsten 30 Jahren erzielbaren Einnahmen aus der Vermietung von Studentenwohnheimen (circa 3000 Wohneinheiten) auf dem Campus-Gelände an das Special Purpose Vehicle Owengate Keele PLC, tritt jedoch weiterhin als Vermieter gegenüber den Studenten auf. Die Owengate Keele PLC refinanziert sich durch Begebung einer 30-jährigen Anleihe im Volumen von 69,4 Mio. Pfund, die mit einem Kupon von 6,67 Prozent ausgestattet ist und an der London Stock Exchange notiert wird. Die Konditionen sehen weiterhin halbjährliche Zins- sowie ab 2006 auch Tilgungszahlungen bei einem Rating von AAA (Standard and Poor's) bzw. Aaa (Moody's) vor. Die Struktur beinhaltet Kreditverbesserungen durch Bildung eines Reservefonds in Form des Debt Service Reserve Account und des Fixed Drawdown Account; darüber hinaus garantiert auch eine Versicherung der Financial Security Assurance (UK) Ltd. die Zins- und Tilgungszahlungen. Diese Instrumente des Credit Enhancement sind geeignet, Risiken, die beispielsweise in der Bereitschaft der Studenten, auf dem Campus zu wohnen, oder in der Höhe der Studentenzahlen zum Ausdruck kommen, abzufedern.

Die Verbriefung von zukünftigen Einnahmen aus der Vermietung von Studentenwohnheimen bietet für die Keele University, die bei dieser Transaktion durch das Investmenthaus Paribas beraten wurde, eine günstigere Finanzierungsalternative im Vergleich zu einer traditionellen Anleihe ohne Rating und stellt gleichzeitig eine flexible und schnelle Möglichkeit der Mittelaufnahme dar. Auch wenn die Übertragbarkeit dieses Strukturierungsansatzes auf deutsche Verhältnisse fraglich erscheint, verfügt die Idee, das sicherlich auch in Universitäten vorhandene Finanzierungs-Know-how hinsichtlich innovativer Finanzierungsstrukturen praktisch umzusetzen, über einen unbestreitbaren Reiz.

## 1.3 Beziehung zu anderen Finanzinstrumenten

Die große Bedeutung von Asset Backed Securities im Rahmen der Securitization des Finanzsektors macht eine Analyse der Beziehung dieses Wertpapiertyps zu anderen Finanzinstrumenten interessant. Es bietet sich hier der Vergleich zu Instrumenten an, die ähnlichen (Finanzierungs-)Zwecken dienen. Aus diesem Grund wird auf das Verhältnis von ABS zum Factoring und zum Pfandbrief eingegangen.

### 1.3.1 Verhältnis Asset Backed Securities zu Factoring

Das Factoring, hier verstanden als der laufende Ankauf von Forderungen, weist eine ganze Reihe zur ABS-Finanzierung vergleichbarer Eigenschaften auf: Es erfolgt der Forderungsverkauf an ein anderes Unternehmen, und der Vorgang dient der Schaffung von

Liquidität. Aufgrund dieser Charakteristika wird in der Literatur und Rechtsprechung häufig bei ABS-Fragestellungen analog zur Factoring-Thematik vorgegangen, wie etwa bereits anhand der True-Sale-Problematik dargestellt (vgl. Abschnitt 1.2.3.2).

Trotz dieser Gemeinsamkeiten unterscheiden sich die beiden Instrumente in einigen Aspekten jedoch wesentlich. So erfolgt die Refinanzierung bei einer ABS-Transaktion über die Zweckgesellschaft am Kapitalmarkt, während im Fall des Factoring die Finanzierung über die Bilanz des Forderungskäufers (Factors) erfolgt. Auch die den beiden Finanzierungsformen immanente Logik unterscheidet sich. Während ABS-Strukturen zur Minimierung der Risiken auf den Diversifikationseffekt setzen, wählt der Factor möglichst sichere Forderungen zur Eintreibung aus. Bei ihm spielt also auch die Erfahrung, welche Forderungen gut einzutreiben sind, eine entscheidende Rolle beim Finanzierungsangebot. ABS-Konstruktionen können deshalb aufgrund dieses Diversifikationseffektes und der in der Zweckgesellschaft nicht vorhandenen Gewinnerzielungsabsicht häufig günstigere Finanzierungskonditionen bieten. Nachteilig wirkt sich jedoch aus, dass ABS-Finanzierungen ein Mindestvolumen von ca. 50 Mio. Euro erfordern, um den großen Aufwand hinsichtlich Planung der Struktur, Einbindung aller Parteien und Transaktionskosten zu rechtfertigen. Insbesondere kleinere und mittlere Unternehmen, die nicht über einen Forderungspool in dieser Größenordnung verfügen, werden auf das Factoring zurückgreifen wollen.

### 1.3.2 Mortgage Backed Securities und Pfandbrief – konkurrierende Produkte?

Im Bereich der immobiliär besicherten Finanzinstrumente stehen sich im europäischen Raum und insbesondere in Deutschland zwei Produkte gegenüber: auf der einen Seite das Konzept der Asset Backed Securities in der Ausprägungsform der MBS und auf der anderen Seite der in Deutschland bereits seit mehr als 200 Jahren verwandte Pfandbrief (vgl. hierzu auch Beitrag Capital Markets).

Beiden Instrumenten ist gemein, dass sie den Investoren Zahlungsströme, die immobiliär besichert sind, zusagen und hohen Ansprüchen hinsichtlich der Sicherheit genügen. So ist im letzten Jahrhundert beispielsweise kein Pfandbrief ausgefallen. Darüber hinaus scheinen auch am Pfandbriefmarkt ähnliche Entwicklungen stattzufinden wie im Bereich der Asset Backed Securities. So ist eindeutig ein Trend zur Europäisierung des Pfandbriefs zu beobachten. In jüngster Zeit sind insbesondere in Spanien und Frankreich, hier unterstützt durch ein Pfandbriefgesetz, pfandbrieffähnliche Produkte begeben worden, die sich am Benchmark des deutschen Pfandbriefs orientieren. Auch lässt sich eine Verwendung von derivativen Instrumenten – wie sie im Bereich der Asset Backed Securities beispielsweise bei den synthetischen CLOs anzutreffen sind – im Zusammenhang mit Pfandbriefen konstatieren. So bieten deutsche Hypothekenbanken seit einiger Zeit strukturierte Pfandbriefe an, die nach der Definition des Verbands deutscher Hypothekenbanken Emissionen darstellen, deren wirtschaftlich sinnvolle Bewertung nur in Verbindung mit Finanzderivaten möglich ist und die eine flexible Anpassung an die Bedürfnisse der Investoren ermöglichen.

Zu den Unterschieden zählt beispielsweise der regulatorische Rahmen: Die Emission von Pfandbriefen ist nur Kreditinstituten mit Pfandbriefprivileg gestattet, das heißt Landesbanken und Banken, die dem Hypothekenbankengesetz unterliegen. Darüber hinaus ist für die Platzierung von MBS ein Rating notwendig, während dies nicht unbedingt für den Pfandbrief gilt, da hier das Emittentenrating ausschlaggebend ist. Auch findet die Befriedigung der Ansprüche der Investoren bei MBS aus dem zugrunde liegenden Forderungspool statt, während bei Pfandbriefen neben der Besicherung des Papiers auch auf den Emittenten zurückgegriffen werden könnte.

Auch im (wirtschaftlichen) Ergebnis führt der Rückgriff auf Pfandbriefe bzw. MBS zu unterschiedlichen Situationen: Während der Emittent von MBS von einer Bilanzentlastung profitiert (Off-Balance-Sheet-Eigenschaft von ABS), da der Vermögenspool in ein Sondervermögen eingebracht wird, verbleiben die Vermögensgegenstände in der Bilanz des Pfandbrief-Emittenten. Aufgrund dieser Unterschiede werden MBS in Deutschland vor allen Dingen angewandt, um solche Spitzen in Portfolios abzudecken, die nicht durch die Ausgabe von Pfandbriefen refinanziert werden können, da sie beispielsweise nicht die nötige Deckungsstockfähigkeit haben.

## 2. Projektfinanzierung

### 2.1 Grundlagen der Projektfinanzierung

#### 2.1.1 Begriffsinhalte

Im Bereich der internationalen Großinvestitionen werden die sich ergebenden Finanzierungsanforderungen immer häufiger als so genannte Projektfinanzierungen (Project Finance) abgewickelt. Diese keineswegs neue Methode zur Gestaltung von großvolumigen Kapitalbeschaffungen für in der Regel zeitlich begrenzte Investitionen bedient sich einer nahezu unübersehbaren Vielfalt von finanziellen Instrumenten und vertraglichen Gestaltungen, um Kapital in Höhe von einigen Millionen bis zu mehreren Milliarden Euro für ein einziges, rechtlich selbstständiges Investitionsvorhaben aufzubringen und die mit diesem verbundenen Risiken zu bewältigen. Diese Komponenten, rechtliche Selbstständigkeit der Investition, besondere Anforderungen an das Risikomanagement und ein häufig großes zu finanzierendes Investitionsvolumen, sind allen Projektfinanzierungen gemeinsam. Eine detaillierte Beschreibung der bei der Projektfinanzierung anzuwendenden Technik ist allerdings schwierig, da jede einzelne eine individuelle, sich Verallgemeinerungen weitgehend entziehende Konstruktion darstellt.

Vor dem Hintergrund ihrer besonderen Aufgabenstellung unterscheidet sich die Projektfinanzierung grundsätzlich von der traditionellen Finanzierung der Investitionsvorhaben innerhalb eines Unternehmens. Ausgangspunkt dieser Unterschiede ist die Einzweckgesellschaft, auch Single Purpose Company (SPC) oder Special Purpose Vehicle (SPV) genannt, die als Projektgesellschaft das Projekt entwickelt, betreibt und daher ebenfalls als Träger der Finanzierung fungiert. Eigentümer der Projektgesellschaft sind üblicherweise die Initiatoren des Projektes, die so genannten Sponsoren (Projektträger), welche die

SPC in Form eines Joint Venture gründen. Aus dieser Konstruktion ergeben sich die folgenden konstitutiven Merkmale für die Strukturierung von Projektfinanzierungen:

- *Off-Balance Sheet Financing:* Die Projektgesellschaft ist als rechtlich selbstständige Einheit Schuldnerin des für das Projekt aufgenommenen Fremdkapitals. Die als Eigenkapitalgeber hinter dem Projekt stehenden Sponsoren weisen in ihrer Bilanz lediglich eine Beteiligung, nicht aber die in der Regel hohen Kredite des Projektes aus. Eingeschränkt wird dieser Mechanismus sowohl durch die Verpflichtung zur Konzernrechnungslegung als auch durch die verpflichtende Angabe von weiteren Haftungsverhältnissen unter der Bilanz. Die Einbeziehung in den Konzernabschluss lässt sich allerdings durch verschiedene Gestaltungen in Bezug auf die Beteiligungsverhältnisse oder andere Kriterien der Konzernrechnungslegungspflicht umgehen.

- *Cash Flow Related Lending:* Projektfinanzierungen zeichnen sich dadurch aus, dass üblicherweise die Projektgesellschaft wie auch die Sponsoren keine den Fremdkapitalbedarf abdeckende Sicherheiten stellen wollen oder sogar können. Eine traditionelle Besicherung von Krediten und Darlehen ist daher nicht möglich. Die Gläubiger sind entsprechend darauf angewiesen, ihr Engagement unter ähnlichen Aspekten wie Eigenkapitalgeber zu beurteilen, nämlich anhand der prognostizierten Cashflows aus dem Projekt. Diese stellen die einzige Quelle für später anfallende Zins- und Tilgungszahlungen dar.

- *Risk Sharing:* Die beiden vorab genannten Merkmale, Cash Flow Related Lending und Off-Balance Sheet Financing, machen bereits deutlich, dass die Sponsoren grundsätzlich nur begrenzt bereit und in der Lage sind, die Projektrisiken zu tragen. In ihrer Eigenschaft als Eigner der Projektgesellschaft, die üblicherweise als Kapitalgesellschaft ausgestaltet wird, ist ihr Risiko zunächst auf ihre Einlage begrenzt (Non Recourse Financing). Haften die Sponsoren den Gläubigern der Projektgesellschaft darüber hinaus in begrenztem Umfang, etwa über die Abgabe von Bürgschaften, so handelt es sich um so genanntes Limited Recourse Financing. Während das Non Recourse Financing die reinste Form der Projektfinanzierung darstellt, ist in der Praxis mit Abstand am häufigsten eine Strukturierung mit begrenzten Rückgriffsmöglichkeiten auf die Sponsoren zu finden. Konstruktionen mit vollem Durchgriff auf die Sponsoren (Full Recourse Financing) fallen dagegen nicht unter den Begriff der Projektfinanzierung. Insgesamt zielt die Projektfinanzierung also darauf ab, wirtschaftliche und technische Risiken auf die Projektbeteiligten zu verteilen. Nur durch diese Form der Risikoallokation können Projekte mit einem Investitionsvolumen von mehreren Milliarden Euro überhaupt durchgeführt werden

Die mit dem Projekt zu erwirtschaftenden Cashflows stellen die Grundlage der Kapitalbeschaffung dar. Ausschließlich dann, wenn eine ausreichende Zahlungsfähigkeit auch bei ungünstigen technischen und/oder wirtschaftlichen Entwicklungen mit einer hohen Wahrscheinlichkeit gewährleistet ist, werden potenzielle Gläubiger bereit sein, ein Engagement einzugehen. Ein im Vergleich zur traditionellen Finanzierung höheres Risiko wird sich dann lediglich in entsprechenden Risikozuschlägen widerspiegeln. Diese Anforderung an das Projekt führt neben den großen Volumina derartiger Investitionen dazu, dass die Technik der Projektfinanzierung im Wesentlichen in solchen Bereichen wie Rohstoffabbau bzw. -förderung, Energiewirtschaft, Infrastruktur, Telekommunikation und Immobilien Anwendung findet. Darüber hinaus kann aber auch eine als Leveraged Buy Out strukturierte Akquisition wesentliche Merkmale einer Projektfinanzierung erfüllen, indem die Kaufpreiszahlungen maßgeblich fremdfinanziert und Tilgungen sowie Zinsen ausschließlich durch Cashflows bedient werden, die das erworbene Unternehmen erwirtschaftet.

### 2.1.2 Historische Entwicklung

Die Projektfinanzierung mit ihrer mittlerweile kaum noch überschaubaren Vielfalt kann nicht als eine neuere Entwicklung eingestuft werden. Ein frühes Beispiel für eine Finanzierungsstruktur, die aus heutiger Sicht als Projektfinanzierung einzustufen wäre, findet sich bereits im 13. Jahrhundert. Das englische Königshaus erhielt zu der Zeit ein Darlehen zur Fertigstellung einer seiner Silberminen. Als Gegenleistung für die – zins- und tilgungsfreie – Überlassung des Kapitals durch eine italienische Merchantbank stand dieser das Recht zu, die Mine nach Fertigstellung ein Jahr auf eigene Kosten zu betreiben. Das geförderte Silber stand in diesem Jahr in vollem Umfang der Bank zu.[6] Derartige Finanzierungskonzeptionen, bei denen das überlassene Fremdkapital direkt aus der Produktion des Projektes bedient wird, sind auch heute noch als so genannte Production Payment Loans üblich. Auch der Bau des Suez-Kanals ab 1856 wies bereits die konstitutiven Merkmale einer Projektfinanzierung auf.

Während bis zum Anfang dieses Jahrhunderts lediglich vereinzelte (Groß-)Projekte mit Techniken der Projektfinanzierung abgewickelt wurden, nahm die Anzahl der Projektfinanzierungen spätestens mit den kapitalintensiven Erdöl-Explorationsvorhaben in den 30er Jahren deutlich zu. In den letzten Jahrzehnten hat sich ihr Anwendungsfeld deutlich erweitert. Die fortschreitende Technologisierung ebenso wie das Bestreben, Skalenvorteile zu nutzen, haben die Kosten für Industrieanlagen in vielen Branchen so weit erhöht, dass eine Realisierung nur durch die Möglichkeiten der Projektfinanzierung gewährleistet werden kann. Eines der bekanntesten Beispiele aus der jüngeren Vergangenheit ist die als Projektfinanzierung ausgestaltete Errichtung des Euro-Disneyland-Freizeitparks in Frankreich.

Aber auch in den ursprünglichen Anwendungsgebieten zeichnet sich eine weitere Zunahme der Projektfinanzierungstätigkeiten ab. Die Öffnung des Ostens für westliche Unternehmen und Investoren sowie der wirtschaftliche Aufschwung verschiedener Staaten im asiatischen Raum schaffen einen neuen Bedarf an Infrastruktur-, Energieerzeugungs- und Energieversorgungsprojekten, die in den nächsten Jahren abgewickelt werden müssen. In den Ländern der ersten Welt, wie den USA, Frankreich oder auch Deutschland, lässt sich eine ähnliche Entwicklung vorhersagen, da die in vielen Ländern bereits stark mit Schulden belasteten Staatshaushalte nicht mehr in der Lage sind, notwendige Ersatz- und Erweiterungsinvestitionen insbesondere für die Infrastruktur zu tragen. Ehedem hoheitliche Aufgaben werden daher in Verbindung mit einer fortschreitenden Deregulierung der rechtlichen Rahmenbedingungen verstärkt in so genannten Public Private Partnerships durchgeführt, etwa in Form von mautpflichtigen Erweiterungen des Straßennetzes.

---

[6] Vgl. Finnerty (1996), S. 4f.

Zusammenfassend lässt sich festhalten, dass die Projektfinanzierung durchaus keine neue Finanzierungstechnik ist. Die weltweiten Entwicklungen der letzten Jahre und ihre Implikationen für die nähere Zukunft lassen jedoch darauf schließen, dass diese komplexe Finanzierungstechnik in absehbarer Zeit noch intensiver zur Anwendung kommen wird.

### 2.1.3 Beteiligte der Projektfinanzierung

Im Gegensatz zu unternehmensinternen Investitionen werden im Rahmen der Projektfinanzierung nicht nur das investierende Unternehmen und eine oder mehrere Banken in die Konzeption und Durchführung einbezogen. Die bereits erwähnte Zuordnung der spezifischen Projektrisiken auf einzelne Projektbeteiligte erfordert vielmehr eine enge Einbindung aller Parteien sowohl in die technische, die wirtschaftliche und insbesondere die finanzielle Strukturierung. Einen Überblick über die einzelnen Akteure im Rahmen einer typisierten Projektfinanzierung gibt Abbildung 5.

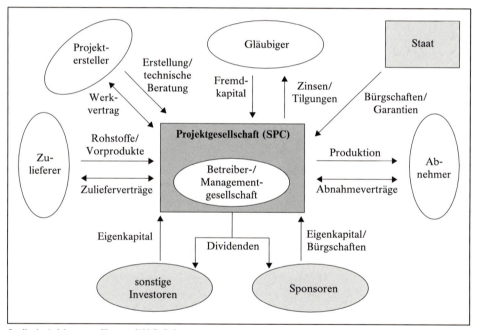

Quelle: in Anlehnung an Finnerty (1996), S. 3

Abbildung 5: Beteiligte der Projektfinanzierung

Je nach Form und Ausrichtung des jeweiligen Projektes treten als *Sponsoren* unterschiedliche Initiatoren auf. Üblicherweise sind die Projektträger Unternehmen, die auf diese Weise entweder internes Wachstum generieren, regional neue Märkte erschließen oder Beschaffungs- bzw. Absatzwege sichern wollen. Eine SPC kann auch als Joint Venture unterschiedlichen Sponsoren zur gemeinschaftlichen Realisierung jeweils individueller Ziele dienen. Denkbar ist hier die gemeinsame Initiative von zwei in der Wert-

447

schöpfungskette aufeinander folgenden Unternehmen, wobei das vorgelagerte seine Produktionskapazität erweitern, das nachgelagerte dagegen seine Beschaffungswege sichern will. Im Rahmen der bereits angesprochenen Public Private Partnerships tritt neuerdings auch vermehrt der Staat direkt als Initiator von Projekten auf. Die Projektfinanzierung wird in vier Phasen eingeteilt,

- Gründungsphase,
- Errichtungsphase,
- Start-up-Phase,
- Nutzungs-/Betriebsphase.

Grundsätzlich sind bereits in der Gründungsphase alle am Projekt beteiligten Gruppen zu integrieren. Dies gilt insbesondere im Rahmen des Risikomanagements. Als Ausgangspunkt weiterer Aktivitäten müssen die Sponsoren zunächst eine Durchführbarkeitsstudie (Feasibility Study) anfertigen. Diese dient vordringlich aus technischer Sicht als Informationsgrundlage für alle folgenden Schritte der Projektfinanzierung. Zusätzlich müssen möglichst genaue Prognosen der Fertigstellungskosten aufgestellt werden. Diese Feasibility Study wird, sofern die Projektträger nicht über ausreichendes Know-how verfügen, von *externen Gutachtern* anzufertigen sein. Die Hinzuziehung derartiger, möglichst objektiver Experten hat im Falle einer positiven Beurteilung der Projektchancen außerdem eine vorteilhafte Außenwirkung.

Spätestens nachdem die Projektidee grundlegend konkretisiert und die technische Machbarkeit überprüft wurde, treten *Banken* als Berater hinzu, da der Frage der Finanzierbarkeit eine fundamentale Bedeutung für weitere Schritte im Hinblick auf die Projektrealisierung zukommt. Die Bank prüft daher vor dem Hintergrund der möglichen Finanzierungsstrukturen die Chance und Wirtschaftlichkeit einer Projektdurchführung (Advisory). Kommt es nach einer positiven Beurteilung der technischen und wirtschaftlichen Kriterien zur Projektrealisierung, muss diese weiterhin die konzipierte Finanzierungsstruktur umsetzen (Arranging).

Investmentbanken waren traditionell maßgeblich im Bereich Advisory tätig, wohingegen Commercialbanken das anschließende Arranging abdeckten. In den letzten Jahren hat sich von Seiten der Sponsoren aber der Druck auf die Investmentbanken verstärkt, neben der reinen Beratung als bilanzunwirksames Provisionsgeschäft auch die Umsetzung der Finanzierung als Dienstleistung zu übernehmen. Dabei lässt es sich häufig nicht vermeiden, dass Anteile des Fremdkapitals bilanzwirksam im Portfolio der Investmentbank verbleiben, entweder weil eine geplante Platzierung nicht erfolgreich war oder weil die Übernahme eines Anteils durch die führende Investmentbank als positives Signal notwendig erscheint. Selbst wenn sich nur geringe Prozentsätze des insgesamt beschafften Fremdkapitals im Portfolio einer Investmentbank niederschlagen, kann es sich – absolut gesehen – um beträchtliche Belastungen handeln.

Sowohl in den USA als auch in Deutschland existieren Regulierungen hinsichtlich der maximalen Belastung, die eine (Investment-)Bank bezogen auf ihre Eigenkapitalausstattung eingehen darf (Legal Lending Limit). Diese Regulierungen beschränken insbesondere für Investmentbanken mit nur geringer Eigenkapitalausstattung die Möglichkeiten, die Dienstleistung der Projektfinanzierung am Markt anzubieten, da sie nicht über eine ausreichende Kapazität zur Aufnahme von Fremdkapital in ihr Portfolio verfügen. Als Ergebnis lassen sich hier vermehrt Marktaustritte beobachten.

Im Gegenzug wurde bei den Commercial- und Universalbanken die Dienstleistung der Projektfinanzierung immer stärker auf den Kapitalmarkt ausgerichtet. Daraus resultierend werden die Projektfinanzierungseinheiten heute als organisatorischer Bestandteil der Investment-Banking-Abteilungen geführt. Unter den hinsichtlich der Projektfinanzierungen führenden Banken finden sich daher weitgehend die Commercialbanken oder Universalbanken, wohingegen sich die reinen Investmentbanken aus dem Geschäft zunehmend zurückziehen.

Bereits im Rahmen der Finanzierungsdurchführung (Arranging) werden sämtliche *weiteren Gruppen* von Projektbeteiligten mit eingebunden, also insbesondere weitere (Eigen- und Fremdkapital-)Investoren, Projektersteller (Contractor), Zulieferer und Abnehmer, Betreiber- bzw. Managementgesellschaft und der Staat bzw. öffentliche Institutionen. Diese frühe Einbindung dient vordringlich der unumgänglichen Aufteilung von Projektrisiken auf eine möglichst große Anzahl am Projekt Interessierter. Nur so kann die Risikobelastung einzelner Gruppen in einem angemessenen Rahmen gehalten und die Projektdurchführung damit kostengünstig gewährleistet werden. In welcher Form einzelne Gruppen strukturiert werden, beispielsweise welche zusätzlichen Eigen- und Fremdkapitalgeber sich am Projekt beteiligen, und wie die Einbindung der verschiedenen Parteien rechtlich und wirtschaftlich realisiert werden kann, ist jedoch weitgehend für jedes einzelne Projekt individuell verschieden.

## 2.2 Leistungen der Investmentbanken

### 2.2.1 Projektvorbereitung

Grundlage für jede Aktivität von Investmentbanken sind sowohl die – möglicherweise nur potenzielle – Existenz eines Projektes wie auch das Interesse der Sponsoren, dieses zu realisieren. Dabei ist für die Mandatsgewinnung ebenso wie für die Beratung in der frühen Phase der Projektvorbereitung entscheidend, ob die ursprüngliche Initiative von den Sponsoren ausging, die dann zur Planung und Durchführung eine Investmentbank hinzuziehen, oder ob diese das Projekt im Rahmen einer aktiven Akquisitionsstrategie an den Kunden heranträgt.

Der heute noch bei der Mehrzahl der Projekte zu findende Ablauf beginnt mit der Initiative der Sponsoren, welche anschließend die Projektidee einer oder mehreren Investmentbanken vortragen. Werden mehrere Investmentbanken als potenzielle Berater in Betracht gezogen, wird die Vergabe des Advsiory-Mandates in Form eines Beauty Contest durchgeführt. Von Seiten der Projektträger muss hierbei bereits eine Vorauswahl geeigneter Banken vorgenommen werden. Neben der einschlägigen Erfahrung möglicher Kandidaten mit den Problemstellungen der Projektfinanzierung ist insbesondere bei Großprojekten die Kreditvergabekapazität ein wichtiger Faktor, falls die zu mandatierende Investmentbank auch im Rahmen des Arranging als Lead Bank auftreten soll. Diese Anforderung erübrigt sich nur dann, wenn die Lead Bank durch einen separaten Beauty Contest ausgewählt wird.

Basierend auf einer vorher von den Projektträgern zu erstellenden Durchführbarkeitsstudie obliegt es den ausgewählten Banken, potenzielle rechtliche und Finanzierungsstrukturen zu erarbeiten und den Sponsoren zu präsentieren. Wichtige Aspekte, welche die Projektträger bei der Auswahl berücksichtigen werden, sind neben den Kosten für die Finanzierung des Projektes insbesondere auch qualitativer Natur, etwa von Seiten der Bank geforderte Informations- und Dokumentationspflichten. Eine genaue Kenntnis der Ziele und Zielstrukturen der Sponsoren sind daher bei einem solchen Beauty Contest erfolgsentscheidend. Diejenige Bank, die darüber hinaus am glaubhaftesten vermitteln kann, dass sie sowohl in der Lage als auch – selbst bei möglicherweise negativen Entwicklungen – gewillt ist, das Projekt zu unterstützen, hat einen wichtigen Vorteil bei der Beraterauswahl.

Den hier betrachteten Projekten ist auf Grund ihrer Risk-Sharing-Konzeption eine starke Abhängigkeit der Beteiligten voneinander inhärent. Demgemäß muss auch die Investmentbank bereits vor der Bewerbung um eine Projektfinanzierung die später nur noch schwierig bis gar nicht mehr beeinflussbaren Risiken, die sich aus der Zusammenarbeit mit den fest determinierten Projektträgern ergeben, abschätzen. Diese Vorsicht ist insbesondere dann angebracht, wenn gleichzeitig eine Verpflichtung zur späteren Teilnahme am Arranging eingegangen wird. Auskünfte über die Eignung der Sponsoren geben neben Bonität oder Erfolg von früheren oder noch laufenden Projekten auch die Qualität der Feasibility Study.[7] Wenn bereits die technische Durchführbarkeit und möglicherweise eine vorläufige Wirtschaftlichkeitsanalyse von Annahmen ausgehen, die von der Bank als nicht realistisch eingeschätzt werden, muss die Übernahme eines Mandates umso gründlicher überdacht werden.

Auf Grund der weltweiten Öffnung der Märkte und der damit verbundenen Zunahme möglicher Projekte gewinnt die aktive Mandatsgewinnung als Gegensatz zur bisher dargestellten passiven Akquisition zunehmend an Bedeutung. Im Rahmen der rechtlichen und wirtschaftlichen Veränderungen verfügen Banken häufig über spezifische sektorale Kenntnisse und ausgezeichnete Kontakte zu staatlichen Stellen und Regierungen. Ihr dadurch bedingter Wissensvorsprung kann es ihnen dann ermöglichen, potenziell erfolgversprechende Projekte schneller zu identifizieren, als es in Frage kommenden Sponsoren möglich ist. Mitunter sind sie auch der erste Ansprechpartner von staatlichen Stellen, um im Rahmen eines Public Private Partnership beispielsweise Infrastruktur- oder Energieversorgungsprojekte zu realisieren.

Bei dieser aktiven Mandatsgewinnung muss die Investmentbank zunächst ein grundsätzliches Konzept zur Projektdurchführung erarbeiten. Da Banken üblicherweise nicht als (Haupt-)Sponsoren auftreten, müssen sie im Anschluss für das Projekt geeignete Träger suchen. Diese Form der Auftragsakquisition hat aus Sicht der Investmentbank den

---

[7] Vgl. Nevitt/Fabozzi (1996), S. 39.

grundsätzlichen Vorteil, dass die Wettbewerbssituation eines Beauty Contest entfällt und damit die bis dahin angefallenen Kosten nicht durch ein potenzielles Ausscheiden vergebens waren. Auch ist zu erwarten, dass auf Grund der stärkeren Verhandlungsposition der Bank ihre Provisionen höher als nach einem möglicherweise stark preisgetriebenen Beauty Contest ausfallen.

Die im nächsten Schritt erfolgende Projektanalyse, das heißt die Analyse der technischen und betriebswirtschaftlichen Durchführbarkeit eines Projektes, stellt die Grundlage jeder Projektfinanzierung dar. Bereits zu Beginn müssen daher neben den technischen Voraussetzungen und Möglichkeiten ebenso grundsätzliche betriebswirtschaftliche Faktoren analysiert werden, um die angestrebte Rentabilität und damit die Finanzierbarkeit eines Projektes zu gewährleisten. Während die technischen Rahmenbedingungen zumeist nicht durch die Investmentbank, sondern durch externe Gutachter beurteilt werden müssen, weil das notwendige Spezialwissen innerhalb der Bank nur begrenzt vorgehalten werden kann, ist eine der wesentlichen Leistungen der Bank die betriebswirtschaftliche, insbesondere die finanzielle Prüfung des Projektes.

Auf der Basis einer Feasibility Study sowie einer risikoorientierten Wirtschaftlichkeitsanalyse, welche die betriebswirtschaftliche Vorteilhaftigkeit des Projektes bestätigt, ist die Investmentbank in der Lage, eine an den Ansprüchen des Projektes und der Projektträger ausgerichtete Finanzierung zu konzipieren.

Ziel der Analyse ist die Ausarbeitung eines Finanzplanes, der die vorhandenen Kapitalquellen nach Laufzeiten und Währungen im Hinblick auf den notwendigen Kapitalbedarf nach Höhe und Zeitpunkt optimal strukturiert. Der Kapitalbedarf wird dabei von den prognostizierten Cashflow-Verläufen des Projektes determiniert. Positive Perioden-Cashflows werden situationsabhängig ebenso zur Deckung von Zinsverpflichtungen, Tilgungen und Ausschüttungen an die Sponsoren wie auch zur Bildung von Rücklagen innerhalb der Projektgesellschaft genutzt, negative dagegen müssen aus vorhandenen Rücklagen oder durch zusätzliche Kapitalzuführungen ausgeglichen werden.

Die Aufgabe der Investmentbank liegt in dieser Phase insbesondere darin, die betriebswirtschaftlichen Grunddaten zusammenzustellen und zu analysieren, welche die zukünftigen Cashflows der Projektgesellschaft bestimmen. Dem Lebenszyklus des Projektes entsprechend sind hier unter Beachtung der jeweiligen Zahlungszeitpunkte Prognosen bezüglich folgender Einflussfaktoren zu berücksichtigen:

- Kosten der Projektanalyse (zum Beispiel für technische und betriebswirtschaftliche Beratung),
- Kosten der Vertragsdokumentation (zum Beispiel für Rechtsanwälte, Notare, Wirtschaftsprüfer),
- Kosten für die Errichtung des Projektes (zum Beispiel für die Errichtung der Projektgesellschaft, für Erwerb bzw. Herstellung von Anlagevermögen),
- Kosten für die Aufnahme des Betriebes (zum Beispiel für den Erwerb von Umlaufvermögen, Personalkosten),
- Kosten für den laufenden Projektbetrieb,
- Erlöse aus dem Absatz des Projektoutputs.

Da sämtliche Größen einer solchen Analyse mit Risiken behaftet sind, muss mit der Wirtschaftlichkeitsanalyse eine umfassende Risikoanalyse einher gehen. Nur so kann die auf der Cashflow-Reihe basierende Finanzierung adäquat abgesichert werden, um im Rahmen der Projektdurchführung entstehende Ansprüche der Kapitalgeber befriedigen zu können. Mögliche Vorgehensweisen sind hier Best-Case-/Worst-Case-Szenarien, Sensitivitätsanalysen oder Monte-Carlo-Simulationen.

Aus diesen Daten lassen sich die freien Cashflows einzelner Perioden ermitteln, wobei Risiken durch entsprechende Strukturierungen auf alle Beteiligten verteilt werden. Mit den Instrumenten der Risikoverteilung beschäftigt sich ausführlich der folgende Abschnitt. Risiken, die weder abgewälzt noch abgesichert werden können, werden sich in erhöhten Renditeforderungen niederschlagen, was wiederum zu höheren Finanzierungskosten für die Projektgesellschaft führt.

### 2.2.2 Finanzierungsplanung

#### 2.2.2.1 Zielsetzungen

Die wichtigste Aufgabe der Investmentbank in der Phase der Projektvorbereitung liegt in der Erstellung eines Finanzierungsplanes. Dieser stellt eine wesentliche Grundlage für die spätere Realisierbarkeit und den Erfolg des Projektes dar. Die Konzeption eines solchen Finanzierungsplanes ist die wohl schwierigste betriebswirtschaftliche Aufgabenstellung innerhalb der Projektfinanzierung. Grundsätzlich lassen sich aus Sicht der Projektträger fünf Anforderungen an einen solchen Plan formulieren:[8]

1. Sicherstellung ausreichender finanzieller Ressourcen für das Projekt über seine gesamte Lebenszeit,
2. Bereitstellung der Finanzmittel zu möglichst günstigen Finanzierungskosten und Maximierung der Rendite der eingesetzten Eigenmittel der Sponsoren,
3. Minimierung der Risiken der Sponsoren,
4. Optimierung der Gestaltung im Hinblick auf steuerliche Vorteile,
5. Optimierung der Projektstruktur im Hinblick auf andere gesetzliche Rahmenbedingungen und öffentliche Förderungen.

Häufig werden unterschiedliche Anforderungen dabei in einem Zielkonflikt stehen, sodass die Investmentbank bei der Ausarbeitung des Finanzierungsplanes eine Gewichtung einzelner Ziele vornehmen muss. Vor diesem Hintergrund ist wiederum die Kenntnis der Prioritäten der Sponsoren in ihrer Rolle als Auftraggeber entscheidend, da der Finanzierungsplan an deren Bedürfnissen auszurichten ist.

Zur *Sicherstellung der finanziellen Ressourcen* muss zunächst der gesamte Kapitalbedarf, jeweils unter Berücksichtigung der Zahlungszeitpunkte, ermittelt werden. Der Beginn der physischen Projektrealisierung darf vor diesem Hintergrund erst dann in Angriff genommen werden, wenn über die gesamte Projektlebenszeit im benötigten Umfang Fi-

---

[8] Vgl. dazu auch Finnerty (1996), S. 91.

nanzierungsquellen lokalisiert und ihre Nutzbarkeit sichergestellt werden konnten. Vor der Betriebsphase generieren Projektgesellschaften meist keine Cashflows und können daher Zins- und Tilgungszahlungen nicht aus Umsatzprozessen leisten. Sofern keine ausreichenden Möglichkeiten bestehen, bis zu diesem Zeitpunkt zins- und tilgungsfreie Kapitalquellen zu nutzen, sind im Rahmen der Projektfinanzierung die entsprechenden Zahlungen bereits im Planungsstadium als zusätzlicher Kapitalbedarf zu berücksichtigen. Gleiches gilt für Beratungshonorare oder Kosten für Expertengutachten ebenso wie für die Kosten der Betriebsaufnahme, wie etwa den Erwerb des notwendigen Umlaufvermögens oder Personalkosten.

Die Absicherung der Finanzierung darf sich dabei nicht ausschließlich an den geplanten Größen orientieren. Die Investmentbank muss auf Grund der sich aus den vorliegenden Studien ergebenden Risiken und insbesondere ihren Erfahrungen aus dem Projektgeschäft abschätzen, inwieweit zusätzlicher Kapitalbedarf durch Kostensteigerungen, Fertigstellungsverzögerungen oder anderen unvorhergesehen Ereignissen notwendig werden. Diese Sicherheitszuschläge müssen ebenfalls bereits in diesem frühen Stadium eingeplant werden, um die Erfolgschancen des Projektes nicht bei möglicherweise lösbaren Problemen ernsthaft zu gefährden.

Neben der reinen Verfügbarkeit von ausreichenden Mitteln für die Ingangsetzung und den Betrieb des Projektes ist die Realisierung von möglichst *günstigen Finanzierungskosten* die Hauptaufgabe der Investmentbank. Aus Sicht der Eigenkapitalgeber, also der Projektträger, geht die Senkung der Kapitalkosten mit einer Erhöhung des über das DCF-Verfahren ermittelten Barwerts des Projektes und daher der *Maximierung der Rendite der Sponsoren* einher. Als Grundsatz lässt sich festhalten, dass niedrige Kapitalkosten sich üblicherweise durch eine möglichst große Übereinstimmung der Cashflow-Entwicklung mit der Amortisierung der Schulden, also den Tilgungsvereinbarungen, und eine Maximierung des Verschuldungsgrades erreichen lassen. Diese beiden Zielsetzungen lassen sich allerdings nur in einem begrenzten Rahmen wirtschaftlich verfolgen. Die Übereinstimmung zwischen freien Cashflows und Tilgungen senkt das Refinanzierungsrisiko, kann aber üblicherweise nur insoweit gewährleistet werden, wie entsprechende Finanzierungsinstrumente am Kapitalmarkt zur Verfügung stehen. Der Verschuldungsgrad dagegen wird durch die korrespondierend sinkenden Möglichkeiten und steigenden Kosten der Fremdfinanzierung begrenzt. Wie hoch der optimale Verschuldungsgrad im Einzelfall sein kann, hängt im Wesentlichen von der Profitabilität des Projektes, den mit diesem verbundenen Risiken, der Güte der Finanzierungsstruktur und der Bonität der beteiligten Kapitalgeber, insbesondere der Sponsoren bei einer Limited-Recourse-Konstruktion, ab.

Im Rahmen der *Minimierung der Risiken für die Sponsoren* ist es, wie bereits erwähnt, Aufgabe der Investmentbank, Risiken, die aus der Finanzierung des Projektes entstehen, auf möglichst viele Beteiligte zu verteilen. Außerdem muss der Einsatz der möglichen Finanzierungsinstrumente so strukturiert werden, dass vorhandene Sicherheiten, also vordringlich die noch zu erwerbenden oder zu fördernden Projektaktiva, nur gering in Anspruch genommen werden. Diese Anforderung ist komplementär zu einer möglichst flexiblen Finanzierung, die auch bei kurzfristigen Änderungen der Prognosen die Handlungsfähigkeit der Projektgesellschaft ebenso wie die der Sponsoren erhält. Eine Finanzierung mit geringeren Sicherheiten kann vor dem Hintergrund der finanziellen Flexibilität daher möglicherweise vorteilhaft sein, auch wenn sie mit höheren Kapitalkosten einher geht.

Die *steuerliche Optimierung* der Projektfinanzierung ist ein Teilbereich, in dem sich die rechtliche und die finanzielle Strukturierung überschneiden. Die steuerliche Gestaltung kann einen wesentlichen Erfolgsbeitrag für ein Projekt darstellen, insbesondere da es sich häufig um internationale Investitionen, etwa in Entwicklungsländern, handelt. Hier ist die Konsultation von Steuerberatern mit internationalem Know-how unumgänglich; die Investmentbank selbst kann lediglich ihre Erfahrungen aus der Strukturierung früherer Projekte einbringen und die Auswirkungen auf die Finanzierbarkeit bzw. die Finanzierungskosten beurteilen.

Im Rahmen der steuerlichen Optimierung müssen zunächst mögliche Strukturen auf ihre steuerlichen Auswirkungen überprüft werden. Die Dominanz steuerlicher Zielsetzungen kann sich schon bei der Wahl der Rechtsform auswirken, da in der Regel Personengesellschaften im Gegensatz zu Kapitalgesellschaften eine Anrechnung von steuerlichen Verlusten der Projektgesellschaft bei den Projektträgern ermöglichen. Möglicherweise bestehende Doppelbesteuerungsabkommen zwischen dem Projektland und dem Land bzw. den Ländern der Kapitalgeber geben Auskunft über Art und Höhe von unter Umständen zu entrichtenden Quellensteuern auf Zinsen und Ausschüttungen. Sind etwa Dividenden quellensteuerpflichtig, Zinszahlungen aber steuerfrei, bietet sich die Bereitstellung eines möglichst großen Teils des Engagements der Projektträger in Form von eigenkapitalnahen, nachrangigen Darlehen an. Problematisch kann weiterhin die steuerliche Behandlung von Sacheinlagen aus dem Betrieb der Sponsoren in die Projektgesellschaft sein, sofern stille Reserven realisiert werden müssen. Auch die Besteuerung der Zahlungsvorgänge aus der planmäßigen Liquidation des Projektes gehen bereits in den Vorteilhaftigkeitsvergleich mit ein. Darüber hinaus lassen sich durch die rechtliche Strukturierung von Projekten, etwa die Zwischenschaltung einer unabhängigen Finanzierungsgesellschaft in einem Niedrigsteuerland, teilweise erhebliche steuerliche Entlastungen bis hin zu dauerhaften Steuerersparnissen erreichen.

Zum Abschluss überprüft die Investmentbank weiterhin die Möglichkeiten zur Nutzung *öffentlicher Förderungen* bzw. die Auswirkungen einzelner Strukturen auf Art und Höhe der Risikoabwälzung auf die öffentliche Hand. Dabei kommen sowohl das Projektland als auch andere Länder oder internationale Organisationen in Betracht. Das Projektland selbst kann bei entsprechenden Projekten, zumeist Public Private Partnerships, direkt als Sponsor auftreten oder aber Garantien für die Aufrechterhaltung oder Schaffung vorteilhafter Rahmenbedingungen geben. Aus Sicht der finanziellen Strukturierung von Projekten in Entwicklungsländern ist in diesem Fall vordringlich die verbindliche Zusage wichtig, dass keine plötzlichen Beschränkungen der zu leistenden Zahlungstransfers eingeführt werden. Außerdem bieten verschiedene Organisationen Fremd- und teilweise Eigenkapital für förderungswürdige Projekte an. Exportfinanzierungsprogramme von Drittstaaten oder internationalen Organisationen wie der Weltbank können ebenfalls zur Senkung der Kapitalkosten genutzt werden, indem für das Projekt Anlagen von Herstellern bezogen werden, die derartige Programme nutzen können.

Die beschriebenen Kriterien bilden ein Rahmengerüst, das die Strukturierung der Finanzierungskonzeption determiniert. Im Rahmen von Simulationen und Vergleichsrechnungen ist es die Aufgabe der Investmentbank, so realitätsnah wie möglich, das heißt unter Berücksichtigung der aktuellen Marktlage und wahrscheinlichen zukünftigen Entwicklungen, eine für die Sponsoren unter Berücksichtigung der Bedürfnisse anderer Investoren optimale Finanzierungsplanung zu erarbeiten. Dabei sind generell alle denkbaren Finanzierungsinstrumente in Betracht zu ziehen. Neben regulärem Eigenkapital, Krediten und verschiedenen Formen von verbrieftem Gläubigerkapital kommen auch besondere Formen der Finanzierung, so etwa Leasinggeschäfte, ein Going Public der Projektgesellschaft, Asset-Backed-Finanzierungen, Genussscheine und andere Formen von mezzaninem Kapital in Betracht. Außerdem müssen bereits in der Planungsphase Grundlagen des finanziellen Risikomanagements durch derivative Finanzinstrumente in die Konzeption integriert werden. Hier müssen innerhalb der Investmentbank Experten aus verschiedenen Bereichen Fachwissen beisteuern, um unter der Leitung des Geschäftsbereichs Projektfinanzierung zu einem tragfähigen Finanzierungsplan zu kommen.

### 2.2.2.2 Finanzierungsinstrumente der Projektfinanzierung

*Eigenkapital*

Das Eigenkapital eines Projektes ist, wie bei jedem anderen Unternehmen auch, die aus finanzieller Sicht risikoreichste Finanzierungsart, da es gegenüber allen anderen Kapitalarten bei der Bedienung von Kapitalkosten und bei Rückzahlungsansprüchen, beispielsweise im Liquidationsfall, nachrangig behandelt wird. Das Eigenkapital erfüllt daher bei Projektfinanzierungen eine wichtige Auffang- und Ausgleichsfunktion für unvorhergesehene negative Entwicklungen.

Einen wesentlichen Bestandteil am Eigenkapital haben regelmäßig die Sponsoren. Darüber hinaus kommen auch Banken, private Investoren oder öffentliche Institutionen als Eigenkapitalgeber in Betracht. In Anbetracht der Risiken einer Projektfinanzierung werden sich die Sponsoren bemühen, ihr Eigenkapital in absoluter Hinsicht so gering wie möglich zu halten. Eine untere Grenze für das Engagement ergibt sich aber aus den Erwartungen der sonstigen Kapitalgeber an die Höhe der Beteiligung der Projektträger. Die finanzielle Beteiligung muss daher gewährleisten, dass die Projektträger trotz Risikomanagement ein spürbares finanzielles Risiko tragen, sodass ihre Motivation, das Projekt erfolgreich und rentabel abzuschließen, sichergestellt ist. Eigenkapitalquoten unter 15 bis 20 Prozent sind daher auch in der Projektfinanzierung nicht üblich.

Das Eigenkapital der Sponsoren muss grundsätzlich zumindest teilweise in die Projektgesellschaft eingezahlt worden sein, bevor sowohl zusätzliches Eigenkapital als auch Fremdkapital aufgenommen werden kann. Bei der Auswahl der Eigenkapitalquellen ist zu berücksichtigen, dass mit dem sinkenden Anteil der Sponsoren am Haftungskapital auch ihr Anteil am Erfolg des Projektes abnimmt. Daher sollte bei der Strukturierung immer zunächst Fremd- und danach erst weiteres Eigenkapital von Kapitalgebern außerhalb des Kreises der Projektträger aufgenommen werden. Um die Einflussmöglichkeiten der ursprünglichen Projektträger nicht zu vermindern, bietet sich bei Aktiengesellschaften die Ausgabe von stimmrechtslosen Vorzugsaktien an.

Börsenkapital wird zu Beginn des Projektes üblicherweise nicht erhältlich sein, da noch keine operative Gesellschaft besteht. Ein Going Public kann aber bereits in der Planung der Finanzierung enthalten sein und in späteren Phasen, insbesondere nach Aufnahme der operativen Tätigkeit der Projektgesellschaft, für notwendiges Kapital zur Schuldendeckung sorgen. Bis dahin sind als Eigenkapitalgeber neben den Sponsoren lediglich Platzierungen bei privaten und institutionellen Investoren möglich; dies erfolgt teilweise auf der Basis von Rule 144A im quasi öffentlichen Markt in den USA. Neben der frühzeitigen Einbindung von Abnehmern und Lieferanten durch Bereitstellung von haftendem Kapital oder entsprechenden Engagements der beratenden und/oder fremdfinanzierenden Banken können auch den Sponsoren nahe stehende Einrichtungen, wie etwa die in den USA üblichen externen Pensionskassen, als Anteilseigner auftreten. Auf Seiten der institutionellen Investoren gibt es neben den beteiligten Banken auch spezielle Fonds, die gezielt Eigenkapital für Projekte zur Verfügung stellen (Committed Investment Funds).

Von öffentlicher Seite aus existieren neben den Projektstaaten noch verschiedene weitere Institutionen, die ebenfalls Eigenkapital zur Verfügung stellen. Ein Beispiel ist die International Finance Corporation (IFC) der Weltbankgruppe, die mit ihrem so genannten C-Loans haftendes Kapital in das Projekt einbringt.

Neben der Leistung von Sach- oder Geldeinlagen in das haftende Eigenkapital kommen weiterhin eigenkapitalnahe mezzanine Finanzinstrumente, so nachrangige Darlehen oder eigenkapitalähnlich ausgestaltete Genussscheine, in Betracht, um die Haftungsmasse zu erhöhen.

*Fremdkapitalinstrumente*

Die Kunst der Projektfinanzierung schlägt sich zu wesentlichen Teilen in der Gestaltung der Fremdfinanzierung des Projektes nieder. Um den am Verlauf der Cashflows ausgerichteten Finanzierungsbedarf zu decken, kommen normalerweise vielfältige kurz- und langfristige Kapitalquellen in Betracht. Häufig finden sich im Rahmen von Projektstrukturierungen folgende Instrumente wieder:

- Bank- bzw. Konsortialkredite,
- Anleihen,
- Commercial Paper und Medium Term Notes,
- Lieferanten- und Abnehmerkredite.

Begriff und Funktionsweise der einzelnen Instrumente werden an anderer Stelle in diesem Buch ausführlich erläutert (vgl. entsprechende Abschnitte im Beitrag Capital Markets), sodass hier ausschließlich auf die speziellen Nutzungsmöglichkeiten für die Projektfinanzierung eingegangen werden kann.

Allgemein als wichtigstes Instrument der Fremdfinanzierung wird bei Projekten der Kredit als einfacher *Bankkredit* oder häufiger als *Konsortialkredit* (syndizierter Kredit) angesehen. Als kreditgebende Banken treten häufig Investmentbanken und Commercialbanken und in Deutschland die Universalbanken auf, die Erfahrungen im Projektfinanzierungsgeschäft haben. Weitere Abnehmer für langfristige Kredite sind andere institutionelle Investoren, wie etwa Versicherungsgesellschaften oder Pensionsfonds in den USA. Derartige Kreditverträge zeichnen sich durch ein hohes Maß an individueller Gestaltbarkeit aus, sodass einerseits Zins- und Tilgungszahlungen an die Bedürfnisse des Projektes bestmöglich angepasst, andererseits mit der vergebenden Bank bzw. den vergebenden Banken genaue Kontroll- und Einflussrechte in Bezug auf die Projektgesellschaft vereinbart werden können. Ein wesentlicher Vorteil des Kredites im Gegensatz zur Begebung von Anleihen ist die Tatsache, dass Kredite bei Planungsabweichungen mit den Kreditgebern nachverhandelt werden können, so etwa um Tilgungszahlungen auszusetzen. Dagegen sind die Konditionen von Anleihen fest verbrieft und die Kapitalgeber häufig nicht direkt bekannt. Daher kommen Nachverhandlungen bei Planungsabweichungen nur sehr selten in Frage.

Ein wichtiger Markt für (Groß-)Kredite ist der Eurokreditmarkt. Die Vorteile derartiger Kredite, die in verschiedenen Währungen aufgenommen werden können, liegen unter anderem in den Möglichkeiten zur Vereinbarung von tilgungsfreien Zeiträumen von bis zu über fünf Jahren oder der Begleichung von Zinszahlungen aus demselben Kredit (Capitalization of Interest).[9] Nachteilig ist der Eurokredit dagegen auf Grund der Tatsache, dass die zur Verfügung stehenden Währungen möglicherweise wesentlich stabiler sind als die Landeswährung der Projektgesellschaft. Ein Verfall der Währung des Projektlandes kann dann zu erhöhten Kapitalkosten führen, wenn Zins- und Tilgungszahlungen in einer stabileren Währung zu entrichten sind (Währungsrisiko). In diesem Fall muss daher zusätzlich ein entsprechendes Risikomanagement, etwa durch den Einsatz derivativer Finanzinstrumente in Form von Währungsswaps, integriert werden.

Die Vertragsgestaltungen von (Konsortial-)Krediten bei Projektfinanzierungen beinhalten häufig eine ganze Reihe von Klauseln, die ein bestimmtes Verhalten der Projektgesellschaft herbeiführen sollen und ansonsten entsprechende Maßnahmen der Banken vorsehen. Dabei sind neben Form und Umfang von Sicherheiten insbesondere drei Kategorien von Vertragsbestandteilen erwähnenswert: Verpflichtungserklärungen (Covenants), vertragliche Zusicherungen (Representations und Warranties) und weitere Kündigungsgründe (Events of Default).[10]

Im Rahmen der Projektfinanzierung werden als Anknüpfungspunkt von *Verpflichtungserklärungen* häufig Deckungsrelationen verwendet, wie etwa der Barwert zukünftiger Cashflows dividiert durch den Kreditaußenstand (Life of Loan Cover Ratio) oder der Cashflow der Periode vor Zinsen im Verhältnis zu den Zins- und Tilgungszahlungen der Periode (Debt Service Cover Ratio). Werden bestimmte, vorher vereinbarte Mindestwerte nicht eingehalten, können sich die Sponsoren beispielsweise dazu verpflichten, zu-

---

[9] Vgl. Ueckermann (1990), S. 26.
[10] Vgl. zum Folgenden Fahrholz (1998), S. 276–280.

sätzliches Eigenkapital aufzubringen. Andere Verpflichtungen können sich auf die exakte Durchführung des beschriebenen Projektes oder auch auf Zustimmungsrechte der Banken bei bestimmten Investitionen der Projektgesellschaft richten.

Die *vertraglichen Zusicherungen* beziehen sich auf die für die Kreditgewährung verbindliche Bestätigung der von den Projektträgern gemachten Angaben, etwa dass notwendige Abbaurechte oder Lizenzen vorhanden sind. Unter anderem wird auch die Güte des Bankenmemorandums im Sinne seiner materiellen Richtigkeit und Vollständigkeit zugesichert. Neben der Verletzung der Verpflichtungen und Zusicherungen gibt es üblicherweise *weitere Kündigungsgründe*, so etwa die Unfähigkeit der Projektgesellschaft, ihren Zahlungsverpflichtungen nachzukommen. Die Folgen des Eintritts eines Kündigungsgrundes können von der Berechtigung der Bank, weitere Informationen einzuholen, über das Aussetzen weiterer Kredittranchen bis hin zur sofortigen Fälligstellung der bisher ausgezahlten Kredittranchen gehen.

Die syndizierenden Banken sehen sich momentan stetig sinkenden Margen im Kreditgeschäft gegenüber. Während die Lead Bank bzw. der Lead Arranger noch relativ hohe Margen beanspruchen kann, nimmt die Entlohnung der teilnehmenden Banken vom Co-Arranger über den Manager bis hin zum Participant ab. Neuerdings beginnen daher Banken, die sich im Rahmen von Projektfinanzierungen engagieren, verstärkt damit, Forderungen aus Projektfinanzierungsdarlehen im Rahmen der Securitization als Asset Backed Securities zu verbriefen. Im Ergebnis können damit häufig sowohl weitere Kapazitäten für neue Kredite geschaffen als auch die Margen und die Eigenkapitalquote erhöht werden.

Als Alternative zu langfristigen Krediten bieten sich festverzinsliche Anleihen (Straight Bonds) an. Auf Grund der risikoaversen Haltung vieler privater und auch institutioneller Investoren kommt diesem Instrument aber eher eine Bedeutung bei der Neustrukturierung der Schulden nach Aufnahme des Projektbetriebs zu. Um im internationalen Markt eine Anleihe entweder öffentlich oder auch privat platzieren zu können, müssen diese in der Regel ein Rating durch eine anerkannte Rating-Agentur oder eine umfangreiche, aussagekräftige Credit Story vorweisen können. Eine öffentliche Platzierung von Anleihen kommt somit vordringlich für spätere Projektphasen in Betracht. Für die Projektfinanzierung am US-amerikanischen Kapitalmarkt sind daher vor allem Privatplatzierungen nach Rule 144A von Bedeutung. Diese bietet insbesondere Erleichterungen des Registrierungsverfahrens und ermöglicht einen begrenzten Sekundärmarkthandel. Das heißt institutionelle Investoren können relativ unreguliert Privatplatzierungen von Anleihen handeln. Auf Grund der hohen Liquidität des Rule 144A-Marktes können hier häufig günstige Konditionen erzielt werden.

Ebenso wie Kredite bieten privat platzierte Anleihen eine Vielzahl von Strukturierungsmerkmalen, die zur Optimierung der Projektfinanzierung eingesetzt werden können. Ein *Zero Bond* erfordert beispielsweise keine Zins- und Tilgungszahlungen bis zur Fälligkeit. Über *Deferred Bonds* lassen sich Kuponzahlungen direkt an den Cashflow des Projekts anpassen. *Dual Currency Bonds* erlauben die Entrichtung von Zinszahlungen in einer anderen Währung als Tilgungszahlungen, sodass das Währungsrisiko unter Umständen auf einen Zahlungsstrom begrenzt werden kann. Insbesondere für Explorationsprojekte sind Commodity Bonds eine interessante Alternative. Hier wird neben festen Zinszahlungen die Tilgung am Ende der Laufzeit als dann gültiger Gegenwert einer bestimmten Menge des geförderten Rohstoffes, zum Beispiel Rohöl oder Kohle, ausgezahlt, wobei grundsätzlich eine Minimalauszahlung des ursprünglichen Betrages vereinbart wird (Floor). Auf diese Weise werden Chancen auf Preissteigerungen des Projektoutputs gegen geringere Zinsforderungen an den Fremdkapitalgeber verkauft.

Neben Straight Bonds sind auch variabel verzinsliche Anleihen in der Projektfinanzierung üblich *(Floating Rate Bonds* oder *Floating Rate Notes)*. Ein wesentlicher Nachteil dieser Finanzierung für das Projekt besteht in der Verschlechterung der Planbarkeit der Cashflows des Projektes, da die laufende Zinsbelastung periodisch an die aktuelle Zinsentwicklung angepasst wird und das Zinssteigerungsrisiko damit voll bei der Projektgesellschaft liegt. Floating Rate Bonds werden daher ausschließlich abgeschlossen, um in Verbindung mit einem entsprechenden Zinsswap eine festverzinsliche Finanzierung zu erhalten, die günstiger als eine direkte festverzinsliche Anleihe ist (so genanntes Swap Window).

Daneben werden zur Anschlussfinanzierung ebenfalls nachrangige Anleihen privat platziert, deren Attraktivität durch besondere Sicherungskonzepte, so zusätzliche Bürgschaften von Sponsoren oder Banken, erhöht wurde. Diese Anleihen erhalten dennoch üblicherweise ein Subinvestment-Grade-Rating. So genannte High-Yield-Anleihen zeichnen sich durch im Vergleich zur Kreditfinanzierung günstigere Finanzierungskosten bei gleichzeitg hoher Finanzierungsflexibilität, das heißt wenig Auflagen, aus.

Neben der Ausgabe von langfristigen Anleihen können am Euromarkt oder US-amerikanischen Kapitalmarkt *Commercial Paper* (CP) ausgegeben werden. Ihre Vorteile für die Projektgesellschaft liegen in der kurzfristigen Anpassung des Bestandes an die aktuellen Liquiditätserfordernisse durch eine revolvierende Ausgabe. Auf diese Weise können sie auch langfristige Formen von Fremdkapital ersetzen. Da keine Ausgabeverpflichtung besteht, kann bei günstigeren Finanzierungsmöglichkeiten auf einem anderen Markt die Ausgabe einfach unterlassen werden, sodass eine schnelle Reaktion auf Marktveränderungen möglich ist. Da reine CP nur von erstklassigen Emittenten am Markt platziert werden können, müssen Projektgesellschaften üblicherweise Bankgarantien oder Akkreditive bei der Emission vorweisen. Die betreuende Investmentbank übernimmt bei diesem Instrument außer der eigentlichen Emission eventuell auch die notwendige Aufgabe, Sicherheiten zu stellen. Neben der einfachen Handhabung bei kurzfristigen Liquiditätsbedürfnissen ist die besicherte Ausgabe von CP zumeist günstiger als alternative variabel verzinsliche, kurzfristige Kredite.

*Medium Term Notes* (MTN) füllen die Lücke zwischen Anleihen und CP, insbesondere was die Kosten einer Begebung und die Flexibilität des Instruments betrifft. Dabei kann die Laufzeit von wenigen Monaten bis hin zu vielen Jahren betragen. Vorteile der MTN liegen in der flexiblen Ausgestaltung, die wiederum genutzt werden kann, um etwa Zinsen zu senken oder Zinszahlungen an die prognostizierten Cashflows anzupassen.

Sofern Lieferanten oder zukünftige Abnehmer ein eigenes Interesse an der erfolgreichen Durchführung eines Projektes haben, können darüber hinaus *Lieferanten-* und *Abnehmerkredite* zur kurz- bis mittelfristigen Finanzierung in Frage kommen. Die Kredite können frei zwischen den betroffenen Gesellschaften ausgehandelt werden, wobei etwa die Rückzahlung von Abnehmerkrediten durch den zukünftigen Projektoutput erfolgen kann. Eine spezielle Form des Abnehmerkredites stellt der oben erwähnte Production Payment Loan dar.

## *Leasing*

Leasing, insbesondere in der Form des Big Ticket Leasing von Immobilien und Großanlagen, eignet sich mitunter als weitere Form der Finanzierung von Projekten. Die Vorteile einer Finanzierung über Leasinggeschäfte können zunächst in der speziellen Struktur der mit dem Leasing verbundenen Zahlungen, darüber hinaus aber auch in speziellen steuerlichen Konsequenzen liegen. Als mögliche Leasinggeber kommen bei Projektfinanzierungen neben den Herstellern des Leasingobjektes und unabhängigen Leasinggesellschaften auch die Sponsoren in Betracht, die auf diese Weise zusätzliches Kapital in das Projekt einbringen können. Je nach Leasinggeber können dabei unterschiedliche Vor- und Nachteile bestehen, wobei ein Herstellerleasing im internationalen Projektgeschäft eher selten ist.

Ein Leasingvertrag zwischen Sponsor und Projektgesellschaft stellt neben der direkten Bereitstellung von Eigen- und Fremdkapital einen zusätzlichen Weg der Kapitalbereitstellung dar. Üblicherweise wird das Leasingobjekt den Sponsoren als Sicherheit für die Leasingverpflichtungen der Projektgesellschaft dienen, sodass hier eine vorrangige Form der Kapitalüberlassung gegeben ist. In diesem Fall ergibt sich zwar für die Projektgesellschaft eine finanzielle Entlastung, da die geleasten Gegenstände nicht mehr durch Eigen- oder Fremdkapital finanziert werden müssen, auf der anderen Seite stehen sie aber zumeist auch nicht mehr als Sicherheiten für ungebundene Kredite und Anleihen zur Verfügung. Da zwischen Sponsoren und Projektgesellschaft eine weit gehende Interessenkonformität bezüglich der Projektentwicklung besteht, sind allerdings auch Leasingverträge denkbar, die nur eine nachrangige oder keine Besicherungen beinhalten. Außerdem sind vielfältige Strukturierungen der Zahlungen möglich, um diese an die Cashflows des Projektes anzupassen, so etwa progressive Leasingraten. Sämtliche Vertragsklauseln müssen allerdings auf ihre steuerlichen Konsequenzen überprüft werden.

Mögliche Gründe für eine insgesamt niedrigere Belastung durch die Wahl des Leasings als Finanzierungsinstrument können die besseren Refinanzierungsmöglichkeiten des Leasinggebers oder eine bessere Nutzung steuerlicher Vorteile durch den Leasinggeber sein. Außerdem können im Normalfall nicht finanzierbare Kostenbestandteile, wie Zinskosten oder Kosten der Ingangsetzung, durch die Leasingraten abgedeckt werden. Ein zusätzlicher Finanzierungsbedarf am Anfang der Nutzungsdauer entsteht nicht. Auch beim Leasing von Dritten können die Vereinbarungen dementsprechend so ausgehandelt werden, dass eine möglichst gute Übereinstimmung mit den prognostizierten Cashflows gewährleistet wird.

Insbesondere im Rahmen der laufenden Projekterstellung kann der Abschluss eines Leasinggeschäftes die einzige Möglichkeit zum Erwerb von Anlagen oder Immobilien sein. Häufig beinhalten bereits bestehende Kredite bestimmte Verpflichtungen (Financial Covenants), die eine weitere Aufnahme von Fremdkapital verbieten, etwa weil dann bestimmte Bilanzrelationen nicht mehr eingehalten würden. Diese Financial Covenants beinhalten zumeist keine Klauseln über den Abschluss von (bilanzunwirksamen) Leasinggeschäften durch die Projektgesellschaft. Auf diese Weise können also bestehende, an die Bilanz anknüpfende Finanzierungsrestriktionen umgangen werden.

Da Projektfinanzierungen üblicherweise international erfolgen, können durch eine entsprechende Konzeption der Leasingverträge häufig wesentliche Steuervorteile erzielt werden. Die steuerliche Behandlung des Leasings ist allerdings international sehr unterschiedlich, sodass die steuerliche Optimierung von Leasingtransaktionen eine umfangreiche Expertise in diesem Gebiet erfordert. Dieses muss die Investmentbank als Financial Advisor, häufig unter Hinzuziehung von Steuerberatern und Rechtsanwälten, im Rahmen der Konzeption der Projektfinanzierung einbringen. Eine steuerliche Zielsetzung kann insbesondere beim Leasing von Projektträgern vordringlich sein. Nutzt die Gesellschaft das Projekt, wird es aber steuerlich dem Leasinggeber, das heißt dem oder den Sponsoren zugerechnet, so können diese die steuerlichen Abschreibungen zeitlich früher nutzen als es die Projektgesellschaft könnte, die in der Regel in den ersten Jahren keine steuerlichen Gewinne erwirtschaften wird.

Ein weiteres, ähnliches Ziel kann die Konstruktion eines so genannten Double Dip Leasing sein. Bei derartigen Konstruktionen werden Unterschiede zwischen nationalen Regelungen zur steuerlichen Behandlung des Leasings, insbesondere bei der Zurechnung des Leasinggegenstandes und damit der steuerlichen Abschreibungen auf den Leasinggeber bzw. -nehmer, ausgenutzt. Im Ergebnis kann das Leasingobjekt sowohl vom Leasingnehmer als auch vom Leasinggeber steuerlich wirksam abgeschrieben werden. In Anbetracht der Größe derartiger Leasingprojekte können sich hier erhebliche Entlastungen und damit eine Verbesserung der finanziellen Situation des Projektes ergeben.

Für den Einsatz des Leasings im Rahmen der Finanzierung eines Projektes lassen sich drei wesentliche Motive identifizieren. Unter *finanziellen* Gesichtspunkten ist das Leasing regelmäßig dann sinnvoll, wenn das Steuerprofil des Leasinggebers günstiger ist als das des Leasingnehmers. Ein zweites Motiv ist im *bilanziellen* Aspekt zu sehen, da die Leasingraten erfolgswirksam sind und deshalb eine Entlastung der Bilanz zu verzeichnen ist. Außerdem kann der Einsatz des Leasings auch zur *Verschiebung von Gewinnen* (Earnings Moving) genutzt werden: Während durch Leasingraten eine konstante Belastung der Gewinngröße erreicht werden kann, führt eine Finanzierung zum Beispiel über Fremdkapital zu einem anderen Ergebnis. Zu Projektbeginn sind die zu zahlenden Zinsen sehr hoch, die Tilgungen sind relativ niedrig, der Gewinn sinkt. Am Ende der Projektdauer sind die Zinszahlungen niedrig, der Tilgungsanteil relativ hoch, was im Ergebnis zu einem tendenziell steigenden Gewinn führt.

### 2.2.3 Konzeption der Risikoverteilung

#### 2.2.3.1 Cash Flow Related Lending als maßgebliche Risikodeterminante

Die besondere Sicherheitenstruktur der Projektfinanzierung in Form der maßgeblichen Besicherung aller Schulden des Projektes über den prognostizierten Cashflow erfordert ein besonderes Risikomanagement. Geringe Verspätungen bei der Projektentwicklung ebenso wie unwesentliche Verschiebungen in den prognostizierten Entwicklungen von Finanz-, Absatz- oder Beschaffungsmarkt können vor dem Hintergrund der üblicherweise hohen fremdfinanzierten Beträge schnell zu einem finanziellen Scheitern des Projektes führen.

Die Aufgabe des Risikomanagements ist es daher, durch unterschiedliche Verträge die absehbaren Risiken so auf alle Projektbeteiligte zu verteilen, dass jeder nur insoweit Risiken zu tragen hat, wie es seinen finanziellen Möglichkeiten entspricht. Soweit die Investmentbank selbst Teile eines Konsortialkredites übernimmt oder sonstige finanzielle Sicherheiten – etwa Bürgschaften – gibt, ist es darüber hinaus in ihrem eigenen Interesse, das Risiko zusätzlicher finanzieller Belastungen oder sogar des Scheiterns des Projektes zu begrenzen. Zu diesem Zweck muss sie sich zunächst bewusst sein, welchen Risiken der Projekterfolg ausgesetzt ist. Darüber hinaus muss sie abwägen, welche Risiken sie zu tragen bereit ist oder welche anderen Beteiligten für eine Partizipation an der Risikoübernahme zur Verfügung stehen.

Im Idealfall sollten Risiken immer von denjenigen Projektbeteiligten getragen werden, die den größten Einfluss auf die tatsächliche Entwicklung (Risikokontrollfähigkeit) haben. Risikozuweisungen sollten daher nach der Risikokontrollfähigkeit ausgestaltet sein. Diese Anforderung beinhaltet, dass nahezu alle beteiligten Parteien in das Konzept eingebunden werden, also neben Sponsoren, Fremd- und Eigenkapitalgebern auch Conductor, Betreibergesellschaft, Zulieferer, Abnehmer und die betroffenen Staaten bzw. ihre Institutionen. Je nach Art des Risikos müssen daher von der Investmentbank als Berater entsprechende Beteiligte identifiziert und von der Belastung her angemessene Vertragsgestaltungen erarbeitet werden. Neben der Risikokontrollfähigkeit findet bei der Risikoverteilung weiterhin Berücksichtigung, welchen Kapitalbeitrag der Einzelne in das Projekt einbringt und welchen Nutzen er aus seinem Engagement erwarten kann.

#### 2.2.3.2 Typisierte Risikostruktur von Projekten

Zunächst müssen von der Investmentbank bei der Risikostrukturierung sämtliche Risiken (vgl. Abbildung 6), die sich direkt aus dem Projekt und dem Projektziel ergeben, identifiziert und im Anschluss möglichst abgesichert werden. Dabei lassen sich technische und wirtschaftliche Risiken unterscheiden. Neben diesen projektinternen Risiken müssen darüber hinaus auch externe Risiken, auf welche die Projektbeteiligten keinen Einfluss haben, in die Betrachtung integriert werden.

Die technischen Risiken beziehen sich auf die Durchführbarkeit und den Erfolg des Projektes aus technischer Sicht:

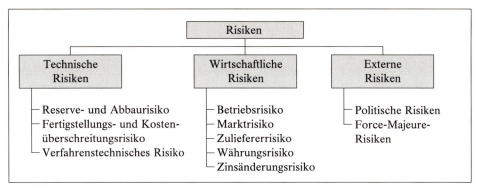

Abbildung 6: Risiken im Rahmen der Projektfinanzierung

- *Reserve- und Abbaurisiko:* Bei Explorationsvorhaben sind häufig keine exakten Daten über die genaue Menge und die Qualität des zu fördernden Rohstoffes verfügbar. Darüber hinaus können abschließende Informationen über Art und Probleme des Abbauverfahrens erst bei physischem Projektbeginn gewonnen werden. Beides führt dazu, dass im Rahmen der vorbereitenden Strukturierung der Projektfinanzierung möglicherweise die förderbare Menge zu hoch bzw. die Kosten des Abbaus zu gering eingestuft werden.

- *Fertigstellungs- und Kostenüberschreitungsrisiko:* Projektanlagen müssen erstellt und die Betriebsbereitschaft des Projektes hergestellt werden, bevor aus Umsatzprozessen Cashflows generiert werden können. Wie bei allen Investitionen besteht hier das Risiko, dass das Projekt auf Grund technischer Schwierigkeiten gar nicht oder aber verspätet fertig gestellt wird. Während die Nichtvollendung grundsätzlich einem Scheitern des Projektes entspricht, können bereits aus einer zu späten Fertigstellung und den sich daraus ergebenden negativen Auswirkungen auf die Cashflows des Projektes ernste finanzielle Probleme erwachsen. Als Resultat müssen häufig bestehende Kredite nachverhandelt und/oder zusätzliches Kapital aufgenommen werden.

- *Verfahrenstechnisches Risiko:* Je nachdem, um was für eine Art Projekt es sich handelt, können bereits ausgiebig erprobte oder aber neuartige Technologien zum Einsatz kommen. Insbesondere bei noch nicht hinreichend bewährten Verfahren besteht die Gefahr, dass prognostizierte Leistungsniveaus nicht erreicht werden und der Projektoutput dementsprechend niedriger ausfällt, was prinzipiell zu einer verzögerten Tilgung von Verbindlichkeiten führen kann.

Neben den technischen sind verschiedene wirtschaftliche und externe Risiken zu berücksichtigen, welche die Rentabilität des Projektes, trotz technischer Machbarkeit, gefährden können.

- *Betriebsrisiko:* Technische Pannen oder Fehler beim Betrieb des Projektes, interne Streiks, Personalprobleme oder auch allgemeine Fehlentscheidungen des Managements der Projektgesellschaft können Quantität und Qualität des Projektoutputs erheblich negativ beeinflussen. Im Extremfall kann es zum zeitweiligen Ausfall der gesamten Produktion kommen. Im Ergebnis werden ebenfalls die in der Projektplanung angestrebten Umsätze nicht realisiert.

- *Marktrisiko:* Die Rückzahlung der Verbindlichkeiten wird im Regelfall maßgeblich aus den Umsätzen der Projektgesellschaft erwirtschaftet werden müssen. In der Planungsphase müssen daher Schätzungen über die geplante Absatzmenge der Projektgesellschaft ebenso wie über den geplanten Absatzpreis einbezogen werden. Da häufig mehrere Jahre zwischen Projektbeginn und Projektfertigstellung liegen, sind derartige Schätzungen mit einem hohen Risiko behaftet, dass entweder die prognostizierten Preise nicht mehr erzielbar sind oder die geplante Menge zwar produziert, aber nicht am Markt abgesetzt werden kann. Beides führt zu möglicherweise starken negativen Abweichungen der tatsächlichen von den geplanten Perioden-Cashflows.

- *Zulieferrisiko:* Wie jedes andere Unternehmen auch trägt die Projektgesellschaft ein Risiko, dass für den Projektbetrieb notwendige Vorprodukte, Roh-, Hilfs- und/oder Betriebsstoffe nicht termingerecht verfügbar sind. Versorgungsengpässe führen unter Umständen zu einer Verringerung der Produktionsmenge oder sogar zur zeitweiligen Unterbrechung des Betriebes.

- *Währungsrisiko:* In der Regel sind die Kapitalgeber eines Projektes international breit gestreut, sodass Zahlungen zur Bedienung von Fremd- und Eigenkapital in unterschiedlichen Währungen anfallen, die häufig nicht mit der Währung des Projektlandes identisch sind. Durch Verschiebungen der Wechselkursrelationen können hier erhebliche zusätzliche Kosten entstehen, die noch verstärkt werden, wenn das Projekt in einem Land mit einer schwachen Währung liegt, etwa einem Entwicklungsland oder einem Land des ehemaligen Ostblocks.

- *Zinsänderungsrisiko:* Steigende Marktzinsen können bei variabel verzinslichen Darlehen, die nicht durch Swaps, andere derivative Finanzinstrumente oder Zusatzvereinbarungen abgesichert sind, zu unplanmäßigen Erhöhungen der Zinszahlungen führen.

- *Politische Risiken:* Politische Risiken beinhalten sämtliche negativen Auswirkungen, die sich aus der Entwicklung des gesellschaftlichen und rechtlichen Umfelds des Projektlandes ebenso wie aus dem Handeln staatlicher Institutionen ergeben. Denkbar sind neben Unruhen und anderen Instabilitäten, welche die Projektdurchführung verteuern oder sogar unmöglich machen können, etwa Ausfuhr- und Transferbeschränkungen, Preisdiktate oder auch Verstaatlichungen/Enteignungen durch staatliche Institutionen des Projektlandes.

- *Force-Majeure-Risiken:* Als Force-Majeure-Risiken werden alle weiteren, von den Projektbeteiligten nicht beeinflussbaren Risiken bezeichnet. Denkbar sind etwa Naturkatastrophen, Kriege oder große Streiks. Diese Risiken aus „höherer Gewalt" können ebenso wie politische Risiken das Projekt scheitern lassen, ohne dass einer der Projektbeteiligten dafür die Verantwortung trägt.

Diese verschiedenen Risiken müssen bereits in der Projektplanung ausführlich analysiert und ihre Verteilung auf die Projektbeteiligten geregelt werden. Die erfolgreiche Risikozuweisung kann als wesentliche Voraussetzung für die Finanzierbarkeit und den

Erfolg des Projektes gewertet werden. Mit den verschiedenen Instrumenten zur Risikoallokation im Rahmen einer Projektfinanzierung befasst sich der folgende Abschnitt.

### 2.2.3.3 Möglichkeiten des Risikomanagements

*Absicherung von Risiken*

Ausgehend von der Nähe zur Investmentbank gibt es drei Ebenen, auf denen Risikomanagement betrieben werden kann. Zunächst können verschiedene projektexterne Versicherungen und Institutionen einen Teil der Risiken übernehmen. Darüber hinaus lassen sich Risiken auf andere, im Rahmen der verschiedenen Projektphasen eingebundene Parteien abwälzen. Schließlich können innerhalb der Investmentbank selbst Strukturen geschaffen werden, die eine Begrenzung des verbleibenden Risikos zum Ziel haben.

Die Absicherung von Risiken durch projektexterne, institutionelle Risikoträger wie Versicherungen oder staatliche/öffentliche Institutionen stellt ein wesentliches Mittel des Risikomanagements dar. Sofern die Kosten von Versicherungen und Bürgschaften im Vergleich zu möglichen Verlusten bei Nichtversicherung angemessen erscheinen, sollten alle versicherbaren Risiken durch entsprechende Versicherungen abgedeckt werden. Dabei sind traditionell politische und Force-Majeur-Risiken durch private oder staatliche Versicherer versicherungsfähig. Als Beispiel können hier die Hermes-Exportversicherungen des Bundes gegen politische Risiken genannt werden. Force-Majeure-Risiken lassen sich beispielsweise durch Versicherungen gegen die Auswirkungen von Kriegen oder Naturkatastrophen beseitigen. Häufig ist der Bestand eines ausreichenden Versicherungsschutzes eine wesentliche Bedingung für Fremdkapitalgeber, sich im Rahmen des Projektes zu engagieren.

Daneben lassen sich auch einige wirtschaftliche und technische Risiken durch Sachversicherungen absichern. Neben dem Abschluss verschiedener Einzelversicherungen, wie etwa einer Betriebsunterbrechungsversicherung, sind mittlerweile bereits spezielle Versicherungspakete erhältlich, wie etwa eine „Builders All Risk Policy", die das gesamte Fertigstellungsrisiko abdeckt.[11]

Neben dem Abschluss von Versicherungen können Risiken auch über den Kapitalmarkt gehedgt werden, was insbesondere für Währungs-, Zins- und Preisrisiken gilt. Hier hat die Investmentbank das ausreichende Wissen, um dem Bereich Projektfinanzierung durch andere Abteilungen, wie dem Bereich Capital Markets, eine optimale Struktur von derivativen Finanzinstrumenten zur Verfügung zu stellen. Erwähnenswert ist hier die Absicherung von Zins- und Währungsrisiken durch entsprechende Swaps, Optionen oder Futures. Bei Explorationsprojekten für am Terminmarkt gehandelte Güter, etwa Rohöl, lassen sich durch entsprechende Futures und Forwards Preisrisiken eliminieren. Neuere Entwicklungen, zum Beispiel die Einführung von Katastrophen-Derivaten, werden dazu führen, dass in Zukunft verstärkt Risiken über den Kapitalmarkt abgesichert werden können, was sich positiv auf die Kosten von Projektfinanzierungen auswirken wird.

---

[11] Vgl. Schmitt (1989), S. 189f.

*Abwälzung von Risiken*

Traditionell erfolgt die Besicherung von Krediten durch die Gewährung von zumeist dinglichen Sicherheiten. Da die Projektaktiva üblicherweise für eine derartige Besicherung nicht ausreichen und darüber hinaus auf Grund ihrer Projektbezogenheit schlecht zu verwerten sind, sichert sich die Bank durch die Abwälzung von Ausfallrisiken an andere Projektbeteiligte ab. In Betracht kommen hier insbesondere wirtschaftliche Risiken, welche die Bank durch spezielle Vertragskonstruktionen an andere Projektbeteiligte, die anhand des Kriteriums der Risikotragfähigkeit und des aus dem Projekt resultierenden Nutzen ausgewählt werden, abgibt.

Zur Absicherung des *Fertigstellungsrisikos* dient häufig eine Fertigstellungsgarantie der Projektträger. Wird das Projekt nicht oder nicht fristgemäß fertiggestellt, kann eine Rückzahlungsverpflichtung der ausgezahlten Kredite die Folge sein. Die Sponsoren werden wiederum über den Auftrag zur Errichtung der Anlagen einen Teil des Risikos an die Projektersteller weitergeben, die zumeist die fertige Anlage oder fertige Teilabschnitte zu einem Festpreis abliefern müssen, ansonsten wird eine möglicherweise hohe Konventionalstrafe fällig. Derartige Festpreisverträge weisen das *Kostenüberschreitungsrisiko* ebenfalls den Projekterstellern zu. Wird kein Festpreis vereinbart, kann das Kostenüberschreitungsrisiko den Sponsoren zugewiesen werden, indem diese in Höhe der Kostenüberschreitungen Zuschüsse in Form von Eigen- oder nachrangigem Fremdkapital erbringen müssen.

Die Projektersteller werden ebenfalls das *verfahrenstechnische Risiko* übernehmen, indem der so genannte Construction Contract spezifizierte Einzelheiten über die Funktionalität der zu erstellenden Anlagen aufweist. Für das Einhalten dieser Spezifika muss der Projektersteller daher einstehen.

Zur Allokation des *Betriebsrisikos* kommen sowohl Anlagenlieferanten als auch die Betreibergesellschaft in Betracht. Die Anlagenlieferanten können im Rahmen von Wartungsverträgen mit der Projektgesellschaft für den technisch einwandfreien Ablauf des Betriebes der von ihnen gelieferten Gegenstände verantwortlich gemacht werden. Darüber hinaus bedeutet häufig die Verpflichtung einer Betreibergesellschaft mit einer erstklassigen Reputation bereits eine gewisse Risikobegrenzung, die durch verschiedene Haftungsregelungen in Bezug auf Managementfehler verbessert werden kann. Um die Liquidität der Projektgesellschaft auch bei auftretenden Problemen zu sichern, ist es üblich, im Rahmen der Nutzungsphase Liquiditätsreserven zu schaffen. Zu diesem Zweck verpflichten sich die Sponsoren im Rahmen der Kreditverträge, einen gewissen Anteil des nach Zins- und Tilgungszahlungen verbleibenden Cashflows bei der Projektgesellschaft zu belassen und ausschließlich darüber hinausgehende Beträge dem Projekt als Eigenkapitalvergütung zu entziehen.

Zur Verringerung des *Marktrisikos* (Absatzpreis-/Absatzmengenrisiko) werden bereits vor der Nutzungsphase des Projektes spätere Abnehmer vertraglich zu festen Konditionen gebunden. Derartige Abnahmegarantien können unter anderem die folgenden Formen haben:

- *Take-If-Offered-Contract:* Wenn das Projekt liefern kann, verpflichtet sich der Abnehmer, den Projektoutput zu festgelegten Preisen abzunehmen.

- *Take-Or-Pay-Contract:* Wenn das Projekt liefern kann, verpflichtet sich der Abnehmer, den Projektoutput zu festgelegten Preisen zu bezahlen, auch wenn er ihn nicht abnimmt.

- *Hell-Or-High-Water-Contract:* Der Abnehmer verpflichtet sich, den Projektoutput zu festgelegten Preisen zu bezahlen, auch wenn er ihn nicht abnimmt oder das Projekt gar nicht liefern kann.

Als Gegenleistung für die Risikoübernahme sind die Konditionen der Abnahme deutlich günstiger, insbesondere ist der Preis meist wesentlich niedriger als der aktuelle oder prognostizierte Marktpreis.

Das *Zulieferrisiko* wird häufig dem Marktrisiko entsprechend an den Zulieferer weitergegeben. Die in diesem Fall zur Anwendung kommenden Regelungen werden als Deliver-or-Pay- bzw. Supply-or-Pay-Contracts bezeichnet.

## *Begrenzung verbleibender Risiken*

Das Risiko, das üblicherweise nicht abgesichert oder abgewälzt werden kann, ist insbesondere das Abbaurisiko. Aber auch aus anderen Risikoarten können verbleibende Restrisiken zu Lasten der Bank gehen. Außerdem können neben allen Absicherungsmaßnahmen Umstände eintreten, die sich auf die Werthaltigkeit der ausstehenden Kredite negativ auswirken. Denkbar ist etwa die Konkurseröffnung über das Vermögen der Sponsoren oder anderer Projektbeteiligter, die so den übernommenen Verpflichtungen nicht mehr nachkommen können. Für die Investmentbank ergibt sich daher die Frage, wie derartige (Rest-)Risiken innerhalb der Bank begrenzt werden können.

Die Risikobegrenzung innerhalb der Investmentbank erfolgt auf zwei unterschiedlichen Ebenen.[12] Auf der ersten Ebene greifen die bereits erwähnten Legal Lending Limits, in Deutschland im Kreditwesengesetz kodifiziert, die unter anderem die Größe eines einzelnen Kredits im Verhältnis zum haftenden Eigenkapital begrenzen. Diese Risikobegrenzungen sind nicht disponibel.

Die Investmentbank wird darüber hinaus ein Eigeninteresse daran haben, ihre Existenz zu sichern, und sich darum interne Limits für die Beteiligung an einzelnen Projektfinanzierungen und für ihr Projektfinanzierungsengagement insgesamt auferlegen. Dabei sind feste Maximalbeträge für das gesamte Engagement über alle Projekte vor dem Hintergrund stark schwankender Nachfrage eher ungeeignet, da sie die Handlungsfähigkeit der Bank möglicherweise zu stark begrenzen. Ein maximaler Anteil des Projektfinanzierungsgeschäftes am gesamten Kreditportfolio ist zwar eher am aktuellen Potenzial der Bank ausgerichtet, berücksichtigt aber nicht mögliche Risikominderungen durch steigende Erfahrungen der Investmentbank im Bereich der Projektfinanzierung.

---

[12] Vgl. Schmitt (1989), S. 191–194.

Zusätzlich wäre eine Risikodiversifikation durch eine Verteilung des Gesamtengagements auf unterschiedliche Branchen, Länder und Sponsoren möglich. Da jedoch im Verhältnis zu den sich engagierenden Banken nur verhältnismäßig wenige Projektfinanzierungen gleichzeitig durchgeführt werden und da zusätzlich die spezifischen sektoralen Kenntnisse ebenso wie die Kenntnisse der Investmentbank über die Fähigkeiten der Sponsoren erfolgsentscheidende Faktoren sein können, lässt sich auch diese Art der Risikolimitierung in der Praxis höchstens von einigen wenigen Marktführern durchführen, die über ein großes Projektfinanzierungsportfolio verfügen.

Insgesamt bleibt festzuhalten, dass die interne Limitierung von Risikopositionen ein wichtiger Punkt für die langfristige Sicherung der Investmentbank darstellt. Wirklich geeignete Konzepte lassen sich jedoch in der Praxis bisher nicht vorfinden. Im Wesentlichen bestehen neben der Größenbegrenzung einzelner Kredite lediglich interne Limits für das Gesamtengagement im Bereich der Projektfinanzierung.

### 2.2.4 Umsetzung der Finanzierung

Bei der Umsetzung der Finanzierung ist die *rechtliche Dokumentation des Projektes* von Bedeutung. Insbesondere steuerliche Tatbestände sind häufig direkt mit der Ausgestaltung der rechtlichen Strukturen verknüpft. Da die Projektgesellschaft weiterhin in der Mehrzahl der Fälle das Kapital aufnimmt, ist deren Existenz eine wesentliche Voraussetzung für die Realisierung des Finanzierungsplanes. Die Durchführung der Gründung sowie die Abschlüsse sämtlicher Verträge, die im Rahmen der Projektfinanzierung notwendig werden, werden immer durch die hinzugezogenen Rechtsanwälte und Notare vorgenommen, da die Investmentbank keine Rechtsberatung durchführt, sondern die Sponsoren nur mit ihrer Erfahrung unterstützen kann.

Die Grundlage des Projektes stellt ein Vertragswerk dar, das eine Vielzahl von einzelnen Verträgen zwischen den Projektbeteiligten umfasst. Diese Einzelverträge regeln Rechte und Pflichten im Hinblick auf die physische Errichtung, den Betrieb des Projektes und auch auf die von einzelnen Beteiligten zu übernehmenden Risiken. Die Rechte und Pflichten aller Projektbeteiligten müssen in diesem Rahmen exakt definiert werden. Der Vertrag, der die Grundlage des Projektes bildet, wird Master Document bzw. Master Agreement genannt. Hierbei kann es sich beispielsweise um die projektbezogene Vereinbarung des Joint Ventures zwischen den Sponsoren oder aber um wirtschaftliche Grundlagen des Projektes, etwa die Konzessionsgewährung durch den Staat bei Explorationsprojekten, handeln.

Die rechtliche Struktur des Projektes, die aktuellen Projektbeteiligten sowie hinreichende wirtschaftliche Informationen über das Projekt, die Projektfinanzierung, mögliche Projektrisiken und die erarbeitete Projektstruktur werden, sobald alle anderen Einzelverträge abgeschlossen wurden, in einem Memorandum festgehalten, das der beteiligten Investmentbank als Dokumentation für die Verpflichtung von weiteren Underwritern dient. Dieses Memorandum ist von großer Wichtigkeit für das Gelingen des Projektes. Da es sich nur um eine einzelne Investition, das Projekt, handelt, mit dem nur eine einzige Reihe von Cashflows verbunden ist, ist diese für Investoren einfacher zu beurteilen und ihre immanenten Risiken sind besser abgrenzbar als bei einer Investition innerhalb eines bestehenden Unternehmens. Um diese Risiken zu übernehmen, müssen die Kapitalgeber aber mit aussagekräftigen und vollständigen Informationen versorgt werden. Ansonsten ist sowohl die Finanzierbarkeit des Projektes als auch der Ruf der Lead Bank in Gefahr.

Die *Durchführung der Finanzierung* umfasst dann zunächst die möglicherweise nur teilweise Einzahlung der Eigenmittel der Projektträger in die Gesellschaft. Darauf aufbauend beginnt normalerweise die Syndizierung von Krediten, die Platzierung von Anleihen oder die Auflage eines MTN- oder CP-Programmes. Die Lead Bank muss im Rahmen der Finanzierungsdurchführung die Kreditverträge wirtschaftlich strukturieren, die Ausgestaltung von möglichen Leasingverträgen begleiten und insgesamt Verhandlungen mit den Sponsoren und den anderen Eigen- und Fremdkapitalgebern führen, wobei sie sowohl die eigene Position, etwa bei der Gewährung von Akkreditiven oder dem Underwriting, als auch die Position der Projektträger, zum Beispiel im Hinblick auf die Vertragsverhandlungen bezüglich der Lieferanten- bzw. Abnehmerkredite, durch Verhandlungsunterstützung stärken muss.

Neben der reinen Sicherstellung der Finanzierung müssen weiterhin Zahlungsmodalitäten festgelegt und überwacht werden, so etwa die Einteilung von Konsortialkrediten in verschiedene Tranchen und deren tatsächliche Auszahlung. Die Aufgabe der Finanzierungsdurchführung erstreckt sich daher von Beginn der tatsächlichen Kapitalbeschaffung über die Ablösung der frühen Projektschulden durch ein Going Public oder die Ausgabe von Anleihen bis hin zur Liquidation bzw. zum Verkauf des Projektes. Neben den bereits von Beginn an geplanten Finanzierungsleistungen muss die Investmentbank darüber hinaus jederzeit auf ungeplante Entwicklungen durch eine kurzfristige Erweiterung oder sogar eine grundlegende Umstrukturierung der Projektfinanzierung reagieren.

### 2.2.5 Kontrolle von Projektentwicklung und Projektbetrieb

Wichtig ist zudem die kontinuierliche Kontrolle der Projektentwicklung und des Projektbetriebs. Die Investmentbank als Lead Bank muss die finanzielle und risikoorientierte Strukturierung von Projekten in ihrer geplanten Form überwachen, unvorhergesehene Entwicklungen schnellstmöglich erkennen und notwendige Maßnahmen einleiten. Die Lead Bank muss jederzeit in der Lage sein, sich einen umfangreichen Überblick über Stand und Entwicklung des Projektes zu verschaffen, insbesondere auch über die Einhaltung der Kreditvertragsklauseln.

Die notwendigen Informationen muss die Projektgesellschaft der Investmentbank zeitnah zur Verfügung stellen, was bereits in den Kreditverträgen als zusätzliche Pflicht des Kreditnehmers vereinbart werden kann. Mangelhafte oder unvollständige Informationen können im Extremfall zu einem weit gehenden Verlust des eingesetzten Kapitals führen, sofern notwendige Steuerungsmaßnahmen deshalb nicht rechtzeitig eingeleitet werden konnten. Außerdem ist die Investmentbank nur bei rechtzeitiger Kenntnis neuer Entwicklungen in der Lage, die Auswirkungen auf die zentrale Größe der Projektfinanzierung, den Cashflow, abzuschätzen und potenzielle Auswirkungen auf die Zins- und Tilgungsfähigkeit der Projektgesellschaft im Rahmen ihrer Projektunterstützung zu berücksichtigen. Insbesondere wenn zusätzliches Kapital benötigt wird, um finanzielle Engpässe zu überbrücken, lassen sich nur so notwendige Maßnahmen in das bestehende Konzept integrieren und bestmöglich durchführen.

Im Rahmen ihrer Kontrollaufgabe sollte sich die Lead Bank jedoch im Wesentlichen auf die Pflichterfüllung der Projektgesellschaft und die strategischen Implikationen der Geschäftsentwicklung begrenzen. Eine andauernde Überwachung der operativen Tätigkeit der Projektgesellschaft, insbesondere des Managements, ist nicht nur sehr kostenintensiv, sondern wirkt in vielen Fällen auch kontraproduktiv.

# Literaturhinweise

ALTROCK, F./RIESO, S.: Why Asset Backed Securites?, in: DBW, Vol. 59 (1999), S. 279–282.
ARBEITSKREIS „FINANZIERUNG" DER SCHMALENBACH-GESELLSCHAFT DEUTSCHE GESELLSCHAFT FÜR BETRIEBSWIRTSCHAFT E. V.: Asset Backed Securities – ein neues Finanzierungsinstrument für deutsche Unternehmen?, in: zfbf, Vol. 44 (1992), Nr. 6, S. 495–523.
ARNTZ, T./SCHULTZ, F.: Bilanzielle und steuerliche Überlegungen zu Asset Backed Securities, in: Die Bank, 1998, Nr. 11, S. 694–697.
BANK FOR INTERNATIONAL SETTLEMENTS (HRSG.): International Banking and Financial Markets Developments, Basel 1996.
BARTELT, N.: Asset Backed Securitites: Ein Produkt für deutsche Banken, Diss. WHU Koblenz, Wiesbaden 1999.
BAUMS, T.: Asset Securitization in Europe, Arbeitspapier Nr. 16, Institut für Handels- und Wirtschaftsrecht, Universität Osnabrück, Osnabrück 1993.
DEUTSCHE BUNDESBANK: Asset Backed Securities in Deutschland: Die Veräußerung und Verbriefung von Kreditforderungen durch deutsche Kreditinstitute, in: Monatsbericht Juli 1997, S. 57–67.
DRESIG, T.: Handelbarkeit von Risiken: Erfolgsfaktoren von Verbriefungen und derivativen Finanzinstrumenten, Diss. EUROPEAN BUSINESS SCHOOL, Wiesbaden 2000.
FABOZZI, F. J. (HRSG.): The Handbook of Fixed Income Securities, 5. Auflage, Chicago London Singapur 1997.
FABOZZI, F. J./BHATTACHARYA, A. K.(HRSG.): Asset-Backed Securities, New Hope 1996.
FAHRHOLZ, B.: Neue Formen der Unternehmensfinanzierung. Unternehmensübernahmen, Big Ticket-Leasing, Asset Backed- und Projektfinanzierungen, München 1998.
FEENEY, P. W.: Securitization: Redefining the Bank, Chippenham 1995.
FINNERTY, J. D.: Project Financing. Asset-Based Financial Engineering, New York u.a.O. 1996.
GEURTS, MATTHIAS: Steuerliche Aspekte bei Asset backed Securities, in: DB, Vol. 52 (1999), S. 451–454.
GREENBAUM, S. I./THAKOR A. V.: Contemporary Financial Intermediation, Orlando 1995.
HENKE, S./BURGHOF, H.-P./RUDOLPH, B. (1998): Credit Securitization and Credit Derivatives: Financial Instruments and the Credit Risk Management of Middle Market Commercial Loan Portfolios, CFS Working Paper Nr. 98/07, Frankfurt am Main 1998.

HÖPFNER, K.-U.: Projektfinanzierung. Erfolgsorientiertes Management einer bankbetrieblichen Leistungsart, Göttingen 1995.

JOHNSON, H. J.: The Banker's Guide to Investment Banking. Securities & Underwriting Activities in Commercial Banking, Chicago London Singapur 1996.

KENDALL, L. T./FISHMAN, M. J.: A Primer on Securitization, 3. Auflage, Cambridge 1998.

KRAVITT, J. H. P.: Securitization of Financial Assets, Volume 1 and 2, Loseblattsammlung, 2. Auflage, o. O. 1998, Stand: Zusatzlieferung 1999-1.

KÜPPERS, W. /BRAUSE, C.: Asset Backed Securities Transaktionen, in: AG, 1998, Nr. 9, S. 413-420.

NEVITT, P. K./FABOZZI, F.: Project Financing, 6. Aufl., London 1995.

OHL, H.-P.: Asset backed securities: ein innovatives Instrument zur Finanzierung deutscher Unternehmen, Diss. TU Darmstadt, Wiesbaden 1994.

PAUL, S.: Bankenintermediation und Verbriefung. Neue Chancen und Risiken für Kreditinstitute durch Asset Backed Securities?, Diss. Universität Bochum, Wiesbaden 1994.

REUTER, A./WECKER, C.: Projektfinanzierung, Stuttgart 1999.

RINZE, J. P./KLÜWER, A. C.: Securitisation - praktische Bedeutung eines Finanzierungsmodells, in: BB, Vol. 53 (1998), Nr. 34, S. 1697-1704.

SCHNIPPE, S./KÜRN, C.: Mortgage Backed Transaktionen - eine Finanzinnovation in der Praxis, in: Kreditwesen, 1999, Nr. 14, S. 734-737.

SCHMITT, W.: Internationale Projektfinanzierung bei deutschen Banken. Analyse einer neuen Bankmarktleistung unter besonderer Berücksichtigung risikopolitischer und implementierungsstrategischer Entscheidungsfelder, Frankfurt am Main 1989.

SCHULTE, K.-W./WALKER A.: Projektfinanzierung, in: Achleitner, A.-K./Thoma, G. F. (Hrsg.): Handbuch Corporate Finance. Konzepte, Strategien und Praxiswissen, 2. Aufl., Köln 2001, Abschnitt 5.1.1.

SCHWARCZ, S. L.: Die Alchemie der Asset Securitization, in: DB, Vol. 50 (1997), Nr. 26, S. 1289-1297.

UEKERMANN, H.: Technik der internationalen Projektfinanzierung, in: Backhaus et al. (Hrsg.): Projektfinanzierung, Stuttgart 1990, S. 13-28.

# Capital Markets

1. Einführung
2. Leistungen der Investmentbank im Emissionsgeschäft
    2.1 Kundenakquisition
    2.2 Emissionsberatung
    2.3 Übernahme von Wertpapieren
    2.4 Platzierung von Wertpapieren
        2.4.1 Öffentliche Platzierung
        2.4.2 Privatplatzierung
    2.5 Preisfindung
    2.6 Emissionskonsortien
        2.6.1 Konsortialbildung
        2.6.2 Zusammensetzung und Struktur des Konsortiums
    2.7 Einführung zum Börsenhandel
    2.8 Kurspflege
    2.9 Dokumentation und Prospekterstellung
3. Debt Capital Markets
    3.1 Kundengruppen
        3.1.1 Öffentlicher Sektor
        3.1.2 Banken
        3.1.3 Unternehmen
    3.2 Produkte
        3.2.1 Anleihen
        3.2.2 Schuldscheindarlehen
        3.2.3 Emissionsprogamme
        3.2.4 Konsortialkredite
        3.2.5 Mezzanine Finanzierungsinstrumente
        3.2.6 High-Yield-Anleihen
        3.2.7 Zinsderivate
    3.3 Märkte
        3.3.1 Inlandsmarkt
        3.3.2 Auslandsmarkt
        3.3.3 Euromarkt
    3.4 Pricing
    3.5 Rating Advisory
        3.5.1 Umfang und Funktion
        3.5.2 Ratingverfahren
        3.5.3 Mittelstandsrating in Europa
4. Equity Capital Markets
    4.1 Kundengruppen, Produkte und Märkte
    4.2 Preisfindung

    4.2.1 Determinanten
    4.2.2 Erstemissionen
    4.2.3 Bezugsrechtsemission
    4.2.4 Kapitalerhöhung mit Bezugsrechtsausschluss/Umplatzierung
  4.3 Konzeption von Zeichnungsanreizen
Literaturhinweise

# Verzeichnis der Abbildungen und Übersichten

Abbildung 1:   Entwicklung der internationalen Kapitalmärkte
Abbildung 2:   Funktionsbereiche der Investmentbank im Kapitalmarktgeschäft
Abbildung 3:   Wertschöpfungskette im Emissionsgeschäft
Abbildung 4:   Kapitalmarkt als Ort strategischer Unternehmensentscheidungen
Abbildung 5:   Platzierungsverfahren
Abbildung 6:   Struktur eines internationalen Emissionskonsortiums
Abbildung 7:   Zusammensetzung des deutschen Inlandsanleihemarktes (2001)
Abbildung 8:   Finanzierungsinstrumentarium des öffentlichen Sektors
Abbildung 9:   Europäischer Markt für High-Yield-Anleihen
Abbildung 10: Systematisierung von derivaten Finanzinstrumenten
Abbildung 11: Zinsderivate im Überblick
Abbildung 12: Struktur des europäischen Anleihemarktes (1999)
Abbildung 13: Zusammensetzung des Finanzvermögens in den Vereinigten Staaten und im Euroraum im Jahr 1999
Abbildung 14: Schichtenmodell der Marktrendite
Abbildung 15: Rating-Skalen von Standard & Poor's und Moody's
Abbildung 16: Beurteilungskriterien für ein Emittentenrating
Abbildung 17: Weg zum Rating
Abbildung 18: Ablauf des Bookbuilding-Verfahrens
Abbildung 19: Bookbuilding Order Form

Übersicht 1: Privatplatzierungen (öffentlich und via Rule 144A) in den USA

# 1. Einführung

Das Kapitalmarktgeschäft, in dessen Mittelpunkt die Ausgabe von Wertpapieren öffentlicher oder privatwirtschaftlicher Emittenten zum Zwecke der Kapitalbeschaffung steht (Emissionsgeschäft), stellt historisch betrachtet den ältesten und gleichfalls wichtigsten Geschäftsbereich von Investmentbanken dar. Als Vermittler direkter Finanzierungsbeziehungen zwischen Investoren und Emittenten am Kapitalmarkt bieten Investmentbanken den Marktteilnehmern ein breites Dienstleistungsangebot, dessen Nachfrage im Zusammenhang mit der länderübergreifenden Strukturveränderung am Finanzmarkt seit den 80er Jahren kontinuierlich zugenommen hat.

Die weltweit steigende Bedeutung der Kapitalmärkte hat nicht zuletzt zu einer relativen Verdrängung des Einlagen- und Kreditgeschäfts durch das Emissionsgeschäft geführt. Gleichzeitig weiten Universalbanken ihr Dienstleistungsangebot zunehmend auf das Kapitalmarktgeschäft aus, um den Bedeutungsverlust der traditionellen Finanzierungsformen zu kompensieren. Vor dem Hintergrund einer hinreichenden Versorgung der Wirtschaftssysteme mit den notwendigen Finanzierungsmitteln kommt den nationalen und internationalen Kapitalmärkten eine immer wichtigere Rolle zu. Die Effizienz dieser Märkte bestimmt zu einem wesentlichen Anteil die Allokation von Produktivkapital und somit das Wohlstandsniveau von Volkswirtschaften. Die Entwicklung internationaler Kapitalmärkte, einschließlich kapitalmarktnaher Kreditformen (vgl. Abschnitt 3.2.4), verdeutlicht Abbildung 1.

Der Investmentbank kommt in diesem Zusammenhang eine Mittlerfunktion zwischen finanziellen Defizit- und Überschusseinheiten zu. Diese wird jedoch nicht wie im Fall

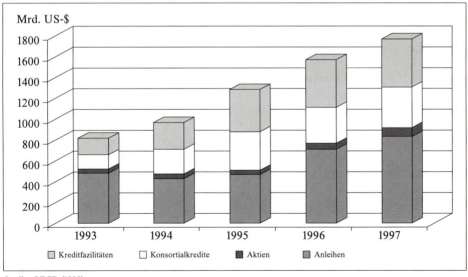

Quelle: OECD (1998)

Abbildung 1: Entwicklung der internationalen Kapitalmärkte

der Geschäftsbanken durch Selbsteintritt erfüllt, sondern erfolgt durch unterstützende Dienstleistungen für die Marktteilnehmer, das heißt Emittenten und Investoren, die weiterhin in einer direkten Finanzierungsbeziehung stehen. Für die Investmentbank ergibt sich hieraus ein weit reichendes Geschäftspotenzial, das durch die Vielzahl der unterschiedlichen Segmente des Kapitalmarktes und ein weites Spektrum von Dienstleistungen bestimmt wird. Dabei umfassen die Objekte des Kapitalmarktgeschäfts der Investmentbank nicht ausschließlich Finanzierungstitel im engeren Sinne, sondern ebenfalls Währungen (Foreign Exchange) sowie Rohstoffe (Commodities).

Die im Zusammenhang mit der Beschaffung von Finanzierungsmitteln gebräuchlichen Kapitalmarktinstrumente lassen sich auf Basis der Rechtsnatur derartiger Titel in Beteiligungs- (Equity) und Forderungstitel (Debt) unterscheiden. Entsprechend trennt man die zugrundeliegenden Marktsegmente in *Equity Capital Markets* und *Debt Capital Markets*. Diese werden im weiteren Verlauf in separaten Teilabschnitten behandelt.

Die Stellung der Investmentbank in ihrer Mittlerfunktion am Kapitalmarkt bedingt eine kundengruppenorientierte Zweiteilung. Hierbei ist zwischen der Schnittstelle zum kapitalsuchenden Unternehmen und den anlagesuchenden Investoren zu trennen. Die Beratung und Unterstützung der Investmentbank im Kontakt mit der Emittentenseite wird im Geschäftsfeld Corporate Finance zusammengefasst. Dagegen umfasst der Geschäftsbereich (Debt/Equity) Capital Markets solche Aktivitäten, die mit der Ausgestaltung und Distribution der zu platzierenden Finanzierungstitel in Zusammenhang stehen.

Aus dieser gezwungenermaßen stark idealisierenden Trennung wird bereits das in der Praxis existierende Zuordnungsproblem sichtbar. So ist insbesondere eine isolierte Berücksichtigung der Präferenzen von Emittent und Investor vor dem Hintergrund einer Finanzierungsbeziehung, der regelmäßig ein Kompromiss beider Seiten zu Grunde liegt, nicht praktikabel. Die enge Zusammenarbeit zwischen Analysten des Geschäftsfelds Corporate Finance und den Mitarbeitern des Geschäftsfelds Capital Markets – sowie auch jenen des Verkaufs- und Handelsbereiches (Sales & Trading) – wird somit zur notwendigen Voraussetzung einer erfolgreichen Finanzierungstransaktion. Die aus dem Handelsbereich stammenden marktbezogenen Informationen werden durch Analysen der Research-Abteilung ergänzt, um zukünftig zu erwartende Bewertungstrends abzuschätzen.

Die Zusammenarbeit zwischen emittentenbezogenen Corporate-Finance- und primärmarktbezogenen Sales & Trading-Mitarbeitern und dem hieraus entstehenden Schnittstellenproblem wird durch die gesetzlich vorgeschriebene Informationssperre noch erschwert. Man spricht in diesem Zusammenhang auch von der so genannten *Chinese-Wall-Problematik*. Der Informationsfluss darf dementsprechend ausschließlich eindirektional vom Mitarbeiter der Handelsabteilung an den Analysten, der den Emittenten bei der Strukturierung einer Finanzierungstransaktion berät, erfolgen. Eine Kommunikation unternehmensinterner Informationen über den Emittenten in den Handels- oder auch Verkaufsbereich ist hingegen untersagt. Abbildung 2 zeigt die Funktionsaufteilung der Geschäftsbereiche einer Investmentbank auf.

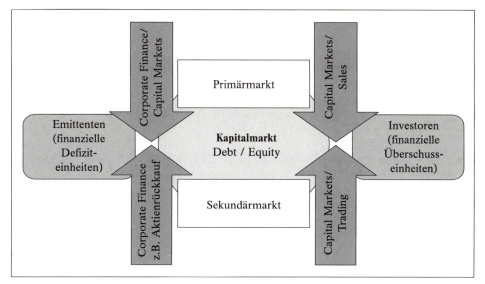

Abbildung 2: Funktionsbereiche der Investmentbank im Kapitalmarktgeschäft

Im Mittelpunkt des Kapitalmarktgeschäfts einer Investmentbank steht die Mitwirkung bei Wertpapieremissionen ihrer Kunden zum Zwecke der Erstplatzierung unter Investoren. Gemäß der Legaldefinition des Kreditwesengesetzes beinhaltet das Emissionsgeschäft die Übernahme von Finanzinstrumenten für eigenes Risiko zur Platzierung oder die Übernahme gleichwertiger Garantien. Im weiteren Sinne und in der Praxis gebräuchlicher beinhaltet das Emissionsgeschäft darüber hinaus die reine Absatzvermittlung, das heißt die Platzierung von Wertpapieren für fremde Rechnung beim Anlegerpublikum.

Wertpapiere als Gegenstand der Emission umfassen verbriefte Ansprüche auf Leistung des Emittenten, deren wesentliches Merkmal ihre Fungibilität, das heißt die freie Übertragbarkeit und Handelbarkeit, darstellt. Hierbei kann es sich sowohl um Effekten des Kapitalmarktes als auch um Geldmarktpapiere, das heißt kurz- und mittelfristige Finanzierungstitel mit Laufzeiten von je nach Marktusance 6 bis 24 Monaten, handeln.

Darüber hinaus wird in der Praxis regelmäßig die Platzierung von Konsortialkrediten (vgl. Abschnitt 3.2.4) zum Emissionsgeschäft gezählt. Streng genommen handelt es sich bei solchen Kreditgeschäften nicht um Kapitalmarkttransaktionen, sind diese doch gerade durch einen indirekten (desintermediären) Zugang, das heißt durch Zwischenschaltung des kreditgebenden Instituts gekennzeichnet. Weiterhin fehlt die für das Kapitalmarktgeschäft charakteristische Verbriefungsform. Entsprechend zählt das Konsortialkreditgeschäft auch nicht zu den traditionellen Geschäftsbereichen einer Investmentbank; es zeichnet sich jedoch auf Grund der im Mittelpunkt einer solchen Transaktion stehenden Platzierungsaufgabe und eines zunehmenden Trends zum Sekundärmarkthandel von Großkrediten durch wertpapierähnliche Charakteristika aus und wird somit als kapitalmarktnahe Finanzierungsform bezeichnet.

Die Investmentbank tritt bei der Emission von Finanzierungstiteln regelmäßig als Mitglied eines Konsortiums (vgl. Abschnitt 2.6) auf. Die Bildung eines Konsortiums als Zusammenschluss mehrerer Banken mit dem Ziel einer gemeinschaftlichen Emission von Wertpapieren (Effektenkonsortialgeschäft) oder der Vergabe eines Großkredites (Kreditkonsortialgeschäft) dient dabei primär der Risikoteilung unter den Konsortialmitgliedern. Somit umfasst der Begriff des Konsortialgeschäfts die gemeinschaftliche Kapitalbesorgung für den Bankkunden in Form verbriefter oder auch unverbriefter Ansprüche.

Den Kern des Emissionsgeschäftes bildet die Emissionsberatung und -durchführung durch die Investmentbank. Darüber hinaus schließen sich regelmäßig andere Konsortialgeschäfte wie die Börseneinführung oder Kurspflegeaktivitäten an. Weiterhin werden Begleitgeschäfte wie beispielsweise der Zahlstellendienst oder eine Treuhandschaft zum Emissionsgeschäft gerechnet. Sie sind jedoch aus Perspektive der Wertschöpfungskette der Investmentbank von untergeordneter Bedeutung und werden aus diesem Grund hier nicht näher dargestellt.

Grundsätzlich stehen dem Emittenten von Wertpapieren die Alternativen der Selbst- und der Fremdemission zur Auswahl. Die *Selbstemission* kennzeichnet den selbstständigen direkten Absatz der emittierten Wertpapiere an das Anlegerpublikum durch den Kapitalnehmer. Die eigenständige Distribution von Finanzierungstiteln stellt jedoch einen Ausnahmefall dar, da es dem Emittenten regelmäßig an den notwendigen Distributionskanälen mangelt. Ein direkter Vertrieb eigener Wertpapiere ohne Einschaltung einer vermittelnden Bank findet in der Praxis lediglich im Fall von Bankschuldverschreibungen, Pfandbriefen, Anteilen an Investmentfonds oder im Rahmen einer Privatplatzierung statt. Die *Fremdemission* kennzeichnet dagegen die Einschaltung einer oder mehrerer Banken, die dem Emittenten neben der reinen Absatzvermittlung weitere Dienstleistungen anbieten, die im Folgenden näher untersucht werden.

## 2. Leistungen der Investmentbank im Emissionsgeschäft

Die Wertschöpfungskette einer Investmentbank im Geschäftsbereich Capital Markets erstreckt sich auf eine Vielzahl von Aktivitäten, die in den folgenden Kapiteln auf Basis einer prozessorientierten Perspektive dargestellt wird. Die hohe Komplexität der Transaktionsbeziehung zwischen Emittent, Investmentbank und Kapitalgebern bedingt eine enge Zusammenarbeit unterschiedlicher Bereiche der Investmentbank, sodass eine überschneidungsfreie Zuordnung der Verantwortung nicht immer möglich ist. Gleichzeitig unterscheidet sich die interne Organisation der Geschäftsbereiche einzelner Investmentbanken zum Teil erheblich. Dies ist insbesondere auf die Gewichtung der Teilbereiche innerhalb ihrer Geschäftsstruktur zurückzuführen. Die Wertschöpfungskette der Investmentbank im Emissionsgeschäft ist in Abbildung 3 dargestellt.

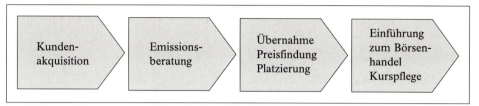

Abbildung 3: Wertschöpfungskette im Emissionsgeschäft

## 2.1 Kundenakquisition

Zu Beginn jeder Transaktionsbeziehung der Investmentbank steht die Gewinnung von Aufträgen für die Durchführung von Wertpapieremissionen (Emissionsmandaten). Dabei steht die Bank als Anbieter einer Dienstleistung im Wettbewerb mit anderen Kapitalmarktintermediären. Zu diesen gehören am deutschen Markt vor allem die von den traditionellen Universalbanken während der letzten Jahre übernommenen Investmentbanken sowie in zunehmendem Ausmaß so genannte Nichtbanken, das heißt Anbieter von Finanzdienstleistungen, die nicht dem Kreditwesengesetz unterliegen.[1] Im Gegensatz zur traditionellen Hausbankbeziehung zeichnen sich die Geschäftsbeziehungen zwischen Investmentbank und Kunde regelmäßig durch transaktionsorientierte Muster (Transaction Based Relationship) aus, die eine aktive Akquisitionspolitik erforderlich machen.

Um neue Geschäftsmöglichkeiten zu identifizieren, ist es entscheidend, in ausreichendem Maße Informationen über potenzielle Kunden zu gewinnen. Aus Sicht der Investmentbank gilt es, den Finanzierungsbedarf potenzieller Kunden zu erkennen, um diese aktiv im Rahmen einer Transaktionsanbahnung auf deren Bedarfsprofil und mögliche Lösungsvorschläge anzusprechen. Zur Informationsgewinnung stehen der Bank dabei grundsätzlich interne sowie externe Informationsquellen zur Verfügung: Als *interne Informationsquellen* kommen theoretisch sämtliche Geschäftsbereiche der Investmentbank in Frage. Informationen über potenzielle Emissionsvorhaben werden dabei vorwiegend im Geschäftsbereich Mergers and Acquisitions generiert, da geplante Unternehmensübernahmen regelmäßig mit einer entsprechenden Finanzierungstransaktion oder bewussten Veränderungen der Kapitalstruktur (beispielsweise Aktienrückkäufe) verbunden sind. Weitere Informationen bezüglich geplanter Emissionen können aus dem Bereich Principal Investment stammen. Gleichermaßen sind Informationen aus dem Bereich des Private Banking vor dem Hintergrund geplanter Veränderungen der Vermögenssituation von Familienunternehmen denkbar, die auf entsprechendes Potenzial im Emissionsgeschäft hindeuten. *Externe Informationsquellen* umfassen grundsätzlich sämt-

---

[1] Seit In-Kraft-Treten der 6. KWG-Novelle zählen Finanzdienstleistungsinstitute, die im Rahmen eines Finanzkommissionsgeschäftes Finanzinstrumente im eigenen Namen auf fremde Rechnung veräußern oder erwerben, gleichfalls in den Geltungsbereich des Kreditwesengesetzes. Diese Novellierung traf insbesondere Wertpapierhandelshäuser, die zunehmend im Emissionsgeschäft tätig werden.

liche öffentlichen Bekanntmachungen in der Wirtschaftspresse sowie in Geschäftsberichten und Pflichtveröffentlichungen der Unternehmen. Hinzu kommen Kontake zu außenstehenden Personen und Unternehmen, so beispielsweise Venture-Capital-Gesellschaften.

Hinweise auf ein aktuelles oder auch zukünftiges Geschäftspotenzial der Investmentbank ergeben sich primär aus der Analyse des Finanzierungsbedarfs bzw. der Möglichkeit zur Senkung der Finanzierungskosten durch Umgestaltung der Kapitalstruktur von Unternehmen. Neben der Identifizierung eines entsprechenden Finanzierungsbedarfs ist in einem weiteren Schritt zu prüfen, ob der potenzielle Kunde den Anforderungen einer Inanspruchnahme des Kapitalmarktes genügt. Hierbei gilt es, die Emissionsfähigkeit, die sich aus der Höhe des Kapitalbedarfs, der Bonität und Ertragskraft sowie weiteren qualitativen Faktoren ergibt, zu überprüfen.

Bei der Auswahl potenzieller Emittenten wird aus bankpolitischer Perspektive ein individueller Kriterienkatalog maßgeblich sein. Neben dem Finanzierungsvolumen und der Ertragskraft des Emittenten stehen insbesondere Risiko- und Reputationsabwägungen im Vordergrund des Auswahlprozesses. Bedingt durch entsprechende Markt- und Preisrisiken, die eine Investmentbank bei einer Übernahme der Wertpapiere (vgl. Abschnitt 2.3) auf sich nimmt, wird eine vorgelagerte *Due-Diligence-Prüfung* unerlässlich. Abhängig von der Kapitalausstattung, der aktuellen Risikoposition und der Risikobereitschaft der Investmentbank wird das zu tragende Platzierungsrisiko gegenüber dem zu erwartenden Ertrag abgewogen.

Sofern kein öffentliches Rating vorliegt, müssen Primärinformationen über den potenziellen Emittenten erhoben werden. Hierzu sammeln Analysten des so genannten *Credit Research* in erster Linie Finanzkennzahlen, um die Bonität und Ertragslage zu erfassen. Darüber hinaus dienen Analysen des Branchenumfelds und Gespräche mit dem Management zur Bewertung der zukünftigen Geschäftsentwicklung. Das Ergebnis der internen Risikobewertung wird typischerweise in Form einer Gütekennziffer in Anlehnung an das Bewertungsschema der großen Ratingagenturen (vgl. Abschnitt 3.5) zusammengefasst.

Zur internen Risikosteuerung sind die Ergebnisse der Due Diligence einem Ausschuss (Commitment Committee) vorzulegen, der über die Annahme des Mandats zu entscheiden hat. Schließlich stellen eventuelle Reputationseffekte einen nicht zu unterschätzenden Entscheidungsfaktor für die Investmentbank dar. Die Möglichkeit eines positiven Reputationstransfers durch einen erstklassigen Emittenten wird dabei berücksichtigt. Hierbei sind insbesondere die *League Tables* das primäre Medium der Bank, ihre Erfahrung im Emissionsgeschäft akquisitorisch zu nutzen.

Aus bankpolitischer Perspektive gilt es, die institutsspezifischen Zieldimensionen zu bestimmen, um eventuelle Zielkonflikte abzuwägen. Grundsätzlich ist dabei zwischen den vier Teilzielen Ergebnisbeitrag, Risiko, Reputation und Kundenbindung bzw. Reziprozität zu trennen.

(1) Als Subziel des übergeordneten Formalziels unternehmerischer Existenz steht auch für die Investmentbank die Höhe des *Ergebnisbeitrags* eines Emissionsmandats im Mittelpunkt ihrer Geschäftspolitik. Der Ergebnisbeitrag des Emissionsmandats wird vorwiegend von den Faktoren Emissionsvolumen und anteilige Emissionsgebühren bestimmt, welche in Abhängigkeit vom übernommenen Risiko und der Verhandlungsposition der Bank stehen.

(2) Das *Risiko* einer emissionsführenden Investmentbank umfasst sowohl die unmittelbare ertragswirtschaftliche Unsicherheit, die in Verbindung mit der Zusage fester Konditionen entsteht (vgl. Abschnitt 2.3), als auch mittelbare Nachteile, die aus einem Misserfolg einer geplanten Emission für die Bank resultieren. Hierbei wird der erste Zielkonflikt sichtbar: Das Subziel der Risikominimierung steht dem erstgenannten ertragswirtschaftlichen Ziel der Ergebnismaximierung entgegen. Es gilt somit, in Abhängigkeit von der bankindividuellen Risikofähigkeit und -bereitschaft einen optimalen Risiko/Ertrag-Mix zu definieren, auf dessen Grundlage die Mandatsauswahl basiert.

(3) Des Weiteren erhält die Gewinnung von Mandatsaufträgen bestimmter Kundengruppen im stark prestigebetriebenen Emissionsgeschäft im Hinblick auf die *Reputation* der Investmentbank eine besondere Bedeutung. Durch den Wettbewerb unter emissionsbegleitenden Banken um prestigeträchtige Mandate erstklassiger Emittenten verbessert sich die Verhandlungsposition des Kunden, wodurch der Ergebnisbeitrag regelmäßig nur durch erheblich größere Emissionsvolumina gesteigert werden kann.

(4) Schließlich ist das vierte Subziel die *Kundenbindung* bzw. *Reziprozität*, die bei der Auswahl eines Mandats oder der Teilnahme an einem Emissionskonsortium von Bedeutung ist. Hierbei rückt ein loyales Auftreten der Bank im Geschäftsverhältnis sowohl zu seinen Kunden als auch zu seinen Wettbewerbern in den Mittelpunkt der Überlegung. Während das Ziel der Kundenbindung im Zusammenhang mit dem Angebot von Paketlösungen durch die Investmentbank im Sinne eines „One Stop Shopping" der bereichsübergreifenden Ertragsgenerierung dient, ist die Reziprozität primär auf die Imagepflege der Bank gerichtet, bei Kunden sowie anderen Führungsbanken durch Teilnahme an einem Emissionskonsortium als verlässlicher Partner bereitzustehen.

Entsprechend des dargestellten Zielsystems der Bank sind potenzielle Emissionskandidaten im Hinblick auf ihre Attraktivität aus Bankperspektive einzuordnen und akquisitorische Aktivitäten einzuleiten. Auf Grund einer zunehmenden Markttransparenz, hoher Substituierbarkeit der Bankdienstleistungen und zunehmendem Wettbewerbsdruck der Branche bei gleichzeitig sinkender Kundenloyalität stehen hierbei neben der preispolitischen Komponente immer mehr leistungswirtschaftliche Faktoren, das heißt die Breite des Produktangebots, die Distributionskraft sowie die Qualität der Dienstleistung im Mittelpunkt der Akquisitionspolitik einer Investmentbank. In Abhängigkeit vom Kundentyp kann die Initiative zum ersten Kontakt zwischen Investmentbank und Emittent in Form einer aktiven Akquisitionsmaßnahme der Bank (Cold Call) durch Ansprache des verantwortlichen Bereichsvorstands oder in Form einer Reaktion auf die Aufforderung zur Abgabe eines Angebots seitens des Emittenten erfolgen. Letztere Variante wird regelmäßig durch so genannte Frequent Borrowers praktiziert, deren Beratungsbedarf gering ausfällt. Eine unaufgeforderte Akquisitionsmaßnahme ist hingegen bei weniger „professionellen" Emittenten bzw. bei Finanzierungstransaktionen hoher Komplexität der Regelfall. Hierbei wird die Investmentbank im Rahmen einer Präsentationsveranstaltung (Pitch) dem Kunden eine Finanzierungstransaktion vorschlagen, um hierfür ein Emissionsmandat zu gewinnen. Die Ausgestaltung einer zukünftigen Transaktion ist in der Regel das Ergebnis eines kooperativen Dialogs, in dem das produkt- und marktspezifische Wissen der Bank mit den individuellen Bedürfnissen des Kunden verbunden wird.

Die Auswahl der emissionsführenden Bank oder Banken durch den Kunden basiert neben den ihr angebotenen Konditionen der Kapitalbeschaffung im Wesentlichen auf der produkt- bzw. marktspezifischen Kompetenz der Bank, die primär von ihrer Distributions- und Handelskapazität sowie der Qualität ihrer Research-Abteilung bestimmt wird. Der Aufbau eines markt- bzw. produktspezifischen Erfahrungswissens wird immer dann zu einem entscheidenden Wettbewerbsfaktor, wenn sich mehrere Investmentbanken um ein Emissionsmandat bemühen. In so genannten Beauty Contests werden sich unterschiedliche Emissionshäuser um ein Mandat bewerben. Hierbei zählen neben dem Preisangebot und dem Platzierungspotenzial insbesondere Referenzen aus erfolgreich durchgeführten Emissionen.

Der zunehmende Wettbewerb unter den emissionsbegleitenden Instituten hat dazu geführt, dass sich Abläufe und Strukturen im Emissionsgeschäft insbesondere in Hinblick auf die Akquisition neuer Mandate laufend verändern. Die Ablösung der so genannten Negotiated Offers hin zum so genannten Competitive Bidding unter den Emissionshäusern spiegelt diese Entwicklung wider. Während in der Vergangenheit die Preisverhandlungen fast ausschließlich zwischen Emittent und einer einzelnen Bank stattfanden, werden Emissionen erstklassiger Schuldner zunehmend unter den Banken ausgeschrieben.

## 2.2 Emissionsberatung

Ausgehend von einer kundenspezifischen Finanzierungssituation gilt es zunächst, im Rahmen einer Emissionsberatung Problemlösungen bereitzustellen. Der Kontakt zwischen Kunde und Investmentbank entsteht dabei im Bereich des Corporate Finance, dessen Funktion im Erkennen bestehender oder zukünftiger Finanzierungsbedürfnisse des Kunden und der Bereitstellung adäquater Problemlösungen liegt. In Zusammenarbeit mit Analysten der Bank werden Finanzierungsinstrumente strukturiert, die zur Lösung des spezifischen Finanzierungsproblems des Kunden beitragen, gleichzeitig aber auch dergestalt ausgestattet sein müssen, dass sie den Anlagekriterien der Investoren genügen. Der bei der Emission von Fremdfinanzierungstiteln notwendige Beratungsbedarf ist in Abhängigkeit von der Erfahrung und Bonität des Emittenten, der Art und dem Umfang der benötigten Mittel sowie den Usancen des für die Platzierung der Wertpapiere geplanten Marktsegments sehr unterschiedlich.

Die Analysten der Investmentbank vermitteln dem Kunden ein fundiertes Entscheidungswissen auf Basis aktueller Marktinformationen und der Analyse des individuellen Finanzierungsbedarfs. Als Auslöser des Finanzierungsbedarfs sind interne bzw. externe Wachstumspläne, Umstrukturierungen oder Übernahmen denkbar. Die Basis der Finanzierungsstrategie bildet die Unternehmensstrategie. Resultierende Zielgrößen, die sich letzten Endes in Bilanzkennziffern widerspiegeln, bedürfen einer passenden Finanzierungsstrategie, die in Zusammenarbeit mit den Analysten der Bank definiert werden muss. Unternehmens- und Finanzierungsstrategie bestimmen in Verbindung mit der Ist-Situation des Emittenten schließlich den Handlungsrahmen des Unternehmens am Kapitalmarkt. Abbildung 4 stellt den beschriebenen Wirkungsmechanismus dar.

|  | Unternehmensstrategie | Finanzierungsstrategie | Kapitalmarktstrategie |
|---|---|---|---|
| **Ziele** | ⇨ Geschäftsdefinition<br>⇨ Schaffung von Shareholder Value<br>⇨ Allokation des freien Cashflow | ⇨ Kennziffern<br>⇨ Investment Mix<br>⇨ Strategische Finanzspielräume<br>⇨ Ansprache institutioneller Investoren | ⇨ Märkte<br>⇨ Währungen<br>⇨ Laufzeiten<br>⇨ Risikoprofil<br>⇨ Kapitalkosten |
| **Instrumente** | ⇨ Akquisitionen<br>⇨ Restrukturierung<br>⇨ Dividendenpolitik | ⇨ Aufnahme von Fremdkapital<br>⇨ Aufnahme von Eigenkapital | ⇨ Euro-Bond-Emission<br>⇨ Kapitalerhöhung |

Abbildung 4: Kapitalmarkt als Ort strategischer Unternehmensentscheidungen

Grundlegend umfasst die Entscheidung für eine bestimmte Finanzierungsform ein Abwägen zwischen unterschiedlichen Finanzierungsarten (Fremd-, Eigen- oder Mezzanine-Kapital), der Menge des aufzunehmenden Kapitals, des Zeithorizonts der Finanzierung, der Art und des Umfangs der eingeräumten Beteiligungsrechte sowie möglicher Kapitalquellen (nationale oder globale Investoren, enge oder breite Streuung, aktiver Handel der Finanzierungstitel oder überschaubarer Investorenkreis). Der Beratungsleistung der Investmentbank hinsichtlich Marktsegment, Strukturierung und Preis kommt insbesondere im Zusammenhang mit dem Platzierungserfolg eine wesentliche Rolle zu. Hierbei pflegt die Bank einen intensiven Informationsaustausch mit Marktteilnehmern, der ihr eine realistische Einschätzung der Verkaufsfähigkeit bestimmter Finanzierungsinstrumente im Markt ermöglicht. Die zeitnahe Einschätzung der Nachfrage ist bei Platzierung und Preisfixierung unerlässlich und stellt einen zentralen Faktor für die erfolgreiche Emission dar.

Die Beschreibung und Prognose der relevanten Kapitalmarktdaten steht bei der Beratung durch die Investmentbank im Mittelpunkt ihrer Dienstleistung. Die Analyse der

Kapitalkosten bildet für den Emittenten in der Regel den wichtigsten Entscheidungsparameter. Dabei gilt es für die Bank, Aussagen über Zinssätze, differenziert in zeitlicher (Fristigkeitsstruktur) und räumlicher (internationales Zinsgefälle) Hinsicht, zu machen, um darauf aufbauend eine Finanzierungstransaktion vorzuschlagen.

Die Beratungsdienstleistung der Investmentbank umfasst neben der Auswahl der richtigen Finanzierungsform ebenfalls den so genannten *After Issuance Advice*. Hierunter ist die umfassende Unterstützung des Emittenten in Bezug auf kapitalmarktrelevante Aktionen nach einer erfolgreichen Platzierung zu verstehen. Die Intensität des Beratungsbedarfs des Emittenten ist in diesem Zusammenhang vor allem durch die Struktur des Finanzierungsinstruments bestimmt, wobei diese typischerweise bei Fremdfinanzierungen eine höhere Komplexität aufweist. Insbesondere im Bereich der Anleihefinanzierung besteht für das Unternehmen während der Laufzeit der Anleihe häufig die Möglichkeit der vorzeitigen Kündigung, teilweisen Tilgung oder Wandlung, deren Vorteilhaftigkeit unter anderem von der Finanzierungssituation des Unternehmens, weiteren Wachstumsplänen und der Kapitalmarktsituation abhängig ist.

## 2.3 Übernahme von Wertpapieren

Die Entscheidung des Emittenten zur Einschaltung einer Investmentbank im Zusammenhang mit der Emission von Wertpapieren wird wesentlich vom damit verbundenen Finanzierungsrisiko beeinflusst. Dieses resultiert aus der Unsicherheit, ob es gelingt, die Finanzierungstitel vollständig und zum adäquaten Preis unter Investoren zu platzieren. Die Investmentbank bietet dem Emittenten vor diesem Hintergrund die Möglichkeit, das Absatzrisiko ganz oder teilweise zu übernehmen.

In Abhängigkeit vom Ausmaß des Risikotransfers auf die emissionsbegleitende Investmentbank unterscheidet man zwischen der Festübernahme und einer reinen Absatzvermittlung. Eine Festübernahme (Firm Commitment) bezeichnet die Übernahme der Wertpapiere durch die Bank in eigenem Namen und für eigene Rechnung, um diese im Regelfall umgehend an Investoren weiterzuveräußern. Die bloße Absatzvermittlung (Best Effort) beinhaltet dagegen lediglich die Zusage der Investmentbank, ihre Distributionskapazität bestmöglich zur Platzierung der Wertpapiere des Emittenten einzusetzen.

Eine der Festübernahme wirtschaftlich gleichwertige Form der Übernahme stellt eine Absatzgarantie seitens der emissionsführenden Bank bzw. des Bankenkonsortiums dar. Eine Unterscheidung beider Formen hat rechtliche und steuerliche Gründe: Während die Festzusage rechtlich einem unbedingten Erwerb der Wertpapiere gleichkommt, stellt die Absatzgarantie dagegen eine bedingte Erwerbszusage dar. Bei Existenz so genannter Börsenumsatz- oder Verkehrsteuern gilt die Absatzgarantie als vorteilhafter. Die im angloamerikanischen Sprachgebrauch übliche Bezeichnung des *Underwriting* ist die im Euromarkt verbreitete Form der Absatzgarantie. Hierbei verpflichten sich die beteiligten Banken, einen Käufer beizubringen (to procure subscribers) und im Falle des Scheiterns die Wertpapiere selbst zu übernehmen.

Das Risiko, welches durch die emissionsbegleitende Bank bzw. Bankengruppe übernommen wird, lässt sich gemäß seines Ursprungs in zwei wesentliche Komponenten unterteilen:

- Zunächst besteht bei jeder Platzierungsform ein Absatzrisiko auf Grund einer *zeitlichen Verzögerung* zwischen der vertraglichen Zusage bestimmter Übernahmekonditionen an den Emittenten und dem Weiterverkauf an die Investoren. Die Unsicherheit über die zum Emissionszeitpunkt herrschenden Bedingungen am Kapitalmarkt ist in der fehlenden Stabilität von Zinssätzen und der Frage nach der allgemeinen Aufnahmefähigkeit des Marktes begründet. So kann selbst bei a priori korrekter Festlegung eines Emissionspreises auf Grund veränderter Kapitalmarktbedingungen eine vollständige Platzierung der Wertpapiere zum Emissionszeitpunkt scheitern. Das hiermit verbundene Absatzrisiko kann generell durch eine möglichst zeitnahe Unterbringung der Wertpapiere am Kapitalmarkt vermindert werden. In der Praxis haben sich aus diesem Grund zunehmend innovative Platzierungstechniken entwickelt (vgl. Abschnitt 2.4), die einen flexibleren Emissionsablauf ermöglichen.

- Eine weitere Komponente des Absatzrisikos bildet das Preisfindungsverfahren im Vorfeld einer Emission. So kann es zu grundlegenden Diskrepanzen zwischen der Marktbewertung der zu platzierenden Wertpapiere und dem ermittelten Indikativpreis der Bank bzw. des Emissionskonsortiums kommen. Eine falsche Einschätzung des potenziellen Kreises von Investoren sowie deren Präferenzen bezüglich der spezifischen Ausstattung der Wertpapiere (zum Beispiel Laufzeit, Besicherung) kann mithin zu einem gänzlichen Nachfrageausfall führen. Die Gefahr einer *fehlerhaften Markteinschätzung* ist in diesem Zusammenhang bei Emittenten, die erstmalig am Kapitalmarkt auftreten, besonders hoch. Zur Reduzierung des Absatzrisikos werden regelmäßig erhebliche Preisabschläge (Underpricing) vom als fair beurteilten Emissionspreis vorgenommen.

Für die Übernahme des Absatzrisikos durch die emissionsbegleitende Bank bzw. Bankengruppe berechnet diese eine entsprechende Prämie, die sich in Abhängigkeit der Form der Übernahmezusage (mit bzw. ohne Fixierung des Übernahmepreises), der Marktsituation und der Wettbewerbsintensität um Emissionsmandate als Ergebnis eines Verhandlungsprozesses ergibt. Die Vergütung der Übernahmezusage korreliert dabei typischerweise positiv mit den dargestellten Ursachenfaktoren für das Risiko eines teilweisen oder vollständigen Nichtabsatzes.

## 2.4 Platzierung von Wertpapieren

Neben der Übernahme eines eventuellen Nichtabsatzrisikos stellt die Distributionsleistung der Investmentbank einen wichtigen Teil der Gesamtleistung im Emissionsprozess dar. Die Platzierungsfunktion der Investmentbank macht deren intermediäre Rolle am Kapitalmarkt in besonderem Ausmaß erkennbar. Hierbei ermöglicht sie dem Emittenten die Inanspruchnahme von Absatzkanälen, die diesem im Falle einer Selbstemission nicht oder nur eingeschränkt zur Verfügung stünden. Gleichzeitig bietet sie dem Emittenten die Möglichkeit, in Form eines Reputationstransfers von den guten Beziehungen und dem Vertrauen der Anleger gegenüber der emissionsbegleitenden Bank zu profitieren. Die Investmentbank pflegt zu diesem Zweck enge Kontakte mit wichtigen Investorengruppen, sodass sie aktuelle Informationen über deren Anlagepräferenzen und derzeitige Liquiditätssituation sammeln kann. Der Kontakt zum Investor entsteht durch die Kundenbetreuer im *Sales*-Bereich der Bank, die in regelmäßigen Abständen telefonisch oder auch in persönlicher Form mit institutionellen und privaten Investoren Verkaufsgespräche führen.

Neben dem quantitativen Aspekt der Distributionsleistung wird die qualitative Komponente des Platzierungsprozesses, das heißt die Zusammensetzung der Investorengruppe, typischerweise einen wesentlichen Bestandteil der Gesamtbewertung des Platzierungserfolgs ausmachen. Die Gewichtung einzelner Investorentypen im Rahmen einer Erstplatzierung ist vor allem auf Grund der typenspezifischen Anlagemotive für den Emittenten von Interesse. Beispielsweise widerspricht es dem Wunsch des Emittenten nach stabiler Sekundärmarktentwicklung seiner Wertpapiere, wenn ein wesentlicher Teil des Emissionsvolumens von kurzfristig orientierten Anlegertypen erworben wird. Weiterhin kann es im Interesse des Emittenten sein, dass ein gewisser Mindestanteil der Emission unter Privatinvestoren im Streubesitz oder auch ausländischen Investoren platziert wird. Die Investmentbank kann in Abhängigkeit der Platzierungsform mehr oder weniger großen Einfluss auf die Zusammensetzung der Investorengruppe ausüben.

Die Distributionsleistung der Investmentbank beinhaltet die Unterbringung der Wertpapiere einer Emission beim anlagesuchenden Publikum, wobei, wie Abbildung 5 zeigt,

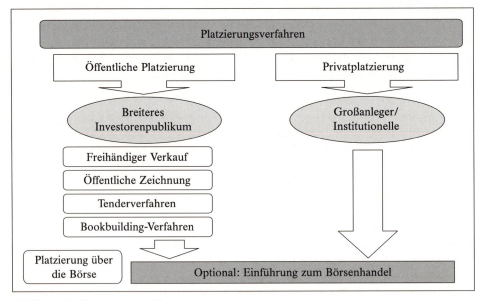

Abbildung 5: Platzierungsverfahren

grundsätzlich unterschiedliche Platzierungsformen in Frage kommen. Sie lassen sich primär hinsichtlich der Art und Anzahl der angesprochenen Investoren in *öffentliche Platzierungen* und *Privatplatzierungen* unterscheiden. Die Wahl einer spezifischen Platzierungsmethode wird dabei von Umfang und Art der zu platzierenden Wertpapiere sowie der vom Emittenten gewünschten Zusammensetzung des Investorenkreises bestimmt. In Abhängigkeit von der Methode der Ansprache potenzieller Investoren bestehen unterschiedliche Pflichten zur Bekanntmachung und Offenlegung.

## 2.4.1 Öffentliche Platzierung

Eine öffentliche Platzierung bezeichnet den Absatz von Wertpapieren an das Anlegerpublikum durch ein öffentliches Angebot. Der Begriff des öffentlichen Angebots wird in § 1 Wertpapier-Verkaufsprospektgesetz (VerkProspG) und den hierzu ergangenen Bekanntmachungen des Bundesaufsichtsamtes für den Wertpapierhandel konkretisiert. Hiernach ist dann von einem öffentlichen Angebot zu sprechen, wenn mit der Aufforderung der Investmentbank zur Abgabe eines Kaufangebots eine „... Form der Werbung in den Medien oder mittels Postwurfsendung, die sich an jedermann wendet ...", verbunden ist. Ausschlaggebend ist hierbei, dass es sich bei den Adressaten der Ansprache nicht um einen geschlossenen und dem Anbieter bekannten Personenkreis handelt.

Im Rahmen einer öffentlichen Platzierung von Wertpapieren richtet sich die Investmentbank somit im Auftrag des Emittenten an eine Vielzahl teilweise sehr heterogener Investorengruppen, deren Mitglieder dem Emittenten regelmäßig nicht bekannt sind. Durch eine damit einhergehende breite Streuung des Wertpapierabsatzes kann prinzipiell eine vom Emittenten nicht gewünschte Konzentration des Wertpapierbesitzes vermieden werden. Gleichzeitig steigt durch die im Zusammenhang mit einer öffentlichen Platzierung in der Regel vorgesehene Börseneinführung (vgl. Abschnitt 2.7) die Handelbarkeit der Wertpapiere. Hierdurch kann tendenziell eine Reduktion der Kapitalkosten erreicht werden.

Die breite Streuung potenzieller Investoren bei einer öffentlichen Platzierung und die damit verfolgte Verbesserung der Handelbarkeit impliziert jedoch gleichzeitig eine gewisse Standardisierung der Finanzierungsinstrumente, die notwendigerweise die Flexibilität des Emittenten im Hinblick auf die Anpassung an seine spezifischen Finanzierungsbedürfnisse einschränkt. Darüber hinaus ist mit der Abgabe einer öffentlichen Aufforderung zur Zeichnung der Wertpapiere eine entsprechende gesetzliche Pflicht zur Prospekterstellung, Registrierung und Publizität verbunden.

Bei öffentlichen Platzierungen von Wertpapieren haben sich im Wesentlichen vier alternative Platzierungsmethoden herausgebildet, die hinsichtlich der Abfolge der einzelnen Teilprozesse Preisfindung, Platzierung und Börseneinführung differieren. Man unterscheidet zwischen dem freihändigen Verkauf, der öffentlichen Zeichnung sowie dem Tender und dem Bookbuilding als auktionsähnliche Verfahren. Schließlich ist die Platzierung über die Börsen eine weitere Methode.

Bei den Platzierungsverfahren des freihändigen Verkaufs und der öffentlichen Zeichnung erfolgt gleichermaßen die Preisfindung vor der Platzierung beim Anlegerpublikum. Im Fall des *freihändigen Verkaufs* wird ein Verkaufsangebot veröffentlicht, woraufhin interessierte Anleger entsprechende Kaufaufträge an die emissionsbegleitende Bank bzw. Mitglieder des Konsortiums geben. Die Angebote richten sich vorwiegend an institutionelle Investoren und werden entweder im Telefonverkehr oder über Nachrichtendienste (zum Beispiel Reuters, Telerate) vermittelt. Eine Zuteilung der Wertpapiere erfolgt nach eigenem Ermessen der jeweiligen Bank im Rahmen ihrer Quote am Gesamtvolumen der Emission. Der Vorteil des freihändigen Verkaufs liegt primär in der Anpassungsflexibilität an veränderte Kapitalmarktbedingungen. Trotz einer Übernahme mit fixiertem Preis durch die Konsortialbank (vgl. Abschnitt 2.3) steht der Bank die Konditionengestaltung gegenüber dem Investor beim weiteren Abverkauf frei und kann entsprechend der aktuellen Marktlage täglich neu festgelegt werden. Hierdurch kann das Risiko einer teilweisen oder gänzlichen Nichtplatzierbarkeit auf Grund veränderter Marktbedingungen weitestgehend minimiert werden. Die Bank trägt in diesem Fall ein entsprechendes Preisrisiko, falls ein Weiterverkauf nur zu geringeren Preisen möglich ist. Für den Emittenten hingegen bedeutet der den Banken eingeräumte Verhaltensspielraum den Verlust über die Kontrolle der Zusammensetzung seiner Kapitalgeber.

Das Platzierungsverfahren der *öffentlichen Zeichnung* beginnt ebenfalls mit einer Preisfixierung, in deren Anschluss eine Aufforderung an das anlagesuchende Publikum zur Abgabe von Erwerbsangeboten auf Basis des festgelegten Preises folgt. Ein Erwerbsvertrag durch den Investor kommt erst durch Zuteilung nach Abschluss sämtlicher Zeichnungen zu Stande. Die Zuteilung kann dabei bei Vorliegen einer Überzeichnung, das heißt einem Nachfrageüberhang, auch nur teilweise erfolgen. Man spricht in diesem Fall von *Repartierung*. Die Festsetzung der Zuteilungskriterien kann dabei zuvor fixiert werden oder im Ermessensspielraum der Konsortialbanken verbleiben. Auch beim Verfahren der öffentlichen Zeichnung bleibt der Einfluss des Emittenten auf die Zusammensetzung der Investorengruppe, abgesehen vom Fall der Repartierung, äußerst gering. Die im Vorfeld der eigentlichen Platzierung erfolgende Fixierung der Zeichnungskonditionen bedingt auch bei diesem Verfahren ein entsprechendes Platzierungsrisiko im Fall zwischenzeitlicher Veränderungen der Marktbedingungen.

Der Nachteil eines bereits im Vorfeld der Platzierung fixierten Emissionspreises kann durch die Wahl eines auktionsähnlichen Verfahrens umgangen werden. Das *Tenderverfahren* stellt in diesem Zusammenhang streng genommen eine Variante der öffentlichen Zeichnung dar, deren Besonderheit darin besteht, dass kein fester Kurs zur Zeichnung vorgegeben wird, sondern der Zeichner, meist unter Berücksichtigung eines Mindestkurses, ein Zeichnungsgebot abgibt. Eine Zuteilung erfolgt nach Ablauf der Zeichnungsfrist an diejenigen Investoren, die den im Nachhinein festgelegten Kurs geboten oder überboten haben. Dabei kann eine Abrechnung entweder zu dem tatsächlich gebotenen Kurs des jeweiligen Zeichners (so genanntes amerikanisches Verfahren) oder zu einem einheitlich festgelegten Kurs (so genanntes holländisches Verfahren) erfolgen.

Von diesem als Zinstender bezeichneten Verfahren unterscheidet man den so genannten Mengentender. Hierbei wird in einem ersten Schritt der Kurs bzw. Zinssatz der zu platzierenden Wertpapiere fixiert, um in einem zweiten Schritt Mengengebote von interessierten Käufern zu sammeln. Die Zuteilung erfolgt beim Mengentender nach denselben Verfahren wie beim Zinstender. Mengentender werden fast ausschließlich im Offenmarktgeschäft der Bundesbank im Zusammenhang mit kurzfristigen Pensionsgeschäften eingesetzt, das heißt die Zurverfügungstellung von Zentralbankgeld gegen In-Pensionsnahme von Wertpapieren.

Das *Bookbuilding-Verfahren* als eine weitere Variante der öffentlichen Zeichnung mit auktionsähnlichem Charakter zeichnet sich durch eine verstärkte Einbindung der Investorenbewertung des zu platzierenden Wertpapiers aus. Es werden hierfür im Anschluss an eine Phase intensiver Informationsversorgung und Marketingaktivitäten die Preisvorstellungen der Anleger, vor allem der institutionellen Anlegergruppen, während der Zeichnungsphase ermittelt. Dabei können vom anlagesuchenden Publikum beliebige Mengen zu den von ihnen als fair betrachteten Preisen, die sich jedoch in einer vorgegebenen Preisspanne bewegen müssen, gezeichnet werden. Auf Grundlage der während der Bookbuilding-Phase gewonnenen Erkenntnisse über die Nachfragestruktur der Investoren wird über den endgültigen Emissionspreis und die Zuteilung der Wertpapiere auf die unterschiedlichen Investorengruppen entschieden. Institutionelle Anleger werden beim Zuteilungsprozess dabei einzeln berücksichtigt, wohingegen Privatinvestoren pauschal zu einer Gruppe zusammengefasst werden und deren Nachfrage entweder nach freiem Ermessen der Konsortialbanken oder einem fixierten Zuteilungsmechanismus befriedigt werden. Das Bookbuilding-Verfahren hat sich in der internationalen Praxis zur Emission von Aktien weitestgehend durchgesetzt; bei Schuldtiteln findet dieses Verfahren in der Regel keine Anwendung (eine detaillierte Darstellung des Bookbuilding-Verfahrens erfolgt in Abschnitt 4.2.2).

Bei der in der Praxis kaum noch vollzogenen *Platzierung von Wertpapieren über die Börse* steht die Börsenzulassung der Finanzierungstitel am Beginn des Platzierungsprozesses. Hierbei verbleiben die emittierten Wertpapiere zunächst im Besitz des Emittenten, der diese dann sukzessive über den regulären Börsenhandel an Endinvestoren verkauft. Dieses Verfahren findet in Deutschland fast ausschließlich bei einigen wenigen Anleiheemissionen des Bundes und einigen Daueremittenten Anwendung.

### 2.4.2 Privatplatzierung

Im Gegensatz zu einer öffentlichen Platzierung richtet sich eine Privatplatzierung an eine begrenzte Anzahl von Großanlegern und ist somit nicht Gegenstand eines öffentlichen Angebots. Eine exakte Abgrenzung zwischen öffentlicher und privater Platzierung kann nur auf der Basis der für den betrachteten Kapitalmarkt geltenden Gesetze und Verordnungen erfolgen. Im Fall des deutschen Kapitalmarktrechts wird sie aus einer Negativbetrachtung des öffentlichen Angebots abgeleitet. So spricht man von einer Privatplatzierung bei solchen Angeboten von Wertpapieren, die keiner gesetzlichen Prospekt-, Registrierungs- oder ähnlichen Publizitätspflicht genügen müssen.

Im US-amerikanischen Kapitalmarktrecht wurde die Qualifizierung zur Privatplatzierung lange Zeit an eine zahlenmäßige Begrenzung der partizipierenden Investoren gebunden. Diese Regelung wurde jedoch verworfen und die Beurteilung ausschließlich auf qualitative Merkmale der Investoren abgestellt. Diese müssen insbesondere durch ein notwendiges Mindestmaß an eigener Bewertungskapazität gekennzeichnet sein, damit der für eine Privatplatzierung charakteristische Verzicht auf umfangreichen Investorenschutz gerechtfertigt werden kann. Die geforderten Charakteristika dieser begrenzten Investorengruppe prägen den Begriff der so genannten *Qualified Institutional Buyer* (QIB).

Grundsätzlich kommen als Adressaten einer Privatplatzierung auf Grund der geforderten Bewertungskapazität vor allem institutionelle Anleger in Betracht, deren Informationsbedürfnis und Schutzbedarf weitaus weniger ausgeprägt sind, als dies bei Privatanlegern der Fall ist. Die typischerweise hohen Anlagesummen dieser Investorengruppe erlauben der Investmentbank eine individuelle Ansprache und Berücksichtigung von deren spezifischen Anlagepräferenzen bei der Gestaltung der zu platzierenden Finanzierungstitel. Privatplatzierungen eignen sich aus diesem Grund insbesondere für strukturierte Finanzierungsinstrumente, die sich in der Regel durch eine hohe Erklärungsbedürftigkeit auszeichnen und somit für ein breites Anlegerpublikum weniger geeignet sind. Gleichzeitig bietet eine Privatplatzierung den Vorteil, relativ kurzfristig das notwendige Finanzierungsvolumen mobilisieren zu können. Die für eine öffentliche Platzierung notwendigen Verfahren im Zusammenhang mit Veröffentlichung und Registrierung fallen hierbei weg.

Die direkten Emissionskosten einer Privatplatzierung liegen regelmäßig unter denen einer öffentlichen Platzierung. Ob hingegen die Finanzierungskosten für den Emittenten entsprechend vorteilhaft ausfallen, bleibt von der geforderten Liquiditätsprämie der Investoren abhängig. Auf Grund der geringen Investorenzahl einer Privatplatzierung ist deren Sekundärmarktliquidität gezwungenermaßen gering. Hierfür verlangen die Anleger eine entsprechende Prämie, die unter Umständen höher ausfällt als der direkte Kostenvorteil.

Die Entscheidung zur nachträglichen Börseneinführung einer Emission ist von der Wahl des Platzierungsverfahrens unabhängig. So ist prinzipiell ein öffentliches Angebot einer Emission ohne nachträgliche Börseneinführung möglich. Gleichermaßen werden häufig privatplatzierte Wertpapiere im Anschluss an die eigentliche Unterbringung unter Anlegern zum Börsenhandel zugelassen. Dies ist vor allem darauf zurückzuführen, dass interne Richtlinien bestimmter institutioneller Anleger eine Börsennotierung der Wertpapiere, die als Anlage in Frage kommen, notwendig machen. So existiert eine Beschränkung der anlagefähigen Wertpapiere auf börsennotierte Titel für Kapitalanlagegesellschaften (§ 8 Abs. 1 und 2 Nr. 1 KAGG) und Versicherungsgesellschaften (§ 54a Abs. 2 Nr. 3 und 5 VAG).

Die geläufigsten Anlässe zur Entscheidung für eine Privatplatzierung sind bei der Emission von Eigen- und Fremdkapital nicht einheitlich. Im Zusammenhang mit *Aktienplatzierungen* lassen sich insbesondere zwei Gründe für eine Privatplatzierung herausstellen:

- Eine Privatplatzierung eignet sich für eine *Aktienemission junger Unternehmen*, deren unternehmerische Merkmale eine öffentliche Platzierung ausschließen oder deren Management die mit der notwendigen Offenlegung verbundenen Pflichten scheut. Oftmals scheidet bei solchen Unternehmen eine öffentliche Platzierung schon auf Grund ihres geringen Platzierungsvolumens aus Kostengründen aus.

- Des Weiteren bietet sich eine Privatplatzierung für die *Umplatzierung* größerer Anteilspakete von Unternehmen an, da ein öffentliches Angebot entweder aus Kostengründen unangemessen erscheint oder die Interessen des Unternehmens gefährdet. Dies gilt insbesondere für die Umplatzierung wesentlicher Anteile von institutionellen Anlegern, deren Eigentumswechsel notwendigerweise mit einer Veränderung der Kontrollstrukturen des Unternehmens einhergeht. In solchen Fällen erscheint vor dem Hintergrund der Interessenwahrung der Altaktionäre eine gezielte Ansprache von potenziellen Anlegern durch die Bank sinnvoll. Im Rahmen einer Umplatzierung wesentlicher Anteilspakete spricht man vom so genannten Blockhandel. Hierbei gilt es insbesondere, mögliche negative Marktpreisverzerrungen auf Grund einer temporären Störung des Marktgleichgewichts zu vermeiden.

Privatplatzierungen von *Fremdkapital* liegen dagegen vor allem die folgenden Überlegungen zu Grunde:

- Die *typische Anlegerstruktur* bestimmter Fremdkapitaltitel macht insbesondere beim größten Emittenten von Schuldtiteln am deutschen Kapitalmarkt – der öffentlichen Hand – eine Privatplatzierung zur dominanten Alternative. So treten als Anleger öffentlicher Schuldscheine fast ausschließlich institutionelle Investoren in Form von Banken auf, die in engem Kontakt mit den emissionsbegleitenden Banken stehen. Da sich gleichfalls der Sekundärmarkthandel dieser Papiere vorwiegend im Zwischenbankenmarkt abspielt, verliert der Vorteil einer breiten Streuung einer öffentlichen Platzierung entsprechend an Gewicht.

- Unterschreitet eine Fremdkapitalemission ein gewisses *Mindestvolumen*, so erscheint eine öffentliche Platzierung aus Kostengründen meist nicht angemessen. Insbesondere für Tranchen von geringen zweistelligen Millionenbeträgen, die meist von kleineren Bundesländern oder Gemeinden, aber auch von privatwirtschaftlichen Schuldnern begeben werden, eignen sich Privatplatzierungen gegenüber einem öffentlichen Angebot.

- Die bereits angesprochene Komplexität und Erklärungsbedürftigkeit *strukturierter Finanzierungsinstrumente* – hierunter fasst man komplexe Finanzierungstransaktionen meist in Kombination mit derivaten Finanzierungsinstrumenten (vgl. Abschnitt 3.2.6) zusammen – schließt das Angebot an einen breiten Investorenkreis regelmäßig aus. Im Unterschied zum öffentlichen Angebot unterliegen Privatplatzierungen praktisch keinen Beschränkungen hinsichtlich der Emissionsgröße, Laufzeit oder Optionsstruktur.

Die Bedeutung von Privatplatzierungen hat während der letzten Jahre sichtlich zugenommen, wobei diese Platzierungsform insbesondere für Fremdkapital an Attraktivität gewonnen hat. Am US-amerikanischen Kapitalmarkt macht der Anteil der privatplatzierten Schuldtitel inzwischen nahezu 50 Prozent aus. Trotz wesentlicher Verfahrenserleichterungen öffentlicher Platzierungen ist der Anteil von Privatplatzierungen kontinuierlich gestiegen. Diese Entwicklung kann zum einen auf die erhöhte Komplexität der Finanzierungsprodukte zurückgeführt werden, zum anderen als Konsequenz der zunehmenden Institutionalisierung der Anlegerseite und einer erweiterten Handelbarkeit von Privatplatzierungen im Rahmen der so genannten Rule 144A-Emissionen interpretiert werden. Nach dieser im Jahr 1990 eingeführten Regelung können sich Emittenten von High-Yield-Anleihen (Subinvestment-Grade-Schuldtitel) zuerst im Rahmen einer Privatplatzierung vereinfacht Kapital beschaffen und in einem zweiten Schritt die Anleihen am öffentlichen Sekundärmarkt registrieren lassen. Dies verbindet für die Emittenten zwei Vorteile, da sie zum einen auf Grund der Privatplatzierung eine zügige Emission durchführen können und zum anderen von der Liquidität des öffentlichen Marktes profitieren. Übersicht 1 verdeutlicht den Anteil der Privatplatzierungen, der auf die Rule 144A zurückzuführen ist.

Übersicht 1: Privatplatzierungen (öffentlich und via Rule 144A) in den USA

| Jahr | Emissionen gesamt in Mio. US-Dollar | | Prozentualer Anteil der Emissionen | Durchschnittliches Emissionsvolumen in Mio. US-Dollar | |
| --- | --- | --- | --- | --- | --- |
| | Öffentlich | Rule 144A | Rule 144A | Öffentlich | Rule 144A |
| 1990 | 3 104 | 0 | 0 | 141 | – |
| 1991 | 19 732 | 11 | 0 | 247 | 11 |
| 1992 | 40 559 | 490 | 1 | 166 | 163 |
| 1993 | 60 482 | 11 425 | 16 | 174 | 197 |
| 1994 | 31 746 | 3 500 | 10 | 182 | 109 |
| 1995 | 24 593 | 8 053 | 25 | 202 | 161 |
| 1996 | 28 824 | 28 824 | 50 | 190 | 188 |
| 1997 | 21 527 | 78 325 | 78 | 215 | 198 |
| 1998 | 12 991* | 59 913 | 82 | 217 | 212 |
| Gesamt | 249 676 | 190 539 | 43 | 187 | 195 |

Quelle: Secutities Data Company                                                                 * bis Mitte 1998

Einen ähnlichen Effekt, wie die Rule 144A auf die Emission von High-Yield-Anleihen hatte, übte die *Rule 415 (Shelf Registration)* auf die Emission von Investment-Grade-Schuldtiteln aus. Diese ermöglicht es den Unternehmen, die Schuldtitel bis zu zwei Jahre vor der eigentlichen Emission registrieren zu lassen, um damit sowohl eine zügigere Emission als auch geringere Finanzierungskosten herbeizuführen. Für Subinvestment-Grade-Unternehmen erwies sich die Shelf Registration insofern nicht als hilfreich, da sie meist nicht die Anforderungen der SEC erfüllen, noch ihre zukünftigen Finanzierungsbedürfnisse antizipieren konnten.

Am US-amerikanischen Kapitalmarkt wurde durch die Einführung von Rule 144A die Handelbarkeit von privatplatzierten, nicht bei der SEC registrierten Wertpapieren maßgeblich erweitert. Ein Sekundärmarkthandel solcher Wertpapiere konnte bis dahin lediglich unter Einhaltung strenger Anforderungen erfolgen. Mit der Verabschiedung der Rule 144A ging der Einsatz eines speziellen Handelssystems für Privatplatzierungen einher, das eine vollautomatische Information, Buchung und Abwicklung erlaubt. Das von der National Association of Securities Dealers (NASD) vorgestellte PORTAL-System (PORTAL steht hierbei für Private Offerings, Resale and Trading Through Automated Linkage) bildet bis zum heutigen Zeitpunkt die vorwiegende Handelsplattform im Sekundärmarkthandel von privatplatzierten Wertpapieren.

Im Rahmen einer Platzierung von Wertpapieren ausländischer Emittenten am US-Kapitalmarkt wird – vor dem Hintergrund der Vermeidung einer kosten- und zeitintensiven Registrierung bei der SEC – oft der Weg einer Privatplatzierung nach Rule 144A gewählt, um von den bereits geschilderten Vorteilen der Rule 144A zu profitieren.

Am deutschen Kapitalmarkt werden Privatplatzierungen insbesondere im Marktsegment für Schuldscheindarlehen und Unternehmensanleihen mit geringeren Emissionsvolumina angewandt. Als Investoren kommen vorwiegend Kapitalsammelstellen wie Versicherungen und Investment- bzw. Pensionsfonds in Frage. Daneben treten in zunehmendem Maße Banken als Käufer von privatplatzierten Fremdfinanzierungstiteln als Substitut direkter Buchkredite auf.

## 2.5 Preisfindung

Die unterschiedlichen Verfahren zur Preisfindung im Rahmen einer Wertpapieremission stehen in direktem Zusammenhang mit der Form der Risikoübernahme durch die Investmentbank und den bereits dargestellten Platzierungsverfahren. Grundsätzlich kommen zur Ermittlung marktgerechter Emissionspreise unterschiedliche Verfahren zur Anwendung, deren Darstellung ausführlich in den Abschnitten 3.4 und 4.2 erfolgt.

Unabhängig vom Verfahren und vom Ergebnis des Preisfindungsprozesses lässt sich vor dem Hintergrund der durch die Investmentbank übernommenen Risiken im Emissionsgeschäft zwischen einer indikativen Preisvorstellung (Open Pricing) und einer verbindlichen Preiszusage (Fixed Pricing) unterscheiden.

Beim *Open Pricing* wird zu Beginn des Angebotsprozesses eine vorläufige Preisvorstellung in Form einer Indikation kommuniziert, die auf Grundlage der Marktbewertung vergleichbarer Wertpapiere erfolgt. Ein endgültiger Angebotspreis folgt dagegen erst nach Angebotsbeginn, jedoch vor Valutierung der Emission. Beim *Fixed Pricing* wird hingegen schon vor Beginn der Angebotsphase eine verbindliche Preiszusage von der Investmentbank abgegeben. Für den Emittenten bringt dieses Verfahren den Vorteil einer sicheren Kalkulationsgrundlage, da unvorhersehbare Markt- oder Absatzrisiken von der Investmentbank übernommen werden. Übernehmen die Konsortialbanken den gesamten Emissionsbetrag zu einem vorher vereinbarten Preis, so spricht man von einem „Bought Deal". In der Praxis wird der Bought Deal immer seltener, da die beteiligten Banken ihre Quote teilweise auch unter dem vertraglich vereinbarten Preis platzieren mussten und somit die Provisionserträge stark sanken oder sogar einzelne Transaktionen mit Verlust abgeschlossen wurden. Grundsätzlich ist die Bereitschaft zur Übernahme zusätzlicher Risiken stark vom aktuellen Wettbewerbsumfeld der emissionsbegleitenden Banken abhängig.

Das bereits vorgestellte Bookbuilding-Verfahren stellt eine Variante des Open Pricing mit Merkmalen fester Preiszusagen dar. Durch die Vorgabe einer Preisspanne erhält der Emittent eine gewisse Kalkulationsgrundlage, ohne das Marktrisiko vollständig auf die emissionsbegleitende(n) Bank(en) abzuwälzen. Diese im Aktiengeschäft inzwischen überwiegende Methode der Preisfindung und Platzierung findet am Markt für Fremdkapital ein Äquivalent in Form des so genannten *Fixed-Price-Reoffer-Verfahrens*. Auch hierbei legt die emissionsbegleitende Bank eine hinreichende Kalkulationsgrundlage in Form einer Renditedifferenz zu einer Referenzanleihe fest, wohingegen die tatsächlichen Kapitalkosten des Emittenten von der Verzinsung der Referenzanleihe zum Zeitpunkt der Emission abhängen. Die Übernahme der Wertpapiere erfolgt hierbei zu einem mit dem Emittenten verhandelten Übernahmepreis (Fixed Price), der geringfügig unter dem tatsächlichen Abgabepreis (Reoffer Price) an die Investoren liegt. Die Differenz stellt die für die Übernahme des Platzierungsrisikos gewährte Prämie der Konsortialmitglieder dar. Die Einführung des Fixed-Price-Reoffer-Verfahrens geschah vor dem Hintergrund, dass auf Grund zunehmender Nachfragemacht institutioneller Investoren viele Konsortialmitglieder ihre Quote am Gesamtvolumen unter dem vertraglich festgelegten Preis verkauften und somit ihre Provisionserträge aufgezehrt wurden. Durch die beim Fixed-Price-Reoffer-Verfahren vereinbarte Preisvorgabe, die bis zu einem festen Zeitpunkt nach dem Beginn des Abverkaufs (Launch) nicht unterschritten werden darf, wird den Konsortialmitgliedern eine gewisse Kalkulationsbasis für ihre Provisionserträge zur Verfügung gestellt. Erst nach Freigabe (Breaking the Syndicate) durch den Konsortialführer, die in der Regel nach einigen Stunden erfolgt, sind die Mitglieder des Konsortiums hinsichtlich ihrer Preisgestaltung vollständig ungebunden.

Die Ausgestaltung der Preiszusage der Investmentbank wird wesentlich von der Wettbewerbssituation im Emissionsgeschäft bestimmt. So war im Euroanleihemarkt (vgl. Abschnitt 3.3.2) bis zu Beginn der 80er Jahre eine unverbindliche Preisindikation durch die Emissionsbank der Regelfall. Durch Eintritt neuer Emissionsbanken und der dadurch notwendigerweise folgenden Intensivierung des Wettbewerbs um Emissionsmandate zeichnete sich eine zunehmende Tendenz zu verbindlichen Preiszusagen ab. Eine umgekehrte Entwicklung ist derzeit am Markt für syndizierte Kredite (vgl. Abschnitt 3.2.4) zu beobachten. In diesem Marktsegment, das insbesondere durch die Krisen im Asien- und Russlandgeschäft hohe Verluste für die kreditgebenden Banken generierte und durch den Austritt vieler japanischer Kreditgeber zunehmend zum Kreditgebermarkt wurde, zeichnet sich eine Rückkehr zu unverbindlichen Preiszusagen an die Kreditnehmer ab.

## 2.6 Emissionskonsortien

Unter einem Konsortium versteht man einen auf ein spezifisches Geschäft zugeschnittenen Zusammenschluss mehrerer Banken. Es handelt sich somit um eine zeitlich begrenzte Partnerschaft zur Erzielung eines bestimmten Geschäftszwecks, der im Innenverhältnis der Konsortialmitglieder festgeschrieben wird. Maßgeblicher Zweck der Konsortialbildung stellt der Wunsch nach Risikoteilung der partizipierenden Banken dar. Daneben werden durch die Konsortialbildung weitere Ziele, wie eine Verbesserung der Distributionskapazität sowie auf Reziprozität beruhende geschäftspolitische Ziele, verfolgt. Die im Zusammenhang mit Großkrediten typischerweise gebildeten Kreditkonsortien dienen darüber hinaus der Aufbringung entsprechender Finanzierungsvolumina, die im Fall eines einzelnen Kreditgebers auf Grund von Anforderungen an die Eigenkapitalausstattung sowie Begrenzungen für Großkredite nicht möglich wären.

Im deutschen Recht handelt es sich nach verbreiteter Auffassung um eine Gesellschaft Bürgerlichen Rechts zur Durchführung eines Gelegenheitsgeschäfts. In Abhängigkeit vom Geschäftszweck, der im Außenverhältnis vereinbart wurde, unterscheidet man zwischen Emissions- und Kreditkonsortien, wobei erstere je nach Umfang der Emissionsart als Übernahme-, Begebungs- oder Einheitskonsortium gestaltet werden können. Der in der Praxis eher unübliche Begriff des Einheitskonsortiums, das heißt die Vereinbarung zur gleichzeitigen Erfüllung einer Übernahme- und Absatzfunktion, wird vorwiegend dann verwendet, wenn die Übernahmequote der Konsortialmitglieder mit deren Zuteilungsquote übereinstimmt.

### 2.6.1 Konsortialbildung

Die Konsortialbildung beginnt mit dem Versand des Einladungsschreibens durch die konsortialführende(n) Bank(en) an potenzielle Konsortialmitglieder. Diese werden regelmäßig kurzfristig auf telefonischem Wege über die geplante Wertpapieremission bzw. den Konsortialkredit informiert und bezüglich ihres Interesses an einer Teilnahme befragt. In diesem Zusammenhang gibt der Konsortialführer eine Kurzbeschreibung der Transaktion ab, die eine Zusammenfassung der wesentlichen Merkmale bezüglich der wirtschaftlichen und rechtlichen Ausgestaltung der Emission sowie Informationen über die Zahlungs- und Lieferabwicklung beinhaltet.

Ein Konsortialvertrag als solcher existiert in der Regel nicht, sondern wird durch das Einladungsschreiben ersetzt. Durch Bestätigung der Mitglieder tritt das Innenverhältnis des Konsortiums in Kraft. In der internationalen Praxis des Emissionsgeschäfts wird im Einladungsschreiben an die Konsortialmitglieder regelmäßig auf Muster-Konsortialverträge (Standard Form Agreements Among Managers) der International Primary Market Association (IPMA), einer Interessengemeinschaft führender internationaler Emissionsbanken mit Sitz in London, verwiesen. Diese werden zum Inhalt der Konsortialbeziehung gemacht. Hierdurch wird eine gewisse Rechtssicherheit und Transparenz der partizipierenden Konsortialmitglieder gewährleistet und der Prozess der Konsortialbildung erheblich beschleunigt.

Die rechtliche Bindung der Konsortialmitglieder erlischt gemäß der vereinbarten Pflichten der Mitglieder. Ein Zeitpunkt wird dabei nicht benannt. Vielmehr ist der Beendigungszeitpunkt an die Erfüllung der einzelnen Pflichten, zum Beispiel der Verkaufsbeschränkung oder Kurspflege während eines bestimmten Zeitraums nach Emission der Wertpapiere, gebunden.

### 2.6.2 Zusammensetzung und Struktur des Konsortiums

Die Zusammensetzung des Konsortiums erfolgt in Abhängigkeit von den verfolgten Zielen des Zusammenschlusses. In der Praxis geschieht die Auswahl der einzuladenden Konsortialmitglieder durch die emissionsführende Bank unter mehr oder weniger starker Mitwirkung des Emittenten. Liegt es beispielsweise im Interesse des Emittenten, bestimmte Banken auf Grund bestehender Geschäftsbeziehungen mit diesen an einer Emissionen partizipieren zu lassen, so wird die emissionsführende Bank diesen Wunsch berücksichtigen. Als Auswahlkriterien der emissionsführenden Bank dienen primär die Distributionskraft, die lokale Präsenz, etwaige Research-Kapazitäten und die zu erwartenden Reputationseffekte der potenziellen Konsortialmitglieder. Neben diesen wirtschaftlich fundierten Kriterien spielen beziehungspolitisch motivierte Faktoren beim Auswahlprozess eine nicht zu vernachlässigende Rolle.

Der Aufbau eines Emissionskonsortiums gestaltet sich mehrstufig hinsichtlich der übernommenen Funktionen der Mitglieder. Diese werden in Gruppen (Brackets) mit unterschiedlichem Aufgabenumfang zusammengefasst. Innerhalb eines Konsortiums gibt es regelmäßig eine Führungsbank (Lead Manager) oder *Führungsgruppe*, die das Konsortium im Außenverhältnis vertritt. Im Fall einer Führungsgruppe wird diese Aufgabe von einer so genannten federführenden Bank übernommen. Diese übernimmt die mit einer Emission üblichen Abwicklungsaufgaben wie die Aushandlung der Verträge zwischen Emittent und Konsortium, die Ausgestaltung der zu emittierenden Wertpapiere sowie die Mitwirkung an der Erstellung des Emissionsprospektes und gegebenenfalls an der Börseneinführung.

Die Mitglieder der Führungsgruppe stehen typischerweise in einem engeren Kontakt zum Emittenten, wobei die federführende Bank regelmäßig die bereits dargestellte Beratungsfunktion im Vorfeld der Emission übernommen hat. Auf Grund der intensiveren Zusammenarbeit zwischen dem Emittenten und den Mitgliedern der Führungsgruppe steht diesen in der Regel eine höhere Zuteilungsquote zu.

Neben der Führungsgruppe unterscheidet man eine weitere, als *Underwriting Group* bezeichnete Gruppe von Konsortialmitgliedern. Diese auch unter dem Begriff der *Garantiegruppe* zusammengefassten Banken verpflichten sich im Rahmen der Konsortialvereinbarung ebenso wie die Mitglieder der Führungsgruppe zur verbindlichen Übernahme einer fixierten Quote des Emissionsvolumens zum Zweck der Platzierung im anlagesuchenden Publikum. Die Übernahmezusage (Underwriting Commitment) der Mitglieder der Garantiegruppe ist dabei regelmäßig geringer als diejenige der Führungsgruppe. Kommt es im Rahmen der Konsortialvereinbarung nicht zu einer Platzierung in Höhe des Underwriting Commitment, das heißt die Zuteilungsquote fällt geringer aus als der garantierte Anteil im Fall einer Nichtplatzierbarkeit, so wird den Mitgliedern der Garantiegruppe typischerweise eine Mindestzuteilung (Protection) zugesichert. Die Höhe der Garantie- und Zuteilungsquote wird im Einladungsschreiben des Konsortialführers festgelegt.

Die im Schrifttum darüber hinaus häufig genannte Verkaufsgruppe (Selling Group) stammt aus der Praxis im Euromarkt, ist jedoch heute kaum noch anzutreffen. Streng genommen handelt es sich bei den Mitgliedern einer Verkaufsgruppe nicht um Konsortialmitglieder im engeren Sinne, was insbesondere aus der gesonderten Vertragsbeziehung mit diesen hervorgeht.

Zur Verdeutlichung der beschriebenen Aufbaustrukturen im Konsortialgeschäft eignet sich die Betrachtung eines typischen *Tombstones*. Ein Tombstone dient im Wesentlichen der Öffentlichkeitsarbeit von Emittenten und teilnehmenden Konsortialmitgliedern, um nach erfolgter Platzierung die Teilnahme an einer erfolgreichen Emission in der Fachpresse zu publizieren. Inhalt dieser Veröffentlichung sind das Datum und der Typ der Wertpapieremission, der Emittent und das Volumen der Transaktion sowie die Auflistung der Konsortialmitglieder in standardisierter Form zur Unterscheidung ihrer Gruppenzugehörigkeit. Bei internationalen Emissionen erfolgt darüber hinaus regelmäßig eine Darstellung der Zusammensetzung einzelner regionaler Konsortien.

Im internationalen Emissionsgeschäft wird in der Praxis zwischen mehreren gebietsbezogenen Konsortien unterschieden, die gemeinsam der Leitung einer globalen Führungsgruppe unterliegen. Diese koordiniert die Zusammensetzung der regionalen Konsortien und sammelt eingehende Gebote im Fall von auktionsähnlichen Platzierungs- und Preisfindungsverfahren. Eine Trennung in nationale Unterkonsortien verbessert die Platzierungskraft im Hinblick auf quantitative als auch qualitative Aspekte (vgl. Abschnitt 2.4). Die Struktur der einzelnen regionalen Konsortien entspricht dem dargestellten Aufbau eines nationalen Konsortiums.

Eine differenzierte Auswahl der nationalen Konsortialmitglieder kann grundsätzlich den Unterschieden nationaler Kapitalmärkte besser gerecht werden, da wichtige regionale Investorengruppen direkt angesprochen werden können. Am Beispiel des Börsengangs der Deutschen Telekom AG lässt sich die Systematik internationaler Konsortien anschaulich darstellen (vgl. Abbildung 6).

## 2.7 Einführung zum Börsenhandel

Wie bereits bei der Darstellung der wesentlichen Funktionen einer Investmentbank beim Emissionsprozess angedeutet, bietet diese neben der Beratung, Übernahme und Platzierung der Wertpapiere eine Vielzahl begleitender und nachgelagerter Dienstleistungen, die von der Investmentbank übernommen werden. Hierzu gehören insbesondere die Einführung zum Börsenhandel sowie eventuelle Maßnahmen zur Kurspflege nach erfolgreicher Platzierung der Wertpapiere.

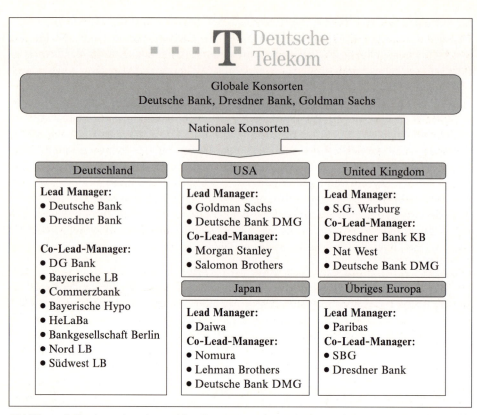

Abbildung 6: Struktur eines internationalen Emissionskonsortiums

Die Bedeutung einer Einführung der platzierten Wertpapiere zum Börsenhandel wurde bereits im Zusammenhang mit den Platzierungsverfahren (vgl. Abschnitt 2.4) angesprochen. Durch eine Börseneinführung werden die Preistransparenz und Liquidität im Sekundärhandel maßgeblich gefördert. Die Börseneinführung, das heißt die erstmalige Aufnahme eines Wertpapiers in den organisierten Börsenhandel, setzt eine vorangegangene Zulassung der Wertpapiere voraus, deren Anforderungen vom jeweiligen Börsenplatz und dem ausgewählten Marktsegment bestimmt werden. Grundsätzlich besteht die Möglichkeit zur Einführung von Wertpapieren an mehreren nationalen und internationalen Börsenplätzen. Während Mehrfachnotierungen (Dual/Multiple Listings) bei Aktienemissionen durchaus üblich sind, werden Schuldverschreibungen in der Regel nur an einem Börsenplatz eingeführt. Neben der inländischen Börseneinführung erstreckt sich die Beratungsleistung und operative Unterstützung der Investmentbank bei Aktienemissionen ebenfalls auf die Vorbereitung zum *Börsenlisting an ausländischen Handelsplätzen*. Die Zulassung inländischer Wertpapiere an ausländischen Börsenplätzen hat insbesondere vor dem Hintergrund zunehmender Privatisierungen und immer mehr steigender Emissionsvolumina an Bedeutung gewonnen. Durch eine internationale Platzierung und ein Listing an den wichtigen Börsenplätzen New York, London oder Tokio eröffnet sich für den Emittenten ein bedeutend größeres Anlegerpublikum.

Seitens der Deutschen Börse AG ist zwischen den Marktsegmenten Amtlicher Handel, Geregelter Markt und Freiverkehr sowie den Handelssegmenten Neuer Markt und SMAX zu unterscheiden. Wie bereits in Abschnitt 2.5.1 (Segmentwahl der Deutschen Börse) beschrieben, sind Amtlicher Handel, Geregelter Markt und Freiverkehr durch absteigende Zulassungsvoraussetzungen gekennzeichnet. Sowohl für den Amtlichen Handel als auch für den Geregelten Markt stellen dabei das Börsengesetz, das Verkaufsprospekt-Gesetz sowie die Börsenzulassungsverordnung und Börsenordnung der betroffenen Wertpapierbörse die rechtliche Basis dar. Notwendige Voraussetzung für die Zulassung zum *Amtlichen Handel* ist ein Zulassungsantrag, der zwingend durch ein an einer inländischen Börse zum Handel zugelassenes Kredit-/Finanzdienstleistungsinstitut erfolgen muss. Diesem Antrag ist ein Zulassungsprospekt beizufügen, der den Anforderungen der Börsenzulassungsverordnung zu entsprechen hat. Ferner muss dieser Prospekt, der primär ein Mittel des Investorenschutzes darstellt, veröffentlicht werden. Nach Erhalt des Börsenzulassungsprospekts hat die entsprechende Zulassungsstelle innerhalb von 15 Tagen über den Antrag auf Billigung zu entscheiden.

Das 1987 durch die Börsengesetznovelle neu geschaffene Handelssegment des *Geregelten Marktes* sieht im Vergleich zum Amtlichen Handel Erleichterungen in Bezug auf die Zulassungskriterien des Emittenten sowie die Anforderungen an das Zulassungsverfahren vor. So ist für die Beantragung zum Handel im Geregelten Markt ein Kredit-/Finanzdienstleistungsinstitut nicht zwingend notwendig. Gleichfalls tritt für die Zulassung am Geregelten Markt ein Unternehmensbericht an die Stelle des Zulassungsprospekts. Demgegenüber wird die Einbeziehung in den *Freiverkehr* ausschließlich durch die Richtlinien der Deutsche Börse AG bestimmt. Im Gegensatz zu den beiden erstgenannten Börsensegmenten entfällt im Freiverkehr gleichfalls die Pflicht zur Ad-hoc-Publizität nach § 44a BörsG, die eine unverzügliche Veröffentlichung von Vorgängen mit erheblichem Auswirkungspotenzial auf den Börsenkurs vorsieht.

Die Zulassung zum Handelssegment *Neuer Markt*, welches von der Deutsche Börse AG speziell für junge und innovative Wachstumsunternehmen entwickelt wurde, setzt die Zulassung zum Geregelten Markt voraus; sie unterliegt vergleichsweise strengen Zugangsbedingungen, die in erster Linie der Transparenz und Liquidität des Segments dienen. Im Hinblick auf die Emission müssen die emittierenden Unternehmen ein Volumen von mindestens 5 Mio. Euro, einen Gesamtnennbetrag von mindestens 250 000 Euro sowie eine Mindeststückzahl von 100 000 aufweisen. Ferner sollten mindestens 50 Prozent der Emission aus einer Kapitalerhöhung stammen. Es dürfen darüber hinaus nur Stammaktien emittiert werden, deren Handel von mindestens zwei Designated Sponsors (Betreuern) beaufsichtigt wird und die sich bei einem Emissionsvolumen unter (über) 100 Mio. Euro zu mindestens 20 Prozent (10 Prozent) im Streubesitz befinden. Das Unternehmen muss außerdem über eine Eigenkapitaldecke von mindestens 1,5 Mio. Euro verfügen. Der Emissionsprospekt ist nach internationalen Standards zu erstellen. Die Rechnungslegung hat nach internationalen Rechnungslegungsgrundsätzen (IAS oder US-GAAP) zu erfolgen. Schließlich muss das Unternehmen den Übernahmekodex der Börsensachverständigenkommission anerkennen (vgl. Beitrag Mergers & Acquisitions, Abschnitt 1.4). Die Aktionäre des Unternehmens unterliegen einer sechsmonatigen Haltepflicht der Anteile (Lock-up-Periode).

Das SMAX stellt das von der Deutschen Börse AG entwickelte Handelssegment für Smallcaps dar. Dabei handelt es sich zumeist um mittelständische Unternehmen, die sich zur Einhaltung besonderer Transparenz- und Liquiditätsstandards verpflichtet haben.

Die Beendigung der Börsenzulassung (*Delisting*) kann entweder durch die Möglichkeit eines Widerrufs der Zulassung durch die Börse oder auf Antrag des Emittenten erfolgen. Die letztere Möglichkeit ist in der Praxis umstritten; das Börsengesetz sieht hierfür insbesondere die Notwendigkeit vor, dass ein Delisting dem Schutz des Anlegers nicht entgegensteht. Dieser ist nach verbreiteter Auffassung dann gewährleistet, wenn ein ordentlicher Handel der Wertpapiere an einer anderen in- oder ausländischen Börse weiterhin möglich ist.

Erstere Möglichkeit des Delistings, ein Widerruf der Zulassungsstelle, kann in der Pflichtversäumnis des Emittenten (z.B. gegenüber dem Regelwerk des Neuen Marktes) begründet sein bzw. unter der Voraussetzung erfolgen, dass ein ordentlicher Börsenhandel nicht länger gewährleistet erscheint. Im Zusammenhang mit der Diskussion über ein Delisting so genannter *Pennystocks* wurden von der Deutschen Börse AG darüber hinaus neue Ausschlusskriterien für ein Delisting am Neuen Markt entworfen. Danach kann ein Unternehmen vom Neuen Markt ausgeschlossen werden, wenn der Aktienkurs (Tagesdurchschnittskurs) weniger als 1 Euro sowie die Marktkapitalisierung gleichzeitig weniger als 20 Mio. Euro beträgt und darüber hinaus beide Grenzwerte in den darauf folgenden 90 Börsentagen nicht an 15 aufeinanderfolgenden Börsentagen übertroffen werden. Ferner kann die Zulassung zum Neuen Markt beendet werden, wenn ein Insolvenzverfahren eröffnet oder mangels Masse abgelehnt wurde. Die Zulassung zum Geregelten Markt bleibt von der Zulassung zum Neuen Markt unberührt. Die Wirksamkeit des Ausschlusses beginnt einen Monat nach Bekanntmachung durch die Deutsche Börse AG; in verschiedenen Gerichtsurteilen konnten betroffene Unternehmen jedoch bereits weitere Aufschübe erwirken. Insgesamt zielt die Verschärfung des Regelwerks der Deutschen Börse AG darauf ab, das Image des Neuen Marktes als Qualitätssegment wiederzubeleben.

## 2.8  Kurspflege

Die Kurspflege umfasst sämtliche Formen der Einflussnahme auf den Preis der emittierten Wertpapiere nach der Platzierung am Primärmarkt. Hierbei steht das Bemühen, Zufallsschwankungen der Börsen zu verhindern oder Marktkurse, die keine fundamentale Begründung in der Finanz- oder Geschäftsentwicklung des Emittenten finden, zu minimieren. Grundsätzlich können Maßnahmen der Kurspflege vom Emittenten selbst oder einer Investmentbank bzw. Bankengruppe – entweder im Namen und auf Rechnung des Kunden oder für eigene Rechnung – betrieben werden. Der Stabilisierung der Sekundärmarktpreise während der ersten Handelstage kommt eine fundamentale Bedeutung im Zusammenhang mit der Etablierung von langfristigen Beziehungen zur Financial Community, das heißt den auch für nachfolgende Kapitalmarkttransaktionen wichtigen Investorengruppen, zu. Die Übergänge zwischen Kurspflege und *Kursstützung*, das heißt dem Versuch, Kursrückgänge entgegen einer meist fundamental begründeten Kurstendenz des Marktes durch Stützungskäufe zu neutralisieren, sind fließend.

Eine vertragliche Verpflichtung zur Kurspflege entsteht für die emissionsführende Investmentbank durch den Übernahmevertrag bzw. den Konsortialvertrag. Träger der Pflicht zur Einleitung kursstabilisierender Maßnahmen ist regelmäßig der Lead Manager des Emissionskonsortiums. Vom Übernahme- bzw. Platzierungskonsortium unabhängige Kursstützungskonsortien sind in der Praxis eher die Ausnahme.

## 2.9 Dokumentation und Prospekterstellung

Die Ausgabe von Wertpapieren am Kapitalmarkt schafft die Notwendigkeit einer umfangreichen *Dokumentation* der Rechtsbeziehungen zwischen einer Vielzahl von involvierten Parteien. Die rechtlichen Grundlagen lassen sich in regulatorische Rahmenbedingungen – vor allem aufsichtsrechtliche und öffentlich-rechtliche Vorschriften – und privatrechtliche Bestimmungen unterteilen. In diesem Zusammenhang gilt es, sowohl aufsichtsrechtlichen Vorschriften zu genügen als auch präventiv eventuellen Schadenersatzforderungen privatrechtlicher Natur vorzubeugen. Trotz einer gewissen Standardisierung der Ausgestaltung einzelner Rechtsbeziehungen und der weiten Verbreitung von Mustertexten der Vertragsgestaltung kommt der Investmentbank eine wichtige Funktion der Rechtsberatung zu, die diese typischerweise in Zusammenarbeit mit spezialisierten Rechtsberatern wahrnimmt.

Die beratende und unterstützende Funktion der Investmentbank wird im Rahmen des Rating Advisory (vgl. Abschnitt 3.5) besonders deutlich. In der Regel obliegt die Durchführung der erforderlichen Dokumentation sowie der angrenzenden Dienstleistungen der emissionsführenden Bank eines Konsortiums. Der hiermit verbundene Aufwand wird typischerweise durch eine getrennt abgerechnete Gebühr berechnet, teilweise (wenn dies durch eine Fixed Priced Offer technisch möglich ist) jedoch auch schon durch die vereinbarte Differenz zwischen Ausgabe- und Emissionskurs abgegolten.

Die gesetzliche Pflicht zur Erstellung eines *Emissionsprospektes* (Verkaufsprospekt) besteht grundsätzlich für jede Form von Wertpapieren, die erstmals im Inland öffentlich angeboten werden. Als Grundlage für die Prospektpflicht gelten neben dem Wertpapier-Verkaufsprospektgesetz (VerkProspG) zusätzlich das Börsengesetz (BörsG) sowie im Geltungsbereich von Investmentfondsanteilen das Gesetz über Kapitalanlagegesellschaften (KAGG). Ausnahmen von bzw. Erleichterungen der Pflicht gelten unter bestimmten gesetzlich genauer beschriebenen Bedingungen für Privatplatzierungen und Kapitalerhöhungen durch Ausgabe neuer Aktien mit Bezugsrecht. Daneben ist eine Anzahl öffentlicher Emittenten von der Prospektpflicht kategorisch befreit. Grundsätzlich ist der Emissionsprospekt in deutscher Sprache zu erstellen; seit In-Kraft-Treten des Dritten Finanzmarktförderungsgesetzes wurde dieser Grundsatz jedoch in Ausnahmefällen gelockert.

Der Zeitpunkt der Prospekteinreichung wird durch eine gesetzliche Mindestfrist von drei Werktagen zwischen Angebotsbekanntmachung und Inkrafttreten des Angebots bestimmt (der Tag des Angebotsbeginns und der Veröffentlichung wird dabei nicht mitgerechnet). Die Veröffentlichung des Prospekts muss mindestens einen Werktag vor dem öffentlichen Angebot erfolgen.

Inhalt des Emissionsprospekts sind in erster Linie nähere Angaben zum zugrundeliegenden Angebot, das heißt den Merkmalen der zu emittierenden Wertpapiere. Darüber hinaus beinhaltet der Prospekt Angaben zum Emittenten in Form zusammenfassender Kennzahlen über „sein Kapital und seine Geschäftstätigkeit, seine Vermögens-, Finanz- und Ertragslage, seine Geschäftsführungs- und Aufsichtsorgane und seine Geschäftsaussichten, Ertragsentwicklung und Geschäftsverlauf" (§ 7 (2) VerkProspG). Grundsätzlich muss der Prospekt laut Gesetzestext „... die Angaben enthalten, die notwendig sind, um dem Publikum ein zutreffendes Urteil über den Emittenten und die Wertpapiere zu ermöglichen" (§ 7 (1) VerkProspG).

Ein unvollständiger Verkaufsprospekt ist dann zulässig, wenn einzelne Angebotsbedingungen auf Grund der schwebenden Festlegung der endgültigen Ausstattungsmerkmale der Wertpapiere noch nicht fixiert wurden. Dies gilt insbesondere für das Volumen der Emission, den Angebotspreis (bzw. Zins) oder eventuelle Wandlungs- bzw. Umtauschbedingungen (vgl. Abschnitt 3.2.5). Angaben über die Form des Nachtrags fehlender Informationen sind in diesem Zusammenhang zwingende Voraussetzung. Der Nachtrag muss dabei spätestens zum Zeitpunkt des Angebots erfolgen. Aus dem angloamerikanischen Sprachgebrauch hat sich der Begriff *„Red Herring"* für die Beschreibung unvollständiger Verkaufsprospekte etabliert. Die Namensgebung entstand aus der Tatsache, dass derartige Prospekte einen Hinweis auf deren Unvollständigkeit in roter Farbe auf dem Deckblatt enthalten.

Unabhängig von der Erstellung des Emissionssprospekts erfordert eine Zulassung zum Amtlichen Handel an einer inländischen Börse die Einreichung und Veröffentlichung eines Börsenzulassungsprospekts, der ähnlichen inhaltlichen Ansprüchen zu genügen hat.

Die Grundsätze der Prospekthaftung sehen im Fall von nachweislich unrichtigen Angaben im Prospekt eine gesamtschuldnerische Haftung der Prospektverfasser vor. Hierzu zählen diejenigen, die erkennbar, insbesondere durch Unterzeichnung des Prospekts, die Verantwortung für dessen Richtigkeit übernehmen. Somit sieht sich die emissionsbegleitende Bank neben dem Emittenten einem Haftungsrisiko ausgesetzt. Aus diesem Grund ist eine sorgfältige Abstimmung mit externen Wirtschaftsprüfern und Anwälten unabdingbar.

## 3. Debt Capital Markets

Das Geschäftsfeld Debt Capital Markets stellt jenen Teilbereich des Kapitalmarktgeschäfts einer Investmentbank dar, dessen Aktivitäten sich auf die Beratung, die Übernahme und die Platzierung von Fremdfinanzierungsinstrumenten sowie vor- und nachgelagerte Dienstleistungen erstrecken. Im Mittelpunkt des Kundengeschäfts steht somit die Aufbringung von Fremdkapital durch den Absatz von Wertpapieren am Kapitalmarkt oder – wenn auch in geringerem Ausmaß – durch direkte Kreditvergabe durch die Investmentbank im Rahmen eines Konsortialkredits.

Das Sortiment unterschiedlicher Finanzierungsinstrumente des Bereichs Debt Capital Markets zeichnet sich durch eine besonders große Variantenvielfalt bei gleichzeitig hoher Innovationsgeschwindigkeit aus. Die Gestaltungsmöglichkeiten einer Fremdfinanzierung sind dabei weitaus größer als diejenigen der Eigenfinanzierung durch die Ausgabe von Aktien. Hieraus resultiert ein entsprechend hoher Grad der Erklärungsbedürftigkeit einzelner Instrumente und Verfahren bei Investoren und Emittenten.

Im Zusammenhang mit einer Analyse der Aktivitäten von Investmentbanken bietet sich eine *produktorientierte Sichtweise* an. In der Praxis wird dieser Systematisierung gefolgt. So beruht die Organisation einer Bank in der Regel auf dem Spezialisierungskonzept, welches sich im Aufbau der Emissions- und Handelsaktivitäten widerspiegelt. Die produktorientierte Struktur des Geschäftsfeldes wird typischerweise durch eine kundengruppenorientierte Segmentierung ergänzt. Somit stellt sich der Aufbau des Geschäftsbereiches als Matrixform dar, die der Bank Spezialisierungsvorteile auf Produktebene ermöglicht und gleichzeitig das besondere Anforderungsprofil einzelner Kundengruppen berücksichtigt.

Als wesentliche Ursache für die genannte Variantenvielfalt unterschiedlicher Finanzierungstitel am Markt für Fremdkapital ist die ausgeprägte Innovationsfreudigkeit der Marktteilnehmer zu vermuten. Bedingt durch ein sich laufend veränderndes Kapitalmarkt- und Regulierungsumfeld zählt dieser Bereich zu den innovativsten Geschäftsfeldern im Investment Banking. Hierbei spielen insbesondere die kontinuierliche Verbesserung der technologischen Infrastruktur sowie die verbesserten Analysefähigkeiten eine entscheidende Rolle bei der Entwicklung zunehmend komplexer Finanzierungsinstrumente. Die Aufgabe, diese Vielfalt unterschiedlicher Produktvarianten zu systematisieren, wird somit zu einem schwierigen Unterfangen, da sich das innovative Element neuer Produkte vielfach gerade eben durch die neue Kombination der Merkmale schon bestehender Produkte auszeichnet. Dennoch wird an dieser Stelle der Versuch unternommen, einen Überblick über die Standardprodukte zu geben. Die Beschäftigung mit so genannten *Plain-Vanilla*-Produkten, das heißt solchen Finanzierungsinstrumenten, die durch einfache und standardisierte Strukturen gekennzeichnet sind, ist insbesondere vor dem Hintergrund der Bewertung komplizierter Finanzinstrumente von Interesse, da diese sich letztlich immer wieder auf Standardprodukte zurückführen lassen.

## 3.1 Kundengruppen

Im Zusammenhang mit der Darstellung der Beratungsfunktion (vgl. Abschnitt 2.2) einer Investmentbank im Emissionsgeschäft wurde bereits darauf hingewiesen, dass ein fundiertes Verständnis des kundengruppenspezifischen Bedarfsprofils zur notwendigen Voraussetzung für die Bereitstellung adäquater Problemlösungen wird. Wie die nachfolgende Darstellung der verschiedenen Gruppen von Kapitalnachfragern zeigt, unterscheiden sich die angebotenen Finanzierungsinstrumente unterschiedlicher Kundengruppen teilweise bedeutsam. Eine Spezialisierung auf Kundengruppen ermöglicht es der Investmentbank, deren Heterogenität gerecht zu werden und entsprechendes Know-how aufzubauen.

Wie die nachfolgende Darstellung der Zusammensetzung des Marktes für Inlandsanleihen, das heißt zum inländischen Börsenhandel zugelassener Anleihen, zeigt (vgl. Abbildung 7), dominieren Schuldner der öffentlichen Hand und der Finanzdienstleistungsindustrie, wohingegen Unternehmensanleihen einen verschwindend geringen Anteil am Gesamtvolumen ausstehender Anleihen ausmachen. Der bedeutende Anteil von Hypotheken- und öffentlichen Anleihen, die der Emittentengruppe der Banken zugerechnet werden, stellt dabei eine deutsche Besonderheit dar, auf die in Abschnitt 3.1.2 genauer eingegangen wird.

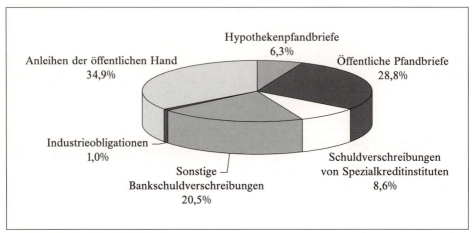

Quelle: Deutsche Bundesbank (2002), S. 26

Abbildung 7: Zusammensetzung des deutschen Inlandsanleihemarktes (2001)

### 3.1.1 Öffentlicher Sektor

Der öffentliche Sektor stellt am deutschen Kapitalmarkt den volumenstärksten Anbieter von Finanzierungstiteln dar. Sein Gewicht hat auf Grund des steigenden Finanzierungsbedarfs des laufenden Bundeshaushalts während der vergangenen Jahre kontinuierlich zugenommen. Der Bundesbank bzw. ihren regionalen Zweigstellen, den Landeszentralbanken, kommt im Zusammenhang mit der Aufbringung der notwendigen Finanzierungsmittel von Bund und Ländern dabei eine Art Hausbankenfunktion zu. Neben ihrer geldpolitischen Steuerungsfunktion und ihrer Funktion als Notenbank der Bundesrepublik Deutschland fungiert die Bundesbank als „Bank des Staates" – und eingeschränkt der Länder – und nimmt dabei die Rolle eines „Fiscal Agent" ein.[2] Sie wirkt somit bei der Finanzierung der öffentlichen Hand *am Markt*[3] mit und übernimmt dabei im Wesentlichen die Ausschreibung, die Platzierung und teilweise den Verkauf von Wertpapieren,

---

[2] Tietmeyer (1995), Sp. 424.
[3] Durch vertragliche Verpflichtungen im Zusammenhang mit der Europäischen Union darf die Bundesbank seit 1994 nicht mehr als direkter Kreditgeber für staatliche Institutionen auftreten.

wodurch sich die relativ geringe Bedeutung sonstiger emissionsbegleitender Institute – vor allem der Investmentbanken – erklärt. Auf Grund der typischerweise hohen Emissionsvolumina des Bundes sowie seiner erstklassigen Bonität entfällt die Notwendigkeit zur Übernahme von Absatz- und Marktrisiken. Zudem existiert ein vergleichsweise geringer Beratungsbedarf der Emittentenseite, da die Höhe des Finanzierungsbedarfs, die Art der Kapitalaufnahme sowie der Zeitpunkt derselben durch haushaltspolitische Entscheidungen bestimmt wird bzw. auf Grund gesetzlicher Restriktionen geringe Gestaltungsflexibilität zulässt.

Im Folgenden wird zunächst das Finanzierungsinstrumentarium des Bundes dargestellt, bevor daran anschließend auf weitere Schuldnergruppen des öffentlichen Sektors eingegangen wird, bei deren Auftritt am Kapitalmarkt die Investmentbank eine weitaus wichtigere Funktion einnimmt. Zur letzteren Gruppe zählen insbesondere die einzelnen Bundesländer und sonstige Gebietskörperschaften sowie weitere Schuldner des öffentlichen Sektors. Abbildung 8 zeigt die wichtigsten Finanzierungsinstrumente der öffentlichen Schuldner am deutschen Kapitalmarkt.

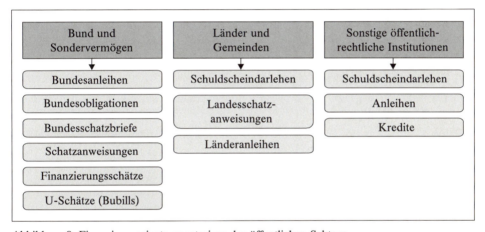

Abbildung 8: Finanzierungsinstrumentarium des öffentlichen Sektors

Als langfristiges Finanzierungsinstrument des Bundes nehmen *Bundesanleihen* eine zentrale Stellung am deutschen Kapitalmarkt sowie im internationalen Kapitalverkehr ein. Auf Grund ihrer dominanten Stellung gelten die laufenden Konditionen von Bundesanleihen als bedeutende Orientierungsgröße für die aktuellen Kapitalmarktkonditionen am deutschen Markt und finden auch an ausländischen Kapitalmärkten als Benchmark Verwendung. Unter Benchmark-Produkten versteht man allgemein solche Finanzierungstitel, die von Kapitalmarktteilnehmern als Referenz zur Beurteilung aktueller Finanzierungskonditionen benutzt werden. Voraussetzung zur Qualifikation als Benchmark-Produkt sind insbesondere das Emissionsvolumen und die Handelsaktivität.

Weiterhin zeichnet sich der Markt für Bundesanleihen durch einen breiten und liquiden Futures-Handel (vgl. Abschnitt 3.2.7) sowie seit Mitte 1997 durch die Möglichkeit einer Trennung von Kapital- und Zinsansprüchen und deren separater Handel – das so genannte *Stripping* – aus, wodurch das Marktsegment für Bundesanleihen signifikant an Transparenz und Bewertungseffizienz gewinnt.

Bundesanleihen sind mit einer Laufzeit von 10 bzw. 30 Jahren ausgestattet, wobei ihre Tilgung endfällig erfolgt. Eine Ausweitung des Laufzeitenspektrums auf 30 Jahre erfolgte erst im Juli 1997 vor dem Hintergrund des gestiegenen Wettbewerbs der europäischen Finanzplätze mit der Einführung einer gemeinsamen Währung. Die Emissionsvolumina einzelner Anleihen, die typischerweise mehrmals pro Jahr erfolgen, werden vom laufenden Finanzierungsbedarf sowie der aktuellen Kapitalmarktsituation bestimmt. Durch Aufstockung einzelner Bundesanleihen erreichen diese in letzter Zeit regelmäßig Gesamtvolumina von bis zu 15 Mrd. Euro.

Im mittelfristigen Laufzeitenbereich nehmen *Bundesobligationen* (Bobls) eine den Bundesanleihen ähnliche zentrale Bedeutung am deutschen Kapitalmarkt ein. Diese weisen eine Laufzeit von 5 Jahren auf und werden in Form einer Daueremission in so genannten Serien mehrmals jährlich emittiert. Hierbei wird eine aktuelle Serie mit festem Nominalzins fortlaufend verkauft – eine Anpassung an die aktuellen Kapitalmarktbedingungen erfolgt über den Verkaufskurs. Das Emissionsvolumen einer einzelnen Serie erreicht regelmäßig über 5 Mrd. Euro.

Neben den Bundesobligationen zählt man *Bundesschatzbriefe* zu den mittelfristigen Finanzierungsinstrumenten des Bundes. Diese sind mit Laufzeiten von sechs Jahren (Typ A) bzw. sieben Jahren (Typ B) ausgestattet und weisen eine mit zunehmender Laufzeit wachsende Verzinsung auf. Im Gegensatz zu Bundesanleihen und Bundesobligationen werden Bundesschatzbriefe nicht zum Börsenhandel zugelassen; ein Sekundärmarkt existiert somit nicht. Darüber hinaus emittiert der Bund im vierteljährigen Rhythmus *Bundesschatzanweisungen* (Schätze) mit einer Laufzeit von zwei Jahren. Im Gegensatz zu Bundesschatzbriefen werden Schätze nach ihrer Emission regelmäßig zum Handel an den deutschen Wertpapierbörsen eingeführt.

Zu den Finanzierungsinstrumenten des Bundes im kurzfristigen Bereich zählen so genannte *Finanzierungsschätze des Bundes* mit Laufzeiten von einem und zwei Jahren sowie unverzinsliche *Schatzanweisungen* (Bubills oder kurz U-Schätze) mit Laufzeiten von derzeit sechs Monaten. Beide Wertpapiergattungen werden in Form einer Daueremission als Diskontpapiere ohne laufende Zinszahlungen begeben, das heißt ihre Verzinsung ergibt sich aus der Differenz zwischen Verkaufskurs und der Rückzahlung zum Nominalwert.

Die Emissionsverfahren von Wertpapieren des Bundes unterscheiden sich auf Grund der besonderen Zielsetzung und Gattung der Bundeswertpapiere von denen privatwirtschaftlicher Schuldner. Bundesanleihen, Bundesschatzanweisungen, U-Schätze und Teilbeträge der Bundesobligationen werden seit Januar 1998 einheitlich durch ein Tenderverfahren (vgl. Abschnitt 2.4.1) über die so genannte „Bietergruppe Bundesemissionen" platziert. Daueremissionen werden dagegen ohne feste Emissionsfrist und ohne ein im Voraus festgelegtes Emissionsvolumen freihändig durch die Bundesbank über die Börsen verkauft. Die *Bietergruppe Bundesemissionen* stellt ein Konsortium gebietsansässiger Kreditinstitute, Wertpapierhandelshäuser oder Wertpapierhandelsbanken dar, deren Mitgliedschaft an die Bedingung einer bestimmten Mindestplatzierungskraft gebunden ist. Die Mindestplatzierungkraft ist laut Erklärung der Bundesbank dann gegeben, wenn mindestens 0,05 Prozent der in einem Kalenderjahr in den Auktionen insgesamt zugeteilten Emissionsbeträge von einem Institut übernommen wurden.

Das Geschäftspotenzial der Investmentbank bei der Emission von Finanzierungstiteln des Bundes ist begrenzt. Die hohe Standardisierung von Instrumenten und Verfahren reduziert die Teilnahme am Emissionskonsortium auf ein nahezu risikoloses Kommissionsgeschäft bei gleichzeitig hoher Konkurrenz auf Grund der mit der Konsortialmitgliedschaft verbundenen Prestigewirkung. Im Gegensatz hierzu erweist sich das Emissionsgeschäft mit einzelnen Bundesländern und sonstigen Körperschaften des öffentlichen Rechts als weitaus weniger standardisiert und bietet der Bank somit entsprechendes Potenzial der Ertragsgenerierung.

Neben dem Bund als wichtigstem Schuldner des öffentlichen Sektors treten die einzelnen Bundesländer als Anbieter von Finanzierungstiteln am Kapitalmarkt auf. Zur Deckung temporärer, jedoch in zunehmendem Ausmaß gleichfalls struktureller Defizite der Länderhaushalte werden zur langfristigen Mittelbeschaffung *Schuldscheindarlehen*, *Landesschatzanweisungen* und seit wenigen Jahren auch verstärkt *Länderanleihen* aufgelegt; kurzfristig finanzieren sich die Länder hauptsächlich über Geldmarktkredite und kurzfristige Kassenkredite bei Banken.

Im Zusammenhang mit der Finanzierung einzelner Bundesländer ist seit Ende der 80er Jahre ein gradueller Strukturwandel zu beobachten. Die steigende Schuldenlast der Länder – insbesondere auf Grund massiver Infrastruktur-Investitionen in den neuen Bundesländern – sowie der Verlust eines währungsbedingten Vorteils durch die Einführung der Europäischen Währungsunion haben dabei die Veränderung des Finanzierungsverhaltens maßgeblich beeinflusst. Während noch zu Beginn der 80er Jahre annähernd 90 Prozent der Gesamtfinanzierung westdeutscher Bundesländer durch Schuldscheindarlehen (vgl. Abschnitt 3.2.2) und Direktkredite von Kreditinstituten aufgebracht wurden, ist ein zunehmender Trend zur Inanspruchnahme des Kapitalmarktes zu beobachten. Bis Mitte der 90er Jahre verringerte sich der Anteil der Schuldscheinfinanzierung am Gesamtschuldvolumen der Länder bereits auf weniger als 40 Prozent der Neufinanzierungen.

Als Auslöser dieses Wandels gilt vorwiegend der Wunsch der Bundesländer, günstigere Finanzierungskonditionen am Kapitalmarkt zu erhalten. Die Möglichkeit zur Finanzierung über handelbare Wertpapiere eröffnet den Schuldnern neue Anlegerkreise und senkt auf Grund deren höherer Liquidität im Sekundärmarkt tendenziell die Kapitalkosten der Emittenten. Entsprechend ging die graduelle Verdrängung der Schuldscheinfinanzierung mit einer Verzehnfachung des Emissionsvolumens von Bundesländern am Anleihemarkt in der ersten Hälfte der 80er Jahre einher.

Die traditionell enge Bindung zwischen den Landesbanken und den Finanzministerien der Länder im Emissionsgeschäft ist durch den zunehmenden Kostendruck und verstärkten Wettbewerb im Finanzierungsgeschäft während der letzten Jahre durch ein Vordringen der Investmentbanken in dieses Marktsegment geschwächt worden. Diese

Entwicklung eröffnete den Investmentbanken eine attraktive Kundengruppe, die sich im europaweiten Wettbewerb um Anlagemittel zunehmend weg von traditionellen Finanzierungswegen hin zu innovativen Finanzierungsinstrumenten in einem Umfeld kompetitiver Marktbedingungen orientieren muss. In diesem Zusammenhang intensiviert der Verlust des Währungsvorteils deutscher Gebietskörperschaften durch die Einführung des Euro den Anpassungsdruck der Kapitalnachfrager. Das Auftreten erster Ratings für Länderanleihen (vgl. Abschnitt 3.5) zeigt diesen Sachverhalt symptomatisch auf.

### 3.1.2 Banken

Als zweitgrößter Emittent von Fremdkapital nehmen Banken auf dem deutschen Kapitalmarkt eine herausragende Stellung ein. Das deutsche Finanzsystems zeichnet sich im internationalen Vergleich durch einen historisch gewachsenen hohen Grad der Bankenintermediation aus. Die bedeutende Rolle des Bankensektors bei der Finanzierung der deutschen Wirtschaft wird im Zusammenhang mit dem Wiederaufbau der Industrie nach den Weltkriegen in der Literatur immer wieder als wesentlicher Erfolgsfaktor genannt.

Zur Refinanzierung ihres Kreditgeschäfts stehen der Kreditwirtschaft grundsätzlich zwei Möglichkeiten offen: Diese sind das Einlagengeschäft, bei dem im Wesentlichen kurzfristiges Sparvermögen in langfristiges Anlagevermögen der Banken transformiert wird, und die direkte Refinanzierung über den Kapitalmarkt. Auf Grund eines sich fortsetzenden Trends der Umschichtung von Geldvermögen privater Haushalte in höherverzinsliche Anlageformen am Kapitalmarkt ist der Anteil von Bankeinlagen der breiten Bevölkerung in Deutschland seit Mitte der 80er Jahre kontinuierlich gesunken. Die Bedeutung der Refinanzierung am Kapitalmarkt ist für die Kreditwirtschaft somit konsequenterweise gestiegen.

Neben kurzfristigen Formen der Refinanzierung der Geschäftsbanken am *Geldmarkt* (Interbankenmarkt) bietet sich der Kreditwirtschaft gleichfalls die Möglichkeit der Emission langfristiger Kapitalmarktinstrumente. Diese stehen im Mittelpunkt des Emissionsgeschäfts mit Bankkunden der Investmentbank. Die wichtigsten Fremdfinanzierungsinstrumente des Bankensektors im langfristigen Bereich stellen hierbei Anleihen und Emissionsprogramme (vgl. Abschnitt 3.2.3) dar. Bankanleihen lassen sich in drei Kategorien einteilen: Hypothekenpfandbriefe, öffentliche Pfandbriefe und Bankschuldverschreibungen.

Der *Pfandbrief* stellt eine deutsche Spezialität dar, die auf eine über 200 Jahre alte Tradition zur langfristigen Refinanzierung von Bankkrediten im Wohnungs- und Kommunalkreditgeschäft zurückblickt. Während die Refinanzierung von Hypothekendarlehen im privaten und gewerblichen Wohnungsbau durch Verbriefung und Emission besicherter Bankanleihen (Hypothekenpfandbriefe) auch international weit verbreitet ist, lassen sich für öffentliche Pfandbriefe zur Refinanzierung von Krediten an öffentliche Institutionen an ausländischen Kapitalmärkten keine vergleichbaren Refinanzierungsinstrumente ausmachen.

Neben seiner absoluten Größe ist die Bedeutung des Pfandbriefmarktes insbesondere vor dem Hintergrund der rechtlichen Rahmenbedingungen des Pfandbriefsystems, die im internationalen Umfeld einzigartig sind, zu betrachten. Zur Emission von Pfandbriefen sind ausschließlich Institute mit dem gesetzlichen Pfandbriefprivileg berechtigt. Diese sind neben den Landesbanken (öffentlich-rechtliche Kreditanstalten) solche Kreditinstitute, die dem Hypothekenbankgesetz unterliegen. Pfandbriefe dienen ausschließlich der Refinanzierung von vergebenen Kommunaldarlehen (öffentliche Pfandbriefe) und Krediten für gewerblichen oder privaten Wohnungsbau (Hypothekenpfandbriefe).

Hypothekenbanken unterliegen hinsichtlich der Besicherung der von ihnen ausgegebenen Pfandbriefe strengen Vorschriften, welche eine jederzeitige Deckung mit registrierten Darlehen auf der Aktivseite in einem gesondert verwalteten Deckungsstock vorschreiben. Die zur Erklärung des Pfandbriefkonzeptes in der Literatur verbreitet genannten Asset Backed Securities (ABS) weisen einen wesentlichen Unterschied auf, der einen Vergleich beider Instrumente erschwert. Während ABS ein Sondervermögen und Finanzierungsvehikel darstellen, dessen Haftungsmasse für den Investor ausschließlich aus den Aktiva des Sondervermögens besteht, bleibt der Schuldner eines Pfandbriefes zunächst die emittierende Hypothekenbank. Diese haftet für die Erfüllung der Ansprüche aus den von ihr emittierten Pfandbriefen. Der Deckungsstock ist als solcher kein Sondervermögen, sondern ein Teil des Gesamtvermögens der Hypothekenbank, dessen Zusammensetzung und Höhe gesetzlichen Mindestanforderungen genügen muss und regelmäßig überprüft wird. Entsprechend ist davon auszugehen, dass die Bonität unterschiedlicher Pfandbriefe derselben Hypothekenbanken gleich ist, während die Qualität unterschiedlicher ABS desselben Initiators ausschließlich vom Vermögensbestand der einzelnen Sondervermögen bestimmt wird und entsprechend variiert.

Als Investoren am Markt für Pfandbriefe treten vorwiegend Versicherungen (circa 30 Prozent), Banken (circa 25 Prozent) und zu einem geringeren Anteil auch Privatanleger auf. Pfandbriefe bieten Anlegern Renditen, die trotz annähernd gleicher Bonität einer Regierungsanleihe regelmäßig um wenige Basispunkte (ein Hundertstel Prozent) über einer laufzeitadäquaten Bundesanleihe liegen. Darüber hinaus bieten sie institutionellen Investoren wie Versicherungen und Banken den Vorteil, dass sie auf Grund ihrer Form als Namenspapiere zu Nominalwerten bilanziert werden.

Traditionell erfolgt die Emission von Pfandbriefen in Form eine Daueremission durch freihändigen Verkauf am Markt. Dabei werden je nach Mittelbedarf Emissionen zwischen 10 Mio. und 150 Mio. Euro aufgelegt. Diese werden sukzessive am Markt platziert bis das Gesamtvolumen verkauft ist oder bis eine Veränderung der aktuellen Kapitalmarktsituation eine Anpassung der Ausstattung notwendig macht und die Restbestände aus dem Angebot genommen werden. Die Feinanpassung an das aktuelle Zinsniveau erfolgt dagegen durch die Veränderung des jeweiligen Ausgabekurses. Häufig werden die Wertpapiere nicht vom Emittenten selbst, sondern von Investmentbanken, sonstigen Kreditinstituten oder Wertpapierhandelshäusern platziert.

Trotz seiner absoluten Größe fehlte dem Markt für Pfandbriefe bis vor einigen Jahren die nötige Liquidität, um für institutionelle Investorengruppen attraktiv zu sein. Durch die Einführung so genannter *Jumbo-Pfandbriefe* (Mindestvolumen 0,5 Mrd. Euro, mindestens drei Market Maker, Straight-Bond-Format) im Jahr 1995 und dem Aufbau eines Index für Pfandbriefe sowie der Einführung eines Pfandbrief-Futures wird der Pfandbriefmarkt zunehmend für internationale Investoren interessant.

Das Volumen der Jumbo-Pfandbriefe belief sich 2001 auf 403 Mrd. Euro. Bei hohen Wachstumsraten nähern sich die größeren Jumbo-Transaktionen der Liquidität und Transparenz europäischer Staatsanleihen, weisen aber eine höhere Rendite auf. Die europäische Währungsunion sowie die Einrichtung eines elektronischen Handelssystems, EuroCreditMTS, beschleunigen die Internationalisierung des Pfandbriefes und stellen die Marktteilnehmer vor neue Herausforderungen. Laut Morgan Stanley Dean Witter befanden sich schätzungsweise 20 bis 25 Prozent der Jumbo-Pfandbriefe in den Händen ausländischer Anleger. Ursächlich hierfür sind unter anderem die zunehmende Standardisierung und ein Syndizierungssystem, welches für zusätzliche Liquidität sorgt und somit die Attraktivität des Pfandbriefes aus Anlegersicht steigert. Zudem bilden Pfandbriefe einen erheblichen Bestandteil europäischer Anleiheindizes.

Mit zunehmender Internationalisierung der Kapitalmärkte geht die Bestrebung der Hypothekenbanken einher, verstärkt ausländische Investoren als Käufer ihrer Pfandbriefe zu gewinnen. Eine weitere Neuerung stellt in diesem Zusammenhang der Pfandbrief im Global Format dar, bei dem es sich – wie bei allen Pfandbriefen – um eine inländische Schuldverschreibung handelt. Als erstes Institut begab die DePfa im Februar 1996 zwei äußerst erfolgreiche Global-Pfandbriefe. Zahlreiche Emissionen anderer Hypothekenbanken folgten. Die Platzierung bei US-amerikanischen Investoren fand im Regelfall unter Rückgriff auf Rule 144A statt oder wurde mittels einer ausländischen Niederlassung gemäß Section 3 (a) 2 der American Securities Act durchgeführt.

Die Platzierung und Preisfindung erfolgt bei Global-Pfandbriefen durch ein internationales Konsortium im Bookbuilding-Verfahren (vgl. Abschnitt 2.4). Emissionsvolumen, Dokumentation und Einführung zum Börsenhandel entsprechen gleichfalls den Anforderungen an international gehandelte Wertpapiere.

Im Interesse einer fortschreitenden Entwicklung des Pfandbriefes zu einem weltweit anerkannten Finanzinstrument hat der Verband Deutscher Hypothekenbanken (VDH) verschiedene Neuerungsvorschläge an das BAKred herangetragen, welche im Vierten Finanzmarktförderungsgesetz berücksichtigt worden sind, das zum 1. Juli 2002 in Kraft getreten ist. In Bezug auf Pfandbriefe werden zwei Modifikationen vorgenommen. Zum einen ist die regionale Ausweitung des Geschäftskreises der Hypothekenbanken auf die außereuropäischen G7 Staaten USA, Kanada und Japan sowie auf die Schweiz zu nennen, zum anderen – analog zu den französischen Obligations Foncières – die Zulassung von Derivaten zur Deckung von Pfandbriefen (unter bestimmten Voraussetzungen). Während die Kritiker in erster Linie das mit den Derivaten verbundene Counterparty-Risiko hervorheben, vertritt der VDH die Auffassung, dass unter dem Strich die Bonität sogar zunehmen könnte. Allgemein sprechen neben einer flexibleren Besicherung die verbesserte Liquidität von Jumbo- und Global-Pfandbriefen sowie gesteigerte Diversifikationsmöglichkeiten für die Vorschläge des VDH. Schließlich stände eine Lockerung auch in Übereinstimmung mit einer fortlaufenden Ausweitung traditioneller Geschäftsfelder, welche die spezialisierten Hypothekenbanken schon seit langem betreiben, um sinkende Margen in ihrem Kerngeschäft zu kompensieren.

Sowohl Jumbo- als auch Global-Pfandbriefe haben seit ihrer Einführung einen beachtlichen Zuwachs ihres Marktanteils verzeichnen können. Bereits innerhalb des ersten Jahres erreichten diese innovativen Pfandbriefformen einen Anteil von sieben Prozent des Gesamtmarktvolumens für Pfandbriefe.

Der Erfolg des Global-Pfandbriefs wird voraussichtlich die europaweite Harmonisierung der relevanten Gesetzgebung forcieren. Der VDH hat in diesem Zusammenhang mehrfach deutlich gemacht, dass er eine Abweichung vom Spezialbankenprinzip missbilligt. Unabhängig davon haben einige deutsche Hypothekenbanken Tochterinstitute in Luxemburg gegründet, die gemäß der dortigen Bestimmungen auch Vermögensgegenstände aus anderen OECD-Staaten in ihre Besicherungspools aufnehmen dürfen. Zusammenfassend ist daher mit einer zunehmenden Bedeutung des (Jumbo-) Pfandbriefes zu rechnen, der sich in erhöhtem Maße als europäisches Äquivalent zu US-amerikanischen Agency Paper etabliert.

*Bankschuldverschreibungen* stellen langfristige Fremdfinanzierungsinstrumente der privaten und öffentlich-rechtlichen Kreditinstitute dar. Zu den wichtigsten Emittenten gehören sowohl die privaten Großbanken und genossenschaftlich organisierten Kreditinstitute als auch Kreditinstitute mit Sonderaufgaben (beispielsweise Kreditanstalt für Wiederaufbau, Deutsche Ausgleichsbank), die als Körperschaft des öffentlichen Rechts Eigentum des Bundes sind und primär strukturpolitische Zielsetzungen verfolgen. Emittenten des Bankensektors werden regelmäßig zu den so genannten *Frequent Borrowers* gezählt, die in relativ hoher Frequenz mit neuen Emissionen am Kapitalmarkt auftreten. Die Emissionsvolumina erreichen dabei nicht selten Milliardenbeträge, womit die Platzierungskraft der teilnehmenden Investmentbanken zum wesentlichen Element ihrer Dienstleistung wird. Der Beratungsbedarf großvolumiger Anleiheemissionen des Bankenbereichs ist dagegen typischerweise begrenzt. Auf Grund der ausgeprägten Prestigewirkung der Übernahme eines Emissionsmandats dieser Kundengruppe ist der Wettbewerb in diesem Bereich besonders hoch. Trotz relativ geringer Margen im Emissionsgeschäft großvolumiger Bankanleihen versprechen diese den Konsortialbanken schon auf Grund der hohen Distributionsvolumen attraktive Ergebnisbeiträge.

Zunehmend werden im Emissionsgeschäft mit Banken auch innovative Anleihekonstruktionen angeboten, um die Finanzierungskosten der Kreditinstitute zu senken. Hierbei handelt es sich primär um mezzanine Finanzierungsinstrumente (vgl. Abschnitt 3.2.5) wie beispielsweise Wandel- bzw. Umtauschanleihen oder Nachrangkapital, welches vor allem zur kostengünstigen Verbesserung der Ausstattung mit gesetzlich vorgeschriebenem Haftungskapital dient.

### 3.1.3 Unternehmen

Der deutsche Markt für Unternehmensanleihen ist im internationalen Vergleich stark unterentwickelt. Trotz verstärkter Durchsetzung liberalisierender Maßnahmen wird dieses Kapitalmarktsegment in Deutschland weiterhin von einer Reihe grundlegender Faktoren gehemmt, deren Ursprung im Wesentlichen in der besonderen Entwicklung des deutschen Finanzsystems zu vermuten ist. Auf der Emittentenseite dominieren derzeit weiterhin intermediäre Finanzierungsformen, die den Unternehmen einen kostengünstigen Zugang zu Finanzierungsmitteln ermöglichen. Die bereits angesprochene enge Beziehung zwischen Industrieunternehmen und ihren Hausbanken stellt dabei ein oft genanntes Charakteristikum des deutschen Finanzmarktes dar. Solange deutsche Geschäftsbanken es den Unternehmen erlauben, sich kostengünstig über Kredite zu finanzieren, besteht kein Anreiz, den direkten Weg an den Kapitalmarkt zu suchen. Dennoch ist ein Trend zur verstärkten Inanspruchnahme des Kapitalmarkts durch deutsche Unternehmen zu beobachten. Durch die Einführung der gemeinsamen europäischen Währung und die dadurch zu erwartenden Strukturveränderungen – vor allem den Trend zur Institutionalisierung, einen verstärkten Wettbewerb der Finanzdienstleister und den Wegfall quasi-separierter nationaler Kapitalmärkte – wird der Markt für Unternehmensanleihen an Dynamik gewinnen.

Ein wesentlicher Impuls für die Entwicklung eines funktionsfähigen Marktes für Unternehmensanleihen in Deutschland wird von den veränderten Umfeldbedingungen der Käuferseite ausgehen. Zunehmend konzentriert sich das anlagesuchende Kapital in der Verwaltung großer institutioneller Anleger wie Fondsgesellschaften, Versicherungen und Pensionsfonds. Dieser mit dem bereits genannten Begriff der *Institutionalisierung* umschriebene Trend der Strukturveränderung auf der Anlegerseite geht mit einem zunehmenden Wettbewerb innerhalb dieser Gruppe von Großinvestoren um die Gelder der Endinvestoren einher. Den wesentlichen Erfolgsfaktor stellt in diesem Zusammenhang die relative Performance, das heißt die Höhe der Gesamtrendite im Vergleich zum Branchendurchschnitt bzw. einer marktspezifischen Benchmark, dar. Zur Verbesserung ihrer Renditeperformance lassen sich bestimmte Risikoarten dem Gesamtportefeuille beimischen, um hierfür entsprechende Risikoprämien zu erzielen. Waren es im europäischen Raum bis dato im Wesentlichen Währungsrisiken, die von institutionellen Investoren zur Portefeuillesteuerung eingesetzt wurden, so ist mit der Einführung des Euro – zumindest im europäischen Raum – ein so genannter Yield-Pick-up durch Beimischung von Fremdwährungstiteln in Zukunft kaum noch erreichbar. Zunehmend wird deshalb das Kreditrisiko in den Vordergrund der Anlagestrategie wichtiger Kapitalsammelstellen treten, um die angestrebten Renditeverbesserungen zu erreichen. Dieser Trend wird der Entwicklung eines deutschen Marktes für Unternehmensanleihen wesentlich zugute kommen.

Der Markt für Inlandsanleihen deutscher Unternehmen wird derzeit von einem relativ kleinen Kreis von Großunternehmen erstklassiger Bonität dominiert. Das Gesamtvolumen ausstehender Industrieanleihen am deutschen Rentenmarkt bleibt mit weniger als einem Prozent (vgl. Abbildung 7) im internationalen Vergleich verschwindend gering. Insbesondere fällt auf, dass Emittenten geringerer Bonität der Zugang zum inländischen Anleihemarkt verschlossen bleibt. Im Vergleich zum Markt für Inlandsanleihen ist es für Emittenten am Euroanleihemarkt (vgl. Abschnitt 3.3.2) leichter, anlagewillige Investoren zu finden. Entsprechend beläuft sich das Gesamtvolumen ausstehender Unternehmensanleihen deutscher Emittenten in diesem Marktsegment auf das Zehnfache des Inlandsmarktes.

Der Beratung der Investmentbank kommt im Zusammenhang mit der Strukturierung von Anleihefinanzierungen dieser Kundengruppe eine wichtige Funktion zu. Es gilt hierbei, dem kapitalsuchenden Unternehmen adäquate Produktlösungen vorzuschlagen, die dem Nachfrageprofil der Investorenseite im entsprechenden Marktsegment genügen. Im Hinblick auf die Ausgestaltung einer Finanzierungstransaktion steht der Investmentbank eine breite Palette möglicher Produkte zur Verfügung, die im folgenden Abschnitt skizziert werden.

## 3.2 Produkte

Wie bereits einleitend herausgestellt, zeichnet sich der Geschäftsbereich Debt Capital Markets vor allem durch die hohe Variantenvielfalt möglicher Finanzierungsprodukte aus. Die folgenden Ausführungen beschränken sich auf die geläufigsten Fremdfinanzierungsinstrumente und deren Ausgestaltung.

### 3.2.1 Anleihen

Anleihen (Schuldverschreibungen, Obligationen) gehören zu den traditionellen Formen der langfristigen Fremdfinanzierung. Die Anleihefinanzierung richtet sich entgegen der Kreditfinanzierung nicht an spezielle Kreditgeber, sondern an anonyme Investoren am Kapitalmarkt. Anleihen werden in Teilschuldverschreibungen verbrieft und lauten auf entsprechende Teilbeträge des gesamten Finanzierungsvolumens. Sie werden in der Regel als Inhaberpapiere emittiert und entweder öffentlich zur Zeichnung angeboten und an einer Börse gehandelt oder auf dem Wege der Privatplatzierung einem ausgewählten Investorenkreis angeboten (vgl. Abschnitt 2.4.2).

Hinsichtlich ihrer Verbriefungsform lassen sich Anleihen in Inhaber- und Namensschuldverschreibungen unterscheiden. Durch die Form der Verbriefung werden hauptsächlich die Entstehung sowie die Art des Übergangs von Rechten aus den zugrundeliegenden Wertpapieren bestimmt. *Inhaberschuldverschreibungen* stellen im inländischen und internationalen Anleihemarkt den Regelfall dar. Charakteristisches Merkmal eines Inhaberpapiers ist die weitestgehende Übertragungsfreiheit des verbrieften Rechts durch Einigung und Übergabe. Inhaberschuldverschreibungen werden regelmäßig in Sammelurkunden verbrieft, das heißt einzeln verbriefte Teilansprüche existieren in der heutigen Praxis nicht mehr. Im Fall der vom Bund ausgegebenen Wertpapiere (vgl. Abschnitt 3.1.1) wird dagegen auf jegliche Verbriefungsform verzichtet (so genannte Wertrechte).

Im Gegensatz hierzu werden *Namensschuldverschreibungen* zu den so genannten Rektapapieren gezählt, die auf eine benannte Person lauten und durch Abtretung (Zession) übertragen werden. Ihre Form der Übertragbarkeit erschwert einen börslichen Handel und wird aus diesem Grund hauptsächlich für solche Forderungsrechte gewählt, die gezielt an einen überschaubaren Investorenkreis verkauft werden. Der Vorteil von Namenspapieren für institutionelle Anleger ist vor allem bilanzrechtlicher Natur. Während börsengehandelte Inhaberpapiere stets dem Umlaufvermögen zuzurechnen sind und damit dem strengen Niederstwertprinzip unterliegen, müssen Namensschuldverschreibungen nicht laufend durch Wertberichtigungen an die aktuelle Marktbewertung angepasst werden.

Durch eine Schuldverschreibung verpflichtet sich der Aussteller (Schuldner) zur Rückzahlung des Nominalbetrages sowie zu regelmäßigen Zinszahlungen. Der Nominalbetrag einer Anleihe muss weder mit dem Ausgabebetrag noch mit dem Rückzahlungskurs übereinstimmen. Üblicherweise wird der Ausgabebetrag nicht mit dem Nominalbetrag übereinstimmen, sondern diesen unter- (unter pari) oder überschreiten (über pari). Der negative (positive) Differenzbetrag stellt das Disagio (Agio) der Anleihe dar. Über die Höhe des Disagios bzw. Agios wird die Emissionsrendite des Investors den aktuellen Marktkonditionen angepasst. Der Nominalzins (Kupon) wird in der Regel in Abstufungen von 0,5 Prozent festgeschrieben. Der Feinsteuerung der Emissionsrendite kommt beim Pricing der Anleihe eine wichtige Bedeutung zu (vgl. Abschnitt 3.4).

Die Merkmale einer Anleihe, insbesondere die Rechte und Pflichten des Schuldners gegenüber den Anleihegläubigern, werden im Anleihevertrag festgeschrieben und im Emissionsprospekt veröffentlicht. Bei der Ausgestaltung der Anleihebedingungen (Indentures) muss den besonderen Anforderungen des Emittenten sowie des potenziellen Investorenkreises Rechnung getragen werden. Neben der Laufzeit, die von wenigen Monaten (in diesem Fall regelmäßig in Form eines Commercial-Paper-Programms, vgl. Abschnitt 3.2.3) bis zu nicht rückzahlbaren Schuldverschreibungen (*Perpetuals*) reicht, lassen sich hierbei im Wesentlichen alternative Formen der Zinsansprüche, der Tilgungsmodalitäten, der Besicherung und sonstiger Merkmale an die jeweilige Finanzierungssituation anpassen:

- Der Großteil der Anleihen deutscher Emittenten wird mit fixen *Zinsansprüchen* emittiert. Seit Zulassung variabler Zinszahlungen (Floating Rate Notes) und zinsloser, diskontierter Anleihen (Zero Coupon Bonds) am deutschen Kapitalmarkt stehen den Emittenten alternative Gestaltungsmöglichkeiten offen. Zinszahlungen erfolgen viertel-, halbjährlich oder jährlich, wobei in Deutschland letztere Variante überwiegt. Variable Zinskupons werden periodisch, das heißt in regelmäßigen Abständen von meist drei oder sechs Monaten, in Bezug auf einen Referenzzinssatz neu festgesetzt. Als Referenzzinssatz bedient man sich üblicherweise eines kurzfristigen Geldmarktzinssatzes, der die Finanzierungskosten im Interbankengeschäft widerspiegelt. Hierzu diente in der Vergangenheit in Abhängigkeit vom Handelsplatz vorwiegend der LIBOR (London Interbank Offered Rate) oder FIBOR (Frankfurt Interbank Offered Rate). Mit Einführung des Euro etablierte sich seit 1999 zunehmend der EURIBOR, der einen repräsentativen Durchschnittszins der wichtigen europäischen Interbankzinsen darstellt und täglich ermittelt wird.

Die jeweils geltenden Verfahren der Zinsermittlung sind in den Emissionsbedingungen der Anleihe festgelegt und sehen typischerweise eine Festlegung des Zinssatzes für die kommende Zinsperiode (regelmäßig drei oder sechs Monate) am zweiten Geschäftstag vor Beginn der jeweiligen Zinsperiode vor. Nach der Festlegung erfolgt eine Bekanntmachung des aktuellen Zinssatzes auf elektronischem Weg (über Bildschirmdienste wie beispielsweise Reuters oder Bloomberg) und in den entsprechenden Pflichtblättern.

Weitere Gestaltungsmöglichkeiten der Verzinsungsform stellen so genannte Reverse Floaters oder Stufenzinsanleihen (Step-up-Coupons) dar. Als *Reverse Floater* bezeichnet man ein variabel verzinsliches Fremdfinanzierungsinstrument, dessen periodische Zinsanpassung invers zum determinierten Referenzzins erfolgt (zum Beispiel in Form der Formel 6 Prozent − LIBOR). Die Kuponzahlungen einer *Stufenzinsanleihe* zeichnen sich durch eine laufzeitgebundene Dynamik aus. Hierbei wird die Höhe der periodischen Zinszahlungen im Zeitverlauf in fest determinierten Schritten erhöht. Eine solche Struktur bietet dem Schuldner den Vorteil einer geringeren Liquiditätsbelastung zu Beginn der Laufzeit, die jedoch durch entsprechende Mehrverzinsung am Ende der Laufzeit kompensiert werden muss.

- Die Tilgung des Nominalbetrages erfolgt bei Anleihen entweder mit konstanten Tilgungsraten über die Laufzeit, in *Annuitäten* (konstanter Betrag aus Tilgungsanteil und Zins, wobei der prozentuale Anteil der Kapitaltilgung während der Laufzeit steigt) oder am Ende der Laufzeit (Bullet Payment). Tilgungen während der Laufzeit erfolgen über ein Losverfahren, durch welches die zum jeweiligen Tilgungszeitpunkt rückzahlbaren Teilschuldverschreibungen, die regelmäßig in bestimmten Serien zusammengefasst werden, bestimmt werden. Die Rückzahlung des Nominalbetrags geschieht nach Veröffentlichung der ausgelosten Serien über die entsprechende Depotbank des Investors. Tilgungsfonds (Sinking Fund), aus denen zu geeigneten Zeitpunkten ein freihändiger Rückkauf über die Börse erfolgt, bilden eine weitere Alternative zur Tilgung von Anleihen. Am deutschen Anleihemarkt sind sie jedoch eher unüblich. Ein Rückkauf über die Börse erweist sich für den Schuldner immer dann als vorteilhaft, wenn die Anleihe unter pari notiert, das heißt der Börsenkurs geringer ist als der Nominalwert. Darüber hinaus wirken sich Rückkäufe positiv auf den Börsenwert der Anleihe aus.

- Man unterscheidet weiterhin zwischen besicherten (secured) und unbesicherten (unsecured) Anleihen. Die Bestellung von Sicherheiten (Collaterals) durch den Anleiheschuldner oder Dritte dient der Verbesserung der Bonität und der damit einhergehenden Verringerung der Finanzierungskosten. Zur Besicherung der Gläubigerforderungen einer Anleihe sind grundsätzlich dingliche Sicherheiten oder Personalsicherheiten möglich. Erstere werden in der Praxis an internationalen Kapitalmärkten äußerst selten bestellt; eine Sonderform stellen hier allerdings Pfandbriefe oder Asset Backed Securities dar. Personalsicherheiten in Form einer *Garantie* finden dagegen bei grenzüberschreitenden Finanzierungskonstruktionen häufiger Anwendung. In diesem Zusammenhang garantiert die Muttergesellschaft für die Emission einer ausländischen Tochtergesellschaft die Bonität der Schuldnerin sowie den Bestand der Forderung. Anleihen öffentlicher Schuldner, insbesondere von Gebietskörperschaften oder sonstigen öffentlich-rechtlichen Schuldnern, beinhalten regelmäßig Bürgschaften des jeweiligen Landes oder des Bundes.

- Hinsichtlich der dem Anleihegläubiger zugesicherten *Rangrechte* lassen sich diverse vertragliche Ausgestaltungsvarianten unterscheiden. Im Fall der Insolvenz des Anleiheschuldners bestimmt die Rangfolge der Ansprüche die relative Priorität bei der Bedienung ausstehender Forderungen aus der Konkursmasse. Aus der festgestellten Konkursmasse werden im Anschluss an die Befriedigung so genannter Masseschuldner (zum Beispiel Sozialversicherungsträger) zunächst solche Gläubiger bedient, die sich ein Recht auf Aus- oder Absonderung bestimmter Vermögensgegenstände (zum Beispiel durch Eigentumsvorbehalt oder Bestellung von Sicherheiten) zugesichert haben. Aus dem verbleibenden Vermögensbestand werden nun nach der Ranghöhe der Forderungen einzelne Gläubigergruppen befriedigt. So genannte *Senior Bonds* erhalten dabei eine Privilegierung gegenüber *Junior Bonds*. In der Rangfolge untergeordnete Forderungen (subordinated) werden regelmäßig zuletzt, das heißt jedoch noch vor der Rückzahlung an die Eigenkapitalgeber, bedient. Die relative Priorität der Konkursansprüche einer Anleihe bestimmt somit die Schwere der Ausfallverluste im Fall eines Zahlungsausfalls des Schuldners und wird durch eine entsprechende Risikoprämie vergütet. Der Vertragszins untergeordneter Forderungsrechte übersteigt aus diesem Grund die Verzinsung erstrangiger Titel in Abhängigkeit von der Bonität des Schuldners um einige Basispunkte (Zehntel eines Prozentpunktes).

- Ein wesentlicher Bestandteil der Emissionsbedingungen stellt die Definition möglicher ordentlicher Kündigungsrechte der Vertragsparteien dar. Grundsätzlich können Kündigungsrechte zu Gunsten des Schuldners (Call Option) oder des Gläubigers (Put Option) vereinbart werden. Letztere sind in der Praxis nur in seltenen Fällen anzutreffen. Eine Ausnahme bildet hier die so genannte Change of Ownership Provision, die im Marktsegment für hochverzinsliche Unternehmensanleihen (High-Yield-Bonds) häufiger anzutreffen ist. Diese räumt den Gläubigern ein Kündigungsrecht im Fall einer nachträglichen wirtschaftlich relevanten Veränderung der Eigentümerstruktur des Emittenten ein.

Ein Kündigungsrecht des Emittenten wird typischerweise in der Form eines in seinem Ermessen stehenden Wahlrechts, das heißt ohne die Notwendigkeit des Eintritts bestimmter Umstände, festgeschrieben. Dem Emittenten dient die Einräumung eines ordentlichen Kündigungsrechts primär einer flexibleren Gestaltung seiner Finanzierungspolitik und der Anpassung an veränderte Finanzierungsbedingungen. So ist es denkbar, dass sich die Kapitalmarktzinsen marktübergreifend verringern oder dass seine Bonität während der Laufzeit besser bewertet wird und somit durch eine Anschlussfinanzierung günstigere Konditionen erreicht werden können. Regelmäßig wird die Einräumung eines Call-Rechts des Emittenten mit einer fixierten Periode der Unkündbarkeit (Non-Call Period) von typischerweise zwei bis drei Jahren vereinbart, um dem Investor eine gewisse Kalkulationsgrundlage seines Investments zu ermöglichen.

- Weiterhin sind bedingte Kündigungsrechte des Emittenten möglich. So ist es in der Praxis von Unternehmensanleihen, insbesondere bei jungen, im Wachstumsprozess befindlichen Schuldnern, üblich, ein partielles Kündigungsrecht im Fall einer anschließenden Kapitalerhöhung einzuräumen (Equity Clawback). Bei internationalen Anleiheemissionen wird häufig eine Pflicht zum Steuerausgleich für ausländische Investoren (Gross-up-Clause) festgeschrieben. Diese verpflichtet den Emittenten, bei nachträglicher Einführung einer Quellensteuer entsprechende Ausgleichszahlungen an die Anleger vorzunehmen. Da der Eintritt dieses Sachverhalts eine Finanzierung aus Sicht des Emittenten regelmäßig unwirtschaftlich machen würde, räumt dieser sich in den Anleihebedingungen typischerweise eine Steuerkündigungsklausel ein, die ihm eine Fälligstellung – in der Regel zu pari – im Fall einer veränderten Besteuerungssituation ermöglicht.

## 3.2.2 Schuldscheindarlehen

Schuldscheindarlehen gehören zu den traditionellen mittel- bis langfristigen Finanzierungsinstrumenten und stellen individuell und flexibel gestaltbare Großkredite mit anleiheähnlichen Charakteristika dar. Als Kreditgeber treten hauptsächlich große Kapitalsammelstellen am nicht organisierten Kapitalmarkt, das heißt außerhalb der Börse respektive ohne öffentliches Angebot, auf. Die Investmentbank nimmt in der Regel die Rolle des Vermittlers zwischen Schuldner und Darlehensgeber ein. Weniger üblich ist die Aufnahme von Schuldscheindarlehen direkt bei den Kreditgebern. Die Einschaltung einer Investmentbank bietet den Vorteil, dass die Kreditwürdigkeitsprüfung, die Dokumentation und die Prüfung der Deckungsstockfähigkeit von dieser übernommen werden. Unter Deckungsstockfähigkeit versteht man dabei, dass die Wertpapiere grundsätzlich zur Anlage des Deckungsstockvermögens zulässig sind. Der Deckungsstock stellt einen wesentlichen Anteil des Versicherungsunternehmen zur Verfügung stehenden Anlagevermögens dar. Im Interesse des Schutzes von Versicherungsnehmern stellt das Aufsichtsamt für das Versicherungswesen strenge Anforderungen an die Investmentqualität der Kundengelder.

Neben diesen rein administrativen Dienstleistungen des Intermediärs wird die Investmentbank den Emittenten hinsichtlich der Kapitalmarktkonditionen und der möglichen Strukturierung beraten. Das eigentliche Schuldscheindarlehen wird in der Regel nur ein Bestandteil einer Finanzierungstransaktion sein. Mit dem Ziel, temporäre Marktinkonsistenzen zur Minimierung der Finanzierungskosten des Emittenten zu nutzen bzw. die vom Emittenten gewünschten Risiko/Kosten-Positionen zu erreichen, werden regelmäßig Swap-Geschäfte mit der Emission eines Schuldscheindarlehens gebündelt (vgl. Abschnitt 3.2.6).

Die Attraktivität von Schuldscheindarlehen für bestimmte Gruppen von Investoren liegt insbesondere in ihrer Form als Namenspapier, die es dem Investor erlaubt, zu Nominalwerten zu bilanzieren. Für den Emittenten liegen die Vorteile im Vergleich zur Anleihefinanzierung hauptsächlich in der weitaus größeren Flexibilität, den geringeren Nebenkosten der Emission sowie den fehlenden Publizitätsanforderungen. Schuldscheindarlehen weisen auf Grund ihrer geringeren Fungibilität regelmäßig eine höhere Verzinsung als vergleichbare Anleihen auf. In Deutschland werden Schuldscheindarlehen primär von nicht emissionsfähigen Unternehmen und zu einem Großteil von Gebietskörperschaften als Finanzierungsinstrument genutzt.

## 3.2.3 Emissionsprogamme

Emissionsprogramme für Fremdfinanzierungstitel sind Rahmenvereinbarungen für die Platzierung zukünftiger Emissionen. Die Rahmenvereinbarung beinhaltet die Gattung der zukünftig zu emittierenden Wertpapiere, eine Obergrenze für die Summe aller ausstehenden Wertpapiere des Programms sowie die Geltungsdauer des Emissionsprogramms.

Man unterscheidet zwischen Emissionsprogrammen mit Übernahmegarantie (Underwritten Facilities) und solchen, deren Absatzrisiko vom Emittenten getragen wird (Non-

Underwritten Facilities). Die Platzierung einzelner Tranchen im Rahmen des Programms kann in Form einer Privatplatzierung oder eines öffentlichen Angebots erfolgen (vgl. Abschnitt 2.4). Die Investmentbank tritt im Zusammenhang mit der Auflage von Emissionsprogrammen entweder als Initiator des Rahmenprogramms (Arranger), das heißt als federführendes Institut, oder als Mitglied eines laufend neu zusammengesetzten Programms auf (Agent). Hierbei ist je nach Finanzierungsinstrument eine Übernahmegarantie eingeschlossen (die Investmentbank ist dann ein Underwriting Agent) oder nicht (die Investmentbank ist dann ein Placing Agent).

Am deutschen Kapitalmarkt stellen Emissionsprogramme eine relativ junge Erscheinungsform zur Aufbringung von Fremdkapital dar. Ursprünglich aus der Emissionspraxis am Euromarkt stammend, haben sich Emissionsprogramme am US-Kapitalmarkt während der 80er Jahre zunehmend durchgesetzt. Auf Grund der am Markt für deutsche Inlandsanleihen bis zum In-Kraft-Treten des Ersten Finanzmarktförderungsgesetzes bestehenden Genehmigungspflicht von Anleiheemissionen und der Börsenumsatzsteuer folgte eine Verbreitung am deutschen Markt erst seit Beginn der 90er Jahre. Hintergrund der Einführung von Emissionsprogrammen war der Wunsch von Emittenten nach höherer zeitlicher Flexibilität bei der Anleihefinanzierung, einem reduzierten Dokumentationsaufwand und einem Instrument, das über einen längeren Zeitraum eine revolvierende Finanzierung am Kapitalmarkt zu günstigen Konditionen ermöglichte. Die Bandbreite möglicher Finanzierungsinstrumente im Rahmen von Emissionsprogrammen hat kontinuierlich zugenommen. Als Repräsentanten der jeweiligen Gruppe der Non-Underwritten Facilities und der Underwritten Facilities werden nachfolgend Commercial-Paper-Programme und Euronote-Fazilitäten genauer dargestellt.

### *Commercial-Paper-Programme*

Commercial Paper sind kurzfristige, unbesicherte Schuldtitel, die im Rahmen eines Daueremissionsprogrammes in mehreren Tranchen (Ziehungen) meist von Nichtbanken begeben werden. Commerical Papers weisen typischerweise Laufzeiten von sieben Tagen bis zu einem Jahr auf und können in unterschiedlichen Größenordnungen aufgelegt werden.[4] Bezüglich des Volumens einer Commercial-Paper-Finanzierung ist zwischen dem Programmvolumen, dem Tranchenvolumen und der Stückelung zu differenzieren. Ersteres bezeichnet den Betrag, bis zu dem der Emittent Commercial Paper in Umlauf bringen darf. Als wirtschaftlich sinnvoll wird hier in der Regel ein Mindestprogrammvolumen von 50 Mio. Euro erachtet, welches jedoch nicht in einer einzigen Emission, sondern flexibel in einzelnen Tranchen begeben werden kann. In der Praxis gilt hier ein Tranchenvolumen von mindestens 2,5 Mio Euro. Jede Tranche wiederum kann in einzelne Stückelungen aufgeteilt werden; die Stückelung der Teilschuldverschreibungen beträgt regelmäßig mindestens 250 000 Euro, wodurch als Zielgruppe institutionelle Anleger (z.B. Geldmarktfonds) bereits festgelegt sind. Die Zinsen werden im

---

[4] Für den US-amerikanischen Markt gilt eine regulatorisch bedingte Laufzeitbegrenzung auf 270 Tage für Commercial Paper.

Diskont-Verfahren, das heißt ohne laufende Ausschüttung, abgerechnet. Hierbei wird vom Emissionskurs ein entsprechender Abschlag (Disagio) vorgenommen, während die Tilgung am Laufzeitende zu 100 Prozent (pari) erfolgt.

Zeitpunkt und Höhe der Begebung einzelner Tranchen werden vom Emittenten in Abhängigkeit vom laufenden Finanzierungsbedarf und von der aktuellen Zinssituation bestimmt. Durch revolvierende Finanzierung im Rahmen von so genannten Daueremissionsprogrammen kann der Emittent eine langfristige Finanzierung zu kurzfristigen Zinsen erreichen. Zu diesem Zweck wird oftmals am Laufzeitende eines Commercial Papers eine neue Tranche ausgebeben, um so den entstandenen Finanzierungsbedarf weiter zu decken. Allerdings trägt der Emittent dabei auch das Risiko der Anschlussfinanzierung (non-underwritten), was bedeutet, dass nachfolgende Tranchen ggf. nicht oder nur zu schlechteren Konditionen platziert werden könnten. Letzteres ist in den Jahren 2000 und 2001 in Folge einer verschlechterten Nachfragesituation am Eurocommercial-Paper-Markt (u.a. durch verringerte Zuflüsse in Geldmarktfonds) zu beobachten gewesen.

Die arrangierende Bank tritt bei Commercial-Paper-Finanzierungen nicht als Garant für die Kapitalbeschaffung, sondern lediglich als Vermittler zwischen Emittenten und Investoren auf. Commercial-Paper-Programme erfolgen in der Regel als Non-Underwritten Placement auf Best-Effort-Basis (vgl. Abschnitt 2.3). Das Absatz- und damit auch Finanzierungsrisiko kann jedoch durch so genannte Back-up- bzw. Stand-by-Kreditlinien gemildert werden, die im Falle von Refinanzierungsengpässen genutzt werden können. Die Rolle des Intermediärs beschränkt sich somit auf die Gestaltung und die Distribution der Wertpapiere. Der Verzicht auf ein Garantiekonsortium, das heißt die Abnahmeverpflichtung durch eine bzw. mehrere Investmentbanken, resultiert in einer entsprechenden Kostenersparnis für den Emittenten.

Der Commercial-Paper-Markt war ursprünglich auf Emittenten erstklassiger Bonität, das heißt vor allem große Industrieunternehmen und supranationale Institute, beschränkt. In den vergangenen Jahren hat sich der Commercial-Paper-Markt jedoch zunehmend auch für Emittenten mit niedrigem Credit Rating geöffnet. Teil dieser Entwicklung ist eine partielle Substitution von traditionellen Bankkrediten durch Commercial-Paper-Programme, die den Emittenten eine langfristige Finanzierungsquelle zu kompetitiven Konditionen bereitstellt. Ein Emittentenrating (vgl. Abschnitt 3.5) gilt im Commercial-Paper-Markt als notwendige Voraussetzung, wobei Commercial Paper von Emittenten geringerer Bonität in der Regel durch kreditverbessernde Zusatzvereinbarungen (Credit Enhancements) ergänzt werden. Hierbei handelt es sich im Normalfall um eine Bankgarantie (Letter of Credit) oder die Zusage einer Kreditlinie, die zur Absicherung einer Anschlussfinanzierung zum Revolvierungszeitpunkt dienen und somit das Ausfallrisiko der Investoren entsprechend verringern. Letztgenannte Kreditfazilitäten werden entweder in Form so genannter *Swing Lines* (kurzfristige Kreditzusagen) oder als *Back-up-Lines* (längerfristige Kreditzusagen) bereitgestellt. Die derzeit wichtigsten weltweiten Emittenten von Commercial Paper sind derzeit in deutlichem Abstand Finanzinstitutionen (47 Prozent) vor Industrie- (17 Prozent), Technologie- (7 Prozent) und Energieversorgungsunternehmen (5 Prozent).

Eine Zuordnung des Commercial-Paper-Marktes zum kurzfristigen Geldmarkt oder zum langfristigen Kapitalmarkt ist strittig, da die Grenzen im Falle von Commercial Paper fließend sind. In der Regel weisen Rahmenprogramme zur Begebung einzelner Tranchen von Commercial Paper eine Laufzeit von mehreren Jahren (am deutschen Markt meist unbefristet) auf, sodass eine Zuordnung zum Kapitalmarkt aus der Perspektive des Kapitalnachfragers wirtschaftlich gerechtfertigt erscheint.

In den USA existieren Commerical Paper seit mehr als 150 Jahren, in London entwickelte sich zu Beginn der 80er Jahre ein liquider Markt für Eurocommercial Paper, die auf US-Dollar, Yen oder ECU lauteten. Am deutschen Kapitalmarkt erwiesen sich derartige Finanzierungstransaktionen bis 1991 auf Grund restriktiver gesetzlicher Rahmenbedingungen aus zwei Gründen als unwirtschaftlich: Vor In-Kraft-Treten des Ersten Finanzmarktförderungsgesetzes unterlagen sämtliche im Inland aufgelegten Schuldverschreibungen einer Genehmigungspflicht nach §§ 795, 808a BGB. Diese rechtlichen Vorschriften stellten insbesondere für eine flexible und zeitnahe Emission ein Hindernis dar. Zudem bestand bis dahin in Deutschland eine im internationalen Vergleich einzigartige Börsenumsatzsteuer, die eine Emission kurzfristiger Finanzierungstitel erheblich verteuerte.

Ausschlaggebend für den Erfolg dieser Finanzierungsinstrumente ist ihre Flexibilität, im Bedarfsfall umgehend auf eine günstige Marktsituation reagieren zu können. Durch den Einsatz so genannter *Multi-Currency-Optionen* ist es dem Emittenten möglich, einzelne Tranchen in verschiedenen Währungen zu emittieren und damit kurzfristige Zinsungleichgewichte zu nutzen. Commercial Papers werden in der Praxis häufig mit entsprechenden Swap-Transaktionen kombiniert (vgl. Abschnitt 3.2.7), um ein gewünschtes Pay-off- und Risikoprofil der Finanzierung zu erreichen.

Der Trend zu zunehmender Verbriefung von Forderungsrechten und Desintermediation an internationalen Kreditmärkten spiegelt sich auch in der Entwicklung des Commercial-Paper-Marktes wider. Mit einem ausstehenden Volumen von 1440 Mrd. US-Dollar ist der Markt für Commercial Paper Ende 2001 der weltweit größte Markt außerhalb von Regierungsanleihen und bietet Emittenten mit erstklassiger Bonität wegen seiner hohen Liquidität hervorragende Finanzierungskonditionen. Dabei stellt der US-Commercial-Paper-Markt zwar den mit Abstand liquidesten und größten Einzelmarkt dar; gerade aber in den letzten Jahren konnte der Eurocommercial-Paper-Markt sich von 1995 bis 2001 fast verdreifachen auf zuletzt rund 350 Mrd. Euro. Hierfür war nicht zuletzt auch eine im Vergleich zu den USA (für die Emittenten) günstigere Zinskurve ausschlaggebend. Die in DM aufgelegten Commercial-Paper-Programme überstiegen bereits 1991 die kurzfristige Nettokreditaufnahme industrieller Firmen bei inländischen Banken (derzeitiges Volumen: rund 20 Mrd. Euro).

Im Einzelfall hängt die Attraktivität einer Commercial-Paper-Finanzierung aus Sicht des Emittenten im Wesentlichen von einer erfolgreichen Platzierung ab. In Bezug auf die gebräuchlichen Platzierungsverfahren kann hinsichtlich der Zusammensetzung des Platzierungskonsortiums differenziert werden. Beim so genannten *Sole-Placing-Agency-Verfahren* wird die Distribution der Finanzierungstitel von einem einzelnen Institut übernommen. Der Arranger (und gleichzeitig einzige Platzeur) erhält eine Provision, die sich aus der Differenz zwischen Emissionspreis und dem Preis, den die Investoren zu zahlen bereit sind, ergibt. Beim *Multiple-Placing-Agency-Verfahren* wird das Platzierungsvolumen im Vorfeld der Emission auf mehrere Platzeure aufgeteilt. Die in der Praxis gebräuchlichste Form stellt das *Tender-Panel-Agency-Verfahren* dar. Hierbei werden einzelne Tranchen im Auktionsverfahren auf unterschiedliche Platzeure verteilt. Der Arrangeur des Rahmenprogramms ist demzufolge nicht zwingend an der Emission einzelner Tranchen beteiligt. In der Praxis sieht es vielmehr so aus, dass sich Arrangeur und Emittent zu Beginn des Commercial-Paper-Programms auf eine Gruppe von Platzeuren (Dealern) einigen, die bei weiteren Tranchen vom Emittenten über dessen Finanzierungsvorhaben telefonisch informiert werden und versuchen, entsprechend den ihnen zugewiesenen Anteilen am Gesamtplatzierungsvolumen diese Wertpapiere unter Investoren zu platzieren. Platzierte Anteile werden dem Emittenten mitgeteilt, um eine Überzeichnung zu vermeiden. Während der Laufzeit des Commercial-Paper-Programms verändert sich die Zusammensetzung der Dealer-Gruppe entsprechend ihres nachgewiesenen Platzierungsvermögens bei vorhergehenden Tranchen.

Die Emissionsrenditen richten sich, entsprechend der Laufzeiten einzelner Tranchen, nach aktuellen Geldmarktsätzen, das heißt, sie sind abhängig von einem definierten Referenzzinssatz (Benchmark) wie LIBOR und EURIBOR (vgl. Abschnitt 3.2.1). Beispielsweise basieren inzwischen alle Geldmarktprodukte der Eurex auf dem EURIBOR. Der Bonität der einzelnen Schuldner wird durch entsprechende Zuschläge (Credit Spreads) Rechnung getragen, die aus Perspektive des Anlegers eine Risikoprämie für das vorhandene Ausfallrisiko des Schuldners darstellen.

Der Vorteil einer Commercial-Paper-Finanzierung wird vor allem durch die Kapitalkosten für den Emittenten bestimmt, die auf Grund der verbrieften Form dieses Instruments und der Erschließung breiter Investorenkreise niedriger sein können als eine alternative kurzfristige Kreditfinanzierung. Neben den reinen Kapitalkosten bestimmen aber die Transaktionskosten gleichermaßen die Vorteilhaftigkeit dieser Finanzierungsart. Für den Emittenten berechnet der Arrangeur eines Commercial-Paper-Programmes Platzierungsprovisionen pro Transaktion (Tranche) sowie jährliche Service-, Emissions- und Zahlstellengebühren und eine einmalige Arrangierungsprovision bei Auflage des Programms. Prospektkosten und sonstige Gebühren, die bei einer Emission von Finanzierungstiteln am Kapitalmarkt anfallen, werden durch das Konstrukt der Daueremission reduziert. Die Ziehung einer einzelnen Tranche basiert auf der Rechtsgrundlage des Rahmenprogramms und generiert zusätzlich lediglich unwesentliche Kosten für den Emittenten.

Für den Emittenten stehen generell unterschiedliche Märkte zur Commercial-Paper-Finanzierung zur Wahl. Während der US-amerikanische Commercial-Paper-Markt der weitaus liquideste ist, hat der Eurocommercial-Paper-Markt (vgl. Abschnitt 3.3.3) in den vergangenen Jahren sehr hohe Wachstumsraten gezeigt. Wesentliche Vorteile einer Eurocommercial-Paper-Finanzierung sind dabei das Fehlen einer Quellensteuer sowie die gebräuchliche Form als Inhaberpapiere. Die Existenz eines kurzfristigen Ratings von wenigstens einer der beiden anerkannten Ratingagenturen ist Mindestvoraussetzung für ein US-Commercial-Paper-Progamm. Ohne ein Rating (und ohne größere Markenbekanntheit) können in der Regel nur Nischeninvestoren angesprochen werden, welche für ein größeres Commerical-Paper-Volumen nicht ausreichend sind.

Die dargestellten Vorteile von Commercial-Paper-Programmen und der hierauf zurückzuführende Erfolg dieses Marktsegments hat Mitte der 80er Jahre zu einer Erweiterung der Laufzeitpalette derartiger Emissionsprogramme geführt. Unter der Bezeichnung Medium Term Notes (MTN) haben sich den Commercial Paper vom Prinzip her vergleichbare, jedoch längerfristige Schuldverschreibungen insbesondere am Euromarkt durchgesetzt. Mit Laufzeiten der einzelnen Tranchen von mindestens zwei Jahren und flexiblen Gestaltungsmöglichkeiten der Verzinsung bieten MTN insbesondere Emittenten mit vergleichsweise hohem Kapitalbedarf ein anpassungsfähiges Finanzierungsinstrument.

*Euro-Note-Fazilitäten*

So genannte Euro-Notes stellen kurzfristige ungesicherte Schuldscheine dar, die in Form von Inhaberpapieren bei institutionellen Anlegern platziert werden. Die Laufzeit der gewöhnlich in Diskontform begebenen Titel beträgt in der Regel drei bis sechs Monate. Der Handel von Euro-Notes ist möglich, wenn auch – wie derjenige von Commercial Paper – ungewöhnlich.

Euro-Notes werden ebenfalls im Rahmen einer langfristigen Vereinbarung zwischen Arranger und Emittenten ausgegeben. Zu den Emittenten gehören fast ausschließlich bonitätsmäßig erstklassige Schuldner (zum Großteil Regierungen, staatliche Institutionen oder supranationale Organisationen). Euro-Note-Fazilitäten existieren seit Beginn der 80er Jahre, werden hauptsächlich in US-Dollar aufgelegt und bieten eine Vielzahl unterschiedlicher Varianten der konzeptionellen Ausgestaltung. Zu den gebräuchlichsten Arten zählen *Revolving Underwriting Facilities* (RUF) und *Note Issuance Facilities* (NIF).

Die Investmentbank wird – abhängig von der von ihr übernommenen Funktion – als Arranger, Underwriter oder Placing Agent tätig. Der Arranger eines Euro-Note-Programms ist für die Dokumentation und Zusammenstellung der Underwriter- und Placing-Agent-Gruppe verantwortlich, wofür er eine Provision (Arrangement Fee) erhält. Aufgabe der Underwriting-Gruppe ist es, die Finanzierung des Emittenten zu sichern. Sie sagt dem Emittenten im Vorfeld der Transaktion verhandelte Finanzierungskonditionen zu, die faktisch als Höchstzinssatz für den Emittenten gelten und als Spread zu einem definierten Referenzzins, der von der Bonität der Emittenten und der Laufzeit der Notes abhängt, bestimmt werden. Die als Garantiesyndikat handelnden Underwriter sichern dem Emittenten die Abnahme der Finanzierungstitel zu bzw. stellen ihm einen Buchkredit im Falle einer nicht möglichen bzw. unvollständigen Platzierung unter Investoren. Underwriter gewähren diese Finanzierungsgarantie gegen eine Bereitstellungsprovision (Commitment Fee/Underwriting Fee). Die Organisation der Platzierung durch Placing-Agents erfolgt grundsätzlich so wie beim Platzierungskonsortium eines Commercial-Paper-Programms.

## 3.2.4 Konsortialkredite

Das Kreditgeschäft gehört streng genommen nicht zu den originären Aktivitäten von Investmentbanken, hat jedoch im Laufe der letzten Jahre im Zusammenhang mit einer zunehmenden Überschneidung der Geschäftsfelder von Commercial und Investment Banking an Bedeutung gewonnen. Das Eindringen der Investmentbanken in den Kreditmarkt beschränkt sich dabei allerdings auf die Vergabe von Großkrediten an vorwiegend internationale Großunternehmen und staatliche Institutionen sowie Länderkrediten. Zur Streuung der Risiken und zum Zweck der Bündelung der Finanzierungskraft werden hierzu regelmäßig Konsortien (vgl. Abschnitt 2.6.2) mehrerer Banken gebildet. Man spricht von Konsortialkrediten oder *Syndicated Loans*.

Investmentbanken nehmen bei der Kreditfinanzierung die aus der Finanzierungstheorie stammende Rolle des Kapitalmarktintermediärs ein. Sie erfüllen somit die klassischen Bankfunktionen der Fristen-, Losgrößen- und Risikotransformation. Das Geschäftsfeld der Kreditfinanzierung wird traditionell den Geschäftsbanken zugeordnet, deren breit gefächertes Filialnetz und deren Bereitschaft, bilanzwirksame Geschäfte zu tätigen, einen bedeutenden Vorteil gegenüber Investmentbanken bieten. Entsprechend spielt das Kreditgeschäft einer Investmentbank eine untergeordnete Rolle im Tagesgeschäft. Die Aktivität im Bereich des Konsortialkreditgeschäftes ist zudem stark von aktuellen Zinsmargen abhängig.

Als zu Beginn der 90er Jahre japanische Banken in großem Umfang Kredite an europäische Schuldner ausreichten, sanken auf Grund des Überangebots an Liquidität die Margen im Kreditgeschäft entsprechend. Infolge geringerer Ertragspotenziale zogen sich zahlreiche Anbieter im Konsortialkreditgeschäft vom Markt zurück. Die Situation änderte sich in der zweiten Hälfte des Jahrzehnts, als japanische Banken ihre Aktivitäten auf Grund der inländischen Finanzkrise zunehmend einschränkten. Mit dem Wegfall der wichtigsten Anbieter im internationalen Konsortialkreditgeschäft verbesserten sich die Ertragspotenziale anderer Darlehensgeber. Der Ausfall vieler ausländischer Schuldner (insbesondere jener in Osteuropa auf Grund der anhaltenden Russlandkrise) hat einen enormen Rückstellungsbedarf für ausfallgefährdete Kredite erzeugt, was erneut zu einer stärkeren Zurückhaltung bei der Kreditvergabe an nicht erstklassige Schuldner geführt hat.

Der europäische Primärmarkt für syndizierte Kredite wurde im Jahr 1998 auf ein Gesamtvolumen von 350 Mrd. US-Dollar geschätzt. Für die nationalen Teilmärkte lässt sich in Europa eine ausgeprägte Dominanz der Großbanken im Heimatmarkt feststellen. So betrug der Marktanteil deutscher Kreditinstitute im Konsortialkreditgeschäft mit deutschen Schuldnern, gemessen an der Anzahl der Mandate als Konsortialführer, im Jahr 1996 über 80 Prozent. Hieran lässt sich die weiterhin stark ausgeprägte Hausbankenbeziehung im deutschen Kreditgeschäft erkennen, die den Markteintritt ausländischer Investmentbanken bis dato begrenzte.

Konsortialkredite werden in der Regel als so genannte *Revolving Credit Facilities*, das heißt revolvierende kurzfristige Kredite, oder als mittel- bis langfristige Festkredite (Term Loans) angeboten. Als *Stand-by Commitment* bezeichnet man Kreditlinien, die dem Schuldner eingeräumt werden. Für die Bereitstellung solcher Kreditlinien berechnet die Bank jährlich eine auf den Nominalbetrag bezogene Gebühr (Commitment Fee). Bei Inanspruchnahme des Kredites entstehen für den Schuldner weitere Kosten in Form einer Draw Down-Fee, die in der Regel der aktuellen Kapitalmarktverzinsung entspricht.

Die Konsortialstruktur im Kreditgeschäft ist in der Regel zweistufig. Neben den originären Kreditgebern, unter denen das Gesamtvolumen verteilt wird, existiert eine weitere Gläubigergruppe, an deren Mitglieder Anteile des Kredites durch Zession abgetreten werden können. Der Trend der Weiterentwicklung syndizierter Kredite hin zu einer stärkeren Ausbildung der Wertpapierkomponente dieser Finanzierungsform ist durch den Aufbau eines Sekundärmarktes für Bankkredite sowie den verstärkten Einsatz in Verbindung mit Unternehmensübernahmen zu beobachten. Die Bezeichnung *Bond/Loan Hybrid* trägt dieser Entwicklung Rechnung.

Der Ablauf einer Kreditvergabe im Wege einer Syndizierung erfolgt dergestalt, dass zunächst eine Bank vom Kreditnehmer als Konsortialführer (Arranger, Lead Manager) mandatiert wird. Hierbei werden gleichzeitig die jeweiligen Konditionen des Konsortialkredites verhandelt, wobei ähnlich der Wertpapieremission eine Zusage des gesamten Kreditbetrages entweder zu festen Konditionen (Firm Commitment) erfolgt oder das Finanzierungsangebot des Arrangers unter Vorbehalt der Platzierbarkeit (Best Effort) ausgesprochen wird. Der Arranger erhält für die von ihm übernommene Organisation des Konsortiums ein so genanntes *Präzipuum* in Höhe eines Prozentsatzes vom Kreditvolumen. Darüber hinaus werden sämtliche Konsortialmitglieder in Abhängigkeit ihrer Übernahmequote durch einen entsprechenden Anteil an der *Management Fee* entlohnt. Schließlich wird diejenige Bank (die nicht gezwungenermaßen Mitglied des Konsortiums ist), der als Agent die technische Abwicklung und Verwaltung obliegt, durch eine so genannte *Agency Fee* entlohnt.

Während der vergangenen Jahre hat sich in Europa ein ausgeprägter Sekundärmarkt für Konsortialkredite gebildet. Waren es anfänglich lediglich in finanzielle Probleme geratene Unternehmen (beispielsweise Eurotunnel, Euro Disney oder Polly Peck International), deren Verbindlichkeiten Interessenten im Sekundärmarkt fanden, so hat sich die Handelsaktivität zunehmend auch auf Kredite solventer Schuldner ausgeweitet. So gehen Schätzungen von einem Sekundärmarktvolumen von etwa 35 Mrd. US-Dollar im Jahr 1998 aus. Der Anteil der in Verzug geratenen Schuldner am Gesamtvolumen gehandelter Verbindlichkeiten hat sich gleichzeitig signifikant reduziert. Zusätzlich sind in der Vergangenheit verstärkt Anstrengungen von der Loan Market Association, einem privatwirtschaftlichen Interessenverband von Gläubigerinstituten, unternommen worden, um die Entwicklung von Verhaltensrichtlinien im Sekundärmarkt von handelbaren Kreditvereinbarungen voranzutreiben und somit die Transparenz und Fairness für die Marktteilnehmer zu verbessern.

Dieser Entwicklung eines Sekundärmarktes für Kredite liegen hauptsächlich zwei Umweltfaktoren zu Grunde. Zum einen hat sich die finanzwirtschaftliche Lage vieler europäischer Unternehmen mit zunehmend gesundem Wirtschaftswachstum insgesamt verbessert, zum anderen hat der Trend zu immer engeren Margen im Geschäft mit syndizierten Krediten die Banken dazu veranlasst, ihr Kreditportfolio grundlegend zu straffen. Dieser letzte Prozess wurde im Oktober 1994 losgetreten, als sich japanische Banken plötzlich gestiegenen Refinanzierungskosten ausgesetzt sahen (Hintergrund war primär der desastreuse Verlust der Daiwa Bank aus Derivativgeschäften). Japanische Banken begannen zu diesem Zeitpunkt damit, Low-Margin-Kredite an Dritte zu veräußern.

Eine weitere Ausweitung des Sekundärhandels in syndizierten Krediten wird positive Auswirkungen auf die internationalen Kapitalmärkte haben. So ermöglicht diese Entwicklung kleineren Finanzinstituten, Kredite auf ihre Bücher zu nehmen, an deren Beteiligung sie im Rahmen des Konsortialgeschäftes ihrer Größe wegen ausgeschlossen waren. Zudem wird eine erhöhte Fungiblität von Unternehmenskrediten tendenziell zu geringeren Finanzierungskosten der Unternehmen führen. Ebenfalls ist aufgrund der Europäischen Währungsunion und der hierdurch verbesserten Liquidität auf dem Markt für Unternehmensanleihen (vgl. Abschnitt 3.1.3) eine positive Entwicklung des Volumens von Konsortialkrediten abzusehen. So ermöglicht ein liquider Markt für europäische Industrieanleihen ein effizientes Benchmarking für syndizierte Kredite.

### 3.2.5 Mezzanine Finanzierungsinstrumente

Die Bezeichnung „mezzanine Finanzierungsinstrumente" deutet auf deren Zwitterstellung zwischen den idealtypischen Gruppen des Eigen- und Fremdkapitals hin. Betrachtet man die in der Literatur zur Finanzierungslehre zu Grunde gelegten Abgrenzungskriterien beider Finanzierungsformen, so zeigt sich, dass das Mezzanine-Kapital je nach Ausgestaltung mehr oder weniger eigen- oder fremdkapitalähnliche Merkmale besitzen kann und eine Zuordnung entsprechend dem Verwendungszweck erfolgt.

Während die Bandbreite der in der Literatur angeführten Definitionsansätze des Mezzanine-Kapitals breit[5] und teilweise widersprüchlich ist, haben sich in der Praxis unter diesem Sammelbegriff hauptsächlich Options- und Wandelanleihen als mezzanine Finanzierungsinstrumente durchgesetzt. *Optionsanleihen* stellen Anleihen mit zusätzlichem Optionsrecht zum Erwerb von Eigenkapital des Emittenten dar. Durch Ausübung der Option erwirbt der Anleger einen zusätzlichen Eigenkapitalanteil des Emittenten, ohne dass dadurch der Bestand seiner Anleiheforderung erlischt. Durch dieses auch als *„Equity Kicker"* bezeichnete Zusatzrecht wird dem Investor ein weiterer Anreiz zur Investition in die Anleihen des Emittenten geboten, da dieser von Marktwertsteigerungen des Emittenten profitieren kann, bei sinkenden Aktienkursen dagegen keine Kapitalwertverluste erleidet. Der laufende Kupon von Optionsanleihen ist auf Grund dieses zusätzlichen Wertrechtes im Vergleich zu gewöhnlichen Anleihen geringer. Ein getrennter Handel der Optionsrechte ist möglich.

Im Gegensatz hierzu verbriefen *Wandelanleihen* (Convertible Notes/Convertibles) ein Umtauschrecht der Fremdkapitalanteile in Eigenkapital. Hierbei erlischt mit Ausübung

---

[5] So unterscheiden Gereth/Schulte zwischen privat platzierten und kapitalmarktorientierten Mischformen. Zu den privat platzierten zählen nachrangige Darlehen, partiarische Darlehen, Verkäuferdarlehen und stille Beteiligungen, zu den kapitalmarktorientierten Nullkupon-Anleihen, Wandelschuldverschreibungen, Going-Public-Optionsanleihen und Genussscheine. Vgl. Gereth/Schulte (1992), S. 60.

des Wandlungsrechts die Forderung des Anleiheinhabers. Die Ansprüche auf Zinszahlung und Tilgung der ursprünglichen Anleihe verlieren durch die Wandlung ihren Bestand. Ähnliche Merkmale besitzen „Exchangeable Notes", bei denen im Unterschied zu „Convertible Notes" die gewandelten Eigenkapitalanteile nicht vom Emittenten stammen, sondern aus dem Anteilsbesitz einer im Anleihevertrag definierten dritten Partei.

Die genauen Wandlungsbedingungen, das heißt der Zeitraum einer möglichen Wandlung, das Wandlungsverhältnis sowie gegebenenfalls die dynamischen Zuzahlungen, werden in den Anleihebedingungen spezifiziert. Der Anleger hat auch in diesem Fall die Möglichkeit, an Marktwertsteigerungen des Unternehmens zu partizipieren, ohne dass er direkt in Aktien des Emittenten investieren muss. Regelmäßig wird in den Anleihebedingungen die Wandlungsfrist begrenzt. Üblicherweise gilt das Recht zur Wandlung erst nach einer gewissen Karenzzeit, die zwischen ein und drei Jahren liegt. Durch die Ausgestaltung des Wandlungsrechtes lassen sich die Wahrscheinlichkeit und der Zeitpunkt der Wandlung beeinflussen. So bewirken steigende Zuzahlungen einen tendenziell früheren Wandlungszeitpunkt. Der Investmentbank kommt im Zusammenhang mit der Strukturierung von Wandelanleihen eine wichtige Beratungsfunktion zu.

Options- oder Wandelanleihen bieten sich aus Emittentenperspektive insbesondere in Perioden unternehmerischer Neuorientierung an. Hierzu zählen beispielsweise Unternehmen, die eine Phase der Restrukturierung erfahren. So wurden Exchangeable Notes in Deutschland in der Vergangenheit insbesondere in Verbindung mit der Veräußerung von Industrieanteilen der Versicherungsgesellschaften und Banken eingesetzt. Darüber hinaus ist der Einsatz von Options- und Wandelanleihen angebracht bei jungen, in der Wachstumsphase befindlichen Unternehmen. Diese sind oft nicht in der Lage, laufend hohe Kuponzahlungen aus dem operativen Cashflow zu bedienen. Darüber hinaus lässt eine unvorteilhafte Marktbewertung des Unternehmens eine Eigenkapitalfinanzierung ungeeignet erscheinen. Options- bzw. Wandelanleihen bieten dem Unternehmen in solchen Situationen die Möglichkeit, eine erwartete Verbesserung der Marktbewertung des Eigenkapitals zur günstigeren Fremdfinanzierung zu nutzen.

**Fallstudie: Siemens-Exchangeable der Allianz AG**

In der Aufbau- und Wachstumsphase nach dem Zweiten Weltkrieg gelang es in der Bundesrepublik Deutschland, mit einem besonders ausgeprägten System der Unternehmensfinanzierung einen beeindruckenden wirtschaftlichen Aufschwung zu erreichen. Auf Grund der Knappheit an Finanzierungsmitteln beteiligten sich die Kapitalgeber in vielen Fällen direkt am Eigenkapital (zum Beispiel im Rahmen von Kapitalerhöhungen), oder sie waren im Falle von unternehmerischen Krisensituationen zu einer Kombination von Forderungsverzicht und Umwandlung von Fremd- in Eigenkapital bereit. Dies hatte im Laufe der Jahre einen anwachsenden Bestand an wechselseitigen Finanzbeteiligungen der Unternehmen zur Folge.

Zunehmend haben die veränderten wirtschaftlichen und kapitalmarktinduzierten Rahmenbedingungen zu einem Restrukturierungsbedarf bei den jeweiligen Haltern der Beteiligungen geführt. Bisher unterlag allerdings der Verkauf derartiger Unternehmensanteile einer Besteuerung, die sich mit einem Satz von rund 50 Prozent auf die Differenz zwischen dem aktuellen Marktwert und dem bilanzierten Buchwert der Beteiligung bezog. Diese Differenz fällt daher umso höher aus, je profitabler sich das betreffende Unternehmen seit dem Anteilskauf entwickelt hat. Aufgrund der prohibitiv hohen Besteuerung erwies sich bislang die Veräußerung bei Beteiligungen mit hohen Kurssteigerungen als nicht lohnenswert. Erst mit der Steuerreform vom Sommer 2000 wurden in diesem Bereich Handlungsspielräume für die Unternehmen geschaffen. Die Gewinne aus der Veräußerung von Beteiligungen deutscher Kapitalgesellschaften an anderen in- und ausländischen Kapitalgesellschaften sind ab 2002 generell nach einer Mindesthaltepflicht von einem Jahr steuerfrei.

Mit einer Marktkapitalisierung von rund 73 Mrd. Euro (Stand März 2002) ist die Allianz AG eine der größten Versicherungen der Welt. Ihr Portfolio an strategischen und nicht-strategischen Beteiligungen in Deutschland wird von externen Analysten auf circa 20 Mrd. Euro geschätzt. Mit den neuen Gestaltungsmöglichkeiten auf Grund der Steuerreform und der Einführung des Euro kann die Allianz zwei grundsätzliche Aufgabenstellungen adressieren. Zunächst lässt sich die bestehende Überkapitalisierung (Excess Capital) abbauen. Mit den frei werdenden Mitteln können Investitionen in die strategischen Kerngeschäftsfelder durchgeführt werden. Die Allianz hat angekündigt, zusätzlich zur Versicherung und Vorsorge auch in der Vermögensverwaltung weiter wachsen zu wollen.

Ein Beispiel für die Entflechtung der wechselseitig gehaltenen Beteiligungen ist der angekündigte Anteilsabbau zwischen der Allianz und der Münchener Rück von jeweils 25 auf jeweils circa 20 Prozent sowie die im Zuge der Dresdner-Bank-Übernahme durchgeführte Neuordnung von Beteiligungen an bisher gemeinsam gehaltenen Unternehmen (beispielsweise Allianz Leben, Hypovereinsbank etc.).

Gleichzeitig wird zunehmend auf das Instrument des Exchangeables zurückgegriffen, um Beteiligungen abzubauen, die nicht zum Kerngeschäft gehören. Ein Exchangeable bzw. Convertible räumt dem Inhaber zum einen Gläubigeransprüche aus einer Anleihe sowie zum anderen das Recht ein, die Anleihe innerhalb einer gewissen Frist zu einem festgelegten Verhältnis in Aktien umzuwandeln. Wenn derartige Fremdkapitalansprüche in Aktien des Emittenten gewandelt werden können, dann wirkt dies wie eine bedingte Kapitalerhöhung und man spricht von einem Convertible. Wenn sich ein Unternehmen Fremdkapital besorgt, das später in Aktien eines anderen Unternehmens gewandelt werden kann, so liegt ein Exchangeable vor. Ein charakteristisches Merkmal dieser Instrumente ist, dass das Umtauschrecht untrennbar mit der Anleihe verbunden ist. Mit der Durchführung des Umtauschs erlischt für den Inhaber folglich jedes Forderungsrecht auf Kapitalrückzahlung bzw. weitere Zinsansprüche. Die Wandlung des Fremdkapitals in Aktien kann entweder bei Überschreiten des festgelegten Ausübungspreises auf Initiative des Bondholders erfolgen, optional an Stelle einer Rückzahlung angeboten werden oder bei Überschreiten/Unterschreiten des festgelegten Ausübungspreises automatisch erfolgen (Mandatory Exchangeable). Im ersten Fall ist der Bondholder vor dem Risiko eines fallenden Aktienkurses geschützt (Downside Protection); im zweiten Fall partizipiert er sowohl an Kursgewinnen als auch an Kursverlusten.

Die Bewertung derartiger Instrumente lässt sich in zwei Bestandteile aufgliedern. Im ersten Schritt wird der Barwert von Coupon und Tilgungen anhand des Barwertkonzeptes ermittelt, um den Wert der Obligation zu bestimmen. Der theoretische Wert des Wandlungsrechtes ähnelt dem einer europäischen Kaufoption und kann grundsätzlich anhand der modernen Optionspreistheorie ermittelt werden. Zu beachten ist allerdings die Unsicherheit über die Laufzeit der Option, da der Emittent in den meisten Fällen ein bedingtes vorzeitiges Kündigungsrecht hat (Call Protection oder Issuer Soft Call).

Bereits 1998 hatte zunächst die Allianz einen Exchangeable auf die Deutsche Bank und dann die Deutsche Bank einen Exchangeable auf die Allianz emittiert. Auf diesem Weg wurden die wechselseitigen Beteiligungen reduziert. Die bilanzielle und damit steuerliche Realisierung der Veräußerung wurde somit auf den Fälligkeitszeitpunkt des Exchangeables und damit in die Zukunft verlegt.

Beim nachfolgend beschriebenen Exchangeable der Allianz wurden als „Underlying", das heißt als zugrundeliegendes Wertpapier, Aktien der Firma Siemens ausgewählt. Zu diesem Zeitpunkt hielt die Allianz circa drei Prozent der Anteile an dem Elektronikkonzern. Siemens hatte eine tiefgreifende Umstrukturierung angekündigt und bereits nachhaltig wertsteigernde Maßnahmen durchgeführt. Hierzu zählte unter anderem der Equity Carve-out (teilweise Veräußerung eines Tochterunternehmens im Rahmen eines Börsengangs; vgl. Beitrag Corporate Restructuring, Abschnitt 2.1) des Halbleiterherstellers Infineon. Auch auf Grund der Umstrukturierungsmaßnahmen hatte die Siemens-Aktie bereits seit einigen Monaten eine beeindruckende Wertsteigerung aufweisen können.

Im Februar 2000 begab die Allianz über ihre niederländische Finanzierungstochter, Allianz Finanz BV, einen fünfjährigen Siemens-Exchangeable mit einem Gesamtvolumen von 1,7 Mrd. Euro, der die Anleihegläubiger zum Tausch von insgesamt 7,6 Mio. Siemens-Aktien berechtigt. Die Ausgestaltung und spezifische Eignung des Wertpapiers in Bezug auf die Problemstellung wird im Folgenden dargestellt.

Wegen ihrer Marktstellung und Finanzkraft galt die Allianz zu diesem Zeitpunkt als Schuldner der höchsten Bonitätsstufe. Daher sicherte eine Garantie der Muttergesellschaft ein erstklassiges Rating von Aaa (Moody's) bzw. AAA (Standard & Poor's), welches Emissionen, die praktisch über kein Kreditrisiko verfügen, vorbehalten ist. Entsprechend hoch war das Interesse an der Anleihe. Bei mehrfacher Überzeichnung generierte das Angebot innerhalb von nur vier Stunden 7,5 Mrd. Euro Nachfrage. Die Mehrzuteilungsoption (Greenshoe) in Höhe von 200 Mio. Euro wurde in vollem Umfang wahrgenommen. Teilweise aufgrund der hohen historischen Volatilität der Siemens-Aktie in Höhe von 34,4 Prozent lag die Umtauschprämie mit 29 Prozent am oberen Ende der zuvor angegebenen Bookbuilding-Spanne. Unter den mehrheitlich langfristigen Investoren fanden sich vor dem Hintergrund der überzeugenden Equity Story von Siemens viele schwerpunktmäßige Eigenkapitalanleger. Eine nachfrageorientierte Preisfindung im Rahmen des Bookbuilding trug zudem zu einer positiven Entwicklung der Anleihe im Sekundärmarkt bei.

Aus Sicht der Allianz sprachen mehrere Gründe für die Transaktion. Auf Grund des Wandlungsrechtes konnte die Anleihe mit einem Coupon von lediglich 2 Prozent ausgestattet werden. Der niedrige Zinsaufwand sorgte zudem in Verbindung mit den fortlaufenden Dividendenerträgen aus dem Underlying (bis zum Zeitpunkt der Wandlung) für eine niedrige Zahlungsbelastung aus der Fremdkapitalaufnahme. Nicht zuletzt reduzierte die Allianz ihre Beteiligung von zuvor etwa 3 Prozent auf etwa 1,75 Prozent, verschob jedoch gleichzeitig die steuerliche Realisierung der Veräußerungsgewinne auf ein für sie vorteilhafteres Folgejahr. Überdies war die Versicherung in der Lage, frühzeitig einen Liquiditätszufluss zu buchen, der für die Finanzierung strategischer Vorhaben zur Verfügung stand.

Entscheidend für den Erfolg der Transaktion war neben einer reibungslosen Abwicklung primär die Attraktivität des Papiers aus Anlegersicht. Den Anleihegläubigern eröffnete sich die Möglichkeit, mittels des Exchangeable effektiv Siemens-Aktien zu erwerben, ohne allerdings die mit besagten Restrukturierungsmaßnahmen verbundenen Risiken in Kauf nehmen zu müssen. Angesichts eines Mangels an großvolumigen Exchangeable-Emissionen und der voraussichtlich positiven Entwicklung der Siemens-Aktie schien die Anleihe mit einer jährlichen Rendite von 2,25 Prozent – trotz einer im Marktvergleich hohen Relation zwischen impliziter Volatilität und historischer Volatilität des Underlying – noch verhältnismäßig günstig.

Bei der Ausgestaltung der Anleihe waren auch die Bedenken der Anleger in Bezug auf eventuelle Übernahmeangebote zu berücksichtigen. Furcht vor Übernahmeofferten hatte insbesondere der Bid von Vodafone auf Mannesmann ausgelöst, denn im Fall einer Cash-Offerte verliert der Exchangeable-Investor das Kurssteigerungspotenzial und die erwarteten Dividenden, die im Emissionspreis des Exchangeable bereits berücksichtigt waren. Daher maßen die Anleger der innovativen Event Risk Protection des Siemens-Exchangeable besondere Bedeutung bei. Der vertraglich zugesicherte Schutz bei Übernahmeangeboten stellt es der Allianz frei, etwaige Angebote anzunehmen, legt jedoch für den Fall der Annahme einer Offerte Ausgleichsansprüche fest. Diese richten sich zunächst nach der Art der angebotenen Gegenleistung. Bei einem reinen Vermögensangebot erwirbt der Anleihegläubiger bei Ausübung seines Umtauschrechtes den ihm verhältnismäßig zustehenden Anteil am angebotenen Vermögen. Maßgeblich für die Bestimmung des zu zahlenden Betrags im Falle eines Barangebotes ist der Cash-Anteil am Gesamtangebot, die Kursentwicklung der Aktie seit Emission, die Überverzinsung (Incremental Yield) des Bonds im Vergleich zur Dividendenrendite und die verbleibende Dauer des ursprünglich dreijährigen Kündigungsschutzes (Call Protection). Zusätzlich sieht die Wandelanleihe zum Zwecke des Verwässerungsschutzes eine Anpassung (Dilution Adjustment) des Umtauschverhältnisses im Falle von Kapitalerhöhungen, Kapitalherabsetzungen, Bezugsrechtsemissionen, Ausschüttungen, Verschmelzungen und/oder anderen Reorganisationsmaßnahmen vor.

Zusammenfassend sind als wesentliche Erfolgsfaktoren der Transaktion vor allem die Attraktivität des Underlying, die hohe Bonität des Emittenten sowie ein günstiges Marktumfeld hervorzuheben. Im Ergebnis war die Allianz in der Lage, unter Verwendung eines Exchangeable höhere Kapitalkosten zu vermeiden und eine partielle Portfoliobereinigung durchzuführen. Durch den Einsatz des Exchangeable konnte vor allem die Besteuerung der Veräußerungsgewinne von Unternehmensbeteiligungen umgangen bzw. in die Zukunft verlegt werden, um von der erwarteten Steuerreform zu profitieren.

Ein ähnlicher Ansatz liegt der Emission von so genannten Going-Public-Anleihen (vgl. Beitrag Corporate Finance, Abschnitt 2.3.3) zu Grunde. Diese stellen eine Sonderform der Options- bzw. Wandelanleihe dar, die von Unternehmen genutzt wird, welche in naher Zukunft einen Börsengang planen. Zum Schließen einer bis zum Börsengang bestehenden Finanzierungslücke begibt das Unternehmen mezzanines Kapital, das im Fall des Börsengangs zum Erwerb von Aktien oder zur Wandlung in Eigenkapital berechtigt.

Die Ausgabe von Optionsanleihen stellte in Deutschland in der Vergangenheit schließlich die einzige Möglichkeit zur Emission von Optionsscheinen dar; solche wiederum sind nötig, um Mitarbeiter- und Managementbeteiligungsmodelle auf Optionsbasis anbieten zu können. Mit der Beseitigung regulatorischer Hürden für Aktienoptionen ist dieser Grund allerdings weggefallen.

Obwohl die praktischen Anwendungsformen dieser Finanzierungsformen damit aufzeigbar sind, wird doch regelmäßig die Frage nach ihrer finanzwirtschaftlichen Sinnhaftigkeit gestellt. So liefert die Literatur bislang kaum überzeugende Erklärungen, warum Unternehmen Options- bzw. Wandelanleihen ausgeben. Der oben genannte Umstand, die Beifügung von Optionsrechten ermögliche eine kostengünstigere Fremdfinanzierung, hält unter Annahme effizienter Kapitalmärkte nicht stand. Da Investoren nicht grundlos auf höhere Kuponzahlungen verzichten werden, sondern diese Zusatzrechte einen eigenen Wert besitzen, kann davon ausgegangen werden, dass ein Wandlungs- bzw. Optionsrecht für den Emittenten zukünftige Opportunitätskosten darstellt. Somit kommt es zu einer zeitlichen Verschiebung von Finanzierungskosten für den Emittenten. Festzuhalten bleibt jedoch, dass ein Verwässerungseffekt, das heißt der Verlust von Kontrollrechten und Ansprüchen auf zukünftige Residualgewinne, im Zeitpunkt der Emission von Options- oder Wandelanleihen für die Gesellschafter des Emittenten geringer ist als bei einer direkten Eigenkapitalfinanzierung. Empirische Studien unterstützen die These, dass negative Kursreaktionen im Falle einer Emission von mezzaninem Kapital weitaus geringer sind als bei Ankündigung von Kapitalerhöhungen.[6] Man deutet diesen Sachverhalt verbreitet mit der aus der Agency-Theorie stammenden Signaling-Hypothese.

Ein weiteres im deutschen Kapitalmarkt anzutreffendes mezzanines Finanzierungsinstrument stellt der *Genussschein* dar. Dieser verbrieft so genannte Genussrechte, die grundsätzlich in einer kaum überschaubaren Vielfalt ausgestaltet sein können. Üblicherweise beinhalten Genussrechte einen Anspruch auf den Residualgewinn des Schuldners. Je nach Ausgestaltung weisen sie eher eigenkapitalähnliche oder fremdkapitalähnliche Merkmale auf. In der Regel sehen Genussscheine eine spätere Rückzahlung des überlassenen Kapitals vor (Fremdkapital-Komponente). Die Vergütung der Kapitalüberlas-

---

[6] Vgl. Fields/Mais (1991).

sung erfolgt typischerweise in Abhängigkeit vom unternehmerischen Erfolg des Emittenten. Dieser wird über Ertragskennzahlen wie beispielsweise die Eigenkapitalrendite ermittelt. Da ein solcher Anspruch auf den Residualgewinn ein eigenkapitalähnliches Recht verkörpert, sieht das Aktiengesetz für die Ausgabe von Genussrechten grundsätzlich einen Beschluss der Hauptversammlung sowie die Anwendung der Grundsätze zur Gewährung von Bezugsrechten für die Altaktionäre vor.

Genussrechtskapital hat während der letzten Jahre insbesondere zur Verbesserung des Haftungskapitals von Banken eine Renaissance erlebt.[7] Finanzinstitute sind gesetzlich dazu verpflichtet, bestimmte Relationen zwischen haftendem Eigenkapital und Kreditvolumen einzuhalten. Diese in den Richtlinien der Bank für Internationalen Zahlungsausgleich als „Tier One Capital" oder „Tier Two Capital" bezeichnete Haftungsmasse muss, um als Haftungsgrundlage von der Aufsichtsbehörde anerkannt zu werden, gewissen Ansprüchen an ihre Fristigkeit und Nachrangigkeit genügen. Durch die Anerkennung von Genussrechten als Haftungskapital eröffnete sich für die Banken eine Möglichkeit zur Verbesserung ihrer Bilanzrelationen, ohne gezwungenermaßen ihr Aktienkapital zu erhöhen. Darüber hinaus bieten fremdkapitalähnliche Genussrechte, die steuerrechtlich auf Grund ertragsunabhängiger Ausschüttung als abzugsfähiges Fremdkapital anerkannt werden, den Vorteil einer Kombination aus Steuervorteil und Haftungsmasse.

Auf Grund der hohen Variantenvielfalt und teilweise äußerst komplexen Ausgestaltung von Kündigungsrechten, Ausschüttung und Mitspracherechten zeichnet sich der Sekundärmarkt für Genussscheine durch eine äußerst geringe Liquidität aus. Ausnahmen hiervon bilden einige wenige zum Börsenhandel zugelassene Genussscheine mit regelmäßiger Kursnotierung.

### 3.2.6 High-Yield-Anleihen

Unter der Bezeichnung High-Yield-Anleihen (Junk Bonds, Hochzinsanleihen) werden im Allgemeinen Fremdfinanzierungsinstrumente von Unternehmen geringerer Bonität subsumiert. Während der vergangenen Jahre hat sich der Begriff High-Yield-Anleihen jedoch zunehmend auch auf den Bereich hochverzinslicher Länderanleihen – vorwiegend aus Osteuropa und Südamerika – ausgedehnt, die ein ähnliches Risiko/Rendite-Profil aufweisen, wie es bei Unternehmensanleihen mit hohem Ausfallrisiko gegeben ist. Für diese auch als *Emerging Market Bonds* bezeichneten Länderanleihen hat sich insbesondere im Anschluss an diverse Umschuldungstransaktionen während der 80er und 90er Jahre ein beachtlicher Sekundärmarkt gebildet, der Investoren für die Übernahme zum Teil erheblicher Währungs- und Schuldnerausfallrisiken ein Vielfaches an Rendite im Vergleich zu heimischen Regierungsanleihen verspricht.

Zur Abgrenzung werden in diesem Zusammenhang die Beurteilungen von Ratingagenturen (vorwiegend der beiden Marktführer Standard & Poor's und Moody's Investors

---

[7] Der deutsche Gesetzgeber schuf im Jahre 1995 durch § 10 Abs. 5 KWG die Möglichkeit zur Anrechenbarkeit von nachrangigen Verbindlichkeiten und Genussrechtskapital auf das gesetzlich vorgeschriebene Eigenkapital von Kreditinstituten.

Service) herangezogen. Diese bewerten mit Hilfe von Qualitätsstufen von AAA bis D die Erwartungswerte der Verluste (dies wird gemessen als Prozent des Nennwerts der Schuldtitel). Anleihen, deren Ratingurteil schlechter als BBB- (Standard & Poors's) bzw. Baa3 (Moody's) ausfällt, werden der Klasse „Subinvestment Grade" zugeordnet, das heißt die Bonität des Schuldners rechtfertigt nicht zur Qualifikation eines „Investment Grade" (vgl. Abschnitt 3.5). High-Yield-Anleihen bieten dem Investor für die Übernahme eines höheren Ausfallrisikos entsprechend überdurchschnittliche Renditen, die in der Regel zwischen 2,5 und 5 Prozent über der Verzinsung von erstklassigen Regierungsanleihen gleicher Laufzeit liegen.

High-Yield-Anleihen eignen sich aus Emittentensicht als Substitut für traditionelle Bankfinanzierungen besonders wegen ihrer vergleichsweise geringen Finanzierungskosten, der hohen Flexibilität hinsichtlich der Ausgestaltung und Zahlungsmodalitäten und ihrer Eigenschaft als langfristige Finanzierungsform. Im Vergleich zu einer alternativen Eigenkapitalfinanzierung bieten High-Yield-Anleihen insbesondere den Vorteil weitaus geringerer Verwässerungseffekte bezüglich Unternehmenskontrolle und Erträgen.

Europäischen Emittenten minderer Bonität stand in der Vergangenheit lediglich der US-Kapitalmarkt zur langfristigen Anleihefinanzierung offen. Die Platzierung hochverzinslicher Unternehmensanleihen europäischer Schuldner erfolgte vorwiegend bei US-amerikanischen Fonds und Versicherungen, die mit dem High-Yield-Markt vertraut sind und über entsprechendes Bewertungs-Know-how verfügen. Ausländische Emittenten bedienten sich des US-amerikanischen Marktes in der Regel über privatplatzierte Euro-Anleihen, die durch Registrierung bei der SEC unter Rule 144A unter institutionellen Investoren handelbar sind (vgl. Abschnitt 2.4.2).

Mit der erfolgreichen Platzierung einiger Hochzinsanleihen europäischer Unternehmen im Euromarkt (vgl. Abschnitt 3.3.3) wurde im Jahr 1997 die Entstehung eines europäischen High-Yield-Marktes vorausgesagt. Tatsächlich stieg das Neuemissionsvolumen bis auf etwa 5 Mrd. Euro im Folgejahr an, woraufhin zahlreiche Investmentbanken unter hohem Druck damit begannen, High-Yield-Abteilungen aufzubauen. Erst die sich seit Mitte 1998 abzeichnende Schwere der Russlandkrise und die dadurch resultierende Zurückhaltung der Anlegerseite, Ausfallrisiken zu übernehmen, führte zu einem Rückgang an Neuemissionen am europäischen High-Yield-Markt. Wie aus Abbildung 9 hervorgeht, hat sich das Gesamtvolumen umlaufender High-Yield-Anleihen jedoch von Ende 1995 bis Ende Mai 2000 von 5,4 auf 53,5 Mrd. Euro verzehnfacht. Verantwortlich für dieses Wachstum sind verschiedene Faktoren. So haben gerade institutionelle Investoren einen ausgeprägten Bedarf an High-Yield-Anleihen, da sie die Gesamtrendite sowie die Risikogewichtung eines Portfolios erhöhen. Ebenso haben Investmentbanken ein hohes Interesse an der Platzierung hochverzinslicher Anleihen, da deren Emission zu den profitabelsten Geschäften zählt. Weiterhin sind hochverzinsliche Anleihen aus dem europäischen Raum eine begehrte Anlagealternative. Schließlich greifen europäische Unternehmen aufgrund veränderter Prämissen, vor allem den Shareholder-Value-Betrachtungen, nach alternativen Wegen der Unternehmensfinanzierung. Die Deregulierung in zahlreichen Branchen auf europäischer Ebene trug ebenso zum Anstieg bei, da beispielsweise immer mehr Telekommunikationsunternehmen nach innovativen Instrumenten suchen, um ihr Wachstum zu finanzieren.

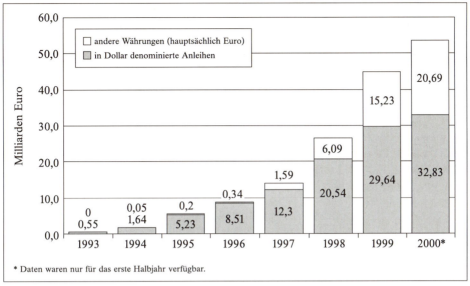

Quelle: Donaldson, Lufkin & Jenrette

Abbildung 9: Europäischer Markt für High-Yield-Anleihen

# Exkurs: Entwicklung des US-amerikanischen High-Yield-Marktes

Seinen Ursprung findet der Markt für High-Yield-Anleihen in den USA. Die Entwicklung des US-amerikanischen Marktes von High-Yield-Anleihen lässt sich in vier Phasen unterteilen. Unternehmensanleihen minderer Qualität nahmen bereits zu Beginn des 19. Jahrhunderts eine bedeutende Funktion bei der Aufbaufinanzierung wichtiger Industrien ein. Erst mit der Einführung offizieller Ratings für Anleihen von US-Eisenbahnunternehmen im Jahr 1909 konnte sich die Bezeichnung „High Yield Bonds" bzw. „Subinvestment Grade Bonds" durchsetzen. Auf Grund des enormen Kapitalbedarfs für den Aufbau eines landesweiten Schienennetzes wiesen diese Schuldner überdurchschnittlich hohe Verschuldungsgrade auf, woraus ein entsprechend niedriges Rating resultierte. Anleger erhielten für die Bereitstellung von Risikokapital entsprechend überdurchschnittliche Verzinsungen.

Die als Postdepression gekennzeichnete Periode von 1932 bis zum Zweiten Weltkrieg zeichnete sich hauptsächlich durch Schuldner aus, deren Ratings im Verlauf der Wirtschaftskrise der 30er Jahre auf Subinvestment Grade herabgestuft wurden. Diese Schuldnergruppe dominierte bis in die späten 80er Jahre den Markt für hochverzinsliche Unternehmensanleihen und prägte den Begriff der „Fallen Angels". Für Investoren mit entsprechendem Risikoprofil boten sich überdurchschnittliche Renditechancen, sofern sich die Ertragslage der Schuldner mit der allgemeinen wirtschaftlichen Erholung verbesserte. In der Zeit nach dem Zweiten Weltkrieg bis in die 70er Jahre dominierten weiterhin Anleihen von Eisenbahngesellschaften und Fallen Angels den High-Yield-Markt in Amerika.

Der Bezeichnung „Junk Bonds" bzw. „Schrott-Anleihen" entstand durch den Konkurs einiger großer US-amerikanischer Schuldner, die Zweifel an der langfristigen Stabilität des Marktes für hochverzinsliche Anleihen aufkommen ließen. Dennoch versprach das Marktsegment für ausfallrisikobelastete Unternehmensanleihen solchen Anlegern, die durch profunde Analysen unterbewertete Anleihen von fundamental gesunden Schuldnern identifizierten, weiterhin hohe Renditen und Kursgewinne. In diesem Zusammenhang entstand der Begriff der „Rising Stars", womit man Unternehmen bezeichnete, die nach erfolgreichem Turn-around oder auch nach einer erfolgreichen Wachstumsphase von den Ratingagenturen zunehmend besser bewertet wurden.

Der moderne High-Yield-Markt entstand Ende der 70er Jahre. Mit dem Aufkommen erster „Original High-Yield Issues", das heißt Emittenten, deren Rating zum Zeitpunkt der Kapitalaufnahme bereits zur Subinvestment-Grade-Klasse gehörte, begann eine neue Ära dieses Marktsegmentes. Unternehmen, deren Bonität nicht zur Qualifikation eines Investment-Grade-Ratings ausreichten, waren traditionell auf eine kurzfristige Bankfinanzierung angewiesen, da ihnen der Zugang zum Kapitalmarkt verschlossen blieb. Dem Entstehen des Original High-Yield-Issue-Marktes kam eine bedeutende Rolle in der Entwicklungs- und Umstrukturierungsphase der US-amerikanischen Wirtschaft während der 80er Jahre zu.

Der Erfolg von High-Yield-Anleihen bis zum vorläufigen Höhepunkt dieses Marktsegments gegen Ende der 80er Jahre war hauptsächlich auf zwei Umfeldfaktoren zurückzuführen. Zum einen sahen sich Investoren in den späten 70er Jahren einem steigenden Zinsumfeld und sinkenden Anleihepreisen ausgesetzt. Entsprechend sanken die Ex-post-Renditen ausstehender Investment Grade-Anleihen, was insbesondere institutionelle Investoren dazu veranlasste, verstärkt Anlagen in hochrentable Wertpapiere zu suchen. Ein zweiter, ebenso wichtiger Faktor war das Aufkommen eines US-amerikanischen Marktes für Unternehmenskontrolle und der damit entstehende Finanzierungsbedarf von Übernahmen. Tatsächlich bildete die Finanzierung von *Leveraged Buy Outs* (LBOs), das heißt überwiegend fremdfinanzierte Unternehmensübernahmen, einen Katalysator für Original-High-Yield-Schuldverschreibungen. Vergleichsweise hohe Underwriting-Gebühren motivierten Investmentbanken zur Emission von Anleihen fragwürdiger Kreditqualität. Dennoch zeigen Langzeitstudien, dass trotz steigender Ausfallraten Investoren durch die hohe laufende Verzinsung von High-Yield-Anleihen überdurchschnittliche Nettorenditen erwirtschafteten.

Der Auslöser des Zusammenbruchs am High-Yield-Markt war ein im August 1989 verabschiedetes Gesetz, welches den US-amerikanischen Sparbanken (Savings & Loans) Investitionen in Anleihen untersagte, deren Rating nicht zur Qualifikation eines Investment-Grade-Ratings ausreichte. Darüber hinaus erging die Auflage an diese Investorengruppe, sich von ihren Beständen an High-Yield-Anleihen innerhalb eines Zeitraums von vier Jahren zu trennen. Die resultierende Verkaufswelle führte zu signifikanten Kurseinbrüchen. Neuemissionen erreichten einen Tiefpunkt im Jahr 1990 und Investoren erlebten erstmalig negative Jahresrenditen von durchschnittlich 4,4 Prozent[8]. Die Verurteilung von Michael Milken, dem wohl bekanntesten Junk-Bond-Händler, wegen Verstößen gegen Insidergesetze der US-amerikanischen Wertpapieraufsicht sowie der Konkurs des Emissionshauses Drexel Burnham Lambert kennzeichnete den vorläufigen Wendepunkt der Erfolgsgeschichte des modernen High-Yield-Marktes.

Vor dem Hintergrund der hohen Kursverluste und einer allgemein äußerst kritischen Haltung der Kapitalmarktteilnehmer war es umso erstaunlicher, dass der High-Yield-Markt nach nur wenigen Monaten eines faktischen Stillstands erneut überdurchschnittliche Wachstumsraten im Neuemissionsgeschäft verzeichnete. Neben Venture Capital stellen High Yield Bonds in den 90er Jahren eine wichtige Finanzierungsform junger, innovativer Unternehmen in den USA dar. Das Volumen ausstehender High-Yield-Anleihen erreichte nur wenige Jahre nach dem Zusammenbruch des Marktes neue Höchststände und überstieg 1997 erstmalig die Grenze von 250 Mrd. US-Dollar. Neben dem stabilen wirtschaftlichen Umfeld in den USA während der letzten Jahre der 90er haben insbesondere institutionelle Strukturveränderungen zu diesem Wachstum beigetragen. Das Aufkommen von High-Yield-Fonds hat zur Absorption eines bedeutenden Anteils des Angebots beigetragen. Ebenfalls haben neue Formen der Verbriefung und des Risikomanagements ein professionelles Engagement im Bereich hochverzinslicher Unternehmensanleihen ermöglicht. Zu nennen sind hier insbesondere Collateralized Bond Obligations (CBO), das heißt Sondervermögen, deren Zweck die Bündelung von Anleihen und erneuter Verbriefung in Tranchen unterschiedlicher Risikocharakteristika ist, und der Einsatz von Kreditderivaten. Der Markt für „hochverzinsliche Anlagen" nimmt an Bedeutung weiterhin zu, da Banken dazu übergehen, Darlehen an Unternehmen nicht mehr einzeln zu buchen, sondern in einem Pool zu sammeln und sodann als Collateralized Loan Obligations (CLO) bei Endanlegern zu platzieren. Häufig werden dabei die CLO in unterschiedliche Tranchen aufgeteilt, die je unterschiedliche Ansprüche an die Zahlungsströme haben, die dem Pool zufließen. Somit besteht die Möglichkeit, detaillierter auf die Präferenzen der Anleger einzugehen und somit die Platzierbarkeit zu verbessern. Ende 1999 betrug das Gesamtvolumen des US-amerikanischen High-Yield-Marktes circa 650 Mrd. US-Dollar.

### 3.2.7 Zinsderivate

*Merkmale derivativer Finanzinstrumente*

Unter dem Begriff „derivative Finanzinstrumente" (Derivate, Terminkontrakte) werden Finanztitel oder Wertpapiere zusammengefasst, deren Zahlungsansprüche und somit deren Wert aus der Preisentwicklung eines fest definierten Basiswertes (Underlying) abgeleitet wird. Der wesentliche Unterschied zwischen derivativen Finanzinstrumenten und den traditionellen, so genannten Kassamarkt-Instrumenten ist, dass der Zeitpunkt des Vertragsabschlusses bei Ersteren vor deren Erfüllungszeitpunkt liegt. Derivate beinhalten somit eine vertragliche Vereinbarung zum Abschluss einer zukünftigen Geschäftstransaktion zu Transaktionspreisen, die zum heutigen Zeitpunkt festgeschrieben werden.

---

[8] Altmann (1992), S. 70 ff.

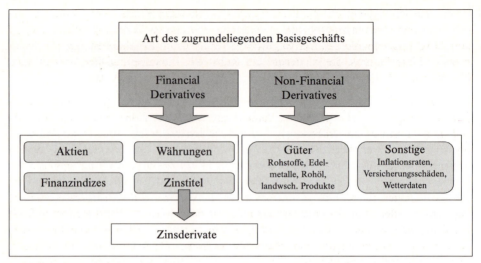

Abbildung 10: Systematisierung von derivativen Finanzinstrumenten

Wie die in Abbildung 10 dargestellte Systematisierung von derivativen Finanzinstrumenten zeigt, lässt sich in Anlehnung an die Art des zugrundeliegenden Basiswertes eine Trennung zwischen „Financial Derivatives" und „Non-Financial Derivatives" vornehmen. Erstere beinhalten Basiswerte, die auf Finanzmärkten im weitesten Sinne gehandelt werden, das heißt Aktien, Zinstitel, Währungen und Indizes auf diese. Der zweiten Gruppe derivativer Finanzinstrumente liegen Basiswerte zu Grunde, die nicht zu den originären Kapitalmarktprodukten gehören, wie zum Beispiel Güter – vor allem Rohstoffe und sonstige homogene Güterklassen – sowie sonstige ökonomische Variablen und insbesondere wirtschaftliche Indikatoren.

Hinsichtlich der an die Erfüllung gebundenen Bedingungen trennt man zwischen bedingten und unbedingten Derivatgeschäften. *Bedingte Derivatgeschäfte* (Optionen) machen den vertraglich vereinbarten Zahlungsstrom vom Eintritt einer fixierten Bedingung abhängig. Diese Bedingung ist regelmäßig die Ausübung eines Wahlrechts des Begünstigten. Der Begünstigte ist typischerweise der Käufer einer Option (Long Position), dem vertraglich das Recht zugestanden wird, das Basisinstrument während einer vereinbarten Frist (amerikanische Option) oder zum Verfalltag (europäische Option) zu einem fixierten Preis zu kaufen (Call Option) oder zu verkaufen (Put Option). Der Verkäufer der Option (Short Position) ist dagegen verpflichtet, dem Inhaber der von ihm verkauften Option den zugrundeliegenden Basiswert zum vereinbarten Preis zu liefern (Call) bzw. abzunehmen (Put), falls dieser von seinem Ausübungsrecht Gebrauch macht. Für das Risiko nachteiliger Marktpreisentwicklung im Falle einer Ausübung verlangt der Verkäufer der Option eine entsprechende Prämie, die in der Regel bei Vertragsabschluss gezahlt werden muss. Macht der Käufer der Option von seinem Ausübungsrecht bis zum Verfalltag keinen Gebrauch, so verfällt dieses Recht und der Optionsverkäufer weist einen Ertrag in Höhe der vereinnahmten Prämie aus.

*Unbedingte Derivatgeschäfte* (Futures, Swaps) verpflichten Käufer und Verkäufer dagegen zur unbedingten zukünftigen Abwicklung eines Kauf-/Verkaufsgeschäfts zu den zum Abschlusszeitpunkt des Derivatgeschäfts vereinbarten Konditionen. Hierzu zählen in erster Linie Futures, die wiederum auf Rohstoffe, Finanzierungstitel, Indizes oder Währungen laufen können, sowie Swaps oder Forward Rate Agreements.

Eine weitere wesentliche Unterteilung derivativer Instrumente erfolgt nach deren Standardisierungsgrad. Derivatgeschäfte, deren Underlying durch eine weitestgehende Homogenität (zum Beispiel Währungen, Indizes) ausgezeichnet ist, werden typischerweise hinsichtlich der vereinbarten Liefermengen, Verfalltermine und sonstigen Vertragsbedingungen standardisiert und können somit zum Sekundärmarkthandel an organisierten Börsen zugelassen werden. Demgegenüber können Derivatgeschäfte in bilateralen Vertragsbeziehungen individuell an die besonderen Bedürfnisse der Transaktionspartner angepasst werden. Ein Sekundärmarkthandel ist bei derartigen Instrumenten äußerst unüblich. Man spricht in diesem Zusammenhang von OTC (Over-the-Counter)-Derivatgeschäften. Diese werden typischerweise zwischen Finanzinstituten und Kunden oder als Interbankengeschäft zwischen zwei Finanzinstituten individuell strukturiert.

Derivatgeschäfte müssen nicht gezwungenermaßen zur tatsächlichen Erfüllung der versprochenen Leistung (Physical Delivery) führen. Vielmehr ist es insbesondere im Bereich der Finanzderivate üblich, das zugrundeliegende Basisgeschäft bei Fälligkeit oder im Zeitpunkt der Ausübung des Optionsrechtes durch einen an den aktuellen Marktpreisen orientierten Zahlungsausgleich (Cash Settlement) zu erfüllen. Gleichfalls ist es in der Regel möglich, während der Laufzeit ein kompensierendes Gegengeschäft abzuschließen, um sich somit *glattzustellen*. Das ertragswirtschaftliche Resultat einer Glattstellung oder Ausgleichszahlung wird vom inneren Wert des Optionsgeschäft determiniert. Der innere Wert einer Option oder einer Future-Position ergibt sich aus dem Vergleich des aktuellen Marktpreises des Underlying mit den im Derivatkontrakt vereinbarten Konditionen. Eine Besonderheit stellt in diesem Zusammenhang das *asymmetrische Risikoprofil* von bedingten Optionsgeschäften dar. Für den Käufer einer Option stellt die gezahlte Optionsprämie den maximalen Verlust dar, wohingegen der potenzielle Ertrag theoretisch unbegrenzt ist. Für den Verkäufer einer Option gilt dieses mit umgekehrten Vorzeichen.

Die Einsatzmöglichkeiten von Derivaten lassen sich grundsätzlich gemäß den zugrundeliegenden Motiven in Risikomanagement, Arbitrage und Spekulation untergliedern. Im Rahmen des *Risikomanagements* werden Derivate zur Absicherung unsicherer zukünftiger Zahlungsströme, die aus Währungs- und Zinsrisiken entstehen, von Industrie- und Finanzdienstleistungsunternehmen eingesetzt. Darüber hinaus eignen sich Rohstoff- oder Indexderivate zur Steuerung von Kosten- und Ertragspositionen.

Unter *Arbitragegeschäften* werden solche Kapitalmarkttransaktionen zusammengefasst, die ein temporäres Preisungleichgewicht auf unterschiedlichen Märkten ausnutzen, um möglichst risikolos Erträge zu erwirtschaften. Hierbei kann es sich um lokale Preisdifferenzen oder fristenbedingte Preisungleichgewichte handeln. Durch Derivate werden in diesem Zusammenhang Arbitragegeschäfte möglich, ohne dass notwendigerweise das zugrundeliegende Basisinstrument erworben bzw. verkauft werden muss.

Der *spekulative Einsatz* von Derivaten zielt auf die bewusste Exposition gegenüber Preisrisiken, wobei eine bestimmte Meinung bezüglich der zukünftigen Preisentwicklung des Underlying eingenommen wird. Da hierbei ebenfalls auf den Erwerb bzw. Verkauf des Basisinstruments verzichtet werden kann, lässt sich eine weitaus höhere Hebelwirkung (Leverage) erzielen.

## Einsatz von Zinsderivaten

Neben der Beschaffung finanzieller Mittel am Kapitalmarkt steht die Optimierung der Kapitalkosten im Mittelpunkt der Aktivitäten im Geschäftsfeld Debt Capital Markets einer Investmentbank. Hierfür bieten derivative Finanzinstrumente eine breite Palette von Instrumenten, um die verfolgte Finanzierungsstrategie kostengünstig umzusetzen. Im Bereich der Fremdfinanzierung wird dabei in zunehmendem Maße auf den Einsatz von Zinsderivaten, das heißt derivativen Finanzinstrumenten, denen Zinstitel (zum Beispiel Bundesanleihen) bzw. Referenzzinssätze als Basiswerte zu Grunde liegen, zurückgegriffen.

Zur weiteren Systematisierung von Zinsderivaten wird zwischen *bedingten* (Optionen) und *unbedingten* (Futures/Swaps) Geschäften unterschieden. Darüber hinaus lassen sich Zinsderivate nach dem Grad ihrer Standardisierung im Hinblick auf ihre Abwicklungs- und Handelsusancen in börsennotierte Zinsderivate und OTC-Derivate trennen. Abbildung 11 zeigt diese Systematik auf.

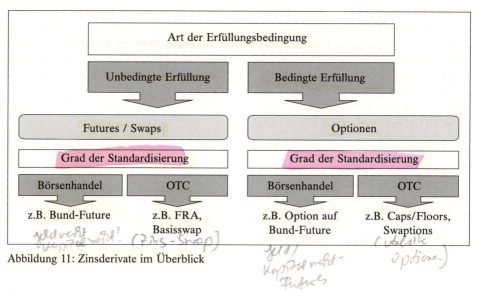

Abbildung 11: Zinsderivate im Überblick

Unter den unbedingten Zinsderivatgeschäften werden im Folgenden exemplarisch für börsengehandelte Instrumente der Bund-Future und Forward Rate Agreements sowie Swaps als OTC-Instrumente dargestellt.

Der *Bund-Future* stellt am deutschen Kapitalmarkt das bedeutendste börsengehandelte langfristige Zinsderivat dar. Er gilt sowohl für den inländischen als auch für ausländische

Kapitalmärkte als wichtiger Indikator für die aktuelle Zinsentwicklung. Future-Kontrakte auf Bundesanleihen werden sowohl am Londoner Terminmarkt LIFFE (London International Financial Future Exchange) als auch an der EUREX, einem Gemeinschaftsunternehmen der ehemaligen Deutschen Terminbörse und der Schweizer Terminbörse SOFFEX, gehandelt. Der Bund-Future basiert auf einer idealtypischen Bundesanleihe mit einer Nominalverzinsung von 6 Prozent als Underlying, wodurch die notwendige Standardisierung erreicht werden kann. Bei Fälligkeit können Bundesanleihen mit Restlaufzeiten zwischen achteinhalb und zehn Jahren geliefert werden, wobei je nach gelieferter Anleihe eine Ausgleichszahlung auf Basis eines Konversionsfaktors fällig wird. Zu den kurzfristigen Zinsfutures zählt das so genannte Termingeld. Hierbei handelt es sich um einen Future-Kontrakt, dem überwiegend eine Geldmarkt-Position mit dreimonatiger Laufzeit zu Grunde liegt.

Forward Rate Agreements und Zinsswaps sind die am weitesten verbreiteten OTC-Zinsderivate, das heißt nicht an einer Terminbörse gehandelten Produkte. Ihnen kommt im Zusammenhang mit dem Emissionsgeschäft einer Investmentbank am Kapitalmarkt eine wesentliche Funktion bei der Strukturierung von Finanzierungstransaktionen zu.

Ein *Forward Rate Agreement* (FRA) bezeichnet ein individuell zwischen der Investmentbank und ihrem Kunden verhandeltes Zinstermingeschäft. Es handelt sich dabei um eine Art Einlagentermingeschäft, wobei einer der Transaktionspartner (Verkäufer) dem Käufer die Zusage macht, eine zukünftige fiktive Geldeinlage zu bereits heute vereinbarten Konditionen entgegenzunehmen. Umgekehrt bietet ein FRA dem Verkäufer die Möglichkeit, zukünftigen Finanzierungsbedarf zu heute fixierten Konditionen zu sichern. Bei einem FRA findet jedoch kein Austausch der Nominalbeträge dieser Vereinbarung statt – deshalb wird der Ausdruck fiktiv verwendet –, sondern es erfolgt lediglich ein Differenzausgleich. Dieser berechnet sich aus der Abweichung des am vereinbarten Stichtag aktuellen Referenzzinssatzes (in der Regel Geldmarktsätze wie LIBOR oder EURIBOR) mit dem im FRA festgeschriebenen Zins bezogen auf den fixierten Nominalbetrag.

Die Fälligkeitstermine von FRA sind grundsätzlich individuell gestaltbar, liegen jedoch typischerweise zwischen 3 und 24 Monaten. Die Bezeichnung „3–6 FRA" kennzeichnet dabei ein Einlagentermingeschäft von 3 Monaten mit Fälligkeit in 3 Monaten. Ein wesentlicher Vorteil aus dem Einsatz von FRAs zur Steuerung von Zinsrisiken liegt in deren Bilanzneutralität: FRAs kommen vorwiegend zur Absicherung bestehender Zinsrisiken in Verbindung mit erwarteten Kapitaldispositionen im kurz- bis mittelfristigen Bereich zum Einsatz. Plant etwa der Kunde einer Investmentbank in der nahen Zukunft ein kurzfristiges Refinanzierungsgeschäft, so ermöglicht ihm der Einsatz eines FRAs, die Kapitalkosten bereits zum heutigen Zeitpunkt festzuschreiben. Im umgekehrten Fall lassen sich die Konditionen für eine absehbare Anlage überschüssiger Liquidität durch den Kauf eines FRAs im Vorfeld sichern.

*Zinsswaps* gehören gleichfalls zur Gruppe der OTC-Derivate, die zwischen Finanzinstituten oder zwischen einem Finanzinstitut und einem Unternehmen abgeschlossen werden können. Ein Swapgeschäft sieht einen vertraglich über eine bestimmte Laufzeit festgeschriebenen Austausch (Swap = Tausch) von Zahlungsströmen vor. Diese können entweder Zahlungsströme unterschiedlicher Währungen sein oder, im Fall eines klassischen *Plain-Vanilla-Zinsswaps*, der Austausch von einem Festzins gegen einen variablen Zins (Kuponswap). Ein Austausch der Nominalwerte findet nicht statt. Im Fall eines Kuponswaps verpflichtet sich der Käufer (Payer) der Swaptransaktion zur Zahlung eines im Swapvertrag fixierten Festzinses auf den vereinbarten Nominalbetrag. Der Verkäufer (Receiver) hingegen zahlt diesem einen ex ante nicht fixierten variablen Zinssatz, der sich nach einem vereinbarten Geldmarktsatz (wiederum meist LIBOR oder EURIBOR) richtet. Die Zinsanpassung der variablen Seite erfolgt dabei in regelmäßigem Rhythmus (meist drei oder sechs Monate) wenige Tage vor einem neuen Periodenbeginn.

### Beispiel für den Einsatz eines Kuponswaps

Die ökonomische Begründung eines Zinsswaps kann auf das aus der klassischen Nationalökonomie stammende Prinzip des komparativen Kostenvorteils zurückgeführt werden. Dieses erstmals von Ricardo (1772–1823) aufgestellte Erklärungsmodell für den Güteraustausch zwischen unterschiedlichen Volkswirtschaften postuliert einen Wohlfahrtsgewinn für jeden am Tausch beteiligten Transaktionspartner, wenn er sich auf die Produktion derjenigen Güter konzentriert, bei welchem er gegenüber anderen Tauschpartnern relative Kostenvorteile besitzt. Dieses gilt auch dann, wenn einer der Partner bei der Produktion beider Güter einen absoluten Kostennachteil hat, sofern dadurch das *Verhältnis der Kostendifferenzen* minimiert wird.

Am Beispiel zweier Schuldner unterschiedlicher Bonität soll dieser Sachverhalt auf den Austausch von Zinszahlungen übertragen werden:

| Unternehmen A (hohe Bonität) | Festzins: | 8,5 % |
|---|---|---|
| | Variabler Zins: | LIBOR + 0,125 % |
| Unternehmen B (geringe Bonität) | Festzins: | 9,5 % |
| | Variabler Zins: | LIBOR + 1,000 % |

Auf Grund der schlechteren Bonität von Unternehmen B zahlt dieses für die Aufnahme festverzinslicher Mittel 1 Prozent mehr Verzinsung als Unternehmen A. Im Falle einer variablen Verzinsung beträgt der Kapitalkostennachteil dagegen lediglich 0,875 Prozent.

Gemäß dem Prinzip komparativer Kostenvorteile wird Unternehmen A festverzinsliche Mittel am Kapitalmarkt aufnehmen, da der Kostenvorteil hierbei am größten ist. Unternehmen B verschuldet sich dagegen zu variablen Konditionen. Beide Unternehmen treten nun in eine Swaptransaktion ein, wobei Unternehmen B als Zahler eines Festzinses auftritt (Käufer des Swaps, Payer) und im Gegenzug einen variablen Zins von Unternehmen A erhält (Verkäufer des Swaps, Receiver).

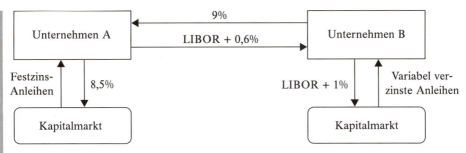

Die Konditionen des Kuponswaps werden dabei von der aktuellen Marktsituation sowie vom Verhandlungsgeschick der Transaktionspartner bestimmt.

Der Vergleich der Finanzierungskosten beider Swappartner nach der dargestellten Swapkonstruktion zeigt die Vorteilhaftigkeit der Transaktion auf:

| Unternehmen A | | Unternehmen B | |
|---|---|---|---|
| Festzinsanleihe: | 8,5 % | Variabel verzinste Anleihe: | LIBOR + 1 % |
| Swap-Zahlung: | LIBOR + 0,6 % | Swap-Zahlung: | 9 % |
| Swap-Empfang: | (9 %) | Swap-Empfang: | (LIBOR + 0,6 %) |
| Nettokosten: | LIBOR + 0,1 % | Nettokosten: | 9,4 % |

Somit ergibt sich eine Verringerung der Nettofinanzierungskosten von 0,025 Prozent für Unternehmen A sowie von 0,1 Prozent für Unternehmen B.

Die Funktion der Investmentbank wird in diesem vereinfachten Beispiel nicht abgebildet. Ein direkter Austausch von Zahlungsströmen zwischen zwei Schuldnern wie in diesem Beispiel stellt eine Ausnahme dar. Als Vermittler und Market Maker derartiger Transaktionen nimmt die Investmentbank eine intermediäre Stellung ein, wobei diese als Swappartner mit einem der beiden Schuldner auftritt und im Gegenzug ein kompensierendes Geschäft mit einem anderen Schuldner oder einer weiteren Bank sucht. Die Vergütung für diese Intermediärsfunktion erfolgt über entsprechende Abschläge (Spreads) der weitergeleiteten Zahlungsströme.

Grundsätzlich sind der Ausgestaltung der individuellen Struktur eines Swapgeschäfts kaum Grenzen gesetzt. Dabei kann der Austausch von Zahlungsströmen in unterschiedlichen Währungen (Währungsswaps) erfolgen, auf Basis unterschiedlicher Referenzinssätze (Basisswap) ausgestaltet sein oder auch durch Integration optionaler Elemente (Swaptions) und variierender Nominalgrößen (Amortizing Swaps) gestaltet werden. Swaps, deren Laufzeitenbeginn in der Zukunft liegt, bezeichnet man als *Forward Swaps*.

Der Einsatz von Zinsswaps erfolgt vorwiegend zur Optimierung der Kapitalkosten eines Kunden der Investmentbank. Hierbei gilt es, die finanzwirtschaftlichen Notwendigkeiten des Kunden mit den bestmöglichen Marktbedingungen zu verbinden. Beispielsweise wäre es denkbar, dass ein Industrieunternehmen eine Anleiheemission plant, deren Verzinsung bestenfalls variabel erfolgen sollte. Da die am Markt möglichen Konditionen im variablen Bereich jedoch verhältnismäßig unvorteilhaft für den Kunden sind, empfiehlt die Investmentbank, eine festverzinsliche Anleihe zu platzieren und parallel hierzu einen

Kuponswap abzuschließen (vgl. Beispiel oben). Das Unternehmen würde hierbei als Payer auftreten, das heißt den Festzins zahlen, um im Gegenzug einen variablen Zins zu erhalten. Wirtschaftlich entspricht dies einer Kombination aus der Floating-Rate-Anleihe und dem Payer Swap und ist somit eine Festzinsverbindlichkeit.

Die Beratungsfunktion der Investmentbank wird im Zusammenhang mit der Optimierung der Finanzierungsstruktur besonders ersichtlich. Nachdem die aus der finanzwirtschaftlichen Analyse des Kunden gewonnene optimale Finanzierungsform festgelegt wurde, das heißt Finanzierungsinstrument, Fristigkeit, Kündigungsoptionen und Verzinsungsform erarbeitet wurden, gilt es, durch Kombination unterschiedlicher Kapitalmarktinstrumente die vorteilhafteste Finanzierungsstruktur zu identifizieren. Die profunde Kenntnis der Zinssituation einzelner Kapitalmarktsegmente erlaubt es der Investmentbank, durch eine kreative Strukturierung der Transaktion das bestmögliche Ergebnis zu erzielen. Die Ausnutzung temporärer oder auch struktureller Marktungleichgewichte (man spricht in diesem Zusammenhang auch von einem „Swap Window") verspricht eine Senkung der Finanzierungskosten bei gleichzeitiger Berücksichtigung der originären Finanzierungsbedürfnisse des Kunden.

Die zur Gruppe der bedingten Zinsderivate gehörenden Instrumente werden vorwiegend im Bereich des Zinsmanagements in Verbindung mit Hedging-Strategien eingesetzt. Hierunter sind risikopolitische Maßnahmen zu verstehen, bei denen durch Einsatz derivativer Finanzinstrumente eine bestehende oder antizipierte Position gegenüber unvorteilhaften Zinsentwicklungen abgesichert wird, ohne auf potenzielle Zinsvorteile bei günstiger Marktentwicklung zu verzichten. Neben börsengehandelten Zinsoptionen, wie beispielsweise Optionen auf den Bund-Future, werden im genannten Zusammenhang vorwiegend außerbörsliche Zinsderivate eingesetzt, die dem Emittenten ein maßgeschneidertes Risikoprofil bieten, da sie hinsichtlich Laufzeit, Underlying und Nominalbetrag individuell ausgestaltet werden können.

Zur Begrenzung von Zinsrisiken, die durch variabel verzinste Verbindlichkeiten entstehen, bieten so genannte *Caps* die Möglichkeit, bei unvorhergesehenen Steigerungen der kurzfristigen Marktzinsen die Finanzierungskosten auf die Höhe einer Zinsobergrenze zu begrenzen. Ein Cap ist eine vertragliche Vereinbarung einer solchen Zinsobergrenze in Bezug auf einen definierten Referenzzinssatz, die isoliert vom eigentlichen Finanzierungsinstrument abgeschlossen wird. Eine Kombination aus einem Geldmarktkredit oder auch einer langfristigen Anleihefinanzierung mit variabler Verzinsung und dem Abschluss eines Caps stellt einen innovativen Ansatz zur Optimierung der Finanzierungskosten durch den Einsatz von Zinsderivaten dar. Man bezeichnet derartige Optimierungsstrategien auch als *strukturierte Finanzierungen*. Hierbei partizipiert der Schuldner an sinkenden Geldmarktzinsen, sichert sich jedoch gleichzeitig gegen unvorhergesehene Zinssteigerungen ab. Die Investmentbank, die als Vertragspartner eines Caps auftritt, erhält hierfür eine Prämie in Höhe von monatlich 0,1 Prozent bis 0,2 Prozent, je nach Marktlage. Übersteigt der kurzfristige Referenzzinssatz die Zinsobergrenze des Caps, so ist die Bank zur monatlichen Zahlung des Differenzbetrages verpflichtet.

Ein *Floor* stellt das Gegenstück zum Cap dar. Hierbei verpflichtet sich der Verkäufer zu Ausgleichszahlungen, falls der zugrundeliegende variable Referenzzins unter eine festgeschriebene Untergrenze fällt. Floors werden vorwiegend im Zusammenhang mit Einlagengeschäften zu variablen Geldmarktsätzen vereinbart. Die Zahlungsmechanik und Prämienberechnung erfolgen analog.

Eine weitere Variante optionaler Zinsderivate stellen so genannte *Swaptions* dar. Eine Swaption ist eine vertragliche Vereinbarung zum Abschluss eines Swapvertrags in der Zukunft, wobei der tatsächliche Vertragseintritt vom Ausübungswahlrecht des Käufers bestimmt wird. Der Abschluss einer Swaption ermöglicht dem Käufer, zukünftig erwartete Zinsentwicklungen im Sinne einer Optimierung seiner Kapitalkosten zu nutzen. Dieses Recht wird analog zu den bisher dargestellten bedingten Optionsgeschäften mit einer entsprechenden Prämie an den Verkäufer vergütet.

## 3.3 Märkte

Die zunehmende Globalisierung von Waren- und Dienstleistungsmärkten hat konsequenterweise zu einer verstärkten Integration nationaler Kapitalmärkte geführt. Durch Entwicklungen im Bereich der Informationsverarbeitung und Kommunikationstechnik werden grenzüberschreitende Finanzierungstransaktionen ermöglicht, die es Investoren und Emittenten erlauben, internationale Kapitalmärkte ohne wesentliche Kosten- und Informationsnachteile zu nutzen. Somit stellt sich insbesondere für den Emittenten von Wertpapieren die Frage nach dem geeigneten nationalen oder internationalen Marktsegment zur Platzierung seiner Finanzierungstitel.

In Abhängigkeit von der Herkunft von Emittent und Investoren unterscheidet man zwischen dem Inlands-, Euro- und Auslandsmarkt. Die Zielgruppen einer Wertpapierplatzierung werden im Wesentlichen vom Typ des Emittenten, das heißt seinem Bekanntheitsgrad und seiner Bonität (Standing) sowie vom Emissionsvolumen und vom spezifischen Finanzierungsinstrument bestimmt. Darüber hinaus wird die Attraktivität eines bestimmten Marktes von Faktoren bestimmt, die unabhängig vom Emittenten und der Ausgestaltung der Wertpapiere sind. Hierunter fallen insbesondere die ökonomische Entwicklung, das heißt das aktuelle Zinsniveau und Wechselkursentwicklungen sowie die Aufnahmefähigkeit des Marktes, die das zum Emissionszeitpunkt vorherrschende Verhältnis zwischen Angebot und Nachfrage nach Finanztiteln im anvisierten Marktsegment ausdrückt.

Die Gestaltung der Finanzierungsinstrumente sowie die Zusammensetzung und Struktur des Emissionskonsortiums wird von der Entscheidung bezüglich des optimalen Marktsegmentes geprägt. Die Investmentbank übernimmt hierbei eine wichtige Beratungsfunktion, wobei die Bedürfnisse des Emittenten mit den Möglichkeiten, die sich an den alternativen Märkten ergeben, in Übereinstimmung gebracht werden müssen.

### 3.3.1 Inlandsmarkt

Als Inlandsmarkt bezeichnet man den heimischen Kapitalmarkt im Sitzland des Emittenten. Der deutsche Inlandsmarkt für Anleihen wurde bereits im Zusammenhang mit den Kundengruppen einer Investmentbank (vgl. Abschnitt 3.1) dargestellt. Für die Inanspruchnahme des deutschen Inlandsmarktes gelten die nationalen Rechtsnormen im Hinblick auf die Rechnungslegung, Offenlegung und Publizitätsanforderungen.

Die Investorenseite des inländischen Fremdkapitalmarktes ist deutlich von institutionellen Investoren geprägt. Diese hielten nach Angaben der OECD während der 90er Jahre einen relativ konstanten Anteil von mehr als 40 Prozent des Umlaufs inländischer Anleihen und sonstiger Kreditformen. Das Gewicht ausländischer Erwerber von inländischen Schuldverschreibungen ist mit einem Anteil von fast 30 Prozent im internationalen Vergleich bedeutend. Dieser Umstand ist vor allem auf den hohen Absatz von Bundeswertpapieren an ausländische Investoren zu erklären.

Der ausgeprägte Intermediationsgrad des deutschen Finanzsystems prägt die Struktur des inländischen Marktes für Fremdkapitaltitel. Unter den privaten Schuldnern dominieren weiterhin Kreditinstitute und Hypothekenbanken, wohingegen Unternehmensanleihen stark unterrepräsentiert sind. Vor diesem Hintergrund bietet sich insbesondere für Unternehmensschuldner ein Ausweichen auf internationale Kapitalmärkte an, deren Segment für Unternehmensanleihen weitaus stärker ausgeprägt ist und auf denen eine erfolgreiche Platzierung auf Grund besserer Bewertungsfähigkeit und Akzeptanz der Investoren wahrscheinlicher ist.

Vor dem Hintergrund der Einführung einer einheitlichen Europäischen Währung seit 1999 ist eine stetige Integration des deutschen Kapitalmarktes in die Märkte der Euro-Mitgliedsländer zu erwarten. Der Wegfall des innereuropäischen Währungsrisikos beschleunigt den bereits eingetretenen Orientierungswechsel auf der Investorenseite – weg von länderbasierten Anlagestrategien hin zu einer stärker sektorenbasierten, das heißt Industriegruppen-basierten, Asset Allocation (vgl. Asset Management, Abschnitt 3.1).

Solange eine Vereinheitlichung des regulatorischen Umfeldes der europäischen Kapitalmärkte nicht vollständig erreicht ist, wird eine nationale Segmentierung der Märkte nicht gänzlich überwunden. Darüber hinaus wird auch zukünftig – trotz einer zunehmenden europäischen Integration der nationalen Teilmärkte – der US-amerikanische Kapitalmarkt zur Unterbringung insbesondere großvolumiger Emissionen kaum an Bedeutung verlieren. Vor diesem Hintergrund bieten ausländische Kapitalmärkte dem Emittenten weiterhin evidente Vorteile, deren monetäre und nicht-monetäre Ausprägung mit den spezifischen Hürden des Marktzutritts abzuwägen ist.

### 3.3.2 Auslandsmarkt

Für inländische Emittenten, deren Finanzierungsbedarf die Aufnahmefähigkeit des heimischen Kapitalmarktes übersteigt, bieten Auslandsanleihen die Möglichkeit, den potenziellen Investorenkreis zu erweitern. Unter dem Begriff der Auslandsanleihen werden sowohl Anleihen deutscher Emittenten an ausländischen Kapitalmärkten als auch Anleihen, die von einem ausländischen Emittenten am deutschen Kapitalmarkt begeben werden, zusammengefasst. Diese können prinzipiell auf jede beliebige Währung lauten, typischerweise jedoch auf die nationale Währung des Emissionslandes.

Neben der Überwindung von Kapazitätsengpässen nationaler Emissionen bieten internationale Platzierungen weitere Vorteile. So ermöglicht eine internationale Platzierung einen gewünschten Diversifizierungseffekt, der die Abhängigkeit von nationalen konjunkturellen Schwankungen vermindert, sowie die Schaffung eines nicht zu unterschätzenden Reputationseffektes für den Emittenten.

Die Attraktivität von Anleihen ausländischer Emittenten beruht aus der Perspektive der Investoren insbesondere auf dem Risikodiversifikationseffekt, der mit zunehmender Professionalisierung von Anlageentscheidungen (Stichwort: Institutionalisierung; vgl. Abschnitt 3.1.3) an Bedeutung gewinnt. Umsatzvolumina so genannter *Yankee Bonds* (Auslandsanleihen an US-amerikanischen Kapitalmärkten), *Samurai Bonds* (Japan) und *Bulldog Bonds* (Großbritannien) verzeichnen seit Beginn der 80er Jahre jährliche Wachstumsraten von durchschnittlich 10 Prozent. Als Schuldner dominieren Emittenten aus den OECD-Staaten mit einem Anteil von nahezu 90 Prozent. Die wichtigsten Emissionsmärkte für Ausländer sind die USA, die Schweiz und Japan.

Auslandsanleihen sind den jeweiligen nationalen Kapitalmarktvorschriften unterworfen. Ihre Konditionen werden typischerweise an die Usancen des betreffenden Inlandsmarktes angepasst. Für den Emittenten bedeutet dies, dass die Finanzierungstitel den relevanten Registrierungsanforderungen und Platzierungsvorschriften zu genügen haben, was insbesondere auf Grund der starken Regelungsdichte in den USA durch die Securities and Exchange Commission (SEC) zu erheblichem Aufwand führen kann. Dies bezieht sich insbesondere auf die geforderten Anpassungen an die Rechnungslegungs- und Publizitätsvorschriften. Durch Einführung der Rule 144A hat die SEC insbesondere für ausländische Emittenten erhebliche Verfahrenserleichterungen für Privatplatzierungen unter US-amerikanischen institutionellen Investoren geschaffen (vgl. Abschnitt 2.4.1). Während für öffentliche Wertpapierplatzierungen in den USA grundsätzlich eine Registrierung des Angebots bei der SEC verlangt wird, gilt bei Privatplatzierungen, falls diese den strengen Anforderungen hinsichtlich der Zusammensetzung der angesprochenen Investorengruppe genügen, eine Ausnahme von dieser Pflicht. Ausländische Anleiheemittenten nutzen zum Großteil diese unter Rule 144A geschaffene Vereinfachung des Emissionsverfahrens.

Trotz verstärkter Deregulierungsmaßnahmen an den ausländischen Kapitalmärkten konnte die Emissionsaktivität an Auslandsmärkten nicht die Dynamik des Euro-Anleihenmarktes erreichen. Schon auf Grund der nur grob skizzierten Hindernisse beim Zugang zu ausländischen Kapitalmärkten sind die Marktteilnehmer verstärkt auf Marktsegmente ausgewichen, die sich vor allem durch steuerliche Vorteile und eine geringe Regulierungsdichte auszeichnen. Neben so genannten Offshore-Märkten, unter denen man hauptsächlich Auslandsmärkte mit deutlichen Steuervorteilen (insbesondere der Verzicht auf Quellensteuer) subsumiert, hat sich der Euromarkt als wichtigstes Marktsegment für die Anleihefinanzierung privater Schuldner herausgebildet.

### 3.3.3 Euromarkt

Die mit der Begebung von Auslandsanleihen entstehenden Anforderungen zur Erfüllung nationaler Kapitalmarktvorschriften gelten als ein wesentlicher Grund für den bedeutenden Zuwachs des Eurobond-Marktes.

Der Name „Eurobond" entstand vor dem Hintergrund, dass anfänglich fast ausschließlich Eurodollar-Guthaben zum Erwerb dieser Wertpapiere genutzt wurden. Als Eurodollar definierte erstmalig die Bank für Internationalen Zahlungsausgleich in ihrem Jahresbericht 1964 eine in US-Dollar denominierte Währungseinlage bei einer Auslandsbank, die von dieser unmittelbar zur Kreditgewährung an Nichtbankenkunden verwendet wird.[9] Zu Beginn ihrer Entwicklung in den 60er Jahren waren Eurobonds in US-Dollar denominierte festverzinsliche Teilschuldverschreibungen internationaler Unternehmen oder öffentlicher Institutionen, die im Ausland primär an finanzkräftige Privatpersonen oder institutionelle Anleger außerhalb der Vorschriften US-amerikanischer Kapitalmärkte auf dem Wege einer Privatplatzierung verkauft wurden. Der erste Eurobond wurde vom staatlichen italienischen Autobahnbetreiber Autostrade im Jahr 1963 emittiert. Derartige Finanzierungstitel konnten nicht öffentlich angeboten werden, da auf eine Zulassung nach nationalen Rechtsnormen regelmäßig verzichtet wurde. Heutzutage werden Eurobonds vorwiegend an den Börsen von Luxemburg oder London notiert und gehandelt. Die Wahl dieser beiden Finanzzentren hat vor allem steuertechnische Hintergründe, da somit Quellensteuern auf Zinserträge bei internationalen Anlegern vermieden werden können.

Der Eurobond-Markt unterliegt faktisch keinen gesetzlichen Regulierungen. Als Markt für professionelle Anleger und Emittenten, die auf Grund ihres Fachwissens keinen schutzbedürftigen Personenkreis im Sinne eines nationalen Teilnehmerschutzes darstellen, bestehen lediglich Normen auf selbstregulatorischer Basis. Die Association of International Bond Dealers übernimmt als privatrechtliche Institution die Überwachung der Einhaltung minimaler Verhaltensstandards, um die Interessen ihrer Mitglieder zu schützen und einen ordnungsgemäßen Ablauf zu sichern. Durch In-Kraft-Treten des Financial Services Act wurde für Großbritannien 1987 eine gesetzliche Grundlage geschaffen, die Kapitalisierungsvorschriften und andere Regelungen für die Marktteilnehmer am Londoner Euromarkt vorschreibt. Es ist zu erwarten, dass im Rahmen der Harmonisierung des europäischen Kapitalmarktrechts nationale Umsetzungen der EG-Richtlinien im Bereich der Kapitalmarktregulierung zu europaweit einheitlichen Rahmenbedingungen führen werden.

Die Platzierung und Zulassung zum Börsenhandel an den beiden wichtigen Euromarkt-Handelsorten Luxemburg und London unterliegt, unabhängig von nationalen Rahmenbedingungen im Sitzland des Emittenten, den Vorschriften der jeweiligen Börsenordnung. Der flexible Gestaltungsraum am Euromarkt erlaubt es den Teilnehmern, innovative Verfahren und Produkte dort leichter umzusetzen. Viele der heutigen Standardprodukte und -verfahren finden aus diesem Grund ihren Ursprung am Euromarkt.[10]

---

[9] Ursprünglich entwickelte sich das außeramerikanische Einlagengeschäft auf Grund einer in den USA bestehenden Zinsreglementierung, die inländischen Banken eine Zinsobergrenze vorschrieb.
[10] Zu diesen Innovationen zählen zum Beispiel Zero Coupon Bonds, Floating Rate Notes oder etwa neue Emissionsverfahren wie der Bought Deal.

Die Zusammensetzung des Euromarktes für Unternehmensanleihen unterscheidet sich, vermutlich gerade wegen seiner geringen Regelungsdichte, erheblich vom Markt für Inlandsanleihen. Dieser strukturelle Unterschied ist insbesondere am Anteil der Unternehmensanleihen am Gesamtvolumen festzustellen. Für deutsche Unternehmen stellt der Eurobond-Markt die attraktivsten Finanzierungskonditionen bereit. Dies erklärt den mit circa 25 Mrd. US-Dollar um das 25-Fache größeren Euromarkt für Unternehmensanleihen deutscher Emittenten im Vergleich zum inländischen Marktsegment.

Mit einem Volumen von rund 5,5 Mrd. Euro ist der europäische Anleihemarkt weltweit der zweitgrößte nach dem US-amerikanischen Markt für Anleihen. Aufgrund der hohen Marktkapitalisierung von 3,1 Mrd. Euro gleicht das Segment der öffentlichen Anleihen auf dem Euromarkt sehr dem US-amerikanischen Pendant, dem Segment der US Treasury Bonds. Dabei erweckt das Segment der europäischen öffentlichen Anleihen seit der Einführung des Euro einen homogenen Eindruck. Jedoch zeigt eine genauere Untersuchung, dass neben der einheitlichen Währung der Markt in mehrere verschiedene Segmente unterteilt ist. So existiert beispielsweise keine standardisierte Zinskurve für öffentliche Anleihen im Euromarkt.

Der Markt für Anleihen, die frei von nationalen Bestimmungen und Richtlinien emittiert und typischerweise als OTC-Produkte gehandelt werden, ist noch immer sehr jung. Die Emission vollzieht sich nach Konventionen, die über die Jahre hinweg entstanden sind. Wie aus Abbildung 12 ersichtlich wird, nimmt der Markt für Eurobonds circa 20 Prozent des europäischen Gesamtmarktes für Anleihen ein.

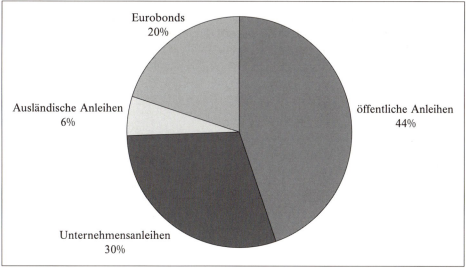

Quelle: Merrill Lynch

Abbildung 12: Struktur des europäischen Anleihemarktes (1999)

Da die herkömmliche Kreditfinanzierung via Banken immer mehr in den Hintergrund gerät, hat vor allem das Segment der Eurobonds bis Ende 1999 ein rapides Wachstum in Höhe von 25,7 Prozent verzeichnet. Allerdings ist dies nicht der einzige Faktor, der dieses Wachstum verursachte. Durch die Einführung des Euro wurden elf Märkte zu einem vereint und dadurch die Liquidität verbessert und Währungsrisiken weitgehend ausgeschaltet. Dennoch entfällt momentan im Euroraum ein im Vergleich zu den Vereinigten Staaten erheblich größerer Anteil auf Bankkredite (vgl. Abbildung 13), was Ausdruck der allgemein schwächer ausgeprägten europäischen Kapitalmarktkultur ist.

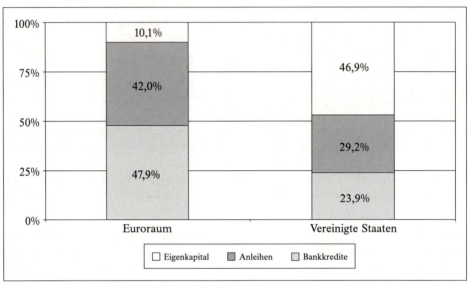

Quelle: Merrill Lynch

Abbildung 13: Zusammensetzung des Finanzvermögens in den Vereinigten Staaten und im Euroraum im Jahr 1999

## Exkurs: Erfolgsgeschichte des Euromarktes

Seit den frühen 70er Jahren fanden Eurobonds zunehmende Verwendung als Finanzierungsmittel. Hierbei waren insbesondere zwei Hauptfaktoren ausschlaggebend. Während der Zeit des Bretton-Woods-Systems fester Wechselkurse wurden US-Dollar wegen ihrer Funktion als Ankerwährung innerhalb des Systems international als Reservemedium und Investmentvehikel zunehmend von Zentralbanken und Anlegern nachgefragt. Um den Abfluss der Währung zu stoppen, schuf der US-amerikanische Gesetzgeber 1963 die *Interest Equalization Tax*, um ausländische Kapitalnachfrage auf dem US-amerikanischen Anleihemarkt durch Einführung einer Strafsteuer abzuwehren. Kurze Zeit später wurde darüber hinaus US-amerikanischen Unternehmen, die im Ausland investieren wollten, vorgeschrieben, diese Investitionen ausschließlich mit Mitteln zu finanzieren, die außerhalb der USA aufgebracht wurden.

Diese Konstellation schuf einen enormen außeramerikanischen Finanzierungsbedarf, der durch die Emission von Eurobonds befriedigt werden konnte. Gleichzeitig wuchs die Liquidität potenzieller Investoren auf der Nachfrageseite. Durch den rasanten Anstieg von Eurodollars in den frühen 60er Jahren auf Grund eines beschleunigten Wirtschaftswachstums in Europa und den chronischen Zahlungsbilanzdefiziten der USA war der aufkommende europäische Markt erstklassiger, in US-Dollar denominierten Schuldverschreibungen den Investoren mehr als willkommen.

Nach Zusammenbruch des Bretton-Woods-Systems im Jahre 1971 und der darauf folgenden Zeit freier Wechselkurse waren Kapitalkontrollen überflüssig geworden, da Zahlungsbilanzdefizite in Systemen frei konvertierbarer und flexibler Währungen durch einen Mechanismus von Ab- und Aufwertungen automatisch ausgeglichen wurden. Die Abschaffung der Interest Equalization Tax und anderer Restriktionen im freien Kapitalverkehr im Jahre 1994 folgte als Konsequenz.

Dennoch brach das Wachstum des Eurobond-Marktes nicht ab. Bedingt durch den ersten Ölpreisschock im Oktober 1973 stiegen die Liquiditätsreserven der zur OPEC gehörenden Öl-exportierenden Länder rasant an und führten zu einem beträchtlichen Investitionsbedarf. Zu dieser Zeit setzte ein Wandel in der bis dahin bestehenden Nachfragestruktur am Eurobond-Markt ein. Waren es in den Anfängen primär Privatinvestoren, die in Eurobonds investierten, so wurde die Nachfrage zunehmend von europäischen und internationalen institutionellen Investoren getragen. Dies ist bis heute so geblieben.

Anfang der 80er Jahre führte die Abwertung des US-Dollars erneut zu einer Verbesserung der Voraussetzungen einer kontinuierlichen Weiterentwicklung des Marktes. Durch die als unterbewertet betrachtete US-amerikanische Währung stiegen entsprechend die erwarteten Renditen der in US-Dollar denominierten Finanzierungstitel. Mit wachsendem Interesse institutioneller Investoren am Eurobond-Markt entwickelte sich in den frühen 80er Jahren ebenfalls die notwendige Liquidität dieses Marktsegmentes. Gleichzeitig hat der Euro-DM-Markt in den 90er Jahren beeindruckende Wachstumsraten verzeichnet. Die starke Nachfrage nach Emissionen höchster Bonität mit attraktiven Renditeaufschlägen im Vergleich zu Bundesanleihen wurde insbesondere von internationalen Investoren getragen.

## 3.4 Pricing

Der Erfolg einer Wertpapierplatzierung am Primärmarkt wird zu einem wesentlichen Teil von der korrekten Bestimmung eines marktadäquaten Emissionspreises determiniert. Der Investmentbank kommt hierbei die Aufgabe zu, die Höhe des Emissionspreises so zu gestalten, dass einerseits Investoren bereit sind, die Wertpapiere zu zeichnen, andererseits dem Wunsch des Emittenten nach möglichst günstigen Finanzierungskonditionen Rechnung getragen wird. Somit stellt der festzulegende Preis immer eine Kompromisslösung zwischen divergierenden Interessen von Kapitalangebot und -nachfrage dar.

Der enge Zusammenhang zwischen der Bestimmung des Emissionspreises (Pricing) und dem Platzierungsverfahren von Wertpapieren wurde bereits im Rahmen der verschiedenen Arten der Wertpapierplatzierung angesprochen. Vor diesem Hintergrund wird die elementare Bedeutung des Pricing für den Erfolg eines Emissionsmandats aus der Perspektive der Investmentbank deutlich. Eine fehlerhafte Preisbestimmung kann dazu führen, dass die Mitglieder des Übernahmekonsortiums die fest übernommenen Wertpapiere nicht oder nur unvollständig platzieren können oder – im Falle einer Platzierung auf Best-Effort-Basis (vgl. Abschnitt 2.5) – die Emission auf Grund ungenügender Nachfrage vollständig abgebrochen wird. Andererseits bedeutet ein signifikanter Anstieg des Börsenpreises nach der erfolgreichen Platzierung, dass der Emissionspreis die tatsächlichen Angebot-Nachfrage-Verhältnisse nicht korrekt widerspiegelte und die Wertpapiere entsprechend zu billig an den Markt gekommen sind. Die Finanzierungskosten des Emittenten werden folglich unnötig erhöht, wodurch die Investmentbank den Interessen ihrer Kunden nicht gerecht wird.

Als Gradmesser eines erfolgreichen Pricings kann somit die Stabilität des Sekundärmarktpreises herangezogen werden. Im Falle einer korrekten Ermittlung des „fairen" Marktpreises dürfte, abgesehen von nicht beeinflussbaren allgemeinen Markttrends, die Schwankungsbreite (Volatilität) der Sekundärmarktpreise an den ersten Handelstagen nicht erheblich größer ausfallen, als es bei vergleichbaren Wertpapieren zu beobachten ist.

Die Preisgestaltung eines Fremdkapitaltitels erfolgt über die beiden Parameter Zinskupon und Ausgabepreis. Hieraus ergibt sich die Emissionsrendite (Promised Yield), die aus Perspektive des Anlegers den Vergleich zu alternativen Anlageobjekten ermöglicht. Finanzmathematisch stellt die Emissionsrendite einen internen Zinsfuß dar, der unter der Annahme ermittelt wird, dass das Anlageobjekt bis zum Laufzeitende im Portfolio des Investors verbleibt und laufende Ausschüttungen, das heißt im Fall eines Fremdkapitaltitels die Zinskupons, zum gleichen Zins wieder angelegt werden. Geht man von dieser auch als „Buy and Hold" bezeichneten Anlagestrategie aus, so entspricht die Emissionsrendite gleichzeitig der Effektivrendite des Investments.

Zur Grobeinstellung der Effektivrendite dient die Festlegung der Kuponhöhe, die in der internationalen Praxis in Schritten von 0,5 Prozent vorgenommen wird. Zur Adjustierung wird der Ausgabepreis zum Emissionszeitpunkt dergestalt angepasst, das heißt entweder zu mehr als 100 Prozent (über pari) bzw. zu weniger als 100 Prozent (unter pari) des Nominalwertes, dass die Emissionsrendite des Anlegers unter Berücksichtigung von Kuponhöhe, Ausgabepreis und Laufzeit einer „fairen" Marktrendite für die Bereitstellung von Finanzierungsmitteln mit den jeweiligen Ausstattungsmerkmalen und Ausfallrisiken entspricht. Zur Ermittlung der „fairen" Emissionsrendite kommen grundsätzlich drei unterschiedliche Verfahrensansätze in Betracht:

- marktorientierte Verfahren,
- investorenorientierte Verfahren,
- analytische Verfahren.

Bei *marktorientierten Verfahren* bildet der aus der Finanzierungstheorie stammende Zusammenhang zwischen Risiko und Rendite einer Anlageform das Fundament der Preisbestimmung für Finanzierungstitel. Hierbei wird von einem Marktgleichgewicht ausgegangen, in welchem Angebot und Nachfrage nach bestimmten Risiko/Rendite-Kombinationen durch kontinuierliche Anpassungprozesse ausgeglichen werden. Die Übernahme von Risiko wird somit an einem gleichgewichtigen Markt durch entsprechende Risikoprämien vergütet. In diesem Zusammenhang lässt sich die Effektivrendite des Investors in eine marktbestimmte Vergütung für die Überlassung von Kapital und eine ebenso marktbestimmte Prämie für die Übernahme anleihespezifischer Risiken zerlegen. Die Höhe des Renditeabstands zum risikolosen Zins kann somit in Anlehnung an die zugrundeliegenden Risikoarten durch das Schichtenmodell (vgl. Abbildung 14) idealtypisch dargestellt werden.

Für die Ermittlung der erstgenannten Komponente dient die risikolose Rendite als Bewertungsmaßstab. Hierunter versteht man den aktuellen Marktzinssatz für laufzeitadäquate Anleihen eines annähernd ausfallsicheren Emittenten, wobei hierfür typischerweise Regierungsanleihen des betroffenen Währungslandes herangezogen werden. Man spricht in diesem Zusammenhang von der entsprechenden Benchmark. Die zweite Komponente des Gesamtrisikos eines Fremdkapitaltitels umfasst die spezifischen Risiken, denen sich der Investor im Vergleich zur risikolosen Anlage in einer Regierungsanleihe ausgesetzt sieht. Deren Gesamtheit begründet den Renditeabstand (Spread) im Vergleich zur Verzinsung von annähernd ausfallrisikolosen Staatsanleihen gleicher Laufzeit.

Der *Default Spread*, das heißt die Abgeltung für die Inkaufnahme eines möglichen Schuldnerkonkurses, stellt die wichtigste Teilkomponente des Spreads von Fremdfinanzierungsinstrumenten dar. Als Indikator der Ausfallwahrscheinlichkeit bilden Ratingurteile von Agenturen, die auf die Analyse von Bonitätsmerkmalen spezialisiert sind (vgl. Abschnitt 3.5), einen wichtigen Ausgangspunkt für die Bestimmung der am Markt geforderten Risikoprämie. So lässt sich auf Grund der für bestimmte Risikoklassen am Sekundärmarkt gehandelten Risikoprämien ein Hinweis auf die marktadäquate Höhe des Default Spread einer Neuemission gewinnen. Dieser ist jedoch noch um weitere Einflussfaktoren auf den Gesamtspread, das heißt mögliche Marktunvollkommenheiten sowie die spezifischen Ausgestaltungsmerkmale der Anleihe, zu bereinigen.

Entsprechend der spezifischen Ausgestaltung des betrachteten Fremdfinanzierungsinstruments lassen sich zwei wesentliche Einflussfaktoren auf den Renditeabstand zur entsprechenden Benchmark identifizieren. Zum einen impliziert die Existenz eines Schuldnerkündigungsrechts (vgl. Abschnitt 3.2.1) ein nicht unwesentliches Investitionsrisiko für den Anleihegläubiger, da dieser im Fall einer vorzeitigen Tilgung keine renditegleiche Anschlussinvestition finden könnte. Für das Kündigungsrisiko fordert der Anleger eine entsprechende Prämie in Form des so genannten *Option Right Spread*. Des Weiteren ist die Höhe der geforderten Risikoprämie von dem im Forderungstitel gewährten Rangrecht abhängig. Dieser als *Subordination Spread* bezeichnete Bestandteil der Risikoprämie basiert auf den erwarteten Befriedigungsquoten der Anleiheeigentümer im Konkursfall. Im Falle einer nachrangigen Anleihe (vgl. Abschnitt 3.2.1) können die Investoren erst

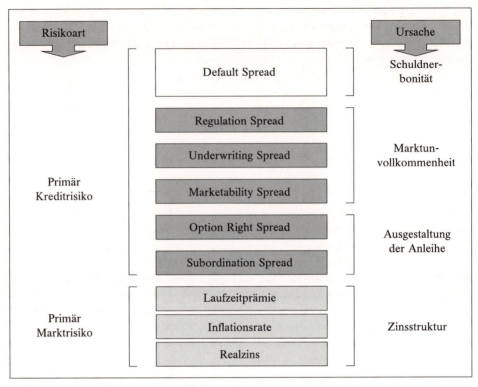

Abbildung 14: Schichtenmodell der Marktrendite

nach Rückzahlung bevorrechtigter Ansprüche eine Befriedigung ihrer Forderungen erwarten und werden einer vollständigen Rückzahlung ihres Kapitalanteils eine entsprechend geringere Wahrscheinlichkeit zuordnen.

Neben den auf die spezifische Ausgestaltung einer Anleihe zurückzuführenden Bestandteilen der geforderten Emissionsrendite lassen sich Marktunvollkommenheiten zur Erklärung anleihespezifischer Renditedifferenzen heranziehen. Hierzu gehören insbesondere Prämien für die Marktfähigkeit eines bestimmten Finanzierungstitels (Marketability Spread), für die Übernahmemethode bzw. den Reputationseffekt des Underwriters (Underwriting Method Spread) sowie für regulatorisch bedingte Nachfragebegrenzungen (Regulation Spread).

Der Vorteil des dargestellten marktorientierten Ansatzes zur Erklärung der Zinsbildung von Fremdkapitaltiteln liegt in der Möglichkeit einer isolierten Analyse der wertbestimmenden Faktoren. Ein fundiertes Verständnis des Zusammenhangs zwischen diesen und der am Markt geforderten Rendite stellt eine wesentliche Voraussetzung für eine marktadäquate Emissionspreisbestimmung dar. Die Verwendung marktorientierter Verfahren birgt jedoch die Gefahr, trotz Rückgriff auf theoretisch korrekte Modelle die realen Marktbedingungen nicht vollständig abzubilden. Hierbei sind es vorwiegend Marktunvollkommenheiten, die in der idealisierenden Modellwelt der Theorie nicht erfasst werden, die für das Anlageverhalten der Anleger jedoch von entscheidender Bedeutung sind. Die individuelle Kaufbereitschaft des Investorenpublikums ist entgegen der in der Theorie postulierten These nicht ausschließlich vom Risiko/Rendite-Profil des Wertpapiers abhängig, sondern wird von aktuellen Präferenzen, Restriktionen und opportunistischen Strategien beeinflusst.

Vor diesem Hintergrund lässt sich die zunehmende Bedeutung *investorenorientierter Verfahren* in der Praxis erklären. Hierbei wird dem aus der betriebswirtschaftlichen Literatur bekannten Preis-Mengen-Effekt explizit Rechnung getragen, indem zur Bestimmung des optimalen Emissionspreises auf die Bewertung und Kaufbereitschaft der Anleger zurückgegriffen wird. Dies kann indirekt durch die Orientierung an den Konditionen vergleichbarer Wertpapiere im Sekundärmarkt erfolgen oder in direkter Form in Gestalt eines auktionsähnlichen Verfahrens wie beispielsweise dem Tender- oder Bookbuilding-Verfahren (vgl. Abschnitt 2.4).

Eine Orientierung an vergleichbaren Wertpapieren im Sekundärmarkt basiert auf der Annahme bewertungseffizienter Märkte, an denen sich eine laufende Anpassung der Renditen gehandelter Wertapapiere an die aktuell geltenden Marktbedingungen vollzieht. Die spezifischen Risikoprämien verhalten sich im Zeitablauf somit nicht stabil, sondern passen sich dynamisch der Marktsituation sowie konjunkturellen Schwankungen an.[11] Vor diesem Hintergrund wird die Notwendigkeit der ständigen Marktbeobachtung, das heißt der Verfolgung aktueller Marktrenditen unterschiedlicher Schuldner und Anleiheformen, offensichtlich. Hierbei kommt der Handelsabteilung der Investmentbank eine wichtige Funktion zu. Da insbesondere die Kurse von Unternehmensanleihen nicht laufend durch eine Börsennotierung festgestellt werden, lassen sich aktuelle Preisinformationen am OTC-Markt überwiegend ausschließlich durch direkte Anfrage bei den entsprechenden Market Makern gewinnen. Auf Basis der am Sekundärmarkt beobachteten Marktkonditionen lässt sich die Emissionsrendite am Primärmarkt so gestalten, dass der aktuellen Nachfragesituation Rechnung getragen wird.

Trotz der genannten Vorteile investorenorientierter Verfahren der Preisbestimmung ist auf die Problembereiche dieses Vorgehens hinzuweisen: Bei weniger liquiden Marktsegmenten kann eine Preispolitik, die ausschließlich an aktuellen Zinskonditionen vergleichbarer Instrumente orientiert ist, zu erheblichen Fehleinschätzungen bezüglich der bestehenden Nachfrage der zu platzierenden Titel führen. Ebenfalls wird die Ermittlung des emissionsspezifischen Risikozuschlags beim Fehlen eines Ratings regelmäßig zu Bewertungsproblemen führen.

Es bietet sich daher insbesondere bei Privatplatzierungen an, während des Emissionsprozesses wichtige Investoren hinsichtlich ihrer Anlagepräferenzen und Preisvorstellungen zu testen. Das Konzept des investororientierten Preisfindungsverfahrens findet beim Tenderverfahren oder beim Bookbuilding-Verfahren Anwendung, bei denen in einem auktionsähnlichen Vorgehen Gebote von Investoren gesammelt werden, auf deren Basis es zu einer Preisbestimmung kommt.

---

[11] So ist zu beobachten, dass in Zeiten konjunkturellen Abschwungs die Risikoprämie steigt. Demgegenüber steht die Erkenntnis, dass bei sinkendem Zinsniveau der Spread sinkt, da renditeorientierte Anleger vermehrt in Schuldner schlechter Bonität investieren.

Investorenorientierte Preisbestimmungsverfahren stoßen auch dann an ihre Grenze, wenn der Renditevergleich mit einer Referenzanleihe nicht möglich ist oder wenn es sich bei der Emission um ein innovatives Finanzierungsinstrument mit optionaler Struktur handelt. An dieser Stelle können *analytische Verfahren* durch Rückgriff auf Modelle der Finanzierungstheorie (zum Beispiel zur Bewertung optionsähnlicher Merkmale einer Anleihe auf Basis von Optionspreismodellen) Indikationen für einen „fairen" Preis liefern.

Unabhängig vom verwendeten Verfahren zur Preisbestimmung einer Neuemission ergibt sich das Problem eines möglichst zeitnahen Pricing. Dem Marktrisiko, das sich aus der zeitlichen Verzögerung zwischen Pricing und Emission ergibt, wird durch die Festlegung einer relativen Rendite in Form eines Zuschlags auf die Referenzrendite begegnet, die im Zeitpunkt der Emission durch Adjustierung des Ausgabepreises an die aktuellen Marktkonditionen angepasst wird.

### Beispiel: Pricing eines Eurobonds

Ein Unternehmen mit einem langfristigen Rating von A (bzw. A2 bei Moody's) plant eine Eurobond-Emission mit einem Volumen von 250 Mio. US-Dollar und alternativen Laufzeiten von 5, 7 oder 10 Jahren. Der Finanzvorstand des Unternehmens informiert mehrere Investmentbanken über dieses Vorhaben und erwartet eine aktuelle Indikation der Finanzierungskosten. Die Bank wird auf Basis der aktuellen Marktsituation alternative Vorschläge zur Finanzierung mit Eurobonds unterbreiten. Die folgende Tabelle fasst die Konditionen für drei alternative Laufzeitbereiche für Anleihen von vergleichbaren Schuldnern, deren Spreads im Sekundärmarkt gehandelt werden, zusammen:

|  | 5 Jahre | 7 Jahre | 10 Jahre |
|---|---|---|---|
| **Volumen** | US-$ 250 Mio. | US-$ 250 Mio. | US-$ 250 Mio. |
| **Benchmark** | US Treasury 03/02 | US Treasury 02/04 | US Treasury 02/07 |
| **Benchmark-Rendite** | 6,76 % | 6,84 % | 6,88 % |
| **Spread** | +75bp | +90bp | +105bp |
| **Re-Offer-Rendite** | 7,51 % | 7,74 % | 7,95 % |
| **Gebühren (%)** | 0,450 % | 0,500 % | 0,550 % |
| **Gebühren/Jahr** | 9 bp | 7bp | 6bp |
| **All-in-Price** | 7,60 % | 7,81 % | 7,99 % |
| **Swapped into LIBOR** | LIBOR +57 bp | LIBOR +62bp | LIBOR +75bp |

Da es sich bei der geplanten Emission um eine Anleihe in US-Dollar handelt, wird man bei einer marktorientierten Emissionspreisbestimmung als Benchmark (Referenzanleihe) US-amerikanische Staatspapiere (Treasury Bonds) heranziehen. Um temporäre Marktungleichgewichte auszuschließen, wird man eine möglichst liquide Benchmark-Anleihe auswählen. Die Benchmark-Rendite zeigt den aktuellen risikolosen Marktzinssatz für die jeweilige Laufzeit. Der Spread (Zinsdifferenz zur Benchmark) spiegelt das Ausfallrisiko des Emittenten wider. Dieser wird auf Basis des Ausfallrisikos des Emittenten – ermittelt durch Rückgriff auf ein öffentlich bekanntes

Rating oder ein indikatives Rating der Analysten des Emissionshauses – zum risikolosen Zins der entsprechenden Benchmark-Verzinsung aufgeschlagen.

Die oben dargestellte Re-Offer-Rendite stellt dabei die Emissionsrendite der Anleihe dar, die am Primärmarkt den Investoren geboten wird. Underwriting- und Selling-Fees betragen im dargestellten Beispiel, abhängig von der Laufzeit der Eurobonds, zwischen 450 und 550 Basispunkten. Die für längere Laufzeiten üblichen höheren Gebühren spiegeln in diesem Fall ein entsprechend höheres Underwriting Risiko der Bank und gegebenenfalls eine Liquiditätsprämie in längeren Laufzeitenbereichen wider.

Neben diesen einmalig anfallenden Gebühren werden jährliche Kosten durch die Verwaltung der Anleihe anfallen, die der Emittent bei Kapitalstrukturentscheidungen berücksichtigen muss. Entsprechend wird die Vorteilhaftigkeit einer bestimmten Finanzierungstransaktion in der Regel auf Basis des so genannten „All-in-Price" bestimmt. Zum Vergleich alternativer kurzfristiger Finanzierungsmöglichkeiten wird der ermittelte Kapitalkostensatz in einem letzten Schritt in entsprechenden LIBOR-Sätzen ausgedrückt.

## 3.5 Rating Advisory

### 3.5.1 Umfang und Funktion

Das Geschäftsfeld Rating Advisory umfasst sämtliche beratenden und unterstützenden Maßnahmen der Investmentbank, die im Zusammenhang mit einer Bewertung des Kunden durch eine unabhängige Ratingagentur stehen. Das Angebot dieser Dienstleistung durch die Investmentbank zielt dabei weniger auf zusätzliche Beratungshonorare ab, sondern resultiert vielmehr aus der Tatsache, dass ihren Kunden – vor allem im Fall einer erstmaligen Inanspruchnahme des Kapitalmarktes – der Zugang zu wichtigen Marktsegmenten ohne Rating teilweise verschlossen bleibt. Somit sind Wertpapieremission und Rating Advisory komplementäre Geschäftsfelder. Die Bank berechnet dem Kunden für besagte Maßnahmen in den wenigsten Fällen eine getrennte Gebühr.

Neben den Rating-Advisory-Abteilungen der Investmentbanken sind auch unabhängige Ratingberater am Markt tätig, zum Beispiel das deutsche Unternehmen Everling Advisory Services. Ungeachtet der teilweise hohen Gebühren werden sie von einigen Emittenten bevorzugt, da diese trotz strikter Überwachung von Chinese Walls eine Weitergabe vertraulicher Informationen befürchten. Ob die unabhängigen Berater allerdings in der Lage sein werden, ihre Marktstellung weiter auszubauen, bleibt abzuwarten. Momentan wird das Beratungsgeschäft sowohl beim Erst- als auch beim Zweit-Rating von den Investmentbanken dominiert.

Obwohl neben Schuldtiteln auch Anteilstitel und eine Reihe anderer finanzieller Ansprüche Ratings erhalten, versteht man unter Rating in der Regel die Beurteilung des relativen Ausfallrisikos von Fremdkapital (Credit Rating). Diese erfolgt durch eine unabhängige Ratingagentur. Ratings stellen keine Garantie gegen Verlust dar und dürfen demzufolge auch nicht als Kauf- oder Verkaufempfehlung missverstanden werden. Sie reflektieren keinesfalls die zu erwartende Performance einer Anleihe.

Ein Hauptgrund für den Einsatz unabhängiger Spezialisten ist eine geringere Ressourcenbindung durch die Bonitätsanalyse, welche für eine vernünftige Anlageentscheidung von zentraler Bedeutung ist. In der Regel sinken die anfallenden Kosten, da der Anleger ergänzend zu der von ihm selbst durchgeführten Kreditwürdigkeitsprüfung einen weiteren Qualitätsmaßstab zur Beurteilung heranziehen kann. Die breite Verfügbarkeit von Ratings stellt außerdem eine wichtige Voraussetzung für die computergestützte Portfolioanalyse dar. Im Rahmen des Risikomanagements dienen insbesondere Übergangswahrscheinlichkeiten der Bestimmung des Capital at Risk (CaR), einem Maß für Kreditrisiko. Aus Sicht der Finanzierungstheorie liefern Ratingagenturen einen wichtigen Beitrag zur Annäherung an das Ideal eines effizienten Marktes. Durch eine Senkung der mit der Beurteilung einer Anlagealternative verbundenen Informationskosten erhöhen sie tendenziell die Transparenz des Marktes und ermöglichen effiziente Bewertungen. Darüber hinaus knüpfen zahlreiche Aufsichtsinstitutionen in den Vereinigten Staaten und anderen Ländern Fragen der Zulässigkeit von Anlage, Bewertung und Haftung an Ratings, was künftig einer Bürokratisierung der Bankenaufsicht entgegenwirken wird.[12].

Ratingagenturen entstanden zu Beginn dieses Jahrhunderts in den USA. Die beiden wichtigsten internationalen Agenturen sind Standard & Poor's und Moody's Investors Service, deren Ratings international von Investoren als Qualitätsurteil anerkannt werden. Dementsprechend führt sie die Securities and Exchange Commission (SEC) als Nationally Recognized Statistical Rating Organizations (NRSRO). Beispielhaft für die anderen Marktteilnehmer seien Fitch IBCA, Duff & Phelps sowie die auf Finanzinstitute spezialisierte Agentur Thomson Financial BankWatch genannt. Bei der Ratingvergabe dienen genau festgelegte Klassifizierungen als Maßstab des Ausfallrisikos. Sie erlauben eine Einschätzung des zu erwartenden Schadens infolge Zahlungsverzug oder Kapitalverlust. Die Klassifizierungen der Agenturen unterscheiden sich geringfügig, basieren jedoch alle auf einem System, welches die Kreditwürdigkeit unter Verwendung von Buchstaben-/Zahlenkombinationen auf einer Ordinalskala abbildet (vgl. Abbildung 15).

Ausgangspunkt der mehrstufigen Bonitätsprüfung bildet das politische und wirtschaftliche Faktoren umfassende Länder-Rating. Dieses stellt die Obergrenze für Emittenten eines bestimmten Landes dar (Sovereign Ceiling). Anschließend werden das charakteristische Branchenrisiko, das Risiko des Emittenten und (bei Emissionsratings) die Qualität des Wertpapiers bestimmt.

Unter einem Emittentenrating versteht man die generelle Fähigkeit des bewerteten Schuldners, seinen zukünftigen Zahlungsverpflichtungen uneingeschränkt nachzukommen. Zur Bestimmung des Emittentenratings werden von den Agenturen standardisierte Verfahren verwendet, die unter der Bezeichnung Ratingsysteme in zunehmendem Maße wissenschaftlich fundiert und gleichzeitig automatisiert werden. Grundsätzlich gehen da-

---

[12] Vgl. hierzu Basler Ausschuss für Bankenaufsicht (1999).

| | Moody's | | Standard & Poor's | |
|---|---|---|---|---|
| | Long-Term | Short-Term | Short-Term | Long-Term |
| **Investment Grade** | Aaa | | AAA | |
| | Aa1 | | AA+ | |
| | Aa2 | | AA | A-1+ |
| | Aa3 | Prime-1 | AA– | |
| | A1 | | A+ | |
| | A2 | | A | A-1 |
| | A3 | | A– | |
| | Baa1 | Prime-2 | BBB+ | A-2 |
| | Baa2 | | BBB | |
| | Baa3 | Prime-3 | BBB– | A-3 |
| **Speculative Grade** | Ba1 | | BB+ | |
| | Ba2 | | BB | |
| | Ba3 | | BB– | |
| | B1 | | B+ | B |
| | B2 | Not Prime | B | |
| | B3 | | B– | |
| | Caa | | CCC+ | |
| | Ca | | CCC | C |
| | C | | CCC– | |

Abbildung 15: Rating-Skalen von Standard & Poor's und Moody's

bei sowohl quantitative als auch qualitative Faktoren in Form mehr oder weniger formaler Verknüpfungen in das Ratingurteil ein. Das Grobraster des Ratingverfahrens sowie die wesentlichen Beurteilungskriterien werden von den Ratingagenturen inzwischen veröffentlicht. Eine öffentliche Dokumentation der Entscheidungsfindung im Einzelfall findet dagegen – auch vor dem Hintergrund einer möglichen Geschäftsschädigung des Emittenten – nicht statt. Die wesentlichen Beurteilungsaspekte werden in Abbildung 16 zusammengefasst.

Ein Emissionsrating bezieht sich ausschließlich auf einen bestimmten Finanzierungstitel. Bei der Bewertung werden neben der Schuldnerqualität des Emittenten die spezifischen Ausstattungsmerkmale des Schuldtitels berücksichtigt. Diese umfassen insbesondere eventuelle Sicherheiten, die Ranghöhe der Verbindlichkeiten, Negativklauseln oder sonstige vertragliche Nebenabreden, die den Risikogehalt des Wertpapiers beeinflussen (vgl. Abschnitt 3.2.1). Bei Garantien oder guter Besicherung kann das Rating eines Wertpapiers ohne weiteres das seines Emittenten übertreffen. Dies gilt speziell im Falle von Asset Backed Securities (ABS), die zudem regelmäßig mittels eines Special Purpose Vehicles (SPV) emittiert werden. Daher verlangt die Bonitätsprüfung bei ABS auch üblicherweise eine besondere Vorgehensweise.

Bei Emissionsratings ist ferner zwischen kurz- und langfristigen Ratings zu unterscheiden (vgl. Abbildung 15). Die Zuordnung erfolgt einheitlich nach der Laufzeit zum Be-

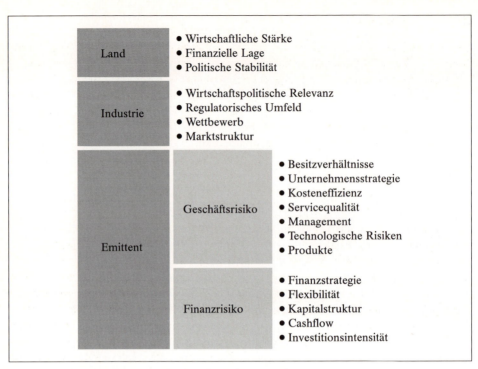

Abbildung 16: Beurteilungskriterien für ein Emittentenrating

gebungszeitpunkt, wobei Wertpapiere von weniger als einem Jahr Gesamtlaufzeit den kurzfristigen Titeln zugerechnet werden.

Das kurzfristige Rating wird vorwiegend für Commercial Paper (vgl. Abschnitt 3.2.3) sowie kurzfristige Einlagenzertifikate von Banken vergeben. Einlagenzertifikate von Banken (Certificates of Deposit) stellen verbriefte kurzfristige Spareinlagen bei Geschäftsbanken dar. Diese Form der Refinanzierung ist im deutschen Bankensystem weniger verbreitet als im angloamerikanischen Raum. Grundsätzlich ist das analytische Vorgehen bei beiden Ratingverfahren trotz unterschiedlicher Symbole sehr ähnlich. Neben der allgemeinen Finanzkraft (Financial Strengh) geht in ein kurzfristiges Rating jedoch verstärkt die Bewertung der kurzfristigen Liquidität und Ertragserwartung ein, wobei insbesondere zusätzliche Kreditlinien des Emittenten das Ratingurteil positiv beeinflussen. Beim langfristigen Rating erfolgt dagegen eine stärkere Betonung geschäftspolitischer Aspekte, das heißt Entwicklungstendenzen der Branche und des Wettbewerbsumfelds sowie langfristiger Investitionsplanungen und Managementkapazitäten. Im langfristigen Bereich wird insbesondere durch die Bereitstellung von Sicherheiten ein risikomindernder Effekt erwartet. Wertpapieremissionen mit bedeutenden Volumina bzw. Emittenten, die regelmäßig am Kapitalmarkt auftreten (so genannte Frequent Borrowers), verfügen nicht selten über mehr als nur ein Rating. Ergeben sich Diskrepanzen zwischen den Bewertungen unterschiedlicher Ratingagenturen, so spricht man von Split Ratings. Aufgrund einer verhältnismäßig hohen Übereinstimmung der Bewertungsverfahren der wichtigen Agenturen stellen diese jedoch eher die Ausnahme dar.

## 3.5.2 Ratingverfahren

Der Großteil der Ratings erfolgt auf Antrag des Emittenten. Die unaufgeforderte Erteilung eines Ratings (Unsolicited Rating) bildet dagegen die Ausnahme. Grundsätzlich steht es dem Emittenten als Auftraggeber des Ratings frei, ob er das Rating veröffentlicht oder nicht.[13] So genannte Shadow Ratings treten nur dann auf, wenn der Emittent mit dem Ratingurteil äußerst unzufrieden ist. Dies ist sehr selten der Fall. Der Emittent kann im Vorfeld der Veröffentlichung Einspruch einlegen, sollten seiner Ansicht nach Falschinformationen oder Fehlinterpretationen zu einem unangemessen niedrigen Rating geführt haben. Da der Auftraggeber die Ratingagentur für ihre Analysetätigkeit vergütet, können sich Anleger am Kapitalmarkt heutzutage kostenlos über Ratings informieren.

Wie einleitend erwähnt, besteht Rating Advisory in der Beratung des Emittenten bei der Entscheidung für einen Ratingauftrag und der Unterstützung während des Ratingverfahrens. Zur ersten Teilaufgabe gehört es, dem Emittenten die Vorteile eines Ratings näherzubringen und den Kontakt mit der Ratingagentur herzustellen. Hierbei steht zunächst die Analyse des anvisierten Anlegerpublikums und dessen Anforderungen an potenzielle Investitionsobjekte im Vordergrund. Während insbesondere institutionelle Investoren oftmals die Existenz mindestens eines Ratings durch eine anerkannte Agentur zur Voraussetzung eines Engagements machen, sind derartige, häufig gesetzlich verankerte Anlageprinzipien am deutschen Kapitalmarkt noch die Ausnahme. Ein erfolgreiches Rating senkt die Finanzierungskosten und vereinfacht die Vermarktung eines Wertpapiers, indem es zum Beispiel die Erschließung bestimmter Anlegerkreise erst ermöglicht. Da der Verzicht auf ein offizielles Ratingurteil von Investoren häufig als Signal minderer Anlagequalität gewertet wird, kann ein veröffentlichtes Ratingurteil die am Markt geforderte Risikoprämie signifikant senken.

Im Anschluss an einen Ratingauftrag muss der Emittent umfangreiche Informationspflichten erfüllen. Hierbei steht die Investmentbank dem Kunden unterstützend zur Seite, um den Prozess der Beschaffung, Auswertung und Darstellung der relevanten Informationen effizient zu gestalten. Darüber hinaus berät sie den Kunden beim Verfassen einer fundierten Credit Story. Häufig geht deren Informationsgehalt weit über den der Pflichtveröffentlichungen hinaus. Die Beratungsleistung der Investmentbank besteht darin, unter Rückgriff auf ihre Erfahrungen mit den Anforderungen und Bewertungsansätzen der Ratingagentur diejenigen Informationen auszuwählen und komprimiert darzustellen, welche den Emittenten in einem möglichst guten Licht erscheinen lassen. Die Ratingagentur wird dafür in einem ersten Schritt eine Liste der angeforderten Informationen versenden und einen Zeitplan für den Ablauf des Ratingverfahrens vorschlagen.

Im Regelfall nimmt die Zusammenstellung des erforderlichen Datenmaterials sowie dessen Auswertung und Darstellung zwischen vier und sechs Wochen in Anspruch. Die Mitarbeiter der Investmentbank werden dabei häufig direkt mit den verantwortlichen Bereichsleitern des Kunden sprechen, um interne Ressourcen möglichst effizient zu nutzen. Ein wesentlicher Teil der Credit Story eines Emittenten besteht in der Festlegung unter-

---

[13] Eine Ausnahme hiervon stellt die Ratingagentur Moody's dar, die sich das Recht zur Veröffentlichung einräumt.

nehmerischer Ziele und der mittel- bis langfristigen Planung des Managements. Teilweise sind intensive Gespräche mit dem Management notwendig, um die Konsistenz von Teilplänen sicherzustellen und gleichzeitig die Vorstandsmitglieder auf potenzielle Schwerpunkte der nachfolgenden Gespräche mit den Analysten der Ratingagentur vorzubereiten.

Die Analystengespräche finden in der Regel circa vier Wochen nach dem Versand der Dokumentation statt. Während dieser Zeit haben sich die Spezialisten der Ratingagentur mit dem Zahlenwerk des Emittenten vertraut gemacht und einen Fragenkatalog erarbeitet, der die Zuverlässigkeit des Datenmaterials überprüfen soll. Um das Management auf typische Fragen vorzubereiten, wird im Vorfeld ein simuliertes Analystengespräch durch die Mitarbeiter der Investmentbank moderiert.

Die Bekanntgabe des Ratings erfolgt üblicherweise nach zwei bis drei Wochen. Auch danach bleibt eine regelmäßige Informationspflicht des Emittenten bestehen. Der Umfang der regelmäßigen Follow-ups ist weitaus geringer als dies beim *Initial Rating* der Fall ist. Es umfasst die laufende Berichterstattung über den Geschäftsverlauf sowie Hinweise auf geplante Veränderungen des Geschäftsfeldes oder eventuelle (Des-)Investitionsvorhaben. Die Ratingagentur verfolgt somit die Ertrags- und Solvenzentwicklung des Emittenten und behält sich Änderungen des Ratings vor. Veränderungen des Initial Ratings, so genannte *Up-* bzw. *Down-Gradings*, werden von der Ratingagentur in ihren periodisch erscheinenden Veröffentlichungen („CreditWatch" von Standard & Poor's sowie „WatchList" von Moody's) mit Hinweis auf die jeweiligen Gründe genannt.

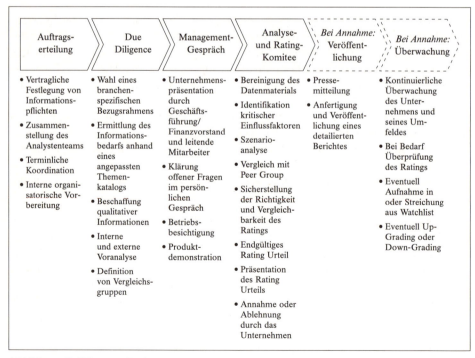

Abbildung 17: Weg zum Rating

### 3.5.3 Mittelstandsrating in Europa

Neben einem verstärkten Engagement der etablierten Agenturen in Europa kam es dort in letzter Zeit zu zahlreichen Neugründungen. Neben Unternehmens-Rating-Agentur (U. R. A.), EuroRatings AG und RS Rating Services AG sind nun Hermes Rating, Rating Alliance und Büro Veritas in den deutschen Ratingmarkt eingetreten. Vor allem die Konzentration auf den Mittelstand wird als spezifische Wettbewerbschance der neuen Gesellschaften im harten Wettbewerb mit der größtenteils US-amerikanischen Konkurrenz gesehen. In Deutschland wirbt der gemeinnützige Verein RATING CERT für das Mittelstandsrating und will für allgemeingültige Qualitätsstandards Sorge tragen.

Der Erfolg der europäischen Agenturen wird davon abhängen, ob es ihnen gelingt, noch mehr Akzeptanz und höheres Wachstum zu erreichen. Die Diskussion um Basel II hat aber gezeigt, dass für die Entwicklung der europäischen Kapitalmarktkultur ein verstärkter Einsatz von Ratings erforderlich erscheint. Anleger und Emittenten könnten dann von einer höheren Zahl von Ratings, niedrigeren Gebühren und Verfahren profitieren, welche den europäischen Verhältnissen in angemessener Weise Rechnung tragen.

## 4. Equity Capital Markets

Im Geschäftsfeld Equity Capital Markets bietet die Investmentbank ihren Kunden Dienstleistungen, die im Zusammenhang mit der Beschaffung von Eigenkapital oder der Platzierung von bereits bestehenden Beteiligungsrechten am Kapitalmarkt stehen. Im Gegensatz zum Bereich der Fremdfinanzierung stellt sich die Palette möglicher Finanzierungsinstrumente im Bereich Equity Capital Markets relativ übersichtlich dar. Hinsichtlich ihrer Ausgestaltungsmöglichkeiten besteht im Fall der Aktienemission ein weitaus geringerer Gestaltungsspielraum als dies für den zunehmend wachsenden Produktkatalog der Fremdfinanzierung gilt. Dagegen lässt sich in Bezug auf die unternehmerischen Implikationen feststellen, dass eine Emission von Eigenkapitalanteilen am Kapitalmarkt weitaus größere Wirkungen auf die zukünftige Unternehmenspolitik des Emittenten hat und somit der emissionsbegleitenden Beratungsleistung eine besondere Rolle zukommt.

Die Entwicklung von Anzahl und Volumen der Aktienemissionen in Deutschland zeigt bis Mitte 2000 einen kontinuierlichen Aufwärtstrend; dieser wurde jedoch mit einem Rückgang der Emissionstätigkeit auf nur 22 Neuemissionen an den regulierten Märkten im Jahr 2001 von 160 Emissionen im Jahr zuvor abrupt beendet. Damit konnte sich der Neuemissionsmarkt der verschlechterten Börsenstimmung nicht entziehen. Kurzfristig hängt eine Wiederbelebung des deutschen Emissionsmarktes in hohem Maße von einer Erholung der Wirtschaft und der Aktienmärkte ab; langfristig ist jedoch davon auszugehen, dass sich der Prozess einer wachsenden Kapitalmarktorientierung in Deutschland fortsetzt. Grund hierfür ist nicht zuletzt ein im Vergleich zu angloamerikanischen Ländern unausgeschöpftes Potenzial des Finanzplatzes Deutschland. Dieses

Potenzial zeigt sich u.a. auch darin, dass die Marktkapitalisierung inländischer Aktien in den USA 163, in Deutschland jedoch nur 49 Prozent des Bruttoinlandsprodukts (BIP) beträgt. Darüber hinaus werden fortgesetzte Privatisierungen und die Verschiebung der Altersstrukturen in Verbindung mit Unzulänglichkeiten staatlicher Altersvorsorge als die Treiber einer wachsenden Kapitalmarktorientierung in Deutschland gesehen. Zusammengenommen sind diese Argumente ein Indiz dafür, dass der Bereich Equity Capital Markets auch zukünftig ein enormes Geschäftspotenzial innerhalb des Investmentbankings birgt.

Wie bereits an mehreren Stellen dieses Buches herausgestellt, resultiert aus dem interdisziplinären Charakter des Emissionsgeschäftes die Problematik einer nicht trennscharfen Zuordnung zu den Geschäftsbereichen der Investmentbank. Während die Beratung des Emittenten in Hinblick auf die *Auswahl* und *Ausgestaltung* von Finanzierungstransaktionen im Equity-Bereich durch die Investmentbank vorwiegend im Geschäftsfeld Corporate Finance erfolgt, befasst sich der Geschäftsbereich Equity Capital Markets im Wesentlichen mit der *Abwicklung* derartiger Transaktionen. Aus diesem Grund wird im Folgenden immer wieder auf die Ausführungen im Beitrag Corporate Finance verwiesen, um unnötige Wiederholungen zu vermeiden.

## 4.1 Kundengruppen, Produkte und Märkte

Die weitaus geringere Produktvielfalt des Equity-Capital-Markets-Bereichs im Vergleich zum Debt-Capital-Markets-Bereich resultiert in einer stärkeren Gewichtung der Kundengruppen in der Organisationsstruktur dieses Geschäftsfeldes. Wie bereits im Zusammenhang mit dem Emissionsgeschäft von Fremdfinanzierungsinstrumenten dargestellt, dient eine an der Zugehörigkeit zu bestimmten Kundengruppen orientierte Segmentierung primär der verbesserten Bedarfsorientierung und dem Aufbau spezifischen Knowhows. Die wesentliche Bedeutung der langfristigen Unternehmensstrategie sowie der geschäftspolitischen Randbedingungen auf die Entscheidung einer adäquaten Finanzierungsstrategie (vgl. hierzu Abbildung 4) bedingt typischerweise eine Fokussierung auf industriespezifische Kundengruppen-Segmente. Eine derartige Spezialisierung auf bestimmte Kundengruppen (beispielsweise Finanzdienstleistungsunternehmen oder Unternehmen aus der Softwareindustrie) wird bereits bei der bankinternen Mandatsverteilung im Corporate Finance vorgenommen, die der zunehmenden Notwendigkeit ganzheitlicher Problemlösungen folgt und sich auf die gesamte Organisationsstruktur einer Investmentbank durchschlägt (vgl. Umfeld der Investmentbanken, Abschnitt 2.2.4)

Neben der Zugehörigkeit zu bestimmten Industriegruppen lassen sich die Kunden einer Investmentbank hinsichtlich ihres Standings sowie ihrer Emissionsmotive in die drei Gruppen Blue Chips, Small Caps und Wachstumsunternehmen unterteilen. Eine Differenzierung dieser Kundengruppen reflektiert die unterschiedlichen Anforderungen an den Ablauf einer Emissionstransaktion, die es für eine erfolgreiche Platzierung zu beachten gilt. Neben der Identifizierung der wichtigen Investorengruppen bestimmt der Typ des Emittenten vor allem die notwendige Intensität des Pre-Marketings (vgl. Corporate Finance, Abschnitt 2.6.5) sowie den Preisbildungsprozess.

Unter dem *Standing* eines Emittenten sind dabei in erster Linie der Bekanntheitsgrad und die Reputation des Unternehmens am Kapitalmarkt zu verstehen. Ein gutes Standing geht regelmäßig mit einer im Branchenvergleich hohen relativen Bewertung, einer kontinuierlichen Performance und Dividendenpolitik sowie einer hohen Börsenkapitalisierung, das heißt dem Gesamtwert aller zum Börsenhandel zugelassenen Aktien eines Unternehmens, einher. Diese bestimmt neben der erwarteten Sekundärmarktliquidität vor allem die Bereitschaft institutioneller Investoren, Aktien des Emittenten in ihr Portfolio aufzunehmen.

Als *Emissionsmotive* lassen sich neben dem Primärzweck der Kapitalbeschaffung vor allem die folgenden Ziele identifizieren (vgl. Corporate Finance, Abschnitt 2.1.1):

- Diversifikation der Finanzierungsquellen,
- Schaffung von so genannter Acquisition Currency,
- Desinvestition bisheriger Eigentümer,
- Erhöhung des Bekanntheitsgrades,
- personalpolitische Überlegungen.

So genannte *Blue Chips* zeichnen sich durch eine überdurchschnittliche Marktkapitalisierung bei gleichzeitig hohen laufenden Handelsvolumina am Sekundärmarkt aus. Die Bezeichnung „Blue Chip" stammt vom Bezug auf die Corporate Identity einer der wichtigsten Aktiengesellschaften am US-amerikanischen Kapitalmarkt: International Business Machines (IBM), deren blaues Firmenlogo einen symbolischen Status genießt. Blue Chips gehören regelmäßig den wichtigen nationalen oder auch internationalen Aktienmarktindizes an und genießen bei institutionellen und privaten Investoren einen hohen Wiedererkennungswert (Name Recognition), wodurch die Aufnahmefähigkeit des Kapitalmarktes für regelmäßig beträchtliche Emissionsvolumen verbessert wird. Emissionsmandate dieser Kundengruppe versprechen der Investmentbank neben den damit verbundenen Erlöspotenzialen gleichzeitig hohe Reputationseffekte. Der Wettbewerb um derartige Emissionsmandate ist entsprechend hoch, wodurch das akquisitorische Potenzial der Investmentbank im Rahmen des so genannten Beauty Contest (vgl. Corporate Finance, Abschnitt 2.2.2) zur wesentlichen Determinante einer erfolgreichen Mandatsgewinnung wird. Emissionstransaktionen von Blue Chips erfolgen vorwiegend im Zusammenhang mit Kapitalerhöhungen, deren Motive neben der Finanzierung internen Wachstums entweder vor dem Hintergrund einer angestrebten Übernahmetransaktion (Acquisition Currency) stehen oder aus personalpolitischen Überlegungen (Mitarbeiterbeteiligungen) resultieren. Darüber hinaus sind hierzu ebenfalls große Privatisierungstransaktionen zu zählen, deren Platzierungsvolumina eine Zuordnung zur Kundengruppe der Blue Chips rechtfertigen (zum Beispiel der Börsengang der Deutschen Telekom AG).

Die zweite Kundengruppe im Geschäftsfeld Equity Capital Markets stellen so genannte *Small Caps* dar. Hierbei kann es sich um Unternehmen handeln, deren Aktien entweder bereits am organisierten Kapitalmarkt notiert sind und die eine Kapitalerhöhung planen, oder um klassische Mittelstandsunternehmen, deren Anteilsbesitz derzeit noch in den Händen einer überschaubaren Personengruppe liegt und die eine Börseneinführung planen. Die Kapitalisierung ist im Vergleich zu den Blue Chips entsprechend geringer, wodurch eine erfolgreiche Platzierung verstärkt von der begleitenden Notierungsstrategie (vgl. Corporate Finance, Abschnitt 2.5) determiniert wird.

Am deutschen Kapitalmarkt hat die Gruppe mittelständischer Unternehmen bis Mitte der 90er Jahre eine untergeordnete Rolle gespielt. Durch die zunehmende Erleichterung der Zugangsbedingungen und ein erhöhtes Interesse unterschiedlicher Investorengruppen hat das Marktsegment für Small Caps zunehmend an Bedeutung gewonnen. Die Einführung von Aktienindizes auf Small Caps, wie beispielsweise dem SDAX, und die Auflage von Investmentfonds, die gezielt in Werte geringerer Kapitalisierung investieren, hat diese Entwicklung mitgetragen.

Zu den verbreiteten Emissionsmotiven gehören bei dieser Kundengruppe vorwiegend der Wunsch einer größeren Diversifikation der Finanzierungsquellen sowie der Ausstieg von Altgesellschaftern. Letzteres Motiv wird insbesondere vor dem Hintergrund des hohen Anteils von Familiengesellschaften an dieser Kundengruppe ersichtlich. Die mit dem bevorstehenden Generationswechsel verbundene Nachfolgeproblematik kann eine Vielzahl von Unternehmen bewegen, die Eigentümerstruktur auf eine breitere Basis zu stellen und die Unternehmensführung an externe Manager zu übertragen. Gleichfalls geht mit dem allgemein zu beobachtenden Trend diversifizierter Konglomerate zur verstärkten Fokussierung auf Kerngeschäfte (Stichwort: Shareholder-Value-Orientierung) ein nicht unbeachtliches Potenzial von Ausgliederungen (Spin-offs oder Equity Carveouts) einher, die häufig der Gruppe der Small Caps zuzuordnen sind.

Schließlich lässt sich die Kundengruppe der *Wachstumsunternehmen* identifizieren, deren Emissionsaktivität nicht zuletzt vor dem Hintergrund der Wahrnehmung ihrer besonderen volkswirtschaftlichen Bedeutung während der vergangenen Jahre eine deutliche Belebung verzeichnet hat. Der Begriff „Wachstumsunternehmen" lehnt an die Betrachtung des Lebenszyklus eines Unternehmens an, dessen Entwicklung sich in unterschiedliche Phasen einteilen lässt. Zur Abgrenzung einzelner Unternehmensphasen wird dabei primär die Entwicklung von Umsatz, Cashflow und Finanzierungsbedarf herangezogen. Junge Wachstumsunternehmen zeichnen sich durch ein überdurchschnittliches Umsatzwachstumspotenzial und einen hohen Finanzierungsbedarf aus, der insbesondere aus der Notwendigkeit weiterer Anlaufinvestitionen resultiert. Wachstumsunternehmen weisen oftmals negative Ertragskennzahlen auf, verfügen jedoch über ein erhebliches Potenzial zukünftiger Profitgenerierung. Die zunehmende Emissionsaktivität junger Wachstumsunternehmen steht im Zusammenhang mit einer verstärkten Präsenz von Unternehmensbeteiligungsgesellschaften, insbesondere Venture-Capital-Gesellschaften, die sich auf die frühe Wachstumsfinanzierung von Unternehmen der Technologieindustrien spezialisieren. Diese beteiligen sich an jungen Unternehmen, die entsprechende Wachstumspotenziale aufweisen. Es handelt sich dabei in der Regel um eine zeitlich befristete Partnerschaft mit dem Ziel, ihre Beteiligung nach Ablauf von typischerweise fünf bis zehn Jahren im Rahmen eines Börsengangs Gewinn bringend zu veräußern (Exit).

Am deutschen Kapitalmarkt hat sich die Emissionsaktivität junger Technologieunternehmen seit Schaffung des Neuen Marktes, dem Handelssegment, das sich gezielt an Emittenten mit hohen Wachstumschancen richtet (vgl. Beitrag Corporate Finance, Abschnitt 2.5.1) bis zum Jahr 2000 auf 137 Neuemissionen gesteigert. Der anfängliche Erfolg dieses neuen Handelssegments zeigt deutlich, dass am deutschen Kapitalmarkt ein Defizit an geeigneten Plattformen zur Mobilisierung von Risikokapital herrschte. Der Abwärtstrend am Aktienmarkt, in dessen Folge auch der NEMAX All-Share bis Ende 2001 93,5 Prozent verglichen mit seinem Höchststand im März 2000 verlor, sowie damit einhergehende Imageprobleme dieses Segments bewirkten jedoch einen Einbruch an Neuemissionen im Jahr 2001 auf zuletzt nur 11 neue Notierungen am Neuen Markt. Gleichzeitig hat sich der Schwerpunkt der Emissionstätigkeit stark verschoben von der Internet- und Medienbranche hin zu den Branchen „erneuerbare Energien" und Medizintechnik. Darunter war ein gestiegener Anteil an profitablen Unternehmen festzustellen. Insgesamt bleibt abzuwarten, ob und in welchem Maße der Neuemissionsmarkt wieder zu seiner früheren Dynamik zurückfinden wird.

Der anfängliche Erfahrungsvorsprung angloamerikanischer Investmentbanken bei der Börseneinführung junger Wachstumsunternehmen erwies sich als entscheidender Wettbewerbsfaktor bei der Gewinnung deutscher Mandate. Inzwischen haben sich auch deutsche Geschäftsbanken im Emissionsgeschäft dieser Kundengruppe etabliert. Hierbei konnten die Investmentbank-Arme deutscher Großbanken vor allem wegen ihrer historisch engen Kontakte im Firmenkundengeschäft profitieren.

Im Emissionsgeschäft mit Wachstumsunternehmen steht die Beratung des Unternehmens im Hinblick auf die Ausarbeitung einer glaubwürdigen Equity Story im Vordergrund. Die Vermittlung einer erfolgversprechenden Geschäftsidee mit entsprechenden Ertragspotenzialen gilt als wesentlicher Erfolgsfaktor für die Platzierung der Aktien unter institutionellen und privaten Investoren. Ein guter Kontakt zu den wichtigen Unternehmensbeteiligungsgesellschaften im Venture-Capital-Bereich ist für die Mandatsgewinnung der Investmentbank ein wichtiger Erfolgsparameter. Die Auswahl des emissionsführenden Instituts durch den Emittenten und die Venture-Capital-Gesellschaft wird dabei nicht unwesentlich vom gesammelten Erfahrungswissen bei der Beratung und Platzierung von Wachstumswerten sowie der Qualität und Abdeckung des Aktienresearch der Investmentbank bestimmt.

Der Neue Markt zwingt die Investmentbanken, ihre Beratungsdienstleistung den mit dem Handelssegment einhergehenden Besonderheiten und spezifischen Ausprägungen der Zulassungsvoraussetzungen anzupassen. Gerade Technologieunternehmen tendieren zu schwachen Umsatzzahlen und sogar Verlusten, die allerdings die Markterwartungen nicht notwendigerweise beeinträchtigen müssen. Vor diesem Hintergrund kommen der Qualität des Managements, der Unternehmenskommunikation sowie den Investor Relations eine besondere Rolle als Erfolgsfaktor zu.

So sind beispielsweise die Durchführung einer Due Diligence als auch die daran anschließende Bewertung eines Technologieunternehmens im Rahmen der Vorbereitung des Börsengangs nicht mit traditionellen Verfahren zu bewältigen. Die Investmentbank muss daher dem veränderten Risiko/Rendite-Profil von Wachstumsunternehmen bei deren Bewertung Rechnung tragen und dieses mit in das Kalkül einbeziehen. Des weiteren erfordert die Börsenzulassung die Erstellung eines Verkaufsprospektes, der die tatsächlichen und rechtlichen Verhältnisse, die für die Beurteilung der angebotenen Aktien notwendig sind, verständlich, aktuell und klar darstellen muss sowie richtig und vollständig zu sein hat. Auch in dieser Hinsicht ergeben sich beispielsweise für das Geschäftsfeld Corporate Finance einer Investmentbank neue Herausforderungen, da gerade auf Basis des Verkaufsprospektes Anleger nach dem Börsengang Prospekthaftungsansprüche durchsetzen können, wenn die Unternehmung die Prospektangaben nicht erfüllt. Im Bereich der Wachstumsunternehmen müssen folglich diesen Angaben detaillierte Analysen sowie ausgereifte strategische Planungen vorausgehen. Bei der Erstellung einer Equity Story, die im Zuge eines Initial Public Offerings benötigt wird, ist es die Aufgabe der Investmentbank, ihre Kenntnisse des Kapitalmarktes sowie des Anlegerverhaltens dem Management bzw. Vorstand des Unternehmens zu vermitteln und bei der Gestaltung der administrativen Rahmenbedingungen Hilfestellung zu leisten. Dabei ist unter anderem das Unternehmen anhand von klaren Strukturen zu definieren, das Geschäftssystem vorzustellen und Markttrends sowie Wachstumstreiber anhand von Kennzahlen aufzuzeigen. Vor allem die mit der Bösennotierung am Neuen Markt einhergehenden Folgepflichten, wie zum Beispiel die Veröffentlichung eines Unternehmenskalenders, die Ausrichtung einer Analystenveranstaltung sowie die Publizität von Ad-hoc-Mitteilungen mögen für manche Wachstumsunternehmen neue Probleme aufwerfen und den Beratungsbedarf ausweiten.

Hinsichtlich der Produkte des Geschäftsfeldes Equity Capital Markets bleibt der Gestaltungsfreiraum im Vergleich zur Fremdfinanzierung gering. Neben der grundsätzlichen Entscheidung über die Aktienherkunft und -gattung (vgl. Beitrag Corporate Finance, Abschnitt 2.4.3) besteht lediglich die Möglichkeit der Auswahl zwischen Inhaber- und Namensaktien. Während sich Inhaberaktien auf Grund ihrer weniger aufwändigen Übertragungsmodalitäten gegenüber Namensaktien, deren wesentlicher Vorteil in der Kenntnis des Aktionärskreises liegt, am deutschen Aktienmarkt weitestgehend durchgesetzt haben, ist seit Ende der 90er Jahre eine gewisse Renaissance der Namensaktie festzustellen. Auslöser hierfür ist insbesondere deren Kompatibilität zu ausländischen Aktienmärkten, an denen die Form der Namensaktie oftmals die einzig zulässige Alternative darstellt. Darüber hinaus wurde durch die Weiterentwicklung entsprechender Börsensysteme das Settlement, das heißt die Abwicklung der dem Börsenhandel zu Grunde liegenden Transaktionen, für Namensaktien verbessert, sodass der Mehraufwand der Registrierung nahezu bedeutungslos geworden ist.

Im Verlauf der Beratungsleistung der Investmentbank vor der Börseneinführung kommt der Zielgruppenauswahl (vgl. Beitrag Corporate Finance, Abschnitt 2.4.1) und damit der *Auswahl des optimalen Marktes* der Aktienemission eine wesentliche Bedeutung zu. Diese wird primär von den individuellen Gegebenheiten des Börsenkandidaten, das heißt dessen Standing, und den verfolgten Zielen der Notierungsstrategie beeinflusst. Zunächst besteht die grundsätzliche Entscheidung, ob eine Zulassung der emittierten Aktien zum Börsenhandel vom Emittenten gewünscht ist. Ist dies der Fall, so stellt sich die Frage nach dem optimalen nationalen Börsensegment bzw. einer zusätzlichen Börseneinführung an ausländischen Kapitalmärkten.

Seitens der Deutschen Börse AG stehen dem Emittenten die drei „klassischen" Marktsegmente: Amtlicher Handel, Geregelter Markt und Freiverkehr sowie der auf Wachstumsunternehmen ausgerichtete Neue Markt zur Auswahl (vgl. Beitrag Corporate Finance, Abschnitt 2.5.1.). Die Entscheidung für ein bestimmtes Marktsegment wird von den formellen Anforderungen an den Emittenten und an die zur Zulassung geplanten Wertpapiere beeinflusst. Die Voraussetzungen der Zulassung differieren je nach Marktsegment, in dem die Wertpapiere gehandelt werden sollen. Diesbezügliche Regelungen finden sich im Börsengesetz und in der Börsenzulassungsverordnung. Die Entscheidungsgewalt zur Zulassung liegt bei der Zulassungsstelle der betreffenden Börse.

Neben einer ausschließlichen Zulassung am Inlandsmarkt lässt sich eine Reihe von Motiven identifizieren, die eine zusätzliche oder alternative Einführung an einer ausländischen Börse vorteilhaft erscheinen lassen. Bei der Entscheidung über ein alternatives oder zusätzliches Auslandslisting stehen die folgenden Überlegungen im Vordergrund (vgl. Beitrag Corporate Finance, Abschnitt 2.5.2):

- Erweiterung des potenziellen Investorenkreises,
- verbesserte Bewertung durch ausländische Analysten,
- positive Abstrahlungseffekte auf Absatzmärkte.

Mit den potenziellen Vorteilen einer Einführung zum Handel an mehreren in- oder ausländischen Börsenplätzen sind eventuelle Nachteile auf Grund einer Spaltung der Liquidität sowie zum Teil nicht unerhebliche Zusatzkosten abzuwägen. Letzterer Aspekt gilt insbesondere für die Börseneinführung am US-amerikanischen Markt, dessen hohe aufsichtsrechtliche Registrierungs- und Publikationsanforderungen ein US-Listing in der Regel ausschließlich für Unternehmen mit entsprechender Marktkapitalisierung rechtfertigen.

Eine Notierungsstrategie, die auf die Inanspruchnahme ausländischer Kapitalmärkte zielt, eröffnet dem Emittenten einen im Vergleich zum deutschen Markt weitaus größeren Gestaltungsfreiraum. So gilt es, die Form der zu emittierenden Auslandsaktien zu bestimmen, wobei im Falle eines US-Listings unterschiedliche Aktienkategorien in Frage kommen: *Ordinary Shares* (gleiche Aktiengattung des Emittenten wie im Heimatmarkt, jedoch in den USA emittiert und gehandelt), *American Shares* (ausschließlich für den US-Markt emittierte Namensaktien, in US-Dollar denominiert und bei der SEC registriert) oder *American Depositary Receipts* (fungible Namenszertifikate, die das Eigentum an hinterlegten Aktien des Emittenten verbriefen und an US-Börsen gehandelt werden; vgl. Beitrag Corporate Finance, Abschnitt 3.5). Darüber hinaus besteht im US-Markt die Möglichkeit zur Schaffung weiterer innovativer Aktiengattungen wie beispielsweise so genannter *Tracking Stocks* (Targeted Stocks, Alphabetic Shares), deren Dividendenausschüttung auf Basis der Ergebnisse abgegrenzter Geschäftseinheiten bestimmt wird (vgl. Beitrag Corporate Restructuring, Abschnitt 2.1).

## 4.2 Preisfindung

### 4.2.1 Determinanten

Der bedeutendste Aspekt von Eigenkapitalemissionen, welcher primär durch die Equity-Capital-Markets-Mitarbeiter durchgeführt wird, ist die Festlegung des Emissionspreises, das so genannte *Pricing*. Dabei ist das Vorgehen bei der Preisfindung abhängig von der Art des Finanzierungsanlasses.

Grundsätzlich ist zwischen der Erstemission von Aktien im Zuge einer Börseneinführung und der Kapitalerhöhung respektive der Platzierung alter Aktien (Umplatzierung) eines börsennotierten Unternehmens zu differenzieren. In den beiden letztgenannten Fällen ist das betreffende Unternehmen am Kapitalmarkt bereits etabliert, sodass beim Pricing auf eine bestehende Börsenbewertung aufgebaut werden kann. Damit verfügt das Unternehmen in der Regel auch über eine Equity Story. Strebt das Unternehmen hingegen eine solche Börsennotierung erst an, liegt noch keine derartige Marktbewertung vor. Der Kurs der Altaktien scheidet daher als Anknüpfungspunkt zur Preisfestlegung aus, sodass grundsätzlich erst ein Preisverständnis für das Unternehmen aufgebaut werden muss. Im Falle eines Equity Carve-outs, das heißt der Börseneinführung einer Tochtergesellschaft (vgl. Beitrag Corporate Restructuring, Abschnitt 2.1), liegen zwar bereits Informationen über die Muttergesellschaft vor, aber die Tochtergesellschaft war bisher nicht als eigenständige Adresse etabliert. Insofern ist auch hier erstmalig ein (separater) Marktwert zu ermitteln.

Daneben ist im Rahmen einer Kapitalerhöhung zu unterscheiden, ob eine Kapitalerhöhung mit Bezugsrechten, das heißt eine so genannte Bezugsrechtsemission, stattfindet oder ob die Bezugsrechte der Aktionäre ausgeschlossen werden sollen (vgl. Beitrag Corporate Finance, Abschnitt 3.3.2). Prinzipiell wird zwar in beiden Fällen auf den bestehenden Börsenwert der ausstehenden Aktien aufgebaut. Aus den unterschiedlichen Rahmenbedingungen dieser Instrumente ergeben sich jedoch Konsequenzen auf die Preisfindungsmöglichkeiten, die mitunter zu deutlichen Preisdifferenzen zwischen diesen beiden Formen der Kapitalerhöhung führen.

So können bei Aktienemissionen drei verschiedene Arten der Preisfindung unterschieden werden. Bis 1994 wurde in Deutschland fast ausschließlich das *Festpreisverfahren* angewendet. 1994 wurde dann erstmals bei einer Kapitalerhöhung das aus den Vereinigten Staaten bekannte *Bookbuilding-Verfahren* übernommen. Mittlerweile kommt es auch hier zu Lande in der überwiegenden Mehrzahl der Eigenkapitalemissionen zur Anwendung. Nur bei Kapitalerhöhungen mit Bezugsrechten ist auf Grund der aktienrechtlichen Erfordernisse das Festpreisverfahren noch erforderlich. Schließlich besteht die dritte Möglichkeit der Preisfindung im so genannten *Tenderverfahren*. Diese Form des Pricing wurde in Deutschland bis zum Jahr 2000 nicht angewandt. Auf Grund der enormen Zeichnungsgewinne der Neuemissionen in der Anfangsphase des Neuen Marktes wurde insbesondere das Auktionsverfahren als Alternative zum Bookbuilding-Verfahren in die Diskussion gebracht.

In der überwiegenden Mehrzahl aller Eigenkapitalemissionen wird das gewählte Preisfindungsverfahren auf das Gesamtvolumen der Transaktion angewendet. In Einzelfällen wird jedoch nach der Investorentranche (Retailkunden/institutionelle Investoren) unterschieden und eine tranchenbezogene Preisfeststellung vorgenommen. In diesem Fall findet eine *zweistufige Preisfindung* statt. Hier wird zuerst für einen Investorenkreis ein Bookbuilding-Verfahren durchgeführt; im Anschluss daran werden Aktien auf der Grundlage des auf diesem Weg ermittelten Preises nach dem Festpreisverfahren angeboten. Ebenso kann das Gesamtvolumen bei einer Kapitalerhöhung auf verschiedene Tranchen mit und ohne Bezugsrechte aufgeteilt werden. In diesem Fall kommen ebenfalls tranchenspezifisch unterschiedliche Pricing-Verfahren zur Anwendung.

Die Frage der Preisfindung steht schließlich auch im Zusammenhang mit der gewählten Syndikatsstruktur und Risikoübernahmeform. Während die Anwendung des Festpreisverfahrens ein Übernahmekonsortium verlangt, geschieht die Preisfindung über Bookbuilding- oder Tenderverfahren durch ein Best-Effort-Konsortium. Gleichwohl können auch in letzterem Fall gewisse Garantien seitens des Konsortiums abgegeben werden.

### 4.2.2   Erstemissionen

*Festpreisverfahren*

Beim Festpreisverfahren wird der Emissionspreis der Aktie vor der Veröffentlichung des Prospektes zwischen den emissionsbegleitenden Banken und dem Unternehmen ausgehandelt (Advanced Pricing). Die Preiseinschätzung basiert dabei auf einer fundamentalen Unternehmensanalyse, der Börsenbewertung vergleichbarer Unternehmen und der allgemeinen Marktsituation und wird vor allem von den Corporate-Finance-Mitarbeitern fundamental ermittelt. Die Aktie wird jedoch nicht zu diesem Wert emittiert, sondern es erfolgt häufig ein *Abschlag* von 10 bis 15 Prozent. Der Abschlag (so genannter Pricing Discount), mit dem Aktien bei der Börseneinführung verkauft werden, wird damit begründet, dass für die Investoren ein Anreiz für den Einstieg in diese bis dahin am Kapitalmarkt unbekannte (und auch aus diesem Grund risikobehaftete) Aktie geschaffen werden muss.

Auf diese Weise wird der endgültige Platzierungspreis zwischen dem emittierenden Unternehmen und dem Konsortialführer (Lead Manager) vereinbart, zu dem das Konsortium das gesamte Emissionsvolumen übernimmt. Die tatsächliche Investorennachfrage nach der betreffenden Aktie wird zu diesem Zeitpunkt nicht berücksichtigt, sondern wird erst relevant, wenn die Investmentbank die Aktien tatsächlich platziert. Die (daraus resultierenden) Folgen einer Fehleinschätzung des Preises bzw. der damit verbundenen Nachfrage liegen dann bei ihr.

Der Nichteinbezug des Marktes respektive der Marktnachfrage nach der betreffenden Aktie kann sowohl zu einem überhöhten Emissionspreis als auch zu einem zu niedrigen Platzierungspreis (Underpricing) führen. Im Falle eines überhöhten Emissionspreises resultiert für die Investmentbank das Problem, dass keine hinreichende Investorennachfrage bestehen wird. Dies hat zur Konsequenz, dass sie die Aktien entweder in ihrem eigenen Portfolio halten muss oder diese unter dem (an das Unternehmen bezahlten) Kaufpreis mit einem entsprechenden Verlust verkaufen muss. Im Falle eines zu niedrigen Platzierungspreises hingegen wird das emittierende Unternehmen auf Grund der Opportunitätskosten (in Form möglicher höherer Emissionserlöse) unzufrieden sein. Dabei ist allerdings zu unterscheiden, inwieweit es sich um tatsächliche Kosten durch eine mangelhafte Markteinschätzung oder aber um ein strukturelles Underpricing handelt, das auch bei Anwendung einer anderen Pricing-Methode aufgetreten wäre.

Das so genannte *Underpricing-Phänomen* wird in der Literatur umfassend erörtert, aber dennoch nicht hinreichend erklärt. Grundsätzlich misst man das Underpricing (oder die Zeichnungsrendite) als Differenz zwischen dem Emissionspreis und der ersten Aktiennotierung, man kann jedoch auch einen weiteren Zeitablauf betrachten. Ein Underpricing wird vor allem als Resultat einer asymmetrischen Informationsverteilung gesehen,[14] es werden jedoch auch andere Erklärungsansätze angeführt.[15] Zu berücksichtigen ist auch, dass das emittierende Unternehmen trotz der Opportunitätskosten im Hinblick auf das eigene künftige Kapitalmarktstanding durchaus ein Interesse an einem gewissen Underpricing-Niveau haben kann, etwa um eine hinreichende Kursstabilität und -entwicklung im Sekundärmarkt gewährleisten zu können.

Neben diesen preisbezogenen Überlegungen weist das Festpreisverfahren schließlich auch einen qualitätsbezogenen Nachteil auf. So hat das emittierende Unternehmen auf Grund des vollständigen Verkaufs des Aktienpakets keinen Einfluss auf die spezifische Investorenauswahl und damit auf den Investorenmix. Insbesondere wenn die Preisfindung zu einem überhöhten Platzierungspreis geführt hat und die Investmentbank keine ausreichende Nachfrage generieren kann, wird sie primär an der Unterbringung der Aktien am Markt und weniger an der Qualität der Käufer interessiert sein.

### *Bookbuilding-Verfahren*

Grundsätzlich erfolgt auch beim Bookbuilding-Verfahren eine fundamentale Unternehmensbewertung sowie eine Analyse der Marktkapitalisierung vergleichbarer Unternehmen. Im Gegenzug zum Festpreisverfahren werden allerdings sowohl die institutionellen Investoren frühzeitig und unmittelbar im Zuge der Marketingaktionen beim Pricing eingebunden als auch die Privatanleger während der Phase, in der diese ihre Kaufangebote abgeben können. Auf diese Weise ergibt sich der Emissionswert der Aktien auf Basis der fundamentalen Unternehmensanalysen und auf Grund von Angebot und Nachfrage.

Wie durch Abbildung 18 deutlich wird, ist hierfür ein aufwändiges, mehrstufiges Verfahren notwendig. Der Ausdruck „Bookbuilding" stammt daher, dass die im Rahmen dieses Verfahrens erfolgende Auflistung der Orders der Investoren mit den jeweiligen Preisindikationen in einem (elektronischen) Buch geführt werden. Die Orders zu generieren wird daher als Aufbau des Buches bezeichnet. Sie obliegt dem Bookrunner, der zumeist mit dem Lead Manager identisch ist.

---

[14] Mit einem neoklassischen Marktgleichgewicht, bei dem alle Marktteilnehmer über den gleichen (und damit symmetrischen) Informationsstand verfügen, ist ein Underpricing-Phänomen unvereinbar.
[15] Zum Underpricing-Phänomen vgl. Jakob (1998), S. 116 ff.

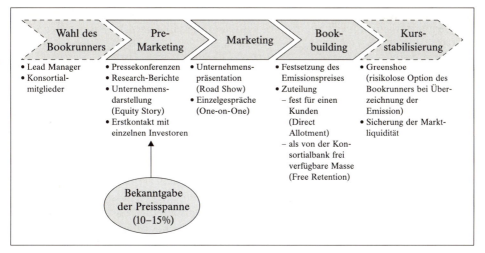

Abbildung 18: Ablauf des Bookbuilding-Verfahrens

In der *Pre-Marketing-Phase* geht es darum, ein erstes Gespür für die Nachfrage nach der betreffenden Aktie zu erhalten. Ihren Auftakt nimmt die Pre-Marketing-Phase mit einer Pressekonferenz, in welcher die Absicht des Unternehmens, an die Börse zu gehen, publik gemacht wird. Gleichzeitig werden die Research-Berichte und eine Equity Story verfasst, die das Anlegerpublikum mit den Rahmendaten der Emission vertraut machen und den Investoren die Vorzüge (Unique Selling Points) des Unternehmens darlegen sollen. Auf Grund der großen Bedeutung der Vermarktung der Aktie kommt diesen Berichten eine entscheidende Rolle für den Gesamterfolg der Emission zu. Sie werden in enger Absprache mit den Corporate-Finance- und Capital-Markets-Mitarbeitern von den (auf bestimmte Branchen spezialisierten) Equity Research Analysts erstellt. Diese sind auch eng in alle weiteren Marketing-Planungen eingebunden.

Auf dieser Informationsbasis wird dann ein Erstkontakt zu einer kleinen Zahl von ausgewählten Investoren (Key Investors) hergestellt. Hierbei handelt es sich in der Regel um größere institutionelle Investoren, zu denen die betreffende Investmentbank ständige Beziehungen unterhält. Diese werden unverbindlich um ihre Indikationen gebeten, zu welchem Emissionspreis sie zu ihrem heutigen, begrenzten Wissensstand die Aktie des betreffenden Unternehmens zeichnen würden. Das Ziel ist die Gewinnung einer Bandbreite für einen „fairen" Platzierungspreis.

Auf der Basis der Einschätzung der angesprochenen Investoren und deren Preissensitivität wird dann eine zwischen 10 und 15 Prozent schwankende Preis-Bandbreite für den Emissionspreis bekannt gegeben und die *Marketing-Phase* eingeläutet. In dieser Phase findet die eigentliche Vermarktung der Aktie auf dem nationalen und (zunehmend auch) internationalen Kapitalmarkt statt. Institutionelle Investoren werden hierbei gezielt durch Unternehmenspräsentationen (Road Shows) oder Einzelgespräche (One-on-Ones) angesprochen. Retail-Investoren werden eher auf dem Weg der Massen- oder indirekten Kommunikation, aber auch durch direktes Marketing der emissionsbegleitenden Häuser angegangen. Der Erfolg dieser Phase ist neben der sachgerechten Aufbereitung des Materials insbesondere von der Qualität und Breite der Investorenkontakte der Investmentbanken abhängig. Man spricht in diesem Zusammenhang auch von der Platzierungskraft einer Investmentbank. Je größer diese ist, desto problemloser kann die Investmentbank auch größere Emissionsvolumina beim Anlegerpublikum zu einem adäquaten Preis platzieren.

Während der Marketing-Phase beginnt bereits das *Ordertaking*, das heißt die Sammlung der Angebote im (elektronischen) Orderbuch. Dies stellt die erste Phase des eigentlichen Bookbuilding (Bookbuilding im engeren Sinne) dar. Hier können die Investoren während eines gewissen Zeitraums (in der Regel mehrere Kalendertage) Zeichnungen melden, die aber während der gesamten Zeitspanne modifiziert oder storniert werden können. Die Zeichnungen werden dann anhand eines Orderformulars aufgegeben und an den Bookrunner weitergeleitet. Wie das in Abbildung 19 wiedergegebene Beispiel zeigt, müssen die Investoren dabei neben ihrer Preis- und Volumenvorstellung auch Angaben über ihre Identität (Name und Herkunftsland) und ihren Investorentyp (beispielsweise Bank, Unternehmen, Versicherung, Pensionsfonds) machen. Diese Charakteristika werden später genutzt, um zu überprüfen, inwieweit der jeweilige Investor der vom Emittenten gewünschten Qualität entspricht. Daneben spielt auch die verfolgte Anlagestrategie (zum Beispiel Trading- oder langfristig orientierter Anlegertypus) bei der Beurteilung der Investorenqualität eine wichtige Rolle. Im Gegensatz zur spezifizierten institutionellen Nachfrage wird die Retail-Nachfrage lediglich gesammelt aufgeführt.

Im Anschluss an das Ordertaking erfolgt durch den Bookrunner die endgültige *Emissionspreisfestlegung*. Dabei steht nicht allein die Optimierung des Emissionserlöses im Vordergrund, sondern ebenfalls die Zielvorgaben hinsichtlich eines geeigneten Investorenmixes. Richtschnur beim Pricing sollte grundsätzlich der langfristige Erfolg des Börsenganges sein, sodass es durchaus sinnvoll sein kann, ein Underpricing in Kauf zu nehmen.

Die Auswahl des im Zuge des Emissionskonzeptes mit dem Emittenten festgelegten Investorenmix und die hieran beurteilte Qualität der im Buch aufgeführten Investoren erfolgt anhand von aufwändigen Computermodellen durch Scoring- und Punktebewertungsmodelle unter Berücksichtigung der Preissensitivität des Investors. Dabei wird den einzelnen definierten Auswahlkriterien, wie etwa die Anlagestrategie der Investoren oder eine gewünschte regionale Gewichtung des Aktionärskreises, eine bestimmte Punktgewichtung zugeteilt. Diese Analysen sind bei großen Emissionen derart aufwändig, dass sie über ein gesamtes Wochenende erfolgen müssen. Dann wird am Freitag Abend das Buch geschlossen, Samstag/Sonntag der Preis festgelegt und Montag schließlich die Zuteilung der Aktien vorgenommen.

Die *Zuteilung* kann entweder direkt auf den Kunden (Direct Allotment) oder aber als von der Konsortialbank frei verfügbare Masse (Free Retention) erfolgen. Bei einem *Direct Allotment* können die Aktien manuell oder diskretionär zugeteilt werden. Dabei geht der Konsortialführer das Buch durch und entscheidet auf jeweils individueller Basis, welche Investoren welches Volumen erhalten sollen. Es kann jedoch auch eine (vollautomatische) standardisierte Zuteilung nach einem einheitlichen Schlüssel erfolgen. In der Regel werden dabei bestimmte Ordergrößenklassen festgelegt, für die einheitliche

|                 | Order Form |
|---|---|
| TO: Bank | From: |
| Name: | Date: |
| Tel.-No. | Name: |
| Fax-No. | Tel.-No. |
|  | Fax-No. |

| Investor Name | Investor Country | Investor Type | Investor Quality | Order Type | Shares/ Currency | Difference | Demand (New Demand) | Limit | Comments |
|---|---|---|---|---|---|---|---|---|---|
| | | | | | | | | | |
| | | | | | | | | | |
| | | | | | | | | | |
| | | | | | | | | | |
| | | | | | | | | | |
| | | | | | | | | | |
| | | | | | | | | | |

**Investor Type**
BK = Bank           UT = Unit Trust       CH = Charity
CO = Corporate      PF = Pension Fund     R  = Retail
IC = Insurance      SF = Special Fund     OT = Other
IM = Invest Manager MF = Mutual Fund

**Investor Quality**
A = value-oriented     E = Other
B = growth-oriented
C = income-oriented
D = trading-oriented

**Order Type**
N = New
I = Increase
D = Decrease
C = Cancel

Quelle: Jakob (1998), S. 367

Abbildung 19: Bookbuilding Order Form

Zuteilungsregeln definiert werden. Daneben können Zuteilungsregeln, wie beispielsweise die prozentuale Zuteilung, das Losverfahren, die Mindestzuteilung oder die Festzuteilung (so gennante Family & Friends-Zuteilungen etwa an Mitarbeiter), bestehen, die bei Überzeichnungen einzeln oder kombiniert vor allem für den Retailbereich angewandt werden können. Sofern derartige Regeln bestehen, haben die einzelnen Konsortialbanken keinen Ermessensspielraum. Besteht hingegen kein strukturiertes Zuteilungsmodell, können die Zuteilungen als *Free Retention* erfolgen. Hinsichtlich der Zuteilung dieser Tranche sind die Konsortialbanken dann frei.

Sofern eine Überzeichnung vorliegt, erlaubt das Bookbuilding-Verfahren demnach eine Auswahl der Investoren, die sich positiv auf die qualitative Aktionärsstruktur auswirkt. Die Investmentbank wird daher mit Marketinganstrengungen gezielt auf eine Übernachfrage hinwirken. Erwarten die Investoren eine Überzeichnung, wie das etwa regelmäßig bei den Neuemissionen am Neuen Markt der Fall war, verstärkt sich diese Überzeichnung zudem künstlich dadurch, dass die Investoren von vornherein ihre Nachfrage inflationieren, um nicht nur einen Bruchteil zugeteilt zu bekommen und so näher an das tatsächlich gewünschte Volumen zu gelangen. Ein solche Überzeichnung wirkt sich auch tendenziell positiv auf die Kursentwicklung der Aktie im After-Market aus, da diejenigen Investoren, die nicht oder nur partiell bei der Zuteilung berücksichtigt worden sind, im Sekundärmarkt Orders platzieren müssen, um die gewünschte Aktienstückzahl zu halten.

Der Einsatz des Bookbuildings hat sowohl für das emittierende Unternehmen als auch für die beteiligten Investmentbanken und ihre Zusammenarbeit weit reichende Folgen. Während das Management beim Festpreisverfahren auf Grund der Übernahme des Platzierungsrisikos durch die Investmentbank nicht in die Vermarktung der Aktie eingebunden ist, muss sie beim Bookbuilding-Verfahren aktiv an den Marketing-Aktivitäten partizipieren. So machen viele Investoren die Überzeugungskraft einer Equity Story in erheblichem Maß von ihrem Eindruck vom Vorstandsvorsitzenden oder Finanzvorstand des betreffenden Unternehmens abhängig. Beide spielen daher in den Road Shows und One-on-Ones eine tragende Rolle und müssen hierfür dementsprechend vorbereitet werden.

Zudem ist die Zusammenarbeit zwischen dem Management des emittierenden Unternehmens und dem Buchführer während des Bookbuildings und der Zuteilung in der Regel sehr eng. So sollte das Unternehmen entweder durch einen Computerausdruck oder aber durch direkte Zugriffsmöglichkeit auf den Computer auf täglicher Basis über den Prozess des Bookbuildings informiert sein. Wichtig sind dabei insbesondere der aktuelle Stand des Orderbuches sowie neue wichtige Zugänge. Ebenso interessieren die von Investoren im Zuge der Vermarktung geäußerten Meinungen sowie (insbesondere im Falle hoher Überzeichnungen) mögliche Entwicklungen der Aktie am „Grauen Markt".[16] Daneben muss das Management über die allgemeine Lage des Marktes sowie jene vergleichbarer Unternehmen informiert werden.

Bei der endgültigen Entscheidungsfindung im Rahmen der eigentlichen Zuteilung kommt der Investmentbank eine entscheidende Rolle für die spätere Stabilität der Aktie zu. Dabei zählt zum Ersten ihre (tiefere) Kenntnis der möglichen Investoren. Zum Zweiten muss sie das Unternehmen auch beraten, wie bei der Zuteilung ein möglichst dauerhaftes Interesse der Investoren erreicht werden kann. So ist es beispielsweise wichtig, dass die Investoren eine gewisse Mindestgröße zugeteilt bekommen. Erhalten die institutionellen Investoren hingegen nur einen Bruchteil des ursprünglich von ihnen nachgefragten Volumens zugeteilt, sodass das Gesamtvolumen für eine effiziente Verwaltung ihrerseits zu klein ist, so werden sie sich hiervon trennen. Geschieht dies in einer Vielzahl von Fällen, führt dies zu einem Preisverfall im After-Market. Auf der anderen Seite sollten die individuellen Zuteilungen wiederum nicht so groß sein, dass ein späteres Abstoßen seitens eines einzelnen Investors den Aktienkurs im Sekundärmarkt negativ beeinflussen kann. Besondere Relevanz bei der Analyse der Investoren hat auch die Frage, ob diese in ihrer Anlagestrategie indexorientiert sind, das heißt einen bestimmten Index nachbilden. Lässt man diesen Investoren bei der Zuteilung ein geringeres Volumen zukommen als für ihre Anlagephilosophie erforderlich, werden diese so als potenzielle After-Market-Käufer in den Sekundärmarkt gezwungen, um dort eine zusätzliche Kursstabilisierung zu bewirken.

---

[16] Der Graue Kapitalmarkt bezeichnet im weitesten Sinne den von staatlicher Regulierung und Überwachung weitgehend freien Teil des Kapitalmarktes. Hier findet ein unreglementierter Handel von Neuemissionen vor deren offiziellen Begebungen auf der Basis „If, as and when issued" statt.

Aus der Sicht des emittierenden Unternehmens bewirkt der Einsatz des Bookbuilding-Verfahrens im Vergleich zum Festpreisverfahren eine Optimierung des Emissionserlöses. Es kommt zwar zu einer Verschiebung der Risikostruktur, die Unsicherheit hinsichtlich des finalen Emissionserlöses wird jedoch bei deutschen Börsengängen üblicherweise durch die Garantie der Emissionspreisuntergrenze seitens der Investmentbanken eingeschränkt. Man spricht in diesem Fall von einem so genannten *Soft Underwriting*. Einen weiteren maßgeblichen Vorteil stellen die Möglichkeit einer ausgewogenen und langfristig orientierten Aktionärsstruktur und der im Zuge des Marketing erfolgende Aufbau eines nachhaltigen Kapitalmarktstandings dar. Durch die Einbeziehung der Marktnachfrage und der Investorenqualität sowie die Berücksichtigung einer positiven After-Market-Performance ist regelmäßig eine möglichst stabile, die Interessen sowohl der Emittenten als auch der Investoren ausgleichende Platzierung möglich. Gleichwohl kommt es auch bei Anwendung des Bookbuilding-Verfahrens dann zu falschen Einschätzungen, wenn sich Investoren hinsichtlich ihrer Volumen- und Preisvorstellungen verschätzen. Konsequenterweise kommt es auch beim Bookbuilding-Verfahren zu einem Underpricing. Zwar liegen hierüber für Deutschland noch keine umfassenden Studien vor, doch deuten erste Untersuchungen darauf hin, dass sich nicht das Underpricing in absoluter Höhe verringert, wohl aber hingegen die Varianz des Underpricing.

*Auktionsverfahren*

Als dritter Preisfindungsmechanismus kann im Rahmen eines Preistenders ein Auktionsverfahren angewendet werden. Im Vordergrund steht dabei die so genannte holländische Versteigerung (Dutch Auction). Hier beginnt der Auktionator mit einem Ausrufpreis und vermindert diesen solange von oben nach unten, bis das gesamte Volumen platziert werden kann. Der finale Kaufpreis wird einheitlich für alle Investoren, die eine Zuteilung erhalten, auf der Höhe der letzten noch berücksichtigten Offerte festgelegt. Der wesentliche Unterschied zwischen einer Dutch Auction und einem Bookbuilding besteht somit darin, dass hier die Aktienzuteilung nur auf der Basis des gebotenen Preises erfolgt, die Investorenqualität hingegen nicht berücksichtigt wird.

Bis März 2000, als dies beim Börsengang der Trius AG geschah, ist ein solches Auktionsverfahren in Deutschland nicht angewandt worden. Die stärkere Berücksichtigung der Marktkräfte von Angebot und Nachfrage im Rahmen einer Dutch Auction führt zwar zu einem Kaufpreis, der tendenziell näher an der (Erst-)Börsenbewertung liegt, wodurch dem Unternehmen auch ein höherer Emissionserlös zufließt. Diese Form der Auktionierung birgt allerdings das Risiko, dass die Aktien zu einem sehr hohen Kurs verkauft werden, was sich tendenziell negativ auf die Kursstabilität im After-Market auswirkt. Dies kann insbesondere dann eintreten, wenn der Markt „stark" ist, sodass die Kaufangebote der Investoren nicht mehr nur fundamental getrieben werden, sondern die Nachfrage vielmehr aufgeblasen ist. Zudem ist durch den Zuteilungsmechanismus der Teil des Marktes, der zu einem höheren als dem späteren Marktpreis gekauft hätte, schon abgegriffen. Damit ergibt sich im After-Market nur eine Nachfrage all jener, welche die Aktie unterhalb ihres Emissionspreises ansetzen. Darüber hinaus besteht die Gefahr, dass beim Auktionsverfahren die institutionellen Investoren weniger bedacht werden, da sie auf Grund ihrer Unternehmensbewertung auf Basis der Fundamentaldaten zu wenig bieten könnten. Eine ausgewogene Platzierungsstruktur ist so nur schwer zu erreichen. Letztlich erleichtert das Auktionsverfahren strategischen Investoren auch die (feindliche) Übernahme eines Unternehmens gegen den Willen des Emittenten.

Die während der Boomphase des Neuen Marktes zu beobachtenden Diskrepanzen zwischen dem von Analysten errechneten (fundamental abgestützten) fairen Preis und der ersten Börsennotiz haben seinerzeit zur Suche nach alternativen Verfahren geführt. In diesem Zusammenhang verfolgt das so genannte *modifizierte Auktionsverfahren* das Ziel, die Diskrepanz zwischen Ausgabepreis und Erstnotiz zu minimieren und so einen marktgerechten Emissionspreis zu erhalten. Dazu legt der Bookrunner nach Abschluss der Vorvermarktung einen Mindestpreis fest, der dem unteren Ende der üblichen Bookbuilding-Spanne entspricht. Nach Eingang der Preisangebote erstellt der Bookrunner für jeden gebotenen Preis eine Preis/Mengen-Funktion. Bei allen Preisen, die gleich oder größer als der Mindestpreis sind, werden die Gesamtnachfrage sowie die Nachfrage der institutionellen Anleger festgestellt. Der zu ermittelnde Gleichgewichtspreis ist jener, bei dem sowohl das Angebot mindestens x-fach überzeichnet als auch eine Mindestanzahl institutioneller Investoren enthalten ist. Um den Anlegern einen Zeichnungsanreiz zu geben, wird der endgültige Emissionspreis etwas unterhalb des Gleichgewichtspreises determiniert.

Der Charme eines solchen Vorgehens liegt darin, dass es die Vorteile des Bookbuilding und der Auktionierung zu kombinieren versucht. Der Ausgabekurs wird in der Nähe des Marktpreises liegen, wodurch sich übertriebene Zeichnungsgewinne auf ein „gesundes Maß" verringern lassen und ein (gewünschter) Interessenausgleich zwischen Investoren und Emittenten resultiert. Gleichzeitig wird gewährleistet, dass institutionelle Anleger nicht unterproportional bedacht werden. Gleichwohl erfolgt keine qualitative Auswahl dieser in Hinsicht auf vom Emittenten gewünschte Kriterien. Auch bestehen Zweifel an der Durchsetzbarkeit des Verfahrens. So gibt es keine Erfahrungen mit der Höhe des erforderlichen Abschlags in Verbindung mit der notwendigen Zeichnung.

### *Zweistufiges Vorgehen*

In der Praxis wird bei der Preisfestlegung von Erstemissionen zum Teil auch zweistufig vorgegangen, das heißt eine Kombination von Bookbuilding- und Festpreisverfahren angestrebt. So wird zuerst für die institutionellen Investoren ein Bookbuilding-Verfahren durchgeführt. Nach seinem Abschluss findet dann ein Festpreisverfahren für die privaten Investoren statt. Dabei kann als Preis entweder der gleiche Preis angesetzt werden oder auch ein Preisabschlag vorgenommen werden. Ein Abschlag wird vor allem dann vorgenommen, wenn das Unternehmen ein besonderes Interesse an privaten Investoren hat, etwa bei Privatisierungen. In solchen Fällen kann ein derartiger Discount Teil eines Zeichnungsanreiz-Sets sein.

Der Grund für ein derartiges zweistufiges Vorgehen ist der Vorwurf seitens der Retailinvestoren, dass sie durch das Bookbuilding-Verfahren überfordert würden. So sei es nicht realistisch, davon auszugehen, dass sie sich tatsächlich ein treffendes Bild vom Unternehmen verschaffen und auf dieser Basis einen „fairen" Preis terminieren könnten. Im Ergebnis erteilt die Mehrzahl der Retailinvestoren „Billigst"-Orders, um ihre Zuteilungschance zu wahren. Solche Orders sind aber im Gegenzug mit einem höheren Risiko verbunden.

Während es aus der Perspektive der Retailinvestoren unmittelbar einsichtig ist, warum ein Festpreis mehr Anhaltspunkte für die Kaufentscheidung liefert, weist ein zweistufiges Vorgehen in der Praxis aus Emittentensicht erhebliche Nachteile auf, auf Grund derer es sicherlich nicht zur regulären Vorgehensweise werden wird. Insbesondere der Zwang, bestimmte Volumina für die unterschiedlichen Tranchen vorab festlegen zu müssen, erweist sich als grundlegendes Problem.

### 4.2.3 Bezugsrechtsemission

Findet eine traditionelle Kapitalerhöhung mit Bezugsrecht (Bezugsrechtsemission, Rights Offer) statt, so setzt dies voraus, dass den bestehenden Aktionären die neu zu emittierenden Aktien zu einem vorab definierten Preis (Bezugspreis) angeboten werden. Ohne Kenntnis des Preises könnten sie nicht darüber entscheiden, ob bzw. in welchem Umfang sie das Bezugsrecht ausüben möchten. Es muss somit ein Festpreisverfahren durchgeführt werden.

Der Festpreis wird dabei ermittelt, indem vom aktuellen Börsenpreis der bereits gehandelten Aktien gleicher Gattung ein gewisser Abschlag vorgenommen wird. Er liegt in Abhängigkeit von der Aktionärsstruktur und der Volatilität der Aktie in der Regel bei 15 bis 30 Prozent, mindestens aber bei 5 Prozent. Ein solcher Abschlag ist notwendig, um gewährleisten zu können, dass während der gesetzlich vorgeschriebenen Mindestfrist von zwei Wochen, in der die Bezugsrechte eigenständig gehandelt werden können und in der sich die Aktionäre über die Ausübung des Bezugsrechts entscheiden können, der Börsenkurs zu keinem Zeitpunkt unter den Bezugspreis der neuen Aktien fällt. Hierzu ist ein angemessener Abschlag notwendig, da das Unternehmen andernfalls Gefahr läuft, dass die Bezugsrechte auf die neuen Aktien nicht ausgeübt werden und die Kapitalerhöhung somit scheitert.

Durch eine komplexe Transaktionsstruktur ist es möglich, im Rahmen eines so genannten *Managed Rights Offer* eine Bezugsrechtsemission mit dem Bookbuilding-Verfahren zu kombinieren und sich so die Möglichkeit der Investorenwahl wieder zu eröffnen. Dies erfordert jedoch, dass vorab bekannt ist, ob Großaktionäre, die substanzielle Aktienpakete halten, an der Kapitalerhöhung teilnehmen werden bzw. in welchem Umfang sie bereit sind, ihre Bezugsrechte an ein mandatiertes Bankenkonsortium zu verkaufen. Andernfalls ergibt sich die Problematik, dass potenziellen neuen Investoren im Zuge der Marketinganstrengungen nicht exakt mitgeteilt werden kann, in welcher Höhe sie Aktien zeichnen können. Das Konsortium kauft die nicht ausgeübten Bezugsrechte auf und bezieht mit deren Hilfe neue Aktien zum festgelegten Bezugskurs, um diese in einem zweiten Schritt über ein Bookbuilding-Verfahren erneut beim zeichnungswilligen Anlegerpublikum zu platzieren. Im Ergebnis gelangen die neuen Aktien damit auf zwei Wegen an den Kapitalmarkt – direkt, sofern sie von den (Alt-) Aktionären via Bezugsrecht bezogen werden, und indirekt, sofern die Bezugsrechte vom Konsortium (von Altaktionären) erworben werden und anschließend an neue Anleger weiterplatziert werden.

Ein solches (hybrides) Vorgehen hat 1994 die Daimler-Benz AG als erstes deutsches Unternehmen gewählt (als noch nicht die Möglichkeit eines breiten Bezugsrechtsausschlusses bestand), um auf diesem Weg eine internationale Aktienemission durchzuführen bzw. eine international diversifizierte Eigentümerstruktur anzustreben.[17] Diese Möglichkeit kann in Zukunft vor allem dann interessant sein, wenn auf Grund aktienrechtlicher Bestimmungen bzw. einer bestimmten Interessenkonstellation die Bezugsrechte nicht ausgeschlossen werden können bzw. sollen, gleichwohl jedoch ein neuer Investorenmix erwünscht wird.

So konnte etwa bei der 1999 erfolgten Kapitalerhöhung der Deutschen Telekom AG auf Grund des hohen Emissionsvolumens das Bezugsrecht nicht nach § 186 Absatz 4 Satz 4 AktG ausgeschlossen werden, sodass diese im Wege einer Bezugsrechtsemission umgesetzt werden musste. Dabei übten der Bund und die Kreditanstalt für Wiederaufbau, die zusammen 72 Prozent des Kapitals der Deutschen Telekom hielten, ihre Bezugsrechte nicht aus. Die so frei gewordenen Aktien bildeten die Grundlage für ein globales Angebot im Zuge eines Bookbuilding-Verfahrens. Darin enthalten waren auch all jene Aktien, die von den anderen (Alt-)Aktionären durch den Verkauf ihrer Bezugsrechte in den Umlauf bzw. an das Konsortium gelangten.

Bei der Durchführung von Bezugsrechtsemissionen ist neben der Preisfestlegung der Aktie auch die Preisfestlegung der Bezugsrechte von Bedeutung. Hierbei kann man zwischen dem rechnerischen (theoretischen) Wert der Bezugsrechte und ihrem Marktwert unterscheiden. Der rechnerische Wert der Bezugsrechte ergibt sich aus der Differenz zwischen dem Börsenkurs der alten Aktien und dem (durch den Preisabschlag der neuen Aktien verwässerten) niedrigeren Mischkurs aller Aktien nach erfolgter Kapitalerhöhung (vgl. Beitrag Corporate Finance, Abschnitt 3.3). Rechnerisch lässt sich der theoretische Wert auch nach folgender Formel bestimmen:

$$\text{Bezugsrecht} = \frac{\text{Börsenkurs der alten Aktien} - \text{Bezugskurs der jungen Aktien}}{\text{Bezugsverhältnis} + 1}$$

Der Marktwert der Bezugsrechte weicht aus zwei Gründen von diesem rechnerischen Wert ab. Zum Ersten müssen die mit dem Verkauf der Bezugsrechte einhergehenden Transaktionskosten berücksichtigt werden. Zum Zweiten bestimmt sich der Wert der Bezugsrechte nicht fundamental, sondern vielmehr durch den Markt. Da reine Bezugsrechtsemissionen in der Regel nicht aktiv vermarktet werden, fehlt häufig eine das Angebot von Bezugsrechten übersteigende Nachfrage, sodass diese (insbesondere am Ende der Bezugsrechtsperiode) mit einem Abschlag zum theoretischen Wert gehandelt werden.

Will man nun, wie im Daimler-Benz-Beispiel geschehen, Bezugsrechte, die zuvor vom Konsortium aufgekauft wurden, platzieren, so müssen diese den (neuen) Anlegern ebenso wie die Aktien im Rahmen der Marketingkampagne angedient werden. Anders

---

[17] Vgl. Lilja (1997), S. 84ff.

als bei Aktien ist die aktive Vermarktung von Bezugsrechten jedoch ungewöhnlich. Insbesondere in den Vereinigten Staaten kommt hinzu, dass Bezugsrechtsemissionen in vielen Bundesstaaten unüblich oder gesetzlich nicht berücksichtigt sind, sodass es für eine aktive Vermarktung notwendig ist, nicht nur die Equity Story an sich, sondern auch das Instrument zu berücksichtigen. Im Ergebnis muss es das Ziel sein, den Marktwert der Bezugsrechte durch eine hinreichende Nachfrage möglichst nahe an den theoretischen Wert heranzubringen.

### 4.2.4 Kapitalerhöhung mit Bezugsrechtsausschluss/Umplatzierung

Wird im Rahmen einer Kapitalerhöhung das Bezugsrecht ausgeschlossen (freie Kapitalerhöhung) oder findet eine reine Umplatzierung bzw. ein Secondary Offering alter Aktien statt (beispielsweise, weil sich der Eigentümer nach erfolgreicher Börseneinführung und Ablauf einer Lock-up-Periode von einem Teil seiner Anteile trennen will), so kann der Preis der Aktien frei bestimmt werden. Dabei wird man versuchen, die neuen Aktien möglichst nahe am bestehenden Börsenkurs zu platzieren.

Bei einer Kapitalerhöhung mit erleichtertem Bezugsrechtsausschluss nach § 186 Absatz 3 Satz 4 AktG sieht das Gesetz sogar explizit vor, dass der Ausgabekurs den aktuellen Börsenkurs nicht wesentlich unterschreiten darf. In der Rechtsprechung wird ein Abschlag von höchstens 35 Prozent als zulässig angesehen. Ein gewisser Abschlag im Rahmen einer Kapitalerhöhung wird jedoch allgemein erforderlich sein. Dieser Abschlag erfolgt vor allem, weil die durch die Kapitalerhöhung gestiegene Menge von Aktien meist zu einem Preisdruck führt. Daneben kann die Kapitalerhöhung einen negativen Ankündigungseffekt auf den Kurs der alten Aktien und damit indirekt auch den möglichen Emissionspreis der neuen Aktien haben. Dieser Effekt, der vor allem auf die Befürchtungen zurückgeführt werden kann, dass es zu einer Gewinnverwässerung kommt, kann jedoch durch eine möglichst aussagefähige Equity Story mit einer überzeugenden Vermittlung des Kapitalbedarfs eingedämmt werden.

Im Ergebnis muss daher auch bei Kapitalerhöhungen mit Bezugsrechtsausschluss eine Preisfindung stattfinden, damit die neuen Aktien breit am Markt platziert werden können. Dabei kann sowohl ein Festpreisverfahren als auch das Bookbuilding-Verfahren zum Einsatz kommen. Ersteres wird vor allem dann angewandt, wenn die Investmentbank im Zuge eines Bought Deal das gesamte Emissionsvolumen übernimmt. Hier kann durch den direkten Verkauf eine beträchtliche Reaktionsgeschwindigkeit geschaffen werden, da dem Unternehmen der Emissionserlös sofort zufließt. Sofern die Aktien des emittierenden Unternehmens öffentlich und ohne Zeitdruck angeboten werden, wird jedoch regelmäßig das Bookbuilding-Verfahren zum Einsatz kommen. Es erlaubt im Vergleich zum Festpreisverfahren, den Preis der Aktien näher am bestehenden Börsenkurs festzulegen und bedingt daher aus der Perspektive des Unternehmens weniger Opportunitätskosten. Zudem erlauben der Ausschluss des Bezugsrechts und der Einsatz des Bookbuilding eine gezielte Investorenauswahl.

Operativ kann bei einer Kapitalerhöung mit Bookbuilding gleich nach der Mandatierung des Konsortialführers das Marketing beginnen. Dabei können parallel Zeichnungen hereingenommen werden. Die Vorab-Ermittlung einer Preisspanne ist nicht erforderlich, die Gebote orientieren sich vielmehr am Kurs der bereits emittierten Aktien. Dabei können Investoren ihre Orders auf drei Arten platzieren:

- mit einem *Strike Price*, das heißt die Investoren akzeptieren im Vorfeld den Emissionspreis, der nach dem Bookbuilding festgelegt wird,
- mit einer *Limitorder*, das heißt der Vorgabe eines Preislimits,
- zum *Marktpreis* mit prozentualem Zu- oder Abschlag, das heißt die Investoren orientieren sich am Marktpreis, geben aber einen maximalen Abweichungsprozentsatz vor, zu dem sie noch bereit sind, neue Aktien zu zeichnen.

Als neuer Trend entwickelt sich zudem das so genannte *Quick Bookbuilding* (auch Accelerated Bookbuilding oder Short Run Bookkeeping genannt). Investmentbanken verzichten dabei auf die kosten- und zeitintensiven Road Shows und bauen innerhalb einer sehr kurzen Frist, beispielsweise innerhalb weniger Stunden oder Tage, ein Buch auf. Dies ist insbesondere dann möglich, wenn das betreffende Unternehmen und dessen Equity Story im Markt hinreichend bekannt sind. Ein Quick Bookbuilding kann daher in der Praxis insbesondere bei Kapitalerhöhungen und Umplatzierungen vorab privatisierter Unternehmen eingesetzt werden. Hier ist das Bekanntheitskriterium erfüllt, gleichzeitig die gesonderte Berücksichtigung privater Investoren nicht mehr zwingend notwendig.

## 4.3 Konzeption von Zeichnungsanreizen

Da eine breite Anlegerstruktur eine stabile Kursentwicklung fördert, kann der Erfolg einer Aktienemission zu einem beträchtlichen Teil davon abhängen, inwieweit es gelingt, die Aktien im Segment der Privatinvestoren zu platzieren. Privatanleger sind in der Regel bei Kapitalanlagen in Aktien eher langfristig orientiert und tragen so maßgeblich zu einer Minderung der Aktienvolatilität bei. Insbesondere bei großen Emissionsvolumina, wie etwa beim zweiten Börsengang der Deutschen Telekom, kann es auch notwendig sein, ein hinreichendes Interesse im Retailkundenbereich zu generieren, um den Erfolg einer Kapitalerhöhung gewährleisten zu können.

Von den Capital-Markets-Mitarbeitern wird daher in der Regel ein Set verschiedener Maßnahmen vorgesehen, um ein entsprechendes Interesse sicherzustellen. Über deren Ausgestaltung müssen schon vor der eigentlichen Vermarktung, Preisfindung und Platzierung klare Vorstellungen bestehen, um deren Publizitätswirkungen voll auszunutzen. Diese Zeichnungsanreize wirken zudem nicht nur auf die Retail-, sondern in der Regel auch auf die institutionellen Kunden positiv. So wird bei Privatisierungen zumeist davon ausgegangen, dass der Staat mit Blick auf die Privatanlegerschaft darauf bedacht sein wird, die Aktien auf keinen Fall zu teuer zu verkaufen. Eine gute Annahme seitens der Retailkundschaft fördert daher ebenso das institutionelle Interesse und damit den Gesamterfolg der Platzierung.

Zur Konzeption der Zeichnungsanreize ist es in einem ersten Schritt erforderlich, die genaue Ausgestaltung und Einstellung der Retail-Nachfrage zu verstehen. Hierzu muss sich der Research-Bereich gezielt mit dem bisherigen Image des betreffenden Unternehmens und dem hierüber bekannten Wissen auseinandersetzen. Im Falle von Privatisierungen sind dabei die bisherigen Erfahrungen in diesem Bereich von Bedeutung. Ebenso ist die allgemeine Einstellung zum Aktienbesitz wichtig. Im Ergebnis muss das Research ein möglichst klares Bild liefern, das die Basis für spätere Handlungen darstellt.

Hinsichtlich der Instrumente, welche gegenüber dem Retail-Segment zum Einsatz kommen, kann man vor allem die großen Bereiche der Kommunikation, der Zuteilung und der Preisfindung sowie möglicher Versicherungen unterscheiden.

Im Bereich der *Kommunikation* mit den Privatinvestoren ist es wichtig, dass diese mit einer gezielten Kampagne angesprochen werden. Die Vermarktung der Telekom-Aktie hat hier in Deutschland neue Maßstäbe gesetzt. Dabei wurde gleichzeitig deutlich, dass ein Einsatz aller Massenmedien, vor allem des Fernsehens und der Presse, ebenso notwendig ist wie der Einsatz von spezifischen Instrumenten wie das Direct Mailing.

Ein besonderes Instrument bei der Börseneinführung der Deutschen Telekom AG war das Aktien-Informations-Forum (AIF), in das sich Privatinvestoren, die über die Telekom-Aktie informiert werden wollten, eintragen lassen konnten. Sie wurden dann automatisch laufend mit Informationen sowohl über den Börsengang an sich als auch über die „T-Aktie" im Speziellen informiert. Die Zugkraft dieses Instrumentes wurde daran deutlich, dass mehr als die Hälfte der hier aufgeführten Privatinvestoren bislang noch keine Aktie besaßen.

Im Bereich der *Zuteilung* kann eine bevorzugte Zuteilung bei früher Zeichnung vorgesehen werden. Im Falle des AIF der Telekom bestand eine derartige bevorrechtigte Zuteilung für alle jene Teilnehmer, die ihre Zeichnung acht Tage vor dem eigentlichen Zeichnungsschluss bei einer Bank abgegeben hatten. Das hohe Ausmaß der aus diesem Grund frühzeitig abgegebenen Zeichnungen setzt wiederum ein positives Signal an die institutionellen Investoren.

Privatinvestoren können zudem durch gezielte *Preisfindungsmechanismen* bevorzugt werden. Dabei ist es wichtig, dass die gefundenen Lösungen verständlich und einfach kommunizierbar sind. Zum Einsatz kommt beispielsweise ein Retail-Discount auf den von institutionellen Investoren zu zahlenden Preis. So ist ein bezifferter Preisnachlass pro Aktie bis zu einem bestimmten Volumen denkbar. Zudem können so genannte Partly-Paid-Structures und die Zuteilung von Aktien als Gegenleistung für eine bestimmte Mindesthaltezeit eingesetzt werden. Durch diese so genannten Gratisaktien kann sowohl die Zeichnung an sich honoriert, beispielsweise indem für eine gewisse Anzahl gezeichneter Aktien eine Gratisaktie zugestanden wird, als auch in Form von Treue- bzw. Bonusaktien in zeitlichen Staffelungen die Aktionärstreue belohnt werden. In dem Fall werden die Gratisaktien jeweils nach einer bestimmten Haltedauer ausgegeben.

Andere Verfahren, die indirekt preisverbunden sind, bezwecken eine Kappung des mit der Aktie verbundenen Risikos. So können *Versicherungen* gegen mögliche Verluste der Anlage vorgesehen werden. Beispielsweise können Retailkunden bei Privatisierungen seitens des Staats eine Zusicherung gegen einen potenziellen Verlust bis zu einem bestimmten Prozentsatz des Kurses (etwa 10 Prozent) bis zu einem bestimmten Zeitpunkt (beispielsweise dem ersten Jahrestag des Aktienkaufs) erhalten, sofern die Aktien bis dahin im Besitz des Aktionärs verbleiben. In diesem Fall wird der Aktienpreis dann in ursprünglicher Höhe zurückerstattet.

Daneben ist eine Vielzahl anderer Maßnahmen möglich, beispielsweise die ratenweise Zahlung des Kaufpreises oder die Überlassung von Gutscheinen, mit denen Produkte oder Dienstleistungen des Emittenten kostenfrei oder zumindest vergünstigt bezogen werden können. Zudem sind Mitarbeiterbeteiligungsprogramme unter Zeichnungsanreizen für Privatanleger zu subsumieren. Ergänzend zu den Anreizen für Privatanleger durch den Emittenten können Incentives auch durch die begleitenden Konsortialbanken bereitgestellt werden, etwa in Form reduzierter Kauf- oder Depotgebühren.

# Literaturhinweise

ALTMAN, E.: Revisiting the High Yield-Bond Market, in: Financial Management, Vol. 21 (1992), S. 78–92.
– Measuring Corporate Bond Mortality and Performance, in: Journal of Finance, Vol. 44 (1989), S. 909–922.
AMYHUD, Y./MENDELSON, H.: Asset Pricing and the Bid-Ask Spread, in: Journal of Financial Economics, Vol. 17 (1986), S. 223–249.
ARKEBAUER, J.: Going Public: Everything you need to know to take your company public, Including Internet Direct Offerings, Chicago 1998.
ASQUITH, P. ET AL.: Original Issue High Yield-Bonds: Aging Analysis of Defaults, Exchanges and Calls, in: Journal of Finance, Vol. 44 (1989), S. 923–952.
AUSUBEL, L./CRAMTON, P.: Auctioning Securities, Working Paper, University of Maryland, March 1998.
BANK FÜR INTERNATIONALEN ZAHLUNGSAUSGLEICH (HRSG.): International Banking and Financial Market Developments, diverse Quartalsausgaben, Basel.
BASLER AUSSCHUSS FÜR BANKENAUFSICHT: A New Capital Adequacy Framework, Consultative Paper, Basel 1999.
BHATTACHARYA, M./ZHU, Y.: Valuation and Analysis of Convertible Securities, in: Fabozzi, Frank J. (Hrsg.): The Handbook of Fixed Income Securities, 5. Aufl., Chicago/London/Singapur, S. 791–817.
BIERMAN, H./HASS, J. E.: An Analytical Model of Bond Risk Differentials, in: Journal of Financial and Quantitative Analysis, Vol. 9 (1975), S. 757–773.
BLACK, F./SCHOLES, M. S.: The Pricing of Options and Corporate Liabilities, in: Journal of Political Economy, 67. Jg. (1973), S. 637–659.
BLÄTTCHEN, W./NESPETHAL, U.: Jahresrückblick Neuemissionen 2001, in: Finanzbetrieb, 4. Jg., Nr. 2/ 2002, S. 119–124.
BOSCH, U./GROSS, W.: Das Emissionsgeschäft, Köln 1998.
BRAWN, D.: The Jumbo Pfandbrief Market, Morgan Stanley Dean Witter Fixed Income, o. O. 1999.
DEUTSCHE BUNDESBANK: Kapitalmarktstatistik Juni 2000, Frankfurt a. M. 2000.
EVERLING, O.: Die Rolle des Rating Advisor, in: Börsen-Zeitung, Nr. 42 vom 3. 3. 1999, S. 6.

HUMMEL, D./BREUER, R.-E.: Handbuch Europäischer Kapitalmarkt, Wiesbaden 2000.
FABOZZI, F.: The New High Yield Debt Market: A Handbook for Portfolio Managers and Analysts, Englewood Cliffs 1990.
– Handbook of Fixed Income Securities, 5. Aufl., Chicago 1997.
FISHER, L.: Determinants of Risk Premiums on Corporate Bonds, in: Journal of Political Economy, Vol. 67 (1959), S. 217–237.
JAKOB, E.: Initial Public Offerings: Aktuelle Entwicklungen des Aktienemissionsgeschäfts, Diss. EUROPEAN BUSINESS SCHOOL, Wiesbaden 1998.
LILJA, R.: International Equity Markets: The Art of the Deal, London 1997.
MÜLLER-TRIMBUSCH, J.: High Yield-Anleihen zur Risikofinanzierung deutscher Unternehmen, Diss. EUROPEAN BUSINESS SCHOOL, Wiesbaden 1999.
RITCHIE, J. C.: Convertible Securities, in: Fabozzi, Fabozzi, Frank J. (Hrsg.): The Handbook of Fixed Income Securities, 5. Aufl., Chicago/London/Singapur 1997, S. 287–305.
ROLAND BERGER STRATEGY CONSULTANTS: Equitisation: Aufholprozess der europäischen Kapitalmärkte, in: Deutsche Börse AG (Hrsg.): Neuer Markt Report, Frankfurt a. M. 2001.
RULAND, H.-W.: Effekten: Geschäft und Technik, Stuttgart 1998.
SCHIERENBECK, H./HÖLSCHER, R.: Bank-Assurance: Institutionelle Grundlagen der Bank- und Versicherungsbetriebslehre, 4. Aufl., Stuttgart 1998.
SCHUSTER, L./BECKER, H.: Commercial Paper-Programme, in: Achleitner, A.-K./Thoma, G. F. (Hrsg.): Handbuch Corporate Finance. Konzepte, Strategien und Praxiswissen, 2. Aufl., Köln 2001, Abschnitt 4.4.1.
SCHWINTOWSKI, H.-P./SCHÄFER, F.: Bankrecht: Commercial Banking – Investment Banking. Köln u. a. O. 1997.
SHARPE, W. F ET AL.: Investments, 6. Aufl., Englewood Cliffs, 1998.
STORCK, E.: Globalisierung und EWU: der Euromarkt als Finanz-Drehscheibe der Welt, München 1998.
WHITE, W.: The Coming Transformation of Continental European Banking? Working Paper No. 54 Bank for International Settlements, Basel 1998.

# Sales & Trading

1. Überblick und Einordnung
   1.1 Erfolgsbeitrag der Sekundärmarktaktivitäten
   1.2 Strukturierung des Geschäftsbereiches
2. Institutional Equity Sales & Trading
   2.1 Überblick
   2.2 Institutional Equity Sales
   2.3 Institutional Equity Sales-Trading
   2.4 Institutional Equity Trading
      2.4.1 Fremdhandel (Brokerage)
      2.4.2 Eigenhandel (Market Making und Proprietary Trading)
         2.4.2.1 Market Making
         2.4.2.2 Proprietary Trading
         2.4.2.3 Management der Kursrisiken
      2.4.3 Struktur aus Kundensicht
3. Institutional Fixed Income Sales & Trading
   3.1 Überblick
   3.2 Institutional Fixed Income Sales
   3.3 Institutional Fixed Income Trading
      3.3.1 Auftretende Risiken
      3.3.2 Arbitragestrategien
Literaturhinweise

# Verzeichnis der Abbildungen und Übersichten

Abbildung 1: Umsatzgenerierung durch Sekundärmarktaktivitäten
Abbildung 2: Struktur des Sales & Trading-Geschäftsfeldes
Abbildung 3: Strukturierung des Sales-Bereichs nach Kundengruppen
Abbildung 4: Idealtypischer Verlauf einer Kundentransaktion
Abbildung 5: Kommunikationsstruktur Sales & Trading
Abbildung 6: Transaktionsarten
Abbildung 7: Bid-Ask-Spread
Abbildung 8: Beispiele für Parameter von Fixed-Income-Produkten
Abbildung 9: Zu berücksichtigende Risiken bei Fixed-Income-Produkten

Übersicht 1: Gewinnerzielung im Wege des Tradings

# 1. Überblick und Einordnung

Genauso wie Underwriting das Kerngeschäft der Investmentbanken auf den Primärmärkten darstellt, sind Sales & Trading-Aktivitäten ihr originäres Geschäft auf den Sekundärmärkten, nämlich der Handel mit Finanzprodukten auf eigene und fremde Rechnung (Trading) sowie die damit zusammenhängende Betreuung von Investoren (-portfolios) (Sales). Auf den Sekundärmärkten werden zwischen Investoren die zuvor auf den Primärmärkten emittierten Finanztitel gehandelt. Im Hinblick auf bestimmte Finanzinstrumente, wie zuvorderst Derivate, also Wertpapiere, bei denen sich die Zahlungsansprüche aus der Preisentwicklung eines fest definierten Basiswertes (Underlying) ableiten, kann allerdings keine trennscharfe Einteilung in Primär- und Sekundärmarkt getroffen werden, denn dort beinhaltet die Transaktion eines Titels oftmals dessen Schaffung. Der Handel mit Derivaten (Futures, Optionen und Swaps) wird aber in der Praxis regelmäßig als Sekundärmarktgeschäft angesehen.

Aus rein makroökonomischer Sicht mag die Bedeutung der Sekundärmarktaktivitäten geringer als die des Primärmarktgeschäftes erscheinen. Auf den Primärmärkten verteilen die Investmentbanken begrenzte finanzielle Ressourcen an zueinander im Wettbewerb stehende Unternehmen, die diese benötigen. Auf den Sekundärmärkten hingegen werden zu einem späteren Zeitpunkt lediglich die Eigentumsverhältnisse bezüglich der im Primärmarktgeschäft generierten Finanztitel verändert. Eine solche Sicht würde allerdings verkennen, dass Entscheidungen über die Allokation von Ressourcen, also die Entscheidungen, Finanztitel von den Emittenten zu erwerben, auf einer mikroökonomischen Ebene getroffen werden. Demnach stellt sich der Prozess der Ressourcenallokation als Aggregation einer Vielzahl von einzelnen Investorenentscheidungen dar. Es ist unwahrscheinlich, dass Investoren bereit wären, ihre Bargeldbestände gegen Forderungen und Firmenanteile einzutauschen, falls sie nicht davon ausgingen, dass sie diese Finanztitel aus den verschiedensten Motiven jederzeit wieder liquidieren könnten, es sei denn, sie bekämen entsprechend dem jeweiligen Illiquiditätsgrad eine Prämie in Form höherer Rendite, die wiederum die Kapitalbeschaffung des Emittenten verteuern würde. Auf den Sekundärmärkten wird seitens der Investmentbanken diese gewünschte und für ein erfolgreiches Primärgeschäft notwendige Liquidität bereitgestellt. Zusätzlich profitieren davon sowohl die Emittenten durch niedrigere Kapitalkosten als auch die Investmentbanken durch im Sekundärmarktgeschäft generierte Erlöse.

## 1.1 Erfolgsbeitrag der Sekundärmarktaktivitäten

Im Rahmen ihrer Sekundärmarktaktivitäten handeln die Investmentbanken vornehmlich auf börslichen (soweit vorhanden) und außerbörslichen (auch bezeichnet als Over-the-Counter- oder kurz OTC-) Märkten für

- Aktien und Derivate (Equity-Bereich),
- festverzinsliche Papiere und Derivate (Fixed-Income-Bereich) sowie
- Devisen und Commodities.

Die Sekundärmarktaktivitäten im Bereich von Aktien, Derivaten und Fixed-Income-Produkten tragen zum einen direkt über die Generierung von Umsätzen und Erträgen für die Investmentbank zu deren Erfolg bei, zum anderen auch in indirekter Form durch die Unterstützung des Geschäfts anderer Tätigkeitsbereiche. Einen Überblick hierüber gibt Abbildung 1.

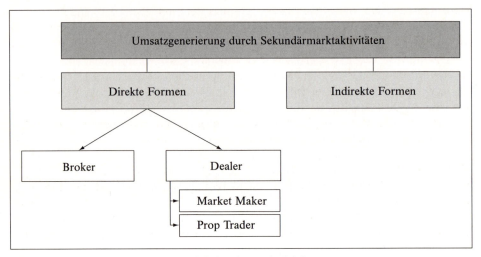

Abbildung 1: Umsatzgenerierung durch Sekundärmarktaktivitäten

In direkter Form werden Umsätze auf zweierlei Weise generiert. Zum einen treten die Banken als Broker auf, vermitteln also Gelegenheiten zum Kauf und Verkauf von Finanzprodukten für ihre Kunden und erhalten für diese Dienste eine Provision (Brokerage). Zum anderen werden Investmentbanken aber auch auf den Sekundärmärkten als (Eigen-)Händler (Dealer) tätig, sei es, um ein Geschäft (Trade) für den Kunden auszuführen (Market Making), sei es, um Geschäfte im Namen und auf Rechnung der Bank zu tätigen (Proprietary oder Principal Trading). Der zweitgenannte Bereich des Eigenhandels ist in den einzelnen Banken unterschiedlich stark ausgeprägt. So realisierte beispielsweise Goldman Sachs, seit jeher im Proprietary Trading – kurz Prop Trading – besonders erfolgreich, in der ersten Hälfte des Jahres 1998 43 Prozent seiner Umsätze auf diesem Geschäftsfeld. Auch Merrill Lynch und Morgan Stanley kamen auf 23 Prozent bzw. 28 Prozent. Im Fixed-Income-Bereich ist Schroder Salomon Smith Barney sicherlich das Haus mit besonderem Renommee im Bereich des Prop Tradings. Auch wenn die tatsächlichen Abstände bedingt durch Unterschiede in der Umsatzberechnung zwischen den einzelnen Häusern nicht ganz so hoch sein mögen, wie die angegebenen Werte suggerieren, lassen sie doch eine ordinale Einordnung zu. Allen Banken gemeinsam ist, dass der Beitrag der Handelsaktivitäten zum Ergebnis der Investmentbank seit Beginn der 70er Jahre deutlich gestiegen ist.

Auf indirektem Weg tragen Sekundärmarktaktivitäten in nicht zu unterschätzendem Ausmaß zur Gesamtperformance der Investmentbank bei, sind sie doch Voraussetzung für ein vollständiges und hochwertiges Leistungsangebot der Investmentbanken in ihren anderen Tätigkeitsbereichen. So gewinnen diese aus ihren Sekundärmarktaktivitäten Informationen über Gegebenheiten, Mechanismen und Akteure der jeweiligen Wertpapiermärkte, die für die Bestimmung des Emissionspreises und -zeitpunktes sowie für die endgültige Platzierung der Wertpapiere im Rahmen eines Underwriting-Geschäfts auf dem Primärmarkt von hoher Bedeutung sind. Die Fähigkeit, eine Aktien- oder Anleiheemission vollständig zu platzieren, ist für das Renommee der Bank bei Emittenten von zentraler Bedeutung und empfiehlt sie emittentenseitig auch für die Aufnahme in zukünftige Begebungskonsortien. Investorenseitig schafft eine Sekundärmarktstärke der jeweiligen Investmentbank nicht nur bei Aktienemissionen, sondern insbesondere auch bei innovativen Finanzprodukten Vertrauen in eine angemessene, da marktadäquate Bewertung und Liquidität des zu emittierenden Titels, was dessen Platzierung ermöglicht oder erleichtert. In diesem Zusammenhang sind vor allem die langfristigen Kundenkontakte der Sales-Force zu ihren institutionellen Anlegern von entscheidender Bedeutung, denn ohne deren ausreichende Zeichnung von Aktienpaketen könnte oftmals nicht das gesamte Emissionsvolumen platziert werden. Nach der Platzierung einer Emission am Markt führen Investmentbanken Kurspflegemaßnahmen zur Wahrnehmung ihrer Liquiditäts- und Kursstabilisierungsfunktion durch, wofür Sales & Trading-Fähigkeiten vonnöten sind. Die Bedeutung diesbezüglicher Leistungsfähigkeit und -bereitschaft steigt mit der Bedeutung, die ihr der Emittent beimisst, und dem Ausmaß, in dem er sie zum Auswahlkriterium bei der Zusammenstellung des Emissionskonsortiums macht. Letztlich können die bei Sekundärmarkttransaktionen gewonnenen Informationen im Rahmen der Asset-Management-Tätigkeit der Investmentbank als integraler Bestandteil der Beratungsleistung an bestehende und potenzielle Investoren weitergegeben werden.[1]

Der in vielerlei Hinsicht globalste Markt ist der für den Devisenhandel. Die Zahl der Einflussfaktoren auf den jeweiligen Kurs ist minimal, die Liquidität im Markt, dessen durchschnittliches tägliches Handelsvolumen 2001 1,7 Billionen US-Dollar oder 90 Prozent des gesamten deutschen Bruttosozialproduktes für dieses Jahr umfasste,[2] sehr hoch und die Devisen können von praktisch jedem Ort auf der Welt gehandelt werden, an dem keine entsprechenden rechtlichen Restriktionen herrschen. Dennoch wird dieser inzwischen weitgehend von Commercialbanken dominierte Bereich im Folgenden ausgeklammert, weil hier der Handel praktisch ausschließlich direkt zwischen den Banken im Telefonhandel oder mittels elektronischer Handelssysteme im Interbankenbereich, wie zum Beispiel Reuters 3000, abgewickelt wird. Die indirekte Abwicklung über freie Devisenmakler oder an Devisenbörsen tritt demgegenüber in den Hintergrund. Auch der Handel mit Commodities wird aufgrund seiner Konzentration in London nicht näher betrachtet.

---

[1] Vgl. zum derivativen Charakter von Sekundärmarktaktivitäten auch Brinker (1998), S. 38f.
[2] Deutsche Bundesbank (2001).

## 1.2 Strukturierung des Geschäftsbereiches

Entsprechend des vorgestellten Systematisierungsansatzes (vgl. Beitrag Grundlagen, Abschnitt 2.2) stellt Sales & Trading ein eigenes Geschäftsfeld dar, welches in nahezu allen Investmentbanken in zwei eigenständigen Abteilungen bearbeitet wird. Daneben tritt gerade bei den großen Häusern im Bereich des Aktienhandels für institutionelle Investoren seit einigen Jahren zunehmend eine dritte Abteilung, die als Sales-Trading bezeichnet wird und neben dem eigenen Aufgabenbereich, der vor allem die Durchführung aufgrund ihrer Größe und/oder Komplexität betreuungsintensiver Transaktionen umfasst, oftmals Aufgaben übernimmt, die ansonsten von Sales-Mitarbeitern oder Tradern ausgeführt werden.

Abbildung 2 liegt der Gedanke zugrunde, dass der Bereich Sales & Trading zwar in den verschiedenen Investmentbanken im Detail oft unterschiedlich strukturiert und organisatorisch eingebunden wird, sich aber gerade bei den großen Häusern doch weitgehende Gemeinsamkeiten in der groben Struktur dieses Bereiches ausmachen lassen.

Ausgehend von der abgebildeten Grobstruktur lassen sich die Abteilungen Sales und Trading tiefergehend entlang der Dimensionen Instrumente und Kunden strukturieren. Während im Bereich Trading nahezu immer eine rein produktgetriebene Strukturierung erfolgt, sprich die Unterhaltung eines Trading Floors für Equities, also Aktien und Derivate und eines hiervon völlig unabhängigen Trading Floors für Fixed-Income-Pro-

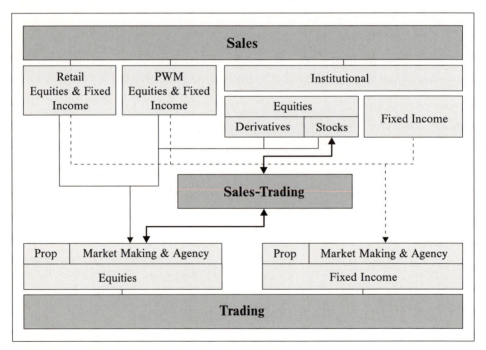

Abbildung 2: Struktur des Sales & Trading-Geschäftsfeldes

dukte, findet hinsichtlich des Sales-Bereiches in den meisten Investmentbanken eine Einteilung auf oberster Ebene nach Kundengruppen statt, um innerhalb dieser gegebenenfalls produktspezifisch weiter zu untergliedern.

Auf die Besonderheiten des Sales-Tradings, das, sofern es in der jeweiligen Bank überhaupt bereits als eigenständige Abteilung etabliert und nicht, wie bei vielen kleinen Investmentbanken, lediglich funktional abgegrenzt organisatorisch noch der Institutional-Equity-Sales- oder der Equity-Trading-Abteilung zugeordnet ist, gehen die Abschnitte 2.1 und 2.3 detailliert ein. Aus der Abbildung lässt sich jedoch bereits entnehmen, dass diese Abteilung deutlich kleiner als die Sales- oder die Trading-Abteilung und zwischen diesen beiden angesiedelt ist.

Durch die Interaktionspfeile wird angedeutet, welche Tätigkeitsbereiche regelmäßig zusammenarbeiten. So lässt sich erkennen, dass im Retail-Bereich und auch im Private Wealth Management (PWM) mit beiden Trading Floors kooperiert wird, während im institutionellen Geschäft eine klare Trennung zwischen Beteiligungstiteln und festverzinslichen Instrumenten, nicht nur auf Seiten des Tradings, sondern auch im Sales vorherrscht. Weiterhin wird deutlich, dass die angesprochene Abteilung Sales-Trading ausschließlich im Institutional Sales & Trading und dort lediglich im Equity-Bereich und nicht auch im Fixed-Income-Bereich tätig wird.

Aufgrund der organisatorischen Differenzierung des Sales-Bereiches nach Kundengruppen lassen sich bei einem Großteil der Investmentbanken die in Abbildung 3 aufgezeigten Sales-Bereiche vorfinden. Hierbei muss jedoch eine Einschränkung gemacht werden. Einige Investmentbanken wie Donaldson, Lufkin & Jenrette oder Goldman Sachs sind seit jeher nicht im Retail-Geschäft tätig und konzentrieren sich stattdessen als so genannte Wholesale-Banken vorwiegend auf das institutionelle Geschäft.

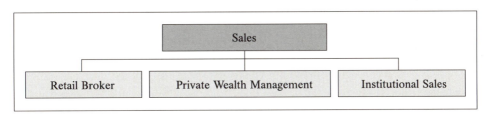

Abbildung 3: Strukturierung des Sales-Bereichs nach Kundengruppen

*Retail Broker* betreuen die Konten und Portfolios von individuellen Anlegern. In diesem Rahmen geben sie Kauf- und Verkaufsempfehlungen und beraten hinsichtlich des jeweils besten Handlungszeitpunktes. Dieser Bereich ist bei den Investmentbanken, sofern er überhaupt abgedeckt wird, aufgrund der hohen Kosten für Personal und Infrastruktur (Filialsystem) bei gleichzeitig geringen Erlösen stark unterrepräsentiert. Die Folge ist, dass oftmals keine richtige Beratungsleistung mehr angeboten wird, sondern zunehmend versucht wird, die Kleinanleger in Investmentfonds investieren zu lassen. Bei einer Reihe der Investmentbanken, die ursprünglich im Retail-Geschäft tätig waren, wird dieser Bereich, sofern noch vorhanden, zunehmend ausgegliedert.

Mitarbeiter des *Private Wealth Managements (PWM)* bzw. der *Private Client Services (PCS)*, wie dieser Bereich früher in der Regel genannt wurde, betreuen ebenfalls Einzelanleger, konzentrieren sich hierbei jedoch auf die Erbringung von Leistungen im Bereich der Vermögensverwaltung für wohlhabende Individuen.

In der Praxis ist es in der Regel so, dass ein Kunde mit einem Depotvolumen ab einer bis zwei Mio. Euro gewöhnlich von der Betreuung durch einen Retail Broker zu einem PWM-Berater aufsteigt. Dieser übernimmt dann die Verwaltung des Vermögens, die diesbezügliche Beratung und gegebenenfalls auch anfallende Reporting-Aufgaben. Eine neue Entwicklung in diesem Bereich ist die Etablierung so genannter *Family Offices* für große Vermögen ab circa 50 Mio. Euro. Hier verlagert sich der Fokus von einer Depotbetreuung auf eine ganzheitliche Verwaltung und Betreuung des gesamten Kundenvermögens sowie die Erbringung sämtlicher Dienstleistungen, die damit zusammenhängen.

Das Oberziel eines jeden Mitarbeiters im PWM-Bereich ist es, das Gesamtvolumen der durch die Investmentbank verwalteten Portfolios zu maximieren, was vor allem durch die Akquisition neuer vermögender Kunden geschieht. Um dieses Ziel zu erreichen, werden dem einzelnen Mitarbeiter verhältnismäßig viele Freiheitsgrade eingeräumt; der gesamte Bereich ist sehr unternehmerisch geprägt. Während vor einigen Jahren dieser Sales-Bereich häufig noch als kleiner, vergleichsweise unbedeutender Bestandteil des Investment Bankings angesehen wurde, hat sich dieses Bild in den meisten Banken gewandelt. Bedingt durch den gewaltigen Reichtum, den die Aktienmärkte in den vergangenen Jahren produziert haben, ist PWM ein überdurchschnittlich wachsender Bereich in nahezu jeder Investmentbank. Auch Häuser, die sich als Wholesale-Banken auf institutionelle Investoren konzentrieren, wie die beiden oben genannten Beispiele, sind im PWM-Geschäft engagiert. Anders als bei den Retail Brokern, die an den Kommissionen, die sie für die einzelnen Handelsgeschäfte erheben, verdienen, ist es bei PWM-Betreuern inzwischen die Regel, ihre Dienste, wie es freiberufliche und selbstständige Vermögensverwalter auch tun, dem Kunden als prozentualen Anteil der verwalteten Assets in Rechnung zu stellen. Diese Vorgehensweise motiviert jeden Mitarbeiter, eine möglichst hohe Rendite für das einzelne Depot zu erwirtschaften, da hierdurch auch sein Verdienst steigt, und nimmt ihm den Anreiz, das Depot unnötig häufig umzuschichten, um eine höhere Zahl von Trades und damit verbunden auch Kommissionen zu erreichen – eine Praxis, die als Churning bezeichnet wird.

Insbesondere bei den größeren Depots, die von Family Offices betreut werden, lassen sich drei typische Vermögensstrukturen unterscheiden:

Neuere liquiditätsdominierte Vermögen, die beispielsweise nach einem Unternehmensverkauf entstehen, setzen sich typischerweise aus 10 bis 15 Prozent Immobilien, 55 bis 75 Prozent Wertpapieren aller Art, 5 bis 10 Prozent Private Equity und zu 5 bis 10 Prozent aus übrigen Anlageklassen, die mit den anderen Positionen nicht oder kaum korrelieren, wie Rohstoffe oder Hedgefonds, zusammen.

Ein typisches Unternehmervermögen hingegen beinhaltet als größte Vermögensposition mit 70 bis 75 Prozent die Beteiligung am eigenen Unternehmen. Ergänzt wird diese in

Höhe von 10 bis 15 Prozent durch Immobilien. 10 bis 20 Prozent werden in Wertpapieren und Bargeld gehalten.

Als letzte typische Vermögensstruktur lassen sich die „alten" gewachsenen deutschen Vermögen ohne Unternehmensbezug anführen. Hier stellen Immobilien mit 30 bis 60 Prozent den Hauptbestandteil dar. Während Unternehmensbeteiligungen 10 bis 25 Prozent ausmachen, werden im Durchschnitt nur 20 bis 30 Prozent als Wertpapiere oder Bargeld gehalten. Hiermit nicht korrelierende Investments wie Hedgefonds oder Rohstoffe sind bis maximal 10 Prozent vertreten.

Allen Vermögen ist gemeinsam, dass sie nur noch zu einem geringen Anteil reine Aktien- oder Anleihenportfolios darstellen. Aus diesem Grund sowie auch auf Grund der Tatsache, dass das PWM-Geschäft vielleicht noch stärker als andere Bereiche im Sales & Trading ein auf persönlicher Kundenbeziehung beruhendes Geschäft ist, findet hier keine weitergehende Bereichsdifferenzierung nach Produkten statt. Dies hat für die Kunden den Vorteil, dass sie nur einen Ansprechpartner bei der Bank haben, bei dem die Kompetenzen für ihr Depot konzentriert sind (One Face Policy). Für den PWM-Mitarbeiter birgt dies hingegen die Anforderung, dass er sich sowohl mit den Entwicklungen auf den Aktien- wie auch auf den Rentenmärkten zu beschäftigen hat und auf beiden Märkten profunde Kenntnis von Einzelwerten entwickeln muss. Bei einigen Häusern wird jedoch die Tätigkeit eines PWM-Mitarbeiters auf funktionaler Ebene in Portfolio Management und Relationship Management weiter aufgegliedert. So sind beispielsweise bei J. P. Morgan einige PWM-Mitarbeiter ausschließlich mit dem Management der verschiedenen Depots betraut, während sich andere auf das Management der Kundenbeziehungen konzentrieren.

Der Bereich des PWM ist derzeit von großer Dynamik und hohem Wachstum geprägt. Bereits angesprochen wurden die Family Offices, die dem Bedürfnis nach einer „offeneren Architektur" im Bereich der Vermögensbetreuung Rechnung tragen. Hier wird unabhängig von einer Transaktionsmotivation versucht, bestehende Vermögen im Zeitablauf optimal zu managen, wobei hierunter alle anfallenden Dienstleistungen, die damit zusammenhängen, zu fassen sind. Das Family Office übernimmt somit auch Reporting-Aufgaben, die neben der Depotaufstellung ebenfalls die Abwicklung steuerlicher Fragen, regelmäßige Performanceberichterstattung sowie entsprechendes Controlling umfassen. Family Offices existieren als eigenständige, bankenunabhängige Dienstleister und als selbstständige Einheiten bestehender Investmentbanken, wobei für die zweite Variante die vergleichsweise größere Haftungsfähigkeit spricht, auf der anderen Seite jedoch eine zumindest vermeintliche Abhängigkeit von der jeweiligen Bank nicht immer ausgeschlossen werden kann.

Veränderungen zeigen sich auch auf der Produktseite. Neben den „klassischen" Anlageklassen Aktien, festverzinsliche Papiere und Bargeld treten, begünstigt auch durch steuerliche Gesichtspunkte, Finanztitel wie Wandelanleihen, denen nach ihrer steigenden Verbreitung in den USA auch in Deutschland eine große Zukunft prophezeit wird. Von zunehmender Bedeutung sind weiterhin Private-Equity-Produkte, vornehmlich Beteiligungen an noch nicht börsennotierten Unternehmen, oft strukturiert als Beteiligung an einem Venture-Capital-Fonds, und die angesprochenen übrigen Anlageklassen, die keine oder eine möglichst geringe Korrelation zu Wertpapierpositionen aufweisen, wie die genannten Beispiele Hedgefonds und Rohstoffe.

Auf der Kundenseite lassen sich jedoch auch Veränderungen ausmachen. So ist der private Anleger zwar nicht in dem Maße benchmarkorientiert wie ein institutioneller Anleger; es lässt sich aber eine zunehmende Orientierung auch des Privatanlegers an gängigen Risiko/Rendite-Modellen und ein erhöhter diesbezüglicher Informationsbedarf erkennen. Dies führt auf Seiten der Investmentbanken zum einen zu einer hieran orientierten Diversifikation der Depots über die verschiedenen Anlageklassen und Branchen hinweg und zum anderen zu einer genaueren ständigen Information nicht nur über Depotstruktur und Rendite, sondern auch über zusätzliche Kennzahlen wie dem Value at Risk oder der Sharpe Ratio. Die Entwicklung geht dahin, dass dem Kunden die Informationen, die er fordert, jederzeit genauso wie die Struktur seines betreuten Vermögens online zur Verfügung stehen.

Für die Investmentbanken der interessanteste und aufgrund seiner besonderen Lukrativität auch wichtigste Sales-Bereich ist jedoch das *institutionelle Geschäft*, also der Sekundärmarkthandel für und mit institutionellen Anlegern, wie Kapitalanlagegesellschaften, Pensionskassen und Investmentfonds. Die Tatsache, dass dort Zahl und Umfang der Handelsgeschäfte um ein Vielfaches größer sind als in den anderen beiden Geschäftsbereichen, ist die Hauptursache dafür, dass die Banken diesem Bereich gegenüber den anderen eine deutlich höhere Priorität einräumen. Gleichzeitig führt das anfallende Geschäft in diesem Bereich zu einer stärkeren Spezialisierung und Abgrenzung der einzelnen Teilaufgaben, die eine ausgeprägtere Binnenstrukturierung als in den anderen Bereichen zur Folge hat. Aus diesen beiden Gründen wird dieser Bereich im Folgenden genauer beleuchtet.

## 2. Institutional Equity Sales & Trading

### 2.1 Überblick

Institutional Equity Sales & Trading umfasst den Handel von Aktien und Derivaten mit institutionellen Investoren (Eigenhandel) oder auf Namen und Rechnung des jeweiligen Investors (Brokerage Geschäft).

Während die Aktie eine Beteiligung an einem Unternehmen darstellt, also durch jede Aktie ein nach der Gesamtzahl der ausgegebenen Aktien berechneter Bruchteil des Grundkapitals repräsentiert wird, stellen Derivate lediglich von der Wertentwicklung des Underlyings (im Equity-Bereich in der Regel Aktien oder Aktienindices) abhängige Zahlungsansprüche dar. Bei den Derivaten liegt anders als bei den Aktien, die Kassamarkt-Instrumente darstellen, der Erfüllungszeitpunkt später als der des Abschlusses des Kaufvertrages. Es handelt sich somit um Termingeschäfte, wobei zwischen unbedingten Termingeschäften, die zur zukünftigen Abwicklung verpflichten, und bedingten

Termingeschäften, die dem Käufer lediglich das Recht zur Abwicklung einräumen, unterschieden wird. Weiterhin werden derivative Finanzierungsinstrumente nach ihrem Standardisierungsgrad in börsengehandelte Derivate und so genannte OTC-(Over-the-Counter-)Derivate, die üblicherweise zwischen Bank und Kunden oder als Interbankengeschäft individuell strukturiert werden, eingeteilt. Eine ausführliche Beschreibung von Derivaten findet sich unter Abschnitt 3.2.7 im Beitrag Capital Markets.

Die klassische Arbeitsverteilung im Geschäftsbereich Institutional Sales & Trading ist dergestalt, dass den Sales-Mitarbeitern der Aufbau neuer und die Pflege bestehender Kundenbeziehungen zukommt. Durch ständigen Kontakt mit den Kunden und deren Versorgung mit Informationen werden Handelstransaktionen initiiert, die anschließend von den Tradern der Investmentbank ausgeführt werden. Gerade in den letzten Jahren ist das Volumen abzuwickelnder Handelsgeschäfte sowohl hinsichtlich Geschäftsumfang als auch Geschäftsanzahl erheblich angestiegen. Daneben hat sich die Zahl börsennotierter Unternehmen durch die Flut an Neuemissionen, denen nur eine geringe Zahl von Delistings aufgrund von Fusionen und Unternehmensübernahmen gegenübersteht, deutlich erhöht, was neben einer hierdurch bedingten Zunahme des Sales & Trading-Geschäfts auch zur Folge hat, dass durch das Research der Bank immer mehr Unternehmen abgedeckt (gecovered) werden. Die Information der Kunden über diese Unternehmen und die mit ihnen in Verbindung stehenden Entwicklungen, mitunter auch in der Form von Präsentationen oder Betriebsbesichtigungen, nimmt inzwischen so viel Zeit in Anspruch, dass die Betreuung der Handelsgeschäfte oft nur noch zu einem geringen Teil durch Sales-Mitarbeiter gewährleistet wird. Hierfür wurde bei den meisten großen Häusern in den letzten fünf bis zehn Jahren der Tätigkeitsbereich Sales-Trading geschaffen, dem grundsätzlich eine Mittlerrolle zwischen den Kunden und den Tradern zukommt. Zu diesem Zweck halten die Sales-Trader engen Kontakt zu den ausführenden Tradern der Investmentbank und den Investoren, die sie nach Ausführung des jeweiligen Geschäftes umgehend über die Einzelheiten informieren.

Abbildung 4 veranschaulicht am Beispiel der Durchführung einer Aktien-Kauforder für eine Fondsgesellschaft das Zusammenspiel von Sales, Trading und Sales-Trading.

Dieser zeitliche Ablauf zeigt, dass bei solchen Prozessen, wie bei einem Großteil der Geschäfte, alle drei Tätigkeitsbereiche involviert sind. Dies bedingt erhebliche Informationsflüsse zwischen Sales-Mitarbeitern, Sales-Tradern und Tradern untereinander und im Verhältnis zum jeweiligen Kunden, wie in Abbildung 5 aufgezeigt wird.

In der Praxis wird oft vereinfacht gesagt, dass Sales das Produkt Research, Sales-Trading hingegen die Ausführung von Handelsgeschäften verkauft. Demzufolge wird der Bereich Institutional Sales häufig auch als Research Sales bezeichnet. Dies ist insoweit richtig, als Sales auf einer längerfristigen Basis agiert und die Produkte der Research-Abteilung als Grundlage heranzieht, um den Kunden an die jeweilige Investmentbank zu binden. Während in früheren Jahren der Großteil des Geschäftes darauf entfiel, die von der Investmentbank erstellten Research-Berichte zusammenzufassen und an die institutionellen Investoren auszugeben, erfüllt Sales heute keine reine Distributionsfunktion mehr. Angesichts der Menge an gecoverten Unternehmen und der Menge an verfüg-

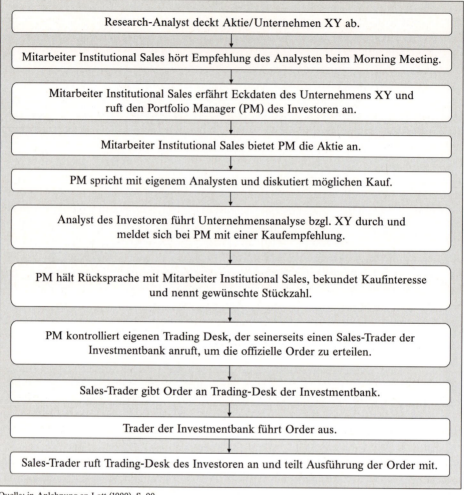

Quelle: in Anlehnung an Lott (1999), S. 99

Abbildung 4: Idealtypischer Verlauf einer Kundentransaktion

baren Informationen über die einzelnen Unternehmen liegt mittlerweile die besondere Wertschöpfung der Sales-Mitarbeiter nicht mehr in der möglichst vollständigen Bereitstellung von unternehmens- und branchenspezifischen Informationen, sondern der aktiven Versorgung der Anleger mit auf sie zugeschnittener, gefilterter und zusammengefasster bewerteter Information. Sales-Trading hingegen soll das operative Geschäft, sprich die Ausführung der Orders, betreuen, Preise stellen und Gegenseiten für kundenseitige Kauf- und Verkaufswünsche finden.

Dabei sind die Kunden beider Abteilungen in der Regel dieselben, allerdings die Ansprechpartner unterschiedliche. Während Sales-Mitarbeiter in der Regel mit Portfoliomanagern und übrigen Personen sprechen, die strategische Anlageentscheidungen zu

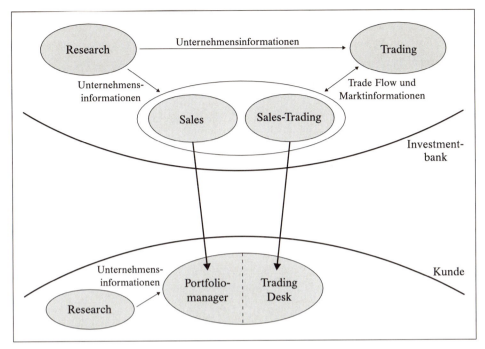

Abbildung 5: Kommunikationsstruktur Sales & Trading

treffen haben, sind die Ansprechpartner des Sales-Trading – eine gewisse Größe des Kunden vorausgesetzt – die Personen, die dort für das operative Geschäft zuständig sind. Auf interner Basis bestehen demzufolge besonders intensive Interaktionen zwischen Research und Sales sowie zwischen Sales-Trading und Trading. Der Research-Bereich erstellt Analysen, die anschließend von Sales im Gespräch mit dem Kunden verwertet und zur Unterstützung strategischer Portfolioentscheidungen herangezogen werden. Gleichzeitig kommt dem Research aber auch eine Unterstützungsfunktion der Trader im Bereich des Prop Tradings zu. Trader handeln hier nicht allein nach technischen Indikatoren, sondern verlassen sich auch auf die fundamentalen Unternehmens- und Branchendaten, die ihnen vom Research geliefert werden. Sales-Trading und Trading stehen in ständigem Kontakt, da ähnlich wie bei der Verbindung zwischen Research und Sales das Produkt des Traders, nämlich die Ausführung von Handelsgeschäften, von Sales-Trading an den Kunden verkauft wird. Zusätzlich liefern die Trader dem Sales-Trader Informationen über die augenblickliche Situation des Marktes, die gegebenenfalls zum Nutzen des Kunden verwertet werden können. So erleichtert der Trader dem Sales-Trader beispielsweise die Suche nach einer Gegenseite für einen Kaufauftrag, wenn er ihm mitteilt, welche Bank gerade sehr stark im gewünschten Wert verkauft.

Örtlich wird diesen Erfordernissen dadurch Rechnung getragen, dass sich die Arbeitsplätze aller drei Bereiche auf dem Trading Floor befinden, wobei Sales-Trading in der Regel zwischen Trading und Sales platziert ist, um eine direkte Kommunikation über die Arbeitsplätze hinweg zu ermöglichen.

Organisatorisch wurde den gegenseitigen Abhängigkeiten der Bereiche in vielen Häusern durch eine Zusammenfassung von Sales, Sales-Trading und Trading sowie Research in jeweils einer Abteilung im Bereich Equities und im Bereich der Fixed-Income-Produkte entsprochen. Dies ist jedoch in der Regel eine lediglich formale Zusammenlegung, da gerade zwischen Sales-Mitarbeitern und Tradern neben Unterschieden hinsichtlich ihres Anforderungs- und Tätigkeitsprofils, der bereichsinternen Kommunikation und der Zielsetzung durchaus auch offene Interessenkonflikte bestehen können, wie das folgende Beispiel belegt: Ein Trader erhöht seinen variablen Gehaltsanteil über die von ihm realisierte Handelsmarge (Spread) zwischen Kauf- und Verkaufspreis des jeweiligen Handelsobjektes, zum Beispiel einer Aktie. Nach Abschluss des jeweiligen Deals ist ihm dessen weitere Kursentwicklung egal. Anders liegt es bei den Sales-Mitarbeitern und Sales-Tradern. Diese bauen längerfristige Kundenbeziehungen auf und sind daher daran interessiert, den jeweiligen Kunden auch auf einen längeren Zeithorizont optimal zufrieden zu stellen. Daher sind sie daran interessiert, dass der Trader für sie zu einem möglichst niedrigen Preis verkauft, was auf der anderen Seite den Spread verringern würde. Die Sales-Mitarbeiter stehen also oftmals, da sie die Kunden halten möchte, dem Kundeninteresse näher als dem Interesse der Bank und damit dem des Traders an der Realisierung eines möglichst großen Spreads.

Diese Umstände und die Entwicklung der Handelsvolumina gerade in den letzten 20 Jahren sprechen für eine klare Trennung der Bereiche. So wird sich die Dreiteilung in Sales, Trading und Sales-Trading zunehmend auch bei mittleren und kleineren Banken durchsetzen. Ferner wird die Abgrenzung zwischen den Bereichen noch stringenter durchgeführt werden, als dies derzeit der Fall ist. So wird zwar keine hundertprozentige Differenzierung hinsichtlich der Ansprechpartner von Sales und Sales-Trading stattfinden, da es auch in Zukunft Portfolio-Manager geben wird, die sich selbst ein Bild vom Handelsfluss machen möchten und zu diesem Zweck neben ihrem Kontakt zum Sales-Mitarbeiter auch das direkte Gespräch mit dem Sales-Trader suchen. Die bisherigen Überschneidungen der Tätigkeitsbereiche, bei denen vielmals gerade Sales-Trading und Sales auch Arbeiten des jeweils anderen Bereiches mit übernehmen, werden jedoch aller Wahrscheinlichkeit nach zurückgehen.

Der Handel mit Derivaten spielt gegenüber dem eben behandelten Bereich des Aktienhandels eine gewisse Sonderrolle, da diesbezüglich lediglich quantitatives Research stattfindet, zusätzlich aber kein eigenes unternehmensbezogenes Research wie im übrigen Equity-Bereich – die Derivate beziehen sich ja in der Regel auf Aktien oder Aktienindices, die wiederum eine bestimmte Anzahl von Aktienwerten repräsentieren. In der Regel gibt es bei der Investmentbank eine Gruppe von Personen, die neue Derivate konstruieren. Diese ist dem Sales organisatorisch angegliedert. Für einen eigenen Sales-Trading-Bereich fehlt es an der Notwendigkeit, da die meisten Dienstleistungen, die Sales im Aktienbereich erbringt, für den Bereich der Derivate obsolet sind und daher die Betreuung der jeweiligen Transaktionen vom Sales-Bereich übernommen werden kann. Hinzu kommt neben dem unterschiedlichen Handelsansatz gegenüber dem Aktienhandel, dass das Derivategeschäft weniger betreuungs- und beratungsintensiv als der Aktienhandel ist, da die Kunden hier bereits sehr genau wissen, was sie wollen. In der Regel werden Derivate allein aus Risikosteuerungsgesichtspunkten gehandelt. Es kann gegebenenfalls auf das Research bezüglich des jeweiligen Underlyings, also des entsprechenden Unternehmens, zurückgegriffen werden.

## 2.2 Institutional Equity Sales

Sales gehört zu den wichtigsten Abteilungen jeder Investmentbank, da sie zum großen Teil für die Begründung neuer und Pflege bestehender Kundenbeziehungen verantwortlich ist. Diese Kundenbeziehungen sind für das humangetriebene Geschäft der Investmentbanken von ausschlaggebender Bedeutung und sorgen für einen großen Teil der Umsätze in allen Tätigkeitsbereichen. So ist der Sales-Bereich aufgrund seiner guten Kontakte zu institutionellen Anlegern zum Beispiel auch für eine erfolgreiche Börsenplatzierung erheblich mitverantwortlich.

Wie bereits angedeutet wurde, umfasst der Aufgabenbereich des Sales heute weniger als je zuvor allein die Ausgabe von Research-Berichten an institutionelle Investoren, sondern vielmehr die über eine aktive Steuerung des Informationsflusses zwischen Investmentbank und Kunden hinausgehende umfassende Betreuung des Kundenstammes, die auch Tätigkeiten wie die Organisation von Gesprächen mit Unternehmensvertretern, Betriebsbesichtigungen, Informationen über zukünftige Neuemissionen und kundenfreundliche Gestaltung der Zuteilungsquoten umfasst.

Dabei ist das genaue Dienstleistungsspektrum der Sales-Force von der Binnenstruktur und dem Spezialisierungsgrad des jeweiligen Kunden abhängig. Hinsichtlich der Binnenstruktur des Kunden lassen sich zwei Typen unterscheiden. Bei einigen Investoren werden die strategischen Entscheidungen und die darauf beruhenden Ordererteilungen noch durch die selbe Person durchgeführt, während bei den größeren Kapitalsammelstellen inzwischen überwiegend eine Aufteilung dieser Aufgaben auf den Portfolio Manager und den Buy Side Trading Desk stattfindet. Die Tendenz zur Trennung dieser Aufgaben hat auf Seiten der Banken zur beschriebenen Entwicklung des Sales-Trading-Bereiches als eigenständigem Ansprechpartner für das operative Geschäft geführt. Aufgrund des Strebens der Banken, die Zahl der Ansprechpartner für die Kunden in Grenzen zu halten (One Face Policy), übernimmt daher bei Kunden des erstgenannten Typs oft der Sales-Mitarbeiter (noch) auch die Orderbetreuung, die eigentlich dem Sales-Trading zuzuordnen wäre. Dieses Verhalten ist jedoch trotz seiner Eignung, die Bank-Kundenbeziehung zu verstärken, rückläufig, da es dem Sales-Mitarbeiter beispielsweise bei auswärtigen Terminen oft nicht möglich ist, den Kunden zeitnah über die Einzelheiten seiner ausgeführten Order zu informieren.

Von noch größerer Bedeutung für die Art der Betreuung ist der Spezialisierungsgrad des betreuten Portfoliomanagers. Auf Seiten der Fonds und der übrigen Kapitalsammelstellen findet eine zunehmende Spezialisierung der einzelnen Mitarbeiter nach Sektoren bzw. Branchen statt, sei es, weil immer mehr Branchenfonds aufgelegt werden (vgl. zum Beispiel Nordinternet und DWS Biotech Fonds), oder sei es, weil gerade große Dachfonds von mehreren Portfoliomanagern betreut werden. Ein sektorspezialisierter Portfoliomanager benötigt von den Sales-Mitarbeitern der Investmentbanken weniger inhaltliche Informationen über Branchen und Unternehmen, da er auf den für ihn relevanten Gebieten in der Regel besser informiert ist als der jeweilige Sales-Mitarbeiter. Hier besteht die Arbeit der Sales-Mitarbeiter vorrangig aus der organisatorischen Koordination des Informationsflusses zwischen Investmentbank und Investor. Es gilt, dem Portfoliomanager Zugang zu allen Informationen, die er benötigt, schnell und unkompliziert zu verschaffen. Dazu gehören vor allem die Organisation von Unternehmensbesichtigungen und Road Shows sowie die Bereitstellung eines direkten Zugriffs auf die jeweils relevanten Spezialisten in der Research-Abteilung der Investmentbank, die dann direkt mit dem Portfoliomanager kommunizieren.

Gegenüber Generalisten oder nur zu einem geringeren Grad spezialisierten Portfoliomanagern kommt dem Sales-Bereich daneben die wichtige Aufgabe zu, den Kunden mit gefilterterten und aufbereiteten Nachrichten so zu versorgen, dass er alle wichtigen Informationen erhält, aber zeitlich mit ihrer Aufnahme und Verarbeitung nicht übermäßig belastet wird.

Der beschriebenen Entwicklung des Aufgabenbereiches von der möglichst umfassenden Versorgung mit unternehmens- und branchenbezogenen Informationen zu einer stärkeren Betreuung und nunmehr selektiven und komprimierten Informationsweitergabe wird von den Investmentbanken auf zwei unterschiedlichen Weisen Rechnung getragen.

Einige Banken richten ihr Research kundennäher aus, indem sie eine direkte Kommunikationsbeziehung zwischen den spezialisierten Fondsmanagern und entsprechenden Researchern der Bank, so genannten Marketing-Analysts, etablieren. Sales übernimmt in einer solchen Struktur keinerlei Informations-, sondern nur noch Organisationsfunktionen. Als Vorteil für diese Konstellation wird angeführt, dass das Research weniger transaktionsgetrieben agiere, da sich der Abschluss eines Handelsgeschäftes in der Regel nicht direkt im variablen Vergütungsbestandteil des Gehalts niederschlägt und somit eine uneigennützigere Informationsversorgung gewährleistet sei. Diesen Punkt könnte man jedoch aus Kundensicht auch als Nachteil interpretieren, da sich hier eine Anreizstruktur erkennen lässt, die in der Literatur als Principal-Agent-Konflikt behandelt wird. Der Researcher (Agent) könnte nämlich aufgrund gegenüber dem Fondsmanager (Principal) höherer Risikoaversion risikoreiche aber renditeträchtige Geschäfte gar nicht erst in Erwägung ziehen und diesem daher nicht empfehlen. Der Grund dafür liegt darin, dass dem Researcher eine solche Empfehlung, sofern das Geschäft aufgrund des damit verbundenen Risikos weniger renditestark verlaufen ist, negativer angelastet wird, als wenn er diese Empfehlung überhaupt nicht abgegeben hätte. Weiterhin führt eine solche Konstellation schnell für den Fondsmanager zu einer Verdoppelung der Ansprechpartner bei der jeweiligen Bank, was der Intensität der Bank-Kunden-Beziehung und damit der hierauf abzielenden One Face Policy zuwiderläuft. Zudem sind aufgrund potenzieller Überschneidungen der Aufgabenbereiche Konflikte zwischen dem betreuenden Sales-Mitarbeiter und dem Marketing-Analyst nicht auszuschließen.

Angesichts dieser Nachteile verfolgen einige führende Häuser wie beispielsweise Goldman Sachs eine andere Strategie. Sie reagieren mit einer Umstrukturierung des Sales-Bereiches auf die veränderten Anforderungen. An Stelle einer Differenzierung nach

Kundenregionen (Country Sales) tritt vor allem aufgrund des geforderten Fachwissens bezüglich der jeweiligen Aktienwerte analog zur Entwicklung auf der Buy Side, also bei den Kapitalsammelstellen, die Spezialisierung der Mitarbeiter auf Branchen bzw. Sektoren (zum Beispiel Tech Stocks). Dieser Trend trägt weiterhin der Tatsache Rechnung, dass es den einzelnen Mitarbeitern in den Länderteams angesichts der zunehmenden Anzahl börsennotierter Unternehmen nicht mehr möglich ist, über alle am deutschen Markt vertretenen Unternehmen mit der notwendigen Sachkunde und Präzision zu informieren und dass der Kunde anlagelandunabhängig jeweils einen Ansprechpartner hat. Oben angesprochene Interessenkonflikte treten allenfalls in der Form auf, dass Sales-Mitarbeiter aufgrund des eigenen Interesses an Transaktionen und den damit verbundenen Provisionen für die Bank, die sich auch auf ihren variablen Gehaltsteil auswirken, zu transaktionsgetrieben agieren. Dem kann jedoch entgegengehalten werden, dass sich überflüssige Transaktionen, sprich solche, welche die erwartete Rendite vermissen lassen, im Gegensatz zu unterlassenen, aber empfehlenswerten Geschäften sehr schnell als solche identifizieren lassen. Eine Häufung derartiger überflüssiger Empfehlungen würde angesichts der heutigen Wettbewerbsintensität der Banken schnell zu einem Kundenabfluss führen, welcher sich in einem derartigen Fall wiederum negativ auf das Gehalt des Sales-Mitarbeiters auswirken würde.

Bei einigen Banken wie der Deutschen Bank sind zur Zeit noch Mischformen, also eine Matrixorganisation, die Branchen- und Regionenspezialisierung vereint, anzutreffen. Hierdurch soll den Informationsbedürfnissen der Kunden Rechnung getragen werden. So erlaubt die länderübergreifende Branchenspezialisierung ein paneuropäische Abdeckung für die inländische Kundschaft, während gleichzeitig – davon unberührt – der Vertrieb länderspezifischer Produkte spezielles Know-how für Auslandsinvestoren bereitstellen kann. Da jedoch die Entwicklung, dass Korrelationen innerhalb der einzelnen Branchen oder Sektoren zu- und zwischen den Ländern abnehmen, weiterhin anhält, liegt es nahe, dass diese Häuser zumindest mittelfristig eine rein sektorielle Ausrichtung herausbilden werden.

Mittlerweile lässt sich bei anderen Häusern jedoch auch ein zu der aufgezeigten Entwicklung gegenläufiger Trend zurück zur regionalen Spezialisierung erkennen. Der Grund hierfür liegt zum einen darin, dass bestehendes Regionenwissen bei den Mitarbeitern durch eine vollständige Umstellung auf Sektorspezialisierung verloren ginge. Zum anderen führt die Umstellung auf Sektorspezialisierung zu einem zusätzlichen Mitarbeiterbedarf, da die Zuständigkeiten viel stärker aufgegliedert werden (an die Stelle einer bestimmten Anzahl an Sales-Mitarbeitern für Deutschland beispielsweise treten nun Sales-Spezialisten für die einzelnen Branchen wie Biotech, Maschinenbau, Internet, Consumer Goods, Handel, Chemie, Pharma, Food, Medien etc.). Dieser Trend zurück zur Regionenspezialisierung orientiert sich auch an der Situation in den USA, wo das Tätigkeitsbild des Regional-Analysts nach wie vor aktuell ist.

Unabhängig von der genauen Zusammensetzung des jeweiligen Aufgabenspektrums lassen sich jedoch deutliche Gemeinsamkeiten im täglichen Geschäft der Sales-Mitarbeiter ausmachen. Jeder Mitarbeiter bekommt die für ihn wichtigen Artikel aus den ihn interessierenden Publikationen täglich in einem Clipping Service zusammengestellt und liest diese gemeinsam mit den relevanten Tageszeitungen bis zum Morning-Meeting, in dem die Sales-Force von der Research-Abteilung über neue Empfehlungen, Coverage zusätzlicher Unternehmen und allgemeine Marktentwicklungen informiert wird. In der Regel findet schon vorher ein Pre-Morning-Meeting statt, in dem sich die Sales-Mitarbeiter gegenseitig über Vorkommnisse des vergangenen Tages und gegebenenfalls anstehende Entwicklungen in Hinsicht auf Kunden oder Konkurrenten informieren. Die Kunden werden idealerweise das erste Mal noch vor Börsenbeginn angerufen, um sie entsprechend ihrer Anforderungen über Kursziele, neue Empfehlungen, Coverage neuer Unternehmen und Marktentwicklungen zu informieren. Gleichzeitig werden zusammengefasste Research-Berichte je nach Bedarf per E-Mail verschickt. Grundsätzlich pflegt jeder Sales-Mitarbeiter über den Tag hinweg mehrere Male Kontakt zu seinen Kunden, sei es, um Strategien zu besprechen, Informationen von den Research-Analysten einzuholen, Unternehmenskontakte gleich welcher Art herzustellen, zu unterhalten und zu organisieren, sowie den Markt zu beobachten und den Kunden über für ihn interessante Entwicklungen auf dem Laufenden zu halten bzw. ihn mit zusätzlichen Informationen zu versorgen. Nach Börsenschluss informiert sich der Sales-Mitarbeiter durch Research-Berichte und andere Publikationen und nimmt abendliche Kundentermine war.

Aus Kundensicht hängt die Qualität des Sales aufgrund der Verzahnung der verschiedenen Bereiche eng mit der inhaltlichen Qualität und Reputation des Research und auch des Sales-Tradings der Bank zusammen. Ein guter Sales-Mitarbeiter zeichnet sich darüber hinaus dadurch aus, dass er einen möglichst jederzeitigen direkten Kontakt zu entsprechenden Senior Analysts herstellen kann, und dass er in der Lage ist, umfassenden und schnellen Zugriff auf Firmen zu gewährleisten (Zugriff auf Firmenvertreter, Organisation von Betriebsbesichtigungen, Road Shows, Investorenmeetings). Neben einer möglichst ständigen Erreichbarkeit für den Kunden ist die Qualität des Emissionskalenders verbunden mit der Zuteilungsrate von Neuemissionen von Bedeutung.

## 2.3 Institutional Equity Sales-Trading

Während die Arbeit der Sales-Force auf die Versorgung des Kunden mit researchgenerierter und bewerteter Information und damit oft auf mittlere Frist ausgerichtet ist, konzentrieren sich die Sales-Trader vereinfacht gesagt auf das Tagesgeschäft, nämlich die Vermittlung von marktbezogenen Informationen und den „Verkauf von Handelsausführung". Hier gilt es, insbesondere größere Handelsaufträge in ständiger Rücksprache mit dem Kunden durch die Trader möglichst interessewahrend im Zeitablauf durchführen zu lassen. Da sich die Kunden mit allen Kauf- und Verkaufswünschen an „ihren" Sales-Trader wenden, kommt diesem auch die Aufgabe zu, diese dem jeweils „richtigen", auf die Branche spezialisierten Trader zukommen zu lassen (falls sie nicht aufgrund ihrer geringen Größe direkt an die Börse oder an eine elektronische Handelsplattform gegeben werden). Sofern die gewünschte Aktie im Inland gehandelt wird, befindet sich dieser auf demselben Trading Floor, und das Geschäft wird ihm per Computer angeboten; wird die Aktie im Ausland, beispielsweise in New York, gehandelt, ruft der Sales Trader in der Regel bei einem dortigen Sales-Trader seiner Bank an und lässt die Order über diesen ausführen. Dabei darf nicht übersehen werden, dass die eigentliche Ausführung der Geschäfte wie seit jeher durch die Trader der Investmentbank wahrgenommen wird, der Sales-Trader also als Intermediär zwischen ausführende Trader und Kunden tritt und als solcher lediglich die Steuerung der Ausführung des Kundengeschäfts übernimmt.

Weiterhin kommt dem Sales-Trading im Hinblick auf die an anderer Stelle besprochenen Primärmarktaktivitäten der Investmentbank (vgl. Beitrag Capital Markets, Abschnitt 2.) gegenüber der Sales-Abteilung geringere Bedeutung zu. Zwar entwickeln auch die Sales-Trader längerfristige und enge Beziehungen zu ihren Ansprechpartnern bei den Kapitalsammelstellen und versuchen im Falle einer Neuemission, an der die Investmentbank beteiligt ist, diese dazu zu bewegen, Neuemissionen bei ihnen und nicht bei anderen Konsortiumsmitgliedern zu zeichnen. Es findet also in Zusammenarbeit mit den anderen Abteilungen der Investmentbank durchaus eine Betreuung der Emission statt; dieses Engagement ist allerdings nicht so weitgehend wie das der Sales-Mitarbeiter, umfasst also keine Road Shows und Investorenveranstaltungen, sondern beschränkt sich auf die genannten Kundenkontaktierungen und die Abwicklung eingehender Zeichnungsorders. Auf den Sekundärmärkten hingegen wird seitens des Sales-Trading jedoch, ebenso wie die Sales-Abteilung durch Empfehlungen Transaktionen induziert, auch Geschäft für die Investmentbank generiert, wenn auch nicht in ganz so hohem Ausmaß. Grundlage dieser Empfehlungen sind hier allerdings weniger die fundamentalen Daten, sondern eher technische Indikatoren, wie zum Beispiel die momentane Marktlage oder das Vorhandensein eines starken Käufers bzw. Verkäufers in einem bestimmten Wert.

Die von den Sales-Tradern betreuten Transaktionen lassen sich, wie in Abbildung 6 dargestellt, in einem ersten Schritt je nach Art der Transaktion in Festpreisgeschäfte und Orders unterscheiden und in einem zweiten Schritt nach Art der Ausführung differenzieren.

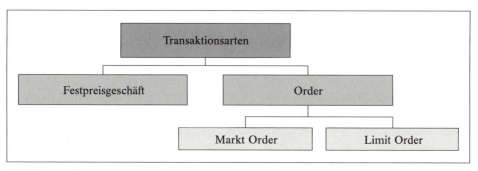

Abbildung 6: Transaktionsarten

Bei einem *Festpreisgeschäft* fragt der Kunde unter Angabe des gewünschten Papiers sowie der Stückzahl den Sales-Trader nach dem Preis, zu dem er kaufen bzw. verkaufen könne. Gerade bei größeren Stückzahlen lässt sich der Kunde oftmals sowohl Kauf- als auch Verkaufspreis für die Position nennen, um auf diese Weise noch nicht aufzudecken, ob er als Käufer oder Verkäufer auftreten möchte. Der Preis, den der Sales-Trader in Rücksprache mit dem Trader der Bank nennt, ist für die Investmentbank für das genannte Ordervolumen bindend; das bedeutet, dass auf diese Weise der Kunde das Preisrisiko weitgehend auf seine Bank abwälzen kann. Der Preis beruht auf mehreren Faktoren, wie beispielsweise der Markteinschätzung des Traders, der Anzahl und Größe etwaig vorliegender Gegenaufträge (sowohl bei der Bank als auch am Markt und bei anderen Banken, sofern Trader oder Sales-Trader hiervon wissen) und in Ausnahmefällen der Bereitschaft, eine (Teil-)Position für die Bank im Wege eines Eigengeschäfts zu erwerben oder zu verkaufen. Hierauf wird genauer in Abschnitt 2.4 eingegangen.

Anders verhält es sich bei *Orders*, also Geschäften, die zu einem zur Zeit des Vertragsschlusses noch nicht genau festgelegten Preis ausgeführt werden. Bei einem solchen Geschäft, das den typischen Fall einer Transaktion darstellt, gibt der Investor bei der Orderaufgabe an seine Investmentbank an, dass er diese entweder interessewahrend, zu einem (eventuell zeitlich oder nach Volumen gewichteten) Durchschnittskurs oder zu Marktkonditionen ausgeführt haben möchte (Markt Order) oder mit einem nach unten oder oben nicht zu überschreitenden Preislimit versehen will (Limit Order). Gegebenenfalls wird noch angegeben, in welchem Zeitrahmen bzw. zu welchem Zeitpunkt die Order ausgeführt werden soll. Markt Orders sind sehr einfach durchzuführen, da hierbei der Händler, an den der Sales-Trader die Order gibt, an keinen Preis gebunden ist. Insbesondere in den Fällen, in denen der Kunde einen (gewichteten) Durchschnittskurs wünscht, wird der Händler zwar versuchen, diesem Wunsch nachzukommen, eine derartige Ausführung jedoch nicht garantieren. Das bedeutet, dass der Kunde nur einen Anspruch auf interessewahrende Ausführung hat. Bei einer Limit Order hingegen ist die Investmentbank, nachdem der Sales-Trader die Order angenommen hat und der Börsenkurs in Folge innerhalb des Gültigkeitszeitraums der Order das Limit unter- oder gegebenenfalls überschreitet, verpflichtet, die Order bis zur Höhe des zum innerhalb des Limits gehandelten Volumens auszuführen.

Hat die Investmentbank durch den Sales-Trader das Angebot des Kunden angenommen, bestehen bereits auf Ebene des Sales-Trading grundsätzlich zwei Möglichkeiten, wie mit dem Auftrag verfahren werden kann. Entweder wird der Auftrag an den jeweils zuständigen Trader weitergeleitet oder gecrosst. Unter Crossing versteht man die Kreuzung eines Kauf- oder Verkaufsangebotes mit einem oder mehreren gegenläufigen Angeboten, kurz gesagt das Finden von Gegenseiten und damit eine Abwicklung außerhalb der Börse „am Markt vorbei". Da Sales-Trading keine sektorielle Gliederung aufweist, kommen nicht alle Kauf- und Verkaufsangebote für einen Wert automatisch zu einem hierfür verantwortlichen Sales-Trader. Deshalb hat jeder Sales-Trader auf seinem Bildschirm eine Übersicht über alle Kundenangebote, die nicht nur von ihm, sondern auch von den anderen Sales-Tradern angenommen wurden. Dies ermöglicht es ihm, entsprechende Gegengeschäftsaufträge jederzeit schnell zu identifizieren und seinen Auftrag mit diesen (zumindest teilweise) zu crossen. Das Crossen ist für die Bank lukrativer und damit vorzugswürdig, da ihr hierdurch sowohl eine Käufer- wie auch eine Verkäuferprovision zufließt und gegebenenfalls ein zusätzlicher Spread zwischen niedrigerem Verkaufs- und höherem Kaufkurs realisiert wird.

Im Zusammenhang mit der Abwicklung sehr großer Aufträge, so genannten Paketgeschäften oder *Block Trades*, deren Volumen mehrere Tageshandelsmengen umfasst bzw.

die Größe prozentualer Beteiligungen am jeweiligen Unternehmen aufweist, kommt der Fähigkeit, Gegenseiten zu finden, besondere Bedeutung zu. Solche Geschäfte können aufgrund ihres Kursbeeinflussungspotenzials allenfalls zum Teil über die Börse abgewickelt werden. Eine Abwicklung „am Markt vorbei" ist daher nicht nur lukrativ, sondern erfolgsnotwendig. Gerade für institutionelle Investoren und aufgrund des Geschäftsvolumens sowie der damit verbundenen Provisionen für die Investmentbank sind Block Trades von sehr hoher Bedeutung und stellen aus diesem Grund den wichtigsten Bestandteil der Tätigkeit des Sales-Tradings dar. Dabei wird die genaue Vorgehensweise bei der Durchführung solcher Geschäfte von den Investmentbanken gut gehütet, bedeutet die Fähigkeit, große Blöcke möglichst kursstabil am Markt zu platzieren, doch eines der Hauptqualitätsmerkmale der Sales-Trading-Division einer Investmentbank und ist somit neben anderen Faktoren wie zum Beispiel der Qualität des Researchs ein wichtiges Kriterium bei der Entscheidung eines institutionellen Investors, mit welcher Bank er zusammenarbeitet. Bei Blockgeschäften handelt es sich zum überwiegenden Teil um Verkaufsorders, da ein Käufer größere Positionen normalerweise nicht auf einmal erwirbt, sondern schrittweise aufbaut. Eine Ausnahme hiervon stellen die so genannten Portfolio Trades dar, bei denen binnen kurzer Zeit die Risikostruktur eines bestehenden Portfolios verändert werden soll, es demzufolge also zu einer kompletten Umstrukturierung dieses Portfolios kommt, was zahlreiche nahezu gleichzeitige Käufe und Verkäufe mitunter großer Positionen erforderlich macht.

Ein Block Trade kann theoretisch, wie andere Geschäfte auch, als Order mit oder ohne Preislimit oder als Festpreisgeschäft abgewickelt werden. Bei letzterem stellt die Investmentbank einen Preis, zu dem sie sich verpflichtet, das Geschäft abzuwickeln. Sie übernimmt also das Kursrisiko. In der Praxis werden Block Trades immer als Festpreisgeschäft durchgeführt, wobei der Sales-Trader zumeist wie folgt vorgeht, um das Aktienpaket möglichst kurswahrend zu erwerben oder, wie in der Regel, zu veräußern:

Zunächst besorgt er sich Informationen, welche seiner Kunden in letzter Zeit im entsprechenden Wert aktiv waren. Möglicherweise besteht von dieser Seite noch Kauf- oder Verkaufsbedarf. Zu diesem Zweck nutzen Sales-Trader ihre ohnehin täglich gepflegten Kontakte zu ihren Kunden. Über diese Kontakte oder den eigenen Trader wird dann herausgefunden, ob derzeit irgendein starker Käufer oder Verkäufer im interessierenden Wert am Markt tätig ist oder ob jemand mit Kundenkontakt von dessen Intention, eine größere Position in diesem Wert zu kaufen oder zu verkaufen, erfahren hat. Dabei besteht jedoch die Gefahr, dass Kunden, wenn sie erfahren, dass die Investmentbank einen Block in dem entsprechenden Wert verkaufen oder aufbauen will, auch wenn sie keinen originären Handlungsbedarf in den entsprechenden Werten hat oder signalisiert, aufgrund dieser Information in diesen Werten tätig werden. Daher gehen die Sales-Trader bei ihrer Informationssuche sehr diskret vor und unterhalten auch keine Kontakte zu den Sales-Tradern anderer Banken. Sofern auf diesem informalen Weg keine Informationen erhalten werden können, spricht der Sales-Trader mit dem entsprechenden Analysten, um dessen Einschätzung von den relevanten Märkten im Allgemeinen und dem Wert im Besonderen zu erhalten. Gegebenenfalls muss die Investmentbank, sofern keine vollständige Abwicklung „am Markt vorbei" möglich ist und sie die Position nicht selbst erwerben oder veräußern, also „sich auf das Buch nehmen" will, das Geschäft zumindest teilweise über den Kapitalmarkt abwickeln. Dabei wird natürlich versucht, unauffällig zu handeln, um Kursreaktionen zu vermeiden.

Der angesprochene *Portfolio Trade* als besondere Form des Block Trades gewinnt seit einigen Jahren zunehmend an Bedeutung, weshalb er an dieser Stelle kurz gesondert beleuchtet werden soll. Die London Stock Exchange definiert einen Portfolio Trade als ein Handelsgeschäft, das mindestens 20 Werte umfasst. Allerdings kommt es aufgrund fehlender Obergrenze durchaus vor, dass Portfolio Trades mit mehr als 200 verschiedenen Aktienwerten durchgeführt werden. Wie Block Trades im Allgemeinen können auch Portfolio Trades im Speziellen aufgrund ihrer Größe einen unerwünschten Effekt auf die Kurse der betroffenen Wertpapiere ausüben. Deshalb wird bei der Durchführung eines Portfolio Trades wie folgt vorgegangen:

Der Portfolio Manager holt bei den verschiedenen Investmentbanken Kursangebote ein. Zu diesem Zeitpunkt wird er bemüht sein, nur allgemeine Informationen über das Portfolio zu geben. Er wird beispielsweise bei vielen Werten offenlassen, ob er in diesem Wert als Käufer oder Verkäufer auftreten wird. Er akzeptiert dann das ihm am besten erscheinende Angebot, welches in der Regel als ein Mittelwert der relevanten Kurse zu einem festgelegten Zeitpunkt in der Zukunft zu- oder abzüglich eines bestimmten Prozentsatzes abgegeben wird. Erst jetzt werden dem Sales-Trader der Investmentbank, die den Zuschlag für das Geschäft erhalten hat, die genauen Details über den Portfolio Trade gegeben. Dieser Sales-Trader führt in Folge (oftmals erst am nächsten Tag) den Trade zu den dann aktuellen Durchschnittskursen durch. Hier zeigt sich auch der Grund dafür, warum der durchführende Sales-Trader erst relativ spät seitens des Portfolio Managers mit den Detailinformationen versorgt wird. Es soll nämlich verhindert werden, dass der Sales-Trader durch entsprechende Durchführung anderer Geschäfte die relevanten Kurse in eine für ihn vorteilhafte Richtung beeinflusst.

Die Informationsmenge, die der Portfolio Manager bereits vor der Entscheidung für eine Investmentbank an die verschiedenen Sales-Trader distribuiert, hängt von gegensätzlichen Einflussfaktoren ab. Je mehr Informationen die Sales-Trader zur Verfügung haben, desto besser werden die von ihnen gestellten Preise sein. Dies beruht darauf, dass bei nur grober Information über die Zusammensetzung des Portfolios die Konstruktion von Hedges und das Eingehen eigener Positionen und damit die Übernahme von Risiken schwierig ist. Daher werden die Sales Trader dazu neigen, diese Unsicherheit wie ein zusätzliches Risiko in ihre Kurse einzupreisen. Auf der anderen Seite würde zuviel Information zu diesem Zeitpunkt den Sales-Tradern, die nicht den Zuschlag bekommen, die Möglichkeit des nur schwer nachzuweisenden Frontrunnings eröffnen. Frontrunning wird ein Vorgehen genannt, bei dem der Trader eine oder mehrere Kundenorders zum Anlass nimmt, zunächst sich selbst mit dem Papier einzudecken bzw. dieses zu verkaufen. Gleichzeitig stellt der Wunsch nach einem Portfolio Trade ein starkes Signal dafür dar, dass der Portfolio Manager keine neuen Informationen bezüglich einzelner Werte hat. Anders als bei unerwarteten Block Trades hinsichtlich einzelner Werte muss der Sales-Trader also in diesem Fall keine besonders starken Kursveränderungen aufgrund Unternehmensinformationen befürchten, sodass die von ihm gestellten Preise dieses Risiko plötzlich stark fallender respektive steigender Kurse nicht berücksichtigen müssen (vgl. zur Geld-Brief-Spanne genauer Abschnitt 2.4.2.1.) und damit geringere Spannen gestellt werden können.

Zumindest für die USA ließ sich feststellen, dass als Endergebnis dieser unterschiedlichen Einflussfaktoren auf die Preisfeststellung bei Portfolio Trades in sehr großen Portfolios für den Investor bessere Kurse erzielt werden, als dies der Fall wäre, wenn die hierin enthaltenen Werte einzeln verkauft worden wären. Für kleinere Portfolio Trades scheint die Motivation hingegen eher in der Annehmlichkeit der Konzentration auf ein Geschäft als in besonders wettbewerbsfähigen Kursen zu liegen.[3]

Aus den Ausführungen wird deutlich, dass der Bereich des Sales-Trading, der als eigenständiger Bereich vor allem geschaffen wurde, weil es der Sales-Force aufgrund der beschriebenen Geschäftsentwicklung und der zunehmenden Auswärtstermine nicht mehr möglich war, eine aus Kundensicht zufriedenstellende Betreuung der Trades zu jedem Zeitpunkt sicherzustellen, nur für kundeninduzierte Transaktionen tätig wird. Dies ist allerdings nicht mit der bereits in Abschnitt 1.1 angedeuteten Unterscheidung zwischen dem Auftreten als Broker und dem als Dealer gleichzusetzen. Wenn ein Kunde einen größeren Verkaufswunsch an die Investmentbank heranträgt und diese das Geschäft aufgrund seiner Größe nur teilweise über die Börse abwickelt, für einen Teil einen Käufer auf informellem Weg findet und einen Teil der zu verkaufenden Papiere selbst abnimmt, dann wird deutlich, dass in einem Geschäft Eigenhandel, Fremdhandel und das Crossen von Angeboten zusammentreffen können.

Die Qualität eines Sales-Traders zeigt sich im Grad der Bereitstellung von Liquidität in den vom Kunden gewünschten Titeln. Dazu gehört das Finden von Gegenseiten und die Fähigkeit, das jeweilige Geschäft möglichst interessewahrend oder innerhalb der ihm vorgegebenen Limits vom Trader durchführen zu lassen. Gerade bei größeren Orders, die über einen gewissen Zeitraum abgearbeitet werden, der durchaus mehrere Tage umfassen kann, ist es hierfür notwendig, eng mit dem Trading Desk zusammenzuarbeiten und gleichzeitig den Kunden zu jeder Zeit über den Status der Order informiert zu halten. So können gegebenenfalls notwendige Änderungen und Anpassungen vorgenommen werden, wenn sich der Markt anders als vorhergesehen entwickeln sollte.

Insgesamt lässt sich festhalten, dass eine trennscharfe Abgrenzung zwischen Sales und Sales-Trading nicht in allen Teilbereichen möglich ist. Zwar ist es im Prinzip, wie beschrieben, so, dass beide Abteilungen nach ihrer Dienstleistung dahingehend unterschieden werden können, dass Sales zwischen Research und Kunden vermittelt, also eher bewertete Unternehmensinformationen vermittelt, und Sales-Trading als Intermediär zwischen den Tradern und den Investoren Letztgenannte mit vornehmlich marktbezogenen Informationen versorgt und für die Betreuung der Handelsgeschäfte zuständig ist. In der Praxis zeigt sich jedoch eine deutliche Überlappung der tatsächlichen Dienstleistungen. Zum einen routen auch weiterhin Sales-Personen kleinere Kauf- und Verkaufswünsche ihrer Investoren direkt an den Trader, wenngleich sie keine Block Trades durchführen, zum anderen stützen sich auch Sales-Trader bei ihren Kundenge-

---

[3] Vgl. Gardener/Molyneux (1996), S. 117.

sprächen teilweise auf Empfehlungen aus der Research-Abteilung oder betreuen ihre Kunden im Rahmen von auswärtigen Kundenbesuchen und Investorenveranstaltungen, wenn auch nicht in dem Ausmaß, wie das die Sales-Mitarbeiter tun.

## 2.4 Institutional Equity Trading

Ohne Trading, also die Ausführung von Transaktionen, würde kein öffentliches Geschäft zustande kommen, es gäbe keine liquiden Märkte und die Investmentbank würde durch ihre Sekundärmarktaktivitäten keine Gewinne erzielen.

Der Bereich Equity Trading ist in den großen Investmentbanken zunächst nach den Handelsobjekten, sprich in Stock-Trading und Derivatives-Trading, differenziert und weist innerhalb dieser Unterteilung, wie auch der Sales-Bereich, eine sektorielle Gliederung auf. Der einzelne Trader wird demzufolge nur bezüglich bestimmter Werte tätig. Dies ermöglicht es ihm, sich intensiver mit diesen Werten und ihren Marktbedingungen zu beschäftigen. Die Prozesse sind jedoch, abgesehen von der Tatsache, dass im Bereich des Derivatives-Trading neben den Kursen weitere Parameter zu beachten sind, in allen genannten Bereichen weitgehend vergleichbar.

Ob zu dieser Einteilung eine strikte Trennung zwischen Prop Trading zur Vermehrung des Gewinnes der Bank und kundeninduziertem Geschäft (Client Driven Trading) tritt, ist bei den Investment-Banken nicht einheitlich. Während in den USA nicht zuletzt aufgrund der vergleichsweise strengen insiderrechtlichen Bestimmungen eine solche Trennung üblich ist, wird diese gerade in Deutschland auch nach vierjährigem Bestehen des im WpHG kodifizierten Insiderrechts noch nicht allerorts im gewünschten Ausmaß durchgeführt. Hier handeln Trader oft, wenn sie gerade keine Geschäfte für Kunden ausführen, auf Rechnung der Bank. Dies birgt Probleme. Beispielsweise setzt sich ein Trader auf diese Weise trotz des Vorhandenseins entsprechender Zeituhren schnell der Gefahr des Vorwurfes aus, insiderrechtlich relevante Praktiken wie das bereits angesprochene Frontrunning zu betreiben, wenn er in einem Titel handelt und kurz darauf eine Order in demselben Titel erhält. Hier wird die Entwicklung zu einer strikten Trennung zwischen kundeninduziertem und bankinduziertem Geschäft gehen, wie dies überwiegend bereits vollzogen wird.

### 2.4.1 Fremdhandel (Brokerage)

Im Fremdhandel agiert der Trader immer als Broker. Er handelt also lediglich als Agent des Kunden und nicht als dessen Transaktionspartner. Für seine Dienste erhält die Investmentbank eine Provision. Da der Broker definitionsgemäß kein Preisrisiko trägt, ist dieses Geschäft unter Risikomanagement-Gesichtspunkten unproblematisch. Der Sales-Trader gibt die Order an den jeweiligen Trader weiter, der diese im gewünschten Zeitablauf abarbeitet. Hierbei ist der Sales-Trader ständig auf seinem Bildschirm über den Status der Order informiert und kann diese Information an den Kunden weiterleiten, um mit diesem gegebenenfalls Modifikationen in der zeitlichen Abwicklung zu vereinbaren.

Sofern die Order nicht bereits vom Sales-Trader durch Finden geeigneter Gegenseiten gecrosst wird, obliegt die Art der Ausführung dem Trader. In Ausnahmefällen, falls dies nämlich nicht bereits zuvor durch Rücksprache seitens des Sales-Traders geschehen ist, gelingt es diesem, je nach Größe der Order und der momentanen Marktsituation die Order zumindest teilweise zu crossen. Ansonsten werden Order(-teile) gegebenenfalls auch zwischen untereinander in Kontakt stehenden Tradern verschiedener Banken direkt gehandelt, sofern sie nicht über den Markt abgearbeitet werden. Eine Abwicklung über den Markt erfolgt entweder über ein elektronisches Handelssystem wie XETRA oder über die Parkettbörsen. Der zweite Weg wird auch heute noch oft bei Werten des Neuen Marktes oder ausländischen Werten verfolgt, für die kein oder ein nur sehr wenig liquider XETRA-Handel besteht.

### 2.4.2 Eigenhandel (Market Making und Proprietary Trading)

Über den genauen Inhalt des Begriffs Eigenhandel und dessen Abgrenzung besteht weder im (noch) spärlichen Schrifttum[4] noch in der Praxis Einigkeit. Neben einer Reihe vermittelnder Auffassungen lassen sich zwei extreme Definitionen ausmachen, eine weite und eine enge.

Nach der engen Definition umfasst der Begriff des Eigenhandels nur das im angloamerikanischen Sprachgebrauch als Prop Trading bezeichnete Geschäft. Hier tritt die Bank an den Märkten als Händler aus eigenen Motiven auf, geht also eigenständig ohne Zusammenhang mit einem Kundenauftrag Positionen und damit Risiken ein. Ob hierunter nur spekulatives Agieren am Markt zu verstehen ist oder der Begriff des Prop Trading auch durch Arbitrageüberlegungen motiviertes Handeln umfasst, wird wiederum nicht einheitlich beantwortet.

Die weite Definition subsumiert hingegen unter den Begriff des Eigenhandels jedes Wertpapiergeschäft einer Bank auf eigene Rechnung. Damit stellen alle Geschäfte, bei denen der Trader der Bank als Vertragsseite eines Wertpapiergeschäfts eine eigene Position eingeht und damit als Dealer auch Risiken eingeht, Eigenhandelsgeschäfte dar, mögen sie kundeninduziert sein oder auf eigenen Motiven beruhen.

Die zweite Definition bietet nicht nur den Vorteil einer leichten und trennscharfen Abgrenzung zum Fremdhandel, der im Gegenzug zum Eigenhandel alle Geschäfte beinhaltet, bei denen die Bank nicht als Vertragsseite auftritt, sondern lediglich auf fremde Rechnung und fremdes Risiko handelt. Sie wird auch dem Begriff des Eigenhandels gerechter, indem sie nicht danach differenziert, aufgrund welchen Motives gehandelt wird, sondern danach, ob der Abschluss eines Handelsgeschäftes unter eigenem Namen auf eigene Rechnung erfolgt und damit ein „eigenes" Handelsgeschäft vorliegt oder eben nicht, unabhängig davon, was hierfür der Auslöser gewesen sein mag.

---

[4] Vgl. Lemmer (1999), S. 620f.

Demnach umfasst der Eigenhandel nach der hier vertretenen Definition sowohl kundeninduzierte Geschäfte, bei denen die Investmentbank direkter Vertragspartner des Wertpapierhandelsgeschäftes ist, das bereits erwähnte Market Making, als auch Prop Trading Aktivitäten, unabhängig davon ob dieses Handeln aus eigenem Antrieb zum Zwecke der Spekulation, der Arbitrage oder des Hedging erfolgt.

### 2.4.2.1 Market Making

Market Making bedeutet, dass sich die Investmentbanken verpflichten, für bestimmte Finanzinstrumente auf Anfrage für sie verbindliche Kauf- und Verkaufspreise (Geld- und Briefkurse) zu stellen. Sofern sich der anfragende Kunde nicht nur informieren will, hat er die Möglichkeit, mit der Bank in diesem Wert zum genannten Kurs und dem genannten Volumen ein Festpreisgeschäft abzuschließen. Auf diese Weise trägt die Investmentbank zur Entstehung eines liquiden Marktes für das jeweilige Handelsobjekt bei. Im Kundengeschäft stellen die Investmentbanken in der Regel auf Anfrage für alle Werte Kurse.

Daneben sind einige Häuser jedoch auch von der Deutschen Börse als Designated Sponsors (vormals Betreuer) hinsichtlich einzelner Aktien mit einem Mandat bedacht. In dieser Funktion stellen die Banken für die von ihnen betreuten Werte kontinuierlich verbindliche Kurse, fungieren also ebenfalls als Market Maker, jedoch mit dem Unterschied, dass sie sich mit der Übernahme eines Mandates verpflichten, auch ohne Nachfrage fortlaufend Geld- und Briefkurse in das XETRA-System einzustellen. Dies soll gerade weniger gehandelten Titeln zu mehr Liquidität verhelfen. Die Wahrscheinlichkeit, dass erteilte Handelsaufträge ausgeführt werden, steigt hierdurch beträchtlich und die Investoren dürfen darauf vertrauen, betreute Aktien zu jedem Zeitpunkt zu adäquaten Kursen handeln zu können. Außer den DAX-Werten, die ohnehin sehr liquide sind, kann die Deutsche Börse Betreuungsmandate für alle an der Frankfurter Wertpapierbörse gehandelten Aktien vergeben, unabhängig davon, ob diese Aktien im Amtlichen Handel, Geregelten Markt, Freiverkehr oder im Neuen Markt notieren. Es kann vorkommen, dass für eine Aktie mehrere Banken als Betreuer fungieren, andersherum kann jedoch auch eine Bank mehrere Werte betreuen. Mitte 2002 waren 61 Designated Sponsors für über 580 Aktien beauftragt. Die Übernahme eines oder mehrerer Mandate stellt für nahezu alle Investmentbanken nicht lediglich eine bloße Gefälligkeit gegenüber dem oder den betreuten Unternehmen dar, sondern wird als wesentlicher Bestandteil ihres Serviceangebots gesehen.

Abbildung 7 veranschaulicht den einfachsten Fall, wie Trader im Wege des Market Making ihre Kosten decken und Gewinne realisieren. Dabei wird dergestalt vorgegangen, dass die Bank bei gegebenen Rahmenbedingungen in der Regel einen höheren Briefkurs $p_{ask}$ als Geldkurs $p_{bid}$ für das jeweilige Wertpapier stellt. $P_{ask}$, der Briefkurs, ergibt sich als Schnittpunkt der Nachfragekurve D mit der traderspezifischen momentanen Angebotskurve Si. Analog hierzu verkauft ein Investor mit einem Verkaufswunsch zu den Präferenzen, die sich in der Angebotskurve S widerspiegeln, an den Trader zu dessen

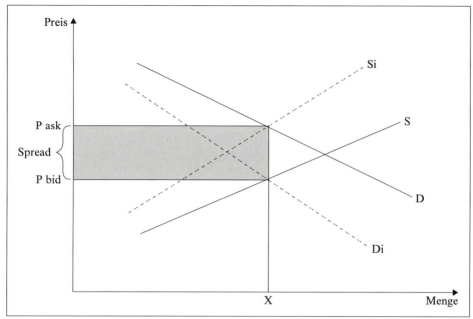

Quelle: in Anlehnung an Demsetz (1968), S. 36

Abbildung 7: Bid-Ask-Spread

Geldkurs $p_{bid}$. Dieser ergibt sich als Schnittpunkt der Angebotskurve mit der traderspezifischen momentanen Nachfragekurve Di.

Wenn ein Trader die gleiche Anzahl von Käufen und Verkäufen abwickelt und – der Einfachheit halber angenommen – die Lage seiner Angebots- und Nachfragekurven Si und Di gleich bleibt, kauft der Trader jeweils zu $P_{bid}$ und verkauft zu $P_{ask}$, wobei sein Handelsbestand in diesem Wertpapier um einen konstanten Wert schwankt, soweit Käufe und Verkäufe nicht zeitgleich erfolgen. Die Differenz zwischen den beiden Preisen wird Bid-Ask-Spread oder einfach Spread genannt. Damit ergibt sich als Handelsgewinn die in Abbildung 7 grau unterlegte Fläche, die sich als Produkt aus Spread und Geschäftsvolumen ermitteln lässt. Er stellt die einzige Grundlage möglicher Gewinne im Market Making dar, da im Bereich des Eigenhandels aufgrund des Eingehens eigener Positionen gerade keine Provision verlangt wird. Seine genaue Größe beruht vor allem auf den Einschätzungen des Traders bezüglich des Preisrisikos sowie hinsichtlich der Marktliquidität des Titels, die es ihm gegebenenfalls ermöglicht, seine durch das jeweilige Geschäft einzugehende Position zeitnah wieder glattzustellen. Diese Einschätzungen spiegeln sich in den Kurven Si und Di wider, die demzufolge im Zeitablauf variieren. Deshalb stellen die Trader in volatilen Märkten oftmals größere Spreads, um sich gegen schnelle Marktveränderungen abzusichern. Gleiches gilt für besonders volatile Titel, die aufgrund dessen ein hohes Preisrisiko bergen.

Der Spread entlohnt die Investmentbank dafür, sofortige Liquidität im gewünschten Wert bereitzustellen und deckt ihre damit verbundenen Kosten. Für die Tätigkeit des

Market Making lassen sich drei Hauptkostenkomponenten identifizieren, von denen an dieser Stelle zwei behandelt werden sollen, während die risikobedingten Kosten, die im Prop Trading eine zentrale Rolle spielen, in Abschnitt 2.4.2.3 gesondert beschrieben werden.[5] Neben den auch im Market Making anfallenden Betriebskosten, die Telekommunikationskosten, IT-Systeme, deren Unterhaltung und Wartung sowie Personalkosten umfassen, stellen die Lagerhaltungskosten einen wichtigen Faktor dar. Um einen Briefkurs (ask) zu stellen, müssen für sofortige Lieferung grundsätzlich entsprechende Wertpapiere gehalten werden, sofern hierfür nicht das (ebenfalls nicht kostenlose) Verfahren der Wertpapierleihe herangezogen wird. Nach Stellen eines Geldkurses (bid) werden gegebenenfalls Wertpapiere von der Gegenseite erworben, die dann, wenn kein Käufer am Markt ein zeitnahes Durchhandeln (im sofortigen Fall ein Crossen der beiden Angebote) ermöglicht, dem eigenen Handelsbestand zugeführt werden und dort Kapital binden. Das folgende vereinfachte Beispiel in Übersicht 1 soll verdeutlichen, welche Betriebs- und Lagerhaltungskosten bei einem Market Maker anfallen, wenn der Durchschnittspreis eines Wertpapiers 15,00 Euro und das Transaktionsvolumen 10 000 Geschäfte pro Jahr beträgt.

Übersicht 1: Gewinnerzielung im Wege des Tradings

| Kurszettel | Beispiel A | Beispiel B |
|---|---|---|
| Geldkurs | 14,75 € | 14,90 € |
| Briefkurs | 15,25 € | 15,15 € |
| Handelsvolumen | 10 000 Stk. | 25 000 Stk. |
| **Auswirkungen auf Gewinn- und Verlustrechnung** | | |
| Wertpapierverkauf | 152 500 € | 378 750 € |
| Wertpapierkauf | 147 500 € | 372 500 € |
| Verkaufserlöse | 5 000 € | 6 250 € |
| Betriebskosten | 2 500 € | 2 500 € |
| Zinsen | 1 500 € | 1 850 € |
| **Gewinn** | 1 000 € | 1 900 € |
| **Auswirkung auf Bilanz** | | |
| *Anlagevermögen* | | |
| Immaterielle Vermögensgegenstände | 10 000 € | 13 500 € |
| Sachanlagen | 10 000 € | 10 000 € |
| **Gesamt** | 20 000 € | 23 500 € |
| *Verbindlichkeiten und Eigenkapital* | | |
| Verbindlichkeiten | 15 000 € | 18 500 € |
| Eigenkapital | 5 000 € | 5 000 € |
| **Gesamt** | 20 000 € | 23 500 € |

Quelle: in Anlehnung an Dietrich (1996), S. 288

---

[5] Vgl. hierzu auch Dietrich (1996), S. 289f.

In Beispiel A beträgt der Geldkurs 14,75 Euro und der Briefkurs 15,25 Euro, sodass sich ein Spread von 0,50 Euro ergibt. 5 000 Euro werden durch Market-Making-Aktivitäten erwirtschaftet. Diese Erlöse decken Betriebskosten in Höhe von 2 500 Euro sowie die Zinsen in Höhe von 1500 Euro, die sich aus der Finanzierung eines Handelsbestands an Aktien in Höhe von durchschnittlich 10 000 Euro sowie anderer Ausstattung (wie Büro, IT-Systeme) in Höhe weiterer 10 000 Euro mit Hilfe von 15 000 Euro Fremdkapital zu einem Zinssatz von 10 Prozent ergeben. Die Tätigkeit des Traders erwirtschaftet einen Gewinn von 1000 Euro auf der Basis von 5000 Euro, was einer Eigenkapitalrendite von 20 Prozent entspricht.

Auf den Märkten herrscht zwischen den verschiedenen Tradern Konkurrenz, solange der niedrigste Briefkurs und der höchste Geldkurs es diesen erlauben, ihre Kosten zu decken und für ihr eingesetztes Kapital eine adäquate Risikoprämie zu verdienen. Solange auf diese Weise übermäßige Gewinne erzielt werden, besteht angesichts der niedrigen Markteintrittsbarrieren für andere Banken und Finanzdienstleister der Anreiz, das Geschäft des Market Making ebenfalls zu betreiben. Neben der Internationalisierung und Elektronisierung stellt dieser Marktmechanismus einen Grund dafür dar, dass viele Märkte bereits nah an das mikroökonomische Ideal vom perfekten Markt gerückt sind. Dies hat sinkende Spreads zur Folge, die letztlich kaum noch ausreichen, um den Banken ein profitables Geschäft zu ermöglichen. Market Making wird deshalb zunehmend nur noch von den großen Investmentbanken betrieben. Entscheidend hierfür ist angesichts sinkender Spreads nämlich ein umfangreiches Kundengeschäft als Basis, denn nur wer in die Auftragsströme der großen institutionellen Investoren unmittelbar involviert ist, bekommt die wichtigen, oftmals nicht fundamental untermauerten Stimmungsumschwünge mit und muss hier nicht auf Informationen aus zweiter Hand zurückgreifen. Wem hingegen die Primärinformationen von der Investorenseite, zum Beispiel über Portfolioumschichtungen oder Stimmungsschwankungen, fehlen, ist es aufgrund der mangelnden Einbeziehung dieser zusätzlichen Informationen in seine Preisfindung nur schwer möglich, Preise zu stellen, die konkurrenzfähig sind, gleichzeitig aber nicht zum Nachteil der Bank gereichen.

Ein viel diskutiertes Thema in diesem Bereich ist daher die Bedeutung von Größenvorteilen auf der einen Seite und den Risiken, die aus der Oligopolisierung der Märkte resultieren, auf der anderen Seite. Auf konzentrierten Märkten spielen Größeneffekte eine bedeutende Rolle, da dort die Fixkosten der Banken bei geringeren Spreads durch ein größeres Transaktionsvolumen abgefangen werden können. Aus theoretischer Perspektive sollte bei steigendem Transaktionsvolumen auch die Höhe notwendiger Investitionen abnehmen, denn der benötigte Handelsbestand nimmt bei steigendem Handelsvolumen nur unterproportional zu. Der Größenvorteil setzt sich somit aus niedrigeren Durchschnittskosten und Lagerhaltungskosten zusammen. Dies lässt sich an obigem Beispiel B illustrieren: Falls das Handelsvolumen von 10 000 auf 25 000 Stück bei einem Spread von nunmehr 0,25 Euro ansteigt und sämtliche Transaktionen an einem Handelsplatz abgewickelt werden (konzentrierter Markt!), würden die Umsätze um 25 Prozent steigen. Der Geldkurs könnte bspw. auf 14,90 Euro steigen, während der Briefkurs auf 15,15 Euro sinkt. Vorausgesetzt das höhere Handelsvolumen würde nur eine geringe Zunahme des Handelsbestands voraussetzen – im vorliegenden Beispiel wurde eine

Zunahme um 35 Prozent angenommen, den die Bank wie bislang im Wege der fremdfinanzierten Wertpapierleihe erwirbt bzw. unterhält, könnten so bei deutlicher Gewinnzunahme und einer Erhöhung der Eigenkapitalrendite auf 38 Prozent kundenfreundlichere Kurse gestellt werden.

### 2.4.2.2 Proprietary Trading

Für eigenmotiviertes Agieren auf den Märkten lassen sich die drei klassischen Beweggründe Hedging, Spekulation und Arbitrage ausmachen.

Auf *Hedging* als Motiv soll an dieser Stelle jedoch nicht eingegangen werden, da mit Hedging weder das Erzielen von Provisionen noch die Realisierung von Kursgewinnen erreicht werden soll. Hedging stellt zwar einen bedeutenden Teil des Tradinggeschäfts dar, allerdings ist es niemals der alleinige Ausgangspunkt des Tradings. Gehedgt wird vielmehr, um bestehende oder einzugehende Risiken zu managen, es handelt sich also dabei um ein Motiv, welches dem Risk Management zugeordnet werden sollte, worauf im nächsten Abschnitt gesondert eingegangen wird.

*Spekulation* bedeutet das Eingehen einer Kauf- oder Verkaufsposition in Erwartung einer zukünftigen Veränderung der absoluten oder relativen Preise. Danach kauft ein Spekulant ein Finanzinstrument, falls er davon ausgeht, dass dessen Preis steigen wird, in der Hoffnung, dieses zu einem späteren Zeitpunkt zu einem höheren Preis verkaufen zu können. Vice versa geht die Investmentbank als Spekulant eine Verkaufsposition ein, in der Hoffnung, das Instrument später billiger zu kaufen, da sie von fallenden Preisen ausgeht. Dabei ist es nicht unbedingt notwendig, dass der Spekulant das betreffende Finanzinstrument bereits besitzt. Für Derivate wie Futures und Options sind Leerverkäufe per se möglich, da beide Seiten des Marktes symmetrisch sind. Für andere Handelsobjekte wie Anleihen und Aktien werden Leerverkäufe in gewissem Rahmen durch das Instrument der Wertpapierleihe oder ein Repurchase Agreement (kurz: Repo) möglich gemacht. In der angloamerikanischen Literatur wird ein solches Eingehen einer unabgesicherten (unhedged) Position aufgrund einer momentanen Fehlbewertung des Finanztitels durch den Markt als Absolute Value Trading bezeichnet. Die Bewertung der Finanztitel durch den Trader, aufgrund derer er erst gegebenenfalls eine Fehlbewertung durch den Markt annimmt, beruht neben eigener Einschätzung und entsprechendem Marktgespür zum großen Teil auf der Arbeit des bankinternen Equity Research. Dieses bedient sich zur Begründung seiner Einschätzung sowohl der Fundamentalanalyse als auch der Technischen Analyse. Auf beide Analysearten wurde bereits detailliert eingegangen (vgl. Beitrag Asset Management, Abschnitt 3.2.2). Dennoch sollen an dieser Stelle die wesentlichen Grundzüge beider Methoden noch einmal skizziert werden.

- Fundamentalanalyse

Unter der Fundamentalanalyse versteht man die Aktienanalyse, bei der mit Hilfe allgemein verfügbarer gesamtwirtschaftlicher branchen- sowie unternehmensbezogener Daten der innere Wert des Wertpapiers möglichst genau ermittelt werden soll. Die fundamentale Analyse gliedert sich in drei aufeinander aufbauende Ebenen, die gesamtwirtschaftliche Analyse, die Branchenanalyse und die Unternehmensanalyse.

Die unterste Ebene bildet der Gesamtmarkt. Durch die gesamtwirtschaftliche Analyse soll die Frage beantwortet werden, ob und wenn ja, auf welchem Aktienmarkt investiert werden soll. Den wichtigsten Faktor hierbei bildet die Einschätzung der zukünftigen Konjunkturentwicklung. Eine Rolle spielen aber auch andere gesamtwirtschaftliche Größen wie das Zinsniveau, die Geldmenge und Währungsrelationen, die auf den Aktienmarkt direkt einwirken. Im darauf folgenden Schritt, der Branchenanalyse, wird der ausgewählte Aktienmarkt unter Heranziehung von gesamtwirtschaftlichen und branchenspezifischen Daten hinsichtlich der den größten Erfolg versprechenden Branche untersucht. Besonders wichtige Indikatoren sind hierbei Auftrags- und Geschäftslage, Exporterwartungen und der Geschäftsklimaindex der Branche. Innerhalb der Branchen erfolgt abschließend die Auswahl der zu erwerbenden Aktien anhand einer unternehmensindividuellen Analyse. Neben der Umsatzentwicklung messen viele Analysten auf dieser Ebene Kennzahlen wie dem Kurs-Gewinn-Verhältnis (KGV oder auch Price/Earnings Ratio), dem Kurs-Cashflow-Verhältnis oder der Dividendenrendite Bedeutung bei. In die Berechnung des inneren Wertes der Aktie, die auf dem Barwert einer unendlichen Zahlungsreihe beruht, fließen schließlich alle Informationen der durchgeführten Analysen ein. Als unterbewertet und damit als kaufenswert gilt eine Aktie, deren aktueller Börsenkurs unterhalb dem errechneten inneren Wert notiert, und umgekehrt gilt eine Aktie, die darüber notiert, als überbewertet, was ein Verkaufssignal darstellt.

Bei der Aktienbewertung im Wege der Fundamentalanalyse geht der Analyst davon aus, dass der Kapitalmarkt noch nicht einmal halbstreng informationseffizient[6] ist, denn sonst würden die Marktpreise alle öffentlich verfügbaren Informationen widerspiegeln. Da die Fundamentalanalyse sich anders als die Unternehmensbewertung nur extern zugänglicher Informationen bedient, würde vor diesem Hintergrund eine Auswahl einzelner Aktien (Stock Picking) keinen Sinn machen. Zur Frage der Informationseffizienz von Aktienmärkten kann hinsichtlich der deutschen Märkte zwar nach Aussage der momentan verfügbaren empirischen Untersuchungen[7] von halbstrenger Informationseffizienz ausgegangen werden, allerdings kommt es bei einigen Werten durchaus im Zeitablauf immer wieder zu Ineffizienzen, sodass hierin die Rechtfertigung der Fundamentalanalyse gesehen werden kann.

- Technische Analyse

Die Technische Aktienanalyse versteht demgegenüber den momentanen Aktienkurs als Datum und versucht, aus vergangenen Kursverläufen Prognosen über die zukünftige Kursentwicklung anzustellen. Dabei steht die genaue Untersuchung rein börsenbezogener Daten (Kurse, Volumen, Indikatoren oder Indizes) im Mittelpunkt. Die Technische Aktienanalyse geht davon aus, dass im Kurs alle Faktoren enthalten sind, die diesen beeinflussen und die Kursentwicklung bestimmten Trends und wiederholenden Mustern entspricht. Sie beschäftigt sich daher konkret mit der Aufspaltung der Aktienzeitreihen

---

[6] Zu Wesen und Terminologie der Informationseffizienz vgl. Fama (1970).
[7] Vgl. Schmidt/May (1993).

in die drei Komponenten Trend, Zyklus und Zufall. Durch die Aufspaltung einer Zeitreihe lassen sich unterschiedliche Handelsstrategien ableiten. Folgt die Entwicklung eines Aktienkurses einem ausgeprägten Trend, empfiehlt sich eine „Buy-and-Hold-Strategie". Ist dagegen ein Zyklus auszumachen, empfiehlt sich eher eine Umschichtung des Portfolios. Lässt sich weder das eine noch das andere erkennen, besteht allenfalls die Möglichkeit, das Anlagerisiko durch eine Diversifizierungsstrategie zu minimieren. Charts gehören hierbei zum grundlegenden Handwerkszeug des Analysten. Hierin identifiziert er charakteristische Kurssequenzen, so genannte Formationen, die Schlussfolgerungen auf zukünftige Kursentwicklungen erlauben.

Da sich nach dem Ansatz der Technischen Aktienanalyse die Kurse nur über eine gewisse Zeitspanne in eine Richtung entwickeln, also einem Trend unterliegen, ist es Ziel der Analysten, die Umkehr des Trends und damit der Kursentwicklung, die ein bedeutendes Kauf- bzw. Verkaufssignal darstellt, rechtzeitig zu erkennen. Hierfür dient neben der bereits genannten Interpretation von Charts die Berechnung von Indikatoren. Gängige Methoden zur Trendermittlung sind zum Beispiel die Berechnung der gleitenden Durchschnitte, die exponentielle Glättung oder die Methode der kleinsten Quadrate. Zyklische Schwankungen werden in der Regel über das Momentum-Konzept, das Konzept der relativen Stärke oder das Oszillatoren-Konzept zu identifizieren versucht. Zur Analyse zufälliger Schwankungen hat sich auch in der Technischen Aktienanalyse der Beta-Faktor ($\beta$) als Sensitivitätsmaß durchgesetzt. Dieser gibt die Sensitivität der Periodenrendite eines Einzelwertes, beispielsweise einer Aktie, in Bezug auf die Renditeänderung des Gesamtmarktes, der in der Regel durch einen Index abgebildet wird und ein angenommenes $\beta$ von 1 hat. Bei einem $\beta > 1$ schwankt die Aktie überproportional, bei einem $\beta$ zwischen 0 und 1 schwankt sie unterproportional, während ein $\beta = 1$ eine Bewegung gleich dem Gesamtmarkt bezeichnet. Negative Ausprägungen des $\beta$ ergeben sich bei Schwankungen gegenläufig zum Gesamtmarkt. Zeichnet sich eine Hausse bzw. ein „Bull Market" ab, sollten Aktien mit einem $\beta > 1$ erworben werden, da diese tendenziell stärker positiv schwanken werden als der Markt. Bei Erwartung einer Baisse bzw. eines „Bear Market" sollten aus analogen Gründen gegenläufig zum Markt schwankende Aktien, also solche mit $\beta < 0$, erwogen werden. Da dies in der Praxis zumeist daran scheitert, dass Aktien mit $\beta < 0$ absolute Ausnahmefälle darstellen, werden in einem solchen Fall in der Regel Aktien mit $0 < \beta < 1$ gewählt. Diese stellen auch in Situationen, in denen die künftige Kursentwicklung nicht prognostizierbar ist, die „sicherste" Anlagealternative dar. Dabei muss berücksichtigt werden, dass die Aktienrenditen in aller Regel nicht perfekt mit den Marktrenditen korrelieren, es stellen sich also entsprechende Streuwerte ein.

Hauptnachteil der Technischen Analyse ist, dass sie theoretisch überwiegend nicht fundiert ist und aufgrund ihrer fehlenden Nachprüfbarkeit oftmals als unseriös angesehen wird. Das heißt jedoch nicht, dass bei ihrer Befolgung keine Erfolge erzielt werden könnten, was bereits durch eine weltweit beachtliche Anhängerschar nahegelegt wird. Es ist zwar immer noch nicht geklärt, warum Kursverläufe besonderen Trends folgen sollten, im Schrifttum werden jedoch immer wieder plausible Gründe hierfür angeführt.

Empfehlenswert scheint es daher, wie dies innerhalb der Investmentbanken in aller Regel praktiziert wird, Handelsstrategien und -entscheidungen auf beide vorgestellten Ansätze zu stützen. In der Regel werden beide Analyseformen im Research angewandt, aber auch der einzelne Trader entwickelt, oft in Absprache mit der Research-Abteilung, Handelsstrategien, die auf einer Kombination der beiden beschriebenen Analysemethoden beruhen.

Bereits Abbildung 5 zeigt, dass zwischen Research und Trading ein ausgeprägter Kommunikationsfluss besteht, und so verwundert es nicht, dass Synergien zwischen einer starken Trading Division und einer guten Research-Abteilung bestehen. Aus der Tatsache, dass das Research somit zwei verschiedene Arten von Kunden, nämlich zum einen den hausinternen Trader und zum anderen den vom Sales betreuten institutionellen Investor, bedient, ergeben sich allerdings gelegentlich auch Interessenkonflikte. Wenn zum Beispiel ein Researcher seine vormals positive Haltung zu einem bestimmten Wert revidiert, stellt sich in gewissem Rahmen das Problem, wem die Investmentbank zuvorderst verpflichtet ist: dem Inhouse Trader, den Investoren oder möglicherweise dem Unternehmen, dessen Finanztitel betroffen ist, sofern es beispielsweise durch seine Emission mit der Investmentbank verbunden ist.

Hierbei ist allerdings zu berücksichtigen, dass die Abteilungen weitgehend unabhängig voneinander arbeiten. Es sollte also in der Praxis nicht der Fall auftreten, dass eine Research-Abteilung eine negative Stellungnahme zurückhält, nur weil die Investmentbank an der Emission eines Wertpapiers dieses Unternehmens beteiligt war oder weil ein Trader noch eine Position dieser Wertpapiere in seinem Handelsbestand führt.

Spekulation hat oftmals in der Presse einen negativen Beigeschmack, was daran liegt, dass sie, sofern sie auf einer größeren finanziellen Basis betrieben wird, gern mit Marktmanipulation in einen Topf geworfen wird. Gerade bei weniger liquiden Titeln, wie sie häufig am Neuen Markt gefunden werden, ist dies sicherlich nicht in jedem Fall völlig unbegründet, allerdings achten gerade die großen Investmentbanken sehr darauf, nicht als Marktmanipulatoren zu erscheinen. Der Nachweis eines solchen gegebenenfalls illegalen Verhaltens würde in seinen Konsequenzen für das Kundengeschäft nämlich zu einem beträchtlichen Schaden führen, der möglicherweise erzielte Kursgewinne wahrscheinlich überkompensiert. Es darf weiterhin nicht übersehen werden, dass spekulatives Verhalten großer Marktteilnehmer auf marktökonomischer Ebene zu drei positiven Effekten führt. Es hilft bei der Entwicklung fairer Kurse und führt zu besserer Ressourcenallokation sowohl in zeitlicher wie in räumlicher Hinsicht. Schließlich nehmen Trader bei einem solchen Verhalten Risiken auf sich, die andere Teilnehmer nicht übernehmen wollen oder können, mit anderen Worten werden hierdurch verschiedene Risiko- und Liquiditätspräferenzen der Marktteilnehmer ausgeglichen. Obige Umstände mögen allerdings neben der Notwendigkeit des Eingehens von Risiken ein Grund dafür sein, dass spekulatives Prop Trading der Investmentbanken in Europa gegenüber der nachfolgend beschriebenen Arbitrage eine geringere Rolle spielt und von einigen Häusern, wenn überhaupt, nur in sehr eingeschränktem Maße durchgeführt wird.

Jedes Investmenthaus betreibt im Rahmen des Prop Tradings auch *Arbitrage* Trading. Der Arbitrageur versucht, auf Marktineffizienzen beruhende Preisunterschiede auf verschiedenen Märkten durch simultanes Kaufen und Veräußern risikolos auszunutzen. Durch Internationalisierung und Elektronisierung sind viele Märkte inzwischen dem mikroökonomischen Ideal des vollkommenen Marktes so nahe gerückt, dass Arbitrage kaum noch möglich ist. In noch unterentwickelten Märkten und Sektoren ergeben sich jedoch immer wieder Möglichkeiten des Ausnutzens derartiger Preisunterschiede.

Arbitrage-Strategien treten dabei in verschiedenen Formen auf. Es kann sich um ein Ausnutzen von Preisunterschieden in geografischer Hinsicht, in zeitlicher Hinsicht und/ oder über verschiedene Finanzierungsinstrumente hinweg handeln. Weiterhin erscheint gerade hinsichtlich der momentanen Situation in der EU eine Arbitrage bezüglich steuerlicher Asymmetrien der Mitgliedstaaten und hiermit verbundener Risiken denkbar. Die folgenden Beispiele von Arbitrageformen im Equity-Bereich sollen keinesfalls eine umfassende oder repräsentative Liste darstellen, sondern lediglich einen ersten Eindruck praktizierter Strategien vermitteln.

- Örtliche Arbitrage

Örtliche Arbitrage ist die simpelste Form der Arbitrage. Der Arbitrageur kauft einen Finanztitel an einem Ort wie zum Beispiel einer Regionalbörse und verkauft ihn zu einem höheren Preis praktisch zeitgleich an einem anderen Handelsplatz. Diese Form der Arbitrage muss gar nicht unterschiedliche Handelsorte beinhalten, sie ist theoretisch auch bei zwei unterschiedlichen Gegenseiten an einer Börse oder auch bei zwei physisch nebeneinander stehenden Market Makern verschiedener Banken möglich. Voraussetzung ist lediglich, dass die Händler nicht bemerken, dass der Briefkurs des einen niedriger war als der Geldkurs des anderen. Die Natur des Finanztitels ist dabei völlig ohne Belang, es kann sich um eine Aktie, eine Anleihe, einen Index, einen Future, ein Derivat oder irgend ein anderes standardisiertes Handelsobjekt handeln. Gerade bei Aktien gehen jedoch die Transaktionskosten für den Arbitrageur der Investmentbank anders als etwa bei Commodities gegen Null, sodass hier Arbitrage bereits bei niedrigeren Kursunterschieden lohnend ist.

- Zeitliche Arbitrage (Cash and Carry Arbitrage)

In der Theorie unterscheidet sich der Preis eines Futures (zum Beispiel Dax-Future) vom Preis des Underlyings, also im vorliegenden Beispiel vom aggregierten Preis sämtlicher DAX-Werte, durch einen Kostenfaktor, der als Cost of Carry bezeichnet wird. In der Realität entspricht der Future-Preis aber häufig nicht genau diesem theoretisch ermittelten Preis, also seinem Wert, sondern weicht mehr oder weniger stark von diesem ab. Aufgrund der Existenz von Transaktionskosten und einiger anderer Faktoren ist eine Arbitrage erst bei einem hinreichend deutlichen Unterschied zwischen dem tatsächlichen Future-Preis und seinem Wert möglich. In solchen Fällen macht es Sinn, auf dem Geld- und Futuremarkt eine Indexarbitrageposition aufzubauen und so Arbitragegewinne zu realisieren. Zu diesem Zweck verkauft der Trader den Future, sofern dieser zu teuer ist und kauft die zugrundeliegenden Aktien oder kauft im umgekehrten Fall, wenn der Future zu billig ist, den Future und verkauft die Underlyings. Die tatsächliche Ausführung dieser Arbitrage-Strategie mit Hilfe schneller Computertechnik wird Program Trading genannt. Obwohl die Strategie konzeptionell sehr einfach erscheint, ist es ihre praktische Durchführung nicht immer. Vor allem, wenn das Underlying ein Index ist, stellt die Tatsache, dass das Underlying als Einheit nicht gehandelt wird, ein Problem dar. Will der Trader nicht den gesamten Index erwerben, was beim DAX 30 noch denkbar, beim S&P 500 allerdings schon unrealistischer erscheint, muss er auf eine Zusammenstellung von

Aktien (Proxy Portfolio) ausweichen, die in ihrer Gesamtheit möglichst stark mit dem Index korreliert, auf der anderen Seite aber vom Markt so (fehl-)bewertet wird, dass im konkreten Fall eine Arbitrage möglich ist. Dieses Proxy Portfolio muss dann sehr bald nahezu simultan erworben oder veräußert werden, um den zu einem Zeitpunkt bestehenden Preisunterschied auszunutzen, bevor er sich wieder nivelliert.

Die hierbei erzielten Gewinne befinden sich in der Regel zwar im Bereich deutlich unter einem Prozent, multipliziert mit den Einsätzen, die oftmals im Bereich dreistelliger Millionenbeträge liegen, lassen sich dennoch für die Bank beträchtliche Gewinne erwirtschaften.

- Convertible Arbitrage

Convertible Arbitrage ist in Deutschland aufgrund der noch spärlichen Verbreitung von Wandelanleihen (Convertibles) nicht so etabliert wie beispielsweise in den USA. Der Grundgedanke hierbei ist, Wandelanleihen (oder in den USA auch Preferred Stock) zu erwerben und dieses Investment über einen Leerverkauf des Underlyings zu hedgen. Die entstehende Position generiert Gewinn über die Zinszahlungen der Wandelanleihe (bzw. sofern es sich um Preferred Stock handelt, über die Dividende) und Zinsgewinn durch den Leerverkauf des Underlyings. Der Leerverkauf dient dazu, das Investment vor gegenläufigen Marktbewegungen abzusichern, sodass die Gesamtposition, falls sie korrekt gehedgt ist, marktbewegungsunabhängig ist.

- Risk Arbitrage

Der Terminus Risk Arbitrage ist bereits ein Widerspruch in sich, denn wahre Arbitrage ist ja per definitionem risikolos. Dennoch ist diese Bezeichnung sehr treffend für die dahinter stehende Art der Arbitrage. Risk Arbitrage hängt mit M & A und anderen Arten von Restrukturierungsmaßnahmen in Bezug auf die Eigentümerzusammensetzung eines Unternehmens zusammen und wird von nahezu allen großen Investmentmentbanken und einigen als Boutiquen bezeichneten spezialisierten Wertpapierhäusern betrieben. In seiner ursprünglichen Form bedeutet Risk Arbitrage den Erwerb von Aktien des zu übernehmenden Unternehmens und den Verkauf von Aktien übernehmenden Unternehmens. Dies lässt sich an einem Beispiel verdeutlichen:

Angenommen, Unternehmen X veröffentlicht, dass es Unternehmen Y im Wege eines Aktientausches übernehmen wolle. Hierfür bietet Unternehmen X jeweils eine eigene Aktie für drei Aktien von Y. Zu diesem Zeitpunkt werden die Aktien von Y zu 103 Euro und die von X für 32 Euro gehandelt. Der Risk Arbitrageur wird nun drei Aktien von X für insgesamt 96 Euro erwerben und gleichzeitig eine Aktie von Y zu 103 Euro leer verkaufen. Angenommen, die Übernahme ist erfolgreich und findet zu den zugrundegelegten Bedingungen statt, erhält der Trader 7 Euro durch sein Geschäft. Natürlich erhält der Trader nach Vollzug der Übernahme eine Aktie Y für die drei X-Aktien, die er erworben hat, und nutzt diese, um seinen ursprünglichen Leerverkauf glattzustellen. Auf der anderen Seite ist auch klar, dass der aggressive Erwerb von Aktien des Unternehmens X durch Risk Arbitrageure dessen Aktienkurs in die Höhe treiben würde und die Leerverkäufe den Aktienkurs des Unternehmens Y nach unten drücken würden, bis die beiden Kurse relativ ausgeglichen sind. Dabei ist „ausgeglichen" jedoch nicht als „entsprechend ihrem rechnerischen Verhältnis" zu verstehen, denn so lange das Risiko vorhanden ist, dass die Übernahme scheitert, wird der Aktienkurs von X dazu tendieren, unterhalb einem Drittel des Aktienkurses von Y zu notieren. Je größer dieses Risiko ist oder vom Markt eingeschätzt wird, desto größer wird auch dieser Effekt sein.

Investmentbanken sind aus naheliegenden Gründen stark im Risk-Arbitrage-Geschäft engagiert. Zum einen verfügen sie über erfahrene M & A-Teams, die darauf spezialisiert sind, potenzielle Übernahmekandidaten, unterbewertete Unternehmen, schwache Managements etc. zu identifizieren. Zum anderen greifen sie auf die Unterstützung ihrer Research-Abteilungen zurück, die oftmals besondere Situationen erkennen und bewerten. Während diese Beziehungen den Investmentbanken einen komparativen Vorteil im Risk Arbitrage-Geschäft verschaffen, sorgen sie auf der anderen Seite für potenzielle Interessenkonflikte, deren Lösung im Wege von Compliance-Regelungen inzwischen gesetzlich vorgeschrieben ist. Ein Kunde, der von der Investmentbank bezüglich einer Akquisition oder einer Verteidigungsstrategie beraten wird, möchte in der Regel nicht, dass diese Investmentbank Risk Arbitrage betreibt, die ihm zum Nachteil gereichen könnte. Aus diesem Grund wird den entsprechenden Tradern, sobald die Investmentbank einen Beratungsauftrag in Zusammenhang mit einer Übernahme annimmt, oder sogar bereits dann, wenn die Bank Diskussionen bezüglich eines solchen Engagements aufnimmt, mitgeteilt, dass bezüglich der hieran beteiligten Unternehmen keinerlei Risk Arbitrage betrieben werden darf. Ein solches Vorgehen wäre auch unter Umständen insiderrechtlich problematisch und wird, um entsprechenden Verdachten zuvorzukommen, seitens der Investmentbanken ausdrücklich und umfassend vermieden.

Ungeachtet dieser ursprünglichen Bedeutung des Terms Risk Arbitrage umfasst dieser Begriff nach heutigem Verständnis alle Handlungen im Zusammenhang mit Spekulation und Arbitrage betreffend der Wertpapiere von Unternehmen, die in M & A-Aktivitäten verwickelt sind. Unter diesen Begriff eingeordnet werden beispielsweise auch einfache Spekulationen in den Aktien eines Unternehmens, welches der Spekulant als potenziellen Übernahmekandidaten einschätzt, oder das Eingehen von Positionen, das darauf beruht, dass der Trader davon ausgeht, ein momentan im Raum stehendes Übernahmeangebot wird durch Wettbewerber oder aufgrund von Nachverhandlungen erhöht oder das Eingehen von Positionen aufgrund der Einschätzung, dass die geplante Übernahme fehlschlagen wird.

### 2.4.2.3 Management der Kursrisiken

Die Investmentbank geht immer, wenn sie als Dealer fungiert, also eine Seite des Handelsgeschäftes darstellt und keine Arbitrage betreibt, neben Liquiditätsrisiken Marktwertänderungsrisiken oder kurz Preisrisiken ein. Anders als beim spekulationsgetriebenen Prop Trading möchte der Trader beim Market Making oder Dealing aber keine zukünftigen, für ihn günstigen Kursbewegungen ausnutzen, sondern versucht, Gewinne aufgrund der von ihm gestellten Bid-Ask-Spreads zu realisieren. In einem solchen Fall möchte der Trader also eigentlich keine Nettoposition über einen Zeitraum eingehen, da dies anders als bei der Spekulation nicht die Grundlage seines Gewinns darstellt. Idealerweise würde er ständig exakt die gleiche Anzahl des Wertpapiers, für welches er den Kurs gestellt hat, simultan kaufen und verkaufen und damit seine Position unmittelbar glattstellen. Da Kauf- und Verkaufsentscheidungen der Investoren aber nicht koordiniert sind, ist dies nur selten möglich, sodass sich der Trader in der Regel gezwungen sieht, zumindest für eine gewisse Zeit eine Position einzugehen und seinen Handelsbestand an Wertpapieren zu verändern. Strenggenommen ist diese Überbrückung zeitlicher Lücken zwischen gegenläufigen Handelsangeboten der eigentliche Dienst der Liquiditätsbereitstellung des Traders, für den er den Spread verdient. Für die Zeit, die er die jeweilige Position einnimmt, sieht er sich einem entsprechenden Preisrisiko ausgesetzt. Ein Preisrisiko lässt sich definieren als Wahrscheinlichkeit dafür, dass jemand, der eine Position in einem Handelsobjekt eingegangen ist, eine unerwartete Wertänderung dieser Position als Folge einer Änderung des von ihm weitestgehend unbeeinflussbaren Preisniveaus erfährt. Die Steuerung dieser Preisrisiken ist eine der wichtigsten Voraussetzungen für den Erfolg eines Traders und lässt sich in drei Schritte aufspalten:

1. Identifikation der Risiken,
2. Quantifizierung der Risiken,
3. Management der Risiken.

Die *Identifikation der Risiken* umfasst das Feststellen aller Risiken, denen sich ein Trader ausgesetzt sieht, wenn er ein bestimmtes Wertpapier in seinem Bestand hat. Im Falle einer Aktie kann deren Kurs entweder steigen oder fallen. Diese Kursveränderung kann wiederum darauf beruhen, dass der gesamte Markt beispielsweise aufgrund einer Veränderung der ökonomischen Fundamentaldaten steigt bzw. fällt, oder sie ist auf ein Ereignis, welches sich lediglich auf das hinter der Aktie stehende Unternehmen auswirkt, zurückzuführen. Diese beiden Komponenten des Preisrisikos werden Marktrisiko oder systematisches Risiko und unsystematisches Risiko genannt. Maßzahl für das systematische Risiko ist, wenn man der beschriebenen Zerlegung des Risikos folgt, der bereits angesprochene Beta-Faktor $\beta$. Anders als das $\beta$, welches ein relatives auf Marktbewegungen bezogenes Risikomaß darstellt, ist die Residualvolatilität als Maßgröße des unsystematischen Risikos ein absolutes, allein auf ein Wertpapier bezogenes Risikomaß. Sie entspricht der Standardabweichung der von einem Kapitalmarktmodell nicht erklärbaren Restrenditen, die zur Gesamtrendite des Wertpapiers beitragen. Zu den vorgestellten existiert eine Reihe alternativer Risikomaße, wie zum Beispiel die Varianz oder Standardabweichung der Rendite, die Ruinwahrscheinlichkeit oder der Value-at-Risk der Positionen.

Die *Quantifizierung dieser Risiken* ist deshalb wichtig, weil sich Risiken verschiedener Positionen des Traders unter Umständen partiell oder vollständig ausgleichen können. Dies wird in der Literatur als Natural Hedge bezeichnet. Dabei stellen die Investmentbanken nicht auf den einzelnen Trader und sein Handelsbuch ab, sondern aggregieren die Bücher, um so das Gesamtrisiko der Bank ermitteln zu können, welches letztlich gesteuert werden soll.

Das *Management des Gesamtrisikos* erfolgt, sofern es nicht bereits über Diversifikation bzw. das Eingehen von Gegenpositionen bereits auf der Ebene der Basisaktivitäten, also dem Eingehen von Aktienpositionen, zumindest vermindert wird, in der Regel mittels derivativer Aktivitäten. Hierzu gehören alle Arten von Termingeschäften, Versicherungen und ähnlichen Verträgen. Neben Forwards und Futures kommen hierbei oft Optionen zum Einsatz, die sehr vielseitige Instrumente zur Steuerung von Risiken darstellen, da sich mit ihnen vielfältige Zahlungsstrukturen erreichen lassen. Die Güte der Versicherungswirkung der Optionen ist direkt proportional zur Korrelation zwischen der Option und der Aktie, deren Preisrisiko abgesichert werden soll. Alternativ können Techniken der „Portfolio Insurance" zur Absicherung verwendet werden.[8]

Aufgrund der besonderen Bedeutung des Risikomanagements haben sich auch Aufsichtsbehörden wie der Basler Ausschuss für Bankenaufsicht und der Gesetzgeber in der 6. KWG Novelle mit diesem Bereich befasst und primär geleitet vom Motiv des Anlegerschutzes Mindestanforderungen an die Organisation des Risikomanagements formuliert. Dazu gehören Geschäftsbeschränkungsregeln (Institutional Rules), nach denen zum Beispiel das Eingehen bestimmter derivativer Positionen verboten sein kann, Verhaltensregeln und Eigenkapitalnormen. Letztere stellen einen Kompromiss zwischen einer Geschäftsbeschränkungsregel und einer Verhaltensnorm dar. Das Eigenkapital wird als Risikopuffer zum Auffangen von Verlusten betrachtet. Dementsprechend müssen die offenen Risiken der Handelsbücher (und gegebenenfalls Nichthandelsbücher) mit verfügbarem haftenden Eigenkapital unterlegt werden.

### 2.4.3 Struktur aus Kundensicht

Die gängige und auch oben erfolgte Unterscheidung in Eigenhandel und Fremdhandel ermöglicht zwar eine trennscharfe Strukturierung des Geschäfts, es darf hierbei jedoch nicht übersehen werden, dass sie für ein vollständiges Verständnis des Geschäftes nicht ausreicht. Eigenhandel betrifft nämlich nicht allein das spekulationsgetriebene Handeln an den Märkten zur Erzielung von Kursgewinnen für die Bank, sondern auch die Geschäfte mit einem Kunden, bei denen die Investmentbank als Transaktionspartner auftritt, also sich einen Bestand an Aktien „aufs Buch nimmt" oder eine entsprechende Position eigener Bestände abbaut. Wie im vorigen Abschnitt beschrieben, kann es durchaus vorkommen, dass ein kundeninduziertes Geschäft sowohl Eigenhandel wie auch Fremdhandel beinhaltet. Für den Kunden macht dies keinen Unterschied, da er in aller Regel keinen gesteigerten Wert auf einen bestimmten Vertragspartner legt, soweit er sichergehen kann, dass das Geschäft in seinem Interesse abgewickelt wird. Aus seiner Perspektive ist somit die Unterscheidung nach Art des Geschäftes in Order- und Festpreisgeschäft die wichtigere.

Die Handelsgeschäfte, die ein Trader im Laufe des Tages abschließt, werden im Handelsbuch, das jeder Trader führt, dokumentiert, sodass jeden Tag nach Börsenschluss

---

[8] Vgl. hierzu Bühler (1996), Sp. 1526–1538.

festgestellt werden kann, welche Umsätze und welche Erträge jeder Trader an diesem Tag für seinen Arbeitgeber erwirtschaftet hat. Dabei kommen für Market Making und Prop Trading unterschiedliche „Bücher" zum Einsatz.

# 3 Institutional Fixed Income Sales & Trading

## 3.1 Überblick

Institutional Fixed Income Sales & Trading umfasst den Handel mit Fixed-Income-Produkten, also Schuldverschreibungen (auch als Anleihen oder Obligationen bezeichnet), die Forderungsrechte (Gläubigerrechte) verbriefen und deren Zins bei ihrer Emission fest vereinbart wird. Dies kann, wie auch im Equity Bereich, im Wege des Eigenhandels oder auf Namen und Rechnung des jeweiligen Investoren (Brokerage-Geschäft) geschehen.

Zwar bestehen in allen Investmentbanken eigene Trading Floors für Equity und für Fixed-Income-Produkte. Dies bedeutet jedoch nicht, dass die Arbeitsabläufe und Prozesse im Fixed-Income-Sales & Trading-Bereich deutlich von den im Equity Sales & Trading aufgezeigten abweichen. Die Trennung ist vielmehr darauf zurückzuführen, dass Eigenkapitaltitel (Equity) und Fremdkapitaltitel (Debt), die in Regel in der Form von Fixed-Income-Produkten geschaffen werden, auf völlig verschiedenen Märkten gehandelt werden, woraus neben den Unterschieden in den Produkten und damit auch zum Teil anderen Kunden voneinander abweichende Marktrahmenbedingungen folgen. Auf die Arbeitsabläufe im Bereich des Sekundärmarkthandels der Finanzierungsinstrumente haben deren strukturelle Unterschiede jedoch kaum Auswirkungen, da die Prozesse im Bereich der Handelsaktivitäten der Investmentbank weitgehend unabhängig vom zu handelnden Instrument sind, sofern hiermit der Handel auf institutionalisierten Märkten angesprochen ist. Daher kann also, wenn es um die Betrachtung der Arbeitsprozesse geht, weitgehend auf die bereits gemachten Ausführungen zurückgegriffen werden.

Gewisse Unterschiede ergeben sich jedoch aus der Verschiedenheit der Handelsobjekte. Während Aktien recht einfach strukturierte Beteiligungstitel mit geringer Variationsbreite – im Regelfall sind sie als Stammaktie ausgestaltet – darstellen, zeigt sich bei den Anleihen die Möglichkeit flexibler und individueller Ausgestaltung, was einen großen Variantenreichtum zur Folge hat. Jede Anleihe wird zumindest durch die vom Emittenten zu bestimmenden Parameter Laufzeit und Zins charakterisiert. Je nach Konstruktion der Anleihe treten hierzu gegebenenfalls zusätzliche Parameter auf, wie Kündigungsrechte, Sonderrechte, wie bei Wandelschuldverschreibungen (Convertibles) bzw. Optionsanleihen (Warrants), sowie besondere Ausgestaltungen, wie die Rückzahlung in einer anderen Währung als die, in der der Kaufpreis entrichtet wurde und die laufenden Zinszahlungen erfolgen (so bei der Doppelwährungsanleihe, auch als Multi Currency Note bezeichnet).

In Abbildung 8 werden die im Beitrag Capital Markets unter Abschnitt 3.2 erklärten Anleiheparameter nochmals kurz in Erinnerung gerufen. Dort werden stellvertretend nur einige relevante Faktoren abgebildet, sodass in der Praxis gebräuchliche Sonderformen, wie strukturierte Anleihen oder die eben erwähnten Doppelwährungsanleihen, zugunsten einer besseren Überschaubarkeit nicht erfasst werden. Dennoch lässt sich aus dieser Abbildung bereits der deutlich größere Variantenreichtum der Fremdkapitaltitel im Vergleich zu den Beteiligungstiteln erkennen. Dies gilt insbesondere, wenn man berücksichtigt, dass sich die verschiedenen Parameter nahezu beliebig miteinander kombinieren lassen. Grund hierfür ist der hohe Innovationsgrad bei den Marktteilnehmern, der durch die Flexibilität und Komplexität des Finanzierungsinstruments Anleihe erst möglich gemacht wird. So lassen sich Anleihen anhand einer Reihe von Parametern individuell auf die Finanzierungsbedürfnisse des Emittenten und auf das Risikoprofil der Investoren anpassen.

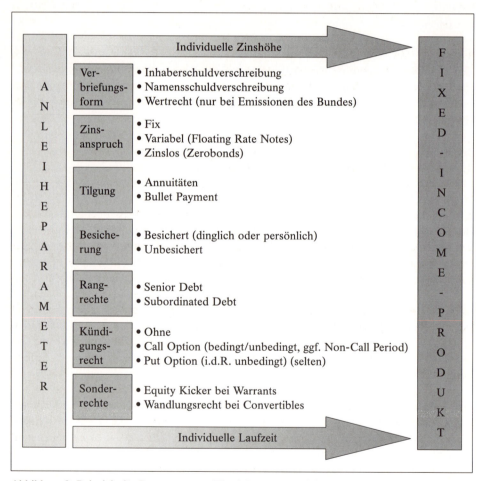

Abbildung 8: Beispiele für Parameter von Fixed-Income-Produkten

Eine sehr wichtige Rolle spielen in diesem Zusammenhang neben dem sich ständig verändernden regulatorischen Rahmen die kontinuierlichen Fortschritte auf dem Gebiet der Informationstechnologie sowie die Verbesserung und Verfeinerung der Analysemethoden. Daher soll der oben grafisch abgebildete Systematisierungsversuch auch nicht als abschließend oder vollständig angesehen werden, denn der Innovationsgrad auf diesem Gebiet bedingt jedes Jahr eine hohe Zahl neuer Fremdkapitalinstrumente, die sich oftmals als Kombination bereits bestehender Produkte darstellen. In noch höherem Maße ist dieses Vorgehen der Schaffung neuer Titel für individuelle Finanzierungs- und Risikoprofile (Financial Engineering) auf dem Gebiet der Derivate zu erkennen.

Im Bereich der Derivate zählen der Bund Future als börsengehandeltes unbedingtes Termingeschäft und Swaps in allen Variationen als OTC-Instrument zu den verbreitetsten Finanzierungstiteln. Eine genaue Beschreibung und Strukturierung derivativer Instrumente für den Fixed-Income-Bereich (Zinsderivate) findet sich im Teil Capital Markets in Abschnitt 3.2.7.

Als wesentlicher struktureller Unterschied zum Equity-Bereich mit seiner Differenzierung in Sales, Trading und Sales-Trading ist im Fixed-Income-Bereich nur eine Zweiteilung in Sales und Trading vorzufinden. Das bedeutet, dass das in Abschnitt 2.1 und 2.3 beschriebene Aufgabenspektrum des Sales-Traders hier von den Sales-Mitarbeitern abgedeckt wird.

## 3.2 Institutional Fixed Income Sales

Genau wie im Institutional Equity Sales & Trading ist die Sales-Abteilung im Fixed-Income-Bereich für die Begründung neuer und die Pflege bereits vorhandener Kundenbeziehungen von größter Bedeutung für die jeweilige Investmentbank. Dabei erstreckt sich der Tätigkeitsbereich sowohl auf das Primärmarkt- als auch auf das Sekundärmarktgeschäft. Dass sich die Kreation entsprechender Titel (Origination) nicht starr dem eigentlich zuständigen Bereich Capital Markets innerhalb der jeweiligen Investmentbank zuordnen lässt, ist eines der Zeichen dafür, dass in den Investmentbanken die anfallenden Aufgaben oftmals nicht präzise einzelnen im vorhinein definierten Abteilungen zugeteilt werden können, sondern sich die gerade vorherrschende Binnenstruktur flexibel an den momentanen Arbeitsstrukturen ausrichten muss. An dieser Stelle sollen jedoch nur die Sekundärmarktaktivitäten beleuchtet werden, die im Wesentlichen denen im Equity-Bereich entsprechen.

Wie auch im Equity Sales herrscht im Fixed Income Sales häufig eine nach Branchen gegliederte Binnenstruktur vor, wobei diese oftmals nicht strikt durchgehalten, sondern je nach spezialisiertem Wissen durchbrochen wird. Solches Spezialwissen kann sowohl hinsichtlich einzelner Produkte (Pfandbriefe, besondere Anleihen) oder Arbeitsprozesse (zum Beispiel Origination) bestehen, sodass Mischstrukturen eher die Regel als die Ausnahme sind.

Hinsichtlich der Arbeitsprozesse im Sekundärmarktgeschäft (das Primärmarktgeschäft ist, wie beschrieben, dem Bereich Capital Markets zuzuordnen) ist zu differenzieren, ob es sich um Benchmark-Anleihen, also großvolumige Anleihen von Schuldnern erster Bonität, handelt oder um nicht-standardisierte Anleihen, worunter beispielsweise die meisten von Unternehmen emittierten Anleihen oder Staatsanleihen aus dem Bereich der Emerging Markets fallen. Benchmark-Anleihen beinhalten praktisch kein (mit einem Zinspremium zu versehendes) Ausfallrisiko. Im Gegensatz zu Anleihen, die ein Ausfallrisiko aufweisen, verbleibt hier also nur das Zinsänderungsrisiko und, sofern es sich um eine Anleihe in außereuropäischer Währung handelt, das Währungsrisiko, das von den Investoren zur Gesamtrisikosteuerung ihrer Portfolios herangezogen werden kann. Weiterhin sind Benchmark-Anleihen aufgrund ihres hohen Standardisierungsgrades deutlich weniger erklärungsbedürftig als nicht standardisierte Anleihen. Dies hat Auswirkungen auf die Tätigkeit der Sales-Force. Aufgrund des geringeren Erklärungsbedarfes müssen Benchmark-Anleihen nicht wie Unternehmensanleihen und andere nicht-standardisierte Anleihen aktiv verkauft werden und stellen dennoch den bei weitem überwiegenden Anteil am Gesamtmarkt dar. Unternehmensanleihen sind demgegenüber in Deutschland mit einem Anteil von weniger als einem Prozent immer noch stark unterrepräsentiert. Es ist jedoch davon auszugehen, dass sich der Anteil der Anleihen, die neben ihrem Beitrag zur Fristenstruktur (Zinsstruktur) des Kundenportfolios aufgrund ihres Ausfallrisikos auch zur Steuerung der Risikostruktur herangezogen werden, gerade aufgrund des wegen der eingeführten einheitlichen europäischen Währung wegfallenden Währungsrisikos bei innereuropäischen Anleihen erhöhen wird. Der Grund dafür, dass Sales eigentlich vor allem hinsichtlich dieser nicht-standardisierten Anleiheformen tätig wird, liegt darin, dass die Sales-Mitarbeiter bezüglich der Standard-Anleihen in der Regel ohnehin wissen, welche ihrer Kunden gerade Bedarf an entsprechenden Titeln haben. Anknüpfend an das im vorigen Abschnitt beschriebene simplifizierende Bild, dass Equity Sales bewertete Research-Informationen verkauft und Sales-Trading im Equity-Bereich Execution, also Liquidität im Markt, verkauft, lässt sich für Fixed Income-Sales am ehesten feststellen, dass dieser Bereich Laufzeit-Rendite-Kombinationen verkauft.

## 3.3 Institutional Fixed Income Trading

Fixed Income Trading unterscheidet sich nicht grundsätzlich vom Equity Trading, soweit es sich um kundeninduzierte Transaktionen handelt. Deutliche Differenzen lassen sich jedoch im Bereich des Eigenhandels erkennen. Hier ergeben sich aufgrund der im Vergleich zum Aktienhandel neben dem Kursrisiko, welches im Fixed-Income-Bereich als Zinsänderungsrisiko auftritt, vielen zusätzlich zu berücksichtigenden Einzelrisiken andere und weitere Arbitragemöglichkeiten. Während beim Equity Trading nur das Kursänderungsrisiko zu beachten ist, tritt bei Fixed-Income-Produkten eine ganze Reihe von Einzelrisiken auf, die beim Eingehen von Kauf- und Verkaufspositionen jeweils zu berücksichtigen sind.

## 3.3.1 Auftretende Risiken

Die Rückflüsse eines festverzinslichen Finanzierungsinstrumentes können in zwei Teile aufgegliedert werden: erstens in den Marktwert des Finanzierungstitels zum Zeitpunkt, zu dem er (weiter-)verkauft wird, zweitens in die Rückflüsse aus dem Finanztitel beim Ablauf der Haltedauer zuzüglich der zusätzlichen Zahlungsflüsse aus der Wiederanlage des Cashflows. Die auftretenden Risiken als Maße des Einflusses der verschiedenen Umwelt- bzw. Marktfaktoren auf die Rendite des Finanztitels lassen sich wie in Abbildung 9 differenzieren:

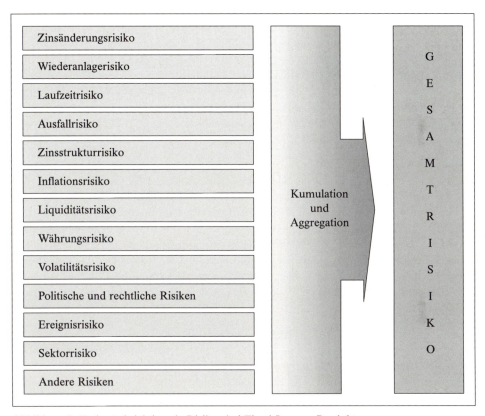

Abbildung 9: Zu berücksichtigende Risiken bei Fixed-Income-Produkten

Während das Zinsänderungsrisiko bei jeder Anleiheart auftritt, trifft dies auf die übrigen Einzelrisiken nicht zu. Hier sind je nach individueller Konstruktion des Fixed-Income-Produktes eines oder mehrere der übrigen Einzelrisiken zu beachten. Diese Einzelrisiken müssen nicht additiv sein, sondern können sich auch gegenläufig oder in sonstiger Weise zueinander verhalten. Nach Kumulation der jeweiligen Einzelrisiken erhält man, sofern eine Risikoart bei der betrachteten Anleihe aufgrund ihrer speziellen Konstruktion nicht mehrmals auftritt und daher zuvor aggregiert werden muss, das Gesamtrisiko der Anleihe, das angibt, mit welcher Wahrscheinlichkeit die angestrebte Laufzeit-Rendite-Kombination nicht erreicht wird.

- Zinsänderungsrisiko

Der Kurs eines typischen festverzinslichen Wertpapiers bewegt sich bei auftretenden Marktzinsänderungen grundsätzlich in die entgegengesetzte Richtung. Mit anderen Worten fällt bei steigendem Zins der Kurs festverzinslicher Wertpapiere, und es führt umgekehrt ein fallender Marktzins zu steigenden Kursen. Für einen Investor mit der Intention, ein solches Wertpapier bis zur Tilgung zu halten, ist dieser Effekt ohne Bedeutung. Anders verhält es sich jedoch für den Anleger, der dies nicht beabsichtigt, stellt sich doch ein vorzeitiger Verkauf eines solchen Wertpapiers nach einer Marktzinssteigerung als die Realisierung eines Verlustes dar. In diesem Fall hat sich das Zinsänderungsrisiko realisiert. Als Zinsänderungsrisiko bezeichnet man die Gefahr, dass sich die für die Bewertung von Finanztiteln relevanten Marktzinssätze in eine unvorteilhafte Richtung entwickeln, was eine Marktwertänderung des Finanztitels bedeutet. Daher wird das Zinsänderungsrisiko oft auch als Marktrisiko bezeichnet. Dem steht bei gegenläufigen Zinsentwicklungen weitgehend symmetrisch eine entsprechende Chance gegenüber. Dieses Zinsänderungsrisiko ist mit deutlichem Abstand das wichtigste zu beachtende Risiko im Fixed-Income-Bereich.

- Wiederanlagerisiko

Die laufenden Zahlungsrückflüsse, wie vor allem die anfallenden Zinszahlungen, werden in aller Regel reinvestiert. Der zusätzliche Rückfluss aus dieser Wiederanlage, mit anderen Worten der Zinseszins, hängt neben der Investitionsstrategie von den zum Zeitpunkt der Wiederanlage aktuellen Zinsniveaus ab. Das bei gegebener Strategie aus möglichen Zinsveränderungen resultierende Risiko hinsichtlich der Rendite der Wiederanlage ist das Wiederanlagerisiko. Das Risiko besteht dabei darin, dass das Zinsniveau, zu dem die Zinsrückflüsse der Anlage reinvestiert werden können, fällt. Ein solches Risiko steigt mit der Laufzeit einer Anleihe und ist von der Zinsauszahlungsstruktur der Anleihe abhängig.

- Laufzeitrisiko

Einige Anleihen räumen dem Emittenten das Recht ein, die Anleihe bereits vor dem eigentlichen Ende ihrer Laufzeit zu tilgen. Dieses Recht nimmt der Emittent dann wahr, wenn der Marktzins unter den Nominalzins der Anleihe sinkt. Aus Anlegersicht ergeben sich aus diesem Recht drei Nachteile:

1) Die Auszahlungsstruktur einer solchen Anleihe ist ex ante nicht sicher bekannt.
2) Aus der Tatsache, dass der Emittent die Anleihe bei fallendem Marktzins gegebenenfalls tilgen wird, ergibt sich für den Anleger ein zusätzliches Wiederanlagerisiko.
3) Das Gewinnpotenzial der Anleihe wird dadurch begrenzt, dass ihr Kurs nicht deutlich über den Kurs, zu dem der Emittent sein vorzeitiges Tilgungsrecht ausüben wird, steigen wird.

Das Laufzeitrisiko tritt jedoch zumindest hinsichtlich des ersten Nachteils auch bei Anleihen auf, die zwar kein besonderes Kündigungsrecht für den Emittenten aufweisen, bei denen jedoch die Tilgung der gesamten Anleihe nicht als Bullet Payment am Ende der

Laufzeit erfolgt, sondern in der Form der Ratentilgung, wobei die zu tilgenden Schuldverschreibungen in der Regel jeweils ausgelost werden.

- Ausfallrisiko (Credit Risk)

Das Ausfallrisiko oder auch „Kreditrisiko" stellt das Risiko dar, dass der Emittent eines festverzinslichen Wertpapiers „ausfällt", also nicht in der Lage sein wird, seine Zins- und Tilgungsverpflichtungen rechtzeitig und vollständig zu erfüllen. Das Ausfallrisiko wird durch Ratings von Rating-Agenturen, wie zum Beispiel Moody's Investor Service, Standard & Poor's oder Fitch IBCA, beschrieben. Dabei wird zwischen Emittentenratings, die sich auf die Bonität des Emittenten per se beziehen, und Emissionsratings, also Ratings die nur das Ausfallrisiko bezüglich der jeweiligen Anleiheemission beschreiben, unterschieden. Ein solches Ausfallrisiko besteht praktisch nicht bei deutschen und US-amerikanischen Staatsanleihen oder deutschen Pfandbriefen, wohl aber bei der Mehrzahl von Unternehmensanleihen oder Anleihen von niedriger gerateten Staaten (zum Beispiel Emerging Markets). Dies ist der Grund dafür, dass die meisten Unternehmensanleihen entweder unter pari oder mit einer höheren Verzinsung als eine entsprechende Benchmark-Anleihe angeboten werden.

- Zinsstrukturrisiko

In vielen Situationen substituiert der Anleger eine Anleihe mit gegebener Laufzeit durch eine andere mit längerer oder kürzerer Laufzeit. Um die unterschiedlichen Zinsänderungsrisiken beider Anleihen auszugleichen, wird eine „Anpassung" vorgenommen, die aber ihrerseits aufgrund einer getroffenen Annahme über Zinsveränderungen bei unterschiedlichen Laufzeiten vorgenommen wird. In dem Ausmaß, in dem die tatsächlichen Zinsveränderungen von dieser Annahme abweichen, besteht ein Zinsstrukturrisiko. Zum Zinsstrukturrisiko ist allerdings zu sagen, dass seine Bedeutung in Hedging-Situationen ungleich größer ist als bei reinen Investitionsentscheidungen. Zum Beispiel sollte eine Versicherungsgesellschaft, wenn sie Finanztitel erwirbt, um eine zukünftige feststehende Verbindlichkeit (beispielsweise Ablaufleistungen aus Kapitallebensversicherungen) zu tilgen, das Zinsstrukturrisiko im Auge behalten. Wenn hingegen ein Pensionsfonds mittelfristig in Fixed-Income-Produkte investiert, ist die Feinsteuerung bezüglich der Laufzeit weniger wichtig.

- Inflations- oder Kaufkraftrisiko

Das Inflationsrisiko tritt deshalb auf, weil Rückflüsse aus einem Wertpapier aufgrund zwischenzeitlicher Kaufkraftveränderungen einen unterschiedlichen tatsächlichen Wert aufweisen können. Dieses Risiko ergibt sich für alle Anleihen, bei denen die Zinszahlungen starr sind und daher nicht an die jeweiligen Inflationsraten angepasst werden können. So hat sich beim Kauf einer 5-jährigen Anleihe, die mit 7 Prozent verzinst wird, die Kaufkraft der Summe der Rückflüsse verringert, wenn die Inflationsrate bei 8 Prozent liegt.

- Liquiditätsrisiko

Das Liquiditätsrisiko beschreibt die Leichtigkeit, mit der ein Finanztitel am Markt zu oder nahe bei seinem tatsächlichen (inneren) Wert verkauft werden kann. Es wird vor allem durch die Größe des Bid-Ask-Spreads bestimmt. Je größer der Spread ist, desto höher ist auch das Liquiditätsrisiko. Für einen Investor, der den Finanztitel bis zum Ende seiner Laufzeit hält, ist dieses Risiko weniger wichtig.

- Währungsrisiko

Eine Anleihe, die in einer anderen als der Heimatwährung aufgelegt wird, hat ex ante unbekannte Rückflüsse in der Heimatwährung, da diese vom Währungskurs zum Zeitpunkt des Rückflusses abhängen. Beispielsweise sind für einen deutschen Anleger die Rückflüsse einer US-Dollar-Anleihe gemessen in Euro nicht von vornherein sicher. Sollte der Euro im Vergleich zum Dollar während der Anleihelaufzeit nachgeben (zulegen), sind die Rückflüsse niedriger (höher) als bei konstanten Wechselkursen. Die Wahrscheinlichkeit dieser aus Anlegersicht negativen (positiven) Entwicklung wird durch das Währungskursrisiko beschrieben.

- Volatilitätsrisiko

Der Kurs einer Wandel- oder Optionsanleihe, also einer Anleihe mit einer integrierten Option, hängt von den Zinsniveaus und anderen Faktoren, die den Wert der Option beeinflussen, ab. Einer dieser anderen Einflussfaktoren ist die erwartete Volatilität der Zinsniveaus. Der Wert der Option steigt mit Zunahme der Zinsvolatilität, da bei einer höheren Schwankungsbreite des Underlyings die Wahrscheinlichkeit dafür steigt, dass die Option zum Ausübungszeitpunkt im Geld ist.

- Politische und rechtliche Risiken

Politische und rechtliche Risiken erfassen die Wahrscheinlichkeit, dass irgendeine politische oder rechtliche Maßnahme den Kurs einer Anleihe negativ beeinflusst, beispielsweise die Ankündigung oder Einführung von Steuern (mit echter oder unechter Rückwirkung) oder Regelungen hinsichtlich der Risikosteuerung bestimmter institutioneller Anleger.

- Ereignisrisiko (Event Risk)

In seltenen Fällen wird die grundsätzlich gegebene Möglichkeit eines Emittenten, Zins- und Tilgungszahlungen zu leisten, durch unvorhergesehene, erhebliche von außen kommende Ereignisse gestört. Das hierauf bezogene Ereignisrisiko erfasst deshalb nur die von außen kommenden Ereignisse, weil die Wahrscheinlichkeit interner Ereignisse dieser Art bereits vom zuvor beschriebenen Ausfallrisiko abgebildet wird. Solche von außen kommenden Ereignisse sind entweder Unfälle industriellen oder natürlichen Ursprungs, Unternehmensübernahmen oder unternehmerische Restrukturierungsmaßnahmen.

- Sektorrisiko

Anleihen, die in verschiedenen Marktsegmenten gehandelt werden, reagieren möglicherweise aufgrund einer Kombination von einigen oder sogar allen der oben beschriebenen Einzelrisiken unterschiedlich auf verschiedene Umweltveränderungen. Die Möglichkeit, dass sich diese Risiken segmentspezifisch unterschiedlich auswirken, nennt man Sektorrisiko.

- Andere Risiken

Die beschriebenen Risiken decken nicht alle auftretenden Risiken ab, denen die Anlage in festverzinslichen Finanztiteln ausgesetzt ist. In der Praxis fasst man gewöhnlich alle Risiken außer dem Zinsänderungsrisiko unter dem Begriff Basisrisiko zusammen.

Welche der beschriebenen Risiken in welchem Ausmaß im konkreten Fall auftreten, hängt vom jeweiligen Finanzierungstitel ab. So muss ein Händler bei Benchmark-Anleihen vor allem das Zinsänderungsrisiko beachten, kann aber das Ausfallrisiko vernachlässigen. Bei High-Yield-Anleihen hingegen ist das Ausfallrisiko neben dem Zinsänderungs- und Laufzeitrisiko von zentraler Bedeutung. Die Berücksichtigung der jeweils relevanten Risiken ist für den Trader jeder Investmentbank daher eine notwendige Erfolgsvoraussetzung. Nach ihrer Identifizierung müssen die Risiken aber auch adäquat gemanagt werden, um weiterhin erfolgreich auf den Märkten agieren zu können.

### 3.3.2 Arbitragestrategien

Aus der aufgezeigten Vielzahl zu beachtender Risiken und der von der Aktie abweichenden Natur festverzinslicher Finanzierungstitel folgt, dass sich für den Trader andere Arbitragestrategien ergeben. In Anlehnung an *Liaw*[9] werden nachfolgend exemplarisch einige im Fixed Income Trading verbreitete Arbitragestrategien vorgestellt. Hierbei handelt es sich um strukturelle Arbitrage, Convergence Trading, Zinsstrukturarbitrage sowie Covered Interest Arbitrage.

- Strukturelle Arbitrage

Strukturelle Arbitrage, worunter zum Beispiel das Coupon-Stripping, also das separate Handeln von Zins-Coupons und dem verbleibenden Mantel zu einem signifikant höheren Kurs als dem der gesamten Anleihe, fällt, ist eher dem Primärmarktgeschäft zuzuordnen und soll daher an dieser Stelle nur kurz angesprochen werden. Hier wird durch Generierung von Finanzinnovationen versucht, bestimmte Anlegerwünsche und -erwartungen genau zu treffen und damit neben der Realisation risikoloser Gewinne den Kapitalmarkt zu vervollständigen.

- Convergence Trading

Beim Convergence Trading wird regelmäßig der Markt für Finanztitel nach offensichtlichen absoluten und relativen Fehlbewertungen durchsucht. Ausgangspunkt ist die Überlegung, dass Märkte zwar grundsätzlich effizient sind, von Zeit zu Zeit aber Fehlbewertungen auftreten, die allerdings nur von gewisser zeitlicher Dauer sind, sodass sich die Finanztitel wieder ihrem eigentlichen Preis, dem Fair Value, annähern. Die Arbitrageure versuchen dann, einen Trade zu konstruieren, mit Hilfe dessen es ihnen gelingt, den Spread zwischen dem momentanen Preis und dem von ihnen als Fair Value angenommenen Preis, von dem sie ausgehen, dass sich der Finanztitel wieder auf diesen zubewegen und ihn schließlich annehmen wird, zu realisieren. Dafür werden die Wahrscheinlichkeit und das Timing der Rückkehr des Anleihepreises zu seinem Fair Value, also der Convergence, berechnet, die Durationsgewichtung formuliert sowie auftretende Risiken überwacht und gemanagt. Die zwischenzeitliche relative Fehlbewertung und anschließende Annäherung, die durch das Convergence Trading ausgenutzt werden soll,

---

[9] Liaw (1999), S. 188 ff.

kann zwischen zwei Anleihen mit entsprechender Laufzeit, einer Anleihe und einem hierauf bezogenen Future-Kontrakt, Anleihen verschiedener Laufzeiten auf der Zinsstrukturkurve, Anleihen verschiedener Staaten oder verschiedenen Anleihetypen auftreten. Die Technik des Convergence Trading wird vor allem mit der Investmentbank Schroder Salomon Smith Barney, vormals Salomon Brothers, und dort mit dem Fixed Income Trader *John Meriwether* verbunden, der in den 80er Jahren in diesem Bereich des Arbitrage Trading äußerst erfolgreich war.[10]

- Zinsstrukturarbitrage (Yield Curve Arbitrage)

Bei der Zinsstrukturarbitrage nutzt der Trader Zinsanomalitäten zwischen Anleihen verschiedener Laufzeiten aus. Dies geschieht, indem er Anleihen, die sich an einer „zu billigen Stelle" der Zinsstrukturkurve befinden, die also bezüglich ihrer Verzinsung und Laufzeit unterhalb ihrem tatsächlichen Wert notieren, kauft und Anleihen, die demgegenüber an einer zu teueren Position der Kurve notieren, (leer-)verkauft. Zu einem späteren Zeitpunkt sollen die eingegangenen Positionen wieder glattgestellt werden und zwar, wenn

a) die (leer-)verkaufte Anleihe in ihrem Kurs gefallen und damit im Zins gestiegen ist,
b) die gekaufte Anleihe in ihrem Kurs gestiegen oder in ihrer Verzinsung gesunken ist, oder
c) eine Kombination der genannten beiden Fälle auftritt.

Bei einer derartigen Betrachtung einzelner Punkte auf derselben Zinsstrukturkurve ist der Händler von eventuellen Parallelverschiebungen der Zinsstrukturkurve unabhängig. Bei einer Verschiebung nach oben wird der resultierende Verlust der Kaufposition durch einen entsprechenden Gewinn bei der Verkaufsposition kompensiert. Eine Verschiebung der Zinsstrukturkurve nach unten würde zu umgekehrten Folgen führen. Daher braucht der Trader nicht die Richtung etwaiger Zinsniveauverschiebungen vorherzusehen, ist aber sehr darauf bedacht, Zinsspreads zwischen verschiedenen Laufzeiten auf der Zinsstrukturkurve zu identifizieren. Das Risiko der Zinsstrukturarbitrage liegt in vom Trader unvorhergesehenen Veränderungen der Gestalt der Zinsstrukturkurve. In einem solchen Fall können aufgrund der oftmals hohen Positionen enorme Verluste realisiert werden. Um dem vorzubeugen, verlassen sich die Trader in den verschiedenen Investmentbanken auf leistungsfähige Informationssysteme und Datenbanken, in denen eine Vielzahl von Informationen zu historischen Spreads ständig abrufbar ist, und verwenden gleichzeitig Software zur Erkennung gegenwärtiger Zinsanomalien, die Zinsspreads bedingen, welche dann im Wege der Arbitrage ausgenützt werden können.

*Stigum/Robinson* geben in ihrem Buch[11] ein (etwas älteres) Beispiel dafür, auf welche Weise entlang der Zinsstrukturkurve arbitragiert werden kann. Ende Oktober 1981 war in den USA die Zinsstrukturkurve im Bereich der Anleihen mit drei bis vier Jahren Laufzeit relativ flach. Ein Trader erwartete, dass die Zentralbank in baldiger Zukunft die Verzinsung der Staatsanleihen erhöhen würde, was eine steilere Zinsstrukturkurve in

---

[10] Beispiele bei Liaw (1999), 190 ff.
[11] Stigum/Robinson (1997), Nachweis bei Liaw (1999), S. 192 f.

diesem Bereich zur Folge gehabt hätte. Am 21. Oktober kauft dieser Trader zur Ausführung am nächsten Tag deshalb die entsprechende 3-Jahres-Anleihe 13 1/8s zum 15. 8. 1985, verzinst zu 10,95 Prozent. Gleichzeitig verkaufte er die 4-Jahres-Staatsanleihe 12 1/4s zum 30. 9. 1986 zu einem Zins von 11,00 Prozent. Die 3-Jahres Anleihe notierte zu dem Zeitpunkt zu einem Kurs von 105:03+ $ und der Zinsgegenwert von 1/32 war 0,126. Die 4-Jahres-Anleihe wurde zu 103:28+ $ gehandelt und der Zinswert von 1/32 lag bei 0,096. Der um 1/32 kleinere Zinsgegenwert bei der 4-Jahres-Anleihe bedeutet, dass für eine gegebene Veränderung der Zinsniveaus nach oben oder unten die 4-Jahres Anleihe 1,31 mal so stark reagieren würde wie die 3-Jahres Anleihe. Um das Zinsänderungsrisiko zu minimieren, gestaltete der Trader die Arbitrage in einem Verhältnis, welches die Zinswerte von 1/32 zwischen den beiden Anleihen zur Grundlage hatte. Dadurch wurde die Arbitrage gegen allgemeine Zinsniveauverschiebungen abgesichert, allerdings nicht gegenüber relativen Zinsverschiebungen innerhalb der Zinsstrukturkurve, eine derartige Veränderung sollte ja gewinnbringend ausgenutzt werden. Der Trader kaufte für 1,31 Mio. $ die beschrieben 3-Jahres Anleihen und finanzierte dieses Geschäft zu einem Zins von 7,5 Prozent. Gleichzeitig verkaufte er zu 1 Mio. $ die 4-Jahres-Anleihe leer und sicherte die mögliche Erfüllungsverpflichtung über eine Wertpapierleihe ab.

Einen Monat später als die Erwartungen des Traders erfüllt wurden, veränderte sich die relevante Zinsstrukturkurve, sie wurde im besagten Abschnitt steiler. Der Trader verkaufte daraufhin die 3-Jahres-Anleihe zu 106:02+ $ (entspricht einem Zins von 10,49 Prozent) und deckte sich mit der 4-Jahres-Anleihe, die er ja zuvor leerverkauft hatte, zu 105:01 $ ein (entspricht einem Zins von 10,65 Prozent). Der Gewinn dieses Geschäfts betrug 2611 $ für jede Million arbitragierter Anleihen. In der Praxis werden solche Geschäfte normalerweise erst ab einem Volumen von ungefähr 100 Mio. $ abgewickelt.

- Covered Interest Arbitrage

Covered Interest Arbitrage findet statt zwischen einer Position in festverzinslichen Finanzierungstiteln, die in der einheimischen Währung gehandelt werden, und einer abgesicherten (gehedgten) Position in solchen, die in einer ausländischen Währung, beispielsweise US-Dollar, gehandelt werden. Hierfür wird die ausländische Anleihe als gehedgte Position erworben und eine vergleichbare Position in Euro gehandelter Anleihen leerverkauft. Beim Kauf der ausländischen Anleihe muss die Position deshalb gehedgt werden, um das Währungsrisiko auszuschalten. Dies kann mit Hilfe eines Forwards, eines Währungsfutures oder einer Währungsoption geschehen; in der Praxis am häufigsten wird ein Währungsswap konstruiert.

Mathematisch lässt sich die Arbitrage-Bedingung der Covered Interest Arbitrage wie folgt formulieren:

$$y_f - y_s = \left(\frac{S}{F} - 1\right) * \left(\frac{360}{T} + y_s\right)$$

wobei $y_f$ der Geldmarktkurs des ausländischen Titels ist, $y_s$ der Kurs einer entsprechenden inländischen Anleihe, S der Kassazins (Spot Rate), angegeben in Euro pro ausländischer Währungseinheit, F der Terminzins (Forward Rate), T die Zeit in Tagen. Das

Zins-Differential auf der linken Seite der Gleichung muss der Rendite des Swaps, der zum Hedging des Währungsrisikos verwendet wird, also der rechten Seite der Gleichung, entsprechen. Wenn angenommen wird, dass die relevante ausländische Währung aufgewertet werden wird, wird der Terminzins höher liegen als der Kassazins und deshalb durch den Hedge ein (risikoloser) Gewinn generiert. Damit der gehedgte ausländische Finanztitel dieselbe Rendite aufweist wie ein ähnliches in Euro aufgelegtes Finanzinstrument, muss $y_f$ kleiner sein als $y_\epsilon$. Wenn alternativ angenommen die ausländische Währung schwach ist, wird der Kassazins über dem Terminzins liegen. Die Verzinsung des ausländischen Finanztitel muss daher höher liegen als die des inländischen, da ansonsten Arbitragemöglichkeiten bestehen würden. Anders ausgedrückt: Wenn das Zinsdifferential größer ist als die Rendite des konstruierten Swaps, wird der Trader den ausländischen Titel kaufen und den inländischen Titel (leer-)verkaufen, um aus der Zinsanomalie Profit zu ziehen. Dies hat eine höhere Nachfrage nach der ausländischen Währung auf den Kassamärkten und ein höheres Angebot auf den Terminmärkten zur Folge. Sofern es sich dabei um marktbeeinflussende Positionen handelt, wird der Zins des ausländischen Finanztitels sinken und die Verzinsung des inländischen Titels steigen. Die Marktreaktion auf den Wertpapier- und Devisenmärkten wird somit die Identität des Zinsdifferentials mit der Swapverzinsung wieder herstellen. Im Falle, dass das Zinsdifferential geringer ist als die Swapverzinsung, ergibt sich ein zum Gesagten gegenläufiger Prozess.

# Literaturhinweise

ACHELIS, S. B.: Technical Analysis From A to Z, Chicago 1995.
BRINKER, B.: Strategische Herausforderungen im Investment Banking: Integration von Wholesale und Retail Banking, Diss. EUROPEAN BUSINESS SCHOOL, Wiesbaden 1998.
BÜHLER, W.: Portfolio-Insurance, in: Gerke, W./Steiner, M. (Hrsg.): Handwörterbuch des Bank- und Finanzwesens, 2. Aufl., Stuttgart 1996, Sp. 1526–1538.
BÜSCHGEN, H. E./RICHOLT, K. (HRSG.): Handbuch des internationalen Bankgeschäfts, Wiesbaden 1989.
DEMSETZ, H.: The Cost of Transacting, in: Quarterly Journal of Economics, Vol. 82 (1968), S. 33–53.
DEUTSCHE BUNDESBANK: Turnover of German banks in foreign exchange dealings and derivatives business, Pressenotiz vom 9. 10. 2001, Frankfurt am Main 2001.
DIETRICH, J.: Financial Services and Institutions: Value Creation in Theory and Practice, New Jersey 1996.
EBERSTADT, G.: Wertpapiereigengeschäft der Kreditinstitute, in: Gerke, W./Steiner, M. (Hrsg.): Handwörterbuch des Bank- und Finanzwesens, 2. Aufl., Stuttgart 1996, Sp. 2006–2013
FABOZZI, F. J. (HRSG.): Handbook of Fixed Income Securities, 5. Aufl., Chicago u. a. O. 1997.
FAMA, E. F.: Efficient Capital Markets: A Review of Theory and Empirical Work, in: Journal of Finance, 35. Jg. (1970), S. 383–417.

FAMA, E. F./FRENCH, K. R.: The Cross-Sections of Expected Stock-Returns, in: Journal of Finance, 47. Jg. (1992), S. 427–465.

GARDENER, E./MOLYNEUX, P. (HRSG.): Investment Banking, Theory and Practice, 2. Aufl., Plymouth 1996.

GERKE, W./STEINER, M. (HRSG.): Handwörterbuch des Bank-und Finanzwesens, 2. Aufl., Stuttgart 1996.

KUHN, R. L. (HRSG.): Corporate and Municipal Securities Vol. III of the Library of Investment Banking, Homewood 1990.

LEMMER, J.: Der Eigenhandel als strategisches Geschäftsfeld deutscher Banken, in: Die Bank, o. Jg. (1999), 620–627.

LIAW, T.: The Business of Investment Banking, New York u.a.O. 1999.

LOTT, T. (HRSG.): The Vault.com Career Guide to Investment Banking, New York 1999.

MARSHALL, J. F./ELLIS M. E.: Investment Banking & Brokerage, Chicago 1994.

MATTHEWS, J. O.: Struggle and Survival on Wall Street: Economics of Competition among Securities Firms, New York/Oxford 1994.

MCLEAN, S. K. (HRSG.): The European Bond Markets, 5. Aufl., Cambridge u.a.O. 1993.

SCHMIDT, R./MAY, A.: Erklärung von Aktienindices durch Pressemeldungen, in: Zeitschrift für Betriebswirtschaft, 63. Jg. (1993), S. 61–88.

SEIFERT, W./ACHLEITNER, A.-K./MATTERN, F./STREIT, C./VOTH, H.-J.: European Capital Markets, Houndmills, Basingstoke, Hampshire and London 2000.

STEINER, M./BRUNS, C.: Wertpapiermanagement, 6. Aufl., Stuttgart 1998.

STEINER, M./RAULIN, G.: Eigenoptionshandel: Steuerung und Kontrolle, in: Die Bank, o. Jg. (1992), 468–473.

STIGUM, M./ROBINSON, F. L.: Money Market and Bond Calculations, Burr Ridge 1997.

WITT, M.: Der Eigenhandel von Universalbanken, Wiesbaden 1994.

# Asset Management

1. Tätigkeit der Investmentbanken im Asset Management
   1.1 Verwaltete Assets
   1.2 Angebotene Dienstleistungen
   1.3 Strategie einer Investmentbank im Asset-Management-Geschäft
   1.4 Angesprochene Kundengruppen und deren Ansprüche
   1.5 Leistungsbündel-Kundengruppen-Verhältnis
   1.6 Strategische Bedeutung des Asset-Management-Geschäfts
   1.7 Entwicklungstendenzen des Asset-Management-Geschäfts
2. Produktentwicklung
   2.1 Charakteristika von Fonds
      2.1.1 Grundlagen und Motive
      2.1.2 Regulatorischer Rahmen
   2.2 Fondsarten
      2.2.1 Ausprägungen von Fonds
      2.2.2 Fondstypologie nach Anlageobjekten
      2.2.3 Fondstypologie nach Zielgruppe
      2.2.4 Altersvorsorge-Sondervermögen
3. Investmentprozess
   3.1 Asset Allocation
      3.1.1 Strategische Asset Allocation
      3.1.2 Taktische Asset Allocation
      3.1.3 Voraussetzungen für die Asset Allocation
   3.2 Asset Selection
      3.2.1 Passives vs. aktives Portfoliomanagement
      3.2.2 Einzeltitelauswahl
      3.2.3 Portfolioüberwachung
   3.3 Performance-Controlling
      3.3.1 Externe Performancemessung
      3.3.2 Interne Performancemessung
4. Appendix: Theoretische Grundlagen der Asset Allocation in Aktien
   4.1 Portfoliotheorie
      4.1.1 Grundlagen der Portfoliotheorie
      4.1.2 Modell der Portfolio-Selection von Markowitz
      4.1.3 Indexmodell von Sharpe
   4.2 Kapitalmarkttheoretische Grundlagen
      4.2.1 Capital Asset Pricing Model
      4.2.2 Arbitrage Pricing Theory
      4.2.3 Problembereiche der Modelle und andere Ansätze

4.3 Markteffizienzhypothese und ihre Implikationen für das Asset Management
    4.3.1 Klassifizierung
    4.3.2 Empirische Relevanz
    4.3.3 Implikationen für das Asset Management
Literaturhinweise

# Verzeichnis der Abbildungen

Abbildung 1: Anlageklassen
Abbildung 2: Wertschöpfungskette des Asset Managements
Abbildung 3: Wertschöpfungsaktivitäten im Rahmen des Asset Managements
Abbildung 4: Nachfragesegmente im Asset Management
Abbildung 5: Bedeutung der Wertschöpfungsaktivitäten für einzelne Kundengruppen
Abbildung 6: Zusammensetzung des Fondsvermögens inländischer Investmentfonds (1999)
Abbildung 7: Wachstum von Publikums- und Spezialfonds
Abbildung 8: Investmentprozess
Abbildung 9: Methoden der Fundamentalanalyse
Abbildung 10: Risikominderung durch Diversifikation
Abbildung 11: Risiko/Rendite-Profil vollständig korrelierter Wertpapiere
Abbildung 12: Risiko/Rendite-Profil weitgehend unkorrelierter Wertpapiere
Abbildung 13: Efficient Frontier
Abbildung 14: Konstruktion des optimalen Portfolios aus Aktien und risikoloser Anlage
Abbildung 15: Security Market Line
Abbildung 16: Internationale Diversifikation
Abbildung 17: Ausprägungen von Informationseffizienz

# 1. Tätigkeit der Investmentbanken im Asset Management

Beim Asset Management, in der US-amerikanischen Literatur häufig auch als Investment Management oder zu Deutsch Anlage(n)management bezeichnet, handelt es sich um das Geschäft, Gelder in bestimmte Vermögenswerte (Assets) anzulegen. Um das Asset Management zu charakterisieren, wird daher vorab analysiert werden, welche Assets mit welchen Dienstleistungen für welche Kundengruppen gemanagt werden, und wie sich die Dynamik dieses Geschäftsfeldes gestaltet.

## 1.1 Verwaltete Assets

Unter Assets (Anlagen) werden – aus der Perspektive des anlegenden Bankers – sämtliche grundsätzlich handelbaren Vermögenswerte, die Gegenstand einer finanzwirtschaftlichen Kapitalanlage sein können, verstanden. Diese unterteilt man ihrerseits in so genannte Asset Classes (Anlageklassen). Damit Anlagen eine eigene *Asset Class* verkörpern, müssen nach *Sharpe* folgende Kriterien erfüllt sein:[1]

- Die verschiedenen Anlageklassen müssen sich gegenseitig ausschließen. Eine Anlage darf damit nur einer Anlageklasse zuteilbar sein.
- Eine Anlageklasse muss umfassend sein, das heißt eine große Anzahl von Anlagen beinhalten und hierdurch eine Diversifikation innerhalb der Anlageklasse ermöglichen.
- Die Erträge der einzelnen Anlageklassen müssen sich unterscheiden. Die Renditen müssen also eine niedrige Korrelation oder aber bei hoher Korrelation signifikant unterschiedliche Standardabweichungen aufweisen.

In der Praxis werden, wie in Abbildung 1 aufgezeigt, innerhalb der Anlageklassen die so genannten Alternativen Anlageklassen (Alternative Asset Classes) ausgegrenzt. Die Ausgrenzung dieser Klassen ergibt sich dabei nicht auf Grund einer einheitlichen Definition einer traditionellen Klasse, sondern eher aus den Ausgrenzungskriterien der Alternativen Klassen: Dabei handelt es sich um solche Anlageklassen, bei denen das Grundkriterium der Handelbarkeit erfüllt ist, die jedoch gleichwohl nur in einem geringen Ausmaß zur Anlage verwendet werden. Das geringe Ausmaß ist dabei in der Regel darauf zurückzuführen, dass diese Anlagen nicht standardisiert und somit lediglich auf nicht organisierten Märkten handelbar sind. Dies wird deutlich, wenn man sich die bedeutendsten Alternativen Anlageklassen anschaut. Dies sind Private Equity (das heißt Eigenkapitalinvestitionen in nicht börsennotierte Unternehmen) und Rohstoffe (Commodities) sowie Direktanlagen in Immobilien. Zudem gibt es weitere Alternative Anlageklassen wie Antiquitäten und Kunst, in die allerdings seltener angelegt wird.

---

[1] Sharpe (1992), S. 8.

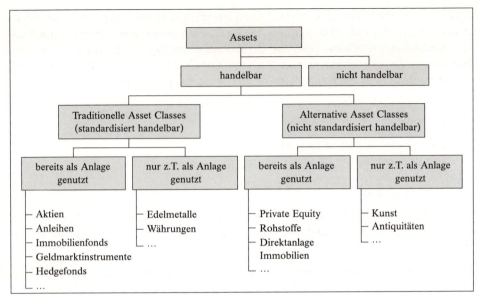

Abbildung 1: Anlageklassen

Sofern im Rahmen des Asset Mangements durch Investmentbanken in solche Alternativen Anlageklassen angelegt wird, geschieht dies in der Regel nicht direkt, sondern vielmehr mittelbar über Fonds. So legen Banken beispielsweise Private-Equity-Fonds auf oder entwickeln Fonds, die in Kunstobjekte wie zum Beispiel Gemälde investieren.

Als eine Form der alternativen Anlageklassen haben sich in den letzten Jahren insbesondere die Verbriefungen von Versicherungsrisiken herausgebildet. Dabei emittieren die Versicherungen konkret definierte Portfolios von Schadensansprüchen aus einzelnen Policen (zum Beispiel Schäden aus Hagel, Hurrikans oder Erdbeben) als risikobehaftete Wertpapiere. Der Investor übernimmt damit spezifische Risiken, für die er eine besondere Prämie erhält. Da die Diversifikation der Kapitalanlage in möglichst unterschiedliche Risikoklassen das Gesamtrisiko des Portfolios senkt, stellen diese alternativen Anlageklassen eine interessante Ergänzung für die Investoren dar. Bisher hat sich das Wachstum in diesem Anlagesegment erst langsam entwickelt. Dies liegt unter anderem an der hohen Konstruktions- und Bewertungskomplexität und der sich daher erst langsam herausbildenden Anlageexpertise der Investoren hinsichtlich dieser Instrumente. Für die Zukunft wird für dieses Gebiet noch eine Vielzahl weiterer Anlageprodukte erwartet. Zum einen werden die Versicherungen weitere Versicherungsverbriefungen auf den Markt bringen. Zum anderen ist damit zu rechnen, dass auch die Industrie- und Dienstleistungsunternehmen zukünftig einzelne Geschäftsrisiken (zum Beispiel Preisschwankungen am Beschaffungs- und Absatzmarkt sowie andere ökonomische Rahmenbedingungen wie Wetter- und Konjunkturschwankungen) als einzelne Investitionsmöglichkeiten dem Kapitalmarkt zur Verfügung stellen.

Betrachtet man die Anlageklassen nach dem Gesichtspunkt der Liquidität, so ist festzustellen, dass es Anlageklassen gibt, die im Unterschied zu den Alternativen Anlageklassen standardisiert handelbar sind, also laufend auf einem liquiden Markt gehandelt und bewertet werden. Man könnte sie somit als traditionelle Anlagen bezeichnen. Gleichwohl zählen nicht alle traditionellen Anlagen zu den Anlagekategorien des Asset Managements.

Zu diesen „normalen" Assets, welche verbreitet als Anlage genutzt werden, zählen zum Beispiel:

- Anleihen (und die hierauf lautenden Derivate),
- Aktien (und die hierauf lautenden Derivate),
- Immobilien und
- Geldmarktanlagen.

Den übrigen traditionellen Anlagen, wie zum Beispiel Währungen oder Edelmetallen, kommt im Rahmen des Asset-Management-Geschäftes nur eine untergeordnete Bedeutung zu.

Migrationen von Anlagen in eine andere Kategorie sind möglich, wenn ihre Handelbarkeit oder das Anlagevolumen sich verändern. So kann es geschehen, dass Instrumente wie Wandel- oder High-Yield-Anleihen, welche die obigen Kriterien einer eigenen Anlageklasse erfüllen, sich durch das Ausmaß des angelegten Volumens zu einer eigenständigen Anlageklasse entwickeln.

Nicht eindeutig zuzuordnen sind in dieser Systematik die so genannten Hedgefonds. Hedgefonds stellen ein Anlagevehikel dar, das in traditionelle Anlagen wie Aktien, Anleihen und Währungen investiert, jedoch auf Grund der besonderen Anlagestrategie (siehe Abschnitt 2.2.2) Ergebnisse erzielen kann, die mit einem Aktien- bzw. Anleihenindex allenfalls schwach positiv korreliert sind. Auf Grund dieser Tatsache können sie eher den Investmentfonds als traditioneller Anlageklasse zugeordnet werden.

Von Bedeutung ist schließlich der derzeitige Trend, Risiken zunehmend handelbar zu machen. Derartige Anlagen sind auf Grund ihrer fehlenden Korrelation mit Finanzinstrumenten für Anleger interessant, gleichwohl erfordert die Anlage hierein ein hohes Fachwissen, das sich auch bei Experten erst herausbilden muss. Je mehr solche Derivate standardisiert handelbar werden, desto mehr werden sie sich zu einer eigenen Anlageklasse entwickeln können. Zurzeit kann hiervon jedoch noch nicht gesprochen werden.

Bei der Konzeption einer Anlagestrategie ist die Aufteilung in Anlageklassen sehr wichtig. So muss eine Anlagestrategie primär von den unterschiedlichen Risiko/Rendite-Eigenschaften der verschiedenen Anlageklassen ausgehen. Sie beinhaltet damit nicht nur die isolierte Auswahl bedarfsgerechter Assets, sondern vorab auch eine sorgfältige Analyse der mit einer solchen Investition verbundenen Risikoprofile. Die moderne Portfoliotheorie liefert hier die wichtige Erkenntnis, dass das Zusammenwirken der Risiko/Rendite-Eigenschaften sämtlicher im Portfolio vertretener Wertpapiere Beachtung finden sollte.

Das Asset-Management-Geschäft der Investmentbanken kann sich grundsätzlich sowohl auf die traditionellen als auch die Alternativen Anlageklassen beziehen. In der Regel beschränken sich die Asset-Management-Abteilungen der Investmentbanken, insbesondere in Deutschland, jedoch auf die traditionellen Anlageklassen. In den folgenden Abschnitten wird daher das besondere Gewicht auf die verbreitet als Anlage genutzten, traditionellen Assets gelegt. Sofern angebracht, wird jedoch die Betrachtung auf andere Bereiche ausgeweitet. Einen Einblick in das Fondsmanagement im Private-Equity-Bereich gibt zudem der folgende Beitrag über die Tätigkeit der Investmentbanken im Bereich Principal Investment.

## 1.2  Angebotene Dienstleistungen

Auch wenn mit der Titulierung des Geschäftsbereichs als Asset Management häufig ausschließlich die Verwaltung der Vermögenswerte angesprochen wird, ist diese Leistung nur ein Bestandteil der in Abbildung 2 aufgezeigten, mehrstufigen Wertschöpfungskette. Im Gesamtüberblick besteht diese aus fünf Bestandteilen: der Produktentwicklung, dem Investmentprozess/Anlagemanagement, dem Servicing, dem Branding/Marketing und der Distribution. Insofern kann zwischen dem Asset Management im weiteren Sinne (eben dieser Wertschöpfungskette) und dem Asset Management im engeren Sinne (dem reinen Investmentprozess/Anlagemanagement) unterschieden werden. Letzteres wird daher hier und in der Folge nur kurz als Investmentprozess bezeichnet.

Bei der *Produktentwicklung* geht es um die Konstruktion bedarfsgerechter Anlageinstrumente sowie deren Kombination in unterschiedlichen Fondskonzepten unter Beachtung der jeweiligen nationalen rechtlichen und administrativen Rahmenbedingungen. Dabei werden – je nach Kundengruppe – Publikums- oder Spezialfonds aufgelegt. Während bei der Entwicklung von Publikumsfonds die Konzeption des Produktes und der hierauf abgestellte Investmentprozess am Anfang stehen und hieran anschließend erst die Kunden angesprochen werden, folgt die Produktentwicklung für Spezialfonds-Kunden erst nach der Etablierung der Kundenbeziehung und steht in einem unauflösbaren Zusammenhang mit dem Investmentprozess selbst. Produktentwicklung kann somit – bildlich gesprochen – sowohl als Prêt-à-porter-Produktion als auch als Maßschneiderung angegangen werden.

Der *Investmentprozess*, der auch als Anlagemanagement im engeren Sinne bezeichnet wird, beinhaltet ein mehrstufiges Vorgehen. In seinem Zentrum steht die Portfoliokonstruktion durch Asset Allocation und Asset Selection. Hieran schließen sich das Portfoliocontrolling und die Performanceüberwachung an. Der Investmentprozess baut dabei auf ein umfassendes theoretisches Grundgerüst auf. Die wesentlichsten Theorien zur Asset Allocation in Aktien werden daher im Appendix (vgl. Abschnitt 4 in diesem Kapitel) dargestellt.

Beim *Servicing* geht es um die Versorgung des Anlegers mit allen notwendigen Informationen über die Anlage und ihre Entwicklung. Der Komplexitätsgrad des Servicing und das Ausmaß der notwendigerweise dahinter stehenden EDV-Infrastruktur ergibt sich aus der Art und Anzahl der Kunden.

Hinzu kommen das *Branding* und das *Marketing*, welche stark von der gewählten Kundengruppe abhängen. Im Falle, dass Einzelpersonen angesprochen werden sollen, ist es

Abbildung 2: Wertschöpfungskette des Asset Managements

unumgänglich, dass die Reputation, also die Marke der Investmentbank, bekannt ist. Nicht nur in finanzieller Hinsicht sind erhebliche Marketinganstrengungen erforderlich, um mittels des Markennamens eine Reputation zu schaffen bzw. zu erhalten. Bei institutionellen Kunden ist zwar ebenso eine starke Marke erforderlich, diese ist jedoch in diesem Falle anders definiert: Wie auch in anderen Bereichen des Investment Banking stellt sie das Ergebnis der Performance dar und muss lediglich in Fachkreisen bekannt sein. Somit ist ein Marketing im herkömmlichen Sinne hier nicht erforderlich. In Abhängigkeit von der gewählten Kundenstrategie könnte die Wertschöpfungskette damit an dieser Stelle auch differenzierter dargestellt werden.

Schließlich ist aus der Perspektive der Investmentbank die *Distribution* wichtig. Man bezeichnet sie auch als Asset Gathering. Gemeint ist hiermit das tatsächliche Einsammeln der im Rahmen des Asset Managements verwalteten Gelder über ein Vertriebsnetz. Die Distribution kann damit – in Abhängigkeit vom Kundensegment – sowohl am Ende als auch am Anfang der Wertschöpfungskette angesiedelt sein. Sie kann zudem, wie folgende Ausführungen zur angebotenen Dienstleistungstiefe zeigen, sowohl von der Bank selbst durchgeführt werden (Direct Distribution) als auch durch Dritte erfolgen (Third Party Distribution).

In Deutschland kommt es zudem bei einigen wenigen Häusern in einem ersten Schritt zu einer (in der dargestellten Wertschöpfungskette nicht aufgeführten) *Asset- and Liability-Beratung*. Die Unternehmen werden also nicht nur hinsichtlich der Anlage verfügbarer Mittel beraten, sondern vorab auch darin unterstützt, die zukünftigen Mittelabflüsse zu berechnen und diese bei der Konzeption der Anlagephilosphie mit zu berücksichtigen. Die Notwendigkeit, derartige Abflüsse mit in die Überlegungen einzubeziehen, ergibt sich insbesondere bei der Anlage von betrieblichen Pensionsgeldern. In den angloamerikanischen Ländern stellt dieser Schritt keinen integralen Teil der Asset-Management-Wertschöpfungskette dar, da diese Dienstleistungen von externen Beratern, so genannten Investment Consultants und Pension Consultants, erbracht werden. Auf Grund der abweichenden Ausgestaltung des deutschen Pensionssystems sind derartige Berater auf dem deutschen Markt jedoch bislang selten tätig, sodass diese Lücke von Investmentbanken ausgefüllt werden kann. Dabei könnte sie sowohl als ein erster Schritt in der Wertschöpfungskette als auch als ein ausgereifter Teil der Produktentwicklung angesehen werden. Da es sich um eine seltene, stark von nationalen Einflussfaktoren geprägte Dienstleistung handelt, kann von letzterem ausgegangen werden.

Betrachtet man das Spektrum der verschiedenen Dienstleistungen, die eine Investmentbank im Asset-Management-Geschäft erbringen kann, zeigt sich eine klare *organisatorische Aufteilung* in eine interne Seite des Asset Managements und eine kundenbezogene Seite. Zu der internen Seite gehört vor allem der Investmentprozess. Wo (das heißt an welchem Ort) die Gelder verwaltet werden, ist aus der Perspektive des Kunden unerheblich, solange es erfolgreich geschieht. Dies erlaubt Investmentbanken, diesen Teil des Geschäfts entweder weltweit oder aber in regionalen Zentren zusammenzufassen und für ihr weltweites Asset-Management-Geschäft eine einzige „Fabrik" aufzubauen. Diese Fabrik muss nicht an einem Ort (beispielsweise New York) zentralisiert sein. Es kann und wird sich regelmäßig um eine virtuelle zentrale Fabrik handeln, bei der das Management der jeweiligen Anlagen in den betreffenden Regionen erfolgt. So könnte eine einzige Anlage-Fabrik aus einem Anlagezentrum in den Vereinigten Staaten, in Europa und in Asien bestehen. In diesen würden dann die weltweit aufgebrachten Gelder durch die Anlage in Instrumente aus den verschiedenen Regionen verwaltet. So würden beispielsweise alle Anlagen einer Investmentbank in europäische Aktien aus dem europäischen Zentrum heraus angelegt.

Neben der internen, „Fabrik"-ähnlichen Seite (dem Investmentprozess) hat das Asset Management eine kundenorientierte Seite. Hierzu gehören vor allem das Servicing, das Branding/Marketing und die Distribution. Sie müssen jeweils auf den betreffenden Märkten, in denen die Kunden angesiedelt sind, erfolgen. So werden Anlagen in Deutschland bei deutschen Kunden durch in Deutschland angesiedelte Anlagemanager akquiriert und dann zentral in der Fabrik nach den jeweiligen Allokationsvorgaben investiert. Ob die Produktentwicklung dabei Teil der Fabrik oder Vertriebsbestandteil ist, hängt von der angesprochenen Kundenstruktur ab.

Mit einer zunehmenden Performance-Orientierung des Asset-Management-Geschäftes drängt es sich aus der Perspektive der anbietenden Investmentbanken auf, die aufgezeigte Trennung in eine Fabrik und eine Vertriebsseite vorzunehmen. Je geringer die Bedeutung der Performance als entscheidendes Kriterium für eine bestimmte von der Bank gewählte Produkt/Kunden-Kombination ist, desto eher wird in der Praxis eine Zusammenfassung der beiden Aktivitäten „Fabrik" und „Vertrieb" vor Ort anzutreffen sein.

## 1.3 Strategie einer Investmentbank im Asset-Management-Geschäft

Inwieweit die aufgezeigte Trennung zwischen internen und kundenorientierten Dienstleistungen möglich ist und zudem die notwendigen Ressourcen in der betreffenden Investmentbank zentral oder dezentral vorhanden sind, schlägt sich schließlich auch auf die im Asset Management zu wählende Strategie respektive die von der Investmentbank einnehmbare(n) Rolle(n) nieder. So muss eine Investmentbank, die im Asset-Management-Geschäft tätig ist (bzw. dieses aufnehmen will), nicht die gesamte Wertschöpfungskette anbieten. Sie kann vielmehr in Abhängigkeit von der von ihr angebotenen Dienstleistungstiefe verschiedene Rollen ausfüllen.[2] Konkret kann sie eine Subadvisory-, eine Private-Labeling-, eine Third-Party-Distribution- oder eine Vollanbieter-Strategie verfolgen (vgl. Abbildung 3).

---

[2] Brinker/Sautter (1997), S. 198–200.

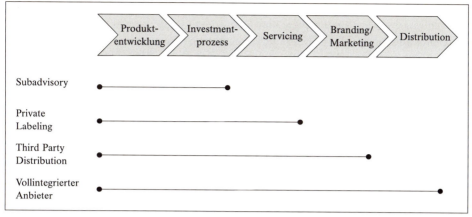

Quelle: in Anlehnung an Brinker/Sautter (1997), S. 199

Abbildung 3: Wertschöpfungsaktivitäten im Rahmen des Asset Managements

- *Subadvisory:* Ein Subadvisory-Verhältnis kann mit einem Kunden eingegangen werden, der seine Anlageprodukte zwar selbst unter seinem eigenen Namen vermarkten und so Gelder akquirieren will, wobei er neben der Distribution auch die notwendigen Serviceleistungen erbringt, diese Gelder aber zu einem gewissen Teil oder aber gänzlich nicht selbst anlegen will. In diesem Fall beauftragt er eine Investmentbank mit dem Investmentprozess und der Entwicklung der notwendigen Produkte. Gegenüber dem Endabnehmer tritt somit nur der Kunde der Investmentbank auf, die rückwärtige Delegation des eigentlichen Anlageprozesses bleibt verborgen. Subadvisory-Kunden einer Investmentbank sind daher nur Finanzdienstleistungsunternehmen.

  Eine Subadvisory-Rolle ist für eine Investmentbank insofern interessant, als sie auf diesem Weg relativ schnell ein größeres Volumen anzusammeln vermag, das sie dann effizient anlegen kann. Dabei ist kein eigener Vertrieb bei Endabnehmern notwendig. Dies gilt insbesondere mit Blick auf die Retail-Kunden. Bei einer Subadvisory-Strategie sind weder eigene Servicing-Kapazitäten notwendig, noch ist eine Bekanntheit des eigenen Markennamens erforderlich. Die Investmentbank muss damit – in der Sprache der zuvor aufgezeigten organisatorischen Trennung – nur über eine Fabrik verfügen und kann die entsprechenden Skaleneffekte nutzen.

- *Private Labeling:* Bei einem Private-Labeling-Verhältnis entspricht die Grundstruktur generell der Aufgabenteilung beim Subadvisory mit der Ausnahme, dass die Investmentbank nun auch das Servicing übernimmt. Bei dieser Aufgabenteilung übergibt der Kunde nicht wie beim Subadvisory nur einen Teil seines Anlagevolumens, sondern die Gesamtheit der eingesammelten Gelder Dritter an die Investmentbank. Diese Konstruktion setzt seitens der Investmentbank den Aufbau des gesamten Servicing-Apparates voraus. Wie Brinker/Sautter aufzeigen, hat es sich in der Praxis gezeigt, dass die Rolle des Private Labeling keine erfolgreiche Strategie ist, um im deutschen Markt zugleich große Volumina und Erlöse sowie eine beträchtliche Marktpräsenz zu erreichen.

- *Third Party Distribution:* Bei einer Third Party Distribution vertreibt eine Investmentbank über fremde Vertriebsnetze die von ihr entwickelten und mit ihrem Namen versehenen Anlageprodukte, für welche sie auch den gesamten Investmentprozess durchführt. Ihre Kunden sind somit nicht die Finanzdienstleister, sondern direkt die Endabnehmer. Als Distributoren kommen dabei Retail-Banken und Direktbanken, Versicherungsagenten und unabhängige Investmentberater in Frage. Angesichts der Struktur des deutschen Marktes, auf dem nur wenige unabhängige Berater tätig sind, ist diese Lösung, die den Aufbau eines eigenen Vertriebsnetzes erspart und damit auch einer klassischen Investmentbank den Aufbau einer breiten Asset-Management-Basis ermöglicht, schwierig.

- *Vollintegrierte Anbieter:* Das Angebot von vollintegrierten Anbietern umfasst die gesamte Wertschöpfungskette. Diese von den Geschäftsmöglichkeiten her attraktivste Variante setzt allerdings den Aufbau aller hierfür notwendigen Kapazitäten, so insbesondere das Servicing, und eine hinreichende Markenbekanntheit voraus. In Abhängigkeit von der gewählten Kundenstruktur kann es sich damit um ein hinsichtlich des zeitlichen und finanziellen Aufwandes erhebliches Unterfangen handeln.

Alle vier Rollen, in denen Investmentbanken das Asset-Management-Geschäft angehen, sind in der Praxis anzutreffen. Interessanterweise bieten auch einzelne Häuser, so beispielsweise JP Morgan Chase & Co., parallel verschiedene Arten der Asset-Management-Dienstleistung an. Man muss sich somit nicht abschließend für eine der genannten Rollen entscheiden. Dabei bestehen hinsichtlich der Möglichkeiten des durchgehenden Asset-Management-Angebotes jedoch Restriktionen durch die Rahmenbedingungen der jeweiligen Investmentbank. Für einen vollintegrierten Anbieter ist es unerlässlich, über die hierfür notwendigen Vertriebsstrukturen zu verfügen. In der Regel haben Investmentbanken jedoch keinen Retail-Arm, können demnach auch nicht eigenständig an Retail-Kunden vertreiben. Angesichts der bestehenden Schwierigkeiten, eine Retail-Kapazität neu zu gründen, müssen sie sich damit auf den Vertrieb bei institutionellen Kunden beschränken oder aber, wie beispielsweise Morgan Stanley Dean Witter, für die Übernahme respektive den Merger mit den betreffenden Anbietern entscheiden. Eine Aussage darüber, welche Dienstleistungstiefe eine Investmentbank anbieten kann und will, ist damit direkt verwoben mit der Frage, welche Kundengruppen sie bedienen will bzw. kann. In Zukunft könnten sich diese Zusammenhänge allerdings auf Grund des sich stark entwickelnden Vertriebs von Asset-Management-Produkten über das Internet verschieben. So ist der eigene Aufbau eines Retail-Armes auf diesem Weg denkbar.

## 1.4 Angesprochene Kundengruppen und deren Ansprüche

Der Bereich Asset Management ist, wie schon die angestellten Überlegungen zeigen, neben den angelegten Assets und den von Investmentbanken hierbei eingebrachten Leistungen nach einer dritten Dimension zu unterteilen: den Kunden (vgl. Abbildung 4). Auf der Nachfrageseite lassen sich dabei die klassischen Kategorien „Wholesale-Kunden" und „Retail-Kunden" unterscheiden; das Entscheidungskriterium ist, ob mit einer juris-

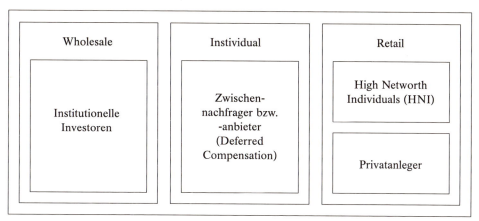

Abbildung 4: Nachfragesegmente im Asset Management

tischen oder einer natürlichen Person Kontakt gehalten wird. Zudem entwickelt sich zwischen diesen beiden Kategorien als Dritte das so genannte „Instividual"-Geschäft, das in der Literatur und Praxis unterschiedlich entweder der einen oder der anderen Seite zugerechnet wird.

Die Segmentierung in die einzelnen Nachfragegruppen hat weit gehende Konsequenzen hinsichtlich der Bedürfnisse und erbrachten Leistungen. Bei der Gruppe der Wholesale-Kunden muss dabei vorab eine klare Trennlinie hinsichtlich der Dienstleistungstiefe der Investmentbank gezogen werden. Wird die Anlageentscheidung von den *Wholesale-Kunden* weitgehend eigenständig getroffen, werden von der Bank lediglich Wertpapierkauf- beziehungsweise -verkaufsaufträge ausgeführt. Dieser Bereich ist eng mit dem Geschäftsfeld Sales & Trading verbunden. Trifft die Bank als Vermögensverwalter im Rahmen eines Vollmachtvertrages hingegen Entscheidungen im Rahmen vorher definierter Anlagerichtlinien, so spricht man von Institutional Asset Management „im engeren Sinne". Letzter Bereich wird im Folgenden weiter beleuchtet. In diesem Zusammenhang versteht man unter *Assets under Management* die bereits erfolgte Kundeneinlage.

Als Wholesale-Kunden treten institutionelle Investoren auf. Als solche werden insbesondere Vermögensverwalter, Pensionsfonds, Versicherungsunternehmen und Banken bezeichnet. In einer weiteren Auffassung zählen auch Beteiligungsgesellschaften, Industrieunternehmen, Stiftungen und öffentliche Institutionen zu diesem Anlegersegment. Diese Gruppe verlangt ein maßgeschneidertes Produktdesign. Für ihre Anlageentscheidung sind der Investmentprozess und die erzielbare Performance entscheidend für die Auswahl der Investmentbank, mit der sie zusammenarbeiten. Da die vergangene Performance nicht für die sie interessierenden künftigen Anlageergebnisse entscheidend ist (sondern allenfalls als Indiz gelten kann), ist für diese Kunden ein maßgebliches Kriterium, wie der Investmentprozess ausgestaltet ist. Sie sind am organisatorischen Aufbau und den Entscheidungsabläufen interessiert und beurteilen sie danach, inwieweit sie das von der Investmentbank gewählte Set-up als Erfolg versprechend ansehen. In ihrer Auswahl werden sie dabei in den angloamerikanischen Ländern häufig von Investment Consultants beraten. Diese beurteilen dann die Investmentbanken, die sich vergleichbar einem Beauty Contest konkurrierend um ein bestimmtes Anlagevolumen bei dem betreffenden Kunden bewerben, nach einem vorgegebenen Raster.

Bei der Beurteilung der Performance sind institutionelle Kunden Benchmark-orientiert. Da die Manager der institutionellen Kunden ihrerseits danach beurteilt werden, wie gut sie im relativen Vergleich abgeschnitten haben, ist diese Relativität für sie ebenso der Beurteilungsmaßstab wie für die von ihnen gewählten Dienstleister. Überspitzt ist für sie ein absoluter Wertverlust bei den ihnen anvertrauten Geldern solange nicht problematisch, als vergleichbare institutionelle Geldmanager noch schlechter oder wenigstens genauso schlecht abgeschlossen haben. Ein „guter" absoluter Anlageerfolg hingegen kann unzufriedenstellend sein, wenn andere Wettbewerber einen besseren vorlegen können. Die Beurteilung ist an Vergleichsmaßstäbe angelehnt, sodass Marktindizes eine große Bedeutung zukommt. In Europa ist zwischen den Marktanbietern für Indizes ein heftiger Wettbewerb um die Vorreiterrolle entbrannt, da sich für jedes Marktsegment langfristig ein bis maximal zwei Indizes als Maßstab etablieren werden.

Während die internen Abläufe des Asset Managements (Produktentwicklung und Investmentprozess) für die institutionellen Kunden entscheidend sind, sind die vertriebsorientierten Dienstleistungen weniger von Bedeutung. Das Servicing einiger Großmandate stellt keine größeren Ansprüche und die Existenz einer in jedem Haushalt bekannten Marke ist unerheblich. Institutionelle Investoren verlassen sich nicht auf eine derartige vergangenheitsorientierte Markteinschätzung, sondern nehmen die notwendige Beurteilung lieber ihrerseits vor. Hinsichtlich des Vertriebs ist zudem kein eigenes Vertriebsnetz notwendig. Entscheidend sind vielmehr – ähnlich dem Corporate-Finance-Geschäft – ausgewählte Kontakte zu den einflussreichen Entscheidungsträgern.

*Retail-Kunden* können die Vermögensanlageberatung – hier werden von der Bank lediglich Empfehlungen zur Disposition der Vermögenswerte abgegeben – beziehungsweise die Vermögensverwaltung, bei der der Kunde die Anlageentscheidung an die Bank delegiert, in Anspruch nehmen. Eine Zwischenstellung nimmt der Bereich Investmentfondsgeschäft ein: Hier wird zwar die Anlageentscheidung an einen Fondsmanager übertragen, die Wahl der Anlageklassen wird jedoch bei der Auswahl des Fonds durch den Investor festgelegt.

Im Gegensatz zum Segment der institutionellen Kunden strebt die Gruppe der Retail-Kunden in der Regel eher nach der Sicherstellung einer absoluten Performance. Für die Beurteilung des Anlageerfolgs wird nicht auf die relative Wertentwicklung des Portfolios im Vergleich zu einer Benchmark zurückgegriffen; vielmehr sollen durch eine optimale Chance/Risiko-Allokation die quantitativen und qualitativen Vorgaben der Investorenseite (beispielsweise eine absolute Mindestrendite oder Liquiditätsrestriktionen) bestmöglich erreicht werden. Wichtig ist hierbei – anders als bei den institutionellen Investoren – in der Regel auch, dass keine absoluten Wertverluste eintreten.

Der Markt für die Vermögensanlage privater Investoren kann nun nach dem Volumen der anzulegenden Gelder weiter untergliedert werden. Den unteren Bereich des Retail-Banking bedienen Investmentbanken in der Regel nicht. Eine Ausnahme bilden hier nur jene US-amerikanischen Investmentbanken wie beispielsweise Merrill Lynch, die so genannte Broker sind, das heißt Wertpapier-Makler, die auch für Inhaber kleinerer Wertschriftendepots Gelder auf Anweisung des Kunden anlegen. Diese bieten allerdings keine eigenständige Vermögensverwaltung an.

Die größte Gruppe innerhalb des Retail-Kundensegments, die High Networth Individuals (HNI), werden allerdings schon von einigen der Investmentbanken im Rahmen des so genannten Private-Banking-Geschäftes bedient. Da für die HNI die Rendite nach Steuern die wesentliche Zielgröße ist, müssen Investmentbanken in diesem Geschäft in enger Abstimmung mit anderen Beratern (zum Beispiel Steuerberatern) arbeiten, um erfolgreich zu sein. Je nach Institut fallen in diese Gruppe Anleger mit liquiden Mitteln ab 500.000 bzw. zweieinhalb Mio. Euro. Nach oben handelt es sich jedoch eher um Beträge im zwei- respektive dreistelligen Millionenbereich. Historisch hat sich dieses Private-Banking-Geschäft der Investmentbanken zum Teil aus deren Corporate-Finance-Tätigkeit ergeben. Unternehmer, die ihre Unternehmen mit der Hilfe von Investmentbanken erfolgreich verkauft hatten, wandten sich dann an diese für die Anlage der hierdurch erlangten Liquidität.

Betrachtet man die für die Wahl ihrer Bank entscheidenden Bewertungsparameter privater Anleger, so spielen aus der Perspektive des Kunden die Reputation des betreffenden Hauses sowie die Vertriebsstruktur eine besondere Rolle. Naturgemäß kommt dem Servicing dieser breiten Kundenstruktur eine große Bedeutung zu. Empirische Untersuchungen belegen keinen relevanten Zusammenhang zwischen der Performance eines Fonds und der Bereitschaft, in jenen zu investieren. Die Produktentwicklung kann zudem standardisiert erfolgen. Damit zeigt sich bei den Retail-Kunden eine von den institutionellen Kunden abweichende Gewichtung der Bedeutung der einzelnen Wertschöpfungsschritte. Hierbei kann allerdings mit Blick auf die Zukunft vermutet werden, dass das Kundensegment der Retail-Kunden eine stärkere Performanceorientierung an den Tag legen wird, wenn die hierfür notwendigen Daten zur Verfügung gestellt werden.

In der Praxis zeichnet sich derzeit ab, dass mit dem zunehmenden Umfang des Anlagevermögens der HNIs und ihren wachsenden Ansprüchen die Grenzen zwischen dem auf HNIs ausgerichteten Private Banking und dem auf institutionelle Anleger ausgerichteten Asset Management verschwimmen. Viele große Privatanleger verhalten sich heute schon wie kleine Institutionelle. Hierdurch entsteht ein in seinem Profil neuer Geschäftsbereich, der auch als Private Asset Management umschrieben wird. Unterschiede in den beiden Geschäftsbereichen zeigen sich im Grenzfall lediglich in der Vertriebsstruktur. Damit verändert sich in diesem Segment jedoch auch die Beurteilungsstruktur für die Banken; der Performance kommt eine steigende Bedeutung zu. Sofern auch hier noch der Wunsch besteht, absolute Verluste zu vermeiden, kann dabei allerdings nicht auf den gleichen Performance-Maßstab wie bei den institutionellen Investoren abgestellt werden.

Als *Instividuals* werden schließlich Investoren bezeichnet, die sowohl als Zwischennachfrager als auch als Zwischenanbieter von Asset-Management-Produkten auftreten. Sie organisieren – in enger Absprache mit den verschiedenen Häusern – die verschiedenen Anlagemöglichkeiten und bieten dann wiederum dem Endabnehmer die Auswahl an. Der größte Teil dieses Segments wird von den so genannten „Deferred Compensation Arrangements" gespeist. Bei dieser Form eines beitragsabhängigen Altersversorgungsplans wird durch den Arbeitgeber ein der Höhe nach feststehender Beitragsaufwand zugesagt. Der Umfang der daraus erwachsenden Versorgungsansprüche ergibt sich in Abhängigkeit der Erträge aus dem durch die Beitragszahlungen angesammelten Vermögen.[3]

Im Rahmen des Instividual-Geschäftes müssen zuerst die auswählenden Institutionellen (beispielsweise Arbeitgeber), die eine Vorauswahl „geeigneter" Kandidaten treffen, sowie die Endabnehmer, also die Kleinkunden (beispielsweise Arbeitnehmer), überzeugt werden. Letztere messen der Bekanntheit der Marke auf der Haushaltsebene eine große Bedeutung zu. Für eine Investmentbank bedeutet dies, dass sie die Entscheidungsparameter beider Entscheidungsträger erfüllen müssen.

Hieraus ergeben sich hohe Ansprüche an die Dienstleistungstiefe der Investmentbank. Das Instividual-Geschäft verlangt somit nicht weniger als das Retail-Geschäft, mit der einzigen – allerdings geschäftspolitisch entscheidenden – Ausnahme, dass hier neben den bestehenden, größtenteils nicht unabhängigen Finanzdienstleistungen ein neuer Vertriebsweg zum Retail-Kunden entsteht. Gleichzeitig weist dieses Geschäft nur sehr geringe Margen auf. Ein Eintritt kann damit nur durch die in den Vereinigten Staaten beträchtlichen und in Deutschland aller Voraussicht nach stark steigenden Volumina gerechtfertigt werden.

## 1.5 Leistungsbündel-Kundengruppen-Verhältnis

Aus den genannten Kriterien ergeben sich die in Abbildung 5 zusammenfassend dargestellten Kombinationen aus Leistungbündeln und Kundengruppen. Dabei kann differenziert aufgezeigt werden, inwieweit die einzelnen Leistungen für die jeweilige Gruppe entscheidend, notwendig oder von untergeordneter Bedeutung sind, sowie welche Folgen die Kombination der Erwartungen einzelner Kundengruppen auf die notwendige Breite und Tiefe der angebotenen Wertschöpfung hat.

Betrachtet man die jeweilige Bedeutung der einzelnen Leistungsbündel aus der Perspektive der verschiedenen Kundengruppen, wird zusammen mit den vorangegangenen Überlegungen deutlich, dass der Kernbereich der Asset-Management-Dienstleistung von Investmentbanken, der schon zur Wahrnehmung der am meisten limitierten Rolle, nämlich des Subadvisory, notwendig ist, die Produktentwicklung und der Investmentprozess sind. Diese wiederum sind eine conditio sine qua non für die Bedienung institutioneller Kunden. Retail- und Instividualkunden hingegen können nur bei Existenz einer schon vorhandenen, bekannten und starken Marke angesprochen werden.

---

[3] Vgl. hierzu Fink (1998), S. 48.

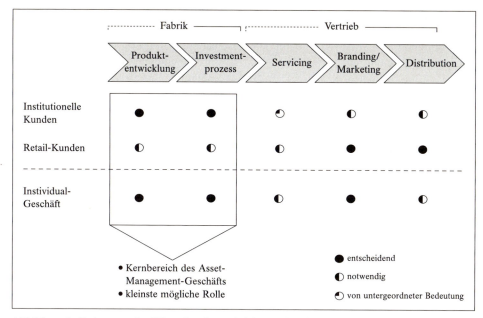

Abbildung 5: Bedeutung der Wertschöpfungsaktivitäten für einzelne Kundengruppen

Vor diesem Hintergrund beschäftigt sich die folgende Darstellung des Asset-Management-Geschäfts der Investmentbanken vor allem mit der Produktentwicklung (siehe Abschnitt 2) und dem Investmentprozess (vgl. Abschnitt 3). Dabei sollte jedoch nicht vernachlässigt werden, dass ein starker Bekanntheitsgrad des Anbieters beziehungsweise des Fondsnamens und ein leistungsfähiges Vertriebssystem von entscheidender Bedeutung für ein erfolgreiches Asset-Management-Geschäft sein können.

Der Vertrieb von Asset-Management-Produkten, insbesondere im Retail-Bereich, beinhaltet dabei unter Umständen die Nutzung innovativer Vertriebskanäle und deren Kombination zu einem möglichst dynamischen Multi-Channel Management, um auf erweiterte Informations- und Kommunikationsmöglichkeiten mit Verschiebungen im Vertriebskanalmix reagieren zu können.

## 1.6 Strategische Bedeutung des Asset-Management-Geschäfts

Das Asset-Management-Geschäft gehört traditionell nicht in das Geschäftsportfolio der Investmentbanken. So waren Investmentbanken ursprünglich hinsichtlich ihrer Kundenbasis nicht auf Retail-, sondern Wholesale-Kunden fokussiert, die jedoch noch nicht in großem Umfang Gelder im Sinne eines Asset Managements am Kapitalmarkt angelegt haben. Es wurde vielmehr über Einlagen bei Kreditbanken gespart oder aber in Versicherungen angelegt. Auch das beeindruckende Wachstum der Anlegergruppe der institutionellen Investoren ist – historisch gesehen – jüngerer Natur. Zudem steht das Asset-Management-Geschäft in einem gewissen Interessenkonflikt zu den Kerngeschäften einer Investmentbank, da dieses mit den institutionellen Investoren, die als Kunden der Investment-Banking-Dienstleistungen oder Abnehmer des Capital-Markets- sowie Sales & Trading-Bereichs von Bedeutung sind, im Wettbewerb steht. Es drängt sich somit die Frage auf, warum sich die Investmentbanken überhaupt in diesem Geschäftsbereich engagieren. Dabei können unter anderem die folgenden Gründe maßgeblich sein: die Nähe der Dienstleistung zum Kerngeschäft (dem Kapitalmarkt), das Wachstum des Marktes und der Wunsch nach Einkommensdiversifikation.

Das Asset Management hat sich unter anderem auf Grund des rasanten *Wachstums,* vor allem in den letzten zwanzig Jahren in den Vereinigten Staaten, zu einem wichtigen Geschäftsbereich entwickelt. Nach Einschätzung vieler Marktteilnehmer stellt es international das wohl wachstumsstärkste Segment im Finanzdienstleistungsbereich dar. Damit wird es schon auf Grund seiner Bedeutung und Ertragsstärke für die bestehenden Investmentbanken zu einen wichtigen Geschäftsfeld.

Um den Bedeutungszuwachs dieses Geschäftes zu erklären, sind vor allem zwei Faktoren anzuführen. Erstens hat die in den Vereinigten Staaten schon sehr viel früher eingetretene Verschiebung von einer Sparer- zu einer Anlegerkultur dazu geführt, dass zunehmend in Wertpapiere angelegt wurde. Damit erhöhte sich der Stellenwert des Investmentprozesses. Zweitens hat der Bedeutungszuwachs der Pensionsfonds im Zuge des Umstiegs von leistungsorientierten Altersversorgungssystemen (so genannte Defined-Benefit-Pläne) auf beitragsorientierte Systeme (so genannte Defined-Contribution-Pläne) eine drastische Ausweitung des Anlagevolumens ausgelöst. Ausgehend von ihrer weiten Verbreitung innerhalb der betrieblichen Altersversorgung in den USA lässt sich vermehrt auch im internationalen Kontext eine Zuwendung zu Defined-Contribution-Plänen erkennen. Dabei wird ein der Höhe nach feststehender Beitragsaufwand zugesagt, die tatsächliche Höhe der späteren Versorgungsleistungen ist abhängig vom Bestand der angesammelten Beitragszahlungen, dessen Erträgen und dem Ausmaß an Risikofällen.[4] In diesem Zusammenhang kommt insbesondere den so genannten AS (Altersvorsorge-Sondervermögen)-Fonds eine wichtige Bedeutung zu.

Diese beiden Hauptfaktoren erklären auch, warum der US-amerikanische Asset-Management-Markt heute beträchtliche Volumina erreicht hat, während angesichts der in der Folge erörterten Rahmenbedingungen in Deutschland davon ausgegangen wird, dass diese Entwicklung erst jetzt ihren Anfang nimmt. Dabei ist die Ungewissheit weniger über die Tatsache als über den Zeitpunkt des Umbaus der Altersversorgungssysteme für den Ausbau dieses Geschäftsbereichs hemmend. Auf Grund des sich erst abzeichnenden Bedeutungszuwachses des Asset-Management-Geschäfts in Deutschland sind die meisten Investmentbanken erst seit kurzem damit beschäftigt, ihre Aktivitäten in diesem Geschäftsbereich auf- bzw. auszubauen.

---

[4] Vgl. hierzu Fink (1998), S. 46–50.

Ein wichtiger Grund für die Erweiterung der klassischen Investmentbank-Aktivitäten um das Asset-Management-Geschäft liegt schließlich darin begründet, dass die Einkommensströme im Vergleich zu den sehr volatilen klassischen Geschäftsfeldern besonders stabil sind. Durch die Erweiterung der Dienstleistungspalette kann somit – so die Argumentation – der Einkommensstrom verstetigt werden. Die Stichhaltigkeit dieses theoretisch plausiblen Arguments kann allerdings, wie *Brinker* (1998) gezeigt hat, in der Praxis nicht grundsätzlich bewiesen werden. So verstetigen sich durch die Integration eines umfangreichen Asset-Management-Geschäfts in eine Investmentbank deren Umsätze, auf Grund ihrer – größen- und geschäftsbedingten – gesunkenen Anpassungsflexibilität an Veränderungen der Rahmenbedingungen aber nicht unbedingt auch ihre Gewinne. Dies ist insbesondere durch einen inflexibleren Personalaufwand begründet. Angezeigt ist zudem eine fallweise Untersuchung, da insbesondere die hohe Bedeutung der Managementqualität für die Realisierung von Effizienzsteigerungspotenzialen und für die erfolgreiche Zusammenführung von unterschiedlichen Unternehmenskulturen in diesen beiden Geschäftsbereichen ausschlaggebend ist.[5]

Der latente Interessenkonflikt zu den Kerngeschäftsfeldern einer Investmentbank kann im Wesentlichen auf drei Gründe zurückgeführt werden. Alle Investmentbanken unterwerfen sich selber einem strengen Verhaltenskodex (Compliance-Richtlinie), sodass für bestimmte Aktientitel im Asset Management keine Kauf/Verkauf-Empfehlung ausgesprochen werden kann, wenn zum Beispiel der Bereich M & A an einer Transaktion arbeitet und deshalb der entsprechende Aktientitel von bestimmten Geschäften ausgeschlossen ist. Auch wird eine Investmentbank insbesondere in den Bereichen Prognosen erarbeiten, in denen sie ein ausgeprägtes Research-Know-how aufweist. Schließlich sind auch kulturelle Unterschiede zwischen einem Asset Manager und einem Investmentbanker in traditionellen Geschäftsfeldern, die von einer hohen Dynamik und Schnelllebigkeit getrieben werden, festzustellen.

## 1.7 Entwicklungstendenzen des Asset-Management-Geschäfts

Während die Investmentbanken der Notwendigkeit gegenüberstehen, das Asset-Management-Geschäft (durch internes und/oder externes Wachstum) auf- bzw. auszubauen, agieren sie gleichzeitig auf einem Markt, dessen Rahmenbedingungen, wie zum Teil schon angesprochen, zurzeit bedeutsamen Veränderungen unterworfen sind. Dabei kommt erschwerend hinzu, dass die Konsequenzen dieser Änderungen derzeit in vielen Fällen höchstens erahnt, sicherlich jedoch nicht umfassend abgeschätzt werden können. Gleichzeitig befinden sich die einzelnen Länder, so insbesondere die Vereinigten Staaten und Deutschland, hinsichtlich der Entwicklung dieses Marktes und seiner Rahmenbedingungen in unterschiedlichen Phasen, sodass die jeweiligen Aussagen auch differenziert analysiert werden müssen.

---

[5] Vgl. Brinker (1998), S. 205–208.

Betrachtet man die Entwicklungstendenzen der Rahmenbedingungen des Asset Managements, so ist zuerst eine *Globalisierung* auf der Anlegerseite wie auch auf der Ebene der Asset-Management-Industrie festzustellen. Da zwischen den nationalen Märkten nur relativ schwache Korrelationen bestehen, können durch eine internationale Diversifikation Erträge gesteigert und Risiken reduziert werden. Zudem werden institutionelle Investoren durch die wachsenden Anlagevolumina gezwungen, vermehrt auf ausländische Märkte auszuweichen.

Auch der Wettbewerb der Institute und Produkte nimmt immer stärker globale Dimensionen an. Insbesondere der Wettbewerb um die Pensionsfonds wird nicht allein auf nationaler Ebene ausgetragen. Internationale Wertpapieranlagen verringern die Volatilität des Portfolios und verbessern durch den Diversifikationseffekt das portfoliospezifische Risiko/Ertrags-Profil. Die zunehmend diversifizierte Anlagepolitik der Investoren und die fortschreitende Internationalisierung der Produkte erfordern vor dem Hintergrund einer verstärkten Verzahnung der internationalen Kapitalmärkte von Asset Managern eine globale Orientierung. Weitere Impulse für die Anlagepolitik erwarten Beobachter zudem von einem gemeinsamen europäischen Kapitalmarkt sowie dem wiedererstarkten und zunehmend deregulierten asiatischen Witschaftssystemen. Diese Globalisierung ist mit weit reichenden Folgen für die Industriestruktur verbunden: Institute mit einer entsprechenden Kapitalausstattung reagieren auf diese Herausforderungen mit dem Zukauf globaler Kompetenz.

Parallel zu dieser Globalisierung sind in der zurzeit noch sehr fragmentierten und wettbewerbsintensiven Asset-Management-Industrie bereits erste *Konzentrationstendenzen*, insbesondere eine Konvergenz der Bank- und der Versicherungsindustrie, zu beobachten, wie die Aufkäufe und Zusammenschlüsse von Merrill Lynch/Mercury Asset Management, Franklin/Templeton, Deutsche Bank/Bankers Trust, Dresdner Bank/Kleinwort Benson/RCM und Allianz/Pimco beispielhaft belegen. Nur wenige Gesellschaften haben auf Akquisitionen zu Gunsten eines organischen Wachstums verzichtet. Nicht zuletzt die Anforderungen an die Kapitalausstattung der Institute führen zu einer Konsolidierung der Branche. Nur wer den erhöhten Ansprüchen an eine globale Ausrichtung gerecht werden kann, hat eine Überlebenschance. Im Zusammenhang mit der Europäischen Währungsunion wird dabei mittelfristig von einer Konzentration auf eine kleine Gruppe nationaler Anbieter sowie zwei bis drei paneuropäische Asset Manager ausgegangen. Dabei werden flexible Kompetenzprofile über die Wettbewerbsposition entscheiden. Neben dem Aufbau von den auf die Integration der europäischen Kapitalmärkte gerichteten Kompetenzen wird hiermit von den einst rentenlastigen deutschen Instituten eine entsprechende Kompetenz im Bereich der Eigenkapitalanlagen erwartet, die in der Mehrzahl der Fälle durch Zukäufe erlangt wird.

Da jedoch das institutionelle wie auch das Retail-Geschäft noch weitgehend lokalen Einflüssen unterliegen, ist seitens der Institute eine lokale Marktkenntnis erforderlich. Beispielsweise haben nationale gesetzliche und administrative Grundlagen einen signifikanten Einfluss auf Produktentwicklung und Anlageentscheidungen, sodass selbst innerhalb der EU der grenzüberschreitende Vertrieb nur eingeschränkt stattfindet. Dieser Besonderheit wird von vielen Banken durch eine „Multi-domestic"-Ausrichtung berücksichtigt: dabei wird globales Anlage-Know-how durch lokale Spezialkenntnisse ergänzt. Die Umsetzung erfolgt oftmals über Tochtergesellschaften für eine lokale Präsenz in nationalen Märkten, die über eine Holding koordiniert werden.

Während sich somit auf der einen Seite eine Konzentration mit starkem internationalen Wettbewerb abzeichnet, zeigt sich auf der anderen Seite, dass die wenigen global agierenden Vermögensverwalter von einem Netz kleiner Spezialanbieter ergänzt werden. Beim praktischen Investmentprozess setzt sich zunehmend das „Multi-Manager-Prinzip" durch: So bedienen sich institutionelle Investoren insbesondere bei der Einzeltitelauswahl (der so genannten Asset Selection) externer Berater, um deren spezifische Kompetenz in bestimmten Anlagesegmenten zu nutzen.

Um diesen Ausleseprozess zu überstehen und wettbewerbsfähig zu bleiben, sind neueste wissenschaftliche Erkenntnisse, aktuelle Informationen und hoch qualifizierte Mitarbeiter notwendig. Um dem immensen Wettbewerbsdruck trotz sinkender Gewinnmargen standzuhalten, gewinnt auch eine schnelle und kosteneffiziente „Back-Office"-Infrastruktur an Bedeutung.

Durch die zunehmende *Institutionalisierung* und die damit einhergehende *Professionalisierung* des Anlageverhaltens verliert der direkt an der Börse investierende Privatanleger immer mehr an Bedeutung. So wuchs in Deutschland das verwaltete Anlagevolumen Institutioneller im Zeitraum 1990–1998 um 17,2 Prozent pro Jahr im Vergleich zu einer durchschnittlichen Wachstumsrate in Gesamteuropa von 14 Prozent.[6] Die Kundensegmente werden polarisiert. Durch die Institutionalisierung des Sparverhaltens dominieren institutionelle Großinvestoren sowie vermögende Privatkunden das Marktgeschehen. In diesem Zusammenhang gewinnen am angloamerikanischen Raum orientierte Entwicklungen, wie das vermehrte Auftreten von Investment Consultants, die eine Intermediärsfunktion zwischen Kundengruppen und Anbietern von Asset-Management-Produkten wahrnehmen, an Bedeutung. Gleichzeitig nehmen jedoch auch die Direktanlageaktivitäten über das Internet zu.

Von besonderer Bedeutung sind die *Nachfrageimpulse* innerhalb der sich veränderten Rahmenbedingungen. Hierzu gehören zuerst die oben schon angesprochenen demografischen Trends. Sie führen zu einer Verschärfung der Krise des umlagefinanzierten Rentenversicherungssystems und drängen auf Reformen, wie beispielsweise der Privatisierung der Sozialversicherungssysteme. Mit der zunehmenden Bedeutung der privaten Altersvorsorge wird auch ein Angebot von entsprechenden Produkten notwendig. Während dies in Deutschland zu einem Anwachsen des Asset-Management-Marktes führt, sind diese Tendenzen allerdings in den Vereinigten Staaten schon derart fortgeschritten, dass hier die Wachstumsjahre eher beendet sind. Ein verlangsamtes Wachstum der Sparer-Generation der 40- bis 60-Jährigen sowie immer mehr so genannte „Dissavers" (Entsparer) durch alternde Babyboomer in Verbindung mit einer Individualisierung der Altersvorsorge führen zu einem wettbewerbsintensiveren Umfeld für die Asset-Management-Industrie. Einstigen Sekundäraktivitäten, wie beispielsweise dem

---

[6] Seifert/Achleitner/Mattern/Streit/Voth (2000), S. 35.

Marketing, kommt in diesem Zusammenhang eine immer wichtigere Funktion zu, um dem steigenden Wettbewerbsdruck standzuhalten.

Gleichzeitig zeichnen sich Veränderungen im *Nachfrageverhalten* ab, so beispielsweise ein gestiegenes Renditebewusstsein, ein verbesserter Informationsstand der Anleger sowie ein Wandel von einer Income- zu einer Growth-Orientierung. In diesem Zusammenhang erlangen Produktinnovationen einen hohen Stellenwert als notwendige Wettbewerbsparameter in einem international ausgetragenen Kampf um die Marktanteile. Dabei werden nicht nur die institutionellen Investoren immer anspruchsvoller. Es kann vielmehr, wie zuvor erwähnt, auch bei den größeren Privatkunden ein zunehmendes Anspruchsniveau festgestellt werden.

Nachfragerelevant sind zudem die steigenden *Anlagevolumina*. Auf Grund einer Verdreifachung der privaten Geldvermögen seit den 50er Jahren sowie dem Anstieg des verfügbaren Einkommens der privaten Haushalte steht das traditionelle Portfoliomanagement vor neuen Herausforderungen. Mit den steigenden Ansprüchen an die Fondsverwaltung und dem wachsenden Einfluss der Markenbekanntheit auf die Anlageentscheidung erlangen Qualitätsbeurteilungen der Anlageobjekte wie beispielsweise ein laufendes Fonds-Rating eine wichtige Bedeutung.

Der Bedarf an professioneller Vermögensanlage und die Nachfrage nach innovativen Produkten wird verstärkt durch die zunehmende Komplexität des wirtschaftlichen Umfeldes. Vor diesem Hintergrund erlangen Serviceaspekte, wie beispielsweise die Bereitstellung einer differenzierten Produktpalette, einen höheren Stellenwert als die eigentliche Performance. Schließlich ist von weiteren Veränderungen der Rahmenbedingungen, Reformen der entsprechenden gesetzlichen Grundlagen und einer voranschreitenden Deregulierung auszugehen.

Eine ganz besondere Bedeutung hat dabei die Europäische Währungsunion: Mit dem Euro entsteht der zweitgrößte Kapitalmarkt der Welt, der hinsichtlich Volumen und Liquidität dem US-amerikanischen Markt kaum nachsteht. Erwartet wird neben verstärkten Investitionen in die europäischen Aktien- und Rentenmärkte ein massiver Mittelzufluss in die Fondsindustrie. Mit der Einführung des Euro sind drastische Änderungen der Börsenlandschaft verbunden.[7] Die Verschmelzung der Rentenmärkte – verbunden mit einer weit gehenden Angleichung der Renditen und einem Abbau der Zinsunterschiede – sowie der Wegfall der Währungsrisiken führen zu neuen Herausforderungen für das Portfoliomanagement: Die Marktteilnehmer erwarten eine zunehmende Tiefe, Breite sowie eine erhöhte Transparenz der Kapitalmärkte. Es wird von einer Annäherung der nominalen Wachstumsraten der Bruttoinlandsprodukte, dem Wegfall der innereuropäischen Währungsrisiken sowie von einer Verringerung der Transaktionskosten ausgegangen. Die Ausführungen zu den einzelnen Schritten des Investmentprozesses werden sich daher wiederholt auf Euro-bedingte Veränderungen beziehen.

---

[7] Vgl. hierzu Seifert/Achleitner/Mattern/Streit/Voth (2000), S. 128 ff.

## 2. Produktentwicklung

### 2.1 Charakteristika von Fonds

#### 2.1.1 Grundlagen und Motive

Im Zuge der Produktentwicklung, die dem Investmentprozess vorgelagert ist, geht es darum, die für den spezifischen Anlagezweck optimalen Bankprodukte zu konzipieren. So wird sich der Kunde im Rahmen seines Anlageprozesses nicht auf die Investition in Einzelwerte beschränken wollen, sondern unter anderem auch in Fonds anlegen. Unter einem Fonds wird dabei ein Sondervermögen verstanden, das gebildet wird, indem gegen Ausgabe von Anteilsscheinen Geld eingelegt wird, um bestimmte Vermögenswerte nach dem Grundsatz der Risikomischung oder Risikokonzentration zu erwerben. Damit stellt ein Fonds ein Anlagevehikel für Investoren dar, durch welches unter Nutzung einer Anlagestrategie in Vermögenswerte investiert werden kann (vgl. auch Abschnitt 2.2).

Für die Investition in Fonds spricht eine Vielzahl von zum Teil sehr unterschiedlichen Gründen. Die Anlage in Fonds ermöglicht zunächst die Nutzung des *Diversifikationseffekts*: Durch die Investition in eine Vielzahl von Vermögenswerten können die anlageimmanenten Risiken, wie beispielsweise Ausfall-, Währungs- und Zinsrisiken, verringert werden. Durch die Anlage in einen Investmentfonds umgehen Anleger zudem das *Timing-Problem* einer Investition. Die spezialisierten Fonds-Manager haben hier die Aufgabe, den Zeitpunkt des Ein- bzw. Ausstiegs aus einem Vermögenswert zu bestimmen. Ein Anleger muss somit nicht selbst konstant die Entwicklung seiner Anlagewerte und ihrer Rahmenbedingungen verfolgen.

Anfangs wurden Investmentfonds daher vor allem deshalb aufgelegt, um durch eine gebündelte Investition der einzelnen Anlagebeträge *Chancengleichheit der Kleinanleger* gegenüber Großinvestoren herzustellen und dabei Restriktionen wie den Zeitaufwand einer kontinuierlichen Marktbeobachtung, das notwendige Expertenwissen sowie die Mindestanlagesummen oder die erforderlichen Mittel für eine ausreichende Anlagestreuung zu umgehen. Grundsätzlich gelten die vorgebrachten Gründe jedoch ebenso für Großanleger, sodass sich alle Investorengruppen (wenn auch in unterschiedlichem Ausmaß) dieses Instrumentes bedienen.

Neben diesen Vorteilen der Fonds im Rahmen des eigentlichen Investmentprozesses ist die Investition in Fonds in Deutschland derzeit auch unter *steuerlichen Gesichtspunkten* sinnvoll. Dabei ist zwischen der Fondsebene und der Anlegerebene zu trennen. Fonds sind nach dem Gesetz über Kapitalanlagegesellschaften (KAGG) grundsätzlich steuerbefreit, sodass sie nicht verpflichtet sind, ihre innerhalb des Fonds erwirtschafteten Kapitalgewinne zu versteuern; erst bei einer Ausschüttung greift der Fiskus zu. Diese Steuerlast kann der individuelle Anleger auf seine persönliche Steuerschuld anrechnen. Dabei erweisen sich die steuerlichen Rahmenbedingungen als äußerst vielschichtig: Auf Fondsebene spielen beispielsweise die Behandlung von Swaps sowie die

Länge der Spekulationsfrist eine wichtige Rolle, während auf Ebene des einzelnen Investors Überlegungen wie die Aufteilung der Ausschüttungen in steuerpflichtige Erträge und steuerfreie Wertentwicklung, Werbungskosten, die Länge der Spekulationsfrist sowie die Höhe des Sparerfreibetrages im Vordergrund stehen. Auf Grund der komplexen und sich rasch wandelnden steuerlichen Fragestellungen bedarf es im Rahmen des Asset Managements eines laufenden Abgleichs der steuerlichen Rahmenbedingungen.

Schließlich können Sondermotive für die Anlage in Fonds sprechen. So ist die Tatsache, dass das Vermögen eines Fonds durch Dritte verwaltet wird, beispielsweise von Vorteil, wenn beim Investor potenziell Befangenheit beziehungsweise ein *Interessenkonflikt* vorliegt. Insider, die über einen Wissensvorsprung gegenüber dem Markt verfügen oder auch nur verfügen könnten (somit vor allem auch Mitarbeiter von Investmentbanken), können durch die Investition in Fonds wirksam den Verdacht entkräften, dass ihr Wissen im Hinblick auf einen eigenen Vorteil genutzt werden könnte.

Angesichts dieser Vorteile von Fonds darf jedoch nicht vergessen werden, dass die Investition in einen Fonds auch mit Risiken verbunden ist, die aus dem komplexen Interessenverhältnis von Investor und Fondsmanager resultieren können. Zudem stellt eine Fondsanlage wegen der hochaggregierten Anlagerisiken nur im Grenzfall spezifischer Produktentwicklung (beispielsweise Spezialfonds) eine auf die Investorenbedürfnisse maßgeschneiderte Anlageform dar.

Die Finanzierung der Fonds erfolgt über verschiedene Gebühren. Zu den wesentlichen Faktoren zählen die Managementgebühr, die zunächst von Seiten des Fonds getragen wird, und der Ausgabeaufschlag bzw. die Rücknahmegebühr sowie die Depotgebühr, die direkt beim Investor anfallen. Die Höhe der Depotgebühr ist von der verwaltenden Bank abhängig; allgemeine Aussagen sind hier schwer möglich. Zwischen der Managementgebühr und dem Ausgabeaufschlag bzw. der Rücknahmegebühr besteht hingegen ein Zusammenhang: Fonds, die auf einen Ausgabeaufschlag verzichten (so genannte No-load-Fonds), verlangen eine höhere jährliche Managementgebühr von 0,5 bis 1,8 Prozent. Fonds mit Ausgabeaufschlag zwischen 2,5 und 5,5 Prozent begnügen sich dagegen mit einer niedrigeren Managementgebühr. Sie eignen sich deshalb insbesondere für einen mittel- bis langfristigen Anlagehorizont.

Tendenziell sind Aktien- und Mischfonds auf Grund der aufwändigeren Fondsverwaltung teurer als Rentenfonds. Da sich diese Kosten für den Anleger renditemindernd auswirken, ist insbesondere bei Rentenfonds mit einem durchschnittlichen Ausgabeaufschlag von 3 Prozent und jährlichen Managementgebühren von 0,3 bis 0,6 Prozent zu prüfen, welche Vorteile gegenüber einer günstigeren Direktanlage in entsprechende Werte bestehen.[8] Eine Sonderrolle im Hinblick auf die Gebühren spielen Hedgefonds. Hier ist die Managementgebühr an den Gewinn gekoppelt und beträgt zwischen 15 und 25 Prozent.

---

[8] Vgl. Gesellschaft für Fondsanalyse (Hrsg.) (1998), S. I/166.

## 2.1.2 Regulatorischer Rahmen

Die rechtlichen Grundlagen für den Umgang mit Investmentfonds werden in Deutschland durch das Gesetz über Kapitalanlagegesellschaften, das Auslandsinvestmentgesetz und die verschiedenen Finanzmarktförderungsgesetze gelegt.

Das Gesetz über Kapitalanlagegesellschaften (KAGG) regelt die Organisation, die Aufsicht, den Vertrieb sowie die steuerlichen Rahmenbedingungen von Fondsgesellschaften. Hierbei klärt es auch den Begriff des Fonds und beschreibt die Aufgabenverteilung im Investment-Dreieck zwischen Investoren, Depotbank und Fondsmanager.

Nach dem KAGG ist der Geschäftsbetrieb eines Fonds darauf ausgerichtet, eingelegtes Geld nach dem Grundsatz der Risikomischung in den nach dem Gesetz zugelassenen Vermögenswerten zu investieren. Das gesammelte Geld der Investoren wird im eigenen Namen des Fonds für gemeinschaftliche Rechnung der Investoren angelegt. Über die hieraus resultierenden Rechte der Anteilsinhaber werden Urkunden (Zertifikate, Anteilsscheine) ausgestellt, welche ein Miteigentum am Fondsvermögen mit einem Anspruch des Inhabers auf Erfolgsbeteiligung und Anteilsrückgabe zum offiziellen Rücknahmepreis verbriefen. Sämtliche Vermögenswerte des Fonds, die mit aktuellen Börsenkursen oder nach gesetzlichen Vorschriften bewertet werden, bilden den Inventarwert des Fonds. Dieser Wert wird durch die Anzahl der ausgegebenen Zertifikate geteilt und ergibt so den Fondspreis oder den Anteilswert.

Während der Investor die Einlage in den Fonds erbringt, kommt der Depotbank die Aufgabe zu, das eingelegte Vermögen zu verwahren und dabei im Interesse der Investoren zu handeln. Der Kapitalanlagegesellschaft, das heißt dem Fondsmanager, obliegt die Verwaltungspflicht auf Basis gemeinschaftlicher Rechnung. Depotbank und Fondsmanager müssen aus Gründen des Anlegerschutzes unabhängig sein. Neben diesen allgemeinen Vorschriften für die Rechtsform enthält das KAGG zudem Regelungen für die (erst seit 1994 zugelassenen) Geldmarktfonds sowie Wertpapier-, Beteiligungs- und Grundstückssondervermögen.

Die gesetzlichen Grundlagen des KAGG konzentrieren sich – insbesondere durch zahlreiche Vorschriften für eine ausreichende Risikostreuung – auf den Anlegerschutz. So schreibt das KAGG beispielsweise eine strikte Trennung des jeweiligen Fondsvermögens vom übrigen Vermögen der Investmentgesellschaft vor; deshalb wird auch von Sondervermögen gesprochen. Durch diese strikte Trennung zwischen dem Fondsvermögen und dem Vermögen der Kapitalanlagegesellschaft soll eine Vermischung von Anlegergeldern und Gesellschaftsmitteln verhindert und im Konkursfall ein Schutz der Anleger gewährleistet werden. Das Sondervermögen befindet sich im Eigentum der betreffenden Investoren und wird von der den Richtlinien des Kreditwesengesetzes unterliegenden Depotgesellschaft nach den Vorschriften des KAGG „mit der Sorgfalt eines ordentlichen Kaufmannes" und „ausschließlich im Interesse der Anteilsinhaber" verwahrt. Die Einhaltung der jeweiligen Richtlinien wird vom Bundesaufsichtsamt für das Kreditwesen (BAKred) überprüft. Dies soll den Investoren eine möglichst sichere Vermögensanlage garantieren.

Auf Grund dieser strengen rechtlichen Regelungen, muss eine Investmentbank, die in Deutschland in das Asset-Management-Geschäft einsteigen und zu diesem Zweck Investmentfonds auflegen will, eine Kapitalanlagegesellschaft (KAG) als Anlagevehikel etablieren. Diese Gesellschaft gilt nach deutschem Recht als Kreditinstitut und unterliegt damit der aufgezeigten Überwachung durch das Bundesaufsichtsamt für das Kreditwesen. Dies erklärt, warum die auf das Asset Management spezialisierten Bereiche der Investmentbanken in Deutschland nicht durch die jeweiligen Häuser selbst, sondern durch institutionell und personell getrennte Gesellschaften geführt werden. Der hiermit verbundene Gründungs- und Unterhaltsaufwand zeigt zudem die Eintrittsbarrieren in dieses Geschäft auf. Sofern ein Haus hierzu nicht bereit oder fähig ist, muss es sich vielmehr, mit allen hieraus resultierenden qualitativen Restriktionen, beim Asset Management auf den Investmentprozess in Einzelwerte und fremde Fonds beschränken. Eine Wertschöpfung durch Produktentwicklung ist in einem solchen Fall nicht möglich.

Neben diesen institutionellen Vorschriften enthält das KAGG umfassende weitere Restriktionen für das laufende Geschäft. So muss für Entscheidungen bezüglich der Anlagestruktur und der Ausschüttungspolitik des Fonds ein regelmäßig tagender „Anlageausschuss", bestehend aus Bank- sowie Investorenvertretern, gebildet werden. Dabei werden im KAGG, um eine ausreichende Diversifikation der Anlagen zu gewährleisten, spezifische Richtlinien festgeschrieben. So darf zum Beispiel bei Aktienfonds normalerweise keine Position mehr als 5 Prozent des Fondsvermögens ausmachen.

Schließlich sollten umfangreiche Anforderungen an die Ausgestaltung des Verkaufsprospektes einen ausreichenden Schutz des Investors sicherstellen. Verletzt die Fondsgesellschaft ihre Pflicht zur umfassenden und wahrheitsgemäßen Information durch unrichtige bzw. unvollständige Angaben im Verkaufsprospekt des Fonds, so besteht Schadensersatzpflicht. Darüber hinaus müssen Anlageberater für Schäden haften, die daraus resultieren, dass sie ihre Pflicht zur vollständigen und wahrheitsgemäßen Auskunft im Verkaufsgespräch verletzt haben.

Das im Asset Management neben dem KAGG zweite wichtige Gesetz, das *Auslandsinvestmentgesetz* (AuslInvestmG), regelt den öffentlichen Vertrieb von Investmentanteilen ausländischer Fondsgesellschaften. Ziel des Gesetzes sind insbesondere der Anlegerschutz sowie die Sicherstellung der Wettbewerbsgleichheit zwischen Fondsgesellschaften. Im Rahmen des europäischen Integrationsprozesses ist hier die Entwicklung einer EU-einheitlichen Gesetzgebung zu erwarten. Im Hinblick auf die organisatorische Struktur sehen das AuslInvestmG wie das KAGG die Trennung von Depotbank und Fondsmanagement vor. Zusätzlich unterliegen ausländische Fondsgesellschaften einer erweiterten laufenden Publizität, da dem Anteilserwerber Vertragsbedingungen und Verkaufsprospekt auszuhändigen und neben den Rechenschaftsberichten die Ausgabe- und Rücknahmepreise täglich in einer überregionalen Zeitung zu veröffentlichen sind.

Die Entwicklung des regulatorischen Rahmens wird schließlich wesentlich durch die Gesetzgebung im Rahmen der so genannten *Finanzmarktförderungsgesetze* beeinflusst. Mit dem (1994 in Kraft getretenen) 2. Finanzmarktförderungsgesetz wurde die Wettbewerbsfähigkeit deutscher Investment-Gesellschaften im internationalen Vergleich beispielsweise durch die Zulassung von Geldmarktfonds verbessert. Das darauf folgende

3. Finanzmarktförderungsgesetz (das 1998 in Kraft trat) konzentrierte sich auf Verbesserungen bei den Rahmenbedingungen des Asset Management.

Zu den wesentlichen Neuerungen des 3. Finanzmarktförderungsgesetzes zählte die Zulassung neuer Fondstypen. Hierzu gehören beispielsweise Mischfonds und Altersvorsorge-Sondervermögen zur Sicherung der Altersvorsorge. Die Einführung geschlossener Fonds in der Rechtsform der Aktiengesellschaft ermöglicht die Kombination der Vorteile geschlossener mit der Fungibilität offener Fonds. Unter Risikodiversifikationsaspekten besonders interessant ist das im Rahmen des Gesetzes zugelassene so genannte Dachfonds-Konzept. Hierbei erwirbt der Anleger Anteile eines Fonds, der seinerseits wiederum Anteile anderer Investmentfonds zeichnet.

Neben der Zulassung neuer Fondstypen wurden im 3. Finanzmarktförderungsgesetz die Geschäftsmöglichkeiten bestehender Fonds erweitert: Wertpapier-Sondervermögen ist es erlaubt, die Restriktionen bei der Anlagenstreuung zu umgehen, wenn sie einen anerkannten Aktienindex abbilden. Außerdem erlauben erweiterte Einsatzmöglichkeiten für derivative Instrumente die Verwendung von Zins- und Währungsswaps zu Hedgingzwecken. Diverse Maßnahmen bezwecken schließlich die Überwachung von Anlagegrenzen sowie die Einhaltung des Geschäftszwecks von Fondsgesellschaften und Depotbanken. Änderungen im Haftungsrecht betreffen insbesondere die Verjährungsfrist bei fehlerhafter Anlageberatung sowie die Prospekthaftung.

Mit dem 4. Finanzmarktförderungsgesetz wird das Gesetz über Kapitalanlagegesellschaften (KAGG) den neueren Entwicklungen auf dem deutschen Kapitalmarkt angepasst. Eine wichtige Neuerung stellt die Regelung dar, wonach Kapitalanlagegesellschaften nun auch konzernfremde Fondsanteile vertreiben und Anlageberatung leisten dürfen. Diese Erweiterung der zulässigen Nebentätigkeiten von Kapitalanlagegesellschaften verbessert die Wettbewerbsbedingungen zwischen den Kapitalanlagegesellschaften. Durch den Erwerb von Anteilen verschiedener Anbieter aus einer Hand wird die Position der Anleger gestärkt. Darüber hinaus wird den Kapitalanlagegesellschaften ermöglicht, ihr Spezialwissen durch die Anlageberatung auch für Dritte nutzen zu können.

## 2.2 Fondsarten

Die große Zahl der bestehenden Fondstypen lässt es notwendig erscheinen, im Vorfeld der Analyse und Sichtung der Fondsgruppen auf die zur Klassifikation relevanten Kriterien einzugehen. Hierzu werden vorab einzelne Ausprägungen von Fonds behandelt, bevor die möglichen Fondsarten nach den beiden entscheidenden Kriterien des Anlageobjektes und der Zielgruppe dargestellt werden. Während die Darstellung nach der Art der im Sondervermögen befindlichen Vermögenswerte vornehmlich die Auswirkungen der Investition in verschiedene Anlageklassen untersucht, beschäftigt sich die Unterscheidung nach dem Kreis der Erwerber der Investmentanteile mit den Konsequenzen, die sich aus der Konstruktion der Fonds für bestimmte Zielgruppen ergeben. Einen besonderen Fondstyp stellt das in Deutschland im Zuge des 3. Finanzmarktförderungsgesetzes neu eingeführte Altersvorsorge-Sondervermögen dar, welches gesondert untersucht wird.

### 2.2.1 Ausprägungen von Fonds

Nach dem Kriterium der *Ertragsverwendung* sind thesaurierende von ausschüttenden Fonds zu unterscheiden. Bei thesaurierenden Fonds bewirkt eine Reinvestition der erwirtschafteten Erträge eine Steigerung des Anteilsscheinwertes bzw. die Ausgabe neuer Anteile; Ausschüttungsfonds lassen ihre Erträge in regelmäßigen Abständen den Anteilseignern zugute kommen.

Nach dem Kriterium der Möglichkeit der *Rückgabe der Investmentanteile* unterscheidet man offene und geschlossene Fonds. Gibt die Investmentgesellschaft Fondsanteile heraus und ist sie verpflichtet, die Anteile jederzeit zum jeweiligen Wert zurückzukaufen, so spricht man von offenen Fonds (Open End Funds). Der ständige Zu- und Abfluss von Anlagegeldern führt dazu, dass das Fondsvermögen ständigen Schwankungen unterworfen ist und damit ein relativ hoher Anteil des Fondsvermögens liquide gehalten werden muss. Die Auflegung eines geschlossenen Fonds (Closed End Funds) hingegen erfolgt mit dem Ziel, durch die Ausgabe einer begrenzten Anzahl von Anteilen eine festgelegte Summe Kapital für einen spezifischen Zweck aufzubringen.

Ein wichtiger Vorteil einer Anlage in geschlossene Fonds sind die Verlustzuweisungen, die steuerlich geltend gemacht werden können. Dem stehen jedoch die relativ hohen Mindestanlagesummen, ein erhebliches mit der Anlage verbundenes Risiko sowie die sehr langen Laufzeiten, durch die ein vorzeitiger Ausstieg mit Verlusten verbunden ist, gegenüber. Schließlich unterliegen geschlossene Fonds nicht dem Regelwerk des KAGG. In der Praxis hat sich die Konstruktion nach dem Closed-End-Prinzip insbesondere bei Fonds auf der Basis von Alternativen Anlageklassen (vgl. hierzu Abschnitt 1.1) durchgesetzt.

Nach dem Kriterium, ob eine *aktive* oder *passive Anlagestrategie* verfolgt wird, werden Indexfonds von den anderen Fonds unterschieden. Indexfonds stellen einen besonderen Fondstyp dar, bei dem keine gezielte Auswahl von Anlageobjekten vorgenommen wird. Es wird vielmehr die Abbildung von Marktindizes angestrebt. Auf Grund dieser Zielsetzung und der damit verbundenen Passivität der Strategie sind an den Investmentprozess selbst keine übermäßigen Anforderungen gestellt. Indexfonds legen primär in Aktien an, allerdings ist auch die Abbildung von Anleihenindizes denkbar. Die Gründe für ein derartiges passives Anlagemanagement werden in Abschnitt 3.2.1 behandelt.

Im Gegensatz zu den im folgenden Abschnitt aufgezeigten Fonds, die sich alle auf ein bestimmtes Anlageobjekt (oder eine Kombination hiervon) konzentrieren, investieren *Dachfonds* (Funds of Funds) nicht direkt in verschiedene Anlageobjekte, sondern in verschiedene Fonds und somit verschiedene Anlagestrategien. Durch eine Anlage in eine Ansammlung ihrerseits wiederum diversifizierter Fonds erreicht der Anleger ein im Vergleich zu einer Anlage in einen einzelnen Fonds höheres Maß an Risikostreuung. Bei Dachfonds kommt es allerdings regelmäßig zu einer doppelten Gebührenerhebung, einmal auf der Ebene des Dachfonds und zusätzlich auf der Ebene der Fonds.

Schließlich bestehen Unterscheidungen zwischen Fonds nach dem Kriterium der *Gebührenerhebung*. Regulär werden sowohl ein einmaliger Ausgabeaufschlag sowie eine jährliche Verwaltungsgebühr erhoben. Der Ausgabeaufschlag entspricht einer Verkaufsprovision und ergibt sich aus der Differenz von Ausgabe- und Rücknahmepreis eines Fondsanteils, in der Regel betragen die Aufschläge 2–6 Prozent. Bei *Tradingfonds* (No-Load-Fonds) werden die Anteile ohne Ausgabeaufschlag ausgegeben; das Fehlen des Ausgabeaufschlags wird jedoch durch eine entsprechend höhere Managementgebühr kompensiert. Eine Anlage in diese Fondsart ist somit im Rahmen einer kurzfristig angelegten Strategie mit häufigen Portfolioumschichtungen geeignet. Unter *Umbrella-Fonds* werden Fondsfamilien verstanden, zwischen denen der Anleger relativ kostengünstig und ohne Formalitäten wechseln kann. Durch die aktive Gewichtung von speziellen Märkten kann das Risiko/Rendite-Profil des Portfolios durch den Anleger selbst gesteuert werden.

### 2.2.2 Fondstypologie nach Anlageobjekten

Unterscheidet man die verschiedenen Fonds hinsichtlich ihres Anlageobjektes, so bietet sich die Unterteilung in folgende maßgebliche Fondstypen an:

- Aktienfonds,
- Rentenfonds,
- Immobilienfonds,
- Geldmarktfonds,
- gemischte Fonds,
- Hedgefonds.

*Aktienfonds*

Der erste Investmentfonds Deutschlands war ein Aktienfonds und wurde im Jahr 1950 mit Blick auf die im Vergleich zu einer Direktanlage besser mögliche Streuung der Anlagen auf verschiedene Wertpapiere, die eine informationsintensive Auswahl der Einzeltitel überflüssig macht, aufgelegt. Die Gruppe der Aktienfonds lässt sich wieder in viele Unterkategorien einteilen. Die wichtigsten Unterkategorien stellen Branchen-, Länder-, Themen-, Wachstums-, Small-Cap- und Turn-around-Fonds dar. Eine Sonderrolle kommt den Garantiefonds zu.

Bei der Untergliederung in *Branchenfonds* lassen sich unterschiedliche Gruppen bilden (Finanzwerte, Energie, Telekommunikation, Automobil, Technologie, ökologisch orientierte Unternehmen, Pharma- und Ernährungsindustrie). Durch die gezielte Auswahl bestimmter Wirtschaftssektoren soll von branchenspezifischen Entwicklungen profitiert werden. Neben den überdurchschnittlichen Gewinnerwartungen, die eine Investition in diese Fondsart reizvoll erscheinen lassen, muss jedoch beachtet werden, dass Branchenfonds sehr viel stärkeren Schwankungen als der Gesamtmarkt unterliegen können. Während diese Investmentkategorie Anfang der 90er Jahre nur eine untergeordnete Rolle einnahm, fand dieser Fondstypus in jüngerer Zeit starke Resonanz. So waren 2001 mehr als 32 Mrd. Euro in Branchenfonds, vorwiegend im Pharma/Biotechnologie-, Telekommunikations- und Technologiesektor angelegt.

Bei *Länderfonds* beschränkt sich der Fondsmanager im Gegensatz zu internationalen Aktienfonds in seiner Anlagepolitik auf ein ausgewähltes Land bzw. eine Region, um Unterschiede in den internationalen Börsenzyklen zu nutzen. Unterschiedliche Risikoprofile ergeben sich bei Länderfonds aus den aus der Anlage häufig resultierenden Währungsrisiken. Diese lassen sich allerdings durch die Nutzung spezieller Hedginginstrumente beeinflussen. Ein weiterer Risikofaktor stellt die „Reife" des entsprechenden Börsenplatzes dar. Insbesondere Investitionen in aufstrebende Wirtschaftsregionen wie Asien, Lateinamerika und Osteuropa sind mit hohen Ertragsaussichten, aber oftmals auch mit einem erheblichen Risiko verbunden. Emerging Markets Fonds beinhalten in der Regel eine Anlagemischung über verschiedene erfolgsversprechende Branchen und wirtschaftlich aufstrebende Länder hinweg.

*Themenfonds* wählen ihre Anlageobjekte nach spezifischen Gesichtspunkten, die beispielsweise sozialer oder ökologischer Natur sein können, aus. Die Konstruktion eines Themenfonds für islamische Investoren würde beispielsweise ausschließlich korankonforme, zinsfreie Anlageformen enthalten.

*Wachstumsfonds* investieren in junge, wachstumsstarke Unternehmen, die häufig aus dem Technologiesektor stammen. Wie die Beispiele von Microsoft, Intel und Amazon zeigen, sind wachstumsstarke Unternehmen vom Standpunkt der Marktkapitalisierung aus nicht als Nebenwerte einzustufen. Den besonderen Renditeaussichten einer Anlage in diese Werte steht jedoch auch ein höheres Risiko entgegen.

*Small-Cap-Fonds* konzentrieren ihre Anlagestrategie auf Nebenwerte und versuchen, in diesem Segment attraktive Investitionsmöglichkeiten zu identifizieren und auszunutzen. Auf Grund der teilweise erheblichen Marktenge bestimmter Papiere ist die Gefahr starker Kursausschläge bei diesen Werten relativ hoch.

Eine wagemutige Anlagepolitik verfolgen Manager von *Turn-around-Fonds*. Sie konzentrieren sich auf solche Werte, die auf Grund ihrer Ertragsschwäche eine enttäuschende Kursentwicklung zeigen, und stellen anhand von Indikatoren (so beispielsweise dem Wechsel von Managementpositionen und Umstrukturierungen von Geschäftsfeldern) eine Trendwende in der Kursentwicklung fest, die sie als Investitionssignal deuten.

Eine Abwandlung respektive Sonderform von Aktienfonds stellen *Garantiefonds* dar. Um das im Vergleich zu einer Investition in Rentenpapiere höhere Risiko einer Anlage in Aktien zu kompensieren, sichern sie das Portfolio auf eine im Voraus festgelegte Endfälligkeit des jeweiligen Fonds ab. Man unterscheidet dabei zwischen der Garantie eines Mindestrücknahmepreises und einer Vollgarantie. In der Praxis werden die Garantiezusagen durch den Einsatz derivativer Anlageinstrumente sowie durch die Anlage eines entsprechenden Teils des Fondsvermögens in festverzinsliche Wertpapiere gewährleistet. Die Zusage der Fondsgesellschaft, das eingesetzte Kapital in seiner vollen Höhe zurückzuzahlen, ist mit Kosten in Form einer geringeren Beteiligungsquote verbunden. Der hohe Absatz dieser Fondsart deutet darauf hin, dass ihr Absicherungscharakter der Risikoaversion der deutschen Anleger entgegenkommt.

# Exkurs: Islamische Fonds

Eine besondere Stellung nehmen islamische Fonds ein, die bei ihrer Aktienauswahl berücksichtigen, ob die Unternehmensaktivitäten nach dem religiösen Gesetz des Islam glaubenskonform sind. Die Scharia schließt die Investition in bestimmte Unternehmen aus, deren Aktivitäten sich zum Beispiel auf die Herstellung oder den Vertrieb von Alkohol, Produkten aus Schweinefleisch oder Glücksspiele erstrecken. Leider ist die Überprüfung der Unternehmen aus der Perspektive der Scharia nicht immer eindeutig. So ist es zwar offensichtlich, dass die Investition in Unternehmen mit pornografischen Aktivitäten untersagt ist, aber Grauzonen ergeben sich bereits bei der Betrachtung von Telekommunikationswerten, über deren Leitungen auch entsprechende Inhalte verbreitet werden können.

Das größte Tabu stellt jedoch der Zins dar. Nach islamischer Auffassung kann Kapital nicht durch den Zeitverlauf weiteres Kapital schaffen, so daß die Investition in Banken und Anleihen verboten ist. Auch liquide Mittel innerhalb des Fonds werfen keine Zinsen ab.

Die Vielzahl der Vorschriften im Islam, die Fondsmanager beachten müssen, hat dazu geführt, dass islamische Fonds in der Regel durch einen oder mehrere Imame, Gelehrte des Islam, beraten werden. Für das Fondsmanagement ergibt sich die schwierige Aufgabe, die richtige Balance zwischen Ideologie, Investmentstrategie und Anlageaktivitäten zu finden. Auch die Frage, inwieweit die sich aus dem Aktienengagement ergebenden Rechte ausgeübt werden sollen, um auf die Einhaltung der Scharia zu drängen, muss in diesem Zusammenhang geklärt werden.

Für die Problematik der Performancemessung von islamischen Fonds deuten sich bereits Lösungsansätze an. So hat Dow Jones & Company auf globaler Ebene den Dow Jones Islamic Market Index (DJIM) eingeführt, der ausschließlich Scharia-konforme Aktientitel beinhaltet.

## *Rentenfonds*

Die Beliebtheit des Rentenfonds ist darauf zurückzuführen, dass der Kurswert von Anleihen, der zentral vom aktuellen Zinsumfeld sowie von der Zahlungsmoral (und unter Umständen vom Wechselkursverhältnis) abhängt, eine deutlich niedrigere Schwankungsbreite als jener von Aktienfonds aufweist. Ähnlich den Aktienfonds können auch Rentenfonds in Subgruppen unterschieden werden. Als Kriterien werden dabei meistens ihre Abhängigkeit von Wechselkursen, ihr Anlagehorizont und die Bonität der Schuldner herangezogen.

Hinsichtlich ihrer Abhängigkeit von *Wechselkursen* unterscheidet man zwischen Fremdwährungs- und Euro-Rentenfonds. Bei Fonds mit einer international orientierten Anlagepolitik tritt im Gegensatz zu nationalen Fonds neben die Risikofaktoren Zins- und Kursentwicklung zusätzlich die Währungskomponente.

In Bezug auf die Ausgestaltung des *Anlagehorizontes* wird zwischen Laufzeit- und Kurzläuferfonds unterschieden. Laufzeitfonds werden nur für eine begrenzte Laufzeit aufgelegt, die in den meisten Fällen dem Namen des Fonds zu entnehmen ist. Der einzige Unterschied zu einer Direktanlage in Anleihen besteht in der für Fonds typischen Streuung des Fondsvermögens über verschiedene Wertpapiere. Im Verlauf wird der anfangs noch offene Fonds geschlossen, das heißt es werden keine neuen Anteile mehr ausgegeben. Rechtlich wird diese Fondsart dennoch zu der Klasse der offenen Fonds gezählt. Am Ende der Laufzeit werden alle im Fonds enthaltenen Wertpapiere verkauft und der Erlös zusammen mit den bis dahin aufgelaufenen Erträgen an die Anteilsinhaber ausgezahlt. Kurzläuferfonds enthalten ausschließlich Anleihen mit Restlaufzeiten unter vier Jahren und zeichnen sich aus diesem Grund durch eine kalkulierbare Wertbeständigkeit aus.

Nach der *Bonität der Schuldner* grenzt man innerhalb der Rentenfonds die High-Yield-Fonds ab. Unter High-Yield-Anleihen werden Papiere verstanden, die von Ländern oder Unternehmen minderer Bonität emittiert werden (vgl. Beitrag Capital Markets, Abschnitt 3.2.6). Das mit der geringeren Rückzahlungswahrscheinlichkeit verbundene höhere Risiko wird durch eine höhere Verzinsung dieser Anleiheform kompensiert. Der Portfoliomanager wird vor die Aufgabe gestellt, von der lukrativen Verzinsung bei geringstmöglichem Ausfallrisiko des Schuldners zu profitieren. Darüber hinaus wird ein Wertzuwachs durch eine sich verbessernde Bonität (Rating) des Einzelschuldners (insbesondere bei stark wachsenden Unternehmen) erwartet. Diese Fondsart weist jedoch eine erheblich höhere Schwankungsbreite der Anlagewertentwicklung auf, zudem notieren die meisten High-Yield-Anleihen in fremder Währung.

## *Immobilienfonds*

Immobilienfonds ermöglichen es Anlegern, sich mit vergleichsweise geringem Kapitaleinsatz an der Wertentwicklung eines Immobilienportfolios sowie den laufenden Mieteinnahmen zu beteiligen. Das Fondsvermögen wird überwiegend in Gewerbe- und Wohnimmobilien sowie in nicht unerheblichem Umfang in Anleihen angelegt. Bei den Immobilienfonds ist zwischen offenen und geschlossenen Fonds zu unterscheiden.

Bei *offenen Immobilienfonds* besteht eine permanente Rücknahmeverpflichtung durch die Fondsgesellschaft. Hierdurch soll die Fungibilität der Anteile gewährleistet werden. Der Rücknahmepreis richtet sich nach dem laufend kalkulierten Netto-Vermögen des Fonds. Dabei werden die Immobilien allerdings nicht durch die Börse, sondern fundamental-analytisch bewertet. Dies erfolgt mindestens einmal jährlich durch Sachverständige. Die Verpflichtung zur jederzeitigen Rücknahme erfordert seitens des Fonds die Vorhaltung einer relativ hohen Liquidität. Offene Immobilienfonds waren in der Vergangenheit durch eine sehr geringe Schwankungsbreite der Erträge sowie stabile Wertsteigerungsraten gekennzeichnet, die jedoch schnelle und hohe Gewinne unwahrscheinlich werden ließen, was zum Ruf der offenen Immobilienfonds als einer soliden und konservativen Geldanlage beitrug.

*Geschlossene Immobilienfonds*, bei denen keine Rücknahmeverpflichtung besteht, werden zur Errichtung oder zum Erwerb und der anschließenden Vermietung oder Verpachtung eines oder mehrerer Immobilienprojekte aufgelegt. Die Anzahl der ausgegebenen Anteile entspricht somit genau dem für die Realisation des konkreten Vorhabens angestrebten Eigenkapitalanteil. Es ist auf Grund der fehlenden Rücknahmeverpflichtung nicht erforderlich, größere liquide Bestände zu halten, sodass die Gesamtanlagerendite höher sein kann. Eine Veräußerung der Anteile kann an Dritte erfolgen; hier besteht allerdings das Problem der mangelnden Fungibilität. Ansonsten ist der Investor auf die Liquidation des Fonds nach Erreichen des Fondsvorhabens angewiesen.

Ein besonderes Vehikel der Investition in Immobilien stellen *Real Estate Investment Trusts* (REITs) dar. Diese auf Grund der steuerlichen Behandlung bislang nur in den Vereinigten Staaten existierende Form der Immobilienbeteiligung emittiert übertragbare, meist an Börsen gehandelte Anteile. Dabei betreiben REITs jedoch im Gegensatz zu den deutschen Fondskonzepten üblicherweise keine Risikostreuung, sondern spezialisieren sich auf eine bestimmte Liegenschaftsart, beispielsweise Bürogebäude, Einkaufszentren oder Hotels. Deutsche Investoren können sich direkt an REITs beteiligen oder aber in deutsche Fonds investieren, die ihrerseits in REITs investiert sind.

## *Geldmarktfonds*

Die auf Grund des 2. Finanzmarktförderungsgesetzes seit 1994 zugelassenen Geldmarktfonds enthalten nicht börsennotierte Papiere, wie etwa Einlagenzertifikate von Kreditinstituten oder Commercial Papers, die eine sehr kurze Restlaufzeit (bis zu einem Jahr) aufweisen. Damit eignen sich Geldmarktfonds als flexible Alternative zum Sparbuch, Festgeld- oder Tagesgeldkonto für Anlagesummen, deren ständige Verfügbarkeit und kurzfristige Disponierbarkeit gewünscht wird. Sie ermöglichen dem privaten Anleger einen indirekten Zugang zum Geldmarkt, unterliegen jedoch keiner Einlagensicherung und bieten keine feste Verzinsung. Aus diesem Grund investieren die Fonds nur in Papiere mit entsprechendem Rating. Durch die Wahl eines Geldmarktfonds in ausländischer Währung kann ein Anleger neben der Verzinsung auch die Entwicklung der Wechselkurse in sein Anlagekalkül einbeziehen – dies bringt zusätzliche Chancen, aber auch Risiken.

Eng verwandt mit den Geldmarktfonds sind die bereits mit dem 1. Finanzmarktförderungsgesetz zugelassenen geldmarktnahen Fonds. Diese investieren bis zu 49 Prozent der Mittel in Bankguthaben, Einlagenzertifikate von Kreditinstituten, unverzinsliche Schatzanweisungen oder Schatzwechsel mit kurzer Restlaufzeit.

## *Mischfonds*

Bei Mischfonds wird die Anlagesumme auf Objekte verschiedener Anlageklassen verteilt. Seit Inkrafttreten des 3. Finanzmarktförderungsgesetzes muss dabei keine Beschränkung auf Wertpapiere erfolgen, sondern es ist auch die Kombination von Wertpapieren und Immobilien erlaubt. Gegenüber reinen Aktienfonds können gemischte Fonds in schlechten Börsenzeiten den Vorteil haben, dass die Zinseinnahmen aus Anleihen beziehungsweise die Wertsteigerungen der Immobilien die Kursverluste der Aktien teilweise wettmachen. Allgemein mindern Anleihen sowie Immobilien die Schwankungsbreite der Ertragsentwicklung des Fondsvermögens.

Durch ihre flexible Anlagepolitik eignen sich Mischfonds als Alternative zur herkömmlichen Vermögensanlage in Einzelwerte. Jedoch bedarf das Fondsmanagement einer weitsichtigen Strategie seitens des Portfoliomanagers, um hohe Umschichtungskosten durch Gewichtungsänderungen zwischen den verschiedenen Anlageobjekten zu vermeiden. Darüber hinaus ermöglichen Mischfonds, die in mehrere Anlageklassen investieren, auch eine Vermögensverwaltung aus einer Hand. Für Investmentbanken bedeutet dies, dass zusätzlich zur Kompetenz in den Bereichen Aktien und Anleihen Detailwissen im Hinblick auf Immobilien notwendig wird, um diesen Fondstyp umfassend anbieten zu können.

## *Hedgefonds*

Hedgefonds investieren in derivative Finanzinstrumente wie beispielsweise Optionen und Futures. Da sich beim Einsatz von Derivaten auf Grund der sehr großen Hebelwirkung mit einem geringen Kapitaleinsatz hohe Gewinne, aber auch entsprechend hohe Verluste (bis zum Totalverlust) erzielen lassen, weist die Wertentwicklung dieser Fondsart eine erheblich höhere Schwankungsbreite als klassische Aktien- oder Rentenfonds auf und wird auch mit dem Begriff „Risikofonds" belegt.

Hedgefonds zerlegen das Gesamtrisiko der in ihnen enthaltenen Anlagen in einzelne Risikokomponenten und modellieren daraufhin bedarfsgerechte Risiko/Rendite-Strukturen. Dabei gehen sie bewusst spekulative Positionen ein. Durch den Einsatz von Leerverkäufen und Derivaten reduzieren Hedgefonds das systematische (Markt-)Risiko und verzichten dabei gleichzeitig auf eine effiziente Portfoliodiversifikation. Somit beschränkt sich das Risiko, dem diese Fondsart ausgesetzt ist, auf das leichter identifizierbare titelspezifische (unsystematische) Risiko.

Das wichtigste anlagepolitische Merkmal von Hedgefonds ist ihre Ausrichtung auf die Erwirtschaftung absoluter Erträge. So wurde die traditionell-konservative Anlagestrategie von Hedgefonds, die sich einst ausschließlich auf die Risikoabsicherung konzentrierte, im Lauf der Zeit durch den vermehrten spekulativen Einsatz von Derivaten aufgeweicht. Nach ihrem Handelsansatz lassen sich dabei vier Kategorien von Hedgefonds unterscheiden:[9] Market-Neutral-Fonds, Event-Driven-Fonds, Long- beziehungsweise Short-Strategy-Fonds und Tactical-Trading-Fonds.

*Market-Neutral-* oder *Relative-Value-Fonds* verfolgen Anlagestrategien, deren Wertentwicklung sich unabhängig von der jeweiligen Entwicklungsrichtung des Marktes verhält. Mit Hilfe von Leerverkäufen wird ein Portfolio-Beta von Null erzielt. Die Erträge dieser Fonds verhalten sich generell unkorreliert zu einem Vergleichsindex.

Die Anlageentscheidungen von *Event-Driven-Fonds* (oft auch Arbitrage-Fonds genannt) basieren auf aktuellen oder erwarteten Ereignissen wie beispielsweise Unternehmenszusammenschlüssen, Konkursen, Spin-offs oder Restrukturierungen. Zwar bergen Investitionen in derartige Unternehmen die Möglichkeit, die erworbenen Anteile nach einer Übergangszeit mit einem Aufschlag weiterzuverkaufen. Scheitert jedoch die Reorgani-

---

[9] Vgl. hierzu Goldman, Sachs & Co./Financial Risk Management Ltd. (1998).

sation oder Übernahme, riskieren Hedgefonds hohe Verluste. Die Wertentwicklung dieser Fonds wird in der Regel von der allgemeinen Marktentwicklung wenig beeinflusst.

*Long-* beziehungsweise *Short-Strategy-Fonds* kombinieren Kauf- und Verkaufspositionen, um das marktspezifische Positionsrisiko weitestgehend zu reduzieren. Diese Fondsart weist einen größeren Gleichlauf mit der Marktentwicklung auf, da meistens Kaufpositionen überwiegen.

*Tactical-Trading-Fonds* setzen auf Markttendenzen von Währungen, Rohstoffen, Aktien und Anleihen. Ihre relativ volatile Wertentwicklung weist nur eine geringe Korrelation mit traditionellen Vergleichsmaßstäben auf.

Spektakuläre Zusammenbrüche von Hedgefonds in jüngerer Vergangenheit, so insbesondere jener von Long Term Capital Management (LTCM), haben dazu beigetragen, dass diese Fondsart zu den risikoreichsten Anlagegattungen gezählt wird. Da Spekulation in vielen Ländern, wie zum Beispiel in Deutschland, nach dem Investmentrecht ausgeschlossen ist, siedelt sich diese Fondsart größtenteils in so genannten Offshore-Zentren an;[10] auch steuerliche Gesichtspunkte spielen hierbei eine Rolle.

Diese Konstellation führt insgesamt zu einer schwachen Marktaufsicht über diese wenig transparenten Sammelkonten mit Gefahren für das Finanzsystem: Auf Grund des starken Leverage kann der Zustrom von Anlagegeldern in diese Fondsart auch zu wesentlichen Volatilitäten im Kapitalmarkt führen. Trotz dieser Problematik übernehmen Hedgefonds auch eine sinnvolle Funktion innerhalb des Finanzsystems. Die Investition der Hedgefonds in derivative Instrumente, die vielen Anlegern vorenthalten sind, sorgt für einen Anstieg der Liquidität und den Abbau von Markineffizienzen.

Grundsätzlich stehen Hedgefonds sowohl privaten als auch institutionellen Investoren offen. Auf Grund der Mindesteinlagen, die nicht selten in Millionenhöhe erbracht werden müssen, sind sie oft de facto jedoch nur institutionellen Investoren zugänglich, welche die Hedgefonds insbesondere zur Portfoliooptimierung einsetzen. Auch die beschränkte Transparenz, geringe Regulierung und Mindesthaltedauer lassen vor allen Dingen professionelle Anleger als geeignete Zielgruppe erscheinen.

## *Vergleich der Fondstypen und Verbreitung*

Die verschiedenen Asset Classes weisen, wie vorab erörtert und in Übersicht 1 zusammenfassend dargestellt, unterschiedliche Profile im Hinblick auf die bei der Anlage wichtigen Kriterien Risikograd, Zeithorizont der Anlage und Ertragspotenzial auf.

Bei Betrachtung der Zusammensetzung des gesamten Fondsvermögens deutscher Investmentgesellschaften ist festzustellen, dass die gemischten Fonds am stärksten vertreten sind; es folgen Renten- und Aktienfonds (vgl. Abbildung 6). Dieser Sachverhalt lässt sich erklären, wenn die unterschiedlichen Anlagestrategien von Publikums- und Spezialfonds (vgl. für deren Entwicklung Abbildung 7) untersucht werden. Während Spezi-

---

[10] Vgl. Glaus (1997), S. 59.

Übersicht 1: Charakteristika verschiedener Fondstypen

| Fondstyp | Risikograd (relativ) | Anlagehorizont | Ertragspotenzial | Einschätzung |
|---|---|---|---|---|
| Aktien | mittleres bis hohes Risiko | mittel- bis langfristig | hohe Wertsteigerungen | ertragsstarke, inflationsneutrale Anlagemöglichkeit |
| Renten | geringes bis mittleres Risiko | mittel- bis langfristig | am Zinsniveau orientiert | risikoarme Alternative, geeignet zur Altersvorsorge |
| Immobilien | geringes Risiko | mittel- bis langfristig | beständige Wertentwicklung | sichere und oft steuerbegünstigte Anlage |
| Geldmarkt | geringes Risiko | kurz- bis mittelfristig | am Geldmarktzinsniveau orientiert | Möglichkeit zum sicheren Parken von Liquidität |
| Gemischt | mittleres Risiko | mittel- bis langfristig | wie oben | flexible Anlageform, alle Vorteile einer Investition in Aktien bzw. Anleihen |
| Hedge | hohes Risiko | kurz- bis mittelfristig | hohes Ertrags-/Verlustpotenzial | insbesondere zur spekulativen Anlage geeignet |

alfonds primär in gemischte Fonds investieren und auf Grund ihres Volumens auch bei der aggregierten Betrachtung wesentlich ins Gewicht fallen, konzentrieren sich Publikumsfonds bei ihren Investitionen auf Aktien und Renten.

### 2.2.3 Fondstypologie nach Zielgruppe

Neben der Art der Anlageobjekte kann auch die Zielgruppe der Fonds zur Erstellung einer Fondstypologie herangezogen werden. So kann zwischen Fonds, die der breiten Öffentlichkeit zum Erwerb zur Verfügung stehen (so genannte Publikumsfonds), und Fonds, die nur eine begrenzte Zielgruppe ansprechen (so genannte Spezialfonds), unterschieden werden. Diese Unterscheidung ist zwar zu einem gewissen Maß willkürlich und nur in wenigen Ländern zu finden, hilft jedoch, auf die speziellen Bedürfnisse der institutionellen Anleger einzugehen. Abbildung 7 gibt einen Überblick über das rapide Wachstum der Publikums- und insbesondere Spezialfonds.

Spezialfonds können erst seit dem 1. Finanzmarktförderungsgesetz von 1990 aufgelegt werden. Sie sind nach dem KAGG definiert als „Sondervermögen, deren Anteilscheine auf Grund schriftlicher Vereinbarung mit der Kapitalanlagegesellschaft jeweils von nicht mehr als zehn Anteilsinhabern, die nicht natürliche Personen sind, gehalten werden".

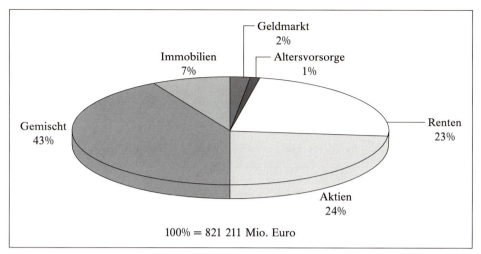

Abbildung 6: Zusammensetzung des Fondsvermögens inländischer Investmentfonds (2000)

Auf Grund des begrenzten Anlegerkreises bei Spezialfonds und den damit verbundenen direkten Informations- und Kontrollmöglichkeiten hat der Gesetzgeber gewisse Erleichterungen im Hinblick auf die Auflegung und Publizität dieser Fonds zugelassen. Die hieraus resultierende höhere Flexibilität erlaubt eine bessere Ausgestaltung des Fonds auf der Basis anlegerspezifischer Interessen und Vorgaben.

Zur Zielgruppe von Spezialfonds zählen Versicherungen, Kreditinstitute (beispielsweise Hypothekenbanken, Bausparkassen), Unternehmen (beispielsweise zum Asset Funding

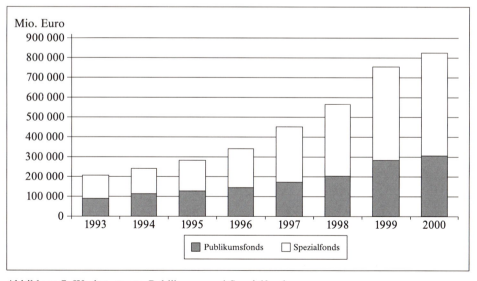

Abbildung 7: Wachstum von Publikums- und Spezialfonds

von Pensionsrückstellungen) sowie öffentlich-rechtliche Träger der Sozialversicherung und private Organisationen ohne Erwerbszweck. Wichtigstes Anlageobjekt der Spezialfonds sind Wertpapiere von Immobilien und Geldmarktinstrumenten.

Spezialfonds stellen für institutionelle Investoren eine bilanztechnisch und steuerlich vorteilhafte Alternative zu einer Vielzahl einzelner Direktinvestments dar. Durch die Nutzung eines Spezialfonds als Investmentvehikel werden die Investmentanteile zu Anschaffungskosten bilanziert. Abschreibungsbedarf ist hier nur angezeigt, wenn der Wertverlust nachhaltiger Natur ist. Wertsteigerungen des Fondsanteils hingegen führen zu einer stillen Reserve in der Bilanz des Anlegers. Zusätzlich sieht die derzeitige steuerliche Behandlung von Fonds erst eine Besteuerung der Ausschüttung beziehungsweise bei Auflösung des Fonds vor. Damit ergibt sich ein Steuerverschiebungseffekt, der in Verbindung mit dem Zinseszinseffekt eine besonders positive Entwicklung des Fonds fördert. Mit Hilfe von Spezialfonds ist es zudem möglich, Einfluss auf die Art der Rückflüsse aus dem Fonds in Form von Dividenden und Zinsen (ordentliche Erträge) oder Wertsteigerungen von Fondsanteilen (außerordentliche Erträge) zu nehmen. Außerdem werden durch Spezialfonds die nicht unerheblichen Informations- und Transaktionskosten einer Direktanlage umgangen.

Für die Investmentbank, die im Asset Management tätig ist, leitet sich aus der Trennung in Publikums- und Spezialfonds die Notwendigkeit ab, je nach Kundensegment verschiedene Fonds zu schaffen. Da sich viele Investmentbanken, in der Regel auf den Kreis der institutionellen Investoren beschränken, legen sie häufig nur Spezialfonds auf.

### 2.2.4 Altersvorsorge-Sondervermögen

Auf Grund der steigenden Lebenserwartung und den zunehmend schmaleren öffentlichen Rentenkassen gewinnen Investmentfonds als Bausteine der betrieblichen Altersversorgung und privaten Vorsorge auch in Deutschland immer mehr an Bedeutung. Gerade die Diskussion um die Sicherheit der gesetzlichen Rentenversicherung veranlasst viele Investmentgesellschaften, neue Konzepte auf Basis der zweiten (betrieblichen) und/oder dritten (privaten) Säule der Altersvorsorge in Form einer „zweiten Rente" anzubieten. Das Altersvorsorge-Sondervermögen ist eines dieser neuen Konzepte und wird seit Oktober 1998 angeboten.

Das 3. Finanzmarktförderungsgesetz bereicherte in diesem Zusammenhang die deutsche Investmentlandschaft mit der Zulassung spezieller Fonds mit langfristiger Bindung und dem Angebot von Pensionssparplänen. Diese Art eines *Zielfonds* als Ausprägung eines neuen Investmentfondstypus gewährleistet Anlegerschutz durch eine überwiegende Substanzwertorientierung (Anlage in Aktien und offene Immobilienfonds) sowie vorgeschriebene Anlagegrenzen; darüber hinaus sind lediglich thesaurierende Fonds ohne laufende Ausschüttungen zugelassen. Zu den Merkmalen der Altersvorsorge-Sondervermögen zählt neben der langfristigen Perspektive, der Thesaurierung und dem Sparplan, der die regelmäßige Einzahlung von Beträgen vorsieht, auch die Möglichkeit der Vermögensumschichtung (beispielsweise nach Ende der Sparphase), Auszahlungspläne sowie die Absicherung durch Derivate, wobei allerdings keine spekulativen Positionen eingenommen werden dürfen.

Der Erfolg dieser Anlageform ist jedoch solange noch nicht vollständig gewährleistet, bis der Gesetzgeber eine steuerliche Begünstigung dieser Sparform beschließt. Momentan herrscht noch eine steuerliche Gleichbehandlung der Altersvorsorge-Sondervermögen und Kapitallebensversicherungen, was die Attraktivität dieses Fondstypus einschränkt. Trotzdem wurden bis zum Jahresende 2001 fast 4,7 Mrd. Euro in diesen Fondstypus in Deutschland angelegt.

## 3. Investmentprozess

Der Prozess des Asset Managements im engeren Sinne, den wir hier als Investmentprozess bezeichnen, erfolgt, wie in Abbildung 8 dargestellt, in drei Schritten: der Asset Allocation, der Asset Selection und dem Performance-Controlling. Diese einzelnen Schritte können ihrerseits weiter untergliedert werden.

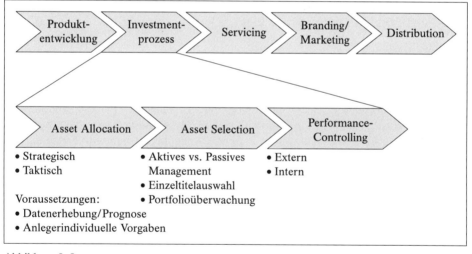

Abbildung 8: Investmentprozess

## 3.1 Asset Allocation

Als *Asset Allocation* bezeichnet man die systematische Aufteilung der anzulegenden Gelder auf verschiedene Anlageklassen. Im Gegensatz zum *Stock Picking*, einer Einzeltitelauswahl nach dem Bottom-up-Prinzip, stellt die Asset Allocation eine strategische Entscheidung über die Portfoliostruktur dar. Diese strategische Ausrichtung wird bei einem

673

Fonds maßgeblich durch dessen Zielsetzung beeinflusst. Je präziser die Fondsphilosophie gefasst wird, desto niedriger sind die Freiheitsgrade bei der Asset Allocation: So ist ein Fonds, der sich darauf konzentriert, den deutschen Aktienmarkt im Automobilbereich abzubilden, hinsichtlich der Asset Allocation weitgehend festgelegt.

Zielsetzung der Asset Allocation ist zunächst die Erhaltung des Kapitals sowie die Steigerung des Gesamtwerts des Portfolios unter Beachtung der durch Datenerhebung bzw. Prognose und anlegerindividuelle Portfolioselektion vorgegebenen Restriktionen. Zur Umsetzung greift der Asset Manager dabei auf ein Portfolio zurück, das durch Diversifikation möglichst effizient gebildet wird. Dies erfolgt in Bezug auf die Ebenen Anlageklassen, Länder, Währungen, Branchen oder bei Anleihen auch Schuldnerklassen bzw. Laufzeiten.

Erst nach Festlegung dieser grundsätzlichen Strategie wird dann unter besonderer Beachtung anlegerspezifischer Vorgaben (im Einzelfall bzw. über Grundannahmen bei Publikumsfonds) in einem zweiten Schritt die Auswahl der Einzelwerte (Asset Selection) vorgenommen. Eine Reihe von Untersuchungen zeigt, dass bei langen Anlagehorizonten die Asset Allocation zwischen Anlageklassen für eine höhere Rendite wichtiger ist als die Einzelauswahl der Titel.

### 3.1.1 Strategische Asset Allocation

Die Asset Allocation kann ihrerseits unterschieden werden in eine strategische und eine taktische Asset Allocation. Die strategische Asset Allocation dient dazu, die langfristigen Soll-Werte, also die Risiko- und Renditeziele eines Portfolios, vorzugeben. Basis für diese langfristige Anlagemischung für eine Anlegergruppe bildet das Portfolio-Selektionsmodell von *Markowitz* (vgl. Abschnitt 4.1.2): Um eine möglichst hohe Diversifikationseffizienz zu erreichen, sollte ein möglichst breit diversifiziertes Portfolio gehalten werden. Da sich Marktentwicklungen nicht prognostizieren lassen, wird auf langfristige Durchschnittswerte für Risiko, Rendite und Korrelation zurückgegriffen. Zusätzlich werden die relative Risikoneigung des Investors, seine Liquiditätspräferenz, die steuerlichen und rechtlichen Rahmenbedingungen sowie sein Anlagehorizont berücksichtigt.

Investmentbanken können im Bereich der Asset Allocation zwei voneinander unabhängige Beratungsleistungen erbringen. Zum einen können sie den Anleger beraten, sein Vermögen über sämtliche Anlageklassen hinweg zu optimieren, wie dies bei der Kundengruppe der HNI der Fall ist. Zudem ist ihre Expertise bei der Asset Allocation eines Fonds gefragt, wobei diese stark von der Zielsetzung des Fonds (Publikumsfonds mit spezifischer Investmentphilosophie, Spezialfonds) abhängt.

Die strategische Asset Allocation lässt sich weiter untergliedern. So wird das Vermögen, wie in der Folge gezeigt wird, im Rahmen der Asset Allocation im engeren Sinne, Country Allocation, Currency Allocation sowie Sector Allocation auf Anlageklassen, Länder, Währungen und Branchen aufgeteilt. Je geringer dabei die Korrelation zwischen den einzelnen Anlagealternativen ist, desto größer sind die Effizienzsteigerungen, die mit Hilfe der Diversifikation erzielt werden können.

## *Asset Allocation im engeren Sinne*

Bei der Asset Allocation im engeren Sinne wird das Vermögen auf der Basis der in Abbildung 1 dargestellten Anlagegattungen in Klassen standardisierter Handelbarkeit (Aktien, Anleihen, Geldmarktanlagen etc.) und nicht standardisierter Handelbarkeit (Rohstoffe, Antiquitäten etc.) aufgeteilt, um durch die Zusammenfassung der Anlageklassen in einem Portfolio eine Efficient Frontier zu generieren (vgl. Abschnitt 4.1.2), die alle effizienten Portfoliokombinationen abbildet. Dabei konzentrieren sich die Investmentbanken regelmäßig auf die Anlageklassen, in denen ihre Expertise besonders ausgeprägt ist, das heißt im Wesentlichen die traditionellen Anlageklassen sowie Private Equity und teilweise auch Immobilien.

Hierbei ist vorab zu klären, ob überhaupt in Alternative Anlageklassen angelegt werden soll. Durch eine derartige Anlage versuchen insbesondere institutionelle Investoren, das Risiko/Rendite-Profil ihres Portfolios zu beeinflussen und dadurch eine effizientere Portfolioallokation, das heißt eine höhere erwartete Rendite bei einem geringen systematischen Risiko, zu erreichen. Den Vorteilen der Alternativen Anlageklassen stehen jedoch wesentliche Nachteile entgegen. So ist eine Anlage hierein mit signifikanten Transaktions- und Informationskosten verbunden. Zudem kann der Portfoliomanager Alternativer Anlageklassen auf Grund von fehlenden Marktindizes nur anhand der absoluten Rendite beurteilt werden. Aus diesem Grund sind viele Alternative Anlagen nur dann für ein breites Asset Management auf Anlegerebene einsetzbar, wenn sie durch Bündelung in Fonds standardisiert handelbar werden.

Der Effekt, den eine Verwertschriftung der Alternativen Anlageobjekte hat, zeigt sich beispielsweise am Vergleich der Direktanlage in Immobilien und der Anlage in Immobilienfonds. Die Verbriefung von Immobilienanlagen stellt eine wesentliche Voraussetzung der Standardisierung dar, die erst einen breiten und umfassenden Handel und damit den Übergang von einer alternativen in eine traditionelle Anlageform ermöglicht. Entsprechendes gilt auch für Rohstoffanlagen.

Im Ergebnis gehen Alternative Anlagen in der Regel mit einer Gewichtung von 5 bis 15 Prozent in das Portfolio des Einzelanlegers ein. Alternative Anlageklassen stellen somit für den Retail-Kunden dann eine Anlagemöglichkeit dar, wenn die betreffende Investmentbank im Zuge ihrer Produktentwicklung hierauf spezialisierte Vehikel geschaffen hat. Dabei wird es sich insbesondere um Immobilienfonds und Private-Equity-Fonds handeln. Einige dieser Fonds, insbesondere die Private-Equity-Fonds, sind jedoch erst ab bestimmten Summen, beispielsweise einer Mindestanlagesumme von einer oder fünf Millionen zugänglich, sodass sie de facto nur für die HNI-Kundschaft zur Verfügung stehen. Für institutionelle Anleger hingegen kann die Anlage in Alternative Anlageklassen über Spezialfonds organisiert werden. Dabei kommt der Expertise des betreffenden Hauses bezüglich des Anlageobjektes eine wichtige Bedeutung zu.

Das Tagesgeschäft der Investmentbanken konzentriert sich im Asset Management somit bei der Asset Allocation im engeren Sinne auf die einzelnen traditionellen Anlageklassen und hier insbesondere auch auf Aktien, Renten und geldmarktnahe Instrumente. Kriterien bei der Auswahl zwischen den einzelnen Anlageklassen sind vor allem die Rendite vor Steuern, die Rendite nach Steuern, das Risiko, die Liquidität, der Inflationsschutz, Such- und Informationskosten sowie der hiermit verbundene Betreuungsaufwand. So erzielen Aktien eine hohe Rendite, während Anleihen für eine prognostizierbare Rendite bei gleichzeitig reduzierter Portfoliovolatilität stehen. Geldmarktnahe sowie liquide Mittel, die in Form von Festgeld gehalten werden, nehmen auf Grund ihres Renditenachteils eine Reservefunktion ein.

Den größten Einfluss auf die Asset Allocation im engeren Sinne hat jedoch, sofern es um einen Fonds geht, die Konzeption, die wesentlich durch die Produktentwicklung bestimmt wird. Von ihr und der damit verbundenen Fondsstrategie hinsichtlich Zielgruppe und Vermarktung sind die wesentlichen Bedingungen abzuleiten, unter denen die Asset Allocation erfolgen kann. Bei Spezialfonds, die auf die individuellen Bedürfnisse des Anlegers zugeschnitten werden, können die Spezifikationen direkt abgeleitet werden. Hier ist auch eine Asset Allocation im engeren Sinne über verschiedene Anlageklassen möglich. Publikumsfonds, deren Zielsetzung schon in der Produktentwicklung festgelegt wird, haben nur noch sehr geringe Freiheitsgrade bei der Asset Allocation im engeren Sinne. So determiniert bereits die Entscheidung, einen Rentenfonds aufzulegen, die Asset Allocation über Anlageklassen.

*Country Allocation*

Bei der Country Allocation (Länderdiversifikation) wird die Diversifikation über Ländergrenzen hinweg in den Asset-Allocation-Prozess integriert. Bei der Betrachtung der wichtigsten Aktien- und Anleihemärkte wird deutlich, dass durch eine Beschränkung auf nationale Anlagegattungen erhebliche Effizienzsteigerungspotenziale vernachlässigt werden (vgl. Abschnitt 4.2.1).

Im Hinblick auf die Entstehung und Entwicklung der Europäischen Wirtschafts- und Währungsunion und ihre Konsequenzen für die Asset Allocation ist eine differenzierte Betrachtung angebracht, da zwei Teilaspekte unterschieden werden müssen. Zum einen ist eine Integration des Wirtschaftsraums mit Blick auf die realwirtschaftlichen Faktoren zu beobachten. Auf Grund dieser Konvergenz entsteht ein einheitlicher europäischer Markt, in dem zunehmend die Trennlinien nicht mehr entlang der Länder-, sondern entlang der Industrie- (respektive Branchen-) Grenzen verlaufen. Dies hat unmittelbare Auswirkungen auf die Diversifikationsmöglichkeiten. So ist zum Beispiel die Diversifikation in deutsche und niederländische Staatsanleihen nicht sinnvoll, da diese sich auf Grund ähnlicher ökonomischer Rahmenbedingungen im Gleichschritt bewegen. Europa stellt insofern beim Aufbau eines Aktienportfolios *ein* Land dar; damit geht zwangsläufig die Ausweitung des Begriffes „inländische Wertpapiere" auf sämtliche Anlagen im europäischen Raum einher.

Die geldpolitische Komponente der Europäischen Einigung beinhaltet zudem eine einheitliche Währung, sodass innerhalb des Eurolands keine Währungsrisiken mehr existieren. Dieser Effekt ist aus der Perspektive der Asset Allocation jedoch primär der Currency Allocation zuzurechnen und wird deshalb an dortiger Stelle behandelt. Sowohl der realwirtschaftliche als auch der geldpolitische Bestandteil sind interdependent.

Dennoch erscheint eine Analyse dieser Teilaspekte sinnvoll, um verschiedene Faktoren, welche die Asset Allocation beeinflussen, identifizieren zu können. Die geldpolitische Komponente ist eng mit der Currency Allocation verbunden, während realwirtschaftliche Elemente sowohl in die Country als auch Sector Allocation eingehen.

Der für Europa beschriebene Integrationsprozess ist jedoch auch weltweit zu beobachten (Globalisierung), sodass die Internationalisierung der Portfolios nicht mehr an europäischen Grenzen Halt macht. Bislang weitgehend national ausgerichtete Portfolios werden durch internationale Anlagen ergänzt. Schließlich beeinflussen auch steuerrechtliche Unterschiede in der Behandlung von Fonds auf weltweiter Ebene die internationale Anlagenstreuung.

Auf Grund dieser sich ändernden Rahmenbedingungen sinkt die Bedeutung der Country Allocation. Die übergeordnete Asset Allocation legt damit im Rahmen des Asset-Management-Prozesses in der Praxis nur fest, wie viel im betreffenden Heimatland und wie viel im Ausland respektive international angelegt wird. Die Aufteilung innerhalb der Auslandstranche folgt dann den Branchenregeln.

*Currency Allocation*

Bei der Currency Allocation wird festgelegt, in welchem Umfang die Portfolio-Performance auch von den währungsspezifischen Risiko/Rendite-Eigenschaften beeinflusst werden soll. Währungsrisiko kann dabei definiert werden als der Unterschied zwischen der Rendite einer Kapitalanlage in ausländischer Währung und der Rendite des gleichen Instruments in der Referenzwährung, von welcher der Anleger bei seinen Investitionsentscheidungen ausgeht.

Das ausländischen Anlagen innewohnende Währungsrisiko kann als eigene Diversifikationsstufe mit eigenem Risiko angesehen werden, welches in das Risikoprofil der einzelnen Anlagekategorien wie zum Beispiel Aktien oder Anleihen eingebettet ist. Dies macht die enge Verzahnung innerhalb der Asset Allocation deutlich.

Die Bedeutung der Currency Allocation hat durch die Entstehung des einheitlichen Währungsraums in Europa erheblich nachgelassen. Durch den Wegfall währungsbedingter Wettbewerbsvorteile werden zudem länderübergreifende, intrasektorale Vergleiche erleichtert.

*Sector Allocation*

Die früher zum Bereich der taktischen Asset Allocation gerechnete Sector Allocation wird in jüngster Zeit auf Grund von Veränderungen in der Praxis im Zusammenhang mit der steigenden Bedeutung der intersektoralen Diversifikationsmöglichkeiten der strategischen Asset Allocation zugerechnet. Da zunehmend die Abhängigkeiten von Unternehmen nicht mehr entlang von Länder-, sondern von Sektorengrenzen verlaufen, verschiebt sich die Logik der Diversifikation. Während bislang die Korrelation zwischen verschiedenen Ländern gering war und sich deshalb insbesondere die länderübergreifende Diversifikation anbot, bewegen sich Staaten zunehmend in einem ähnlichen Tempo (zum Beispiel in der EU). Dagegen nimmt die Korrelation zwischen unterschiedlichen Industrien tendenziell ab, was die Diversifikation über Sektoren hinweg zunehmend attraktiver macht.

Die Korrelation von Bewegungen am Aktienmarkt beträgt zum Beispiel zwischen den Niederlanden und Deutschland 0,9. Damit bewegen sich diese beiden Märkte quasi parallel. Die Diversifikation eines deutschen Portfolios mit den Werten Siemens und Deutsche Bank mit entsprechenden holländischen Werten (zum Beispiel Philipps und ABN Amro) ist demnach nicht sinnvoll. Demgegenüber kann ein sektorspezifisches Portfolio aus Elektrowerten (Siemens, Philipps) sinnvoll mit Banktiteln (ABN Amro, Deutsche Bank) verbunden werden, da die Korrelation zwischen elektrotechnischen Titeln und Bankwerten nur 0,56 beträgt.[11]

Um jedoch eine länderübergreifende Sektorenanalyse leisten zu können, werden zukünftig neben dem forcierten Aufbau eigener Research-Abteilungen in den Investmentbanken verstärkt neue Rating-Agenturen entstehen, da zunehmend das Bonitätsrisiko in den Blickpunkt des Interesses rücken wird. Auch die Entwicklung einheitlicher europäischer Standards zur Beurteilung der Schuldnerqualität und die Angleichung der nationalen Anlagerichtlinien ist unausweichlich. Zusätzlich sind Harmonisierungen auf der Seite des Gesetzgebers zur Schaffung einer einheitlichen europäischen Kapitalmarktplattform abzusehen.

### *Abstimmung der verschiedenen Entscheidungen*

Die Untergliederung der strategischen Asset Allocation in die Asset Allocation im engeren Sinne, Country Allocation, Currency Allocation und Sector Allocation wirft die Frage nach der Reihenfolge, in der diese Entscheidungen getroffen werden, auf. Zu Beginn steht sicherlich die Entscheidung über die Anlageklasse (Asset Allocation im engeren Sinne). Innerhalb dieser schließt sich hieran die Entscheidung über Länder und Sektoren an.

Die Frage, ob zunächst die Länder- oder Sektorenallokation erfolgen soll, ist nicht generell zu beantworten. Vielmehr kann derzeit in der Praxis ein Umbruch beobachtet werden, der nicht durch die EWWU bedingt ist, aber durch diese zumindest verstärkt wird. In der Folge werden Portfolios innerhalb Europas damit zunehmend nicht mehr nach Ländern, sondern nach Branchen aufgestellt. Insofern findet eine Verschiebung von der Country Allocation zur Sector Allocation statt.

In einer Studie von Goldmann Sachs/Watson Wyatt, in der 100 Institutionen in Europa hinsichtlich der Effekte der Europäischen Währungsunion auf ihr Anlageverhalten untersucht wurden, gaben 91 Prozent der Fondsmanager an, dass sie ihre Portfolios entweder in einem Sektor- oder als Matrix in einem Länder-/Sektoransatz managen. Nur noch 9 Prozent gingen hierbei von einem reinen Länderansatz aus.[12]

---

[11] Vgl. Goldman, Sachs & Co. (1998b), S. 2-3.
[12] Vgl. Goldman, Sachs & Co. (1998d), S. 5.

Der Currency Allocation kommt in Zusammenhang mit der dynamischen Asset Allocation, die auch als Portfoliosicherungsstrategie bezeichnet wird, die Bedeutung zu, jenes Ausfallrisiko zu kontrollieren, welches über eine reine Diversifikation nicht zu eliminieren ist (zum Beispiel Preis-, Zins- und Währungsrisiken). Die Ausschaltung des Währungsrisikos ist dabei ein wesentlicher Bestandteil bei der Ausgestaltung der Investmentstrategie. Durch eine Verstetigung der Renditen soll eine Art Risikoschutz erzielt werden.

Um Währungsverluste zu vermeiden, bietet sich Hedging an: Durch Termingeschäfte wird der zukünftige Wechselkurs bereits im Voraus fixiert. Simultane Hedgemethoden berücksichtigen die Hedgeposition als eine eigenständige Anlage mit eigenem Risiko/Rendite-Profil; bei der Verfolgung von nicht-simultanen Strategien folgt auf eine Portfoliooptimierung eine separate Absicherung der offenen Fremdwährungspositionen.

Je nach Umfang der Währungsrisikoabsicherung unterscheidet man Full Hedging, Minimum Variance Hedging (hierbei wird das Gesamtrisiko der Anlage minimiert, sodass ein Währungsrisikomanagement unterbleiben kann) und Downside Hedging (durch den Erwerb von Optionen soll das Downside-Risk der Anlage eliminiert werden, ohne dabei auf die Möglichkeit von Wechselkursgewinnen zu verzichten).

Der Entscheidungsprozess bei Rentenfonds ist noch komplexer, da weitere Parameter bei der Fondskonstruktion berücksichtigt werden müssen. Da Rentenpapiere zum Beispiel gegenüber Aktien weiteren Risikokomponenten insbesondere in Form der Schuldnerbonität und des Zinsänderungsrisikos ausgesetzt sind, fließen auch die Parameter Schuldnerklasse und Laufzeiten ein. Im Hinblick auf das Ausfallrisiko erfolgt eine Diversifikation entlang der Schuldnerbonität. Darüber hinaus ist auch eine Positionierung hinsichtlich der Laufzeiten nötig, in welche die Erwartungen der Änderungen der Zinsstrukturkurve einfließen.

### 3.1.2 Taktische Asset Allocation

Während sich die strategische Asset Allocation mit der Frage beschäftigt, wie das Portfolio bei gegebenen Rahmenbedingungen grundsätzlich auf die verschiedenen Anlageklassen aufgeteilt werden sollte, beschäftigt sich die taktische Asset Allocation (Tactical Asset Allocation) mit der Frage, inwieweit von dieser Aufteilung abgewichen werden darf und schafft damit eine Art Zielkorridor für die operativen Abweichungen von der strategischen Allocation. Die Frage der Abweichung kann sich aus zwei Gründen stellen: entweder, weil aktiv temporäre Ineffizienzen des Marktes ausgenutzt werden sollen oder aber deshalb, weil Veränderungen der Rahmenbedingungen, die einen Einfluss auf die zu wählende Aufteilung in Anlageklassen haben, berücksichtigt werden müssen.

Wendet ein Investor die taktische Asset Allocation an, um temporäre Ineffizienzen zu nutzen, übernimmt er Risiken genau dann, wenn die Mehrheit der Anleger nicht dazu bereit ist und wird dafür in weitgehend effizienten Märkten mit einer höheren Rendite belohnt. Auf Basis quantitativer Modelle, zum Beispiel der linearen Programmierung, können langfristig bestimmte Portfoliokriterien maximiert werden. In dieser Phase werden durch den Asset Manager entsprechende „Investment-Styles", also Spezialisierungen auf verschiedene Segmente oder Anlagecharakteristika, angewandt: Im Aktienbereich findet beispielsweise eine Branchen- bzw. Titeldiversifikation statt, bei Anleihen erfolgt eine gezielte Diversifikation gemäß Schuldnerklassen bzw. Laufzeiten.

Die taktische Asset Allocation kann auf zwei Weisen umgesetzt werden. Der Anlagemix kann über den (Ver-)Kauf von Anlageobjekten oder durch Rückgriff auf Derivate beeinflusst werden. Bei der Verwendung von Derivaten (insbesondere Futures) wird versucht, kurz- oder mittelfristige Schwankungen der gewählten Anlageklassen zu nutzen, ohne deshalb (kostenverursachende) tatsächliche Umschichtungen des nach langfristigen, strategischen Allokations-Gesichtspunkten konstruierten Portfolios vorzunehmen. Es handelt sich um ein „virtuelles" Portfolio, welches dem tatsächlichen „übergestülpt" wird.

### 3.1.3 Voraussetzungen für die Asset Allocation

Zwei wichtige Voraussetzungen, um die Asset Allocation durchführen zu können, sind die Datenerhebung und Prognose und die anlegerindividuellen Vorgaben des Investors. Diese beiden Bereiche geben die Rahmenbedingungen vor, innerhalb derer das Allokationskalkül abläuft.

Um effiziente Portfolios konstruieren zu können, müssen die notwendigen Daten bekannt sein. Diese stammen in der Regel aus den volkswirtschaftlichen Abteilungen sowie dem Research (vgl. hierzu Beitrag Research). Zu trennen ist dabei zwischen Economic Research sowie Investment Research. Während das Economic Research auf makroökonomische Aspekte wie zum Beispiel die Entwicklung einer Volkswirtschaft abstellt, konzentriert sich das Investment Research mehr auf individuelle Titel und besitzt deshalb auch eine klare Schnittstelle zur Asset Selection (vgl. Abschnitt 3.2). Auf Grund der hohen Bedeutung für das Asset Management an sich zeigt sich auch die Tendenz, spezielle Research-Kapazitäten nur für das Asset Management aufzubauen.

Um Aussagen hinsichtlich des Risiko/Rendite-Verhaltens ableiten zu können, werden auf dem Schätzweg die zukünftigen (erwarteten) Renditen aller Anlagealternativen, ihre Volatilitäten/Standardabweichungen und Korrelationskoeffizienten/Kovarianzen ermittelt. Bei der Erhebung der Daten müssen diese um außergewöhnliche Ereignisse, die Einfluss auf den Verlauf der Zeitreihe hatten (zum Beispiel Börsencrashs), bereinigt werden, um ihre unverzerrte Aussagekraft sicherzustellen. Die Ermittlung der Schätzwerte erfolgt dabei durch Anwendung von Prognoseverfahren. In der Praxis lassen sich drei Gruppen von Prognosemethoden unterscheiden:

- *Konjekturale Methoden* nutzen das theoretische Wissen und die Erfahrung von Experten. Zu dieser Gruppe zählen beispielsweise die Szenariotechnik, die Delphitechnik oder die Cross-Impact-Analyse. Häufig stützt man sich hierbei auf Best-Case-, Medium-Case- und Worst-Case-Annahmen.

- Bei *zeitreihengestützten Methoden* werden Trends der Vergangenheit unter der Annahme der Stabilität der historischen Volatilitäten und Renditeentwicklungen in die Zukunft extrapoliert. Je länger dabei der betrachtete Vergangenheitszeitraum ist, desto eher lassen sich Strukturbrüche identifizieren und in eine präzise Schätzung einarbeiten. Angesichts der Problematik bei der Arbeit mit Vergangenheitsdaten werden jedoch mehr und mehr regressionsanalytische Ansätze zur Modellierung der Prognosedaten verwandt.

- Die in der Praxis schließlich weniger verwendeten *strukturmodellgestützten Prognosen* weisen eine stärker formale Ausrichtung auf. Wachstumsmodellen, wie zum Beispiel Lebenszyklus- und Erfahrungskurven und Simulationsmodellen, wird im Rahmen der Rendite- und Risikoprognose jedoch nur eine untergeordnete Bedeutung beigemessen.

Bevor die auf diesen Wegen ermittelten Prognosedaten verwendet werden können, müssen sie allerdings auf ihre Plausibilität überprüft werden; Ausreißer müssen in ihrer Wirkung berücksichtigt werden. Im Hinblick auf die Schwächen der einzelnen Modelle der Portfolio- und Kapitalmarkttheorie (so kann beispielsweise die in der Realität anzutreffende zeitliche Instabilität der Parameter „Rendite" und „Risiko" zu erheblichen Schätzungenauigkeiten führen, welche massive Auswirkungen auf die Portfoliokonstruktion nach sich ziehen) wird zudem im Zuge der gestiegenen Komplexität der Kapitalmärkte die Forderung nach der Verwendung omnivariater Erklärungsmodelle laut. Durch die Anwendung komplexer mathematischer Methoden, wie beispielsweise der Analyse mit Hilfe so genannter „Künstlicher Neuronaler Netze", wird dabei versucht, die funktionalen Zusammenhänge bei der Renditeprognose zu erfassen.

Neuronale Netze sind lernfähige Computerprogramme, die ihr Entscheidungsverhalten durch das „Training" mit repräsentativen Vergangenheitsdaten erlangen. In einer Trainingsphase wird das Beurteilungswissen generiert, indem Ex-ante-Schätzungen einzelner Positionen mit den tatsächlich realisierten Renditen im Zeitablauf verglichen werden. Diese Erkenntnisse werden in der Anwendungsphase zur Beurteilung des Risiko/Rendite-Profils eingesetzt. Dabei nehmen sie eine Bewertung sämtlicher Einzelmerkmale der entsprechenden Einflussfaktoren sowie deren Interdependenzen und Rückkopplungen vor. Die Beurteilungsbasis neuronaler Netze besteht damit nicht aus Punktwerten, sondern aus Beurteilungsprofilen.

Da eine Stabilität der Renditen und damit auch der Varianzen und Korrelationen der einzelnen Anlageinstrumente nicht gewährleistet ist, stoßen alle Prognosemethoden ab einem bestimmten Grad von gewünschter Prognosegenauigkeit an ihre Grenzen. Dem Portfoliomanager obliegt es, diesem Gesichtspunkt mit hinreichender Flexibilität bei der Portfoliokonstruktion und späteren Portfolioumschichtungen zu begegnen.

In der Praxis erfolgt die notwendige Datenerhebung nun nach einem *schrittweisen Ansatz*, um von einem Satz ökonomischer Szenarien zu einem Portfolio mit bestimmten Branchengewichten zu gelangen. Geht man beispielsweise davon aus, dass in erster Linie eine Sector Allocation vorgenommen wird, gestaltet sich diese wie folgt:

In einem ersten Schritt werden die ökomischen Szenarien ermittelt und mit (zwangsläufig subjektiven) Wahrscheinlichkeiten versehen. Für diese Szenarien werden dann Kerndaten ermittelt. In einem zweiten Schritt werden die Verbindungen zwischen den ökonomischen Variablen und den Sector Returns ermittelt. In einem dritten Schritt kann durch die Kombination der Ansichten über die ökonomische Entwicklung mit den Sektorsensitivitäten eine Schätzung der Eigenkapitalrentabilitäten bei jedem Szenario erfolgen.[13]

Die *anlegerspezifischen Vorgaben* bezüglich der Asset Allocation werden bei institutionellen Investoren zum größten Teil von Anlagezielen und spezifischen gesetzlichen Restriktionen und bei HNIs maßgeblich von der persönlichen Vermögens- und Einkommenssituation sowie den steuerlichen und familiären Rahmenbedingungen bestimmt. Die Anforderungen an das optimale Portfolio können durch Zuhilfenahme von individuellen Risikonutzenfunktionen ermittelt werden, wobei bei diesem Ansatz die Quantifizierung und formelmäßige Abbildung der Risikoeinstellung auf praktische Schwierigkeiten stößt. Häufiger wird deshalb ein heuristisches Vorgehen gewählt: Die Zuordnung einzelner Anleger, insbesondere im Fall der HNI, zu so genannten Musterportfolios, die sich bezüglich ihrer Risikoaversion unterscheiden, lässt die Bildung von Risikoklassen zu, die eine Typisierung des individuellen Anlageverhaltens erleichtert. So wird beispielsweise ein risikoaverser Anleger in der Regel eine Anlage in inländische Rentenfonds mit konstanter Wertentwicklung sowie einen vergleichsweise hohen Substanzwerteanteil in seinem Portfolio bevorzugen. Chancenorientierte Anleger investieren den größten Teil ihres Vermögens in internationale Aktien, wobei sie jedoch eine kontrollierte Risikostreuung durch Verteilung der Mittel auf Fonds mit unterschiedlichem Risikoprofil vornehmen.

Im Asset-Allocation-Prozess hat der Entscheidungsträger bzw. Berater die folgenden Restriktionen in sein Kalkül miteinzubeziehen, die in die Risikonutzenfunktion des Investors eingehen und damit die anlegerspezifischen Vorgaben beeinflussen:

- Bei der Betrachtung der *Zielsetzung* des Anlegers steht sicherlich die Performance (Rendite) im Vordergrund, die bei einem zu bestimmenden Risiko-Niveau erzielt werden soll.

- Die *Transaktionskosten* stellen für den Investor eine Renditeeinbuße dar und hängen auch von der optimalen Portfoliogröße, also dem wert- bzw. mengenmäßigen Portfolioumfang, ab. Die Auswirkungen von Transaktionskosten können in die Prognosen integriert werden.

- Insbesondere *Steuern* lassen sich nur schwer in den Asset-Allocation-Prozess miteinbeziehen, da ihre Höhe zu einem nicht unwesentlichen Teil von dem im Voraus noch unbekannten Erfolg der Portfoliokonstruktion abhängt. Zudem sind häufig die persönlichen Verhältnisse des Investors weder unmitelbar bekannt noch konstant.

- *Gesetzliche Rahmenbedingungen*, zum Beispiel für institutionelle Anleger, schränken deren Handlungsspielraum oft massiv ein. So dürfen bestimmte Anlageklassen nur bis zu einer gewissen Höchstgrenze im Portfolio vertreten sein.

---

[13] Vgl. Goldman, Sachs (1998a), S. 26–28.

## 3.2 Asset Selection

### 3.2.1 Passives vs. aktives Portfoliomanagement

Nach der Entscheidung über die Asset Allocation stellt sich die Frage, wie man bei strategisch festgelegter Asset Allocation die Auswahl der einzelnen Anlagen bestimmt. Hierbei ist zu unterscheiden zwischen dem aktiven und dem passiven Portfoliomanagement.

Der Grundgedanke des *passiven Portfoliomanagements* besteht in der Annahme hinreichend effizienter Kapitalmärkte, auf denen sich keine risikoadjustierten Überrenditen erzielen lassen. Ziel ist es, das nicht vom Markt vergütete unsystematische Risiko durch Diversifikation weitgehend auszuschließen. In der Regel handelt es sich dabei um Indexfonds, bei denen mit dem verwalteten Vermögen ein Index bzw. eine vom Anleger ausgewählte Benchmark (vgl. Abschnitt 3.3) und dessen Wertentwicklung möglichst getreu nachgebildet werden soll. Hierbei achtet der Portfoliomanager lediglich auf die relative Optimierung des Anlageerfolgs der ihm anvertrauten Gelder zur Benchmark, die absolute Wertentwicklung des Portfolios wird vernachlässigt.

Die Nachbildung, das so genannte *Index-Tracking*, erfolgt nach zwei Verfahren: Wird ein „Census Approach" gewählt, so wird jede Aktie der Benchmark gemäß ihrem Anteil in das Portfolio aufgenommen (Full Replication). Beim „Sampling Approach" wird der Referenzindex nur zum Teil abgebildet, in diesem Fall entsteht ein gegenüber dem Indexrisiko höheres Risiko des Portfolios, welches in Form des *Tracking Errors* (definiert als die Standardabweichung zwischen der Renditeentwicklung des Portfolios und der des Marktindizes) operationalisiert werden kann.

Bei ihren Bemühungen, die Gewichtung der einzelnen Titel nach starken Marktbewegungen wieder herzustellen, sind die Konstrukteure von Fonds teilweise durch gesetzliche Anlagevorschriften eingeschränkt, welche die Replikation oftmals erheblich erschweren. Hier führte jedoch das 3. Finanzmarktförderungsgesetz zu wesentlichen Erleichterungen. So ist es möglich, die gesetzlich vorgeschriebenen Anlagegrenzen, die ein Mindestmaß an Diversifikation sicherstellen sollen, bei der Abbildung eines Aktienindizes zu überschreiten (§8c KAGG).

Eine Investition in einen Indexfonds ist insbesondere für Anleger geeignet, die von einer günstigen Gesamtmarktentwicklung profitieren wollen. Bei einer genauen Index-Replikation entspricht das eingegangene Portfoliorisiko der Standardabweichung des Marktindizes. Demnach müsste sich der Anteilspreis eines Indexfonds parallel zum Indexstand entwickeln. Jedoch bleibt die Performance des Fonds immer hinter der Entwicklung des Index zurück, da bei der Konstruktion des Fonds Transaktionskosten entstehen, die beim Index nicht anfallen: so fallen Kosten für den Erwerb, die Verwahrung und den Verkauf der Anteile an. Zusätzlich bedarf es einer Liquiditätsreserve, um Anleger auszahlen zu können. Unkontrollierte Mittelzu- bzw. -abflüsse sind aus Sicht der Fondsmanager als problematisch zu bewerten und machen eine verlässliche Planung unmöglich.

Insgesamt besteht der Vorteil passiver Anlagestrategien in den im Vergleich zu einem aktiven Portfoliomanagement geringen Kosten: Kostspieliges Research entfällt ebenso wie aufwändige Portfolioumschichtungen, sodass auch die Managementgebühren dieser (letztlich computergesteuerten) Fonds wesentlich unter denen eines aktiv gemanagten Portfolios liegen.

Das Ziel des *aktiven Wertpapiermanagements* besteht darin, auf Grund einer überdurchschnittlichen Prognosefähigkeit ein besseres Anlageergebnis als ein Marktindex zu erzielen. Mit dem aktiven Vorgehen wird versucht, eine festgelegte strategische Anlageposition, also die risikoadjustierte Vergleichsrendite der Benchmark, hinsichtlich des Anlageerfolgs nachhaltig zu übertreffen. Diese so genannte *Outperformance* setzt ein aktives Management voraus.

Um ein besseres Ergebnis als der Index zu erzielen, weicht der Portfoliomanager bewusst von der Gewichtung der Titel im Index ab. Dabei kann er Abweichungen von der Benchmarkstruktur mit Hilfe von *Selektionsentscheidungen* auf der Ebene einzelner Titel oder Sektoren vornehmen (Stock Picking) und dabei versuchen, Markteffizienzen auszunutzen. Beim so genannten Stock Screening werden beispielsweise Aktien anhand verschiedener Kriterien (zum Beispiel Gewinnentwicklung, Kurs-Gewinn-Verhältnis etc.) analysiert, bewertet und mit den Vorgaben des Investors verglichen.

Daneben können auch die An- und Verkaufszeitpunkte mit Hilfe so genannter *Timing-Entscheidungen* von der Einschätzung der Entwicklung des Wertes bzw. der Benchmark abhängig gemacht werden. Anhaltspunkte zur Festlegung des richtigen Timing erlangt man in der Praxis oft durch Anwendung der Chartanalyse (vgl. Abschnitt 3.2.2). Bei kleineren Anlagesummen wird jedoch oftmals ein standardisiertes Bausteinsystem verwendet.

Neben passivem und aktivem Portfoliomanagement existieren hybride Formen. So dient bei der Konstruktion von so genannten *Tilted Funds* ein passiv gemanagter Indexfonds als Grundlage für eine aktive Strategie. In einem ersten Schritt wird ein Index nachgebildet, also gemäß einer passiven Strategie verfahren. Daraufhin wird auf Basis von überdurchschnittlichen Renditeerwartungen eine aktive Übergewichtung einzelner Werte vorgenommen. Die Konstruktion von Tilted Funds basiert auf dem theoretischen Rahmenwerk der Arbitrage Pricing Theory (vgl. Abschnitt 4.2.2). Die Neugewichtung erfolgt anhand fundamentaler Wertpapiercharakteristika wie zum Beispiel der Marktkapitalisierung, des Kurs-Gewinn-Verhältnisses, des Verschuldungsgrades etc. Durch eine Neugewichtung der einzelnen Anlagen im Vergleich zum Index wird bewusst ein Betafaktor größer als eins angestrebt, es wird also ein höheres systematisches Risiko in Kauf genommen, um einen überdurchschnittlichen Ertrag zu erzielen.

Diese verschiedenen Formen des Fondsmanagements werfen die Frage auf, welche Anforderungen an Investmentbanken gestellt werden. Zur Verfolgung von passiven Strategien ist nur geringes eigenes Know-how notwendig, da lediglich ein Marktindex abgebildet wird. Hier stehen also vor allem niedrige Transaktionskosten im Vordergrund. Damit sind die Anforderungen an Investmentbanken tendenziell gering. Ein anderes Bild ergibt sich bei der Betrachtung von aktiven oder hybriden Formen des Portfoliomanagements. Da eine aktive Strategie nur Sinn macht, wenn von Ineffizienzen am Markt ausgegangen wird, ist es notwendig, diese zu identifizieren, um sie dann ausnutzen zu können. Der Rückgriff auf umfangreiche eigene Einschätzungen beziehungsweise makroökonomische Faktoren, auf Marktentwicklung und unternehmensspezifische Beurteilungen ist unerlässlich. Deshalb sind eigene Research-Kapazitäten erforderlich, um aktive bzw. hybride Strategien sinnvoll implementieren zu können. Darüber hinaus kann auch die Research-Leistung bzw. deren Reputation von Investmentbanken genutzt werden, um sich im Markt zu positionieren und damit den eigenen Markennamen zu stärken.

Die bisherigen Überlegungen, die sich im Wesentlichen auf das Management von Aktienportfolios konzentriert haben, können auch auf andere Anlageklassen übertragen werden, wie die nachfolgende Darstellung für das Anleihenportfoliomanagement zeigt. Auch hier lassen sich drei Strategien unterscheiden: Wie auch beim Management von Aktienportfolios basieren passive Strategien auf der Hypothese effizienter (Anleihe-)Märkte. Hierbei wird lediglich eine dem Marktdurchschnitt entsprechende Rendite angestrebt, indem durch Indexierung eine vom Anleger gewählte Benchmark dupliziert wird. Buy-and-Hold-Strategien implizieren dabei das Halten der Wertpapiere bis zum Verfalltag: Beispielsweise kauft eine Fondsgesellschaft für einen Laufzeitfonds eine bestimmte Zahl von Anleihen, die bezüglich ihrer Restlaufzeit mit dem von vornherein festgelegten Laufzeitende des Fonds übereinstimmen.

Im Rahmen von aktiven Strategien, wie beispielsweise einem prognosebasierten Vorgehen, werden Entscheidungen über das Timing (der Zeitpunkt der Kaufentscheidung wird aus Veränderungen der Zinsstrukturkurve ermittelt) sowie die Selection (Auswahl von Laufzeiten/Emittenten) einzelner Anleihen abgeleitet. Hybride (semiaktive) Formen des Anleihenportfoliomanagements kombinieren spezifische Elemente der beiden dargestellten Vorgehensweisen zum Beispiel im Hinblick auf die Laufzeit.

### 3.2.2 Einzeltitelauswahl

Historisch wurde im Rahmen der theoretischen Erarbeitung der Asset Selection nur eine einzelwertorientierte Aktienanalyse durchgeführt; sie stellt auch heute weiter einen bedeutenden Baustein dar. Dabei unterscheidet man zwischen einer Fundamentalanalyse und einer technischen Analyse, die beide auf den Ergebnissen des Research aufbauen.

Bei der einzelwertorientierten Aktienanalyse erfolgt grundsätzlich keine explizite Quantifizierung des mit einer Anlage verbundenen Risikos. Gegenstand der quantitativen Schätzungen ist vielmehr allein die erwartete Rendite einer Anlage. Ergänzt wird die Betrachtung durch im Wesentlichen qualitative Urteile auf Basis von Intuition und Fingerspitzengefühl, die stark auf die finanziellen Aspekte der Anlage abzielen.

*Fundamentalanalyse*

Die traditionelle Fundamentalanalyse (oder fundamentale Aktienanalyse) orientiert sich an der Wertentwicklung eines Unternehmens als zentralem Entscheidungskriterium. Diese wird vor allem mit dem Kapitalwertkonzept gemessen. Für die direkte Aktienbewertung wird dabei auf die Diskontierung der zukünftigen Ausschüttungen zurückgegriffen. Der fiktive Kurswert kann auch auf der Basis von Discounted-Cashflow-Verfahren bestimmt werden. Hierbei wird der auf den Bewertungszeitpunkt diskontierte Free Cashflow des Unternehmens um den Marktwert des Fremdkapitals reduziert. Alternativ bietet sich auch als Bewertungskonzept die Verwendung des Ertragswertes an (vgl. Beitrag M & A, Abschnitt 3.1.2).

Das Grundprinzip der Fundamentalanalyse besteht darin, aus dem Wert auf Basis der erwarteten zukünftigen Entwicklung des Unternehmens einen so genannten „inneren Wert" der Aktie zu berechnen, durch dessen Vergleich mit dem aktuellen Börsenkurs auf die Unter- bzw. Überbewertung des Titels zu schließen und daraus konkrete Anlagestrategien abzuleiten. Anhänger der Fundamentalanalyse unterstellen, dass sich der Börsenkurs langfristig um diesen objektiven inneren Wert einer Aktie bewegt.

Bei der Ermittlung des inneren Wertes bezieht die Fundamentalanalyse sämtliche fundamentalen wertbestimmenden Daten mit ein. Das Vorgehen kann, wie Abbildung 9 zeigt, grundsätzlich nach zwei Methoden erfolgen: Im Rahmen des *Top-down-Ansatzes* wird mit der Betrachtung einer aggregierten Untersuchungseinheit (beispielsweise der gesamtwirtschaftlichen Situation) begonnen und unter Berücksichtigung von branchenspezifischen Besonderheiten zur Analyse immer kleinerer Einheiten (beispielsweise des einzelnen Wertpapiers) übergegangen. Der *Bottom-up-Ansatz* verfolgt im Gegenzug eine umgekehrte Strategie: Sein Ausgangspunkt sind die unternehmensindividuellen Einzeldaten, die im Verlauf der Analyse durch branchenbezogene und gesamtwirtschaftliche Betrachtungen ergänzt werden.

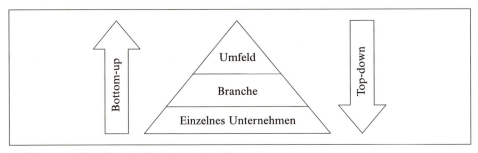

Abbildung 9: Methoden der Fundamentalanalyse

Im Rahmen der *Analyse des gesamtwirtschaftlichen Umfeldes* werden makroökonomische Daten wie beispielsweise Konjunkturverläufe sowie die Entwicklung von Zinsen und Wechselkursen, der Geldmenge und der Rohstoffpreise, analysiert und durch eine Betrachtung der gesetzlichen, steuerlichen und administrativen Rahmenbedingungen ergänzt. Wegen der zum Teil starken Interdependenzen zwischen den einzelnen Faktoren sowie der starken Verflechtung der internationalen Kapitalströme erstreckt sich die Betrachtung auch auf internationale Daten.

Im Rahmen der *Branchenanalyse* werden die wirtschaftlichen Rahmenbedingungen der einzelnen Branchen analysiert. Je nach der internationalen Ausrichtung der jeweiligen Branche zielt die Analyse an dieser Stelle auf nationale oder eher globale Einflussfaktoren. Hier finden auch branchenspezifische Rahmenbedingungen wie beispielsweise die jeweilige Auftragslage, das Branchenklima, der Branchenzyklus und Markteintrittsbarrieren Eingang in die Betrachtung. Ziel ist es insbesondere, Wachstumsbranchen herauszufiltern.

Die *Analyse des zu bewertenden Unternehmens* erfolgt in quantitativer wie auch in qualitativer Hinsicht. Qualitativen Aspekten wird beispielsweise mit einer Beurteilung der Managementqualität oder der Wettbewerbsposition respektive -strategie Rechnung getragen. Zur Abschätzung der zukünftigen Ertragsentwicklung werden auch Charakteristika des Produkt-/Dienstleistungsprogrammes und der Rahmenbedingungen des Marktes, in dem das Unternehmen operiert, einer eingehenden Analyse unterzogen. Quantitative Analysen erstrecken sich auf die Interpretation von Kennzahlen; letztere sind auf Grund ihrer intersubjektiven Vergleichbarkeit in der Praxis weit verbreitet. Dabei werden neben den einzelnen traditionellen Bilanzkennzahlen Konzepte wie das Kurs-Gewinn-Verhältnis (KGV), EBIT (Earnings Before Interest and Taxes) und EBITDA (Earnings Before Interest, Taxes, Depreciation and Amortisation) und EVA (Economic Value Added) verwendet.

Entscheidet man sich für internationale Anlagen, stellen für die Bewertung internationaler Anlagewerte die nationalen Unterschiede in den Rechnungslegungsprinzipien eine Hürde dar. Gerade die im internationalen Vergleich erheblichen Gestaltungsspielräume des deutschen Bilanzrechts schränken die Informationsfunktion des Jahresabschlusses erheblich ein. Im Zuge des Globalisierungstrends erlangt die Umstellung der Rechnungslegung auf international anerkannte Standards, wie beispielsweise die International Accounting Standards (IAS), erhebliche Bedeutung, um die Vergleichbarkeit und Aussagefähigkeit der Bilanzdaten zu gewährleisten. In diesem Zusammenhang ist bereits die Festlegung der Zulassungsvoraussetzung für den Neuen Markt, die Unternehmensberichterstattung wahlweise nach US-amerikanischen Generally Accepted Accounting Principles (US-GAAP) oder IAS zu erstellen, erfolgt.

In der Praxis wird in der Regel an erster Stelle der Top-down-Ansatz angewendet, denn die Anlage in eine Aktie macht nur dann Sinn, wenn das betreffende Unternehmen auch in einem attraktiven Umfeld agiert. Dennoch können sich aus der Bottom-up-Analyse zusätzliche Erkenntnisse ergeben. Dies wird tendenziell dann der Fall sein, wenn der Anlagehorizont länger und die Zahl der analysierten Werte breiter ist. Je flächendeckender das auf diese Weise ermittelte Bottom-up-Wissen ist, desto besser werden aller Voraussicht nach die Erkenntnisse über die Entwicklung des Gesamtmarktes sein. Es werden daher vielfach die Ergebnisse beider Analyseweisen zu einer endgültigen Gesamtbetrachtung zusammengeführt.

Auf Grund des logischen Aufbaus und der dadurch relativ problemlosen Anwendbarkeit der Fundamentalanalyse wird ihr in der Praxis ein hoher Stellenwert beigemessen. Ihre Verbreitung wird insbesondere durch die rasante Entwicklung der Informations- und Telekommunikationstechnologien und die damit verbundenen Analysemöglichkeiten erleichtert. So stellt sie heute die verbreitetste Form der Aktienanalyse dar.

Durch den mit der Europäischen Währungsunion verbundenen Wegfall des länderspezifischen Risikos verliert die Länderauswahl allerdings in der Investmentstruktur in Europa zu Gunsten einer übergreifenden Branchenbetrachtung mehr und mehr an Bedeutung. Statt einer sorgfältigen Länderauswahl wird künftig die weltweite Auswahl nach Wirtschaftssektoren im Mittelpunkt der Anlageentscheidung stehen. Zudem ist eine stärkere Konzentration auf das Einzelwertrisiko als wichtigstem Performancetreiber abzusehen.

*Technische Analyse*

Im Gegensatz zur Fundamentalanalyse verzichtet die technische Analyse auf eine Bewertung fundamentaler Kurseinflussfaktoren. Sie stellt hingegen einzig auf marktdeterminierte Preisbestimmungen ab. Die Suche nach Kauf- bzw. Verkaufssignalen erfolgt ausschließlich durch die Beobachtung vergangener Kursverläufe und Umsatzentwicklungen. Man geht davon aus, dass sich Verlaufsmuster wiederholen. Die Vorgehensweise der technischen Aktienanalyse konzentriert sich dabei auf zwei Analysebereiche: Die Betrachtung der Entwicklung des Gesamtmarktes und des Einzelwertes. Letztere kann dabei titelspezifisch oder aber durch die Analyse des Verhältnisses der Kursentwicklung eines Einzelwertes zur Entwicklung der Branche bzw. des Gesamtmarktes beurteilt werden.

Zur Erkennung von Entwicklungsmustern greift die technische Aktienanalyse auf eine Fülle unterschiedlicher Verfahren zurück, die zu einem großen Teil auf der grafischen Darstellung der Kursverläufe basieren. Grundlage hierfür sind die so genannten Charts, das heißt die Kursbilder der Vergangenheit, welche die Kursentwicklung eines Wertpapiers (mit den Kriterien Kurs- und Umsatzentwicklung) über einen bestimmten Zeitraum hinweg darstellen. Das Kernstück der technischen Aktienanalyse stellt das *Chart Reading* dar. Hierbei werden Trends identifiziert, anhand entsprechender Konstellationen, die einen Trendwechsel andeuten, Umkehrpunkte diagnostiziert und daraus Marktdiagnosen und Handlungsentscheidungen abgeleitet. Grundlage der Analyse der Kursverläufe bilden Unterstützungs- und Widerstandslinien und -zonen, anhand derer Trendverläufe der Kursentwicklung identifiziert werden. Durch die grafische Verbindung von Kursextrema werden Trendlinien konstruiert, mit deren Hilfe aktuelle Kursbewegungen bewertet und in Kauf- oder Verkaufssignale umgedeutet werden. Als einige der bekanntesten Verfahren der technischen Analyse sind zu nennen:

- die Berechnung des *Momentum* (die relative Veränderung des Kurswertes im Vergleich zu einem Vergleichswert der Vergangenheit), eines Indikators für die Dynamik der Kursentwicklung, sowie von *Oszillatoren*, deren Schwankungen um einen Gleichgewichtspunkt auf Unter- bzw. Überbewertungen schließen lassen;

- Aufstellungen über die Zahl an *Odd-Lot-Aufträgen* (Kauf- bzw. Verkaufsaufträge von Kleinanlegern, also in der Regel über weniger als 100 Titel) und *Leerverkäufen*, deren Zunahme in beiden Fällen als das nahende Ende eines Trends interpretiert wird;
- die Verwendung von *Sentimentindikatoren* wie beispielsweise der *Contrary Opinion*, die Aufschluss über psychologische Hintergründe der Anlageentscheidung geben sollen;
- die Beobachtung der *Entwicklung des Umsatzvolumens* eines Titels, das bei einer stabilen Marktverfassung Rückschlüsse auf die meist parallel verlaufende Kursentwicklung ermöglicht;
- die Anwendung von *Filterregeln*, deren Empfehlung lautet, eine Aktie zu kaufen, wenn deren Kurs das letzte Kurstief um einen bestimmten Prozentsatz übersteigt und sie zu verkaufen, wenn der Kurs das nächste Kurshoch um einen bestimmten Prozentsatz unterschreitet;
- das Kriterium der *relativen Stärke*, bei dem Aktien nach ihrem Verhältnis zwischen aktuellem Kurs und dem Durchschnittskurs eines bestimmten vorangegangenen Zeitraumes geordnet werden, um im Anschluss daran zu versuchen, anhand dieser Relation Handlungsempfehlungen abzuleiten.

Durch die Entwicklung immer komplexerer Kombinationen von Einzelindikatoren sowie Hypothesen wie derjenigen, die besagt, dass sich Aktienkursveränderungen analog der „Brownschen Bewegung" von Molekülen beschreiben lassen, leidet die technische Aktienanalyse zunehmend unter schwerwiegenden Glaubwürdigkeitsproblemen. Insbesondere durch empirische Erhebungen zur Informationseffizienz der Kapitalmärkte wurde ihre theoretische Berechtigung in Frage gestellt. Da zumindest die schwache Effizienz von Kapitalmärkten in der Praxis erwiesen scheint, die Preise von Anlagetiteln also zumindest sämtliche Informationen der Vergangenheit widerspiegeln, ist zumindest aus theoretischer Sicht jede praktische Anwendung der technischen Analyse zum Scheitern verurteilt. Darüber hinaus können jedoch auch weitere Einschränkungen gegenüber der technischen Analyse vorgebracht werden. So werden Signale als solche erst erkenn- und somit interpretierbar, wenn sie bereits von anderen Anlegern, beispielsweise auf Grund fundamentaler Daten, gesetzt worden sind. Die isolierte Anwendung der technischen Analyse ist somit nicht möglich, sondern basiert auf der gleichzeitigen Existenz fundamentaler Analysen.

Da die bei der technischen Aktienanalyse verwendeten Verfahren und die Interpretation der Kursverläufe zu einem großen Teil auf subjektiven Kriterien beruhen, besteht zudem die Gefahr, unter Zuhilfenahme von Fantasie willkürlich Signale in die Charts hineinzudeuten. Schließlich erscheint generell die Existenz von Trends in den Umsatzverläufen fraglich. Empirische Erhebungen belegen, dass der technischen Analyse eine weitaus geringere Bedeutung als der Fundamentalanalyse beigemessen wird. Ihr dennoch hoher Verbreitungsgrad kann sicherlich auch auf die der Deutung grafischer Kursverläufe anhaftenden Faszination der Prognose zurückgeführt werden.

### 3.2.3 Portfolioüberwachung

Ist das anlegerindividuelle Portfolio einmal konstruiert, so bedarf es auf Grund des kontinuierlichen Wandels der (ökonomischen) Rahmenbedingungen, der Änderungen in der Kapitalausstattung des Investors oder einer Veränderung seiner Risikotoleranz einer ständigen Überwachung des Portfolios im Rahmen eines eigenständigen Prozessablaufs, der die Einhaltung der Vorgaben aus der Asset Allocation und der Asset Selection im Zeitablauf prüft.

Veränderungen der Marktgegebenheiten oder Anlegerpräferenzen lassen permanent die Frage nach Anpassungen in der Vermögensstruktur des Portfolios aufkommen und setzen einen wiederkehrenden Prozess in Gang. Am Anfang dieses Prozesses steht die Erkenntnis, dass das aktuelle Portfolio eine suboptimale Zusammensetzung aufweist. Im nächsten Schritt sind die Optionen zu prüfen, die dem Fondsmanager vor dem Hintergrund der individuellen Zielsetzungen des Investors zur Verfügung stehen. Zu den wichtigsten Handlungsmöglichkeiten gehören die (Neu-)Gewichtung von Titeln innerhalb des Portfolios und die (Des-)Investition einzelner Wertpapiere. Bevor jedoch eine Migration auf eine neue Efficient Frontier (vgl. Abschnitt 4.1.2) vorgenommen werden kann, ist ein sorgfältiger Abgleich zwischen der zu erwartenden Renditesteigerung und den mit der Portfoliorevision unweigerlich verbundenen Transaktionskosten (Steuern, Courtage, Informationskosten etc.) notwendig. Zu den Kosten gehören dabei nicht nur die tatsächlich anfallenden Kosten, sondern auch subjektive Kosten, wenn der Investor zum Beispiel den Eindruck gewinnt, dass der Umschlag im Portfolio zu hoch ist. Stellt sich die Transaktion im Rahmen dieses Kalküls als positiv heraus, so ist sie umgehend durchzuführen, andernfalls ist sie zu unterlassen. Der Prozess der Portfolioüberwachung setzt nun erneut für das jetzt relevante Portfolio ein.

Portfolioüberwachung und taktische Asset Allocation sind miteinander verwandt, da beide die Zusammensetzung des Portfolios vor dem Hintergrund von Abweichungen von den Zielvorgaben beeinflussen können. Allerdings gibt es zwischen ihnen auch einen wichtigen Unterschied: Während die taktische Asset Allocation ex ante eine Aussage über zulässige Abweichungen von diesen Zielvorgaben macht, erfolgt die Portfolioüberwachung ex post.

## 3.3 Performance-Controlling

Die Performancemessung erfüllt eine wichtige Funktion für die Formulierung der Anlagepolitik und stellt die Grundlage für die Entlohnung und Leistungskontrolle des Portfoliomanagers dar.[14] Unter Performance wird dabei der historische, periodenbezogene relative Anlageerfolg, also Zinszahlungen, Dividenden und Kursgewinne eines Portfolios innerhalb eines Zeitraums verstanden, die durch Informationsvorteile des Portfoliomanagers in nicht vollständig effizienten Märkten in eine Überrendite umgesetzt wurden.

---

[14] Vgl. Pieper (1998), S. 973–992.

Um diese Überrendite und damit die Leistung des Fondsmanagers beurteilen zu können, ist ein Vergleichsmaßstab notwendig. Auch Kundenwünsche und die zunehmende internationale Ausrichtung der Portfolios erfordern ein Instrument zur strategischen Ausrichtung und Messung des Anlageerfolgs. Als wichtige Hilfestellung wird dabei die Vorgabe einer Benchmark, eines Vergleichsmaßstabs, der die eingegangenen Risiken und den Ertrag alternativer Anlagen berücksichtigt, verwandt. Die Rendite der Benchmark entspricht dabei der am Kapitalmarkt für eine entsprechende Risikoposition zu erwartenden Kompensation.

Die Benchmark erfüllt im Rahmen des Asset Managements eine mehrfache Funktion: Der Markt- oder Mischindex erweist sich als hilfreich bei der Strukturierung des Vermögens und seiner strategischen Ausrichtung sowie dem Erfolgsvergleich. Die Benchmark fungiert außerdem als Kommunikationsinstrument zwischen Portfoliomanager und Anleger: Sie dient dem Portfoliomanager als eine Art Richtschnur zur Umsetzung der vom Anleger vorgegebenen Struktur – im Rahmen des passiven Portfoliomanagements setzt der Portfoliomanager die Anlagepolitik durch das Tracking der Benchmark um – während der Anleger sie als Grundlage zur Beurteilung der Leistungen des aktiven Managements nutzt. Um als Vergleichsmaßstab zur Performancemessung zu dienen, sollte die Benchmark den gleichen Restriktionen wie das Anlegerportfolio unterliegen.

Um diese Funktionalität zu erreichen, stellt *Sharpe* drei wesentliche Anforderungen an die Konstruktion einer Benchmark: Sie sollte im Sinne einer realen Alternative frühzeitig bekannt und sehr gut diversifiziert sowie mit möglichst wenig Transaktionskosten verbunden sein.[15]

Die (Neu-)Orientierung der Marktteilnehmer in einem europäischen Umfeld macht die Konstruktion entsprechender Referenzindizes notwendig. Zusätzlich zu der Konstruktion mehrerer breit angelegter und miteinander konkurrierender Indizes (Dow Jones Euro Stoxx 50, FTSE Eurotop 100, MSCI Europe) wurden mehrere Branchenindizes entwickelt. Die Auswahl, welcher Index als Benchmark herangezogen werden soll, kann für das Ergebnis des Vergleichs entscheidend sein, da die Indizes unterschiedliche Ansätze (zum Beispiel hinsichtlich der Breite und Tiefe der Länder- oder Sektorenabdeckung) verfolgen und dementsprechend andere Auswahlkriterien anlegen. Die Frage, welche Benchmark als Vergleichsmaßstab für ein Investment am besten geeignet ist, sollte deshalb vor der eigentlichen Investition geprüft werden. Für die Investmentbank kann hier auch ein neues Aufgabenfeld entstehen, da neben der Beratungsleistung im Einzelfall auch die Entwicklung eines maßgeschneiderten Indizes notwendig werden kann.

Bei der Beurteilung der Leistungsfähigkeit eines Investmentfonds steht die quantitative Bewertung eines Fonds im Vordergrund. Die alleinige Betrachtung der Portfoliorendite reicht jedoch für eine angemessene Beurteilung der Anlagepolitik nicht aus. Sie informiert zwar über den absoluten Anlageerfolg, lässt jedoch das für diese Rendite in Kauf genommene Risiko außer Acht.

---

[15] Vgl. hierzu Sharpe (1992), S. 16f.

Um die Wertentwicklung eines Portfolios adäquat zu beurteilen, kann hinsichtlich der Adressaten zwischen externer und interner Performancemessung unterschieden werden: Während die externe Messung potenziellen Investoren auf der Basis der publizierten Daten Rückschlüsse auf die Qualität des Fondsmanagers erlaubt, liefert die interne Performancemessung Informationen für das individuelle Vermögens-Controlling.

### 3.3.1 Externe Performancemessung

Die externe Performancemessung beruht größtenteils auf öffentlich zugänglichen Daten. Um die Aussagefähigkeit der Daten zu erhöhen und eine objektive Vergleichbarkeit der Wertentwicklung zu ermöglichen, wurden einheitliche Richtlinien zur externen Performancemessung entwickelt. Unterschieden werden können die zeitgewichtete Performance als Maß für die Wertentwicklung eines Portfolios innerhalb einer festgelegten Periode sowie die kapitalgewichtete Performance, die Aufschluss über die durchschnittliche Verzinsung des eingesetzten Kapitals gibt. Beinhalten die Messungen nur die reine Wertentwicklung, so spricht man von Bruttorechnungen, demgegenüber verfügen Nettoverfahren durch ihre zusätzliche Berücksichtigung von Transaktionskosten (Provisionen etc.) über eine höhere Aussagekraft.

Neben reinen Ertragsgesichtspunkten muss jedoch der Anlageerfolg auch vor dem Hintergrund der individuellen Risikoeinstellung des einzelnen Investors beurteilt werden, um Aussagen über die Wertentwicklung eines Portfolios treffen zu können. Werden derartige Risiko/Rendite-Maßzahlen für die Performancemessung verwandt, wird in der Regel die Rendite eines aktiv gemanagten Portfolios mit einer passiven Anlagestrategie verglichen. Besonderes Gewicht wird dabei der Performancekontinuität, also der Stabilität der Wertentwicklung des Portfolios, beigemessen. Sie wird mit Hilfe von folgenden Instrumenten beurteilt:

- Als Vergleichsmaßstab eignet sich insbesondere eine *Benchmark*, wie zum Beispiel eine Zielrendite oder ein Index, der jedoch für eine aussagekräftige Performancemessung zu einem Performanceindex umkonstruiert werden muss, oder die Performance der Peer Group, beispielsweise eines Konkurrenzfonds, der nach vergleichbaren Anlagegrundsätzen zusammengestellt wurde. Die Benchmark kann Aufschluss über die relative Leistung eines Fonds geben. Die aus diesem Vergleich resultierende Differenz wird demnach auch als „relative Rendite" bezeichnet.

- Die *Sharpe-Ratio*, auch Reward-to-Variability-Ratio genannt, misst die Überschussrendite eines Fonds pro Risikoeinheit. Die Überschussrendite, also die über eine risikolose Anlage hinausgehende Rendite, wird ins Verhältnis gesetzt zum Gesamtrisiko, ausgedrückt durch die Standardabweichung der Rendite. Somit stellt die Sharpe-Ratio den pro Einheit Risiko erzielten Überschussertrag dar. Diese Kennziffer gibt auch Aufschluss über die Performancebreite, also das zur Erzielung der Portfoliorendite notwendige Ausmaß an Diversifikation. Eine Sharpe-Ratio größer eins besagt, dass gegenüber der risikolosen Anlage eine Mehrrendite erwirtschaftet wurde und in welchem Verhältnis diese Mehrrendite zum eingegangenen Risiko steht.

- Die *Treynor-Ratio* oder auch Reward-to-Volatility-Ratio setzt die Überschussrendite zum so genannten Beta-Faktor, also der prozentualen Veränderung der Wertentwicklung eines Wertpapiers bei einer Veränderung des Marktes, ins Verhältnis. Im Gegensatz zur Sharpe-Ratio basiert dieses Performancemaß auf dem systematischen (Markt-)Risiko, weshalb als Risikomaß der Betafaktor anstatt der Standardabweichung verwandt wird. Bei gut diversifizierten Fonds, die kaum unsystematische Risiken aufweisen, kommen Rankings nach der Sharpe- und der Treynor-Ratio zu ähnlichen Ergebnissen. Eine hohe Ratio ist ein Indiz für die Outperformance eines Portfolios: sie stellt den Überschussertrag dar, der für die Übernahme einer Einheit systematischen Risikos erzielt wurde. Ein Nachteil der Treynor-Ratio besteht darin, dass sie keine Aussagen über Renditedifferenzen ermöglicht und, ebenso wie die Sharpe-Ratio, ohne Kenntnis der Kapitalmarkttheorie nur schwer verständlich ist.

- Auch Elastizitäten geben Auskunft über das Verhalten eines Fonds: Elastizitätswerte größer eins (kleiner eins) besagen, dass der Fonds in Aufschwung-(Abschwung-)Situationen eine stärkere Wertentwicklung aufweist als der Index.

- *Jensens Ex Post Alpha* wird aus dem CAPM abgeleitet und drückt die risikoadjustierte Überrendite des Fonds gegenüber dem Marktindex aus. Im Gegensatz zur Treynor-Ratio ermöglicht dieses Performancemaß eine in Renditeprozentpunkten gemessene Bewertung der Fondsperformance, erlaubt jedoch kein Ranking einzelner Fonds. Durch die Quantifizierung des vertikalen Abstands der Portfoliorendite zur Wertpapierlinie des CAPM (vgl. Abschnitt 4.2.1) erlaubt das Maß Aussagen über die Selektionsfähigkeit des Portfoliomanagers bzw. eine Quantifizierung des Tracking Errors. Ein Alpha größer Null lässt den Schluss zu, dass die Portfoliokonstruktion zu einem vorteilhafteren Anlageergebnis geführt hat als eine Investition in eine auf der Wertpapierlinie befindliche Anlage.[16]

Es werden diverse weiterführende Performancemaße diskutiert, die es erlauben, auf bestimmte Annahmen der grundlegenden Performancemaße zu verzichten. So können beispielsweise die Nachteile der Treynor-Ratio und Jensens Alpha durch die *Market-Risk-Adjusted-Performance* behoben werden, indem Fonds auf Basis eines für alle Fonds identischen Marktrisikos verglichen werden. Grundlegende Voraussetzung für die Nutzung von Ergebnissen der Performancemessung als Entscheidungshilfe für die Anlage in Investmentfonds ist die Annahme, dass Ergebnissen der Vergangenheit eine gewisse Vorhersagekraft für die zukünftigen Anlageergebnisse zukommt.

Eine singuläre Anwendung der klassischen Performancemaße ist auf Grund der umstrittenen empirischen Relevanz der ihnen zugrundeliegenden Kapitalmarktmodelle in der Praxis kaum vorzufinden. Zusätzlich betrachten die klassischen Kennzahlen lediglich die Selektionsfähigkeiten des Portfoliomanagers. Um dessen Timingfähigkeiten adäquat beurteilen zu können, kann beispielsweise ein auf Basis öffentlich verfügbarer Marktindikatoren aktiv gemanagtes Vergleichsportfolio als Benchmark dienen.

---

[16] Vgl. hierzu Jensen (1968), S. 389–416.

### 3.3.2 Interne Performancemessung

Die interne Performancemessung stellt ein wichtiges Instrument des Asset-Management-Controllings dar. Sie fungiert als eine Art Management-Informationssystem und basiert überwiegend auf internen Daten. Die im Vergleich zur Benchmark erzielte Überrendite kann auf die Fähigkeiten des Portfoliomanagers zurückgeführt werden und in verschiedene Bestandteile, wie zum Beispiel Selektions- und Timingfähigkeiten sowie eine Zufallskomponente, zerlegt werden.

Um die Selektions- und Timingfähigkeiten des Portfoliomanagers zu beurteilen und von den von ihm nicht beeinflussbaren passiven Renditekomponenten, wie beispielsweise der Marktentwicklung, trennscharf abzugrenzen, wird in der Praxis häufig auf Multi-Faktoren-Modelle zurückgegriffen.

Dabei werden die Fondsrenditen in Abhängigkeit von den Veränderungen bestimmter Faktoren, zum Beispiel der gewählten Anlageklassen, dargestellt und mit der Durchschnittsrendite des Benchmarkportfolios verglichen. Für die Ermittlung der einzelnen Performancekomponenten werden demnach die Gewichte der einzelnen Anlageklassen, die Portfolio- sowie die Benchmarkrendite benötigt. Die in der Performancemessung ermittelten Daten werden in einem nächsten Schritt auf die zugrundeliegenden Entscheidungsparameter der Portfoliokonstruktion zurückgeführt. Bei der Performanceattribution wird die bei der Performancemessung im Vergleich zu einer passiven Benchmarkstrategie ermittelte aktive Rendite auf die Entscheidungsparameter zurückgeführt. Auf diesem Weg erlaubt beispielsweise die Analyse der innerhalb einer Anlagekategorie beobachteten Abweichungen von der Benchmarkrendite eine Aussage über die Selektionsfähigkeit.

Wird bei der Identifikation der relevanten Komponenten jedoch nicht mit ausreichender Sorgfalt vorgegangen, so führt die anschließende Zerlegung der Renditebeiträge zu einer verminderten Aussagekraft der Daten, die insbesondere bei einem performanceabhängigen Entlohnungssystem zu verzerrten Ergebnissen führt.

Trotz der zunehmenden Komplexität des verwendeten Messinstrumentariums bleibt eine Abgrenzung der Managementleistung problematisch. Ergänzt werden diese quantitativen Analyseinstrumente deshalb auch um eine qualitative Beurteilungskomponente. In diesem Zusammenhang werden beispielsweise die Anlagephilosophie und der Investmentstil des Fondsmanagers untersucht.

Im Zuge des Trends zu einer integrativen Performancemessung erstreckt sich die Beurteilung des einzelnen Fondsergebnisses immer mehr auch auf eine Gruppe von Fonds unter gemeinsamem Management oder einer ganzen Investmentgesellschaft.

# 4. Appendix: Theoretische Grundlagen der Asset Allocation in Aktien

Die Kernbereiche des Asset Managements, die Asset Allocation und Asset Selection, bauen auf fundierten theoretischen Grundlagen auf. Die hierfür notwendigen, wichtigsten theoretischen Grundlagen werden daher im Rahmen eines Appendix näher dargestellt. Da in der Praxis des Portfoliomanagements die Konstruktion von Aktienportfolios eine überragende Rolle einnimmt und in ihrem modelltheoretischen Charakter auch die Grundlage für die Asset Allocation anderer Anlagekategorien darstellt, konzentrieren sich die folgenden Aussagen auf die Betrachtung von Beteiligungstiteln. Dabei werden, nachdem die einzelwertorientierte Aktienanalyse schon im Rahmen des vorangegangenen Abschnitts erläutert wurde, die Portfoliotheorie und die Kapitalmarkttheorie behandelt, bevor dann die Effizienzhypothese und ihre Bedeutung für das Asset Management dargestellt werden. Die Einführung in die Theorie muss zwangsläufig knapp sein, soll jedoch einen Überblick über die wichtigsten Überlegungen liefern.

## 4.1 Portfoliotheorie

Es ist das Ziel der Portfoliotheorie, Handlungsanweisungen in Form von Verfahrensrichtlinien aufzustellen. Auf Basis der Annahme rational handelnder, nutzenmaximierender Investoren sowie deren individueller Risikoeinstellung wird versucht, eine bestmögliche Zusammenstellung von Anlagealternativen zu einem optimalen Portfolio zu realisieren, welches den Risiko-, Rendite- und Liquiditätspräferenzen des einzelnen Anlegers weitestgehend entspricht.

Das Instrumentarium der Portfoliotheorie wird in Anlehnung an deren historische Entwicklung in traditionelle Ansätze und moderne Verfahren untergliedert. Während die traditionellen Ansätze lediglich eine isolierte Betrachtung des einzelnen Wertpapiers vornehmen, berücksichtigen moderne Verfahren auch die Korrelationen von Anlagetiteln sowie portfolioorientierte Risiko/Rendite-Gesichtspunkte. Unabhängig vom Zeitpunkt ihrer theoretischen Entwicklung bilden beide Arten von Verfahren das theoretische Grundgerüst der in der Praxis verwandten Analysemethoden.

### 4.1.1 Grundlagen der Portfoliotheorie

Stand in der traditionellen Fundamentalanalyse die einzelne Anlage im Vordergrund der Betrachtung, so rückten in den 50er Jahren verstärkt die Entwicklung von quantitativ orientierten Portfoliomodellen, die auf einer zweidimensionalen Zielfunktion basieren, und die Einbettung des einzelnen Titels in ein Portfolio in den Mittelpunkt der wissenschaftlichen Betrachtung.

Entscheidende Impulse bei der Formulierung der theoretischen Konzepte wie auch der praktischen Umsetzung gingen dabei von den angloamerikanischen Ländern aus; dort fanden die zunehmende Liberalisierung der Finanzmärkte sowie die informationstechnologischen Fortschritte raschen Niederschlag in veränderten Rahmenbedingungen, was zu veränderten Anforderungen an das praktische Portfoliomanagement führte.

Die moderne Portfoliotheorie basiert im Wesentlichen auf den folgenden Überlegungen:

- Es wird risikoaverses, rationales Verhalten seitens nutzenmaximierender Investoren unterstellt.

- Nicht nur die Rendite, sondern auch das mit der Kapitalanlage verbundene Risiko, also die Gefahr einer Abweichung vom Erwartungswert, wird berücksichtigt. Innerhalb des Gesamtrisikos einer Anlage wird dabei zwischen dem systematischen, das heißt den gesamten Markt betreffenden, und dem unsystematischen Risiko unterschieden. Ziel des Investors ist es, die unternehmensspezifischen, unsystematischen Risiken durch Diversifikation weitgehend zu eliminieren.

Insbesondere der Unterscheidung zwischen unsystematischem und systematischem Risiko kommt unter portfoliotechnischen Gesichtspunkten eine besondere Bedeutung zu. Das *unsystematische*, auch als aktienspezifisch bezeichnete Risiko kann durch die Anlage in Wertpapiere unterschiedlicher Unternehmen verringert werden. Dieser Zusammenhang wird anhand eines einfachen Beispiels deutlich: So kann durch die Anlage in Aktien eines Regenschirmherstellers sowie die gleichzeitige Investition in ein Unternehmen, welches Sonnenbrillen produziert, das unsystematische Risiko verringert werden: Wenn es regnet, werden weniger Sonnenbrillen, dafür mehr Regenschirme verkauft und vice versa. Unter portfoliotechnischen Gesichtspunkten ist dabei zu beachten, dass dieser Diversifikationseffekt umso größer wird, je mehr Titel das Portfolio enthält. Abbildung 10 zeigt diese Risikominierung durch Diversifikation auf. Da ein rational handelnder Investor das unsystematische Risiko durch Diversifikation umgehen könnte, wird dieses dementsprechend am Markt nicht durch eine Prämie vergütet.

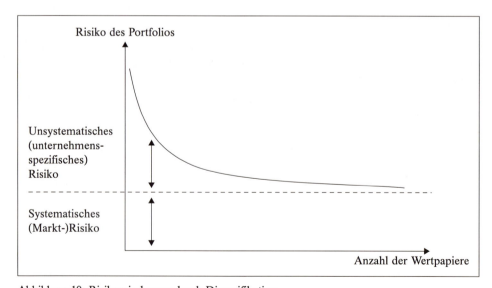

Abbildung 10: Risikominderung durch Diversifikation

Das *systematische* Risiko ist hingegen nicht weiter diversifizierbar, da es sämtliche Wertpapiere am Markt gleichermaßen betrifft, und entspricht dem inhärenten Risiko einer Anlage. Für dieses marktbezogene Risiko eines Wertpapiers erhält der Investor eine Risikoprämie. Als relative Kennzahl wird zur Messung des systematischen Risikos der Beta-Faktor herangezogen, der das Risiko einer Anlage im Verhältnis zum Markt beschreibt. So wird bei einem Beta-Faktor von 1,2 davon ausgegangen, dass bei einer Aufwärtsbewegung des Marktes um 1 Prozent der einzelne Anlagewert um 1,2 Prozent steigt.

Bei internationalen Portfolios unterteilt man das systematische Risiko in eine nationale und eine internationale Komponente. Während die Erste durch eine international abgestimmte Diversifikation minimiert werden kann, kann die Letztere auch durch internationale Diversifikation nicht weiter verringert werden. Sie muss daher durch den Markt entschädigt werden.

### 4.1.2 Modell der Portfolio-Selection von Markowitz

Den Grundgedanken des von *Markowitz* 1952 entwickelten Ansatzes[17] bildet die quantitative Erfassung gleich- oder gegenläufiger Tendenzen der Renditeentwicklung von Wertpapieren, die in das Kalkül der Portfolioselektion miteinbezogen werden. Zusätzlich wird die konkurrierende Zielsetzung des Anlegers, maximalen Ertrag bei möglichst geringem Risiko zu realisieren, berücksichtigt. Es wird dabei ein vollkommener Kapitalmarkt zu Grunde gelegt; die Existenz von Steuern, Transaktionskosten, Marktzutrittsbarrieren und asymmetrischer Information wird nicht in die Betrachtung miteinbezogen.

Das Modell stellt die elementare Grundlage der Portfoliooptimierung dar und bestimmt noch heute die Kapitalmarkttheorie sowie das praktische Portfoliomanagement. Darüber hinaus war das Modell nach seinem Erscheinen der Ausgangspunkt für zahlreiche Weiterentwicklungen der modernen Portfoliotheorie.

Der von Markowitz erstmals postulierte Diversifikationsgedanke erfordert die Betrachtung sowohl der zu erzielenden Rendite als auch des mit dem Wertpapier verbundenen Risikos, was implizit die Annahme einer multivariablen Zielfunktion des Anlegers bedeutet. Markowitz wies auf die Bedeutung des Risikos bei Anlageentscheidungen hin und zeigte, dass der Zusammenhang der Wertentwicklung zwischen den einzelnen Anlagen das Risiko des Gesamtportfolios maßgeblich mitbestimmt.

Die unsichere Rendite eines Portfolios wird durch deren Erwartungswert als Ausdruck für die mittlere im Zeitablauf realisierte Rendite charakterisiert. Die erwartete Portfoliorendite ($\mu_p$) entspricht dem gewogenen Durchschnitt der erwarteten Einzelrenditen ($\mu_i$):

$$\mu_P = \sum_{i=1}^{n} x_i \mu_i$$

---

[17] Vgl. Markowitz (1952), S. 77–91.

Das erwartete Risiko des Portfolios aus n Wertpapieren wird durch die Varianz ($\sigma^2$), das heißt die mit ihrem Anteil am Gesamtportfolio gewichtete Streuung der Wertpapierrenditen ($\mu_i$) um ihren Mittelwert ($\mu^*$), ausgedrückt.

$$\sigma^2 = \sum_{i=1}^{n} p_i (\mu_i - \mu^*)^2$$

Das Portfoliorisiko wird also von den jeweiligen Einzelrisiken der Titel und ihrem Gewicht im Portfolio bestimmt. Enthält das Portfolio mehrere Wertpapiere, muss zusätzlich die Kovarianz zwischen den einzelnen Anlageformen berücksichtigt werden, um das Ausmaß des Zusammenhangs zwischen den einzelnen Wertpapierrenditen zu quantifizieren. Unter der Kovarianz versteht man den Erwartungswert des Produktes der einzelnen Abweichungen von ihrem jeweiligen Mittelwert. Für die weitere Berechnung wird der Korrelationskoeffizient als Quotient aus Kovarianz und den Standardabweichungen verwendet. Diese Normierung des Korrelationskoeffizienten auf Werte des Intervalls [−1;+1] erlaubt eine Charakterisierung der Beziehung der Kursentwicklungen der verschiedenen Titel untereinander und bietet damit eine Aussage über die Güte der Erklärbarkeit der Rendite eines Wertpapiers durch die Rendite des anderen.

Abbildung 11 illustriert das Risiko/Rendite-Profil eines Portfolios aus zwei Wertpapieren mit vollständig positiver Korrelation. Das Gesamtrisiko des Portfolios liegt zwischen den jeweiligen Einzelrisiken der Wertpapiere. Durch die lineare Risiko/Rendite-Beziehung ist eine Verringerung des Risikos nur durch einen entsprechenden Renditeverzicht möglich.

Markowitz wies nun als Erster theoretisch nach, dass es durch erfolgreiche Diversifikation, also Anlagestreuung, möglich ist, das Risiko eines Wertpapierportfolios ohne Verringerung der erwarteten Rendite zu minimieren, sofern sich die Wertpapierrenditen innerhalb des Portfolios unkorreliert verhalten. Die nicht vollständige Korrelation der

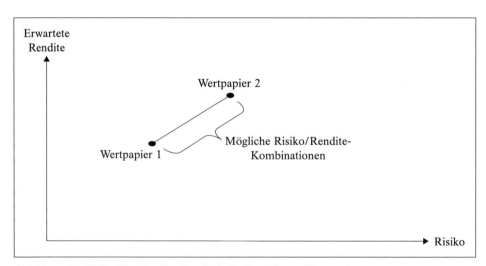

Abbildung 11: Risiko/Rendite-Profil vollständig korrelierter Wertpapiere

Wertentwicklung unterschiedlicher Finanztitel bewirkt die Vernichtung der unsystematischen Risiken einzelner Wertpapiere, wenn sie mit anderen Anlagen in einem Portfolio kombiniert werden. Es besteht somit ein „Risikoverbund" zwischen den einzelnen Wertpapieren, der bewirkt, dass das gesamte Portfoliorisiko geringer ist als das durchschnittliche Risiko der einzelnen Aktien.

Verhalten sich die beiden Anlageformen weitgehend unkorreliert, so resultiert daraus ein nicht mehr lineares Risiko/Rendite-Profil. Wie Abbildung 12 zeigt, ist auf Grund des nicht linearen Risiko/Rendite-Profils eine Risikoreduktion des Portfolios durch entsprechende Gewichtung der Wertpapiere möglich. Damit ist durch die Wahl unterschiedlicher Wertpapiere entweder eine höhere Rendite bei gleichem Risiko oder die gleiche Rendite bei geringerem Risiko möglich.

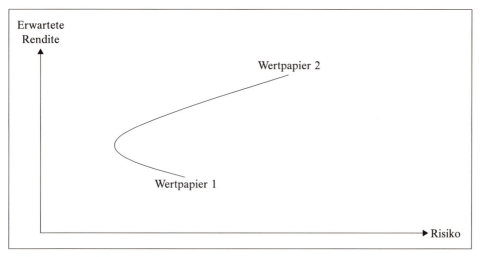

Abbildung 12: Risiko/Rendite-Profil weitgehend unkorrelierter Wertpapiere

Durch die Portfoliozusammensetzung lassen sich effiziente Portfolios ermitteln. Ein effizientes Portfolio zeichnet sich dadurch aus, dass kein anderes Portfolio existiert, welches bei gleicher Renditeerwartung ein geringeres Risiko bzw. bei vergleichbarem Risiko eine höhere Rendite aufweist. Der geometrische Ort aller optimalen Risiko/Rendite-Kombinationen, also die Menge aller effizienten Portfolios, wird auf einer Effizienzkurve dargestellt und als so genannte *Efficient Frontier* bezeichnet (siehe Abbildung 13).

Die Anleger treffen ihre Entscheidung bezüglich der optimalen Aufteilung des verfügbaren Kapitals auf Basis des obigen Kalküls. Aus der Menge der effizienten Portfolios wählen sie das ihren Risikovorstellungen entsprechende optimale Portfolio. Hierzu wird die anlegerindividuelle Risikoneigung mit Hilfe von Indifferenzkurven ermittelt. Den Investoren wird dabei weitgehend risikoaverses Verhalten unterstellt, das heißt sie sind nur gewillt, ein höheres Risiko zu tragen, wenn dies mit einem überproportionalen Renditezuwachs verbunden ist.

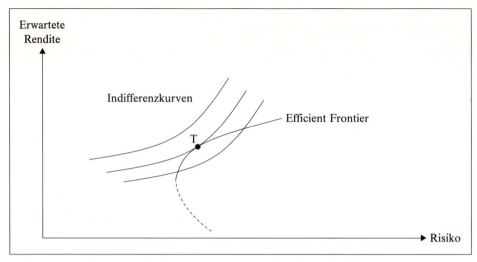

Abbildung 13: Efficient Frontier

Besteht keine Möglichkeit zu einer risikolosen Geldanlage, wählt jeder Investor jenen Punkt auf der Efficient Frontier, der seiner Risikoneigung, ausgedrückt durch die Steigung seiner Indifferenzkurve, am ehesten entspricht. Der Tangentialpunkt der anlegerspezifischen Risikonutzenfunktion und der Efficient Frontier bildet das so genannte *optimale Portfolio*. Wird vereinfachend von homogenen Erwartungen und Risikopräferenzen aller Marktteilnehmer ausgegangen, so ergibt sich ein für alle Anleger identisches optimales Portfolio.

Besteht hingegen die Möglichkeit der risikolosen Kapitalanlage, wie zum Beispiel öffentliche Anleihen, lassen sich Portfolios aus einer Kombination des effizienten Portfolios und der risikolosen Anlagemöglichkeit realisieren. Die individuelle Risikoneigung des Investors bestimmt nun nicht die Zusammensetzung des Aktienportfolios, sondern lediglich den Anteil des Anlagebetrags, der auf eine Anlage in Aktien entfällt. Wie aus Abbildung 14 ersichtlich, erweitert sich durch die Möglichkeit einer risikolosen Anlage die Efficient Frontier. Risiko (in Form der Standardabweichung) und Ertrag des Portfolios können durch entsprechende Gewichtung der Anlageobjekte gesteuert werden, ohne die Zusammensetzung des Aktienportfolios zu verändern (*Tobins* Separationstheorem).

Die praktische Umsetzung des Portfolio-Selection-Modells von Markowitz belegt, dass diese Optimierungstechnik zwar zu rechnerisch richtigen, praktisch aber oft irrelevanten Ergebnissen führt. Mehrere Gründe sprechen für die mangelnde Operationalisierbarkeit eines optimalen Portfolios im Sinne des Markowitz-Modells:

- Schätzungenauigkeiten bei der Prognose der Ertragserwartungen und Risiken sowie die ausschließliche Verwendung von Vergangenheitsdaten schmälern die Aussagekraft des Modells.

- Die exakte Quantifizierung der anlegerspezifischen Indifferenzkurven ist mit Messproblemen verbunden.

- Des Weiteren erweist sich in der Realität die dem Modell zu Grunde gelegte Normalverteilung der Renditen als problematisch.
- Es entsteht ein enormer Datenerhebungs- und -verarbeitungsaufwand auf Grund einer Vielzahl zu berücksichtigender Faktoren. So müssten beispielsweise bei der Analyse eines Portfolios, welches aus 100 Anlagewerten besteht, über 5000 Werte geschätzt sowie 100 Gleichungen gelöst werden.
- Für die Anlageentscheidung wird ein einperiodiger Planungshorizont unterstellt. Dem statischen Charakter kann jedoch durch die Verwendung dynamischer Methoden, beispielsweise der dynamischen Programmierung, abgeholfen werden. Dies geschieht allerdings auf Kosten der Übersichtlichkeit und der Praktikabilität des Modells.
- Die Annahme eines vollkommenen Kapitalmarkts erweist sich als realitätsfremd. So spielen sowohl Transaktionskosten als auch Steuern in der Praxis eine bedeutende Rolle bei Anlageentscheidungen.
- Rückwirkungen einer Anlageentscheidung auf den Kurs, beispielsweise auf Grund von Liquiditätseffekten großer Transaktionsvolumina, werden im Modell nicht berücksichtigt.

Zahlreiche Weiterentwicklungen nahmen sich der Schwächen des Portfolio-Selection-Ansatzes an. Ein Ansatz, der auf Grund seiner empirischen Relevanz besonders relevant erscheint, ist das Indexmodell von Sharpe.

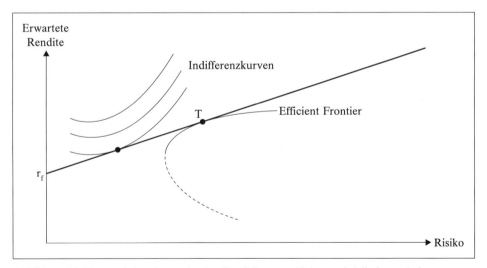

Abbildung 14: Konstruktion des optimalen Portfolios aus Aktien und risikoloser Anlage

### 4.1.3 Indexmodell von Sharpe

Ziel des von *Sharpe*[18] entwickelten Indexmodells ist es, die Anzahl der renditebeeinflussenden Größen und damit den Informationsbedarf zur Erstellung effizienter Portfolios zu senken. Sharpe geht davon aus, dass sich die erwartete Rendite einer Aktie auf zwei Ursachen zurückführen lässt. Der erste Faktor bildet das marktspezifische, das heißt das systematische Risiko ab, das durch ein Sensitivitätsmaß sowie die Rendite des Gesamtmarktes bestimmt wird. Der zweite Faktor ist unternehmensindividueller Natur und beschreibt das unsystematische Risiko (wie zum Beispiel das Ausscheiden eines leistungsstarken Managers). Das Indexmodell ist ein Ex-post-Erklärungsmodell und kann durch eine Regression der folgenden Form beschrieben werden:

$R_i = \alpha_i + \beta_i R_M + e_i$

Die erwartete Rendite einer Anlage ($R_i$) ergibt sich demnach aus den beiden Ursachenbündeln ($\alpha_i$ und $\beta_i\, R_M$) sowie einer Zufallskomponente ($e_i$), die nicht durch die Regressionsgerade beschrieben werden kann.

Die Implementation des Indexmodells wird dadurch erleichtert, dass durch Rückgriff auf einen repräsentativen Marktindex nicht mehr sämtliche Korrelationskoeffizienten der Wertpapiere untereinander ermittelt werden müssen, sondern lediglich die Korrelationen jedes einzelnen Wertpapiers mit dem Marktindex. Die Folge ist eine signifikante Reduktion des Datenerhebungsaufwandes.

Zwar liefern die Ergebnisse des Indexmodells trotz erheblicher Reduktion der Inputdaten durchaus brauchbare Annäherungen an das Markowitz-Modell, das Modell beruht jedoch auf teilweise restriktiven Prämissen. So wird beispielsweise angenommen, dass sich die Residuen ($e_i$) weitestgehend unkorreliert verhalten; zusätzlich wird eine zeitliche Invarianz des Beta-Faktors unterstellt. Weiterhin erfolgt eine Approximation des Marktportfolios in der Praxis durch einen Aktienindex. Dieser kann jedoch nur eine (unvollständige) Auswahl der existenten Kapitalanlagemöglichkeiten am Markt darstellen.

Das Konzept des Indexmodells kann durch Erhöhung der Anzahl der erklärenden Variablen verfeinert werden. Mit der Entwicklung von mehrdimensionalen Modellen wird versucht, die Erklärungskraft des Indexmodells zu verbessern. Mit der Erweiterung um jeweils wertpapierspezifische Betas können die Renditereaktionen eines Wertpapiers transparenter dargestellt werden.

Durch eine Zerlegung der erwarteten Rendite und des Gesamtrisikos wird eine differenziertere Analyse der Risiko/Rendite-Beziehung möglich. Die renditebeeinflussenden Faktoren werden in diesem Zusammenhang in makroökonomische und mikroökonomische (fundamentale) Größen unterschieden und können innerhalb dieser Gruppen weiter unterteilt werden. In empirischen Tests wurde herausgefunden, dass sich die erwarteten Aktienrenditen in den Vereinigten Staaten hauptsächlich in Abhängigkeit einiger *makroökonomischer* Faktoren (Zinsniveau, Risikoprämien festverzinslicher Titel un-

---

[18] Vgl. Sharpe (1963), S. 277–293.

terschiedlicher Bonität, Inflationsraten) entwickeln.[19] Zu den Beispielen für *mikroökonomische* oder *fundamentale* Einflussfaktoren zählen der Markterfolg eines Unternehmens, die Marktkapitalisierung, das Kurs-Gewinn-Verhältnis, der Verschuldungsgrad sowie der relative Buchwert.[20] Meistens handelt es sich bei den für die Analyse herangezogenen Faktoren jedoch bereits um Aggregationen spezifischer Mengen von fundamentalen Daten (Deskriptoren). Diese können fest vorgegeben sein oder durch eine statistische Analyse ermittelt werden.

Der mit einer simultanen Optimierung aller Anlageinstrumente verbundene Prozess wird in der Praxis durch ein sequenzielles Vorgehen abgebildet (vgl. Abschnitt 3.1).

## 4.2 Kapitalmarkttheoretische Grundlagen

Die Kapitalmarkttheorie versteht sich als Theorie über die Preisbildung am Kapitalmarkt. Das einst von Markowitz postulierte normative Mittelwert-Varianz-Entscheidungsprinzip wurde dabei im Laufe der Zeit durch zahlreiche auch qualitative Renditebestimmungsfaktoren ergänzt, um den durch die dynamischen Veränderungen auf den Kapitalmärkten entstandenen zahlreichen Facetten des Risikobegriffes ausreichend Rechnung zu tragen. Im Wesentlichen auf den Erkenntnissen der Portfoliotheorie basierend, trifft die Kapitalmarkttheorie zusätzlich folgende ergänzende Annahmen:

- Es existiert ein für alle Marktteilnehmer identischer risikoloser Zinssatz, zu dem unbeschränkt Kapital angelegt oder ausgeliehen werden kann.
- Alle Anlagemöglichkeiten werden auf vollkommenen Märkten gehandelt und sind beliebig teilbar.
- Die Marktteilnehmer haben gleichberechtigten und kostenlosen Zugang zu allen relevanten Informationen; sie verarbeiten diese zu homogenen Erwartungen bezüglich der erwarteten Renditen und Risiken.
- Zur Erstellung von Portfolios mit einer optimalen Mischung von riskanten Anlagen sind negative Portfoliogewichte (Leerverkäufe) zulässig.

Die beiden bedeutendsten Kapitalmarktmodelle sind das Capital Asset Pricing Model (CAPM) und die Arbitrage Pricing Theory (APT).

### 4.2.1 Capital Asset Pricing Model

Das im Wesentlichen auf Sharpe zurückgehende Capital Asset Pricing Model (CAPM) erklärt die grundlegende Beziehung zwischen der Aufnahme systematischen Risikos und deren Entlohnung durch eine Risikoprämie.[21] Es war lange Zeit der dominierende Ansatz zur Erklärung unterschiedlicher Preise risikobehafteter Vermögenswerte.

---

[19] Zur Signifikanz der einzelnen Einflussfaktoren vgl. Chen/Roll/Ross (1986).
[20] Vgl. hierzu die Studie von Fama/French (1992).
[21] Vgl. Sharpe (1964), S. 425–442.

Beim Capital Asset Pricing Model handelt es sich um ein auf die Portfoliotheorie aufbauendes Gleichgewichtsmodell, welches die Bewegung des Marktes in Relation zu einem stabilen Gleichgewicht beschreibt. Das Modell zeigt die Beziehung des Risikos einer Anlage zu deren erwarteter Rendite auf. Es bestimmt die Höhe der erwarteten Renditen für sämtliche einzelnen Anlagen in einem geräumten Markt.

Die erwartete Risikoprämie einer Anlage ($E(r_i)$) kann als Kompensation für die Investition in den unsichere Renditen aufweisenden Aktienmarkt angesehen werden. Sie setzt sich zusammen aus der Verzinsung einer risikolosen Investition ($r_f$) zuzüglich einer sich mit dem Risiko proportional entwickelnden Prämie aus unternehmensspezifischem Beta-Faktor ($\beta$) und der Risikoprämie des Marktportfolios ($E(r_M)-r_f$). Der Beta-Koeffizient gibt dabei die Volatilität der wertpapier- bzw. portfoliospezifischen Rendite im Vergleich zur Marktrendite, also das systematische Risiko der Anlage, wieder:

$$E(r_i) = r_f + \beta(E(r_M) - r_f)$$

Während Werte wie Exxon ($\beta = 0{,}51$) relativ träge auf Marktbewegungen reagieren, zeigen beispielsweise Biotechnologiewerte eine erheblich höhere Reagibilität (Beta deutlich größer als eins). Beta-Faktoren können mit Hilfe der Marktmodellregression aus historischen Renditebeobachtungen gewonnen werden. Dafür wird aus der durch die Vergangenheitsdaten gebildeten Punktwolke nach der Methode der kleinsten Quadrate eine Regressionsgerade gelegt. Dabei können sich allerdings Probleme durch die unterstellte Zeitstabilität der Beta-Faktoren sowie die mit den statistischen Methoden verbundenen Ungenauigkeiten ergeben: So erhöhen sich beispielsweise bei illiquiden Titeln die Schätzwerte deutlich mit einer Vergrößerung des Renditeintervalls („Intervalling-Effekt").

Wie gezeigt, setzt sich die erwartete Rendite aus dem risikolosen Zinssatz und einer Risikoprämie zusammen, deren Höhe vom Beta-Faktor des Wertpapiers abhängt. Da das unsystematische Risiko durch Diversifikation vollständig eliminiert werden kann, wird es gemäß dem CAPM auch nicht entlohnt. Das Modell postuliert einen linearen Zusammenhang zwischen dem Ausmaß des übernommenen Marktrisikos, also des durch den Beta-Faktor quantifizierten systematischen Risikos, und der dafür zu erwartenden Rendite.

Auf der *Security Market Line* wird die wertpapierspezifische Abhängigkeit der Rendite vom wertpapierspezifischen Risiko dargestellt. Ist das Risiko einer Anlagealternative bekannt, so kann anhand der Security Market Line die korrespondierende erwartete Rendite abgelesen werden. Im Marktgleichgewicht sind alle Wertpapiere fair bewertet, liegen also auf der Security Market Line, unter (über)-bewertete Titel liegen darüber (darunter). Die Differenz zwischen Marktgleichgewichtspreis und beobachteter Rendite kann als stochastische Störgröße (s) interpretiert werden (vgl. Abbildung 15).

Auf Grund der oben genannten Prämissen eines informationseffizienten Kapitalmarktes sowie homogener Erwartungen der Marktteilnehmer resultiert ein für alle Kapitalanleger identisches optimales Marktportfolio, welches alle verfügbaren risikobehafteten Finanztitel beinhaltet und somit kein unsystematisches Risiko mehr enthält. Da alle Informationen bereits vollständig in den Anlageentscheidungen berücksichtigt sind, reprä-

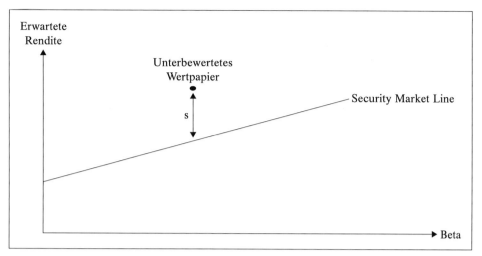

Abbildung 15: Security Market Line

sentiert dieses Marktportfolio zugleich die herrschende Meinung bezüglich des optimalen Portfolios.

Je nach individueller Risikoneigung enthält das anlegerspezifische Portfolio eine Mischung aus diesem Marktportfolio und einer Anlage in ein risikoloses Wertpapier (Tobins Separationstheorem). Die Kombinationen dieser Anlagealternativen werden mit der *Capital Market Line* erfasst: Sie gibt die Abhängigkeit der erwarteten Rendite effizienter Portfolios vom eingegangenen Risiko wieder, ihre Steigung wird deshalb auch als Marktpreis für die Übernahme des Risikos bezeichnet. Das bewertungsrelevante Risiko einer Investition ergibt sich nach dem CAPM aus dem Risikobeitrag der Anlage zum Portfoliorisiko.

Mit Hilfe des CAPM können auch Effekte einer Internationalisierung der Anlagen aufgezeigt werden. Abbildung 16 zeigt das Renditesteigerungs- und Risikoreduktionspotenzial durch internationale Diversifikation. Durch die geografische Ausweitung der Betrachtung fließen einerseits andere Risiken mit in die Betrachtung ein, andererseits erhöht sich auch die Anzahl an Wertpapiertiteln. Auf Grund der unterschiedlichen Korrelation zwischen den Risiken auf internationaler Ebene erschließen sich neue Diversifikationspotenziale, die im Vergleich zur Ausgangssituation eine Risikominderung bzw. Renditesteigerung ermöglichen.

Die im CAPM unterstellte Linearität des Risiko/Rendite-Zusammenhangs wird durch zahlreiche empirische Studien für den US-amerikanischen Markt unterstützt,[22] für den deutschen Markt scheint der Zusammenhang hingegen nicht vollständig linear zu sein. Tests hinsichtlich der empirischen Relevanz des CAPM sind jedoch mit Schwierigkeiten verbunden, welche die Glaubwürdigkeit der Modellaussagen in Zweifel ziehen.

---

[22] Vgl. Fama/MacBeth (1973), S. 607–636.

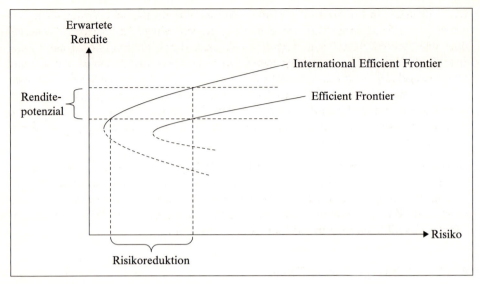

Abbildung 16: Internationale Diversifikation

Die Kritik am CAPM wurde hauptsächlich von *Roll*[23] hervorgebracht und lieferte Anstöße zur Entwicklung weiterer Modellvarianten sowie der (in Folge dargestellten) Arbitrage Pricing Theory:

- Gravierende Probleme entstehen bei der empirischen Identifizierung des zur Berechnung von Beta-Faktoren instrumentalisierten effizienten Marktportfolios, das allenfalls durch die Verwendung von Indizes approximiert werden kann.

- Trotz der unterstellten Stationarität der Modellparameter im Zeitablauf sind Beta-Faktoren und die erwarteten Renditen schlecht prognostizierbar und verhalten sich im Zeitverlauf instabil. Zudem existiert neben dem Beta-Faktor noch eine Reihe anderer, nicht zu vernachlässigender bewertungsrelevanter Faktoren. Empirische Befunde deuten an, dass Portfolios aus Aktien kleiner Unternehmen bei identischen Marktbetas signifikant höhere Renditen aufweisen als die größerer Unternehmen (Size Effect). Auch das Verhältnis von Markt- zu Buchwert oder die Sensitivität gegenüber Zinsänderungen scheinen weitere renditebeeinflussende Größen zu sein, sodass sich insgesamt nach Berücksichtigung dieser Faktoren die Frage nach der Aussagekraft des Betafaktors stellt.

- Aus wissenschaftstheoretischer Perspektive können die analytischen Aussagen des CAPM auf Grund der restriktiven Annahmen per se nicht angezweifelt werden.

---

[23] Roll (1977), S. 129–176.

Die realitätsfernen Prämissen des Modells wurden durch zahlreiche Weiterentwicklungen sequenziell aufgehoben. So schließen beispielsweise einige Ansätze die Unsicherheit über den theoretisch richtigen risikolosen Zinssatz durch die Einführung eines Zero-Beta-Portfolios aus oder integrieren Steuern und Transaktionskosten in die Betrachtung. Die Aussagekraft des Modells ändert sich durch diese Erweiterungen lediglich dahingehend, dass die Stabilität des Verlaufs der Security Market Line in Frage gestellt wird; die wesentlichen Implikationen des Modells bleiben jedoch auch bei der Einführung heterogener Investorenerwartungen, die einzig und allein eine Betrachtung von Durchschnittswerten zur Folge hat, bestehen.

Ist sich der Anwender jedoch der restriktiven Prämissenkonstellation des CAPM bewusst, bietet es letztlich jedoch immer noch einen wertvollen Analyserahmen für Anlageentscheidungen. So wird es beispielsweise verbreitet zur Performancemessung verwendet. Mit der Kenntnis des Modells verfügt man zudem über eine Art Grundvokabular, das hilft, die Investment-Literatur zu verstehen.

### 4.2.2 Arbitrage Pricing Theory

Die Arbitrage Pricing Theory (APT) wurde 1976 von *Ross* als alternatives Bewertungsmodell, ursprünglich als testbare Alternative zum CAPM, entwickelt.[24] Es handelt sich dabei ebenfalls um ein Gleichgewichtsmodell, jedoch greift die Theorie auf weniger restriktive Annahmen als das CAPM zurück. So werden insbesondere keine Annahmen hinsichtlich Normalität, Risikopräferenzen und Komposition des Marktportfolios getroffen, und das Modell basiert nicht auf dem theoretischen Fundament der Portfoliotheorie. Zwar wird immer noch von homogenen Erwartungen der nutzenmaximierenden, risikoaversen Investoren sowie einem friktionslosen Markt ausgegangen, jedoch lässt sich das Modell relativ leicht zu einer mehrperiodigen Betrachtung erweitern sowie durch die Berücksichtigung von Steuern realitätsnäher ausgestalten.

Während das klassische CAPM lediglich eine eindimensionale Abhängigkeit der erwarteten Wertpapierrenditen von einer endogenen, aggregierten Größe unterstellt, lassen sich durch die APT Beziehungen mehrerer preisbeeinflussender Risikofaktoren abbilden.

Das Marktgleichgewicht wird in der APT mittels der Voraussetzung der Arbitragefreiheit beschrieben: Es ist unmöglich, mit einem Portfolio eine Überschussrendite, einen „Free Lunch", zu erzielen; sofort einsetzende Arbitrageprozesse sorgen vielmehr dafür, dass bestehende Preisdifferenzen zwischen zwei gleich riskanten Investitionsalternativen umgehend ausgeglichen werden und sich der Kapitalmarkt im Gleichgewicht befindet. In diesem Gleichgewicht versucht die Theorie, die Risikoprämien einzelner Wertpapiere zu erklären: Die Rendite eines Wertpapiers setzt sich aus einem risikolosen Teil und verschiedenen Risikoprämien zusammen. Sie ist nun nicht mehr allein von Rendite und Ri-

---

[24] Ross (1976).

siko des Marktportfolios, sondern linear von mehreren Einflussfaktoren abhängig, zu denen die einzelnen Wertpapiere unterschiedliche Affinitäten aufweisen.

Innerhalb der APT wird über die Rendite des Marktportfolios hinaus eine begrenzte Anzahl von Quellen systematischen Risikos zugelassen. Die Renditeschwankungen eines Wertpapiers werden durch ein Multifaktorenmodell beschrieben. Die Faktoren, die Sensitivitäten wie auch die Anlegerrenditen müssen hierfür durch eine Faktorenanalyse geschätzt werden:

$$R_i = E(R_i) + b_{i1}F_1 + b_{i2}F_2 + \ldots + b_{ik}F_k + e_i$$

Die Rendite eines Wertpapiers ($R_i$) lässt sich als lineare Kombination aus der erwarteten Rendite des Wertpapiers ($E(R_i)$), einer Anzahl von Einflussfaktoren ($F_k$) sowie einer wertpapierspezifischen Störgröße ($e_i$) interpretieren. Im Rahmen dieser Zerlegung wird den einzelnen Ursachenbündeln ($F_k$) eine Maßzahl für die Sensitivität der Rendite des Wertpapiers i gegenüber verschiedenen Ausprägungen des jeweiligen Faktors k zugeordnet ($b_{ik}$). Die Abweichung der tatsächlichen von den erwarteten Renditen wird letztendlich durch eine begrenzte Anzahl von Risikofaktoren und eine wertpapierspezifische Störvariable ($e_i$) verursacht.

Die wertpapierspezifische Risikoprämie ergibt sich aus den mit den jeweiligen Faktorsensitivitäten multiplizierten Risikoprämien der einzelnen Faktoren. Die im Multifaktormodell errechneten Faktor-Betas multipliziert mit den marktweiten Risikoprämien bestimmen die gesamte Risikoprämie einer Anlage. Die erwartete Rendite setzt sich somit aus einer Konstante, die auf Grund von Arbitrageüberlegungen dem risikolosen Zins entsprechen muss, und einem von der Sensitivität abhängigen Teil zusammen.

Durch die Verwendung mehrerer renditeerklärender Faktoren gelingt es der APT, einen Großteil der Residualvarianz des CAPM zu erklären. Die weniger restriktiven Modellprämissen der APT erlauben allgemeinere Aussagen als das CAPM. Da eine geringere Zahl an Daten als bekannt vorausgesetzt wird – so ist beispielsweise keine Kenntnis des Marktportfolios notwendig – verhält sich die APT in ihrer praktischen Relevanz weitaus robuster. Hilfreich erweist sich die Theorie zudem bei der Verwendung mehrdimensionaler Benchmarks, für deren Konstruktion sie ein theoretisches Gerüst darstellt, sowie für die Preisermittlung derivativer Finanzinstrumente.

Einschränkend ist jedoch anzuführen, dass die APT lediglich eine Bewertungsstruktur liefert. Sie enthält hingegen keinerlei Aussagen zur Natur der renditebeeinflussenden Faktoren. Die daraus resultierenden Probleme bei der Quantifizierung der für die Renditeentwicklung maßgeblichen Einflussfaktoren, für deren Identifikation empirische Erhebungen sowie umfangreiche Schätzungen notwendig sind, tragen maßgeblich zu ihrer eingeschränkten Bedeutung im praktischen Portfoliomanagement bei. Zahlreiche empirische Studien belegen die Abhängigkeit der notwendigen Faktorzahl von der Größe der zu untersuchenden Aktiengruppe und legen die Verwendung von drei bis fünf Faktoren nahe. Als ein weiterer schwerwiegender Kritikpunkt kann die Zeitstabilitätshypothese angeführt werden, von der bei Faktoren und Sensitivitäten ausgegangen wird.

### 4.2.3 Problembereiche der Modelle und andere Ansätze

Die Kapitalmarkttheorie wird insbesondere auf Grund ihrer Vernachlässigung von Transaktionskosten und Marktineffizienzen sowie der Konzentration auf lediglich die beiden Größen Rendite und Risiko kritisiert. Durch die in der Empirie fehlende Effizienz der Märkte mangelt es dem CAPM wie auch der APT an praktischer Anwendbarkeit. Im Rahmen des Asset Managements wirkt zusätzlich der Fokus der Modelle auf Aktien als alleinige Anlageobjekte nicht unbedingt praktikabel.

Anknüpfend an diese Kritik wurden zahlreiche neuere Ansätze der Finanzierungstheorie entwickelt. Modellvarianten der APT verfeinern teilweise die Annahmen oder gehen von gänzlich neuen Prämissenkonstellationen aus. In neueren Ansätzen, beispielsweise der neoinstitutionalistischen Finanzierungstheorie, werden die restriktiven Annahmen der Kapitalmarktmodelle aufgehoben und auch nicht-rationale preisbestimmende Faktoren in die Betrachtung intergriert. Jüngere finanzmarkttheoretische Forschungsrichtungen zielen verstärkt auf den Nachweis der partiellen Ineffizienz der Informationsverarbeitung in den Marktpreisen und weisen damit auf deren prinzipielle Ausbeutbarkeit durch Prognosen hin. Nichtlineare, dynamische Modelle versuchen, empirische Renditephänomene in die Analyse einzubeziehen; beispielsweise betrachten sie neben der Marktsituation auch das Gruppenverhalten der Marktteilnehmer als maßgeblichen Bestimmungsfaktor für die Preisbildung.

Trotz dieser Einwände dient die APT der Beschreibung der Renditegenerierung auf Kapitalmärkten, auf deren Basis das Markowitz-Modell zur Identifikation des optimalen Portfolios zur Anwendung gelangen kann. Die Zerlegung des systematischen Risikos in einzelne Bestandteile ermöglicht es, einen größeren Anteil des Gesamtrisikos zu erklären. Zusätzlich können die Korrelationen der einzelnen Faktoren analysiert und diese Erkenntnisse in die Portfoliokonstruktion integriert werden. Beispielsweise lassen sich durch die Kenntnis der Korrelationskoeffizienten Portfolios konstruieren, die nur zu einem Faktor ein besonderes Risikoverhältnis aufweisen.

## 4.3 Markteffizienzhypothese und ihre Implikationen für das Asset Management

Eine zentrale Hypothese, auf der die im vorangegangenen Abschnitt betrachteten Gleichgewichtsmodelle basieren, ist die Informationseffizienz des Kapitalmarktes. Informationseffizienz bedeutet, dass sich alle Informationen über die künftigen Zahlungen, die dem Besitzer eines Aktivums erwachsen, unverzüglich und auf „rationale" Weise in den Kursen dieses Titels niederschlagen. Spiegeln also die Marktpreise der Anlagen immer sämtliche zu diesem Zeitpunkt verfügbaren Informationen wider, so bedeutet dies, dass bei konstantem Risiko einer Anlage keine Regelmäßigkeiten in den Renditeverläufen existieren können. Die Effizienz eines Kapitalmarktes leitet sich somit aus seiner Informationseffizienz ab.

Lassen sich historisch verfügbare Informationen nachweisen, die zum Zeitpunkt ihrer ersten Verfügbarkeit Handlungen ermöglicht hätten, die zu einem überdurchschnittlichen Ertrag geführt hätten, so ist die Effizienz eines Marktes verletzt. In der Realität ist ein derart effizienter Markt jedoch ein nie vollständig erreichtes Ideal, dem Börsen und Börsenverantwortliche durch die Organisation des Handels mehr oder weniger nahe kommen. Die Unvollkommenheit der realen Märkte hat zur Konsequenz, dass die Folgen und Eigenschaften von idealtypischen Märkten, wie zum Beispiel die Unmöglichkeit systematischer, langfristiger Überrenditen, in der Praxis nicht gegeben sind.

Die Überlegungen hierzu werden etwa seit Beginn der zweiten Hälfte dieses Jahrhunderts in der wissenschaftlichen Literatur als *Efficient Market Theory* diskutiert. Dabei wurde immer wieder die Frage aufgeworfen, ob die Preisbildung auf den Kapitalmärkten tatsächlich dem Postulat der Markteffizienz gerecht wird.

### 4.3.1 Klassifizierung

Die wohl bekannteste Unterscheidung verschiedener Ausprägungen von Informationseffizienz stammt von *Fama*. Trotz zahlreicher weiterer Systematisierungsversuche hat sich die Einteilung Famas weitestgehend durchgesetzt. Fama führt dabei drei für die Existenz effizienter Märkte notwendige Bedingungen an: es existieren keinerlei Transaktionskosten, alle relevanten Informationen sind für alle Marktteilnehmer kostenlos verfügbar, und sie werden von ihnen zu homogenen Erwartungen verarbeitet.[25] Dabei ergibt sich der jeweilige Grad an Informationseffizienz aus der Teilmenge an Informationen, die für die Preisbildung an den Kapitalmärkten als relevant betrachtet wird (vgl. Abbildung 17). Es wird hiernach unterschieden zwischen der schwachen, der mittelstrengen und der strengen Form der Informationseffizienz.

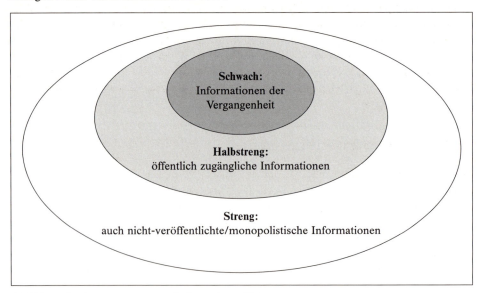

Abbildung 17: Ausprägungen von Informationseffizienz

---

[25] Vgl. Fama (1970), S. 389.

Bei der *schwachen Form* der Informationseffizienz sind alle Informationen über vergangene Kursentwicklungen im aktuellen Kurs bereits vollständig verarbeitet. Durch eine Betrachtung der „Kursgeschichte" sind die erwarteten Renditen somit nicht zu steigern.

Bei der *halbstrengen Form* der Informationseffizienz finden zusätzlich alle öffentlich verfügbaren Informationen – das heißt neben historischen Kursen auch Bilanzdaten, Geschäftsberichte, Publikationen etc. – sofortigen und unmittelbaren Niederschlag in den Kursen.

Bei der *strengen Form* der Informationseffizienz reflektieren die Kurse alle bewertungsrelevanten Informationen, also auch nicht veröffentlichte oder monopolistische Informationen. In einem solchen Markt verhelfen auch Insiderkenntnisse nicht zu Überrenditen. In Anlehnung an die verschiedenen Investorentypen, welche monopolistischen Zugang zu kursbeeinflussenden Informationen haben, können weiterhin die „Near-Strong"- und die „Super-Strong"-Form der Markteffizienz unterschieden werden: Die Near-Strong-Form besagt, dass professionell verwaltete Portfolios keine höheren Renditen als die durchschnittliche Marktrendite erzielen; bei der Super-Strong-Form ist es selbst Insidern wie dem Top-Management nicht möglich, besser als der Markt abzuschneiden.[26]

Gilt die strenge Form der Informationseffizienz, ist jede Prognose sinnlos; jegliches unternehmensrelevante Wissen schlägt sich im Zeitpunkt seiner Generierung in der börsenmäßigen Unternehmensbewertung nieder, sodass Handelsstrategien, basierend auf unternehmensinternen oder geheimen Informationen, wertlos sind.[27] Bei halbstrenger Informationseffizienz können neben Prognosen auf technischer Basis auch Ergebnisse der Fundamentalanalyse ohne Insiderkenntnisse keinen Nutzen bringen. Gilt nur die schwache Form, erlaubt die Auswertung fundamentaler Daten Zusatzgewinne, es lassen sich jedoch auf Basis historischer Kursreihen keine Handelsstrategien entwickeln, mit denen sich systematisch überdurchschnittliche Renditen erzielen lassen – eine Buy-and-Hold-Strategie ist allen Filterregeln und ähnlichen charttechnischen Handelsstrategien zumindest ebenbürtig.

### 4.3.2 Empirische Relevanz

Für die empirische Überprüfung der Informationseffizienz wird in der Literatur auf zwei unterschiedliche Arten von Tests zurückgegriffen, nämlich statistische Tests und Tests verschiedener Handelsregeln. Bei den statistischen Tests unterscheidet man so genannte Korrelationstests, welche Kursreihen hinsichtlich ihrer seriellen Korrelation überprüfen, und Run-Tests. Letztere betrachten die Tendenz, dass auf eine positive (negative) Rendite eine weitere positive (negative) Rendite folgt. Tests verschiedener Handelsregeln vergleichen Chart-Regeln, wie beispielsweise Filterregeln, mit einer einfachen Buy-and-

---

[26] Vgl. Auckenthaler (1994), S. 288.
[27] Vgl. Oertmann (1996), S. 26.

Hold-Strategie. Um der Markteffizienzhypothese zuzustimmen, müssen Beobachtungen des Zeitreihenverhaltens von Renditen zu dem Ergebnis führen, dass sich sukzessive Renditen weitestgehend unkorreliert verhalten.

Die halbstrenge Effizienz von Kapitalmärkten wird vor allem mittels so genannter *Event Studies* getestet, welche die Konsequenzen von Dividendenänderungen, Aktiensplits, Anleiheemissionen, unerwarteten Weltereignissen etc. auf den Kurs des betrachteten Papiers anhand der Geschwindigkeit und des Umfangs der Kursanpassung untersuchen. Jedoch ergeben sich fundamentale Probleme bei der Durchführung der Tests, da ihnen in jedem Fall ein Modell zur Ermittlung einer „angemessenen" Rendite zu Grunde gelegt werden muss: Zunächst wird auf Basis von Kapitalmarktmodellen die übliche Rendite geschätzt, auf deren Basis dann die Renditen nach dem Ereignis prognostiziert und mit den tatsächlich betrachteten Renditen verglichen werden. In einem effizienten Markt dürfte man dabei keine signifikante Abweichung bemerken; in einem ineffizienten Markt dagegen weichen die Renditen auch noch längere Zeit nach dem Ereignistag vom „normalen" Muster ab.

Nicht zuletzt durch die testbedingten Schwierigkeiten der Ermittlung des Zeitpunktes der Informationsveröffentlichung und deren Geschwindigkeit bieten die Ergebnisse Angriffspunkte für Kritik; zusätzlich enthüllten verschiedene Untersuchungen seit Ende der 70er Jahre zahlreiche, mit der Effizienzmarkthypothese unvereinbare Anomalien von teilweise beträchtlichem Ausmaß. Insbesondere so genannte *Kalenderzeiteffekte*, die dauerhafte Renditemuster für bestimmte Zeiträume aufweisen, ließen Zweifel an einer hinreichenden Effizienz der Märkte aufkommen.

- Montagseffekt/Weekend-Effekt/Feiertagseffekt: steigender Renditeverlauf von Montag bis Freitag,
- Januar-Effekt/Monatsanfangseffekt: höhere Renditen zu Jahresbeginn bzw. zu Beginn des Monats,
- Price-Earnings-Effekt: höhere Renditen bei Investitionen in Portfolios mit niedrigem Kurs-Gewinn-Verhältnis,
- Size-Effect: Outperformance von Aktienwerten mit kleiner Marktkapitalisierung.

Derartige Kalenderanomalien sind jedoch bei Berücksichtigung von Transaktionskosten nicht zu abnormalen Gewinnen auszunutzen und somit nicht als „Kronzeugen gegen effiziente Märkte" einsetzbar.

Da die halbstrenge Form nicht vollständig bestätigt werden konnte, die starke Form aber die halbstrenge beinhaltet, würde sich ein Test der Markteffizienz in der strengen Form eigentlich erübrigen. Auch angesichts der vielfach zu beobachtenden, durchaus profitablen Insideraktivitäten an den deutschen und internationalen Aktienmärkten ist die strenge Kapitalmarkteffizienz wohl kaum als generell gegeben anzusehen.

Tests der Super-Strong-Form der Markteffizienz zeigen deutlich, dass es Insidern möglich ist, im Vergleich zur durchschnittlichen Marktrendite signifikant höhere Renditen zu erzielen. Damit ist die Hypothese der strengen Informationseffizienz eindeutig widerlegt. Um die Near-Strong-Form einer empirischen Überprüfung zu unterziehen, wird meist auf Performance-Messungen zurückgegriffen. Untersuchungen US-amerikanischer und deutscher Investmentfonds sowie Beobachtungen der Performance anderer professioneller Anleger konnten in der Vergangenheit im Durchschnitt keine Überrenditen belegen. Für am US-amerikanischen Aktienmarkt durchgeführte Untersuchungen ergibt sich die Erkenntnis, dass es Fondsmanagern, bei denen ein Informationsvorteil vermutet werden könnte, in der Regel nicht möglich ist, ein besseres Ergebnis als die Benchmark zu erzielen. Dass es institutionellen Anlegern jedoch gelingen kann, gelegentliche Überrenditen zu erzielen, wird durch die Forschung nicht abgestritten.

Bei diesen Erhebungen muss allerdings wieder auf ein Modell zur Erklärung der marktüblichen Renditen zurückgegriffen werden, welches in den meisten Fällen auf sehr restriktiven Annahmen beruht. Neben dem Problem, dezentrale und monopolisierte Informationen für eine statistische Untersuchung zu isolieren, existieren in der Realität zusätzliche Reglementierungen, die oftmals gerade institutionellen Investoren die Realisierung erstrebenswerter Portfoliostrukturen verwehren. Aus diesen Gründen müssen die Ergebnisse der Tests relativiert und die These der Near-Strong-Form der Markteffizienz verworfen werden.

Die vielen Hinweise auf bestehende Ineffizienzen innerhalb der drei Kategorien von Markteffizienz sind wegen der zahlreichen ihnen anhaftenden Mess- und Erhebungsprobleme nicht eindeutig zu beurteilen. Nach den ersten empirischen Befunden verfestigt sich die Einsicht, dass die Gesamtmarktrendite auch durch die geschickteste Titelselektion in der Regel nicht langfristig und verlässlich übertroffen werden kann.

### 4.3.3 Implikationen für das Asset Management

Für das Asset Management resultiert aus der Thematik der Effizienzhypothese letztendlich die Frage, ob man auf eine gezielte Auswahl der Anlagetitel verzichten und stattdessen Wurfpfeile auf einen an die Wand gehefteten Kurszettel werfen kann. Kann einem Markt ein gewisser Grad an Effizienz unterstellt werden, wird damit gleichzeitig die Existenzberechtigung von Portfoliomanagern, Finanzanalysten und anderen institutionellen Marktteilnehmern in Frage gestellt.

Die Beantwortung der Frage nach dem Grad der Informationseffizienz eines Kapitalmarktes hat wichtige Folgen für die Gültigkeit der Fundamentalanalyse wie auch der technischen Aktienanalyse. Besitzen beobachtbare Börsenkurse vollen Informationsgehalt, so ist der Erfolg jener Strategien anzuzweifeln, die auf Grund bestimmter Prognoseverfahren systematisch höhere Renditen versprechen als die am Markt üblichen. In ihrer schwachen Form kann die Markteffizienz nicht widerlegt werden, weshalb jeder Versuch, anhand der Chartanalyse überdurchschnittliche Renditen zu erzielen, als vergebens betrachtet werden kann. Die Markteffizienz in ihrer halbstarken und starken Form muss demgegenüber verworfen werden, entsprechend hat die Fundamentalanalyse eine Berechtigung und sollte im Rahmen eines erfolgreichen Portfoliomanagements zum Einsatz kommen.

Weit reichende Folgen hat der in einem Markt herrschende Effizienzgrad hinsichtlich der Anwendung des aktiven bzw. passiven Portfoliomanagements insbesondere für die

Beurteilung des Konzepts von Indexfonds. Die Selektion von Märkten, Branchen oder Wertpapieren (Stock Picking) ist nur lohnend, wenn Renditen gesetzmäßigen Verläufen folgen, die erkennbar – und damit auch nutzbar – sind und konsequenterweise von der Informationseffizienz der Finanzmärkte abhängen. Besteht Zugang zu nicht öffentlich verfügbaren Informationen und liegt ein halbstreng effizienter Markt vor, so kann es lohnenswert sein, von einer passiven Anlagestrategie abzuweichen. Bei streng effizienten Märkten sollte nur eine passive Strategie angewandt werden, die das Marktportfolio nachbildet, während bei abnehmender Effizienz ein zunehmend aktiver Ansatz Verwendung finden sollte. Wegen der empirisch nicht nachweisbaren Unterstützung der These der halbstrengen Markteffizienz ist von einem passiven Vorgehen jedoch abzusehen; im Fall einer schlechten Prognosefähigkeit ist hingegen passives Management einem aktiven Portfoliomanagement vorzuziehen.

Auch für den Prozess der Portfoliokonstruktion und den erstmals von Markowitz formulierten Diversifikationsgedanken erlangt das Konzept effizienter Märkte wichtige Bedeutung: Wären alle Aktien analog der Efficient Market Hypothesis richtig bewertet, so wäre die erwiesene Notwendigkeit für eine breite Diversifizierung überflüssig. Man brauchte lediglich die Variabilitätseigenschaften einer Hand voll von Werten mit der Risikotoleranz des Eigentümers in Einklang zu bringen.

Das in der Realität nur begrenzt rationale Entscheidungsverhalten der Marktteilnehmer und die daraus resultierenden beobachtbaren Markteffizienzen bieten zahlreiche Anstöße zur Weiterentwicklung der Portfoliotheorie.

# Literaturhinweise

ALBRECHT, P./MAURER, R./MAYSER, J.: Multi-Faktorenmodelle. Grundlagen und Einsatz im Management von Aktienportefeuilles, in: Zeitschrift für betriebswirtschaftliche Forschung, 48. Jg. (1996), S. 3-29.

AUCKENTHALER, C.: Theorie und Praxis des modernen Portfolio-Managements, 2. Aufl., Bern u.a.O. 1994.

BETSCH, O./GOH, A./LOHMANN, L.: Corporate Finance: Unternehmensbewertung, M & A und innovative Kapitalmarktfinanzierung, München 1998.

BLUM, A. C.: Integration nicht traditioneller Asset Classes in die Vermögensverwaltung von High Net Worth Individuals. Diss. St. Gallen, Stuttgart/Wien 1997.

BERNSTEIN, P. L./DAMODARAN, A. (HRSG.): Investment Management. New York u. a. O. 1998.

BODIE, Z./KANE, A./MARCUS, A. J.: Essentials of Investments, 2. Aufl., Chicago 1995.

BRINKER, B.: Strategische Herausforderungen im Investment Banking: Integration von Wholesale und Retail Banking, Diss. EUROPEAN BUSINESS SCHOOL, Wiesbaden 1998.

BRINKER, B./SAUTTER, M.: Mutual Funds in Germany. Evaluating Opportunities, in: McKinsey Quarterly, o. Jg. (1997), S. 196–200.

BREUER, W./GÜRTLER, M./SCHUMACHER, F. (1999): Portfoliomanagement. Theoretische Grundlagen und praktische Anwendungen, Wiesbaden 1999

CHEN, N./ROLL, R./ROSS, S.: Economic Forces and the Stock Market, in: Journal of Business, 59. Jg. (1986), S. 382–403.

DEUTSCHE BUNDESBANK: Kapitalmarktstatistik Dezember 2001, Frankfurt am Main.

EGNER, T.: Performancemessung bei Wertpapier-Investmentfonds, Heidelberg 1998.

ELTON, E./GRUBER, M. (1999): Investments. Portfolio Theory and Asset Pricing, Boston 1999.

FAMA, E. F.: Efficient Capital Markets: A Review of Theory and Empirical Work, in: Journal of Finance, 25. Jg. (1970), S. 383–418.

FAMA, E. F./FRENCH, K. R.: The Cross-sections of expected stock-returns, in: Journal of Finance, 47. Jg. (1992), S. 427–465.

FAMA, E. F./MACBETH, J.: Risk, Return and Equilibrium. Empirical Tests, in: Journal of Political Economy, 38. Jg. (1973), S. 607–636.

FINK, W.: Betriebliche Altersversorgung als Vergütungsbestandteil: Gestaltung und Integration flexibler Versorgungszusagen, Diss. EUROPEAN BUSINESS SCHOOL, Wiesbaden 1998.

FÜSER, K. (1995): Neuronale Netze in der Finanzwirtschaft, Wiesbaden 1995

GESELLSCHAFT FÜR FONDSANALYSE (Hrsg.): Fondsguide Deutschland 1998, 1998.

GLAUS, A.: Anlagefonds – Typen, Funktionen und nationale Märkte, Diss. St. Gallen, Bamberg 1997.

GOLDMAN, SACHS & CO. (1998A): European Asset Allocation: Asset Allocation after EMU, London 1998.

–(1998B): Sector versus Country: When is An Asset Class an Asset Class?, London 1998.

–(1998C): The Private Client Focus, New York 1998.

–(1998D): The Goldman Sachs/Watson Wyatt EMU Survey: Summary of Results, London 1998.

GOLDMAN, SACHS & CO./FINANCIAL RISK MANAGEMENT LTD (HRSG.): Hedge Funds Demystified. Their Potential Role in Institutional Portfolios, o. O. 1998.

HAGEN, J./TESCHNER, C. (2000): Komplexitätsfalle im globalen Asset Management, in: Die Bank, 2/2000, S. 94–97.

HOLZER, C. S.: Anlagestrategien in festverzinslichen Wertpapieren, Wiesbaden 1990.

JENSEN, M. C.: The Performance of Mutual Funds in the Period 1945–1964, in: Journal of Finance, 23. Jg. (1968), S. 389–416.

MARKOWITZ, H.: Portfolio Selection, in: Journal of Finance, 7. Jg. (1952), S. 77–91.

MICHLAND, R.: Efficient Asset Management: A Practical Guide to Stock Portfolio Optimization and Asset Allocation, Boston 1998.

OERTMANN, P.: Capital Asset Pricing Model, in: Zimmermann, H./Gehrig, B. (Hrsg.): Fit for Finance. Theorie und Praxis der Kapitalanlage, 5. Aufl., Zürich 1999

PIEPER, H. G.: Sachgerechte Attribution der Performance, in: Kleeberg, Jochen M./Rehkugler, Heinz (Hrsg.): Handbuch Portfoliomanagement, Bad Soden/Ts. 1998, S. 973–992.

PODDIG, T./GROTHMANN, R./SCHÄFER, T.: Anwendung und Tests des Single-Index-Modells am deutschen Aktienmarkt, in: Kleeberg, J. M./Rehkugler, H. (Hrsg.): Handbuch Portfoliomanagement, Bad Soden/Ts. 1998, S. 403–434.

PODDIG, T./DICHTL, H./PETERSMEIER, K. (2000): Statistik, Ökonometrie, Optimierung. Methoden und ihre praktische Anwendung in Finanzanalyse und Portfoliomanagement, Bad Soden/ Ts. 2000

ROLL, R.: A Critique of the Capital Asset Theory Tests. Part 1: On past and potential testability of the theory, in: Journal of Financial Economics, 29. Jg. (1977), S. 129–176.

Ross, S.: Return, Risk and Arbitrage, in: Friend, I./Bicksler, J. (Hrsg.): Risk and Return in Finance, Cambridge 1976.

Schmitz-Morkramer, G.: Innovative Produktgestaltung im Asset Management, in: International Bankers Forum (Hrsg.): Die Banken auf dem Weg ins 21. Jahrhundert, Wiesbaden 1996, S. 287–305.

Schulte, K. W.: Immobilienökonomie, Band 1, 2. Auflage München 2000.

Schulte, K. W./Bone-Winkel, S./Thomas, M.: Handbuch Immobilien-Investition, Köln 1998.

Seifert, W./Achleitner, A./Mattern, F./Streit, C./Voth, J. (2000): European Capital Markets, Basingstoke/London 2000.

Sharpe, W. F.: A Simplified Model for Portfolio Analysis, in: Management Science, 9. Jg. (1963), S. 277–293.

–Capital Asset Prices. A Theory of Market Equilibrium under Conditions of Risk, in: Journal of Finance, Vol. 19 (1964), S. 425–442.

–Asset Allocation: Management Style and Performance Measurement. An asset class factor model can help make order ouf of chaos, in: Journal of Portfolio Management, Vol. 18 (1992), S. 7-19.

Solnik, B.: Global Asset Management, in: Journal of Portfolio Management, Vol. 24 (1998), S. 43–51.

Spremann, K. (2000): Portfoliomanagement, München 2000.

Steiner, M./Bruns, C.: Wertpapiermanagement, 7. Aufl., Stuttgart 1999.

The Economist Intelligence Unit (in co-operation with Pricewaterhouse Coopers): Tomorrow's leading investment managers, New York 1999.

Väth, A.: Die Grundstücks-Investmentaktiengesellschaft als Pendant zum REIT: Entwicklung einer Konzeption auf Basis der KAGG-Novelle '98, Diss. EUROPEAN BUSINESS SCHOOL, Köln 1999.

Walter, I.: The Global Asset Management Industry: Competitive Structure and Performance, in: Financial Markets, Institutions & Instruments, 8. Jg. (1999).

Wilkens, M./Scholz, H. (1999): Von der Treynor-Ratio zur Market Risk-Adjusted Performance, in: Finanzbetrieb, 1. Jg. (1999), S. 308–315.

Wittrock, C.: Moderne Verfahren der Performancemessung, in: Kleeberg, Jochen M./Rehkugler, Heinz (Hrsg.): Handbuch Portfoliomanagement, Bad Soden/Ts. 1998, S. 933–972.

Zeyer, F. (Hrsg.): Investmentfondsmanagement. Anlagestrategie, Performanceanalyse, Marketing, Frankfurt am Main 1993.

# Principal Investment

1. Tätigkeit der Investmentbanken auf dem Private-Equity-Markt
   1.1 Definition und Struktur des Principal Investments
   1.2 Fondsmanagement
   1.3 Co-Investment
   1.4 Entwicklung des Private-Equity-Marktes
2. Anlageobjekte und Anlagephilosophie
   2.1 Systematisierung der Finanzierungsanlässe
   2.2 Einstieg in etablierte Unternehmen
       2.2.1 Unternehmensübernahmen
       2.2.2 Kauf von Minderheitsanteilen
   2.3 Venture-Capital-Finanzierung
   2.4 Anlagephilosophie
3. Ablauf eines Principal Investments
   3.1 Sourcing
   3.2 Investitionsentscheidung
   3.3 Vertragsgestaltung
   3.4 Beteiligungsmanagement
   3.5 Exit
4. Verhältnis des Principal Investments zu anderen Geschäftsbereichen
   4.1 Nutzung bestehender Wertschöpfungen
   4.2 Interessenkonflikte
Literaturhinweise

## Verzeichnis der Abbildungen

Abbildung 1: Anlageobjekte
Abbildung 2: Idealtypischer Verlauf einer VC-Finanzierung
Abbildung 3: Wertschöpfungsketten im Principal Investment

# 1. Tätigkeit der Investmentbanken auf dem Private-Equity-Markt

## 1.1 Definition und Struktur des Principal Investments

Von einer Principal-Investment-Tätigkeit spricht man, wenn die Investmentbank sich direkt an einem Unternehmen beteiligt, um mit Hilfe ihres Einsatzes eine Steigerung des Unternehmenswertes zu realisieren. Die auf diesem Weg erzielte Wertschöpfung wird durch die Veräußerung des Eigenkapitalanteils (dem so genannten Exit aus der Investition) zu einem späteren Zeitpunkt realisiert.

Investmentbanken werden bei ihrer Principal-Investment-Tätigkeit in der Regel auf dem so genannten Private-Equity-Markt, also dem Markt für Eigenkapitalanteile an nicht börsenkotierten Unternehmen, tätig. Hier sind die beiden Grundvoraussetzungen – die Möglichkeiten der Erzielung des hinreichenden Einflusses und seiner Geltendmachung – in bester Form gegeben. Ein Principal Investment kann jedoch ebenso in ein zuvor börsenkotiertes Unternehmen erfolgen, das dann im Zuge eines Going Private aus dem öffentlichen Handel genommen wird. In diesem Fall ermöglicht dann der sekundär wieder etablierte private Charakter der Anteilseignerstruktur die notwendigen Veränderungen, um die Wertschöpfungspotenziale zu heben.

Eine Sonderform des Principal Investments ist das so genannte Private Investment in Public Entities (PIPE). Dabei erwirbt die Investmentbank Stammaktien eines börsennotierten Unternehmens zu einem Preis unterhalb des aktuellen Kursniveaus. Obwohl börsennotierte Anteile an einem Unternehmen erworben werden, ist ein PIPE aufgrund des privaten Erwerbs der Aktien dennoch eine Form des Principal Investments.

Investmentbanken zielen bei dieser Principal-Investment-Tätigkeit auf zwei Kundengruppen ab. Zum Ersten bezwecken sie die Anlage eigener Gelder – wie im Falle des Eigenhandels sind sie hier ihr eigener Kunde. Aus der Tätigkeit der Investmentbank als „Principal" (im Unterschied zur sonst üblichen Tätigkeit als Agent respektive Berater) leitet sich der Ausdruck „Principal Investment" ab. Die angestrebten Renditen in diesem Geschäft sind sehr hoch. Sie schwanken zwischen 10 und 70 Prozent, liegen dabei häufig um 25 bis 35 Prozent. Vor dem Hintergrund zunehmender Desintermediation in den angestammten Geschäftsfeldern der Investmentbanken ist die langfristige Bedeutung des Principal Investments daher nicht zu unterschätzen. Als eine Form des – in seiner Bedeutung immer mehr zunehmenden – Eigengeschäftes von Investmentbanken kommt auch ihm eine wachsende Relevanz zu.

Als Zweites betreiben die Investmentbanken auch Fondsmanagement für Dritte, das heißt sie legen fremde Gelder an. Sie agieren hiermit ebenso als Intermediär (im Sinne des Asset Managements mit der alternativen Anlageklasse Private Equity) und verdienen entsprechende (meist erfolgsabhängige) Verwaltungsgebühren. Dies gilt für die Mehrzahl der Investmentbanken.

Während diese beiden Leistungen – die Anlage eigener Gelder und das Fondsmanagement für Dritte – beim Principal Investment in der Regel Hand in Hand gehen, haben sich in der Praxis einige Investmentbanken entweder grundsätzlich oder aber in Bezug auf einzelne Fonds entschlossen, nur eine der beiden Leistungen zu erbringen. Wenn eine Investmentbank, im Rahmen ihrer Principal-Investment-Tätigkeit nur eigene Gelder anlegt, entfallen alle jene Aspekte, die sich aus dem Fondsmanagement ergeben, so beispielsweise die begrenzte Laufzeit des Fonds und der zeitgerechte Exit. Gleichzeitig sind auch die Vorteile einer Investition fremder Gelder, insbesondere die Milderung der wahrgenommenen Interessenkonflikte mit Kunden (siehe Abschnitt 4.2) und die Risikodiversifikation mangels anlegbaren Volumens, nicht mehr gegeben.

Der Fall, dass sich eine Investmentbank auf die Hereinnahme und Anlage fremder Gelder beschränkt und kein Eigengeschäft betreibt, ist, wie noch angesprochen wird, allerdings selten, und zwar nicht nur wegen der entgehenden Geschäftsmöglichkeiten, sondern auch wegen der positiven Signalwirkung eines eigenen Engagements für externe Anleger. Auch wenn damit das wesentliche Charakteristikum des Principal-Investment-Geschäftes wegfällt, nämlich das Auftreten der Investmentbank als Principal, gelten die folgenden Ausführungen zum größten Teil aber auch für das reine Fondsmanagement dritter Gelder zum Zweck der Private-Equity-Anlage.

Ein Nebeneffekt der Principal-Investment-Tätigkeit ist schließlich, dass das Principal Investment eine Quelle des Deal Flows für die anderen Geschäftsfelder der Investmentbank sein kann. Durch die Beteiligung an einem Unternehmen baut die Investmentbank eine intensive Beziehung auf, die beispielsweise dazu führen kann, dass die Investmentbank bei einer Börseneinführung des Unternehmens das Mandat hierzu erhält. Auch bei M & A-Transaktionen bzw. der Ausgabe von High-Yield-Anleihen kann die Investmentbank hoffen, dass ihre Dienste in Anspruch genommen werden. Die Investmentbank ist damit sicherlich noch keine Hausbank, jedoch ist die Abkehr vom reinen Transaktionsdenken in diesem Bereich unverkennbar. Neben dem Erlös der Investmentbanken aus dem einzelnen Geschäft spricht damit auch die Generierung weiteren Geschäfts für ein Engagement im Principal-Investment-Geschäft. Wichtig ist die in der Folge besprochene vorsichtige Behandlung der hierbei möglicherweise entstehenden Interessenkonflikte.

## 1.2 Fondsmanagement

Die Tatsache, dass die Investmentbanken auch Fondsmanagement betreiben, unterscheidet sie bei ihrer Principal-Investment-Tätigkeit von der Investitionstätigkeit der institutionellen Investoren, so beispielsweise der großen Versicherungsgesellschaften (wie in Deutschland beispielsweise Allianz Capital Partners). Aus der Hereinnahme fremder Gelder ergibt sich nun zwangsläufig die zeitliche Begrenzung der Anlage. Während die institutionellen Investoren ihre Beteiligungen im Prinzip auch endlos halten könnten (und zum Teil auch tun), sind Investmentbanken darauf angewiesen, in einem gewissen Zeitraum den Exit zu suchen. Andernfalls könnten sie ihren Kunden nicht die erhaltenen Mittel und eventuelle Gewinne auszahlen. Schließlich unterliegen die Principal-Investment-Aktivitäten von Banken zum Teil bankaufsichtsrechtlichen Beschränkungen.

Die Gründe dafür, dass eine Investmentbank letztlich andere Parteien an ihrem Erfolg aus dem Principal-Investment-Geschäft partizipieren lässt, sind vielschichtig. Zunächst spricht die Möglichkeit, hieraus Provisionen zu erzielen, hierfür. Darüber hinaus kann auf diese Weise eine Risikodiversifikation erfolgen. Durch die Einbeziehung fremden Kapitals kann in eine größere Zahl von Beteiligungen investiert werden. Gleichzeitig bietet die Investmentbank im Sinne des Asset Managements ihren Kunden eine Diversifikationsmöglichkeit und damit letztlich ein Finanzprodukt, das ein besonderes Risiko/Rendite-Profil aufweist. Das Bilden eines Fonds und die Partizipation Dritter hat auch den Vorteil, dass die Kunden die Investmentbank nicht dem Vorwurf des „Rosinenpickens" aussetzen können und hilft beim Handling der dem Principal Investment inhärenten Interessenkonflikte.

Investoren der Private-Equity-Fonds von Investmentbanken sind hauptsächlich institutionelle Anleger wie Versicherungsgesellschaften, Pensionsfonds und Stiftungen, aber auch wohlhabende Personen und Familien. Der Beitrag ihrer Mittel erfolgt häufig nicht zweckgebunden, sodass die Investoren im Vorhinein nicht wissen, in welche Unternehmen investiert wird (Blind Pool). Die Anlageentscheidung wird ausschließlich von der Investmentbank getroffen. Dementsprechend berücksichtigen die Investoren im Rahmen ihres Entscheidungsprozesses die Erfahrung und die Erfolge, welche die Investmentbank, und speziell die Fondsmanager, bisher erreicht haben. Dabei wird nicht nur das Gesamtergebnis früherer Fonds betrachtet, sondern eine detaillierte Analyse durchgeführt. Diese kann beispielsweise darauf abzielen, den Einfluss außergewöhnlich erfolgreicher Beteiligungen auf das Gesamtergebnis eines Fonds zu eliminieren, um dem Zufallsfaktor im Selektionsprozess der Beteiligungen Rechnung zu tragen. Eine weitere Möglichkeit der Analyse stellt die Betrachtung des Fondsergebnisses, gegliedert nach den Eigenschaften der Investitionen, wie beispielsweise der Branche oder dem Typ der Beteiligungsunternehmen, dar. Daraus lassen sich Rückschlüsse auf die spezifischen Kompetenzen der Fondsmanager ziehen. Wichtig sind somit die Managementqualitäten des Fonds und die technische Expertise seiner Manager sowie der Deal Flow. Besondere Beachtung findet zudem die Kostenstruktur des Fonds.

Im Vergleich zu anderen Marktteilnehmern hat die Investmentbank den Vorteil, dass die Aufbringung von Mitteln zu ihrer Kernkompetenz gehört. Dementsprechend kann sie von den Beziehungen und der Reputation, die sie durch ihre anderen Geschäftsaktivitäten aufgebaut hat, profitieren. Trotzdem handelt es sich bei der Aufbringung des Fondsvermögens regelmäßig um eine zeitintensive Aufgabe, die zwischen zwei Monaten und einem Jahr dauern kann. Nur die intensive Werbung um die Mittel potenzieller Kapitalgeber, beispielsweise durch Präsentationen vor Ort, kann zum Erfolg führen. Die Investmentbank trifft dabei eine gezielte Auswahl der Institutionen und Personen, die sie ansprechen möchte. Ihr Interesse gilt insbesondere Investoren, die langfristige Anlageziele verfolgen und bereits Erfahrungen auf dem Private-Equity-Markt gemacht haben. Dies ist auf die Langfristigkeit und die Illiquidität der Anlage zurückzuführen, die in keinem Vergleich zu anderen Anlageformen steht.

Im Vergleich zu Wettbewerbern auf dem Private-Equity-Markt ist es ein Argument für die Glaubwürdigkeit und Qualität des Fondsmanagements, dass die Investmentbank den Fonds nicht ausschließlich auf Provisionsbasis führt, sondern eigene Mittel investiert. Dies unterscheidet sie von den meisten Beteiligungsgesellschaften, die schon auf Grund des Mangels an eigenen Mitteln nur im Fondsmanagement aktiv sind, und erklärt – neben den hieraus erzielbaren Erlösen – maßgeblich, warum sich die meisten Investmentbanken für die Anlage auch eigener Gelder entscheiden.

Die Lebensdauer eines Fonds wird in der Regel auf sieben bis zehn Jahre angesetzt, wobei häufig eine Option zur Verlängerung um drei Jahre besteht. Diese Option wird gewährt, damit das Fondsmanagement nicht gezwungen ist, zu einem Zeitpunkt aus seinen Beteiligungen auszusteigen, an dem die Märkte ungünstig für einen Exit sind. Die Einzahlung in den Fonds wird in der Regel zeitlich gestreckt, da die Phase der Investition in Beteiligungsunternehmen zwei bis fünf Jahre in Anspruch nehmen kann und die Mittel nicht direkt zu Beginn benötigt werden.

In regelmäßigen Abständen werden die Investoren über das Ergebnis der bisherigen Tätigkeiten unterrichtet. Die Bewertung der Beteiligungen stellt dabei das größte Problem dar. Das hohe Risiko, das mit den Investitionen verbunden ist, verlangt eine konservative Darstellung durch frühzeitige Abschreibung von Beteiligungswerten. Eine Zuschreibung kann auf Grund der Illiquidität der Beteiligungen und der damit verbundenen Bewertungsproblematik nur erfolgen, wenn eine wesentliche Markttransaktion mit einer dritten Partei, wie beispielsweise im Rahmen einer weiteren Finanzierungsrunde unter Einbringung eines neuen Kapitalgebers, erfolgt. Dadurch weisen die Fonds in den ersten Jahren ihres Bestehens oftmals buchmäßige Verluste aus. Für die Bewertung der Qualität eines Fonds ist jedoch letztlich die Höhe der Ausschüttungen, die er in seiner Reifephase leistet, wichtiger als ein bilanzieller Gewinn, den er eventuell in seiner Anlaufphase ausgewiesen hat. Getrennt vom Beteiligungsergebnis wird über die Managementgebühren des Fonds berichtet.

Die Gebühren für das Management eines Fonds ergeben sich aus einem von vornherein zwischen Fondsinvestoren und Investmentbank festgelegten Berechnungsschema und setzen sich aus einer Verwaltungsgebühr (Management Fee) und einer Gewinnbeteiligung (Carried Interest) zusammen. Die Verwaltungsgebühr fällt im Vergleich zur Gewinnbeteiligung gering aus und bezieht sich entweder auf das Fondsvermögen insgesamt oder auch nur auf den bereits investierten Teil. Sie ist einmal jährlich zu entrichten. Die Prozentsätze variieren dabei zwischen 1 Prozent und 3 Prozent in Abhängigkeit von der Größe des Fonds. Die zunehmende Konkurrenz auf dem Private-Equity-Markt drückt auf die Gebühren durch die Vereinbarung niedrigerer Prozentsätze und leistungsorientierterer Arten ihrer Berechnung. Ähnlich verhält es sich mit der Gewinnbeteiligung. Auch wenn der Prozentsatz relativ stabil bei 15 bis 20 Prozent liegt, wird die Berechnung des Gewinns inzwischen nicht mehr auf das Ergebnis einzelner Investitionen, sondern auf das Gesamtergebnis des Fonds bezogen. Verluste aus einer Beteiligung werden somit in das Kalkül einbezogen und die Gefahr, dass nur Beteiligungen intensiv betreut werden, die sich positiv entwickeln oder auch, dass die Investmentbank auf Kosten der Fondsinvestoren in besonders risikoreiche Beteiligungen investiert, wird reduziert.

Eine Steuerung des mit dem Fonds verbundenen Risikos kann auch durch die Festlegung von Kontrollmechanismen erreicht werden. Diese können in den Statuten des Fonds verankert sein und Investitionen in ausgewählte Industrien oder Arten von Beteiligungsunternehmen vorschreiben oder auch Höchstgrenzen für eine Investition in Abhängigkeit vom Fondsvermögen bestimmen. Ein anderer Kontrollmechanismus stellt die Schaffung eines Aufsichtsrates, in dem die größten Fondsinvestoren vertreten sind, dar. Seine Aufgaben können von der Lösung von Interessenkonflikten, die durch bestimmte Transaktionen entstehen, bis hin zur Mitwirkung an der Bewertung des Beteiligungsportefeuilles reichen.

## 1.3 Co-Investment

In der bisherigen Darstellung wurde das betreffende Anlageobjekt nur durch den Principal-Investment-Fonds der Investmentbank finanziert. In der Praxis kommt es jedoch häufiger zu Co-Investments, das heißt die Investmentbank investiert nicht allein in das betreffende Anlageobjekt, sondern gibt anderen bzw. erhält von anderen die Möglichkeit der gemeinsamen Investition. Dabei kann ein derartiges Co-Investment in vier Konstellationen auftreten: als Co-Investment mit anderen Marktteilnehmern auf dem Private-Equity-Markt, als Co-Investment mit den ohnehin an einzelnen Transaktionen beteiligten Partnern, als Co-Investment mit einem „industriellen Partner", also einem in den betreffenden Industrien tätigen Unternehmen, oder als Co-Investment mit dem Management des Unternehmens, in welches angelegt wird.

Wenn die Investmentbank anderen, *unabhängigen Marktteilnehmern* die Möglichkeit des Co-Investments, das heißt der Mit-Investition in einzelne Anlageobjekte, gibt, so handelt es sich dabei um andere Kapitalbeteiligungsgesellschaften, industrielle oder institutionelle Investoren. Zum Teil wird dies auch als eine Syndizierung des aufgenommenen Eigenkapitalanteils bezeichnet. Da sich der Begriff der Syndizierung jedoch auf Fremdkapital bezieht, ist dieser Ausdruck eher verwirrend. Zudem entspricht er insofern nicht dem tatsächlichen Vorgang, als nicht ein Teilnehmer Vertragspartner mit dem Anlageobjekt ist und seinerseits rückwärtige Verträge abschließt, sondern die Partner vielmehr parallel einsteigen. Aus diesem Grund ist der Begriff des Co-Investments zu wählen.

Bei beiden Gruppen des Co-Investments unterscheidet sich allerdings die Motivation. So ist ein häufiger Grund für ein Co-Investment mit anderen Marktteilnehmern die Größe der notwendigen Beteiligung. Hier kann entweder die absolute Größe, die notwendig ist, oder das Bedürfnis der Investmentbank nach Risikodiversifizierung für ein Co-Investment sprechen. Insbesondere der erstgenannte Grund erklärt, warum es bei Investitionen in etablierte bzw. Buy Out-Unternehmen häufiger zu Co-Investments kommt als bei Investitionen in so genannte Early-Stage-Finanzierungen. In den vergangenen Jahren waren im deutschen Markt noch häufiger derartige Co-Investments zu beobachten. So luden insbesondere Kapitalbeteiligungsgesellschaften Investmentbanken zu einer Beteiligung ein. Auf Grund des stetigen Wachstums der Größe der Private-Equity-Fonds verliert dieser Grund jedoch zunehmend an Bedeutung.

In den Vordergrund rückt damit eher der zweite Grund für ein Co-Investment, das Bedürfnis nach der Bündelung des Know-hows verschiedener Marktteilnehmer. Dies spricht insbesondere für ein gemeinsames Co-Investment einer Kapitalbeteiligungsgesellschaft oder eines industriellen Investors mit einer Investmentbank. Hierbei bringt die Beteiligungsgesellschaft vor allem Managementwissen, die Investmentbank Finanzierungsexpertise ein. Dieses Argument erklärt auch, warum in den ersten Jahren der Principal-Investment-Aktivitäten in Deutschland derartige Finanzierungskonstruktionen häufiger gewählt wurden. Mittlerweile verfügen die etablierten Kapitalbeteiligungsgesellschaften jedoch über ein relativ großes eigenständiges Wissen und vor allem über den notwendigen Erfahrungsschatz im Finanzierungsbereich und erachten daher die Einbindung einer Investmentbank für weniger bzw. nicht mehr notwendig. Im Gegenteil wollen sie sich die Entscheidung darüber, welche Investmentbank mit der Durchführung der Börseneinführung oder einer anderen Form von Exit betraut wird, bis zu diesem Zeitpunkt offen halten.

Ein dritter Grund für ein Co-Investment ergibt sich schließlich aus dem Sourcing (siehe Abschnitt 3.1). Da die Einladung durch andere Marktteilnehmer eine wesentliche Möglichkeit des Auf- und Ausbaus dieses Geschäfts bildet, ist die Principal-Investment-Tätigkeit zwischen den Marktteilnehmern durch eine gewisse Reziprozität bestimmt. Dabei kann sich die Einladung eines anderen Teilnehmers nicht nur als „Gegenleistung" für eine zuvor gemeinsam durchgeführte Transaktion darstellen, sondern deutsche Beteiligungsgesellschaften laden beispielsweise auch ausländische Investmentbanken ein, weil sie hoffen, im Gegenzug bei einer Transaktion im Ausland berücksichtigt zu werden und somit den Radius ihrer Geschäftstätigkeit auf die internationale Ebene ausweiten zu können.

Neben dem Co-Investment mit anderen Marktteilnehmern kann als zweite Form auftreten, dass den *Anteilseignern des Fonds* die Möglichkeit gegeben wird, zusammen mit dem Fonds in eine Beteiligung zu investieren. Die Gelegenheit hierzu ergibt sich oftmals aus der oben bereits erwähnten Festlegung einer maximalen Investitionssumme für ein Unternehmen aus Gründen der Risikodiversifikation. Bei Überschreiten dieses Betrages investiert der Co-Investor in Höhe der Differenz neben dem Fonds direkt in das Unternehmen. Die Fondsinvestoren sehen die Möglichkeit des Co-Investments als wesentliches Kriterium für die Auswahl des Fonds, in den sie investieren. Das Co-Investment bietet ihnen nicht nur die Möglichkeit, die Rendite ihrer Investition wesentlich zu steigern, sondern ermöglicht auch weniger erfahrenen Marktteilnehmern, an der Seite der Investmentbank Erfahrungen beim Management einer Beteiligung zu sammeln.

Ein auf den ersten Blick besonders einleuchtendes Co-Investment ist die Kombination zwischen einer Investmentbank und einem *industriellen Partner*. Das Know-how der Investmentbank liegt in der Regel beim Financial Engineering und nicht beim Management beziehungsweise tieferen Industriekenntnissen. Umgekehrt verfügt sie über ein breites Beziehungsnetz mit industriellen Kunden, die über das entsprechende Wissen verfügen. In vielen Fällen hingegen haben industrielle Kunden großes Interesse an der Übernahme eines Unternehmens, verfügen aber möglicherweise nicht über die nötige Finanzkraft und schätzen eine Investmentbank, die nicht nur berät, sondern im Zweifelsfall auch mit Kapital an die Seite ihrer Kunden tritt.

In der Praxis sind derartige Verbindungen jedoch oft äußerst problematisch, da es schnell zu Interessenkonflikten kommt. Eine der Grundregeln für erfolgreiches Co-Investment ist, Interessenidentität zwischen den Investoren zu erzielen. Während aber die Investmentbank als Finanzinvestor an einem möglichst hohen Return, der im Wesentlichen durch einen erfolgreichen und zeitgerechten Verkauf (Exit) realisierbar ist, interessiert ist, wird der industrielle Partner Synergien mit seinem Stammgeschäft zu realisieren versuchen und im Erfolgsfall das Unternehmen langfristig behalten bzw. integrieren wollen. Der Verkauf des Principal Investments an den Industriepartner ist letztlich ein „Nullsummenspiel" und die Konflikte sind fast unausweichlich vorprogrammiert. Investmentbanken sind daher äußerst zurückhaltend mit dieser Form des Co-Investments.

Schließlich kommt es in faktisch allen Situationen zu einem Co-Investment des *Managements* des übernommenen Unternehmens. Um die Motivation der (übernommenen oder im Zuge der Transaktion neu hereingebrachten) Führungskräfte sicherzustellen und Principal-Agent-Probleme einzudämmen, ist es im Interesse der Fondsinvestoren, eine Beteiligung derselben am Unternehmen sicherzustellen. Während dies bei einigen Unternehmen auf Grund der Finanzierungsanlässe ohnehin der Fall ist (so beim Einstieg in ein Venture-Capital-Unternehmen), kann es vor allem bei Management Buy Outs nur dadurch sichergestellt werden, dass dem Management beim Kauf des Unternehmens die Gelegenheit zur Übernahme eines Teils des Eigenkapitals gegeben wird. Da seine Mittel in der Regel begrenzt sind, die Höhe des Eigenkapitalanteils jedoch motivationsrelevant sein muss, wird hierbei auch so genanntes Sweet Equity eingesetzt. Hiervon spricht man, wenn sich das Management zu besseren Konditionen als die anderen Investoren einkaufen bzw. das Unternehmen im Extremfall (meist gebunden an gewisse Ergebnisvorgaben) gratis bekommen kann. Da dies nur mit Blick auf den folgenden Arbeitseinsatz geschieht, tituliert man manchmal das Sweet Equity auch als „Sweat Equity".

## 1.4 Entwicklung des Private-Equity-Marktes

Während das Principal-Investment-Geschäft als ein erst in neuerer Zeit sich entwickelndes Geschäftsfeld der Investmenbanken erscheint, kommen diese doch im Prinzip mit ihrer Anlage in nicht börsenkotierte Unternehmen zu den Wurzeln ihrer Tätigkeit zurück. Dies verdeutlicht schon der englische Begriff für das Principal-Investment-Geschäft: Merchant Banking. So haben auch die ursprünglichen Merchantbanken in Großbritannien, Schroders, Baring oder Flemming, schon große Eigenkapitalanteile in den von ihnen finanzierten Unternehmen gehalten.

Während die Wurzeln des Principal-Investment-Geschäftes in Großbritannien liegen, ist es später auch in den Vereinigten Staaten von besonderer Bedeutung gewesen. So wird die wirtschaftliche Entwicklung dort von je her durch den Private-Equity-Markt geprägt. Waren es früher die Textil-, Stahl- oder Automobilindustrie, die von der Existenz von Private Equity profitierten, sind es heute die Informations-, Kommunikations- und Biotechnologie. Unternehmen wie Intel, Microsoft oder Apple verdanken ihr Wachstum und ihren Erfolg dieser Finanzierungsform. Die Institutionalisierung des Private-Equity-Marktes begann nach dem Zweiten Weltkrieg. In den 50er Jahren investierten wohlhabende Personen und Familien wie die Rockefellers Teile ihres Vermögens in Industriezweige, die sich durch ein besonderes Wachstumspotenzial auszeichneten. Als in den 60er Jahren auch institutionelle Anleger als Investoren auftraten, nahm die Intermediation auf dem Markt zu. Es wurden Fonds aufgelegt, die zu dieser Zeit meistens von Venture-Capital-Gesellschaften verwaltet wurden. Erst Ende der 60er Jahre, als die institutionellen Anleger ihr Engagement stark ausdehnten, entdeckten vermehrt Investmentbanken den Private-Equity-Markt für sich und bauten ihn zu einem neuen Geschäftsfeld, dem Principal Investment, aus.[1] Kennzeichnend für diese Entwicklung war die Gründung der Investmentbank Hambrecht & Quist im Jahr 1968. Ihre Produktpalette war stark auf den Private-Equity-Markt fokussiert und ihre Aktivitäten beschränkten sich auf ausgewählte Wachstumsbranchen. Der Handelsbeginn an der Nasdaq am 8. Februar 1971 markiert einen weiteren wichtigen Meilenstein in der Entwicklung des Private-Equity-Marktes. Der Start dieser Wachstumsbörse öffnete den Private-Equity-Investoren den Exit-Kanal über die Börse und erhöhte damit den Anreiz, in Private Equity zu investieren.

Während der 80er Jahre erfuhr der Private-Equity-Markt durch den Buy-Out-Boom in den USA einen weiteren Wachstumsschub, im Rahmen dessen sich auch unabhängige Buy-Out-Fonds bildeten. Zu den weltweit bekanntesten Buy-Out-Namen gehören Clayton, Dubelier & Rice (CDR) und Kohlberg Kravis Roberts (KKR). Gleichzeitig wurde damit eine neue Dimension des Marktes erschlossen. Zu dem sehr risikoreichen Venture-Capital-Geschäft kam die Finanzierung des Eigentümer- und teilweise Managementwechsels bereits entwickelter Unternehmen hinzu. Dieses Geschäft war nicht nur mit weniger Risiko verbunden, sondern ermöglichte auch die Anlage großer Kapitalsummen.

Grundsätzlich zeichnet sich der Private-Equity-Markt, wie der Ausdruck „privat" als Charakteristikum bedingt, durch eine geringe Transparenz aus. Mit Ausnahme der Studie von *Fenn/Liang/Prowse* liegen selbst für die Vereinigten Staaten kaum verlässliche Daten vor; für Deutschland fehlen Daten, die über das gesamte Volumen für Private-Equity-Investitionen Aufschluss geben. So können auch die vom Bundesverband deutscher Kapitalbeteiligungsgesellschaften (BVK) genannten Daten nur ein teilweises Bild vermitteln, da ein bedeutender Teil der Gelder direkt aus dem Ausland nach Deutschland fließt, ohne dass es zuvor zur Gründung einer eigenständigen deutschen Tochtergesellschaft für derartige Kapitalbeteiligungen gekommen wäre. Zudem sind nicht alle Marktteilnehmer im deutschen Private-Equity-Markt Mitglieder des BVK, sodass von dieser Seite kein vollständiges Bild gezeichnet werden kann.

Trotz dieses Datenmangels steht jedoch fest, dass der Private-Equity-Markt im Ergebnis der in den letzten 15 Jahren am stärksten wachsende Markt der Unternehmensfinanzierung überhaupt gewesen ist. Heute sind die meisten großen Investmentbanken, wenn auch mit unterschiedlicher Intensität, auf diesem Markt tätig. Die historische Entwicklung des Private-Equity-Marktes lässt dabei weit reichende Schlussfolgerungen auch für die *Entwicklungstendenzen* desselben zu. So zeigt sich, dass zu den wesentlichen Erfolgskriterien des Principal Investments das Angebot an investierbarem Kapital und die Möglichkeiten des Exits zählen.[2] Darüber hinaus sind besonders in Deutschland das Volumen und die Qualität der Anlagemöglichkeiten von Bedeutung. Hier wird die Interde-

---

[1] Vgl. Hazen (1988), S. 157.
[2] Vgl. Fenn/Liang/Prowse (1997), S. 88–100.

pendenz zwischen Kapital und Ideen deutlich: Ohne attraktive Investitionsobjekte wird nur in sehr eingeschränktem Umfang, zum Beispiel durch den Staat, Venture Capital angeboten. Andererseits hemmt ein schwaches Angebot an Kapital auch das Interesse, unternehmerisch tätig zu werden.

Bei einem begrenzten Angebot an investierbarem Kapital führt der Selektionsprozess zur Auswahl der attraktivsten Beteiligungen. Steigt das Angebot jedoch stark an, werden nicht nur weniger erfolgversprechende Beteiligungen erworben, sondern auch höhere Preise und schlechtere Vertragsbedingungen in Kauf genommen. Der Anlagedruck, den die freien Mittel erzeugen, erzwingt schnelle Investitionsentscheidungen und damit verbunden eine weniger intensive Prüfung des potenziellen Beteiligungsunternehmens, da sich Konkurrenten bereits für dieselbe Investitionsmöglichkeit interessieren könnten und der Deal bei zu langer Überlegung verloren geht. Eine andere Variante besteht darin, dass der Abstand zwischen zwei Finanzierungsrunden verkürzt wird, ohne dass dies von Seiten des Beteiligungsunternehmens wirklich erforderlich ist. Die Summe dieser Faktoren kann letztlich zu sinkenden Erträgen im Principal-Investment-Geschäft führen. Auf Grund einer in den letzten zehn Jahren sehr erfolgreichen Bilanz des Private-Equity-Marktes ist die aktuelle Situation in Deutschland durch verhältnismäßig viel verfügbares Kapital gekennzeichnet.

Die Möglichkeiten des Exits werden vor allem durch die Börsenstruktur bestimmt. Um verhältnismäßig junge Wachstumsunternehmen an die Börse führen zu können, muss ein Börsensegment existieren, das sowohl auf die spezifischen Anforderungen dieser Unternehmen als auch auf die der Investoren eingeht. Mit der NASDAQ besteht in den Vereinigten Staaten schon länger eine Exit-Möglichkeit, mit der späteren EASDAQ auch in Brüssel. In Deutschland existiert seit Schaffung des Neuen Marktes im Jahr 1997 ein entsprechendes Segment. Für alle Teilnehmer des deutschen Private-Equity-Marktes und auch jene ausländischer Märkte (so beispielsweise in Israel) ist damit ein in den Anfangsjahren äußerst interessanter Exit-Kanal entstanden, der für die weitere Entwicklung wesentliche Impulse gesetzt hat (siehe auch Beitrag Corporate Finance, Abschnitt 2.5.3).

Neben der Börsenstruktur ist selbstverständlich auch die allgemeine Lage des Aktienmarktes für die Qualität eines Exits entscheidend. Bei einer Hausse auf den Aktienmärkten oder bei einer Mergerwelle kann die Euphorie der Marktteilnehmer genutzt werden, um den Exit besonders erfolgreich zu vollziehen. Die erheblich gestiegene Beachtung, die der Aktie als Anlageobjekt durch die Privatinvestoren in Deutschland zuteil wird, und die Änderungen in der Altersversorgung, die zu einer Intensivierung der Aktienkultur in Deutschland führen dürften, bilden ebenfalls vielversprechende Ausgangspunkte für eine positive Zukunft des Principal Investments.

## 2. Anlageobjekte und Anlagephilosphie

### 2.1 Systematisierung der Finanzierungsanlässe

Die Principal-Investment-Tätigkeit der Investmentbanken kann in mehrerer Hinsicht systematisiert werden. Interessant sind hierbei die Fragen, warum überhaupt Private Equity eingesetzt wird, auf welche Werttreiber die Bank setzt und welche Wertschöpfung sie selber erbringen will.

Beim Principal Investment handelt es sich im Regelfall um die gemanagte Investition mit eigenen Mitteln in nicht-börsennotiertes Eigenkapital. Eine Ausnahme stellt das bereits erwähnte Private Investment in Public Entities (PIPE) dar, wobei Stammaktien eines börsennotierten Unternehmens zu einem Preis unterhalb des aktuellen Kursniveaus übernommen werden. Aus der Perspektive des Anlageobjektes kann es zwei Gründe geben, sich für die Finanzierung durch Private Equity zu entscheiden. Die erste Gruppe zeichnet sich in der Regel dadurch aus, dass ihr der Zugang zu organisierten Kapitalmärkten verwehrt ist und gleichzeitig kein weiteres Fremdkapital von Banken erhältlich ist. Sie kann sich über diese Märkte nicht finanzieren, da das mit ihren Unternehmen assoziierte Risiko zu hoch ist. Als wesentliche Risikofaktoren sind das Management, das Produkt, die Branche, das Alter und die Vermögens-, Finanz- und Ertragslage zu nennen.[3] Während diese Gruppe das Gros der Anlageobjekte ausmacht, wollen einige Unternehmen jedoch nicht an den Kapitalmarkt, obwohl sie dies prinzipiell könnten. Es können hier alle zuvor als Gegenargumente für eine Börseneinführung zu prüfenden Aspekte (siehe Beitrag Corporate Finance, Abschnitt 2.3.1) als Grund vorliegen. So kann dies beispielsweise auf die steuerlichen Konsequenzen eines Börsengangs zurückzuführen sein. Dabei müssen Unternehmenseigentümer allerdings berücksichtigen, dass ein Principal Investment immer nur auf Zeit eingegangen wird, mittelfristig ein Exit entweder am Kapitalmarkt oder in anderer Form notwendig sein wird.

Hinsichtlich der *Werttreiber*, welche dazu führen können, dass eine Beteiligung nach einiger Zeit einen höheren Wert hat, sind mehrere Faktoren zu unterscheiden. Zum Ersten können Werte durch Financial Engineering aufgedeckt werden, indem beispielsweise die anfallenden Kapitalkosten gesenkt werden. Durch die intelligente Umfinanzierung werden stille Reserven gehoben. Damit entsteht durch finanzielle, nicht aber operative Veränderungen ein zusätzlicher Shareholder Value. Beispielhaft für einen derartigen Fall, in dem in der Regel primär durch Financial Engineering Wert entsteht, ist ein Leveraged Buy Out (LBO) zu nennen.[4] Zudem kann Wachstum ein Werttreiber sein. So kann ein Unternehmen auf einem gegebenenfalls auch stagnierenden Markt wachsen, sei es auf Grund innovativer Produkte (bzw. Dienstleistungen) oder durch die Übernahme von Wettbewerbern und die entsprechende Synergierealisierung. Von Bedeutung ist außerdem das Wachsen des Marktes, auf dem ein Unternehmen tätig ist. Hier kann Wachs-

---

[3] Vgl. Fenn/Liang/Prowse (1997), S. 27–34.
[4] Vgl. Baker/Smith (1998), S. 37–40.

tum auch bei einem relativ gleichbleibenden Marktanteil ein wichtiger Werttreiber sein, man denke an manche Hochtechnologiesektoren. Eine weitere Form der Wertschöpfung ergibt sich durch Umstrukturierungen bzw. Kostensenkungen sowie generell verbessertes Management.

Grundsätzlich lassen sich daher zwei Kategorien von *Wertschöpfung* unterscheiden: finanzielle und operative. Der Wertbeitrag einer Investmentbank liegt in der Regel im finanziellen Bereich, sei es durch Financial Engineering des Erwerbs bzw. der Unternehmensfinanzierung oder sei es für die Begleitung des Exits (siehe Abschnitt 3.5). Nur in Ausnahmefällen werden Investmentbanken intern über besonderes Management-Know-how verfügen, welches zu operativer Wertsteigerung führt. Allerdings erlauben die Beziehungsnetze der Investmentbank den betroffenen Unternehmen oft Zugriff zu einzelnen Managern bzw. Know-how-Trägern, die entscheidende Erfahrungen einbringen können. Derartiges Know-how ist insbesondere in Venture Capital-Situationen oft wichtiger als eine Finanzierungsunterstützung. Anders liegt die Situation bei etablierten Unternehmen und intaktem Management, aber einem angestrebten Eigentümerwechsel.

Aufbauend auf diese verschiedenen Finanzierungsanlässe und Werttreiber kann die Principal-Investment-Tätigkeit einer Investmentbank in zwei große, sich strukturell stark unterscheidende Gruppen von Anlageobjekten unterteilt werden: In die Gruppe der etablierten Unternehmen auf der einen und jene der Venture-Capital-Unternehmen auf der anderen Seite. Diese beiden Gruppen können dann ihrerseits unterstrukturiert werden (vgl. Abbildung 1).

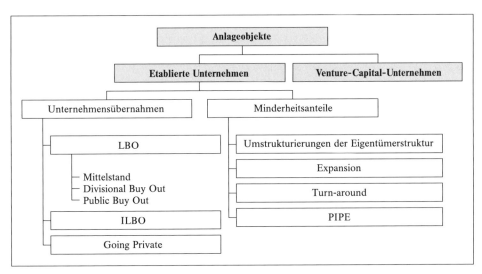

Abbildung 1: Anlageobjekte

## 2.2 Einstieg in etablierte Unternehmen

### 2.2.1 Unternehmensübernahmen

Die erste große Gruppe von Transaktionen, die für ein Principal-Investment-Engagement in Frage kommt, sind Unternehmenskäufe. Der größte Anteil entfällt dabei auf Leveraged Buy Out (LBO)-Transaktionen. Hier kauft die Investmentbank, indem sie zur Finanzierung der Übernahme überdurchschnittlich viel Fremdkapital einsetzt. Dies geschieht entweder zusammen mit dem bestehenden Management (Management Buy Out, MBO) oder einem neuen, von außen kommenden Managementteam (Management Buy In, MBI).

Das Ziel derartiger Übernahmen sind normalerweise etablierte Unternehmen, die vor Jahrzehnten gegründet wurden, in der Regel dem Mittelstand zuzurechnen sind und sich oftmals in Privatbesitz befinden. Die Branchen, denen diese etablierten Unternehmen angehören, versprechen häufig kein besonderes Wachstumspotenzial, die Position, die sie auf ihren Märkten erreicht haben, ist aber gefestigt und ihre Gewinn- und Cashflow-Situation ist positiv und stabil. Im Vordergrund stehen regelmäßig das Management- und das Finanzierungsrisiko.

Immer wichtiger wird zudem im Zuge der Corporate-Restructuring-Welle der so genannte Divisional Buy Out, bei dem ein Teil eines Unternehmens oder aber eine Tochtergesellschaft eines Konzerns abgespalten wird (vgl. Beitrag Corporate Restructuring). Hierbei handelt es sich häufig um Unternehmen, die im Rahmen des Gesamtunternehmens wie „Stiefkinder" behandelt wurden und daher oftmals weder die notwendige Managementunterstützung noch die erforderlichen Ressourcen erhielten. Durch die Abspaltung können die Rahmenbedingungen damit erheblich verbessert werden.

Interessant sein kann auch der in den USA schon eingesetzte, in Deutschland allerdings noch relativ unbekannte Interne Leveraged Buy Out (ILBO). Hier handelt es sich beim übernommenen Unternehmen um die Tochtergesellschaft eines Konzerns, die dann vom bisherigen Management dieser Tochtergesellschaft zusammen mit einer Kapitalbeteiligungsgesellschaft oder einer Investmentbank übernommen wird. Die ehemalige Muttergesellschaft erhält zunächst den Kaufpreis für die übergegangenen Eigenkapitalanteile, betätigt sich allerdings in einem zweiten Schritt gewissermaßen als Co-Investor minderheitlich am neuen eigenständigen Unternehmen.[5] Da der Verkauf maßgeblich fremdfinanziert ist, reicht dafür bereits ein relativ kleiner Betrag aus. Damit stellt die verkaufende Muttergesellschaft sicher, ebenfalls an einem besonders erfolgreichen Buy Out zu profitieren. Ein besonderes Interesse hat sie daran vor allem, wenn auch nach dem ILBO noch eine wichtige Mutter-Tochter-Kundenbeziehung existiert. Wichtig ist jedoch, dass sich die ehemalige Mutter auf eine reine Finanzinvestorenrolle zurückzieht.

---

[5] Vgl. Scherer (1999).

Schließlich kann es sich bei dem übernommenen Unternehmen auch um ein zu privatisierendes Unternehmen handeln. In diesem Fall spricht man von einem Public Buy Out. Ein Beispiel für eine derartige Privatisierung ist der Belfast International Airport.

Die Investmentbank ist bei der Beteiligung an einem LBO der maßgebliche Investor und kann ihre Kenntnisse im Bereich Financial Engineering voll zur Anwendung bringen. Dabei konzentriert sie sich auf einen Wertbeitrag im finanziellen Bereich. Durch die Mitübernahme des Unternehmens mit einem Management kann es diesem die operativen Fragen überlassen. Unternehmenskäufe durch LBO machen daher ein großes Anwendungsfeld der Principal-Investment-Aktivitäten aus, deren Bedeutung aller Wahrscheinlichkeit nach noch weiter steigen wird.

Eine besondere Form des Erwerbs eines etablierten Unternehmens ist das Going Private. Hier wird von den Finanzinvestoren (der Investmentbank) das börsennotierte Unternehmen durch ein öffentliches Übernahmeangebot von den Publikumsaktionären erworben und anschließend, wie bei einem LBO üblich, mit der Übernahmegesellschaft finanziert (vgl. Beitrag Mergers and Acquisitions)

### Fallstudie: Tarkett Sommer AG

Die dem Principal-Investment-Geschäft inhärente Logik und dessen Bedeutung für Investmentbanken lässt sich besonders deutlich am Beispiel des deutschen Herstellers für Fußbodenbeläge Tarkett aus dem pfälzischen Frankenthal darstellen, da hier das Principal Investment von Seiten einer Investmentbank weitere Transaktionen nach sich gezogen hat: Die Fallstudie gliedert sich in das eigentliche Investment im Rahmen eines MBOs, den anschließenden Börsengang des Unternehmens sowie den abschließenden parallelen Verkauf an einen neuen Mehrheitsgesellschafter und den Zusammenschluss mit einem Unternehmen dieses Mehrheitsgesellschafters.

Im März 1994 kauften 60 firmeninterne Manager über die neu gegründete Holdinggesellschaft Tarkett International GmbH die Bodenbelagsaktivitäten aus der Stora Kopparbergs Bergslags AB (Schweden) im Rahmen eines Management Buy Outs (MBO) heraus. Obwohl die Transaktion über einige typische Charakteristika eines MBO verfügte, so insbesondere die Qualität des progressiven Managements und dessen intimes Know-how des Unternehmens sowie der zugehörigen Branche, hatte die Transaktion mit einem Kaufpreis von 720 Mio. DM für deutsche Verhältnisse ein besonders großes Volumen. Als Investoren traten neben dem Management mit einem Anteil von 8,8 Prozent Hancock Private Equity (ein Versicherungsfonds) mit 4 Prozent sowie CWB Capital Partners (eine Beteiligungsgesellschaft) und Goldman Sachs, die beide die Transaktion bei der Strukturierung betreuten und begleiteten, mit je 43,6 Prozent auf.

Die enge Bindung eines ausgekauften Unternehmens zu den Finanzinvestoren wurde hier zum Beispiel durch die Besetzung des Aufsichtsrats durch je drei Manager von CWB Capital Partners und Goldman Sachs deutlich. Da das Engagement der Investoren zeitlich begrenzt war, wurden bereits vor Durchführung der Investition verschiedene Exit-Möglichkeiten geprüft. Auf Grund des Volumens waren im vorliegenden Fall jedoch ausschließlich die Varianten des Going Public und des Trade Sale, das heißt der Verkauf an einen industriellen Investor, von größerer Bedeutung. Wie das weitere Vorgehen zeigt, wurde im vorliegenden Fall sogar eine Kombination der Exit-Varianten vorgenommen.

Auf Grund der besonders positiven Entwicklung des Unternehmens nach dem MBO konnte der für das Jahr 1996 geplante Börsengang vorgezogen werden: Bereits im Juni 1995, das heißt etwas mehr als ein Jahr nach dem MBO, ging die Tarkett AG an die Börse. Ziel des Börsengangs war es, die durch den Börsengang generierten liquiden Mittel zu nutzen, um Schulden zurückzuführen und zukünftige Akquisitionen zu finanzieren. Daneben war auch die (langfristige) Öffnung des Exit-Kanals Börse ein Motiv; die Finanzinvestoren blieben allerdings vorerst beteiligt, um die strategische Entwicklung und Ausrichtung des Unternehmens weiter zu begleiten. Die im Rahmen des Initial Public Offering aus einer Kapitalerhöhung neu entstandenen Aktien führten auf Grund des Verwässerungseffektes zu einer Verschiebung der Eigentümerstruktur, sodass die endgültige Aktionärsstruktur nach Börseneinführung wie folgt aussah: die größten Gesellschafter waren weiterhin CWB Capital Partners und Goldman Sachs mit je 32,7 Prozent, Hancock mit 3 Prozent und das Management mit einen Anteil von 9,2 Prozent. Der Rest von 22,4 Prozent der Aktien wurde von außenstehenden Aktionären (Streubesitz) gehalten.

Der Börsengang der Tarkett AG ist dabei in mehrerer Hinsicht bemerkenswert: Die Emission war 15-fach überzeichnet und zum ersten Mal wurde in Deutschland bei Anwendung des Bookbuilding-Verfahrens das obere Ende der Preisspanne als Emissionskurs angewendet. Darüber hinaus verzichteten die großen Finanzinvestoren darauf, Anteile zu verkaufen („Kasse zu machen"), um weiterhin an der Entwicklung des Unternehmens teilnehmen zu können. Für die Investmentbank Goldman Sachs hat sich aus dem Principal Investment hier ein lukratives Anschlussgeschäft ergeben, da sie den IPO als Global Bookrunner begleitete.

Der nächste große Schritt in der Entwicklung der Tarkett AG vollzog sich im Mai 1997, als die Tarkett AG zusammen mit der französischen Sommer Allibert SA, die in den Bereichen Automobilzubehör und Bodenbeläge tätig ist, ein Konzept für einen Eigentümerwechsel und einen Zusammenschluss der Aktivitäten im Fußbodenbereich vorstellte und in der Folge umsetzte. Ziel dieser Transaktion war es, durch den Merger einen der weltgrößten Hersteller von Fußbodenbelägen, den größten in der EU und den zweitgrößten in Nordamerika entstehen zu lassen.

Die grundsätzliche Strukturierung der Transaktion bestand aus drei Elementen, die parallel verliefen und interdependent waren. Erstens erwarb die Tarkett AG das Bodenbelagsgeschäft von Sommer Allibert SA und wurde in Tarkett Sommer AG umbenannt. Zweitens führte Sommer Allibert SA gleichzeitig ein Übernahmebot für die Aktien von Tarkett durch und erwarb dadurch eine Mehrheitsbeteiligung. Die alten Großaktionäre, die mittlerweile von CWB Capital Partners in Doughty Hanson umstrukturierte Beteiligungsgesellschaft sowie Goldman Sachs, hatten sich verpflichtet, eigene Aktien in dem Umfang abzugeben, der nötig war, um Sommer Allibert SA eine 60-prozentige

Mehrheit an der Tarkett-Gruppe zu verschaffen. Drittens begab die Tarkett AG eine Optionsanleihe, um mit dem Emissionserlös einen Teil des Kaufpreises zu finanzieren.

Die Umsetzung dieses Zusammenschlusses führte auf Ebene der Anteilseigner dazu, dass die Finanzinvestoren sich von ihrem Engagement profitabel trennen konnten, während die Gesellschaft einen neuen, stabilen Großaktionär bekam und gleichzeitig auf Unternehmensebene ihr Portfolio stärken konnte. Auch diese Transaktion wurde durch Goldman Sachs beraten, was die enge Verbindung zwischen Principal-Investment-Geschäft und den anderen Geschäftsfeldern mit potenziellen Folgegeschäften eindrucksvoll demonstriert. Damit lassen sich zwei Ertragsquellen für das Principal-Investment-Geschäft identifizieren: Zum einen muss die Investition selbst rentabel sein und den Ansprüchen des Investors, das heißt der Investmentbank, genügen, zum anderen ergeben sich aus den Beteiligungen auch Cross-Selling-Potenziale.

### 2.2.2 Kauf von Minderheitsanteilen

Die zweite große Gruppe von Transaktionen sind Übernahmen von Unternehmensteilen, wobei eine finanzielle und/oder eine operative Umstrukturierung erfolgt. Investiert wird in ein gesundes Unternehmen, das auch operative Gewinne abwirft, aber auf Grund von finanzieller und/oder operativer Umstrukturierung verbesserbar ist.

Eine *Umstrukturierung der Eigentümerstruktur* mit positiven Auswirkungen auf das operative Geschäft kann beispielsweise derart erfolgen, dass durch den Einstieg der Investmentbank ein nicht kooperierender Stamm eines Familienunternehmens ausgekauft wird. Nach der so erfolgten Bereinigung der Gesellschafterstruktur werfen Unternehmen dann häufig wieder höhere Gewinne ab.

Ein anderer Fall ist die *Expansion der Geschäftstätigkeit.* Befindet sich eine Branche in einer Konsolidierungsphase, besteht oftmals nur noch die Möglichkeit, durch die Akquisition eines Wettbewerbers das Wachstum und den Fortbestand des eigenen Unternehmens zu sichern. Aber auch die Ausweitung oder Modernisierung der Produktionskapazitäten, beispielsweise durch den Bau einer neuen Fabrik, kann einen Unternehmenseigner zur Aufnahme von Private Equity veranlassen.

Ein weiterer Grund, warum Unternehmen an einer Anlage interessiert sein können, sind *wirtschaftliche Probleme.* Bei gravierenden Ertrags- und Liquiditätsproblemen kann sich ein Unternehmen, unabhängig davon, ob seine Anteile öffentlich gehandelt werden oder in Privatbesitz sind, weder über den Kredit- noch über den Aktienmarkt finanzieren. Der Private-Equity-Markt stellt hier oft den einzigen Ausweg dar. Die Schwierigkeiten können aus einer zu hohen Verschuldung oder auch aus Missmanagement resultieren. Die Restrukturierungsmaßnahmen reichen dementsprechend von der Rückzahlung fälliger Kredite über das Verhandeln neuer Kreditlinien bis hin zur strategischen Neupositionierung des Unternehmens und zum Austausch des Managements. Dieser Maßnahmenkatalog verdeutlicht auch, warum Principal Investments in derartige Turnaround-Unternehmen existieren, jedoch einen Sonderfall darstellen. Sie erfordern, dass Investmentbanken operative Manager einsetzen.

Entscheidend ist aber auch in allen Fällen, dass eine klare Einigung über die Interessenlage der Eigentümer getroffen wird, das heißt dem Finanzinvestor (Investmentbank) ein angemessener Exit ermöglicht wird. Wie sich die Alt- und Neu-Eigentümer dabei zu verhalten haben (beispielsweise hinsichtlich der Frage, wer und (falls ja) wann zu welchen Proportionen aussteigt) bedarf ebenfalls der klaren Festlegung, um spätere Konflikte zu vermeiden.

## 2.3 Venture-Capital-Finanzierung

Grundsätzlich kann eine Investmentbank, die in der Venture-Capital-Finanzierung aktiv ist, dies auf allen Stufen der Unternehmensentwicklung tun. Jede Stufe zielt bei den Wachstumsunternehmen auf den Lebenszyklus ab (vgl. Abbildung 2). Es wird zwischen den fünf Phasen Seed, Start up, First Stage, Expansion Stage und Late Stage differenziert. Das mit der Investition verbundene Risiko nimmt dabei insgesamt von Phase zu Phase ab. Dies ist insbesondere auf die Verringerung des Markt- und Produktrisikos zurückzuführen. Gleichzeitig nimmt die erforderliche Höhe der Anlagesumme in der Regel zu.

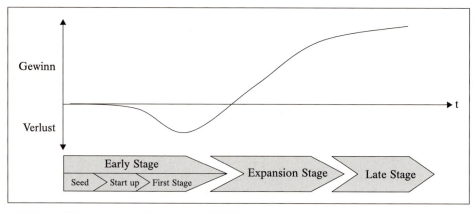

Abbildung 2: Idealtypischer Verlauf einer VC-Finanzierung

- *Seed*: In der Seed-Phase hat der potenzielle Unternehmensgründer in der Regel nur eine Idee oder ein Konzept. Handelt es sich dabei beispielsweise um eine neue Technologie, so benötigt er Kapital, um einen Prototyp zu bauen. Andere Verwendungsmöglichkeiten sind die Durchführung von Marktstudien, die Ausarbeitung eines detaillierten Geschäftsplans oder die Zusammenstellung eines Managementteams. Das mit dieser Phase verbundene Risiko ist äußerst hoch und reicht vom Produktrisiko in Form der technischen Machbarkeit über das Marktrisiko bis zum Managementrisiko.

- *Start up*: In der Start-up-Phase gilt es, die technischen und organisatorischen Voraussetzungen für einen erfolgreichen Markteintritt zu schaffen. Dementsprechend weit ist das Spektrum der zu finanzierenden Aktivitäten. Es reicht vom Aufbau von Produktionskapazitäten und Vertriebskanälen bis hin zur Bildung einer Organisationsstruktur. Das Risiko ist auch in dieser Phase noch sehr hoch. Auch wenn die technische Machbarkeit gesichert ist, besteht noch ein erhebliches Markt- und Managementrisiko.

- *First Stage*: In der First-Stage-Phase steht das Ziel der Umsatzsteigerung im Vordergrund. Dies macht den Ausbau der Produktions- und Vertriebskapazitäten erforderlich. Durch intensive Marketingaktivitäten soll die Marktdurchdringung erhöht werden. Das höhere Alter der Unternehmen dieser Phase und die deutlicher definierte Marktposition führen zu einem insgesamt geringeren Risiko.

- *Expansion Stage*: In dieser Phase nähert sich das Unternehmen bei stark steigenden Umsätzen der Gewinnzone. Der Cashflow reicht jedoch noch nicht aus, um die weitere Expansion vor dem Hintergrund aggressiver Wachstums- und Marktanteilsziele von innen zu finanzieren. Das Marktrisiko verringert sich stetig. Die Anforderungen an das Management werden wegen des zu bewältigenden Wachstums bedeutender. Der technisch versierte Unternehmensgründer bringt oft nicht das betriebswirtschaftliche Know-how mit, um den neuartigen Anforderungen gerecht zu werden.

- *Late Stage*: In der Venture-Capital-Literatur wird im Lebensablauf eine fünfte Phase aufgezeigt, die so genannte Late Stage. Unternehmen, die sich in dieser Phase befinden, haben ein kalkulierbares Technologie- und Marktrisiko. Sie weisen, sofern sie erfolgreich sind, ein starkes Umsatzwachstum auf und erwirtschaften Gewinn. Neben der Wachstumsfinanzierung kann die Planung des Börsengangs ein Grund sein, warum Unternehmen in dieser Phase auf dem Private-Equity-Markt auftreten. Im Vorfeld einer Börseneinführung wird oftmals eine eher kurz- bis mittelfristige Finanzierung (Bridge Financing), beispielsweise zur Verbesserung der Eigenkapitalquote oder zur Finanzierung der Kosten der Börseneinführung, benötigt.

Wie in der Schilderung deutlich wird, ist ein Unternehmen, auch wenn ursprünglich Venture-Capital-finanziert, in dieser Phase schon etabliert. Die eigentliche Wertschöpfung der Investmentbank liegt im finanziellen Bereich. Aus diesem Grund ist diese Phase auch nicht mehr dem Bereich der Wachstumsfinanzierung, sondern dem Bereich der Finanzierung etablierter Unternehmen zuzurechnen.

Angesichts des für die traditionelle Venture-Capital-Finanzierung (vom Seed über Start up zu First Stage) erforderlichen Technologie-Know-hows ist diese Form des Principal Investments bei Investmentbanken wesentlich weniger verbreitet als das Investment in Later-Stage-Technologieunternehmen beziehungsweise etablierte Unternehmen.

Schließlich ist bezüglich der Beteiligung von Investmentbanken an Venture-Capital-Unternehmen die Entwicklung anzusprechen, dass sie sich nicht nur an einzelnen Unternehmen, sondern auch an so genannten Inkubatoren beteiligen. Hierbei handelt es sich um Unternehmen, die, wie der Name impliziert, Venture-Capital-Unternehmen „ausbrüten". Sie tun dies, indem sie den Gründern die notwendige Infrastruktur und die Managementunterstützung zu Teil werden lassen, die es diesen erlaubt, sich ganz auf die geschäftliche Seite ihrer Unternehmensidee zu konzentrieren. Zu diesem Zweck werden häufig auch allgemeine Dienstleistungen wie das Rechnungswesen zentralisiert für alle Unternehmen eines Inkubators ausgeführt. Das Gründungsteam bekommt diese Form der Unterstützung, ebenso wie ein gewisses Gehalt, für einen Zeitraum von circa einem Jahr. Im Gegenzug erhält der Inkubator einen gewissen Prozentsatz am Eigenkapital des Unternehmens.

## 2.4 Anlagephilosophie

Aus den beiden unterschiedlichen Finanzierungsanlässen respektive Wertschöpfungen ergeben sich auch maßgebliche Auswirkungen auf die Anlagephilosophie, die eine Investmentbank bei ihrer Principal-Investment-Tätigkeit verfolgt. So unterscheidet sich die Anlagephilosophie bei etablierten Unternehmen und bei Venture-Capital-Unternehmen hinsichtlich der *Entscheidungsfindung*. Bei der Finanzierung eines etablierten Unternehmens wird die einzelne Finanzierung betrachtet. Jede einzelne Transaktion muss sich aus den berechneten Cashflows her rechnen; sie muss für sich alleine erfolgreich sein. Ausfälle von Principal-Investment-finanzierten Unternehmen im Sinne eines Konkurses sind daher in der Praxis selten. Im Bereich der Venture-Capital-Finanzierung hingegen ist es notwendig, einen Portfolio-Ansatz zu verfolgen. So machen Unternehmen in der Seed-, Start-up- und Early-Stage-Phase in der Regel erhebliche Verluste. Erst in der Expansionsphase werden sie profitabel. Dann allerdings sind die hiermit einhergehenden Erlöse relativ ungleich verteilt: circa drei Unternehmen von zehn scheitern und circa vier weitere überleben, machen jedoch nur geringen Gewinn. Im Ergebnis macht die Investmentbank in den ersten drei Fällen einen Verlust, in den weiteren vier kommt sie neutral heraus. Das Geschäft kann sich damit nur über die drei Investitionen rechnen, die in der Regel erfolgreich sind. Diese erfahren regelmäßig eine derartige Unternehmenswertsteigerung, dass der über sie erzielte Gewinn im Durchschnitt – auf das Portfolio betrachtet – noch so beträchtlich ist, dass sich die Finanzierung in derart risikoreiche Projekte lohnt. Auf Grund der Vielfalt relevanter Risiken, so vor allem auf der Finanz-, der Produkt-, der Markt- und der Managementseite, lässt sich im Voraus jedoch selten sagen, welche Unternehmen im Portfolio die drei Highflyer sind. Aus diesem Grund verfolgen die Investmentbanken auch eine Diversifizierungsstrategie, wobei sowohl in unterschiedliche Regionen als auch in unterschiedliche Industrien (zum Beispiel IT, Healthcare, Biotech, Media etc.) investiert wird.

Neben diesem grundsätzlichen Unterschied ist eine Reihe weiterer Anlageausrichtungen festzulegen. Die Entscheidungen über die einzelnen Aspekte sind dabei nicht frei wählbar, sondern vielmehr interdependent. An erster Stelle ist zu entscheiden, ob *aktiv* oder *passiv* investiert wird. Entscheidet man sich dafür, nur finanzielle Mittel, nicht aber Management-Kapazität einzubringen, so erfolgt eine Konzentration auf eine passive Strategie. Diese ist nur bei enger Einbindung eines fähigen, interessenkongruenten Managements oder aber beim Co-Investment mit einem Partner, der eben Managementkapazitäten einbringt, möglich. Dabei ist regelmäßig der andere Marktteilnehmer mit der Wahrnehmung der Kontrollfunktion befasst. Dies reduziert das Risiko der Investmentbank, ohne dass dadurch Personalkapazität gebunden wird, führt allerdings zu erheblichen Abhängigkeiten. Vor dem Hintergrund der oftmals sehr begrenzten Personalkapazität in diesem Bereich eröffnet es der Investmentbank die Möglichkeit, eine relativ große Zahl von Beteiligungen zu halten. Da das aktive Management sehr zeit- und personalintensiv ist, kann in diesem Fall die Investmentbank nur eine begrenzte Zahl an Beteiligungen halten. Der oben angeführte Diversifikationseffekt zur Reduzierung des Risikos aus dem Principal-Investment-Geschäft kommt dadurch weniger stark zum Tragen. Die Risikoreduzierung wird hier vielmehr durch den besseren Informationsstand erreicht.

In engem Zusammenhang mit der Aktiv- bzw. Passiv-Philosophie steht die Frage von *Mehrheits-* bzw. *Minderheitsbeteiligungen*. Sie sind nicht deckungsgleich, da es Investmentbanken gibt, die Minderheitsbeteiligungen akzeptieren, solange es vertragliche Vereinbarungen mit den anderen Investoren gibt, die entsprechend aktives Management ermöglichen, während andere Mehrheitsbeteiligungen als conditio sine qua non betrachten.

Die Intensität, mit der sich die Investmentbank im Beteiligungsmanagement engagiert, hängt auch vom Typ des Beteiligungsunternehmens ab. Die Qualität des Managements stellt bei jungen Venture-Capital-Unternehmen einen wesentlichen Erfolgsfaktor dar. Ähnlich verhält es sich bei einem Leveraged Buy Out, bei dem durch die Verbesserung des Managements der Unternehmenswert gesteigert werden soll. In diesen Fällen hat die Investmentbank, die zumeist auch noch Haupteigentümer ist, ein entsprechend starkes Interesse, auf das Management und die Geschäftsentwicklung Einfluss zu nehmen. Bei einer Minderheitsbeteiligung an einem mittelständischen Unternehmen wird die Betreuung möglicherweise geringer ausfallen. Mit zunehmender Größe des Unternehmens wendet sich auch der Problemschwerpunkt vom technischen und operativen Bereich hin zum finanziellen und organisatorischen Bereich.

Aus diesen Gründen ist zu beobachten, dass sich die Investmentbanken traditionell auf die Einbringung finanzieller Expertise und damit den Einstieg in etablierte Unternehmen beschränkt haben. Durch ihre Aktivitäten im Bereich Research (vgl. Beitrag Research) verfügt die Investmentbank über breite Branchenkenntnisse, dennoch fehlt es oft an der für eine Venture-Capital-Finanzierung notwendigen detaillierten Industrie- und Managementexpertise. Daher ist ein Engagement im Bereich der Venture-Capital-Finanzierung, auch mit einem renommierten Partner, eher selten gewesen. Allerdings hat sich hier in jüngerer Vergangenheit eine deutliche Veränderung eingestellt. So investieren Investmentbanken mittlerweile häufiger im E-Commerce-Bereich. Während ihr Gesamtengagement im Venture Capital-Bereich aufgrund der sehr viel kleineren notwendigen Beträge volumenmässig nicht mit den Investitionen im LBO-Bereich vergleichbar ist, so ist doch die Zahl der durchgeführten Transaktionen in den beiden Bereichen bei einigen Häusern mittlerweile vergleichbar.

Darüber hinaus ist festzulegen, ob *breit* oder aber *fokussiert* auf einzelne Branchen vorgegangen werden soll. Wie zuvor schon erwähnt wurde, ist ein Branchenfokus wegen der Interessenkonflikte beim Principal Investment sehr problematisch. Er kann deswegen, wenn überhaupt, nur auf solche Branchen angewendet werden, in denen die Interessenkonflikte, vor allem wegen der Zahl der Marktbeteiligten, zu bewältigen sind. Dabei werden die Vorteile einer möglichen Branchenfokussierung auch bei einer Fokussierung auf etablierte Unternehmen gemindert, und hier vor allem die Finanzierung von MBOs. Zudem ist die mögliche Know-how-Bündelung durch eine Branchenfokussierung nicht von Vorteil, wenn man sich für eine passive Anlagestrategie entschieden hat, da hier das Know-how nicht aktiv eingesetzt werden kann.

# 3. Ablauf eines Principal Investments

## 3.1 Sourcing

Die Identifikation von Anlagemöglichkeiten durch die Investmentbank erfolgt entweder proaktiv durch diese oder gewissermaßen passiv. Dabei kann der Kontakt auf vielfältigen Wegen, mit oder ohne vorherige Beziehung zum Anlageobjekt, entstehen.

Einer der wichtigsten Erfolgsfaktoren für passives Sourcing, das heißt das Herantragen von Geschäftsmöglichkeiten an die Investmentbank, ist die *Reputation* einer Investmentbank. Zum Ersten gilt dies schon für das Anlageobjekt, das gegebenenfalls direkt eine Investmentbank kontaktiert. Zugleich ist es auch für das Ausmaß wichtig, in dem Marktteilnehmer Geschäfte anbahnen oder Co-Investments anbieten. Dabei gilt, dass sowohl auf die Reputation des Instituts als auch auf die mit dem Principal-Investment-Geschäft beschäftigten Mitarbeiter geachtet wird. Das Principal Investment ist hinsichtlich dieser Personenbezogenheit innerhalb des Investment Banking nur mit dem M & A-Geschäft vergleichbar.

Können die Betreffenden auf eine erfolgreiche Historie von Private-Equity-Finanzierungen zurückblicken, wird dies vom Markt als Zeichen ihrer Kompetenz interpretiert und durch das Angebot weiterer hochwertiger Investitionsmöglichkeiten honoriert. Die anderen Marktteilnehmer definieren den Erfolg über die Qualität der Veräußerung der Beteiligung, die sich im Wesentlichen im Veräußerungspreis der Beteiligung widerspiegelt. Die Leistungsfähigkeit der Investmentbank wird also in den Bereichen gemessen, in denen ihre Kernkompetenzen, wie Wertpapieremissionen und Mergers & Acquisitions, liegen.

Der neben der Reputation bedeutende zweite Faktor für die passive Identifikation möglicher Anlageobjekte ist ein *Netzwerk* der Investmentbank mit Angehörigen der verwandten Berufe. Wesentliche Komponenten desselben sind die persönlichen Kontakte zu Wirtschaftsprüfern, Anwälten, Personalberatern und Personen aus ähnlichen Berufsgruppen. Im Rahmen ihrer Tätigkeiten stoßen sie immer wieder auf interessante Beteiligungsmöglichkeiten. Auch Tagungen, Ausstellungen, Fachzeitschriften und der Informationsaustausch mit Forschern können bei der Informationsbeschaffung hilfreich sein. Darüber hinaus ist die Pflege der Kontakte zu anderen Marktteilnehmern, wie zum Beispiel zu Kapitalbeteiligungsgesellschaften, unerlässlich.

Reputation und Netzwerkeffekte sind zusammen von Bedeutung im Falle, dass die Investmentbank durch einen anderen Marktteilnehmer zum Co-Investment (siehe Abschnitt 1.3) eingeladen wird. Dies kann sich aus den für ein Co-Investment-Vorgehen genannten Gründen, allen voran die Risikodiversifikation, ergeben. In der Praxis des deutschen Principal Investments kann jedoch beobachtet werden, dass die Häufigkeit der hierdurch motivierten Einladungen abnimmt. Wichtig ist wohl eher, dass sich aus der Perspektive anderer Marktteilnehmer die Beteiligung einer Investmentbank an der Transaktion aufdrängen kann, falls eine Investmentbank im Zusammenhang mit ihren

Principal Investments keine transaktionsbezogenen Gebühren für Beratungsleistungen berechnet. Zugleich spricht manchmal der Aspekt der Reziprozität für ein derartiges Co-Investment.

Neben diesen Formen des Sourcings, bei denen die Anlagemöglichkeiten an die Investmentbank herangetragen werden, kann es zu einem semi-passiven Sourcing kommen, wenn sich das Principal Investment aus einer *laufenden Betreuungsbeziehung* zum Anlageobjekt ergibt. Dies gilt weniger für Venture-Capital-Unternehmen, jedoch häufiger für die für das Principal Investment relevanten etablierten Unternehmen. Diese Beziehungen bestehen häufig sehr lange. Auch auf Grund einer eher kurzfristigen Beziehung, so beispielsweise der Beratung bezüglich einer Börseneinführung oder einem Corporate-Restructuring-Mandat, kann es zu einem Sourcing kommen. In der Praxis ist diese Bedeutung des Corporate-Finance-Geschäftes für die Generierung von Principal-Investment-Gelegenheiten relativ bedeutend. Auch aus der Perspektive der Kapitalbeteiligungsgesellschaften stellen in diesem Marktsegment die Investmentbanken die bedeutendste Sourcing-Quelle dar.[6]

Ein *aktives Sourcing* im Sinne des systematischen Scannens des Marktes im Hinblick auf Principal-Investment-Aktivitäten ist eher die Regel, in der praktischen Umsetzung aber oft schwierig. So ist die Mehrzahl der relevanten Unternehmen, die auf dem Private-Equity-Markt auftreten, auf Grund ihrer Rechtsform und Größe nicht publizitätspflichtig. Und selbst wenn die Unternehmen einen Jahresabschluss, dessen Informationsgehalt sehr eingeschränkt sein kann, offen legen, so haben sie auf Grund ihres in der Regel sehr kleinen Eigentümerkreises weder den Zwang zu noch das Interesse an einer ausgeprägten Öffentlichkeitsarbeit. Die Suche und Bewertung solcher Unternehmen sind eine besondere Herausforderung dieses Geschäftsfeldes einer Investmentbank.[7]

Eine besondere Möglichkeit des aktiven Sourcings ergibt sich für den Sonderfall der börsenkotierten Unternehmen, die unterbewertet sind. Hier können ein niedriger Börsenkurs und die strukturelle Möglichkeit, ein Going Private durchzuführen, gute Ansatzpunkte sein, auf die betreffende Unternehmensführung aktiv zuzugehen.

Entscheidend ist neben der Identifikation einer (theoretischen) Anlagemöglichkeit natürlich die tatsächliche Kontaktaufnahme mit den Entscheidungsträgern. Die Frage, wer diese sind, ist oft schwer zu beantworten, da relative Machtverhältnisse, etwa unter den Familieneigentümern, von außen kaum ersichtlich sind. Ein zu früher (oder auch zu später) Kontakt mit den „falschen" handelnden Personen kann oft das Ende eines potenziellen Principal Investments bedeuten. Entsprechende Feinfühligkeit und Planung sind in dieser Phase erforderlich.

---

[6] Vgl. Kuemmerle/Paul/Freye (1998), S. 16.
[7] Vgl. Fenn/Liang/Prowse (1997), S. 48–50 und Hazen (1988), S. 165–166.

## 3.2 Investitionsentscheidung

Nach der Identifikation eines möglichen Anlageobjektes liegen der Investmentbank entweder ein Angebot seitens der interessierten Partei oder aber zumindest einige rudimentäre Zahlen vor. Die Investmentbank schreitet dann in die nächste Stufe, die erste Beurteilung der Anlagemöglichkeit.

Sofern die Anlagegelegenheit der Anlagephilosophie entspricht und interessant erscheint, ist es wichtig, in einem persönlichen Gespräch einen Eindruck von der Qualität des Managements zu bekommen. Diese erste Kennenlernphase kann ein paar Stunden bis zu einem Tag dauern und ist entscheidend für das weitere Vorgehen. Nachdem die Qualität des Managments, die für den Erfolg eines Principal Investments verantwortlich ist, geprüft wurde, erfolgt im nächsten Schritt die Betrachtung der finanziellen Rahmenbedingungen. Wenn das Management die beteiligten Investmentbanker nicht überzeugt, wird es nur dann zu einer weiteren Verfolgung dieser Anlagemöglichkeit kommen, wenn das Management ausgewechselt werden kann.

Entscheidet sich die Investmentbank zu weiteren Prüfungen, wird sie in einem nächsten Schritt selbst Research über die wettbewerbliche Position des Unternehmens durchführen. Dies geschieht etwa durch den Rückgriff auf eigene Aktienanalysten (soweit dies ohne Konflikt möglich ist) oder die Einschaltung externer Berater. Außerdem wird man versuchen, in den weiter gehenden Gesprächen mit dem Management bzw. den Eigentümern die ersten Parameter hinsichtlich des Anteils und seines Preises festzuhalten. Diese gehen in einen Letter of Intent respektive ein Memorandum of Understanding ein, die wie ein Vorvertrag ausgestaltet sind. Oft wird in dieser Phase Exklusivität vereinbart. Erst wenn auf diese Weise eine gewisse Sicherheit über die erste Beurteilung der Anlagemöglichkeit besteht, wird die Due Diligence angegangen, die einen tieferen Einblick in das Unternehmen erlaubt.

Wichtig ist hierbei, dass die Bewertung im Rahmen dieser ersten Beurteilung für die etablierten Unternehmen, hier vor allem die LBOs, und für die Venture-Capital-Unternehmen sehr unterschiedlich ausgestaltet ist. In beiden Fällen geht es darum, das potenzielle Wertwachstum zu ermitteln, den das Anlageobjekt durch die Investition im Rahmen ihrer Bindung an die Eigenkapitalgeber erfahren könnte, und damit zusammenhängend den Preis zu definieren, den die Investmentbank gewillt ist zu zahlen. Die Treiber dieses Wertwachstums und damit die Methoden seiner Berechnung divergieren jedoch.

Bei LBOs interessiert vor allem die interne Planung des Unternehmens. Der Free Cashflow gibt einen Eindruck von der finanziellen Belastbarkeit des Unternehmens und zeichnet den Umfang auf, inwieweit bei einer finanziellen Umstrukturierung Fremdkapital aufgenommen werden kann. Zudem ist eine Projektion über einen Zeitraum von fünf bis zehn Jahren notwendig, um grob den Exit-Wert des Eigenkapitals abschätzen zu können. Hier wird die Kennzahl der Internal Rate of Return (die sich aus dem Vergleich der Einstiegskosten und des Ausstiegserlöses ergibt) als Messlatte genommen. Bei Venture-Capital-Unternehmen hingegen entscheidet nicht der Cashflow, sondern es interessieren die Wachstumsmöglichkeiten. Es muss eine absolut überzeugende Equity Story gegeben sein.

Grundsätzlich ist bei der Beurteilung einer Investitionsmöglichkeit zudem nicht nur das absolute Gewinnwachstum, sondern auch das bei der Unternehmensbewertung anzuwendende KGV entscheidend. Besonders interessant sein kann die so genannte KGV-Arbitrage. Hiervon spricht man, wenn beispielsweise ein Unternehmen in einer kleinen Branche, die ein Branchen-KGV von 12 aufweist, derart wächst, dass es einer größeren Branche bzw. einem anderen Markt zugerechnet werden kann, deren KGV 14 ist. Obwohl der Gewinn des Unternehmens gleich geblieben sein kann, ist sein Wert hierdurch gestiegen. Eine solche Entwicklung kann beispielsweise auch bei der Finanzierung eines so genannten Early Bird möglich sein, wenn dieser nach dem Wachstum an eine Auslandsbörse gebracht werden kann, wo Unternehmen aus dem betreffenden (neuen) Markt mit einem höheren KGV bewertet werden, als dies in Deutschland für Unternehmen aus dem (alten) Markt der Fall ist. In der Vergangenheit ist dies beispielsweise bei jenen Unternehmen der Fall gewesen, die, in Deutschland noch nicht als börsenfähig oder -reif angesehen, an der NASDAQ kotiert wurden. Mit der zunehmenden Sophistizierung des deutschen Kapitalmarktes nehmen diese Möglichkeiten jedoch laufend ab.

Nach Abschluss dieser ersten Bewertung erfolgt dann eine *Due Diligence*. Sie dient der Definition und klaren Abgrenzung der Risiken und gleichzeitig auch der Potenzialbewertung. Die Due Diligence erfolgt erst nach Abschluss einer ersten Beurteilung der Anlage, weil sie aus der Perspektive des prüfenden Hauses teuer ist. Aus diesem Grund wird der Exklusivität während der Prüfung ein hoher Stellenwert beigemessen. Aus der Perspektive des Anlageobjektes macht es nur Sinn, eine solche Exklusivität zu gewährleisten, wenn das Interesse der Investmentbank ernst ist. Wie lange die Due Diligence dauert, hängt häufig von der Komplexität ab. Der Zeitraum kann sich von einem bis sechs Monate erstrecken, die Länge der dabei gewährleisteten Exklusivität ist frei verhandelbar.

Die einzelnen Aspekte der Due Diligence, die von der Investmentbank unter Rückgriff auf verschiedene Arten von externen Beratern geprüft werden, gestalten sich so wie bei Unternehmenskäufen im Allgemeinen (siehe Beitrag M & A, Abschnitt 3.2.1). Sie werden nur in der Gewichtung der einzelnen Faktoren durch die Besonderheiten der Principal-Investment-Situation und der jeweiligen Anlagephilosophie geprägt; zudem variiert der Fokus der Due Diligence je nach Art des Unternehmens. Diese Aspekte können jedoch genauso vertreten sein, wenn die Investmentbank als Dienstleister für einen Finanzinvestor tätig wird, daher seien nur einige kurze Anmerkungen an dieser Stelle gemacht.

Ein sehr hoher Stellenwert kommt immer der Einschätzung des Managementrisikos zu, denn Managementprobleme sind die häufigste Ursache für das Scheitern eines Unternehmens. Im Unterschied zu einem industriellen Käufer verfügt die Investmentbank als Finanzinvestor auch nur über limitierte Managementressourcen bzw. ein begrenztes Industrie-Know-how, die sie gewissermaßen als Ersatz bzw. Selbstschutz einsetzen kann. Gleichzeitig ist die Bestimmung des Managementrisikos naturgemäß besonders schwer. Neben Gesprächen mit ehemaligen Arbeitgebern, Angestellten und Mitarbeitern von Konkurrenzunternehmen, die dazu dienen sollen, den fachlichen und persönlichen Hintergrund der Manager auszuleuchten, ist der persönliche Kontakt zum Management während des gesamten Bewertungsprozesses unerlässlich. Die Beobachtung der Manager in verschiedenen Situationen gibt wichtige Hinweise darauf, wie diese denken, handeln und reagieren. Die Investmentbank verlässt sich jedoch häufig nicht nur auf ihr eigenes Urteil, sondern zieht zur Management-Due-Diligence Personalberater hinzu.

Das Marktrisiko lässt sich unterschiedlich gut bewerten. Beabsichtigt das Unternehmen, mit einer innovativen Technologie einen neuen Markt oder eine Marktnische zu entwickeln, ist die Begutachtung des Risikos auf Grund des gegebenen Informationsmangels mit mehr Unsicherheit behaftet, als wenn das Unternehmen plant, in seinen angestammten Märkten zu expandieren oder einen Wechsel in der Eigentümerstruktur vorzunehmen. Das Ziel der Analyse des Marktrisikos ist in jedem Fall, ein Verständnis für den Markt und seine Funktionsweise zu entwickeln und abzuschätzen, ob das Unternehmen adäquate Strategien zu dessen Durchdringung und Entwicklung ausgearbeitet hat. Oft werden dabei wiederum außenstehende Berater herangezogen. Auch eine detaillierte Wettbewerbsanalyse und Kundenumfragen gehören in der Regel zu den eingesetzten Instrumenten.

Bei der Einschätzung des Produktrisikos ist der Entwicklungsstand des Beteiligungsunternehmens entscheidend. Bei jungen Unternehmen ist in erster Linie die Einschätzung der technischen Machbarkeit erforderlich. Darüber hinaus muss festgestellt werden, ob die Kalkulation der Produktionskosten realistisch ist und mit dem Produkt ein komparativer Vorteil, der sich dauerhaft verteidigen lässt (beispielsweise mit Hilfe eines Patentes), verbunden ist. Bei entwickelten Unternehmen entfällt die Analyse der technischen Machbarkeit. Dafür rücken die Prüfung des komparativen Vorteils und die Gefahr, die von möglichen Substituten ausgeht, in den Vordergrund.

## 3.3 Vertragsgestaltung

Parallel zur Due Diligence werden schon die Vertragsverhandlungen aufgenommen. Ihr Ablauf wird maßgeblich dadurch bestimmt, ob es sich beim Anlageobjekt um ein etabliertes oder aber ein Venture-Capital-Unternehmen handelt. Bei der Finanzierung eines LBO, welche die Schaffung einer neuen Gesellschaft („Newco") voraussetzt, müssen alle Eckdaten dieser Newco ebenso wie die Gesellschafterverträge und andere Verträge geschlossen werden. Hinzu kommen dann die Finanzierungs- und M & A-Verträge. Bei der Finanzierung eines Venture-Capital-Unternehmens ist ein Kaufpreisvertrag bzw. ein Beteiligungsvertrag notwendig. Zudem wird gegebenenfalls eine Satzung erstellt.

Wesentliche Punkte der Vertragsgestaltung sind der Anteil und die Art des Kapitals, das die Investmentbank am Unternehmen erwirbt, der Zeitpunkt der Finanzierung, die Kontrollrechte, welche die Investmentbank insbesondere im Fall einer negativen Geschäftsentwicklung ausüben kann, und die Ausgestaltung einer leistungssteigernden Anreizstruktur für das Management.

Die Wahl der *Finanzierungsinstrumente* zur Realisierung der Übernahme erfordert die Konzeption der gesamten Finanzierung. Von entscheidender Bedeutung ist zwar die Übernahme eines Eigenkapitalanteils, in der Regel werden aber zusätzlich andere Finanzierungsinstrumente hinzugenommen. Dies gilt insbesondere für den Bereich der LBOs.

Der Begriff des Private-Equity wird daher in der Literatur und der Praxis nicht synonym mit nicht-öffentlichem Eigenkapital verwendet, sondern umfassender verstanden. Hiernach werden alle Eigen- und Fremdkapital-, aber auch Mezzanine-Kapitalformen, die bei der Finanzierung der Übernahme eines nicht öffentlich kotierten Unternehmens zur Anwendung kommen, unter den Private-Equity-Begriff zusammengefasst. Dabei ist die Ausgestaltung der Finanzierung sowohl von externen Faktoren, wie beispielsweise Steuern, als auch von internen Faktoren, wie der Optimierung des Anreizmechanismus der involvierten Parteien, abhängig. Entscheidend ist hierbei der Typ des zu finanzierenden Unternehmens. Die Bandbreite reicht von Start-ups, die ausschließlich mit Eigenkapital finanziert werden, bis hin zu Buy Outs, deren Finanzierung in der Regel einen sehr hohen Fremdkapitalanteil aufweist. Wichtig ist nun, dass im Rahmen der Vertragsausgestaltungen auch Finanzierungsverträge abgeschlossen werden.

Die im Principal Investment gebräuchlichsten Instrumente sind Vorzugsaktien, Optionsanleihen, Wandelanleihen und nachrangiges (ungesichertes) Fremdkapital.[8] Kennzeichnend für die Wahl des Finanzierungsinstrumentes ist das Bestreben der Investmentbank, ihr Risiko zu minimieren. Dies kann anhand der Vorzugsaktie, die mit besonderen Eigenschaften ausgestattet wird, dargestellt werden. Zu diesen Eigenschaften kann beispielsweise eine fixe Verzinsung des eingesetzten Kapitals, die Wandelbarkeit in Stammaktien und die Ausstattung mit Stimmrechten sowie einer Put Option gehören. In diesem Fall kann die Investmentbank durch die Ausübung der Put Option die Aktien zu einem im Voraus festgelegten Preis wieder an den oder die ursprünglichen Unternehmer verkaufen. Somit ist auch bei schwacher Geschäftsentwicklung der Exit möglich. Bei positiver Geschäftsentwicklung hingegen kann die Investmentbank durch die Wandlung in Stammaktien voll am Erfolg des Unternehmens partizipieren. Durch Gesellschaftervereinbarungen kann sich die Investmentbank die Mehrheit der Stimmrechte bei Gesellschafterversammlungen sichern, auch wenn sie nicht mit mehr als 50 Prozent an dem Unternehmen beteiligt ist. Dieses Ergebnis kann durch Gesellschaftervereinbarungen auch bei der Gewährung von nachrangigem Fremdkapital erreicht werden.

Neben der Art gilt es, die *Höhe* und den *Zeitpunkt* der Finanzierung des Beteiligungsunternehmens vertraglich festzulegen. Insbesondere Venture-Capital-Unternehmen wird in verschiedenen Finanzierungsrunden Kapital zugeführt, wobei die Beträge von Runde zu Runde ansteigen. Dem Unternehmen soll nur so viel Kapital zur Verfügung gestellt werden, wie es bis zur Erreichung der nächsten Entwicklungsstufe benötigt. Eine weitere Finanzierung wird nur gewährt, wenn die Entwicklung des Unternehmens bis dahin positiv verlaufen ist. Entsprechendes kann auch für mittelständische Unternehmen, die eine langfristige Expansionsstrategie verfolgen, oder auch für Leveraged Buy Outs, die eine hohe Zinslast finanzieren müssen, gelten. Die Option, die Finanzierung abzubrechen, stellt einen wichtigen Kontroll- und Steuerungsmechanismus der Investmentbank dar. Ein weiterer Vorteil der dosierten Finanzierung besteht darin, dass die Liquidität der Investmentbank nur unwesentlich eingeschränkt wird.[9]

---

[8] Vgl. Bader (1996), S. 131.
[9] Vgl. Sahlman (1990), S. 503.

Wichtig sind auch die *Kontrollrechte*, die der Investmentbank vertraglich zugestanden werden. Hierzu gehören vor allem Vetorechte für wesentliche Entscheidungen wie beispielsweise Abspaltungen oder Verkäufe. In den Verträgen werden zudem die Informationsrechte der Investmentbank fixiert. Die regelmäßige und zeitnahe Information über die Finanzdaten des Unternehmens bildet die Grundlage der Kontrolle, welche die Investmentbank ausübt. Auf diese Weise wird garantiert, dass die Investmentbank Probleme des Beteiligungsunternehmens rechtzeitig erkennt und darauf reagieren kann.

Vertraglich gesichert wird oftmals zudem die Vertretung der Interessen der Investmentbank in den Aufsichtsgremien des Beteiligungsunternehmens. Dies dient neben der Sicherung der Informationsversorgung auch der Gewährleistung der Einflussnahme auf wesentliche Entscheidungen im Rahmen des Beteiligungsmanagements. Es kommt durchaus vor, dass auch bei einer Minderheitsbeteiligung das Aufsichtsgremium durch die Investmentbank dominiert wird. Daneben erfolgt die weitere Besetzung dieser Gremien normalerweise im Einvernehmen mit der Investmentbank. Weitere vertraglich zugesicherte Rechte können die Prüfung der Bücher und die Inspektion der Produktionsstätten des Beteiligungsunternehmens beinhalten. Ein Verkauf von Anteilen des Unternehmens ohne Zustimmung der Investmentbank kann vertraglich ausgeschlossen werden.[10]

Um eine größtmögliche Gleichschaltung der Interessenlage des Managements mit jener der Investoren zu erreichen, wird schließlich in den Verträgen ein vielschichtiges *Anreizsystem* für das Management des Beteiligungsunternehmens geschaffen. Die direkte Bezahlung des Managements ist nicht überproportional. Stattdessen wird, wie zuvor als Co-Investment-Form erwähnt, die Entlohnung der Führungskräfte durch eine Eigenkapitalbeteiligung direkt an den Erfolg des Unternehmens gekoppelt. Bei Erreichung vorher definierter Leistungskriterien kann das Management oftmals darüber hinaus seinen Anteil am Unternehmen zu günstigen Konditionen ausbauen. Diese Kriterien können sich auf den Marktwert des Unternehmens oder den erwirtschafteten Gewinn beziehen. Die dadurch erreichte langfristige Bindung des Managements an das Unternehmen wird durch vertraglich fixierte Wettbewerbsverbote ergänzt. Für den Fall einer unbefriedigenden Geschäftsentwicklung können die Anstellungsverträge neben besonderen Kündigungsklauseln auch das Recht beinhalten, den Eigenkapitalanteil zum Buchwert vom betreffenden Manager zurückzukaufen.

## 3.4 Beteiligungsmanagement

Da sich eine Investmentbank, wie im Rahmen der Anlagephilosophie besprochen, in der Regel auf eine passive Anlage beschränkt und nicht in das operative Unternehmensgeschehen eingreift, kommt dem Beteiligungsmanagement nur eine untergeordnete Bedeutung zu. Die Investmentbank beschränkt sich auf die Erbringung der Investmentbank-typischen Dienstleistungen. Dazu gehören unter anderem die Optimierung der Finanzstruktur und die Beratung in Fragen des Beteiligungserwerbs als Varianten der

---

[10] Vgl. Sahlman (1990), S. 504–506.

Gewährleistung des Unternehmenswachstums. Die Investmentbank ist auch ein kompetenter Ansprechpartner in steuerlichen und gesellschaftsrechtlichen Fragen, insbesondere was die erforderlichen Veränderungen der Unternehmensstruktur im Hinblick auf den Exit angeht. Darüber hinaus greift die Investmentbank nur wenn nötig in die Geschäftsentwicklung des Beteiligungsunternehmens ein.

Gegebenenfalls kann die Investmentbank auch mehr finanzielle Expertise einbringen. Zu den oben erwähnten Aufgaben im Rahmen der Veräußerung der Beteiligung kommt beispielsweise die Unterstützung des Managements bei der Entwicklung langfristiger Geschäftsstrategien, bei der Finanzplanung, bei der Akquisition weiterer Finanzierungsquellen und bei der Suche nach Kooperationspartnern hinzu. Auch die Besetzung der Aufsichtsgremien des Unternehmens mit Know-how-Trägern und die Sicherung der Qualität des Top Managements kann zu ihren Aufgaben zählen. Zu letzterer gehören die Suche und Einstellung von Führungskräften, die Festlegung ihrer Entlohnung, aber auch, wenn notwendig, deren Entlassung. Um die genannten Leistungen bedarfsgerecht erbringen zu können, sind beispielsweise das Engagement der Investmentbank in den Aufsichtsgremien und der regelmäßige Kontakt mit dem Management des Unternehmens erforderlich. Auf diese Weise kann die Investmentbank die Entwicklung des Unternehmens genau verfolgen und bei Auftreten von Problemen ihren Einfluss frühzeitig geltend machen. Dabei kann sie von Erfahrungen, die sie mit anderen Beteiligungsunternehmen gewonnen hat, profitieren.

## 3.5 Exit

Ein bedeutender Beitrag an finanzieller Expertise besteht dann schließlich in der Vorbereitung des Exits, ist doch ein essenzielles Charakteristikum des Principal Investments die Beteiligung auf Zeit. Im Rahmen des Exits geht es darum, den Ertrag aus der Investition in das Beteiligungsunternehmen zu realisieren. Andernfalls ist keine Rückzahlung des extern investierten Geldes möglich. Entscheidend für den Zeitpunkt des Exits ist daher unter anderem die Laufzeit des Fonds. Wie erwähnt, läuft dieser in der Regel über zehn Jahre und gewährt dabei eine gewisse Flexibilität, um den Ausstieg nicht zu einem kapitalmarkttechnisch ungünstigen Zeitpunkt zu erzwingen.

Auf Grund der Bedeutung des Exits für den Erfolg des Principal Investments müssen bereits zu Beginn des Engagements konkrete Vorstellungen und auch Vertragsvereinbarungen bezüglich des Zeitpunkts und der Methode des Exits bestehen. Die Möglichkeiten zur Beendigung des Beteiligungsverhältnisses sind:[11]

- die Börseneinführung,
- der Verkauf an ein anderes Unternehmen,
- der Verkauf an andere finanzielle Investoren und
- der Rückkauf der Anteile durch den ursprünglichen Verkäufer.

---

[11] Vgl. Bader (1996), S. 136–150.

*Börseneinführung*

Dieser Exit wird häufig auch als Königsweg bezeichnet. Der Grund hierfür sind die erzielbaren Veräußerungsgewinne, die bei der Publikumsöffnung in der Regel wesentlich höher ausfallen als bei den anderen Exit-Möglichkeiten. Der Gang an die Börse bleibt jedoch den Unternehmen vorbehalten, die sich besonders positiv entwickelt haben. Dies ist auch auf die strengen regulatorischen Anforderungen, die für die Zulassung an einer Börse oftmals erfüllt sein müssen, zurückzuführen. Darüber hinaus wird der Erfolg der Börseneinführung von der gerade herrschenden Verfassung der Börse beeinflusst.

Eine Börseneinführung muss mit anderen Möglichkeiten des Verkaufs abgewogen werden (siehe Beitrag Corporate Finance, Abschnitt 2.3). Die Vorteile einer Börseneinführung sind die Möglichkeit für die anderen Anteilseigner, am finanziellen Erfolg zu partizipieren, die langfristige Sicherung des Zugangs zum Kapitalmarkt für das Unternehmen, die Steigerung des Bekanntheitsgrads des Unternehmens, die objektive Bewertung des Unternehmens durch den Aktienkurs und die einfach zu realisierende Möglichkeit der Mitarbeiterbeteiligung. Demgegenüber stehen Nachteile wie die hohen Kosten einer Börseneinführung, verursacht durch Emissionsgebühren, Prüfungsgebühren und ein eventuelles Underpricing, höhere Anforderungen an die Rechnungslegung und Offenlegung von Informationen und ein möglicher Verlust der Kontrolle der alten Anteilseigner über das Unternehmen für den Fall, dass das Publikum einen Anteil von mehr als 50 Prozent hält.

Oftmals wird der Börsengang nicht zur sofortigen Veräußerung der Anteile der Alteigentümer am Unternehmen genutzt, sondern vielmehr zur Platzierung einer Kapitalerhöhung, um die Eigenkapitalquote des Unternehmens zu steigern. Erst wenn das Unternehmen an der Börse etabliert ist, werden die verbliebenen Anteile der Finanzinvestoren verkauft. Die Marktteilnehmer könnten ansonsten den direkten Ausstieg der Alteigentümer aus dem Unternehmen als negatives Signal bezüglich der weiteren Geschäftsentwicklung interpretieren. Dieses Vorgehen wurde am Neuen Markt, dem Börsensegment für Wachstumswerte und damit dem wichtigsten Exit-Kanal für den Private-Equity-Markt in Deutschland, zu einer der zentralen Zulassungsvoraussetzungen erhoben.

*Verkauf an ein anderes Unternehmen (Trade Sale)*

Der Verkauf an ein anderes Unternehmen erfolgt in der Regel an einen Konkurrenten oder zwecks vertikaler Integration an einen Lieferanten oder Kunden. Für den Konkurrenten kann der Kauf des Unternehmens die Möglichkeit bieten, ohne großen Zeitaufwand technologisches Know-how zu akquirieren, sich durch die Nutzung bestehender Vertriebswege in neuen Märkten schnell zu etablieren oder andere Synergieeffekte zu nutzen. Diese Faktoren werden bei der Bewertung des Unternehmens Berücksichtigung finden und den Kaufpreis positiv beeinflussen. Im Gegensatz zu einer Börseneinführung, bei welcher der Aktienbesitz in der Regel gestreut wird, führt der Trade Sale zu einer Konzentration des Anteilsbesitzes in den Händen des Käufers. Die damit verbundene Möglichkeit der Einflussnahme auf das Unternehmen kann ebenfalls preissteigernd wirken (Kontrollprämie). Ist von vornherein ein Trade Sale als Exit geplant, kann schon früh ein potenzieller Käufer identifiziert und das Unternehmen gemäß seiner Bedürfnisse geformt werden.

*Verkauf an andere finanzielle Investoren (Secondary Sale)*

Die Option des Exits durch Verkauf an andere finanzielle Investoren kommt dann in Frage, wenn ein Beteiligungsunternehmen nicht mehr mit der Investitionsstrategie einer Investmentbank vereinbar ist, die Entwicklungsstufe des Unternehmens aber noch keine Börseneinführung erlaubt. Als Käufer treten langfristig orientierte Investoren auf, welche die Anteile beispielsweise im Rahmen einer Privatplatzierung (in den USA gemäß Rule 144A) erwerben.

Eine Sonderform stellt die so genannte Rekapitalisierung (Leveraged Recapitalization) dar. Dabei wird insbesondere bei Unternehmen mit hohem freien Cashflow nach einem gewissen Zeitraum der Fremdkapitaltilgung eine erneute Fremdkapitalaufnahme durchgeführt, um einzelne Investoren auszuzahlen.

*Rückkauf der Anteile durch den Verkäufer (Buy Back)*

Der Unternehmer als ursprünglicher Eigentümer erwirbt durch einen Rückkauf der Anteile wieder die volle Kontrolle über das Unternehmen. Diese Variante ist hauptsächlich bei mäßig erfolgreichen, aber dennoch fortführungswerten Unternehmen mit relativ stabilem Cashflow interessant. Neben der Möglichkeit, dass der Unternehmer ohne vorhergehende Vereinbarung in Konkurrenz mit anderen potenziellen Käufern tritt, kann der Finanzierungsvertrag bereits die Option zum Buy Back vorsehen. Beispielsweise wird dem Unternehmer eine Call Option oder der Investmentbank eine Put Option eingeräumt. Neben finanziellen Motiven können jedoch auch andere für den Rückkauf der Anteile durch den Unternehmer sprechen. So verlangen manche mittelständische Unternehmer eine Call Option im Sinne eines Vorverkaufsrechts gegenüber einem Börsengang. Sie werden dies vor allem dann nutzen, wenn sie einen solchen zum Zeitpunkt des Exits verhindern möchten.

Das Gewinnpotenzial der Investmentbank ist bei einem Rückkauf der Anteile durch den Unternehmer von vornherein beschränkt. Der Ausübungspreis muss daher so hoch angesetzt werden, dass die Investmentbank eine dem Risiko des Unternehmens entsprechende Rendite erhalten kann. Die Put Option wird zur Ausübung kommen, wenn der Unternehmenswert unter dem Ausübungspreis liegt. Die Investmentbank sichert sich in diesem Fall einen Minimalertrag für ihre Beteiligung. Die Finanzierung des Rückkaufs kann durch Ausschüttung ehemals thesaurierter Gewinne oder durch Kreditaufnahme finanziert werden.

## 4. Verhältnis des Principal Investments zu anderen Geschäftsbereichen

### 4.1 Nutzung bestehender Wertschöpfungen

Der Ablauf eines Principal Investments erfolgt entlang der in Abbildung 3 aufgezeigten Wertschöpfungskette. Dabei werden die einzelnen Wertschöpfungen zum einen innerhalb der Investmentbank von Mitarbeitern anderer Abteilungen erfüllt, zum anderen werden sie auch durch das Co-Investment mit Dritten unterstützt. Die Tätigkeit der Mitarbeiter des Principal-Investment-Bereiches besteht in der Koordination dieser einzelnen Aktivitäten und in der Kooperation mit den damit befassten Kollegen. Nur sehr wenige Kerntätigkeiten werden ausschließlich von ihnen wahrgenommen.

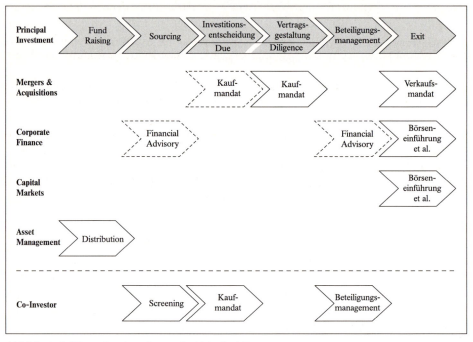

Abbildung 3: Wertschöpfungsketten im Principal Investment

Die einzelnen Schritte umfassen das Fundraising, die Identifikation der Anlagemöglichkeiten, deren erste Beurteilung, die Due-Diligence-Durchführung und Vertragsgestaltung, das Management der Beteiligung und schließlich den Exit. Betrachtet man weniger die Abfolge dieser einzelnen Schritte und mehr die Leistungen, so wird deutlich, dass beim Principal Investment Wertschöpfungsaktivitäten aus vier anderen Bereichen der Investmentbank integriert werden. So werden hier die Kernkompetenzen aus den Bereichen M & A, Corporate Finance, Capital Markets und Asset Management zu einer eigenständigen Geschäftstätigkeit zusammengefügt.

Das Fundraising im Sinne der Aufbringung der externen Gelder für den zu investierenden Fonds entspricht der Distribution im Asset Management. Hierbei gilt es, vor allem institutionelle Investoren, aber auch High Net Worth Individuals für diese Form der Geldanlage zu gewinnen. Vertriebsmäßig handelt es sich um die Vermarktung der Vermögensanlagetätigkeit in eine Alternative Assetklasse. Operativ erfolgt die Ansprache der potenziellen Investoren dann auch durch die Mitarbeiter des Principal-Investment-Bereiches gemeinsam mit den Mitarbeitern des Asset Managements (und gegebenenfalls des Private Asset Managements oder des Private Banking).

Das Sourcing im Sinne der Identifikation von Geschäftsmöglichkeiten ergibt sich als „Abfallprodukt" im Zuge der regulären Corporate-Finance-Tätigkeiten. Wichtiger ist jedoch, dass die erste Beurteilung, Due Diligence und Vertragsgestaltung der üblichen Investment-Banking-Dienstleistung bei der Durchführung von Kaufmandaten entspricht, ebenso wie die Gestaltung und Durchführung des Exits ein Verkaufsmandat verkörpert. Insofern werden hier nur die ohnehin innerhalb der Bank vorhandenen Leistungen zu einem anderen Anlass angebracht. Dies zeigt sich in der Realität auch darin, dass diese Aufgaben in den Bereich der Mitarbeiter der Bereiche M & A (beim Kauf und Verkauf) oder Corporate Finance und Equity Capital Markets (bei der Börseneinführung) fallen.

Das Beteiligungsmanagement ist jener Teil der Wertschöpfungskette, welcher am wenigsten in das bestehende Set von Fähigkeiten einer Investmentbank fällt. Dies deckt sich auch mit der aufgezeigten Situation, dass eine Investmentbank sich in der Regel auf die Einbringung finanzieller Expertise beschränkt. Diese wiederum erbringt sie zu einem gewissen Teil, insbesondere bei langfristigen Kundenbeziehungen, auch im Sinne einer Financial-Advisory-Tätigkeit. Die darüber hinausgehenden Kompetenzen muss sie getrennt entwickeln. Sie werden in der Praxis regelmäßig von den ausschließlich mit Principal Investments beschäftigen Mitarbeitern der Investmentbank ausgeführt. Zudem setzt hier der maßgebliche Beitrag des Co-Investments mit anderen Marktteilnehmern ein.

## 4.2 Interessenkonflikte

Principal Investment stellt für Investmentbanken zwar einen äußerst attraktiven, aber auch oft problembehafteten Geschäftsbereich dar. Letztlich bedeutet die Eigenkapitalbeteiligung, kombiniert mit entsprechenden Kontrollrechten, dass Investmentbanken unternehmerisch tätig werden und damit im Wettbewerb mit bestehenden oder potenziellen Kunden stehen. Dieser beginnt mit dem Sourcing, im Rahmen dessen der (Corporate-Finance-) Mitarbeiter der Investmentbank die entdeckte Kaufmöglichkeit entweder an einen potenziell interessierten Kunden des Hauses oder aber an die eigene Principal-Investment-Abteilung weiterleiten kann. Oft findet sich die interessierte Investmentbank im Wettbewerb um das Anlageobjekt mit bestehenden oder potenziellen Kunden, zu denen auch Kapitalanlagegesellschaften und Buy-Out-Fonds gehören, deren Finanzierungs- und Beratungsgeschäft von gesteigerter Bedeutung für Investmentbanken ist. Ein weiteres, nahe liegendes Konfliktpotenzial besteht in jenen Situationen, in denen der Veräußerer ein Kunde der an einem niedrigen Kaufpreis interessierten Investmentbank ist. Während die Investmentbank ihre Beteiligung hält, hat sie zudem ein naturgemäßes Interesse an deren Erfolg, wodurch sie in ein Konkurrenzverhältnis zu den in dieser Industrie tätigen Kunden kommen kann. Im Zweifelsfall werden diese ihren für das M & A-Geschäft wichtigen strategischen Dialog mit der Investmentbank stark einschränken.

Auch beim Exit können sich Probleme ergeben, etwa beim Verkauf des Anlageobjektes durch einen Trade Sale an einen bevorzugten Interessenten. Würde der Eindruck entstehen, eine Investmentbank begünstige etwa für den Verkauf einen ihrer Kunden, so würde ein Verstoß gegen die Treuepflicht gegenüber den außenstehenden Fondsinvestoren vorliegen. Diese Pflicht ist in der Regel auch das häufigste Argument gegenüber Kunden, um eine Arm's Length-Beziehung zu rechtfertigen.

Diesen möglichen Interessenkonflikten muss die Investmentbank aktiv begegnen. Gegenüber dem Anlageobjekt erfordert dies zum Ersten eine aktive Handhabung. Zum Zweiten wird es für sie wichtig, eine langstehende Beziehung zum betreffenden Anlageobjekt und eine Reputation im Markt zu haben, auf Grund derer klar ist, dass sie nicht gegen die Interessen ihrer Kunden handelt, sondern vielmehr einvernehmliche Finanzierungslösungen sucht. Dabei ist es entscheidend, dass sie nicht nur in ihrem eigenen Interesse handelt, sondern auf Grund der Anlage auch fremder Gelder ebenso auf der Gegenseite einen Kundenkreis vertreten muss.

Gegenüber den Kunden der Investmentbank ist neben der aktiven Handhabung der möglichen Interessenkonflikte wichtig, dass die Investmentbank mit der im Zuge ihrer sonstigen Tätigkeit erworbenen Industrieexpertise vorsichtig und im Bewusstsein möglicher Interessenkonflikte umgeht. Schon aus diesem Grund ist es für eine größere Investmentbank schwer, sich im Rahmen ihrer Anlagepolitik auf einige ausgewählte Branchen zu spezialisieren, in welchen sie besondere Expertise aufweist. So ist diese Expertise das Resultat vergangener Kundenbeziehungen, auf die zu einem späteren Zeitpunkt im Sinne eines Wettbewerbers zu bauen unter Umständen unredlich wäre. Darüber hinaus würde eine Investmentbank, die sich in bestimmten Branchen gezielt als Wettbewerber betätigt, von Unternehmen, welche in diesen tätig sind, in ihren anderen Geschäftstätigkeiten aller Wahrscheinlichkeit nach keine Aufträge mehr erhalten. Die Existenz von Principal-Investment-Aktivitäten anerkannter Häuser, die auch branchenfokussiert vorgehen, so beispielsweise Morgan Stanley Venture Partners, die sich auf den Bereich der Informationstechnologie und Gesundheitsökonomie konzentrieren, zeigt jedoch, dass auch hier Ausnahmen möglich sind.

Die möglichen Interessenkonflikte im Rahmen des Principal Investments werfen die Frage auf, ob und (wenn ja) wie das Principal-Investment-Geschäft in die Organisationsstruktur einer Investmentbank eingebettet werden kann. Generell ist es heute so, dass das Principal Investment bei den wenigsten Investmentbanken noch in ihre normale Geschäftstätigkeit integriert ist. Der Grad der organisatorischen oder gar rechtlichen Ausgliederung variiert jedoch. In seiner schärfsten Ausprägung kann es sogar zu einer aktiven Ausgliederung des Principal-Investment-Geschäfts aus den sonstigen Investment-Banking-Aktivitäten führen.

Neben der Frage der operativen Einbindung des Principal-Investment-Geschäfts in die Gesamtstruktur der Investmentbank hat die Notwendigkeit des bewussten Umgangs mit diesen Interessenkonflikten weit reichende Folgen für die Möglichkeiten des Sourcings von möglichen Anlageobjekten (siehe Abschnitt 3.1). Auf keinen Fall kann es beispielsweise sein, dass eine Investmentbank im Zuge der Ausführung einer kundenbezogenen Transaktion, so zum Beispiel bei der Suche nach einem Übernahmekandidaten im Rahmen eines M & A-Auftrages, auf eine günstige Anlagemöglichkeit stößt und dieses Unternehmen dann, statt beratend für den Kunden tätig zu sein, lieber selbst erwirbt. Sie kann allenfalls dann als Investor tätig werden, wenn sich das beauftragende Unternehmen nach Prüfung der betreffenden Anlagemöglichkeit gegen diese entscheidet, die Investmentbank jedoch selbst als Investor einspringen möchte und der vorab sie beauftragende Kunde sowie das Anlageobjekt dies gestatten.

Um durch das „Minenfeld" potenzieller Konflikte im Principal Investment angemessen zu navigieren, bedarf es jedoch nicht nur der geschilderten Maßnahmen und selbstverständlich auch der üblichen rigorosen Chinese Walls, sondern es ist vor allem auch eine gute Portion von Diplomatie und Einfühlungsvermögen der Verantwortlichen unabdingbar.

# Literaturhinweise

ACHLEITNER, A.: Venture Capital, in: Handbuch Finanzierung, hrsg. von R.-E. Breuer, 3. Aufl., Wiesbaden 2001.

ACHLEITNER, A./ACHLEITNER, P.: Die Finanzierung von Familienunternehmen durch Beteiligungsgesellschaften, in: Planung, Finanzierung und Kontrolle im Familienunternehmen, Festschrift für B.-H. Hennerkes, hrsg. von D. Jeschke/R. Kirchdörfer/R. Lorz, München 2000, S. 127–148.

BADER, H.: Private Equity als Anlagekategorie. Theorie, Praxis und Portfoliomanagement für institutionelle Investoren, Diss. Universität St. Gallen, Bern/Stuttgart/Wien 1996.

BAKER, G./SMITH, G.: The New Financial Capitalists: Kohlberg Kravis Roberts and the Creation of Corporate Value, Cambrige 1998.

FENN, G. W./LIANG, N./PROWSE, S.: The Private Equity Market: An Overview, Financial Markets, Institutions & Instruments, Vol. 6 (1997), No. 4, New York.

GOMPERS, P. A.: Optimal Investment, Monitoring, and the Staging of Venture Capital, in: Journal of Finance, Vol. 50 (1995), S. 1461–1489.

GOMPERS, P. A./LERNER, J.: The Venture Capital Cycle, Cambridge (Mass.) 1999.

HAYES III, S. L./HUBBARD, P. M.: Investment Banking. A Tale of Three Cities, Boston 1990.

HAZEN, C. E.: Venture-Capital Financing, in: Williamson, J. P. (Hrsg.): The Investment Banking Handbook, New York u. a. O. 1988.

KUEMMERLE, W./PAUL, F./FREYE, H.: Survey of Private Equity in Germany – Summary of Results and Analysis. Working Paper, Harvard Business School 1998.

MENDRZYCK, J. P.: Venture Capital and Asymmetric Information: An Analysis of Screening, Incentive and Control Mechanisms in German Venture Capital Finance, Diss. EUROPEAN BUSINESS SCHOOL, Oestrich-Winkel 1999.

SAHLMAN, W. A.: The structure and governance of venture-capital organizations, in: Journal of Financial Economics, Vol. 27 (1990), S. 473–521.

SCHEFCZYK, M.: Erfolgsstrategien deutscher Venture Capital-Gesellschaften, 2. Aufl., Stuttgart 2000.

SCHERER, M.: Interne Leveraged Buyouts: Strategien zur Verbesserung des Shareholder Value, Diss. EUROPEAN BUSINESS SCHOOL, Wiesbaden 1999.

SEWING, P.: Kauf von kleinen und mittleren Unternehmen durch aktive Privatinvestoren. Marktfaktoren in Deutschland, Unternehmensbewertung und Vermögenssteigerungseffekte, Diss. Universität St. Gallen, Baden-Baden 1992.

TOWBIN, A. R./WILLIAMSON, J. P.: Financing High-Technology, Emerging-Growth Companies, in: Williamson, J. P. (Hrsg.): The Investment Banking Handbook, New York u. a. O. 1988.

# Weitere Bereiche

# Research

1. Grundlagen des Research
   1.1 Einordnung, Bedeutung und Aufgaben
   1.2 Aufbau und Organisation
2. Funktionsbereiche des Research
   2.1 Strategy
   2.2 Economic Research
   2.3 Equity Research
      2.3.1 Funktion und Organisationsform
      2.3.2 Vorgehensweise zur Ableitung von Aktienempfehlungen
      2.3.3 Bewertung und Empfehlung
      2.3.4 Aufgabenspektrum im Rahmen von Kapitalmaßnahmen
   2.4 Fixed Income Research
   2.5 Quantitative Research
Literaturhinweise

# Verzeichnis der Abbildungen

Abbildung 1: Einordnung des Research in das Tätigkeitsfeld einer Investmentbank
Abbildung 2: Überblick über die einzelnen Funktionsbereiche des Research
Abbildung 3: Matrixorganisationsform im Equity Research
Abbildung 4: Beispiele für relative und absolute Aktienempfehlungssysteme
Abbildung 5: Exemplarische Schlüsselfaktoren für die Wettbewerbsfähigkeit eines Unternehmens

# 1. Grundlagen des Research

## 1.1 Einordnung, Bedeutung und Aufgaben

Eine *Einordnung* des Research in die verschiedenen Aufgabenfelder einer Investmentbank fällt schwer. Research stellt eine unmittelbar geschäftsunterstützende Tätigkeit innerhalb des Investment Banking dar: M & A-Transaktionen, Emissions-, Sales & Trading-Aktivitäten bei Wertpapieren, Principal Investments sowie das Asset Management benötigen fundierte makroökonomische, industrieweite und unternehmensspezifische Analysen als Grundlage ihrer Aktivitäten. Das Research bildet damit, wie Abbildung 1 darstellt, einen wesentlichen Baustein in der Wertschöpfungskette einer Investmentbank.

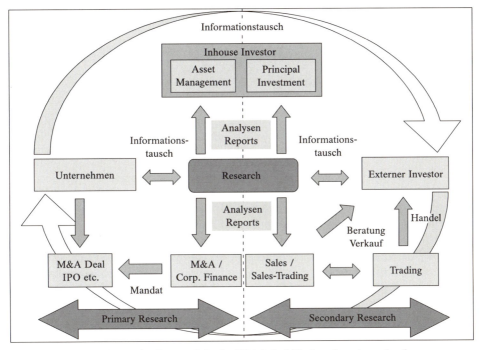

Abbildung 1: Einordnung des Research in das Tätigkeitsfeld einer Investmentbank

Research verkörpert dennoch kein eigenes Geschäftsfeld, da es keinen eigenen Umsatz generiert. Es trägt zwar durch seine Aktivitäten maßgeblich zur Umsatzentwicklung bei; allerdings erfolgt dies auf einer indirekten Basis, da die erzielten Erträge nicht eindeutig dem Research zugeordnet werden können und daher regelmäßig zu Gunsten der anderen Geschäftsfelder gebucht werden. Das Research weist folglich in der Praxis auch keine bereichsspezifische Gewinn- und Verlustrechnung auf.

In den letzten Jahren haben sich allerdings vereinzelt kleine spezialisierte Investmenthäuser herausgebildet, die sich bis zu einem gewissen Grad auf das Research als primäre Dienstleistung konzentrieren. Hier werden die Ergebnisse der Research-Aktivitäten der Analysten entweder direkt vertrieben oder aufbereitet und in Form einer Draft-Version an Broker- und Wertpapierhäuser verkauft, welche die finalen Reports unter eigenem Namen an ihre Kunden (weiter)distribuieren.[1] Diese Form des Vertriebs nutzen zwar zum Teil auch die großen Häuser, um zusätzliche Erträge zu generieren und die Kosten des Research zu kompensieren. Ein solches Vorgehen erfolgt aber nur vereinzelt und hat lediglich einen marginalen Einfluss auf die Gesamterträge der Investmentbank. Es dient häufig vielmehr der Positionierung und dem Reputationsaufbau in diesem Feld, der positiv auf das Gesamtimage der Bank ausstrahlt.

Definiert man jedoch Research im Gegenzug als einen Bereich, dem im Rahmen der originären Geschäftstätigkeit lediglich ein partiell unterstützender Charakter innewohnt und der über die Stellung einer substituierbaren Support-Funktion nicht hinauskommt, nimmt man allerdings eine oberflächliche Sichtweise ein, die der überaus wichtigen Stellung dieses Tätigkeitsfeldes nicht gerecht wird.

Die große Bedeutung des Research innerhalb des Investment Banking offenbart die Tatsache, dass es als Ausgangsbasis für die Aktivitäten nahezu aller Geschäftsfelder das notwendige Fundament für ein erfolgreiches Engagement bildet. Die Ergebnisse der Research-Arbeit in Form von qualitativ hochwertigen Reports und akkuraten Prognosen dienen de facto als Voraussetzung zur Aufnahme der operativen Geschäftstätigkeit einer Investmentbank. So gewinnen beispielsweise die Bemühungen der Sales-Bereiche zur Generierung von Wertpapiergeschäften im Rahmen von Verkaufsmeetings an Überzeugungskraft und Glaubwürdigkeit, wenn ihre Thesen auf fundamentalen Analysen aufbauen.

Auch im Hinblick auf die Mandatsgewinnung bei Unternehmen und Institutionen, die als Emittenten am Kapitalmarkt auftreten, spielt die Reputation der Analysten mittlerweile eine entscheidende Rolle. Insbesondere in den angloamerikanischen Ländern neigen Klienten im Rahmen von Kapitalmaßnahmen verstärkt dazu, Investmentbanken nach dem Kriterium der „Analysts' Selling Power" als Konsortialführer oder Lead Manager auszuwählen, um eine erfolgreiche Aufnahme solcher Transaktionen am Markt sicherzustellen. Die Partizipation renommierter Research-Analysten stellt damit einen wesentlichen Erfolgsfaktor im Wettbewerb um attraktive Klienten und Mandate dar.

Aus dieser Entwicklung resultiert aber gleichzeitig ein zunehmendes Konfliktpotenzial im Rahmen der Research-Tätigkeit, da eine solche Konstellation die Frage nach der Unabhängigkeit der Analysten aufwirft. In letzter Zeit werden vermehrt kritische Stimmen innerhalb der Financial Community laut, die eine solche Unabhängigkeit anzweifeln und den Banken den Vorwurf machen, ihre Research-Kapazitäten zugunsten der Akquisition

---

[1] In der Literatur wird zwischen Sell-side- und Buy-side-Analysten unterschieden. Sell-side-Analysten erstellen als Mitarbeiter von Brokerhäusern, Investmentbanken, Universalbanken oder unabhängigen Researchhäusern Reports, welche einer Vielzahl von institutionellen und, zeitlich verzögert, privaten Investoren zur Verfügung gestellt werden. Im Gegensatz dazu erstellen Buy-side-Analysten als Mitarbeiter eines institutionellen Investors Reports, welche die internen Assetmanager bei der Investitionsentscheidung unterstützen sollen.

von Kapitalmarktmandaten auf Kosten der Objektivität zu missbrauchen.[2] In diesem Kontext ist allerdings gleichfalls zu beachten, dass Analysten auf diese Weise ihre Glaubwürdigkeit und Prognosegenauigkeit gefährden, die letztlich ihre Reputation und Wertschätzung innerhalb der Financial Community bestimmen.

Die Aufgaben des Research lassen sich grundsätzlich in drei wesentliche gedankliche Schritte zerlegen. Zuerst müssen die notwendigen und geeigneten Daten zusammen getragen werden (Informationsbeschaffung). Je nach Aufgabengebiet sind dabei unterschiedliche Datenquellen von Bedeutung: Im Equity Research werden beispielsweise vor allem Gespräche mit Unternehmensvertretern sowie Analystenkonferenzen als die beiden wichtigsten Informationsquellen eingeschätzt. Daneben genießt der öffentlich zugängliche Jahresbericht in diesem Bereich als Informationsvehikel eine hohe Priorität und stellt das am weitesten verbreitete Kommunikationsmedium dar. Da diese Aufgaben im Verantwortungsbereich der Investor-Relations-Abteilung auf Unternehmensseite liegen, stellen deren Mitarbeiter zugleich die wichtigsten Bezugspersonen im Unternehmen für die Finanzanalysten dar.

Die zentrale Aufgabe besteht in der Aufbereitung und Analyse der erhobenen Daten mit dem Ziel, verlässliche Aussagen über makroökonomische Veränderungen oder über die Attraktivität von Finanzierungstiteln abzuleiten (Informationsverarbeitung). Schließlich erfolgt die Verbreitung dieser Erkenntnisse in Form von Empfehlungen (Recommendations), die entweder hausinternen Zwecken dienen, direkt von Unternehmen, Emittenten und institutionellen Investoren genutzt werden oder schließlich sukzessive einem breiten Anlegerkreis zugänglich gemacht werden (Informationsdistribution).

Im Rahmen der eigentlichen Analyse, dem Herzstück der Analystentätigkeit, hängen die untersuchten Fragestellungen und die verwendeten Methoden stark von den zu analysierenden Untersuchungsobjekten und damit letztlich von den geschäftlichen Aktivitäten der Investmentbank und der Kundenstruktur ab. So genannte M & A-Boutiquen, die ihre Kernbereiche ausschließlich auf M & A-Transaktionen oder Corporate-Finance-Tätigkeiten fokussieren, werden ihre Research-Kapazitäten beispielsweise primär im Equity-Bereich einsetzen. Investmentbanken, die hingegen vermehrt in den Bereichen Fixed Income oder Eigenhandel engagiert sind, werden sich dementsprechend auch stärker auf die Analyse innovativer Anleihekonstruktionen oder die Entwicklung komplexer Arbitrage-Handelsstrategien konzentrieren.

In diesem Kontext lassen sich auch die zwei Formen des Research, das Primary Research und das Secondary Research, unterscheiden (vgl. Abbildung 1). Das *Primary Research* bezog sich ursprünglich auf Research-Aktivitäten im Bereich des Primärmarktes, das heißt auf die Analyse und Bewertung von Börsenaspiranten im Zuge eines Inital Public Offering (IPO) sowie von Unternehmen, die eine Kapitalerhöhung anstreben. Der Begriff lässt sich aber nicht mehr stringent in diesem Sinne anwenden, da mittlerweile ebenfalls Aktivitäten im Zusammenhang mit dem M & A-Bereich und teilweise

---

[2] Vgl. Lin/McNichols (1997).

auch dem Principal Investment hierunter verstanden werden. Streng genommen liegt hier folglich eine inhaltliche Begriffsungenauigkeit vor. Bei einigen Häusern und Bereichen innerhalb des Investment Banking hat sich dennoch der Begriff des Primary Research für alle Aktivitäten eingebürgert, die der Akquisition und Mandatsgewinnung von Kapitalmarkttransaktionen in den Bereichen des M & A und Corporate Finance dienen. Synonym wird daher auch die Bezeichnung Deal-Based-Research verwendet.

Das *Secondary Research* umfasst hingegen alle Analysen, Prognosen und Empfehlungen, die auf den Sekundärmarkt ausgerichtet sind, und betrifft damit im weitesten Sinne Unternehmen, die bereits an einer Börse notiert sind. Wie bereits festgestellt, lässt sich eine solche antagonistische Perspektive in der Praxis aber nicht mehr aufrecht erhalten. Im Investment Banking lassen sich daher unter dem Secondary Research all jene Research-Aktivitäten zusammenfassen, die der Generierung von Kommissionen (Commissions) im Wertpapierhandel dienen und die Geschäfte im Sales & Trading-Bereich fördern. Der Begriff des dealunabhängigen Research, das Investmentideen generiert, ist daher ebenfalls gebräuchlich.

Research- bzw. Finanzanalysten übernehmen allerdings temporär auch den unterschiedlichen Bereichen zugehörige Aufgaben und lassen sich daher nicht grundsätzlich in die Kategorien Primary- und Secondary-Research-Analyst einteilen. Es gibt dennoch Analysten, deren Expertise und Reputation durchaus mit den unterschiedlichen Aufgabenbereichen positiv oder negativ korrelieren kann, und die dementsprechend prioritär in einem bestimmten Aufgabengebiet eingesetzt werden. In Einzelfällen kann es daher auch zu einer dauerhaften Aufgabentrennung kommen.

Letztlich werden die Informationen der beiden Bereiche allerdings von den Finanzanalysten überkreuz genutzt und kommen unterschiedlichen Geschäftsfeldern gleichzeitig zu Gute. Dies ergibt sich zwangsläufig aus der Tatsache, dass die Analysten in beiden Bereichen agieren und dementsprechend das in einem Gebiet gewonnene Wissen auch in dem anderen verwenden werden. So erlaubt etwa eine im Secondary Research aufgebaute Branchenexpertise gleichzeitig, einen in diesem Umfeld operierenden Börsenkandidaten fundierter zu bewerten und zu beurteilen. Im Umkehrschluss scheint ein beim Börsengang involvierter Analyst für das notwendige Follow-up-Research des betreffenden Unternehmens im Sekundärmarkt besonders geeignet zu sein, ohne allerdings eventuell gewonnenes Insiderwissen nutzen oder publizieren zu dürfen.

Die gesetzlich verankerten Insiderregeln verbieten Analysten, die in Kapitalmarkttransaktionen involviert sind, grundsätzlich, Wertpapierempfehlungen über die hierbei beteiligten Unternehmen abzugeben, sofern sie über insiderrechtlich relevante Informationen verfügen. Zur allgemeinen Vorbeugung gegen diese Problematik installieren die Investmentbanken organisatorische Schutzmechanismen in Form der so genannten Chinese Walls, um den Fluss von Insiderinformationen zwischen den einzelnen Abteilungen zu verhindern. Gleichzeitig werden Compliance-Abteilungen eingerichtet, an die sich betroffene Mitarbeiter wenden können, um im Zweifelsfall gesetzeskonform zu agieren. Diese Abteilungen überwachen die Einhaltung der gesetzlichen Regeln und führen eine Beobachtungsliste (Watch List) mit denjenigen Unternehmen, von denen die Investmentbank spezielle Insiderkenntnisse hat.

Unabhängig vom Aufgabengebiet des Primary und Secondary Research kooperieren die Analysten intensiv mit den Mitarbeitern aus anderen Geschäftsfeldern und arbeiten regelmäßig in bereichsübergreifenden Teams. Im Rahmen einer Börseneinführung, die sowohl von Mitarbeitern aus dem Corporate-Finance-Bereich als auch von Mitarbeitern aus dem Equity-Capital-Markets (ECM)-Bereich betreut wird, ist der Research-Analyst in Abhängigkeit vom organisatorischen Aufbau der Investmentbank beispielsweise häufig Mitglied des ECM-Teams. Dabei ist er für die Bewertung des an die Börse zu bringenden Unternehmens verantwortlich. Gleichzeitig spielt er eine wichtige Rolle im Marketing, um die erfolgreiche Platzierung der Emission zu gewährleisten. Diese Funktion des Research-Analysten im Marketing und Vertrieb wird strategisch wichtiger. Daher stehen die Analysten auch regelmäßig in engem Kontakt mit den Angehörigen der Sales-Force, um diesen einen fundierten Überblick über die ausschlaggebenden Verkaufsargumente, die Unique Selling Points (USPs), für die Road Show und die One-on-Ones mit institutionellen Investoren zu geben.

In der Praxis können die Research-Analysten durchaus auch der Ausgangspunkt bzw. die Impulsgeber von Kapitalmarkttransaktionen sein. Aufgrund ihres großen Branchen- und Industrie-Know-hows können sie beispielsweise fundiert beurteilen, ob und inwiefern sich bestimmte Unternehmen in geografischer Hinsicht oder mit Blick auf die jeweilige Produktpalette komplementär zueinander verhalten. Dieses Know-how erlaubt der Investmentbank, etwa im Zuge von Cold Calls, Unternehmensführungen von solchen strategischen Optionen zu überzeugen und in der Folge M & A-Mandate zu akquirieren. Ebenso kann es aber der Fall sein, dass die Analysten im Vorfeld der Geschäftsanbahnung nicht involviert sind und erst im Laufe der Transaktion hinzugezogen werden. Unabhängig von dieser strategischen Perspektive fällt dem Research-Analyst regelmäßig bei solchen M & A-Deals die Bewertung der einzelnen Übernahmeobjekte zu, sodass er eine integrale Aufgabe innerhalb des M & A-Teams wahrnimmt.

Der Kontakt mit den Sales & Trading-Bereichen ergibt sich zwangsläufig auch im Bereich des Secondary Research, da die Research Reports regelmäßig als Argumentationsgrundlage vom Sales-Team bei Präsentationen oder Gesprächen mit Investoren Verwendung finden und im Falle einer überzeugenden Begründung für oder gegen einen bestimmten Finanzierungstitel auch den Trading-Bereich tangieren, der die Ausführung der Order wahrnimmt. Eine intensive Kommunikation ist daher zwingend notwendig, um eine konsistente und überzeugende Außendarstellung der Investmentbank zu gewährleisten.

## 1.2 Aufbau und Organisation

Das Aufgabenfeld des Research lässt sich in verschiedene (Sub-) Bereiche weiter untergliedern. Die in diesem Kontext vorgenommene Aufteilung bestimmt gleichzeitig bis zu einem gewissen Grad den Aufbau und die Organisation des gesamten Research in der Investmentbank. In der Praxis erscheint dabei die Differenzierung nach Equity, Fixed Income, Quantitative und Economic Research am gebräuchlichsten (vgl. Abbildung 2). Darüber hinaus besteht zumeist ein Strategiebereich innerhalb des Research.

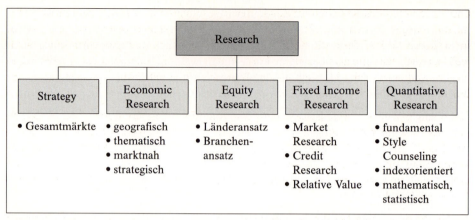

Abbildung 2: Überblick über die einzelnen Funktionsbereiche des Research

Wie bereits erwähnt hängt die strategische Bedeutung dieser unterschiedlichen Tätigkeiten entscheidend von den Stärken der anderen Geschäftsfelder ab. So ist die Notwendigkeit einer Symbiose zwischen einer erfolgreichen Fokussierung auf das Equity Segment am Kapitalmarkt und einem kompetenten Equity-Research-Team evident. Ebenso ist für eine Investmentbank, die effektiv im Bondhandel agiert, ein fundiertes Know-how im Fixed Income Research eine notwendige Voraussetzung für ein solches Engagement. Es ist daher naheliegend, dass sich der Aufbau der Research-Abteilungen entlang den historisch gewachsenen Strukturen der Investmentbanken entwickelt hat und in Abhängigkeit der unterschiedlichen Strategien zwischen den einzelnen Häusern differiert.

Analog zu den anderen Geschäftsfeldern gibt es daher auch für den Bereich des Research keine idealtypische Organisationsform. Grundsätzlich können die einzelnen Bereiche denjenigen Organisationseinheiten zugeordnet werden, die vorwiegend auf die jeweiligen Ergebnisse und Leistungen zugreifen. So ist beispielsweise dem Organigramm der Deutschen Bank zu entnehmen, dass das Equity Research dem Bereich Global Equities angegliedert ist. Das Quantitative Research, welches Aspekte aus dem Equity-Capital-Markets-Bereich berührt, ist wiederum direkt innerhalb des Equity Research angesiedelt, während derjenige Teil des Quantitative Research, welcher den Bereich des Fixed Income Research unterstützt, diesem direkt zugeordnet ist. Gleiches trifft für den Strategiebereich zu. Im Ergebnis findet damit eine Integration der Research-Bereiche innerhalb der jeweiligen Leistungsempfänger und damit eine organisatorische Trennung der einzelnen Research-Bereiche statt. Darüber hinaus werden in dem hier dargestellten Fall sowohl das jeweilige Quantitative Research als auch der Strategiebereich wiederum als Subbereiche innerhalb des Equity bzw. Fixed Income geführt.

Ebenso ist es denkbar, einen gebündelten Funktionsbereich des Research aufzubauen und als eigenständige organisatorische Einheit gemäß Abbildung 2 innerhalb der Investmentbank zu etablieren. In diesem Fall sind die einzelnen Funktionen quasi auf Subebenen einer bereichsübergreifenden Research-Einheit angeordnet. Damit ergibt sich allerdings eine zusätzliche organisatorische Schnittstelle zwischen den Leistungsempfängern und -lieferanten des Research innerhalb der Investmentbank, die zu längeren Kommunikationswegen führen und einen effizienten Informationsfluss behindern kann. Wenn im weiteren Verlauf dennoch dieser Überlegung Rechnung getragen wird, dann nicht, weil sich jene Variante als überlegene Form in der Praxis durchgesetzt hat, sondern deswegen, weil eine solche Darstellung eine trennscharfe Darstellung der einzelnen Funktionsbereiche erlaubt, die dem Leserverständnis dienlich ist.

Unabhängig von der organisatorischen Einordnung werden der Bereich des Research bzw. die einzelnen Abteilungen innerhalb der Investmentbanken in der Regel in Form von Cost Centern geführt. Dies ist darauf zurückzuführen, dass das Research kein „Revenue Generating Business" darstellt. Jene Geschäftsfelder, die auf die Arbeit der Research-Abteilung zurückgreifen, müssen diese Leistungen allerdings auf Basis bestimmter Kostenschlüssel vergüten.

In der Praxis können bei der Bestimmung von Erlös- und Kostenstrukturen durchaus Konfliktsituationen zwischen den Leistungslieferanten und Leistungsempfängern des Research entstehen, da der vom Research verursachte Kostenblock nicht vollkommen transparent aufgeschlüsselt werden kann. Dies resultiert aus der Tatsache, dass häufig verschiedene Bereiche auf die gleichen Ergebnisse des Research-Analysten Rückgriff nehmen und dementsprechend die in Anspruch genommenen Ressourcen nicht genau zurechenbar sind. Im Rahmen einer Börseneinführung werden beispielsweise die erstellten Research-Berichte sowohl von den Corporate-Finance-Mitarbeitern bei den Emittenten als auch von den Equity-Capital-Markets- und Sales-Teams in Gesprächen mit institutionellen Investoren als wichtiges Verkaufsinstrument verwendet. In der Folge können die Kostenschlüssel nicht exakt spezifiziert werden, sodass die Leistungsverrechnung und die (Gemein-)Kostenallokation letztlich bis zu einem gewissen Grad arbiträr erfolgt.

Langfristig ist es allerdings denkbar, dass die Leistung des Research zunehmend in den Mittelpunkt gerät und nicht mehr ausschließlich indirekt über die Kommissionen der anderen Geschäftsfelder bzw. über die Kompensation von Transaktionskosten abgegolten wird, wie es die heutige Praxis ist. Bereits heute zeigen sich die ersten Erosionserscheinungen dieses ungeschriebenen Gesetzes, indem einige Banken ihre Sales-Kunden nach Beratungs- und Nicht-Beratungskunden mit jeweils unterschiedlichen Provisionsstrukturen differenzieren. Insofern stellt sich auch die Frage, ob Research nicht langfristig über den kostenpflichtigen Vertrieb der Produkte sukzessive den Charakter eines Geschäftsfeldes annehmen und in der Folge in Form eines Profit Centers organisiert werden wird.

## 2. Funktionsbereiche des Research

### 2.1 Strategy

Der Bereich Strategy innerhalb des Research setzt sich vorwiegend mit der Analyse des allgemeinen Marktumfelds, genereller marktbeeinflussender Faktoren und wesentlicher Rahmenbedingungen auseinander, um daraus Aussagen und Empfehlungen für den Aktien- und Rentenmarkt abzuleiten. Hier werden primär strategische Gesichtspunkte diskutiert, die im Ergebnis richtungsweisenden Charakter für die übrigen Funktionsbereiche des Research haben.

Ausgangspunkt der Betrachtung des Strategiebereichs sind folglich nicht Einzelwerte, die es zu bewerten gilt, sondern vielmehr nationale Gesamtmärkte und -segmente, für die Prognosen erstellt und Entwicklungstendenzen aufgezeigt werden. Dazu gehören auch Überlegungen hinsichtlich der strategischen und taktischen Asset Allocation. Dabei stellt sich ebenfalls die Frage nach der Gewichtung von Aktien- und Rentenbeständen einzelner Portfolios.

In diese Analyse geht eine Vielzahl volkswirtschaftlich relevanter Daten, die hauptsächlich aus dem Economic Research stammen (vgl. Abschnitt 2.2), ein. Zwischen diesen Bereichen findet dementsprechend eine besonders enge Zusammenarbeit statt. Der relevante Datenkranz umfasst etwa Konjunktur- und Wachstumserwartungen, Zinsentwicklungen und Gewinntrends. Aber auch Investitions- und Geldflüsse (Flows) der Portfoliomanager auf den weltweiten Märkten gehen in die Berechnungen als kursbestimmende Parameter ein. Anzeichen eines bevorstehenden Aufschwungs werden beispielsweise in Form so genannter Frühindikatoren wie dem ifo-Geschäftsklimaindex wahrgenommen. Die Stimmung im verarbeitenden Gewerbe spiegelt sich etwa in der Zahl der Auftragseingänge wider, während die monatlichen Zuwächse der Industrieproduktion Aufschluss über die Wachstumsdynamik im produzierenden Gewerbe geben.

Ebenso werden politische Rahmenbedingungen analysiert und beispielsweise Auswirkungen von (Unternehmens-)Steuerreformen auf die betrachteten Märkte evaluiert. Gleichzeitig werden Untersuchungen über die Kapitalproduktivität sowie der Margen- und Profitabilitätsaussichten der jeweiligen Branchen vorgenommen, um zuverlässige Aussagen treffen zu können. Dabei wird auch besonderen marktbeeinflussenden Faktoren, so etwa Terroranschlägen und Währungsumstellungen, Rechnung getragen und deren makro- und mikroökonomischen Effekte näher beleuchtet.

Letztlich erfolgen in diesem Zusammenhang auch konkrete Gewinn- und Cashflow-Schätzungen für einzelne Branchen und Unternehmen. Diese werden in Datenbanken konserviert, welche ebenfalls als Basis für die Produkte der anderen Research-Bereiche verwendet werden. Hauptnutznießer solcher Datenbanken ist das Equity Research, das seine Wertpapierempfehlungen auf dieses Datenmaterial aufbaut. Gleichzeitig wird das im Strategiebereich angesammelte Wissen genutzt, um bestehende Bewertungsansätze weiterzuentwickeln und sich ändernden Umweltbedingungen anzupassen, wie es beispielsweise der Neue Markt erfordert.

Die Konjunktur-, Zins- und Gewinnerwartungen führen schließlich zu konkreten Marktprognosen. Bezogen auf den deutschen Aktienmarkt werden etwa verschiedene kurz-, mittel- und langfristige DAX-Voraussagen getroffen und deren jeweilige Wahrscheinlichkeiten skizziert. Gleichzeitig drängen sich in den verschiedenen Szenarien spezielle Branchenschwerpunkte auf. Ausgehend von einem solchen Marktkommentar werden daher in der Folge bestimmte Konsolidierungs- und Wachstumsbranchen definiert, die zu Empfehlungen für Branchengewichtungen und Unternehmensfavoriten führen. Ein freundlicher Rentenmarkt dürfte etwa den Wachstumsbranchen ebenso wie den Finanzwerten zu Gute kommen. Konjunktursensitive bzw. zyklische Werte ziehen hingegen erfahrungsgemäß einen geringeren Vorteil aus fallenden Langfristzinsen und profitieren weniger von einer flachen Zinsstrukturkurve.

Die hier vorgenommenen Einschätzungen geben daher in gewisser Weise die grundsätzliche „Marschrichtung" für die anderen Bereiche vor. Gleichzeitig fließen aber die Erkenntnisse und Expertise der anderen Abteilungen in die Beurteilung der Gesamtlage, der Sektorausrichtung und letztlich auch der Gewinnschätzungen mit ein. Insbesondere an den Schnittstellen zum Economic Research und Quantitative Research bestehen teilweise fließende Übergänge zum allgemeinen Strategiebereich. Ebenso werden aber die Erkenntnisse im Equity und Fixed Income Research bei der Formulierung eines Marktkommentars mit entsprechenden Anlageempfehlungen berücksichtigt. Insofern herrscht eine hohe Interdependenz in der Arbeits- und Vorgehensweise zwischen den einzelnen Abteilungen. Diese interdisziplinäre Arbeitsteilung ermöglicht eine fundierte Produkterstellung und gewährleistet gleichzeitig eine weitgehend konsistente Kommunikationspolitik in der Außendarstellung der Investmentbank.

## 2.2 Economic Research

Das Economic Research befasst sich mit der Analyse und Prognose von makroökonomischen Sachverhalten, das heißt der Entwicklung gesamter (Volks-)Wirtschaften. Als Themenschwerpunkte lassen sich dementsprechend wirtschaftliche und finanzielle Trends identifizieren. Darunter fallen insbesondere die Entwicklung von Konjunkturzyklen, Inflationsraten, Arbeitslosenquoten und Wechselkursen, die Struktur der Zahlungsbilanz sowie das Wachstum des gesamtwirtschaftlichen Outputs.[3]

Aufgabe der Economic-Research-Analysten ist es, diese volkswirtschaftlichen Einflussfaktoren zu analysieren, zu interpretieren und zu prognostizieren. Der Verantwortungsbereich des Economic Research umfasst damit beispielsweise gesamtwirtschaftliche Grundlagenanalysen, die Kommentierung und Interpretation von Vorgängen an den internationalen Finanzmärkten, die Beobachtung von Branchen und Ländern sowie die Analyse wirtschaftspolitischer Fragestellungen. Aus der Erhebung und Vermittlung von Informationen, deren Analyse und Prognose werden somit schließlich konkrete volkswirtschaftliche Entwicklungsszenarien als Handlungsgrundlage für die anderen Funktionsbereiche abgeleitet.

Organisatorisch ist es denkbar, dass die einzelnen Aufgabenbereiche nach Regionen oder Ländern aufgeteilt werden. Ebenso können diese nach speziellen Themenbereichen aufgestellt sein. In diesem Fall spezialisieren sich Analysten auf bestimmte Einflussfaktoren und sind beispielsweise gezielt für die Prognose der Inflationsrate verantwortlich. Ebenso gibt es Analysten, die sich besonders auf die Geldpolitik konzentrie-

---

[3] Vgl. Dornbusch/Fischer (1995), S. 1.

ren. Diese so genannten Central Bank Watcher beobachten und interpretieren die Aktivitäten und Äußerungen der nationalen Zentralbanken, um daraus frühzeitig Rückschlüsse und Wertungen für die künftige Geldpolitik ziehen zu können. Weitere Themenbereiche bei einer solchen organisatorischen Variante können auch die Entwicklung von mathematischen oder ökonometrischen Modellansätzen zur Prognosetätigkeit darstellen.

In einigen Investmentbanken erfolgt eine zusätzliche Differenzierung des Economic Research in eine marktnahe Abteilung und eine Grundsatzabteilung. Letztere beschäftigt sich insbesondere mit politischen Einflüssen und Entwicklungen beispielsweise im Zuge von Treffen der G7-Staaten und Rahmenbedingungen wie dem Steuersystem. Insofern werden hier primär langfristig relevante Aspekte und Entwicklungen mit Grundsatzcharakter unter strategischen Gesichtspunkten evaluiert. Das marktnahe Economic Research setzt sich hingegen mit den unmittelbaren Auswirkungen der Marktereignisse auseinander.

Es ist intuitiv eingängig, dass die volkswirtschaftlichen Analysen für die übrigen Bereiche des Research von elementarer Bedeutung sind. Insbesondere die Prognose der Geldpolitik nimmt eine besondere Bedeutung ein. Rechnen die Volkswirte einer Investmentbank etwa mit einer Anhebung des Refinanzierungssatzes in einer bestimmten Höhe, die noch nicht in den Märkten eskomptiert ist, hat dies spürbare Auswirkungen sowohl auf gesamtwirtschaftliche Prognosen als auch auf jene, die Aktien- oder Rentenmarkt betreffen. Daher bauen die Prognosen, welche in anderen Abteilungen erstellt werden, mittel- oder unmittelbar auf den im Economic Research vorgegebenen makroökonomischen Prämissen und Szenarien auf und sind daher für potenzielle Anlagestrategien von erheblicher Relevanz. Aufgrund der Natur der Tätigkeit im Fixed Income Research ist in der Praxis allerdings zu beobachten, dass jener Bereich der Hauptleistungsempfänger der gesamtwirtschaftlichen Prognosen aus dem Economic Research ist.

Die inhärenten Wirkungszusammenhänge zwischen dem Economic Research und den anderen Funktionsbereichen werden in den entsprechenden Abschnitten erörtert. Nachfolgend wird daher lediglich das Vorgehen im marktnahen Bereich skizziert und exemplarisch dargestellt, wie die Analysten zu Aussagen über wirtschaftliche und finanzielle Entwicklungen gelangen.

Die Beurteilung der konjunkturellen Lage erfolgt anhand einer Vielzahl einzelner Kennzahlen, die eine Indikation über die gesamtwirtschaftliche Lage liefern. Die Konjunkturentwicklung spiegelt sich vor allem in den Kennzahlen Privater Verbrauch, Staatsverbrauch, Anlageinvestitionen, Im- und Exporte und Inflationsrate wider. Die Auftragseingänge und die Produktion im verarbeitenden Gewerbe, die Entwicklung der Verbraucherpreise und der Arbeitslosenquote sowie der Handels- und Leistungsbilanz komplettieren als zusätzliche Mosaiksteine das Bild. Alle diese Daten leisten einen wesentlichen Beitrag zur Analyse der wirtschaftlichen Prosperität und müssen demnach im Detail untersucht und interpretiert werden, um eine ganzheitliche Beurteilung gewährleisten und schließlich in aggregierter Form eine Prognose über das wirtschaftliche Wachstum abgeben zu können.

Aus diesen Befunden lassen sich nicht nur Tendenzen über die Entwicklung des Bruttoinlandsproduktes vorhersagen, sondern auch strukturelle Aussagen treffen. Die Dynamik eines Aufschwungs beginnt in Deutschland in der Regel mit Exportimpulsen, denen die Belebung der privaten Investitionen und des privaten Konsums als zweite und dritte Stufe einer konjunkturellen Erholung erst mit einer gewissen Verzögerung nachfolgt. Unter Berücksichtigung dieser Lead- und Lag-Strukturen lassen sich aus diesen Entwicklungen auch Branchenempfehlungen für die Aktienanalyse ableiten. So erscheinen in der ersten Phase Titel aus exportorientierten Branchen attraktiv, während jene aus zyklischen Industrien erst in den Folgephasen von einem Aufschwung profitieren.

Ebenso lässt sich eine Reihe zinsbeeinflussender Faktoren isolieren. Hier spielen insbesondere das sich abzeichnende Wachstum, die Preisentwicklung, die Finanzpolitik und die Geldpolitik eine wesentliche Rolle. Tendenzen einer Wachstumsbelebung mit einer einhergehenden moderaten Inflationssteigerung sowie einer expansiven Finanzpolitik sprechen nachhaltig für eine neutrale oder gar restriktive Geldpolitik mit entsprechenden Zinserhöhungen.

Eine solche Konstellation ließ sich beispielsweise im Herbst 1999 konstatieren. Eine steigende Industrieproduktion in den Mitgliedsländern der EWU in der zweiten Jahreshälfte sprach für eine spürbare Wachstumsbeschleunigung. Gleichzeitig lag die Inflationsrate für diesen Raum im September unverändert gegenüber dem Vormonat bei 1,2 Prozent. Allerdings zeigten die nachfolgenden Veröffentlichungen der Länderpreisdaten eine leichte Steigerung der Inflationsrate, sodass von vielen Banken – trotz eines aus der Liberalisierung des deutschen Strommarkts resultierenden gegenläufigen Effekts – mittelfristig eine leicht steigende Inflationsrate erwartet wurde. Als positiv durften geringe Defizitquoten infolge haushaltspolitischer Konsolidierungsanstrengungen gewertet werden. Dennoch war sich die Mehrzahl der Marktteilnehmer einig, dass die EZB aufgrund der verbesserten Konjunkturlage und auch aufgrund des relativ kräftigen Kreditwachstums eine baldige geldpolitische Straffung vornehmen würde. Darauf ließen auch Äußerungen des Präsidenten der EZB Wim Duisenberg im Oktober 1999 schließen, dass die Zeit der akkomodierenden Geldpolitik vorbei sei und der bereits im Juli angekündigte „Tightening Bias" weiter verfolgt werden würde. Lediglich das Ausmaß und der Zeitpunkt (Timing) waren folglich noch Auslöser kontroverser Debatten.

In den letzten Jahren haben auch so genannte Zentralbank-Reaktionsfunktionen auf der Suche nach einem verlässlichen Datenkranz, mit dem Zentralbank-Entscheidungen antizipiert werden können, an Bedeutung gewonnen. Besondere Popularität erlangte in diesem Kontext die so genannte Taylor-Rule. Unter einer geldpolitischen Reaktionsfunktion wird eine systematische Verbindung von im engeren Einflussbereich einer Notenbank stehenden Größen – wie zum Beispiel die Notenbankzinsen oder die Geldbasis – mit Zielgrößen der Geldpolitik – wie zum Beispiel der Preisentwicklung oder der konjunkturellen Entwicklung – verstanden.[4] Die Ergebnisse solcher Funktionen können als Indikator (Guideline) für den Fortgang der Geldpolitik dienen und helfen für Verständnis der Zinspolitik.

---

[4] Vgl. Seitz/Keis (1999), S. 2.

## 2.3 Equity Research

### 2.3.1 Funktion und Organisationsform

Unter der Funktion des Equity Research wird die Nutzung von unterschiedlichen Datenquellen verstanden, um in einem nationalen oder internationalen Maßstab einzelne Unternehmen zu bewerten und Indikationen über die Vorteilhaftigkeit einer Investition in die Aktien jener Unternehmen in Form von Kauf-, Halte- oder Verkaufsempfehlungen abzuleiten.

In den letzten Jahren hat sich allerdings herauskristallisiert, dass die gleichzeitige Aufgabenwahrnehmung von Marketing und Vertrieb der Beteiligungstitel im Rahmen von Kapitalmarkttransaktionen eine zunehmende strategische Bedeutung im Equity Research einnimmt und mittlerweile häufig die Hälfte der Arbeitsbelastung von Equity-Research-Analysten ausmacht. In einem weiteren Sinne ist daher auch die Konzeption der Unternehmensdarstellung (Equity Story), die Präsentation des entsprechenden Unternehmens am Kapitalmarkt, etwa im Zuge von Road Shows, sowie die Verbreitung der relevanten Unternehmensinformationen unter der Funktion des Equity Research zu verstehen. Hierbei erfolgt regelmäßig eine enge Zusammenarbeit mit den Mitarbeitern aus Corporate Finance und Equity Capital Markets auf Bankseite sowie mit den Mitarbeitern der Investor-Relations-Abteilung auf Unternehmensseite.

Der Aufbau der Equity-Research-Abteilung kann auf unterschiedliche Weise organisiert sein und ist ebenfalls von der strategischen Ausrichtung der jeweiligen Investmentbank abhängig. Es zeigt sich mittlerweile aber sowohl bei angloamerikanischen als auch bei kontinentaleuropäischen Häusern ein dominierender Trend zu einem Branchenfokus, der den ehemals bevorzugten Länder- bzw. Regionenansatz zunehmend ablöst. Die betrachteten Unternehmen werden damit nicht mehr nach Länderzugehörigkeit, sondern nach Branchenzugehörigkeit geclustert (vgl. hierzu ebenfalls den Beitrag Asset Management, Abschnitt 3.1).

Diese Entwicklung ist auf verschiedene Faktoren zurückzuführen, wird aber primär von einem Paradigmenwechsel in der Anlagephilosophie und dem damit einhergehenden veränderten Informationsnachfragebedürfnis großer institutioneller Investoren ausgelöst. Institutionelle Investoren verlangen mittlerweile verstärkt Informationen über Aktien von Unternehmen rund um den Globus, um adäquate Vergleichsdaten zur Bewertung nationaler Unternehmen zu erhalten (Peer Group Comparison). Gleichzeitig besteht die Intention, rentable Investitionsmöglichkeiten außerhalb bestimmter Landesgrenzen zu erschließen (In Depth Sector Research), um vor dem Hintergrund bestimmter Risiko/Rendite-Überlegungen ungenügend diversifizierte Asset-Portfolios zu optimieren.

Die zunehmende Ausrichtung von Unternehmen auf internationale Rechnungslegungsnormen verstärkt diesen Trend, da diese die Transparenz der Berichterstattung erhöhen. Die Europäische Währungsunion (EWU) mit einer einheitlichen Währung hat innerhalb Europas gleichfalls eine katalysierende Wirkung, da als positive Folge das Währungsrisiko grenzüberschreitender Investitionen in diesem Währungsraum entfallen ist und teure Absicherungspositionen über derivative Finanzinstrumente (Hedging) obsolet geworden sind.

Vor dem Hintergrund dieser Entwicklung nutzen große Häuser, die über die entsprechenden Ressourcen verfügen, auch vereinzelt die Chance, weltweite Unternehmensdatenbanken aufzubauen, die über die einfache Auflistung unternehmensinterner Kennzahlen hinausgehen und gleichzeitig über Datenanpassungen die gewünschte transnationale Vergleichbarkeit im Sinne der Wertpapieranalyse unabhängig von lokalen Regulierungen gewährleisten. Trotz internationaler Harmonisierungsbestrebungen besteht aufgrund unterschiedlicher Rechnungslegungsvorschriften und Veröffentlichungspflichten nach wie vor die Schwierigkeit, einheitliche Bewertungsmodelle in weltweit unterschiedlichen Regionen anzuwenden, die konsistente Ergebnisse ermöglichen. Diese Aufgabenverantwortung wird aber vorwiegend im Strategiebereich des Research wahrgenommen.

Damit gewinnt der Beitrag der Analystengemeinschaft im Rahmen der Informationsverarbeitung und -distribution trotz eines zu beobachtenden Trends zur Desintermediation (vgl. Beitrag Markt und Wettbewerb, Abschnitt 1.1) an Bedeutung, da Investoren aufgrund mangelnder Kapazitäten in der Regel nicht in der Lage sind, solche umfassenden Datenbanken aufzubauen und zu pflegen, sie aber dennoch für renditeoptimierende Investitionsentscheidungen benötigen.

Gleichzeitig verändern viele Investmentbanken die strukturelle und organisatorische Ausrichtung ihrer Equity-Research-Abteilungen, um den veränderten Investorenbedürfnissen Rechnung zu tragen. So hat beispielsweise Goldmann Sachs 1997 mit der Einführung von 21 globalen Industriegruppen innerhalb des Research auf diese veränderten Rahmenbedingungen reagiert. Morgan Stanley Dean Witter und Merrill Lynch verfolgen ebenso eine solche globale Perspektive.

Einige Banken streben auch eine Matrixorganisation an und versuchen so, die jeweiligen Vorteile eines Branchen- bzw. Länderansatzes zu kombinieren (vgl. Abbildung 3). Bei einem solchen Ansatz werden auf der einen Seite Unternehmen aus verschiedenen Branchen über Landesgrenzen hinweg von einem bestimmten Research-Team gecovered, um das Wissen und Know-how über weltweite Business Trends und Veränderungen zu nutzen und gleichzeitig eine globale Messlatte der Investitionsrentabilität auflegen zu können. Um diesem Gedanken Rechnung zu tragen, werden zumeist nur jene Unternehmen beobachtet, die eine bestimmte Größe aufweisen, auf einer Vielzahl nationaler Absatzmärkte präsent sind und damit auch in einem weltweiten Verdrängungswettbewerb stehen. In einem deutschen Kontext bieten sich für die Nutzung einer solchen Expertise vor allem DAX-Unternehmen mit einer entsprechend hohen Marktkapitalisierung (Large Caps) wie die Deutsche Telekom AG oder die DaimlerChrysler AG an.

Gleichzeitig werden Länderteams gebildet, um Kenntnisse über lokale Makro- und Mikrostrukturen der nationalen Volkswirtschaften effektiv zu nutzen. Auf dieser Ebene werden dann zusätzlich auch selektiv Unternehmen mit einer geringeren Marktkapitalisierung (Small und Mid Caps) analysiert, die in einem nationalen Umfeld betrachtet werden, da deren Wettbewerbssituation häufig stark von den makroökonomischen

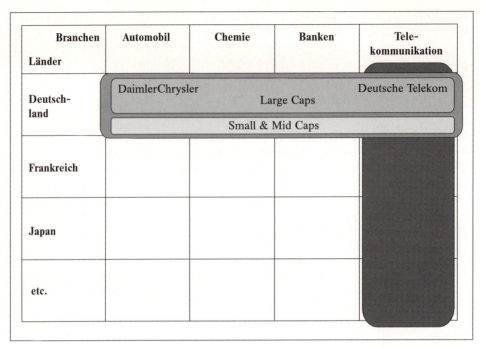

Abbildung 3: Matrixorganisationsform im Equity Research

Daten, den Wettbewerbsstrukturen und den Rahmenbedingungen des jeweiligen Landes geprägt ist. Im Telekommunikationsbereich kann es daher beispielsweise sinnvoll sein, ein Unternehmen, welches primär im liberalisierten deutschen Markt agiert, aus einer (deutschen) Länderperspektive heraus zu bewerten. Aufgrund des Matrixansatzes wird es aber dennoch unter dem Telekommunikationssektor subsumiert, sodass sich Knowhow-Synergiepotenziale realisieren lassen. Es ist allerdings zu vermuten, dass ein solcher Ansatz auch mit einem höheren Organisationsaufwand verbunden ist.

### 2.3.2 Vorgehensweise zur Ableitung von Aktienempfehlungen

In gewisser Weise determiniert die realisierte Organisationsvariante auch die Vorgehensweise zur Ableitung von Indikationen über die Attraktivität von Beteiligungstiteln der Unternehmen. Grundsätzlich bestehen hier zwei, in ihrer Methodik diametral unterschiedliche Möglichkeiten: der Top-down-Approach und der Bottom-up-Approach (vgl. dazu auch Beitrag Asset Management, Abschnitt 3.2.2). Die Auswahl der zu bewertenden Unternehmen erfolgt zumindest bei denjenigen Investmentbanken, die einen Branchenansatz verfolgen, automatisch anhand eines Bottom-up-Approach, da die Analysten bestimmten Branchen verhaftet sind und dementsprechend die jeweiligen zugehörigen Unternehmen bewerten. Nur bei einem reinen Länderansatz bestehen bei der Wahl der Vorgehensweise prinzipiell der Freiraum und die Möglichkeit, einen Top-down-Ansatz zur Identifikation attraktiver Unternehmen zu nutzen.

Im Rahmen eines Top-down-Approach versuchen die Finanzanalysten, Unternehmen im Kontext makroökonomischer Perspektiven zu identifizieren und zu bewerten. Der Ausgangspunkt eines solchen Top-down-Ansatzes besteht in der Analyse wesentlicher volkswirtschaftlicher Daten und dem (Markt-)Umfeld, in dem das betreffende Unternehmen operiert, bevor anschließend aktuelle Tendenzen auf den Kapitalmärkten evaluiert werden, um allgemeine Einflussfaktoren auf die Börsenentwicklung abzuschätzen und attraktive Branchen zu identifizieren.

Wird beispielsweise eine Steigerung der Kapitalmarktzinsen antizipiert, besteht eine hohe Wahrscheinlichkeit, dass diese Erwartungen negative (Kurs-)Auswirkungen auf zinssensible Titel wie Finandienstleister und Wachstumsunternehmen haben. Auch wenn bei einem getrübten Zinsklima allgemein die Marktaussichten gedämpft sind, erscheint es in einem solchen Umfeld sinnvoll, sich auf andere Branchen zu konzentrieren, die weniger von solchen Erwartungen dominiert werden. Gleichfalls erscheint es empfehlenswert, in Zeiten wirtschaftlicher Rezession konjunkturreagible (zyklische) Aktien in einem Portfolio unterzugewichten.

Aufbauend auf diesem Fundament makroökonomischer Kennziffern wird dann die Lage der als aussichtsreich geltenden Industrien, deren Wettbewerbsstrukturen sowie Angebots- und Nachfrageaussichten mit den daraus resultierenden Preisentwicklungen diskutiert. Diese Erkenntnisse werden schließlich genutzt, um sorgfältige und detaillierte operative und finanzielle Analysen der in den entsprechenden Branchen tätigen Unternehmen durchzuführen und im Rahmen einer Bewertung konkrete Empfehlungen für individuelle Aktien abzuleiten. Eine solche Vorgehensweise erlaubt den Research-Mitarbeitern, dezidierte Unternehmensanalysen durchzuführen, die auch für ihre Kunden verständlich sind. Daher werden auch die schriftlichen Reports regelmäßig auf diese Art und Weise erstellt.

Konträr dazu versuchen Analysten, die dem Bottom-up-Approach folgen, primär aus unternehmensindividuellen Daten und relativen Vergleichen mit anderen Gesellschaften rentable Investitionsmöglichkeiten aufzuzeigen, die sie erst im Anschluss in volkswirtschaftliche Zusammenhänge einbetten. Allerdings ist anzumerken, dass auch Gewinnschätzungen letztlich auf makroökonomischen Prognosen aufbauen. Dennoch basiert dieser Ansatz primär auf der Annahme, dass bestimmte Unternehmen unabhängig von branchenabhängigen Determinanten in der Lage sind, signifikante Überrenditen im Vergleich zu den Wettbewerbern und dem übrigen Markt zu erwirtschaften. Erst in einem Folgeschritt werden das makroökonomische Umfeld und die relevante Industrielogik begutachtet und daraus Rückschlüsse für die Finanzanalyse des betrachteten Unternehmens gezogen.

Eine typische Vorgehensweise kann beispielsweise sein, alle profitablen Unternehmen einer bestimmten Branche zu identifizieren, die ein bestimmtes Umsatzwachstum, eine relativ geringe Price-Book-Ratio oder ein relativ günstiges Price-Earnings-Ratio aufweisen. Diese finanziellen Kennzahlen dienen als Indikator für die Suche nach aussichtsreichen Kandidaten, die gegenüber ihren Wettbewerbern relativ günstige Bewertungsbedingungen aufweisen. Die auf diesem Wege identifizierten Unternehmen werden dann in der Folge einer intensiven Analyse unterzogen. Problematisch bei diesem

Vorgehen ist allerdings, dass das Ausgangsniveau der Peer Group per se ungünstig sein kann, etwa wenn nachhaltige strukturelle Probleme innerhalb der Industrie vorherrschen.

### 2.3.3 Bewertung und Empfehlung

Unabhängig von der realisierten Organisationsvariante und der Vorgehensweise zur Identifikation aussichtsreicher Titel spielt letztlich die Bewertung des Unternehmens bzw. der Beteiligungstitel in Form von Aktien als Herzstück der Informationsverarbeitung eine essentielle Rolle. Schließlich stellen die Aufdeckung und Ausnutzung von Unter- oder Fehlbewertungen von Unternehmen als Folge von temporären Ineffizienzen des Kapitalmarkts zentrale Zielsetzungen und Aufgabenstellungen im Research dar. Die Dynamik der Kapitalmärkte impliziert dabei, dass es sich bei diesem Vorgehen nicht um einen einmaligen, sondern um einen fortlaufenden Prozess handelt.

Grundsätzlich stehen für die Bewertung die gängigen Verfahren zur Verfügung, welche sich nach Einzelbewertungsverfahren und Gesamtbewertungsverfahren differenzieren lassen (für eine ausführliche Darstellung vgl. Beitrag Mergers and Acquisitions, Abschnitt 3.1.2.2). Ansatzpunkt der *Einzelbewertungsverfahren* ist nicht das Unternehmen als Ganzes, sondern dessen einzelnen Bestandteile. Jene Verfahren sind folglich im Rahmen des Research nur in bestimmten Sondersituationen wie beim Verkauf von unselbstständigen Unternehmensteilen zu berücksichtigen. Allerdings erfolgt insbesondere bei stark diversifizierten Unternehmen regelmäßig eine Bewertung der Einzelteile im Rahmen einer so genannten Sum-of-the-Parts-Valuation, um aus deren Addition eine Evaluierung des eigentlichen Bewertungsobjektes vorzunehmen (Break-up-Value). Hinter einem solchen Vorgehen steht häufig die Überlegung, dass bei Konglomeraten eine strukturelle Unterbewertung vorherrscht und die Summe der Einzelteile einen höheren Wert als das Unternehmen als Ganzes aufweist (Conglomerate Discount). Letztlich erfolgt aber eine Sum-of-the-Parts-Valuation auch mit der Zielsetzung, einen Gesamtwert für das Unternehmen zu bestimmen, sodass diese Form der Methodik zwar dem Ansatz eines Einzelbewertungsverfahrens folgt, prinzipiell aber den Charakter einer Gesamtbewertung trägt.

Marktorientierte und fundamentale Verfahren als *Gesamtbewertungsvarianten* stehen daher im Vordergrund der Überlegungen zur Aktienbewertung. Sie werden in der Regel parallel eingesetzt, um eine Bandbreite plausibler Bewertungsmaßstäbe zu erhalten. Der Wert eines Unternehmens wird somit in erster Linie aus dem Barwert der zukünftigen Nettoausschüttungen des Unternehmens und de facto durch die erwarteten Unternehmenserfolge und den angewendeten Kapitalisierungszinsfuß determiniert. Damit besteht in der Ermittlung dieser Parameter, insbesondere der Prognose der Gewinne (Earnings Forecast), aus denen sich letztlich die Nettoausschüttungen ableiten, die zentrale Aufgabe eines Equity-Research-Analysten.

Bei den *marktorientierten* Verfahren wird der Wert des Unternehmens von unternehmensexternen Wertgrößen indirekt abgeleitet, die auf der Einschätzung anderer Marktteilnehmer beruhen. Genaugenommen ist der Marktwert damit ein Gleichgewichtspreis, der sich aus Angebot und Nachfrage ableitet. Unter der Prämisse, dass die Erwartungen der Marktteilnehmer dem kapitalmarkttheoretischen Gedankengut Rechnung tragen, liegt den marktorientierten Verfahren ebenfalls das Prinzip der zukünftigen Barausschüttungen als wertbestimmender Parameter zu Grunde.

Bei den *fundamentalen* Verfahren wie dem Discounted-Cashflow-Verfahren (DCF) oder dem Ertragswertverfahren gilt es zusätzlich, den jeweiligen Zweck der Unternehmensbewertung zu beachten. So kann zwischen der Ermittlung eines Entscheidungswertes zum Zwecke der Kapitalanlage und der Ermittlung zum Zwecke einer unternehmerischen Tätigkeit unterschieden werden. Im ersten Fall hat der Anteilseigner zumeist nur einen unbedeutenden Einfluss auf die Unternehmensführung, sodass der Wert der Anteilscheine für alle übrigen Kapitalanleger einen vergleichbaren Wert aufweist. Typisches Merkmal der zweiten Variante ist hingegen der substantielle Einfluss des Anteilseigners auf die Unternehmensführung mit der Folge, dass der Wert des Unternehmens entscheidend durch eine subjektive Komponente dieses Eigners beeinflusst wird (subjektiver Entscheidungswert) und in der Regel über jenem liegt, den ein Kapitalanleger dem Unternehmen beimisst.[5]

Diese individuellen Nutzenwertüberlegungen sind für denjenigen Anteilseigner, der eine reine Kapitalanlageabsicht verfolgt, und damit auch für die Aktienanalyse ohne Interesse und Bedeutung. Konsequenterweise sind so genannte Synergieeffekte im Rahmen von potenziellen Unternehmensverbunden zunächst außer Acht zu lassen (Stand-Alone-Wert), da diese lediglich subjektive Wertvorstellungen widerspiegeln. Gleichwohl werden auch in der Aktienanalyse Fusionsphantasien berücksichtigt und Kapitalmarkttransaktionen antizipiert, welche Spekulationen und Hoffnungen auf steigende Börsenkurse nähren.

Es ist allerdings zu berücksichtigen, dass die Research-Analysten ebenfalls als integrales Teammitglied an M & A-Transaktionen beteiligt sind. Ihnen obliegt dann die Bewertung von Unternehmen im Rahmen von Fusionen und Beteiligungskäufen, die Leitungs- oder Kontrollbefugnisse gewähren. In diesem Kontext gilt es, bei der Prognose und Quantifizierung von künftigen Nettoausschüttungen mögliche Synergieeffekte unter der Berücksichtigung der Wahrscheinlichkeit ihrer Realisierung zu berücksichtigen. Diese können beispielsweise aus Kostensenkungspotenzialen oder positiven Ertragsaussichten aufgrund komplementärer Produktpaletten resultieren. Gleichzeitig finden hier strategische Wertzuschläge sowie Macht- und Prestigeüberlegungen Eingang in die Wertvorstellungen der einzelnen Akteure. Im Ergebnis kann dies dazu führen, dass der subjektive Entscheidungswert in der Summe von der selbstständigen Bewertung aller Anteile abweicht.[6]

Aus den Ergebnissen der Bewertungsanalysen werden schließlich Anlagestrategien für Aktien in Form von Kauf-, Halte-, oder Verkaufsempfehlungen abgeleitet, je nachdem

---

[5] Vgl. Born (1995), S. 21.
[6] Vgl. Fischer (1996), S. 157.

ob bzw. welche Differenzen sich etwa aus den aktuellen Marktwerten und den fundamental ermittelten Unternehmenswerten ergeben. Um die Plausibilität der Handlungsempfehlungen zu überprüfen, ist es in der Praxis üblich, dass die Kunden des Research verschiedene Häuser zu Rate ziehen. Hierbei ist allerdings zu beachten, dass selbst Empfehlungen mit derselben Tendenz inhaltlich zwischen den Investmentbanken differieren können, da diese einerseits unterschiedliche Empfehlungssysteme und gleichzeitig einen eigenen Sprachgebrauch aufweisen (vgl. Abbildung 4).

| Bank | Kategorie | Definition | Zeithorizont |
|---|---|---|---|
| HSBC Trinkaus & Burkhardt (rel. System) | 1. Kaufen | Aktie wird sich im Vgl. zum Markt um mehr als 15% besser entwickeln | 12 Monate |
| | 2. Aufstocken | Aktie wird sich im Vgl. zum Markt um 5 bis 15% besser entwickeln | 12 Monate |
| | 3. Halten | Aktie wird sich im Vgl. zum Markt um im Bereich +5 und −5% entwickeln | 12 Monate |
| | 4. Reduzieren | Aktie wird sich im Vgl. zum Markt um 5 bis 15% schlechter entwickeln | 12 Monate |
| | 5. Verkaufen | Aktie wird sich im Vgl. zum Markt um mehr als 15% schlechter entwickeln | 12 Monate |
| ABN Amro | 1. Buy | Aktie wird sich im Vgl. zum lokalen Index um mind. 10% besser entwickeln | 6 Monate |
| | 2. Sell | Aktie wird sich im Vgl. zum lokalen Index um mind. 10% schlechter entwickeln | 6 Monate |
| | 3. Overvalued | Aktie wird sich im Vgl. zum lokalen Index um bis zu 10% schlechter entwickeln | 6 Monate |
| | 4. Undervalued | Aktie wird sich im Vgl. zum lokalen Index um bis zu 10% besser entwickeln | 6 Monate |
| M.M. Warburg (abs. System) | 1. Kaufen | Kaufempfehlung mit absolutem Kursziel basierend auf fundamentalen Daten | 12 Monate |
| | 2. Halten | Halteempfehlung | 12 Monate |
| | 3. Verkaufen | Verkaufsempfehlung mit absolutem Kursziel basierend auf fundamentalen Daten | 12 Monate |
| DZ BANK | 1. Kaufen | Absolutes Kurspotenzial von mehr als 10% | 6 Monate |
| | 2. Akkumulieren | Absolutes Kurspotenzial von 0 bis 10% | 6 Monate |
| | 3. Reduzieren | Absolutes Kurspotenzial von 0 bis −10% | 6 Monate |
| | 4. Verkaufen | Absolutes Kurspotenzial von mehr als −10% | 6 Monate |

Abbildung 4: Beispiele für relative und absolute Aktienempfehlungssysteme

Grundsätzlich können Empfehlungssysteme auf zwei Arten aufgebaut sein. Ein *absolutes* Empfehlungssystem basiert auf einer Prognose der Investmentbank über das absolute Kurspotenzial einer Aktie unabhängig von der Entwicklung eines Index bzw. einer Benchmark. Bei *relativen* Bewertungssystemen beruht die Empfehlung dagegen auf der Prognose, wie sich eine Aktie im Verhältnis zum Markt entwickeln wird. Hinter den Empfehlungen unterschiedlicher Investmentbanken können folglich auch bei gleicher Tendenz verschiedene Gründe und Aussagen liegen.

Die meisten Investmentbanken verfolgen ein relatives System, da ihre Hauptleistungsabnehmer wie Vermögensverwalter und Fondsmanager ebenfalls an einer Vergleichsmarke gemessen werden. Dementsprechend sind sie an Papieren interessiert, die sich unabhängig von der Richtung der Markttendenz besser als der Markt bzw. als marktbreite Indizes entwickeln.[7] Der Vorzug eines absoluten Systems besteht dagegen darin, dass der Anleger eine klare Aussage über die Entwicklung der Aktie erhält, während es

---

[7] Vgl. Alich (1999), S. 43.

sich bei der relativen Bewertung um eine Mischung aus der Erwartung über den Markt sowie der eigentlichen Aktienperformance handelt.

Die Verbreitung der Aktienempfehlungen erfolgt schließlich regelmäßig in Form von schriftlichen Reports. Innerhalb der Investmentbank besteht zwar zwangsläufig eine Vielzahl von informellen Kontakten mit kurzen Informationsspannen, sodass etwa zwischen dem Research- und den Sales-Teams automatisch eine enge Kommunikation besteht, die nicht notwendigerweise auf einer schriftlichen Dokumentation beruht. Zumindest interne Investoren und Kunden erhalten ebenso wie externe Investoren aber gewöhnlich Research Reports. In diesem Kontext gewinnt auch das Internet als Medium der Distribution zunehmend an Bedeutung.

### 2.3.4 Aufgabenspektrum im Rahmen von Kapitalmaßnahmen

Es wurde bereits mehrfach angedeutet, dass die Teilnahme an Kapitalmarkttransaktionen heute aus dem Arbeitsinhalt der Equity Analysten nicht mehr wegzudenken ist. Die Bedeutung der Analysten in diesem Kontext wird jedoch auf Unternehmensseite mitunter unterschätzt. Die Unterstützung der Emittenten durch die Analysten innerhalb eines solchen Prozesses sowie deren enge Zusammenarbeit mit den Corporate-Finance- und Equity-Capital-Markets-Teams stellt jedoch einen wesentlichen Faktor der erfolgreichen Transaktion dar, da die Analysten als Meinungsführer innerhalb der Financial Community die Investmententscheidungen zahlreicher Marktteilnehmer wesentlich beeinflussen. Konsequenterweise werben die Investmentbanken bei der Vergabe von Unternehmensmandaten regelmäßig mit dem Renommee ihrer Analysten (Analysts' Selling Power), welches sich vor allem aus deren Track Record sowie dem Ranking namhafter Magazine und Institutionen wie dem Institutional Investor oder der jährlichen Reuters Survey ableitet. Daher erfolgen auch die erfolgsabhängige Vergütung bzw. die Bonuszahlungen der Analysten regelmäßig in Anlehnung an solche Rankings, da diese die Bedeutung der Analysten im Rahmen von Mandatsakquisitionen und damit indirekt den Beitrag bei der Generierung von Kommissionserträgen widerspiegeln.

Die Aufgaben der Research-Analysten innerhalb eines Equity Offers umfassen regelmäßig die nachfolgenden Bereiche:

- Positionierung des Emittenten und Aufbau der Equity Story,
- Einführung der Underwriting Group,
- Bewertung des Unternehmens, Erstellung des Research Reports und Einführung der Sales Group,
- Begleitung und Vorstellung des Unternehmens bei Investoren und Analysten im Rahmen der Road Show.

Die Partizipation der Analysten an Kapitalmarkttransaktionen setzt allerdings voraus, dass diese „über die Chinese Wall geholt" werden, mit der Folge, dass die in diesem Kontext gewonnenen (Insider-)Informationen nicht im Rahmen von Empfehlungen verwendet werden dürfen. Erst wenn die Informationen der allgemeinen Öffentlichkeit zugänglich sind, erlischt die so genannte Black-Out-Period.

Das vordringliche Anliegen bei der *Positionierung des Emittenten* im Vorfeld der Emission ist die Vorbereitung des Unternehmens auf die Vorstellung in der Öffentlichkeit. Der weltweite Wettbewerb um Kapital erfordert eine überzeugende Außendarstellung des Unternehmens, welche die Vorteilhaftigkeit und Attraktivität des Emittenten als Investmentalternative darlegt und eine trennscharfe Abgrenzung gegenüber potenziellen Wettbewerbern ermöglicht. Die Industrieexpertise der Analysten ermöglicht dabei die Adressierung relevanter Problemkreise der Investoren, um das Profil der Aktie zu schärfen, potenziellen Fragestellungen zu begegnen und mögliche Bedenken frühzeitig auszuräumen. Der *Aufbau der Equity Story* stellt damit ein zentrales Element einer aussichtsreichen Kapitalmarktkommunikation im Rahmen von Kapitalmaßnahmen dar. Zu diesem Zweck wird in der Regel vorab eine detaillierte Wettbewerbsanalyse durchgeführt. Abbildung 5 zeigt beispielhaft eine Auflistung relevanter Erfolgsfaktoren, um das Unternehmen im Wettbewerb überzeugend zu positionieren. Bei Anwendung dieses Analysetools ist zu beachten, dass hierbei lediglich eine Indikation über die Attraktivität des Unternehmens im Vergleich zu den wesentlichen Konkurrenten abgeleitet wird. Die Bewertung und die Preisfestlegung beispielsweise im Rahmen einer Börseneinführung erfolgen erst zu einem späteren Zeitpunkt. Diese Parameter werden allerdings zu einem nicht unerheblichen Grad von der im Rahmen der Equity Story erfolgenden Positionierung des Unternehmens determiniert.

| **Unternehmen** | **A** | **B** | **C** | **D** |
|---|---|---|---|---|
| 1. Unternehmensumfeld | | | | |
| 2. Unternehmensstrategie | | | | |
| 3. Wettbewerbsintensität | | | | |
| 4. Umsatzwachstum | | | | |
| 5. Profitabilität | | | | |
| 6. Kapitalstruktur | | | | |
| 7. Business Mix | | | | |
| 8. Geografische Lage | | | | |
| 9. Regulatorisches Umfeld | | | | |
| **Gesamtbewertung** | | | | |

Quelle: in Anlehnung an Lilja (1997), S. 230.

Abbildung 5: Exemplarische Schlüsselfaktoren für die Wettbewerbsfähigkeit eines Unternehmens

In einem mehrwöchigen Zeitraum vor der Realisierung der Kapitalmarkttransaktion erfolgt in der Regel die Due Diligence, deren Durchführung im Verantwortungsbereich des Konsortialführers liegt (vgl. Beitrag Corporate Finance, Abschnitt 2.6.1). Dennoch ist es international üblich, den Analysten der übrigen Konsortialbanken bzw. der Underwriting Group die Möglichkeit zu geben, an dieser (zumindest partiell) teilzunehmen. Schließlich verpflichten sich die betroffenen Banken im Falle eines nicht vollständigen Absatzes, die Wertpapiere in den eigenen Bestand zu übernehmen (vgl. Beitrag Capital Markets, Abschnitt 2.3). Die *Einführung der Underwriting Group* übernimmt dabei der

Research-Analyst des Lead Managers. In diesem Prozess erhalten alle beteiligten Analysten uneingeschränkten Zugang zu unternehmensinternen Daten sowie dem Management, um im Rahmen einer eigenen Analyse das Unternehmen zu evaluieren. Gleichzeitig werden hier bereits erste Bewertungsszenarien durchgespielt. Das Unternehmen profitiert dabei ebenfalls in Form eines Feedbacks der anderen Konsortialbanken. Auf Basis der Ergebnisse der Due Dilligence erfolgt die *Bewertung des Unternehmens*, die neben der Wettbewerbsanalyse und quantitativen Unternehmensaspekten das Herzstück des *Research Reports* bildet. Dieser stellt ein maßgebliches Marketing- und Verkaufsinstrument dar und dient als Fundament beim Erstellen der Unternehmenspräsentationen im Rahmen der Road Show. Die *Vorbereitung der Sales Force* der Banken auf die Verkaufsgespräche mit institutionellen Investoren fällt daher ebenfalls in den Aufgabenbereich der Equity Analysten.

Etwa zwei Wochen vor Beginn der *Road Show* führt der Analyst im Zusammenarbeit mit den Mitarbeitern der Corporate-Finance- und der Equity-Capital-Markets Abteilungen in der sogenannten Pre-Marketing-Phase bereits zahlreiche Einzelgespräche mit institutionellen Investoren, um eine Indikation über deren bestehende Preisvorstellungen zu erhalten. Während der eigentlichen Road Show begleitet der Analyst das Management und gewährleistet, dass die wichtigen und relevanten Institutionen angesprochen werden. Gleichzeitig steuert er den Feedback-Prozess, um die endgültigen Preisvorstellungen an das Equity-Capital-Markets-Team weiter zu leiten, welches letztlich für das Pricing der Beteiligungstitel verantwortlich ist.

## 2.4 Fixed Income Research

Während im Equity Research qualitative Faktoren wie eine gute Unternehmensstory eine wesentliche Rolle spielen und Einfluss auf den Anlage- und Bewertungsprozess nehmen, ist das Fixed Income Research primär auf quantitatives Zahlenmaterial ausgerichtet. Nach den gewählten Untersuchungsansätzen lässt es sich dabei in die drei Bereiche Market Research, Credit Research und Relative Value Research untergliedern. Bis zu einem gewissen Grad spielt bei der Einordnung auch die Zugehörigkeit zu einer bestimmten Emittentengruppe eine Rolle. Wie im Folgenden gezeigt wird, lässt sich dieses Kriterium allerdings nicht stringent aufrechterhalten. Neben Varianten in der Begriffswahl kann es in der Praxis durchaus vorkommen, dass diese idealtypische Trennung aufgehoben wird. So nimmt beispielsweise das Renten-Research der DZ Bank keine explizite Trennung zwischen dem Relative Value Research und den beiden anderen genannten Bereichen vor.

Im *Market Research* wird in der Regel aus einer Vielzahl makroökonomischer Daten eine Zinsprognose für den Rentenmarkt abgeleitet. Dies erfolgt mit der Zielsetzung, renditeträchtige Anlagestrategien für Staatsanleihen zu entwickeln. Hier wird folglich ein makroökonomischer Untersuchungsansatz verfolgt, während sich die Emittentengruppe aus Staaten und Ländern zusammensetzt. Dabei gilt es in einem ersten Schritt, maßgebliche Einflussfaktoren auf den Rentenmarkt zu identifizieren, zu prognostizieren sowie in der Folge verschiedene Entwicklungsszenarien festzulegen, auf denen letztlich die unterschiedlichen Anleihenstrategien basieren.

Grundsätzlich beeinflusst eine Vielzahl makroökonomischer Parameter die Entwicklung des Rentenmarkts. Hierunter sind insbesondere die konjunkturelle Lage, die Preisentwicklung und die damit einhergehende Geldpolitik der verschiedenen Zentralbanken zu verstehen. Gleichzeitig spielen politische Aspekte eine wesentliche Rolle. Spekulationen über hohe Preissteigerungsraten im Zuge einer starken Konjunkturbelebung führen in der Regel zu Erwartungen über Leitzinserhöhungen. Solche Erwartungshaltungen verunsichern den Bondmarkt und haben zumeist negative Auswirkungen auf die Anleihenmärkte mit der Konsequenz ansteigender Renditen. Gleichzeitig spielen neben der nationalen Marktlage auch Vorgaben und Entwicklungen aus anderen Ländern eine wichtige Rolle für die Tendenz auf den Bondmärkten. Neben dem besonderen Einfluss der US-amerikanischen Volkswirtschaft können ebenso Instabilitäten im Bereich der Emerging Markets für Risiken sorgen. Die Brasilien-Krise Anfang 1999 führte zum Beispiel zu Kapitalzuflüssen in die als sicheren Hafen geltenden Märkte wie Deutschland, in deren Folge die Nachfrage nach erstklassigen Staatsanleihen des Bundes stiegen und das Zinsniveau am deutschen Kapitalmarkt entsprechend abnahm.

Die relevanten makroökonomischen Daten werden in der Regel mit Ausnahme der Zinsentwicklung nicht im Fixed Income Research, sondern im Economic Research analysiert und prognostiziert (vgl. Abschnitt 2.2). Gleichwohl besteht an dieser Schnittstelle grundsätzlich eine enge Zusammenarbeit, um letztlich sowohl kurz- als auch langfristige Zinsentwicklungen und Zinsstrukturkurven beispielsweise für Bundesanleihen zuverlässig prognostizieren zu können.

Aus diesen Kurs- und Entwicklungsszenarien werden schließlich Strategien für den Handel mit Staatsanleihen abgeleitet. Wird etwa aufgrund der beispielhaft illustrierten Rahmenbedingungen kurzfristig von einem Renditeanstieg ausgegangen, kann bei Anleihen mit längeren Laufzeiten eine negative Performance auftreten. In einem solchem Szenario kann es für Anleger mit einem kurzen Zeithorizont vorteilhaft sein, kürzere Laufzeiten zu bevorzugen. Allerdings sind auch hier die bereits in den Kursen implizierten Erwartungen zu berücksichtigen.

Die unterschiedliche Vorgehensweise beim *Credit Research* im Vergleich zum Market Research leitet sich aus einer anders strukturierten Emittentengruppe ab, welche sich vorwiegend auf Gebietskörperschaften, Unternehmen oder Staatsschuldner minderer Bonität konzentriert. Dieser Aufteilung entsprechend werden hier die so genannten Emerging Markets berücksichtigt, obwohl es sich dabei prinzipiell auch um Staatsanleihen handelt, die in einen volkswirtschaftlichen Rahmen eingebettet werden. Dies ist darauf zurückzuführen, dass der Untersuchungsansatz des Credit Research in der Berechnung und Prognose von Prämien für die Übernahme emittentenspezifischer Risiken liegt, denen sich der Investor im Vergleich zu einer als ausfallsicher geltenden deutschen Regierungsanleihe ausgesetzt sieht. Da selbst die Staatsanleihen in Emerging Markets nicht den Kriterien einer ausfallsicheren Anleihe entsprechen, ergibt sich bei jenen ebenfalls ein Renditeabstand (Spread) im Vergleich zur Verzinsung von als ausfallsicher geltenden (deutschen) Staatsanleihen, die häufig als Benchmark fungieren. Die Risikoprämie (Default Spread) entspricht demzufolge einer Abgeltung für die Inkaufnahme eines möglichen Schuldnerkonkurses (vgl. Beitrag Capital Markets, Abschnitt 3.4).

Als Indikation für die Ausfallwahrscheinlichkeit dienen Ratingurteile von Agenturen, die speziell auf die Analyse von Bonitätsmerkmalen ausgerichtet sind. Diese bestimmen bis zu einem gewissen Grad die am Markt geforderte Risikoprämie. Bonitätsmerkmale sind je nach Emittentengruppe zu differenzieren. Auf der Unternehmensebene (Corporate Bonds) spielen neben branchenspezifischen konjunkturellen Aussichten vor allem Bilanzkennziffern eine wesentliche Rolle. Bei den Gebietskörperschaften sind hingegen zum Beispiel Steuer- und Einkommensquoten und die Einkommenshöhe pro capita relevant, während auf der Länderebene etwa Verschuldungsquoten, Leistungsbilanzkennziffern und weitere allgemeine makroökonomische Daten untersucht werden.

Das Prozedere innerhalb des Credit Research läuft im Hinblick auf die Beurteilung der Bonitätswürdigkeit weitgehend analog zum Vorgehen der Rating-Agenturen ab. Als Folge einer unterschiedlichen Beurteilung und Gewichtung einzelner Bonitätsmerkmale können sich aber potenzielle Differenzen in der Meinung über die Höhe der Risikoprämie ergeben. An diesem Punkt setzt die Ableitung von Handelsstrategien an. Die von den Agenturen vorgegebenen Ratings werden sowohl mit den am Markt gehandelten Spreads als auch den eigenen Einschätzungen verglichen. Bestehen aus Sicht der Investmentbank fundamental nicht gerechtfertigte Differenzen, kommt es in der Folge zu konkreten Handlungsempfehlungen bzw. Investitionsstrategien. Hierbei handelt es sich in der Regel um mittel- bis langfristige Strategien, da sich Entwicklungen innerhalb sehr kurzfristiger Zeiträume nicht (zwangsläufig) auf fundamentale Daten zurückführen lassen und in diesem Kontext zumeist nicht mit Bonitätsaspekten argumentiert werden kann.

Die Konzeption von sehr kurzfristig orientierten Strategien obliegt dem *Relative Value Research*. Hier wird der Markt auf Anomalien untersucht, die nicht emittentenspezifisch sein müssen. Das Relative Value Research ist demzufolge nicht fundamental orientiert, sondern analysiert bestimmte Marktgegebenheiten und rät aufgrund von technischen Indikatoren oder bestimmten Marktsituationen, beispielsweise bei erkennbaren Lieferschwierigkeiten beim Bund Future, dazu, temporäre Marktungleichgewichte auszunutzen. Aus der Natur dieser Tätigkeit ergibt sich, dass diese primär auf den aktiven (Eigen-)Handel der Investmentbank ausgerichtet und weniger für institutionelle Investoren bestimmt sind. Um die Reaktionsgeschwindigkeit in diesem äußerst kurzfristig orientierten Prozess nicht zu mindern, sitzen die betreffenden Analysten auch regelmäßig direkt im Handelsraum, um Marktanomalien frühzeitig antizipieren und ausnutzen zu können.

## 2.5 Quantitative Research

Das Quantitative Research kann im Rahmen der Informationsverarbeitung je nach Ausrichtung ein facettenreiches Aufgabenspektrum umfassen. Jede Investmentbank verfolgt hierbei einen eigenen Ansatz. Dies hat zur Folge, dass sich in der Praxis graduell unterschiedliche Schwerpunkte jener Abteilungen konstatieren lassen, die beispielsweise die folgenden Strömungen umfassen können:

- fundamentales Quantitative Research,
- Style Counseling,
- indexorientiertes Quantitative Research,
- mathematisch-statistische Verfahren.

Die einzelnen Methoden und Verfahren der verschiedenen Ansätze können sich grundsätzlich sowohl auf die Aktivitäten im Equity- als auch im Fixed-Income-Bereich konzentrieren. Da sich in Deutschland in den letzten Jahren eine zunehmende Aktienkultur entwickelt hat, die sich in entsprechenden Kapazitätserweiterungen auf der Equity-Seite bei den meisten Investmentbanken widerspiegelt, liegt der Fokus in den nachfolgenden Ausführungen auf denjenigen Aktivitäten, die diesen Bereich tangieren, ohne allerdings die Schnittstellen des Quantitative Research zum Fixed Income Research gänzlich zu vernachlässigen.

Das *fundamentale Quantitative Research* weist prinzipiell große Ähnlichkeiten mit dem fundamental orientierten Equity Research auf. Beiden Abteilungen ist zu eigen, dass sie sich – mehr oder weniger – auf Kennzahlen konzentrieren, die aus fundamentalen Unternehmensdaten abgeleitet sind und Aufschluss über künftige Entwicklungspfade der Aktienkurse geben sollen. Ein maßgeblicher Unterschied zwischen diesen Abteilungen besteht aber in den unterschiedlichen Analyse- und Bewertungsobjekten. Im Equity Research werden regelmäßig Einzelwerte betrachtet. Im Quantitative Research geht es dagegen vermehrt um die Bewertung von Unternehmen im Rahmen einer übergeordneten Branchenanalyse. So werden primär verschiedene Branchen und Branchenindizes untersucht und deren Attraktivität herausgestellt. Ebenso werden Chancen-Risiko-Profile für einzelne Märkte oder Marktsegmente etwa anhand von Kennziffern für alle involvierten Unternehmen erstellt. Zwar werden in diesem Kontext auch Empfehlungen für einzelne Werte ausgesprochen und Musterportfolios konzipiert. Dies erfolgt aber zumeist erst in einem Folgeschritt, nachdem gewisse Branchenfavoriten gekürt worden sind.

Im Ergebnis liefert die Quantitative-Research-Abteilung den Equity Analysten die für die Aktienbewertung notwendigen Parameter, da sie im Rahmen ihrer Markt- oder Branchenbeurteilung eine Vielzahl von wichtigen Kennziffern für die dort angesiedelten Unternehmen erstellt. Das gilt für Wachstumsraten für den Gesamtmarkt, spezifische Branchen und individuelle Unternehmen ebenso wie für spezielle Bewertungsfaktoren wie P/E- oder P/CF-Ratios (Multiples). Gleichfalls übernehmen sie partiell oder ganz die Ermittlung von Risikoparametern wie Betafaktoren, Volatilitäten, Liquiditätsrisikofaktoren, Prognoserisiken oder Währungssensitivitäten, die vom Equity Research für einen fundamentalen Bewertungsprozess benötigt werden.

Die Equity Analysten greifen folglich als Leistungsempfänger regelmäßig auf das vom Quantitative Research generierte Wissen zurück, um innerhalb der jeweiligen Branchen die von ihnen gecoverten Werte ganzheitlich beurteilen zu können. Dem Quantitative Research kommt in diesem Sinne zuweilen eine unterstützende Funktion zu. Wie bereits erwähnt spricht es aber für bestimmte Einzelwerte auch Kauf- oder Verkaufsempfehlungen aus, die sich aus den Branchenanalysen ergeben. Hier besteht durchaus die Gefahr, dass eine konsistente Außendarstellung der Wertpapierempfehlungslisten einer Bank nicht gewährleistet ist. Auf der anderen Seite kann dies von der Investmentbank durchaus gewünscht sein, da aufgrund unterschiedlicher Vorgehensweisen und Methoden auch unterschiedliche Kundengruppen angesprochen werden. Hier kann sich innerhalb der Investmentbank eine Präferenz verschiedener Investoren zu Gunsten unterschiedlicher Research-Abteilungen entwickeln.

Die zwischen diesen Abteilungen differierenden Analysetools sind dementsprechend ein weiteres Differenzierungsmerkmal. Im Quantitative Research gelangen – analog zur Namensbezeichnung – in der Regel ausschließlich quantitative Verfahren zum Einsatz, das heißt Aktienempfehlungen werden de facto auf rein quantitativer Basis ausgesprochen. Weiche Faktoren wie die Kompetenz des Managements oder die Qualität der Investor Relations-Abteilung, die beim üblichen Prozedere des Equity Research eine wesentliche Rolle spielen, werden hingegen nicht berücksichtigt.

Bei der damaligen Dresdner Kleinwort Benson wird beispielsweise in dem Aktienfilter vom Juli 1999 aus dem Quantitative Research ein Selektionsverfahren durchgeführt, welches sich an den Kriterien „aktienspezifisches Risiko", das eine Aggregation verschiedener Risikoindikatoren darstellt, „fundamentale Stimmungsänderung", welche die korrigierten Gewinnerwartungen widerspiegelt, und „aktuelle Kapitalverzinsung", die den internen Zinsfuß der Investition in eine Aktie wiedergibt, orientiert. Auch hier wird einer übergeordneten Betrachtungsweise Rechnung getragen. So gibt etwa der verwendete Risikoindikator „Forecast Risk" die aggregierte Prognoseunsicherheit der gesamten Analystengemeinde an. Ebenso ergibt sich die fundamentale Stimmungsänderung aus der Differenz der Upgrades und Downgrades der Analystenriege.

Ein weiteres Verfahren ist etwa die Erstellung einer Empfehlungsliste anhand der „Implied Growth Rate" von Aktien, welche die bereits in den Aktienkursen berücksichtigten Wachstumsraten mit den fundamental geschätzten Raten des Unternehmens vergleicht. Je größer (kleiner) die Differenz zwischen den fundamentalen und den eingepreisten Wachstumsraten ist, desto attraktiver (unattraktiver) erscheint die Aktie des entsprechenden Unternehmens.

Das *Style Counseling* beschäftigt sich mit Zeitreihenvergleichen, um über statistisch signifikante Sachverhalte aus der Vergangenheit Investitionsstile und -philosophien zu entwickeln, die positive Überrenditen generieren. Die hier untersuchten Fragestellungen lauten etwa, innerhalb welcher Zeitfenster und unter welchen Bedingungen sich Aktien mit einer großen bzw. kleinen Marktkapitalisierung besser als der Markt oder bestimmte Benchmarks entwickeln. Dieser Ansatz lässt sich grundsätzlich auf eine beliebige Reihe weiterer Kennzahlen erweitern. So kann ebenso untersucht werden, unter welchen Umständen Werte mit hohen oder geringen P/E-Ratios oder sonstigen Multiples den Markt „outperformen". Aus diesen Erkenntnissen werden in der Folge Wertpapierstrategien abgeleitet und beispielsweise Aussagen getroffen, wann Value Stocks oder Growth Stocks als lohnenswerte Investition erscheinen.

Das *indexorientierte Quantitative Research* konzentriert sich in seiner Tätigkeit auf die Untersuchung von weltweiten Indexumstellungen und Indexkonzeptionen. Index-Umstellungen wichtiger renommierter Indizes ziehen seit geraumer Zeit ein besonderes Interesse auf sich. Dies ist insbesondere darauf zurückzuführen, dass zunehmend so genannte Index-Fonds oder passive Fonds, die einen Index weitgehend nachbilden, im Rahmen der Anlageverwaltung von Aktienfonds stark an Bedeutung gewinnen. Darüber hinaus haben auch viele aktiv gemanagte Fonds ihr Risiko im Verhältnis zum Benchmark-Index verringert. Diese Entwicklungen haben zur Folge, dass Index-Veränderungen nachhaltigen Korrekturbedarf in den Beständen zahlreicher Fonds auslösen können, der wiederum Nachfrageänderungen nach bestimmten Aktien induziert: Die in den Index aufzunehmenden Titel ziehen regelmäßig an, während die aus dem Index herausgenommen Titel unweigerlich sinkende Kursentwicklungen aufweisen.

Zwangsläufig kommen im Vorfeld angekündigter oder antizipierter Reformen Spekulationen über die betroffenen Kandidaten auf. Das indexorientierte Quantitative Research versucht nun, die betroffenen Titel frühzeitig zu identifizieren, um daraus Rückschlüsse hinsichtlich der aus den Nachfrageveränderungen resultierenden Kursentwicklungen zu ziehen. Dies bezieht sich sowohl auf Aktien, die im Zuge einer Indexreform neu aufgenommen werden, als auch auf jene, die ersetzt werden. Aus dem antizipierten Verhalten der Index-Fonds lassen sich so spekulative Anlagemöglichkeiten ableiten.

Neben diesen Auswirkungen sind aber auch weitere allokative Effekte zu beachten, da die konkrete Zusammensetzung eines Index seine Sensitivität bezüglich externer Einflussfaktoren bestimmt. Ein steigender Anteil von Banken und Finanzdienstleistern hat zwangsläufig eine größere Zinsabhängigkeit des Index zur Folge. Ein Portfolio, welches sich beispielsweise an dem „Zinsexposure" des Index ausrichtet, bedarf ebenfalls einer Umstrukturierung, sofern der bisherigen strategischen Ausrichtung weiterhin gefolgt werden soll. Daher hat ebenfalls eine Untersuchung über die Auswirkungen potenzieller bzw. letztendlich erfolgter Umstellungen auf die geographische und sektorale Zusammensetzung zu erfolgen.[8]

Die *statistisch-mathematischen Verfahren* arbeiten ebenfalls regelmäßig mit Zeitreihenvergleichen, um aus solchen Analysen Prognosekraft für künftige Aktienkursbewegungen zu gewinnen. Dies kann beispielsweise im Rahmen von integrierten und kointegrierten statistischen Prozessen erfolgen, um profitable Anlagestrategien zu entwickeln. Hier sind auch die in jüngerer Zeit in der Öffentlichkeit vermehrt diskutierten sogenannten neuronalen Netze zu subsumieren. Im Gegensatz zu den traditionellen statistischen Untersuchungen basieren neuronale Netze auf der Annahme nicht-linearer Zusammenhänge und gehen von der Nicht-Beobachtbarkeit der optimierten Funktion aus. Bei diesen Verfahren ist grundsätzlich problematisch, dass aus der Beobachtung vergangener Trends Rückschlüsse auf künftige Erwartungen gezogen werden und statistisch signifikante Zusammenhänge in die Zukunft extrapoliert werden. Gleichwohl ist anzumerken, dass die Erwartungen der Zukunft in der Praxis durch vergangene und gegenwärtige Erfahrungen beeinflusst werden, worin letztlich die Existenzberechtigung dieser Verfahren begründet liegt.

Gleichzeitig werden mathematisch-statistische Verfahren verwendet, um potenzielle Portfolio-Strategien für (institutionelle) Investoren auf Basis von quantitativen Ansätzen

---

[8] Vgl. Schmidt/Gerdau (1999), S. 7.

zu entwickeln bzw. bestehende Portfolios zu optimieren. Zu diesem Zweck werden beispielsweise mathematische Programme und Algorithmen entwickelt, um klassische Theorieansätze – wie das von Markowitz postulierte normative Mittelwert-Varianz-Entscheidungsprinzip als Grundlage der modernen Kapitalmarkttheorie (vgl. Beitrag Asset Management, Abschnitt 4.2) – in der Praxis realisieren zu können. Einige Häuser bilden zu diesem Zweck auch eigene Abteilungen unter dem Dach eines Portfolio Research. Unabhängig von diesen Namensnuancen wird aber prinzipiell derselbe Grundgedanke verfolgt.

Auf der Aktienseite werden bekanntermaßen häufig bestimmte Aktienindizes im Rahmen eines passiven Fondsmanagements nachgebildet (vgl. Beitrag Asset Management, Abschnitt 3.2.1). Erfolgt hierbei lediglich eine partielle Replikation des Index oder der gewählten Benchmark (Sampling Approach), wird das Risiko des Portfolios durch den Tracking Error definiert. Der Tracking Error ist ein Maß für die Wahrscheinlichkeit einer Performanceabweichung des Portfolios in einer bestimmten Höhe im Vergleich zur Benchmark. Wird beispielsweise der DAX 30 mit zehn Werten bei einem Tracking Error des Portfolios in Höhe von 2,5 Prozent p. a. nachgebildet, weicht die jährliche Performance des Portfolios mit einer $^2/_3$ Wahrscheinlichkeit von der des DAX 30 um weniger als 2,5 Prozent nach oben oder unten ab. Dieser Tracking Error kann mit einem mathematischen Optimierungsverfahren, welches historische Kursverläufe und aktuelle Indexgewichte verarbeitet, minimiert werden. Das Ergebnis einer solchen Optimierung ist ein Portfolio, dessen Performance mit der des Index auf lange Sicht übereinstimmt, obwohl dieser nur partiell nachgebildet worden ist. Gleichzeitig kann so neben der Portfoliozusammensetzung das Risikoprofil bestimmt werden.

Ebenso können mathematische Verfahren etwa bei performanceorientierten Rentenportfolios, welche den jeweiligen Depotbestand auf die erwartete Zinsentwicklung optimal auszurichten versuchen, eingesetzt werden. Auf Basis einer stichtagsbezogenen Prognose der Renditestruktur für Bundesanleihen sowie individueller Vorgaben kann so lange ein Tausch zwischen Titeln des aktuellen Rentenbestands und eines möglichen Alternativbestands simuliert werden, bis die maximale Performance auf der Suche nach einer optimalen Allokation erreicht ist.

Ist das optimale Portfolio gefunden und realisiert, muss schließlich dessen Performance auch laufend überwacht, gemessen und relativ zur bestimmten Benchmark bewertet werden (Monitoring). Dabei gilt es, ebenfalls die Gründe für das über- oder unterdurchschnittliche Abschneiden des Portfolios zu sondieren. Solche Analysen geben über den Erfolg einzelner Portfolio-Strategien Aufschluss und können wiederum als Grundlage für die Entwicklung von Modellen zur Asset Allocation herangezogen werden (vgl. Beitrag Asset Management, Abschnitt 3.1).

# Literaturhinweise

ACHLEITNER, A.-K./WICHELS, D.: Analyse der IAS-Abschlüsse von Unternehmen am Neuen Markt, in: Controller Magazin 6/99, S. 477–484.
ALICH, H.: „Kaufen" ist nicht gleich „Kaufen", in: Handelsblatt vom 18. Oktober 1999, S. 43.
BORN, K.: Unternehmensanalyse und Unternehmensbewertung, Stuttgart 1995.
DORNBUSCH, R./FISCHER, S.: Makroökonomik, 6. Aufl., Oldenbourg 1995.
FISCHER, H.: Bewertung, in: Hölters, W. (Hrsg.): Handbuch des Unternehmens- und Beteiligungskaufs, 4. Aufl., Köln 1996.
HOOKE, J. C.: Security Analysis on Wall Street, New York u.a.O. 1998.
LIN, H.W./MCNICHOLS, M.F.: Underwriting Relationships and Analysts' Earnings Forecasts and Investment Recommendations, Research Paper No. 1435R, Stanford University 1997.
KLEEBERG, J. M./REHKUGLER, H. (Hrsg.): Handbuch Portfoliomanagement, Bad Soden/Ts. 1998.
KRÄMER, W.: Kointegration von Aktienkursen, in: Zeitschrift für betriebswirtschaftliche Forschung, Oktober 1999, S. 915–936.
LILJA, R.: International Equity Markets – The Art of Deal, London 1997.
MARSHALL, J. F/ELLIS M. E.: Investment Banking & Brokerage, Chicago/London/Singapore 1994.
SCHMIDT, A. / GERDAU, R.: STOXX Blue Chips, Research Bericht der Dresdner Kleinwort Benson vom 22. Juni 1999.
SCHON, F./FÜSER, K.: Neuronale Netzwerke: Erfahrungen und Entwicklungen aus der Praxis, in: KREDITPRAXIS, Juli/August 1999, S. 26–31.
SEITZ, F./KEIS, N.: EZB und Taylor-Rule – die Zeichen stehen auf Straffung, Bericht aus dem Zins & Makro Research der Hypovereinsbank vom 28. Oktober 1999.
UHLIR, H./STEINER, P.: Wertpapieranalyse, 3. Aufl., Heidelberg 1994.
WICHELS, D.: Gestaltung der Kapitalmarktkommunikation mit Finanzanalysten – eine empirische Untersuchung zum Informationsbedarf von Finanzanalysten in der Automobilindustrie, Diss. EUROPEAN BUSINESS SCHOOL, Wiesbaden 2002.

# Stichwortverzeichnis

Abbaurisiko 467
Abwehrstrategie 213
Abwicklungskosten 49
Accelerated Buyback 340
Acquisition Currency 186, 188, 199, 243, 337, 407, 563
Ad-hoc-Mitteilung 250, 257
Ad-hoc-Publizität 259, 279, 299, 343, 499
Adjusted-Present-Value-Methode 172
Advanced Pricing 569
Adverse Selection 50
Advisory 448
After Issuance Advice 484
After-Market 573, 574, 575
Aftermarket Effect 375
Agency Fee 524
Agency-Kosten 50
Agency-Theorie 45, 49, 145
Akquisition
– horizontale 143, 147, 150
– laterale 144
– vertikale 143, 144, 147
Akquisitionsprozess 165, 166
Akquisitionsstrategie 193, 194
Akquisitionswährung 374
Aktien 623
Aktienanalyse 299, 614, 615, 616, 685, 686, 688, 689, 767
Aktienemission 491, 561, 578, 580
Aktienempfehlung 781
Aktienempfehlungssystem 774
Aktienfonds 663, 665, 667
Aktiengattung 260, 276, 350, 351
Aktiengesellschaft 299, 307, 335
Aktiengesetz (AktG) 300
Aktien-Informations-Forum (AIF) 289, 581
Aktienkultur 274, 780
Aktienmarkt 565, 566
Aktienoptionen 329, 330

Aktienoptionsprogramme 395
Aktienperformance 775
Aktienplatzierung 490
Aktienprogramme 323, 324
Aktienrückkauf 241, 335, 336, 337, 338, 340, 341, 342, 343, 345, 346, 347, 348, 350
Aktienrückkaufprogramme 219
Aktientausch 364
Aktionärsrechte 368
Aktionärsstruktur 338, 573
Allfinanz 10
Allianz AG 526
Allianzen 394
All-in-Price 555
Alternative Anlageklassen 675
Alternative Asset Classes 639
Altersversorgung 322, 727
Altersvorsorge 63
Altersvorsorge-Sondervermögen 661, 672, 673
American Depositary Receipt (ADR) 275, 316, 567
American Shares 567
Amortizing Swaps 541
Amtlicher Handel 271, 279, 281, 282, 499
Analysetools 776, 781
Analystenkonferenzen 759
Analystentätigkeit 759
Analysts' Selling Power 775
Anlageberatung 661
Anlageklassen 639, 640, 641, 642, 685
Anlageleistung 29
Anlagestrategie 662
Anlageverhalten 655
Anlagevolumina 656
Anleihefinanzierung 484, 513
Anleihen 513, 623, 629
Announcement Effect 375
Annuitäten 515

Anti-Takeover-Laws 147
Anti-Trust-Gesetz 147
Anti-Trust-Prozesse 73
Arbitrage 20, 610, 617, 619, 633
- örtliche 618
- strukturelle 631
- zeitliche 618
Arbitrage Pricing Theory (APT) 46, 684, 703, 706, 707, 708, 709
Arbitrage-Fonds 668
Arbitragefreiheit 707
Arbitragegeschäfte 537
Arbitragestrategien 631
Arrangement Fee 522
Arranging 449
Asset Allocation 544, 642, 673, 674, 676, 677, 695
- dynamische 679
- im engeren Sinne 675, 678
- strategische 674, 679
- taktische 679, 680, 690
- Voraussetzungen 680
Asset- and Liability-Beratung 643
Asset Backed Securities (ABS) 19, 20, 65, 421, 422, 423, 426, 427, 430, 431, 433, 442, 443, 509, 515, 557
- Entwicklung und Stand 422
- Finanzierungsablauf 426
- Grundlagen 419
Asset Class 639, 669
Asset Deal 185
Asset Gathering 643
Asset Lockups 216, 218
Asset Management 10, 20, 35, 107, 124, 639
Asset Selection 642, 673, 683, 685
Asset Stripping 130
Asset-Backed-Securities-Finanzierung 420, 422, 424, 427
- Grundstruktur 424
Asset-Liability-Management 422
Aufsichtsrat 217, 218
Aufwertungsmaßnahmen 393, 394, 395, 404
Auktionsverfahren 575, 576

Ausfallrisiko 626, 627, 629, 630, 631, 679
Ausgabeaufschlag 658, 663
Auslandsanleihen 544, 545, 546
Auslandsinvestmentgesetz (AuslInvestmG) 659, 660
Auslandslisting 567
Ausschüttungspolitik 336

Back-Office-Infrastruktur 655
Bank für Internationalen Zahlungsausgleich 546
Bank Holding Act 7
Bank Runs 31
Bankassurance 10
Bankenaufsicht 556, 622
Bankensysteme 5
Bankers Trust 315
Banking Act 120, 121
Bankkredit 457
Bankschuldverschreibungen 511
Banktypen 13
Basel II 422, 561
Basisswap 541
Beauty Contest 91, 122, 161, 162, 253, 265, 294, 311, 312, 387, 397, 482, 563, 648
Belegschaftsaktie 325, 326
Benchmark 505, 512, 551, 691, 692, 713
Benchmark-Index 782
Benchmarkportfolios 694
Benchmarkrendite 694
Bereitstellungsprovision 522
Berichterstattung 259
Best Effort 484, 524
Best-Effort-Basis 550
Beta-Faktor 693, 697, 702, 704, 706
Beteiligungsbesitz 5
Beteiligungsgesellschaften 722, 724
Beteiligungsmanagement 737, 744, 748
Beteiligungsprogramme 323, 334
Beteiligungstitel 624, 768
Beteiligungsunternehmen 744, 745
Betriebsrisiko 463, 466
Bewertungsanalyse 773

Bewertungsmethode 169
Beziehungskapital 82
Bezugsrecht 216, 310, 311, 324, 577, 578, 579
Bezugsrechtsausschluss 307, 308, 309, 310, 311, 327, 339, 579
Bezugsrechtsemission 309, 577, 578
Bid-Ask-Spread 611, 620
Bietergruppe Bundesemissionen 506
Big Ticket Leasing 460
Black-Out-Period 775
Blind Pool 721
Block Trade 604, 605, 606
Blockgeschäft 605
Blue Chips 562, 563
Bonding 52
Bondmarkt 778
Bonität 436, 512
Bonitätsanalyse 556
Bonitätsrisiko 435, 678
Bookbuilding 244, 252, 269, 288, 289, 344, 489, 494, 510, 528, 553, 568, 570, 571, 572, 573, 574, 575, 576, 577, 578, 579, 732
Bookrunner 572, 576
Börse 30, 70, 618, 726, 727, 746
Börsencrash 117, 119, 133
Börseneinführung 43, 83, 243, 244, 246, 247, 250, 252, 254, 255, 256, 257, 258, 259, 263, 268, 269, 277, 281, 291, 297, 298, 304, 305, 318, 324, 403, 478, 487, 490, 496, 498, 566, 568, 739, 745, 746, 749
– Beratung 251, 265
– Einstieg und Zeitpunkt 257
– Markt 242
Börseneinführungskurs 255
Börseneinführungsprospekt 296
Börsengang 360, 361, 397, 400, 401, 402, 563, 575, 580, 746
Börsengesetz (BörsG) 501
Börsenhandel 497, 498
Börsenorganisationen 36
Börsenprospekt 259, 402
Börsenreife 43, 251, 258, 260, 262, 264

Börsensachverständigenkommission 151, 195, 220
Börsensegment 271
Börsenwahl 282, 290, 400
Börsenzulassung 258, 489, 500
Börsenzulassungsprospekt 279, 297
Börsenzulassungsverordnung 499
Bottom-up-Ansatz 686
Bottom-up-Approach 770, 771
Bottom-up-Prinzip 673
Bought Deal 38, 493
Boutiquen 16
Branchenanalyse 615, 687, 780
Branchenexpertise 760
Branchenfonds 663
Branchenprofitabilität 84
Branding 642, 644
Breaking the Syndicate 494
Break-up-Valuation 213
Break-up-Value 772
Bretton Woods 124, 125, 548, 549
Bridge Financing 74, 198, 302
Briefkurs 610, 613
Brokerage 608
Brokerage-Geschäft 594, 623
Brownsche Bewegung 689
Bruttoinlandsprodukt (BIP) 562
Builders All Risk Policy 465
Bulge-Bracket-Firmen 15, 312
Bulldog Bonds 545
Bullet Payment 515
Bullet Shot 207
Bundesanleihen 505, 506, 549
Bundesaufsichtsamt für das Kreditwesen (BAKred) 659, 660
Bundesbank 504
Bundesdatenschutzgesetz 439
Bundesobligationen (Bobls) 506
Bundesschatzbriefe 506
Bundesverband deutscher Kapitalbeteiligungsgesellschaften (BVK) 726
Bundeswertpapiere 506
Bund-Future 538, 539, 542
Bürgschaften 465
Buy Back 747

Buy Side Trading Desk 599
Buy-and-Build-Konzept 150
Buy-and-Hold-Strategien 685
Buy-Out-Fonds 749

Call Option 536, 747
Call Protection 528, 529
Capital Asset Pricing Model (CAPM) 46, 124, 173, 693, 703, 704, 705, 706, 707, 708, 709
Capital at Risk (CaR) 556
Capital Market Line 705
Capital Markets 20, 35
Caps 542
Carried Interest 722
Cash and Carry Arbitrage 618
Cash Flow Related Lending 445, 462
Cash Offer 186, 187
Cash Settlement 537
Cashflow 452
Cat-Notes 10
Census Approach 683
Central Bank Watcher 766
CEO (Chief Executive Officer) 88
Certificates of Deposit 558
CFO (Chief Financial Officer) 88
Change of Ownership Provision 516
Chart Reading 688
Chartanalyse 713
Chart-Regeln 711
Chicago Board of Trade (CBOT) 125
Chicago Board Options Exchange (CBOE) 125
Chinese Wall 164, 231, 555, 751
Chinese-Wall-Problematik 476
Clayton, Dubelier & Rice (CDR) 726
Clearing 27
Client Driven Trading 608
Clipping Service 601
Close Corporations 339, 344
Closed End Fund 118, 662
Co-Investment 723, 724, 725, 738, 748
Co-Investor 730
Cold Call 117, 162, 192, 481
Co-Lead Manager 269

Collateralized Bond Obligations (CBO) 432, 535
Collateralized Debt Obligations (CDO) 429, 432
Collateralized Loan Obligations (CLO) 432, 535
Collateralized Mortgage Obligations (CMO) 431
Collaterals 515
Commercial Banking 5, 7, 11, 13, 121
Commercial Mortgage Backed Securities (CMBS) 432
Commercial Paper (CP) 439, 440, 456, 459, 518, 519, 520, 521, 522, 667
Commercialbank 30, 31, 32, 39, 40, 41, 42
Commerzbank AG 351
Commissions 760
Commitment Committee 480
Commitment Fee 524
Commodities 67, 476
Compensation 76
Competitive Bidding 305, 482
Compliance 231
Compliance-Abteilung 760
Compliance-Regelungen 620
Compliance-Richtlinie 653
Conglomerate Discount 376, 772
Conglomerate Merger 144
Continental AG 328, 329
Contrary Opinion 689
Convergence Trading 631, 632
Convertible Arbitrage 619
Convertible Notes 526
Convertibles 623
Cooke & Co. 112
Core Group Banking 89, 90
Corporate Bonds 779
Corporate Contraction 358
Corporate Downsizing 358, 371
Corporate Finance 9, 19
– Aufgabenbereich 241
Corporate Identity 563
Corporate Raider 130, 200
Corporate Restructuring 365

- Begriff 357
- Entwicklung 378, 380
- Grundlagen 360
- Motive 370
- Wertsteigerung durch 375

Corporate Update 317
Corporate-Governance 245, 246, 247
Corporate-Restructuring-Prozess 384
Cost Center 763
Country Allocation 676, 677, 678
Country Sales 601
Coupon-Stripping 631
Coverage 602
Covered Interest Arbitrage 633
Credit Enhancement 425, 436, 519
Credit Rating 519, 555
Credit Research 480, 777, 778, 779
Credit Risk 629
Credit Story 559
CreditWatch 560
Crown Jewels 221, 371
Currency Allocation 677, 678, 679

Dachfonds 662
DaimlerChrysler AG 225, 227, 228, 317, 769
Data Rooms 182
Dawn Raid 196, 275
DAX 151, 285, 330
DAX 30 783
DAX-Unternehmen 769
DCF-Methode 172, 173, 174, 176, 177, 230
Deal Drafting 162
Dealing 620
Debt Capital Market 20, 476, 502, 503, 513, 538
Deckungsstock 509
Deckungsstockfähigkeit 517
Default Spread 551, 779
Defense-Beratung 214, 404
Defense-Strategie 216
Deferred Bonds 458
Deferred Compensation Arrangements 650

Defined-Benefit-Pläne 652
Defined-Contribution-Pläne 652
Delegated Monitoring 52
Delisting 500
Demerger 365
Depotgebühr 658
Deregulierung 8, 61, 70, 127, 128
Derivate 535, 598, 614, 625, 641, 668, 680
Derivategeschäft 598
- bedingte 536
- unbedingte 537
Derivatemärkte 36
Derivative Instrumente 21
Derivatives-Trading 608
Designated Sponsor 280
Desintermediation 61, 62, 86, 94, 520
Deutsche Bank AG 314, 318
Deutsche Börse AG 272, 279, 290, 296, 297, 499, 500, 566
Deutsche Telekom AG 278, 285, 290, 317, 323, 325, 411, 497, 563, 578, 581, 769
Deutscher Aktienindex (DAX) 279
Deutsches Aktieninstitut (DAI) 343
Dilution Adjustment 529
Direct Allotment 572
Direct Distribution 643
Direct Mailing 581
Discounted-Cashflow-Verfahren (DCF) 172, 174, 773
Dissynergien 372, 406, 407
Distribution 643
Distributionsfunktion 30
Diversifikation 29, 243, 622, 639, 676, 677, 678, 679, 680, 696, 697, 698, 705, 706
Diversifikationseffekt 63, 657, 696
Diversifikationsstrategie 410
Divestiture 360
Dividend Discount Model 122
Dividendenkontinuität 337
Dividend-Growth-Model 174
Divisional Buy Out 730
Dominant Bank Model 89
Doppelwährungsanleihe 623, 624

789

Double Dip Leasing 461
Dow Jones Averages 113
Downside Hedging 679
Dow-Theorie 113
Draft Story 320
Draw Down-Fee 524
Dresdner Bank AG 323
Dual Currency Bonds 458
Dual Listing 278, 285, 291, 315, 400
Due Diligence 43, 168, 169, 177, 178, 182, 193, 194, 204, 205, 208, 209, 256, 264, 291, 292, 293, 296, 303, 312, 318, 319, 400, 480, 565, 741, 742, 748, 776, 777
Dutch Auction 340, 341, 349, 575

Early Bird 741
Early-Stage-Finanzierung 723
Earnings before Interest and Taxes (EBIT) 175, 294, 687
Earnings before Interest, Taxes, Depreciation and Amortisation (EBITDA) 294, 687
Earnings Moving 461
Earnings per Share (EPS) 186, 188, 244, 295
Earnings before Depreciation, Interest and Taxes (EBDIT) 175
Economic Research 680, 764, 765, 766, 778
Economic Value Added (EVA) 242, 687
Economies of Integration 143
Economies of Scale 49, 143
Economies of Scope 143
EDV-Systeme 69
Effektenkonsortialgeschäft 478
Effektivrendite 551
Efficient Frontier 675, 690, 699, 700, 706
Efficient Market Hypothesis 714
Efficient Market Theory 710
Effizienz 713
Effizienzhypothese 695, 713
Effizienzkurve 699
Effizienzmarkthypothese 712

Eigenhandel 594, 609, 610, 611, 622
Eigenkapital 21, 455, 456, 525, 526, 531, 622
Eigenkapitalbeteiligung 744, 749
Eigenkapitalemissionen 568
Eigenkapitalkosten 262
Eigenkapitalrendite 201
Eigenkapitaltitel 623
Eigentümerstruktur 733
Einkommensteuergesetz (EStG) 325
Einlagen- und Kreditgeschäft 5, 7, 51
Einlagengeschäft 508
Einlagenzertifikat 558, 667
Einzelbewertungsverfahren 170, 772
Einzeltitelauswahl 685
Elastizitäten 693
Emerging Market Bonds 531
Emerging Markets Fonds 664
Emissionsablauf 485
Emissionsbedingungen 311, 516
Emissionsberatung 482
Emissionsfähigkeit 480
Emissionsgebühren 481, 746
Emissionsgeschäft 9, 38, 72, 475, 477, 478, 479, 494, 495, 497, 507, 511, 562, 565
Emissionskalender 314
Emissionskonsortium 268, 495
Emissionskonzept 265, 397
Emissionskredit 256, 262
Emissionsmandat 479, 481, 550
Emissionsmotive 563, 564
Emissionspreis 255, 271, 400, 485, 571, 575, 580
Emissionspreisbestimmung 552
Emissionspreisfestlegung 572
Emissionsprogramme 517, 518
Emissionsprospekt 296, 496, 502
Emissionsrating 556, 557
Emissionsrendite 550
Emissionsstanding 254, 304
Emissionsvolumen 276, 277, 283, 312, 313, 398
Emissionswilligkeit 258
Emissionszeitpunkt 313

Empfehlungssystem 774
Employee Stock Ownership Plan (ESOP) 326
Entwicklungsperspektive 103
Entwicklungsszenarien 778
Equity Analysten 780
Equity Capital Market 20, 476, 561, 562, 563, 566, 749
Equity Carve-out 360, 361, 362, 365, 369, 375, 382, 385, 391, 392, 393, 396, 398, 399, 403, 404, 405, 411, 528, 564, 568
Equity Clawback 516
Equity Research 762, 768, 770, 780
Equity Sales 625, 626
Equity Story 192, 241, 251, 253, 261, 277, 294, 295, 298, 315, 318, 320, 401, 402, 565, 568, 571, 579, 580, 768, 776
Equity Trading 608
Equity-Research-Team 762
Ereignisrisiko 627, 630
Erfahrungskurven 681
Erstemissionen 569
Ertragswertmethode 172, 173, 175
Ertragswertverfahren 173, 176, 177, 773
ESOP 327, 328
EU-Datenschutzrechtlinie 439
EU-Kartellbehörde 371
EUREX 539
EURIBOR 521, 540
Eurobond 546, 547, 549, 554
Eurokreditmarkt 457
Euromarkt 126, 127, 545, 546, 548
Euro-Notes 522
Europäische Währungsunion (EWU) 525, 656, 688, 768
European Association of Securities Dealers Automated Quotation (EASDAQ) 279
EU-Übernahmerichtlinie 151
Event Risk 630
Event Studies 712
Event-Driven-Fonds 668
Excess Capital 527
Exchangeable 527, 528, 529, 530
Exchangeable Notes 526

Exit 564, 720, 724, 725, 729, 745, 748, 750
Exklusivverfahren 207, 208
Expansion 733
Expansion Stage 734, 735
Exportfinanzierungsprogramme 454

Factoring 442
Fair Value 631
Fairness 211
Fairness Opinion 168, 210, 211, 212, 230
Fallen Angels 533
Familienunternehmen 193
Family & Friends-Zuteilungen 573
Family Offices 592, 593
Feasibility Study 448, 451
Federal Reserve Bank 122
Federal Reserve System 116
Fertigstellungsrisiko 466
Festpreisgeschäft 603, 605
Festpreisverfahren 569, 570, 574, 576
Filterregeln 689, 711
Financial Advisory 19, 241, 748
Financial Covenants 461
Financial Derivatives 536
Financial Due Diligence 157, 178, 180, 181, 292
Financial Engineering 625, 724, 728, 731
Financial Modernization Act 8
Financial Restructuring 357
Financial Sale 206
Financial Services Act 546
Financial Strengh 558
Finanzanalysten 760
Finanzdienstleister 22
Finanzierungsarten 483
Finanzierungsentscheidungen 241
Finanzierungsformen 475
Finanzierungshäuser 110, 115
Finanzierungskosten 263, 276, 453, 541
Finanzierungsleistung 29
Finanzierungsschätze des Bundes 506
Finanzierungstheorie 554, 556
Finanzierungstitel 476, 477
Finanzinnovationen 64, 65

Finanzinstitution 86
Finanzintermediäre 28, 29, 30, 31, 38, 39, 44, 49, 51, 53, 160, 387
– im engeren Sinn 29, 30
– im weiteren Sinn 29
Finanzintermediation 23, 28
Finanzkontrakt 47
Finanzmärkte 109
Finanzmarktförderungsgesetz 70, 249, 250, 501, 510, 518, 659, 660, 661, 667, 670, 672, 683
Finanzpolitik 336
Firm Commitment 484, 524
Firmenwert 395
First Mover Advantage 80
First Stage 734, 735
Fisher-Separationstheorem 46
Fixed Income Research 762, 766, 777, 780
Fixed Income Sales 625
Fixed Income Trading 626
Fixed Price Tender Offer 340, 341, 348
Fixed Pricing 493
Fixed-Income-Bereich 625, 628
Fixed-Income-Produkte 623
Fixed-Price-Reoffer-Verfahren 494
Fixkostendegression 143
FLEX Options 62
Floating Rate Bonds 459
Floating Rate Notes 127, 459, 514, 624
Floor 542, 543
Fonds
– ausschüttende 662
– geldmarktnahe 667
– geschlosse 666
– geschlossene 662
– Islamische 665
– offene 662, 666
– thesaurierende 662
Fondsarten 661
Fondsindustrie 656
Fondsmanagement 719, 720, 722
Fondsmanager 659, 774
Fondsrendite 694
Fondstypen 670

Fondstypologie 663, 670
Fondsvermögen 666
Force-Majeure-Klausel 252
Force-Majeur-Risiken 465
Forderungsübergang 435, 438, 439
Forderungsverkauf 424, 435
Forecast Risk 781
Foreign Exchange 476
Forward Rate Agreement (FRA) 537, 538, 539
Forward Swaps 541
Forwards 622
Frankfurt Interbank Offered Rate (FIBOR) 514
Frankfurter Wertpapierbörse 280
Free Cashflow 686
Free Float 281
Free Lunch 707
Free Retention 572, 573
Free Riding 51
freihändiger Verkauf 488
Freiverkehr 279, 280, 499
Fremdemission 478
Fremdfinanzierung 503, 513
Fremdhandel 608, 622
Fremdkapital 21, 491, 502
Fremdkapitalaufnahme 219
Fremdkapitaltitel 623, 624
Fremdwährungen 68
Frequent Borrowers 482, 511, 558
Friends & Family 281
Fristentransformation 30, 35
Frontrunning 606, 608
Frühindikatoren 764
Führungsgruppe 496
Full Hedging 679
Full Replication 683
Fund Raising 748
Fundamentalanalyse 346, 614, 615, 686, 688, 695, 711, 713
Fundraising 749
Fusionen 74, 75, 114, 129
Fusionsberatung 222, 223
Fusionswelle 146
Futures 65, 537, 618, 622, 668, 680

G7-Staaten 766
Garantiefonds 664
Garantiegruppe 496
Geldkurs 610, 612, 613
Geldmarkt 508, 667
Geldmarktfonds 519, 667
Geldpolitik 766, 767
Geldvermögen 656
General Advisory 242
Genussrechte 530, 531
Genussschein 530
Geregelter Markt 271, 279, 280, 297, 499, 500
Gesamtbewertungsverfahren 172, 772
Gesamtentwicklung 103
Geschäftportfolio 390
Geschäftsfelder 95
Geschäftsklimaindex 615
Geschäftsportfolio 389, 390
Geschäftsportfoliomix 387
Gesellschaftsvertrag 179
Gesetz über Kapitalanlagegesellschaften (KAGG) 249, 501, 657, 661
Gesetz über Unternehmensbeteiligungsgesellschaften (UBGG) 249
Gesetz zur Kontrolle und Transparenz im Unternehmensbereich (KonTraG) 186, 217, 219, 277, 324, 329, 344
Gewährleistungen 190
Glass Steagall Act 7, 73, 106, 122, 127, 133
Gläubigerrechte 623
Glaubwürdigkeitssignal 52
Gleichbehandlungsgrundsatz 151, 344, 349
Global Share 318
Globalisierung 72, 149, 654, 677
Global-Pfandbrief 511
Going Concern 171
Going Private 231, 232, 719, 731
Going Public 242, 264, 302, 396, 397
Going-Public-Anleihen 530
Going-Public-Grundsätze 296
Going-Public-Optionsanleihe 264
Golden Parachute 216, 218

Good-Guy/Bad-Guy-Strategie 184
Goodwill 395
Grauer Markt 574
Greenmail 222
Greenshoe 65, 277, 299, 312, 314
Größenvorteil 613
Großkredit 495, 523
Grossman-Stiglitz-Paradoxon 28
Gross-up-Clause 516
Groupe d'Actionnaires Stables (GAS) 266
Grundkapital 276, 299, 301, 310

Haftungsfragen 191
Haftungskapital 531
Handelsauftrag 610
Handelsfinanzierung 109
Handelsgeschäft 607, 609, 622
Handelsplattform 602
Handelsregister 179, 307
Handelsstrategie 616, 711
Handelssysteme 79, 80, 589
Hauptversammlung 217, 218, 219, 230, 272, 301, 307, 314, 342, 396
Hausbank-Konzept 5
Hausbank-Modell 89
Hedgefonds 641, 668, 669
Hedging 68, 610, 614, 679, 769
Hedging-Strategien 542
Hell-Or-High-Water-Contract 467
Hidden Action 52
Hidden Information 50, 51
Hidden Intention 47
High Net Worth Individuals (HNI) 87, 267, 268, 649, 674, 682, 749
Highest Quality Investor 320
High-Yield-Anleihen 129, 459, 531, 532, 533, 534, 535, 631, 641, 666, 720
High-Yield-Fonds 535
Hochzinsanleihen 532
Hold up 47
Holdingabschlag 376
Home Equity Loans (HEL) 432
Hostile Takeover 195, 214, 215, 218, 220, 221, 306, 371

793

Human Resources 106
Hybris-Hypothese 145
Hypothekarkredit 422
Hypothekenbanken 443, 510, 511
Hypothekenbankengesetz 444
Hypothekendarlehen 431
Hypothekenpfandbriefe 509

IAS 277, 499
Ideologie 665
Immobilien 21, 666, 667, 675
Immobiliendarlehen 432
Immobilienfinanzierung 422
Immobilienfonds 666, 675
– geschlossene 666
– offene 666
Implied Growth Rate 781
In Depth Sector Research 768
Incremental Yield 529
Indexfonds 683
Indexmodell 701, 702
Index-Tracking 683
Indifferenzkurve 699
Indizes 691
Industrieanleihen 525
Industrieexpertise 776
Industrieunternehmen 22, 85, 88
Inflationsrisiko 627, 629
Informationsanbieter 69
Informationsasymmetrie 46, 49, 50, 53, 215
– nach Vertragsabschluss 52
– vor Vertragsabschluss 50
Informationsaustausch 757
Informationsbeschaffung 193, 759
Informationsdistribution 759
Informationseffizienz 28, 709, 710, 712, 713, 714
– empirische Überprüfung 711
– halbstrenge Form 711
– schwache Form 711
– strenge Form 711
Informationsgewinnung 37
Informationshypothese 376
Informationskosten 46, 49

Informationsmärkte 53
Informationsnachfragebedürfnis 768
Informationspflicht 297, 559
Informationsquellen 479
Informationstechnologie 70, 79, 80, 81, 97, 275
Informationsumsetzung 37
Informationsverarbeitung 24, 27, 28, 30, 31, 32, 43, 759, 772, 779
Informationsversorgung 376
Infrastrukturprojekte 112
Inhaberaktie 274, 566
Inhaberschuldverschreibung 513, 624
Initial Public Offering (IPO) 242, 566
Initial Rating 560
Inlandsanleihen 504, 547
Insidergeschäfte 131
Insiderhandelsgeschäfte 110
Insiderinformationen 760
Insiderkenntnisse 711
Insolvenz 437
Insolvenzrisiken 437, 438
Institutional Equity Sales 599
Institutional Equity Sales-Trading 602
Institutional Equity Trading 608
Institutional Fixed Income Sales 625
Institutional Fixed Income Sales & Trading 623
Institutional Fixed Income Trading 626
Institutional Rules 622
Institutionalisierung 61, 62, 655
Institutionelle Investoren 23, 42, 86, 88, 266, 267, 571, 605, 647, 672
Institutional Sales 596
Instivitual-Geschäft 647, 650, 651
Instividuals 650
Interest Equalization Tax 548
Intermediäre 45, 52, 62, 111, 189
Intermediation 41, 42
Intermediationsformen 27, 30, 39, 41, 44
Intermediationsfunktion 25, 44, 45, 69
Intermediationsleistung 42
Internal Acceptance 410
International Accounting Standards (IAS) 180, 259, 281, 687

International Finance Corporation (IFC) 456
Internationalisierung 149
Interner Leveraged Buy Out (ILBO) 730
Intervalling-Effekt 704
Investitionsentscheidung 740
Investment Bankers Association 123
Investment Banking
– Definition 8, 9
– Systematisierung 17, 18
Investment Consultants 643, 655
Investment Grade 433
Investment Research 680
Investmentbanken 14, 29
– Angebotsstruktur 83
– Differenzierungsmerkmale 12
– Kostenstrukturen 97
– Nachfragestruktur 82
– Rentabilität 94, 95, 98
Investment-Dreieck 659
Investmentfonds 657
Investmentprozess 642, 644, 645, 646, 647, 651, 657, 662, 673
Investment-Styles 679
Investor Relations 191, 215, 220, 275
Investorentypen 486
IPO Discount 294
Issuer Soft Call 528

Jahresabschluss 181
Jahresabschlussprüfung 180
Jensens Alpha 693
Jensens Ex Post Alpha 693
Joint Venture 141, 394, 404, 468
Jumbo-Pfandbriefe 509, 510
Junior Bonds 516
Junk Bonds 129, 531, 534
Junk-Bond-Markt 130, 131, 152

KAGG 660, 662, 670
Kalenderzeiteffekte 712
Kameralistik 286
Kapitalallokation 36, 379
Kapitalanlagegesellschaften 659, 661
Kapitalaufbringung 199

Kapitalbeschaffung 475
Kapitalbeteiligungsgesellschaft 723, 724, 730, 739
Kapitalerhaltung 342
Kapitalerhöhung 83, 216, 241, 299, 300, 302, 303, 304, 305, 306, 307, 308, 309, 311, 312, 313, 314, 315, 318, 319, 324, 331, 332, 351, 398, 578, 579
– aus Gesellschaftsmitteln 300, 301
– bedingte 300, 306
– genehmigte 301, 327
– ordentliche 300, 306
Kapitalkosten 338, 454, 487, 521
Kapitallebensversicherung 673
Kapitalmarkt 44, 45, 46, 47, 52, 64, 65, 104, 105, 109, 124, 212, 242, 249, 283, 383, 419, 465, 483, 501, 504, 543, 652
– Funktionserfüllung 34
– Funktionsweise 32
– Marktformen 33
Kapitalmarkteffizienz 712
Kapitalmarktgeschäft 475, 476
Kapitalmarktmodell 693
Kapitalmarktrecht 71, 546
Kapitalmarkttheorie 123, 124, 695, 703, 709, 783
Kapitalmarktusancen 342
Kapitalmarktvorschriften 545
Kapitalmobilität 72
Kapitalstruktur 335
Kapitalumschlag 104
Kapitalverwässerung 303
Kapitalverwässerungseffekt 331
Kartellverfahren 371
Kassamärkte 33, 126
Kassazins 634
Kaufkraftrisiko 629
Kaufpreisfinanzierung 198
Keele University 441, 442
Kerngeschäft 372
Kerngruppenmodell 90
Key Account Management 162
Key Investors 571
Keynes 122
KGV-Arbitrage 741

795

Kleinanleger 118, 120
kleine und mittlere Unternehmen (KMU) 180
Kleinkunden 23, 87, 88
Kögel Fahrzeugwerke AG 344
Kohlberg Kravis Roberts (KKR) 726
Kommunikation 391, 401, 402
Kommunikationskosten 143
Komparativer Kostenvorteil 540
Konfliktmanagement 166
Konglomerate 147, 379
Konkurrenz 93
Konsolidierungsbestrebungen 74
Konsortialbildung 495
Konsortialführer 253, 254, 255, 277
Konsortialführung 252
Konsortialkredit 457, 495, 523, 524, 525
Konsortialkreditgeschäft 477
Konsortium 269
Kontrollierte Auktion 207, 208
Kontrollprämie 746
Kontrollrechte 744
Konvergenz 70
Konzentration 73, 74, 75
Konzentrationstendenzen 654
Konzentrationswelle 72
Korrelationskoeffizient 680, 698, 702
Kostendegressionseffekt 388
Kostendifferenz 540
Kostenstrukturen 97
Kostenüberschreitungsrisiko 466
Kovarianz 698
Kreditderivate 433
Kreditgeschäft 523, 524
Kreditkonsortialgeschäft 478
Kreditrisiko 629
Kreditsyndizierung 231, 232
Kreditverbesserung 436, 437
Kreditwesengesetz (KWG) 421, 467, 477
Kriegskasse 198
Kundenansprache 88
Kundenbindung 85, 89, 481
Kundengruppe 87
Kündigungsrecht 516, 628
Künstliche Neuronale Netze 681

Kuponswaps 540, 541
Kursentwicklung 616
Kurs-Gewinn-Verhältnis (KGV) 175, 293, 294, 615
Kurspflege 500, 501
Kurspflegeaktivitäten 478
Kurspflegemaßnahmen 589
Kursrisiken 620
Kursstabilisierungsfunktion 589
Kursverläufe 689

Laissez-faire-Liberalismus 246
Länderanleihen 507
Länderdiversifikation 676
Länderfonds 664
Landesschatzanweisungen 507
Landeszentralbanken 504
Late Stage 734, 735
Laufzeitrisiko 627, 628, 631
Lead Manager 253, 269, 311, 496, 524, 569, 570
League Table 92, 94, 162, 480
Leasing 460
Leerverkäufe 689
Legal Due Diligence 157, 178, 179, 292
Legal Lending Limit 448
Leistungsbündel-Kundengruppen-Verhältnis 650
Letter of Credit 436
Leveraged Buy Out (LBO) 147, 155, 198, 199, 200, 201, 202, 446, 534, 728, 731, 737, 730
Leveraged Employee Stock Ownership Plan (LESOP) 328, 329
Leveraged Recapitalization 216, 219, 747
Leverage-Effekt 337
Life of Loan Cover Ratio 457
Limitorder 580, 604
Liquidationswert 171
Liquidationswertermittlung 170
Liquidität 26, 35
Liquiditätsrisiko 627, 629, 630
Liquiditätstransformation 31
Lock-up 271
Lock-up-Periode 281, 499, 579

London Interbank Offered Rate (LIBOR) 127, 514, 521, 540
London International Financial Future Exchange (LIFFE) 539
Long List 192
Long Position 536
Long Term Capital Management (LTCM) 669
Losgrößentransformation 35
Low-Margin-Kredite 525
Lufthansa AG 322

M & A 142, 145, 146, 147, 148, 150, 151, 357, 359
– finanziell motivierte 144
– strategisch motivierte 142
M & A-Berater 156
M & A-Beratungsgesellschaft 159
M & A-Boutiquen 156
M & A-Welle 146
Major-Bracket-Firmen 16
Managed Rights Offer 577
Management Buy In (MBI) 200, 730
Management Buy Out (MBO) 146, 199, 725, 730, 732
Management Due Diligence 292, 742
Management Fee 269, 524
Managementbeteiligung 241, 268, 321, 338
Managementbeteiligungsprogramm 321
Management-Effizienzhypothese 377
Managementgebühr 269, 658
Management-Informationssystem 694
Managementrisiko 741
Mandatory Exchangeable 527
Mandatsakquisition 162, 164
Mandatsanbahnung 161
Mandatsgewinnung 160, 203, 387, 450
Market Maker 299, 541
Market Making 609, 610, 613, 620, 623
Market Research 777, 778
Marketability Spread 552
Marketing 642
Marketing-Phase 571, 572
Market-Risk-Adjusted-Performance 693

Markowitz 123, 124, 697, 698, 700, 702, 703, 709
Markt Order 604
Markteffizienz 710, 711, 713, 714
Markteffizienzhypothese 709
Markteintrittsbarrieren 75, 143, 149
Markteintrittsstrategie 386
Marktgleichgewicht 704, 707
Marktineffizienz 709
Marktinformationen 37
Marktkonzentration 73
Marktliquidität 131
Marktorganisation 33
Marktportfolios 708
Marktrisiko 464, 466, 494, 621, 735, 742
Markttransparenz 69
Marktungleichgewichte 779
Marktunvollkommenheit 53
Marktverhalten 82
Marktwert 168
Matched Funding 420
Matrixorganisation 165, 769
Medium Term Notes (MTN) 439, 440, 456, 459, 522
Mehrfachnotierung 285, 498
Mengentender 489
Merchant Banking 109, 725
Merger of Equals 226
Mergers and Acquisitions (M & A) 19, 37, 141, 358, 359
Mergers of Equals 149, 223, 224
Mergerwelle 115, 146, 201, 378, 727
Mezzanine-Kapital 202, 525
Minderheitsbeteiligung 737
Minimum Variance Hedging 679
Mischfonds 667
Mississippi Bubble 110
Mitarbeiterbeteiligung 563
Mitarbeiterbeteiligungsprogramm 217, 582
Mitarbeiterprogramme 281
Mitarbeitertranche 324
Mitbestimmung 259
Mitbestimmungsgesetz 220
Mitspracherecht 321

797

Mittelstand 381, 433, 561
Mittelstandsrating 561
Mittelwert-Varianz-Entscheidungsprinzip 703, 783
Momentum 688
Monitoring 52, 783
Monte-Carlo-Simulation 169, 452
Moody's 17, 114, 528, 531, 532, 554, 556, 560
Moral Hazard 51, 52
Morgan 106, 132, 133, 134
Morning Meeting 596
Mortgage Backed Securities (MBS) 431, 432, 443
Mortgage-Pass-Through-Variante 431
Motivationseffekt 377
Multi Currency Note 623
Multi-Currency-Optionen 520
Multi-domestic-Ausrichtung 654
Multi-Manager-Prinzip 655
Multiple-Placing-Agency-Verfahren 521
Multiples 780

Nachfolgeproblematik 564
Nachfrageverhalten 656
Naked Options 329
Name Recognition 563
Namensaktien 273, 274, 275, 566
Namensschuldverschreibung 513, 514, 624
National Association of Securities Dealers (NASD) 121, 493
National Association of Securities Dealers Automated Quotation (NASDAQ) 105, 279, 727, 741
National Banking Act 116
Nationally Recognized Statistical Rating Organizations (NRSRO) 556
Natural Hedge 621
Naturkatastrophen 465
Negotiated Offers 482
Negotiated Repurchase 339, 340, 349
NEMAX All-Share 565
Neoinstitutionalismus 47
Neoklassik 45, 46, 47

Nettoliquidationserlös 172
Netzwerkeffekte 738
Neuemissionen 247, 248
Neuer Markt 151, 250, 271, 279, 280, 281, 282, 290, 291, 297, 399, 499, 500, 565, 576
Neuronale Netze 681
Neutralitätsgrundsatz 151
New York Stock Exchange (NYSE) 119, 229, 283, 284, 288
Newco 742
Nichtabsatzrisiko 485
No-Load-Fonds 663
Non Recourse Financing 445
Non-Call Period 516
Non-Financial Derivatives 536
Non-Interest-Expenses 97
Non-Underwritten Facilities 518
North American Free Trade Agreement (NAFTA) 149
Note Issuance Facilities (NIF) 522
Notierungsstrategie 278, 315, 399

Obligationen 623
Odd-Lot-Aufträge 689
Off-Balance-Sheet-Finanzierung 421, 445
Öffentliche Organisationen 22, 86, 88
Öffentliche Platzierung 487
Öffentliche Zeichnung 488
Öffentlicher Sektor 504, 505, 507
Offshore-Märkte 128
Offshore-Zentren 669
Oligopolisierung 613
One Face Policy 593, 599, 600
One Time Benefit 325
One-tier-board-System 217
OPEC – Organization of the Petroleum Exporting Countries 125
Open End Funds 662
Open Market Repurchase 339, 340, 348
Open Pricing 493, 494
Optimales Portfolio 700
Option Right Spread 551
Optionen 65, 330, 334, 538, 542, 622, 668

Optionsanleihe 264, 332, 333, 525, 530, 623, 743
Optionsgeschäft 537
Optionspreisbewertung 125
Optionspreismodellen 554
Optionsprogramm 329, 330, 331, 332, 333, 334
Optionsscheine 530
Optionsschuldverschreibung 333
Orderbuch 572
Ordertaking 572
Ordinary Shares 567
Organizational Restructuring 357
Origination 625
Originator 424, 425, 435, 437
Oszillator 688
OTC-Derivate 62, 538
OTC-Märkte 34
Outperformance 684, 693
Over Collateralization 436
Overhang 271
Over-the-Counter (OTC)–Derivate 537, 595

Pac Man 222
Parallelverfahren 207
Partly-Paid-Structures 581
Payer Swap 542
Peer Group 692
Peer Group Comparison 768
Pennystocks 500
Pension Consultants 643
Pensionsfonds 219, 654
Pensionsrückstellungen 672
Pensionszusagen 262
Performance 682
Performance-Controlling 673, 690
Performancekontinuität 692
Performancemessung 330, 665, 690, 694
– externe 692
– interne 694
Perpetuals 514
Personal 76
Personalaufwand 332

Personalausgaben 79
Personalkosten 97
Persönlichkeiten 106
Pfandbriefe 443, 508, 509, 515
Phantom Stocks 323, 333
Physical Delivery 537
Plain-Vanilla-Produkte 503
Plain-Vanilla-Zinsswaps 540
Platzierungsmethode 487
Platzierungspotenzial 482
Platzierungsverfahren 486, 488
Poison Pills 216
Pooling of Interest 187
Pooling-of-Interest-Verfahren 226
Poor Performers 372
Portfoliotheorie 641
PORTAL-System 493
Portfolio Insurance 622
Portfolio Management 593
Portfolio Research 783
Portfolio Restructuring 357, 358
Portfolio Selection 124, 126, 674, 697, 700, 701
Portfolio Trade 606, 607
Portfoliodiversifikation 668
Portfoliomanagement 683, 684, 708
– aktives 714
– passives 683, 713
Portfoliomanager 691
Portfolio-Misfit 390, 391
Portfoliomix 389
Portfoliooptimierung 697
Portfoliorendite 691, 697
Portfoliorisiko 698, 705
Portfoliotheorie 695, 696, 714
Portfolioüberwachung 690
Portfolioumschichtung 613
Post-Acquisition-Phase 223
Post-IPO-Beratung 404
Post-Merger-Integration 154, 158
Postreform II 286
Post-Restructuring-Beratung 403
Präzipuum 524
Preisbestimmung 550, 553
Preisbildung 32

799

Preisfindung 493
Preisfindungsmechanismus 581
Preisfindungsverfahren 485
Preisrisiko 621
Pre-Marketing 562
Pre-Marketing-Phase 320, 571
Pre-Morning-Meeting 602
Prepayment Risk 431
Presse 581
Pressearbeit 220
Price Banking 91
Price-Book-Ratio 771
Price-Earnings-Ratio 771
Pricing 549, 550, 554, 568, 570
Pricing Discount 309
Primärmarkt 9, 33, 587
Primary Offering 243
Primary Research 759, 760
Principal 18, 719
Principal-Agent-Theorie 49
Principal Investment 20, 38
– Ablauf 738
– Definition 719
– Struktur 719
Principal Trading 588
Principal-Agent-Konflikt 600
Principal-Banker-Beziehung 115
Privatanleger 267, 268
Private Asset Management 649
Private Banking 749
Private Client Services (PCS) 592
Private Equity 263, 264, 639, 675, 719, 726, 728, 733
Private-Equity-Fonds 723
Private Investment in Public Entities (PIPE) 719, 728
Private Labeling 645
Private Wealth Management (PWM) 591, 592, 593
Private-Equity-Finanzierung 738
Private-Equity-Fonds 675, 721
Private-Equity-Markt 719, 725, 726
Privatinvestoren 486, 581
Privatisierung 246, 247, 252, 254, 262, 266, 278, 580

Privatisierungswelle 247
Privatplatzierung 314, 489, 490, 491, 493, 553
Produktentwicklung 642, 657
Produkthaftung 396
Produktionskapazitäten 83
Produktlebenszyklus 144
Prognosemethoden 680
Project Finance 444
Projektanalyse 451
Projektbetrieb 469
Projektentwicklung 469
Projektersteller 449
Projektfinanzierung 19, 20, 445, 446, 447, 449, 452, 457, 458, 459, 461, 465, 467, 468, 469
– Beteiligte 447
– Finanzierungsinstrumente 455
– Grundlagen 444
– Historische Entwicklung 446
– Phasen 448
– Risiken 463
– steuerliche Optimierung 454
Projektgesellschaft 454, 460, 469
Projektmanagement 165, 166
Projektorganisation 165
Projektschulden 469
Projektträger 444, 447, 450, 455, 469
Projektvorbereitung 452
Prop Trading 608, 609, 612, 617
Property-Rights-Theorie 45, 47
Proprietary Trading 18, 20, 23, 38, 39, 609, 614
Prospekterstellung 501
Prospekthaftung 296, 319
Prospekthaftungsansprüche 566
Proxy Fight 197
Proxy Portfolio 619
Prozesskontrolle 165
Public Acceptance 410
Public Finance 87, 126
Public Private Partnership 446, 448, 454
Publikumsfonds 670, 674
Publizität 297, 399

Publizitätsanforderungen 259, 544
Publizitätspflicht 231, 489
Pujo Committee 115
Purchase-Methode 187
Put Option 536

Qualified Institutional Buyer (QIB) 490
Quantitative Research 765, 779, 780, 781, 782
Quellensteuer 454, 545
Quick Bookbuilding 580
Quiet Period 288

Random-Walk-Theorie 114
Ranking 81, 82, 92, 93, 94, 296
Rating 129, 420, 436, 444, 480, 528, 555, 557, 558, 560, 666, 667
Rating Advisory 438, 501, 555, 559
Ratingverfahren 559
Real Estate Investment Trusts (REITs) 667
Realoptionsverfahren 170
Rechnungswesen 180
Rechtsanwälte 157, 158, 182, 256, 296
Rechtsformumwandlung 258
Recommendations 759
Recruiting 76
Red Herring 296, 502
Referenzindizes 691
Refinanzierung 508
Regierungsanleihen 551
Regionalbörse 282
Regionenspezialisierung 601
Registered Shares 275
Regulation Spread 552
Regulierungsbedarf 105
Relationship Banking 89, 90, 159, 242, 304, 423
Relationship Management 593
Relative Value Research 777, 779
Relative-Value-Fonds 668
Renditeerwartung 699
Rentabilität 94
Rentenfonds 665, 666, 679
Rentenkassen 672

Rentenmarkt 777
Reporting-Aufgaben 592
Repurchase Agreement 75
Reputation 81, 82, 93, 256, 388, 400, 481, 563, 738, 750
Research 296, 581, 597, 737, 740, 757
– Aufbau und Organisation 761
– Funktionsbereiche 763
Research Coverage 269
Research Firms 17
Research Reports 775, 777
Research Sales 595
Research-Analysten 775
Research-Material 294, 298
Research-Materials 295
Reservation Value 339
Restrukturierungsidee 387
Restrukturierungsinstrument 391, 405, 406
Restrukturierungskonzept 388
Restrukturierungsmandat 388
Restrukturierungsmaßnahme 369, 370, 406, 630
Restrukturierungsprozess 383, 385, 386, 398, 408
Restrukturierungstransaktion 359
Restrukturierungsvarianten 405
Retail Banking 14
Retail Broker 591
Retail-Bank 12
Retail-Discount 581
Retail-Geschäft 591, 650, 654
Retail-Investoren 266, 267
Retail-Kunden 646, 648, 649, 651, 675
Revenue Generating Business 763
Reverse Bookbuilding 340, 344, 345, 349, 351
Reverse Floater 515
Reverse Bookbuilding 349
Revolving Credit Facilities 523
Revolving Underwriting Facilities (RUF) 522
Reward-to-Variability-Ratio 692
Reward-to-Volatility-Ratio 693
Reziprozität 481, 495

801

Risiken
- politische 464, 627, 630
- rechtliche 627, 630
Risiko
- systematisches 621, 696, 697, 708
- unsystematisches 621, 668, 696, 702
- verfahrenstechnisches 463
Risikoallokation 62
Risikodiversifikation 244, 434, 468, 721
Risikodiversifikationseffekt 545
Risikofonds 668
Risikohandel 61, 67
Risikokontrollfähigkeit 462
Risikomanagement 422, 465, 537
Risikominderung 696
Risikomischung 657
Risikoneigung 699, 700
Risikoprämie 704, 708
Risikostreuung 659
Risikostrukturierung 462
Risikotoleranz 690
Risikotransfer 36
Risikotransformation 26
Risikoverbund 699
Risikoverteilung 462
Risk Arbitrage 619, 620
Risk Sharing 445
Road Show 298, 571, 574, 580, 600, 602, 777
Roaring Twenties 116
Rothschild 111, 113
Royalties 434
Rückkauf eigener Aktien 219
Rücklagen 301
Rücknahmegebühr 658
Rückstellungen 396
Rule 144A 131, 456, 492, 510, 532, 545, 747

Sachversicherung 465
Sales 587, 590, 595, 597, 598
Sales & Trading 20, 35, 37
Sales-Force 599, 602
Sales-Trader 604

Sales-Trading 590, 591, 595, 596, 597, 598, 603, 604, 605, 607
Sampling Approach 783
Samurai Bonds 545
SAP AG 334
Schnittstellenproblem 476
Schuldscheindarlehen 507, 517
Schuldverschreibungen 513, 520, 522, 623
Scorched Earth 221
Screening 158
SDAX 564
Secondary Offering 243, 271, 360, 579
Secondary Placement 243
Secondary Research 759, 760, 761
Secondary Sale 747
Sector Allocation 677, 678, 681
Securities Act 106, 120
Securities and Exchange Act 120, 121
Securities and Exchange Commission (SEC) 106, 128, 157, 259, 316, 402, 415, 492, 532, 545, 556
Securities Exchange Act 106
Securitization 10, 32, 65, 419, 430
Security Analysis 121
Security Market Line 704, 705, 707
Seed 734
Segmentberichterstattung 277
Segmentwahl 399
Sektorrisiko 627, 630
Sektorspezialisierung 601
Sekundärmarkt 9, 33, 587
Sekundärmarktaktivitäten 587, 588
Sekundärmarktgeschäft 626
Selbstemission 478, 485
Self Selection 50
Self Tender Offer 339, 340, 348
Selling Concession 269
Selling Group 497
Sell-off 360, 369, 379, 385, 396
Senior Analysts 602
Senior Bonds 516
Sensitivitätsanalyse 452
Sentimentindikatoren 689
Separationstheorem 124
Servicing 427, 642, 646, 648, 649

Shadow Ratings  559
Share Deal  185
Share Offer  186, 187
Shareholder Value  144, 151, 172, 214, 215, 344, 370, 322, 377, 380, 381, 728
Sharpe  702
Sharpe-Ratio  692, 693
Shelf Registration  128, 492
Short List  193
Short Position  536
Shot Gun  207
Sicherheiten  515
Signaling-Effekt  396, 398
Signaling  50, 337
Simulationsmodelle  681
Single Global Share  317
Single Purpose Company (SPC)  444, 447
Sinking Fund  515
Size Effect  706
Small Caps  562, 564
Small-Cap-Fonds  664
SMAX  151, 280, 499, 500
Soft Loan  327
Soft Underwriting  575
Sole-Placing-Agency-Verfahren  520
Sondervermögen  659
Sourcing  724, 738, 739, 748, 749
South Sea Bubble  110
Sovereign Ceiling  556
Sozialversicherung  672
Sozialversicherungssysteme  655
Special Purpose Vehicle (SPV)  424, 444, 557
Spekulation  20, 114, 614, 617
Spekulationsfrist  658
Sperrminorität  221
Spezialbanken  8
Spezialfonds  642, 670, 671, 672, 674
Spill-over-Effekt  268, 395
Spin-off  205, 362, 364, 368, 398, 564
Split-off  364
Split-up  365, 366, 371
Sponsoren  447, 453, 454, 460
Spread  541, 778
Squeeze-out-Verfahren  151

Staatliche Regulierung  105
Staatsanleihen  510, 626, 777, 778
Staatsbeteiligung  203
Stakeholder  392
Stammaktien  272
Stand-Alone-Wert  168, 169, 773
Stand-alone-Wert
Standard & Poor's  17, 129, 528, 531, 532, 556, 560
Stand-by Commitment  523
Standing  543, 563
Start up  734
Step-up-Coupons  515
Steuerberater  157, 182, 256
Steuerbilanz  343
Steuern  682, 701
Steuerreform  152
Steuersenkungsgesetz  383
Steuerverpflichtungen  409
Steuerverschiebungseffekt  672
Stimmenmehrheit  221
Stimmrechtsverwässerung  311
Stock Appreciation Rights  76, 323, 333
Stock Options  76, 329, 334, 391
Stock Picking  615, 673, 684, 714
Stock-Option-Programme  245
Stock-Trading  608
Stopp-Loss-Marke  131
STOXX  273
Straight Bonds  458
Strategieberater  158
Strategy  763
Strategy-Fonds  669
Strike Price  580
Stripped Mortgage Backed Securities  431
Stripping  506
Structured Finance  19
Stufenzinsanleihe  515
Stuttgarter Verfahren  169, 259
Style Counseling  781
Subadvisory  645, 650
Subinvestment Grade Bonds  533
Subinvestment Grade Rating  459
Subordination Spread  551
Subsidiary IPO  361, 363, 385, 393, 409

Substanzwert 171, 172
Substanzwertmethode 170
Suchkosten 49
Sum-of-the-Parts-Bewertung 175
Sum-of-the-Parts-Valuation 772
Sunk Costs 47
Supply-or-Pay-Contract 467
Supreme Court 147
Swap Window 459, 542
Swaps 65, 199, 537, 657
Swaptions 541, 543
Swapverzinsung 634
Sweet Equity 725
Syndicated Loan 199, 523
Syndizierung 524
Synergien 372
Synergiepotenzial 143, 169
Szenariotechnik 680

Tactical Asset Allocation 679
Tactical-Trading-Fonds 669
Take-If-Offered-Contract 467
Take-Or-Pay-Contract 467
T-Aktie 289, 290, 581
Tarkett AG 732, 733
Tax Due Diligence 178, 181
Tax Efficiency 409
Taylor-Rule 767
Team Moves 77
Tech Stocks 601
Technische Analyse 614, 615, 616, 688
Technologie 61, 69
Teilreproduktionswert 171
Teilwertverfahren 181
Tender Offer 196
Tender-Panel-Agency-Verfahren 521
Tenderverfahren 345, 488, 568
Termingeschäft 594, 679
Terminkontrakte 535
Terminmärkte 33, 124, 126
Terminzins 634
Themenfonds 664
Third Party Distribution 643, 646
Tier One Capital 531
Tier Two Capital 531

Tightening Bias 767
Tilgungsfonds 515
Tilted Funds 684
Timing 408
Timing-Problem 657
Tobins Separationstheorem 700, 705
Tochterunternehmen 360, 361, 392
Tombstone 497
Top-down-Approach 686, 687, 770, 771
Track Record 82, 231, 253, 775
Tracked Unit 366, 368
Tracking Error 683, 783
Tracking Stocks 366, 367, 368, 375, 377, 392, 404, 407, 567
Trade Sale 205, 746
Trading 587, 590, 595, 597, 608, 612, 614
Trading Desk 596, 597
Trading Floor 590, 591, 597
Trading Windows 332
Tradingfonds 663
Transaction Based Relationship 479
Transaction Risk 410
Transactional Banking 89, 90, 91, 304
Transaktionsabwicklung 24, 26, 27, 30, 31, 36, 46
Transaktionskosten 43, 45, 46, 48, 49, 618, 682, 690, 692, 701, 709, 712
Transaktionskostentheorie 48
Transaktionskostenverminderung 63
Transferable Put Rights (TPR) 340, 341, 349
Transformationsfunktionen 26, 30, 31
Transformationsleistung 24, 34, 46
Treasury Bonds 547, 554
Trendermittlung 616
Trennbankensystem 6, 121, 122, 422
Treuhandanstalt 148, 247
Treynor-Ratio 693
Triple Listing 278
True Sale 435, 438
Turnaround-Fonds 664
Turnaround-Unternehmen 733
Two-tier-board-System 217

Überbrückungsfinanzierung 264
Überkreuzbeteiligung 115, 222, 383
Übernahme 19, 129, 730, 733
- feindliche 149, 195, 197, 212, 213, 215, 221, 371
- freundliche 149, 195, 197
Übernahmeabwehr 213
Übernahmeangebot 196, 212, 219
Übernahmegesellschaft 731
Übernahmekodex 151, 196, 220
Übernahmekonsortien 29, 38
Übernahmekonzept 201
Übernahmestrategie 196
Übernahmeversuch 212, 214, 216, 217
Übernahmewährung 243
Überschussrendite 707
Umbrella-Fonds 663
Umplatzierung 491, 568
Umstrukturierung 145, 733
Umtauschverhältnis 211, 229
Umwandlungsgesetz (UmwG) 225, 393
Umwandlungssteuergesetz (UmwStG) 225
Umweltschutzverpflichtung 181
Unbundling 393, 394
Underlying 68
Underpricing 485, 569, 570, 575
Undervaluation of Subscription Rights 309
Underwriting 484
Underwriting Agreements 257
Underwriting Commitment 496
Underwriting Fee 269
Underwriting Group 496, 776
Underwriting Method Spread 552
Underwritten Facilities 517, 518
Unfriendly Takeover 151
Unique Selling Points (USPs) 571, 761
Universalbanken 6, 62, 475
Universalbankensystem 5, 11, 304
Unsolicited Rating 559
Unternehmensanalyse 615
Unternehmensanleihen 511, 512, 516, 533, 534, 547, 553, 626
Unternehmensberater 156

Unternehmensberatungsgesellschaft 166, 387
Unternehmensbericht 297
Unternehmensbeteiligung 409
Unternehmensbewertung 107, 122, 166, 167, 168, 170, 171, 176, 177, 180, 181, 189, 193, 230, 576, 615
Unternehmenseigentümer 728
Unternehmensinformationen 606
Unternehmenskauf 223, 731
Unternehmenskommunikation 346, 565
Unternehmenskontrolle 141, 146, 151, 379, 534
Unternehmensmakler 158
Unternehmensnachfolge 145
Unternehmensstrategie 373, 374
Unternehmensstruktur 372, 745
Unternehmensübernahme 9, 43, 129, 130, 141, 147, 154, 243, 263, 338, 630, 730
Unternehmensverkauf 206, 360, 393
Unternehmenswert 167, 176
Unternehmenswertmaximierung 198
Unternehmenswertsteigerung 370, 376, 406, 736
Unternehmenszusammenschlüsse 382
unverzinsliche Schatzanweisungen 506
US-Generally Accepted Accounting Principles (US-GAAP) 180, 259, 281, 284, 317, 499, 687
US-Kapitalmarkt 316
US-Listing 316, 567

Value at Risk (VAR) 99
Venture Capital 535, 727
Venture-Capital-Finanzierung 734, 735, 736, 737
Venture-Capital-Gesellschaften 564, 726
Venture-Capital-Unternehmen 725, 729, 735, 736, 737, 739, 740, 742, 743
Verband Deutscher Hypothekenbanken (VDH) 510
Verbriefung 61, 65, 66, 68, 421, 430, 433, 520
Verbriefungsprozess 419, 426
Verbriefungstechnik 423, 430, 441

Verbundvorteile 143
Vergütungs- und Gehaltsstrukturen 77
Vergütungspraxis 78
Vergütungssysteme 76, 323
Verhandlungsführung 183, 184
Verkaufsmandate 202, 203
Verkaufsprospekt 440, 502
Vermögensansprüche 430, 434
– verbriefbare 429
Vermögensbildungsgesetz (VermbG) 325
Vermögensteuer 248, 250
Vermögensverwalter 774
Verpflichtungserklärung 457
Verschmelzung 224, 225, 227, 230
Verschmelzungsprüfer 230
Verschmelzungsvertrag 190, 211, 229
Verschmelzungswertrelation 230
Versicherungen 465, 509, 581
Versicherungsrisiken 640
Versicherungssektor 10
Verteidigungsmandat 212, 213
Verteidigungsstrategie 213
Vertragsabschluss 50, 52, 191
Vertragsbeziehungen 38
Vertragseintritt 38
Vertragsentwurf 210
Vertragsgestaltung 190, 742
Verwässerungseffekt 530
Verwertschriftung 675
Volatilität 550, 680
Volatilitätsrisiko 627, 630
Volkswagen AG 319
Volkswirtschaft 778
Vorstand 217
Vorzugsaktien 272, 273, 743
Vorzugsdividende 273

Wachstumsfinanzierung 243
Wachstumsfonds 664
Wachstumsstory 295
Wachstumsunternehmen 231, 263, 267, 290, 562, 564, 565, 727
Währungen 21
Währungsrisiko 457, 464, 544, 626, 627, 630, 633, 677

Währungsrisikoabsicherung 679
Währungsswaps 541
Währungsunion 150
Walk-Away-Punkte 197
Wall Street 131, 132
Wandelanleihe 332, 525, 526, 530, 593, 743
Wandelschuldverschreibungen 332, 623
War for Talent 77
Warburg 106, 127
Warengeschäfte 21
Warrants 623
Watch List 560, 760
Wechselkurse 665
Weighted Average Cost of Capital (WACC) 173
Weltwirtschaftskrise 120
Wertkategorien 168
Wertpapieranalyse 769
Wertpapiererwerbs- und Übernahmegesetz (WpÜG) 151
Wertpapiergeschäft 5, 7
Wertpapierhandel 9
Wertpapierhandelsgesetz (WpHG) 195, 196, 232, 608
Wertpapierleihe 612
Wertpapier-Verkaufsprospektgesetz (VerkProspG) 487, 501
Wertrecht 624
Wertschöpfung 729
Wertschöpfungskette 143, 149, 642, 643, 748, 749, 757
Wertschöpfungsstrategie 386
Wettbewerb 61, 71
Wettbewerbsintensität 73
White Knight 195, 213, 221
Wholesale Banking 14
Wholesale-Bank 12
Wholesale-Banken 592
Wholesale-Kunden 646, 647, 651
Wiederanlagerisiko 627, 628
Wirehouses 16, 17
Wirtschaftsprüfer 157, 178, 182, 229, 256
Wirtschaftsprüfungsgesellschaft 157, 159, 189

Wirtschaftswunder 381
Wissensmanagement 80

XETRA 609, 610

Yankee Bonds 545
Yield Curve Arbitrage 632
Yield Pick up 420
Yield-Pick-up 512

Zahlungsmodalitäten 185, 186
Zahlungsverkehr 27
Zeichnungsanreize 580, 582
Zentralbanken 766
Zero Coupon Bonds 514
Zerobonds 458, 624
Zerschlagungswert 171
Zielfonds 672

Zinsänderungsrisiko 464, 627, 628, 679
Zins-Coupon 631
Zinsderivate 535, 538, 542, 625
– Einsatz 538
Zinsexposure 782
Zinsoptionen 542
Zinsrisiken 539, 542
Zinsspreads 632
Zinsstrukturarbitrage 632
Zinsstrukturkurve 25, 632, 685
Zinsstrukturrisiko 627, 629
Zinsswaps 539, 540
Zinstender 489
Zulieferrisiko 464
Zuteilung 572
Zweckgesellschaft 424, 425, 435, 437, 438, 443

# Konzepte für das neue Jahrtausend

## Gabler Wirtschaftslexikon

Fragen zu Betriebswirtschaft, Volkswirtschaft, Recht oder Steuern? Das Gabler Wirtschafts-Lexikon lässt keine Fragen offen.

Auch aktuelle Entwicklungen des Wirtschaftslebens werden ausführlich erklärt, z.B. Themen wie eCommerce oder internationale Rechnungslegung.

Mit 25.000 Stichwörtern ist es das umfangreichste Werk seiner Art in Deutschland.

Mit der 15. Auflage bieten wir erstmals innovative Zusatznutzen: Über einen kostenlosen Update-Service im Internet sind die Nutzer über Neuigkeiten ständig auf dem Laufenden. Zusätzlich helfen zahlreiche Verweise auf interessante Internet-Adressen bei der Suche nach tagesaktuellen Informationen.

Wenn Sie mehr wissen wollen: Das Gabler Wirtschafts-Lexikon

**Die ganze Welt der Wirtschaft:**
Betriebswirtschaft, Volkswirtschaft, Recht und Steuern
15., vollst. überarb. u. akt. Aufl.
2000. XX, 3642 S.
Geb. € 174,00
mit kostenlosem
Update-Service per Internet
ISBN 3-409-32998-6

**Taschenbuch-Ausgabe**
15., vollst. überarb. u. akt. Aufl.
2001. XX, 3642 S.
Br. € 89,00
mit kostenlosem
Update-Service per Internet
ISBN 3-409-30388-X

**CD-ROM**
15., vollst. überarb. u. akt. Aufl. 2001.
€ 89,00*
mit kostenlosem
Update-Service per Internet
ISBN 3-409-49926-1

*unverb. Preisempfehlung
Änderungen vorbehalten. Stand: März 2002.

Gabler Verlag · Abraham-Lincoln-Str. 46 · 65189 Wiesbaden · www.gabler.de

# Durch die Bank kompetent

*Kostenloses Probeheft unter:*
*Tel. 06 11.78 78-129*
*Fax 06 11.78 78-423*

## Bankmagazin
### für Führungskräfte der Finanzwirtschaft

- **Wissen im Überblick**
  Seit 50 Jahren erläutern Experten fundierte Informationen und Trends aus der Bankbranche und geben Anwendungsbeispiele aus der Praxis.

- **Einfach besser beraten**
  Neue Trends und Produkte erfolgreich in die **Beratungspraxis** umsetzen: im Bankmagazin immer ein Top-Thema!

- **Finanzvertrieb**
  Vertrieb und Beratung sind die **Gewinnfaktoren der Zukunft** und deshalb ein regelmäßiges Schwerpunktthema in Bankmagazin.

- **Rechtssicherheit**
  Die neuesten Urteile und **Kommentare zum Bankenrecht.** Damit Sie sich sicher entscheiden.

- **Bankmagazin erscheint 12x im Jahr.**

Wenn Sie mehr wissen wollen: **www.bankmagazin.de**
**Mit ausführlichem Archiv für alle Abonnenten.**

**Mit kostenlosem wöchentlichen E-Mail Newsletter.**

Änderungen vorbehalten. Stand: April 2002.

Gabler Verlag · Abraham-Lincoln-Str. 46 · 65189 Wiesbaden · www.gabler.de